湖北省地方金融监督管理局
湖北省金融领导小组办公室 编

湖北金融年鉴

HUBEI FINANCE YEARBOOK 2023年卷

武 汉 出 版 社

（鄂）新登字08号
图书在版编目(CIP)数据

湖北金融年鉴. 2023年卷 / 湖北省地方金融监督管理局, 编. — 武汉：武汉出版社，2023.6

ISBN 978-7-5582-5904-3

Ⅰ. ①湖… Ⅱ. ①湖… ②湖… Ⅲ. ①金融事业—湖北—2023—年鉴 Ⅳ. ①F832.763-54

中国版本图书馆CIP数据核字（2023）第081219号

湖北金融年鉴（2023年卷）
HUBEI JINRONG NIANJIAN（2023 NIAN JUAN）

编　　者：湖北省地方金融监督管理局
　　　　　湖北省金融领导小组办公室
责任编辑：陈艾利
特约编辑：管妮娜　林　晨
封面设计：孙　辉
出　　版：武汉出版社
社　　址：武汉市江岸区兴业路136号　　邮　　编：430014
电　　话：（027）85606403　　85600625
http://www.whcbs.com　　E-mail: whcbszbs@163.com
印　　刷：武汉科源印刷设计有限公司　　经　　销：新华书店
开　　本：889 mm × 1194 mm　　1/16
印　　张：46.75　　字　　数：1980千字　　插　　页：12
版　　次：2023年6月第1版　　2023年6月第1次印刷
定　　价：380.00元

编纂委员会

组稿和编纂人员

（按姓名笔划排序）

万光伟	万　明	万俊峰	马晓鹏	王仲民	王　芳	王怀林	王　佳	王　依
王宝珺	王建霞	王晓东	王　峰	王　敏	王　康	王紫琳	王程育	王婷婷
王潇潇	王黎丽	文　竹	孔令成	邓天歌	邓文杰	甘冬冬	甘　艳	艾　斌
厉　柯	东　璇	卢　笙	叶　轲	叶程程	田文斌	田　莉	史小艳	付红梅
付建国	付　勇	代支祥	白新祥	乐嘉诚	寺冈裕之郎	吕青青	吕秋雯	朱刚勇
朱红艳	朱　丽	朱　利	朱　泽	朱思捷	朱　鹏	向敬轩	危　倩	刘子谊
刘东平	刘汉波	刘　旭	刘妍婕	刘　明	刘明舒	刘　原	刘晓平	刘爱迪
刘　梦	刘雪娇	刘婷婷	刘　瑜	刘　煜	刘　蔚	关　梅	米　娜	宇文梦圆
安鹏鹏	许思晗	许潆文	孙　浩	孙　琴	孙琳洁	孙　辉	严　格	苏　蓓
杜之卿	杜宇明	杜　杏	李少伟	李巧容	李　宁	李　成	李欢欢	李青萍
李国良	李　欣	李欣玥	李金佶	李　庚	李　炜	李炎林	李怡萱	李点点
李　峥	李秋慧	李美涛	李　娇	李　盈	李晓冬	李　悦	李　珺	李　翎
李寅松	李敬文	李　晶	李舒谭	李　媛	李　蔚	杨玉雪	杨　舟	杨全虎
杨言茜	杨　君	杨思阳	杨　超	杨　瑒	杨瑜娴	杨　慧	杨　璐	肖　东
吴希希	吴佳妮	吴　俊	吴海峰	吴梦妮	吴爽晨	吴楚杰	吴　静	邱宽宏
何佳俊	何　剑	何　晓	但　欣	但慧芳	佘　倩	余本利	余　蕾	邹梦媛
邹　渊	邹　骞	闵　松	汪玉辉	汪　陈	汪程雷	沈千慧	沈　翀	宋　贺
张丹丹	张文星	张讯讯	张　芬	张　杉	张　坤	张　奇	张佳祺	张诗琪
张　剑	张　珣	张晓红	张　彬	张梦陵	张　敏	张逸驰	张维娜	张　超
张慧琳	张　磊	陆　燕	陈飞鸿	陈　月	陈　功	陈　华	陈　进	陈　杉
陈园园	陈妍霖	陈彦杰	陈　晟	陈晓珞	陈晗晗	陈滋滋	陈　慧	陈　攀
范　涛	林玉珍	林　丽	林　晨	易张亮	罗云菲	周　权	周　全	周　杨
周　凯	周建军	周思聪	周思璐	周　悦	周　娟	周　琳	周　喆	周　薇
庞路婷	郑闵佳	郑顺辉	河燦采	宗良玮	孟志阳	孟　苹	孟　语	赵　芹
赵　园	赵　波	赵浏红	赵　硕	赵　晗	胡晓康	胡博阳	胡　棒	柯丽雅
柯　玮	俞建梅	姜雨奇	娄阿婷	祝艳阳	姚　涛	秦　岭	秦浩亮	袁　阳
袁　婷	袁勤慧	聂家林	桂黎霈	栗　梓	贾丽武	贾　端	夏雨梦	柴　强
钱心陶	徐叶子	徐光宇	徐肖成	徐　珊	徐　媚	凌　丽	高星忠	高晓晨
高　菁	郭文佩	郭　楠	唐　兵	唐　娜	唐梦玲	唐　雯	黄大坚	黄兰雅
黄自月	黄　阳	黄志兵	黄　怡	黄细果	黄彩治	黄晶晶	梅　艳	曹兴义
曹　笑	章　琰	梁庐健	梁婷婷	谌怡婷	彭　涛	彭娟娟	彭菲菲	葛玉俊
董伟晨	董　洁	董馨雨	蒋巡南	蒋　啸	蒋静雯	韩玉国	韩振兴	韩　媛
覃　伟	喻秀萍	喻　磊	程大卫	程争光	舒　煜	雷　青	詹古月	窦冰林
蔡长兴	蔡玉洁	蔡斌彬	管妮娜	廖　倩	廖梓雯	熊天秀	熊亚然	熊艳春
熊　源	颜　飞	潘建湘	戴立红					

编 纂 说 明

一、《湖北金融年鉴(2023年卷)》(总第21卷)坚持“存史、镜鉴”的编纂思想,全面客观载录2022年全省金融运行发展情况,重点载录金融支持实体经济疫后重振和高质量发展、持续防范和化解金融风险、深化金融改革创新的大事、要事。

二、本卷年鉴由“要闻”以及第一部分“全省金融发展情况”、第二部分“各地金融发展情况”、第三部分“机构运行情况”、第四部分“金融政策性文件”、第五部分“金融统计”、第六部分“机构名录”、第七部分“行业协会、学会”、第八部分“金融大事记”、第九部分“附录”组成。

三、本卷年鉴中各金融机构的排列顺序依照金融监管部门对金融机构的排序,各市(州)、县(市、区)顺序依照湖北省行政区划排序。

四、本卷年鉴“金融统计”部分中的“全省金融统计”“各地金融统计”为金融监管部门统计口径,“金融机构综合统计”为各金融机构统计口径。

五、本卷年鉴“金融政策性文件”部分有选择地收录了湖北省人民政府、湖北省地方金融监督管理局、中国人民银行武汉分行、湖北银保监局、湖北证监局以及相关职能部门2022年发布的政策文件。

六、本卷年鉴编纂过程中,严格遵守信息公开与信息保密规定。按照“放保有度、利弊权衡、时效性”三原则,采取分类取舍法、不相关法、语言模糊法对信息公开与保密进行处理。

七、本卷年鉴的所有来稿(含文字、图片、统计表)均经过各相关单位审核同意。

八、在编纂过程中,各参编单位组稿和编纂人员不辞辛苦,在此表示衷心感谢,并希望继续给予关心和支持。

深化交流合作　推动共赢发展

2022年3月24日，省委副书记、省长王忠林在武汉与楚商联合会会长、泰康保险集团董事长陈东升一行座谈，就支持湖北打造万亿级大健康产业集群，集聚人才、资金、技术等要素资源进行了交流

2022年8月24日，省委副书记、省长王忠林在武汉与中国国际金融股份有限公司党委书记、首席执行官黄朝晖座谈交流

推进普惠金融高质量发展

2022年1月12日，全省首场金融稳保“早春行”暨助力制造业高质量发展现场推进会在荆州市举行，1272家荆州企业与金融机构深度对接，签订授信合作协议，金额450亿元

2022年8月26日，全省优化民营企业金融服务推进会在汉召开。省委常委、统战部部长宁咏出席会议并讲话。会上，人民银行武汉分行与湖北省工商联签订优化民营企业金融服务合作协议，达成银企签约项目50个，融资总额29亿元

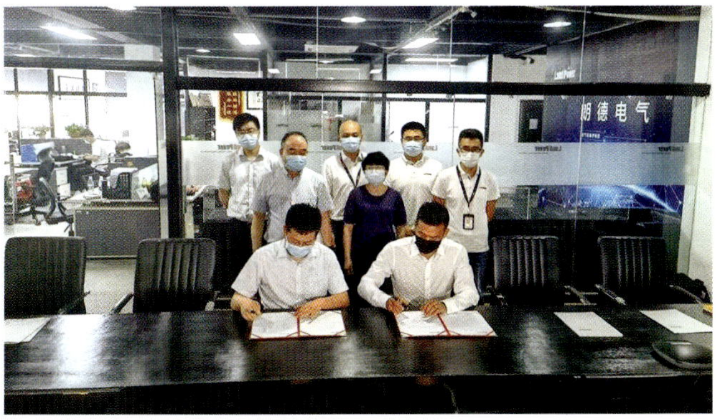

2022年6月1日，人民银行武汉分行与武汉东湖新技术开发区管委会科创金融联合工作专班启动光谷科技企业“首贷”行动。32家银行对接认领3437家“无贷款户”中小企业，上门服务“首贷”需求

2022年1月26日，全省地方金融工作会议在武汉召开。会议总结2021年地方金融工作、部署2022年重点工作。各市（州）、直管市、林区地方金融工作局（金融办）负责同志参加会议

助力稳企纾困

2022年5月11日，湖北省金融支持文旅企业纾困政银企对接会在武汉召开，副省长宁咏出席会议并讲话。年内，湖北省银行业金融机构将对文旅行业新增授信237亿元

2022年6月2日，由湖北省文化和旅游厅、中共武汉市委宣传部指导，武汉市文旅局、人民银行武汉分行营业管理部、武汉市地方金融工作局主办的全市金融支持文化旅游行业稳企纾困银企对接会在武汉文化金融服务中心召开

支持乡村振兴

2022年6月1日，全省金融服务乡村振兴共建创新示范区现场推进会在枝江市召开，副省长宁咏出席会议并讲话

2022年4月22日，湖北省地方金融监督管理局、荆门市人民政府、邮储银行湖北省分行联合召开金融服务乡村振兴共建创新示范区专题推进会

推进资本市场建设

2022年，全省新增上市和过会企业21家，取得历史最好成绩；实现境内IPO融资185.86亿元，为历年来最高。全年全省资本市场实现直接融资1967.46亿元，同比增长4.55%。

2022年4月21日，湖北省地方金融监督管理局组织召开全省重点拟上市企业工作调度会，部署推进重点拟上市企业加快上市进程工作

2022年5月27日，湖北省举行"楚天种子"行动启动仪式及上市后备"金种子"企业发布会，副省长宁咏出席并讲话。会上发布了全省2022—2023年度332家上市后备"金种子"企业名单以及"金种子"企业上市支持政策清单

2022年8月12日，湖北省地方金融监督管理局组织召开努力实现全省企业上市年度目标任务工作推进会，加快推进重点拟上市企业上市步伐，力争完成年度企业上市目标任务

推动资本市场高质量服务实体经济

2022年11月18日，2022长江资本高峰论坛暨清华企业家协会产业论坛在武汉举行，省委常委、常务副省长董卫民出席开幕式并致辞。论坛围绕湖北光电子信息、新能源与智能网联汽车、生命健康三大产业深入交流，推动投资合作

2022年7月28日，2022年度湖北省重点上市后备企业及新晋上市公司董秘工作座谈会成功举办

2022年8月10日至12日，湖北省“资本市场服务荆楚行”首站活动在荆门市举行，活动包括资本市场上市融资大讲堂、重点企业走访调研、私募投融资对接等系列活动。活动由荆门市人民政府、湖北省地方金融监督管理局、湖北证监局共同举办

推动企业上市挂牌

2022年8月2日，湖北省召开全省农业“金种子”企业上市培训座谈会

2022年10月21日，湖北省地方金融监督管理局召开推进武汉市企业上市工作督办会

2022年，湖北省企业上市工作取得历史最好成绩，新增境内上市和过会企业18家，新增境内上市公司均为“双创”和北交所公司。图为2022年9月13日光谷“联特科技”登陆深交所

深化金融改革创新

2022年7月，湖北省金融领导小组印发《湖北省优化金融营商环境十项重要"微改"工作方案》，提出全面推广"301"模式等十项具体改革举措，优化金融营商环境。图为7月28日人民银行武汉分行举行新闻通气会

2022年5月7日，湖北省知识产权质押融资"入园惠企"行动启动仪式暨首场活动在武汉举行。省知识产权局与招商银行武汉分行签订知识产权金融战略合作协议，银行机构与8家创新型企业现场签约2.58亿元

2022年9月30日，湖北省第一支省、市、区三级联动产业投资基金——武汉长江数字经济产业基金在武汉设立。基金总规模30亿元，由长江产业投资集团、武汉产业基金和江汉区人民政府共同发起设立，主要投资数字经济领域细分行业上市公司以及"独角兽""专精特新"等非上市企业

推进科技金融创新发展

2022年4月29日，省地方金融监督管理局、省经信厅举办全省“专精特新”企业投融资培训会。副省长宁咏出席活动并讲话

2022年5月13日，湖北省科技融资担保有限公司揭牌成立并与6家首批合作银行签约。副省长宁咏出席活动

2022年6月28日，武汉市举行“科技金融助力经济—科技金融业务员在行动”启动仪式，首笔“科担贷”落地武汉

推动绿色金融创新发展

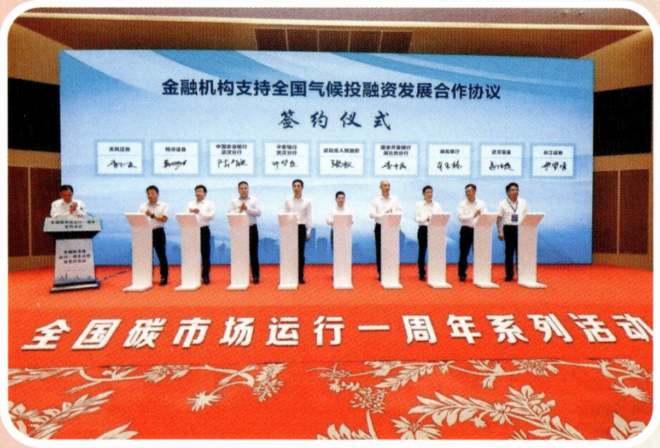

2022年7月15日，全国碳市场运行一周年总结及签约活动在武汉举行。图为金融机构支持全国气候投融资发展合作协议签约仪式

2022年2月17日，武汉市举行首批“绿保贷”签约仪式暨重大项目推进会，全国首批绿色企业保证保险贷款项目签约

2022年8月25日，武汉市举行个人碳账户·绿色信用卡试点工作启动仪式，为全国首创

2022年9月27日，省政府在澳门举办2022湖北-澳门跨境融资推介会，聚焦绿色金融。副省长赵海山出席签约仪式

持续防范化解金融风险

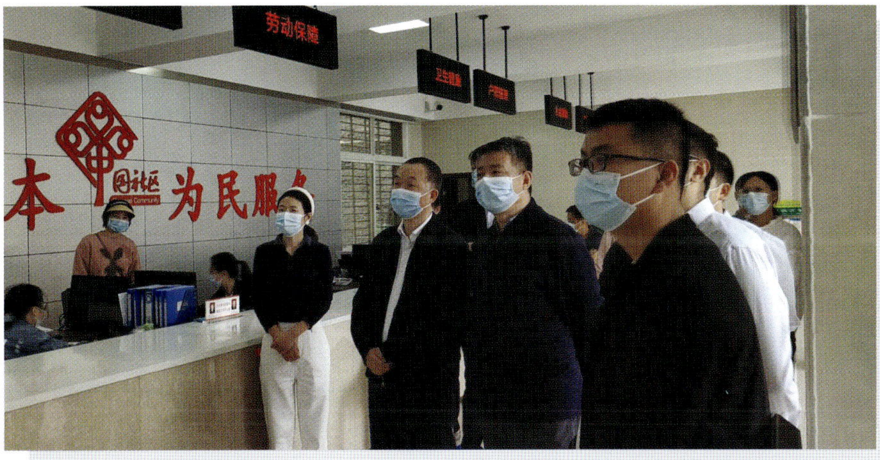

2022年5月17日—18日，省纪委监委驻省政府机关纪检监察组、省地方金融监督管理局调研潜江、荆州两市防范化解金融风险及养老领域非法集资专项整治等工作

2022年8月23日，全省地方金融组织不良资产处置项目对接暨业务培训会在武汉召开，会上湖北省资产管理有限公司与浙商资产管理有限公司联合设立50亿元纾困基金，加大对全省不良资产的收购、处置力度

2022年7月15日，人民银行武汉分行营业管理部联合武汉市公安局举行武汉市银行账户涉案风险“百日攻坚”专项整治行动推进会，深入推进电信网络诈骗和跨境赌博“资金链”治理

2022年6月2日，省地方金融监督管理局联合武汉市地方金融工作局、武昌区地方金融工作局等单位在武昌区小东门社区开展防范养老领域非法集资宣传活动

目　　录

第一部分　全省金融发展情况

第二部分　各地金融发展情况

第三部分　机构运行情况

第四部分　金融政策性文件

第五部分　金融统计

第六部分　机构名录

第七部分　行业协会、学会

第八部分　金融大事记

第九部分　附录

第一部分

全省金融发展情况

2022 年湖北省金融发展情况

湖北省地方金融监督管理局

2022 年，全省金融系统坚持以习近平新时代中国特色社会主义思想为指导，深入学习贯彻党的二十大精神，落实省委、省政府经济工作会议和省“两会”部署，知责而担，知重而行，持续全面落实金融服务实体经济、防控金融风险、深化金融改革三大任务，加快推进金融高质量发展，提升服务实体经济质效。全省金融保持了稳中有进、进中提质、总量充足、结构优化、效率提升、风险整体可控、地方金融组织规范发展的良好态势，为稳住经济大盘注入了强大的金融功能，为我省加快建设全国构建新发展格局先行区提供了强有力的金融支撑。

一、金融运行概况

（一）银行业运行稳健

2022 年，全省银行业机构体系保持稳定。共有银行业机构 200 家。其中，开发性金融机构和政策性银行 3 家，国有大型商业银行 6 家，股份制商业银行 12 家，城市商业银行 2 家，民营银行 1 家，农村商业银行 77 家，农村信用社 1 家，村镇银行 66 家，外资银行 11 家，金融资产管理公司 4 家，信托公司 2 家，金融租赁公司 3 家，企业集团财务公司 11 家，消费金融公司 1 家。股份制商业银行、外资银行、非银机构数量均居中部地区前列。

全省银行业继续保持稳健运行态势。截至 2022 年末，全省银行业资产总额 10.3 万亿元，较年初增加 8213.7 亿元，同比增长 8.7%；负债总额接近 10 万亿元，较年初增加 8088.3 亿元，同比增长 8.8%。各项贷款余额 7.4 万亿元，同比增长 10.5%，全年新增贷款 7024.4 亿元，同比少增 141.7 亿元；各项存款余额接近 8 万亿元，同比增长 9.8%，全年新增存款 7087.0 亿元，同比多增 1769.7 亿元。

（二）保险业运行稳中有进

机构体系不断扩大。2022 年，全省共有保险公司 87 家。其中，保险总公司 4 家，省级分公司 83 家（财产险公司 37 家、人身险公司 46 家）。全年新增 1 家人身险省级分公司。2022 年，全省保险业累计实现原保险保费收入（以下简称“保费收入”）1952.47 亿元，同比增长 3.96%。其中，财产险公司实现保费收入 522.27 亿元，同比增长 13.04%；人身险公司实现保费收入 1430.19 亿元，同比增长 1%。

保障功能持续增强。全年累计赔付支出 605.35 亿元，同比增长 4.08%。其中，财产险公司赔款支出 326.36 亿元，同比增长 8.53%；人身险公司赔付支出 278.99 亿元，同比下降 0.68%。

（三）证券期货基金业运行平稳

2022 年末，全省共有证券经营机构 435 家，其中，证券公司 2 家、证券分公司 65 家、证券营业部 368 家。另有证券投资咨询公司 1 家、分公司 6 家。全年全省证券交易总额达到 15.71 万亿元。

全省共有期货经营机构 72 家，其中，期货公司 2 家、期货分公司 28 家、期货营业部 42 家。2 家期货公司全年累计代理交易量 11604.99 万手，累计代理交易额 82539.14 亿元。

全省有投资基金分公司 4 家，独立基金销售机构 2 家。截至 2022 年末，全省共有登记备案的私募基金管理人 411 家，较上年增加 9 家，数量在全国排名第 11 位；共管理基金 1195 只，管理基金规模 2318.57 亿元。

（四）地方金融组织运行规范有序

2022 年末，全省共有地方金融组织 7 类、915 家。其中，小额贷款公司 344 家、融资担保公司 206 家、区域性股权市场运营机构 1 家、典当行 195 家、融资租赁公司 153 家、商业保理公司 14 家、地方资产管理公司 2 家。在常态化、规范化监管督导下，全省地方金融组织进一步找准定位、回归本源、规范经营，主要经营指标总体保持平稳，有效发挥了金融“毛细血管”作用。全省小额贷款公司年末贷款余额 273.93 亿元，仅比上年下降 0.2%，支持小微、“三农”力度不减。融资担保公司年末在保余额 2279.2 亿元，同比增长 14.2%；实现净利润 17.5 亿元。武汉股权托管交易中心新增挂牌企业 210 家、新增交易 36.73 亿股、实现融资总额 67.43 亿元。典当行全年开展业务 19258 笔，比上年同期增长 20.34%。融资租赁公司实缴资本金 94.83 亿元，同比增长 6.07%；全年累计新增融资租赁资产 62.65 亿元。商业保理公司年末发放保理融资款本金余额 23.17 亿元，同比增长 101.13%；实现净利润同比增长 83.14%。地方资产管理公司加快业务转型，新增不良资产收购投资占比达到 100%。

二、金融工作主要进展及成效

（一）增强金融有效供给，助力经济稳增长

引导金融机构有力扩大信贷投放，增强信贷增长的稳定性；引导信贷结构稳步优化，有效支持重点领域和薄弱环节；促进降低企业综合融资成本，多措并举化解融资贵。

1.保障重大项目融资需求

贯彻落实《省人民政府关于进一步加快重大项目建设扩大有效投资的若干意见》，开展金融支持重大项目专项行动。重点围绕交通物流、水利、流域综合治理、数字经济、城市基础设施、以县城为重要载体的城镇化、公共卫生、能源等8个方面的重大项目，保障融资需求。

一是建立重大项目储备库。建设全省重大项目信用信息服务平台，进一步整合重大项目各项信用信息，构建全省一体化重大项目信用信息服务网络。支持银行、担保等机构接入信用信息服务平台。定期向接入机构批量推送重大项目信息，提供信息服务，推动金融机构做好对接服务。

二是推进金融支持重大项目建设。组织开展金融支持重大项目对接活动，现场签约授信，对接解决融资需求，打通授信、用信堵点。支持各金融机构自主开展走进全省重大项目对接活动，量身定制金融服务方案，对急需推进的项目开通绿色通道，“点对点”做好重大项目金融服务工作。

三是建立融资牵头机制。1个重大项目确定1家牵头银行，牵头银行负责做好授信等综合融资服务工作，推进银行同业合作，利用债权、股权等融资方式以及银团贷款、联合贷款等融资模式，多方引入资金，全力保障重大项目多元化融资服务需求。

四是推进重大项目债券融资。加大对重大项目的债券融资支持，扩大重大项目融资渠道。积极支持债券产品创新，引导资金流向重大项目领域。全年发行新增专项债1848亿元，较上年增加233亿元，保障了全省1643个重点项目建设，拉动有效投资1万亿元。

2.支持制造业转型升级

抢抓国家扩大制造业中长期贷款的政策机遇，开展金融支持制造业转型升级专项行动，强化制造业融资信贷政策指导，联合产业主管部门加大政策支持力度，引导金融资源向制造业领域倾斜。2022年，全省制造业投资增长23.2%，连续7个月环比提速；全年制造业中长期贷款净增1071.5亿元，增长47.1%。

一是强化政银企对接。架设政银桥梁，建立长效合作机制。省地方金融监督管理局、人民银行武汉分行、湖北银保监局、湖北省发改委以及21家全国性金融机构省级分行搭建政银合作平台，加强横向沟通交流，做好项目推荐和信贷投放协同推进工作。省政府分别在荆州市、十堰市、随州市、咸宁市召开“湖北省金融稳保‘早春行’暨助力制造业高质量发展现场推进会”，推动金融更好地赋能制造业高质量发展。

二是增加金融有效供给。引导商业银行增加制造业中长期贷款和信用贷款，创新适合制造业特点的金融产品和服务，大力支持“卡脖子”关键核心技术的攻关突破。支持企业通过发行债务融资工具拓宽融资渠道，综合运用出口信贷、出口信保、跨境人民币及外汇结算等一揽子金融服务支持企业“走出去”。

三是深化金融链长制。以加大产业链上下游企业融资为重点，以提升产业链金融服务水平为目标，坚持政策引导和市场运作相结合、科技赋能和重点帮扶相结合，提升金融体系与产业体系的适配性，为全省重点产业高质量发展提供有力金融支撑，推动金融机构高效对接全省十大农业主导产业链和16条先进制造业产业链，建立产业链重点核心企业名单库。推广运用应收账款融资服务平台和动产融资统一登记公示系统。推动供应链重点企业签发供应链票据，加强供应链票据在重点企业产业链中的运用。

3.推动金融助企纾困

一是构建“1+4+N”金融纾困政策体系。省政府印发加强金融助企纾困工作若干措施，省地方金融监督管理局、人民银行武汉分行等金融管理部门和行业主管部门聚焦交通物流、批零住餐、文化旅游和对外贸易等受疫情影响较重的行业，制定4个专项行动方案。为配合金融助企纾困政策，出台《建立重大项目银企对接融资新机制的若干措施》《湖北省交通物流专项再贷款工作推进方案》《旅游企业贴息帮扶实施方案》等“N”个配套政策文件，形成“1+4+N”的金融纾困政策合力，有效推进金融助企纾困。引导金融机构结合实际，对住宿餐饮、批发零售、文化旅游等接触性服务业及物流运输、外贸等受疫情影响较大暂遇困难的行业企业，通过依规调整还款计划、延期还本、无还本续贷、贷款展期等方式，支持企业抵御疫情影响。加大对受困企业和个体工商户贷款财政贴息力度，对小微企业和特困行业使用纾困基金贷款、对小微企业和个体工商户创业担保贷款、对金融机构当年新发放的普惠小微首次贷款给予财政贴息和财政资金奖励。设立助企纾困金融服务热线，推动金融助企纾困政策落地见效。

二是推动信贷投放量增价降。强化对受困中小微企业的信贷支持。确定2022年安排5000亿元以上专项信贷资金支持中小微企业纾困和发展，全年普惠小微贷款新增1200亿元以上。单列300亿元以上再贷款、再贴现额度，支持金融机构为受困中小微企业发放优惠利率贷款。扎实开展两项直达政策工具的接续转换，实施好普惠小微贷款支持工具，对全省82家符合条件的地方法人金融机构给予7.6亿元资金激励，直接撬动495.7亿元的普惠小微贷款增量。用好5亿元省级中小微企业应急转贷纾困基金，督促市、县建立完善中小微企业应急转贷纾困服务体系和中小微企业风险补偿激励机制，以此为抓手，推进政银企合作，完善风险共担、利益共享机制，切实提高中小微企业融资的可获得性，降低融资综合成本。加大对“白名单”内受困企业的融资支持，全年为“白名单”内困难行业企业提供融资支持近300亿元，为其办理延期还本付息近100亿元。引导金融机构积极争取内部资金转移定价优惠，持续释放贷款市场报价（LPR）利率改革效果，落实支农支小再贷款利率下调政策安排，合理降低各期限存款利率，推动实际贷款利率稳中有降。2022年12月，全省新发放贷款加权平均利率为3.76%，同比下降74个BP。规范服务收费，鼓励金融机构扩大支付手续费减费领域及幅度，降低小微企业和个体工商户的银行账户服务收费、人民币转账汇款和银行卡刷卡手续费，取消部分票据业务收费，对受疫情影响较大的市场主体免收单位银行结算账户管理费和年费。

三是积极改善受困主体金融服务。提高受困主体贷款效率，建立信贷服务“绿色通道”，简化审批流程；推动落实小微企业贷款授权清单、授信清单、受理回告清单、尽职免责清单“四张清单”金融服务机制，优化信贷资源配置、提升融资服务质效，年内实现市（州）、县银行网点“四张清单”全覆盖。发挥融资担保增信功能，加快推广新型政银担合作，落实省再担保集团、政府性融资担保机构、银行和地方政府的四方风险分担机制，年内实现市（州）、县新型政银担业务全覆盖，全省新型政银担合作体系业务规模突破1000亿元大关，达到1007亿元，累计服务市场主体23.7万户，业务规模跻身全国第一方阵。落实政府性融资担保机构资金补充、风险补偿、保险补助、业务奖补等“四补”机制和尽职免责要求，引导政府性融资担保机构聚焦主责主业，增强可持续发展能力。年末全省融资担保在保余额2271.1亿元，同比增长22.3%；全年累计减免担保、再担保费超过3亿元。推进“企业金融服务方舱”常态化建设，累计帮扶企业34056个，金融纾困金额达到2327.28亿元。增强保险保障作用。推动保险机构与银行机构合作，依法合规开展贷款保证保险业务。推动保险机构适度顺延疫情严重地区营运类停驶车辆车险期限，对投保安全生产责任保险的企业，扩展承保新冠肺炎疫情的救助保障责任。引导保险机构发展满足不同收入群体需要的健康保险产品和多样化养老保险产品。扩大外汇政策受惠面。扩大贸易外汇收支便利化试点，简化企业业务办理环节和流程。全年银行共办理试点项下外汇收支业务1.18万笔、金额27.79亿美元；有6525家企业通过网上核验便利化办理对外支付业务3084笔，金额45.13亿美元。全面推广小微企业简易开户服务，切实为开户需求急迫、无固定经营场所以及受疫情影响的企业提供简流程、少环节、低成本的银行账户便利服务。2022年，实现各市（州）、各银行小微企业简易开户服务全覆盖。推进全省中小企业融资信用平台建设，加大平台涉企政务信息归集共享力度，实现省市两级数据互联互通。加强金融科技运用，强化信用信息服务产品研发，根据银行需求提供批量化、定制化信息服务，提高企业信用“画像”精准性，扩大小微企业信用贷款、首次贷款规模。

（二）推进金融支持县域经济，助力乡村振兴

1.推进县域金融高质量发展

一是推进金融资源向县域倾斜。坚持新增金融资金优先满足县域、新增金融服务优先布设县域的原则，扩大县域分支机构信贷审批权限，压缩贷款办理时限，增加信用贷款和中长期贷款，全年安排不低于200亿元支农支小再贷款和20亿元再贴现额度。引导资金适配性较差的县（市）提高县域存贷比，推动全年县域贷款增速高于各项贷款增速。

二是加强县域重点领域金融支持。加大对巩固脱贫攻坚成果、粮食安全、种业发展、县域富民产业、新型农业经营主体、创业就业、县域基础设施（乡村）建设等重点领域的金融支持力度。实施信用培植工程和县域贷存比提升工程，充分发挥信贷、保险、直接融资、期货期权等不同金融市场和融资工具作用，提升金融服务县域的能力和质效。

2022年末，全省县域贷款余额达到16400.02亿元，比年初增加2364.56亿元，增速16.85%，超过全省平均水平（10.48%）6个百分点。全省县域企业上市挂牌工作步伐进一步加快，“四板”市场挂牌企业实现县域全覆盖。县域保险市场进一步拓展，政策性农业保险深入推进，确保了国家惠农政策落到实处。

2.推进金融支持乡村振兴

一是启动金融服务乡村振兴创新示范区建设试点。在枝江召开全省金融服务乡村振兴共建创新示范区现场推进会，推动金融支持政策优先向县域倾斜、金融资源加速向县域配置，进一步丰富农村金融

供给、创新金融产品和服务，提升农村金融服务可得性和满意度。从金融机构选派一批专业人才到枝江、黄梅、郧阳等全省30个县域挂职任副县(市、区)长；15个省级金融机构与34个试点县(市、区)结对共建，深化县域政银合作。推动创新示范区进一步深化乡村振兴金融供给侧结构性改革，健全乡村振兴金融机构体系和服务体系，加大金融有效供给。

二是建立完善金融支持乡村振兴长效机制。人民银行武汉分行、湖北省农业农村厅、省地方金融监督管理局联合发布《进一步做好金融支持新型农业经营主体发展若干措施》，从加强融资对接、拓宽抵质押物范围、支持直接融资等方面提出11条措施，持续加大对新型农业经营主体的金融支持力度，助力乡村振兴。推广“银行+企业+农户”“银行+企业+基地”“银行+企业+合作社”等信贷模式，探索“整村授信+村银共建”服务模式，加快推进“整村授信三年全覆盖”，有效促进信贷支持乡村振兴扩面、增量、提质。推进基础金融服务“村村通”，升级设立驻村普惠金融工作站，延伸金融服务范围。建立农业产业化企业数据库和对口帮扶金融专家库，鼓励大型银行和股份制商业银行设立专门的乡村振兴金融部或在相关部门下单列乡村振兴金融服务条线。引导金融机构积极推广“保险+期货”业务，赋能乡村振兴。2022年3月，我省在部分棉花种植大县启动棉花“保险+期货”项目，首次将承保期限涵盖棉花从种到收的全生育期，为棉花种植全程保驾护航，有效支持了全省棉花种植面积逐步恢复。

(三)推进多层次资本市场高质量发展，不断提高直接融资比重

贯彻落实党中央、国务院关于资本市场改革发展的决策部署，抢抓全面实行股票发行注册制机遇，在全省开展资本市场建设“楚天行动”。围绕充分发挥多层次资本市场枢纽作用和资源配置功能，促进投融资和产业协同发展。推动全省直接融资规模、上市公司数量、上市后备企业数量较2020年实现倍增，构建中部资本市场高地。2022年，全省企业上市工作取得历史最好成绩，全年新增上市和过会企业数量达到21家，其中境内上市和过会企业18家、12家已完成发行；境外上市和通过聆讯企业3家。全年全省资本市场实现直接融资1967.46亿元，同比增长4.55%。其中，股权融资250.27亿元、债券融资1717.19亿元。全省公司债发行成效显著，发行规模较上年增长48.49%。

1.大力推进企业上市

(1)做优做实上市后备资源库

围绕我省正在打造的5个万亿级支柱产业、10个五千亿级优势产业、20个千亿级特色产业集群“51020”现代产业体系，聚焦“光芯屏端网”等新一代技术产业、汽车制造、现代化工、大健康、航空航天、高端装备制造等重点产业、专精特新“小巨人”企业、高新技术“瞪羚”企业等，依托企业上市政务云平台，建立健全省、市、县三级上市后备资源库和重点行业上市后备库，实施动态管理和精准培育。

(2)实施“楚天种子”赋能提升行动

建立上市后备企业、行业主管部门、中介机构等多方参与的常态化宣讲推介机制，分级分类开展资本市场培训，全面提升企业对接资本市场实现高质量发展的能力和积极性。分行业、分类别制定“种子”入库标准，定期在全省进行上市后备企业资源摸底，组织专家团队评选，通过各种渠道和途径公布“种子”企业名单，弘扬“种子”价值，提升企业知名度，吸引更多中介机构、投资机构关注“种子”企业，畅通“种子”企业与资本市场对接渠道。对入库“种子”实施动态管理，针对不同发展阶段的后备企业特点，引导各市(州)为省级“金种子”企业制定精准服务方案，实行“一企一专班”贴身辅导，通过政策全周期支持、服务全链条保障、资源全过程倾斜，助推优质上市后备“种子”企业价值发现和价值实现。省地方金融监督管理局组织召开2022—2023年度上市后备“金种子”企业发布会，会上发布了400家省级上市后备“金种子”企业名单和《省级上市后备“金种子”企业上市支持政策清单》，启动了“楚天种子”赋能提升行动。

(3)加大上市后备企业培育支持力度

进一步加大对优质上市后备企业的项目用地、财税、资金、招投标、招商等方面的支持力度。引导金融机构在风险可控前提下，为重点上市后备企业提供综合金融服务。支持政策性担保机构为上市后备企业提供融资增信服务，并按规定给予担保费率优惠。充分利用上交所中部基地、深交所和北交所服务湖北基地，分片区、分行业、分类别精准开展上市专题培训和投融资对接活动。

(4)加大企业上市奖励力度

完善企业上市分阶段奖励实施办法，全面落实上市奖励无申请兑付制度。省财政厅会同省地方金融监督管理局对企业上市省级资金管理办法进行了修订，提高了单户企业上市最高奖励标准，单户企业分阶段奖励额度提高到最高500万元。鼓励中小企业在北交所上市，对在沪、深、北交易所及“新三板”通过配股、增发新股、发行可转债等方式再融资的，省财政按照募集资金总额再分档奖励。2022年，省财政深化“免申即享”改革，已分批拨付企业上市奖

励资金6000万元。

2.培育高质量上市公司集群

鼓励引导符合条件的上市公司利用各类股债融资工具扩大直接融资，充分发挥引领带动作用，促进以优质上市公司为主导的产业链集群发展。支持规范运作的上市公司开展市场化并购重组、引入合格战略投资者，聚焦主业做优做强。深入开展上市公司治理专项行动，加强依法监管和分类处置，压实企业主体责任和属地责任，综合施策，稳妥推进上市公司化解风险。

3.提升区域性股权市场服务功能

推动各市(州)政府信息资源共享平台与武汉股权托管交易中心信息服务平台实现互联互通，支持武汉股权托管交易所中心提升对中小微企业的综合服务能力。支持武汉股权托管交易中心开展区块链建设试点，争取"四板"改革创新试点，积极探索业务及产品创新。加强武汉股权托管交易中心与沪、深、北交易所合作，支持探索建立"新三板"转板对接机制，将武汉股权托管交易中心打造成为全国区域性股权市场领军机构。

4.扩大债券融资规模

积极对接债券创新产品信息，加强债券融资培训，引导优质企业通过债券市场融资。大力培育发债企业资源，注重对企业首次运用债券市场实现融资的规划和扶持。稳妥推进基础设施领域不动产投资信托基金(REITs)试点，有效盘活基础设施存量资产。鼓励金融机构积极参与我省企业债券发行，组织中介机构与发债企业对接。加强与中国银行间市场交易商协会和沪、深交易所的沟通联系，为企业发债创造有利条件。

5.加快股权投资基金业发展

(1)引导创投私募基金规范发展

在做好风险防控的基础上，推行创业投资企业、创业投资管理企业和天使投资人登记注册便利化，鼓励有条件的市(州)对新设立和新迁入且投资当地实缴资金达到一定规模的创业投资机构给予适当奖励。建立私募股权投资优质企业和重点项目库，支持长期资本、风险资本进入私募股权基金，支持创业投资机构通过上市、发行企业债、公司债、双创债务融资工具以及募集保险资金等渠道募集资金。支持发起设立专业化的私募股权二级市场基金(简称S基金)，鼓励现有母基金引入S策略，拓宽创业投资和股权投资份额转让与退出渠道，提升合规经营意识和专业化运作水平。

(2)创新完善政府引导基金体系

优化政府引导基金布局，建立省级股权投资平台、省级母基金、专业类子基金阶段协同、资金协同、目标协同的培育合力机制。设立省科技创新发展基金，加强与头部私募股权投资基金合作，推动湖北重点建设实验室、国家重大科技基础设施和技术创新中心对接天使投资、创业投资等机构。大力发展省级产业投资基金，年初长江产业投资集团有限公司成立，设立规模500亿元的创投、产投母基金，管理基金规模超过3000亿元。支持长江产业投资集团有限公司加强投资运营管理，成为投融资领域一流领军企业。探索创新国有创投机构绩效考核评价机制，对政府参股的各类种子、天使、风投、创投基金，整体考核基金所投项目，从基金投资运营全周期评价整体投资收益，完善容错和尽职免责机制。鼓励发行基金债，更大力度撬动社会资本投早、投小、投科技。

6.发挥资本市场服务机构作用

支持长江证券、天风证券、长江期货、美尔雅期货等地方法人证券期货机构通过增资扩股、并购重组等方式做优做强。充分发挥证券公司、律师事务所、会计师事务所等资本市场专业机构作用，建立激励与约束机制，提升综合服务功能。完善证券公司保荐代表人联系市(州)和重点区(县)制度，定期通报重点券商保荐人服务情况，引导更多券商深入市(州)、县，点对点提供专业指导。

7.打造最优资本市场发展环境

推动政府、各行业主管部门落实企业上市"绿色通道"制度，为企业上市和直接融资提供最优服务。推动各地各有关部门按照"一网通办、只进一扇门、最多跑一次"的"一网一门一次"政务服务要求，主动做好企业上市和多层次资本市场服务，限时办结。

(四)推进金融改革创新，扩大金融对外开放

1.开展科技金融服务"滴灌"专项行动

围绕打造全国重要的科创金融高地的目标，突出金融供给侧精准发力，进一步完善科创金融支持政策，不断优化科创金融综合服务，构建多元化科技投融资体系，对科创企业实施精准"滴灌"，大大增加科创金融有效供给。

(1)推进科创金融改革创新示范区建设

全力支持东湖高新区抢抓国家全面启动科创金融2.0改革试验机遇，积极申报全国科创金融改革创新示范区。推动东湖高新区不断完善东湖科创金融改革创新示范区总体方案，聚焦科创金融深化改革的核心问题，以探索搭建管理平台与生态机制、创新基金集群赋能金融体系为特色，对科创金融的全要素、全链条进行积极探索。支持光谷科技创新大走廊建设，人民银行武汉分行组建光谷科创金融联合工作专班，从加强货币金融监管政策支

持、发挥银行信贷主力军作用、畅通多层次资本市场直接融资渠道、增强保险服务科技创新功能、发挥金融联合协作优势等方面提出具体措施，进一步推进金融创新与服务供给，提升光谷科创大走廊在全省高质量发展中的引领作用。推动金融链长制在东湖高新区内实施，确立光通信、激光、集成电路、显示面板、装备制造、智能电动汽车、生物大健康、软件信息、现代农业等九大产业金融链长，引导金融机构加大金融创新力度和提升金融服务质效，助力科技成果转化和科技产业固链、强链、补链、延链。年初省政府在武汉东湖高新区举办湖北金融稳保“早春行”暨科创金融改革创新示范区建设现场推进会，东湖高新区与人民银行武汉分行、湖北银保监局、湖北证监局签订科创金融改革创新示范区共建协议，相关银行与科技型企业签订融资授信协议。会上正式发布了“楚天贷款码”和《东湖高新区科技产业金融链长制实施意见》。

（2）优化科创企业信贷服务

一是优先支持“专精特新”中小企业。人民银行武汉分行联合湖北省经济和信息化厅出台《关于金融支持“专精特新”中小企业创新发展的指导意见》，将“专精特新”中小企业列为金融优先支持对象，积极增加有效信贷供给，力争“十四五”期间“专精特新”新增贷款350亿元以上。《意见》提出将有效发挥再贷款、再贴现等货币政策工具撬动作用，专项拨付100亿元额度，运用“鄂微融”“鄂创融”等专项政策工具，定向支持引导金融机构创新金融产品，扩大信贷规模。金融管理部门加大考核监测力度，定期对全省各市（州）及各金融机构开展“专精特新”中小企业金融服务情况进行专项统计并定期监测通报，将评价结果纳入到信贷政策导向评估。省地方金融监督管理局、省经信厅联合举办全省“专精特新”企业投融资培训会，10家银行机构与11家企业分别签署合作协议，协议融资金额近10亿元。

二是开展“科创首贷行动”。为帮助一些有市场、有发展前景，但又缺资金、缺信贷记录的科创企业实现首次贷款，提升科创企业的融资获得感，进一步提高金融服务科创企业覆盖率，让科技金融服务走进更多的科创企业，湖北省大力推进科创金融“首贷”工作，助力科创中小企业迈出融资第一步。2022年6月，人民银行武汉分行与武汉东湖新技术开发区管委会科创金融联合工作专班在武汉东湖高新区召开科创企业“首贷”行动动员大会，启动“科创首贷行动”。武汉东湖高新区内商业银行积极对接区内3437家无贷款记录的科技型中小企业。区内32家银行机构按照《东湖高新区科技企业“首贷”行动工作方案》要求，在主要营业网点设立“首贷窗口”、主动上门对接企业融资需求、开展尽职调查、对有效需求及时授信，实现了“企业对接率达到100%、融资需求尽职调查达到100%、有效融资需求授信率达到100%”的“首贷”对接工作目标。科创金融联合工作专班积极协调解决银行在“首贷”行动推进中的难点问题，定期通报各银行“首贷”对接、尽调、授信进度，推动“科创首贷行动”向纵深发展。

三是开展知识产权质押融资入园惠企行动。印发《湖北省知识产权质押融资入园惠企行动方案》，从加强政策引导、创新质押融资模式、提升金融服务水平等方面推动各市（州）、县广泛开展知识产权质押融资工作，持续扩大质押融资普及度和覆盖面。举行2022年湖北省知识产权质押融资入园惠企行动启动仪式，省知识产权局与招商银行武汉分行签订知识产权金融战略合作协议；中国银行湖北省分行、招商银行武汉分行、光大银行武汉分行、武汉农商行等银行机构与8家创新型企业签订知识产权质押贷款协议，签约金额2.58亿元。截至年末，全省17个市（州）、直管市、林区均开展了知识产权质押融资业务，实现全覆盖。

（3）加大新兴产业创投领域的投入力度

出台吸引创投产业在湖北聚集发展的专项政策，搭建科创企业与创投机构、各类资本对接平台，引入优势资源，推动科创企业产业结构优化升级和新兴产业发展。围绕光谷科创大走廊等重点区域，充分发挥产业投资基金和创投基金作用，增强对高投入、回报周期长的硬科技、创新难度大领域的扶持力度和稳定性。

（4）发挥资本市场赋能科创企业发展作用

举办“资本市场服务荆楚行”、全省“专精特新”企业投融资对接和债券融资专题培训等系列省级重大活动，为科创企业注入金融活水。围绕武汉科创中心建设，制定支持武汉推进优质科技型企业上市（挂牌）融资实施方案，推动更多企业利用资本市场做大做优做强。大力支持“双创”企业登陆资本市场融资，2022年，全省新增境内上市公司全部为“双创”和北交所上市公司，实现IPO融资185.86亿元。引导支持上市公司用好资本市场工具，通过优先股、可转债等多元化债券和资产支持证券等方式进行融资，引领湖北经济转型升级。

（5）强化金融支持科技型中小微企业的外部支撑

一是构建科技融资担保体系。出台《湖北省科技融资担保体系建设实施方案》，构建覆盖全省、上下联动的专业化科技融资担保体系。在省级层面组建湖北省科技融资担保有限公司，支持市（州）和国家级高新区新设科技融资担保机构，支持市县政府性融资担保机构设立科技担保业务部。

二是优化科技担保政银担分险模式。推动建立由省再担保集团、担保机构、合作银行和市县政府按4：2：2：2的比例分担风险责任的新型政银担合作科技融资担保模式，加大对科技型中小微企业担保增信力度。全省已有52个市县加入“4222”科技融资担保新型政银担合作，省科担信用担保占比达97.5%，有力推动了科技型中小微企业股权质押和知识产权质押担保增信业务向纵深发展。截至2022年末，全省科技担保业务在保笔数5747笔，在保金额165.72亿元，较年初分别增长156%、156.65%。

2.开展绿色金融专项行动

牢固树立和践行“绿水青山就是金山银山”的发展理念，将绿色发展导向和绿色金融工作要求落到实处，努力实现“绿色金融服务体系基本形成、绿色金融创新能力不断提升、绿色金融总量和结构显著改善”的工作目标。

一是加强绿色金融体系建设。出台推动绿色金融创新发展工作措施、编制适合湖北省情的绿色企业（项目）认定标准、建立绿色项目库。举办线下绿色银企（项目）对接会，支持绿色企业和项目与金融机构对接融资需求。深化“鄂绿通”平台建设，进一步完善项目入库评价体系，着力提升作为省级绿色金融综合服务平台的服务功能，为绿色项目主体提供多样化、多维度、多层次、全生命周期的金融服务。推动全国碳交易清结算机构落地武汉，与“中碳登”形成合力，提升湖北在全国碳交易市场的核心枢纽作用。支持武汉市和十堰市申报国家级绿色金融改革创新试验区，武汉市已完成《湖北省武汉市建设绿色金融改革创新试验区总体方案》编制和上报工作；十堰市大力推进实施试验区申报达标提升工程。

二是加快打造“双碳”绿色金融资源聚集高地。出台《关于金融支持湖北省绿色低碳转型发展的实施意见》，明确12条具体支持措施，组织金融机构用好用足两项绿色货币政策工具。引导金融机构加强项目挖掘、储备和向上推荐，加大绿色金融支持力度。人民银行武汉分行与省发改委、科技厅、经信厅、财政厅等16个部门联合印发《湖北省绿色项目贷款提升行动方案》，合力开展绿色项目贷款提升行动，依托湖北省绿色产业项目库和“鄂绿通”服务平台，推动全省绿色项目通过自主申报、部门推荐等途径归集，评估入库后享受金融机构融资对接服务和绿色领域专项支持政策，撬动更多绿色信贷投放。鼓励有条件的银行业金融机构设立绿色金融专营机构，创新绿色金融产品，确保绿色贷款增速高于各项贷款增速。武汉市组织实施建设全国碳金融中心行动，印发《武汉市建设全国碳金融中心行动方案》，明确10项重点任务、5项保障措施，推动加快建成全国碳排放权注册、登记、结算中心，辐射长江经济带的生态资源权益交易中心，立足中部、辐射全国的碳金融生态圈、碳市场的核心节点、结算枢纽及碳定价中心。人民银行武汉分行创设“鄂绿融”专项政策工具，单列100亿元再贷款、再贴现额度，专项支持金融机构加大绿色领域信贷投放，并在全国首创了5只碳基金，其中武汉市成立了两只各100亿元的碳达峰基金和碳中和基金。年内汉口银行、兴业银行武汉分行创新推出的绿色企业保证保险贷款成功落地，全国首批“绿保贷”在武汉诞生；汉口银行推出个人碳账户为全国首创。截至2022年末，全省绿色贷款余额9792亿元，同比增长39.6%，高于全国平均水平1.1个百分点。

三是加大绿色保险发展力度。落实《湖北省环境污染责任保险管理办法》，推动对危险废物处置企业的强制保险。督导全省保险业积极发挥环境污染责任保险在环境风险管理中的积极作用，着力提升服务水平。指导省保险行业协会组织保险公司采取多种形式，积极向全社会宣传普及保险知识和环境污染责任保险功能作用。年内全国第一单“环保装备产品质量安全责任保险”落地武汉东湖科技保险创新示范区，开启了科技保险助力实现“双碳”目标的新探索。

3.完善现代金融组织体系

一是大力引进金融机构。支持各类市场主体在我省发起设立或组建法人金融机构；引导全国性银行保险机构在我省设立区域性总部、金融功能中心，加快后台中心建设；支持证券期货经营机构在武汉设立信息中心等后台基地；积极引进外资金融机构。全省多层次、广覆盖、差异化的金融机构和服务体系进一步优化完善。

二是大力支持做强地方法人机构。加大政府资源对地方法人金融机构倾斜力度，建立地方法人金融机构多渠道资本补充长效机制，撬动社会资本积极参与。督促金融机构主要股东落实补充资本承诺，引导和支持地方法人金融机构运用发行二级资本债、优先股、可转换债券、永续债等资本补充工具多渠道补充资本，增强信贷投放能力。年内汉口银行、湖北银行和三峡农商行等3家地方中小银行合计发行二级资本债券48亿元；汉口银行成功发行湖北首单绿色金融债20亿元；湖北银行等4家地方中小银行金融债发行计划157亿元获得初审核定。支持地方法人金融机构引入合格战略投资者，加快推进湖北银行、汉口银行等重点法人金融机构上市融资。支持地方法人银行设立理财子公司、积极推进省农村信用联社改革、推动开展投资管理型乡镇银行试点。支持地方法人证券、保险机构增强综合实力,实现在全国同业排名明显提升。组建省级金融投资集团,年初湖北宏泰集团有限公司正式成立,通过股权置换、无偿划转、合并重组、市场收购等方式,整合金融机构存量资源,打造具有鲜明区域特色的省级金融控股集团。

三是大力规范地方金融组织。支持地方金融组织利用增资扩股、兼并重组、集团化发展等方式,提升资本实力、治理水平和可持续发展能力。支持地方金融组织加强金融科技运用、优化商业模式、提升风控水平、增强市场竞争力、拓展服务功能。推进市(州)、县政府性融资担保业务全覆盖,实现政府性融资担保机构支农支小担保业务达到80%以上。培育引导一批具有核心竞争力的小额贷款公司、典当行、融资租赁公司、商业保理公司成为行业领军企业。

4.不断扩大金融对外开放

(1)深化金融对外交流合作

一是加强政金战略合作。充分发挥湖北区位、科技、产业优势,持续推进政金战略合作,集聚更多的优质金融资源。省政府与中国国际金融股份有限公司签署战略合作框架协议,中金公司将在都市圈建设、科技成果转化、现代产业集群培育、碳达峰碳中和、国企改革发展等领域持续深化与湖北合作,实现互利共赢。湖北省金融领导小组办公室与兴业证券股份有限公司签署战略合作备忘录,兴业证券将进一步发挥资产管理、投资银行等综合性金融服务领域专业优势,聚焦湖北国企改革、股权债权融资、财富管理等重点领域,支持湖北进一步扩大直接融资规模。

二是推进跨境投融资合作。推动开展跨境投融资业务创新,赋能对外经贸合作和“内外循环”互助共进。省政府在澳门举办“2022 湖北—澳门跨境投融资推介会”,推动建立鄂澳合作机制,开启多领域跨境投融资合作。推介会上,长江产业投资集团有限公司、宏泰集团所属碳排放权登记结算(武汉)有限责任公司(“中碳登”)分别与中华(澳门)金融资产交易股份有限公司(MOX)签署合作协议,在碳金融、绿色金融等领域加强鄂澳全方位战略合作。省地方金融监督管理局与香港贸发局在武汉共同举办湖北企业借力香港融资平台对接交流会,26 家湖北企业与 15 家香港企业通过线上平台交流分享利用香港金融服务高质量发展相关议题,与华泰金融控股、香港交易所从融资方案、赴港上市等角度进行互动。截至 2022 年末,香港在鄂投资项目(企业)达 8000 多个、合同外资金额近 900 亿美元,已有 17 家湖北企业在港交所上市。

三是深化金融交流。2022 长江资本高峰论坛暨清华企业家协会产业论坛在武汉举行。本届论坛聚焦资本赋能湖北光电子信息、新能源与智能网联汽车、生命健康等优势产业,探索形成“围绕产业链布局创新链、围绕创新链布局资本链”三链融合发展模式,助力湖北由“产业大省”向“产业强省”迈进。

(2)推进外汇服务便利化

国家外汇管理局湖北省分局修订发布《关于开展优质企业贸易外汇收支便利化试点的指导意见》,持续推动贸易外汇收支便利化、外债便利化等试点政策落实生效。做好服务贸易对外支付税务备案信息网上核验工作,构建“汇、税、银、企”四方应急互通机制,全力保障服务贸易对外支付税务备案信息网上核验有效运转。推进优质企业贸易外汇收支便利化。建立“遴选银行—培养孵化—全面评估—精准宣传”的“一条龙”工作机制,建立优质银企后备库、丰富银行主体、培育优质企业、持续推进扩面,试点银行和企业数量分别增加至 7 家和 57 家。

(3)推进“一带一路”外汇服务

一是优化业务办理流程,促进投资便利化。深入推进简政放权、放管结合、优化服务改革,坚持以登记制为主的境外投资外汇管理方式,企业凭相关资料直接到银行办理境外直接投资外汇登记、资金收付和结售汇业务。

二是拓宽境外企业融资渠道,降低融资成本。提高境内企业境外放款上限,满足境内企业“走出去”的资金需求。

三是支持跨国公司开展跨境资金集中运营业务。便利跨国公司统筹使用境内外成员企业资金,提升资金使用效率,促进贸易投资便利化。

四是鼓励辖内银行丰富对外保函服务范围和产品。引导银行开展保函业务,支持企业“走出去”,提高境内企业境外承包工程中标率,提升工程建设的资金周转效率。

(4)大力支持湖北自贸区建设

持续深入推进湖北自贸区外汇管理改革,推动在自贸区创新开展经常项目业务、资本项目业务、外汇市场业务。指导督促金融机构认真落实各项外汇便利化政策,主动对接市场主体,提供优质服务,让外汇改革红利惠及更多自贸区企业。进一步优化自贸区营商环境,提升涉外交易便利化水平,促进企业用好国内国外“两个市场”金融资源,降低企业融资成本,激发市场活力,提升湖北自贸区吸引力。

（五）不断提高管理和监管质效，防范化解金融风险

2022 年，金融管理部门和监管部门坚持党对金融稳定工作的全面领导，认真落实金融管理和监管职责，不断提高监管水平和质效，加大风险防控和化解力度，守住了不发生系统性、区域性风险底线。

1.加强金融管理，维护金融稳定

人民银行武汉分行按照"稳定大局、统筹协调、分类施策、精准拆弹"的基本方针，会同有关部门打好防范化解重大金融风险攻坚战。持续推动健全金融稳定长效机制，有效应对复杂严峻的国内外形势和新冠肺炎疫情的冲击考验。持续加强重点领域风险防控，有效处置化解突出风险点。重点做好流动性监测预警和风险防控工作。

一是完善流动性监测预警机制和应对方案。建立完善地方法人金融机构流动性动态监测制度，先后印发《地方法人金融机构流动性应急预案》和《湖北省银行机构挤兑风险事件应对操作指南（2022）》，多维度、全方位强化对地方法人金融机构流动性风险以及可能引发的挤兑风险的监测预警，指导辖内区域系统重要性金融机构开展流动性应急演练，做好再贴现、常备借贷便利、法定存款准备金、流动性再贷款等相关准备，确保紧急情况下的流动性需求。

二是强化中小银行和非银机构流动性监测。精准掌握辖内中小银行和非银机构的流动性状况，对中小银行和非银机构的整体流动性进行判定分析，甄别存在流动性风险的重点关注银行。密切监测中小银行的大额资金流入和流出、超额准备金、欠交准备金和动用准备金等情况，预估中小银行未来流动性变化情况，研究制定应对措施。2022 年，全省纳入监测范围的地方法人金融机构的流动性指标整体向好，区域系统重要性金融机构的净稳定融资比例、流动性比例、流动性缺口率、核心负债比例等指标均处于安全边界内。

三是合理运用常备借贷便利满足短期流动性需求。按照人民银行统一部署，及时设置"白名单"，统一对"白名单"机构进行授信，指导辖内人民银行分支机构和符合条件的地方法人金融机构尽快向中债登提交资料、开通 DVP 权限。截至 2022 年末，全省已开通 DVP 的地方法人金融机构数量达到 79 家，实现"应开尽开"，审批后资金实现"秒到账"。严格按照人民银行相关管理规定，合理、灵活、规范运用常备借贷便利工具，及时对中小银行提供流动性支持，平抑市场利率波动，并做好相关资金使用监督以防止套利行为。2022 年，全省地方法人金融机构流动性状况较为平稳，整体合理适度。

2.加强银行业保险业监管，防范重点领域风险

（1）全力防控信用风险

始终把防范化解信用风险放在突出位置，截至 2022 年末，全省银行业不良贷款率 1.31%，比年初下降 0.05 个百分点。做实资产质量，确保真实反映风险。加强信用风险前瞻性防控，加大拨备计提力度，全省银行业拨备覆盖率同比提高 13.43 个百分点，风险抵补能力进一步增强。大力推动不良资产处置，灵活采取重组、转让、核销、清收等多种方式处置不良贷款。

（2）稳妥处置房地产领域风险

全力推动房地产"金融 16 条"等支持政策落实到位，指导银行加大对重点房企纾困力度，做好受疫情影响居民的按揭贷款纾困工作。积极支持保障性租赁住房建设，推动落实中国银保监会、住房和城乡建设部联合发布的《关于银行保险机构支持保障性租赁住房发展的指导意见》，2022 年，全省银行业累计发放保障性租赁住房贷款 72 亿元。扎实开展经营用途贷款违规流入房地产领域专项排查整改工作，推动问题全面整改、督导银行加大问责；联合印发《关于进一步加强个人消费贷款、经营用途贷款管理　维护个人住房贷款市场秩序的通知》，规范房地产市场秩序。加强房地产风险监测，定期监测湖北全辖银行机构房地产贷款集中度、房地产信贷融资、武汉市房地产市场及融资情况。推动银行机构聚焦"保交楼"，成立工作专班，统筹具体工作，着力摸清并动态监测风险楼盘在全省银行业开发贷款、按揭贷款底数。

（3）有序化解重点企业债务风险

继续按照"一企一策"原则，认真落实银行业金融机构债权人委员会有关工作要求，积极指导、协调和监督辖内债委会和金融债务重组等工作，综合运用稳贷续贷、担保置换、引进战投等多种手段，化解重点企业债务危机，支持金融机构依法维护金融债权，防范金融风险。

（4）推动法人机构风险防控

开展风险排查，进一步摸清信用风险底数。遵循"一行一策"原则，实地协调地方政府履行风险处置责任，圆满完成辖内高风险机构"清零"工作。提升流动性风险管理能力，加强流动性风险状况研判，查找流动性日常管理和应急管理中薄弱环节，调整资产负债结构，丰富管理工具，提升管理能力。引导辖内法人机构从审慎、长远发展考虑，进一步加大内源性资本补充力度；支持多渠道补充资本，增强风险抵补能力。

3.加强资本市场监管,有效防范和处置各类风险

湖北证监局坚守监管主责主业,进一步健全完善监管体系,强化市场约束机制和风险防控机制,不断提升监管效能,牢牢守住风险底线。

(1)加强市场主体监管

一是加强上市公司监管。坚持"抓两头带中间"的原则,对于优质上市公司,引导和推动其利用资本市场开展直接融资,做优做强,实现高质量发展;对于头部公司,建立月度监管台账、开展现场调研,做好监管与服务工作;对于一般类公司,保持持续关注、建立"早发现"工作机制,对风险苗头抓早抓小;对于风险公司,坚持"对症下药",能救早救、应退尽退。2022年,圆满完成127家公司2021年年报监管工作,撰写56家年报审阅分析报告、开展现场检查18家次。

二是加强"新三板"公司监管。引导创新层挂牌公司提升规范化水平,加强对基础层挂牌公司的分析和研判。推动挂牌公司切实强化公众公司职责,及时履行年报信息披露义务。总结拟上市公司现场检查的通用要点,形成"标准化+差异化"的检查底稿模板,增强检查程序的规范性、专业性、完整性,落实留痕要求。探索"新三板"风险应对机制,针对挂牌公司日益增多的内部纠纷外部化的问题,研究相关监管边界和妥善的处理方式,实现监管执法和风险处置的有机结合,确保监管资源的高效利用。

三是加强证券期货机构监管。加强证券期货经营机构监管。紧盯重点机构、重点人员、重点领域,持续加大日常监管督导力度;"一司一策"推动完善证券期货机构公司治理,防范资本无序扩张,督促保荐机构归位尽责;开展分支机构新任负责人"监管第一课"培训,强化机构合规意识;前移监管关口,全年共开展现场检查27次,采取行政监管措施5次。加强证券服务机构监管。坚持"三位一体"监管思路,督促年报审计机构发表恰当的审计意见;做好辖区从事证券服务业务的审计评估机构、资信评级机构、律师事务所等中介机构的日常监管,开展现场检查10次;督促辖区内注册的从事证券服务业务的审计评估机构做好备案以及业务信息报送工作,对备案异常情形进行询问、核查,及时完成信息核验工作,并通过约谈等方式对首次备案机构提出明确监管要求;对近三年辖区从事证券服务业务的审计评估机构的备案情况进行排查。

(2)防范化解市场风险

一是持续降低上市公司风险。压实上市公司主体责任、积极寻求和聚集外部合力,推动5家公司化解存量风险、1家公司平稳退市、5家公司完成或实施破产重整。打好"清欠解保"攻坚战,上市公司资金占用仅剩4家,占用金额年内压降93.15%,违规担保仅剩2家。

二是及时出清债券违约风险。完成83只回售或到期公司债券的风险排查和兑付跟踪、200只公司债券的利息兑付跟踪,未发生突发违约事件,5家已违约债券发行人的风险处置取得阶段性进展。

三是持续压减私募基金风险。继续深入推进分类整治工作,推动在湖北省建立私募基金工商登记综合研判会商机制;开展涉房地产等重点风险领域、涉重点风险私募机构专项风险核查,排查16家机构风险隐患。

(3)严格开展行政执法

修订完善相关制度,运用科技手段提升办案效率;与省公安厅签署《合作备忘录》,联合打击证券期货领域违法犯罪。全年查办各类案件19起、办结10起,重点打击信息披露违法违规行为,交易类案件成案率100%。把好日常法制审核关,全年审理案件10起、作出行政处罚4起、送达法律文书28人次、执行罚款146万余元;积极应对行政诉讼,3起一审案件、2起二审案件胜诉。

(4)依法依规整治非法证券期货活动

坚持底线思维,秉承"打防结合,打早打小"的原则,持续打击辖区非法证券期货活动。全年处理涉非线索14起,出具资格查询结果、性质认定等专业意见7份,发布风险提示1篇。对辖区涉及莫桑比克国际证券交易所的企业和中介机构及时进行摸排处置,防止风险蔓延。积极落实清整联办关于交易场所清理整顿的工作要求,推动地方政府切实履行属地职责和对交易场所的日常监管和风险防控责任。会同省地方金融监督管理局对武汉金融资产交易所开展现场检查,全面掌握风险情况、严格控制新增、持续压降存量规模,持续跟进最新政策要求和武金所的规模压降情况。配合地方政府职能部门做好"伪金交所"整治工作。

(5)加强投资者教育保护

一是拓展多元化纠纷化解路径。加强与各级法院沟通联系,指导调解中心与武汉市江岸区人民法院、荆州市中级人民法院签署诉调合作协议。积极配合推动代表人诉讼工作。全年受理调解申请111件、结案率93.69%、和解金额457万余元。与武汉市中级人民法院通过"总对总"机制开展调解合作,实现"总对总"机制在湖北省全面落地实施。

二是深入推进投资者教育纳入国民教育体系工作。持续深化投资者教育纳入国民教育体系工作,与湖北省教育厅联合下发《关于开展湖北省中小学

生金融知识普及教育工作的通知》，与武汉市教育局联合下发《关于进一步扩大武汉市金融素养提升教育试点的通知》，在开课程、办讲座、搞活动、育师资、编教材等方面进行积极探索和实践，推动投资者教育纳入国民教育体系工作普及化、常态化、标准化，从源头上提升投资者素质。

4.加强外汇市场监管，维护外汇市场稳定

国家外汇管理局湖北省分局坚持稳中求进总基调，按照既有利于眼前、平衡外汇收支和防范跨境资金流动风险，又有利于长远、推动金融市场开放的原则，兼顾便利化和防风险，加强外汇市场监管，以“零容忍”态度，严厉打击外汇领域违法违规行为，维护外汇市场稳健运行。

一是监管和宣传并举，营造健康有序外汇环境。紧盯关键主体，强调外汇交易真实性、合规性。不断推动对跨境资本流动的均衡管理，始终坚持对外汇市场微观监管执法标准的跨周期一致性、稳定性和可预期性，重点打击虚假欺骗性交易和地下钱庄等各种违法违规行为，维护外汇市场健康良性秩序。加强警示教育和政策宣传，开展外汇违规典型安全通报及合规经营培训，以案说法、以案说责，警示和震慑各种违法违规行为，引导市场主体规范、合规经营。围绕防范地下钱庄、跨境赌博等开展系列主题宣传教育活动，提升公众防范非法金融活动意识，守住“钱袋子”。

二是打击外汇违法行为，维护外汇市场秩序。加强跨部门协同配合，高压打击地下钱庄等违法行为。不断拓展与公安、检察院、税务、海关、人民银行等多部门的合作内容和信息共享，充分借助和发挥各方面监管资源优势，加强线索联合研判、案件联合侦办、行刑追责协同，形成打击外汇违法行为工作协同一体化新格局。

三是加强跨境资金流动监测预警，维护国家经济金融安全。建立以“研判风险为导向、形势分析为指引、业务监测为线索、检查核查为验证”的跨境资金流动立体监测预警体系，形成“月度例会”和“季度局务会”常态化风险评估会商机制，不断提升外汇形势监测分析和预测预警水平。开发“外汇监测分析辅助系统”，建立外汇收支分项目时间序列数据库，实现长周期数据趋势图表化和异常指标筛查显示自动化。加强对银行跨境交易的内控管理要求，统一本外币交易审核标准，推动跨境业务真实性、合规性审核和反洗钱工作审查标准有效统一，切实防范跨境洗钱风险。

5.落实地方监管责任，有序防范处置地方金融风险

湖北省方金融监督管理局切实加强地方金融监督管理，压实金融风险防范化解工作责任，稳妥处置重点领域金融风险，守住不发生系统性区域性金融风险底线。

一是构建常态化防控体系。印发防范化解金融风险年度工作要点，制定党的二十大前后防范化解重大金融风险促进金融稳定发展工作的实施方案、修订《湖北省金融突发事件应急预案》、起草防范化解金融风险党政同责办法，建立健全金融风险防范化解制度体系。巩固防范金融风险矩阵式工作格局，推广运用省金融风险预警平台，健全风险线索“收集—核查—反馈”运转机制，持续完善“四位一体”监测预警体系。截至年末，省金融风险预警平台归集数据1.5亿条、实时监测省内企业213万余家、累计移交核查线索200余条。开展金融风险清理大排查，全年摸排市场主体7万余家，排查出风险线索419条。开展防范非法集资宣传教育月、金融进社区等宣教活动，累计开展“七进”宣传活动28191次、互动宣传覆盖1630万人次、被新闻媒体报道1503次。

二是加强重点领域风险防控。起草《防范和处置非法集资实施细则》，防止非法集资风险反弹。建立重点案件省级督办清单，持续提升防范处置非法集资攻坚行动成效。全年全省非法集资新发案件数、陈案销号数、总体案件数均达到控制目标。全力化解上市公司退市风险，4家*ST上市公司脱星摘帽，存量风险上市公司数量持续压降。推动地方中小银行加快处置不良贷款试点工作，压实中小银行主体责任，做实资产分类，因地制宜、分类施策，进一步加大不良资产处置力度。稳妥有序推动当代集团等重点企业风险化解工作。举行全省地方金融组织不良资产处置项目对接会暨业务培训会，湖北省资产管理有限公司与浙商资产管理有限公司联合设立50亿元纾困基金正式启动，加快对全省不良资产的收购处置。

三是协同开展突出问题专项整治。会同相关部门开展养老领域非法集资专项整治，形成《疑似养老风险企业名单》，联合印发《湖北省养老机构会员费管理办法（试行）》，梳理涉养老领域非法集资案件26件、立案打击15起。开展网络借贷领域清理专项行动，实现全省正常退出类网贷机构存量余额清零。健全完善“非法校园贷”长效常治机制，进一步规范大学生互联网消费贷款监督管理。深入开展金融资产类交易场所、“伪金交所”、产权类交易场所、陆羽茶交中心、第三方财富管理公司专项整治和风险处置，地方交易场所风险逐步压降。

（六）持续优化金融营商环境，提升金融服务质效

2022年，省政府办公厅发布《关于持续深化一流

营商环境建设若干措施的通知》，明确提出 2022 年金融领域营商环境建设的重点工作和措施。全省金融系统以此为引导，大力推进一流金融营商环境的建设工作。

1.着力提升金融服务水平

一是强化政策引导，细化工作措施。制定出台《贯彻落实纾解中小微企业融资难融资贵若干措施持续优化金融营商环境的意见》。围绕支持中小微企业融资提质增效、降低融资成本、发挥支持政策合力作用、强化组织保障等四个方面，制定了 24 条具有较强针对性的具体举措，推动精准解决中小微企业反映的融资问题中较为突出的痛点难点，不断提高市场主体融资满意度和获得感。印发《湖北省优化金融营商环境十项重要"微改"工作方案》，对标世界金融营商环境一流经验、国内金融营商环境一流实践，提出十项工作措施。从金融服务问题的"小切口"入手，抓具体环节、抓痛点难点、抓目标成效，推动解决好市场主体实实在在的融资问题，推动优化金融营商环境取得重要进展。

二是深化"四张清单"金融服务机制。推动金融机构持续深化小微企业贷款授权、授信、受理回告和尽职免责"四张清单"金融服务机制，及时准确向社会公示小微企业贷款的具体审批权限和授信准入条件、申请材料、办理流程、办理时限等内容，切实做到在 3 个工作日内向贷款申请企业反馈贷款办理的初步意见，向系统内公示尽职免责内部认定标准和流程，提高小微信贷从业人员免责比例。全省省级层面 23 家主要银行机构及 17 个市（州）、直管市、林区 327 家银行及其网点已完成"四张清单"的公示工作，并以此推动金融机构进一步完善"敢贷、愿贷、能贷、会贷"的长效机制，保障普惠小微贷款"扩面、增量、提质、增效"。

三是进一步提高企业获贷效率。督促银行机构进一步优化服务流程、改进审批技术手段、建立限时办结和公开承诺机制，进一步减少贷款环节、申报资料和办理时间。

四是进一步提升老年残障群体金融服务质量。持续从加大残疾人创业就业金融支持、改进老年残障群体基础金融服务、完善助老助残金融基础设施建设、保障老年残障群体金融服务的获得感和满意度等方面营造专业、便利、高效、有温度的金融服务环境。全省金融机构积极优化网点布局、增加无障碍设施、配备专人服务、开通绿色通道，充分利用智能柜台、移动柜台等便利化银行服务设施，为老年人、残疾人客户提供贴心服务。

2.深化金融信用环境建设

一是持续开展金融信用市（州）、县创建。为更好地推动金融部门靠前发力、充足发力、精准发力，助力全省经济顶压前行、稳中向好，省金融生态办对金融生态指标体系作出修订，进一步提升指标设置的科学性，促进评价方式优化和评价结果运用，经省政府常务会议审议通过后印发实施。在省及各地金融生态创建工作机制框架下，政府部门与金融部门进一步加强协调配合，按照评价指标指引，扎实做好中央和湖北省稳经济一揽子政策和接续政策中的金融工作，推动金融生态环境持续优化，有效缓解中小微企业融资难融资贵问题，全面提升了金融支持实体经济发展质效。据 2022 年湖北省金融生态指数显示，17 个市（州）、直管市、林区及 77 个县（市、区）均达到 80 分以上的 A 级标准。其中，指数排名前 4 位的市（州）、直管市、林区和前 20 位的县（市、区）获评湖北省金融信用示范市（州）、直管市、林区或示范县（市、区）。

二是开展金融营商环境评价。制定《湖北省金融营商环境评价办法》，对 17 个市（州）、直管市、林区及省级重点银行业金融机构的金融营商环境进行评价，形成全省金融营商环境评价报告。推动各地及相关金融机构对评价反馈问题进行整改，进一步做好优化营商环境工作。

三是推动建立守信激励机制，优先支持信用优质企业融资。引导金融机构推出与小微企业信用状况和评级相结合的融资授信服务，对信用状况良好的客户在授信额度、授信成本、还款方式等方面给予优惠和便利。

四是规范金融领域失信惩戒机制。加强湖北省严重失信主体信息共享平台应用，引导金融机构将严重失信主体信息纳入融资授信的审慎性参考。鼓励金融机构对严重失信主体采取市场性约束措施，发挥信用警示作用。

3.规范发展各类地方金融组织

进一步优化地方金融组织准入和退出机制，推行非核心材料容缺办理、限期补齐等绿色通道，提升审批效率和服务水平。综合运用现场检查、非现场监管、年审、"双随机、一公开"抽查、名单制管理、分类评级等方式，规范地方金融组织经营行为。优化完善融资担保公司、小额贷款公司、典当行等监管信息系统功能，启动全省融资租赁公司监管信息系统建设，增强"互联网+监管"能力。支持市（州）、县地方政府加强对地方金融相关工作的组织领导，推动加快市（州）、县两级地方金融监督管理部门、队伍和能力建设。

三、2023年金融工作要点

(一)着力增强金融有效供给,提升金融服务实体经济质效

1.确保年度信贷增长目标落实到位

按照新增贷款8000亿元以上目标,合理制定分市(州)、金融机构的信贷增长指导性目标,强化组织引导,加强工作调度,跟踪督办落实。

2.有效保障重大项目融资需求

协同推进重大项目信用信息服务平台充分发挥作用,完善金融支持重大项目对接机制,确保固定资产投资亿元以上重大项目100%对接。

3.着力提升融资对接质效

持续开展金融支持地方经济发展“早春行”等多样化的政银企对接活动,推进金融机构与企业精准对接。引导银行业金融机构主动对接企业融资需求,不断提升民营企业融资满意度。继续开展银行保险机构支持“专精特新”中小微企业春风行动,推动银行保险机构与全省“专精特新”中小企业名单无缝对接。

4.精准发力金融助企纾困

落实金融助企纾困22条措施和四个专项方案。引导政府性融资担保机构加大对受困行业担保增信力度,持续降低支小支农担保费率。深化湖北省中小企业融资信用平台(鄂融通)功能,与“楚天贷款码”“鄂绿通”等省级平台对接融通。用好5亿元省级中小微企业应急转贷纾困基金,督促市、县建立完善中小微企业应急转贷纾困服务体系和中小微企业风险补偿机制。落实中小微企业(含个体工商户)“首贷”奖补及“首贷户”贷款等省级财政贴息奖补政策。督促银行业机构认真落实提高融资效率“十条措施”和续贷指导意见,完善“敢贷、愿贷、能贷、会贷”的专业体制机制。大力推广“荆楚融担码”,推动“4321”风险分担机制、“四补”机制以及尽职免责工作机制落地落实。总结推广“301”线上快贷服务模式,提升小微企业融资效率。

5.支持房地产市场平稳健康发展

支持符合条件的民营房企用好中债公司增信支持政策,满足合理发债融资需求。落实好新增1500亿元专项借款、2000亿元“保交楼”贷款支持计划政策,进一步扩大政策实施效果。针对已售、逾期、难交付住宅项目,“一楼一策”“一企一策”解决具体融资问题。

(二)深入实施资本市场建设“楚天行动”,支持全省现代产业体系打造

1.强化企业上市工作推进机制

落实新修订的企业上市奖励办法,实施上市奖励无申请兑付。针对上市关注重点问题编制政策指引,形成政策支持合力。加强与证监会、沪、深、北交易所沟通衔接,进一步建立和畅通上市审核沟通机制。建设线上线下上市服务平台,优化上市政务服务“云平台”功能,依托沪、深、北交易所“三个基地”,组织开展上市辅导培训和调研服务。压实上市工作责任,加强工作调度,及时协调解决企业上市过程中的堵点难点问题。

2.深入实施“楚天种子”行动

充分发掘高新技术企业、“专精特新”企业、独角兽企业、“瞪羚”企业、民营经济百强企业、高新区企业,加强培育引导,充实上市后备储备资源库。对已入库“种子”企业,分别建立“五大产业”、行业重点企业、科创企业、国资国企和股权投资企业等五个上市后备企业子库,会同行业主管部门、属地政府实施动态管理、梯次培育、信息共享。

3.引导股权投资基金行业发展

依托现有产投、创投两只母基金,以“一产业一基金”的模式,围绕五大优势产业优化整合设立5只母基金和科创天使基金。探索强化私募基金与区域性股权市场联动,探索开展不动产私募投资基金试点。

4.培育高质量上市公司

支持规范运作的上市公司通过市场化并购重组、引入合格战略投资者,聚焦主业做优做强。鼓励引导符合条件的上市公司利用各类股债融资工具等方式扩大直接融资。引导国有控股上市公司利用资本市场进行资源配置和业务整合,提高竞争力。开展新一轮提高上市公司质量专项行动。

5.多渠道扩大直接融资规模

支持上市公司运用再融资、并购重组、股权激励等资本市场工具做优做强。推动武汉股权托管交易中心加快建设“专精特新”专板,支持“四板”挂牌企业积极挂牌进入“新三板”。鼓励和支持符合条件的发行人利用民营企业债券支持工具、乡村振兴专项公司债券、科技创新公司债券等进行债券融资。推动基础设施REITs项目申报发行,进一步盘活存量资产。

(三)加快推进打造“三个高地”,支持全省科技创新、绿色发展和制造业发展

1.强化科创金融政策支持

持续推动科技融资担保体系建设,引导融资担保行业扩大知识产权质押担保等业务。设立总规模为100亿元的湖北科创天使母基金。指导武汉市申报建设国家科创金融改革试验区,协同推进东湖科技保险创新示范区建设。

2.优化科创金融综合服务

鼓励引导银行保险机构设置科技金融专营机构和分支机构,建立符合科技型企业发展特点及金融需求

的组织体系；构建单独的金融产品和服务研发体系，创新专属金融产品和服务模式。构建以政府基金为引导、社会资本为主体、市场化运作的创业资本筹集机制。推动科技保险创新试点，加快建设东湖科技保险创新示范区，鼓励保险公司开发创新型科技保险险种，为科技型企业提供定制化专业保险服务；深入推进首台（套）重大技术装备保险和新材料首批次应用保险试点工作。

3.强化绿色金融政策引导

积极落实财政奖励和补贴、税收减免、融资担保等综合性政策措施，完善绿色金融风险补偿和分担机制。落实好碳减排支持工具和煤炭清洁高效利用专项再贷款两项工具，确保绿色信贷增速不低于各项贷款平均增速。加快推进湖北省碳排放权交易市场建设，积极开展碳排放权质押贷款、碳保险等业务。指导协调武汉市、十堰市创建国家级绿色金融改革创新试验区。

4.丰富绿色金融市场体系

支持开展排污权、节能环保项目特许经营权、合同能源管理未来收益权等环境权益抵质押融资新型业务。指导保险机构保险产品创新，提升对绿色经济活动的风险保障能力。推动省内优质绿色上市公司开展多元化债券和资产支持证券化融资。深化“鄂绿通”平台建设，周期性开展绿色企业（项目）遴选和认定工作，鼓励金融机构加强与入库项目企业的线上标准化融资对接。

5.健全供应链金融服务机制

探索建立全省供应链核心企业“白名单”制度，鼓励金融机构与核心企业、供应链金融平台合作，支持商业银行发起设立供应链金融专营机构、事业部。

6.加大对核心企业的金融支持力度

延续执行应收账款和应收票据融资奖补激励机制，扩大应收账款质押融资规模。全年统筹安排不低于100亿元再贷款、再贴现专项额度，为金融机构的供应链融资业务提供资金支持。

（四）建立完善“三项机制”，支持区域协调发展和城乡融合发展

1.建立完善区域金融协同发展机制

加快推进武汉都市圈金融服务同城化。加快建设武汉区域金融中心。协调引导金融机构在襄阳、宜昌等省域副中心城市设立省内区域总部。支持襄阳都市圈、宜荆荆都市圈建设省域区域金融中心。加强对自贸区相关政策、机制及业务、产品的研究，总结三个片区金融服务产品和案例，在全省范围内进行复制推广。

2.建立完善金融支持强县工程长效机制

合理扩大县域分支机构信贷审批权限，压缩贷款办理时限，增加信用贷款和中长期贷款。科学制定县域存贷比提升计划，力争县域存贷比高于上年。提高县域资金适配性，县域新增存款的60%要以贷款形式投放到所在县。持续加大县域信贷投放，力争全年县域贷款增速高于各项贷款增速。

3.建立完善金融支持乡村振兴长效机制

鼓励国有大型商业银行和股份制商业银行设立专门的乡村振兴金融部或在相关部门单列乡村振兴金融服务条线。推动银行业金融机构单列服务乡村振兴信贷增长计划。

（五）统筹地方金融发展与安全，守住不发生区域性系统性风险的底线

1.实施地方法人金融机构优强计划

协同推进湖北省农信联社改革和村镇银行结构优化、布局调整，推进地方中小银行加快处置不良贷款试点工作。加快湖北银行、汉口银行上市进程。支持地方法人银行设立理财子公司。加强与证券期货交易所合作，推动证券期货经营机构发展壮大。

2.实施地方金融组织提升质量计划

制定完善《湖北省地方金融条例》配套制度。加快地方金融组织监管信息化、智能化建设，推进监管数据信息的互联互通，增强“互联网+监管”能力。进一步优化地方金融组织准入和退出机制，提升审批效率和服务水平。综合运用现场检查、非现场监管、年审、“双随机、一公开”抽查、名单制管理、分类评级等方式，规范地方金融组织行为。

3.实施金融发展环境持续优化计划

落实完善金融营商环境问题投诉、处置、回应机制；继续开展金融信用市（州）、县创建，规范金融领域失信惩戒机制，加强湖北省严重失信主体信息共享平台应用。加大金融招商引资力度，举办第十三届中国·武汉金融博览会；支持各类市场主体在我省发起设立或组建法人金融机构，引导全国性银行保险机构在我省设立区域性总部、金融功能中心，支持证券期货经营机构在武汉设立信息中心等后台基地。持续推进金融高水平开放，推动贸易外汇收支便利化、跨境融资便利化等试点政策落实落地。

4.实施金融风险常态化防控体系完善计划

推动成立重大金融风险处置协调机制，构建“党政同责、属地负责、部门担责、企业主责”的责任体系。制发湖北省《防范和处置非法集资条例》实施细则，推进行政执法工作。制定金融突发事件应急预案，健全金融突发事件应急工作体系。优化省金融风险预警平台，完善四位一体的金融风险监测预警体系。坚持防早防小，做好年初全省金融风险隐患

大排查、季度专项风险排查工作。开展防范金融风险集中宣传教育月活动，持续推进防非宣传教育“七进”活动。持续开展存款保险宣传。全面落实防范化解金融风险“省、市、县、乡、村”五级联动工作机制，推进防范化解金融风险工作常态化。

5.实施重点领域风险化解处置攻坚计划

以推进亿元以上大案、5 年以上陈案处置为重点持续开展非法集资案件处置攻坚。健全完善“非法校园贷”长效常治机制。常态化开展金融领域扫黑除恶。协同开展地方法人金融机构“央行评级等级提升行动”，保持高风险机构动态清零。积极稳妥推进企业集团债务风险处置和化解，推动风险上市公司降存量、遏增量，防范债券市场、私募基金领域金融风险，做好城投债券风险防控工作。继续推进金融支持“保交楼”工作，有效防范化解房地产金融风险。

2022 年湖北省贯彻执行货币政策情况

中国人民银行武汉分行

2022 年，面对复杂严峻的经济金融环境和超预期因素的不利冲击，人民银行武汉分行坚决贯彻党中央、国务院的重大决策部署，按照“疫情要防住、经济要稳住、发展要安全”的工作要求，引导全省金融机构认真执行稳健的货币政策，砥砺前行、奋发作为、攻坚克难，为推动湖北省经济运行整体好转、高质量发展贡献金融力量。

一、精准有效落实稳健的货币政策

（一）保持信贷总量稳定增长

综合运用多种货币政策工具，加大逆周期调节和窗口指导力度，完善法人金融机构信贷调控“双线”管理机制，抓紧抓实信贷稳增长相关工作。2022 年末，全省金融机构贷款余额 7. 4 万亿元，同比增长 10. 5%，比全国平均水平高 0. 1 个百分点，增速始终保持高于名义 GDP 增速；全年新增贷款 7024 亿元。其中，地方法人金融机构贷款同比增长 11. 6%，较年初增加 1897 亿元。

（二）持续优化信贷结构

认真落实各项金融支持政策，引导信贷资源更多投入实体经济。截至 2022 年末，全省普惠小微企业贷款、制造业中长期贷款、涉农贷款、绿色贷款、县域贷款、民营企业贷款分别增长 26. 2%、65. 0%、16. 0%、39. 6%、16. 9%、17. 9%，分别比上年同期提高 2. 8 个、32. 9 个、3. 4 个、11. 8 个、1. 3 个、9. 2 个百分点，均高于同期各项贷款平均增速。

（三）引导企业贷款利率稳中有降

深入推进利率市场化改革，扩大央行低成本资金供给，推广实施财政贴息奖补等举措，推动企业实际贷款利率稳中有降。2022 年 12 月，全省新发放贷款加权平均利率为 3. 76%，同比下降 74 个 BP，处于湖北省有统计记录以来最低水平。

二、充分发挥货币政策工具总量和结构双重功能

（一）不断增强长期性政策工具牵引带动作用

创设对接再贷款再贴现政策的“鄂微融”“鄂农融”“鄂创融”和“鄂绿融”等四种专项工具，优先办理，足额保障，定向支持小微企业、乡村振兴、科技创新和绿色发展。全年全省累计发放再贷款再贴现资金 897. 1 亿元，同比增加 45. 6 亿元；年末再贷款再贴现余额 699. 3 亿元，同比增加 15. 2 亿元。

（二）积极发挥阶段性政策工具精准滴灌优势

强化部门沟通协作，推动碳减排支持工具、支持煤炭清洁高效利用专项再贷款、科技创新再贷款、交通物流再贷款、设备更新改造专项再贷款等工具快速落地见效，全年引导金融机构提供相关领域贷款支持 654. 8 亿元。

三、推动金融有力有效支持重点领域和薄弱环节

（一）积极搭建“1+4+N”的金融助企纾困政策体系

牵头起草、由省政府办公厅印发《关于加强金融助企纾困工作的若干措施》（即湖北省金融助企纾困“22 条”），制定受疫情影响较大的交通物流、批零住餐、文化旅游和对外贸易 4 个行业金融助企纾困专项行动方案，配套出台 N 项金融纾困支持政策，推动形成金融助企纾困和支持经济稳增长的政策合力，引

导全省金融机构为“白名单”内困难行业企业提供融资支持近 300 亿元，为其办理延期还本付息金额近 100 亿元。

（二）持续提升小微企业金融服务水平

着力引导金融机构从“点、线、面”三个维度纾解民营小微企业融资困境。全省金融机构积极运用“301”线上金融服务模式，全年共发放贷款 378.3 万笔、贷款金额 3049.6 亿元；借助“楚天贷款码”为 10 万余户市场主体发放贷款 2105 亿元；人民银行湖北辖内各分支机构会同企业主管部门采取逐一对接方式，依托信用培植工程服务平台帮助 1933 家融资困难比较大的中小微企业获得融资 179 亿元。年末全省普惠小微贷款余额 7418.3 亿元，同比增长 26.2%，贷款增速比全国平均水平高 2.4 个百分点。全年新增贷款户数 31.9 万户，同比增长 1.74 倍，其中 99% 是普惠小微贷款户。

（三）不断加大乡村振兴领域金融支持

完善相关政策支持体系，制定印发《关于金融支持乡村振兴 助力县域经济高质量发展的实施意见》《进一步做好金融支持新型农业经营主体发展若干措施》等文件。加大相关考核激励力度，全面开展金融机构服务乡村振兴考核评估，推动将涉农贷款、融资担保等评估相关指标纳入地方党政领导班子和领导干部推进乡村振兴战略实绩考核评价体系。联合相关部门开展金融服务乡村振兴特色示范工作，在红安县开展“金融支持乡村振兴 助力红色文旅发展”特色示范工作，探索金融支持乡村文旅产业的有效途径。

（四）深入推进金融支持绿色低碳转型发展

牵头制定《关于金融支持湖北省绿色低碳发展的实施意见》，印发实施《湖北省绿色项目贷款提升行动方案》，先后出台排污权抵质押贷款和碳排放权质押贷款两份操作指引，强化政策支持、产品创新、专题督办，引导金融机构加大对绿色低碳转型的支持力度。年末全省绿色贷款余额 9792 亿元，同比增长 39.6%，高于全国平均水平 1.1 个百分点。深入实施煤电保供金融支持专项行动，建立 27 家重点煤电企业牵头行对接及融资监测机制，全年累计发放贷款 123.1 亿元，加权平均利率 2.53%，有效满足煤电企业融资需求。

（五）进一步强化科技创新金融支持

开展科创企业“首贷”行动，推动武汉东湖高新区内商业银行 100%对接 3437 家无贷科创企业；开展金融“早春行”等融资对接活动，与 2500 余家科创企业签订融资协议 472 亿元，履约 470 亿元，履约率 99.7%。搭建“重点企业融资对接平台，联合建立涵盖高新技术企业、科技型中小企业、“新物种”企业等 2 万多家涉及科技创新的重点企业“白名单”并纳入平台，加大金融机构与科创企业融资对接。支持“专精特新”中小企业创新发展，联合出台《关于金融支持“专精特新”中小企业创新发展的指导意见》。

（六）有效提升重大项目融资支持

积极发挥政策性开发性金融工具及配套融资作用。2022 年，三家开发性、政策性银行对辖内 110 个项目完成金融工具投放 220 亿元。加强与省重大项目协调机制成员单位会商协作，组织开展全省重大项目银行授信使用情况摸排调查，将用信滞缓项目清单下发各地，推动、协调各地政府牵头组织对接推进项目授信使用。利用科技赋能有效提升重大项目融资质效，建设“重大项目融资服务平台”，开展项目线上推送、适时督导与监测统计。建立“牵头银行”制度，搭建“政、银、项”新型对接机制，“一项一策”开展融资服务。全省金融机构通过平台对接服务近 4500 个在建亿元以上重大项目，授信金额 1.4 万亿元，发放贷款 3700 亿元，有力推动重大项目投资对稳经济的支撑作用。

2022 年湖北省银行业保险业发展情况

中国银行保险监督管理委员会湖北监管局

一、银行业保险业运行基本情况

截至 2022 年末，全省银行业资产总额 10.27 万亿元，较年初增加 8213.75 亿元，同比增长 8.69%，增速低于全国平均水平 1.51 个百分点；负债总额 9.95 万亿元，较年初增加 8088.32 亿元，同比增长 8.85%，增速低于全国平均水平 1.72 个百分点；资产、负债总额均排名全国第 11 位、中部第 2 位。各项贷款余额 7.41

万亿元，同比增长 10.48%，增速高于全国平均水平 0.10 个百分点，全年新增贷款 7024.44 亿元；各项存款余额 7.96 万亿元，同比增长 9.78%，增速低于全国平均水平 1.05 个百分点，全年新增存款 7087.00 亿元。

2022 年，全省保险业累计实现原保险保费收入（以下简称“保费收入”）1952.47 亿元，排名全国第 10 位、中部第 2 位；保费收入同比增长 3.96%，增速低于全国平均水平 0.62 个百分点。其中，财产险公司实现保费收入 522.27 亿元，同比增长 13.04%，高于全国平均水平 4.34 个百分点；人身险公司实现保费收入 1430.19 亿元，同比增长 1.00%，低于全国平均水平 1.78 个百分点。全年累计赔付支出 605.35 亿元，同比增长 4.08%。其中，财产险公司赔款支出 326.36 亿元，同比增长 8.53%；人身险公司赔付支出 278.99 亿元，同比下降 0.68%。

二、银行业保险业服务实体经济情况

（一）着力保障重点领域金融需求

围绕构建新发展格局，加大信贷投放和保险保障力度，大力支持重点项目和重大工程建设，加大对先进制造业、战略性新兴产业等领域的支持力度，金融服务实体经济的基础更为坚实。截至 2022 年末，全省基础设施建设贷款余额达 1.78 万亿元，比年初增加 1423.48 亿元；制造业贷款余额 7409.91 亿元，比年初增加 1417.44 亿元，同比增长 23.65%，增速高于全国平均水平 2.87 个百分点。截至 2022 年末，保险资金在鄂投资超过 8000 亿元，投资金额排名全国第 8 位、中部第 1 位。保险补偿功能有效发挥，全省责任保险累计赔款支出 16.29 亿元，同比增长 11.03%。

（二）大力支持小微企业发展

坚持总量增长与结构优化相结合，推进小微企业金融服务增量、扩面、提质、降本。截至 2022 年末，辖内普惠型小微企业贷款余额 7313.58 亿元，同比增长 27.09%，超过全国平均增速 3.49 个百分点，在中部六省领先；贷款户数 121.51 万户，同比增加 30.75 万户；普惠型小微贷款利率较年初降低 0.31 个百分点。制定“专精特新”中小企业金融服务方案，出台 11 项措施，针对省级以上中小企业主管部门公布的专精特新“小巨人”企业名单，根据企业融资需求和合作意愿，创新“监管+春风行动、白名单+主办行、融资+投资、银行+保险”的“四+”机制，推进“专精特新”金融赋能。针对经济下行期企业经营困难，指导银行机构加强减费让利，接续实施延期还本付息政策；开展“百行进万企”“解难题、稳增长、促发展”企业帮扶等一系列纾困行动，出台优化银行业续贷服务纾解小微企业融资难 20 条措施，联合相关部门出台批零住餐、文化旅游等行业金融助企纾困专项行动方案，全力以赴纾解企业融资难。

（三）深入推进金融服务乡村振兴

制定全省金融服务乡村振兴创新示范区建设方案，围绕“17+N”的总体思路、“四步走”的整体规划和五大重点工作任务，着力打造 19 个金融服务乡村振兴创新示范区。指导银行机构单列涉农和普惠型涉农信贷计划，聚焦乡村振兴重点领域，优先保障粮食和重要农产品供给，向产粮大县倾斜配置信贷资源，合理增加与农业生产周期相匹配的中长期信贷供给，积极发展面向新型农业经营主体的首贷、信用贷，强化乡村建设中长期信贷投入，全省普惠型涉农贷款实现快速增长。创新乡村振兴金融服务方式，以金融服务网格化、整村授信、保险“两站两员”为基础，鼓励银行保险机构建立“普惠金融工作站”，选派“金融村官”，开通乡村振兴金融服务热线电话，整村建档评级授信基本实现全覆盖。充分发挥保险保障功能，2022 年，全省农业保险累计提供风险保障 1010.19 亿元，赔付 25.73 亿元，惠及 77.06 万户次农户；主粮作物完全成本保险实现全省 55 个产粮大县全覆盖。

三、银行业保险业风险防控情况

（一）全力防控信用风险

始终把防范化解信用风险放在突出位置，截至 2022 年末，全省银行业不良贷款率 1.31%，比年初下降 0.05 个百分点。做实资产质量，确保真实反映风险。加强信用风险前瞻性防控，加大拨备计提力度，全省银行业拨备覆盖率同比提高 13.43 个百分点，风险抵补能力进一步增强。大力推动不良资产处置，灵活采取重组、转让、核销、清收等多种方式处置不良贷款。

（二）稳妥处置房地产领域风险

全力推动房地产“金融 16 条”等支持政策落实到位，指导银行加大对重点房企纾困力度，做好受疫情影响居民的按揭贷款纾困工作。积极支持保障性租赁住房建设，推动落实中国银保监会、住房和城乡建设部联合发布的《关于银行保险机构支持保障性租赁住房发展的指导意见》，2022 年，全省银行业累计发放保障性租赁住房贷款 72 亿元。扎实开展经营用途贷款违规流入房地产领域专项排查整改工作，推动问题全面整改、督导银行加大问责；联合印发《关于进一步加强个人消费贷款、经营用途贷款管理　维护个人住房贷款市场秩序的通知》，规范房地产市场秩序。加强房地产风险监测，定期监测湖北全辖银行机构房地产贷款集中度、房地产信贷融资、武汉市房地产市场及融资情况。推动银行机构聚焦“保交楼”，成立工作专班，统筹具体工作，着力摸清并动态监测风险楼盘在全省银行业开发贷款、按揭贷款底数。

（三）有序化解重点企业债务风险

继续按照“一企一策”原则，认真落实银行业金融机构债权人委员会有关工作要求，积极指导、协调和监督辖内债委会和金融债务重组等工作，综合运用稳贷续贷、担保置换、引进战投等多种手段，化解重点企业债务危机，支持金融机构依法维护金融债权，防范金融风险。

（四）推动法人机构风险防控

开展风险排查，进一步摸清信用风险底数。遵循“一行一策”原则，实地协调地方政府履行风险处置责任，圆满完成辖内高风险机构“清零”工作。提升流动性风险管理能力，加强流动性风险状况研判，查找流动性日常管理和应急管理中薄弱环节，调整资产负债结构，丰富管理工具，提升管理能力。引导辖内法人机构从审慎、长远发展考虑，进一步加大内源性资本补充力度；支持多渠道补充资本，增强风险抵补能力。

四、银行业保险业改革创新情况

（一）完善公司治理机制

积极落实公司治理三年行动方案及重点问题整改专项行动，推动完善“三会一层”组织架构，落实“三会一层”管理责任，积极整改高管缺位等问题。深入开展股东股权和关联交易常态化专项整治，将公司治理评估与股东股权和关联交易专项排查、案防评估、现场检查等工作相结合，推动改进薄弱环节，完善制度流程，严防利益输送。

（二）推动法人银行做优做强

稳步推进城商行上市工作，就资产分类、拨备计提、薪酬绩效考核等重点提出监管要求，督导进一步加强内部管理，做实做优主要监管指标，于 2022 年底批复同意两家银行向证监会申请上市。推动省联社改革，积极建言献策，多次与省政府相关部门磋商交流，对省农信联社改革后相关问题开展调研论证。

（三）推动保险领域改革发展

东湖科技保险创新示范区实现破题，指导 6 家保险公司共同设立东湖科技保险发展促进中心，探索创新“一家牵头、多家共保、按需再保”的服务模式。相继出台《关于工程质量潜在缺陷保险实施细则》《建筑工程质量潜在缺陷保险试点工作暂行办法》等制度；建筑工程、环保装备、软件应用、知识产权等领域创新产品相继落地，其中，环保装备责任险、植物新品种侵权险均为全国首单。推动“惠民保”业务取得较大进展，黄冈“黄惠保”、随州“惠随保”、云梦“梦泽惠民保”已经上线；专属商业养老保险试点顺利开展；长期护理保险试点深入推进。

五、2023 年重点工作

（一）大力推动实体经济高质量发展

全面贯彻新发展理念，立足建设现代化产业体系，引导银行保险机构加大对“三高地、两基地”建设、打造国内大循环的重要节点和国际国内双循环的重要枢纽等重点领域和重大项目金融支持，着力支持湖北建设全国构建新发展格局先行区。做好一揽子政策接续政策实施工作，着力推进助企纾困政策落地。研究制定产业链供应链金融服务方案，总结推广链长制工作经验。支持“专精特新”企业，推广“四+”机制，推动小微企业金融供给总量增长、结构优化。督导银行保险机构不断优化体制机制，提升新市民金融服务获得感。完善乡村振兴创新示范区监测和考评机制，继续推动普惠金融工作站提档升级，开展乡村振兴重点帮扶县“金融富民行动”，持续推进全省农业保险“扩面、增品”。加大对长江经济带绿色发展的支持力度。推进东湖科技保险创新示范区建设。

（二）持之以恒防范化解金融风险

支持“保交楼、稳民生”，加强对重点楼盘风险监测，引导银行机构落实地方政府“一楼一策”方案，保持房地产融资平稳有序。做好地方政府债务风险防控，探索建立与地方财政部门长期性的数据交流机制。统筹推进中小金融机构改革化险，深化辖内村镇银行改革，增强单体机构风险抵御能力。督导落实提档升级工作方案及“十四五”期间湖北省农村中小银行风险机构处置计划。加强对债委会工作的指导协调，稳妥化解重点企业债务风险。深入推进“代理退保”黑产乱象整治工作。持续推进保险中介机构清虚治乱。深入推进网贷风险处置，推动建立打击非法金融活动长效机制。

（三）深入推进银行业保险业改革转型

持续推进党的领导和公司治理有机融合，深化股权和关联交易乱象治理，切实加强对股东资质和股东行为的监管。严格限制和规范城商行跨区域经营。配合省政府持续推进省农信联社改革。全力配合推动政策性银行分类分账制度有效落地。督促信托公司按照新出台的业务分类规则研究发展战略，明确信托业务转型方向。推动金融租赁公司、消费金融公司加快专业化转型。引导金融资产管理公司突出主责主业，助力地方中小银行改革化险。继续推进车险综合改革。推动“惠民保”业务在更多城市上线，适时推动长期护理保险扩面。研究出台保险专业代理机构销售规范指引，推动从业人员队伍转型。

（四）推动监管能力和治理水平现代化

深入落实加强行政执法工作要求，进一步规范行政许可、行政处罚、法律咨询等行为，提高监管有效性。构建非现场监管监测预警体系，提高发现、识别、分析风险的能力和效率。深入谋划2023年现场检查重点，优化法规库、人才库、工具库、案例库“四库”建设，加强现场检查成果运用。强化智能检查室建设，加强EAST模型库推广应用。继续推进银行保险调解组织建设，着力完善多元解纷机制。

2022年湖北省资本市场发展情况

中国证券监督管理委员会湖北监管局

一、资本市场运行基本情况

（一）多层次资本市场稳步发展

截至2022年末，全省境内上市公司累计138家，上市公司数量在全国排名第10位。其中，在主板上市的有85家，在科创板上市的有12家，在创业板上市的有36家，在北交所上市的有5家。累计有“新三板”挂牌企业241家，在全国排名第7位。累计有区域性股权市场挂牌企业6339家，排名居全国前列。

（二）上市公司整体质量持续提升

2022年，湖北省上市公司通过公开或非公开发行股份方式实现再融资237.02亿元。截至2022年末，全省上市公司总市值13901.38亿元。

（三）证券期货基金经营机构总体运营稳健

2022年末，全省共有证券经营机构435家，其中，证券公司2家，证券分公司65家，证券营业部368家。另有证券投资咨询公司1家、分公司6家。全年全省证券交易总额达到15.71万亿元。全省共有期货经营机构共72家，其中，期货公司2家，期货分公司28家，期货营业部42家。2家期货公司全年累计代理交易量11604.99万手，累计代理交易额82539.14亿元。全省有投资基金分公司4家，独立基金销售机构2家。

（四）私募机构规模稳步壮大

截至2022年末，全省共有登记备案的私募基金管理人411家，较上年增加9家，数量在全国排名第11位。共管理基金1195只，管理基金规模2318.57亿元。

二、推进资本市场服务实体经济

（一）推动企业登陆资本市场

联合地方政府有关部门调研走访辖区拟上市企业20余家；邀请沪深北交易所、证券、私募等行业专家开展“资本市场服务荆楚行”活动；通过“线上直播+线下授课”“座谈交流+实地走访”等方式，有效增强地方各级领导干部和重点后备企业“获得感”。持续摸排在辅报会报审企业情况，协调解决相关问题；加强与证监会和交易所的沟通协调，帮助宏源药业适用贫困县政策。全年共完成21家企业的辅导验收。2022年，全省企业上市工作取得历史最好成绩，全年新增上市和过会企业数量再创新高，达到21家，其中，境内上市和过会企业18家、境外上市和通过聆讯企业3家。新增境内上市公司全部为“双创”和北交所公司，实现境内IPO融资185.86亿元。

（二）推动企业直接融资

大力推动企业通过上市挂牌、发行债券、引进股权投资等实现直接融资，发挥资本市场支持民营企业融资成长的重要作用。2022年，全省资本市场实现直接融资1967.46亿元，同比增长4.55%。其中，股权融资250.27亿元、债券融资1717.19亿元。全省公司债发行取得较好成绩，发行规模较上年增长48.49%。

（三）更好地发挥资本要素市场作用

大力推动“保险+期货”项目落地。推动省财政厅与省农业农村厅出台生猪“保险+期货”优惠政策，省、县两级财政将对生猪“保险+期货”按总保费的40%给予补贴。联合省农业农村厅推出内地宜棉区第一个由财政全额支持的棉花“保险+期货”项目。全年共开展13个生猪、棉花“保险+期货”项目，总保障金额达到6.91亿元，总保费3300万元，有力促进了我省生猪产业稳定产能、棉花种植面积逐渐恢复，有效保障了农户收益。联合交易所举办培训、论坛，引导国有企业更加规范有序参与和利用期货市场。积极推进区域性股权市场开展创新试点工作，指导推进区域性股权市场创新试点“专精特新”专板建设。督促武汉股权托管交易中心加强自身建设，更好地服务中小微企业。

（四）推进资本市场服务重大发展战略

支持企业发行乡村振兴专项公司债券15亿元、科技创新公司债券100亿元、绿色公司债券137亿元。支持符合条件的优质资产开展基础设施REITs试点，年内以我省基础设施为底层资产新增发行1只REITs产品，募集资金93.99亿元。另有1只基础设施REITs项目已被证监会正式受理。

三、加强资本市场风险防控

（一）有效防控上市公司风险

压实上市公司主体责任，多方寻求和集聚外部合力，推动5家公司化解存量风险、1家公司平稳退市、5家公司完成或实施破产重整。坚决打好“清欠解保”攻坚战，有力维护上市公司利益、保护投资者合法权益。全省资金占用公司仅剩4家，占用金额年内压降93.15%，违规担保公司仅剩2家。

（二）及时出清债券违约风险

完成83只回售或到期公司债券的风险排查和兑付跟踪、200只公司债券的利息兑付跟踪，全年未发生突发违约事件，5家违约债券发行人的风险处置取得阶段性进展。

（三）防范私募基金风险

继续深入推进分类整治工作，推动在湖北省建立私募基金工商登记综合研判会商机制。开展涉房地产等重点风险领域、涉私募机构重点风险专项风险核查，排查16家机构风险隐患。持续打击非法证券期货活动，配合地方政府压降武汉金融资产交易所存量规模，做好“伪金交所”整治工作。

四、推进资本市场改革创新

（一）持续提升资本市场服务质效

一是持续落实落细国家支持湖北资本市场改革创新发展的一系列政策，进一步便捷资本市场融资渠道、提高融资效率。二是持续鼓励和支持证券公司、私募基金投资湖北企业，鼓励和支持市场主体在湖北设立私募股权基金、产业项目等。三是支持湖北法人证券期货公司改革创新发展，发挥本土优势，为湖北企业提供更好的金融产品和融资服务。

（二）稳步推进全面注册制改革在湖北落地

一是做好全面注册制知识普及，引导投资者增强风险意识，树立理性投资、价值投资、长期投资理念，营造良好的市场环境。二是引导湖北企业利用好注册制改革机遇和湖北省科教强省、创新创业大省优势，把科创板、创业板、“新三板”、私募股权投资基金等作为科技创新、创新创业的战略平台和孵化器，促进资本与湖北科技创新深度融合。

五、2023年重点工作

（一）更大力度推进资本市场服务实体经济

落实中国证监会《推动提高上市公司质量三年行动方案（2022—2025）》，全力支持辖区上市公司做优做强。加强调研走访和监管服务，进一步挖掘上市后备资源，引导更多优质企业上市。继续贯彻国务院扎实稳住经济一揽子政策措施和接续措施，稳步扩大直接融资规模。继续指导武汉股权托管交易中心完善创新试点方案。继续推动地方私募股权、创业投资发展。

（二）稳妥处理重点领域风险

进一步完善风险监测、摸排、研判、预警、处置等各环节工作。继续稳妥推进当代集团相关上市公司、债券发行人、证券公司、私募基金等风险化解工作。做好退市风险、债券违约风险、私募基金风险等重点领域风险防范，依法将各类证券期货活动纳入监管，牢牢守住风险底线。

（三）持续提升监管效能

优化完善上市辅导监管流程，规范各环节工作，确保申报质量。加强公司治理和信息披露双轮驱动，全面做好上市挂牌公司监管工作。强化债券日常监管，规范债券市场秩序。持续紧盯重点领域，压实中介机构责任。从严打击欺诈发行和财务造假等重大违法行为，持续净化市场生态。进一步畅通投资者依法维权渠道，完善辖区投保工作“一盘棋”。

2022 年湖北省外汇市场运行情况

国家外汇管理局湖北省分局

一、货物贸易

（一）进出口保持增长，增速高于全国平均水平

2022 年，全省进出口总额 927.3 亿美元，同比增长 11.6%。其中，出口 632.2 亿美元，同比增长 16.4%；进口 295.1 亿美元，同比增长 2.6%；进出口顺差 337.1 亿美元，同比增长 32.3%；进出口、出口、进口增速分别高出全国平均值 7.2 个、9.4 个、1.5 个百分点。从贸易方式看，一般贸易进出口同比增长 17.2%，在贸易总额中占比 75.8%；加工贸易同比下降 5%，在贸易总额中占比 11%。

（二）跨境资金净流入增加，净结汇减少

2022 年，全省货物贸易跨境收支总额 766.1 亿美元，同比增长 3.9%；跨境收支顺差 117.4 亿美元，同比增长 5%。其中，外币跨境收支顺差 43.8 亿美元，同比下降 34.8%。出口收汇率（货贸收汇/出口）为 67.1%，较上年下降 11.1 个百分点；进口付汇率（货贸付汇/进口）为 105.8%，较上年下降 2.5 个百分点。

2022 年，货物贸易结售汇总额 471.5 亿美元，同比增长 11%；结售汇顺差 33.4 亿美元，同比下降 57.7%。剔除跨境人民币影响，货物贸易结汇率（货贸结汇/货贸外币收汇）为 70%，较上年同期上升 8.3 个百分点；售汇率（货贸售汇/货贸外币支出）为 71.8%，较上年同期上升 18.7 个百分点。2022 年，受美联储加息影响，人民币兑美元汇率出现阶段性快速贬值（主要是 4 月下旬到 6 月），离岸贬值幅度大于在岸，部分大型企业采取“境外结汇、境内购汇”的财务运作方式导致全省结售汇呈现“结少购多”的特点。

二、服务贸易

（一）跨境收支规模增长，逆差收窄

2022 年，全省服务贸易跨境收支合计 63.5 亿美元，同比增长 3.6%。其中，收入 24.7 亿美元，同比增长 21.7%；支出 38.8 亿美元，同比下降 5.4%；跨境收支逆差 14.4 亿美元，同比下降 31.9%。

（二）结售汇总量增长，逆差收窄

2022 年，全省服务贸易结售汇总额 55.1 亿美元，同比增长 13.1%。其中，结汇 16.7 亿美元，同比增长 47.1%；售汇 38.4 亿美元，同比增长 2.5%；结售汇逆差 21.7 亿美元，同比下降 16.9%。

三、外商直接投资（FDI）和境外投资（ODI）

（一）外商直接投资净流入下降

2022 年，全省 FDI 项下跨境资金流入 24.8 亿美元，下降 36%。FDI 流入前五大行业及金额分别是：房地产业 5.8 亿美元，软件和信息技术服务业 4.5 亿美元，电力、热力生产和供应业 4.3 亿美元，计算机、通信和其他电子设备制造业 2 亿美元，商务服务业 1.7 亿美元，合计占比达 73.8%。三大 FDI 来源国（地区）及金额分别是：香港 18.9 亿美元、新加坡 3.4 亿美元、开曼群岛 0.8 亿美元，合计占比达 93%。同期，FDI 项下撤资流出 4.6 亿美元，同比下降 46.6%。

（二）境外直接投资汇出下降

2022 年，全省境外直接投资（ODI）汇出 3 亿美元，下降 55%。ODI 流出前五大行业及金额分别是：商务服务业 0.8 亿美元，资本市场服务 0.5 亿美元，计算机、通信和其他电子设备制造业 0.4 亿美元，电力、热力生产和供应业 0.2 亿美元，食品制造业 0.2 亿美元。前五大 ODI 目的国（地区）及金额分别是：中国香港 1.1 亿美元、开曼群岛 0.6 亿美元、新加坡 0.4 亿美元、美国 0.3 亿美元、俄罗斯 0.2 亿美元。

四、外汇债权债务

（一）外债流入有所下降

2022 年，全省登记外债余额为 83.4 亿美元，同比下降 1.4%。其中，中长期登记外债余额 69.1 亿美元，同比增长 5.9%；短期登记外债余额 14.3 亿美元，同比下降 26.1%。从流量看，全省外债流入 31 亿美元，同比下降 39.1%；外债还本流出 28.7 亿美元，同比下降 43.4%。

（二）境外放款减少

2022 年，全省境外放款汇出金额 6.2 亿美元，同比下降 27.9%；从境外借款人收回贷款额 5.2 亿美元，同比增长 19.4%。

2022年湖北省地方金融组织规范稳健发展情况

湖北省地方金融监督管理局

2022年,全省地方金融监管部门全面贯彻落实国家监管规定,按照省委、省政府相关工作要求,坚持监管从严的主基调,通过构建和完善立体监管框架,提供贴心化服务举措,切实履行日常监管职责,促进地方金融组织高质量发展。截至12月末,全省共有7类地方金融组织法人机构915家,各类地方金融组织回归本源业务意识和规范化运作水平显著提升。

一、小额贷款公司规范稳健发展情况

进一步推动小额贷款公司充分发挥其小额、便捷、灵活等优势,发挥金融"毛细血管"的作用,助力实体经济发展。从完善监管制度、强化日常监管、提升行业发展水平等方面着力,严格履职尽责、积极主动作为,统筹协调严监管与促发展的关系,取得明显成效。

(一)行业运行基本情况

2022年,全省新设立1家小额贷款公司;有18家丧失经营能力或意愿的小额贷款公司通过解散或变更名称及经营范围的方式退出行业。截至2022年末,全省共有小额贷款公司法人机构344家,其中网络小额贷款公司2家。按照注册资本金额划分,5亿元(含)以上的有6家,2亿元(含)至5亿元的有59家,1亿元(含)至2亿元的有170家,5000万元(含)至1亿元的有75家,5000万元以下的有34家;按资本构成划分,国有控股的有33家,民营控股的有300家,外资控股的有11家。

截至2022年末,全省小额贷款公司净资产301.82亿元,比上年同期下降1.07%;净资产规模在10亿元以上的市(州)有8个,分别是武汉市(167.25亿元)、宜昌市(20.71亿元)、孝感市(16.93亿元)、荆门市(16.39亿元)、荆州市(16.66亿元)、襄阳市(12.66亿元)、黄石市(10.82亿元)、十堰市(10.72亿元)。截至12月末,全省小额贷款公司贷款余额273.93亿元,比上年同期下降0.2%。贷款余额10亿元以上的市(州)有5个,分别是武汉市(149.89亿元)、宜昌市(24.81亿元)、荆州市(18.55亿元)、荆门市(13.98亿元)、孝感市(15.91亿元)。截至12月末,全省小额贷款公司不良贷款余额101.68亿元,不良贷款率为37.13%,比上年同期上升4.50%。

(二)促进行业规范稳健发展情况

进一步弥补制度短板,加大监管力度,强化内控合规,促进公司治理"查漏补缺"、重点领域"对标合规"、监督管理"提质增效",推动市场主体"减量增质"。

1.加强制度建设,完善监管体系。根据《湖北省地方金融条例》和银保监会办公厅《关于加强小额贷款公司监督管理的通知》要求,于2022年5月27日印发《湖北省小额贷款公司监督管理实施细则(试行)》(鄂金发〔2022〕20号),从行政许可、业务规则、监督管理、风险处置、违法责任等方面对小额贷款公司的主体资格、行为规范、行政处罚做出详细规定,并按要求报银保监会备案。

2.优化审批流程,提高监管服务质量。一是高效办理许可事项。严格按照小额贷款公司设立、变更、退出操作指引规定,把好小额贷款公司行政审批关口。全年共为41家小额贷款公司办理主发起人变更、法定代表人变更、董事、监事及高级管理人员变更、股权变更、地址变更以及减资等变更申请。二是强化实质性审核。在审核机构设立方面,注重大股东(主发起人)资质和资金来源的穿透性审核、可持续经营能力审核、展业规划和地方金融监管能力的审核,通过实地查看、股东座谈、股东关联方走访等"看现场"的方式发现问题。在办理机构退出注销方面,高度关注拟退出企业遗留风险处置问题,重点核查公司股东合意情况,公司清算合法合规、公开透明情况,公司债权债务处置情况等内容。

3.开展现场检查,促进合规经营。印发《省地方金融监管局2022年度"双随机、一公开"抽查工作方案》,将武汉市、荆州市、荆门市、鄂州市、黄冈市、随州市等5市的12家小额贷款公司列入抽查名单。市(州)、县级地方金融工作局在省局统一部署下,制定抽查工作计划,按照"三必谈""四必看""五必听""六必查"的工作要求,对辖区小额贷款公司开展现场检查,对发现的问题及时责令整改。

4.加强统计分析,推进非现场监管。一是全面收集数据,强化研判运用。严格落实银保监会监管报表制度,充分利用监管信息系统,严把数据统计报送关,加强对市(州)、县监管工作人员业务指导和培训。在小额贷款公司月度报表中增加“总资产”“新增外部融资”“本月新增贷款额”等统计指标，更进一步掌握小额贷款公司经营状况以及对实体经济的支持程度。二是加强监测预警。对于经营数据异常变化、坏账不良增长较快的小额贷款公司，要求相关市(州)进行核实、分析，开展监管谈话，将非现场监管结果作为制定现场检查计划的重要依据，及时防范和化解风险。

5.强化分类管理，推进机构清理。根据《湖北省地方金融条例》和《湖北省小额贷款公司监督管理实施细则(试行)》的相关规定，督促各级地方金融工作部门对丧失经营能力的D类小额贷款公司加大检查力度，及时审核并逐级上报取消其小额贷款公司经营资格。2022年，全省共有43家小额贷款公司被取消经营许可。

6.开展业务培训，提升监管水平。12月13日，召开全省地方金融组织监管工作视频培训会，结合最新监管政策和形势，向各市(州)地方金融工作部门工作人员及小额贷款公司等地方金融组织负责人解读小额贷款公司等地方金融组织现场检查的要求和内容、行政许可工作相关内容、信息化系统操作流程等，提升监管人员政策理解力、业务推动力和操作执行力。

(三)下一步工作措施

1.加强制度建设，提升监管能力。进一步细化和落实《湖北省地方金融条例》，密切关注人民银行《地方金融监督管理条例》及相关法律法规和规范性文件的出台，按照最新监管要求调整和完善《湖北省小额贷款公司监管工作细则》。推动出台地方金融组织行政执法等相关规范性文件及操作流程，补齐监管制度短板，推动地方金融组织监管工作更加深入，更具实效。

2.进一步强化日常监管，规范经营行为。一是持续加强现场检查。按照法律法规及相关政策要求，适时组织开展现场检查、“双随机、一公开”联合抽查。加大对地方金融组织主体资质、经营行为、制度建设、合规情况等方面的检查力度，依法做好对违法违规行为的行政处罚工作，有效防控金融风险。二是做好非现场监测工作。提高小额贷款公司监管信息系统的使用效率，督促小额贷款公司及时将经营业务数据、财务数据录入系统，督促引导各市(州)地方金融工作部门通过系统开展小额贷款公司新设、变更、注销申请的线上审批，通过非现场监测及时发现问题、处置问题。

3.推进分类评级，实行差异化监管。进一步优化调整分类评级标准和流程，持续开展小额贷款公司分类评级工作，实行差异化监管。对评级较高的小额贷款公司，在法律法规和政策允许的范围内，在经营区域、融资限制、贷款集中度、接入征信等方面予以适度放宽或支持；对存在问题尚可整改的小额贷款公司，及时指导其整改到位、规范经营；对评级较低无法整改的公司，加大检查力度，劝导其退出行业或取消其经营资格。

4.加强统计和培训，提高监管和行业运营质量。一是提高统计工作质量。进一步完善地方金融组织统计工作定期通报制度，避免迟报、漏报、错报等情况，针对统计工作中出现的表间逻辑矛盾或月报、季报数据不能衔接、填写不规范等问题加强通报，提高数据统计质量。二是加大培训工作力度。一方面，强化对金融监管部门工作人员培训，加强法律知识、金融专业知识和实际操作经验的学习，提高监管工作水平；另一方面，强化行业从业人员培训力度，针对小额贷款行业经营中存在的常见问题开展专题培训，培养具备专业素质的管理人才，提升行业经营水平和防控风险的能力。

二、融资担保公司规范稳健发展情况

持续强化融资担保业务监管，加强政府性融资担保体系建设，推广新型政银担合作。持续强化政策支持，科技融资担保实现突破。全省融资担保行业总体呈现规模持续增长、结构不断优化、服务质效提升的发展态势。

(一)行业运行基本情况

截至2022年末，全省共有融资担保机构206家，注册资本611.6亿元，资产总额913.8亿元，净资产708.4亿元，实现净利润17.5亿元。提取准备金80.6亿元，拨备覆盖率73.8%。代偿余额109.2亿元，放大倍数3.2倍。

1.担保业务规模和质量双提升。一是在保余额持续增长。截至2022年末，全省融资担保行业在保余额2279.2亿元，同比增加283.8亿元，增长14.2%，比2018年底增加1051.9亿元，年均增量为263亿元。2022年1月以来连续保持单月同比多增态势，特别是6月—11月同比增速均超过20%。全省在保余额排名前5位的市(州)依次是武汉市、宜昌市、荆州市、十堰市、黄冈市。武汉市在保余额918.4亿元，同比增加162.8亿元，增长21.5%，居第1位。二是支农支小担保规模持续加大。截至2022年末，全省支农支小在保余额1419.9亿元，占全部在保余额的62.3%，同比增加358.7亿元，增长33.8%。融资担保公司服务小、散客户，发挥“毛细血管”的作用得到充分体现。三是新型政银担业务再创新高。截至2022年末,全省新型政银担业务在保项目16.8万笔、在保余额645.3亿元,同比增加291.9亿元,增长82.6%。其中,省再担保集团“4321”担保业务16万笔、在保余额576.7亿元,累计业务规模突破1000亿元大关、累计担保户数达23.7万户,居全国第3位;省农信担“442”担保业务0.8万笔、在保余额68.6亿元,累计业务规模166.7亿元。四是政府性融资担保发挥主导作用。截至2022年末,全省共有国有融资担保机构111家,户均资本金4.2亿元,比行业户均水平高1.3亿元。全省资本金10亿元以上的7家融资担保公司全部为国有担保机构,2022年新发生担保业务的71.2%来源于国有融资担保机构。截至年末,国有融资担保公司在保余额1557.7亿元,同比增加98.7亿元,增长6.8%。其中,省地方金融监督管理局、省财政厅认定的名单内政府性融资担保机构88家,在保余额786.4亿元,同比增加185亿元,增长30.8%。

2.业务结构不断优化。一是贷款担保规模持续扩大。全年贷款担保规模达1176.3亿元,同比增加463.6亿元,增长65%,占在保余额的比例为52%。融资担保作为银行信贷的补充渠道,较好发挥了为企业增信纾困的作用。全年个人消费借款担保143.9亿元,同比增加46.8亿元,增长48.2%,为个人消费、个体工商户生产经营提供了增信支持,满足了高频次、时间短、周转快的融资需求;住房置业担保28.6亿元,同比增加0.4亿元,增长1.4%。二是债券担保略有下降。全年债券担保规模745.9亿元,同比减少56.6亿元,下降7.1%。三是非融资担保业务规模持续减少。全年非融资担保业务规模58.8亿元,同比减少1.8亿元,下降0.3%,延续了近三年持续下降的趋势,显示在监管引导下,融资担保机构更多聚焦融资担保主业、服务实体经济。

3.对重点领域的支持力度加大。一是科技担保取得显著成效。全省政府性融资担保机构均设立科技融资担保业务部,“4222”科技融资担保业务模式在十堰市、鄂州市等地的38个县(市)落地。推出“科担贷”等系列专项产品,积极开展股权、知识产权质押担保业务,湖北省科技融资担保公司信用担保占比达到97.5%。截至2022年末,全省科技担保业务在保笔数5747笔,在保余额165.7亿元,较年初增长156.7%。二是加大对困难行业支持。鼓励融资担保机构加大对交通运输、餐饮、住宿、零售等困难行业企业的担保增信力度,年末在保笔数8.3万笔、在保余额165.6亿元,其中,2022年新增担保笔数6.2万笔、新增担保金额118.1亿元。三是推进创业担保贷款工作。年末全省创业担保贷款规模达52.8亿元,同比增加32.1亿元,增长155.1%。宜昌市和襄阳市推进“1300”模式(1分钟申请、3分钟审核、人工0干预、群众0跑腿)的创业担保贷款、咸宁市担保集团联合银行、人社局对创业担保贷款实行“多审合一”,均有效提高了创业担保贷款审批效率。四是持续推动降费让利。推动全省融资担保企业认真贯彻落实关于降低担保费率要求,政府性融资担保机构平均担保费率均降至0.75%,全年累计减免担保费8亿元。

4.产品和模式创新取得显著成效。一是融资担保产品创新加快。宜昌科技融资担保公司推出“3分钟申贷、0人工干预、一键式提款”模式的科担快贷产品;十堰市担保集团推出“产业升级贷”和“助企纾困贷”,累计投放规模超过10亿元。二是业务模式不断优化。武汉市融资担保公司“首贷户”培育成效明显,2022年新增“首贷户”占总户数的12%;襄阳市推进市、县一体化建设,有效解决襄州、谷城等县域担保机构“小、散、弱”问题;黄冈担保集团采取信用保证结合设备抵押、股权质押等方式,开展反担保创新;鄂州市中小企业担保公司创新推出“联保+股权+不动产”的反担保方式。

5.业务风险有效改善。截至2022年末,全省融资担保行业代偿余额109.2亿元,同比减少29.2亿元,降低21%。当期代偿率为1.1%,同比下降1个百分点。

(二)促进行业规范稳健发展情况

1.完善监管制度和支持政策。省地方金融监督管理局联合省财政厅出台《关于建立健全政府性融资担保机构“四补”机制的意见》,陆续配套出台《融资担保机构业务奖补专项资金管理办法》等文件,政府性融资担保机构均已建立“四补”机制,2022年到位“四补”资金11亿元。联合人民银行武汉分行、湖北银保监局出台《湖北省政府性融资担保机构融资担保业务反担保设置指引(试行)》,鼓励融资担保机构降低融资担保门槛,创新反担保方式。修改完善湖北省金融信用县(市)考核涉及融资担保的相关指标。

2.严格开展现场检查。按照“双随机、一公开”、10%的抽检比例、重点抽查分类评级C级和D级机构的原则,对20家融资担保机构开展现场检查。对涉企发展环境专项审计调查中涉及的7家政府性融资担保机构进行现场督办,举一反三抽查6家政府性融资担保机构涉企收费情况。

3.强化非现场监管。依托监管信息系统,从报表完整性、逻辑关系、异动情况等方面对非现场监管报表进行审核,做好数据分析及上报。持续推进量化指标监管,重点加强对资本金、资产质量等重点指标监管。为 50 家融资担保机构办理变更备案手续,为 24 家融资担保机构换发许可证,依法注销 11 家许可证已到期、评级为 D 级的融资担保机构。

4.加强信息化建设。融资担保监管信息系统增加分类评级、绩效考核、费率预警等功能。加强融资担保业务信息系统推广力度,161 家融资担保机构安装业务系统,25 家实现全流程网办;业务系统与监管系统实现互联互通,信息实时共享。引导 31 家政府性融资担保机构接入“鄂融通”,推出 31 款线上融资产品。引导省再担保集团上线“荆楚融担码”,全省小微企业通过扫描“荆楚融担码”,实现担保贷款“码上办”。

5.加强融资担保体系建设。一是支持政府性融资担保机构做大做强。支持宜昌市、恩施州、黄冈市、襄阳市等地的 7 个县(市)新设政府性融资担保机构。二是积极推广新型政银担合作。召开全省新型政银担合作推进电视电话会议;每季度下发全省新型政银担合作业务情况通报;会同湖北银保监局对部分银行机构进行约谈,深化银担合作。三是会同省财政厅调整更新政府性融资担保机构名单。

6.推动行业风险化解和不良资产处置。一是持续强化风险化解。黄石市全力推进黄石担保集团存量风险“清零”工作,累计处置 8 家银行不良担保贷款 14.3 亿元。天门市通过农商行定向发放贷款、资产管理公司承接代偿的方式化解天门兴天担保公司 3.18 亿元不良担保贷款。二是推进不良资产处置。认真摸排并向资产管理公司推送 136.9 亿元债权的不良资产项目;组织十堰市、襄阳市、黄石市等 6 个市、县与省地方资管公司签订战略合作协议;指导黄石、襄阳等地融资担保机构开展呆账核销,核销呆账 3050 万元;指导荆门市担保集团通过减少注册资本方式核销部分不良资产。开展不良资产处置试点,十堰担保集团将首笔 1346 万元不良资产向省地方资管公司批量转让,为融资担保机构不良资产处置开辟新路径。

(三)下一步工作措施

1.实施业务增量提质行动。一是做大总量规模。引导融资担保公司坚守普惠金融理念和为企业融资增信的职能定位,加大助企纾困力度,力争 2023 年底融资担保在保余额突破 2400 亿元。二是强化支小支农。督促融资担保机构聚焦主业、回归本源,围绕小微企业、“三农”多样化的融资需求,有效发挥担保增信作用,不断提升支小支农业务规模及占比。三是做优专项产品。引导融资担保机构充分利用好“鄂融通”等平台,围绕“首担”“首贷”和“双创”“三农”“专精特新”等领域专项担保产品,深入推进担保产品线上化、智能化、场景化,提升服务效率。四是加强模式创新。探索省、市机构联保、分保;推动融资担保机构与创业投资机构、银行实现“投贷担”业务联动。

2.提升担保体系建设水平。一是推进融资担保体系全域覆盖、全域提质。支持相关市(州)、县依法依规新设政府性融资担保机构。对融资担保机构实行动态管理、优胜劣汰,依法清退一批“失联”“空壳”及不符合监管要求的机构。做大做强省级融资担保机构,充分发挥省级机构龙头引领和辐射带动作用。推动市、县融资担保机构提档升级,促进业务规模小、放大倍数低的市(州)、县融资担保机构加大业务拓展力度。二是加快推广新型政银担业务。扩大新型政银担覆盖面,促进担保进园区、入企业;强化银担对接,促进县域融资担保机构与银行密切合作,力争实现新型政银担的行业、县域全覆盖。抓紧落实新型政银担业务相关支持政策,督导合作四方严格落实分险责任。引导融资担保机构规范开展“总对总”批量业务,重点拓展单笔业务。力争 2023 年新型政银担业务规模突破 700 亿元。三是加强科技担保体系建设。聚焦全省高新技术企业和科技型中小微企业,引导融资担保机构提升信用担保占比,鼓励开展股权质押和知识产权质押担保业务。力争到 2023 年底全省科技融资担保业务规模达到 200 亿元以上,科技融资担保业务中信用担保业务占比不低于 40%。

3.提升业务监管效能。一是加强业务监管。加强非现场监管,完善监管信息系统建设,加强对机构填报数据质量的审核把关,做好数据收集、统计、分析、报送工作。做好融资担保公司新设、变更与退出、许可证换发工作。加强现场检查,做好 2023 年度融资保机构分类评级。二是压实属地监管职责。采取通报、下发工作提示函、现场督办等形式,压紧压实市(州)属地监管责任,形成齐抓共管的合力。三是加强行政执法。按照《中华人民共和国行政处罚法(2021 年修订版)》相关要求,结合《融资担保公司监督管理条例》,对融资担保机构违法违规行为予以行政处罚。四是密切部门联动。会同人行、银保监等金融监管部门加强政策倾斜和窗口指导,通过定期通报、主动约谈等形式,建立健全促进新型政银担合作的长效督导机制。充分发挥融资担保业务监管联席会议制度作用,发挥部门间监管资源的综合效益,强化监管协同。五是提高业务水平。定期组织开展业务培训,发挥好融资担保行业协会作用,指导开展政策宣传和交流。开展市(州)交叉现场检查,提高从业人员履职能力。

4.推动完善公司治理。一是强化红线底线意识。引导融资担保机构对标对表落实监管要求，督促政府性融资担保公司严守“四个不得”监管红线。二是完善治理结构。出台融资担保机构公司治理指导意见，督促融资担保机构建立健全公司法人治理结构，提高市场化运作和规范管理水平。三是督促加强风险防控。督促融资担保机构强化大数据风控，提升风控水平和能力。引导有条件的机构接入“鄂融通”，推动具备条件的机构加快数字化转型。督促融资担保机构积极履行代偿义务，杜绝应偿未偿，树立良好信誉。四是加强制度建设。督促融资担保机构制定并落实业务、风控和保后管理等制度，提高内部管理水平。

5.着力优化行业发展环境。一是落实支持政策。督促各地按照“四补”等文件要求加大资金、政策支持力度，弱化盈利考核要求，引导政府性融资担保机构坚守准公共定位。二是积极化解历史存量风险。引导融资担保机构通过司法诉讼、批量转让等多种途径，稳妥推进不良项目“剥离清偿”化解。三是依法合规推动代偿损失核销。会同省财政厅指导政府性融资担保机构建立代偿损失核销具体办法，及时核销、出表处理长时间清收无果的不良资产。

三、区域性股权市场规范稳健发展情况

（一）市场运行基本情况

湖北区域性股权市场是主要服务湖北省行政区域内中小微企业的私募股权市场，武汉股权托管交易中心（简称“武交中心”）是经省政府批准设立的全省唯一的运营机构。武交中心主要业务指标居于全国区域性股权市场前列。截至2022年末，武交中心累计托管登记企业7142家，托管总股本2093.05亿股；挂牌企业总数6339家，挂牌项目8个。其中，“种子企业板”36家；“股份公司板”3381家；“科技板”2749家；“青创板”133家、项目8个；“海创板”40家。共成交206.32亿股，成交总额352.89亿元。共为541家托管挂牌企业完成股权融资3461笔，实现融资总额1691.49亿元，其中，股权直接融资602.33亿元，股权质押融资1089.16亿元。2022年，武交中心新增托管登记企业294家，新增托管总股本51.40亿股；新增挂牌企业210家，其中，“股份公司板”122家，“科技板”88家。2022年，武交中心新增交易36.73亿股，新增成交金额40.58亿元；共为82家企业完成股权融资340笔，实现融资总金额67.43亿元，其中，新增股权直接融资7.47亿元，新增股权质押融资59.96亿元。2022年8月，武交中心全面启动挂牌企业分层分类管理工作，将挂牌企业按成长性、规范程度分为孵化层、规范层、培育层三个层次，更好地聚集企业融资融智服务需求，全面提升湖北区域性股权市场服务质量。

（二）促进市场规范稳健发展情况

1.指导申报业务创新试点。根据国务院办公厅印发的《要素市场化配置综合改革试点总体方案》和中国证监会全面深化资本市场改革工作总部署，会同湖北证监局指导武交中心积极申报制度和业务创新试点。指导武交中心起草《区域性股权市场湖北创新试点建议方案》（以下简称《方案》），中国证监会市场二部于2022年6月和10月两次召开视频会议对《方案》进行指导。会同湖北证监局、武交中心对《方案》进行反复修改，征求省直相关部门意见，进一步完善并报省政府。指导武交中心完成对现有挂牌企业的初步遴选工作，制定和完善创新试点相关工作规则及企业挂牌后续服务方案。

2.积极推进区块链试点建设。根据中国证监会要求，会同湖北证监局指导武交中心修改完善区域性股权市场区块链建设试点任务书，征求省直相关部门意见进行修改完善，报请以省政府办公厅名义报送中国证监会办公厅。2022年6月，试点方案获证监会市场二部批复同意。指导武交中心在充分利用现有信息化建设成果及运营合规性的基础上，积极探索区块链在促进数据共享、优化业务流程、降低运营成本、提升协同效率、建设可信体系等方面的应用；推动区块链和实体经济深度融合，推进区域性股权市场创新发展，充分发挥其服务中小微企业的功能。截至2022年末，武交中心完成一期技术平台搭建，使用自建链完成近6000家挂牌托管企业、55万名投资者的信息核对、清理和数据上链工作。同时，武交中心与湖北省中小企业融资信用平台（鄂融通）签订数据接入协议，通过“鄂融通”实现对企业工商、税务、司法等近400类政务数据的接入，构建企业真实数据和动态数据的获取渠道。

3.定期开展现场检查。2022年底，会同湖北证监局组成联合检查组，对照《区域性股权市场监督管理试行办法》，重点对武交中心的规范运行情况和风险排查情况开展现场检查。对武交中心在信息系统建设、风险防控、异地企业托管等方面存在的不足，督促其制定措施，认真整改。

4.严格落实风险防控。一是强化可转债业务风险监管。督促武交中心进一步完善可转债业务规则，对可转债发行人的资质条件、信息披露、募集资金用途、募集资金托管、偿还保障、转股安排、审核要求、风险处置等事项作出明确规定，建立完善可转债发行负面清单，合理安排发行规模。二是健全完善

风险防控机制。督促指导武交中心对风险防控制度进行全面梳理,查缺补漏,全面修订风险管理办法。

(三)下一步工作措施

按照证监会《关于规范发展区域性股权市场的指导意见》(清整办函〔2019〕131 号)文件要求,持续做好区域性股权市场监管工作。一是支持指导武交中心开展制度和业务试点,会同湖北证监局及时向中国证监会汇报工作情况,跟踪了解试点方案批复情况。二是指导武交中心加快推进区块链建设试点工作,强化应用服务和生态系统建设,提升服务中小企业水平。三是督导武交中心加强对存量风险的摸排和化解,健全常态化风险防控工作机制,加强事前风险监测、预警,对风险隐患早发现、早处置。

四、典当行规范稳健发展情况

严格按照银保监会《关于加强典当行监督管理的通知》(银保监办发〔2020〕38 号)要求,以防范化解金融风险、优化营商环境、加强规制建设为主线,督促典当行规范经营行为,加强合规风控管理。全省典当行总体运行平稳,行业发展环境持续优化。

(一)行业运行基本情况

2022 年,全省新设立 1 家典当行;有 4 家丧失经营能力或意愿的典当行通过解散或变更名称及经营范围的形式退出行业。截至 2022 年末,全省共有典当行 195 家,其中,法人机构 188 家,分支机构 7 家。全省除神农架林区外,其他 16 个市(州)、直管市均设立有典当行。其中,武汉市 77 家,数量居全省之首,占全省的 40.96%;宜昌市和黄冈市均为 13 家,排名第二。全省典当行实缴注册资本合计 47.57 亿元,比上年同期下降 11.96%;户均注册资本金 2530.32 万元,比上年同期上升 1.15%;从业人数 1002 人,比上年同期上升 3.30%。

截至 2022 年末,全省典当总额为 47.30 亿元,同比下降 1.74%;典当行平均单笔业务金额 24.56 万元,同比下降 18.52%;典当余额 29.73 亿元,同比下降 3.22%。全年开展业务 19258 笔,比上年同期增加 20.34%。其中,动产质押业务 13279 笔,增长 13.96%;房地产抵押业务 5665 笔,增长 40.29%;财产权利质押业务 314 笔,增长 0.32%。截至 2022 年末,全省典当行营业收入 1.44 亿元,比上年同期下降 13.25%。逾期业务共计 1041 笔,占总业务笔数的 5.41%,比上年同期上升 43.59%;逾期当金余额 9.59 亿元,比上年同期上升 31.55%。绝当金额 0.98 亿元,同比下降 13.27%。典当总额排名前三的依次是武汉市(242467.57 万元)、荆州市(56732.35 万元)、宜昌市(48693.70 万元),武汉市占比 51.27%。典当余额排名前三的依次是武汉市(144486.63 万元)、荆州市(25656.64 万元)、宜昌市(24666.53 万元),武汉市占比 48.60%。典当笔数排名前三的依次是武汉市(8759 笔)、黄石市(3766 笔)、荆州市(1559 笔),武汉市占比 45.48%。

(二)促进行业规范稳健发展情况

1.建立完善监管制度体系。推动《湖北省典当行监督管理实施细则(试行)》尽快出台。结合湖北省经济发展情况和监管工作实际,从行政许可、业务规则、监督管理、风险处置、违法责任等方面对典当行的主体资格、行为规范、行政处罚做出详细规定,为强化监管打好制度基础。

2.做好典当行年审工作。按照银保监会"每年选取 1/3 的典当行进行年审,三年内实现年审全覆盖"的要求,在 2020 年、2021 年已完成全省部分地区 171 家典当行年审基础上,对黄石市、孝感市、鄂州市、黄冈市、咸宁市、仙桃市、潜江市、天门市等地的 59 家典当行及分支机构的 2021 年经营情况进行年审,第一轮全省典当行年审工作全部完成。印发《关于开展 2021 年度全省典当行年审工作的通知》,制定年审工作方案,明确年审事项、工作程序、评定标准及工作要求。此次年审中,省地方金融监管局联合省市场监管局按照 15%的比例开展联合检查,全程参加黄石市 9 家典当行的现场检查。经过典当行自查、监管人员现场检查、整改规范、逐级审核等流程,确定 A 类典当行 20 家、B 类典当行 26 家、C 类典当行 11 家(2 家典当行未参加年审),并将年审结果对社会公示。

3.深入推进日常监管。一是深入开展非现场监管,及时预警风险。持续收集、监测和分析典当行经营数据和风险信息,提升非现场监管质效。在原报表项目基础上,增加"新增典当额"等经营指标,统计分析企业对社会融资贡献度以及对实体经济的支持程度。对于经营数据变化异常、坏账不良增长较快的企业,及时核实了解,进行对比分析,有针对性地开展监管谈话,并将非现场监管结果作为制定现场检查计划的重要依据,及时有效防范和化解风险。二是常态化开展现场监管。按照《湖北省地方金融组织"双随机、一公开"抽查工作细则》《典当行省级部门联合抽查暨年审现场检查工作方案》要求,黄石市、孝感市、鄂州市、黄冈市等地方金融工作局会同当地市场监督管理局共同参加省级典当行跨部门联合抽查;武汉市、十堰市、黄冈市、随州市、恩施州、天门市、仙桃市等地组织开展本级典当行现场检查工作。

4.加强培训指导。12 月 13 日,召开全省地方金融组织监管工作视频培训,结合最新监管政策和形势,解读典当行等地方金融组织现场检查的要求和内容、行政许可工作相关内容、信息化系统操作流程等,提升监管人员政策理解力、业务推动力和操作执行力。指导省典当行业协会在组织举办典当行从业人员业务培训,宣讲监管政策,倾听行业诉求;发布行业风险提示,规范典当行经营行为,提升从业人员业务素养。

(三)下一步工作措施

1.加强规制建设。密切关注人民银行《地方金融监督管理监管条例》的出台,贯彻落实《湖北省地方金融条例》,在现有制度框架内修订完善《湖北省典当行监管工作细则》。推动出台地方金融组织行政执法相关规范性文件及操作流程,补齐监管制度短板,推动地方金融组织监管工作纵深开展,更具实效。

2.加强分类处置。督促相关市(州)地方金融工作局持续跟踪指导 B 类典当行整改到位,将 B 类典当行作为专项整治、“双随机、一公开”抽查等日常监管重点检查对象,加大检查力度和检查频次。将 2021 年年审 C 类典当行移出全国典当行业监督管理系统,督促相关市(州)地方金融工作局收回 C 类典当行的《典当经营许可证》及当票、续当票,将相关情况抄送当地市场监管、公安等部门。畅通退出通道,分类处置存量机构,依法依规劝导“失联”“空壳”及不合规典当行退出市场,不断净化行业发展环境。

3.加强日常监管。按照银保监会相关要求,继续按照每年三分之一的比例,扎实做好典当行年审工作。严把准入关口,对典当行股东出资来源、股东关联、出资能力、业务资源及展业能力等情况进行穿透式监管;鼓励支持信用优良、实力雄厚的市场主体进入地方金融组织,提升行业服务实体经济的效率和水平。根据《湖北省地方金融条例》,完善典当行分类评级办法,全面评定典当行风险等级,巩固“减量增质”工作成效。充分利用“双随机、一公开”抽查工作机制,加大对典当行日常经营行为的监管力度。健全完善典当行高管约谈、提示警示、信息公示或抄告移送等机制,及时消除风险隐患。进一步增强“典当通”系统数据采集、风险预警、行政许可、行业分析等功能,加大月度数据审核和监测运用力度,提升非现场监管工作水平。认真落实银保监会关于加强地方金融组织通报制度的要求,定期通报各市(州)数据报送、行业发展、监管工作等方面的情况,选取非密数据对社会公开,逐步提高典当行业情况通报的时效和质量。

4.充分发挥行业协会作用。指导典当行业协会进一步制定完善协会章程、行规行约、服务标准及从业人员行为准则等配套制度,鼓励协会通过开展学习调研、法律帮扶、技能培训等多样化方式,引导典当行专注主业、立足本地、回归本源,将业务重心回归到中小微企业及个体工商户等长尾市场。督促和引导典当行加强内部管理,向产业链、中小企业、特色民品等方面寻找适合自己的典当业务,实现稳步健康发展。

五、融资租赁公司规范稳健发展情况

着力补齐制度短板,推动融资租赁公司名单制管理,优化非现场监管措施,加大市场出清力度,推动行业提质增效。全省融资租赁行业运行总体保持平稳。

(一)行业运行基本情况

2022 年,全省新设立 1 家融资租赁公司、迁入 1 家融资租赁公司;有 35 家公司退出融资租赁行业。截至 2022 年末,全省共有融资租赁公司 153 家,较上年减少 33 家。其中,内资融资租赁公司 97 家、外资融资租赁公司 56 家。有 21 家融资租赁公司纳入银保监会监管“白名单”。全省共有融资租赁公司分支机构 145 家,其中,外省融资租赁公司在鄂的分支机构 141 家。

截至 2022 年末,全省融资租赁公司实缴资本金 94.83 亿元,同比增长 6.07%。行业资产总额 280.07 亿元,同比下降 3.47%,其中,租赁资产 221.57 亿元,同比下降 9.6%。全年累计新增融资租赁资产 62.65 亿元。行业租赁业务模式以售后回租为主,售后回租资产 178.89 亿元,占租赁资产总额 92.04%。年末行业对外融资余额 140.6 亿元,其中,银行借款余额 61.11 亿元、股东借款余额 25.38 亿元、资产证券化融入资金余额 18.02 亿元。2022 年,湖北省融资租赁有限责任公司成功发行储架 30 亿元的 ABS 债券,首期发售 8.18 亿元。总体上看,新设企业经营向好。新设立的湖北省长投融资租赁公司、途虎(湖北)融资租赁公司、安琪融资租赁(湖北)有限公司等企业充分利用股东优质资源,开展了机械装备、汽配设备等租赁业务,经营规模稳步增长。2022 年,融资租赁行业业绩同比下滑,不良资产增长较快。截至 12 月末,全省融资租赁公司不良租赁资产余额 26.62 亿元,同比增加 16.25 亿元,增幅较大。主要原因是相关城投平台业务出现风险和规模收缩;行业市场化转型处于摸索阶段、融资困难;企业风控尺度趋严等。

(二)促进行业规范稳健发展情况

1.加强制度建设。在上年出台《全省融资租赁公司评估工作内部操作指引》基础上,研究制定了《湖北省融资租赁公司监督管理实施细则(试行)》,对融资租赁公司的业务范围、经营规则、分类处置、监管措施、法律责任等作出具体规定，并向银保监会报备。

2.建立监管“白名单”。印发《关于开展全省融资租赁公司和商业保理公司名单制管理工作的通知》，按照全面动员部署、企业自主申报、县(市)级初审、省级复审等步骤，组织各地开展融资租赁公司名单制管理工作，对申报纳入监管名单的企业开展现场检查和审核。省地方金融监督管理局结合非现场监管情况，特别是业务规模、融资来源、不良资产等指标，有针对性地制定现场检查工作方案，会同各市(州)、县(市、区)监管部门对 30 家融资租赁公司开展现场检查。根据审核以及公示情况，将 21 家企业纳入第一批监管“白名单”，督查指导问题企业按要求整改，并向银保监会报备。

3.加强非现场监管。按照银保监会要求，准时报送融资租赁公司月度、季度和年度数据信息，全面持续收集融资租赁公司的经营管理和风险信息。提升监管信息化水平，建设全省融资租赁公司监督管理信息系统，于 2022 年 12 月正式上线试运行，实现对融资租赁公司的日常监管、报表分析汇总、分类评级、风险预警和信息报送等功能。

4.统筹监管与发展。为推动融资租赁公司专注主业，防范和化解行业风险，省地方金融监管局印发《关于进一步促进全省融资租赁公司稳健发展和加强风险防范的通知》，严格规范融资租赁公司业务行为、强化风险预警和处置、加强部门协同监管。支持融资租赁公司通过增资扩股、发行资产证券化产品等做大做强；积极为融资租赁行业争取税收优惠政策。

5.加强业务培训。组织开展地方金融组织监管业务专题培训，针对各地在机构主体管理、现场检查、监管信息系统实操等方面存在的问题，解读融资租赁公司设立、变更及退出的申报条件、申报材料、审核要点以及易错事项，提升行政服务水平；梳理现场检查重点事项、企业违规点和风险点、后续整改处置工作要点等内容，提高监管人员业务能力；演示融资租赁公司监管信息系统各项功能的操作步骤，讲解报表填报汇总、业务信息报送、经营指标预警等模块，提高监管信息化水平。指导省融资租赁行业协会召开行业交流会，促进业内横向交流、相互借鉴、共谋发展。

(三)下一步工作措施

1.进一步落实好监管制度。做好《湖北省地方金融条例》贯彻落实工作，密切关注国家层面出台的涉及融资租赁公司的相关法规政策，及时做好政策的解读宣传。严格执行《湖北省融资租赁公司监督管理实施细则(试行)》，支持鼓励企业创新发展，引导融资租赁行业坚持融资与融物并重的原则，努力提升融资租赁服务实体企业能力。研究起草行业行政执法相关制度性文件，探索开展行政检查、行政处罚等工作，提升监管质效。

2.不断强化分类监管。对纳入监管名单的融资租赁公司优先给予扶持政策，支持其接入“鄂融通”，持续跟进存在问题的企业整改情况。对监管名单以外的融资租赁公司，持续关注其经营及风险状况，加大分类处置和引导退出力度，推动企业规范、合规经营。根据企业申请，及时更新监管名单，将优质企业和完成整改的企业纳入监管名单，移除不符合监管规定的企业。

3.持续提升信息化水平。结合融资租赁公司监管信息系统试运行情况，收集企业端和监管端的意见建议，制定监管系统优化升级工作方案，更新融资租赁公司数据库，实现融资租赁公司基础信息、监管信息和业务信息统一归集。进一步提升信息审核、数据分析、风险预警水平，强化属地监管，做好现场监管和非现场监管联动工作，提升监管质效，增强风险防控和处置能力。

4.以监管促发展。支持资金雄厚、经营稳健的市场主体设立融资租赁公司，充分发挥主发起人股东资金、资源、资质等方面的优势，扩大行业规模、树立行业口碑、增强行业影响力。引导存量机构立足于租赁物，回归融资租赁本源，逐步提升直接租赁、经营性租赁业务比例，优化资产结构。鼓励企业积极支持我省流域综合治理和统筹发展规划的重要行业、重大项目，抓住产业链的核心企业和关键环节拓展业务，做到以融促产。

5.进一步优化政务服务。严格按照设立、变更及退出操作指引，做好机构主体管理，提高政务服务效率。加强与市场监管、人行、银保监、税务等部门沟通联系，推动建立协同监管工作机制。支持湖北省融资租赁公司行业协会充分发挥其服务企业、业务交流、经验推广、行业研究等职能，促进行业规范稳健发展。开展融资租赁行业调研，适时组织监管人员、部分企业负责人赴经济发达地区调研学习，了解上海、广东等地融资租赁行业监管理念、模式、措施，学习借鉴头部企业在展业模式、风控制度、人才培养等方面的先进经验。组织开展监管业务培训，结合国家和我省出台的监管文件，解读监管实施细则、非现场规程等规定，指导市、县监管人员依法、规范、高效地开展监管工作。

六、商业保理公司规范稳健发展情况

统筹防范风险和促进发展，持续优化政务服务，推动商业保理公司名单制管理。深入开展专项检查，推动行业规范稳健发展。支持商业保理公司增资扩股增强资本实力、专注主业、做大做优做强。

（一）行业运行基本情况

2022年，全省新设立2家商业保理公司，注册地分别在武汉市、襄阳市。年内有1家公司退出商业保理行业。截至2022年末，全省共有商业保理法人机构14家。其中，武汉市9家、襄阳市3家、宜昌市2家。有7家商业保理公司纳入监管“白名单”。全省商业保理公司注册资本合计12.61亿元，实缴注册资本10.83亿元；总资产28.33亿元，较上年增加11.5亿元，增长68.33%。14家商业保理公司中，有13家在湖北自贸试验区登记注册；有10家开展经营活动且报送经营数据。

2022年，全省商业保理公司深耕主业，围绕产业链、供应链开展业务，服务中小微企业，经营业绩实现较快增长。全年新增发放保理融资款本金18.02亿元。年末发放保理融资款本金余额23.17亿元，同比增长101.13%；受让应收账款余额36.33亿元，同比增长100.72%；融资余额10.51亿元，同比增长54.33%；全年累计实现净利润6247.28万元，同比增长83.14%。年末全省商业保理行业不良资产246万元，同比增加179万元，不良保理资产率0.1%，行业风险总体可控。

（二）促进行业规范稳健发展情况

1.加强机构准入管理。对新设的2家商业保理公司进行全面评估，重点审核股东实力、经营人才、内部风控制度、展业能力等方面情况。按照《全省商业保理公司评估工作内部操作指引》规定的设立标准、申报材料、审核程序等对申请进入行业的企业进行评估，压实省、市、县三级地方金融监管部门审核责任，做到文本审核与实地调研相结合，让真正资金雄厚、经营稳健的市场主体进入商业保理行业。

2.建立监管“白名单”。印发《关于开展全省融资租赁公司和商业保理公司名单制管理工作的通知》，按照全面动员部署、企业自主申报、县（市）级初审、省级复审的步骤，组织武汉市、宜昌市、襄阳市等地开展商业保理公司名单制管理工作，对申报纳入监管名单企业进行现场检查和审核。省地方金融监督管理局结合非现场监管情况，根据受让应收账款规模、融资来源、不良资产余额等指标，有针对性地制定现场检查工作方案，会同有关市场监管部门对8家商业保理公司开展现场检查。根据审核以及公示情况，建立监管“白名单”，督查指导问题企业按要求整改，并向银保监会报备。

3.开展专项检查。印发《关于开展全省商业保理公司专项检查工作的通知》（鄂金函〔2022〕113号），组织开展商业保理公司专项检查。武汉市、宜昌市、襄阳市地方金融工作局按照企业自查、现场检查、延伸调查、接受投诉举报等步骤，重点针对部分大型企业所属商业保理公司利用母公司处于产业链核心地位，对排他式提供保理融资、赚取不合理利息和服务费等侵占中小企业合法权益的行为，扎实开展专项检查工作。

4.加强非现场监管。按照银保监会要求准时报送商业保理经营数据和信息，常态化开展非现场监管，全面持续收集商业保理企业的经营管理和风险信息，提高商业保理公司日常数据报送质量，加强对相关经营数据的分析与监测。建设全省商业保理公司监督管理信息系统，于2022年12月正式上线试运行，实现对融资租赁公司的日常监管、报表分析汇总、风险预警和信息报送等功能。

5.提升监管能力。组织开展监管业务专题培训，解读商业保理公司主体管理的申报条件、申报材料、审核要点以及易错事项，提升基层监管人员行政服务水平。梳理商业保理公司现场检查重点事项、企业违规点和风险点、后续整改处置工作要点等内容，提高监管人员业务实操能力。演示商业保理公司监管信息系统各项功能的操作步骤，讲解报表填报汇总、业务信息报送、经营指标预警等模块，提高监管信息化水平。

（三）下一步工作措施

1.加强监管制度建设。结合我省商业保理行业发展实际，研究制定全省商业保理公司监督管理实施细则，明确各级地方金融监管工作部门职责，对机构设立、经营规则、监管指标、监督管理、法律责任等方面作出规定和要求，提升监管效能。

2.提升监管信息化水平。结合商业保理公司监管信息系统试运行情况，收集企业端和监管端的意见建议，制定监管系统优化升级工作方案。指导和督促各地方金融监管工作部门落实属地监管责任，充分发挥监管信息系统数据分析、风险预警作用，重点分析企业的财务状况、业务开展情况及经营风险，做好数据统计报送工作，逐步实现商业保理企业穿透式非现场监管，加大商业保理企业事中、事后监管力度。

3.加大分类监管力度。对纳入监管名单的商业保理公司优先给予扶持政策，支持企业开展业务创新、接入“鄂融通”，持续跟进部分存在问题的企业整改情况。对监管名单以外的商业保理公司，持续关注其经营及风险情况，加大分类处置和引导退出力度，推动企业规范、合规经营。按照银保监会关于商业保理公司名单制管理工作要求，结合实际，及时更新监管名单，将新设的优质企业和整改完成的企业纳入监管名单，并移除不符合监管规定的企业。

4.优化行业发展环境。一是提升许可效率。鼓励和支持资金雄厚、经营稳健的市场主体设立商业保理公司，高质量办理存量企业变更备案事项。二是深入开展走访调研。开展专题走访调研，了解我省供应链金融发展现状、商业保理公司与供应链金融对接的难点堵点、行业运行特点和模式，指导日常监管工作并提出解决问题的建议，推动行业健康发展。三是加强业务指导。加强对监管指标优良、评级等级高的商业保理公司的帮扶指导，组织开展系统内部监管政策、监管业务的培训，提升监管人员业务能力。

七、地方资产管理公司规范稳健发展情况

持续强化监管和服务，加强现场检查、非现场监管和引导支持。全省两家地方资产管理公司总体运行稳健，有效发挥了盘活资产、化解风险、服务实体经济的作用。

（一）行业运行基本情况

截至2022年末，全省共有2家地方资产管理公司，与上年持平，分别是湖北省资产管理有限公司（简称“湖北资管”）和湖北省天乾资产管理公司（简称“天乾资管”）。湖北资管是国有控股企业，天乾资管是国有参股的民营控股企业。截至2022年末，2家资产管理公司注册资本合计57.2亿元，其中，湖北资管30亿元、天乾资管27.2亿元。

受疫情影响，银行出包减少、尽调查勘和司法执行面临较多实际困难，2家公司主营业务萎缩，主要经营指标明显下滑。截至2022年末，两家公司累计收购不良资产账面值33.87亿元，同比下降73.7%；累计投资18.72亿元，同比下降75.59%；累计处置不良资产账面值55.21亿元，收回资金28.66亿元，同比分别下降69.28%、45.38%；累计实现营业收入11.34亿元，净利润4.09亿元，同比分别下降23.43%、23.41%。湖北资管各项经营指标相对较好，其中营业收入较上年实现正增长，净利润较上年下降4.25%。

2022年，2家公司回归本源、聚焦主业，较好地发挥了服务实体经济的作用。一是加快业务转型。2家公司严格落实专注主业脱虚向实要求，全面停止与收购处置不良资产无关的投资类业务，集中精力加快业务转型，加快处置清收存量业务，新增不良资产收购投资占比达到100%，且更多投向亟需化解区域性金融风险的金融不良资产和出现经营困难的实体企业，收购金融企业不良资产账面值占比达到62.12%。二是助力地方金融“减负”。广泛摸排不良资产处置需求，举办项目对接会，加快推进地方金融组织不良资产转让试点，政府性融资担保机构不良资产批量转让实现“破冰”。十堰融资担保集团从已核销的代偿资产中选出5户债权本金1346万元组包转让给湖北资管，为地方金融组织不良资产处置探索了新路径。三是持续助企纾困解难。湖北资管与宜昌市、荆州市、咸宁市等地合作3个纾困项目，其中，完成咸宁江南里项目2.35亿元放款、完成荆州丽源科技项目立项、加紧沟通宜昌润康置业项目协商纾困方案。湖北资管与浙商资管共同发起设立总规模50亿元纾困基金，双方已基本完成方案审批，首期10亿元投资4个项目。四是积极参与金融机构风险处置。2家公司积极参与支持地方中小银行加快处置不良贷款试点工作，主动与试点银行对接，完成了对相关资产包的尽调估值工作。

（二）促进行业规范稳健发展情况

1.不断强化监管检查。一是开展现场检查和督促整改。按照银保监会要求开展专项检查，增加检查频次，全面梳理总结近几年监管情况。分上、下半年两次深入开展现场检查，对地方资管公司大股东印发工作提示函，督促问题整改销号。二是加强非现场监管。建立“湖北省地方资产管理公司监管信息系统”，督促湖北资管加快推进业务系统建设并接入监管信息系统，对2家地方资产管理公司实现在线监管。三是做好日常监管。按时高质量完成地方资管公司月度、季度、半年度运行情况分析。深入2家地方资管公司调研，详细了解公司在经营中存在的问题和面临的困难，及时提醒指导2家公司管控经营风险。

2.大力推进项目对接。全面摸排全省地方金融组织不良资产处置需求，向资管公司推送5070笔、债权总计136.9亿元的不良资产项目，召开全省地方金融组织不良资产处置项目对接会。2家地方资管公司联合4家全国性金融资管公司湖北分支机构发表行业倡议书，与部分市、县政府和融资担保公司签署战略合作协议。支持地方资管公司探索拓展主营业务模式，推动地方金融组织加快盘活存量资产、化解存量风险。

3.组织开展业务培训。举办全省地方资管业务培训会，邀请业内专家和高校教授从地方金融组织不良资产收购处置政策与实务、地方资管发展及纾

困等方面进行业务培训，省有关单位、部分市（县）政府、各市（州）地方金融工作局（办）、相关金融机构、地方金融组织、纾困企业等140余人参加。

4.积极争取政策支持。开展地方金融组织税费调研，全面梳理分析地方资管公司与全国性金融资管公司享受政策差异，向银保监会和省税务局发送工作商请函，积极争取将地方资管公司纳入税收优惠政策享受范围。

5.积极开展监管协作。对全省名称或经营范围中包含“资产管理”字样的11624家企业进行排查，向市场监管部门移交相关企业名单，商请协助做好准入把关和监管工作，进一步净化市场环境。

（三）下一步工作措施

1.不断强化行业监管。一是继续扎实做好日常监管。持续加强实地调研和行业分析，及时掌握地方资管公司业务发展情况和重要动态，做好监管提醒和合规指导；关注信访投诉和负面舆情，依法依规办理。二是持续强化非现场监管。完善优化“湖北省地方资产管理公司监管信息系统”，强化实时在线监管功能，认真做好数据统计分析，按照要求及时向银保监会报送监管信息报表。三是开展分类评级和现场检查。全面客观评估地方资管公司发展状况，采取相应的分级监管措施。针对检查发现的业务违规问题和风险隐患，加强督促整改。

2.持续督导聚焦主业。一是引导地方资管公司持续做大不良资产收购处置主业规模，着眼于全省金融机构、地方金融组织、重点行业不良资产处置需求，持续推进业务创新和交流合作。二是引导地方资产管理公司服务地方纾困解难，通过不良资产收购、重组重整，帮助地方重点企业走出困境。三是引导地方资产管理公司持续加大对地方金融组织不良资产处置力度，实现地方资管公司拓展业务、其他地方金融组织减轻包袱的“双赢”。四是支持地方资管公司参与地方中小银行加快处置不良贷款试点。

3.引导完善公司治理。一是引导地方资管公司完善法人治理结构，督促董事会、监事会规范履职，严格落实“三重一大”决策机制，规范权力运行。鼓励支持地方资管公司增资扩股，提升资本实力。督促湖北资管进一步强化专业人才队伍建设，支持天乾资管引进战略投资者实施股权转让。二是强化地方资管公司内控合规意识，推动构建与经营范围、业务结构、风险状况等相适应的内控合规管理体系，促进稳健运营、健康发展。三是推动地方资产管理公司提升高管和从业人员专业素质，采取“走出去”和“引进来”相结合的方式，组织开展形式多样、内容丰富的业务培训。

4.着力优化发展环境。一是净化市场环境，根据市场准入负面清单，持续对非持牌机构开展清理排查，协调市场监管部门把好入口关。二是针对地方资管公司在项目处置过程中遇到的重复纳税、执行难等问题，积极协调相关地方政府和职能部门予以政策支持。三是强化科技赋能，引导支持地方资管公司接入“鄂融通”、省中小企业信用信息平台等，提升大数据应用能力。

5.加快完善监管制度体系。一是结合监管实际修订地方资管监管办法，为银保监会相关监管法规出台做好准备。二是修订分类评级办法。结合我省实际，广泛征求意见，对不再适应行业发展的部分评级指标进行修订完善，有效发挥导向作用。三是总结评估政府性融资担保机构不良资产批量转让试点成效，会同省财政厅研究出台相关呆账核销办法，为加快处置政府性融资担保公司不良资产提供制度依据。四是针对地方资管公司在融资、税收等方面的“痛点”，继续会同相关部门积极向国家部委争取支持政策。

第二部分

各地金融发展情况

武　汉　市

金融发展概况

2022年末，全市金融机构（含外资）本外币存款余额为35754.03亿元，比上年增长5.9%。其中，非金融企业存款13467.94亿元，住户存款14064.63亿元。年末全市金融机构（含外资）本外币贷款余额为44383.81亿元，增长8.7%。其中，消费贷款9919.10亿元，下降2.1%。金融机构本外币企业贷款28055.24亿元，增长11.4%。

全年实现保险保费收入864.95亿元，比上年增长3.1%。其中，财产险保费收入187.77亿元，增长13.5%；人身险保费收入677.18亿元，增长0.5%。全年各类保险赔付支出250.24亿元，增长0.4%。其中，财产险赔付113.82亿元，增长5.1%；人身险赔付136.42亿元，下降3.2%。

全市有上市公司97家，比上年增加6家。其中，境内上市公司76家，较上年增加5家；境外上市公司21家，较上年增加1家。有“新三板”挂牌企业162家，较上年减少4家。有区域性股权市场挂牌企业882家，与上年持平。全年实现资本市场直接融资4299.09亿元，同比增长42.93%。

2022年末，全市社会融资规模达到4916.75亿元，比上年同期增长7.07%，为全市经济社会发展提供了有力的资金支持。

2022年，全市金融组织体系进一步完善壮大。全年新增银行业、保险业、证券业、期货业金融机构共计9家，金融机构总数达到218家。其中，银行业机构39家，较上年增加1家；保险业机构87家，较上年增加2家；证券业机构63家，较上年增加1家；期货业机构29家，较上年增加3家。

截至2022年末，全市共有7类、2597家地方金融组织，较上年减少34家。其中，小额贷款公司103家，与上年持平；融资担保公司55家，较上年减少19家；区域性股权市场1家，与上年持平；典当行77家，较上年减少15家；融资租赁公司14家，与上年持平；商业保理公司5家，与上年持平；地方资产管理公司2家，与上年持平。

地方金融工作

一、引导金融服务经济社会发展

（一）进一步加大金融支持实体经济力度

扎实开展“项目贷款投放行动、企业存款稳增行动、房地产贷款提振行动、保费收入回升行动、企业上市攻坚行动”五大行动，引导金融机构全力支持实体经济发展。全年全市新增贷款3560亿元，信贷结构持续优化，重点领域贷款保持高速增长。截至2022年末，制造业贷款同比增长23.7%，普惠小微企业贷款同比增长29.02%，科技型企业贷款同比增长25.3%，均大幅高于全市贷款增速，有力支持了全市新旧动能转换和高质量发展。实体经济融资成本进一步降低，贷款市场报价利率（LPR）持续下行，全市金融机构新发放企业贷款加权平均利率3.70%，较上年末下降78个BP；新发放普惠小微企业贷款利率4.96%，比全省低12个BP。

（二）推动财政与金融协同助力民营中小微企业融资

一是进一步发挥贷款贴息“雪中送炭”的作用。2021年度纾困贷款贴息两个批次累计申报企业（含个体工商户）3.97万户，涉及贷款金额1547亿元。

二是有效发挥企业上市奖励引导促进作用。2022年累计兑付49家企业上市及挂牌奖励资金7550万元。

三是充分发挥新型政银担“四两拨千斤”的作用。全市政策性融资担保业务年化担保费率降至1%以下，科技型企业政担贷的政府分险比例最高可达55%。截至2022年末，全市“新型政银担合作体系”办理小微企业、“三农”主体融资担保业务22373笔，合计金额147.40亿元，同比增长75.79%。

二、深化金融改革创新

（一）积极申创科创金融改革试验区

以2015年以来武汉城市圈科创金融改革创新试点取得的探索成就为基础，积极谋划以东湖高新区为核心承载区，在武汉市全域实施科创金融改革创新。2022年10月，人民银行总行通过了对武汉建设科创金融改革试验区可行性研究报告的专家评审，省政府正组织制订《武汉科创金融改革试验区建设总体方案》，将上报国家争取尽快获批。2022年末，全市科技贷款余额3950亿元，同比增长25.3%。

（二）加快发展绿色金融

抢抓“中碳登”建设历史机遇，以建设全国碳金融中心为特色，启动申建国家绿色金融改革创新试验区；指导推动武昌区获得国家首批气候投融资试点，组建武汉市双碳产业暨碳金融研究院。创新推出全国首单绿色信贷产品“绿保贷”、成功发布武汉本土首单个人碳账户及绿色信用卡、支持银行业机构积极开展碳排放权、排污权等环境权益抵质押贷款产品创新。年末全市绿色贷款余额达到5292亿元，同比增长37.8%；发行绿色公司债券7只，融资规模160亿元。

（三）推动金融业务首发首创

强化东湖科技保险创新示范区首发效应，建成东湖科技保险发展促进中心，搭建东湖科技保险信息服务平台，形成一批全国、全省首发产品。全国首单环保装备产品质量安全责任保险、全国首例农业制种知识产权保险、全省首单共保模式的建筑工程质量潜在缺陷保险、全省首单软件首版次保险、全省首单集成电路流片费用损失保险、全省首单知识产权海外侵权责任保险等相继落地。由人保资产发起设立的“湖北科投光谷创新园基础设施债权投资计划”首期成功提款21亿元；武汉高科集团与人保资本合作的10亿元创投基金稳步推进。

（四）持续打造“汉融通”企业服务平台

推动武汉市企业融资对接服务平台“汉融通”逐步升级为全市智慧金融大脑，通过科技赋能推动中小微企业融资增量、扩面。平台已入驻企业10.9万户、银行机构27家，累计实现融资12.3万笔、3058亿元。

（五）支持武汉股权托管交易中心积极争取“四板”创新试点

支持武汉股权托管交易中心准确把握市场定位，积极争取中国证监会制度和业务创新试点资格，制度和业务创新试点建议方案已由省人民政府报送至中国证监会。支持筹划设立“专精特新”专板，积极抢抓“专精特新”建设机遇期，聚焦于服务省内“专精特新”企业的发展。

三、推动企业上市挂牌

（一）持续加大企业上市推进力度

一是持续优化支持政策。出台上市工作实施方案，围绕企业上市流程节点给予精准滴灌，形成政策支持闭环；制定股权投资“一方案、一清单、一政策”，利用资本力量助力上市后备企业发展壮大。

二是夯实上市后备企业基础。围绕“965”产业集群发展体系，组织行业主管部门和各区政府全面摸排、分类分层建立上市后备企业库，遴选上市后备“金种子”“银种子”企业。2022年评选出“种子”企业415家。

三是强化企业辅导培训。充分发挥沪、深、北交易所上市服务基地作用，邀请中介机构、监管部门专家举办业务培训、上市沙龙等辅导培训等活动40余场，其中，北交所及“专精特新”企业上市辅导专场活动8场，增强企业对资本市场的认识。

四是加强协同服务。发挥市、区协调联动作用，实地走访调研上市后备企业，实施企业上市服务“绿色通道”，“一企一策”协调解决企业上市过程中存在的历史沿革、合规证明等问题。

五是及时兑现上市奖励。对拟上市企业从股改到上市分阶段兑付奖励，降低企业上市成本。2022年，全市新增上市及过审企业9家，均为高科技属性企业。其中，中信科移动上市募资41.37亿元，是当年科创板上市企业平均募资金额的2倍，体现了武汉市科创企业的科技硬实力。

（二）推动企业挂牌“新三板”和“四板”

全年新增6家“新三板”挂牌企业，10家企业由“新三板”基础层调升创新层。支持武汉股权托管交易中心服务本地企业发展，持续为小微企业提供挂牌融资服务，全年新增托管登记企业90家、新增挂牌企业118家；为82家托管挂牌企业完成股权融资340笔、67.43亿元。

（三）大力发展股权投资

积极推动社会资本在武汉设

2022年1月25日，武汉市举行金融服务“早春行”暨支持重大项目专场融资对接活动

立基金并加大投资力度，全市存续管理私募基金净值规模达到2512.17亿元，新增502.36亿元。持续优化创投产业布局，引导东湖高新区、武昌区、洪山区、汉阳区打造股权投资机构聚集、股权投资氛围突出、股权投资业务活跃的特色发展区。

四、防范化解金融风险

按照"稳定大局、统筹协调、分类施策、精准拆弹"的方针，强化省、市、区三级联动、部门协同，做到应急谋远两手抓、两手硬，做好全市金融风险防范化解工作，守住不发生系统性、区域性金融风险底线。

一是持续防范化解非法集资风险，加强推进重点案件处置工作。完成省下达的非法集资陈案化解目标，P2P网贷平台全部出清。

二是配合湖北证监局、省地方金融监管局全面加强证券期货机构、私募机构风险防范，完善风险监测体系，全面摸排风险，督导机构采取措施消除风险；加强公司债券、区域性股权交易市场风险防控，做好日常追踪，开展现场检查，及时处理、有效防范化解潜在风险隐患。

三是加大防非宣传力度，制定《2022年度武汉市防范非法集资等金融风险宣传教育工作方案》，明确工作目标、制定工作措施、分解工作任务、压实各级责任。举办2022年湖北省暨武汉市防范非法集资等金融风险宣传教育月活动启动仪式，线上线下同步开展宣教活动，有100万人次参与。协调防范和处置非法集资工作领导小组各成员单位，积极开展防范非法集资等金融风险宣传教育活动，开展"七进"宣传教育活动4951余场，参与人数达112.7万余人次。

五、促进地方金融组织规范健康发展

（一）持续加强融资担保行业监管

一是有力推进担保分类评级整改工作。开展对全市73家融资担保公司2021年度分类评级的整改工作，督促融资担保公司做好存量风险化解及后续追偿、核销工作。

二是强化融资担保机构现场检查。组织对10家融资担保公司进行现场检查，督促融资担保公司提升经营管理水平和风险控制能力，依法合规经营。

三是持续加强国有融资担保公司经营风险监管。对武汉市融资担保有限公司、武汉信用风险管理融资担保有限公司等10家国有融资担保公司的控股公司制发分类评级涉及问题的风险提示函，重点关注融资担保公司经营风险情况，督促制订重大风险防范处置预案，强化国有融资担保公司风险防范与处置工作。

（二）持续强化其他各类地方金融组织监管核查

通过开展2022年度融资租赁公司和商业保理公司名单制管理、2020年度典当行年审部分B类企业整改"回头看"、2021年度小额贷款公司及典当行分类评级整改"回头看"，以及小额贷款公司"双随机、一公开"省级抽查、商业保理专项检查等工作，对56家地方金融组织进行现场检查，对相关机构出具整改通知书、股东提示函。将19家融资租赁和商业保理企业纳入监管"白名单"并上报银保监会备案。全年出清"失联""空壳"及经营不善的地方金融组织38家。

（三）促进地方金融组织有序健康发展

持续整治地方金融组织存在的资金抽逃、大股东占用资金、坏账清收等问题，督促行业规范健康发展。截至2022年末，小额贷款公司不良贷款余额同比下降1.98%；14家融资租赁"白名单"企业资产总额同比增长7.51%，通过银行融资33.90亿元、同比增长5.61%；6家在营商业保理公司（其中，4家"白名单"、1家新设）发放保理融资款同比增长89.94%，全年累计发放保理融资款同比增长107.32%，行业活跃度进一步提升。支持地方金融组织积极寻求引入新的战略投资者和职业经理人加

2022年6月2日，武汉市金融支持文化旅游行业稳企纾困银企对接会举行

盟，积极适应监管，提档升级、谋求发展。

六、推进金融生态环境建设

（一）推动落实金融生态环境建设目标任务

建立金融生态环境建设目标任务责任制和季度监测通报制，明确政府职能部门和银行信用创建主体责任，落实创建任务；加强季度监测，推进协调整改。指导新城区开展金融信用县（市、区）创建，力争取得较好成绩。开展金融信用市（州）、县创建和金融生态环境建设工作情况调研，积极参与2022年湖北省金融信用市（州）、县创建指标的修订工作。

（二）切实维护金融债权

建立金融案件执行情况季度监测通报制度，跟踪督办；积极推动法院在全市开展金融案件执行专项行动，提高金融案件执结率，优化金融司法环境，全市金融债权胜诉案件执行到位率较上年同期提升7.03个百分点。严把企业改制金融债务确权关，优化企业改制金融债务确权流程、公开企业改制金融债务确权审核时限、编写企业改制金融债务确权指南，全年共对18家改制企业金融债务进行了确权落实。

（三）促进银企常态化高效对接

建立政银企对接长效监测机制，推进资金、信息、信用全面对接；强化履约监测通报，推动签约落实落地，力促银企对接签约履约率不低于90%。建立集成电路产业链16家重点企业融资服务季度摸查机制，组织银企对接提供一揽子金融服务，截至2022年9月末，产业链核心企业贷款839.56亿元，有贷款余额户数10户。积极向全市银行机构推送武汉市297家“金种子”、“银种子”、“科创种子”企业和16家重大技术研发配套企业名单，通过融资服务调研推动银行机构积极开展银企对接，提升科创企业金融服务质效。

（四）优化企业上市及股权投资政策环境

先后印发《武汉市加快推进企业上市工作实施方案》《市人民政府办公厅关于印发武汉市加快发展股权投资工作方案的通知》《武汉市加快发展股权投资工作清单（2022—2024年）》，进一步优化推进企业上市、股权投资的工作机制，明确工作责任、目标、任务、措施，促进实体企业与资本市场的有序良性互动，不断扩大股权投资规模，提升股权投资质量，助力武汉打造具有全国影响力的科技创新中心。持续优化惠企支持政策，出台《市财政局 市地方金融工作局关于开展企业上市及“新三板”挂牌奖励资金“免申即享”改革试点的通知》，简化企业上市及挂牌奖励资金兑现流程，推动惠企政策快速兑现、发挥实效，进一步优化营商环境。

（武汉市地方金融工作局）

贯彻落实稳健货币政策

一、保持货币信贷规模合理平稳增长

（一）加强窗口指导

出台武汉市年度货币信贷工作指导意见，强化武汉市经济金融形势分析及重点工作督办机制，引导各金融机构保持贷款稳定增长，支持实体经济发展。2022年，武汉市本外币贷款余额继续保持平稳增长态势，增幅高于名义GDP2.32个百分点。

（二）完善重大项目融资服务

开发“重大项目融资服务与管理系统”，将市级重大项目推送给银行机构进行对接；积极运用省级“重大项目融资服务对接平台”，指定“牵头银行”进行精准对接。截至12月末，银行机构对320个项目授信6757.37亿元。积极推动政策性、开发性金融工具在汉落地，全年支持项目12个，获批投放基金27.57亿元。加快推进设备更新改造项目对接及专项再贷款，向25个项目发放贷款17.49亿元。引

2022年2月17日，人民银行武汉分行营业管理部联合武汉市地方金融工作局共同举办首批“绿保贷”签约仪式暨重大项目推进会

导政策性、开发性银行支持水利基础设施建设，最大限度满足重点项目融资需求。

(三)发挥货币政策工具激励引导作用

积极引导银行机构运用好人民银行各项结构性货币政策工具，全年累计办理支小再贷款156.20亿元、支农再贷款14.82亿元。全年运用再贷款资金发放的贷款加权平均利率均在5.5%以下，实现“量升价降”。截至12月末，全市银行机构运用人民银行碳减排支持工具发放碳减排贷款5.08亿元、运用交通物流专项再贷款发放相关贷款11.61亿元、运用科技创新再贷款发放相关贷款238.51亿元。

二、防范化解金融风险

(一)持续加强金融风险监测

开展金融风险的动态监测，运用银行业综合评价、大型有问题企业监测、地方法人金融机构资管业务监测、投保机构运行监测等手段，持续做好重点金融机构、重点领域的风险预警。加强地方法人金融机构风险月度监测，对湖北银行、汉口银行经营风险情况进行半年度和年度分析评估、分析，提出预警信号和预防建议。按季度梳理重大金融风险清单，进一步规范重大事项报告制度，持续加强与其他金融监管部门的信息共享和监管协作，提升金融管理质效。

(二)加强金融机构监管

做好对辖内14家被评级机构的日常评级工作，积极开展地方法人金融机构央行评级提升行动，强化对纳入名单制管理的金融机构督导、跟踪督办，确保问题及时整改到位。做好资产质量真实性核查、流动性管理和存款准备金管理工作，对法人银行开展偿付能力敏感性压力测试、流动性压力测试和传染性风险压力测试等，提升风险防控能力。加强再贷款管理，不断提升再贷款申报、使用的合规性，促进再贷款政策工具发挥更大效用。加强利率管理，持续做好地方法人机构新发放贷款、异地存款及定期存款利率监测和审慎评估等工作。开展金融机构票据市场整治。加强教育双减托管专用账户管理、房地产专用账户监管。积极配合开展打击整治养老诈骗专项行动。

(三)加强反诈反赌和打击治理洗钱违法犯罪工作

全面部署开展反电诈工作，实施银行账户涉案风险“百日攻坚”专项整治行动，采取现场与非现场相结合的方式开展涉案账户核查，全年核查涉案银行账户3637户，连续4个月实现涉案账户数量下降。深化与公安机关工作协调机制，推进反诈反赌信息共享平台直连应用；对全市银行网点反诈反赌工作开展常态化暗访，对发现的问题及时督促整改。以金融放贷领域整治为重点推进扫黑除恶常态化，全面落实打击治理洗钱违法犯罪行为三年行动方案，统筹行业整治工作，助力重大案件“黑财”追缴。

三、持续提升金融管理与服务质效

(一)持续推进普惠领域金融服务

落实人民银行关于支持金融机构对普惠小微贷款阶段性减息政策，促进普惠小微信贷稳步增长。截至12月末，全市普惠小微贷款余额3102.54亿元，同比增长29.02%。深入开展小微“首贷”拓展行动，全年新设55个线下“首贷”服务站点，累计接待咨询客户3431户，帮助709户客户实现首次贷款融资12.82亿元。精准实施缓解融资难融资贵信用培植工程，全年全市入库信用培植企业412家，其中，培植成功企业259家，融资31.83亿元。持续推进应收账款融资服务平台应用，以核心企业带动产业链发展，发挥金融支持稳企纾困的积极作用。2022年，武汉市中征应收账款融资服务平台融资总笔数2768笔，融资总金额1614.8亿元。

(二)持续加强金融消费者权益保护

统筹各业务条线开展形式多样的宣传教育活动，提高社会公众金融知识水平和风险防范意识。持续推进武汉地区金融素养提升教育试点工作，新增证券机构参与，将试点范围扩大到全市100所初中。妥善处理12363热线投诉件约2000件，协调法院在全市开展金融案件执行专项行动。

(三)持续加强和优化征信服务

开展武汉市“征信修复”乱象

2022年8月25日，人民银行武汉分行营业管理部举行武汉市个人碳账户·绿色信用卡试点工作启动仪式

专项治理“百日行动”，全市共清理名称或经营范围带有“征信”字样的企业694家，促进行业环境不断净化。在全省率先启动企业信用报告自助查询机试点，持续优化服务网点布局，全市征信查询服务点达75个，布设个人信用报告自助查询机83台、企业信用报告自助查询机6台，全年服务个人征信查询942386笔、企业征信查询29794笔。强化征信接入机构管理，妥善处理征信维权，切实保障信息主体合法权益。

（四）持续提升国库管理质效

组织开展“武汉市国库会计核算质量提升年”活动，促进核算业务规范化、精细化、标准化。加强下级国库现场检查和非现场监督，做好代理国库业务综合评价，开展延压税款“清零”行动。持续推动跨省异地电子缴税扩面增量，持续推进国债下乡，高效开展退税服务。在疫情反复期间及时启动应急预案，对相关支库实施异地接管，保障全辖国库业务安全。

（五）持续优化支付服务

加强源头治理，全面提升账户服务水平，服务满意度达到100%。以小微企业为重点，加大简易账户推广力度，提升企业账户服务便利度。督导落实支付手续费减费让利政策，对900余个银行网点、144家小微商户及个体工商户进行暗（回）访，确保惠企利民政策落地见效。重点关注银行网点老年人和残疾人服务设施配备、爱心窗口设置、弱势群体上门服务等情况，提升支付服务温度。推进支付服务示范点和“手机号码示范村”建设，全面提升农村地区支付服务水平。

（六）持续完善现金管理

加强现金流通监测分析，科学安排调拨。有效发挥拒收现金联合整治机制作用，与政府职能部门开展联合执法检查，对拒收现金行为实施行政处罚。全面推行“网点精准对接社区”服务模式，推动现金服务乡村工作站标杆站点创建，提升现金服务质效。

四、持续推进金融改革创新

（一）积极推进绿色金融改革创新试验区申建

与相关部门联合印发《关于做好绿色信贷工作支持绿色金融试验区申建的通知》《武汉市绿色项目评价指南（试行）》《武汉市绿色企业评价指南（试行）》，进一步完善武汉绿色金融制度体系。指导江汉区建设绿色金融改革创新试验区、指导武汉长江新区重视绿色金融对建设“低碳示范园区”的支撑作用。督促银行机构持续完善绿色金融体制机制，按照“一行一策”原则推动辖内14家银行设立绿色金融组织机构。推出全国首创绿色信贷产品——“绿保贷”、推动武汉市首笔排污权抵押贷款成功落地、开发上线绿色金融信息共享系统、支持汉口银行建立开放式个人碳账户并在全国率先发行绿色信用卡、指导银行开展碳排放权质押贷款业务、探索开展林业碳汇质押贷款业务。加快推进绿色贷款提升行动，加大“鄂绿通”平台推广力度，对2019年以来绿色项目进行再认证、再鉴定，进一步提高绿色贷款质量；健全完善绿色金融评价工作机制，切实提升评价质量，武汉市绿色金融评价结果已满足试验区申建要求。大力推动绿色、科创票据再贴现业务，开发上线绿色金融信息共享系统，与湖北省生态环境厅建立数据共享合作机制，用好数据资源，创建联合评审机制，积极探索商业银行相关业务场景应用。

（二）支持科创金融产品和服务创新

支持创新推广科技信贷产品，年内全市首笔“科担贷”成功落地，全年为39家科技型企业提供融资1.35亿元。推动知识产权质押贷款快速增长，累计发放贷款110.71亿元，年末贷款余额37.34亿元。推动科创金融与产业链金融链长制相结合，组织全市银行机构对省级重点产业链上16家核心企业提供一揽子金融服务。向银行机构推送武汉市297家“科创种子”“金种子”“银种子”企业和16家重大技术研发配套企业名单，推动银行机构开展融资对接，提升区域科创企业金融服务质效。

（中国人民银行武汉分行营业管理部）

银行业保险业发展

一、持续加大服务实体经济力度

（一）着力保障重点领域金融需求

武汉市围绕构建新发展格局，加大信贷投放和保险保障力度，大力支持重点项目和重大工程建设，加大对先进制造业、战略性新兴产业等领域的支持力度，金融服务实体经济的基础更为坚实。截至2022年末，全市基础设施建设贷款余额突破1万亿元；制造业贷款余额突破4000亿元，同比增长26.57%，新增贷款845.85亿元，居各行业首位。加强保险保障，2022年，全市责任保险累计赔款支出8.28亿元，同比增长19.23%。

（二）大力支持小微企业发展

坚持总量增长与结构优化相结合，推进小微企业金融服务增量、扩面、提质、降本。截至2022年末，全市小微企业贷款余额8698.28亿元，同比增长21.15%；全年新增小微企业贷款1518.70亿元，同比多增715.08亿元；贷款户数39.43万户，同比增加14.68万户。制定“专精特新”中小企业金融服务方案，出台了 11 项措施，根据企业融资需求和合作意愿，创新“监管+春风行动、白名单+主办行、融资+投资、银行+保险”的“四+”机制，推进“专精特新”金融赋能。针对经济下行期企业经营困难，指导银行机构加强减费让利，接续实施延期还本付息政策；开展“百行进万企”“解难题、稳增长、促发展”企业帮扶等一系列纾困行动，出台优化银行业续贷服务纾解小微企业融资难 20 条措施，联合相关部门出台批零住餐、文化旅游等行业金融助企纾困专项行动方案，全力以赴纾解企业融资难。

（三）深入推进金融服务乡村振兴

制定金融服务乡村振兴创新示范区建设方案，围绕“17+N”的总体思路、“四步走”的整体规划和五大重点工作任务，着力打造金融服务乡村振兴创新示范区。指导银行机构单列涉农和普惠型涉农信贷计划，聚焦乡村振兴重点领域，优先保障粮食和重要农产品供给，向产粮大县倾斜配置信贷资源，合理增加与农业生产周期相匹配的中长期信贷供给，积极发展面向新型农业经营主体的首贷、信用贷，强化乡村建设中长期信贷投入，全市普惠型涉农贷款实现快速增长。创新乡村振兴金融服务方式，以金融服务网格化、整村授信、保险“两站两员”为基础，鼓励银行保险机构建立“普惠金融工作站”，选派“金融村官”，开通乡村振兴金融服务热线电话，整村建档评级授信基本实现全覆盖。充分发挥保险保障功能，2022 年，全市农业保险赔款支出 4.36 亿元，同比增长 39.47%。

二、持续加强金融风险防控

（一）全力防控信用风险

始终把防范化解信用风险放在突出位置，截至 2022 年末，全市银行业不良贷款率 0.96%，低于全省平均水平 0.34 个百分点。进一步做实资产质量，确保真实反映风险。加强信用风险前瞻性防控，加大拨备计提力度，风险抵补能力进一步增强。大力推动不良资产处置，灵活采取重组、转让、核销、清收等多种方式处置不良贷款，拓宽不良处置渠道。

（二）稳妥处置房地产领域风险

全力推动房地产“金融 16 条”等支持政策落实到位，指导银行加大对重点房企纾困力度，做好受疫情影响居民的按揭贷款纾困工作。积极支持保障性租赁住房建设，推动落实银行保险机构支持保障性租赁住房发展的指导意见。扎实开展经营用途贷款违规流入房地产领域专项排查整改工作，推动问题全面整改、督导银行加大问责；联合印发《关于进一步加强个人消费贷款、经营用途贷款管理 维护个人住房贷款市场秩序的通知》，规范房地产市场秩序。加强房地产风险监测，定期监测武汉市房地产市场及融资情况。推动银行机构聚焦“保交楼”，成立工作专班，统筹具体工作。着力摸清并动态监测风险楼盘开发贷款、按揭贷款底数。

（三）有序化解重点企业债务风险

继续按照“一企一策”原则，认真落实银行业金融机构债权人委员会有关工作要求，积极指导、协调和监督辖内债委会和金融债务重组等工作，综合运用稳贷续贷、担保置换、引进战投等多种手段，化解重点企业债务危机，支持金融机构依法维护金融债权，防范金融风险。

（四）推动法人机构风险防控

开展风险排查，进一步摸清信用风险底数。遵循“一行一策”原则，实地协调地方政府履行风险处置责任。提升流动性风险管理能力，加强流动性风险状况研判，查找流动性日常管理和应急管理中薄弱环节，调整资产负债结构，丰富管理工具，提升管理能力。引导辖内法人机构从审慎、长远发展考虑，进一步加大内源性资本补充力度；支持多渠道补充资本，增强风险抵补能力。

三、持续推进金融改革创新

（一）完善公司治理机制

积极落实公司治理三年行动方案及重点问题整改专项行动，推动完善“三会一层”组织架构，落实“三会一层”管理责任，积极整改高管缺位等问题。深入开展股东股权和关联交易常态化专项整治，将公司治理评估与股东股权和关联交易专项排查、案防评估、现场检查等工作相结合，推动改进薄弱环节，完善制度流程，严防利益输送。

（二）推动法人银行做优做强

稳步推进城商行上市工作，就资产分类、拨备计提、薪酬绩效考核等重点提出监管要求，督导进一步加强内部管理，做实做优主要监管指标，于 2022 年底批复同意两家城商行向证监会申请上市。支持武汉农商行培育为区域重要性农村金融机构，研究制定主要监管指标分层监测体系，强化审慎合规监管，督导加大隐性不良入账处置力度，推进资本补充，探索不良处置批量转让工作，积极打造标杆银行。

（三）推动保险领域改革发展

东湖科技保险创新示范区实现破题，指导 6 家保险公司共同设立东湖科技保险发展促进中心，探索创新“一家牵头、多家共保、按需再保”的服务模式。相继出台《关于工程质量潜在缺陷保险实施细则》《建筑工程质量潜在缺陷保险试点工作暂行办法》等制度；建筑工程、环保装备、软件应用、知识产权等领域创新产品相继落地，其中，环保装备责任险、植物新品种侵权险均为全国首单。推动“惠民保”业务取得较大进展，专属商业养老保险试点顺利开展。

（中国银行保险监督管理委员会湖北监管局）

黄 石 市

金融发展概况

2022年末,全市金融机构本外币各项存款余额2465.29亿元,比年初增长11.6%;其中,住户存款余额1609.23亿元,比年初增长17.6%。金融机构本外币各项贷款余额2057.95亿元,比年初增长15.8%。

全市保费收入64.01亿元,增长6.6%;其中,财产险保费收入16.44亿元,增长9.4%;寿险保费收入47.57亿元,增长5.6%;保险赔付支出19.13亿元,增长10.3%。

全市企业上市挂牌数量稳中有升。其中,A股上市公司7家、境外上市公司1家,均与上年持平;"新三板"挂牌企业4家、区域性股权市场挂牌企业377家,分别较上年增加2家、12家。全市企业在资本市场直接融资347.08亿元,较上年增长5.01%。

全市有银行业、保险业、证券业、期货业金融机构共计71家,与上年持平。其中,银行业机构21家、保险业机构38家、证券业机构10家、期货业机构2家。

全市有4类、32家地方金融组织,较上年增加1类、减少1家。其中,小额贷款公司16家,较上年减少1家;融资担保公司4家,与上年持平;典当行11家,较上年减少1家;新设立融资租赁公司1家,地方金融组织新增1类、增加1家。

地方金融工作

一、引导金融服务经济社会发展

(一)深化政银合作

引导更多金融资源汇聚黄石。市政府领导多次带队赴省级金融机构拜访,邀请8家省级银行机构主要负责人来黄调研,深化政银交流合作。年内国开行湖北省分行、浙商银行武汉分行等银行机构与黄石市政府签订"十四五"战略合作协议。

2022年6月,黄石市举行金融支持"十四五"时期高质量发展战略合作签约活动

(二)开展助企纾困专项行动

开展文旅、交通物流、批零住餐、外贸四大行业纾困专项行动,组织开展金融"早春行"、金融支持实体经济、金融助企纾困等系列银企融资对接活动,现场签约授信金额达632亿元。深化金融人才企业交流,发挥金融人才担任企业"金融副总"促进提升金融服务质效作用。全年"金融副总"为企业新增、续贷14.2亿元。

(三)推进融资担保增信

一是推动新型政银担融资分险业务,降低融资担保费率。全年"再担纾困贷"累计发放82笔、1.99亿元,减免担保费1210万元。

二是推动科技融资担保体系建设,新增"科创贷"121笔、4.75亿元,其中,"再担科创贷"48笔、1.16亿元;"科担联合贷"2100万元。

(四)促进银行机构加大信贷投放

强化银行考核激励,用好考评指挥棒,协调银行机构贯彻落实"两稳一保"一揽子政策。兑现2021年度银行业金融机构考核激励政策,调配公共性资金存放。修订完善2022年度考评办法,明确全年信贷增长目标计划,全程跟踪、逐月督办。

二、深化金融改革创新

协调推进绿色金融、科技金融、纳税信用贷等金融创新。2022年末,全市绿色贷款余额283.5亿元,同比增长61%;科技贷款余额

127.4亿元,同比增长16.1%;“银税互动”小微企业贷款余额24.12亿元,同比增长61.69%。年内首批碳减排支持工具1.74亿元成功落地,撬动交行发放碳减排重点领域贷款2.9亿元。全省首笔“科担联合贷”1000万元在黄石落地、农发行发放全市首笔船舶抵押贷款700万元。年内“东楚融通”创业担保贷网办系统正式上线运行,累计融资67.79亿元;“金融方舱”为103家企业新增贷款及表外资金9.86亿元、续贷5.98亿元。

三、推动企业上市挂牌

(一)完善政策措施

建立考核激励、领导包保、结对联系、行业监管、服务备案等多项工作机制,通过下发提示函、通报、督办通知等形式进一步压紧压实属地政府、市直包保部门、证券机构三方责任,形成上市推动合力。实行上市奖励“无申请兑现”,共发放奖励230万元。

(二)做实后备底盘

联合证券机构组成上市工作专班,对全市“专精特新”、“瞪羚”、高新技术等近千家企业进行梳理筛选、走访调研,全市重点上市后备企业由53家增加到100家;省级上市后备“金种子”企业净增9家,达到18家,实现倍增。基本形成了“上市挂牌一批、辅导备案一批、签约培育一批、摸排储备一批”的梯次培育格局。

(三)强化辅导培育

做到日日有联系、周周有走访、月月有活动。每日跟踪重点上市后备企业,及时为企业协调解决土地、改制、环保等问题30余项。每周组织证券机构赴上市后备企业走访调研,宣传最新上市政策,提升企业上市意愿和能力。每月分地区、分批次组织开展上市专题培训,累计开展各类培训活动11次,参与企业200余家。

(四)推进直接融资

支持上市公司再融资,华新水泥发行全国水泥行业首单低碳转型挂钩公司债券9亿元、东贝集团定向增发募集资金5.88亿元、中信特钢发行可转债50亿元。全市新发行信用债券47只、341.2亿元,发行规模位列全省第二。

四、防范化解金融风险

(一)严厉打击处置非法集资

通过实地督导、召开现场会、重点交办等多种方式推进非法集资陈案销号,全市剩余的7件非法集资陈案销号5件,无新案发生。组织开展防范金融风险集中宣传月活动,发放各类宣传资料20万余份。开展全市各行业、各领域金融风险排查和“扫楼清街”等专项行动,对潜在金融风险隐患做到早发现、早预警、早处置。

(二)防控地方法人银行风险

积极应对河南村镇银行风险事件外溢性影响,会同人行、银保监等部门对中小法人银行开展3轮风险排查,专项整治法人银行机构股东股权和关联交易等问题。督导银行机构腾挪资源处置不良贷款12.43亿元,超过不良贷款总额的50%。

(三)处置化解融资担保风险

通过召开专题会议、现场调研等多种方式加快市担保集团不良担保贷款风险化解清零。对农商行资产置换工作明确具体资产清单,建立“每日了解、每周统计”机制,稳步推进。

(四)规范整改地方交易场所

持续推动华中矿产品交易中心规范整改和转型发展,做好对客户投诉信访的处理工作,信访投诉处理完结率95.9%。

五、促进地方金融组织规范健康发展

(一)加强现场检查

开展12家典当行年审现场检查和分类评级工作;联合市场监管局开展跨部门联合“双随机、一公开”抽查,对7家地方金融组织进行现场检查,进一步规范企业经营行为。

(二)强化非现场监管

每月定期对地方金融组织报表进行统计汇总、对比审核、数据异动分析,全力推进“互联网+监管”,及时、准确掌握地方金融组织运营情况,提升监管精准化水平。

(三)督促问题整改

推进4家融资担保机构对分类评级问题进行整改;印发17家小额贷款公司分类评级结果反馈及问题整改通知书。扎实推进省委巡视反馈的2个方面的3个问题的整改。

(四)持续提升行政审批效能

聚焦流程再造,推行审批事项简约化。强化部门协同,联动职能部门探索构建一体化审批模式。为2家新设机构办理申报、审核;完成5家地方金融组织变更、退出申报事项。

(五)支持地方金融组织充分发挥金融“毛细血管”作用

指导地方金融组织找准定位、回归本源、做深细分市场、做细实体经济、做精金融服务,在支持小微、“三农”和地方经济发展方面发挥融资体系补充作用。全市4家政府性融资担保机构累计新增担保总额42.7亿元;17家小额贷款公司累计投放471笔、22.39亿元;12家典当行发生典当业务3504笔、3484万元。

六、推进金融生态环境建设

大力推进金融信用体系建设,着力打造良好的金融生态环境。黄石市连续18年被评为全省“金融信用市(州)”称号;大冶市被列入全省金融服务乡村振兴共建创新示范区名单。

(黄石市地方金融工作局)

贯彻落实稳健货币政策

一、保持货币信贷规模合理平稳增长

（一）用活用足货币政策工具

一是落实全面降准政策。年内落实全面降准2次（4月25日、12月5日）共0.5个百分点，对考核达标的两家县域农行三农金融事业部实施存款准备金率3个百分点优惠，共释放流动性近11亿元。

二是用好支农支小再贷款额度。进一步加大再贷款投放力度，提高信贷审批发放效率。截至12月末，累计发放再贷款（含支农、支小）7.4亿元、余额7.4亿元，其中支小再贷款4.59亿元、支农再贷款2.81亿元。

三是用足再贴现额度。引导金融机构运用再贴现资金支持企业750户。针对产业链、绿色金融等重点领域，积极探索"产业链+再贴现""绿色金融+再贴现"模式，对出票人或贴现人为智能装备产业链、绿色企业龙头的，银行承兑汇票予以优先办理再贴现。全年累计发放再贴现25.86亿元。其中小微企业票据7.91亿元，占比30.59%；涉农企业票据11.79亿元，占比45.6%；民营企业票据16.14亿元，占比62.41%。

四是用实普惠小微贷款支持工具。全力稳定普惠小微贷款存量，扩大增量。全年发放普惠小微贷款支持工具激励资金5586.62万元，引导辖内6家法人金融机构新增普惠小微贷款34.17亿元。引导银行机构按照市场化原则支持普惠小微延期还本付息，前10个月，累计为4711户市场主体办理95.26亿元无还本续贷、展期，帮助企业节省财务成本约1800万元。

五是用活两项绿色金融支持工具。指导金融机构发掘碳减排支持工具和煤炭清洁使用再贷款优质项目。申报使用碳减排支持工具项目资金2.52亿元（贷款项目4.2亿元），申报使用煤炭清洁使用专项再贷款项目资金0.6亿元（贷款项目1亿元）。

六是扎实开展普惠小微贷款阶段性减息。引导金融机构对2022年4季度普惠小微贷款（正常计息）在原贷款合同利率基础上减息1个百分点，进一步降低小微企业融资成本。截至12月末，全市金融机构累计为普惠小微企业减息4200万元。

七是推动设备更新改造再贷款落地。主动对接市场金融需求，有序推进制造业等多领域的设备更新改造专项再贷款尽快落地。2022年，向省级申请13个项目，获批复项目9个，合计17.6亿元，累计放款6.32亿元。

八是推进交通物流和科技创新专项再贷款直达企业。与市交通运输局和科技局建立常态化的助企纾困融资对接机制，召开行业银企对接会，切实满足"两企两个"主体的融资需求。截至年末，全市金融机构累计申请科技创新专项再贷款19.9亿元，撬动全市科技型企业贷款同比增长8.3%；全市交通物流、住宿餐饮、文旅、外贸四大行业贷款余额分别同比增长8.7%、6.9%、16.1%、15.2%。

（二）加大重点领域信贷支持力度

一是大力发展绿色金融。建立健全绿色信贷机制，成立2000万元绿色担保基金，引导金融机构创新推出碳排放权质押贷款、排污权质押贷款、采矿权质押贷款等多种绿色金融产品，有效解决绿色企业缺少抵质押物的难题。截至年末，全市118家企业绿色贷款余额近283亿元，比年初增加107亿元，增幅达61%，位居全省前列。

二是大力发展科技金融。联合黄石市市场监管局出台《黄石市知识产权质押贷款管理办法》，举办知识产权政银企对接会，积极开展知识产权质押贷款。联合黄石市经信局印发《金融支持"专精特新"中小企业创新发展的指导意见》，推动金融机构将"专精特新"中小企业列为优先支持对象，推动银企签订"专精特新"合作协议。制定《金融支持光谷科技大走廊黄石功能区实施意见》，积极推广知识产权贷款等产品。截至年末，全市科技金融入库企业达到1916家，有689家企业获得科技贷款，年末贷款余额123亿元，比年初增长12.5%；对117家"专精特新"中小企业授信78.21亿元，贷款余额26.35亿元；知识产权质押贷款余额2.06亿元，比年初增长29.6%。

三是大力发展交通物流金融。推动设立2000万元物流金融风险补偿金，全力推动仓单融资、存货融资和订单融资等物流贷款业务，推动中小微企业盘活存货、生产机具等动产用于融资。截至年末，全市银行业金融机构对9家重点物流和冷链企业贷款余额9957万元，全年累计投放5400万元。

四是推动制造业中长期贷款融资。组织召开制造业中长期贷款工作专题推进会，建立制造业中长期贷款政企银协同推进机制，每周通报制造业中长期贷款进度。截至年末，黄石地区通过审核的制造业贷款项目累计授信47个、金额124亿元、投放37亿元，居全省第3位。

五是支持产业链供应链核心企业融资。围绕建链、延链、补链、强链，在全市智能装备、PCB等12条工业产业链和茶叶、水产等5条农业产业链建立金融链长制。对以黄石东贝集团为代表的智能装

备产业链部分核心企业授信总额达到26.67亿元，贷款余额6.04亿元。推出“快易付”“快易收”“快易贴”等供应链金融产品，推广票据承兑和贴现、保理等线上服务，重点满足“四区N园”产业集群资金需求。

（三）大力开展金融助企纾困

一是做好政策宣传解读。印发专项助企纾困行动方案，明确支持重点、总结宣传先进模式、督导方案落实。联合相关部门举行政策宣讲、银企对接等活动，确保政策落地生效。

二是加强与职能部门协调合作。与市直部门建立常态化对接机制，有效实施融资对接清单式管理，形成政银企统筹推进助企纾困工作格局。截至年末，已归集9家文旅、29家物流和13家批零住餐重点企业融资需求，督促银行应贷尽贷、应延尽延。

三是加强信贷窗口指导。不断强化对地方法人金融机构信贷投放管理，落实好信贷调控“五管理、五机制”工作要求，引导地方法人金融机构紧紧围绕信贷增长目标，合理安排投放节奏，优化信贷结构。召开金融助力地方经济发展座谈会，对贷款投放情况按周统计、按旬督办、按月通报，“一对一”地约谈各银行主要负责人。

四是推动减费让利。2022年推动全市银行内部资金转移定价FTP利率同比减点45个BP以上，带动节省企业贷款利息约3800万元；督导全市银行机构认真落实人民银行总行等四部委发布的12项减费措施，严格规范银行账户服务、人民币结算、电子银行、银行卡刷卡、支付账户服务等五个方面的收费行为。

二、防范化解金融风险

（一）扎实推进央行评级等级提升

印发《黄石市地方法人金融机构央行评级提升行动方案》，组织召开黄石市地方法人银行央行评级等级提升专项行动推进会，压实法人机构的主体责任，引导地方政府切实履行属地管理责任。对6家法人机构存量不良贷款（包括账面不良和隐性不良）进行全面排查，按“一户一档”的要求，督促法人机构建立不良贷款档案，制定切实可行的风险化解方案，确定具体的处置化解时间与目标，实行销号管理。按月报送工作进度、按季召开处置工作推进情况碰头会，对进度较慢的法人机构进行约谈督促。

（二）扎实做好存款保险工作

一是做好保费归集工作。对辖内6家地方法人投保机构组织开展2021年下半年、2022年上半年保费归集工作，现场核查核定保费基数和差别费率。

二是扎实推进存款保险宣传工作。组织开展音频和视频征集活动、存款保险顺口溜宣传问答活动、现场宣传活动等，在《黄石日报》等媒体刊登整版宣传广告，提高宣传效果。

三是开展存款保险宣传现场巡查和认知度评估工作。对全辖金融机构开展现场巡查，督促相关机构举一反三进行问题整改。对重点区域、人员结构、线上线下比例等指标进行认知度评估，2022年度认知度评分较上年上升7个百分点。

（三）扎实开展重点领域风险排查

先后两次组织排查重点地方法人银行风险、大中型企业信贷风险和全市银行业风险，摸清了重点领域金融风险额底数。

一是地方法人银行风险整体可控。截至12月末，辖内6家地方法人银行不良贷款余额7.5亿元，较年初上升4193万元；不良贷款率2.43%，较年初下降0.12个百分点。6家地方法人银行资产负债规模稳步增长、盈利能力有所回升，整体资产质量上升、整体风险抵补能力较强、整体流动性风险处于低位，风险整体可控。

二是大中型企业信贷风险较小，“头部优势”明显。年末全市大中型企业不良贷款余额4.81亿元，不良贷款率仅0.64%，低于全市平均水平0.71个百分点。大中型企业信贷质量整体大幅优于其

2022年5月11日，人民银行黄石市中心支行组织召开黄石市绿色、科技、物流金融专题调研座谈会

他贷款主体。

三是全市银行业经营稳健，整体风险收敛。2022 年 12 月末，存款、贷款分别增长 11.6%、15.8%，整体不良贷款率 1%，比年初下降 0.24 个百分点。

四是进一步完善金融安全联动机制。加强与政府职能部门联系合作，进一步完善金融监管信息互通机制。联合政府职能部门加强日常风险监测研判。联合开展银行机构、地方金融组织、重点企业债务、地方政府隐性债务、房地产领域等风险排查及调研工作，协同推进风险防范与化解。

五是加强重点机构协同监管。与黄石银保监分局签署《黄石市地方法人银行监管协作备忘录》，建立监管查询渠道，互通监管信息，互相配合开展监管工作。与黄石银保监分局联合开展村镇银行流动性风险应急预案评估，推动关口前移。

六是强化银行挤兑风险联防联控机制建设。推动黄石市委国安委印发《黄石市银行挤兑风险联防联控工作方案》，在全省地市中支率先建立银行挤兑风险联防联控工作机制。组织开展“护航 2022 · 疫情常态化下跨区域银行挤兑风险应急演练”。

七是做好国家安全教育日宣传及情报报送工作。组织全市银行业金融机构开展国家安全宣讲演讲比赛，参与《楚天都市报》“我与国家安全”微视频竞赛。积极做好金融领域国家安全牵头抓总工作，针对法人银行等重点机构、房地产等重点领域开展舆情监测和情报分析上报工作。

三、持续提升金融管理与服务质效

（一）加强法治央行建设，保障金融消费者合法权益

积极运用递进式监管方法提升人民银行政策法规执行力。制定黄石市中支《专项督查实施细则》，建立执法检查人员档案库，督促执法职能部门建立金融机构合规档案，结合经营异常对象名录库建设，摸清底数，促进金融监管做实做细。做好执法检查与行政处罚相关改革工作，坚持“法人监管 分级负责”的原则，深入推进综合执法检查，做实本级行行政处罚委员会工作。统筹开展金融法治宣教工作，制定黄石市中支《2022 年法治宣传教育计划》，落实“谁执法谁普法”责任，组织“3 · 15 金融消费者权益日”、金融知识“楚天行”、《民法典》宣传、“防范和处置非法集资宣传月”等集中宣传活动，有效提升社会公众金融素养。

（二）强化统计监测与调研分析，把好经济金融风向标

夯实统计基础，严把金融业综合统计和货币统计数据质量关，统计基础工作实现零差错。做实经济监测，严格执行经济监测专项制度，结合地方经济发展实际，积极开展小微企业纾困政策落实情况、农资价格上涨情况、铝价波动情况、初创期科创企业融资情况、房地产市场状况等特色专题调研，全年共撰写各类监测报告 70 篇。

（三）践行支付为民，优化银行账户服务

建立常态化暗访监督工作机制。发布《黄石市支付结算领域常态化暗访监督工作实施方案》，重点围绕优化银行账户服务、支付手续费减费让利等工作事项，开展形式多样的暗访工作。督促银行机构提升账户服务质效，在辖内 21 家银行机构共计 175 个网点推行简易开户服务，开展“码上付 优服务”活动，循序渐进推动小微商户收款码的换码工作。制定《黄石市支付服务适老化银行网点建设评选活动方案》，持续优化老年人等特殊群体支付服务。持续推动落实支付服务减费让利，督促银行机构切实落实账户服务、转账汇款、票据业务、刷卡等收费降费措施。截至 2022 年 11 月末，全市银行机构累计实现支付手续费让利 1795.74 万元。

（四）完善征信服务，优化基础设施建设

一是持续推进征信服务窗口标准化建设。力推商业银行线上自助查询渠道（商业银行网银、手机银行），添置 4 台个人自助查询机和 1 台企业自助查询机，新添 2 处自助查询点，并在百度、高德、腾讯地图上做好标注，为自助查询机加装“安全屋”。全年共查询个人信用报告 120427 份，查询企业信用报告 4485 份。

二是畅通征信异议处理渠道。及时处理客户征信异议，切实维护群众征信合法权益。截至 12 月末，共受理个人征信异议 114 笔、个人声明 3 笔、企业异议 3 笔，均做到了及时解答、限时办结。

三是完成二代征信系统数据采集切换。年内黄石辖内地方法人接入机构率先在全省完成二代征信系统数据采集切换工作，进一步提升了征信服务质效。

四是加快推进住房公积金数据共享工作。与市公积金中心就早日接入征信系统、建立常态化工作联络制度达成共识，争取在全省率先完成系统对接工作。

（五）坚持为民服务，提升经理国库质效

一是持续提高储蓄国债服务水平。深入基层调研国债下乡情况，着力提高市域储蓄国债在农村地区的普及度。截至 2022 年 11 月 19 日，共销售储蓄国债 10338.38 万元，其中农村地区销量为 3901.19 万元，占比 37.74%，较上年同期增长 779.48%。

二是推动异地电子缴税工作不断扩面增效。依托财税库银横向联网系统(TIPS),推动异地账户签订三方协议和采取银行端查询缴税费方式,实现纳税人在武汉城市圈内电子缴税互联互通、省内异地采取银行端查询缴税方式直缴本地国库。

三是完成新港(物流)工业园区金库建库工作。组织完成 TCBS 测试系统参数维护、业务测试、账表核对等工作,顺利完成 TCBS 正式环境以及 TIPS、TMIS、事后监督等各类国库系统参数设置工作。11 月,乡镇金库正式开通运行,截至 12 月末,新港金库共办理预算收入 1118 笔,金额 2320.84 万元。

四是有序开展配合社保统筹工作。配合财政、税务、社保等部门联合开展社保市级统筹工作,顺利完成系统参数设置、业务测试,实现全市城乡居民基本养老保险金自动划缴市级。

(六)聚焦民生,全面提升现金服务水平

一是科学调配,保供应。建立各券别现金需求监测机制,指导辖内银行机构对本行开户、用现较多的企业按“一企一策”方式梳理用现需求,对季节性、临时性的小面额现金需求确保精准投放。

二是畅通渠道,保整洁。组织全市银行业金融机构开展不宜流通人民币知识宣传及兑换专项活动 196 场,涉及 19.3 万余人。针对农村群众普遍反映的零辅币、残损币兑换的“急难愁盼”问题,在大冶市开展农村现金服务工作站试点,推广“主办行+新型农业经营主体+自助机具”的模式。加强清分工作监督,对商业银行全额清分、设备配备、参数管理等开展专项检查,不断提升流通中人民币整洁度。

三是网格管理,保权益。积极推进现金服务网格化管理,起草《黄石市银行业金融机构现金服务网格化实施方案》,形成 132 个界限清晰、职责明确的现金服务网格责任区。组织全市现金服务网格责任区与 6 个人口密集社区开展“现金服务示范网格”创建活动,推动建立“人行主导、银行主办、社区参与”的共建、共享、共治现金网格化服务机制。聚焦标准化建设,推动银行建立“一窗、一员、一公示”机制,实现现金“存取便捷、兑换便利、收支畅通、整洁度满意”目标。

四是先行先试,促转型。坚持创新导向,稳妥推进黄石区域现金中心试点,截至 2022 年 12 月末,全市 20 家开展现金业务的商业银行中,有 15 家与区域现金中心达成入驻意向,占比 75%,其中 10 家银行机构正式入驻。

(七)加强培训宣传,提高外汇服务知晓度

一是开展专题政策培训。组织辖内 13 家外汇指定银行开展专题政策培训,组织开展个性化政策培训。全面开展资本项目政策落实查访活动,了解银行对相关政策的掌握情况,提高后续培训工作的针对性。

二是开展“培训到企”活动。深入大冶有色、东贝电器等企业开展政策培训;联合商务部门、交通银行对全市 200 余家外贸企业开展货物贸易便利化政策宣传培训。

三是开展新媒体宣传。结合“诚信兴商宣传月”活动,制作经常项目、资本项目便利化政策要点“一问一答”,联合银行开展个人常见外汇业务答疑;在大冶市叶家坝社区开展“诚信兴商”主题宣传,对大冶市 15 家重点外贸企业和 4 家商业银行开展相关法规知识培训。

四、持续推进金融改革创新

(一)开展“首贷”专项行动

聚焦尚未获得贷款支持的小微企业和个体工商户,推动企业更好获得首次贷款等普惠金融服务,不断提升市场主体融资便利度和获得感,激活小微企业和个体工商户发展动能。全年为 1310 家普惠小微经营主体发放首次贷款 28.78 亿元,“首贷”平均审批时间由 10 天缩短至 5.46 天。

(二)推广“楚天贷款码”扫码融资

在全市各个银行网点、对外服务窗口、商超等重点场景布设“楚

2022 年 7 月 19 日,大冶市举行政银企“专精特新”特别行活动启动仪式

天贷款码”扫码台签和宣传折页；明确各支行、各金融机构扫码量工作目标。截至12月末，全市累计扫码21025笔、办结率86.99%、融资金额147.38亿元。

（三）全力推进中小微企业信用培植工作

联合相关部门开展企业推荐与辅导工作，实施对接“清单销号制”。督促各金融机构建立健全授信操作细则和尽职免责机制，提升培植辅导效率，及时满足企业融资需求。全年共推荐辅导企业243家，其中办结并实现融资221家，融资总额10.6亿元。

（四）加快推进绿色金融改革创新

积极推动黄石市绿色金融改革创新试验区创建工作，督促村镇银行加快绿色信贷创新，实现绿色贷款金融机构全覆盖。推动绿色贷款增量扩面，发放碳减排支持工具资金1.74亿元、投放再贷款再贴现30亿元。全年绿色贷款余额同比增长61%，增速居全省前列。大力推动环境权益融资，引导农行黄石分行发放碳排放权质押贷款100万元，发放排污权质押贷款400万元，办理100万元“林业碳汇贷”业务；引导大冶农商行发放排污权质押贷款200万元。开展碳核算试点，积极探索建立机关和金融机构碳账户。

（五）深入推进红色金融

积极协调推动在阳新县龙港镇建立红色金融教育基地，扎实开展红色金融史整理与研究工作、红色金融志愿讲解员评选活动。组建红色金融宣传志愿服务队深入机关、学校、企业开展红色金融知识宣传。积极推动红色旅游贷款，全年共发放红色旅游贷款4.2亿元。

（中国人民银行黄石市中心支行）

银行业保险业发展

一、持续加大服务实体经济力度

（一）强化监管引领

坚持稳中求进总基调，围绕支持稳住经济大盘，制定27条加强金融服务一揽子政策具体落实措施，接续实施延期还本付息贷款47.11亿元、无还本续贷余额17.6亿元。聚焦工业提质增效、乡村振兴等战略重点，开展“解难题、稳增长、促发展”企业帮扶活动、“双千”和“专精特新”企业融资对接活动，不断提升重点领域和薄弱环节融资质效。

（二）深化普惠金融服务

一是全力提升新市民金融服务。印发新市民金融服务工作方案，指导银行保险机构建立“1+3+X”新市民专属金融服务体系，精准滴灌新市民需求，推出金融产品20余个，发放新市民就业创业贷款、购房和消费贷款52.28亿元；提供健康医疗保障212.39亿元，减免服务收费47.2万元，惠及近15万名“新黄石人”。

二是持续推进小微金融服务。印发普惠金融工作要点，明确提出小微企业金融服务“十大重点任务”，强化政策传导、监管督导和推动落实，全市普惠型小微企业贷款“两增两控”目标持续达标，普惠型小微企业贷款余额达282亿元，创历史新高。联合市发改委等部门制定支持中小微企业发展“黄金十条”和纾困解难“二十一条”，解决痛点、打通堵点、补上断点。大力推进保险、保函替代涉企保证金工作，督导银行保险机构加大银企对接力度，主动提供金融服务，累计为140户企业办理319笔保险、保函替代涉企保证金业务，释放保证金13.64亿元，实现机构、企业、业务“三个全覆盖”目标。

三是全面推进金融服务乡村振兴示范区建设。推广“党建引领+村银保共建+整村授信”模式，提前一年完成全市790个行政村的建档评级授信，覆盖率100%。开展县域存贷比提升工程，持续强化“三农”金融服务，全市涉农贷款增长22.58%，县域存贷比达到85.08%，居全省第一方阵。

（三）强化保险保障服务

坚持“保险姓保”“保险为民”，大力推动健康险、责任险、农

黄石银保监分局参加全市防范非法集资宣传月集中宣传活动

业险等保险扩面提质增效，全年提供责任险风险保障336亿元，累计赔付5064.34万元。开办扶贫小额保险、学生平安保险等普惠型保险品种，全年承保逾200万人次，提供风险保障金额逾4000亿元。针对大旱灾情指导推出农业保险产品15个，实现线上承保，提供风险保障17.35亿元、累计赔付2203.26万元，有效发挥“减震器”作用。持续深化车险综合改革，释放改革红利，车均保费降幅33.8%，减收保费7474.92万元。加大推动险资入黄力度，在黄险资投资余额达6.38亿元。

二、持续加强金融风险防控

（一）加强地方法人银行风险防控

对辖内中小法人银行从十个方面开展3轮风险排查，加强风险研判、甄别、监测、监管。有效应对河南村镇银行风险事件外溢性影响，下“先手棋”、打“主动仗”，指导银行机构开展应急演练，积极应对、有备管理。会同人行签署《地方法人银行监管协作备忘录》，加强监管协调协同，6家中小法人银行总体运行稳健、风险可控。

（二）有效防范化解房地产领域风险

以“保交楼”为关键点，密切关注全市12个重点涉稳房地产项目风险，建立定期盯报制度，加大监测分析力度，准确把握和执行好房地产金融审慎管理制度。开展“保交楼”专项督导，做好“保交楼、保民生、保稳定”各项工作，有效满足房地产企业合理融资需求。全市“保交楼”风险可控，较好维护了购房者合法权益和社会大局稳定。

（三）严控资产质量风险

以“降不良”为切入点，督导银行机构加强前瞻性思考、全局性谋划、整体性推进，有效应对不良反弹；全面开展信用风险排查，妥善应对因疫情影响及延期还本付息等政策退出后的不良资产“水落石出”。积极做好防变量、控增量、化存量工作，督导银行机构腾挪更多资源处置不良资产。全年处置不良贷款18.89亿元，占全部不良余额的83.84%；全市不良贷款实现“双降”，不良率降至1.10%，低于全省平均水平0.21个百分点。

（四）规范市场秩序

以“治乱象”为着重点，开展法人银行机构股东股权和关联交易专项排查整治，加强穿透性审查。严查保险公司虚假承保、虚列费用、虚挂业务等违规行为；持续开展保险中介机构“多散乱”整治工作，进一步规范保险市场秩序。强化银行业保险业市场乱象查处力度，对6家银行保险机构及10名从业人员给予行政处罚。开展案防工作评估，不断深化巩固“内控合规管理建设年”活动成果。

（五）切实保护金融消费者合法权益

以“保民生”为落脚点，聚焦“一老一少”特殊人群和金融消费者“八大权益”，持续加强金融消费者权益保护。持续开展非法集资、养老诈骗、电信诈骗等违法犯罪线索排查，开展形式多样的防风险宣传活动。规范开展金融消费者投诉处理监管工作，全年共受理消保投诉和信访事项300余件，答复率、满意率100%。

三、持续推进金融改革创新

（一）推动完善公司治理体系

督促指导法人银行机构将党的领导融入公司治理全过程、各环节，及时修订公司章程。持续强化资本管理，开展2轮资产质量真实性核查，督促中小法人银行真实反映不良，推动信用风险稳步收敛。开展法人机构年度监管评级，1家机构评级首次进入2级，其余5家机构评级较上年均有进步。

（二）强化差异化监管

开展大型银行监管综合评价，合理运用评价结果，因行施策，强化机构高管履职能力监管。督导中小法人银行坚守定位，充分发挥支持普惠小微和乡村振兴主力军作用，确保新增贷款80%用于支持县域发展。年末涉农贷款余额比年初增长22.58%、县域贷款增长16.3%，法人银行机构“支农支小”定位持续巩固。

（三）推动保险改革创新

引导保险机构进一步回归保险保障本源，丰富保险服务、创新特色险种。指导人保财险在大冶市率先开展白茶特色农险试点，推动实现县域水稻完全成本保险全覆盖。支持开发科技创新型险种，提供风险保障1500亿元；推动国拓重工首台套装备保险11台、116万元落地。推广绿色保险，全市保险机构开办政策性森林保险38万亩，对3家环境污染高风险企业承保环境污染责任风险提供风险保障1845万元。深化警保联动机制，打造“保险+交管+客户”的三位一体服务新模式。推出“乡村振兴保”“呵护保”等普惠型险种10余个，提供风险保障12.44亿元，惠及群众3.1万余人。持续释放车险综合改革红利，车险综合费用率较改革前下降10.4个百分点。

（中国银行保险监督管理委员会黄石监管分局）

十　堰　市

金融发展概况

2022年末，全市金融机构本外币各项存款余额3244.12亿元，比年初增加271.76亿元。其中，住户存款2441.52亿元，比年初增加342.04亿元。金融机构本外币各项贷款余额2199.32亿元，比年初增加281.33亿元。其中，非金融机构及机关团体贷款余额1554.81亿元，比年初增加203.86亿元。

全年全市保险公司原保险保费收入91.66亿元，比上年增长0.75%。其中，寿险业务原保险保费收入67.64亿元（健康险和意外伤害险业务原保险保费收入18.5亿元），财产险业务原保险保费收入24.03亿元。支付各类赔款及给付27.76亿元。其中，寿险业务给付11.7亿元（健康险和意外伤害险业务赔款及给付4.36亿元），财产险业务赔款16.06亿元。

全市有A股上市公司5家、“新三板”挂牌企业7家、区域性股权市场挂牌企业456家。全年新增直接融资80亿余元。

全市有银行业、保险业、证券业、期货业金融机构60家，数量与上年持平。其中，银行业机构13家、保险业机构37家、证券业机构9家、期货业机构1家。

全市共有3类、31家地方金融组织，数量与上年持平。其中，小额贷款公司11家、融资担保公司9家、典当行11家。

地方金融工作

一、引导金融服务经济社会发展

（一）推进金融助企纾困政银企对接

推动全市金融机构开展“进园区、进企业，送政策、送服务”（简称“两进两送”）专项行动，推动金融机构对有融资需求的市场主体开展走访活动，帮助企业纾困解难。全年会同人民银行、银保监部门组织开展政银企对接活动36场（次），签约小微企业2904户、签约金额89.24亿元。结合“解稳促”活动，建立“双千”交办问题台账，常态化解决企业融资诉求。开通金融机构助企纾困服务热线，认真受理、高效转办、及时反馈融资问题。针对受疫情影响严重的文化旅游、交通物流、养殖业、餐饮业等行业开展专项政银企对接，解决融资难题。

2022年1月19日，十堰市举行金融早春行“专精特新”政银企对接会

（二）推进金融支持乡村振兴

紧扣中央、省、市关于乡村振兴战略的重大决策部署，结合十堰实际出台《金融服务乡村振兴和县域高质量发展实施意见》，为金融支持乡村振兴提供政策指导。以十堰市食用菌、道地药材、茶叶、水果、黄酒、木本油料六大重点特色产业链为抓手，出台《十堰市重点产业链金融链长制工作方案》《十堰市食用菌全产业链金融服务实施方案》《房县黄酒产业链金融支持指导意见》。出台《金融支持乡村振兴 实施“一县一特”工作方案》，全力打造金融服务特色产业的“十堰模式”。着力开展全省金融服务乡村振兴共建创新示范区建设，指导房县和郧阳区制定创建金融支持乡村振兴示范区实施方案，不断建立完善金融服务乡村振兴的政策体系、产品体系、服务体系和配套机制，把更多金融资源配置到乡村振兴重点领域和薄弱环节，更好地满足乡村振兴多样化、多层次的金融需求。

（三）保障重大项目融资需求

以全市680个亿元以上重大项目为重点，将金融支持重大项目建设新增贷款情况纳入政府性资金存放考核，定期督办银行加大对重点项目金融支持力度。全年13家银行机构为680个亿元以上重大项目新增贷款133.37亿元。

（四）建立财政贴息和央行再贷款协同机制

印发《关于进一步推进财政贴息和央行再贷款协同机制促进实体经济高质量发展的意见》，持续深化财政金融支持乡村振兴协同机制。全市8个县（市、区）政府均出台支持协同机制建设实施方案，基本形成“政府主导、央行牵头、部门协同、银行主战”的金融支持乡村振兴“多家抬”工作格局。

二、深化金融改革创新

充分运用十堰市南水北调中线工程核心水源的地域优势，积极向国家、省争取创建国家绿色金融改革创新试验区，以此为契机，大力推进绿色金融创新。

（一）健全完善组织体系

引导金融机构设立“绿色金融发展部”“绿色金融示范行”等绿色金融专营机构，推动开展绿色信贷业务。人民银行郧西县支行牵头建立了湖北省首个县域绿色金融项目库。国寿丹江口绿色扶贫产业基金积极推进贫困地区基础设施和特色产业投资，共支持项目3个，投资950万元。

（二）加快绿色产品创新

印发《十堰市绿色项目贷款提升行动实施方案》，引导金融机构创新推出“碳林贷”“排污权抵押贷”“捕捞权质押贷款”“光伏贷”“活体贷”等信贷产品；开发环境污染责任险、农牧业灾害保险、绿色建筑保险等绿色保险产品。年末全市绿色贷款余额313.82亿元，同比增长61.53%，超过全国平均水平。全市保险业为企业累计提供214.95亿元绿色保险保障，同比增长69.49%。

（三）推动林业碳汇融资

印发《关于在全市推广林业碳汇预期收益权质押贷款模式的实施意见》《十堰市银行业金融机构林业碳汇收益权质押贷款操作指引（试行）》等多个指导性文件，形成地方标准并在全省推广应用。经人民银行总行专家组评审，十堰市基于大数据的林业碳汇融资服务项目于11月上升为国家标准，并公示审核通过。

三、推动企业上市挂牌

（一）着力营造最优上市环境

开展重点上市企业攻坚行动，跟踪关注相关企业报辅、报会进展。召开拟上市企业专题协调会，组织企业参加全省重点拟上市企业工作调度会。畅通企业上市的“绿色通道”、及时协调解决企业实际问题，帮助企业早日登陆资本市场。

（二）推动企业挂牌“新三板”

加强统筹、定期通报，建立完善支持企业到“新三板”挂牌的工作机制。开展“一对一”指导服务，联合中介机构实地走访服务市级上市后备企业，力争实现“挂牌一批、报审一批、上市一批”。2022年新增20家企业与中介机构签订“新三板”挂牌意向性协议、13家企业签订保荐协议。其中，2家企业实现“新三板”挂牌。

（三）加强上市后备企业储备培育

实施上市后备企业“种子”计划，从全市高新技术企业、“专精特新”企业、“隐形冠军”企业中精选出一批创新能力强、市场前景好的上市后备企业，跟踪培育、分类施策，逐步形成持续培育、持续报备辅导、持续挂牌上市的企业上市培育梯次格局。

（四）加强登陆资本市场培训

在十堰经开区、竹溪县等地开展金融“早春行”企业和券商集中现场签约活动；举办“抢抓新机遇 迈进‘新三板’ 相约北交所”上市培训会，邀请北交所专家对全市80余家企业和县（市、区）政府分管领导进行上市培训；组织企业参加全省赴港上市融资对接会、全省“专精特新”企业投融资培训会，搭建投融资桥梁。

（五）引进外部资本注入新动能

支持设立湖北武当高新投资管理有限公司和十堰深高新投茅发基金管理有限公司。围绕武当产业基金设立子基金，积极与深圳高新投、长江产业投资集团、中国宝安集团、广发证券、中山证券等股权投资机构对接，发起设立湖北长江十堰新能源产业投资基金和智能网联汽车产业基金，深耕新能源、新材料等重点产业。支持推进基础设施领域不动产投资信托基金REITs发展，有效盘活武当山存量资产；支持发行十堰市知识产权证券化产品，增强知识产权资产的流动性。

四、防范化解金融风险

坚持疏堵并举、防治结合，统筹抓好疫情防控和金融风险防范，不断完善协调联动机制、健全防范体系、丰富防范措施、加大打击力度，圆满完成年度目标，守住不发生系统性、区域性金融风险的底线。

一是全面开展金融风险隐患排查。印发《关于在全市开展行业领域金融风险排查工作的通知》，组织排查252条风险线索。

二是持续开展防范金融风险宣教活动。统筹推进“6·15防范非法集资宣传日”活动、开展十堰金融卫士“远离非法集资”网络知识答题活动。加大公益信息宣传，全年发布防范非法集资公益宣传短信40万余条。

三是加快推进非法集资案件处置。印发《十堰市2022年非法集资案件处置工作方案》，严格落实领导包案制，加大案件协调督办力度。全年销号非法集资陈案8件，占年初陈案总数的57.14%；全市P2P网络借贷法人机构全部退出，全年无“非法校园贷”新发案；银行不良贷处置工作有序推进，金融机构风险有效管控。

四是扎实做好涉众型金融风险稳控工作。督促落实属地稳控措施，做好网络舆情和社会面稳定工作；认真做好投诉举报的接报处置工作，加强对涉众群体的稳控。

五、促进地方金融组织规范健康发展

（一）全面推进融资担保体系建设

以“增量、扩面、降费、控险”为重点推进融资担保体系建设，增强担保机构增信能力，助力企业融资、稳住经济大盘。截至12月末，全市融资担保公司在保余额53.56亿元，同比增长18.25%；期末在保户数8876户，同比增长10.6%。全年新增融资担保金额48.93亿元，同比增长32.81%。

（二）强化现场检查

按照《湖北省地方金融组织“双随机、一公开”抽查工作细则（试行）》的要求，十堰市地方金融工作局、市市场监督管理局、市公安局等部门于2022年12月对十堰辖区内抽查到的11家小额贷款公司、典当行、融资担保公司联合开展“双随机、一公开”现场检查，对公司的经营情况、合规情况、风险情况逐项进行检查，将检查结果上传湖北省“互联网+监管”的“双随机、一公开”监管平台，督促企业进行问题整改。

（三）推动地方金融组织不良资产处置

联合湖北省资产管理公司开展地方金融组织不良资产批量转让试点，首批成功化解不良资产4.13亿元，有效促进了地方金融组织通过市场化、法治化、专业化手段加快盘活存量资产，防范化解风险。

六、推进金融生态环境建设

扎实开展“金融信用市（州）、县”创建工作。组织全市圆满完成“金融信用市（州）、县”创建申报工作。根据省政府通报，十堰市已连续18年荣获“湖北省金融信用市”称号；郧西县、房县、丹江口市、郧阳区、竹山县等5个县进入全省县域前20名，获得“湖北省金融信用示范县（市、区）”称号。

（十堰市地方金融工作局）

贯彻落实稳健货币政策

一、保持货币信贷规模合理平稳增长

（一）加大重点领域和薄弱环节的信贷支持

充分发挥货币政策工具的总量和结构双重功能，加大金融支持重点领域、重点企业和薄弱行业力度。截至12月末，全辖提供再贷款额度71亿元、发放再贷款69.73亿元，比年初增加18.54亿元，再贷款使用额度居全省前列。其中，支农再贷款余额52.8亿元，余额排名全省第一，有力支持了乡村振兴。累计办理再贴现10.4亿元，同比增加3.46亿元，重点支持涉农、民营和小微企业，其中，80%以上为小微企业票据。

（二）落实落细助企纾困政策

引导金融机构加大对受疫情影响较大的物流、交通、住宿、餐饮等行业和受困人群的金融支持，全力推进金融稳经济“一揽子”政策措施与接续政策落地。

一是持续推进央行再贷款与财政贴息协同机制。人民银行投入低成本资金95亿元、撬动政府投入融资增信和风险补偿资金24.95亿元，兑现各类贷款贴息资金1.7亿元，代偿比率100%。

二是用好普惠小微贷款支持工具。人民银行奖励农商行7634.91万元，撬动法人银行机构发放普惠小微贷款54.59亿元。

三是落实普惠小微贷款阶段性减息政策。兑现奖励资金6750万元，涉及普惠小微贷款270亿元，市场主体减少财务成本6750

2022年6月8日，人民银行十堰市中心支行联合市交通运输局举办交通物流行业助企纾困政银企对接活动

万元。

四是落实中小微企业贷款延期还本付息政策。累计办理延迟还本114.82亿元、延迟付息15.66亿元,有效缓解中小微企业到期偿付压力。

五是加强动产融资统一登记公示系统、中征应收账款融资服务平台推广应用,破解融资难题。截至12月末,促成动产登记999笔、融资总金额170亿元,融资金额同比增长76.79%;应收账款融资服务平台融资350笔、融资总额121.86亿元,融资额同比增长29.56%。

(三)持续推进降低企业融资成本

持续引导金融机构降低企业融资成本。全市12月新发放企业贷款加权平均利率4.20%,比年初下降58个BP。发挥LPR改革在优化资源配置中的作用,三次降低LPR利率,一年期累计降低15个BP、五年期累计下降35个BP,支持信贷有效需求回升。持续督导辖内金融机构全面落实减费让利政策,累计为小微企业和个体工商户减免企业账户管理费、支付手续费等1670万余元。落实差别化房贷政策,十堰市成为全省首批差别化房贷政策试点市,首套房商贷利率4.1%、二套房商贷利率4.9%,分别累计下调153个、98个BP,创十年来新低,有效支撑刚需和改善性住房需求。

二、防范化解金融风险

(一)持续开展法人银行机构央行评级等级提升行动

12月末,辖内14家法人银行机构央行评级结果整体优化提升,四级机构5家,比年初增加4家;五级机构8家,比年初减少3家;六级机构1家,比年初减少1家;没有七级及以上的机构,风险安全边界内的金融机构占比达100%。

(二)全面开展金融风险隐患排查和评估

全面梳理信贷资产质量、流动性和重点公司风险,推动银行不良资产下降。12月末,全市银行机构不良贷款余额30.07亿元,累计化解20.57亿元,不良率1.36%,比年初下降0.25个百分点,实现不良贷款余额、不良贷款率"双降"。综合运用检查、评估评价、监管走访、约见谈话等措施,严厉打击违法金融活动,辖内涉案账户数量在全省排位下降明显,并成功宣判2起洗钱案件。开展"征信修复"乱象专项治理"百日行动",联合行政审批、市场监管等部门开展排查和清理整顿行动,清理违法"征信修复"广告、指导涉嫌从事"征信修复"业务的企业进行整改,在全省第一批次实现"动态清零"目标。

(三)进一步优化地方金融生态环境

大力推进金融生态环境建设,推动地方金融生态环境进一步优化。2022年,十堰市连续18年获得"湖北省金融信用市"称号,辖内郧西县、丹江口市、郧阳区、竹山县、房县5个县(市、区)进入县域前20名,取得了金融信用市(县)创建工作以来最好成绩。2022年,十堰市营商环境"信贷获得"指标排名全省第四,进入全省第一方阵。

三、持续提升金融管理与服务质效

将增强市场主体和人民群众的获得感、幸福感、安全感作为出发点和落脚点,多措并举优化各类金融服务。累计建设标准化普惠金融工作站38个,助力打通金融服务"最后一公里",金融便民利民度不断提高。成功创建十堰市首家省级金融教育示范基地,依托基地开展7期"金融知识宣传·十堰行"直播,累计35.8万人(次)观看。推广"一链通"服务平台,覆盖70余个网点,为73家企业办理银行开户业务。推行简易开户程序,为703家小微企业办理开户,极大提高了便利度。在城区新建3个现金服务便民点,方便商户和市民兑换残损币。构建市、县上下联动机制,加强与财税部门的沟通联系,实现留抵退税"即来、即审、即办"。推进优质企业贸易外汇收支便利化,为东风商用车有限公司成功办理十堰市首笔14.55万美元贸易外汇便利化收汇业务;推动申龙进气系统有限公司与建设银行澳门分行达成2300万元的跨境融资协议,该公司是全省第一家通过离岸银行成功办理跨境融资便利化试点业务的高新技术企业。

四、持续推进金融改革创新

大力推动绿色金融改革创新试验区创建,支持绿色金融产品创新。金融机构推出"碳林贷""排污权抵押贷""光伏贷""库区捕捞权抵押贷款"等多种具有十堰地域特色的绿色信贷产品,其中,"碳林贷"入选国家金融标准委"金融科技监管沙盒",正式成为全国标准。为3家企业发放排污权抵押贷款9190万元、创新发放捕捞权质押贷款4.4亿元,助力南水北调(中线)库区生态修复;发放首笔地方经济贡献奖权利质押贷款1000万元、落地再生资源加工企业地方经济贡献奖权利质押融资贷款、落地碳减排支持工具1.66亿元、申报支持煤炭清洁高效利用再贷款1.43亿元。截至12月末,全市绿色贷款余额337.96亿元,同比增长69.3%,分别超过全国、全省平均增速17.91个、21.01个百分点。

(中国人民银行十堰市中心支行)

银行业保险业发展

一、持续加大服务实体经济力度

一是督导银行机构持续加大小微企业信贷投放力度，降低融资成本。截至2022年末，普惠型小微企业贷款余额353.77亿元，较年初增长30.73个百分点，高于各项贷款平均增速17.30个百分点；单列信贷计划完成率达202.86%，居全省第三。全市普惠型小微企业贷款平均利率5.53%，较年初下降0.23个百分点，为近6万户小微企业节省近1000万元贷款利息。

二是为实体经济提供更加全面有力的保险保障。保险公司针对货车司机、快递员等特殊工作岗位人群开发意外伤害保险产品；对暂时遇到困难的物流企业通过适度延后货运汽车保险保费缴纳时间等方式，增强对交通、物流业的风险保障。全年保险机构承保货运运输保险6398件、保障额度432.54亿元；承保道路货物运输承运人责任险5759件、保障额度596.58亿元。鼓励保险机构针对新市民人群特点，开发意外伤害保险等新市民保险产品。辖内新市民保险服务总保费1484.48万元，保险保障金额32.08亿元，累计为1.56万人提供风险保障。

二、持续加强金融风险防控

切实履行属地监管职责，坚持标本兼治、疏堵并举，有序推进化解各类金融风险，银行业保险业风险总体可控。

一是聚焦信用风险，着力化解不良。督导辖内银行机构通过现金清收、批量转让、呆账核销等方式，全年累计化解不良贷款25.38亿元。截至2022年末，全市银行业不良贷款余额30.7亿元、不良率1.36%，较年初下降0.25个百分点，不良率为五年来最低。

二是聚焦法人机构风险，推动公司治理改革。督导法人银行机构加强股东股权管理，支持引进对支农支小定位认同的优质投资者；建立股东“灰黑名单”制，有效拦截问题股东，规范关联交易。

三是聚焦案件风险，加强警示教育。制定印发《十堰辖内银行业保险业金融机构2022年度案防安保工作要点》，督导各机构强化案防主体责任、深化标准化管理、夯实员工行为管控、落实案件风险排查、夯实案件警示教育。

2022年4月19日，十堰市金融消费者权益保护与纠纷调解中心挂牌成立

三、持续推进金融改革创新

一是强化银行保险机构功能定位。促进大中型银行优化功能定位；增强地方中小银行金融服务能力；深化政策性银行改革，明确职能定位；推动城商行改革，促进回归本土、聚焦主业；促进保险公司回归保障本源，着力增强“保障”功能。

二是加强新市民金融服务。督导金融机构根据新市民特点开发“个人和小微创业担保贴息贷”“退役军人创业贷”“青创贷”等特色产品，辖内银行业金融机构年末“创业担保贷款”余额17.45亿元，较年初增长达70.92%，惠及8216户创业者。

三是高质量、高效率、高水平打造新型“普惠金融工作站”。年末银行机构脱贫人口小额信贷余额14.18亿元，贷款余额户数26.91万户；年内新增贷款4.01亿元，惠及脱贫户1.91万户。

四是助力十堰市国家绿色金融改革创新试验区创建。推动银行保险机构将践行“碳达峰、碳中和”战略目标与打造“山水车城、宜居十堰”相结合，推出“碳林贷”“碳汇贷”“漆树贷”“排污权贷”“碳汇遥感指数保险”等系列绿色金融产品。截至2022年末，全市银行业绿色贷款余额370.87亿元；保险业累计为企业提供绿色保险保障402.46亿元，保费收入9436.1万元。

（中国银行保险监督管理委员会十堰监管分局）

宜　昌　市

金融发展概况

2022年末，全市金融机构本外币各项存款余额5647.22亿元，比年初增加900.86亿元。其中，住户存款3488.85亿元，比年初增加534.71亿元；非金融企业存款1527.30亿元，比年初增加377.52亿元。金融机构本外币各项贷款余额5178.80亿元，比年初增加510.03亿元。其中，住户贷款1129.45亿元，比年初增加25.41亿元；非金融企业及机关团体贷款4044.27亿元，比年初增加483.66亿元。

全年保险公司实现保费收入141.97亿元，比上年增长8.3%，其中，财产险保费收入增长12.0%，健康险和意外伤害险保费收入增长2.4%，寿险保费收入增长7.0%。全年支付各类赔付额44.67亿元，比上年增长15.6%，其中，财产险赔付额增长11.0%，健康险和意外伤害险赔付额增长17.6%，寿险赔付额增长20.2%。企业登陆资本市场取得实效，直接融资规模平稳增长。

年内新增A股上市公司1家，总数11家；新增“新三板”挂牌企业1家，总数16家；新增区域性股权市场挂牌企业49家，总数达到340家。全年实现资本市场直接融资265亿元，较上年增长10.00%。

全市银行业、保险业、证券业、期货业金融机构共计129家，较上年增加1家。其中，银行业机构40家，与上年持平；保险业机构52家，较上年增加1家；证券业、期货业机构分别为34家、3家，均与上年持平。

截至年末，全市共有5类、71家地方金融组织，较上年减少10家。其中，小额贷款公司31家，较上年减少4家；融资担保公司16家，较上年增加1家；典当行12家，较上年减少4家；融资租赁公司10家，较上年减少3家；商业保理公司2家，与上年持平。

2022年2月11日，宜昌市政府举办金融工作座谈会暨2022年金融支持宜昌高质量发展“早春行”（第二轮）融资对接活动，银企签约金额61.8亿元

地方金融工作

一、引导金融服务经济社会发展

（一）推动金融服务提质增效

建立常态化银企融资对接机制，向全市九大制造业产业链、四大服务业产业链派驻金融链长，成立金融服务专班，提高银企融资对接的精准性、转化率。拓展“网上金融服务大厅”功能，实体化运营“企业金融服务中心”。出台贯彻落实金融支持房地产市场平稳健康发展工作措施。全市存、贷款余额在省内同等市（州）率先双双突破5000亿元大关。全市小微企业贷款余额、涉农贷款余额同比分别增长24.67%、18.08%。扎实开展“稳投放、降成本、清证明”集中攻坚专项行动，清理涉企金融服务证明事项29项、优化11项，大幅减少企业贷款环节。年末全市普惠小微贷款、绿色贷款、涉农贷款、民营企业贷款分别增长32.46%、24.92%、19.12%和18.99%，分别高于同期全市各项贷款增速21.5个、14个、8.2个、8.1个百分点。

（二）充分运用政策性金融工具服务重点领域和薄弱环节

抢抓国家出台金融支持稳企纾困政策机遇，全年争取支农支小再贷款再贴现、基础设施政策性开发性金融工具等资金超过90亿元；争取“保交楼”专项借款近3亿元；获批保障性租赁住房贷款授信近60亿元，已投放资金超过30亿元。大部分资金利率在4%左右、期限在25年以上。切实降低实体经济融资成本，2022 年，全市新发放企业贷款加权平均利率 3.86%，同比下降 0.31 个百分点；小微企业贷款加权平均利率 4.28%，同比下降 0.22 个百分点；全年为市场主体让利近 12 亿元。

二、深化金融改革创新

在全省率先成立专业科技融资担保公司，创设科技支行 2 家；创新推出科技创新贷、知识产权质押贷等产品，累计为 846 家高新科技企业发放贷款 228 亿元。出台创建绿色金融改革创新试验区实施方案，建立绿色金融服务机制、绿色项目清单、绿色金融评价标准、绿色金融激励机制，创新推出碳排放权质押、林权质押等绿色信贷产品 10 余款。全市绿色信贷余额 1115 亿元，同比增长 22.8%。推进全辖行政村“整村授信”全覆盖，推动全域纳入省金融服务乡村振兴创新示范区试点。加快保险改革创新，11 家保险公司形成共保体推动宜昌“市民保”正式落地实施，惠及近 40 万名市民；积极推进地方特色农产品保险业务，全年合计开办 23 个险种，农险保费收入同比增长 49.83%；持续深化车险综合改革，单均保费较改革前降低 21.85%。

三、推动企业上市挂牌

进一步完善企业上市分层培育机制，打通“个转企、企升规、规改股、股上市”培育成长路径。年内新增 1 家上市公司、1 家过会企业。有在审企业 3 家、在辅企业 3 家、省级“金种子”企业 36 家。“新三板”“四板”挂牌企业总数分别达到 16 家、310 家。全年新增直接融资 265 亿元。

四、防范化解金融风险

常态化开展防范金融风险宣传进社区、进家庭等“五进”活动，实现重点人群 100%全覆盖。联动政法、信访等部门合力化解金融领域涉众涉稳风险，累计清退资金近 2 亿元、涉及 2300 多人。积极推动非法集资陈案化解并取得显著成效。在全省率先建立上市、挂牌公司风险监测管控工作机制，及时发现处置上市公司风险。全面落实“排雷工程、拆弹工程、强基工程”有关要求，“一企一策”推进重点企业风险化解。

五、促进地方金融组织规范健康发展

扎实推进地方金融组织专项治理工作，督促落实监管政策、整改措施，促进规范平稳运营。有序推进融资担保体系市、县一体化建设，新型“政银担”体系实现全覆盖。截至 12 月末，全市政府性融资担保机构在保余额 101.21 亿元，稳守百亿元大关；新型政银担在保笔数 18050 笔、73.41 亿元，同比增长 165.39%，居全省同等市（州）第一。在全省市（州）率先组建市级科技担保公司，促进金融支持科创企业发展。截至 12 月末，全市科技担保业务在保 318 笔、12.56 亿元，新增 223 笔、8.41 亿元。

六、推进金融生态环境建设

深入排查村镇银行风险，制定并推动实施风险化解方案，确保村镇银行持续稳健发展。截至 12 月末，全市金融机构不良贷款率 0.84%，较年初下降 0.14 个百分点。不良率为全省最低，资产质量继续稳居全省最优水平。围绕优化金融生态环境和金融营商环境的重点工作、基础工作，加强科学规划、统筹协调、合力推进，充分发挥正向激励的长效机制作用，不断取得工作实效。宜昌市自 2003 年起连续 20 年获评全省信用市（州），金融生态环境指数排名全省前列。在 2022 年全省营商环境测评中，金融营商环境指标测评排名全省第一，已连续 3 年位居全省前列。

（宜昌市地方金融工作局）

2022 年 6 月 7 日，宜昌市人民政府新闻办公室举行《宜昌市加大纾困帮扶力度促进市场主体恢复发展若干措施》政策解读新闻发布会

贯彻落实稳健货币政策

一、保持货币信贷规模合理平稳增长

（一）加大普惠领域金融支持

一是加大普惠信贷投放。全年累计发放支农支小再贷款 62 亿

元、办理再贴现资金 13 亿元，惠及 1.6 万户普惠市场主体；推动普惠小微的贷款支持工具落地，提供激励资金 9128 万元，带动全市普惠小微贷款增长 34.68%。

二是推进金融助企纾困。支持和引导银行机构对受疫情影响的中小微企业给予延期还本付息支持，累计对 1786 家中小微(含个体工商户)企业延期贷款本息合计 42.76 亿元。

（二）加大重点领域金融支持

聚焦交通物流、科技创新、绿色发展等重点领域，推动碳减排、煤炭能源清洁高效利用、科创、交通物流、设备更新改造等专项政策工具落地，协调落实相关优惠贷款 24 亿元。制定《绿色金融创新实践工作推进方案》，引导金融机构大力发展碳减排、排污权质押等绿色信贷产品，持续增加绿色信贷供给。截至年末，全市绿色信贷余额 1217 亿元，同比增长 24.92%，高于全市贷款平均增速 14 个百分点。

（三）加大困难行业信贷支持

落实市政府出台的“纾困帮扶 40 条”措施，会同相关部门印发《加大金融纾困帮扶力度助力市场主体恢复发展若干措施》《金融惠企政策汇编》等文件，组织召开稳企纾困银企座谈会、政策宣讲会，加强政策宣传推介力度。引导银行机构从加大信贷支持力度、做好接续融资安排等方面支持暂时受困行业企业渡过难关、恢复生产。全面开展文化旅游、交通物流、批零住餐等行业金融纾困专项行动，组织金融机构对 85 家重点企业开展纾困对接，累计为 47 家企业新发放贷款 11.8 亿元。

（四）落实房地产调控政策

指导辖内银行机构将首套个人商业性住房贷款利率在年底前阶段性下调 20 个基点，降至 3.9%。会同住建等主管部门建立“保交楼”工作专班，指导农发行宜昌分行落实“保交楼”专项借款 2.94 亿元。

二、防范化解金融风险

（一）加强金融风险监测

按月监测辖内法人银行机构的资本充足率、流动性状况等风险指标，研判风险变化趋势。对辖内法人金融机构、重点企业、互联网金融、第三方财富管理公司等开展风险排查，摸清风险底数。建立债务融资工具违约风险监测预警定期报送制度，督促相关企业做好商业承兑汇票信息披露；做好拆借市场、债券市场、黄金市场等重点领域风险监测工作。健全互联网金融风险长效排查处置工作机制，会同相关部门组织开展互联网金融风险、虚拟货币“挖矿”活动等专项排查。

（二）稳步推进金融风险化解

针对辖内 2 家“央行评级”7 级机构，拟订“一行一策”风险化解方案，制定《宜昌辖内 6-7 级地方法人银行央行评级等级提升工作清单》。截至年末，2 家机构央行评级指标有所改善，辖内央行评级 7 级机构减少至 1 家。制定《中国人民银行宜昌市中支关于启迪环境金融风险化解应对预案》，参与组建金融债权委员会工作，支持配合做好启迪环境金融风险化解处置。

（三）开展存款保险宣传和打非处非活动

组织辖内金融机构以“五进”(进微信、进家庭、进社区、进单位、进媒体)为载体，开展存款保险及处非宣传，先后开展了“护航新征程，存保伴你行”5 月集中宣传月、金融知识普及月、存款保险宣传月等活动。持续开展打击和处置非法集资和非法金融活动，推进风险排查和“扫楼行动”。

三、持续提升金融管理与服务质效

（一）加强支付结算管理

督促辖内银行机构全面推行企业和个人账户简易开户服务，落实好小微企业和个体工商户支付手续费减费让利政策。开展跨境赌博和电信网络诈骗“资金链”治理工作，开展银行账户涉案风险“百日攻坚”专项整治行动，组织涉案银行机构对涉案账户开展全面自查倒查。加强暖心金融服务示范点建设，指导辖内银行机构开展

2022 年 9 月 28 日，宜昌市企业金融服务(首贷服务)中心挂牌成立

支付服务适老化工作。

（二）着力提升反洗钱监管效能

对18家义务机构开展现场监管走访，对工作评价排名靠后的11家机构进行约见谈话，指出存在问题，明确整改要求并督导整改。按照法人监管原则，重点对辖内法人机构开展执法检查，按“双随机、一公开”要求确定检查对象，对执法检查发现的问题落实“双罚制”，严格依法实施行政处罚。

（三）整治“征信修复”乱象

联合市场监管等部门印发《联合开展宜昌市“征信修复”乱象专项治理工作的通知》，建立健全征信市场治理协同监管长效机制，积极巩固“百日行动”治理成果，持续保持对涉“征信”违法违规行为的高压打击态势。严格规范征信查询、异议、投诉业务操作流程，畅通维权渠道，依法依规办理群众征信异议和投诉，做好政策宣导和解释说明工作。

（四）推进“国债下乡”

采取多种形式开展国债下乡宣传，切实提高国债在辖区乡镇区域的覆盖面和销售率。依托人民银行惠农服务点在全辖因地制宜打造多个集“国库知识宣传、国库业务调查、国债购买指导、社（医）保缴费、发票代开及缴税”等功能于一体的“乡村国债惠民服务平台”，形成“人民银行统筹、各承销机构负责、具体工作人员落实”的工作模式。

（五）强化外汇管理与服务

持续推动国家外汇管理局12项贸易投资便利化措施落地落实，指导银行为辖内企业办理内保外贷注销业务7笔、外债注销业务2笔。推动落实外债便利化试点政策，指导辖内一次性外债登记企业提款5500万元人民币。积极推动跨境融资便利化试点政策落地实施，为辖内跨境融资额度不足但有实际融资需求的外资企业核准便利跨境融资额度1000万美元，指导企业提款50万美元。

四、持续推进金融改革创新

（一）深入开展“首贷”拓展行动

通过精准识别无贷户、高效开展融资对接、创新产品服务模式等措施，着力拓展小微企业和个体工商户首次贷款金额和户数。累计培植小微“首贷”主体2301户、发放贷款25.19亿元。小微企业和个体工商户融资便利度和获得感不断提升。

2022年4月27日，宜昌市举行金融服务乡村振兴暨整村授信工作推进会

（二）建设“手机号码支付”示范村

组织相关单位在远安县花林寺镇木瓜铺村、秭归县郭家坝王家岭村和长阳县火烧坪乡青树包村分别围绕农家乐、脐橙产业和蔬菜产业，组织交易对手间推广使用“手机号码支付”，推进“手机号码支付”示范村建设，带动产业发展，助力乡村振兴。

（三）创新供应链融资模式

依托供应链核心企业大力发展应收账款融资，在全省率先建立重点产业链金融链长服务机制，开展现代化工、柑橘产业链金融链长试点，引导金融机构推广“纳税信用贷”“柑橘贷”“电商贷”“人才贷”等创新信贷产品。推动建立重点产业链金融风险分担机制，由担保公司、政府、银行按照“4∶2∶2”比例分担贷款损失，已为358家产业链企业发放贷款17.4亿元。

（四）推进整村授信用信

制定印发金融支持乡村振兴实施意见，持续开展农村金融产品和服务模式创新，枝江市成功入选全省首批优化营商环境先行区“整村授信”改革试点。创新建立乡村振兴重点领域银企对接机制，组织辖内金融机构对接新型农业经营主体及涉农重点项目1463个，为682个涉农主体发放贷款38亿元，带动全市涉农贷款同比增长18.47%。

（五）推进金融纠纷多元化解

联合宜昌市中级法院挂牌成立宜昌市金融纠纷人民调解委员会，全力推进“法院+人民银行”金融纠纷多元化解模式，累计调解纠纷181件、达成协议金额400万元。

（中国人民银行宜昌市中心支行）

银行业保险业发展

一、持续加大服务实体经济力度

(一)持续加强和深化小微金融服务

推动全市银行业机构深入开展小微信贷“保供给稳增长”行动,积极参加“金融润商”暨“普惠金融面对面”行动,不断加强和深化小微企业金融服务,助力小微企业纾困。截至2022年末,全市普惠型小微企业贷款余额474.94亿元,较年初增长33.71%、较各项贷款增速高20.27个百分点,增速增量位居全省前列;贷款户数99200户,较年初增加21684户。各银行机构积极落实金融帮扶政策,全年累计为中小微企业、个体工商户等的贷款延期还本50.18亿元、延期付息8953.03万元。

(二)支持重大项目融资

引导银行机构积极主动对接重大项目,保障资金供给,助力重大项目建设。截至2022年末,全市制造业贷款余额634.93亿元,同比增长12%,较上年多增近3个百分点。截至年末,投向电力热力燃气及水的生产和供应业、交通运输仓储和邮政业、水利环境和公共设施管理业等基础建设等领域贷款1763.57亿元,在各项贷款中占比34.05%,较年初增加113.04亿元,增幅6.85%。

二、持续加强金融风险防控

(一)实施案件防控暨“三大工程”

督促银行业保险业机构加强案件风险防控,实施“排雷、拆弹、强基”三大工程,及时发现隐藏风险,化解处置风险,建立防控风险的长效机制。

(二)稳妥化解企业债务风险

充分发挥债委会机制作用,“一企一策”制定金融帮扶与风险化解方案,积极稳妥化解企业债务风险,维护债权金融机构合法权益。

(三)支持“保交楼、稳民生”

引导金融机构全面落实各项房地产金融管理政策,切实做好“保交楼”金融支持服务。推动建立金融重点支持房地产企业“白名单”,确保房地产市场平稳运行。

(四)严控资产质量风险

督促银行业机构严格落实监管要求,统筹推进助企纾困和风险缓释,积极稳妥推进不良贷款处置。全市不良贷款率降至0.84%,为全省最低。持续提升中小银行机构风险防控水平,积极拓宽不良贷款处置渠道,提升风险抵补水平,进一步做实资产质量,按时完成隐性不良贷款全部入账的目标。截至年末,辖内中小银行机构核心监管指标全部达标。

(五)持续加大市场乱象整治

对10家银行机构开展现场检查,对27家银行保险机构开展专项安全检查。组织保险机构摸排“代理退保黑产”线索。妥善处理银行保险消费者投诉949件,成功调解银行保险纠纷案件192件,调解成功率88%。

三、持续推进金融改革创新

(一)支持绿色金融发展

推动银行业机构积极落实支持长江经济带发展及绿色金融发展指导意见,助力碳达峰、碳中和战略。年末全市银行业机构绿色贷款余额1186.93亿元,比年初增长33.38%。全年环境污染责任险保单保费收入141.13万元,同比增长35.50%;保险金额4.03亿元,同比增长108.94%。

(二)支持科技金融发展

支持银行机构建立与科创企业有效对接的服务机制和经营模式。积极服务“专精特新”企业融资,制定专项授信方案,将“白名单”企业纳入快速审批通道,推出特色信贷产品,提高金融服务精准性。年末新一代信息技术产业链上企业贷款余额19.46亿元,全市国家级、省级“专精特新”企业贷款余额73.3亿元。

(三)支持健康金融发展

促进银行业机构根据医药产业中小企业特点定制专门的业务模式和产品,在贷款利息和担保费用方面予以优惠。促进健康保险与健康服务融合,支持开展基于互联网的健康保险服务,全市健康金融快速增长。年末“生物医药”产业链上企业贷款余额63.72亿元,比年初增长25.61%;全年实现健康险保费收入24.80亿元,同比增长3.18%。

(四)打造金融服务乡村振兴“宜昌模式”

省政府在枝江召开现场推进会,宜昌市全域被纳入全省金融服务乡村振兴创新示范区试点。在当阳市开展由监管部门牵头的金融支持乡村振兴融资对接活动,把更多的金融资源配置到农村经济社会发展的重点领域和薄弱环节。加快推进“整村授信三年全覆盖”行动,探索实施多元化整村授信模式。实现农户和新型农业经营主体信用建档评级全覆盖。截至2022年末,全市普惠型涉农贷款余额333.37亿元,信贷计划达成率224.9%;县域存贷比为88.71%,继续位居全省前列。持续推动农业保险“扩面、增品、提标”,全市农险总保费收入1.45亿元,为19.11万户次农户提供风险保障62.91亿元,为2.63万件农险保单支付赔款0.95亿元。

(中国银行保险监督管理委员会宜昌监管分局)

襄　阳　市

金融发展概况

2022 年末，全市金融机构本外币存款余额 5153.20 亿元，比上年增长 10.8%，比年初增加 501.54 亿元。其中，住户存款 4017.69 亿元，增加 595.20 亿元。金融机构本外币贷款余额 3576.51 亿元，比上年增长 13.1%，比年初增加 414.26 亿元。其中，住户贷款 1270.73 亿元，增加 96.87 亿元；企（事）业单位贷款 2304.64 亿元，增加 316.40 亿元。

全年实现保费收入 138.87 亿元，比上年增长 2.5%。其中，财产险保费收入 37.96 亿元，增长 12.4%；人身险保费收入 100.92 亿元，下降 0.8%。支付各类赔款及给付 42.24 亿元，下降 3.5%。其中，财产险赔付支出 23.17 亿元，增长 2.3%；人身险赔付支出 19.07 亿元，下降 9.7%。

全市企业上市挂牌数量稳中有升。其中，A 股上市公司 14 家，较上年增加 1 家；境外上市公司 2 家，与上年持平；"新三板"挂牌企业 6 家，与上年持平；区域性股权市场挂牌企业 601 家，较上年增加 17 家。全年全市企业在资本市场直接融资 209.85 亿元，较上年下降 23.67%。

全市有银行业、保险业、证券业、期货业金融机构 123 家，与上年持平。其中，银行业机构 31 家、保险业机构 55 家、证券业机构 36 家、期货业机构 1 家。

全市共有 5 类、50 家地方金融组织，较上年增加 1 类、减少 21 家。其中，小额贷款公司 23 家，减少 21 家；融资担保公司 14 家，与上年持平；典当行 8 家，减少 2 家；融资租赁公司 3 家，与上年持平；新增地方金融组织类型为商业保理公司，设立机构 2 家。

地方金融工作

一、引导金融服务经济社会发展

（一）持续推进银企对接

组织金融机构与重大项目、重点产业、重点地区对接，举办金融服务"早春行"等政银企对接活动 18 场，累计签约 1616 亿元。做好重点项目银企对接，梳理2020 年—2022 年全市 164 个项目建设观摩交流项目清单，编发给各银行金融机构开展对接服务工作。印发《襄阳市 23 条重点产业链"三张清单"金融服务工作机制实施方案》，平均每家银行担任 1 至 2 个重点产业链金融链长，组织开展产业链银企对接。全年为链上企业授信 408.12 亿元、贷款余额 159.87 亿元，比年初增加 27.45 亿元，同比增长 20.02%。

（二）拓展和深化小微金融服务

一是开展助企纾困。梳理重点纾困企业名单 72 户，银行为困难企业办理贷款延期还本付息 6 笔、9979 万元，提供融资支持 35 笔、3.21 亿元。全年法人银行金融机构对 2.22 亿元贷款本息实施延期，惠及 2504 个市场主体。

二是开展信用培植。全市信用培植系统共收到推荐企业 429 家、办结 366 家、贷款 27.07 亿元，加权平均利率 4.92%。截至 2022 年 12 月末，全市普惠型小微企业贷款余额 440.36 亿元，比年初增加 89.3 亿元，增速 25.44%，比各项贷款增速高 12.34%；贷款户数 97075 户，较年初增加 19392 户。贷款平均利率 4.82%，比年初下降 0.36 个百分点。普惠型小微企业贷款整体实现"两增"目标。

2022 年 7 月 1 日，湖北超卓航空科技股份有限公司在上交所科创板挂牌上市

二、深化金融改革创新

大力推进政府性融资担保体系建设，有效缓解小微企业和"三农"主体融资难题。2022 年 11 月，襄阳市襄州区融资担保有限公司、襄阳市融资担保集团有限公司宜城市分公司、谷城县融资担保有限公司集中揭牌，省再担公司、县(市、区)政府、市担保集团和银行金融机构等四方签订《新型政银担合作协议》，并向 6 家企业发放担保意向函，标志着襄阳市在全省率先建成市、县担保一体化体系。

三、推动企业上市挂牌

持续推动企业登陆资本市场，为实体经济发展注入资本动能。

一是进一步完善企业上市挂牌激励政策。市政府办印发《推动多层次资本市场高质量发展的若干意见》，对企业首发上市分阶段奖励，对证券中介服务机构落户奖励实行"无申即享"，财政资金直达企业账户，压缩兑付时限。

二是强化上市培训指导。设立深交所资本市场服务湖北基地襄阳都市圈培育中心，为"襄十随神"城市群优质企业提供上市指导、投融资对接等服务。

三是着力解决企业上市困难。建立市"四大家"领导包保联系制度，协调解决企业上市进程中的困难。

2022 年，新增 1 家 A 股上市公司，数量达到 7 家；1 家企业通过香港联交所聆讯，境外上市公司有望扩容。全市有在辅企业 3 家，签订 IPO 辅导协议的企业 12 家；有省级上市后备"金种子"企业 30 家，市级上市后备"金种子"企业 60 家。

四、防范化解金融风险

一是进一步完善制度体系和工作机制。制发《襄阳市进一步加强防范化解金融风险常态化工作机制建设的实施方案》《关于进一步加强防范和处置非法集资工作的实施意见》，进一步健全防范化解金融风险"市—县—乡—村"四级工作机制，构建矩阵式工作格局；推动建立由地方党政主要领导牵头挂帅的重大风险案件处置工作机制，聚焦处置难点问题。认真落实"属地管理""管行业必须管风险，管业务必须管风险"的要求，压实地方政府、监管部门及金融机构各方责任，形成风险处置合力。

二是加强防范风险宣传教育。开展防范非法集资宣传教育月、金融进社区等活动，全年累计组织集中宣传活动 3754 场次，参与群众 94 万余人。

三是加强风险排查。依托湖北省金融风险预警平台，及时发现风险线索，及时移交核查处置；常态化开展金融风险隐患大排查，组织各地、各部门开展全覆盖的季度风险排查。

四是加快风险处置。制定印发全市 2022 年非法集资案件处置工作方案，进一步明确案件处置目标，加快案件侦办、债权追偿、善后处置进度。全市超额完成陈案销号等工作目标，"非法校园贷"存量案件完全化解，无新增案件。

五是推动地方法人银行加快不良贷款处置化解。全年处置不良贷款 42.54 亿元，不良率降至 1.28%。

五、促进地方金融组织规范健康发展

对 3 家融资租赁公司和 1 家商业保理公司的内部治理管理情况、业务开展情况、持续经营情况、风险管理和合规经营情况、配合监管情况等开展现场检查，4 家企业符合检查要求，被纳入湖北省融资租赁公司和商业保理公司监管"白名单"。联合市场监管局、第三方会计师事务所对全市 8 家典当行开展"双随机、一公开"现场检查，主要检查依法合规经营情况、登记事项和公示信息，督促相关公司对发现的问题限期整改。

六、推进金融生态环境建设

根据《2022 年金融信用市(州)、县创建实施方案》要求，围绕"五个信用建设"，持续优化中小微企业融资环境，进一步推动完善企业信用培育、信用信息共享、融资风险分担等机制，全面夯实信用环境和金融生态建设基础。规范开展季度监测工作，对监测结果进行分析研判，推动同

2022 年 11 月 11 日，襄阳市襄州区融资担保有限公司、襄阳市融资担保集团有限公司宜城市分公司、谷城县融资担保有限公司集中揭牌

题整改。根据2022年度湖北省金融信用市（州）、县创建完成情况通报，襄阳市排名第一档，被评为“湖北省金融信用示范市（州）”；谷城县跻身前20强，被评为“湖北省金融信用示范县（市、区）”；宜城市、老河口市、枣阳市、襄州区、保康县、南漳县被评为“湖北省金融信用县（市、区）”。

（襄阳市地方金融工作局）

贯彻落实稳健货币政策

一、保持货币信贷规模合理平稳增长

（一）加大对国民经济重点领域和薄弱环节的支持

一是工业贷款增长势头持续稳固。截至2022年末，全市工业贷款余额433.9亿元，比年初增加64.4亿元，比2021年多增10.82亿元，同比增长17.43%。工业贷款增量、增幅均是2014年以来的最高值。

二是金融支持乡村振兴有力有效。2022年末，全市涉农贷款余额1575.74亿元，同比增长16.87%；比年初增加227.76亿元，同比多增16.96亿元。

三是普惠小微贷款保持高速增长。全市普惠口径小微贷款余额460.66亿元，同比增长23.31%，高于各项贷款增幅10.21个百分点；比年初增加87.08亿元，同比多增5.62亿元。

四是绿色贷款强势崛起。全市本外币绿色贷款余额530.17亿元，比年初增加137.28亿元，同比增长34.94%，高于各项贷款增速21.84个百分点。

（二）持续扩展助企纾困覆盖面

一是开展“敢贷、愿贷、能贷、会贷”专项行动，持续提升小微企业金融服务能力。截至2022年末，普惠小微企业贷款余额460.66亿元，同比增长23.31%。

二是管好用好支农支小再贷款、再贴现等政策工具，为银行机构扩大信贷投放提供优惠资金。截至2022年末，襄阳市中心支行累计发放再贷款55.33亿元，其中，支小再贷款36.25亿元、支农再贷款19.08亿元，惠及2.4万户个体工商户和小微企业；累计办理再贴现4.36亿元，其中，小微、涉农、民营票据占比95%，有力支持了辖内涉农、民营和小微企业的发展。

2022年5月12日，襄阳市“稳企纾困”专题金融工作会在人民银行襄阳市中心支行召开。副市长徐冰出席会议并讲话

三是落实两项直达工具的接续和转换工作。对辖内13家法人银行2021年延期的普惠小微企业贷款实施奖励，发放激励资金298.38万元，支持2.98亿元贷款延期还本付息；提供优惠资金0.85亿元带动6家法人银行发放信用贷款2.11亿元，惠及2014户企业和个人；办理普惠小微贷款支持工具3449万元，支持6家地方法人银行向普惠小微企业发放贷款23.26亿元。

四是持续推动金融机构降费让利。全市新发放企业贷款加权平均利率为3.89%，比上年同期下降40个基点。

二、防范化解金融风险

（一）加强对重点机构和重点领域风险监测

综合运用日常风险监测、银行业压力测试、金融机构稳健性评估、大型有问题企业监测、主动防控分类化解金融风险长效机制等风险监测评估制度，对银行、证券、保险以及重点企业等领域的重大风险进行分类梳理、监测分析，持续完善辖区金融机构风险活动风险监测体系。对13家法人银行的偿付能力敏感性和流动性风险进行压力测试，以书面形式进行风险提示和反馈结果，要求相关机构制定应对措施。加强重点领域金融风险监测，对涉及辖内银行机构的负面金融事件持续跟进，加强舆情动态反映及风险研判，持续关注风险变化。

（二）持续推进实施存款保险制度

一是拓展存款保险宣传工作广度。按照“一县一主题”“一行一

特色”的工作思路,将社区和乡村作为存款保险宣传活动的重点,制定工作方案,建立“央行统筹+银行主导+阵地辐射”的立体式、联动式、常态化宣传网络,持续提高存款保险的宣传覆盖面和社会认知度。

二是认真做好存款保险保费交纳工作。组织辖内13家地方法人机构及时交纳存款保险保费。

三是扎实开展存款保险现场核查工作。对辖内地方法人银行机构开展存款保险现场核查,推动法人机构稳健运行。

(三)积极配合打击金融违法犯罪行为

与公安部门联合下发《进一步改进和加强电信网络诈骗和跨境赌博“资金链”治理工作 推动“断卡行动”取得明显成效的若干措施》,深入开展“百日攻坚行动”,持续开展账户风险排查,严控涉案账户和关联账户风险,遏制新开账户风险,降低存量账户风险,减少增量账户风险。全年配合相关部门推动涉嫌洗钱罪案件判决4起、起诉3起、立案1起。积极配合公安机关开展扫黑除恶、反恐、反腐、禁毒等专项行动,配合调查涉税案件和涉毒案件。

三、持续提升金融管理与服务质效

(一)持续优化现金管理服务

督导3家涉农银行推动农村地区78个反假币和现金服务工作站有序开展现金服务,全年为农村地区供应现金2635.87万元,兑换小面额人民币264.40万元,鉴别假币233笔、2.15万元,回收不宜流通人民币24.93万元,辐射周边24个村和962个组,打通普惠现金服务“最后一公里”。组织辖内8家银行开展“挎包银行”服务,让银行走进公交公司、医院、农贸市场和商场,将现金服务柜台布放到群众身边。

(二)切实履行好经理国库职责

全年累计办理各项业务476万笔、3930亿元;收纳报解预算收入252万笔、793亿元(全口径),办理预算支出100万笔、1356亿元(全口径),办理退库业务26万笔、81亿元。共组织承销行发行14期储蓄国债4.49亿元,发行量居全省第二。全市国库办理增值税留抵退库8317笔、44.32亿元,惠及中小微企业7942家。联合税务部门召开“推进辖内跨省异地电子缴税业库税企三方座谈会”,紧盯企业关切、期盼和诉求,协助有需求的企业成功办理跨省实时扣税和跨省银行端查询缴税。

(三)稳步提升支付服务水平

逐步扩大银行机构小微企业简易开户服务网点布设范围,9月底前实现辖内银行机构简易开户服务网点全覆盖(无对公业务网点除外),共计537个银行网点可提供小微企业简易开户服务。协调金融机构、银联等部门支持,配合市政府和市文旅局、市商务局等部门发放各类消费券、优惠券1100万元,直接带动消费6000多万元。以南漳县肖堰镇斑竹坪村为试点推进“手机号码支付示范村”建设并在全县推广,累计绑定手机号码支付用户6784户,交易量14016笔、2803万元。完善助老便民设施,在南漳县、枣阳市试点建设县(市)级老年人等弱势群体支付服务示范区,推动各县(市、区)100%银行网点、乡镇90%网点完成适老化硬件升级改造。落实金融机构降低支付手续费政策,下发《关于加强支付手续费减费让利工作的通知》,建立全市19家银行机构的支付手续费减费让利工作档案,全辖累计减费让利约3000万元。

(四)持续深化跨境贸易“便利化”改革

出台《金融支持襄阳自贸片区等开放园区建设的若干措施》,从加工贸易、跨境电商、企业融资、汇率避险等方面提出15条措施,进一步提高襄阳高新区、自贸片区、综合保税区和跨境电商综试区等国家级园区跨境贸易便利化。按照“服务实体、便利开放、交易留痕、风险可控”的原则,简化小微跨境电商企业货物贸易收支手续,支持支付机构或银行主体简化新业态跨境金融业务办理手续。在满足交易信息采集、真实性审核等条件下,凭交易电子信息为跨境电子商务市场主体提供结售汇及相关资金收付服务。引导市场采购主体通过政府搭建的市场采购贸易联网平台办理全流程业务,规范相关收结汇行为。探索建立跨境电

2022年8月17日,人民银行襄阳市中心支行组织召开“楚天贷款码”推广运用暨金融助企纾困政策宣讲会

商数据共享机制，便利银行开展真实性审核。

（五）持续加强和优化征信管理服务

一是积极推动线上查询服务，打造三位一体查询新模式。将在线查询渠道聚合链接到“i襄阳”城市政务服务平台，延伸在线查询入口。建设在线查询“体验店”，深化在线查询用户体验。鼓励银行与社区对接，打造网格化征信服务。截至2022年末，全市共开放16台自助查询机。

二是加强征信乱象治理协同监管。与发改、市场监管、公安、网信等部门共同制定《襄阳市征信乱象治理协同监管工作机制》《襄阳市开展“征信修复”乱象专项治理“百日行动”工作实施方案》，建立联合监管工作长效机制，形成常态化监管合力。

三是开展农村信用体系建设。与市发改委、地方金融工作局、农业农村局联合印发《襄阳市农村信用体系建设实施意见》，建设农村信用信息平台，实现近2万户新型农业经营主体基本信息入库。

（六）持续加强金融消费者权益保护

稳妥有效处理咨询投诉电话，截至2022年12月末，“12363”金融消费者权益保护咨询投诉电话累计处理金融消保投诉60件，同比下降57%。与市总工会联合举办全市银行机构参加的金融消保技能竞赛，对获奖单位和个人优先授予“襄阳五一劳动奖”荣誉称号。挂牌成立襄阳市金融教育示范基地，促进基础金融知识宣传，提高金融消费者防范风险、保护自身权益的能力。指导人行老河口市支行与河南省人行邓州市支行签订了《金融消保合作备忘录》，促进毗邻县（市）金融消保跨省合作。

四、持续推进金融改革创新

（一）推动科技型中小企业融资创新

市金融领导小组印发《关于加快发展襄阳科创金融的指导意见》，大力发展科创金融，积极做好“专精特新”中小企业金融服务，督促金融机构进一步加大项目储备力度，运用好政策资金，加大对科技创新企业的支持力度。全市198家“专精特新”中小企业中有137家获得贷款，贷款余额57.25亿元，比年初增加11.68亿元。其中，纯信用贷款13.97亿元，占比24.4%；加权平均利率4.25%，比年初下降36个基点。

（二）实施重点产业链金融链长制

市金融领导小组印发《襄阳市23条重点产业链“三张清单”金融服务工作机制实施方案》《襄阳市重点产业链金融链长制考核方案》，推动建立产业链企业信贷需求清单、企业无贷户清单、重点关注企业清单“三张清单”金融服务工作机制。梳理先进制造业产业链企业1350户，组织开展专项对接活动243场次，解决链上企业融资需求40项、授信总额408.12亿元；年末贷款余额159.87亿元，比年初增加27.45亿元，同比增长20.02%。

（三）全面推广“码”上融资

印发《襄阳市“楚天贷款码”推广运用实施方案》，召开全市推广运用工作会，大力推行“楚天贷款码”线上“301”服务模式和线下“1351”“码上融资”服务模式；在“汉江金服”网上大厅等平台嵌入“楚天贷款码”，组织银行进行广泛宣传；协调市市场监督管理局梳理全市60多万市场主体信息资料，推介给全市金融机构；制定阶段性任务目标，按机构、县（市）进行分解、按周通报推进进度及任务目标完成情况。全年市场主体通过“楚天贷款码”提交融资申请19977笔、办结17025笔，数量居全省市（州）第二。

（四）持续推进金融服务平台建设

一是持续深化襄阳市地方征信平台——“汉江金服网上大厅”建设，为中小微企业融资提供专业化、“一站式”便利服务。截至年末，平台已汇聚并依法共享金融、政务、商业数据123.89万条，入驻金融机构37家、上线147款金融产品。全市中小微企业依托平台累计融资1.01万笔、251.28亿元。

二是建成襄阳市“政采贷”融资平台，有效发挥政府采购合同的信用价值，拓宽中小微企业的融资渠道。平台帮助167家企业获得贷款2.1亿元，其中，纯线上贷款26笔、4002.48万元。

（五）创新发展绿色金融

以区域绿色金融改革创新为抓手，对可持续发展挂钩贷款（SLL）业务进行专项研究、设计，以兴业银行襄阳分行为试点单位，逐步在全市推广。年内发放全市首笔可持续发展挂钩贷款，金额3000万元、期限3年。根据约定条件，企业达到设定减排目标，金融机构下调10个BP的贷款成本。若企业能完成约定的绩效目标，则可年消化30万吨磷石膏废弃物排放量，或减少不低于3.36万吨的二氧化碳排放量。

（中国人民银行襄阳市中心支行）

银行业保险业发展

一、持续加大服务实体经济力度

（一）加大普惠型小微企业贷款力度

一是贯彻落实普惠金融政策措施。积极支持普惠型小微企业融资，督促银行机构小微信贷增量、扩面、提质，全市银行业机构普惠型小微企业贷款整体实现了“两增”目标。三季度末普惠型小微企业贷款余额438.05亿元，比年初增加86.99亿元，增速24.78%，比各项贷款较年初增速高12.80%；贷款户数94470户，较年初增加16787户。

二是支持科创中小微企业融资。引导银行机构积极开展知识产权质押贷款、“银税互动”贷款等创新业务，为科技型企业提供针对性强的金融服务。全年新增知识产权质押融资30笔、贷款余额1.57亿元，支持企业28家；截至2022年三季度末，全市“银税互动”小微企业贷款余额47.36亿元，较年初增加16.1亿元，增速51.51%；贷款户数4951户，较年初增加577户。

三是降低企业融资成本。督导辖内银行机构落实好《关于规范银行服务市场调节价管理的指导意见》《商业银行服务价格管理办法》，引导小微企业贷款成本下行。截至2022年三季度末，辖内银行业普惠型小微企业贷款平均利率4.82%，比年初下降0.37个百分点。

（二）支持县域经济发展，促进金融服务乡村振兴

一是加大县域贷款投放力度。贯彻落实《湖北省提升县域金融服务功能行动方案》，着力增加信用贷款和中长期贷款，推动县域贷款增速高于各项贷款增速。截至2022年三季度末，全市县域贷款余额1848.81亿元，比年初增加256.17亿元，较年初增长19.08%，高于全辖各项贷款增速4.19个百分点；普惠性涉农贷款余额299.89亿元，较年初增长25.08%，高于全辖各项贷款增速13.1个百分点。

二是开展金融服务乡村振兴示范区建设。通过建设乡村振兴普惠金融工作站、推进“襄村宝”农村信用信息平台建设、派驻金融村官、探索“村银联合”新模式等多种方式，全面推进金融服务乡村振兴创新示范区建设，切实打通金融服务在乡村的“最后一公里”。全市已完成80个村级普惠金融工作站物理网点建设。

三是巩固拓展脱贫攻坚成果。推动巩固脱贫攻坚成果与乡村振兴有效衔接，保持脱贫地区和领域信贷合理平稳增长。截至2022年三季度末，保康县、南漳县、谷城县3个脱贫县贷款余额较年初分别增长24.50%、15.04%、9.66%，均实现贷款余额持续增长的目标。截至2022年三季度末，全市累计向4.64万户原贫困户发放脱贫人口小额信贷25.79亿元，累计续贷5.83亿元，累计展期2.89亿元。

四是大力发展农业保险。联合市农业农村局、市财政局出台《关于加快襄阳市农业保险高质量发展的实施方案》，督促各农险经营主体落实《农业保险承保理赔管理办法》。通过采取加强农业保险信息共享，提升信息化水平；加大财政支持力度，为农业保险作用发挥提供重要保障；持续推进“扩面、增品、提标”，提高农业保险服务能力等措施，促进农业保险高质量发展，真正有效发挥对农业生产、经营和农民生活的风险保障作用。

（三）加强新市民金融服务，完善特殊群体金融服务

一是推进新市民金融服务。联合市级20个部门印发《关于加强新市民金融服务的若干政策的通知》，建立了“监管指导+政府支持+协会引导+机构主动作为”协同联动机制，出台了20项惠民政策，涵盖新市民创业、就业、住房、教育、医疗、养老等重点领域。推动金融政策与财政、就业、住房、社保等新市民支持政策的有效衔接，引导银行保险机构加强与政府部门合作，有效落实服务措施。

二是加强老年人、残疾人等特殊群体金融服务。进一步完善营业网点无障碍坡道建设、丰富适老物品配置、推进营业场所适老化改造。为切实保障疫情期间老年人、残疾人等特殊群体存取款、民生缴费等各类基础金融服务需求，引导辖内银行机构在具备条件的网点安排专人服务，妥善协助引导客户办理业务。

二、持续加强金融风险防控

（一）防范地方法人金融机构风险

一是对银行机构的平台类融资业务进行全面排查，重点排查违规新增隐性债务情况。全年未发现新增隐性债务等违法违规行为。

二是加快推进P2P平台网贷风险处置收尾。全市8家P2P法人机构线上业务全部清零。

三是推动农商行风险化解。对农商行隐性不良入账处置进展情况定期进行监测，向辖内6个县（市）发送《关于支持农商行化解不良贷款实现高质量发展的函》，推动县、市、区政府加强对农商行不良处置工作的协调督导，给予农商行不良处置税收优惠、协调法院加大诉讼案件执行力度、支持农商行补充资本，助力农商行高质量发展。

（二）加强防范金融风险宣传

在“3·15”消费者权益保护教育宣传周期间发放金融消费者保护案例汇编5000余册，通过新闻媒体开展金融消费者知识宣传教育。组织全市银行业保险业机构集中开展金融知识普及月活动，采取线上线下相结合的方式，共开展教育宣传活动700多次，参与公众400多万人次，覆盖全市12个县市区、400多个社区、100多个乡镇和2000多个行政村。发放各类宣传资料数量140多万条、原创宣教信息近120条。

三、持续推进金融改革创新

（一）不断完善绿色金融管理

机制

引导银行保险机构制定和完善与绿色信贷相配套的各项规章制度，积极支持绿色农业开发、绿色林业开发、工业节能节水、自然保护、生态修复、灾害防控以及资源循环利用等领域，为绿色信贷提供制度保障。辖内银行普遍成立了绿色金融委员会或绿色金融领导小组，从机制、流程、考核等方面逐步细化管理要求，明确绿色信贷工作目标，完善考核评价机制。农发行从绿色信贷净增额、增速、占比、不良率等指标方面具体明确绿色信贷工作目标，采用定量和定性评价相结合方式对分支机构绿色信贷业务进行综合考评。湖北银行制定了绿色信贷考核管理办法、绿色贷款统计实施细则。人保财险襄阳分公司将环境污染责任保险推动工作作为国有保险公司参与社会管理、服务绿色襄阳建设的一项年度重要工作，制定了环责险业务发展方案，积极推进环责险扩面、增量。

（二）大力推进绿色金融产品和服务创新

引导和支持银行业保险业机构在有效控制风险和商业可持续的前提下，结合自身定位和本地实际，加大对绿色金融的人力、物力投入，发展具有自身特色的多样化业务和产品，提供针对性服务方案。农发行创新运用政府与社会资本合作（PPP）和公司自营等融资模式，推动社会资本参与基础设施和公共服务建设。农行创新推出“绿色制造贷”“生态修复贷”等绿色金融产品。各保险公司积极推广绿色保险产品和服务，人保财险联合清华大学环境学院开发“环责险风险评估服务平台”系统，免费为投保企业提供增值服务，促使投保企业改善自身环境状况，保障环境安全。平安财险持续开展新能源汽车专属车险，应保尽保。全年累计承保超过5500台新能源车辆保险，实现保费收入1794万元；累计赔付超过1000万元。平安财险先后承保老河口王甫州水电站项目、汉江新集水电站项目，为重大绿色工程项目提供风险保障。

（三）推动扩大绿色金融业务规模

一是推动绿色信贷大幅增长。督促银行机构认真落实差别化信贷政策，积极调整信贷结构，引导信贷资金投向绿色低碳领域。一方面，严格加强授信管理，把环保达标和节能减排合规作为对客户授信准入的基本依据，实施“环保一票否决”制度，对环保不过关的企业与项目实行“零容忍”，同时加大对高耗能、高污染、资源性和产能过剩行业贷款的压降退出。另一方面，大力发展绿色信贷，在信贷规模、业务授权、费用匹配、贷款利率、经济资本配置等方面加大绿色信贷资源倾斜力度，同时开辟绿色通道，优化贷款流程，提高办贷效率。建行建立绿色信贷“白名单”制度，实行差别化绿色信贷定价，利率最低3.3%，最高4.05%，同时给予“白名单”客户30—50BPS内转价格优惠政策。2022年末，全市银行机构绿色信贷余额530.17亿元，同比增长34.94%，高于各项贷款增速21.84个百分点，绿色信贷余额占比14.82%，同比上升2.4个百分点。

二是大力发展绿色保险。引导保险机构积极发挥保险保障作用，围绕乡村振兴、生态文明等国家重大战略积极开展农业保险、环境污染责任险等业务。一方面，积极发展政策性农业保险、地方特色农业保险和商业农业保险，不断扩大农业保险覆盖面，2022年1至12月，全市农业保险实现保费收入4.18亿元，同比增长16.23%，提供风险保障金额105.44亿元，同比增长0.73%，覆盖农户达36.73万次。另一方面积极发展环境污染等责任险业务，2022年1至12月，全市环境污染责任保险实现保费收入20.54万元，同比增长14.05%，提供风险保障金额2045万元，同比增长44.01%。

2022年5月13日，襄阳市银行业协会、襄阳市保险行业协会、襄阳金融团工委举办2022年襄阳市金融系统“喜迎二十大 奋进新征程”金融青年话心声活动

（中国银行保险监督管理委员会襄阳监管分局）

鄂 州 市

金融发展概况

2022年末，全市金融机构本外币各项贷款余额945.17亿元，比上年增长15.9%；各项存款余额1080.77亿元，增长9.9%。

全年实现保费收入22.15亿元，比上年增长1.2%。其中，财产险保费收入4.77亿元，增长8.8%；人身险保费收入17.38亿元，下降0.7%。支付各类赔款及给付6.65亿元，增长6.3%。其中，财产险赔付支出2.97亿元，增长2.6%；人身险赔付支出3.69亿元，增长9.4%。

地方金融工作

一、引导金融服务经济社会发展

（一）全面落实助企纾困政策，提升金融服务精准性

出台《2022年鄂州市金融服务实体经济工作要点》《鄂州市金融助企纾困发展的若干措施》《鄂州市中小企业续贷周转金管理办法》等系列措施，全面落实落细省、市金融助企纾困政策举措。实施派驻金融辅导员制度和“客户必遍访、困难必摸清、政策必宣讲、措施必精准、帮扶必到位”的“五必”举措，有效提升金融服务的精准性。“五必”举措推行以来，全市银行机构共走访企业1475家，为385家企业解决融资需求25.63亿元（含授信）。召开4场助企纾困会议，对列入省级重点纾困企业名单的五大行业76家重点企业实施清单化管理，督促银行机构“应访尽访、应贷尽贷”。

（二）加强政银企合作，提升金融服务有效性

一是加强政银合作。市政府分别与建行湖北省分行、邮储银行湖北分行签订全面战略合作协议，引导更多金融资源向鄂州倾斜，支持鄂州重大项目、重点领域及薄弱环节的资金需求，为鄂州经济社会发展提供更加有力的金融支撑。

二是加强银企对接。举办金融“早春行”以及普惠金融、科技金融、物流金融、绿色金融、金融支持乡村振兴、金融支持助企纾困、金融支持交通物流等8场主题银企对接签约活动，促成14家金融机构与278家企业签订合作协议379.9亿元，履约率超过95%，有效保障了经济企稳回升的资金需求。

（三）大力推进普惠金融，提升小微融资的可获得性

一是促进小微企业融资增量扩面。通过构建多层次增信体系和多元化守信体系，创新小微信贷模式和产品，加强小微企业信用培植和融资辅导，进一步提高小微企业融资能力；通过推进“四张清单”机制，构建“敢贷、愿贷、能贷、会贷”的小微企业金融服务长效机制，进一步提升金融机构服务小微企业的主动性、积极性，提升普惠金融质效。2022年末，全市小微企业贷款余额250.86亿元，比年初增加52.51亿元，同比增长26.5%。在2022年全省优化营商环境评价中，鄂州市获得信贷指标排名全省第7位，较2021年进位2名。

二是推进金融服务乡村振兴。大力推进开展“整村授信”，缓解农民贷款难问题。按照“一户不漏”的原则，组织银行金融机构联合村两委逐户上门走访建档，对符合条件的涉农主体进行预授信，全市303个行政村提前实现“整村授信”全覆盖。大力推进金融服务乡村振兴共建创新示范区创建。在鄂城区、华容区拓展适合“三农”的信贷产品和贷款方式，满足“三农”群体的金融需求，截至年末，全市涉农贷款较年初新增51.23亿元，同比增速21.19%。大力发展农业保险，发展地方特色农产品保险，制定水稻、小麦、水产、母猪等10种农产品保险补贴方案等，增强农业保障。印发《关于进一步推进农村小额人身保险工作的通知》，加大农村小额人身保险推广力度，与城乡居民医保形成有益补充，有效缓解低收入农民因病、因灾或因意外返贫，进一步巩固脱贫攻坚成效。

三是缓解企业贷款压力，降低融资成本。落实中央稳经济一揽子政策及接续政策，为317户（次）中小微企业办理担保融资12.03亿元，展期延期1.13亿元。将单户担保额500万元及以下的小微企业和“三农”主体、科技型企业、经营困难企业担保费率降至1%，累计减免担保费929万元。清退13家企业风险保证金442.96万元。为158家市场主体提供免实物抵质押信用担保4.86亿元。实施延期还本付息417笔共13.52亿元。

二、深化金融改革创新

（一）发展科创金融

聚焦武汉都市圈协同发展示范区，坚持把科技创新摆在发展全

局的核心位置，加大对科技企业的融资担保支持。市担保公司成立科技融资担保业务部，与省科技融资担保公司开展联保、分保等合作。通过金融支持，帮助新能源、半导体、新材料、智慧物流等科技企业发展壮大，全市知识产权质押融资金额突破4000万元。组建银团，为容百锂电、三安光电、花湖机场、燕矶长江大桥等重点项目提供融资服务，其中为容百锂电提供授信超过30亿元，大力支持新能源、新材料产业发展。

（二）支持绿色金融创新发展

抢抓绿色金融发展机遇，不断完善政策措施和工作机制，推动鄂州在生态价值工程的基础上全面纵深发展绿色金融。引导金融机构围绕"技改提能、制造焕新"三年行动，加大对"光芯屏端网"先进智能制造、生物医药、新能源新材料等重点绿色产业的金融支持力度，支持重点制造业企业实施节能技改项目。截至2022年12月末，全市绿色贷款较年初新增62.97亿元，同比增长151.69%。

三、推动企业上市挂牌

深入贯彻全省"加快多层次资本市场建设，实现上市企业倍增"的决策部署，落实《关于加快推进鄂州市企业上市若干意见》《鄂州市加快推进企业上市五年行动计划（2021—2025）》，按照"储备一批、培育一批、辅导一批、申报一批、上市一批"的梯次培育思路，抢抓资本市场深化改革及北交所设立机遇，积极培育重点上市后备企业，大力实施上市企业倍增计划，不断推进多层次资本市场建设。

（一）加强企业上市辅导培育

印发《关于推进"专精特新"及高新技术企业上市培育工作方案的通知》，开展"专精特新"、高新技术型企业的上市培育工作。对全市53家专精特新"小巨人"企业分批进行调研摸排筛选，根据筛选结果将符合条件的企业纳入市级上市后备资源库，实行动态管理，梯次精准培育。组织"金种子"企业参加"楚天种子"行动峰会专家讲堂和上市指导培训；以各区为主阵地组织辖内重点企业进行上市培训；组织"专精特新"企业参加深交所及武汉股权托管交易中心组织的"专精特新"企业上市赋能"强基"系列专题（湖北专场）培训。通过培训，促进企业加快上市步伐，运用资本市场各种债券融资工具拓宽直接融资渠道。年内1家企业调入"新三板"创新层计划报辅，全力冲刺北交所上市；1家企业申报IPO，已在湖北证监局报辅。全年新增"金种子"企业3家、"银种子"企业11家。

（二）做好上市后备企业的扶持工作

一是做好协调服务。结合"下基层察民情解民忧暖民心"实践活动，深入市重点上市后备企业调研指导企业上市工作，了解企业生产经营和项目建设情况，对存在问题进行定期梳理、进行台账管理、对口帮扶；对企业上市涉及的立项、社保、土地、环保、税务和市场监管等问题以及相关合理诉求，督促有关部门开辟"绿色通道"，予以特事特办，为企业加快上市挂牌进程扫清障碍、创造条件。

二是落实奖补政策。全年落实挂牌奖励资金184万元、股权融资奖励资金10.8万元，对市重点上市后备企业贷款贴息69.81万元。

（三）拓宽企业直接融资渠道

加强与省地方金融监督管理局、湖北证监局和武汉股权托管交易中心的联系沟通，用好用足支持企业直接融资各项政策。鼓励和引导符合条件企业发行直接债务融资工具，推动直接融资市场发育成熟，拓展直接融资渠道。2022年，全市直接融资规模105.54亿元，其中，企业债券融资25.5亿元、企业定增融资79.8亿元、"四板"股权融资0.24亿元。

（四）防范化解上市公司退市风险

压实上市公司风险压降的属地责任和主体责任，对存在退市风险的"武昌鱼"，制定《风险分类化解处置方案和应急维稳预案》。坚持市场化、法治化方向，引导和推动上市公司聚焦实业主业发展，借助资本市场做大体量、增强体能，着力提升规范治理水平，进一步提高经营发展质效和风险抵御能力，切实防范退市风险。

四、促进地方金融组织规范健康发展

制定《2022年地方金融组织监管工作要点》，强化地方金融组织监管。开展2021年度融资担保公司分类评级现场检查和初评工作，对年审评定为C、D类的2家小额贷款公司予以重点监管。联合市场监管局对全市11家地方金融组织进行"双随机、一公开"检查。严把地方金融组织准入关，年内受理并指导地方金融组织设立申请1件、变更申请2件。

五、推进金融生态环境建设

进一步做实市中小企业融资平台，优化企业和金融机构登录平台的操作流程，完成统一身份认证，并成功与"鄂融通"和市大数据中心对接，整合了省、市各有关职能部门的数据信息，生成的完整企业信用报告集6大类、56项、346条各类数据，为银企合作提供了准确的信用信息支撑。通过线上平台的逐步完善，破除银企信息壁垒，构建银企之间平等、透明的合作基础，促进银行业金融机构持续降低获得客户成本，持续增强风险控制能力，大幅提升民营及中小微企业申贷获贷效率。

（鄂州市地方金融工作局）

贯彻落实稳健货币政策

一、保持货币信贷规模合理平稳增长

（一）促进信贷总量稳步增长

贯彻实施稳健货币政策，落实金融支持稳经济一揽子政策和接续措施。通过再贷款和配合市政府再贷款贴息政策，累计向地方法人金融机构提供15亿元低成本资金。接续转换两项直达实体经济货币政策工具，充分发挥普惠小微贷款支持工具激励作用，全年向地方法人金融机构提供激励资金1560.74万元，撬动普惠小微贷款增量10.96亿元。实施下调存款准备金率2次，合计释放流动性约3.2亿元。推动8.86亿元政策性开发性支持工具落地，支持6个项目开工建设并跟进授信9亿元。

（二）推动信贷结构持续优化

发挥结构性货币政策工具精准导向作用，多个经济重点领域和薄弱环节贷款增速高于各项贷款平均增速。组织金融机构开展整村授信工作，推动金融资源向助力乡村振兴倾斜。全市涉农贷款余额比上年增长21.19%，高于同期各项贷款增速5.26个百分点；新增贷款51.23亿元，创近5年来历史新高。指导辖内银行申报首批科技创新再贷款16.42亿元、交通物流再贷款2691万元、碳减排支持工具8170万元，推动银行机构运用支持煤炭清洁高效利用再贷款为鄂州电厂发放贷款8.57亿元。督促银行对接7个设备更新改造再贷款项目，对其中4个项目授信2.82亿元。全市绿色贷款余额比上年增长151.69%，高于同期各项贷款增速135.76个百分点，全年新增62.97亿元。全市非法人金融机构制造业中长期贷款余额14.36亿元，比上年增长41.77%，较年初新增4.23亿元。

（三）推动融资成本稳中有降

指导地方法人机构将政府再贷款贴息、普惠小微贷款支持工具激励等优惠政策传导至贷款终端利率，将新发放普惠小微贷款利率下调至5%以内。召开三次市场利率定价自律机制会议，将LPR改革的政策红利有效传导至实体经济。2022年，全市新发放企业贷款加权平均利率3.94%，比上年下降0.74个百分点。

（四）有效落实助企纾困政策

召开4场全市银行机构助企纾困会议，与市经信局、交通局等政府职能部门建立协调机制。对纳入省重大项目融资对接平台的299家企业的74个项目授信405.41亿元，发放贷款121.36亿元；对64个重点制造业中长期项目授信27.46亿元，发放贷款20.89亿元。联合市市场监督管理局、鄂州银保监局、市地方金融工作局出台《关于加快推进中小微企业知识产权质押融资工作的指导意见》，推动银行机构为中小微企业办理专利质押融资7300万元。持续扩大“楚天贷款码”的应用覆盖面和市场主体参与度，截至12月末，2950户市场主体通过该平台获贷44.91亿元。

二、防范化解金融风险

（一）促进地方法人银行规范稳健发展

印发《央行评级等级提升工作方案》，制定《央行评级等级提升目标任务清单》，指导地方法人机构明确提升目标，确保地方法人机构央行评级在5级以内，综合评分稳步提升。持续开展压力测试、资产质量真实性评估和存款保险风险监测，及时掌握金融机构真实风险状况，有效评估金融机构风险抵御能力，提高金融稳定评估的前瞻性和科学性。督促地方法人银行开展“股东清理专项行动”和“不良贷款清收处置专项行动”，通过现金收回、以物抵债、核销处置等措施化解不良贷款，实现不良贷款“双降”。

（二）强化金融风险防控和应急处置

充分发挥金融监管职能作用，对银行机构开展现场督查20余次，对苗头性问题约谈机构负责人7次。做好“保交楼”金融服务工

2022年3月18日，鄂州市在临空区举办“精准服务 赋能发展”银企对接会（物流金融专场），人民银行鄂州市中心支行组织辖内银行机构与企业签订贷款及授信协议

作,配合市政府出台促进房地产市场平稳健康发展的意见,协同市农发行争取“保交楼”专项借款6.48亿元,协调相关银行对相关房企的存量开发贷款进行展期,督促银行机构加大对从事基本公共服务人员保障房项目收购支持力度。截至12月末,全市贷款不良率1.06%,较年初下降0.05个百分点。制订《银行机构挤兑事件应急预案》,从应急预案风险评估、内容评估、处置评估等多个维度开展银行机构突发事件应急预案评估,提升风险应急处置能力。

(三)严厉打击非法金融活动

加强银警协作,建立涉案账户、可疑客户信息即时共享机制。开展银行账户涉案风险“百日攻坚”专项行动,深入推进涉赌涉诈资金链治理。12月份,全市涉案银行账户环比继续下降62.26%。认真履行反洗钱职责,深入开展金融领域放贷扫黑除恶工作,与公安部门签订《反洗钱协作备忘录》,印发《鄂州市2022年金融领域放贷专项治理实施方案》,加大可疑账户排查力度,向公安机关移交可疑交易报告,合力推动洗钱入罪判决。

三、持续提升金融管理与服务质效

(一)提升支付服务质效

持续优化账户服务流程,全市支持小微企业简易开户服务网点覆盖率达100%。落实小微企业支付结算手续费减费让利政策,全市金融机构累计减费让利317.09万元,惠及中小微市场主体3.16万户。督导金融机构开展网点适老化升级改造,提升老年人线上支付服务体验。组织全市银行机构开展防范电信网络诈骗宣传、安全支付线上宣传、户外集中宣讲等活动,提升公众依法依规使用银行账户意识。

(二)维护现金流通秩序

全力保障现金供应,全年发行基金累计投放36.19亿元、回笼26.37亿元、净投放9.82亿元。推广乡村工作站二维码预约服务,组织银行机构进村上门开展“兑零”“兑残”服务。持续整治违法使用人民币图样和拒收现金行为,拉网式排查商铺30家,现场收缴违规使用人民币图样物品;对市民中心、停车场等拒收现金易发场景开展现场巡查,有效保障公众使用现金的权益。

(三)强化征信赋能融资

充分发挥征信赋能企业融资作用,大力推广动产融资,推动企业动产真正“动起来”。全年累计完成应收账款融资236笔、83.58亿元,完成“政采贷”业务24笔、9.5亿元;累计提供动产担保登记2637笔,923家企业享受到疫情防控期间征信权益保护政策。推动市公积金中心接入征信系统,成为全省首例“总对总”直连案例。

(四)提升国库服务水平

优化缴税通道,成功办理首单关税入库业务,推动鄂州正式进入海关税收本地报关、本地缴税入库的电子化处理时代。快速落实增值税留抵退税政策,全年累计办理留抵退税1567笔、22.94亿元,涉及企业1231户。

(五)优化外汇营商环境

开展“外汇服务企业行”活动,探索建立银行服务、代位监管“两个责任”清单,助力涉外经济保稳提质,全市外贸进出口总额增长42.2%。严厉打击外汇违法违规行为,查处1例未严格履行“展业三原则”导致未及时发现企业骗税行为的违规行为。

(六)扎实开展金融消费者权益保护工作

组织开展金融消费者权益主题系列宣传教育活动,在人流量大的居民社区、广场商铺、银行网点等开展维护征信权益、防范非法集资、打击电信网络金融诈骗等宣传教育活动,增强公众金融风险防范意识。加强金融消费投诉纠纷管理和线上金融广告监测工作,加强消费者权益保护。

四、持续推进金融改革创新

(一)推动信用培植扩面增效

印发《关于进一步做好鄂州市缓解中小微企业融资难融资贵信用培植工程的通知》,协调各区金融办(财金局)推荐融资难融资贵的中小企业纳入信用培植,重点推荐文旅体育、交通物流、批零住餐、对外贸易等受困行业企业。全年帮助44家企业获得融资2.32亿元,平均贷款利率5.25%。

(二)支持绿色金融发展

制订《鄂州市绿色金融行动方案》,制发《鄂州市绿色项目清单》《鄂州市绿色企业清单》,督促指导金融机构加强与绿色项目、绿色企业对接,建立每月对接跟踪监测制度。开展《金融支持绿色交通相关问题研究》《双碳目标下我国转型金融发展路径研究》等重点课题研究,为金融支持鄂州实现“双碳”目标和绿色崛起决策提供参考。截至12月末,全市绿色贷款余额比上年增长151.69%,高于同期各项贷款平均增速135.76个百分点,全年新增贷款62.97亿元。

(三)加快信息平台推广应用

推动将地方征信平台建设工作纳入鄂州市营商环境优化措施,辖内10家金融机构及1家融资担保公司入驻地方征信平台。推进应收账款融资服务平台推广与应用,促进核心企业与平台对接。推动出台鄂州市《进一步激发市场活力稳住全市经济增长若干措施》,全年累计完成应收账款融资236笔、83.58亿元。联合市财政局搭建市政府采购合同融资平台,与应收账款平台对接,实现“政采贷”业务全流程线上操作，做到“信息多跑路，企业少跑腿”，全年完成“政采贷”业务24笔、9.5亿元。

（中国人民银行鄂州市中心支行）

银行业保险业发展

一、持续加大服务实体经济力度

（一）保持信贷规模平稳增长

引导银行保险机构积极有效落实省、市一系列稳企纾困政策措施，切实保障实体经济融资需求。

一是围绕重点领域“护大盘”。督促引导银行保险机构围绕鄂州房地产市场、花湖机场建设、招商引资工程等重点领域，做好全面金融服务。截至2022年末，全市制造业贷款余额99.84亿元，比年初增加29.22亿元，增长41.38%。全年新增贷款129.86亿元，主要投向制造业，水利、环境和公共设施管理业，房地产业等三个行业。

二是支持小微企业“渡难关”。督导银行机构扎实开展“百行进万企”、市区两级银企对接、“下察解暖”等活动，着力做好金融助企纾困工作。截至年末，全市普惠型小微贷款增速高于各项贷款增速24.5个百分点，排名全省第2位；普惠型小微企业单列信贷计划完成率186.44%，排名全省第2位。

三是聚焦重点群体“促消费”。推动金融机构重点做好进城务工人员、大学毕业生等新市民群体的金融服务，支持其在住房、教育、创业等方面的金融需求。银行机构推出“青创贷”“享养贷”“房易贷”“教育安心贷”等信贷产品，累计发放新市民创业担保贷款7097万元，平均年利率降至3.7%。截至年末，共发放新市民住房租赁贷款和危房改造贷款26亿元。

（二）推进金融服务乡村振兴

一是打造“鄂州版银保融合标准化”金融工作站。积极打造鄂州“128”模式（1个编号、2类机构、8项宣传）银保融合标准化工作站，促进金融政策和金融服务下乡村、进农户、接地气、全灌溉。年内已建成金融工作站20个。

二是提前完成“整村授信”全覆盖。大力推进“整村授信”，保障金融惠农政策措施落实生效。2022年9月末实现全市303个行政村“整村授信”全覆盖，有效提升了金融体系在“三农”领域的作用和成效。截至2022年末，全市普惠型涉农贷款余额27.78亿元，比年初增长20.84%。

三是实现特色农业政策性保险“零的突破”。联合市财政局、市农业农村局制定《鄂州市2022年特色水产品政策性农业保险工作实施方案》，将草鱼、武昌鱼、小龙虾、螃蟹等纳入保险财政补贴范围，实现了鄂州特色农业政策性保险“零的突破”。截至2022年末，全市农险保费收入增幅263.3%，居全省第1位，其中，承保小龙虾、螃蟹、武昌鱼、草鱼养殖12.74万亩，保险金额3.22亿元。

二、持续加强金融风险防控

（一）稳妥处置重点风险事件

协同市公安、住建等部门开展集中接访和沟通，稳妥处置部分楼盘业主书面断供、涉河南村镇银行风险事件等群访群诉，确保“鄂州事，鄂州毕”。

（二）防范化解银行经营风险

指导银行机构按照监管要求，稳妥开展不良贷款处置，防范自身经营风险。全市银行业不良贷款保持低位运行，2022年末，不良率1.06%，低于全省平均水平。其中小微企业贷款不良率为0.77%，为全省最低。

（三）推动法人机构化险

鄂州农商行成功引进市城控集团、市昌达集团入股，解决了股东以贷入股、股权代持及集中度超标等部分历史遗留问题，关键监管指标持续优化。截至2022年末，鄂州农商行资本充足率11.20%，保持长期稳定达标；拨备覆盖率184.17%，较年初上升25.63个百分点，资本抵补能力不断增强，稳健经营基础不断夯实。

（中国银行保险监督管理委员会鄂州监管分局）

2022年12月8日，人民银行鄂州市中心支行、鄂州银保监分局联合组织召开全市银行业金融机构信贷工作会

荆　门　市

金融发展概况

2022年末，全市金融机构本外币各项存款余额2990.98亿元，比年初增加349.98亿元。其中，住户存款2251.16亿元，比年初增加357.61亿元；非金融企业存款404.85亿元，比年初增加6.13亿元；机关团体存款303.09亿元，比年初减少11.86亿元。年末金融机构本外币各项贷款余额1734.09亿元，比年初增加189.18亿元。其中，短期贷款426.28亿元，比年初增加29.24亿元；中长期贷款1176.44亿元，比年初增加119.40亿元。

全年保险业原保险保费收入74.36亿元，比上年增长5.5%。其中，财产险公司实现原保险保费收入22.64亿元，增长13.1%；人身险公司实现原保险保费收入51.72亿元，增长2.5%。保险赔款及给付23.35亿元，下降1.8%，其中，财产险公司赔付支出13.22亿元，增长8.6%；人身险公司赔付支出10.13亿元，下降12.7%。

全年企业上市挂牌数量和资本市场直接融资平稳增长。全市有A股上市公司6家，数量与上年持平；“新三板”挂牌企业9家，与上年持平；区域性股权市场挂牌企业762家，较上年增加17家。全市企业实现资本市场直接融资168亿元，同比增长13.45%。

全市有银行业、保险业、证券业金融机构69家，较上年增加1家。其中，银行业机构19家，与上年持平；保险业机构43家，较上年增加1家；证券业机构7家，与上年持平。全市共有4类、37家地方金融组织，其中，小额贷款公司21家、融资担保公司6家、典当行7家、融资租赁公司1家。

地方金融工作

一、引导金融服务经济社会发展

（一）推进重点企业专项融资对接

分类建立重点项目、“专精特新”企业、科创企业、新型农业经营主体、文旅企业等重点纾困行业领域企业“白名单”，建立“白名单”企业融资需求表，及时协调解决企业融资过程中的各种问题。截至12月末，共有188家重点企业提出融资需求133亿元，银行机构对接后拟支持企业121家，意向贷款119.73亿元，实际发放贷款96.04亿元。

（二）推动七大融资平台开展专场对接

2022年，共组织开展银企对接活动130场（次），收到693家企业的165.64亿元融资需求。银行机构对接后拟支持企业549家、金额113.75亿元。截至12月末，银行机构发放贷款67.39亿元，履约率59.24%。

（三）开展金融支持保市场主体行动

一是保障产业链融资需求。全面对接全市12条制造业产业链和农业产业“五个一”工程融资需求，推动金融稳链、强链、补链工作“常态化”。对制造业产业链65家核心重点企业对接率达到100%、贷款余额156亿元；对接产业链上配套企业160家，支持有效融资需求企业39家、贷款23亿元。

二是科技赋能破解融资难题。加大“荆E融”平台推广应用，推进金融服务“智能化”，通过互联网、大数据破解中小微企业融资难题。截至12月末，“荆E融”平台累计对接项目5620笔、累放贷款720亿元。

三是提升小微企业融资效率。深入实施中小微企业金融服务能力提升工程，落实“授权清单、授信清单、回告清单、尽职免责清单”“四张清单”公示要求，推动普惠小微贷款“增量、扩面、降价、提质、增效”，提高小微企业融资便利性和获得感。

四是推广“楚天贷款码”，推进金融服务“简便化”。联合各经济主管部门、行业协会、银行机构等大力开展推广布码工作，不断提高“楚天贷款码”服务覆盖面，为满足线上产品授信条件的企业提供融资服务。截至12月末，5494户市场主体通过“楚天贷款码”提交融资申请5545笔，其中，办结融资4120笔，融资满足率74.3%。

五是实施拓展“首贷户”专项行动，发掘培育市场主体并做好融资渠道建设及资金保障。截至12月末，全市银行机构新增“首贷户”2688户，发放信贷资金33.65亿元。

（四）促进实体经济融资“降成本”

一是推动全市贷款利率进一步下行。2022年末，全市中小微企业贷款加权平均利率比年初下降50个基点,降息让利4926万元。

二是运用央行再贷款工具支持降低小微企业贷款成本。向地方法人银行提供激励资金1680.66万元,推动小微企业和个体工商户贷款平均利率低于地方法人金融机构自有资金发放的贷款利率30个基点。

三是引导银行机构落实好延期还本付息、减费让利、优惠利率贷款等助企纾困政策。截至年末,辖内普惠型小微企业延期还本26亿元、延期付息2.86亿元;减费4910笔、94.47万元;降息2276笔、4448.79万元。为减免租金的企业发放再贷款4270万元,执行利率3.7%,较上年下降108.5个BP。

二、深化金融改革创新

(一)推进金融服务乡村振兴

聚焦金融服务乡村振兴共建创新示范区工作,建立健全县域金融服务体系,创新县域金融服务模式,引导更多金融资源投向县域,服务乡村振兴。沙洋县、京山市被列为全省金融服务乡村振兴共建创新示范区。京山市推广"整村授信"改革试点获批全省优化营商环境改革先行区。2022年,该市"整村授信"工作实现了"金融村官"驻村覆盖率、每月村官到岗履职率、整村授信面、农村微贷支持面、有效信贷满足率等5个方面的100%,农户建档15.23万户、预授信8.11万户,预授信金额42.11亿元、累计用信28.40亿元,用信余额8.47亿元、用信率20.11%。沙洋县持续深化"信用村镇"建设及"整村授信"改革,不断提高金融服务质效。

一是设立1200万元农业贷款风险补偿专项基金,促进涉农贷款增量。2022年末,全县涉农贷款余额128.9亿元,比年初增加19.26亿元,增速17.57%。

二是降低银行信贷准入门槛,不断满足"三农"多层次、差异化融资需求。2022年全县金融扶贫小额信贷累计发放54150.26万元,累计放贷11106户;产业扶贫贷款——"兴农贷"累计发放贷款849笔、43940万元。

三是发挥"信用村镇"建设在改善农村地区信用环境、促进金融支持"三农"发展等方面的积极作用。2022年该县13个乡镇被评为"信用镇",209个行政村被评为"信用村"。

2022年8月10日,湖北省"资本市场服务荆楚行"首站活动在荆门市举行

(二)推广"保险+期货"模式

推进保险业和资本市场支农支小服务创新,大力推广"保险+期货"模式,助力乡村振兴。2022年,太平财险荆门中心支公司、太平洋财险荆门中心支公司分别在钟祥市、京山市承保了生猪"保险+期货"农业创新型保险,填补了"保险+期货"的空白,有效帮助养殖户应对市场价格波动风险,增强养殖信心。

(三)加快发展金融信用信息平台

推动"荆E融"平台坚持需求导向、问题导向、效果导向,加强金融基础设施建设,解决银企信息不对称问题。"荆E融"平台依托大数据云平台,打通了分散在政府不同部门的涉企信用信息,具备信息发布、信用展示、融资撮合、跟踪问效四大功能,有效提升了信贷效率。截至12月末,"荆E融"平台累计注册企业2864家、合作银行16家,归集了11个部门、26大类涉企信用数据,归集数据条数超过5600万条。平台查询企业信用报告12849笔,累计对接项目5620笔,累放贷款720亿元。

三、推动企业上市挂牌

一是牵手券商结对帮扶企业。编制《上市企业倍增培育工程券商结对服务清单》,根据券商在北交所服务表现,遴选5家券商对全市40家重点"专精特新"后备企业进行结对包联服务,组织券商安排保荐团队上门对接服务、宣讲政策,抢抓北交所上市机遇。

二是加强上市后备企业培育。平均每月到企业调研2至3次、每月召开工作调度会1次,累计走访近70家"专精特新"后备企业。根据企业经营实际和行业特点,确定重点后备企业并形成清单,积极协调解决企业上市问题。全市有"金种子”企业17家、“银种子”企业21家、北交所后备企业12家。

三是强化企业上市政策支持。对沪深交易所成功上市的企业奖励800万元,分阶段实施。

四、防范化解金融风险

(一)压实防范化解金融风险责任

一是完善防范和处置非法集资“市—县—乡—村”四级工作机制。全市7个县(市、区)建立了联动机制、76家乡镇(街道)成立了工作专班、1564个行政村(社区)确定了处非专职人员,形成了纵向到底横向到边的防范化解金融风险工作矩阵式格局。

二是强化风险化解处置工作。将化解不良贷款、处置非法集资案件、打击乱办金融等工作纳入各县(市、区)政府及职能部门政绩考核范围。

三是加强督办。建立常态化督办调度机制,通报工作完成情况。全年召开季度金融工作座谈会2次、工作专班专题会议10次,印发情况通报7期、下发风险提示函15份,开展专项工作督办检查20余次。

(二)加强风险排查、预警

一是定期开展全面排查。印发《开展全市各行业领域金融风险排查工作方案》,按照政府主导、防范化解金融风险攻坚战指挥部牵头、指挥部办公室统筹、行业部门“谁主管、谁负责,谁审批、谁负责”的原则,在全市全领域开展风险排查。对排查出来的风隐患,按照“关注”“处置”“打击”三个类别建立台账清单,通过约谈劝导、函告提示、责令停止相关行为、行政处罚等措施进行处置。全市共排查各类企业3402家、发现风险隐患8条、涉及人数2716人、金额129910.5万元。

二是加强风险预警。充分利用湖北省非法金融活动风险预警防控平台,建立预警防控平台、行业部门监管、县(市、区)综治网格监测、群众举报奖励“四位一体”的非法集资等金融风险预警体系。全年向社会公众发布预警提示信息8条、行政立案2起、奖励举报群众1人。

(三)加强防范金融风险宣传

一是开展宣传月活动。举办“2022年荆门市防范非法集资宣传月启动仪式暨‘5·15’公安机关打击和防范经济犯罪宣传日”活动启动仪式,线上线下参与和观看群众达11.8万人,现场发放宣传资料300份。

二是开展媒体和短信宣传。在《荆门日报》《荆门晚报》开辟“非法集资宣传专栏”,累计开办56期;通过短信发送非法集资宣传警示语60万条。

三是开展“进社区、进村组”集中宣传。向居民宣传防范非法集资等金融知识,引导居民守好“钱袋子”。

(四)有效化解金融机构和上市公司风险

制定村镇银行清收处置方案,通过新增股东、依法清收、租赁还贷等多种方式妥善化解风险。积极推动上市公司破产重整,成功化解退市风险。

(五)开展非法集资处置攻坚行动

制定《荆门市中央第二巡视组巡视湖北反馈意见整改工作实施方案》,截至2022年末,41起非法集资案件销号40起,销号率97.5%。

(六)打击逃废金融债务行为

坚持银法联席会议制度,建立涉金融诉讼案件办理“绿色通道”,严厉打击恶意逃废银行债务行为。截至2022年末,全市两级法院共受理涉金融债权执行案件793件,执结746件,执结率94.07%,执行到位金额8.67亿元。

五、促进地方金融组织规范健康发展

(一)优化审批服务

科学优化审批标准、流程、要件,既坚持实质审核、严格把关,又注重审批服务效能提升,为地方金融组织提供优质高效的审批服务。全年审核通过地方金融组织变更事项7件、市场退出1件。

(二)扎实开展监管检查和清理整顿

严格按照“三查一谈”监管要求,开展全覆盖实地检查和摸底,建立健全监管工作台账,实行分类监管、监测预警,按不低于30%的要求开展现场检查。全年对全市6家融资担保公司、21家小额贷款公司、7家典当行和1家融资租赁公司共计35家地方金融组织实行入库管理;对全市7家典当行、1家融资租赁公司开展全面清理整顿。

(三)加强日常监管

一是组织地方金融组织学习《湖北省地方金融条例》等政策文件,促进规范经营。

二是收集、审核、汇总全市35家地方金融组织的经营数据,每月形成报表报送省金融局。

三是加强风险监测预警。对地方金融组织经营数据异常波动情况进行监测预警、核实了解和监管谈话,制发风险提示函,督促属地政府及时防范和化解风险。

(四)推动政府性融资担保机构充分发挥增信作用

一是推动拓展政府性融资担保业务。推动与省再担保集团、合作银行全面对接,建立“4321”新型政银担合作体系。截至12月末,全市新型政银担项目在保968笔、余额16.71亿元;推进科技融资担保,全市4家政府性融资担保公司均设立科技担保业务部,与省再担保集团签订科技新型政银担协议并推出了科技融资担保专项产品。

年内市融资担保集团首笔“科担联合贷”落地,金额390万元。

二是推动降低担保费率,对小微企业创业担保贷免收担保费。“农信贷”担保费率从1.5%降至0.8%,商贸、物流等特困行业担保费率从2%降至1%。全年政府性融资担保机构累计为816家小微企业和“三农”主体降低担保费共2758.8万元。

六、推进金融生态环境建设

(一)压实责任推动问题销号

压紧压实金融生态环境建设各责任主体责任,强化履职担当,推动矛盾化解、问题销号。全年市金融营商环境专项工作组共收到金融环境问题13个,组织相关县(市、区)与企业及时对接、加快整改,实现百分之百销号,满意率100%。

(二)简化信贷审批流程

引导银行机构进一步细化落实“四张清单”服务机制,整合内部资源、畅通渠道、简化办贷流程,对企业信贷执行“一次性调查、一次性审查、一次性审批”规定。全年全市各商业银行网点共对外公示“四张清单”242个、受理回告5950笔,对内公示尽职免责清单163个、认定免责15个。

(三)发挥金融信息促进作用

汇集近两年来信贷政策5篇、信贷产品130余项、担保产品7个以及全市信贷网点、服务承诺、申诉维权等方面的信息,编印成《信贷融资政策与产品资料汇编》向各县(市、区)发放,促进银企对接合作。

(四)大力推进不良贷款化解

压实地方政府属地责任、部门监管责任、机构主体责任,有序推进金融机构不良贷款风险的处置。通过核销、打包、资产处置等方式,多措并举化解不良贷款,确保全市商业性不良贷款率保持在合理区间。截至2022年12月末,全市银行业机构高质量发展口径不良贷款余额24.82亿元,比年初减少3.85亿元;不良贷款率1.44%,比年初下降0.43个百分点。

(荆门市地方金融工作局)

贯彻落实稳健货币政策

一、保持货币信贷规模合理平稳增长

(一)加强货币信贷政策宣传引导

积极向地方党委、政府汇报最新金融货币政策,向金融机构传达人民银行政策意图并督促贯彻落实。印发推动政银企对接、加强金融助企纾困等文件,汇编金融惠企政策宣传手册,联合政府职能部门到企业开展政策宣讲,扩大政策知晓面和透明度。通过报刊、网络等平台加强政策宣传和解读;深入金融机构、企业开展政策调研督导,及时解读政策,为市场主体提供快捷指引。

(二)用好结构性货币政策工具

推动支农支小再贷款、普惠小微贷款支持工具、碳减排及煤炭清洁利用再贷款两项绿色金融工具、科技创新再贷款、交通物流专项再贷款、设备更新改造专项再贷款、政策性开发性金融工具、“保交楼”专项借款等多项货币政策工具落地见效,争取央行专项资金共计24.6亿元,带动信贷投放137.88亿元,保障重点领域融资需求。

(三)推动稳增长措施落地

推动信贷总量稳定增长,企业融资成本进一步压降。小微企业贷款加权平均利率4.47%,同比下降58个基点;改进信贷服务20余项,普惠小微贷款增长19.15%。加大移动支付便民服务向县域及乡村延伸,丰富惠农服务站内容,持续深化农村支付服务环境建设。聚焦转型升级,推动制造业“延链强链”,12条制造业重点产业链企业贷款增幅高于贷款平均增幅28.48个百分点;在供应链金融、知识产权质押方面推出创新信贷产品5个。持续提高“金融含绿量”,重点支持六大领域绿色项目,全市绿色贷款余额较年初增长32.98%。实施“专精特新”企业主办银行制度,年末贷款余额增长264.76%,融资需求满足率144.82%。

(四)全面推进金融助企纾困

实施信贷攻坚行动,制定信贷投放时间表、路线图,全力推进阶段目标任务完成,确保信贷投放力度匹配全市经济社会发展要求。实施专项对接行动,协调发改、科技、经信、农业农村、商务、住建、文旅等七大融资平台牵头单位,搭建重点行业“白名单”企业融资对接平台,提高融资对接效率。实施保市场主体行动,持续大力推广“楚天贷款码”,提高服务效率;开展拓展“首贷户”专项行动,用好信用培植工程服务平台,帮助一批首次融资难的中小微企业获得贷款;推动落实“四张清单”金融服务机制,优化小微金融服务。实施特色金融服务行动,全面对接辖内节能环保、清洁生产、清洁能源、生态环境、基础设施绿色升级和绿色服务等六大领域绿色项目;组织开展“专精特新”企业专项服务行动,促进银企对接。

(五)促进房地产市场平稳发展

认真贯彻落实党中央、国务院关于稳定房地产市场发展“保交楼、保民生、保稳定”工作部署和省、市政府及人民银行有关要求,促进全市房地产市场平稳发展。

在房地产贷款方面,引导金融机构加快项目贷款投放、稳住存量贷款;在支持"保交楼"方面,与五部门会商制定"一楼一策"风险处置和"保交楼"金融支持方案,发放"保交楼"专项借款。加大保障性租赁住房信贷支持,对金融机构保障性住房贷款暂不纳入集中度管理。落实个人住房信贷政策,持续降低个人住房贷款利率和首付比例。

二、防范化解金融风险

(一)强化风险监测,不断健全完善风险监测预警体系

持续完善地方法人机构监测预警平台、宏观审慎评估、央行金融机构评级、银行业压力测试、资产质量真实性核查、重大事项报告等制度,认真做好常态化金融风险监测分析工作,在全省创新建立法人银行机构风险监测员制度,开展法人银行机构风险隐患大排查。持续推行荆门市银行业风险监测统计等制度,切实做到风险隐患"摸清、可控、最小"。

(二)督促等级提升,全面做好金融机构央行评级工作

一是开展前置监管辅导。针对辖区法人银行央行评级工作中薄弱环节,组织开展"一对一、面对面"培训辅导。

二是分类采取风险分类化解措施。对风险较高法人银行机构采取"风险提示、约谈高管、监管走访"等监管措施;对风险相对较低的法人银行全面梳理其问题和风险点,指导完善公司治理和风控水平,增强服务实体经济能力,"一行一策"提出风险化解的目标、措施及时限;对自身化险能力较弱、有可能变为高风险的机构,及时推动政府牵头制定处置方案,召开专题会议部署推进,强化地方政府属地管理责任。

(三)强化风险处置,稳妥有效化解重点领域金融风险

一是紧紧围绕"高风险机构清零"工作目标,全力开展法人银行风险化解与处置工作。坚持"日沟通、周监测、月督办",平稳完成相关村镇银行股权转让、更名挂牌、业务系统切换、网点形象变更等工作;推动市政府成立高风险机构清零工作领导小组,印发风险处置方案,积极参与风险处置化解。推动相关村镇银行风险化解,按周监测风险处置进展,按月跟踪战略转型成效。专题向市政府报告风险情况,推动市区两级政府召开风险处置专题会议,借助多方力量有效压降银行机构风险。

二是整治银行账户涉案风险。积极配合公安机关打击电信网络诈骗,建立银行账户快速查控银警协作机制,实现了全辖银行机构对荆门辖内涉案账户的快速查询、紧急止付、快速冻结和可疑账户的管控。开展打击整治养老诈骗专项行动,构筑守护百姓养老钱"防火墙"。建立健全跨部门反洗钱合作机制,提高打击毒品洗钱犯罪及贪腐洗钱犯罪工作效率。

2022 年 3 月 16 日,荆门市政府举行 2022 年金融支持实体经济发展"早春行"活动

三、持续提升金融管理与服务质效

(一)持续改善金融管理

一是严格落实重大事项报告制度。压实银行机构重大事项报告主体责任,严格落实银行业金融机构重大事项"零报告"制度,组织开展全市银行业机构重大事项报告制度执行情况现场核查,确保金融风险事件及时、准确、高效上报。

二是规范做好新设银行机构加入人民银行金融管理与服务体系工作。持续优化开业事项工作环节,做好新设银行机构资料审核以及回函工作。

三是认真开展综合评价,促进全市银行业金融机构合法稳健经营。

(二)持续优化金融服务

一是持续优化金融营商环境。认真贯彻落实市委、市政府关于持续深入推进一流营商环境建设的工作部署,聚焦"以控制成本为核心的优化营商环境"要求,认真落实普惠小微企业贷款授权、授信、尽职免责和受理回告"四张清单"金融服务机制。

二是强化调查统计分析。完成金融形势分析、工业贷款结构分析、宏观杠杆率数据分析、农资价格波动、制造业、"三磷"企业信贷需求、经济发展与贷款投入匹配度分析、金融支持生态补偿、初创期科创企业融资情况调研等多篇分析材料,不断提升参谋服务能力。

三是提升人民币管理服务水平。开展不宜流通人民币专项清理活动,提升人民群众对流通现金

的满意度;督促金融机构严格落实小面额备付、零残币兑换和现金服务公示等制度要求,持续开展整治拒收现金工作。

四是改善国库服务。探索建立外币跨境缴税电子化入库流程,成功实现跨境人民币电子缴税;不断优化业务流程,准确做好社会保险费征缴入库、个人所得税汇缴清退、增值税留抵退税等减税降费工作,保障惠民惠企政策落到实处。

五是强化征信服务。开展信用户、信用村、信用乡镇创建工作和“征信修复”乱象专项治理“百日行动”,持续提高征信供给和管理水平。

六是提升外汇服务质效。推动外汇服务助企纾困,开展纾解中小微外贸企业融资难融资贵问题专项行动,引导银行拓宽贸易新业态结算渠道、加快资金周转,为跨境电商、外综服企业等贸易新业态提供安全、高效、低成本的结算服务,提升跨境贸易投资便利化、自由化水平。

七是加强金融消费者权益保护。严格执行《金融消费者投诉管理流程》,推进荆门市金融纠纷多元化解机制建设,开展金融消费者投诉源头治理行动,服务百姓金融维权需求。

四、持续推进金融改革创新

(一)实施“信贷督办专员”制度

选派信贷督办专员,围绕“信贷创新与乡村振兴”,在县域打造“一县一特色”信贷品牌,有效提升货币政策在基层实施效果,支持县域经济发展。在京山市聚焦特色文旅小镇金融支持,创设“乡村文旅贷”“红色文旅贷”等信贷新品,助力地方文旅行业复苏重振,累计投放贷款3.9亿元。在钟祥市聚焦拓宽农村产业融资渠道,探索推广以农村大棚等栽培设施、禽畜养殖设施、现代渔业设施、冷储设施和大型农机具等农业生产设施为抵押物的新融资方式,创新推出“农业生产设施抵押贷”,成功放贷5笔、1000万元。在沙洋县开展金融支持新型农业经营主体示范区创建,从工作机制、产融结合、配套政策、产品服务等方面创新示范,提升金融支持新型农业经营主体质效,创新推出“龙虾贷”“裕农信用贷”“专业大户(家庭农场)贷”等专属信贷产品8个,有效加大对新型农业经营主体的金融支持力度。

(二)实施信贷创新行动

一是引导金融机构围绕绿色金融、科创金融、产业链金融、碳金融以及乡村振兴等重点领域和薄弱环节,加大信贷创新力度,提高实体经济融资便利度。共创新5个信贷产品,改进信贷服务20多项。

二是针对科创企业规模小、轻资产、高投入、高风险等特点,引导银行机构大力推广产业链、订单、应收账款、知识产权、信用、保险增信、组合担保等融资模式。

三是全面落实线上“301”、线下“1351”服务模式,不断提高“楚天贷款码”服务覆盖面,提高服务效率。指导银行机构建立专营组织体系,运用专业评估技术和科技手段,提升服务“专精特新”企业的专业化水平。

(三)创新推出“退役军人创业贷”

聚焦退役军人群体金融服务,出台“针对性强、高效便捷、低成本”信贷服务模式。配合地方政府开展“加快培育市场主体”工作,全力支持退役军人返乡自主创业、自谋职业。截至12月末,全市“退役军人创业贷”余额1105万元。

(中国人民银行荆门市中心支行)

银行业保险业发展

一、持续加大服务实体经济力度

(一)促进金融支持助企纾困

认真贯彻落实党中央、国务院和省委、省政府稳经济一揽子政策要求,制定16条细化举措,督导银行机构落实好延期还本付息、减费让利、优惠利率贷款等助企纾困政策措施,加大中长期贷款投放。全年为普惠型小微企业实施延期还本26亿元、延期付息2.86亿元;减费4910笔、金额94.47万元;降息2276笔、金额4448.79万元。为减免租金的企业再融资4270万元,执行利率3.7%,较上年下降108.5个BP。

(二)推动新市民金融服务提质增效

引导金融机构从创业就业、安居建设、保险保障等方面做好新市民金融服务。2022年,指导银行机构通过发放“青创贷”“善担贷”“创业担保贴息贷”,为1000多户客户发放3.53亿元创业贷款,其中1.55亿元享受了全额贴息。指导建设银行为23个老旧小区改造提供1.1亿元信贷支持,发放装修消费贷款2000万元。指导保险机构承保农民工工资履约保证保险49笔、保额4948万元;承保雇主责任险390笔、保额336.12亿元。

(三)深入推进普惠金融

一是推动银行机构创新小微信贷产品和服务,开展金融支持“专精特新”企业春风行动,持续加大普惠型小微企业信贷投放。

二是推动金融支持乡村振兴。加大银企对接力度,创新金融产品和服务模式,进一步提升县域资金适配性;推进农业保险提质增效。2022年末,全市普惠型小微企业贷款余额356.64亿元,比年初增加

54.61亿元，增速18.08%，比各项贷款增速高7.99个百分点；普惠型小微企业贷款户数45672户，较年初增加11344户；小微企业“首贷户”619户，较年初增加178户。2022年末，全市县域存贷比50.61%，较年初提高0.98个百分点，其中，京山市、沙洋县、钟祥市存贷比分别为55.74%、50.37%、47.26%，分别较年初提高1.73个、0.71个、0.64个百分点。

（四）加大信贷投放力度

有序推进银团贷款，优化绿色信贷服务。围绕本地优质大型企业，全市共组建9个银团贷款项目，贷款总额77.46亿元。全年全市金融机构绿色信贷余额251.78亿元，比年初增加36.79亿元，增速17.11%，高于全市各项贷款增速4.86个百分点。

二、持续加强金融风险防控

（一）着力防范化解中小法人银行风险

加强机构监管，建立健全流动性和不良贷款日报监测机制，督促开展不良清收攻坚工作。着力压降不良率，提高拨备覆盖率和资本充足率。

（二）加强房地产风险防控

按照房地产风险调控“一城一策”的总体要求，配合地方政府因城施策，做好房地产领域风险防控。召开辖内房地产贷款风险防控工作会，督导各银行机构全面自查涉房风险，加强风险预警，强化应急处置，强化预售资金监管。推动银行机构主动参与问题楼盘项目资金缺口方案的制定实施，推进楼盘正常建设，稳定购房者还款意愿，稳定市场预期，防止房地产风险向金融风险传导。辖内银行机构累计为困难房地产企业展期、续贷2.36亿元，为“保交楼”提供了有力的金融支持。

（三）强力化解案件风险

制定案件防控年度工作规划，与全辖银行保险机构签订案防责任书，督促各层级、各部门、各岗位工作人员压实案防职责；将内控案防管理纳入综合绩效考评和领导日常考评范畴，力促合规稳健运营。严格督促各机构按季收集汇总上报案件风险排查、内审报告等信息，严防案件风险隐患。

（四）强力化解不良贷款风险

督导各银行机构打好化解不良贷款攻坚战，控增量、稳变量、化存量，加快不良贷款处置，确保不良贷款率压降至合理区间。督导各机构切实履行好风险防控主体责任，健全信用风险管控机制，加强对贷款资金流向的跟踪和监测，严控新增不良。督导各机构紧盯重点企业风险，实时掌握企业经营情况，严防突发风险。严格落实年初制定的不良贷款化解目标，明确工作任务。加大监管力度，督导各机构对照工作目标任务，按时推进、限期处置。截至12月末，累计化解不良贷款20.15亿元，辖内商业性不良贷款余额24.83亿元，不良贷款率1.44%，比年初下降0.43个百分点。

（五）治理保险市场乱象

联合金融工作局、市场监管、公安等部门开展突击执法巡查，依法打击人身险领域不良代理组织或个人的违法违规活动，打击“代理退保黑产”，净化保险市场环境。

三、持续推进金融改革创新

一是在省内率先开展人身险新单“双录”。截至2022年末，全市已实现人身险新单“双录”全覆盖，累计实施“双录”51090件，新增寿险业务持续保持零投诉。

二是探索实行车险市场“市场观察员”机制。对市场动向和风险苗头及时进行风险提示和定向督查警示，遏制车险市场无序竞争。

三是指导辖内保险机构充分发挥保险保障作用，通过出口信用保险、新材料首次应用保险、贷款保证保险等险种为企业保驾护航。

四是协同荆门市医保局稳步推进“惠民保”落地实施，为广大市民提供健康保险保障。

（中国银行保险监督管理委员会荆门监管分局）

孝　感　市

金融发展概况

2022年末，全市金融机构本外币各项存款余额3506.16亿元，比年初增加389.15亿元。其中，住户存款2773.63亿元，比年初增加417.77亿元。金融机构本外币各项贷款余额2090.53亿元，比年初增加240.03亿元。

全年全市保险行业实现保费收入84.39亿元，比上年增长1.12%。其中，财产险保费收入20.95亿元，增长2.43%；人身险保费收入63.44亿元，增长0.69%；支付各类赔款及给付26.10亿元，增长5.59%；其中，财产险赔款支出14.32亿元，增长1.32%；人身险赔付支出11.78亿元，增长11.28%。

2022年末，全市有A股上市公司5家，较上年增加1家；有“新三板”挂牌公司2家；有区域性股权市场挂牌企业389家，较上年增加30家。全年全市实现资本市场直接融资116.54亿元，较上年增长71%。

全市有银行业、保险业、证券业金融机构69家，与上年持平。其中，银行业机构19家、保险业机构38家、证券业机构12家。全市共有3类、43家地方金融组织，与上年持平。其中，小额贷款公司26家、融资担保公司11家、典当行6家。

地方金融工作

一、引导金融服务经济社会发展

根据《孝感市筑台融资考评细则》，年初下达2022年度筑台融资工作指导目标，各地、各单位和各金融机构以目标为引领，加大筑台融资力度。

（一）深化政银企对接

加强政银合作，市政府与国开行湖北省分行签订战略合作协议。共举办33场银企“面对面”融资对接会，签约金额146.46亿元。市本级开展“百行进万企”专项行动，举办重大项目、建筑业和房地产业、农业产业化龙头企业等专场融资对接。

（二）加大信贷投放

贯彻落实稳健货币政策、实施金融支持稳经济一揽子政策和接续措施，充分发挥货币政策工具的引导撬动作用，实现全市信贷总量平稳增长。

（三）加大普惠小微信贷支持

推动银行机构创新小微信贷产品和服务，努力增加普惠型小微企业信贷投放。截至9月末，全市普惠型小微贷款余额332.47亿元、普惠型涉农贷款余额226.07亿元，分别较年初增长20.72%、27.38%，分别高于各项贷款增速9.73个、10.99个百分点。

二、深化金融改革创新

（一）推动稳企纾困政策措施落地见效

围绕国务院33项“稳经济”一揽子措施和湖北省133项落实政策，出台“1+4”助企纾困39条措施，加强对交通物流、批零住餐、文化旅游、外贸等困难行业企业的金融支持。全年对接重点纾困企业281家（次）、贷款余额9.34亿元，其中与52户助企纾困重点名单企业对接率100%，银行机构对实体经济减费让利2.01亿元。

（二）打造金融服务乡村振兴范本

围绕金融服务乡村振兴示范区创建工作推动金融创新。安陆市推出“晨风”贷款模式以及“土地流转贷”“种安贷”“民宿贷”“农家

2022年1月19日，孝感市举行2022年一季度全市金融“面对面”重大项目政金企对接会

乐贷”等信贷创新产品，支持农业集约经营和文旅融合发展。应城市推出“白名单+大数据授信+纯信用”线上贷款服务和“微贷授星”等信贷模式，支持新型农业经营主体发展。全市金融服务乡村振兴创新示范区建设取得明显成效。

三、推动企业上市挂牌

（一）咬定目标推上市

加强市、县联动、精准协调，推动湖北中一科技股份有限公司（简称“中一科技”）4月在深交所创业板成功上市，提前完成省定新增上市企业目标。

（二）全面梳理育后备

开展上市后备企业摸排，协调长江证券、天风证券等证券机构对全市重点上市后备企业进行调研和上市规划。全市新增13家企业入选省级上市后备“金种子”企业名单、24家企业进入全市北交所上市后备企业种子库。

（三）强化业务培训

举办全市金融素养培训班，重点开展企业上市业务培训。举办长江产业基金管理公司“走进孝感”投融资对接会，提高各级干部抓上市的专业本领和上市后备企业对接资本市场的能力。

四、防范化解金融风险

（一）落实主体责任和工作方案

制定《防范化解重大金融风险促进金融稳定发展重点任务分解方案》《孝感市金融风险应急预案》《孝感市养老领域非法集资专项整治工作方案》，压实风险防范主体责任，完善应急机制，进一步提升风险处置能力。

（二）加强宣教和风险排查

组织开展防范非法集资集中宣传活动，举行防非启动仪式，开展“七进”宣传活动，互动宣传覆盖85.7万余人，有效提升了公众金融风险防范意识。组织各地及相关单位对各类金融风险隐患开展拉网式摸排，发现风险隐患4条并及时进行处置。

（三）做好风险处置化解和稳控工作

推进非法集资陈案化解工作。全市5起非法集资陈案已化解销号2起、已审结进入执行阶段1起、法院审结1起、公安在侦1起，陈案化解率达40%，完成省处非办下达的目标任务。加强涉众金融群体稳控，落实对全市25个涉众金融重点人员的属地稳控措施。

五、促进地方金融组织规范健康发展

（一）严把准入关口

严把小额贷款公司、融资担保公司、典当行等地方金融组织准入关口，规范监管流程，严格机构变更、注销，全年共办理批复事项15项。

（二）加强日常监管

综合运用现场检查、“双随机、一公开”抽查、名单制管理、分类评级等措施，强化对地方金融组织的日常监管。

（三）充分发挥担保增信作用

推广新型政银担合作模式，全市7家政府性融资担保机构与省再担保集团签订合作协议。市本级落实“四补”机制风险补偿金3000万元，进一步增强了融资担保增信能力。截至12月末，全市新型政银担在保余额12.28亿元，同比增长99%。

六、推进金融生态环境建设

（一）进一步改善农村金融信用环境

制定《孝感市推进“普惠金融工作站”建设助力乡村振兴工作方案》，聚焦稳产保供、农业产业化和乡村建设三大领域，深化“整村授信”等金融服务。全市已有1949个行政村和社区开展了“整村建档评级授信”工作，授信金额达116.25亿元。作为示范试点的安陆市、应城市实现“整村授信”全覆盖。

（二）积极开展金融信用市（州）、县（市、区）创建

对照金融信用市（州）、县（市、区）目标任务分解表，压实责任、补齐短板，提高创建得分。孝感市获评“湖北省金融信用市（州）”；云梦县、应城市获评“金融信用示范县（市、区）”；孝南区、汉川市、安陆市、大悟县、孝昌县获评“金融信用县（市、区）。”

（孝感市地方金融工作局）

贯彻落实稳健货币政策

一、保持货币信贷规模合理平稳增长

（一）有效落实信贷“三稳”要求

一是保持信贷总量平稳增长。加大政策传导、形势分析、信贷调度、调研督导力度，引导银行机构稳定增加信贷投入。

二是引导信贷结构稳步优化。2022年末，全市地方法人银行使用支小支农再贷款余额34.16亿元、落地碳减排支持工具政策资金8.94亿元、运用科创、物流、设备更新改造专项再贷款16.4亿元。全市普惠小微贷款、绿色贷款、涉农贷款增速均高于贷款平均增速。

三是推动融资成本稳中有降。落实利率自律机制、规范存款市场竞争秩序、推动实际贷款利率进一步降低。四季度银行新发放贷款平均利率同比下降0.38个百分点，2022年全市银行降息让利3.94亿元。

（二）推动助企纾困政策落地落实

推动人民银行总行、外管局“金融23条”和湖北省“1+4”金融

助企纾困政策落地见效。推动出台孝感市开展金融助企纾困促经济稳增长的若干措施，制定落实工作责任清单，与政府职能部门联合制定孝感市交通物流专项再贷款工具实施方案。运用普惠小微贷款支持工具发放激励资金 74.8 万元，及时推动落实普惠小微贷款阶段性减息、小微贷款延期还本付息政策，惠及 5.2 万户小微市场主体。通过“重点企业融资对接服务平台”对接纾困企业 281 家、落实贷款 9.74 亿元。2022 年全市交通运输、仓储和邮政，批发零售、文体娱乐等行业贷款保持正增长。

（三）强化重点关键领域金融支持

一是提升重大项目融资服务质效。依托“重大项目融资服务对接平台”实现重大项目线上信息推送，系统内 530 个亿元以上项目全部指定牵头行，实现百分之百对接。

二是推动部分领域设备购置与更新改造信贷政策落实。通过召开专题会议安排落实、倒排进度、压实责任，对 49 个项目明确责任银行。

三是推动房地产贷款稳定增长。贯彻落实“保交楼”政策要求，落实差别化住房信贷政策，保障房地产合理融资需求。2022 年，房地产开发贷款、个人购房贷款均保持正增长。

（四）持续完善融资服务体系

一是推进融资对接。统筹推进线上线下银企对接，满足各类市场主体融资需求；持续推进政银企常态化对接，向银行推送八大重点领域企业对接名单。全年银企信贷签约 315.6 亿元。

二是落实金融链长制，推动核心企业对接应收账款融资服务系统。全年完成中征应收账款融资业务 326 笔、126.6 亿元。

三是建成“政采贷”线上平台，促进政府采购中标企业融资。全年开展“政采贷”融资业务 32 笔、3.46 亿元。

四是完善“孝融通”平台信息功能，创新线上金融产品。平台入驻金融机构 13 家，发布金融产品 48 个，发放贷款 21 亿元。

二、防范化解金融风险

（一）开展央行评级等级提升行动

按照“7 级清零、巩固一批、提升一批”的目标，制定《推动孝感市地方法人银行央行评级等级提升工作的指导意见》，“一行一策”制定等级提升行动方案。2022 年四季度央行评级结果显示，辖内无高风险机构，7 级机构清零，5、6 级机构评级得分总体提升，1 家机构由 5 级上升至 4 级。

（二）防范化解地方法人银行风险

针对部分地区出现中小银行风险事件，建立健全法人银行头寸和存款日变化等流动性风险监测机制、风险应急预案、金融风险应急处置机制，制定孝感市风险机构处置流程图、银行挤兑事件应对处置流程图，开展模拟挤兑事件处置演练，提升应急处置能力。定期对 13 家地方法人银行机构开展压力测试、资产质量真实性核查，对资产质量偏离度高于 5 个百分点的机构加强日常风险监测，及时进行风险提示，督促加大不良资产处置力度。推动辖内 3 家法人银行补充资本金。

（三）实施存款保险制度

平稳有序完成辖内阶段性提高存款保险费率工作。落实存款保险风险差别费率机制，充分发挥存款保险费率的正向激励作用。开展存款保险现场核查，加大对资产真实性偏离较大机构的核查力度，压实属地管理责任。加大存款保险宣传力度，组织开展“护航新征程 存保伴您行”存款保险宣传活动，将存款保险宣传与金融消费者教育相结合，提高宣传覆盖面，覆盖近 78%的行政村和社区。

（四）开展银行账户涉案风险“百日攻坚”专项整治行动

通过压实主体责任、严管开户、核查风险、联合惩戒等举措，有力遏制银行账户出租、出借等违法行为，有力防范和打击电信、网络诈骗。2022 年，全市银行机构配合公安机关冻结止付账户 27360 户、金额 12 亿元，协助破获买卖银行账户案件。

（五）开展打击治理洗钱犯罪专项行动

联合九部门印发《孝感市打击

2022 年 2 月 11 日，人民银行孝感市中心支行组织召开“楚天贷款码”推广运用工作电视电话会议

治理洗钱违法犯罪三年行动实施方案》《加强惩防洗钱犯罪工作的合作协议》。推动3起洗钱罪立案起诉和辖内首例洗钱案件宣判。对辖内16家义务机构开展反洗钱监管走访、对13家地方法人银行机构开展洗钱风险评估，协调相关部门制定《孝感市房地产行业反洗钱自律公约》。

三、持续提升金融管理与服务质效

（一）持续优化支付结算服务

全面推行小微企业简易开户服务，全市办理小微企业简易开户121户，居武汉城市圈第2位。持续推进账户及支付手续费减免，全年银行机构累计让利2782万元。提高支付清算业务质量，全辖ACS业务准确率达99.99%。

（二）不断提升国库服务管理水平

强化上下联动和内控管理，守住国库资金和系统安全运行"两条底线"。积极配合落实财税改革和减税降费等政策，协助完成六种非税收入征缴职责划转工作，扎实推动个税年度汇算清缴和增值税留抵退税政策快速落地。持续加大国债下乡和国债提醒兑付工作力度。积极开展电子档案试点，探索开展"四化综合性退库审核数据平台"建设。

（三）全面加强征信管理服务

开展征信窗口业务非现场监督，全辖个人征信查询业务差错率从27%下降至零、企业查询业务差错率从18%下降至7.5%。加强接入机构征信合规与信息安全管理，守牢征信合规与信息安全底线。开展征信乱象专项治理，多形式、全媒体组织开展"征信修复"防骗宣传，对未备案征信机构进行拉网式排查。保障信息主体权益，规范接入机构异议处理操作，全年办理个人信用报告查询业务8.82万笔、企业人工查询2945笔，处理异议120笔，调解信贷信息争议115起。

（四）不断提升人民币服务质效

合理配置发行基金库存，推进现金全额清分工作，提升流通中人民币整洁度。制定拒收现金线索处置工作手册，规范整治处置流程，构建常态化整治网格化管理体系。发挥反假货币联席会议机制作用，提升假币警银收缴比。

（五）加强金融统计监测和调研

持续做好金融机构资产负债全科目和社会融资规模统计，做好小微、涉农、扶贫、绿色贷款等专项统计。组织开展2022年缓解中小微企业融资难融资贵信用培植工程，新增培植企业78家。完善经济调查制度，组织开展企业景气、企业用工、商品价格、银行家问卷、小微企业融资等调查以及上级行布置的快速调查、专项调研等工作。全年累计处理金融统计数据1000多万条、经济调查数据10多万条，撰写和上报信息、调研报告200余篇。

（六）提升外汇管理与服务质效

扎实开展高新技术和"专精特新"企业跨境融资便利化试点，对辖内490家高新技术和"专精特新"企业进行宣传对接。开展汇率风险管理知识培训，指导帮助涉外企业提高汇率风险管理水平和能力，辖区银行远期结售汇履约额同比增长36.5%。扎实开展国际收支、银行结售汇统计核查，完善非现场核查方式，协助开展业务工单功能试点。提升跨境资金流动监测分析水平，开展银行跨境金融风险排查试点，建立非法跨境金融风险排查机制，及时向公安部门移交异常线索。

（七）加强法治央行建设和金融消费者权益保护

加强执法检查人员培训，提高执法专业素质；制定辖内执法证管理办法，开展综合执法检查。压实金融机构投诉处理主体责任，构建金融矛盾纠纷多元化解机制，全市首家金融纠纷人民调解委员会在孝昌县成立。全年受理金融消费者投诉110件、办结率100%。开展金融知识普及月等主题宣传，年内挂牌2个省级金融教育示范基地。

四、持续推进金融改革创新

（一）推动科创金融发展

制定《关于金融支持"专精特新"中小企业创新发展的指导意见》，与孝感市科技局联合向银行机构推送"孝感市'专精特新'企业名单"。与市知识产权局联合发布孝感市首批200家知识产权质押融资授信企业"白名单"，推广知识产权融资质押贷款，破解企业抵质押物不足的瓶颈。全年发放专利权、商标权质押贷款17笔、1.5亿元。

（二）推动普惠金融发展

聚焦"三农"发展，助力乡村振兴提速增效。制定《孝感市提升县域金融服务水平建设"六个示范区"工作方案》，加大对新型农业经营主体金融服务力度。巩固脱贫攻坚成果，协调推进整村授信，加大贫困人口信贷支持。

（三）推动绿色金融发展

制定《关于金融支持孝感市绿色低碳转型发展的实施意见》，引导银行机构用好"碳减排""煤炭清洁高效利用"专项再贷款等结构性政策工具。申报孝感市纳入绿色金融示范区备选试点，引导金融机构创新绿色融资产品，推进排污权质押贷款应用，持续加大绿色领域信贷支持力度。积极开展绿色金融研究，完成孝感金融支持长江经济带发展、孝感金融支持绿色生态任务落实情况、环境权益融资发展和生态价值等课题研究。

（四）推动跨境金融发展

制定2022年孝感市跨境人民币业务发展指导意见，采取工作约谈、现场调研督办等方式加强督导；制定重点企业名单和"一企一策"工作机制，深入企业调查辅导。以推动跨境金融区块链服务平台试点为抓手，推进跨境贸易投融资便利化，为重点国际业务企业成功办理3笔跨境金融区块链平台融资业务。

（中国人民银行孝感市中心支行）

银行业保险业发展

一、持续加大服务实体经济力度

（一）服务重大项目

举办金融"面对面"重大项目政金企对接会，现场签约22.9亿元。引导银行机构主动对接孝感"十四五"规划重点领域和重大项目，2022年重大项目贷款增长25.94%。

（二）大力支持乡村振兴

一是围绕乡村振兴战略，不断加大涉农贷款投入力度。年末全市涉农贷款余额1181.01亿元，较年初增长15.73%，高于贷款平均增速2.76个百分点。

二是支持农业产业化龙头企业融资。推动出台《金融支持农业产业化龙头企业高质量发展的若干措施》，组织召开专场融资对接会。2022年末，全市农业产业化龙头企业贷款余额较年初增加1.83亿元、贷款户数增加153户；贷款平均利率下降0.43个百分点。

（三）解决小微企业融资难题

一是引导银行机构切实加强和改进金融服务，加大对民营小微企业的信贷投入。年末小微企业贷款余额943.91亿元，比年初增长17.09%，高于贷款平均增速4.12个百分点。全市普惠型小微企业贷款实现"两增"目标。

二是印发稳经济一揽子政策措施实施方案。全年开展延期还本74.83亿元，延期付息9.87亿元。持续推进减费让利，小微企业贷款加权平均利率较上年下降0.25个百分点。

三是积极拓展出口信用保险。全年为98家中小出口企业提供风险保障5.08亿元。

（四）打造"普惠金融工作站"孝感模式

以促进银保深度融合为目标，以"四看四比"（一看"十有标准"，比金融普及度；二看合作基础，比授信覆盖度；三看保障能力，比保险参与度；四看机制建设，比银保配合度）现场验收评价为抓手，全力打造"普惠金融工作站"孝感模式。全市已打造6个精品"工作站"，并全面复制推广。大力推进"整村授信"，全年授信153.47亿元，发放贷款43.46亿元。

（五）支持新市民就业创业

推动出台《金融支持新市民就业创业的若干措施》，定期编发简报、按月监测、按季通报。全年共发放支持新市民就业创业贷款89.7亿元；推广相关保险产品26个，累计赔付863.14万元。

2022年6月24日，孝感市召开金融助企纾困暨农业产业化龙头企业融资对接会

二、持续加强金融风险防控

（一）筑牢信用风险防控堤坝

掌握风险底数。落实贷款"三查"，做实资产分类，真实暴露不良，及时研判风险。加大处置力度。督促银行机构综合运用核销、清收、转让等多种方式，有效处置不良资产。支持银行补充资本，提高风险应对能力。

年末全市不良贷款余额39.21亿元，较年初减少0.58亿元；不良率为1.88%，比年初下降0.27个百分点。小微企业不良余额13.46亿元，较年初减少2.46亿元；不良率1.43%，较年初下降0.55个百分点。

（二）化解房地产风险

配合市政府做好"保交楼"工作，为按揭贷款客户纾困解难，督促银行机构对21.12亿元住房按揭贷款办理延期，调整还款计划0.83亿元。截至12月末，全市房地产贷款余额596.73亿元，同比增长6.23%。

（三）清理整顿行业市场秩序

清理"三无"保险中介机构8家，向公安机关移交"代理退保"可疑线索3条。制定群访群诉应急预案，核查信访举报线索284条，接到消保投诉366件，办结率分别为93.66%和97.54%。

三、持续推进金融改革创新

一是推进特色农业保险扩面增品。联合市农业农村局印发《关于促进特色农业保险发展的实施意见》，创新开办特色农险12个。指导太保财险创新特色蛋禽养殖险及蛋类价格指数保险，提供风险保障6640万元。

二是强基固本护民生。引导保险机构加强与云梦县政府对接，开发城市定制型商业保险"梦泽惠民保"，2022年8月上线以来，参保率达20.66%，医疗费用报销比例提升15%以上。

（中国银行保险监督管理委员会孝感监管分局）

荆　州　市

金融发展概况

2022年末,全市金融机构本外币各项存款余额4516.27亿元,比上年增长12.8%,比年初增加510.61亿元。其中,住户存款3563.46亿元,比年初增加543.21亿元。金融机构本外币各项贷款余额为2777.38亿元,增长12.6%,比年初增加311.69亿元。其中,住户贷款1097.57亿元,比年初增加80.19亿元;非金融企业及机构团体贷款1679.73亿元,比年初增加231.50亿元。

全市实现保费收入182.61亿元,比上年增长10.0%。其中,财产险保费收入51.32亿元,增长22.0%;人身险保费收入131.29亿元,增长5.9%。支付各类赔款和给付64.22亿元,增长15.5%。其中,财产险赔款支出35.14亿元,增长31.6%;人身险赔付支出29.08亿元,增长0.7%。

企业上市挂牌取得较好成效。年内有1家企业登陆A股市场,A股上市公司数量增至7家;全市有境外上市公司2家,与上年持平;有“新三板”挂牌企业12家,与上年持平;有区域性股权市场挂牌企业812家,较上年增加7家。

全市有银行业、保险业、证券业、期货业金融机构80家,与上年持平。其中,银行业机构16家、保险业机构51家、证券业机构13家。全市共有4类、47家地方金融组织,与上年持平。其中,小额贷款公司22家、融资担保公司13家、典当行11家、融资租赁公司1家。

地方金融工作

一、引导金融服务经济社会发展

(一)扎实开展金融助企纾困

一是推进政策全面落实。着力贯彻落实国务院、省、市金融支持稳经济一揽子政策措施,配套出台细化措施,联合有关部门出台支持困难行业、“政采贷”实施方案、知识产权质押融资管理办法、“四补”机制等文件30余个,做到政策措施“应出尽出”。

二是实施精准有力帮扶。组织全市银行机构为中小微企业贷款续贷、展期,调整还款计划364.5亿元,占中小微企业贷款余额的比例超过20%;降低首套房个人住房贷款利率,下限调低至3.9%;组织市级银行机构为18个保障性项目新增授信33.26亿元,保障了房地产市场平稳运行。

三是加大财政支持力度。设立市级5亿元续贷资金池,累计为185家企业提供18.78亿元续贷服务;安排专项资金补充市融资担保集团资本金2000万元,设立贷款风险补偿资金1000万元;引导各地累计投入政府融资增信资金41.38亿元。

(二)充分发挥融资担保增信作用

大力推进政府性融资担保体系建设,有效发挥政府性融资担保融资增信功能作用,进一步扩大融资担保业务规模,降低融资担保成本。截至年末,全市在担余额69.11亿元,同比多增7.39亿元、增幅12%;在保企业2843家、在保笔数6669笔。督促融资担保公司减费让利,政府性融资担保公司平均担保费率降低至0.48%,处于全省较低水平。全市再担保“4321”模式、农担“442”模式的新增规模均排名全省第3位,分别新增34.17亿元、5.50亿元;“4321”新型政银担业务在保金额排名全省

2022年2月18日,荆州市召开全市工业与金融高质量发展大会,对2021年度服务荆州工业经济发展的先进金融机构进行了表彰

第4位，在保金额达到40.53亿元；新增规模排名全省第3位。

二、深化金融改革创新

（一）推进金融服务乡村振兴共建创新示范区建设

坚持按月开展工作调度，指导松滋市、公安县、石首市创新"整镇授信""龙头企业+合作社+农户"等信贷模式，开发"流转贷""葡萄优辅贷"等信贷产品。公安县金融服务乡村振兴共建创新示范区建设试点通过省级验收，成为全省首批20个示范区之一。

（二）推动政府性融资担保公司科技业务部全覆盖

按照省地方金融监督管理局统一部署，推动全市政府性融资担保公司设立科技融资担保业务部，配备熟悉科技行业的人员负责拓展科技融资担保业务，强化金融对科技型小微企业的支持。2022年6月，全市9家政府性融资担保公司全部设立了科技融资担保业务部，全年落地科技融资担保业务8笔、2470万元。

（三）持续深化一流金融营商环境建设

通过完善小微企业贷款金融服务机制、实施中小微企业信用培植工程、提高小微企业信用贷款、完善金融平台功能、加强小微企业贷款包容监管和推进担保降费政策落实等措施，持续优化金融营商环境。促进知识产权质押融资贷款实现跨越式增长，知识产权创造保护和运用指标排名位居全省前列；支持开展政府采购合同融资（"政采贷"），成功获评"湖北省优化营商环境先行区改革十大典型案例"。

三、推动企业上市挂牌

全面落实企业上市"绿色通道"制度，推动更多优质企业进军资本市场。按照积极受理、专人负责、限时办结的原则，为上市后备资源库企业出具相关合规证明、办理相关审批手续、解决上市挂牌过程中的各类问题和诉求。年内1家企业在北交所挂牌上市、1家企业通过证监会发审会、1家企业在上交所科创板过会。有2家企业在湖北证监局辅导、26家企业入选湖北省"金种子"企业名单。

四、防范化解金融风险

（一）开展金融风险隐患排查

一是开展全面排查。印发《关于开展全市各行业领域金融风险排查工作的通知》，对全市各类金融风险隐患开展拉网式摸排，集中梳理排查辖区内、行业领域内金融风险隐患。

二是开展针对性排查。在全市范围开展公司名称和经营范围内含"财富管理""财富投资管理"等字样的清理整顿，对未取得金融监管部门许可的引导其退出或变更经营范围。印发《关于进一步开展网络借贷信息中介机构风险排查的通知》，开展对P2P网络借贷分支机构的排查。印发《荆州市关于开展"伪金交所"专项整治工作的通知》，组织市直相关部门和各县（市、区）开展对"伪金交所"的专项排查清理。印发《荆州市养老服务领域防范化解非法集资风险专项行动工作方案》，组织开展养老服务领域非法集资专项排查。

三是对群众反映的非法集资线索进行实地排查，对涉嫌企业进行实地摸排。

（二）开展防范金融风险宣传教育活动

在《荆州日报》、荆州新闻网刊发《致广大市民的一封信——提防您身边的非法集资》、在荆州电视台和广播电台轮播防范非法集资宣传片。在"3·15"消费者权益保护日开展防范非法集资等金融风险宣传教育活动。组织开展防范金融风险宣传"入广场、进校园、进社区、进村组、进企业"活动。印发《关于结合"5·15"打击和防范经济犯罪宣传日广泛开展防范非法集资宣传教育活动的通知》，组织开展全市防范非法集资等金融风险宣传教育活动。6月，在全市开展防范非法集资宣传教育月活动；9月，在全市各高校开展防范"校园贷"线上宣传教育活动。

（三）加快处置化解非法集资陈案

印发《2021年全市非法集资案

2022年12月21日，荆州九菱科技股份有限公司（股票简称：九菱科技）在北交所上市交易

件处置情况通报及2022年案件处置工作目标任务》,加快推进非法集资存量案件的处置销号,全年销号9件案件,无新发案件。

五、促进地方金融组织规范健康发展

认真贯彻落实《湖北省地方金融条例》,坚持监管从严主基调,通过构建和完善监管体系、提供贴心化服务举措,切实履行日常监管职责。督促引导小额贷款公司、融资担保公司、典当行和融资租赁公司规范健康发展,提高服务实体经济质效。以构建新型融资担保体系、推广新型融资担保模式为抓手,推动融资担保公司回归本源业务,实现提质增效、健康发展。截至2022年末,全市13家融资担保公司为2843家企业提供融资担保服务、在保责任余额67.21亿元。其中,政府性融资担保机构新增在保企业2180户、新增在保余额58.47亿元,担保放大倍数3倍;新型政银担合作业务在保总额31.34亿元,居全省第2位。全年为小微企业、“三农”减免担保费6029.47万元。

(荆州市地方金融工作局)

贯彻落实稳健货币政策

一、保持货币信贷规模合理平稳增长

(一)加强信贷工作指导

持续贯彻落实省、市稳经济一揽子政策安排和接续措施,印发《2022年信贷工作指导意见》,通过调研、督办、约谈、信贷政策效果评估等措施,引导金融机构加大信贷投入。截至2022年末,全市本外币各项贷款余额2777.4亿元,比年初新增311.6亿元,同比增长12.64%,余额、增量均居全省市(州)第4位;普惠小微贷款、制造业中长期贷款、县域贷款、民营企业贷款余额同比分别增长21.89%、90.76%、16.39%、17.04%,比各项贷款平均增速分别高9.25个、78.12个、3.75个、4.4个百分点。

(二)发挥货币政策工具激励引导作用

充分发挥再贷款、再贴现等货币政策工具总量和结构双重功能,撬动信贷资金向重点领域和薄弱环节倾斜。用好普惠小微贷款支持工具,做实中小微企业金融支持。全年累计发放支农再贷款8.48亿元、支小再贷款25.88亿元;累计办理再贴现5.19亿元;向符合条件的地方法人金融机构提供激励资金3930万元,带动新增普惠小微贷款22.58亿元。

(三)促进融资成本稳中有降

指导落实普惠小微贷款阶段性减息、小微企业贷款延期还本付息及费用减免等政策措施,持续推动小微企业综合融资成本稳中有降。2022年12月,全市新发放法人企业贷款、普惠小微贷款利率分别为4.64%、4.94%,较上年同期分别下降51个BP和22个BP,处于历史低位;采用利率互换协议方式,通过地方法人金融机构为普惠小微贷款主体落实阶段性减息4105万元。2022年,全市金融机构通过利率下行、减免服务收费、代企承担费用、优化金融服务等措施为实体经济让利8.25亿元。

(四)持续提升金融服务质效

指导金融机构在荆州“市民之家”设立首贷服务中心,推动财政部门加大首贷奖补力度,全年新增首次贷款户5351户。开展楚天贷款码“十圈百园万社”专项行动,全年中小微企业、个体工商户通过“楚天贷款码”提交融资申请18162笔、获贷159.64亿元,扫码办结笔数、获贷金额均居全省第4位。持续实施中小微企业信用培植工程,185家入库企业获贷9.98亿元,平均利率4.59%。打造“白名单”服务模式,建立文化旅游、批零住餐、交通物流等重点纾困企业名录库,指导金融机构与首批收录的656家企业对接,新发放贷款24.5亿元。出台跨境人民币业务发展工作指导意见,持续开展跨境人民币“两扩大两提升”活动,全年累计结算30.5亿元,同比增长41.65%;跨境人民币收付企业101家,较上年增加21家。

2022年9月21日,人民银行荆州市中心支行在江陵县资市镇先进村开展“金融知识普及月”暨“金凤凰”志愿服务活动

二、防范化解金融风险

（一）推进防范化解金融风险长效机制建设

加强防范化解金融风险跨部门协作，与相关部门联合建立荆州市重大金融风险防控处置化解联动机制，修订完善突发事件应急预案。实施央行金融机构评级等级提升工程，对辖内央行评级为7级的法人银行实行“一行一策”管理，督促制定风险化解方案，明确时间表和路线图，2家机构顺利实现“脱七”。持续做好地方法人金融机构日常监测，按月对其经营状况进行监测分析，推动风险管控关口前移。对13家法人银行机构偿付能力敏感性和流动性风险开展压力测试，及时约谈未通过测试的机构，督促整改。

（二）支持房地产平稳发展

认真执行金融支持房地产16条措施，坚持因城施策，扎实做好“保交楼、保民生、保稳定”工作。配合市住建部门出台地方性政策举措和带押过户工作方案，指导三次下调个人首套商品住房按揭贷款利率，下调至3.9%；督促执行首套房首付比例最低两成标准。指导政策性银行成功发放“保交楼”专项借款2.75亿元，切实满足房地产企业合理融资需求，支持刚性和改善型住房需求。

（三）加强汇警合作

签署《2022年荆州市警银汇联络机制办公室工作备忘录》，以汇警联合研判案件线索为抓手，开展“3·24”跨境赌博专案虚拟货币涉案线索汇警联合分析研判、“8·2非法经营案”扩线研判和数据分析，不断拓展汇警合作深度与广度。召开荆州市汇警加密货币非法行为研讨会、警银汇工作联席会；举办联合培训，应对虚拟货币交易炒作风险。

三、持续提升金融管理与服务质效

（一）加强支付管理与服务

组织金融机构签署账户风险管理自律公约，对重点地区、重点银行机构开展调研。督导落实支付服务减费让利政策，全市金融机构全年减免支付服务手续费1800万元。持续优化支付便民服务，全市412个银行网点通过适老服务验收，累计为高龄、病残等特殊群体提供上门服务4000余次；指导公安县试点运行“金融超市”、支持江陵县开展农资收购领域移动支付应用标准化试点，辖内个人和对公账户简易开户服务网点分别达604个和471个。

2022年1月12日，湖北金融稳保“早春行”暨助力荆州制造业高质量发展现场推进会在荆州举行，金融机构为1272家企业授信450亿元

（二）持续推进征信管理服务

优化征信窗口服务，新增县（市）代理查询网点2个、个人征信自助查询机2台，有效满足公众征信查询需求。推动“信用湖北”“信用荆州”网站在辖内运用，推动金融机构开展联合奖惩，引导银行机构加大信用类信贷产品的投放力度。以创建湖北省信用市（州）、县为抓手，持续推进“信用乡（镇）、信用村、信用户”创建评定活动，鼓励银行机构运用创建评价结果，加大对新型农业经营主体授信力度。加强征信市场规范清理，辖内名称或经营范围含“征信”字样的违规企业实现动态清零。

（三）不断提升国库管理服务水平

全面落实增值税大规模留抵退税政策，联合税务部门推进社会保险费和非税收入电子化缴纳工作，扩大TIPS电子税款缴税范围；稳步推进“国债下乡”。全年共完成留抵退税28.01亿元，惠及企业2183户；全年国债销售总量3.76亿元，其中，乡镇销售额为2.46亿元，占比65.5%，排名全省前列；全辖社会保险费和非税收入电子缴税比例达99%。

（四）加强人民币管理服务

加强科学调度，切实满足社会现金需求，积极探索推进硬币清分社会化服务。组织做好普制币预约兑换工作，全年顺利承办完成八币两钞预约兑换233.1万余枚。常态化做好人民币反假工作，加强对拒收现金、非法使用人民币图样行为的治理。

（五）强化金融科技支撑

深化金融标准银校合作，联合长江大学和金融机构建成金融标准化人才实践基地，以产教融合模式推动金融标准化人才“共商、共建、共管、共育”。协调相关部门依托荆州市网上金融服务平台上线金融网点通 APP 和全球法人识别编码系统，实现金融信息线上服务多样化。

（六）持续开展金融知识宣传教育，加强消费者合法权益保护

聚焦提升人民群众金融素养，发挥省级金融教育示范基地带动作用，组织金融机构开展“3・15 金融消费者权益日”“普及金融知识守住钱袋子”“金融知识普及月”等主题宣教活动 500 余次，受众达 30 万人次。督导金融机构依法合规处理投诉事项、及时回应金融消费者诉求，全年受理各类咨询 200 余次，处理各类投诉 139 笔，满意度达 99%。

四、持续推进金融改革创新

（一）加快发展绿色金融

印发《金融支持荆州市绿色低碳转型发展的实施意见》，明确各金融机构绿色金融目标任务。会同市直部门建立科技型中小企业和高新技术企业名单；配合完善长江经济带降碳减污扩绿增长十大行动方案；收集整理 678 个绿色发展项目，编制《荆州市绿色发展项目库》，指导金融机构积极与库内项目对接，为清单重点企业做好绿色政策工具宣传和针对性辅导。截至 2022 年末，全市绿色贷款余额 312 亿元，同比增幅达 46.78%，均高于全国、全省平均水平；碳减排支持工具、支持煤炭清洁高效利用专项再贷款实现增量扩面，合计落地资金 36.1 亿元，居于全省市（州）首位。

（二）推进金融服务乡村振兴

出台《荆州市金融服务乡村振兴提升工程行动方案》，指导金融机构推出“裕农快贷”“荆楚小康贷”等 20 多个创新信贷产品，加大乡村振兴重点领域融资支持，有效满足多层次新型农业经营主体资金需求，年末涉农贷款余额同比增长 16.36%。探索打造区域特色普惠金融示范点，在江陵县、公安县、松滋市、石首市、监利市、洪湖市各选 1 个村镇作为示范点，引导金融资源集聚，支持乡村振兴和改善民生，有效提升了金融服务在农村地区的覆盖面、可得性和满意度。

（三）推动“政采贷”助力企业融资

出台《2022 年荆州市应收账款融资服务平台推广应用工作考核办法》，促进将支持应收账款融资纳入市级贯彻落实稳住经济一揽子政策措施工作清单，并作为优化营商环境纾解中小微企业融资难融资贵问题重要抓手。联合多部门印发《荆州市政府采购合同融资（“政采贷”）试点工作实施方案》，综合运用工作提示函、月度完成情况通报、现场约谈等方式加强工作督办。全年各类市场主体通过中征应收账款融资平台实现融资 324 笔、94.9 亿元。其中办理线上“政采贷”155 笔、5.44 亿元，融资金额居全国地市第一，业务量居全省市（州）第一。

（四）推进实施外汇便利化措施

深入开展“外汇支持外贸企业发展特别行”、助企纾困政策推介会等活动，覆盖全市 1000 余家涉外小微企业。建立企业外汇套保信息库，指导金融机构创新产品，服务外贸企业套期保值。全年共拓展首办企业 4 家，运用外汇衍生产品管理汇率风险规模达 4.97 亿美元，套保率 20%。支持辖内企业成功申报湖北省优质企业贸易外汇收支便利化试点，为企业办理数字化支付业务 93 笔、1.58 亿元；指导提供便利化业务 95 笔、1311 万美元。持续优化办事流程，依托“政务服务网上办系统”为市场主体提供“一站式”服务，全年行政许可事项线上办理率达 80%。

（中国人民银行荆州市中心支行）

银行业保险业发展

一、持续加大服务实体经济力度

（一）深化普惠金融服务

一是推进金融助企纾困。全年辖内银行机构为各类中小微企业和个体工商户续贷、展期、调整还款计划 364.5 亿元。

二是推进小微、新市民和“三农”金融服务。开展首届荆州市

2022 年 9 月 26 日，荆州市金融消费保护与纠纷调解中心挂牌成立

“十佳金融村官”等普惠金融青年先锋评选表彰活动;结合“下基层察民情解民忧暖民心”主题,组织开展“行长总经理下基层——县市行”活动。大力推进新市民金融服务,促进创业就业。积极推动金融服务乡村振兴创新示范区建设,通过建设乡村振兴普惠金融工作站、派驻“金融村官”、探索“村银联合”新模式等多种形式,提升农村金融服务质效。截至2022年末,全市小微企业贷款余额1276.83亿元,比年初净增192.5亿元,同比增长17.75%,高于全部贷款增速5.1个百分点;小微企业贷款客户11.54万户,同比增加1.22万户。县域存贷比54.29%,比年初提升0.77个百分点。

(二)强化保险保障功能

一是督导辖内保险机构扩大出口信用保险覆盖面,开展贷款保证保险、保单融资等银保合作业务,有效发挥保险风险管理增信作用。截至2022年末,为5家大型出口贸易公司和28家小微企业承保出口信用保险59.68万元,累计为出口企业提供风险保障22.90亿元。

二是拓展小额贷款保证保险服务。全年承保小微企业919家,同比增长17%;为小微企业提供风险保障16000万元,同比增长26%;赔款支出1466万元,同比增长48%。

三是推进安全生产、食品安全、电梯安全、环境污染、疫苗安全、重大灾害事故等重点领域的责任保险,服务民生保障和社会治理。全年全市各类责任保险累计保费收入23734万元、赔付11263万元,同比增长19.85%。全市实现水稻完全成本保险全覆盖,全年保险机构共开办涉农险种50个(其中开办新险种9个),累计保费收入66677万元,同比增长87.87%;赔付37461万元,提供风险保障200.42亿元,同比增长44.11%。

二、持续加强金融风险防控

(一)加强重点领域风险防控

严格开展银行保险机构风险排查和案件集中清理及专项整治等活动,大力推进重点机构提档升级和公司治理收官、现场检查清零行动,持续加大农村中小法人银行监管力度。督促银行机构加强信贷资产质量管理,从源头上防范和化解金融风险。

(二)推动不良贷款实现“双降”

推动化解地方政府隐性债务、国企债务、重点领域债务风险;推动加大不良资产处置力度。2022年末,全市银行机构不良贷款余额57.3亿元,比年初下降1.5亿元;不良率2.06%,比年初下降0.32个百分点。

(三)推动金融纠纷多元化解

筹建集消保接诉、转办、核查、纠调、仲裁等多功能于一体,一站式服务的“荆州市金融消费保护与纠纷调解中心”;建立与市中级人民法院、各区人民法院的诉调对接合作机制,积极推进全市银行业保险业金融纠纷多元化解机制建设。全年共办理各类银行保险金融消费者投诉咨询2590件、成功调解纠纷104件、调解协议金额1034万元,满意度100%。

三、持续推进金融改革创新

(一)推动保险服务创新

推动保险机构树立“专业化经营、精细化管理、特色化服务”发展理念,加强内部精细化管理。推动建立与气象水文、农业农村、林业等部门合作机制,建立政策性保险承保信息与相关灾害救助部门信息共享机制。引导人身险和专业代理保险公司走特色化、专业化经营之路,督导中小财产险公司深耕特定领域,做深、做细、做精差异化经营、特色化服务。

(二)推动科技赋能保险服务和风险防控

鼓励运用大数据、云计算、物联网、无人机、智能识别及手机APP等现代科技手段,提高承保理赔规范性、准确性、便利性和应对重大灾害能力。推动保险机构线上线下融合发展,为客户提供线上全流程、一站式服务体验。推动数字化转型,利用大数据、人工智能等技术优化各类风险管理系统,提升风险监测预警智能化水平。

(三)推动拓展保险服务广度和深度

督导保险机构创新提高营业中断险、财产损失险、雇主责任险、货物运输险等业务覆盖面,适当延长保单到期日或延期收取保费。推动优势产业和特色农产品保险扩面,创新蔬菜大棚、农产品目标价格、农民短期意外伤害、突发公共卫生事件应急救助等保险产品。推动“订单农业+保险+期货”“防贫保”“乡村振兴保”综合保险试点。推动做好新市民在创业就业、健康、养老、安居、子女教育等方面的保险服务,保险机构推出新市民服务产品40个,保费收入415.06万元,提供保险保障47.54亿元。

(中国银行保险监督管理委员会荆州监管分局)

黄　冈　市

金融发展概况

2022年末，全市银行业金融机构本外币各项存款余额4946.89亿元，增长13.1%，比年初增加572.96亿元。本外币各项贷款余额2954.36亿元，增长15.7%，比年初增加400.80亿元。金融机构人民币各项存款余额4939.43亿元，增长13.05%，当年新增570.19亿元，同比多增195.97亿元。金融机构人民币各项贷款余额2951.98亿元，增长15.73%；当年新增贷款401.13亿元，同比多增18.53亿元。全市银行业金融机构实现账面盈利35.56亿元。

全年商业保险机构实现保费收入118.39亿元，比上年增长0.12%；各项赔付和给付支出39.08亿元，增长5.65%。

全年资本市场建设成效突出，企业上市挂牌取得新突破。全市有A股上市公司2家，较上年增加1家；新增境外上市公司1家，实现零的突破；有"新三板"挂牌企业15家，与上年持平；有区域性股权市场挂牌企业596家，较上年增加563家，是上年的18倍。全年全市企业从资本市场直接融资60.05亿元，同比增长161.09%。社会融资规模3325.62亿元，比上年同期增长16.90%。

全市有银行业、保险业、证券业金融机构82家，与上年持平。其中，银行业机构34家、保险业机构44家、证券业机构4家。全市共有3类、37家地方金融组织，较上年减少11家。其中，小额贷款公司12家，减少8家；融资担保公司14家，减少1家；典当行11家，减少2家。

地方金融工作

一、引导金融服务经济社会发展

（一）引导产融精准对接

分领域收集融资需求，开展"千人进千企"融资专项服务行动及系列融资辅导活动；督促金融机构跟进服务，定期通报调度。年末全市各项贷款余额增量、增速均居全省第3位。

（二）加快重大项目授信转化

建立重大项目融资推进机制，协调完善用信手续，引导银行加快特批权限申报、补充提款用信要素，进一步完善流动性贷款用信保障机制、提升用信意愿。推动23个亿元以上项目、104亿元融资需求责任分解落实，实现授信转化。

（三）着力破解融资难题

推动政府性融资担保、农业担保、科技担保实现县（市）全布局，全年新增新型政银担业务18.33亿元，为上年的2.5倍。对受疫情影响严重的重点行业企业均执行不高于1%的担保费用标准。

二、深化金融改革创新

（一）创新开展"白名单"融资纾困

出台《黄冈市企业融资纾困白名单管理办法》，配套制定优惠利率、担保增信、贷款贴息等十大支持举措。根据"白名单"授信支持5批共343家企业融资14.3亿元。

（二）拓展风险补偿增信

瞄准融资堵点，深入实施信贷风险补偿金政策，为重点行业企业融资定向提供风险补偿支持。对401家企业授信16.36亿元，实现财政资金6.8倍放大。

（三）创新开展特色金融服务

定制"蕲艾贷""板栗贷"等产业链金融产品、"知惠贷""科保贷"等知识产权融资产品，推动首笔排污权质押贷款落地。大力推广"再担园区贷""创业担保贷"等特色担保业务，稳步放宽反担保要求。金融改革创新被列为全市年度十大改革攻坚成果之一。

三、推动企业上市挂牌

企业上市挂牌工作取得显著成效。1家企业在香港联交所上市、1家企业在深交所上市交易。截至年末，全市有IPO报会报所企业3家、IPO报辅企业4家。

（一）夯实梯次培育

在全市遴选出50家主业突出、管理规范、发展潜力大的上市后备企业，重点跟踪培育，形成"储备一批、培育一批、辅导一批、上市一批"的梯次培育格局。

（二）加大政策激励

及时修订调整黄冈市激励企业上市政策，实行市级奖励与省级、县级奖励叠加，无申请兑付。境内外主板、科创板、创业板、北交所上市单户奖励累计可达1200万元。

（三）优化上市工作机制

修订完善《黄冈市企业上市绿色通道制度》，制定《黄冈市中介机构服务评价管理办法》，进一步明确上市工作领导小组成员单位职责、规范中介机构行为，形成了政府主导、企业主体、上市办统筹、成员单位协同攻坚的上市工作格局。

(四)开展精准跟踪服务

建立服务企业上市"绿色通道",对21家省级"金种子"企业、15家"新三板"企业制定上市攻坚计划及IPO冲刺工作责任清单,实行"一对一"重点跟踪服务,项目化、清单化、节点化推进企业上市。

四、防范化解金融风险

(一)建立机制,组建专班

健全"市—县—乡—社区(村组)"四级联动防范化解金融风险攻坚战、打击和处置非法集资工作机制。成立防范化解金融风险工作专班,制定《2022年全市防范化解金融风险实施方案》,不定期专题研究处置非法集资存量案件和风险隐患问题,加强分析研判,实行清单式交办,明确处置路线图、时间表、任务书。

(二)摸清底数,专项治理

坚持"属地管理""管行业必须管风险"原则,督促行业主(监)管部门开展风险摸排,建立风险隐患台账、责任清单,持续采取监管清退、联合约谈、监管账户、监控重点人员等措施,稳慎实施行政处置,及时将重要线索移送公安机关。推进养老、房地产等行业和领域金融风险隐患有序处置。

(三)突出重点,着力攻坚

开展非法集资案件等风险处置攻坚,全市非法集资案件累计销案38件,销案率82.6%,完成省定目标。实现地方法人网贷平台存量风险清零、外地分支机构全部退出或转型。全市银行不良贷款率控制在警戒线以下。

(四)源头治理,正本清源

健全主(监)管部门监管监测、社区(村组)网格监测、银行机构网点监测和群众举报"四位一体"监测预警机制,常态化宣传防范金融风险知识,扎实开展"七进"宣传活动,着力提升公众金融法治意识和风险意识,筑牢风险防线。

五、促进地方金融组织规范健康发展

(一)加强机构变更和市场准入管理

规范审核各类地方金融组织设立及变更事项,对达不到有关条件的,坚决不允许进入申报程序,切实履行好属地监管和一线监管责任。

(二)加强监管检查

强化现场监管,完成对23家地方金融组织"双随机、一公开"现场检查。进一步梳理地方金融组织存在的业务风险把控不足、资产比例不合规、不良资产计提比例偏低等问题,采取监管通报、风险提示等措施,督促问题整改。

(三)开展地方金融组织清理规范

以集中排查、清理"失联""空壳"企业和整治无证、违法违规经营为重点,督促地方金融组织依法依规经营。依法依规出清"失联""空壳"地方金融组织,净化地方金融发展环境。

六、推进金融生态环境建设

(一)强化一揽子金融政策落实

开展"政策找企业、专班抓兑现"政策进园区和政策解读活动,围绕重点产业链设置金融链长,点对点开展"千人进千企"重点企业融资服务。

(二)着力减轻困难企业融资负担

对房地产、种植养殖、批发零售、住宿餐饮、文化旅游等行业的困难企业贷款给予贷款额度0.5%的贴息;对碳减排贷款给予贷款额度1%的贴息。全年共对困难企业贷款延期还本3529笔、58.3亿元,延期付息8.8亿元,金融机构减费让利近8亿元。

(三)持续提升贷款可获得性

积极落实小微企业贷款"四张清单"机制,开展"首贷户"拓展行动和小微企业融资信用培植工程,完善升级智慧金融平台、大力推广"楚天贷款码",着力改善金融营商环境,不断提升小微企业贷款的可获得性。黄冈市营商环境"获得信贷"指标第三方测评较上年实现进位。

(黄冈市地方金融工作局)

贯彻落实稳健货币政策

一、保持货币信贷规模合理平稳增长

(一)把握好信贷投放的总量和节奏,引导贷款规模稳步增长

明确信贷净增目标,科学制定方案,强化督导落实,从增量扩面、降负减压、控险提速、创新发展等方面进一步压实金融机构信贷责任。加强和改进企业融资服务,更好地服务实体经济发展。年末全市人民币各项贷款余额2952亿元,同比增长15.73%,比年初增加401亿元,增幅、增量均居全省第三。

(二)灵活运用结构性货币政策工具,持续优化信贷结构

建立健全农村金融、绿色金融、科创金融等工作机制,利用两项绿色货币政策工具以及科技创新、普惠养老、交通物流、设备更新改造等专项货币政策工具,引导金融资源聚焦乡村振兴、绿色发展、科技创新以及制造业等重点领域。年末全市涉农贷款余额1948.48亿元,同比增长17.2%,占全市贷款增量的76.27%。成功将24.06亿元碳减排支持工具再贷款资金落地到黄冈,再贷款资金落地规模居

全省第一。引导地方法人银行运用自有资金及再贷款资金为交通物流“两企两个”群体发放贷款2亿元;13家银行与设备更新改造清单内61%的项目达成贷款意向,贷款金额23.54亿元。

(三)聚焦纾困解难,开展重点行业金融纾困专项行动

建立金融助企纾困工作专班,落实两项直达货币政策工具转换和接续的相关要求,组织金融机构有序开展普惠小微贷款阶段性减息工作。初步匡算,2022年全市银行机构通过降低贷款利率、减免业务收费、办理延期还本付息等举措,使获贷者少支出利息和费用达13亿元。落实湖北省金融助企纾困“1+4”方案,围绕文化旅游、批零住餐、交通物流、外贸服务、先进制造等行业开展纾困专项行动,组织召开协调推进会、专场对接会、政策宣传等活动13次,摸底困难企业600余家。组织金融机构通过重点企业融资服务对接平台对接省级重点融资企业166家,实现融资9.89亿元。

(四)健全“四贷”工作机制,加大普惠小微金融支持力度

出台落实普惠金融服务政策配套措施,通过综合运用黄冈市信贷风险补偿金、探索开展金融“链长制”、推行“1351”楚天贷款码、提高不良容忍度等措施,推动银行机构“敢贷、愿贷、能贷、会贷”。开展“楚天贷款码”“三进四扫”专项推广行动,组织“线上”媒体宣传,“线下”进厂区、进园区、进社区。年末全市普惠小微企业贷款余额492.52亿元,同比增长25.23%;普惠小微经营主体贷款户数7.68万户,同比增长24.16%;“楚天贷款码”用户数1.65万户,融资办结8600笔,融资额106.56亿元。

(五)创新金融服务,提升产业链、供应链金融服务质量

推动线上供应链票据融资业务发展。组织供应链票据平台到黄冈开展业务宣讲培训,引导金融机构围绕产业链核心企业创新金融产品、探索农业产业链金融服务新模式。浠水农行对农业产业链龙头企业晨科农牧集团上、下游共450家核心客户集中授信2亿元、对产业链上300户农户实行“白名单”准入、信息建档管理,累计发放贷款6543万元。

二、防范化解金融风险

(一)加强地方法人中小银行风险防控

起草《黄冈辖内中小银行金融风险防控工作情况报告》,组织召开村镇银行风险化解推进会和央行评级等级提升行动推进会。组织开展约谈和风险提示,及时向重点机构预警风险。起草《黄冈市辖内银行机构挤兑风险联防联控办法》,“一对一”约谈辖内19家地方法人机构,确保风险防控政策平稳有序落实,有效防范河南村镇银行风险外溢影响。

(二)推进央行评级等级提升和综合评价工作

有序推进央行评级现场评级和存款保险现场评价工作,开展法人机构资产质量真实性评估,推动法人机构压降不良资产规模。2022年,黄冈辖内19家地方法人机构央行评级等级稳中向好,守住了不出现7级机构的底线。规范开展金融机构综合评价工作,组织对15家金融机构开展年度综合评价;制定《中国人民银行黄冈市中心支行对黄冈辖内银行业金融机构综合评价操作细则》,进一步规范综合评价工作,优化综合评价指标。

(三)持续提升金融监管质效

督促金融机构进一步提高重大事项报告制度执行力,确保及时掌握金融机构突发事件、疫情防控及其他相关重要事项。组织开展信贷投放专项督查、央行评级等级提升行动督查、金融消费者权益保护专项督查、风险化解重点督查和电诈涉案账户专项督查等督查工作,通过常态化巡回督查,形成“3142”金融管理督查工作模式。

(四)加强挤兑风险防控

推动完善防挤兑联防联控机制,指导19家法人机构开展应急演练,做好应急预案评估。按周开展流动性风险监测,密切关注法人机构存款异动情况。

三、持续提升金融管理与服务质效

(一)深入推进金融纠纷调解工作

在黄冈市挂牌成立湖北省首家地市级金融纠纷调解工作室,成功对接全辖金融机构。将辖内保险业金融机构纠纷案件纳入调解

2022年3月29日,黄冈市举行“楚天贷款码”推广会暨“专精特新”银企对接会

范围。指导辖区人民银行武穴市支行、浠水县支行分别成立湖北金融消费权益保护协会人民调解委员会驻人行武穴支行工作室、浠水县金融纠纷人民调解委员会，积极开展金融纠纷调解工作。

（二）做好金融消费者权益保护工作

全年受理“12363”电话投诉案件51笔，较上年同期减少74笔，降幅达62.22%；现场接待来访投诉和咨询10余次。协助人民银行武汉分行建设完善《湖北省金融广告监测系统》，承担《第二代湖北省金融消费权益保护评估系统》项目建设工作。建立金融教育示范基地，健全金融知识常态化宣教机制，开展自主金融知识宣传5场。在黄冈职业技术学院开展“新生第一课”宣讲活动，覆盖大一新生8000余名。

（三）推进涉赌涉诈“资金链”治理和洗钱案件办理

制定实施“压力传导直抵一线基层网点，账户管控纵贯生命周期全线，专项行动深入覆盖社会各层面”的综合治理举措，协助公安司法机关打击洗钱违法犯罪活动。

（四）持续提高国库服务便利化水平

联合税务部门推进三方协议网上签订增幅扩面，做好非银行支付机构提供网络缴税服务的推广实施工作，全市实现跨省异地电子缴税业务全覆盖。配合财税机关做好土地出让金等非税收入征管职责划转、预算管理一体化工作。与市财政局、医保局、税务局联合实施黄冈市城乡居民基本医疗保险基金市级统筹。新设黄冈高新技术产业区支库。

（五）持续提升征信管理与服务水平

一是稳步推进应收账款融资。全辖应收账款融资成交421笔、146.2亿元，居全省前列。积极推进“政采贷”业务，全市发放“政采贷”72笔、18902万元，融资总金额居全省前列。协同推进智慧金融平台建设，金融机构已上线金融产品171款、授信861笔、授信金额67.73亿元。办理动产融资登记业务675笔、提供查询2592次。

二是推进核心企业对接中征平台。初步确定黄冈市大别山区域医疗中心和黄州区人民医院进入候选。

三是优化网点布局。在黄梅县政府服务中心和汉口银行武穴支行分别布放了1台征信自助查询机。

（六）持续加强外汇管理与服务

进一步提升行政许可便利化，通过“网上审、微信审、邮寄办”等方式办理行政许可业务。完善和提高监管手段，提升事中事后监管能力。

2022年9月16日，人民银行黄冈市中心支行和市生态环境局联合召开黄冈市排污权抵质押贷款银企对接暨现场推进会

深化汇警合作，严惩地下钱庄交易对手，做好“8·22非法经营案”查处及收尾工作，开展打击“12·29非法经营案”地下钱庄专项行动。

四、持续推进金融改革创新

（一）创新推进金融服务乡村振兴和助企纾困

一是首创再贷款支持乡村振兴示范点。在武穴市推出全省首个“再贷款支持乡村振兴示范点”，武穴农商行为1家农场贷款授信200万元、用信170万元，支持农场流转土地32000亩，大米加工产能提升到每日60吨，带动当地劳动力就业150人。

二是在全省首创“白名单”融资纾困管理办法，确定481家纾困“白名单”企业，精准对接施策，提高纾困质效。

（二）创新发展绿色金融

一是创新建立“财政绿色贴息+绿色金融白名单”机制。推动出台黄冈市绿色贷款财政贴息政策；由人民银行牵头，会同市发改委、经信局、生态环境局等职能部门研究制定黄冈市绿色金融“白名单”管理办法，初步拟定黄冈市绿色金融“白名单”企业168家。通过对绿色金融“白名单”企业实施财政绿色贴息优惠政策，促进绿色金融服务提质增效。

二是稳步推进金融业碳核算工作。发布《黄冈市金融业碳核算与报告方案》，以蕲春中银富登村镇银行为样本，通过全国企业标准信息平台发布全国首个中小银行碳核算信息披露报告。

（三）推广动产质押融资创新模式

积极推广运用动产质押融资增信新模式，进一步拓宽小微企业融资渠道，提高融资效率。红安县落地全省首笔以矿山特许经营权为单一质押物的新型动产融资业务，武穴市落地全省首笔“节能环保项目特许经营权”单一质押贷款，黄梅县落地全市首笔地方特产库存质押登记业务，罗田县完成全市首笔“活体抵押”登记业务，麻城市落地全市首笔“碳排放权质押贷款”。

（中国人民银行黄冈市中心支行）

银行业保险业发展

一、持续加大服务实体经济力度

（一）推进重点领域重大项目融资

推进实施县域存贷比提升工程，存贷比首次超过60%，比年初提升1.41个百分点。制造业贷款余额238.04亿元，增长24.58%；批发和零售业贷款余额224.6亿元，增长22.63%；水利、环境和公共设施管理业贷款余额394.11亿元，增长22.51%。

（二）落实金融助企纾困政策

编制《金融助企纾困政策产品一本通》，制定稳住经济一揽子政策细化措施，组织开展纾困政策及产品服务宣传活动，切实有效落实困难行业企业延期还本付息政策。截至12月末，全市银行机构共为7051户受困企业、个体工商户办理延期还本付息79.66亿元。

（三）推进金融服务乡村振兴

在麻城、蕲春和黄梅3个县（市）推进省级金融服务乡村振兴示范区建设，选派“金融村官”参与村银共建，全市3620个行政村提前一年半完成“整村授信”。截至12月末，全市银行业涉农贷款余额1948.48亿元，较年初增长17.33%；累计发放脱贫人口小额贷款41.99亿元，惠及贫困人口12.16万户。推动全市农险“提标、扩面、增品”，全市特色农业保险在保品种达21个，实现水稻完全成本保险在7个产粮大县全覆盖。全年实现农业保险保费收入3.84亿元，保额合计101.44亿元，赔款及给付2.19亿元。

（四）持续优化小微企业金融服务

开展“解难题、稳增长、促发展”企业帮扶活动、新一轮“百行进万企”银企对接活动。实施“专精特新”企业春风行动，为有融资需求的163家“专精特新”中小微企业发放贷款38.69亿元。12月末，全市银行业普惠型小微企业贷款余额512.59亿元，增速21.13%，高于各项贷款平均增速5.44个百分点；平均利率降至5.12%，较年初下降0.26个百分点。

2022年3月22日，黄冈银保监分局在黄梅县召开全市金融服务乡村振兴示范区建设暨金融示范县创建推进会

二、持续加强金融风险防控

成立企业债委会，协调化解不良贷款。发挥“府院联动”机制作用，加快金融不良债权审理和执行。防范房地产领域贷款风险，成功发放第一批“保交楼”专项借款1.48亿元。深化市场乱象整治，开展保险中介市场“多散乱”问题整治，对辖内“三无”保险中介机构进行清理整顿。组织各银行机构开展“3·15”消费者权益保护教育宣传周、“守住钱袋子 护好幸福家”防范非法集资宣传月、保险公众宣传日、严厉打击非法金融等活动。开展法人银行机构现场检查“清零行动”，对10家银行保险机构开展现场检查和稽核调查。

三、持续推进金融改革创新

一是深化“放管服”改革，推进“互联网+政务服务”，实现市场准入一网通办、全程网办。

二是全面推行不动产电子证照应用，不动产抵押登记业务由原来一周缩短为1小时。

三是开展“新市民金融服务宣传月”活动，满足新市民金融需求。截至12月末，辖内银行机构共推出涉新市民信贷产品74个，发放涉新市民贷款余额144.24亿元。

四是引导保险机构积极发展农业保险、责任险、城市定制型普惠型商业补充医疗保险；推动黄冈市普惠型商业补充医疗保险“黄惠保”上线，全市保险机构累计承保“黄惠保”总量79.8万人次，累计保费7102.2万元，保障额度达20748.01亿元。

五是大力推进安全生产责任险。辖内3家大型财产险公司共为15308人次提供了雇主责任保障，保险金额265.07亿元；为51628名建筑工人提供了安全责任险，保险金额89.68亿元，赔付总额235.7万元。

（中国银行保险监督管理委员会黄冈监管分局）

咸 宁 市

金融发展概况

2022年末，全市金融机构各项存款余额2129.38亿元，比年初增加228.32亿元。其中，住户存款1491.97亿元，增加237.65亿元。各项贷款余额1663.09亿元，增加186.90亿元。其中，非金融企业及机关团体贷款1032.44亿元，增加132.81亿元。

全市实现保费收入53.13亿元，比上年增长3.5%。其中，财产保险实现保费收入15.42亿元，增长9.2%；人寿保险实现保费收入37.71亿元，增长1.3%。各项赔款和给付金额19.33亿元，赔付率36.4%。其中，财产保险10.32亿元，赔付率66.9%；人寿保险9.01亿元，赔付率23.9%。保险深度达到2.8%。

截至年末，全市有境外上市公司2家、"新三板"挂牌企业2家、区域性股权市场挂牌企业371家，较上年增加21家。

全市有银行业、保险业、证券业金融机构49家，较上年增加1家。其中，银行业机构17家，与上年持平；保险业机构29家，较上年增加1家；证券业机构3家，与上年持平。全市共有地方金融组织4类、30家，较上年减少2家。其中，小额贷款公司10家，较上年减少2家；融资担保公司、典当行、融资租赁公司分别为12家、7家、1家，数量均与上年持平。

地方金融工作

一、引导金融服务经济社会发展

（一）不断加大信贷投放力度

印发《关于做好全年信贷投放工作的通知》《咸宁市级政府性资金存放考评实施细则》，进一步调动银行机构信贷投放积极性。年末贷款余额比年初净增186.9亿元，同比增长12.66%，高出全省平均水平1.7个百分点。

（二）推动金融助企纾困政策落实落细

引导商业银行主动下调利率，银行贷款平均利率为4.37%，连续3年保持下降。为市场主体减费让利5.51亿元，为1342户企业累计延期贷款本金37.62亿元，为311户企业累计延期利息1.41亿元。印发《关于进一步推进无还本续贷业务的通知》，13家银行机构实现"无还本续贷"业务全覆盖，金额19.64亿元。

（三）充分发挥政府性融资担保增信作用

出台《关于政府性融资担保机构"四补"机制》《政府性融资担保业务尽职免责管理办法》《咸宁市"再担园区贷"实施方案》，督促各地落实"四补"资金7211.22万元。促成通城隽兴担保公司加入省再担集团合作体系，新型政银担分险合作业务实现县域全覆盖。推动将创业担保贷款纳入省再担集团新型政银担合作范围，全年办理"4321"新型政银担业务16.15亿元，在保余额19.72亿元。

二、深化金融改革创新

（一）进一步完善政银企金融服务平台功能

在"咸融通"平台专门开辟"创业贷"、"人才贷"、"301"模式、"信易贷"等产品窗口。平台已归集15个部门100多项涉企信用信息，入驻金融机构27家，上线金融产品

2022年3月22日，湖北金融稳保"早春行"暨助力制造业高质量发展咸宁现场推进会在咸宁召开

134 款，注册企业用户 686 户，发放贷款 114.8 亿元。

（二）推进金融服务乡村振兴创新

引导咸宁农商行在全市 943 个行政村推进“整村授信”，覆盖面达到 100%；为 29.41 万户农户建立信用档案，新增农户自助循环贷款 9.72 亿元。推动“防贫保”产品市域全覆盖，太保产险承保全市农村人口、农村低收入人口及脱贫人口 23.2 万人，已赔付 791 笔、1355.01 万元。赤壁市围绕茶产业链创新推出青砖茶仓单质押、存贷反担保、“茶叶贷”、“茶商贷”等多种创新产品，支持青砖茶产业链各类市场主体 370 户，贷款余额 6.23 亿元。嘉鱼县与农业发展银行签订“共建农业政策性金融服务乡村振兴实验示范区合作协议”，审批乡村振兴项目贷款 10 个、金额 34.4 亿元。

（三）创新拓展小微融资服务

推出“再担园区贷”“再担创业贷”等产品，纳入省再担保“4321”合作体系，执行担保最低费率，企业担保费率仅 0.5%。其中“再担创业贷”免收担保费由银行自主审批，市担保集团“见贷即保”，实现快速高效为受困企业提供融资服务。大力推动知识产权质押融资，全年发放知识产权质押贷款 9 笔、4460 万元。协调太保产险成立“个性保太享贷”门店，积极开展“保单融资”业务，帮助中小微企业获得无抵押贷款 6810 万元。

三、推动企业上市挂牌

加快企业上市挂牌步伐，资本市场“通城板块”初具雏形。1 家企业通过中国证监会发审会审核，进入待发行上市阶段；1 家企业成功报会、报辅，已向证监会提交了第一轮问询的反馈答复，进入在会在审阶段。全年新增“四板”挂牌企业 21 家。16 家企业获评 2022—2023 年度省“金种子”企业、29 家企业获评 2023—2025 年度省“银种子”企业。

（一）坚持高位推进与考核激励并举

认真落实市领导联系包保和服务企业绿色通道制度，完善《重点上市后备企业联系包保制度》，全市 8 家重点上市后备企业均明确市、县包保领导。出台《咸宁市进一步加快推进企业上市若干措施》，对在沪、深、北交易所上市企业市级财政奖励由 300 万元提升到 500 万元，省、市、县三级奖励最高可达 1400 万元。

（二）坚持主动服务与精准培育并重

加强对重点后备企业调研，协调解决企业上市过程中的重点、难点、卡点问题。邀请北交所、省上市指导中心及有关券商辅导机构专家深入企业实地走访，“一对一”答疑解惑，在咸宁高新区、赤壁市开展专题培训 2 场。筛选 31 家企业作为北交所上市后备企业进行跟踪培育。

四、防范化解金融风险

（一）有效压实属地责任

多次召开风险处置工作会议专题研究部署，进一步细化、压实属地责任。市处非办印发全年工作要点及 4 个专项工作方案，组织开展现场调研督办 5 次。通过印发工作情况通报、下发工作督办函、工作提示函等措施，促进各项工作有力推进。

（二）全力推进案件处置

全方位开展非法集资等金融风险监测预警，坚持打早、打小；充分发动群众，全年收到群众案件举报线索 20 余条、风险线索 4 条。查实处置 2 起涉非法集资线索、立案 3 起、奖励 1 起非法集资线索举报。严格实行“一个案件、一名县级包保领导、一套处置方案、一个工作专班、一个化解时限、一抓到底”的“六个一”工作机制，2022 年咸宁市防范金融风险工作位列全省第一档。

（三）全面开展风险排查

一是深入开展涉非法集资等金融风险全面排查。印发《关于开展全市各行业领域金融风险排查工作的通知》《关于进一步做好第三方财富管理公司清理规范工作的通知》等文件，组织各地各行业开展 3 轮非法集资等金融风险排查，排查机构 4242 家、摸排风险隐患 26 个并建立风险台账，明确专人负责化解处置。对冠名“财富管理”“财富投资管理”“资产管理”的企业进行全面清查，对涉嫌违法违规的企业予以行政立案，将涉嫌犯罪案件移交公安机关。

二是加大养老领域涉非法集资风险专项排查。印发《咸宁市养老领域非法集资专项整治工作方案》，联合公安局、检察院、法院、民政局等部门召开养老领域非法集资等金融风险专项整治工作推进会。依托省地方金融监督管理局湖北省金融风险预警平台，组织公安、市场监管和民政部门对重点风险线索逐一进行现场检查。

三是全面摸排涉非法集资涉诉涉稳风险。印发《关于开展集资借贷领域矛盾纠纷排查化解专项行动工作方案》，对涉稳涉访案件重点督办。建立定期座谈反馈机制，组织召开相关案件反馈会，通报处置进程、化解矛盾。启动“五一”“十一”“二十大”等重要节点“日报告”机制，快速反应、及时稳妥处置风险。全年未发生涉金融领域大规模聚集上访和赴省进京上访事件。

（四）深入开展宣传教育

以“守住钱袋子 护好幸福家”为主题、以“七进”宣传为抓手，组织全市近 600 个金融机构网点参与宣传活动。利用“农村数字电影院线”开展“防范非法集资进小区”

系列特别宣传50场,以“身边事”教育“身边人”,从源头上遏制非法集资。

五、促进地方金融组织规范健康发展

依法开展地方金融组织的监督管理工作,复审设立典当行1家,为2家典当行、3家融资担保公司、1家融资租赁公司办理复审行政许可事项变更。组织开展全市典当行2021年度年审评级、2021年小额贷款公司评级整改、2022年地方金融组织现场检查等工作,根据检查结果实施分类处置。通过监管信息系统对地方金融组织的业务活动及其风险状况进行非现场监督,切实做好实时监测、统计分析、风险预警等工作。

六、推进金融生态环境建设

持续深化金融生态环境建设,着力提升中小微企业金融服务质效,在2022年度全省金融信用市(州)创建工作中排名第5位,获得“湖北省金融信用市(州)”称号,连续21年获得此项殊荣。全市6个县(市、区)有4个获评湖北省金融信用示范县(市、区),较上一年度增加2个。

(咸宁市地方金融工作局)

贯彻落实稳健货币政策

一、保持货币信贷规模合理平稳增长

2022年,人行咸宁市中支积极贯彻稳健货币政策,严格落实党中央、国务院以及省委、省政府关于扎实稳住经济一揽子政策,在“组织、宣传、引导、对接、监督”五个关键环节出实招、硬招,有力支持了经济社会发展。

(一)加强组织领导和政策指导

推动成立由市政府相关职能部门组成的“助企纾困领导小组”,制定《咸宁市推广高新技术和“专精特新”企业跨境融资便利化试点工作的实施方案》《咸宁市金融支持“专精特新”企业高质量发展行动方案》,印发《进一步完善金融服务小微企业敢贷愿贷能贷会贷长效机制 加大普惠小微贷款信贷投放的通知》《关于进一步加强金融服务乡村振兴工作的通知》,配合市政府出台《关于进一步激发市场活力稳住经济增长实施细则》和《关于促进咸宁城区房地产市场平稳健康发展的通知》,进一步压实金融服务实体经济责任和细化措施。

(二)加大政策宣传力度

编发《咸宁市金融惠企政策汇编》《企业获贷渠道宣传折页》,在咸宁市金融机构营业网点、各级政府政务服务大厅累计发放宣传册3.7万册。围绕文化旅游、批零住餐、交通物流、外贸等4个重点纾困行业组织召开纾困解难协调会、碰头会、专场对接会23次,组织“一下三民”活动39次,向850余户企业面对面宣传解读政策。积极贯彻落实金融支持房地产平稳健康发展“16条”,召开金融支持房地产市场平稳健康发展银企对接会,向13家金融机构和32家房地产企业解读新出台的金融支持房地产政策,首批8家银行与15家房地产开发企业集中签约9.8亿元,已向2个项目投放4707万元。

(三)引导用好货币政策工具

引导金融机构用活用好再贷款政策工具,向辖内地方法人金融机构发放再贷款49笔、17.18亿元。其中,支小再贷款30笔、11.61亿元,带动支持普惠小微企业经营主体2975户;支农再贷款19笔、5.57亿元,带动支持涉农主体2054户。引导金融机构强化专项再贷款工具运用。全年落地碳减排支持工具28笔、5.66亿元;落地科创再贷款19笔、2.57亿元;发放煤炭清洁高效利用贷款2亿元、交通物流贷款6100万元。39个设备更新改造再贷款项目已授信12个、3.3亿元,用信7笔、1.45亿元;41个中长期贷款项目已批复6个,授信总额16.03亿元。

(四)有效推进融资对接

一是推进融资项目对接。将全市853个亿元以上建设项目纳入全省重大项目融资对接平台开展融资对接,其中,496个项目已确定牵头行,176个项目已对接到位,85个项目实现授信351.6亿元,已投放139.7亿元。

二是大力推广“楚天贷款码”。全年全市企业累计扫码9409笔,居全省第9位;办结率92.79%,居全省第3位;实现融资146.69亿元,居全省第5位。

三是不断推进信用培植工程。全年中小微企业信用培植平台推荐融资需求企业140家、办结140家,超过省定目标任务133%,实现融资20.82亿元,平均融资利率4.85%。

四是推动金融助企纾困。收集文化旅游、批零住餐、交通物流、外贸等4个行业重点纾困企业355户,分批次纳入全省重点企业融资对接平台,全年为81户企业新增贷款10.79亿元,为293户企业实施无还本续贷、贷款延期、调整还款计划等纾困措施。

五是推动金融资源与“专精特新”企业对接。建立一对一金融辅导员机制,创新专属信贷产品、推动市政府出台知识产权贷款贴息政策实施细则,引导更多金融资源投向“专精特新”领域,到2022年末,全市省级专精特新“小巨人”企业贷款余额36.52亿元,同比增长25%。

（五）提升督查工作实效

督促金融机构持续落实"四张清单一承诺"金融服务机制，在298个有信贷业务的营业网点公示授权、授信清单和金融服务承诺书，实现网点全覆盖。组织专项督查小组对一揽子金融政策重点工作落实不力的金融机构开展现场督导，建立问题辅导、整改、反馈动态机制。督促银行机构和支付机构严格落实支付手续费减免要求，组织专班对全市银行网点落实政策情况开展常态化督导，对全市106家企业就金融机构落实支付手续费减免政策进行上门回访或电话回访，满意度达99%。督促金融机构落实金融惠企政策，要求各机构对受疫情影响发生还款困难的企业、个人合理安排还款计划，以多种方式延期还本付息。督促各金融机构落实好阶段性减息政策，推动地方法人金融机构在2022年4季度为8010笔、48.14亿元普惠小微企业贷款（含存续、新发放或到期贷款）在原贷款合同利率基础上减息1个百分点（年化），共减息932.6万元。

二、防范化解金融风险

（一）强化现场评估，提高监测全面性、预见性

采取现场评估和非现场监测相补充、定性评估和定量分析相结合的方式，发挥金融机构稳健性现场评估在风险识别中的作用，重点关注银行业金融机构资产质量、盈利能力、流动性、同业业务、表外业务和创新业务等方面的风险状况。高度关注宏观环境、市场政策和创新业务产品等对金融机构盈利能力、资产质量迁移、总体风险评价上的影响。对辖内12家法人银行开展压力测试，将压力测试作为常态化风险监测预警工具，主动应对潜在不良贷款风险，进一步发挥压力测试在风险识别、防范风险中的积极作用。

（二）夯实动态监测，做好法人机构评估与风险处置

建立法人金融机构季度时序数据库，对非正常波动加强监测预警。建立法人银行机构风险监测挂点联系人制度，对12家法人机构采取"专员派驻"精准画像措施，确保对金融风险"底数清""情况明"。采取"一行一策"专项管理，督促机构制订风险化解方案，指定风险化解各项措施责任人，做到风险早发现、早预警、早处置。对6级及以上法人金融机构实行"一行一策"名单制管理，辖内12家法人金融机构央行评级均在6级及以下，实现了7级机构动态清零目标。

2022年5月18日，人民银行咸宁市中心支行组织市直银行机构召开金融稳企纾困推进会

（三）强化应急处置，化解高风险机构风险

针对被列入高风险机构的村镇银行采取应急风险防范和处置措施，提出"三个紧盯"的工作思路：紧盯村镇银行主发起行，督促其履行大股东责任；紧盯地方政府属地责任，建议市担保集团尽快履行代偿责任；紧盯村镇银行自身主体责任，督促其转变经营思路，找准市场定位。经过多方积极努力，风险得到有效处置化解。

三、持续提升金融管理与服务质效

（一）进一步提升征信服务水平

加强征信市场监管，会同市场监管、公安等部门开展"征信修复"乱象专项治理"百日行动"，共锁定34家企业进行专项整治，实现了全辖专项治理对象全面清零。创新开展信用宣传。开展"6·14信用记录关爱日"宣传活动，在城区开通3条"诚信号"公交宣传专线。

（二）持续提升外汇金融服务水平

着力提升企业的汇率避险意识和风险管控技能，积极开展系列宣传推广活动，全年新增5家"首办户"，合计10家企业利用外汇衍生品避险，签约金额984万美元，同比增长228%。积极做好纾解外贸企业融资难工作。与市商务局、市经信局协作，摸清融资需求底数，通过筛选，形成168家纾困企业清单，年末实现全部对接。全市10家外汇银行累计向70余户外贸企业发放贷款超过5亿元。推广落实外汇便利化政策。以"线下讲"和"云课堂"的方式广泛开展外汇管理政策宣讲和解读，组织全市10家外汇银行和500余家外贸企业开展3次现场培训和2期线上云课堂培训。积极推动企业多笔外债共用一个外汇账户以及线上申

请外债登记两项便利化措施落地咸宁。严厉打击外汇领域非法金融活动，通过非现场监测和现场核查发现涉嫌非法经营犯罪线索并移交公安机关立案侦查。做好对公安机关移交的外汇违法线索的立案处罚工作。

（三）不断提升经理国库能力

要求全市各银行机构高效处理预算收入业务，及时入库，确保资金“零在途”，切实做到延压税款情况全面“清零”。积极推动“国债下乡”工作，截至12月末，国债总销售额同比增长201.64%，增幅居全省第一。其中，国债下乡销售额占比66.11%，占比居全省第一。积极助推“组合式”减税降费政策落地，全年共办理增值税留抵退税业务2606笔、25.74亿元，惠及企业2441户。

（四）有效提升支付服务水平

全面优化账户服务，大力推进适老化建设、简易开户、双减专用账户等工作，全年共开立简易账户162户，同比增长268%；“一网通办”平台线上预约并成功开立账户33户，全市338个网点实现适老化改造全覆盖。推动校外培训机构资金核验和支付功能开通实现两个100%，居全省第一。全年受理市政务12345平台账户投诉40起，处理投诉举报结案率100%、群众满意率100%。

（五）加强现金服务管理

全年鉴定兑换特殊残缺、污损人民币37.8万元，为群众挽回经济损失22.6万元。建立《现金服务投诉电话查询处理登记簿》，有效处理残损币、原封新钞兑换纠纷。在全市重点打造12个服务品质好、管理运行规范、具有典型示范效应的工作站。对辖内4个县级发行库实施零库存管理。联合咸宁市公安局出台《咸宁市假币违法犯罪举报奖励办法》，指导嘉鱼县支行联合市场监督管理部门依法查处非法买卖流通人民币案件。对非法印制人民币图样事件联合政府职能部门、市场监督管理局开展立案调查和舆情处置，给予当事人行政处罚。

（六）加强金融消费权益保护

举办“美好生活·民法典相伴”金融普法进乡村活动，开展“喜迎二十大 提升金融素养”线上竞答活动；联合市图书馆、工商银行在“书香咸宁”“咸宁金融消保君”平台开展线上竞答活动。持续完善咸宁市金融教育基地建设，拓展“小小银行家体验中心”功能区；开展“香城金融微课堂校园行”接力活动，推进金融教育纳入国民教育体系。持续推动金融消费纠纷多元化解，举办2022年金融消费纠纷人民调解员专题培训班，推进金融消费纠纷诉调对接市、县一体化建设，在“人民法院调解平台”建立各县支行账号，推进金融消费纠纷调解。全年受理案件180件，调解成功21件。

（七）强化金融领域扫黑除恶工作

通过召开扫黑除恶斗争领导小组会议和金融放贷领域整治协调会议，推动全市金融机构统一行动；开展金融机构员工非法金融放贷异常行为排查和非法金融放贷业务排查；加大常态化扫黑除恶宣传力度。

（八）大力推进防范电信网络诈骗工作

深化银警协作机制，建立联防联控网格化管理工作流程，提升联合治理工作效能，全年向公安部门移送可疑线索123条。开展重点人员劝投逼返专项行动，压实各金融机构账户管理主体责任。针对辖区账户管理薄弱环节，督导银行机构强化柜面取现交易监测和劝阻被骗群众转账。

四、持续推进金融改革创新

（一）推动排污权抵质押贷款

制定印发《咸宁市排污权抵质押贷款业务推广方案》，推动各县（市）按市场化原则，向有排污权抵质押贷款需求、符合条件的企业授信。通城惠民村镇银行以排污权为质押物向1家企业发放全省首笔以排污权为单一质押品的环境权益质押贷款100万元。5家企业在湖北环境资源交易中心集中办理了湖北省首批排污权抵质押集中登记，4家银行机构共为企业授信融资2800万元。全年全市发放排污权质押贷款9笔，金额2830万元。

（二）推进动产质押贷款

推动金融机构在林业碳汇质押贷款、禽畜活体质押贷款、植物种源质押贷款方面取得突破。推动知识产权质押贷款量增面扩，推动专利权、商标权质押全面铺开，累计发放9笔、4460万元。截至12月末，银行机构通过应收账款融资服务平台办理贷款199笔、84.99亿元，其中，线上“政采贷”61笔、3.51亿元。

（三）加快发展绿色金融

制定印发《咸宁市银行业金融机构环境信息披露工作方案》，引导辖内24家银行（含12家非法人银行）披露2021年环境信息，率先实现全域银行业金融机构环境信息披露全覆盖。引导银行机构积极参与人民银行武汉分行组织的金融机构碳核算试点工作，顺利完成3家企业贷款试点的碳核算工作，推动绿色信贷投放加速。截至12月末，全市金融机构绿色贷款余额257.97亿元，同比增长76.6%，高于各项贷款增速63.94个百分点，绿色贷款增速高于全国35个百分点。绿色金融产品创新明显加快，咸宁农村商业银行在我国猕猴桃主产区之一的赤壁市创新推出种源质押贷款，向“神山兴农”投放首笔1500万元；建设银行向通山光伏发电、风力发电项目投放的3.62亿元贷款获得人民银行碳减排工具支持。

（中国人民银行咸宁市中心支行）

银行业保险业发展

一、持续加大服务实体经济力度

（一）不断提升小微企业融资质效

督促银行机构加大对小微企业信贷支持力度，积极为小微企业纾困解难。印发助企纾困专项行动方案，全力开展攻坚行动。12月末，全市银行机构为1606户小微企业累计延期贷款本金47.07亿元，为530户小微企业累计延期利息1.71亿元。全市银行机构通过下调贷款利率、减免费用、落实延期还本付息政策等措施累计减费让利6.05亿元。年末全市普惠型小微企业贷款平均利率5.14%，比年初下降0.44个百分点；普惠型小微企业平均办贷环节、办贷时间、申请材料数分别较年初减少0.21个、0.79天、0.42个。

（二）大力推动金融服务乡村振兴

推动金融服务乡村振兴创新示范区在通城县和嘉鱼县落地。积极推进“整村建档评级授信”三年全覆盖。截至12月末，全市已实现“整村建档评级授信”的行政村883个，提前完成“整村授信”建档评级全覆盖。协助湖北银保监局在通城县开展“金融支持乡村振兴通城行”系列活动，促成15家银行保险机构与通城县政府及10家企业签约，金额136.27亿元。

二、持续加强金融风险防控

（一）督导加强不良贷款管控

加强监管提示、约谈，督导银行机构不断加强不良贷款管控，实时监测、做实分类、提足拨备。12月末，全市银行机构累计处置不良贷款10.51亿元，不良率1.57%，控制在合理水平。

（二）防控房地产领域风险

密切跟踪接续政策落地情况，持续开展房地产开发企业风险监测、提示，组织开展“强制停贷”风险排查，参与地方房地产风险防控工作专班工作，配合政府做好“保交楼”工作。督导农发行投放“保交楼”专项资金3.62亿元。

（三）整治保险市场乱象

开展保险中介机构排查清理，整治中介机构“多散乱”问题。保持车险乱象治理高压态势，辖区车险综合费用率25.69%，比全省平均水平低2.62个百分点。制定整治“代理退保”黑产乱象专项行动工作方案，与公安、市场监管等部门加强协作，做好违法犯罪线索的排查、收集、整理和移交工作。

（四）加强防范金融风险宣传

组织开展反诈集中宣传月活动，常态化开展扫黑除恶、打击非法集资宣传等专项行动。通过咸宁广播电视台“法治热线·部门说法”节目向市民详细解读“代理退保”风险。开展防范“代理退保”等风险宣传月活动，提示提醒25.2万人次，形成行业共同打击“代理退保”的氛围。

三、持续推进金融改革创新

大力推进新市民金融服务，全市银行机构累计发放创业担保贷款1.67万笔、35.11亿元。大力推进出口信用保证保险，保险机构为25家外贸企业提供出口信用保证保险，累计保额1.07亿元。大力推进雇主责任险及建工险，全年为建筑施工人员承保雇主责任险及建工险1109单、保额118.4亿元。积极引导创新融资担保方式，湖北银行等金融机构办理了排污权抵质押集中登记和交易冻结，开创了湖北省排污权抵质押贷款的先河。联合市医保局等七部门组织相关保险公司推出咸宁惠民型商业补充医疗保险——“咸惠保”，参保人数约40万人，参保率近15%，为市民提供了约11200亿元的医疗保险保障。督导保险机构积极应对重大旱情，推动水稻完全成本保险落地，承保面积99.7万亩，提供风险保障11.01亿元。

（中国银行保险监督管理委员会咸宁监管分局）

随 州 市

金融发展概况

2022年末,全市金融机构各项存款余额2062.94亿元,比上年末增长14.8%。其中,住户存款余额1617.20亿元,增长18.1%;金融机构各项贷款余额1092.68亿元,增长11.3%。其中,住户贷款余额420.82亿元,增长8.6%;非金融企业及机关团体贷款671.84亿元,增长13.0%。

全市有银行业、保险业金融机构39家,与上年持平。其中,银行业机构14家、保险业机构25家。全市有地方金融组织4类、30家,分别为小额贷款公司13家,较上年增加1家;融资担保公司6家,较上年减少3家;典当行7家,与上年持平;融资租赁公司4家,较上年增加1家。

地方金融工作

一、引导金融服务经济社会发展

(一)推进政银企精准对接

省政府在随州召开全省金融稳保"早春行"暨助力制造业高质量发展现场推进会,国开行、农发行、工行、农行等四家省级银行机构与市政府签订500亿元的战略合作协议,13家金融机构与385余家企业签订授信总额389.39亿元合作协议。出台《随州市银行业金融机构支持地方经济发展考评办法》,激励各银行业金融机构创新服务模式,加大信贷投放。搭建随州市金融信息服务平台,归集14个部门共72项数据,发布120款信贷产品和8款融资担保产品,累计授信255笔、7.18万元。推动"存量房转移登记+金融服务"工作,实现存量房转移登记和抵押权首次登记一站式办结。引导各银行机构配合市税务局创新推出"留抵退税+金融信贷"服务项目,为193家企业办理"留抵退税贷"3.05亿元。组织开展缓解中小微企业融资难融资贵信用培植活动,搭建常态化纾困平台,全年通过培植、辅导帮助90家企业获得融资。

(二)着力助企纾困解难

积极落实中央、省、市金融支持稳企纾困一揽子政策,梳理编制发布《随州金融惠企政策汇编》,帮助市场主体更好地了解金融扶持企业发展的优惠政策。深入开展"解难题、稳增长、促发展"企业帮扶活动,解决包保领导和帮扶部门交办的企业反映的融资问题53个。各银行机构对帮扶企业融资10.12亿元,问题解决率达100%。

(三)推动提升担保增信效能

探索建立市、县一体的政府性融资担保机制,协调政府性融资担保机构加大对符合条件的餐饮、零售、旅游、交通运输行业中小微企业和个体工商户的担保增信力度,创新推出"专汽""兴农""文旅""科创"等担保贷产品,"一企一策"、因企施策为企业提供融资担保,因户施策降低反担保门槛。截至12月末,为企业提供新型政银担贷款11.48亿元,同比增长51.9%。其中,新型政银担在保余额12.30亿元,同比增长62.7%。着力降低企业融资担保成本,全年累计为企业减免担保费用17.5万元。

二、推动企业上市挂牌

(一)加强拟上市后备企业培育

一是建立健全分层次的上市后备企业培育机制,进一步加大后备企业培育力度,全市"金种子"企业达到11家,"银种子"企业达到8家。

二是加强培训,帮助上市后备企业更好地了解并利用资本市场融资发展。寻求省、市多个部门指导,在上交所中部基地成功举办随州市首届"新形势、新金融、新发展"上市专题培训班,20余家上市后备重点企业和40余名市、县金融界干部参加培训,促进企业进一步增强上市意愿,提升参与资本市场运营能力。

(二)强化政策激励

市政府出台《关于加快推进企业上市工作的实施意见》,建立市、县两级财政奖补机制,给予企业从股改到最终上市的全过程、多层次、精细化的激励政策。年内市财政兑现三峰透平公司报会阶段性奖励资金100万元。

(三)为上市后备企业排忧解难

召开全市推进企业上市工作调研座谈会,倾听企业诉求、交流工作经验。市领导带队到重点拟上市后备企业现场办公,协调解决困难和问题。与发改、财政、经信等部门通力合作,畅通上市"绿色通道"服务,在历史沿革确认、网络媒体舆论管控、审慎执法等方面给予上市后备企业大力支持。

三、防范化解金融风险

（一）加强风险排查整治

一是开展风险隐患排查。在全市范围内开展各行业领域金融风险专项排查，排查各类市场主体1063家，查出关注类风险隐患17条。建立风险台账，推动各行业主（监）管部门加强行业领域金融风险管控。针对河南村镇银行事件，积极协调市银保监分局对辖内村镇银行风险开展4轮排查，确保村镇银行总体经营合规、发展平稳、风险可控。开展涉养老诈骗风险隐患专项排查，排查出涉养老非法集资风险线索5条，其中2条为已进入司法程序的非法集资陈案。

二是加强风险整治处置。密切同政法、民政等部门的协调配合，做好养老服务领域非法集资专项整治工作。会同市场监管、公安等部门对涉嫌非法吸收公众资金行为进行现场处置。密切关注停业网贷机构在随州分支机构存量业务处置情况，及时将相关情况抄送银保监部门，推动有序清退存量业务。联合市场监管等有关部门开展"伪金交所"、第三方财富管理公司清理规范工作，依法依规对名称和经营范围含有禁止使用字样或内容的市场主体进行清理规范。

（二）加强防范非法集资宣传教育

运用线上线下相结合的方式，利用重要关键时间节点，针对易感人群，广泛开展防范非法集资宣传教育。通过随州市主流网络媒体平台，发布《春节前夕致市民的一封信》，提醒市民注意非法集资套路，守住"钱袋子"；联合公安机关结合"5·5"打击和防范经济犯罪宣传日开展防范非法集资宣传教育；联合人民银行随州市中支、随州银保监分局，发动辖内金融机构积极发挥专业优势和网点优势开展防范非法集资宣传教育。推动风险防控关口前移，9月下旬在全市启动"居民金融素养提升工程"（为全省首创），指导金融机构与学校开展共建活动，聘请"金融素养首席知识官"，以"线上+线下"模式推动金融知识宣传进社区、进校园、进企业。

（三）做好风险化解工作

建立与重点非法集资案件集资参与人直接对话沟通机制，为集资参与人反映诉求提供便利，有针对性地加强政策法规宣传解释，引导其依法依规表达合理诉求、维护合法权益。积极参与"3+N"综治维稳定期研判工作机制，及时处置涉稳风险隐患，防范化解集资参与人等涉金融群体赴省进京非法信访隐患，确保矛盾不激化、不上交、不外溢。支持相关企业提高"造血"能力，在发展中化解债务风险，维护集资参与人权益。积极会同相关部门妥善应对化解房地产领域信访问题。

四、促进地方金融组织规范健康发展

按照属地管理的原则，依法做好小额贷款、融资担保、典当、融资租赁、商业保理等地方金融组织的准入、变更及退出的审批或备案。综合运用现场检查、非现场监管、年审、"双随机、一公开"抽查、名单制管理、分类评级等方式，规范地方金融组织经营行为。年内对3家融资租赁公司开展"名单制管理"现场检查，其中1家公司被省地方金融监督管理局纳入全省融资租赁公司监管"白名单"；对7家典当行和9家融资担保公司开展"双随机、一公开"专项检查，督促对检查出来的问题限期整改。

（随州市地方金融工作局）

贯彻落实稳健货币政策

一、保持货币信贷规模合理平稳增长

（一）引导增加信贷投放，保持信贷总量增长的稳定性

通过专题汇报、辅导讲座、金融专报等形式及时向市政府传达政策意图，正确引导预期。落实好国常会部署的6个方面的33项措施、"金融支持23条"，及时出台金融支持"两稳一保"工作10条措施，实行"一月一调度、一周一督办"机制，通过座谈会、分析会、通报约谈、现场督办、优化考核等方式和措施，引导辖内金融机构主动靠前服务，保持信贷增速与名义经济增速基本匹配。综合运用宏观审慎评估、存款准备金率等货币政策工具，引导地方法人金融机构合理安排信贷投放总量、保持合理节奏。两次降准为法人银行释放流动性2.88亿元，发放普惠小微贷款支持工具激励资金1415.77万元。

（二）引导信贷结构稳步优化，有效支持重点领域和薄弱环节

开展金融稳保"早春行"等的银企对接活动，在全市12家银行机构分别设立"首贷中心"，持续完善小微企业"敢贷、愿贷、能贷、会贷"融资长效机制，深入推进融资信用培植工程，帮助企业多渠道、多方式获得融资。2022年末，全市信用培植入库企业90家、正常办结81家、融资金额6.96亿元；普惠小微贷款余额187.07亿元，较年初增长21.97%。联合文旅、商务、交通、农业等主管部门建立重点支持企业库和行业企业"白名单"，督导金融机构建立纾困对接台账，落实线上办理、免申即享等便利化措施。年末全市文化旅游、交通物

流、批零住餐等重点受困行业企业贷款余额108.80亿元，比上年增加6.14亿元。用好结构性货币政策工具，加大对民营小微、绿色低碳、科技创新、乡村振兴等领域的支持力度；加强再贷款贷后管理，确保再贷款资金全部流向重点领域和薄弱环节。年末支农支小再贷款余额9.25亿元。积极推动金融机构运用3.44亿元碳减排支持工具和7.27亿元支持煤炭清洁高效利用专项再贷款，发放绿色低碳转型领域相关贷款10.71亿元，发放设备购置与更新改造再贷款1.35亿元。积极推动3366家企业通过“楚天贷款码”申请贷款，获得融资41.05亿元，受理率100%。积极推广应收账款融资服务平台，推动线上政府采购融资平台正式对接应用，大力推广动产抵质押融资，全年金融机构依托平台开展应收账款融资279笔、金额65亿元；“政采贷”融资21笔、金额1.2亿元。

（三）降低企业综合融资成本，多措并举化解融资贵

充分发挥贷款市场报价利率（LPR）改革效能，督导银行机构优化内部资金转移定价，用好政策红利，持续激发市场主体活力。2022年金融机构新发放企业贷款加权平均利率4.27%，同比下降23个BP。用足用好普惠小微贷款阶段性减息支持工具，累计为2.23万户普惠小微企业减少利息支出2203万元。与财政、税务部门建立财税库信息交流反馈机制，准确高效拨付减税降费的政策红包。全年共办理增值税留抵退税1650笔、7.18亿元。降低征信服务费用，减免十类机构征信查询费、免收应收账款融资登记费。开展银行网点暗访督导，持续有效推进支付服务减费让利工作，辖内金融机构累计为1万余家小微企业、个体工商户减免手续费474.63万元，主动退回多收手续费350笔、金额13110.23元。

二、防范化解金融风险

（一）开展央行评级等级提升行动

开展地方法人中小银行机构资产质量真实性核查、偿付能力敏感性压力测试和流动性风险压力测试，摸清真实风险状况。通过召开督导会、下发提示函、现场督办等多种方式和措施开展法人机构央行评级等级提升行动，严格监控潜在风险，顺利实现“去七”目标。指导法人银行机构合规开展业务，针对MPA考核不达标、合意贷款偏离度较大、“房易贷”产品违规等问题开展约谈。扎实做好存款保险基础工作，开展现场风险评价、存款保险核查等，更好地发挥存款保险制度保障作用。

（二）关注重点领域风险

精准把握辖区金融风险分布及演化情况，梳理辖内银证保机构、地方金融组织、重点企业风险和地方政府债务风险，制订银行业金融机构负面舆情风险事件处置预案、地方法人银行业金融机构流动性风险处置预案，确保能够快速反应、及时有效处置突发金融风险事件。扎实做好风险楼盘“保交楼”金融服务工作，妥善处置恒大房地产项目业主上访事件。“一城一策”用好政策工具箱，推动首套住房商业性个人住房贷款利率下限调整至LPR减20个BP，最新发放首套住房贷款平均利率水平为4.1%。推动银行与优质房企签订合作协议。

（三）严厉打击非法金融活动

加大对洗钱犯罪行为的打击力度，加强线索研判，追踪洗钱案件进展，破获相关涉赌涉诈洗钱案件，推动洗钱罪宣判。开展银行账户风险“百日攻坚”专项整治行动，压降涉案账户数量，坚决阻断涉诈、涉赌“资金链”。协助电信网络诈骗案件破案，有效守护老百姓的“钱袋子”。建立“汇警检法”打击非法跨境金融活动协作机制，严格开展银行机构外汇业务合规与审慎经营情况评估，开展“以案倒查”，查找金融机构履责问题并督促整改。

三、持续提升金融管理与服务质效

（一）加强金融消费者权益保护

开展金融消费权益保护质量

2022年7月8日，人民银行随州市中心支行联合市商务局、市地方金融局、市金控集团召开随州市外贸及批零住餐行业金融助企纾困现场对接会

提升年活动，指导人民银行广水市支行建立三方金融纠纷诉调对接机制，妥善处理金融消费者权益保护咨询投诉电话12363转办的投诉41起、市长热线投诉26起。指导随州建行创建湖北省金融教育基地，在部分初中学校开展金融知识普及教育试点。

（二）增强支付服务功能

深入开展中央银行会计核算质量提升年活动，进一步优化银行账户服务，打造“助农助老助弱”支付服务示范县。推进“手机号码支付示范村”建设，进一步落实落细支付服务适老化工作。

（三）提升国库工作质效

大力推动国库事中监督系统、预算一体化非税收入模块上线，创新监管手段，强化数据运用，提升管理效能。全面协作推动国债下乡惠民，满足农村地区日益多元化的理财投资需求，助力乡村振兴。年末国债农村销售占比达到56.68%。

（四）稳妥推进货币金银工作

全面推进现金服务网格化管理，发挥货币真伪鉴定中心职责，持续开展拒收人民币现金专项整治和违规使用人民币图样行为专项整治行动。举办云上反假货币知识竞赛活动和“反假货币知识乡村行”等系列活动，做好常态化疫情防控下现金供应工作。

（五）优化征信管理与服务

开展征信乱象专项治理“百日行动”、接入机构考核评级、征信异议自查自纠和异常核查等活动，全力保障征信信息安全，全面提升征信服务水平。与随州广播电视台合作举办“爱征信就是爱自己”征信知识竞赛，形成全市聚焦、全民参与征信学习的热潮。随州市首个企业信用报告自助查询机成功上线运行，进一步拓宽了企业信用查询渠道。

（六）全面提升外汇管理和服务水平

出台《随州市外贸及批零住餐行业金融助企纾困专项行动方案》，建立全市外汇企业“白名单”库，实行汇率避险多方分摊机制。通过问卷调查、走访调研、专题培训、播放动画微视频、发放宣传手册等方式，助力企业合理运用衍生产品管理汇率风险。全年5家企业办理了外汇衍生品，金额1998万美元。

四、持续推进金融改革创新

（一）创新发展香菇产业链金融

梳理香菇全产业链交易数据、资金流和融资等情况，组织辖内香菇产业链所有授信银行组建金融服务链，信贷规模最大的银行为金融链长银行，采取“1+7N”融资模式（“1”即香菇产业金融链长制，“7N”即7个产业链环节内配套N个特色信贷产品），满足各环节生产经营主体合理融资需求。联合市工商联、市地方金融工作局等单位开发“随州香菇产业发展贷服务码”，产业链客户可微信扫码对接金融链长和链员金融服务。年末平台已注册涵盖香菇产业全链的企业用户和全市所有银行机构用户。全年香菇产业新增贷款超过10亿元，惠及41家菇企、4.15万户菇农。

（二）大力发展绿色金融

积极宣传碳减排支持工具政策，充分发挥政策引领效应，明确碳减排重点领域，强化金融机构对碳减排的信息披露等制度安排，鼓励社会资金更多投向绿色低碳领域。全年全市发放碳减排贷款2.06亿元、发放煤炭清洁高效利用贷款7.91亿元，有力支持了低碳转型发展。积极推进林权、排污权质押等环境权益融资，引导金融机构在工业污染防治、城镇污水垃圾处理设施建设、水上污染综合治理等领域探索开展能效信贷、碳排放权、排污权抵押贷款等业务。

（三）积极推进科创金融

联合承办“随州市专利技术供需对接暨知识产权质押融资入园惠企行动”，推动校企专利技术合作签约和银企专利质押融资签约，5家金融机构与企业签约贷款7600万元。鼓励银行业机构将传统信贷产品与专属信贷产品相结合，开发“知惠贷”“港湾易贷”等信贷产品，为科技型企业融资提供个性化一揽子金融服务。年末全市高新技术企业、科技型中小企业、“专精特新”企业等科创企业贷款余额37.6亿元。

（中国人民银行随州市中心支行）

银行业保险业发展

一、持续加大服务实体经济力度

（一）加大对重点领域的融资支持

一是推动小微企业贷款实现“两增”。大力推进“限时办结制”“阳光办贷制”，让小微企业“看单点菜”“明白消费”。2022年末，全市普惠型小微企业贷款余额185.62亿元，比年初增长23.09%，高于各项贷款增速11.79个百分点；贷款户数3.02万户，较年初增加0.31万户，实现普惠小微贷款增速、户数“两增”目标。

二是统筹推进乡村振兴创新示范区建设和“整村授信三年全覆盖”行动。累计完成848个行政村的整村授信，提前1年实现“整村授信”100%全覆盖。

三是创新开展“专精特新”企业春风行动。年末实现主办行、对接走访、金融专员“三个全覆盖”。

四是推进农险“提标、扩面、增品”。水稻完全成本保险实现县(市、区)全覆盖,年末农业保险保费收入1.12亿元,首次突破1亿元,同比增长39.65%;赔付支出0.72亿元,同比增长54.97%。助推“惠随保”二期项目上线运行,成为全省第一个连续两年实施的地市,年末累计投保人数达4.7万人,保费收入465万元,提供风险保障1881亿元。

五是着力加强新市民金融服务。联合市人行等部门印发工作方案,细化6个方面的24项措施,督促银行保险机构聚焦创业就业、住房保障、健康保险、教育发展、养老服务、基础金融等六大领域,全面提升新市民金融服务获得感。

(二)降低企业融资成本

督促银行保险机构严格落实一揽子金融纾困政策,持续推进减费让利。年末普惠型小微企业贷款平均利率4.95%,较年初下降0.18个百分点。限制收取财务顾问费等中介收费,累计减费让利约1.56亿元,切实让市场主体感受金融“温度”。

(三)促进金融稳企纾困

用好用足延期还本付息工具,努力做到应延尽延。全年累计为0.57万户企业办理贷款延期还本付息72.54亿元,有效缓解企业资金压力。持续推广“4321”新型政银担合作模式,年末在保317户、余额11.4亿元。

(四)着力提升融资服务效率

鼓励银行对小微企业贷款流程能简则简、能并则并,下放基层机构审批权限,提高审批效率。全面公示小微金融服务“一次调查、一次审查、一次反馈、一次审批”承诺。

二、持续加强金融风险防控

(一)织密信用风险“防护网”

印发防范化解金融风险工作方案,开展金融风险隐患大排查,建立健全风险台账,按季监测金融风险化解进展情况。全年累计处置不良贷款11.36亿元,比上年多处置1.3亿元。年末全市不良贷款余额16.78亿元,不良贷款率1.59%,同比下降0.05个百分点。

(二)巩固重点领域“安全线”

联合市住建局印发《随州市城区商品房预售资金监管实施细则》等文件,持续完善房地产“稳地价、稳房价、稳预期”长效机制。积极应对“恒大”楼盘业主集体停贷事件,按周监测重点楼盘贷款数据,制定停贷风险应急预案,配合地方政府稳妥处理集体上访事件。严密监测地方政府债务风险,对隐性债务坚持“遏增化存”。督促相关机构严密监测重点企业风险状况,制定风险处置预案,稳步推进重点企业风险化解。

(三)筑牢非法金融“隔离带”

组织开展防范非法集资、打击电信网络诈骗等系列宣教活动。开展金融领域养老诈骗风险大排查大清理。持续保持辖内网贷机构零运营、非法“校园贷”零发案。

(四)严守中小银行“防火墙”

督促中小法人银行做实利润、合理分红、提足拨备、补充资本。2022年末5家法人机构各项监管指标均达标。针对河南村镇银行取款风险事件,严格开展村镇银行风险排查,督导辖内法人机构密切关注资金头寸,做好应急预案。全年未发生负面舆情和挤兑事件。

三、着力提升监管质效

一是扎实做好疫情防控工作。及时开通金融服务绿色通道,确保疫情防控和金融服务“两不误”。

二是扎实做好信访维稳工作。累计办理各类消费投诉、信访举报、热线投诉1694件。稳妥处置恒大楼盘停贷集访、出租车主投保等群体性事件。联合公安机关开展打击代理退保黑产专项行动,维护金融消费者合法权益。

三是扎实做好依法行政工作。发挥现场检查尖刀利剑作用,全年开展现场检查7项,对违规行为保持行政处罚高压态势。扎实开展行政许可交叉评估检查,推动行政许可进一步标准化、规范化。进一步完善非现场监管体系,按季召开联席会议,开展报表过多过繁专项清理,切实为机构减负。扎实做好网络安全保障工作,确保金融网络运行安全。

(中国银行保险监督管理委员会随州监管分局)

2022年9月6日,随州银保监分局举行“2022惠随保”上线启动仪式

恩　施　州

金融发展概况

2022年末，全州金融机构人民币存款余额1990.74亿元，比上年末增长15.2%，其中，住户存款1533.10亿元，人均储蓄存款余额45059元。金融机构人民币贷款余额1607.19亿元，增长11.2%。

全年保险市场实现保费收入65.45亿元，比上年增长4.7%。其中，人身险市场实现保费收入43.43亿元，增长1.8%；财产险市场实现保费收入22.03亿元，增长11.0%。全年支付各类赔款及给付金额22.20亿元，增长7.6%。其中，人身险业务赔款及给付8.85亿元，增长0.5%；财产险业务赔款13.35亿元，增长12.9%。

全州6家证券公司开设的股票基金账户11.54万个，比上年增长2.9%。全年保证金存款1.73亿元，下降18.2%。交易额605.31亿元，下降22.7%。资本市场直接融资取得显著成效。截至年末，有“新三板”挂牌企业1家；区域性股权市场挂牌企业306家，较上年增加29家。全年实现资本市场直接融资8.10亿元，较上年大幅增长213.16%。

2022年，全州社会融资规模取得较大幅度增长，达到2194.01亿元，增幅38.46%，较好地支持了经济社会发展。

2022年末，全州共有银行业、保险业、证券业机构58家。其中，银行业机构17家、保险业机构35家（财险公司18家、寿险公司17家）、证券业机构6家。全州共有3类、14家地方金融组织，比上年减少2家。其中，小额贷款公司2家，与上年持平；融资担保公司11家，比上年减少2家；典当行1家，与上年持平。

地方金融工作

一、引导金融服务经济社会发展

（一）推动信贷投放稳步增长

组织开展2022年金融“早春行”，常态化推进金融助工业、助茶叶、助外贸、助科技融资对接，畅通企业融资渠道。坚持按月分析调度、按季度“一行一策”考核银行机构支持地方经济发展成效，考核结果作为财政资金竞争性存放依据。按月考核县（市）争取信贷资金投放情况。

（二）保障重点领域融资需求

协调落实国家、省、州出台的稳增长政策措施，推出60项金融支持稳增长措施和金融支持房地产健康发展六条措施，协调做好企业融资接续支持工作。年末恩施州普惠型小微企业贷款余额296.47亿元，较年初增长18.74%，累计为市场主体减费让利近1亿元。深化州政府与金融机构战略合作，协调银行机构加大对重点项目、新增政府债券项目和政府基金项目的融资支持。全年新增支持重点项目101个、80.17亿元；争取国家基金支持项目15个、18.98亿元。

二、深化金融改革创新

一是推动地方优势特色农产品保险。州政府出台《关于积极开展农业保险助力乡村振兴八条措施》，支持县（市）发展蔬菜、茶叶、肉牛、中蜂、中药材等地方优势特色农产品保险。全年地方优势特色农产品保险实现保费收入5561万元，同比增长40.1%；累计支付赔款2353万元，同比增长88.6%。

二是开展“农保贷”试点。恩

2022年1月17日，恩施州地方金融工作局和人民银行恩施州中心支行联合举办恩施州2022年金融“早春行”活动，银行机构与40家企业签订授信协议25.6亿元

施州金融领导小组办公室制定《恩施州"农保贷"业务试点方案》,探索开展农业保单质押贷款,投放保单质押贷款1676万元。

三是推广运用农村土地经营权抵押贷款。在聚焦支持农村土地规模经营主体、解决流转经营权证办证难题、加强政策协同等方面发力,大力推进农村土地经营权抵押贷款。全年投放农村土地经营权抵押贷款5341.2万元。

三、推动企业上市挂牌

优化奖补政策,对在沪、深、北交易所首次公开发行股票上市的企业均分阶段奖励1000万元,将省级"金种子""银种子"企业直接融资等均纳入奖补范围。实行企业上市奖励无申请兑付,兑现2021年"四板"挂牌奖补资金141万元。厚植后备资源,精选10家"新三板"创新层后备企业、7家"新三板"挂牌与北京证券交易所上市后备企业共同进行培育。全州现有在证监会在审企业1家,"新三板"挂牌企业1家,"金种子"企业6家、"银种子"企业10家,州级尖子企业50家,"四板"挂牌企业278家。

四、防范化解金融风险

一是全力做好重要时间节点安保维稳工作。部署做好党的二十大前后防范化解重大金融风险、促进金融稳定发展相关工作,开展金融领域涉众涉稳风险防控工作专项检查,重要时段实行金融风险"日报告""零报告"制,圆满完成金融领域维稳安保任务。

二是推进非法集资风险稳控。严控非法集资增案件增量,全年未出现涉及金额1亿元且涉及参与人数2000人以上的非法集资大案、要案。推动陈案化解,2018年至2022年连续四年排名全省防范化解金融风险考核前三。

五、促进地方金融组织规范健康发展

进一步规范地方金融组织市场秩序,优化营商环境,提高监管效能。开展地方金融组织"双随机、一公开"检查工作,利用"双随机、一公开"系统,随机抽取4家融资担保公司、2家小额贷款公司、1家典当行开展金融风险排查,对公司组织架构、业务开展、风险防范、信息披露等情况进行深入核查,督促对发现的问题予以及时纠正。

六、推进金融生态环境建设

建成智慧融资服务平台"恩融通",打通了线上银企对接通道。平台已入驻37家金融机构、上线255款金融产品、接入14个部门共55项政务数据,线上对接市场主体融资16.18亿元。指导支持利川市、鹤峰县以"整村授信"为载体,创建优化营商环境改革先行区。利川市被授予"2022年全省优化营商环境改革先行区"。完成第三方机构对恩施州获得信贷指标的考评。

(恩施州地方金融工作局)

贯彻落实稳健货币政策

一、保持货币信贷规模合理平稳增长

(一)充分运用好货币政策工具

落实央行降准货币政策工具,2022年4月、12月分别降准0.25个百分点,累计释放长期流动性约6.75亿元。用好再贷款再贴现货币政策工具,12月末,全州再贷款余额36亿元,其中,支农再贷款余额28.3亿元、支小再贷款余额7.7亿元、再贴现余额0.78亿元。落地普惠小微贷款支持工具650万元,撬动约3亿元普惠小微贷款增量。

(二)推动金融纾困政策措施落地见效

构建"1+N"的金融纾困政策体系。出台10条金融措施(即恩施"金十条"),印发《关于进一步改进恩施城区金融服务工作的通知》《恩施州重大项目银企对接工作方案》等多项政策文件,推动完善重点领域金融对接机制,助力稳企纾困。先后举办80余场线上线下银企对接活动,开展"金融信用县市行",签订147笔、75.35亿元的银企合作协议。加大对交通运输、批零住餐、文旅等重点领域和困难行业的金融支持力度,对接52家重点名单企业合理融资需求。加大对小微企业贷款延期还本付息支持力度,全年累计为中小微企业办理延期还本4371笔,涉及贷款金额68.24亿元;为3095户中小微企业办理延期付息10.19亿元。加大对创新创业支持力度,全年累计发放创业担保贷款18.3亿元、贷款余额28.96亿元;全年针对青年创新创业群体累计投放"青创贷"2.63亿元,位居全省前列。

(三)加大重点领域金融支持力度

一是充分发挥政策性开发性金融作用,促进有效投资。全年投放农发基金15笔、18.97亿元,占全省23.38%、居全省第二。

二是大力支持重点领域。推动碳减排贷款落地,授信5亿元、投放近1亿元;积极运用设备更新改造再贷款额度,全州9个项目、超过4亿元贷款已完成审批;积极推动交通物流再贷款发放,33家市场主体获授信0.45亿元。

三是提升"专精特新"、小微、科创、绿色发展等领域融资质效。

省级"专精特新"企业年内获贷3.2亿元,普惠小微、科技、绿色、信用贷款增幅分别达到17.86%、42.53%、31.95%、63.59%。

四是保障重大建设项目融资需求。截至12月末,已为154个重大项目投放150.63亿元。

二、防范化解金融风险

(一)加强地方法人银行风险防控

通过压力测试、金融稳定评估、资产质量真实性核查和央行金融机构评级等措施开展常态化风险动态监测。制定地方法人银行机构风险处置化解二级措施清单,对不良贷款化解、资本补充、成本压降等指标进行清单式管理,持续推动地方法人银行风险化解。

(二)做好金融支持"保交楼"工作

牵头出台《恩施州"保交楼、稳民生"专项借款资金使用管理方案》,拨付专项借款资金5.74亿元用于支持辖内15个符合条件的楼盘项目。

(三)持续加强金融生态环境建设

严厉打击逃废金融债务行为以及非法集资和非法金融活动,有效维护金融债权,改善优化辖内金融生态环境。恩施州连续15年成功获评"湖北省金融信用市(州)、县"。

三、持续提升金融管理与服务质效

一是建立"恩施州金融综合服务中心"。依托该中心持续推广开展"楚天贷款码"、账户开立、征信查询等"一站式"服务。

二是优化支付服务。全方位推广简易账户服务,着力压减企业开户时长;深化农民工工资跨行代发服务,作为全国首批4个试点城市率先上线运行全国一体化农民工工资监管平台,强化农民工工资资金源头监管。

三是加大反洗钱工作力度。坚持"打防并重",建立反洗钱协作机制,推动辖内洗钱案件审理;加大反洗钱知识宣传力度,将反洗钱知识融入恩施民歌,改编完成《反洗钱六口茶》。

四是加强现金管理。指导巴东县以惠农金融服务站、助农取款点等便民小站点为主要阵地,打造边远农村地区现金服务新机制;探索构建整治拒收人民币现金网格化管理体系,建立"银行网点+周边商户"对口服务模式。

五是优化国库服务。支持大规模增值税留抵退税工作;探索建立"乡镇国债服务站",提升农民群众线下购债体验。

六是持续整治征信市场。实现涉"征信"诈骗案件清零,完成对涉"征信"违规企业的全面清理。

七是提升外汇服务质效。加强银行外汇业务监管,通过对准入、监管、考核三个环节的把控,促进银行外汇业务规范办理;深入推进"一主四化三公开"工作思路,促进贸易投资便利化。

四、持续推进金融改革创新

(一)推动金融服务模式和产品创新

首创"见贷即保"融资增信服务模式,突破中小微企业融资增信瓶颈;探索"再贷款+商标权质押贷+担保"模式,为"利川红"投放商标质押贷款;引导推出"跨境贷""电e贷""农地贷""抗旱抗疫助农贷"等信贷产品;推广"政采贷"信用融资模式,实现"政采贷"线上业务"零突破"。

(二)全面推进"整村授信"

着力全面推进"整村授信"新型金融服务模式,有效发挥其助力乡村振兴的积极作用。截至12月末,全州"整村授信"累计授信农户及新型农业经营主体户数40.08万户,授信金额238.33亿元,已用信113.21亿元。利川市的"整村授信"、鹤峰县的茶产业"整链授信"被纳入全省优化营商环境先行示范区试点。其中,鹤峰县茶产业"整链授信"作为典型经验在全省推广。

(三)加强农村信用体系建设

通过努力营造农村诚实守信社会氛围、加强农村信用信息采集共享力度、开展信用管理与服务创新、推进农村地区普惠金融等工作,着力加强农村信用体系建设,增强农民信用意识,改善农村社会信用环境,提高农村金融服务水平。推动地方政府把涉农信用信

2022年5月18日,恩施州金融综合服务中心正式投入运行

息归集应用纳入全州乡村振兴总体规划；指导宣恩县新型农业经营主体信用信息数据库顺利启动。

（中国人民银行恩施州中心支行）

银行业保险业发展

一、持续加大服务实体经济力度

（一）推动金融支持政策落地见效

一是推动银企对接。开展“恩施州金融服务实体经济暨金融信用县（市）行”活动，推动银企对接融资 75.35 亿元。引导银行机构通过恩施州“恩融通”平台向 64 家企业提供贷款 10.88 亿元。

二是加大对“保交楼”的金融支持。配合州直相关部门出台支持房地产健康平稳发展的政策文件，在贷款首付比例和利率方面对首套房购房者予以支持，全州个人住房贷款 95%以上用于支持首套房。推动农发行争取“保交楼”专项贷款 5.74 亿元；推动湖北银行发放 7000 万元贷款用于恒大项目后续建设。截至年末，全州房地产贷款余额 539.02 亿元，其中，个人住房贷款余额 392.65 亿元。推动银行积极对接保障性租赁住房贷款 8 笔、15.58 亿元。

三是加强新市民金融服务。印发新市民金融服务工作方案，召开专题推进会，开展“新市民金融服务宣传月”活动；引导银行创新“新市民”信贷产品 125 个，引导保险公司推出支持“新市民”保险产品 96 个；在“恩融通”平台设置新市民金融服务专栏。

四是联合团州委及相关职能部门持续推广“青创贷”。截至年末，“青创贷”贷款余额 2.63 亿元，居全省第 4 位。

（二）提升小微企业融资质效

一是拓宽小微企业融资渠道。引导银行保险机构持续落实国家、省、州稳住经济一揽子政策，着力拓宽小微企业融资渠道，破除融资瓶颈。大力推进专利商标质押贷款、“银税互动”贷款、“专精特新”企业贷款、“首贷户”贷款等普惠型小微企业贷款。截至年末，全州普惠型小微企业贷款余额 296.24 亿元，较年初增长 18.65%，高于各项贷款增速 7.45 个百分点；有贷款余额的户数 8.9 万户，较年初增加 1.8 万户，完成“两增”目标。全市小微企业信用贷款余额 108.19 亿元，较年初增长 34.15%；小微企业中长期贷款余额 437.51 亿元，占小微企业贷款的 65.76%。

2022 年 6 月 27 日，人民银行恩施州中心支行联合相关部门在恩施市举行“金融县市行”活动暨金融服务乡村振兴创新示范区建设推进会

二是加大对小微企业贷款延期还本付息的支持力度。认真贯彻落实人民银行等六部门联合印发的《关于进一步加大对小微企业贷款延期还本付息支持力度的通知》，鼓励银行业金融机构按市场化原则与企业共同协商贷款延期还本付息。截至年末，银行业机构为中小微企业等市场主体办理延期还本 4458 笔、74.09 亿元；为 3095 户中小微企业办理延期付息 10.19 亿元。

三是降低中小微企业融资成本。年末普惠型小微企业贷款平均利率 5.93%，较年初下降 0.50 个百分点，处于历史低位。银行机构为 2.9 万户小微企业减免贷款质押评估费、保险费、抵押登记费等费用 1641.95 万元。在实施延期还本付息的基础上，对部分受疫情冲击较大的小微企业实施利息减免，共为 2437 户企业减免利息 1.02 亿元。

（三）推进金融服务乡村振兴

一是推进恩施市作为省级金融服务乡村振兴共建创新示范区试点建设。举行“金融县市行”活动暨金融服务乡村振兴创新示范区建设推进会，恩施市建成“普惠金融工作站”78 个。

二是持续推广“整村授信”试点。全州实现行政村“整村授信”全覆盖，累计建档评级农户 69.26 万户，授信 187.56 亿元。

三是在全省率先开展“农保贷”业务试点。探索运用农险保单增信，全州共发放 6 笔、580.9 万元。

四是激发农村土地经营权融

资潜能。引导银行对60家农村市场主体发放农村土地经营权抵押贷款4796万元。

五是引导银行机构推出“抗旱抗疫助农贷”，全年发放209笔、5161万元。

六是督导保险机构落实“农八条”，全州农险保费收入首次超过1亿元，为46.8万余户农业经营主体提供风险保障近73.2亿元。

（四）加大对绿色发展的金融支持

统筹推进银行保险机构绿色金融改革创新试点，建立统计监测机制，引导银行保险机构结合“两山”实践创新示范区建设，重点支持生态文化旅游、清洁能源等绿色企业发展和绿色项目建设。2022年末，全州绿色信贷较年初增长31.95%，高于各项贷款增速20.75个百分点。森林保险县域覆盖率达到100%，提供风险保障46亿元；环境污染责任保险提供风险保障500万元。

二、持续加强金融风险防控

（一）全力防范化解信用风险

定期对不良贷款余额、逾贷比等资产质量指标进行监测分析，形成资产质量分析报告，动态掌握风险底数。通过资产质量核查、现场检查等措施，督促银行机构做实五级分类，提足拨备。每半年集中研究一次辖内银行涉及的地方政府债务风险，通过召开专题座谈会、审慎监管工作会、监管走访等方式，督促银行机构严禁新增地方政府隐性债务、不违规化解隐性债务。截至2022年末，全州银行业累计处置不良23.91亿元。

（二）密切监测重点机构风险

持续加强法人银行机构经营行为监管、信用风险和流动性风险防范，督促补充资本。对法人银行开展资产质量真实性核查，督促整改省委巡视组反馈的关于农商行隐性不良贷款的问题。按月开展流动性风险监测，指导法人银行制定完善流动性应急预案并定期开展演练。深入调研法人机构风险情况，向州委、州政府专题汇报法人银行真实风险情况，促进风险防控化解。

（三）防范和妥善处置重点领域风险

一是防范房地产领域风险。对辖内部分房地产项目的预售资金监管账户银行管理情况开展核查，对存在问题的银行开展监管约谈，并责成内部问责。对重点房地产企业风险情况进行摸排，定期监测重点楼盘风险。截至2022年末，全州房地产贷款不良率1.34%，低于各项贷款不良率0.37个百分点。

二是整治保险市场乱象。开展保险中介机构“多散乱”整治工作，辖内专业中介机构较年初减少6家，另外6家“三无”机构正在办理相关注销手续。

三是组织全州银行机构开展涉企收费专项自查，督导3家银行机构清退不合理收费。

四是开展惠民惠农财政补贴资金“一卡通”专项治理“回头看”，向2万余户客户清退短信服务费73.8万元。

五是开展整治“代理退保”黑产乱象专项行动，通过《恩施日报》宣传“代理退保”的危害，向公众征集相关线索。

六是开展防范处置“非法校园贷”、打击整治养老诈骗等专项行动和“防范非法集资宣传月”、“金融知识进万家”等活动，提高金融消费者的风险防范意识。

三、持续推进金融改革创新

（一）推进法人银行公司治理

积极落实公司治理三年行动方案要求，推动股东股权和关联交易常态化专项整治工作机构全覆盖。推动法人机构补齐独立董事等人员缺位短板，将党的领导、服务“三农”和小微企业写入公司章程。持续开展农商行“经营定位与金融服务能力提升”三年行动，8家农商行15项指标全部达标、5家农商行实现监管评级级次上升。恩施农商行是全省唯一一家被纳入银保监会重点监管信息报告机构的农商行。

（二）深化保险领域改革创新

推动专属商业养老保险试点取得突破，6家试点公司承保169件，实现保费收入近200万元。推动大病保险扩容提质，94%以上城乡居民享受大病保险保障，实现保费收入2.4亿元。持续巩固车险综合改革成果，辖内车险承保利润率8.3%，全省排名第二。联合市场监管部门推进食品安全责任保险，提升区域食品安全保障水平。为6家出口企业提供出口信用风险保障近5000万元。

（三）提升县域金融服务水平

支持银行机构设立乡镇支行2个、保险公司设立县级支公司3个，完善乡镇金融服务网格。强化县域存贷比提升措施，全州存贷比82.04%，排名全省第五，8个县（市）存贷比均超过60%。

（中国银行保险监督管理委员会恩施监管分局）

仙 桃 市

金融发展概况

2022年末，全市金融机构各项存款余额1145.97亿元，比上年增长13.7%，比年初增加138.23亿元；其中，住户存款893.53亿元，增长17.8%，比年初增加135.02亿元。各项贷款余额582.35亿元，增长18.6%，比年初增加91.25亿元；其中，住户贷款311.11亿元，增长10.2%，比年初增加28.9亿元。

全市有A股上市公司1家，与上年持平；有区域性股权市场挂牌企业68家，较上年增加1家。全年实现资本市场直接融资14.58亿元，较上年下降47.34%。

全市社会融资规模稳中有升，为108.5亿元，比上年增加10.14亿元。

全市有银行业、保险业、证券业机构36家，较上年减少2家。其中，银行业机构10家，与上年持平；保险业机构22家，较上年减少2家；证券业机构4家，与上年持平。全市共有3类、13家地方金融组织，与上年持平。其中，小额贷款公司5家、融资担保公司4家、典当行4家。

地方金融工作

一、引导金融服务经济社会发展

（一）促进增加金融有效供给

举办2022年金融服务“早春行”银企对接活动，全市10家银行与278家企业签订融资协议65.08亿元，为全市一季度“开门红”打下了坚实的资金基础。持续创新银企对接方式，积极联系各地党委、政府，分行业、分领域、分区块开展多种形式银企对接活动。在各地召开专题银企对接会和银企“早餐会”，为企业宣讲金融政策，开展现场融资对接。通过一系列企业对接活动，有效增加金融对实体经济的资金供给，为推进实施全市重大发展战略提供有力金融支持。全年新增贷款91.54亿元，增幅创历史新高。

（二）推进金融支持乡村振兴

按照“村银共建、农户受益”的原则，指导银行机构、相关镇办及村支两委对有产业发展能力和贷款需求的农户、产业大户开展评级授信，积极发挥金融支持乡村振兴的重要作用，帮助农民增收致富。已对全市624个行政村授信41.33亿元，贷款金额12.88亿元，全市“整村授信”覆盖率达到100%。

（三）推动实施产业链金融链长制

根据《湖北省重点产业链金融链长制工作方案》，相关职能部门联合出台《仙桃市1+4重点农业产业链金融链长制工作方案》。聚焦“1+4”重点农业产业链，整合金融管理部门、产业主管部门、金融机构等多方力量，建立金融链长制。通过加强政策帮扶，有效保障产业链核心企业和上下游小微企业的金融需求，支持重点产业链高质量发展。全年共为3053户“1+4”重点农业产业链核心企业及上下游中小微企业发放贷款6.86亿元。

二、深化金融改革创新

推动银行机构开发支持乡村振兴系列金融服务创新模式和产品。建设银行仙桃分行将服务黄鳝产业作为工作重点，通过金融科技赋能，运用大数据采集上传黄鳝养殖数据130531条，推出“随心贷—黄鳝贷”线上产品，采用全流程线上纯信用模式，秒贷秒还，为黄鳝养殖户授信1.6亿元，累计投放超过1亿元；市农商行探索实施“银行+专业合作社+公司+农户”模式，创新推广“荆楚小康贷”“农易贷”等信贷产品，全年新增信用贷款18.52亿元，企业

2022年1月14日，仙桃市召开2022年金融服务“早春行”银企对接视频会，10家银行机构与278家企业签订授信协议，金额65.08亿元

融资难问题得到有效改善。

三、推动企业上市挂牌

（一）推动企业积极登陆资本市场

多次邀请武汉股交中心、北交所西南区域首席代表到仙桃调研企业上市工作；通过召开重点上市后备企业座谈会、深入企业宣讲等形式，帮助企业提高对“新三板”挂牌以及北交所上市最新政策的认识；开展企业上市挂牌优惠政策宣讲活动，围绕挂牌筹备期企业规避风险点尽快实现合规挂牌进行实操讲解；就企业利用资本市场融资作专题辅导。进一步增强和提高企业上市挂牌认识和意愿。

（二）强化上市挂牌工作督办

组建资本市场建设工作专班，安排专班人员对全市 21 个镇（办、场）上市挂牌工作进行逐一现场督办，深入镇（办、场）了解各地上市挂牌工作推进情况，深入企业宣讲支持企业上市挂牌的奖励政策，交流各地好的工作方法和经验，促进企业上市挂牌工作取得实效。年末，有 26 家企业与中介辅导机构签订“四板”挂牌辅导协议，其中，11 家企业实现挂牌，6 家企业完成资料报送。

四、防范化解金融风险

（一）加强组织领导，明确职责分工

制定《2022 年仙桃市金融风险隐患排查工作方案》《仙桃市 2022 年防范化解重大金融风险促进金融稳定发展工作实施方案》，明确责任分工，要求各部门结合工作实际制定工作方案，相互配合，协同推进风险防控专项工作。

（二）加强防范金融风险宣传教育

开展防范金融风险宣传进社区活动，将宣传活动与党员下沉社区活动相结合，提升社区居民防风险意识。市处非办在市政广场举行以“守住钱袋子 护好幸福家”为主题的防范非法集资集中宣传启动仪式，开展《防范和处置非法集资条例》普法宣传，引导群众理性维权，帮助群众树立正确的投资理财观念，提升金融风险防范意识。

（三）强化部门协作，推动案件处置

积极推动司法部门与金融机构的沟通协同，就金融借贷案件执行过程中存在的问题进行深入交流，共商执行举措。积极开展涉金融案件执行专项活动，对于涉金融案件做到及时立案、迅速保全、集中执行，及时有效保障辖区金融机构债权，促进金融机构资本良性循环。强化信用惩戒，及时将失信被执行人名单信息录入最高人民法院失信被执行人名单库。加强与银行等金融机构信息共享，为金融机构开展风险评级、防范金融风险提供重要依据。

（仙桃市金融领导小组办公室）

贯彻落实稳健货币政策

一、保持货币信贷规模合理平稳增长

（一）精准运用货币政策工具

发挥好货币政策工具总量和结构双重功能。全年累计争取央行资金 12.76 亿元。其中，支农支小再贷款 5.5 亿元、再贴现 0.04 亿元、煤炭清洁利用高效再贷款 6.63 亿元、碳减排资金工具 0.46 亿元、普惠小微贷款支持工具激励资金 0.13 亿元，促进全市融资总量平稳增长、信贷结构持续优化。

（二）降低企业融资综合成本

全面落实降息减费让利惠企各项政策，为企业减负。2022 年，全市企业贷款加权平均利率 4.54%、个体工商户贷款加权平均利率 4.82%，全市银行机构通过降低企业和个体工商户贷款利率让利超过 7800 万元。对各类收费项目做到应减必减、能减尽减，全年减免支付手续费 306.8 万元，惠及小微企业和个体工商户 1.3 万户。2 家地方法人银行机构四季度对普惠小微企业贷款阶段性减息 649.3 万元。

（三）推进金融助企纾困

落实金融服务疫情防控和经济社会发展 23 条措施，灵活运用延期、展期、续贷等方式，助力受困企业抵御疫情影响。全年依规对 216 户、5.52 亿元中小微企业、个体工商户、个人房贷等贷款实施延期还本付息，做到“能延尽延”“应延尽延”。实施阶段性差别化住房信贷政策，调低首套房个人住房贷款利率下限，支持刚性和改善性住房需求。

（四）加强货币政策考核评估

继续实施存款准备金“双平均”考核，坚持按日监测考核和按旬考核预警机制，辖内 2 家地方法人机构流动性平稳正常。完成地方法人机构合格审慎评估年检、定价行为评估和宏观审慎评估（MPA），2 家法人银行机构 MPA 评估结果均为 B 类，符合宏观审慎管理要求。

（五）常态化开展银企对接

组织开展金融服务“早春行”银企对接活动，为 254 家企业提供授信 108.99 亿元，履约率达 167.47%。持续开展“首贷户”拓展专项行动，为 540 户企业提供首次贷款 4.7 亿元。

（六）实施信用培植工程

启动缓解中小微企业融资难融资贵“信用培植工程（第二批）”，将 16 家企业纳入 2022 年“信用培植名单”，对 15 家信用培植企业贷

款4.87亿元。

（七）加大对产业链金融支持力度

出台《仙桃市非织造布产业链金融链长制工作方案》，明确链长银行、确定核心企业，引导银行机构为“7+1”重点工业产业链和“1+4”重点农业产业链上下游企业提供融资85.75亿元，助力稳链、固链、强链。

（八）推广运用“楚天贷款码”

通过线上与线下、银行机构与行业主管 部门等渠道，加大宣传力度，全力推广运用。截至年末，通过“楚天贷款码”累计接收融资申请1465笔，受理对接1432笔，融资办结率97.7%，办结率居全省第一。

二、防范化解金融风险

（一）加强金融风险防控和重大事项管理

紧盯法人银行机构流动性风险，跟踪监测市农商行票据处置和风险资产化解追偿进展，针对性提出风险防范化解要求。开展存款保险风险处置应急演练，提升金融风险应急处置能力。完成金融机构综合评价、央行评级、压力测试、存款保险保费核查等工作。严格落实重大事项报告制度，全年累计上报金融机构迁址、职能部门负责人变更等重大事项29项。

（二）严厉打击洗钱和电信诈骗等违法犯罪活动

加强反洗钱监管，开展非法人义务机构2021年度反洗钱评价，3家机构评为A级、21家机构评为B级。发挥资金监测、账户管理职能优势，配合司法机关推动辖内4起洗钱案件判决。全面落实涉诈涉赌资金链治理监管主体责任，开展银行账户涉案风险“百日攻坚”专项整治，全面倒查涉赌涉诈资金账户，查补风险防控薄弱环节和管理漏洞，对可疑银行卡采取管控措施。

（三）广泛开展金融知识宣教活动

开展“金融知识普及月”“防范非法集资宣传月”“存款保险进市场”“老年人防骗进社区”“反洗钱知识进企业”“反诈知识进校园”“送国债下乡”等主题宣传，配合打击电信诈骗、洗钱、“征信修复”骗局等违法犯罪活动，助力守好老百姓的“钱袋子”。

（四）持续推进法治央行建设

开展“全民国家安全教育日”“宪法宣传周”“民法典进乡村”等金融普法宣教活动，引导社会公众增强法制意识和风险防范能力。做好金融消费者权益保护工作，有效处理各类金融投诉和金融纠纷。截至12月末，共受理12363金融消费投诉25件，办结25件，办结率100%。

（五）持续开展金融信用市（州）、县创建

持续开展金融信用市（州）、县创建工作，拟定“金融生态建设任务清单”，推动建立中小微企业信用信息共享、风险分担、融资奖补等配套政策机制，仙桃市连续18年获得“金融信用市”称号。

三、持续提升金融管理与服务质效

（一）强化货币发行管理

科学合理调拨发行基金，确保全市现金供应秩序良好。2022年投放发行基金331672.5万元、回笼242219万元。严格落实全额清分工作，净化人民币流通环境。优化硬币兑换服务，有效满足市民硬币使用需求。深化整治拒收现金行为，形成“银行+社区”网格化管理模式。优化农村地区现金服务。

（二）提升经理国库水平

合规开展国库会计业务，确保国库资金安全。优化异地电子缴税和留抵退税服务，完成武汉城市圈内电子缴税3561笔、金额14027.16万元；办理增值税留抵退税807笔、金额88054.47万元。

（三）落实支付服务减费让利政策

优化小微企业和流动就业群体简易开户服务，依托“湖北政务服务网”平台实现开户预约“同步申请，一网办理”。实施支付手续费减免政策，切实帮助中小企业减负纾困。截至2022年末，累计减费让利295.45万元，惠及11364家小微企业和个体工商户。

（四）持续优化征信管理服务

加强征信查询服务管理，推进区域信用环境建设。推广使用网银查询服务，累计受理征信报告查

2022年9月15日，人民银行仙桃市支行联合市邮储银行在张沟镇凤凰村开展“普及金融知识 助力乡村振兴”宣传活动

询30646笔。加强征信接入机构管理，落实疫情相关征信政策，及时处理征信异议。开展“征信修复”乱象治理和防范“征信修复”诈骗宣传活动，提高社会公众信用意识和风险意识。

（五）深入开展金融调研

围绕货币政策执行效果和经济金融领域前沿热点问题深入开展调查研究，形成有深度、有质量的调研报告。常态化开展金融数据统计、专项调查和评估检查工作，动态跟踪监测经济指标变化情况，为政府决策当好参谋。

四、持续推进金融改革创新

推动实现政府采购平台与人民银行中征平台互联互通，推动线上“政采贷”业务落地。支持市农行推出排污权抵押贷款模式和二手房“带押过户”个人住房贷款业务；支持市建行推出黄鳝产业供应链金融服务，提升小微企业融资质效。

（中国人民银行仙桃市支行）

银行业保险业发展

一、持续加大服务实体经济力度

（一）强化重点领域金融支持

一是全力支持工业产业集群发展。督导银行机构积极支持非织造布、食品工业、智能装备、新能源新材料、电子信息、纺织服务、生物医药和现代服务业等“7+1”工业主导产业和“2+N”产业平台的金融需求。

二是加大先进制造业、战略性新兴产业的支持力度。着力提升制造业中长期贷款、信用贷款规模和科创贷款规模。出台《仙桃市非织造布产业链金融链长制工作方案》，支持产业链融资需求。

三是支持民生领域金融需求。引导加快消费信贷管理模式和产品创新，支持文化、体育、健康、休闲等产业发展，助力“新市民”安居创业。

四是推进责任保险。与市场监督管理局、环保局、应急管理局共同推进食品安全责任险、环境污染责任险及安全责任险，提高企业风险保障能力。

五是有效发挥保险的保障功能。对全市79万亩水稻全面实行水稻完全成本保险，其他的农业保险应保尽保。积极探索“惠民保”业务，大力发展小额人身保险，督促相关公司继续落实大病保险对低收入人群倾斜政策。

（二）提升普惠金融能量供给

一是督促全市银行机构制定单列普惠型小微企业信贷计划，合理把握信贷投放节奏和力度。全年普惠型小微企业信贷计划10.59亿元，年末完成率162.09%。

二是推动实现小微贷款“两增”目标。督促银行机构落实落细各项金融稳企、惠企政策措施，加快产品和服务创新，加大信贷投放力度，提高信贷投放效率。全市实现普惠小微贷款增速、户数“两增”。

三是严控小微企业贷款综合成本。2022年末，全市普惠型小微企业贷款平均利率为4.69%，比年初降低0.47个百分点。

四是推动小微信贷各项指标落实。截至12月末，辖内银行机构小微企业“无还本续贷”贷款余额3.28亿元，“银税互动”小微企业贷款余额12.31亿元、贷款客户1032户，中长期贷款余额86.88亿元、比年初增加37.93亿元，增幅77.49%。

（三）打造优良金融营商环境

一是出台优化金融营商环境政策。根据《仙桃市持续深化一流营商环境建设实施方案》，制定《仙桃市银行机构2022年优化营商环境指导意见》。

二是完善小微企业贷款授权、授信、受理回告、尽职免责“四张清单”金融服务机制，提高贷款办理效率，确保3个工作日内反馈办理初步意见。

三是推动小微企业信用贷款增长，确保小微企业信用贷款余额比上年同期水平进一步提高。

四是开展小微信贷保供给、稳增长行动，全力支持“专精特新”中小微企业融资，开展新一轮“百行进万企”活动，深入挖掘企业融资需求，推进各项助企纾困政策落地见效。配合市政府开展“早春行”活动，在干河、西流河、毛嘴等乡镇组织开展银企对接活动。

（四）推动金融高质量服务乡村振兴

一是开展金融服务乡村振兴示范区建设。全年净增贷款投放50亿元，县域存贷比达到50%。以实施乡村振兴战略为“三农”金融服务工作总抓手，聚焦农户、新型

2022年2月16日，湖北银保监局仙桃监管组召开2022年整村授信工作会

农业经营主体、建档立卡脱贫户，全力推进“整村授信评级”。

二是满足多样化“三农”金融需求。不断创新抵质押贷款产品，开展企业厂房、机器设备抵押和存单、应收账款、知识产权、专利权质押等融资业务。

三是满足脱贫户的信贷需求。严格落实脱贫人口小额信贷政策，对符合贷款条件、有贷款意愿及符合申贷、续贷、追加贷款等条件的建档立卡脱贫户的贷款需求，及时予以支持。

（五）确保金融纾困政策落地见效

一是加大信贷支持力度，及时满足因疫情影响遇到暂时困难行业企业的合理信贷需求。

二是主动开展续贷服务。指导银行机构加强对受困企业融资需求的跟踪分析，提前开展接续融资信贷评审，按照市场化原则，对符合条件的困难企业积极给予续贷支持。

三是继续实施延期还本付息政策。按照市场化原则与中小企业和个体工商户等市场主体自主协商，对其贷款实施延期还本付息，努力做到应延尽延。

二、持续加强金融风险防控

（一）完善法人机构公司治理

一是对地方法人金融机构开展监管评级，辖内两家法人机构评级结果均为3A。

二是压实公司治理主体责任，常态化推进股权和关联交易专项整治工作，落实股东承诺制，推动股东依法履行义务、规范行使权利。加强股东穿透审查，依法规范大股东行为。推动完善“三会一层”运行机制，健全利益相关者权益保护机制。

三是防范法人银行流动性风险。引导法人银行控制核心存款、中长期贷款、同业存单等业务比例，纠正业务发展偏差；督导法人机构完善流动性风险处置预案，对相关村镇银行各项存款情况进行按周监控。

（二）防范化解房地产金融风险

一是发挥联席会议机制作用，协调各成员单位结合职责分工研究制订稳定房地产市场政策措施，加强与房地产、自然资源等部门会商联动，增强防范金融风险合力。

二是会同相关部门落实差别化信贷政策，增加信贷额度。持续开展房地产市场秩序整治，积极防范化解房地产项目逾期交付风险，维护市场和社会稳定。

三是持续做好房地产金融风险监测。持续督导全市商业银行加强房地产开发贷款和个人住房贷款投放的风险管控。

（三）做好金融风险防控重点工作

一是以开展“内控合规管理深化年”活动为契机，制定加强合规建设指导意见，组织合规知识测试、“合规大讲堂”等宣教活动，推动银行保险业机构加强合规文化建设。

二是加强案件风险防控。督促银行业金融机构建立健全业务条线、合规审查、内部审计、纪检监察四道风险防线；重点加强对押品管理、印章管理、同业账户、票据业务、同业业务等九大案件易发点的风险防控；加强对基层机构、员工行为、账户开户等十大领域的风险防控。

三是按照银保监会相关要求和部署，严肃整治“代理退保”乱象，督促保险机构广泛收集“代理退保”线索，配合公安、司法机关开展案件调查及诉讼。

（四）开展扫黑除恶专项斗争

组织辖内银行业金融机构参加湖北银保监局召开的扫黑除恶专项斗争工作电视电话会议，督导银行机构进一步做好扫黑除恶专项斗争工作，要求各银行继续对本机构内涉黑涉恶线索进行全面摸排核查，摸清线索来源和突出风险点，排查风险隐患，制定处置预案，并每月按时报送工作开展情况报告和排查表。

（五）督导银行业机构开展反电信诈骗活动

成立仙桃市银行业防范打击治理电信网络新型违法犯罪工作领导小组，要求各银行机构每月报送工作情况。汇总辖内银行业保险业机构打击治理电信网络新型违法犯罪活动工作情况及涉嫌非法集资等金融广告资讯排查情况并报送湖北银保监局。

（六）持续加强安全检查

通过开展辖内机构安全检查堵塞风险漏洞。组织召开辖内银行保险业金融机构安全保卫工作专题会议，传达湖北银保监局安全保卫工作会议精神，查找分析安全隐患。部署春节、“五一”、中秋节、国庆节等各个重要节点的安全保卫及安全检查工作。联合市公安局对全市银行网点、保险机构及武装押运公司进行安全、消防大检查，对查出的62个问题进行全市通报，要求相关单位限期整改到位。

（七）严厉打击非法金融活动

一是督导各银行保险机构加大对非法集资等非法金融活动的防范宣传和监测预警力度，建立健全工作机制，加强对涉嫌非法金融可疑资金的监测预警，及时向上级监管部门报送可疑线索。

二是积极配合公安、司法机关做好涉众型经济犯罪案件涉案资产查封、资金账户查询、冻结和划扣工作，切实提高资金查控的及时性、准确性和有效性。

三是加强与地方政府职能部门、公安、司法机关沟通联系，密切关注辖内银行保险机构涉及非法金融等涉众存量风险案件情况，及时向辖内银行保险机构通报，防范相关风险向银行保险业传导。

（中国银行保险监督管理委员会湖北监管局仙桃监管组）

潜　江　市

金融发展概况

2022年末,全市金融机构本外币各项存款余额960.62亿元,比年初增加107.35亿元。其中,住户存款734.14亿元,增加117.51亿元。金融机构本外币各项贷款余额508.69亿元,比年初增加97.95亿元。其中,住户贷款169.46亿元,增加25.39亿元;非金融企业及机关团体贷款339.23亿元,增加72.56亿元。

全年实现保费收入25.62亿元,比上年增长11.3%。其中,财产险保费收入6.95亿元,增长15.2%;人身险保费收入18.67亿元,增长9.9%。支付各类赔款及给付8.53亿元,增长0.8%,其中,财产险赔付支出4.34亿元,增长20.0%;人身险赔付支出4.19亿元,下降13.5%。

截至年末,全市有A股上市公司2家,与上年持平;区域性股权市场挂牌企业55家,较上年增加3家。全年从资本市场实现直接融资13亿元。截至2022年末,全市社会融资规模521.69亿元,同比增长18.78%。

全市有银行业、保险业、证券业金融机构46家,较上年减少2家。其中,银行业机构10家,与上年持平;保险业机构34家,较上年减少2家;证券业机构2家,与上年持平。全市共有3类、7家地方金融组织,与上年持平。其中,小额贷款公司3家、融资担保公司2家、典当行2家。

地方金融工作

一、引导金融服务经济社会发展

一是按月调度督办落实存贷款计划。围绕全年存贷款工作目标,按月调度、现场督办存贷款工作。全市存款增速持续排名全省前列,贷款增速位居全省第一。

二是搭建银企对接平台。召开2022年全市金融“早春行”暨政银企对接会,20家企业与10家金融机构签订贷款协议,现场授信总额近63亿元,全年银行授信总额101.3亿元,授信履约率100%。

三是持续发挥“企业金融服务方舱”作用。12月末,累计报送入舱企业61家,企业反馈融资需求累计8.63亿元,各银行机构为37家企业发放信贷资金4.54亿元。

四是持续深化政银企合作。政银合作产品自设立至12月末,贷款余额3.05亿元、贷款户数449户;累计发放贷款25.56亿元、贷款户数6525户。

五是精准发力普惠金融。引导银行机构以数字化手段促进信贷拓面增量,截至12月末,普惠型小微企业贷款余额73亿元,较年初增加24.55亿元,增速50.67%。

2022年3月11日,潜江市召开银企签约暨金融“开门红”推进会议,10家金融机构与20家企业达成意向贷款,总金额近63亿元

二、深化金融改革创新

(一)推动与“鄂融通”平台对接

大力推广使用潜江市智慧金融服务平台,积极对接“鄂融通”平台,做好线上产品推广普及,及时跟踪对接企业融资需求,逐步提高企业获贷率、首贷率、信用贷款率。稳步推进与全国中小企业融资综合信用服务平台(“信易贷”平台)对接,进一步畅通银企对接信息渠道。平台共有合作金融机构11家、上线金融产品24个、注册企业165家,完成融资投放8.89亿元。

(二)积极融入武汉城市圈发展格局

协调加快市域内各银行机构在贷款审批权限、贷款审批额度、业务范围、人事权限、管理体制等方面向武汉地区银行业机构看齐。2022年,市农发行划归农发行湖北省分行营业部管理,在审批权限、审批额度等权限上享受与武汉市城区支行同等待遇;市工行实行省分行直管,服务质效进一步提升。

(三)进一步推动"三农"保险增品扩面

年内将"潜半夏"保险财政保费补助资金200万元纳入财政预算,地方特色农险险种进一步增加,大豆保险、蔬菜保险等保险承保工作稳步推进。

三、推动企业上市挂牌

(一)加大企业上市奖励力度

出台《潜江市企业上市挂牌奖励实施办法》,进一步加大对企业上市挂牌奖励力度。加快奖励资金兑现,根据《潜江市鼓励中小企业改制上市(挂牌)奖励暂行办法》有关规定,市政府向2021年8家挂牌"四板"市场的企业拨付奖励资金240万元。

(二)充分发掘优质上市后备资源

筛选盈利能力强、成长性好的企业充实市企业上市后备资源库。经过筛选择优,5家优质企业入选省2022—2023年省级上市后备"金种子"企业名单。2022年处于有效期内省"金种子"企业6家、"银种子"企业3家。组织工作专班走访调研17家重点企业,确定3家企业为2023年度上市工作重点推进对象。

四、防范化解金融风险

一是稳妥推进化解上市公司退市风险。通过采取偿还上市公司债务等措施,相关上市公司由"*ST"变更为"ST"。

二是探索设立金融法庭。市法院设立潜江法院金融审判庭,实现金融案件管辖从分散向集中转变,开启金融案件集中审理新模式。

三是加快剩余存量非法集资案件有序销号。按照省级最新目标加强协调配合,加快处置进度,10起存量案件有8起销号,销号率80%;全省陈案涉及潜江市5起案件销号2起。

四是切实做好涉众投资受损群体稳控工作。根据属地风险管理原则,下发《稳控通知单》,明确属地包保责任,及时摸排梳理重点人员,按照"一人一策一专班"落实相关稳控措三是施,确保将人员稳控在本地。

五是开展风险隐患排查。组织联席会议成员单位对市域重点区域开展金融风险排查,针对涉嫌虚假宣传、店内悬挂名称与执照不符、营业执照未作变更等行为,会同联席会议成员单位督促其整改到位。

五、促进地方金融组织规范健康发展

一是配合做好贯彻落实《湖北省地方金融条例》的执法检查工作。配合市人大常委会执法检查组对《湖北省地方金融条例》的贯彻实施情况进行执法检查,促进《湖北省地方金融条例》的宣传普及和贯彻落实。

二是引导融资担保机构提升增信服务能力。指导市汇桥担保公司以中小微企业和"三农"为主,积极做好融资担保服务。全年累计为域内企业提供2.70亿元担保额,在保余额3.10亿元、在保企业70家。其中,"4321"新型政银担发生额8580万元、在保余额8012万元,超额完成省再担公司年初下达的8000万元目标任务。年内实现第一笔300万元"再担科创贷"、第一笔100万元纯信用担保产品"汇担贷"成功落地。

三是督促地方金融组织规范经营。根据省地方金融监督管理局关于开展融资担保行业、典当行业分类评级工作要求,组织地方金融组织开展自查、配合三方审计等工作,督促相关机构根据审计意见立即整改。市汇桥担保公司担保许可证成功换发,典当机构中1家评为A类、1家评为B类。

六、推进金融生态环境建设

一是抓好宣传教育和"处非宣传月"宣教工作。组织宣传队员在商业中心、商务楼宇、临街门店、商场、公园、社区、农村集市等人流量大、人群聚集区域发放宣传折页,进行现场讲解,提升公众的金融安全意识和金融知识水平。

二是建立完善"省—市—县—乡—村(社区)"五级金融风险防控机制。全市23个区、镇、街道办事处均成立了防范化解金融风险攻坚战工作专班,109个社区、332个村、2578个组明确专人负责防范化解金融风险工作,全市五级机制中参与防范化解金融风险工作的有2687人。

(潜江市金融领导小组办公室)

贯彻落实稳健货币政策

一、保持货币信贷规模合理平稳增长

(一)积极落实货币政策工具

一是抓好两项直达货币政策工具转换和接续,辖内两家法人金融机构新增普惠小微贷款73795万元,合计奖励资金1352万元,有效激发法人金融机构加大普惠小微贷款投放。

二是合理使用再贷款、再贴现等货币政策工具,引导金融机构降

低小微企业融资成本。全年发放支农支小再贷款 4 亿元，其中，支农再贷款 2 亿元、支小再贷款 2 亿元，年末再贷款余额 4 亿元。

（二）持续推进中小微和民营企业金融支持

一是持续督导落实“四张清单”机制。建立常态化监督检查机制，推动辖内银行业金融机构建立授权、授信、尽职免责、回告等信贷服务“四张清单”机制，完善金融机构“敢贷、愿贷、会贷、能贷”的长效机制，持续提升小微企业金融服务能力。

二是继续加大对小微企业和个体工商户的信贷支持。制定《潜江市小微企业和个体工商户“首贷”拓展专项行动方案》，指导金融机构创新线上小额信用贷款产品。截至 12 月末，小微企业贷款余额 179.5 亿元，较年初增加 49.3 亿元，增速 37.8%；普惠小微企业贷款余额 72.9 亿元，较年初增加 24.2 亿元，增速 49.8%。

三是持续做好中小微企业信用培植工程工作。截至 12 月末，推荐 24 家信用培植企业与银行对接，对接率 100%，帮助符合国家产业政策、企业信誉好的中小微企业解决融资难融资贵问题。

四是积极做好“楚天贷款码”推广运用工作。制定推广运用工作方案，召开专题工作会议，多场所、多层次宣传“楚天贷款码”，督导落实相关工作机制。截至 12 月末，全辖通过“楚天贷款码”进行融资对接企业 882 家、办结 758 家，办结率 85%。

（三）聚焦重点领域和关键环节的金融支持

一是做好文旅、零售、运输等受疫情影响严重行业的金融支持工作。积极联系对接行业主管部门获取支持企业名单。截至 12 月末，共推送支持企业名单企业 70 家，贷款余额 5 亿元。

二是鼓励引导房地产贷款投放，保持房地产贷款逐月稳定增长。截至 12 月末，全市房地产开发贷款余额 21.7 亿元，同比增速 4.6%；个人住房贷款余额 76.4 亿元，同比增速 6.4%。

（四）推动跨境人民币业务增量扩面

成立跨境人民币工作专班、建立工作机制，明确工作目标。召开由市商务局、外汇主办银行及重点外贸进出口企业参加的专题工作会议，深入企业开展调研座谈，制定“一企一策”产品和服务方案，扩大企业跨境人民币结算量在跨境结算总量中的占比。

二、防范化解金融风险

（一）加强金融风险监测

开展法人银行机构央行评级及评级等级提升工作，做好风险预警，确保不出现高风险金融机构。从偿付能力敏感性、流动性风险两个方面对两家法人银行机构开展压力测试，进行风险提示。

（二）开展重点领域风险排查和处置

开展法人银行机构不良贷款清收处置及股东清理专项行动，对两家机构延期还本付息到期后的真实风险敞口进行评估、研判，促进机构建立稳健的经营模式。配合做好打击非法集资、打击非法金融放贷等工作；配合做好重点企业风险化解工作。派专人参与市政府清理整治专班，配合开展第三方财富管理公司清理规范工作。

（三）扎实开展反洗钱工作

开展打击治理洗钱违法犯罪三年行动，制定《潜江市打击治理洗钱违法犯罪三年行动实施方案》，建立全市反洗钱工作协调、信息交流与共享、案件协查与研判工作机制。开展反洗钱工作评价，促进各金融机构更好地履行反洗钱义务。开展会计师行业反洗钱联合监管，与市财政局达成反洗钱联合监管共识，对 3 家会计师事务所开展反洗钱和反恐怖融资知识宣传和履职培训，切实履行反洗钱和反恐怖融资义务。

（四）开展金融放贷领域整治工作

制定《中国人民银行潜江市支行金融放贷领域整治工作方案》，与各职能部门及银行业金融机构建立工作联系机制，加强沟通协作和信息共享，形成整治工作合力。结合《反有组织犯罪法》普法宣传活动开展打击非法金融放贷宣传，鼓励群众积极举报违法犯罪行为，为行业整治创造良好的社会舆论环境。

2022 年 2 月 28 日，潜江市政府组织召开“青创贷”业务推进会，市金融办及相关职能部门、人民银行潜江市支行及相关金融机构参加会议

三、持续提升金融管理与服务质效

（一）提升国库运行质量和效能

一是加强国库监管，夯实经理国库基础。规范业务操作，减少延压税费情况，认真执行国库核算制度，强化国库资金安全和国库信息系统运行安全，确保国库资金运行“零案件”。

二是推进留抵退税，助力企业纾困解难。畅通退税链条，发挥国库风险预警作用，确保留抵退税账户余额满足退税所需资金。

三是加强国债管理，维护国债信誉。推动国债下乡，制作《国债知识进乡村》小视频，扩大国债宣传覆盖面，在16个镇级行政区建立起国债下乡流动巡回点、承销示范点和惠农金融服务站。

（二）扎实做好货币发行工作

一是加强发行基金调拨管理。加强对现金投放回笼分析、预测和现金计划管理。截至2022年12月末，全市共投放发行基金25.16亿元，回笼19.69亿元。

二是落实“暗访”工作制度。对营业网点现金服务工作进行暗访，提升现金服务水平。

三是强化人民币流通管理。加强疫情期间现金管理，确保资金安全；加强人民币图样使用管理，整治违规使用人民币图样行为。

四是加大对拒收现金的整治力度。会同有关部门对拒收现金或者采取歧视性措施排斥现金支付等违法行为依法予以查处。

五是强化流通纪念币预约兑换管理。加大流通纪念币发行监督检查力度，加强流通纪念币相关舆情监测及处置工作。

六是开展反假货币宣传。提高人民群众自觉抵制假币犯罪的意识和觉悟，有效增强人民群众识别假币和防范金融诈骗的能力。

（三）加强支付清算服务和管理

一是加强中央银行会计核算集中处理系统的安全管理和业务规范，保障系统平稳运行和资金安全。

二是积极推动移动支付便民工程。制定《2022年潜江市移动支付便民工程工作方案》，积极推广移动支付产品，加快“适弱化”改造步伐；组织辖内银行机构多渠道、多形式推动移动支付助力普惠金融、服务民生。

三是强化账户开设管理。推动开展手机号码支付业务，着力打造“手机号支付示范村”；推广小微企业简易开户，降低小微企业和个体工商户支付手续费；开展暗访督查，督促银行机构切实提升对特殊群体的服务质量。

四是开展打击跨境赌博和电信网络新型违法犯罪活动。强化联防联动机制，开展警银联合宣传；开展银行账户涉案风险“百日攻坚”专项整治行动，组织银行业金融机构对涉案账户进行核实，助力打击电信网络诈骗活动。

（四）深入开展金融统计监测分析和调查研究

一是强化统计监测分析。开展小微、民营、涉农、扶贫、普惠、绿色、保障性安居工程、两权抵押等贷款专项统计分析，开展企业财务调查、工业企业问卷调查、服务业企业问卷调查、银行家问卷调查、城镇居民家庭资产负债调查、小微企业融资调查、企业用工调查等各项常规调查工作，对热点问题进行分析研究，定期做好经济金融形势分析报告、经济预测报告。

二是开展专题调查研究，为上级行决策服务。组织开展科创企业融资、法人金融机构不良绿色贷款、金融支持生态保护补偿、农商行改革发展、经济金融人才队伍建设、转型金融工作推进情况、新市民金融服务等专题调研及各类快速信息调研。

（五）持续深化征信管理和信用体系建设

一是加强征信安全合规管理。开展征信合规与信息安全培训，坚持“日核查、月核查、季核查”，守住不发生案件的底线。

二是探索开展市域中小微企业信用体系建设。以中小企业服务信用信息平台为依托，构建涵盖全市的智慧金融信用信息平台。

三是推进农村信用体系建设。借助农村网格化、“十星级”文明户等载体，搭建以“数据库+网络”为核心的农村信用信息服务平台。

四是持续推进金融生态环境

2022年7月12日，人民银行潜江市支行、湖北银保监局潜江监管组联合召开法人银行机构流动性管理工作座谈会

建设。持续加强金融生态环境监测分析,对监测中发现的问题及薄弱环节及时进行预警和通报。完成2021年度潜江市金融信用市申报工作,潜江市被省政府授予“金融信用市”称号。

(六)深化法治央行建设和金融消费权益保护工作

一是制定《中国人民银行潜江市支行法治央行建设实施方案》《中国人民银行潜江市支行法治宣传教育第八个五年规划》,对法治宣传教育工作进行具体安排。

二是持续开展金融知识宣传。在“3·15金融消费者权益日”“金融知识普及月”等时间节点开展形式多样的金融知识普及宣传活动。

三是做好金融消费纠纷风险监测和处置。加强金融消费者权益保护监督管理,全年受理12363投诉案件23件,均得到圆满解决。

四、持续推进金融改革创新

(一)做好乡村振兴金融服务工作

积极开展普惠金融政策的宣传,推进脱贫攻坚成果与乡村振兴有机衔接,不断提高服务“三农”和小微金融质效。在全市范围内启动“整村授信”工作,通过逐户走访、逐人建档、整村推进,累计授信村组和社区169个、走访对接农户3.9万户、建档3.32万户、支持新型农村经营主体318户,发放贷款3.08亿元。

(二)支持绿色金融发展

鼓励银行机构通过设立绿色金融专营机构、建立绿色贷款授信审批绿色通道、实行内部资金转移定价优惠、下调经济资本占用等措施,完善绿色金融内部激励约束机制,持续加大绿色信贷投放。年末全市绿色金融信贷余额57.6亿元,较年初增加22.6亿元,增速达64.57%

(中国人民银行潜江市支行)

银行业保险业发展

一、持续加大服务实体经济力度

(一)推进金融稳企纾困

一是保持货币信贷稳定增长。紧盯全市信贷新增计划80亿元目标,引导银行机构持续加大金融支持实体经济的力度,紧紧围绕潜江市“4+1”现代产业体系,聚焦实体经济“重点区域、重点领域、重点行业、重大项目”和薄弱环节,优化资源供给,用好用足政策工具。从扩增量、稳存量两个方面发力,以适度的信贷增长支持潜江市经济高质量发展。全市各项贷款新增创历史新高,比上年同期增长1.65倍。年末制造业贷款余额59.23亿元,比年初增加13.37亿元,增长29.15%;普惠型小微企业贷款余额73亿元,比年初增长50.68%,比各项贷款平均增速高28.84个百分点。

二是落实还本付息助企纾困政策。做好延期还本付息政策到期的接续转换,持续支持小微企业减负纾困、恢复发展。进一步推广“随借随还”模式,增强续贷政策落实效果。主动跟进小微企业融资需求,对符合续贷条件的正常类小微企业贷款需求给予支持。对确有还款意愿和具有吸纳就业能力、存在临时性经营困难的小微企业,统筹考虑运用展期、重组等手段,按照市场化原则自主协商贷款还本付息方式。截至12月末,全辖实施延期还本付息7.46亿元;小微企业“无还本续贷”余额6.74亿元,比年初减少0.43亿元,下降5.97%。

三是落实减费让利政策。督促银行机构合理确定小微企业贷款利率,将税收减免、财政奖励等政策红利向贷款利率有效传导。严禁银行保险机构违规向小微企业收取服务费用或变相转嫁服务成本。对银行保险机构与第三方机构合作开展小微企业金融服务的,禁止第三方机构以银行名义向小微企业收取任何费用。年末新发放普惠型小微企业贷款利率较年初下降0.29个百分点。

(二)推进金融支持乡村振兴

一是加快打造“普惠金融工作站”样板点。在打造运粮湖管理区南湖农场“普惠金融工作站”样板点基础上,以点带面、复制推广,在全市所有乡镇推广打造“普惠金融工作站”。全市共打造出运粮湖管理区南湖农场、积玉口镇古城村、浩口镇凡场村等10个“普惠金融工作站”样板点,样板点基本都达到了“十有”标准,并开始发挥金融服务作用。截至12月末,建立普惠金融服务工作站331个,选派“驻村客户经理”747人(为各行驻村工作队员及管村客户经理);开通乡村振兴金融服务热线和主办行专线电话30部,发放“乡村振兴银行卡”21165张。全市农业保险深度达到1.7%(年度目标1%),保险密度达到801.73元/人(年度目标500元/人)。

二是加大乡村振兴信贷投放。督导银行机构加大乡村振兴中长期信贷投入,加大乡村道路交通、物流通信、供水供电、教育卫生、清洁能源、人居环境改造等领域金融支持,助力提高农村公共服务供给水平。在依法合规、风险可控前提下,探索创新金融支持乡村振兴的服务模式,构建乡村建设领域综合平衡融资模式,破解农村基础设施项目缺乏有效还款来源难题。积极推广农村承包土地经营权、集体经营性建设用地使用权、宅基地使用权和林权抵押贷款,探索开展禽畜活体、圈舍大棚、农机具等涉农资产抵押贷款,为乡村振兴提供多样化的信贷服务方式，增加乡村振兴金融供给量。

三是全面推进农业保险。充分发挥农业保险分散农业生产经营风险、保障农民收入的重要作用，推动农业保险不断拓展覆盖范围和覆盖率。截至12月末，辖内共完成农业保险保费收入1.33亿元，同比增长21.59%；已决赔付3931万元，同比增长56.98%。全面推广专项惠农政策保险。截至12月末，开展“惠农保”创新农业雇主责任保险承保18.96万元，“乡村振兴保”承保保费31.3万元。

（三）加强新市民金融服务

引导辖内银行机构加强对新市民创业形态、收入特点、资金需求等因素的分析，充分运用信息技术，精准评估新市民信用状况，优化新市民创业信贷产品。鼓励银行机构按市场化原则对符合条件的小微企业通过降低贷款利率、减免服务收费、灵活设置还款期限等方式，降低新市民创业融资成本。加大对吸纳新市民就业较多的小微企业的金融支持力度。推动银行机构加强小微企业“首贷户”拓展和信用贷款投放，支持吸纳较多新市民就业的小微企业和个体工商户获得信贷资金。鼓励政策性银行健全完善与商业银行合作的转贷款业务模式，立足职能定位，加大对小微企业的支持力度。鼓励银行机构根据企业吸纳新市民就业情况加大金融支持力度，助力企业更好发挥就业带动作用。截至12月末，为新市民提供授信额度65.24亿元、贷款余额52.65亿元。其中，创业贷款授信额度15.80亿元、贷款余额14.93亿元；安居和消费贷款授信额度49.43亿元、贷款余额37.69亿元。

二、持续加强金融风险防控

（一）加强案件风险防控

督促银行业保险业金融机构建立健全合规管理制度体系，补齐制度短板，建立自上而下的内部监管机制，将风险遏制于萌芽阶段，有效防控系统性风险。指导金融机构加强合规教育，通过开展法律风险防范、职业道德培养等教育培训，营造良好的合规氛围，增强从业人员合规意识。督导金融机构建设信息化监管体系，规范员工业务操作，实现业务操作全面留痕。

（二）加强房地产风险防控

引导银行保险机构积极参与“保交楼”相关工作机制，配合压实企业、股东等相关各方责任。指导银行机构在市政府“保交楼”工作安排总体框架下，做好具备条件项目的信贷投放，协助推动项目快复工、早复工、早交付。

（三）加强流动性风险防控

组织辖内两家中小法人银行机构召开关于流动性风险管理工作座谈会，听取机构流动性风险情况汇报，提出监管要求。切实加强对两家法人银行机构流动性风险常态化监测，督促制定流动性风险应急预案和具体应对措施。督促两家银行机构合理确定业务增速和结构，灵活采取收贷、增持高质量流动性资产、扩大稳定负债来源、变现资产等方式，确保清算头寸、现金头寸等备付资金充裕，严防发生流动性风险。

（四）加强信贷资产风险管控

督促银行业金融机构加强形势分析研判，前瞻性做好防止信用风险反弹的应对方案。严格审慎做好金融资产分类，进一步做实资产质量。压实机构风险处置主体责任，持续加大不良资产处置力度，保证“处置额不低于上年”。督促农商行扎实推进新增不良资产真实入账反映，确保隐性不良资产年底全部入账。

（中国银行保险监督管理委员会湖北监管局潜江监管组）

天　门　市

金融发展概况

2022年末，全市金融机构存款余额共计950.24亿元，比上年末增加127.34亿元。其中，住户存款余额824.40亿元，比上年末增加118.71亿元。各项贷款余额434.82亿元，比上年末增加72.07亿元，同比增长19.87%。

全年实现保费收入14.81亿元，同比增长6.70%；保险赔付支出5.95亿元，同比增长5.68%。

全市有“新三板”挂牌企业4家、区域性股权市场挂牌企业114家，均与上年持平。全年全市企业从资本市场直接融资26亿元。

2022年，全市实现社会融资规模470.18亿元，较上年增长17.58%。

全市有银行业、保险业、证券业机构39家，较上年增加1家。其中，银行业机构10家，较上年增加1家；保险业机构、证券业机构分别为26家、3家，均与上年持平。全市共有4类、11家地方金融组织，与上年持平。其中，小额贷款公司4家、融资担保公司1家、典当行5家、融资租赁公司1家。

地方金融工作

一、引导金融服务经济社会发展

（一）保持信贷投放稳步增长

印发全市银行业金融机构信贷投放考核办法，加大贷款净增、余额贷存比、新增贷存比等指标考核权重；督促银行业金融机构结合各自实际制定内部考核办法，建立“敢贷、愿贷、能贷、会贷”长效机制，平稳有序增加信贷投放。

（二）深入开展银企对接

采取年初由市政府组织开展银企对接现场办公活动、每月末由市政府组织专班实行银企对接分片专题督导、不定期组织开展银行业金融机构“行长下基层”活动、各银行业金融机构自主组织小型银企对接签约活动等措施，逐月逐季落实银企对接目标计划。2022年，全市银行业金融机构落实银企对接额度162.10亿元，占全年目标任务（160亿元）的101.31%。

（三）支持重点领域融资需求

引导银行业金融机构加大对制造业中长期项目、普惠小微等领域的贷款支持力度。全年对37个制造业中长期项目授信5.56亿元。年末普惠型小微企业贷款余额66.02亿元，比年初增加14.77亿元；小微企业贷款户数8536户，比年初增加2400户，实现了“两增两控”总体目标。小微企业贷款不良率0.97%，比年初下降0.52个百分点。

二、深化金融改革创新

（一）推动产品创新和运用

鼓励金融机构不断探索创新信贷产品和模式，开展“楚农贷”等涉农担保业务，推广“纯信用+线上”产品，发展供应链金融，深化“天融通”平台建设。截至2022年末，涉农担保业务累计放款2036笔、金额15.58亿元，在保笔数895笔、金额6.16亿元；银行业金融机构提供“纯信用+线上”产品40个、累计放款4.68万笔、金额48.86亿元；市建行供应链产品“裕农快贷”累计放款106笔、金额1698.76万元。“天融通”平台入驻金融机构13家，发布金融产品63款，通过平台放款33.37亿元。

（二）推动金融支持乡村振兴

在全市范围内向村（居）委会

2022年1月15日，天门市举行2022年金融服务“早春行”暨银企对接现场办公会

派驻“金融村官”，协助开展综合金融服务，推进整村授信，加大对辖内农户、农村种养大户、新型农业经营主体的信贷投放力度。2022年，以市农商行为主遴选101名员工担任“金融村官”、打造3个整村授信示范点，591个行政村实现整村授信全覆盖。

（三）支持开展科技担保

印发《市人民政府办公室关于印发天门市科技融资担保体系建设实施方案的通知》，设立“科技担保业务部”，在政策范围内开展科技担保业务，支持高新技术企业、科技型中小企业、“专精特新”企业以及其他符合条件的科技型初创企业融资需求，为全市科技型中小微企业提供融资增信支持。2022年，全市“4222”科技融资担保业务在保笔数6笔、金额1530万元。

三、推动企业上市挂牌

以培育上市后备企业“金种子”“银种子”为抓手，建立健全分行业、分类别、分层次、分阶段培育机制，充分挖掘和提升上市后备“种子”企业价值，激发企业上市内生动力。对已报辅企业贴身联系、靠前服务，对上市进展情况实行周跟踪、月报告，及时协调解决困难和问题。截至2022年末，全市共有“新三板”挂牌企业4家、“四板”挂牌企业114家、“金种子”企业3家、“银种子”企业4家，已报辅企业1家。

四、防范化解金融风险

进一步贯彻落实《防范和处置非法集资条例》《湖北省地方金融条例》，持续做好防范和处置非法集资、地方金融组织日常监管、防范“非法校园贷”、金融领域扫黑除恶斗争、涉金融矛盾纠纷化解等工作。会同有关部门采取行政措施稳妥处置4起金融风险隐患事项。全年无非法集资、涉互联网金融、“非法校园贷”等违法金融活动发生。

五、促进地方金融组织规范健康发展

持续规范地方金融组织行为，引导地方金融组织依法依规经营。严格落实小额贷款、融资担保、典当、融资租赁等行业监管实施细则和操作指引。利用年审、分类评级等时机，联合市场监管部门采取“双随机、一公开”等方式开展现场检查，全面掌握地方金融组织投资经营和风险防控情况，促进行业规范健康发展。1家融资租赁公司成为省“白名单”企业；市兴天融资担保公司“4321”新型政银担业务在保笔数134笔、金额5000万元。

六、推进金融生态环境建设

督导银行业金融机构加强小微企业贷款授权、授信、受理回告、尽职免责“四张清单”机制建设，履行小微企业获得信贷贷款时限承诺，禁止银行业金融机构滥收费，切实降低企业融资成本。不断完善金融信用信息平台建设，持续推进信用培植工程，持续完善金融信用体系，有效缓解银企信息不对称问题。2022年，天门市被评为“湖北省金融信用市（州）”。

（天门市人民政府金融协调领导小组办公室）

贯彻落实稳健货币政策

一、保持货币信贷规模合理平稳增长

（一）加强窗口指导，拓宽融资渠道

制定出台全市信贷工作指导意见，推动“政采贷”成功上线并发放贷款12笔，金额1088.6万元。指导银行业金融机构加强亿元以上重点项目融资对接，累计授信595.20亿元、发放贷款33.82亿元。持续加大对重点领域和薄弱环节的信贷支持，推动全市信贷总量合理平稳增长。全市各项贷款余额创历史新高。

（二）用好政策工具，精准滴灌小微

发挥再贷款、再贴现等信贷工具调控功能，撬动信贷资源支持小微企业和农村经济发展，全年累计发放支小再贷款1亿元。对2家交通运输企业和3家中小微物流配送和快递企业发放专项支持再贷款6笔、金额1410.3万元，助力交通物流业纾困解难。

（三）坚持多极发力，提升服务质效

全面落实“四张清单”金融服务机制，组织开展民营和中小微企业“首贷”拓展专项行动，积极推广“楚天贷款码”，协同实施企业信用培植工程。全年市场主体通过扫码申请融资850笔，办结融资641笔，办结率85.15%。中小微企业经过信用培植辅导，共获得贷款2.18亿元。

（四）推动绿色金融，落实环保职责

引导金融机构围绕碳达峰、碳中和目标要求，进一步强化绿色发展理念，助力“双碳”目标落实。加大绿色信贷投放力度，支持污染防治、资源节约与循环利用、清洁交通、清洁能源、生态农业、生态保护等领域的绿色企业和项目融资。截至12月末，绿色信贷余额61.09亿元，比年初增长26.22亿元，增幅75.2%，对环境保护起到了较大的金融支撑作用。

二、防范化解金融风险

（一）前移监测关口，加强风险研判

运用央行金融机构评级、重大

事项报告、综合评价等措施，构建快速掌握风险信息、高效分析风险情况、精准评估风险趋势的工作机制。通过现场核查、资产质量核查、压力测试等手段全面掌握地方法人银行机构的风险情况，全面摸清风险底数。跟踪督办和监测不良资产化解情况，指导相关法人银行处置化解不良资产，补充注册资本，促进资产质量得到有效改善。

（二）紧盯风险机构，有效应对风险

组织对两家地方法人银行机构开展4次央行金融机构评级、1次央行金融机构评级重检、2次风险评价工作，及时发现风险隐患、印发书面风险提示，对评级和风险评价发现的问题及时约见地方法人银行机构高管，强化风险化解处置。

（三）突出重点领域，推动风险化解

建立房地产等重点行业和重点企业清单，持续关注辖内大型问题企业风险状况，维护房地产市场稳定运行。深入开展第三方财富管理公司清理规范和"征信修复"乱象的治理工作，积极参与对涉非企业的现场核查，将核实的情况向辖内银行业金融机构进行风险提示。

（四）加大打击力度，整治涉赌涉诈"资金链"

依法加强平台企业支付业务监管，推进跨境赌博、电信诈骗和非法支付活动"资金链"治理。配合完成涉案账户倒查工作，组织开展排查账户、管控可疑账户等工作，对相关银行网点和个人实施追责问责。

（五）提升监管效能，防范外汇风险

以货物贸易监测系统为依托，有序开展重点企业监测，提醒企业补充贸易信贷报告，规范企业外汇业务。以个人外汇业务监测系统为依托，严格落实分拆业务监测、大额业务监测、现钞业务监测。依托服务贸易外汇监测系统，及时监测银行、企业异常行为。依托国际收支涉外收付款统计数据核查功能，对数据及时性、完整性、准确性进行核查，及时处理银行机构申报信息错误问题。

三、持续提升金融管理与服务质效

（一）加强征信服务窗口标准化建设

精心打造"综合柜员"窗口，实现企业征信柜台查询、个人征信柜台查询、征信异议处理等服务"一窗通办"。增设企业自助查询机，加强对自助查询设备维护管理，提高工作效率。加大互联网查询以及其他查询方式的宣传引导，切实为群众提供优质便捷的征信服务。

（二）完善支付结算便利化服务

围绕支付手续费降费让利政策落实、小微企业开户标准化管理、支付服务适老化改造、移动支付便民工程深化拓展等工作，不断提升支付利企惠民服务水平。持续优化账户服务，推动银行业金融机构"一个窗口"实现信息互通、业务办理一体化。

（三）提升国库服务效能

落实增值税留抵退税政策，让留抵退税政策红利及时惠及市场主体，为小微企业解决燃眉之急。积极推进跨省异地电子缴税工作，优化退税业务流程，提高电子退库质效。持续推进国债下乡，加大宣传力度。全年国债销售4564万元，其中，乡镇销售3105万元，占比68.03%。

（四）优化现金服务

指导建立以银行业金融机构网点为主体的现金服务网格责任区，实现全市3个街道办事处和22个乡镇全覆盖。将现金服务业务进行全面整合，充分满足公众的现金服务需求，提升其获得感。加强对金融机构现金消毒工作的指导，保障公众用现安全。强化现金服务质量监管，以暗访形式对银行提供现金服务情况进行督查，督促提高现金服务能力。

（五）开展金融知识宣传

联合银行业金融机构进社区、进农村开展征信、反洗钱和反假币宣传。制作征信、反假货币知识宣讲和科普短片，在大屏幕和网络新媒体上开展宣传，在《天门日报》开设专栏对存款保险进行专题宣传。

2022年6月14日，人民银行天门市支行组织举办"擦亮信用名片 打造诚信天门"活动

全年共发放宣传资料3.63万份，受众7.5万人。

（中国人民银行天门市支行）

银行业保险业发展

一、持续加大服务实体经济力度

引导辖内银行业保险业金融机构着力优化营商环境，推动中小微企业信贷“增量、扩面、降价”。继续开展续贷纾困行动，做好延期还本付息政策退出后的过渡安排，完善续贷方式，认真落实“不断贷、不抽贷、不压贷”政策要求，保障供给不断档。引导银行业金融机构转变观念，切实解决“唯抵押”和“过度担保”问题，加大信用贷款投放力度，在风险可控的前提下尽量满足企业正常资金需求。

（一）深入开展“百行进万企”活动，大力促进银企对接

按照年初提出的全年银企对接率达到80%以上、银企合作授信履约率不低于90%、有效融资需求满足率不低于上年的目标，加大各项政策措施落实力度。辖内9家银行业金融机构综合运用线上银企对接平台、线下“行长下基层”平台和银企座谈会等形式积极开展银企对接，成立了分片、分行业、分产业链工作专班，常态化下乡镇、进园区、访企业，推动银企无缝对接、良性互动。督导银行业金融机构建立“敢贷、愿贷、能贷、会贷”的长效信贷机制，持续引导金融资源向中小微企业倾斜。截至年末，全市银企对接率达到100%、银企合作授信履约率达到92%，普惠型小微企业贷款余额66.02亿元、比年初增加14.77亿元、增幅28.81%，完成单列计划147.96%。全市普惠型小微企业贷款实现“两增两控”目标。

（二）创新信贷产品和模式，落实稳企纾困政策

一是推进科创企业金融服务。引导银行业金融机构积极开展金融支持“专精特新”中小微企业春风行动，加大对创新型中小企业、专精特新“小巨人”、“单项冠军”等优质企业的信贷支持力度。截至年末，辖内8家商业银行机构共推出纯线上信用贷款产品38个、累放贷款7.6亿元。

二是加大绿色贷款支持。银行业金融机构积极支持光大环保垃圾发电、特变电光伏发电和三峡集团汉江流域环境治理等项目融资，投放绿色信贷2.54亿元。

三是持续减费让利。截至年末，全市银行业金融机构累计为小微企业承担抵押登记费和评估费110.54万元，进一步降低融资成本。

四是继续落实贷款延期还本付息和续贷政策。全年为579户企业办理了贷款延期还本付息及无还本续贷，涉及金额6.66亿元。

（三）织密金融服务网络，打造金融服务乡村振兴示范区

一是推进普惠金融工作站建设。建立了以市农商行、农行为主体，其他银行业金融机构及相关保险公司共同参与的工作机制，建成20个标准化普惠金融工作站。

二是选派“金融村官”，助力乡村振兴。市政府印发专门文件，明确“金融村官”运行机制和工作职责。以市农商行为主体，遴选出101名骨干员工担任金融村官，派驻到行政村开展综合金融服务，为乡村振兴赋能提效。

三是创新授信模式，推动整村授信。市农商行按照乡镇支行“一行一策”“一乡一品”的工作思路，推出提前授信和“一次核定、随用随贷、余额控制、周转使用、动态调整”的荆楚小康贷业务管理模式。截至年末，走访对接农户5万多户，建档2.2万多户，贷款投放4800多户、3.5亿元。

四是加快建设以人工网点为主体，以自助网点为补充，以惠农通工程服务点为触角，以网上银行、手机银行、“e农管家”等在线

2022年6月15日，天门市举行银行业保险业“打击电信网络诈骗”“防范非法集资”暨“普及金融知识万里行 金融知识进社区”宣传活动

及移动互联服务为延伸的渠道服务体系，全市实现了电子机具对符合条件的行政村全覆盖。

（四）积极推进新市民金融服务

引导银行业金融机构以进城农民工、大学毕业生、退役军人等人群创业就业为重点，积极开展“新市民”金融服务。截至年末，全市银行业机构发放支持新市民信贷2615笔、金额9.13亿元，用于“新市民”人群创业、就业、安居、消费、培训、子女教育、健康医疗、养老等方面资金需求。

二、持续加强金融风险防控

（一）防控信用风险

加强地方法人银行信用风险防控，规范股东股权管理。推动市政府2021年确定的“五个一批”化解市农商行不良贷款风险处置措施落实见效。督促地方法人银行做实资产质量，严格落实金融资产风险审慎分类，开展提档升级行动，严控新增不良贷款。推动地方法人银行隐性不良资产入账，强化信贷管理，做实做细贷款“三查”工作。

（二）加强地方政府融资平台贷款风险管理

督促相关银行业金融机构做好地方政府融资平台贷款风险管理，按市场化原则保证项目的合规性，把好准入关，确保贷款还款来源真实合规、债权安全可靠。坚决不触碰新增地方政府隐性债务红线。

（三）加强案件风险防控

督导银行保险机构加大案防制度执行力度，密切关注重点业务领域及员工行为、易发案件重点部位、重点环节的风险点，落实各项防控措施。加强员工职业道德教育，认真履行案件风险防控主体责任和“一、二、三道防线”职责，定期不定期开展案件风险排查和安全检查，持续保持案防高压态势，做到风险隐患早发现、早暴露、早处置。

（四）维护金融安全稳定

加强金融消费者教育和引导，开展消保工作考评和督查。强化行为监管，督促银行保险机构严格执行销售适当性管理和消费者风险提示规定，认真落实人身险代理保险“双录”要求。开展现场督导核查和通报，对不认真执行“双录”要求的保险机构负责人进行约谈，要求限期整改到位。会同市场监管、公安等部门开展保险中介机构清理整治，切实保护金融消费者合法权益。组织开展打击电信网络诈骗、防范非法集资以及“金融知识进万家”系列宣传活动。积极配合公安机关对滞留境外人员的银行账户实时监控管制，织密反诈网络，开展联动联治。做好扫黑除恶和平安建设工作，维护金融安全和社会稳定。

三、持续推进金融改革创新

推动人保财险、中华联合财险、太平洋财险、国寿财险等保险机构依托天门特色农业产业，积极探索保险服务农业特色产品的新路径。先后推出了政策性马铃薯保险、半夏商业保险、芋环商业保险、大豆商业保险、棉花价格指数期货保险、小龙虾养殖保险等特色保险产品。推动财政补贴鸡蛋期货价格保险加快落地。

（中国银行保险监督管理委员会湖北监管局天门监管组）

神农架林区

金融发展概况

2022年末，全区金融机构人民币各项存款余额715051万元，比年初增加56430万元，同比增长8.7%。其中，住户存款余额462866万元，比年初增加63596万元，同比增长15.9%。金融机构人民币各项贷款余额471654万元，比年初增加84550万元，同比增长21.8%。其中，住户贷款余额186104万元，比年初增加24414万元，同比增长15.1%。

2022年，全区保费收入5460万元，同比增长32.9%。已决赔款金额5372万元，同比增长70.9%。

全区有银行业、保险业、证券业金融机构14家，与上年持平。其中，银行业机构8家、保险业机构5家、证券业机构1家。全市有地方金融组织1家，为融资担保公司。

地方金融工作

一、引导金融服务经济社会发展

（一）贯彻落实金融支持实体经济决策部署

认真贯彻落实支持实体经济发展的决策部署，推动两项直达货币政策工具落实生效。聚焦普惠小微企业延期还本付息、信用贷款服务，定期对辖区金融机构落实普惠小微贷款延期还本付息、普惠信用贷款发放率及再贷款使用情况进行通报，确保普惠小微贷款“应延尽延”，切实提高普惠小微信用贷款发放比例。全年办理延期还本付息189笔，金额10.1亿元；办理无还本续贷26笔，金额0.8亿元。

（二）加大小微企业信用培植力度

根据各部门推荐，选出20家企业作为培植对象，根据企业经营状况将企业划分为授信类企业、培植类企业和关注类企业等三类，通过入企走访、集中培训、一对一辅导，帮助企业完善管理制度和机制，通过培植达到银行授信融资条件。全年办结20家企业贷款申请，贷款8347万元。

（三）着力解决实体经济融资难点、痛点、堵点问题，提升货币政策执行力

针对辖区企业普遍缺乏抵押物造成的贷款难问题，引导金融机构多措并举加快创新信贷模式，解决企业融资难题。上半年通过应收账款平台为1家企业完成了1800万元应收账款抵押融资；用炭汇收益权作质押发放2笔“炭林贷”，贷款金额合计1840万元；探索以林权抵押登记贷款的形式为松柏镇白莲村光伏产业贷款294万元。大力推广“楚天贷款码”，帮助企业线上办理融资申请，已扫码102家企业，通过扫码给40家企业发放贷款2.83亿元。

（四）推动金融支持乡村振兴

保持金融扶贫政策、工作和责任落实的延续性，全面推进普惠金融体系建设，有效满足乡村金融服务需求，加大金融服务乡村振兴支持力度。

一是成立工作专班，出台《神农架林区金融服务乡村振兴共建创新示范区建设工作方案》。积极配合相关金融机构在林区开展金融支持乡村振兴调研等工作。

二是加强与上级金融机构对接，争取更多金融资源向乡村振兴领域倾斜。林区政府分别与省农行、省邮储银行、省农发行、人保财险湖北省分公司等多家金融机构签订“十四五”金融服务乡村振兴战略合作协议，在相关政策、资金、服务等方面给予林区倾斜和支持。

2022年1月18日，神农架林区金融办联合人民银行神农架林区支行、湖北银保监局神农架监管组召开神农架林区政银企对接暨金融一季度“开门红”动员会

农发行湖北省分行、省农担公司在林区成立工作专班，服务林区项目建设和乡村振兴工作。

三是细化工作任务，落实工作责任，确保金融服务乡村振兴的能力得到提升。为推动各项工作的落实落地，林区在金融机构中推出了点题作业、重点工作、任务清单等工作方式，成立工作督导专班，引导和督促各项工作任务的完成。全年全区涉农贷款余额31.15亿元，较年初增加3.39亿元，增长率为12.24%；涉农贷款占比达到66.03%。

二、深化金融改革创新

(一)完善金融组织体系

针对林区金融机构不全、金融资源有限、相关金融政策难以落实落地的现实，积极协调、鼓励金融机构落户林区。针对林区无政策性银行、各项惠农政策难以落实的现状，加强与国开行省分行、农发行省分行对接，积极争取农发行在林区设立分支机构；与农发行十堰分行签订"十四五"战略合作协议。积极与林区工、农、中、建、邮储等银行机构上级行协调对接，争取加大信贷支持力度，缓解林区融资难、融资贵问题，为林区高质量发展提供有力的金融支持。

(二)优化金融营商环境

积极推进新型"政银担"合作和政府采购合同融资。推动金融机构落实内部尽职免责机制，进一步落实小微企业"四张清单"金融服务机制，培育形成"敢贷、愿贷、会贷、能贷"的良好氛围。落实"放管服"要求，优化业务流程实现退税秒办；推动网上征信查询，让群众少跑路；对各乡镇普遍设立的惠农服务站进行全面升级，提高便民利民水平。全区金融营商环境进一步优化改善。

(三)推进绿色金融发展

紧跟国家及省级层面绿色金融发展步伐，积极推动构建具有神农架林区特色的绿色金融体系。制定《神农架林区大力发展绿色金融助推绿色经济高质量发展的实施意见》，指导金融机构加大绿色金融创新力度，通过发展绿色信贷、绿色债券、绿色保险、碳金融等绿色融资和保险服务，支持林区绿色经济发展。探讨符合神农架的绿色信贷模式，编印绿色金融服务手册，通过线上线下方式向社会进行推广。

三、防范化解金融风险

制定《2022年神农架林区防范化解金融风险攻坚战工作要点》《神农架林区金融风险隐患大排查工作方案》《2022年防范化解非法集资等金融风险宣传教育月暨年度宣传工作方案》等文件，强化防范金融风险工作部署、压实工作责任。全年全区涉非法集资案件为零、无涉金融领域的进京赴省上访事件。

一是开展防范非法集资等金融风险宣传月活动，引导各成员单位自主开展主题宣传日活动，分阶段组成宣传小分队在各自领域进行上门宣传。

二是加强媒体全方位宣传。通过电视、报刊、网络等媒体进行防范非法集资法律知识宣传，提高公众对非法集资违法行为的识别能力。

三是强化各乡镇、处非各成员单位对辖内的非法集资、P2P网贷风险实行条块网格化管理，在每个社区、行政村、企业建立信息员制度，及时掌握风险信息，对苗头性、倾向性问题早发现、早预警、早处置，牢牢守住风险底线。

四、推进金融生态环境建设

坚持金融发展与金融生态建设并重，大力推进金融生态环境建设。统一思想，科学研判，努力提升金融服务经济实体能力；多渠道开展银企点对点对接，强化信贷有效支持；加强督导，推动金融服务重点项目建设；集聚合力，开展"A级企业"培植工程；主动作为，积极开展金融风险管理与防控；加强宣传，深入推动金融在辖区的认知度；打造良好金融营商环境，激发市场活力。2022年，神农架林区获得"湖北省金融信用市(州)"称号。

(神农架林区人民政府金融管理领导小组办公室)

贯彻落实稳健货币政策

一、保持货币信贷规模合理平稳增长

认真贯彻落实金融支持稳经济、保增长、促发展各项政策措施，通过实施"六大工程"，激发金融活力，促进信贷合理平稳增长。

(一)实施推进银企对接工程

畅通信息交流，提高银企对接的时效性和精准度。加强与发改委、经信局等部门的联动，及时将贷款需求以"名单"的形式推送给金融机构，当好银企对接"红娘"。截至12月末，银行机构累计为签约的16家企业发放贷款45260万元，贷款履约率达95.71%。

(二)实施信用培植工程

加强与相关职能部门、银行金融机构的联动，梳理确定20家"融资难、融资贵"企业为培植对象，对达不到贷款条件的企业加大培植力度，帮助其提高融资能力。

(三)实施绿色金融工程

落实《关于神农架林区创新绿色金融支持绿色经济发展实施意见》，持续推动绿色信贷发放。引导农行林区支行在上年发放40万

元“碳林贷”的基础上，发放1800万元的“碳林贷”；引导湖北银行以林权抵押的形式向神农架林区松柏镇白莲村光伏发电项目发放贷款294万元，开启了神农架”绿色信贷“模式新篇章。

（四）实施金融科技工程

一是制定《神农架林区金融服务平台建设工作方案》，推动科技赋能金融服务平台，进一步完善中小企业和农村经济主体信用档案，降低金融部门获取企业、农户信息和评估风险成本，改善中小企业和农村经济主体融资环境。

二是大力推广个人征信网上查询、企业征信“扫码”查询，强化科技赋能，提升金融服务效能。

三是大力推广“楚天贷款码”，创新融资方式。截至12月末，神农架林区“楚天贷款码”扫码154家企业，向74家企业发放贷款2.72亿元。

（五）实施金融减费让利工程

通过积极向上争取支农、支小再贷款发放给法人机构，促进法人金融机构的贷款利率进一步下降。各金融机构通过下调利率、减免手续费、承担评估费等多种方式为贷款户减费让利。截至年末，减费让利约1800万元。

（六）实施小微企业“首贷”工程

组织金融机构积极探索构建商业可持续的小微企业“首贷户”拓展长效机制，推动重点领域金融供给增量扩面，全年为“首贷户”发放贷款5749万元。

二、防范化解金融风险

（一）加强防范金融风险宣传

充分利用传统主题宣传日搭建展台，开展防范非法集资、反洗钱等宣传；开展金融知识“进商铺、进菜场、进社区、进乡村”等宣教活动。在加强传统阵地宣传的同时，以神农架林区松柏镇疫情防控指挥部办公室印制的“已完成核酸采样”卡片为宣传载体，在核酸采样卡片背面印制存款保险、反洗钱等主题宣传图画，制作5000余份宣传卡片送往辖内各个疫情防控卡点，被《湖北省反洗钱工作简报》宣传推介。

（二）推进打击治理洗钱犯罪工作

联合林区公安局等八部门制定《神农架林区打击治理洗钱违法犯罪三年行动实施方案（2022—2024年）》（征求意见稿）。与林区监委、国安局等五部门举行专题座谈，推动协调开展打击治理洗钱犯罪三年行动，搭建跨部门协同联动的“神农架反洗钱三年行动九方合作平台”。加强对非法人义务机构反洗钱工作监管，对辖内12家非法人义务机构2021年度反洗钱工作开展评价，进一步提高各机构对反洗钱工作的认识，摸清各机构开展反洗钱工作的基本情况和存在的问题。将发现问题与风险评估结果挂钩，增强各机构工作主动性和责任感。

（三）深入开展涉诈涉赌“资金链”治理

组织开展银行账户涉案风险“百日攻坚”专项整治行动，建立多部门治理涉诈涉赌“资金链”协作机制，督促银行机构持续完善内控管理机制，滚动排查清理相关风险隐患和“一人多户”、长期不动户等情况。对辖内8家银行机构在落实账户分类分级管理、优化开户流程、涉赌涉诈整治及排查、上门核实尽职调查及开户回访等方面工作情况进行巡查核实。组织开展“反诈拒赌，安全支付”主题宣传进学校、进社区、进村组、进商铺、进农贸市场等系列活动。与电信局、移动、联通公司合作，发送宣传信息78000余条。

三、持续提升金融管理与服务质效

（一）提升货币服务与管理水平

印发《神农架林区“银企结对现金服务”工作方案》，开展重点用现企业结对帮扶“一对一”服务，提升企业现金使用便利化程度和水平。依托“三站融合共建”（反假货币和现金服务乡村工作站、助农取款点、普惠金融服务联系点）完善农村现金服务站点功能。加强跟踪督导，着力提高流通中人民币整洁度，对各银行营业网点及部分乡镇金融网点开展了五次巡查和两次暗访并通报。做好整治拒收现金工作，加强对辖区金融机构现金收付业务管理，进一步规范网点现金业务相关公示内容，通过现场检查和暗访等方式加强对银行机构监督检查。规范人民币流通管理，

2022年8月24日，人民银行神农架林区支行召开绿色贷款和普惠小微贷款督办会

持续开展《人民币图样使用管理办法》宣传普及工作，组织开展违规使用人民币图样专项治理活动。

（二）加强账户管理，提升支付便民服务水平

从持续优化银行账户服务、深入贯彻落实支付手续费降费政策、提升支付服务便民水平等方面对各银行营业网点及部分乡镇金融网点开展5次巡查和暗访，促进提升服务质效。聚焦老年人支付服务需求，督促银行机构提升支付服务便利化程度，各银行网点通过增配便民服务设施、开展志愿服务、延伸柜台业务等举措，积极为老年人提供暖心服务。督促银行机构对农民工工资专户进行自查，规范设立农民工工资专户窗口，坚决落实《保障农民工工资支付条例》，规范农民工工资支付行为，保障农民工按时足额获得工资。

（三）提升国库管理与服务质效

贯彻落实新的组合式税费支持政策，立足“早退、快退、退稳、退准”，确保退税资金及时退付、高效使用。全年共办理退库业务7466笔、金额1.37亿元，同比增长302.2%。组织召开财税库三方联席会议，强化支库与财政、税务部门相关业务联通，建立联席会议机制，不断提高纳税效率以及支出效率，着力实现单位部门间无缝链接，确保国家惠企、惠民政策落实到位。积极开展“送国债下乡 助力乡村振兴”宣传活动，组织5家承销机构签订《承销国债目标责任书》，将“国债下乡”宣传活动纳入“我为群众办实事”责任清单。

（四）加强征信管理，提升征信服务能力

积极开展征信知识宣传，加强个人信息保护，强化征信信息安全管理，不断提升征信信息查询服务水平。贯彻落实“日核查、月核查、季核查”机制，积极推进信用体系建设，完成辖内接入机构2022年度考核评级工作。深入推进征信市场乱象整治，建立神农架林区“征信修复”乱象协同监管机制，组织开展乱象专项治理“百日行动”。

（五）持续加强外汇和跨境人民币管理与服务

持续提升跨境贸易投资便利化水平，支持高新技术和“专精特新”企业开展跨境融资便利化试点，推动外贸企业融资扩面、增量，进一步降低企业融资成本。开展“下基层察民情解民忧暖民心”实践活动，围绕金融助企纾困政策落实情况开展实地调研，引导银行机构为外贸企业发放54.2万元流动资金贷款。加强外汇政策宣传，提高政策影响力。组织银行机构开展以“倡导诚信经商理念，护航健康外汇市场”为主题的“诚信经商”宣传，营造“诚信兴商、你我共筑”氛围。深化与公安、商务等部门的合作机制，推动多层次、高水平监管服务合作，切实提高外汇监管服务水平。

（六）切实做好金融消费者权益保护工作

组织林区各金融机构开展“3·15”金融消费者权益保护日系列宣传、“4·15”国家安全知识宣传、“6·14”征信知识宣传、“6·15”防范非法集资知识宣传、9月金融知识普及月、“12·4”宪法宣传日等系列活动，进街道、进社区、进村组、进商铺、进农贸市场向公众进行相关金融政策、法规等知识宣讲、普及，提升社会公众金融素养。组织开展2022年神农架林区普惠金融问卷调查，维护金融消费者合法权益。

（中国人民银行神农架林区支行）

银行业保险业发展

一、持续加大服务实体经济力度

（一）开展小微信贷“保供给稳增长”行动

督促辖内银行业金融机构继续坚持“总量增长、结构优化”原则，对小微企业加大信贷支持力度、单列普惠型小微企业信贷计划，确保全年信贷计划完成率达到100%。截

2022年6月13日，湖北银保监局神农架监管组工作人员到企业调研生产经营和融资需求情况

至2022年12月末,普惠型小微企业贷款余额196528万元,占贷款总额的41.67%,比年初增加70633.38万元,增幅为56.11%。辖内普惠型小微企业贷款实现"两增"目标,普惠小微信贷计划完成率达577.5%。

(二)推动降低小微企业融资成本

全面巩固"减费让利"成果,按照湖北银保监局小微企业金融服务工作清单要求,引导辖内法人银行合理确定小微企业贷款利率,推动普惠型小微企业贷款利率稳中有降。

(三)提升小微企业融资服务效率

一是认真梳理业务流程,建立标准化、集约化的作业模式。

二是针对不同的业务制定不同的申报材料清单,精简申报材料并减少资料申报的往复。

三是推动银行机构积极加入"银税互动"等信息共享机制,引入相关外部数据为小微企业精准画像,提高信贷审批效率。

四是限时办结,推动服务公开化。对超时办理进行提示和通报,并纳入考核。

(四)开展企业帮扶行动

一是深入辖内相关企业现场调研,对企业开展"送政策、送资金、送服务,问困难、问需求、问诉求"的"三送三问"活动。

二是聚焦交通物流、批零住餐、文化旅游和外贸等受疫情影响较重的行业,开展金融助企纾困四个专项行动,帮助企业"挺过去、活下来、发展好"。

(五)加强新市民金融服务

充分发挥监管引领作用,压实银行保险机构新市民金融服务的主体责任,根据新市民群体实际情况,结合金融机构自身特点,着力提升基础金融服务便利性和可得性。督促金融机构持续简化信贷审批程序,降低融资成本,切实提升新市民金融服务质效。

(六)推进金融服务乡村振兴

一是巩固脱贫攻坚成果。认真落实国家相关优惠政策,用好用活优惠政策,努力满足脱贫人口创业就业信贷需求。支持脱贫人口发展特色产业,做好易地扶贫搬迁后续金融服务,保持金融支持力度不减,做到"应贷尽贷"。12月末,全区小额脱贫信用贷款余额较年初增加136万元。全年累放311万元,累放户数80户;历年累放15487万元,历年累放户数3155户,占全区建档立卡脱贫户的57.36%。小额脱贫信用贷款逾期率0.58%,不良贷款率0.3%,有效控制了逾期率过高的信用风险。

二是加大涉农信贷投放力度。督促辖内村镇银行科学制定涉农贷款、普惠型涉农贷款计划,整体实现同口径涉农贷款余额持续增长、普惠型涉农贷款增速高于各项贷款平均增速。截至12月末,辖内村镇银行普惠型涉农贷款完成年初计划数的184.4%。

三是合理提升县域存贷比。截至12月末,县域存贷比较年初上升5.57个百分点,完成计划目标的278.5%。

四是稳步推进"整村授信"。根据《神农架林区全面推进普惠金融开展"整村授信"实施乡村振兴建设行动工作方案》既定目标,全区行政村已于2021年底完成100%授信目标任务。2022年末,农户评级授信面达到88.72%,超额完成80%的既定目标。

二、持续加强金融风险防控

一是积极防控信用风险。督促辖内两家法人银行机构做实资产质量,对2021年底的资产质量和延期还本付息贷款进行风险排查摸底,对存在的隐性不良贷款制定入账计划,并于2022年12月底前全部入账反映。

二是统筹推进案防安保工作。对银行业保险业金融机构开展安全评估"回头看"、打击整治养老诈骗专项行动。

三是紧盯重点领域风险。加强辖内法人机构流动资金监测,开展流动风险应急预案演练及流动性压力测试。开展异地业务风险排查,督促法人机构压实责任,坚守市场定位,提高风险防控能力,制定化险工作方案。高度关注票据业务风险,坚决遏制房地产风险,防控地方政府债务风险,全面梳理存量业务。

四是加强网络安全风险排查。督促辖内法人机构开展网络安全专项督查。

五是持续打击非法金融活动。通过开展金融知识宣传教育及防范打击非法集资宣传月活动,引导群众增强风险防范意识,自觉远离非法集资。

(中国银行保险监督管理委员会湖北监管局神农架监管组)

第三部分

机构运行情况

一、金融监管部门

湖北省地方金融监督管理局

2022年，湖北省地方金融监督管理局深入学习贯彻党的二十大精神，不折不扣贯彻落实习近平总书记关于湖北工作的重要讲话和批示指示精神，聚焦省十二次党代会提出的建设全国构建新发展格局先行区中心任务，坚守金融为民初心，勇担服务实体经济发展使命，圆满完成年度各项指标任务。全省金融业呈现总量持续增长、结构不断优化、直接融资稳步增长、金融风险平稳可控、地方金融组织规范发展的良好态势，为全省经济高质量发展提供了强有力的金融支撑。

一、持续提升金融服务质效，释放更多新动能

坚守金融服务实体经济使命宗旨，精心谋划全省金融业发展路径，协调加大信贷投放力度，持续加大重点领域金融保障和金融助企纾困力度，以更强的金融驱动力推动全省经济高质量发展。

（一）全力谋划金融支持政策

以省政府名义组织召开全省金融机构座谈会、全省金融发展工作推进会等重大金融会议；制定《关于推动金融高质量发展服务建设全国构建新发展格局先行区的意见》，以有力举措落实党的二十大和省十二次党代会精神；会同人行武汉分行出台金融助企纾困22条措施及优化金融营商环境10项重要“微改”工作方案；以省金融领导小组办公室名义出台落实国务院及省政府扎实稳住经济一揽子政策措施30条具体实施细则，印发《2022年度全省金融工作要点》，推动金融政策直达快享。

（二）全力推动企业融资“增量提速”

制定信贷投放计划，先后4次召开金融形势分析会和信贷投放工作会，协调推动信贷投放增量扩面提质。12月末，全省金融机构本外币各项贷款余额74062亿元，比年初增加7024亿元；开展金融“早春行”及“专精特新”企业投融资培训会等政银企对接活动，累计完成信贷投放近9000亿元；深化“鄂融通”应用，年末平台入驻金融机构2515家、汇集1959个金融产品，通过信息查询实现融资总金额超过4719亿元。

（三）全力打好金融助企纾困组合拳

会同人行武汉分行等部门构建“1+4+N”的金融纾困政策体系；推进“企业金融服务方舱”常态化建设，帮扶企业34056个，金融纾困金额达到2327.38亿元；设立助企纾困服务热线，推动金融纾困政策落地见效；召开全省新型政银担合作推进会，大力推广新型政银担合作，持续推进减费让利，加大对交通、文旅等困难行业融资增信力度，全省融资担保在保余额2271.1亿元，同比增长22.3%，全年累计减免担保、再担保费超过3亿元。

（四）全力加强重点领域金融保障

支持武汉市申报科创金融改革试验区，起草《关于支持科创金融产业融合发展的措施》，强化金融赋能科技创新；以省政府办公厅名义印发《湖北省科技融资担保体系建设实施方案》，开辟绿色通道支持组建省科技融资担保有限公司，推动构建覆盖全省、上下联动的专业化科技融资担保体系，“4222”业务模式在多个市（州）落地落实。截至年末，全省科技担保业务在保笔数5747笔、在保余额165.72亿元，较年初分别增长156%、156.65%；会同省委组织部、人行武汉分行、湖北银保监局及各市（州）政府，以《湖北省重点金融机构和重点县域共建示范区（试点）工作方案》为指导，进一步提升县域金融服务能力，有序推进金融服务乡村振兴共建创新示范区建设。选派26名金融专业人才挂职副县（市、区）长，15个省级金融机构与34个试点县（市、区）结对共建，金融支持县域发展及乡村振兴的“湖北路径”逐渐显现。

二、持续构建多层次资本市场，跑出更快加速度

牵头做好企业上市工作，推动“梯次培育、重点帮扶、上下联动、激励考评”工作路径落地落细，加快构建多层次资本市场。全年新增上市和过会企业21家；境内首发上市企业融资额达179.37亿元，为历年来最高；全省上市公司累计165家（境内138家、境外27家）。全省直接融资总额6680.67亿元（不含地方政府债）。

（一）强化工作推进机制

以省政府名义印发《湖北省资本市场建设“楚天行动”实施方案》，以省上市工作领导小组名义出台系列文件，明确目标任务，细化工作举措；建立与证监会和沪、深、北交易所常态化汇报沟通机制，加快推动我省在会在审IPO项目审核注册发行进程；将企业上市纳入全省高质量发展考核范围，召开全省企业赴“新三板”挂牌和北交所上市工作电视电话会、全省重点拟上市企业调度会、全省企业上市年度目标任务工作推进会等会议，督办重点工作，研究解决问题；建立重点拟上市企业清单和工作台账，健全督办通报机制，定期向省政府报送企业上市进展情况，通报全省资本市场建设

2022年3月22日，湖北金融稳保“早春行”暨助力制造业高质量发展咸宁现场推进会在咸宁举行，咸宁市2139家企业和项目获得金融机构授信金额450.36亿元

情况,确保上市任务落地落实。

(二)优化上市生态环境

完善企业上市奖励资金无申请兑现试点,会同省财政厅将北交所上市企业纳入奖励范畴,将全省上市奖励提高到500万元,增加上市公司再融资奖励,最高300万元;共建沪、深、北交易所湖北基地,开展常态化、多样化的专题培训和特色活动;采取局领导带队调研、资深专家现场指导等方式,走访百余家重点上市后备企业,现场回应企业诉求,协调解决上市难点问题;重点针对撤材料企业,"一企一策"制定再次申报计划。

(三)深化后备资源培育

梳理全省国家级"专精特新"企业名单,督促各地引导未上市企业制定上市计划。全省域摸排上市后备资源,完善省、市、县三级上市后备资源库,全省上市后备企业超过1200余家。组织举办"金种子"企业发布会,出台省级上市后备"金种子"企业支持政策清单,确定省级"金种子""银种子"企业超过1000家。

(四)稳步提高直接融资比重

积极助力中小微企业对接"新三板"和"四板"市场。全省"新三板"挂牌企业241家,"四板"挂牌企业6339家。开展债券发行专题培训,大力发展债券融资。全省债券融资6224.75亿元,同比增长2.72%。协调推进基金业发展,会同宏泰集团、长江产业投资集团研究起草关于推动我省基金业发展的相关建议,积极参与推动设立湖北省科创天使母基金。

三、持续有效防范化解金融风险,筑牢金融安全网

突出党的二十大及省十二次党代会等重要时间节点,加快构建金融风险常态化防控体系,压实金融风险防范化解工作责任,稳妥高效处置重点领域金融风险,守住了不发生系统性区域性金融风险的底线。

(一)构建常态化防控体系

印发防范化解金融风险年度工作要点,制定党的二十大前后防范化解重大金融风险促进金融稳定发展工作的实施方案,修订《湖北省金融突发事件应急预案》,起草防范化解金融风险党政同责办法,建立健全金融风险防范化解制度体系。巩固防范金融风险矩阵式工作格局,推广运用省金融风险预警平台,健全风险线索"收集—核查—反馈"运转机制,持续完善"四位一体"监测预警体系。省金融风险预警平台归集数据1.5亿条,实施全时监测省内企业213万余家,累计移交核查线索200余条。开展金融风险清理大排查,全省全年摸排市场主体7万余家,排查出风险线索419条。开展防范非法集资宣传教育月、金融知识进社区等活动,累计开展"七进"宣传活动28191次,互动宣传覆盖1630万人次,被新闻媒体报道1503次。

(二)加强重点领域风险防控

起草《防范和处置非法集资》实施细则,建立重点案件省级督办清单,指导武汉、孝感等地积极开展行政执法探索,持续提升非法集资攻坚行动成效。全年全省新发案件数、陈案销号数、总体案件数均超额完成全年工作目标。全力化解上市公司退市风险,4家*ST上市公司脱星摘帽,存量风险上市公司数量持续压降。推动地方中小银行加快处置不良贷款试点工作,完善债券和私募基金风险防控机制,稳妥有序推动当代集团等重点企业风险化解工作。

(三)协同开展突出问题专项整治

会同相关部门开展养老领域非法集资专项整治,形成《疑似养老风险企业名单》,联合印发《湖北省养老机构会员费管理办法(试行)》,梳理涉养老领域非法集资案件26件、立案打击15起。开展网络借贷领域清理专项行动,实现全省正常退出类网贷机构存量余额清零,圆满完成工作目标。深入开展金融资产类交易场所、"伪金交所"、产权类交易场所、陆羽茶交中心、第三方财富管理公司专项整治和风险处置,地方交易场所风险规模逐步压降。

四、持续规范地方金融组织监管,激发更大发展活力

坚持监管从严的主基调,依法将7类地方金融组织经营活动纳入监管,促进地方金融组织健康有序发展。截至12月末,全省共有7类地方金融组织法人机构915家,地方金融组织行业活力及规范经营意识显著提升。

(一)构建立体式监管框架

先后出台或起草小额贷款公司、融资租赁公司、典当行监督管理实施细则,规范、廉洁审查各类地方金融组织设立及变更事项;完成融资租赁、商业保理、区域性股权市场监管系统建设工作,完善融资担保、典当行和地方资产管理公司监管系统功能,实现各类地方金融组织监管系统全覆盖。严格落实监管月报、季报、年报制度,探索建立地方金融组织经营数据和风险信息监测分析机制,提升非现场监管质效。

(二)提供贴心化服务举措

联合相关部门出台政府性融资担保"四补"机制和反担保设置指引,促进融资担保机构健康发展;召开全省地方金融组织不良资产处置项目对接会,摸排地方金融组织不良资产处置需求,向资产管理公司推送债权总计136.9亿元的不良资产项目,推动地方金融组织化解存量风险;开展地方金融组织税收调研,协调争取推动税收优惠政策落实落地;推动102家地方金融组织入驻"鄂融通"平台,共享企业信用信息查询服务。

(三)履行日常监管职责

严把准入关口,加强穿透核查力度。全年办理地方金融组织设立13件、变更事项142件、退出35件;综合运用分类评级、行业年审、名单制管理、随机抽查、跨部门联合检查等手段,对148家地方金融组织实施现场检查,跟踪问题整改,规范地方金融组织运营;依法依规引导"空壳"、"失联"、不具备经营能力的地方金融组织退出行业,净化行业发展环境。

五、持续优化金融生态,营造更优发展环境

按照省委、省政府金融工作部署,加强金融生态环境建设,提升全省金融服务质效,推动全省金融业规范健康发展,持续优化金融生态环境。

(一)优化金融法治环境

持续做好《湖北省地方金融条例》等法律法规的宣贯实施,推动出台地方金融组织配套监管办法;实行局主要负责人履行法治建设第一责任人职责清单制度,落实行政执法"三项制度",严格执法资格管理,行政执法人员全部持证上岗;开展"八五"普法,制定落实年度普法责任清单。开展"送法下乡、送法下社区、送法进高校"活动,举办《行政处罚法》培训,依托在线学法用法平台,推进法治教育常态化。

(二)优化金融营商环境

印发省地方金融监管局持续深化一流营商环境建设的实施方案,明确6项重点任务事项;制定优化营商环境工作清单,及时跟踪督办,先后14次向省优化营商环境办和驻派纪检组报送推进落实情况;做好第十三届中国·武汉金融博览会筹备工作。

(三)优化人才创业金融环境

参与国家级金融人才推荐,组织省级金融高端人才推荐申报;组织金融机构与人才创办企业开展对接,引导金融机构推广"人才贷""青创贷""知识产权贷",加大对人才及人才创办企业的金融支持;开展"人才服务月"活动,编印《人才申请金融支持服务指南》600册,发布金融人才政策解读专栏2期,受到省委组织部通报肯定。

(湖北省地方金融监督管理局)

中国人民银行武汉分行

2022年，中国人民银行武汉分行坚决贯彻落实党中央、国务院决策部署以及人民银行、湖北省委、省政府工作要求，引导湖北辖内金融机构持续加大支持实体经济力度，优化信贷投放结构，降低实体经济融资成本，全力帮扶市场主体纾困，凝心聚力支持湖北经济更高质量发展。

一、加强货币信贷政策传导

坚持靠前发力、充足发力、精准发力，保持信贷增长的连续性和稳定性。2022年，中国人民银行武汉分行加强窗口指导，引导金融机构持续加大支持实体经济力度。用好总行推出的政策工具，通过召开专题部署会、定期通报调度、现场督导约谈等方式，积极推动政策性开发性金融工具和新增信贷额度相关政策在湖北落实落地；发挥科技创新、设备更新改造等专项再贷款撬动作用，推动金融机构最大限度挖掘信贷增长潜力。2022年，人民银行湖北辖内各分支机构累计发放再贷款再贴现资金896亿元，同比增加43.2亿元；截至2022年末，全省再贷款再贴现余额699.3亿元，同比增加15.2亿元。同时，全省政策性金融机构积极运用政策性、开发性金融工具投放220亿元，各商业银行跟进授信1135亿元。截至2022年12月末，湖北省各项贷款余额7.4万亿元，同比增长10.5%，全省信贷增速始终高于名义经济增速。全年新增贷款7024亿元，同比基本持平。

聚焦稳市场主体，持续加强助企纾困金融服务。围绕落实“金融23条”，牵头制定加强金融助企纾困22条措施，由湖北省政府印发实施，坚持从“点、线、面”三个维度抓好组织落实。对点上融资困难的具体企业，行领导带头主动走访对接，与行业主管部门、金融机构、企业多方会商，弄清原因，有针对性地解决问题、提供帮扶。对线上重点行业，加强与行业主管部门合作，推动金融政策和产业政策有效对接。对面上各类市场主体，积极开展“敢贷愿贷能贷会贷”专项行动，持续推进信用培植、首贷拓展等工作，推广“楚天贷款码”和“301”线上金融服务模式，持续扩大融资覆盖面。2022年，全省金融机构积极运用“301”线上金融服务模式，全年共发放贷款378.3万笔，贷款金额3049.6亿元；借助“楚天贷款码”为10万余户市场主体发放贷款2105亿元；人民银行湖北辖内各分支机构会同企业主管部门采取逐一对接方式，依托信用培植工程服务平台帮助1933家融资困难比较大的中小微企业获得融资179亿元。

进一步推动信贷结构优化，对全省经济高质量发展起到了积极支撑作用。截至2022年12月末，全省普惠小微企业贷款、制造业中长期贷款、涉农贷款、绿色贷款、县域贷款、民营企业贷款分别增长26.2%、65.0%、16.0%、39.6%、16.9%、17.9%，分别比上年同期提高2.8个、32.9个、3.4个、11.8个、1.3个、9.2个百分点，均高于同期各项贷款平均增速。12月，全省新发放贷款加权平均利率为3.76%，较上年同期下降75个BP。

2022年5月11日，中国人民银行武汉分行联合湖北省文旅厅组织召开湖北省金融支持文旅企业纾困政银企对接会

二、深化金融改革创新

进一步加大绿色金融创新力度。出台金融支持湖北省绿色低碳发展的实施意见，建立月调度、季通报工作机制，推动绿色贷款增量扩面。创设“鄂绿融”专项政策工具，支持地方法人金融机构发放绿色贷款71亿元。联合省生态环境厅等主管部门出台《湖北省碳排放配额抵押贷款操作指引（暂行）》《湖北省排污权抵质押贷款操作指引（暂行）》，制定标准化环境权益融资流程，指导金融机构配套绿色通道、利率挂钩等优惠措施，指导推出“绿车贷”“绿保贷”等创新产品。

对接湖北发展机遇和优势，着力发展科创金融。支持武汉建设具有全国影响力的科创中心，与省科技厅建立常态化交流对接机制，研究出台专项金融政策，着力为科创企业打造全生命周期的金融服务体系。积极引导金融机构优化对科创企业的信贷投放，制定出台金融支持“专精特新”企业创新发展意见，单列100亿元再贷款再贴现额度，创设“鄂创融”专项政策工具，开展“科创首贷行动”，推动成立省级科技融资担保公司。截至2022年12月末，湖北省中长期制造业贷款同比增长65%，大幅高于各项贷款增速，高于全国平均增速28.3个百分点，高新技术企业贷款保持量增面扩的良好态势。

探索发展供应链金融。大力推广中征应收账款融资服务平台应用，全年依托平台实现融资7413笔、3349亿元。会同省财政厅推广线上“政采贷”。以厦门国贸、厦门象屿等企业进驻湖北为契机，推动供应链金融深化发展。

三、维护金融稳定

坚持防范化解金融风险，守住不发生区域性、系统性风险的底线。倡导科学的风险防控观，引导金融机构正确处理防风险和促发展的关系，在支持经济高质量发展中增强防控经营风险、管理风险、化解风险的能力。开展“央行评级提升行动”，建立全部地方法人银行风险动态管理档案，推动高风险机构实现动态清零。发挥金融委办公室地方协调机制作用，推动湖北省成立了金融风险化解委员会，并配合制定专项实施办法。

四、持续优化金融服务管理

优化服务方面。牵头制定优化金融营商环境十项微改行动方案及工作清单，由省政府印发执行，通过“小切口”推动“微改革”。全面推行小微企业简易开户，减免手续费近 8 亿元,惠及市场主体超过 300 万户。高效为 6.27 万户纳税人办理增值税留抵退税 888.3 亿元。残损人民币清理鉴定工作得到多家主流媒体宣传报道。开展"金融知识宣传·楚天行"和"金种子"工程,活动影响力持续提升。

强化管理方面。制定金融消费投诉咨询管理工作规程,推动湖北有责投诉逐季下降。开展银行账户涉案风险"百日攻坚"整治行动,推动辖区涉案对公账户多月"零新增",新增涉案个人账户数明显下降。扎实推进打击治理洗钱违法犯罪"三年行动",协助破获案件 63 起,推动洗钱罪立、诉、判 79 起。组织开展湖北省"征信修复"乱象治理"百日行动",推动辖区存量带"征信"字样机构数减少超过八成,14 个市(州)实现清零。协助破获多起跨境赌博、地下钱庄等大案要案。

(中国人民银行武汉分行)

中国银行保险监督管理委员会湖北监管局

2022 年,中国银行保险监督管理委员会湖北监管局坚持以迎接党的二十大和学习宣传贯彻党的二十大精神为主线,全面落实"疫情要防住、经济要稳住、发展要安全"重要要求,千方百计助企纾困稳住宏观经济大盘,积极稳妥防范化解金融风险,持续深化银行业保险业改革开放,各项工作取得了新成效。2022 年末,全省银行业各项存、贷款余额分别为 8 万亿元、7.4 万亿元,较年初分别增长 9.8%、10.5%。原保险保费收入 1952.47 亿元,同比增长 3.96%;赔付支出 605.35 亿元,同比增长 4.08%。

一、精准发力纾困解难,助力稳住经济大盘

大力支持"51020"现代产业集群等重点领域,信贷投放"总量大、增速快、结构优",全省制造业和基础设施新增贷款均超过 1400 亿元,绿色信贷余额同比增速超过 30%,全国首批"绿保贷"等签约落地,国家级"专精特新"企业授信覆盖率超过 80%,全省"一带一路"业务贷款同比增长 28.4%。细化落实稳经济一揽子政策措施,全省银行业全年实施延期还本付息 1549.1 亿元,保障性租赁住房贷款余额当年增加 91.8 亿元。开展"解难题、稳增长、促发展"企业帮扶、重点行业助企纾困和新一轮"百行进万企"活动,与企业对接百余次。探索新市民金融创新,举办专题新闻通气会和全省推进会,派出 60 多个督导组实地调研,有效增加新市民金融供给。全省推出新市民信贷产品 643 个,贷款余额 1509 亿元;保险产品 525 个;改进基础金融服务 5900 余项次,减费让利近 1400 万元。

二、加大普惠金融服务广度和深度,提高公众金融可得性和民生保障水平

打造 19 个金融服务乡村振兴创新示范区,加强银保资源整合,建立 1174 个普惠金融工作站,派驻 3028 名"金融村官",实现 2 万个行政村整村建档评级授信,开展县域存贷比提升工程。推动农业保险提标扩面。成功举办"金融支持乡村振兴通城行"活动。出台优化银行业续贷服务纾解小微企业融资难 20 条政策。截至 2022 年末,全省普惠型小微企业贷款余额同比增长 27.1%,新增 1559 亿元,超额完成目标任务。织密兜牢民生保障网,主粮作物完全成本保险实现全省 55 个产粮大县全覆盖,做好高温旱灾理赔服务,联合印发指导意见,指导推动五地"惠民保"项目先后上线,推动大病保险持续健康发展,推进长期护理保险试点和专属商业养老保险试点。

三、稳妥推进改革,大力提升金融机构发展质量

核准两家城商行依法依规向证监会申请上市,协助启动湖北省联社改革,推动武汉农商行培育为农银系统重要机构。落实政策性银行分类分账改革,规范城商行跨区域经营,推进资产公司聚焦主业转型升级,督促财务公司落实《企业集团财务公司管理办法》,出台保险中介高质量发展指引。东湖科技保险创新示范区实现破题,设立东湖科技保险发展促进中心。深入推进公司治理监管,探索建立"1+N"公司治理体系,着力提升公司治理水平。推动金融科技应用创新和数字化转型,开展专题调研。引进华侨永亨银行,湖北外资银行数量位居中部第一。

四、强化金融风险防范和处置,有力控制银行业保险业整体风险

协助印发"十四五"期间农村中小银行风险机构处置计划,制定全省农村中小银行重点风险机构提档升级工作方案,多措并举推动高风险机构处置。重点防范房地产风险,成立"保交楼"专班,加强对外合作,召开推动会议,逐个机构开展约谈和风险提示。四个跨部门风险防范化解工作专班积极发挥作用,制定加强法人银行风险防控工作方案,全面排查法人保险公司风险隐患,开展全省人身保险机构全面风险自查和应急演练。加强对债委会的指导协调,与省高法联合出台文件。印发《涉刑案件风险机构分类监管办法》,全方位防范案件风险,案件高发态势得到有效遏制,涉从业人员案件及风险明显下降。

五、大力整治市场顽疾和乱象,不断规范市场秩序

加强互联网贷款业务监管,规范经营行为。推动保险中介行业清虚提质,初步构建保险销售从业人员黑白灰名单体系,推进独立个人保险代理人合规发展。首次联合公安机关等部门开展打击"代理退保"黑产乱象专项行动,迅速遏制黑产蔓延。探索发挥大数据作用,搭建反欺诈 EAST 模型库。指导规范使用银行名称,联合开展"蓝马甲反诈知识进校园""断卡行动"等活动。加强 P2P 风险处置,正常退出类网贷机构实现风险出清。

六、加强金融消费者权益保护,深入优化多元纠纷调解机制

组织金融联合教育宣传活动,首次对辖内 74 家保险机构进行消保评价,提出整改措施。开展侵害个人信息权益乱象专项整治。接收督办全省消费投诉 2.3 万余件,12378 热线消费者满意度保持 99%以上。以"多元化、一站式、全覆盖"为主要特点的多元解纷"湖北模式"已成型见效,在前期建立"金融巡回庭""金融仲裁法庭"的基础上,创新纠纷调解对接模式,提高诉调对接效率,调解成功率 93.7%。

(中国银行保险监督管理委员会湖北监管局)

中国证券监督管理委员会湖北监管局

一、加强市场主体日常监管

(一)强化上市公司监管

在日常监管中坚持"抓两头带中间"的原则,对于优质上市公司,引导和推动其利用资本市场开展直接融资,做优做强,实现高质量发展;对于头部公司,建立月度监管台账,开展现场调研,做好监管与服务工作;对于一般类公司,保持持续关注、建立"早发现"工作机制,对风险苗头抓早抓小;对于风险公司,坚持"对症下药",能救早救,应退尽退。2022 年,圆满完成 127 家公司 2021 年年报监管工作,撰写 56 家年报审阅分析报告,开展现场检查 18 家次。

（二）强化证券期货机构监管

一是加强证券期货经营机构监管。紧盯重点机构、重点人员、重点领域，持续加大日常监管督导力度；"一司一策"完善公司治理，防范资本无序扩张，督促保荐机构归位尽责；开展分支机构新任负责人"监管第一课"培训，强化机构合规意识；前移监管关口，全年共开展现场检查27次，采取行政监管措施5次。二是加强证券服务机构监管。坚持"三位一体"监管思路，督促年报审计机构发表恰当的审计意见；做好辖区从事证券服务业务的审计评估机构、资信评级机构、律师事务所等中介机构的日常监管，开展现场检查10次。督促辖区内注册的从事证券服务业务的审计评估机构做好首次备案等备案以及业务信息报送工作，对备案异常情形进行询问、核查，及时完成信息核验工作，并通过约谈等方式对首次备案机构提出明确监管要求；对近三年辖区从事证券服务业务的审计评估机构的备案情况进行排查。

（三）强化"新三板"公司监管

一是因层施策开展分类监管。引导创新层挂牌公司提升规范化水平，加强对基础层挂牌公司的分析和研判。二是扎实推进年报监管工作。推动挂牌公司切实强化公众公司职责，及时履行年报信息披露义务。三是提升现场检查效率。总结拟上市公司现场检查的通用要点，形成"标准化+差异化"的检查底稿模板，增强检查程序的规范性、专业性、完整性，落实留痕要求。四是探索"新三板"风险应对机制。针对挂牌公司日益增多的内部纠纷外部化的问题，研究相关监管边界和妥善的处理方式，实现监管执法和风险处置的有机结合，确保监管资源的高效利用。

（四）强化私募机构监管

一是开展调研座谈，搭建政企沟通平台。组织召开辖区私募基金促发展座谈会、参加武汉市加快发展股权投资座谈会，听取行业发展困难和政策建议。指导省协会开展45场行业培训，针对性地缓解行业发展难题。二是组织开展投融对接，搭建企企沟通平台。组织"资本市场服务荆楚行—走进荆门"私募投融资路演及现场调研、金融服务人才专项投融对接，指导省基协主办或协办线上精准投融对接活动20次，有效搭建起私募机构与实体企业之间的沟通平台。三是积极提出政策建议，搭建政府部门之间沟通平台。支持湖北省开展科创金融改革创新，支持武汉市加快发展股权投资，支持武汉市和东湖高新区建设科技金融创新中心，就拟定的相关方案、意见等提出政策建议。

二、防范和处置市场风险

（一）持续降低上市公司风险

压实上市公司主体责任、积极寻求和聚集外部合力，推动5家公司化解存量风险、1家公司平稳退市、5家公司完成或实施破产重整。打好"清欠解保"攻坚战，上市公司资金占用仅剩4家，占用金额年内压降93.15%，违规担保仅剩2家。

（二）及时出清债券违约风险

完成83只回售或到期公司债券的风险排查和兑付跟踪、200只公司债券的利息兑付跟踪，未发生突发违约事件，5家已违约债券发行人的风险处置取得阶段性进展。

（三）持续压减私募基金风险

继续深入推进分类整治工作，推动在湖北省建立私募基金工商登记综合研判会商机制；开展涉房地产等重点风险领域、涉重点风险私募机构专项风险核查，排查16家机构风险隐患。持续打击非法证券期货活动，配合地方政府压降武汉金融资产交易所存量规模，做好"伪金交所"整治工作。

三、严格开展行政执法

内强基础，修订完善相关制度，运用科技手段提升办案效率；外聚合力，与省公安厅签署《合作备忘录》，联合打击证券期货领域违法犯罪。全年查办各类案件19起、办结10起，重点打击信息披露违法违规行为，交易类案件成案率100%。把好日常法制审核关，全年审理案件10起，作出行政处罚4起，送达法律文书28人次，执行罚款146万余元；积极应对行政诉讼，3起一审案件、2起二审案件胜诉。

四、依法依规整治非法证券期货活动

坚持底线思维，秉承"打防结合，打早打小"的原则，持续打击辖区非法证券期货活动。2022年，处理涉非线索14起，出具资格查询结果、性质认定等专业意见7余份，发布风险提示1篇。对辖区涉及莫桑比克国际证券交易所的企业和中介机构及时进行摸排处置，防止风险蔓延。积极落实清整联办关于交易场所清理整顿的工作要求，推动地方政府切实履行属地职责和对交易场所的日常监管和风险防控责任。重点关注武汉金融资产交易所，及时通报联席会议精神，转办相关通知、核查要求，督促相关方按照清整联办"2号文"的要求，认真甄别业务和产品实质，严守业务边界；会同省地方金融监督管理局第一时间对武汉金融资产交易所开展现场检查，全面掌握风险情况，提出专业建议，严格控制新增，持续压降存量规模，持续跟进最新政策要求和武汉金融资产交易所的规模压降情况。配合地方政府相关部门做好"伪金交所"整治工作。

五、加强投资者教育与保护

（一）投保工作提质增效

坚持"大投保"理念，持续开展"5·15"等投资者宣教活动，指导投教基地建设。2家法人机构国家级投教基地在全国证券期货投资者教育基地考核中获得"优秀"评级，在全国"十大投资者欢迎的注册制投教产品"榜上有名。持续推进投资者教育纳入国民教育体系，与教育主管部

2022年8月10日—12日，由荆门市人民政府、湖北省地方金融监督管理局、湖北证监局共同主办的湖北省"资本市场服务荆楚行"首站活动在荆门市举行

门的长效合作机制建设取得重大进展。

（二）拓展多元化纠纷化解路径

加强与各级法院沟通联系，指导调解中心与武汉市江岸区人民法院、荆州市中级人民法院签署诉调合作协议。积极配合推动代表人诉讼工作。全年受理调解申请111件，结案率93.69%，和解金额457万余元。与武汉市中级人民法院通过“总对总”机制开展调解合作，实现“总对总”机制在湖北省全面落地实施。

（三）深入推进投资者教育纳入国民教育体系工作

与湖北省教育厅联合下发《关于开展湖北省中小学生金融知识普及教育工作的通知》，与武汉市教育局联合下发《关于进一步扩大武汉市金融素养提升教育试点的通知》，辖区投教行政合作长效机制取得有效进展。

（中国证券监督管理委员会湖北监管局）

国家外汇管理局湖北省分局

2022年，国家外汇管理局湖北省分局（以下简称湖北省分局）紧紧围绕总局工作要点，坚持党建引领，紧扣“促发展、优服务、护秩序、提质效、强履职”的工作思路，不断优化国际收支统计数据质量，狠抓外汇形势监测分析和专题调研，提升外汇服务实体经济能力，稳步推进企业汇率风险管理，做好“稳预期与推改革”“防风险与促便利”协同发展工作，充分发挥国际收支在维护全省外汇市场稳定和服务实体经济发展中的作用。

一、助力涉外经济高质量发展

（一）引导金融机构加大外贸领域信贷投入

一是加强政策引导。贯彻落实总行、总局《关于做好疫情防控和经济社会发展金融服务的通知》（“金融23条”）精神，以促进外贸出口发展为目标，制定出台《纾解中小微外贸企业融资难融资贵问题专项行动方案》，从“加大信贷资金投放，拓宽企业融资渠道”“降低融资综合成本，提升金融服务水平”“强化配套政策激励，提高银行放贷意愿”三个方面出台15项具体措施，引导金融机构加大外贸领域信贷投入，提升涉外金融服务外贸产业发展水平。二是促进银企对接。指导银行优化贸易融资业务流程，通过跨境金融服务平台等渠道，加强银企对接，解决“专精特新”、碳排放等重点企业和中小微企业融资难题。截至2022年末，指导11家银行通过区块链平台办理1220笔贸易融资业务，累计放款3.32亿美元，其中，中小微企业融资占比达95%。

（二）持续推进外汇服务便利化，提高企业付汇便利性

一是做好服务贸易对外支付税务备案信息网上核验工作，构建“汇、税、银、企”四方应急互通机制，全力保障服务贸易对外支付税务备案信息网上核验有效运转。全年有6525家企业通过网上核验便利化办理对外支付业务3084笔，金额累计45.13亿美元。指导银行创新电子化和线上化审核方式，提升真实性审核的时效性、适配性与安全性，支持企业降本提效，业务办理时间由2天缩短至30分钟。二是提升个人外汇业务便利化水平。通过政策宣传周、银行微信公众号宣传简报等多种形式和渠道，提升个人外汇政策知晓面，引导个人真实合规用汇。指导银行通过特殊业务处置机制，满足多元化真实合理用汇需求。三是推进优质企业贸易外汇收支便利化。建立“遴选银行—培养孵化—全面评估—精准宣传”的“一条龙”工作机制，建立优质银企后备库，丰富银行主体，培育优质企业，持续推进扩面，试点银行和企业数量分别增加至7家和57家。2022年，银行共办理试点项下外汇收支业务1.18万笔、金额合计27.79亿美元，同比分别增长6倍和9倍。

（三）支持外贸新业态、新模式规范创新发展

规范市场采购贸易出口收汇流程，指导辖内有条件的银行与市场采购联网平台实现对接，有6家银行与两个平台实现了系统直连。2022年，银行通过平台提供的出口数据核验功能办理业务2119笔、金额合计3.9亿美元。

（四）推进“一带一路”外汇服务

一是优化业务办理流程，促进投资便利化。深入推进简政放权、放管结合，优化服务改革，坚持以登记制为主的境外投资外汇管理方式，企业凭相关资料直接到银行办理境外直接投资外汇登记、资金收付和结售汇业务。二是拓宽境外企业融资渠道，降低融资成本。提高境内企业境外放款上限，满足境内企业“走出去”的资金需求。三是支持跨国公司开展跨境资金集中运营业务。便利跨国公司统筹使用境内外成员企业资金，提升资金使用效率，促进贸易投资便利化。四是鼓励辖内银行丰富对外保函服务范围和产品。引导银行开展保函业务，支持企业“走出去”，提高境内企业境外承包工程中标率，提升工程建设的资金周转效率。

（五）大力支持湖北自贸区建设

持续深入推进湖北自贸区外汇管理改革，推动创新开展经常项目业务、资本项目业务、外汇市场业务。指导督促金融机构认真落实各项外汇便利化政策，主动对接市场主体，提供优质服务，让外汇改革红利惠及更多自贸试验区企业。进一步优化自贸区营商环境，提升涉外交易便利化水平，促进企业用好国内国外“两个

2022年5月24日，国家外汇管理局湖北省分局与湖北省商务厅开展稳外贸稳外资工作对接和调研座谈

市场”金融资源，降低企业融资成本，激发市场活力，提升湖北自贸区吸引力。

（六）支持乡村振兴

落实中国人民银行《关于做好2022年金融支持全面推进乡村振兴重点工作的意见》，支持有实力有意愿的农业企业“走出去”。便利企业办理境外直接投资外汇登记等业务，指导企业办理境外投资外汇登记业务，支持其拓展海外市场。指导金融机构基于实需原则和风险中性原则，积极为农业进出口企业提供汇率避险服务，降低中小微企业汇率避险成本。

二、加强经常项目管理

（一）强化贸易主体管理效能

组建经常项目主体标识初始化维护工作小组，确定主体标识管理的职责，通过比对企业登记档案、查询政府部门备案信息、开展综合调研等，完成全辖384家企业的主体标识维护工作，实现“标识共建、信息共享、主体共管”，全辖经常项目管理精细化水平显著提升。

（二）加强对重点企业监测

建立重点企业库，筛选122家有代表性企业入库，覆盖芯片半导体、光通信、新能源汽车、化工新材料、钢铁有色等重点领域和我省特色产业。密切关注重大外部事件、政策及市场变化对重点企业的影响，为前瞻性研判外汇形势、针对性实施微观监管提供一手参考；对重点企业库月度监测实现“全覆盖”，全年累计对2726家次企业开展非现场监测，对74家企业采取约谈告诫、督促整改、考核扣分、注销等监管举措。

三、加强资本项目管理

（一）推动“金融23条”政策精准落实

指导企业运用“非金融企业多笔外债共用一个账户”政策，便利企业使用存量账户接收新借入的外债资金，将多笔外债账户资金进行划转和归并，进一步降低财务成本。持续提升数字化服务水平。支持招商银行武汉分行、浙商银行武汉分行、兴业银行武汉分行开展数字化服务试点，通过数字化服务累计办理2137笔资本项目外汇业务，有效降低企业“脚底成本”。

（二）推动落实海外人才用汇便利化试点政策

贯彻落实中央人才工作会议精神，积极推动落实海外人才用汇便利化试点政策。优化境外人才境内购房结汇支付手续，允许境外人才投资境内证券保险等理财产品，便利中国籍人才境外资产变现资金汇回。

四、加强外汇监测预警和分析研究

（一）强化监测预警

贯彻总局《跨境资金流动监测预警工作制度》，建立以“研判风险为导向、形势分析为指引、业务监测为线索、检查核查为验证”的跨境资金流动立体监测预警体系，形成“月度例会”和“季度局务会”常态化风险评估会商机制，不断提升外汇形势监测分析和预测预警水平。开发“外汇监测分析辅助系统”，建立外汇收支分项目时间序列数据库，实现长周期数据趋势图表化和异常指标筛查显示自动化，全省外汇监测分析工作效率明显提高。

（二）加强外汇形势分析

加强月度外汇形势分析，探索建立湖北省分局宏观审慎研判响应机制；坚持分局季度形势分析例会制度，时刻保持形势敏锐性。深入开展“发达经济体货币政策动向及溢出影响”监测分析，撰写多篇重要专题监测分析报告。

（三）深入细致开展湖北特色调查研究

密切关注疫情冲击、俄乌冲突、全球通胀上升、发达经济体货币政策调整、汇率波动等内外部环境变化对我国产业链、供应链和实体经济的溢出影响，深入开展分析调研，形成系列调研报告。紧盯辖内跨境资金流动新渠道、新动向、新特点，围绕国际收支本外币结构变化、外资外债结构流向等开展调研，以典型案例、解剖麻雀等方式分析跨境资金流动风险及影响，提出对策建议。

五、保持国际收支统计数据高质量

一是运用“系统+人工”“日常+专项”“现场+非现场”“月度+季度”等方式开展统计数据核查，确保数据质量。对总局各类非现场核查通报做到反馈有速度、保质效。积极配合总局修订相关制度，反馈上报《通过银行进行国际收支统计申报业务指引》等5项制度的修订意见。二是开展统计核查方法创新研究。开展课题研究，撰写《服务贸易新模式、新业态对我国国际收支统计的影响》，尝试估算我国服务贸易的实际规模、分析与国际收支统计的数据差异、对可采用的补充数据源或估算方法提出建议，进一步完善国际收支统计制度、提高国际收支统计准确性。探索贸易信贷企业和直报融合可行性，优化直报工作流程和方法。三是加强统计培训和服务。对3家全国性国有银行省分行国际收支条线工作人员开展国际收支统计培训，确定2022年贸易信贷调查对象并开展视频培训，解答新加入企业填报疑问，开展一对一线上培训。2022年，湖北省国际收支统计间接申报、直接申报、银行结售汇、贸易信贷统计数据等持续保持高质量。

六、加强数字外管和安全外管建设

稳步推进跨境金融服务平台在湖北辖内的推广应用工作，做好金融机构3类外汇业务数据采集工作。修订完善《网络安全管理办法》等多项信息化管理制度，夯实制度基础。按照最小权限原则赋予ASOne平台系统用户权限，强调“一人一户”、实名制管理。升级网络系统，启动网络设备和电路改造工程，保障全省外汇局网络和业务系统安全运行。按照总局和分行统一部署，做好党的二十大期间分局互联网站、网络和业务系统以及信息安全保障管理等工作，加强辖内负面舆情监测、风险隐患排查和应急演练与管理。

七、着力打击非法金融活动

（一）持续保持打击地下钱庄高压态势

进一步加强汇警合作，创新开展“两试点一专项”工作，提升查办地下钱庄案件质效。推进“汇警检法”免冻结协同办案试点，推动银行开展非法跨境金融活动风险排查。

（二）持续推进打击跨境赌博“资金链”

汇警联合推进跨境赌博案件查办，联合公安机关破获国务院“122”机制办公室督办的2起特大跨境赌博案件，涉案金额近千亿元人民币；配合公安机关完成全国首例境外泰达币大额冻结，冻结涉案泰达币10亿元人民币。

（三）持续提升银行检查成效

开展地下钱庄“以案倒查”银行专项检查，对3家银行开展外汇业务专项检查。参与3家银行总行专项检查等工作。

（四）持续强化对支付机构及个人外汇业务监管

开展支付机构跨境电商业务专项分析，对2起个人案件进行查处，成功查办2起个人分拆逃汇案件。对个人分拆逃汇案涉及的银行开展一案双查，督促银行规范落实展业审核，采取措施进一步完善系统功能，以技术手段防止分拆行为发生。

（国家外汇管理局湖北省分局）

二、银行业机构

（一）开发性金融机构

国家开发银行湖北省分行

【概况】

2022年，国开行湖北省分行（简称）坚持开发性金融职能定位，深入贯彻回归基础设施银行职能定位的重要指示批示精神，聚焦主责主业，全力推动各项重点工作落地见效，经营业绩稳中向好。截至年末，表内贷款余额6829亿元，较上年增长5.4%。其中，人民币贷款余额5829亿元，较上年增长7.0%，外汇贷款余额144亿美元，较上年下降11.1%。不良贷款率继续保持为零。

【业务发展】

一、积极落实基础设施基金投放

全力做好开发性政策性金融工具投放。为武汉至重庆高速公路汉川至天门段项目建设投放资金，是湖北省首单基础设施投资基金；为襄荆高铁项目投放资金47亿元，是湖北省单笔金额最大基础设施基金。全年累计投放103亿元用于基础设施建设，占全省投放总额47%，投放金额排名省内第一。

二、加大基础设施领域补短板力度

一是加大交通基础设施支持力度。全年对郑州至万州铁路湖北段、鄂黄第二过江通道等项目发放贷款86亿元，对武汉至重庆高速公路武汉至汉川段、汉川至天门段等项目实现授信470亿元。二是加大水利工程支持力度。为武汉经开区“四水共治”、青山北湖综合整治两个百亿级区域生态治理项目建设提供贷款支持；实现罗田平坦原抽水蓄能电站评审授信。

三、高质量完成基础设施领域重点规划编制工作

聚焦基础设施领域，通过分析客户需求、研究融资支持路径，编制《开发性金融服务湖北省“十四五”交通建设融资规划》《开发性金融服务湖北省“十四五”能源绿色低碳发展融资规划》，为交通能源重点客户重大项目建设提供有益参考。其中《开发性金融服务湖北省“十四五”交通建设融资规划》被国开行总行评为“优秀方案”。

四、全力服务创新驱动发展战略

一是加大制造业与科创专项贷款投放力度。全年新增制造业贷款余额154亿元，新增余额同比增长130.4%；发放科技创新和基础研究专项贷款98亿元，同比增长52.3%。二是创新融资模式。发行5亿元华工科技超短期融资券，是全国落地的首单“专精特新”专项债券；支持打造全国首个集人工智能和超算于一体的多样化云服务算力集群，实现超算中心项目评审授信3.6亿元；发放长江存储专项贷款，助力解决重点领域“卡脖子”问题；完成400亿元长江存储EQ项目全额授信，该项目是开发银行系统内单体授信金额最大的产业项目，得到王忠林省长肯定性批示。

五、积极履行社会责任

一是支持保障性租赁住房建设。落实省委关于加快发展保障性租赁住房相关部署，大力推进保障性租赁住房融资工作，着力解决从事基本公共服务人员住房困难问题。推动省内首个“购买+改建”项目融资落地，打造保障性租赁住房融资体系建设的“联投模板”，是开发银行系统内落地的首单保障性租赁住房贷款。全年向武汉、黄石等7个地市保障性租赁住房项目授信78亿元，支持1.7万套房源的筹集工作。二是用好用足助学贷款产品。创新生源地助学贷款宣传举措，加大对地方政府、教育部门、高校、学生及家长的宣介力度。全年新签助学贷款11.1万笔；发放11.67亿元，同比增长42.9%。对受疫情影响的学生实施贷款免息和本金延期偿还等方案。三是加大小微企业转贷款工作力度，纾解小微企业流动性压力，引导小微企业融资成本下行。通过10家转贷行，全年发放286亿元转贷款，同比增长130.8%；年末余额新增49亿元，同比增长37.9%。

【风险管控】

一、加强内控合规管理

（一）强化管理长效机制

以开展“内控合规长效机制建设年”活动为契机，健全档案管理、后督检查等13项长效机制，将内控合规管理要求嵌入分行业务全流程，补齐内控合规机制短板、弱项。对近年接受内外部检查发现的问题情况进行“回头看”，确保整改完成率达到100%。

（二）加强数据质量管理

一是完善数据质量管理实施细则、EAST工作操作规程等规章制度。二是设立数据治理专、兼职岗。通过每日数据管理系统监测、每月明细化业务台账比对、实时重要数据前置审核等手段，严把基础数据质量关，进一步加强数据治理体系和治理能力建设。

二、提高运营管理水平

一是优化办公管理制度。加强内部督办协调，切实发挥“以督促干、以督促效”的作用，助力重难点工作攻关。制定并逐项落实全年保密工作要点，认真组织保密与国家安全教育培训、保密要害部门部位设备排查、定密统计与管理等专项工作。二是做好科技支撑保障。深化信息科技治理体系和治理能力建设，通过制定IT应急预案、开展演练工作，提升银企直联服务水平。全年未发生影响信息安全的事件。

（国家开发银行湖北省分行）

（二）政策性银行

中国进出口银行湖北省分行

【概况】

2022年，进出口银行湖北省分行（简称）坚持稳中求进的工作总基调，以助力稳定经济大盘为主线，以聚焦主责主业、强化职能定位、充分发挥政策性金融作用为主题，全力服务国家战略和实体经济。截至年末，本外币贷款余额1441亿元，较年初新增165亿元。其中，人民币贷款余额1412亿元，较年初增加177亿元。年末表内资产超过1453亿元，同比增长超过13%；不良贷款额及不良率实现“双下降”，不良率低于全省同业平均水平。获得“金融支持武汉经济社会发展突出贡献单位”等荣誉，在国家外汇管理局综合司外汇评级中获评“A级单位”。

【业务发展】

一、落实稳经济大盘政策

（一）加大信贷投放力度

一是充分发挥政策性金融关键时期“特种部队”作用，全力实施“护盘行动”。全年累计签约本外币贷款超过1352亿元，累计投放本外币贷款984亿元。二是增强信贷投放主动性、均衡性。

加强授信前瞻性谋划，拓展优质项目储备，积极争取信贷资源，实现贷款月度新增平稳有序增长。全年追加投放人民币规模30亿元、政策性业务规模15亿元。

（二）推进政策性、开发性金融工具落地见效

一是成立基础设施基金工作专班和4个工作组，形成“1+4”组织架构。建立每日工作专班例会制度，逐人、逐户、逐节点推动项目落地。二是强化银政对接和同业合作。与省、市发改委和同业银行建立立体化、多层次对接机制。三是聚焦主责主业。领导班子班长及班子成员当好“首席客户经理”，迅速行动、靠前服务，在企业和项目等方面做好营销对接。全年共完成8个基金项目的投放工作。

（三）推进重要项目建设贷款投放

持续推进基础设施贷款、制造业中长期贷款、设备更新改造贷款、煤电保供贷款等专项工作。累计向五大基础设施领域投放贷款117亿元，支持了一批打基础、利长远的重大基础设施项目；签约3个设备更新改造专项再贷款项目，金额合计超过6亿元；年末制造业中长期贷款余额超过416亿元，同比实现新增59亿元；投放全省首笔煤电保供专项贷款，全年累计投放超过7亿元。

二、支持外贸促稳提质

成立扩大外贸信贷投放领导小组，印发《分行关于做好跨周期调节进一步稳外贸工作方案》，切实发挥外贸融资主力军作用。一是优化进出口项目投放结构。做好外贸供应链企业金融服务，助力初级及大宗商品保供稳价；加大对高技术、高附加值产品出口的支持，实现全省“光芯屏端网”、生物医药等战略性新兴领域服务全覆盖。二是强化外贸产业供应链服务效能。为外贸核心企业上下游小微企业发放累计近2亿元的“保理E贷”贷款；为外贸产业链企业、核心外贸企业创新发展提供近154亿元贷款，全流程培育外贸主体竞争优势，全链条保障外贸产业链协同发展。三是“点、线、面”全方位支持外贸发展。累计提供8亿元支持汉欧国际物流园、中国特种飞行器研究中心、武汉精准医疗产业基地等贸促平台建设。全年累计投放对外贸易贷款676亿元，累计投放外贸产业贷款688亿元。年末外贸产业贷款余额占比54%。

三、支持“一带一路”高质量发展

抢抓RCEP生效机遇，以支持工程承包项目为抓手，全力服务荆楚企业“走出去”，助力湖北深度融入“一带一路”。支持马来西亚在建单体最大桥梁项目、缅甸规模最大酒店项目、印度尼西亚大规模铁路网扩建项目、中资企业在中东欧地区承建的最大水电站项目、安哥拉最大用电中心项目、纳入中孟两国重点合作项目备忘录的高速公路项目等一批重大项目，助力加快构建湖北省外向型经济新格局。截至年末，“一带一路”战略下贷款发放同比增长57%，贷款余额同比增长37%。

四、支持现代化产业体系补短锻长

深耕先进制造业和新兴产业领域，支持汽车、大健康、现代化工等优势集群做大做强，帮助省内企业在现代化产业体系建设中补短板、锻长板。全年累计投放制造业贷款377亿元，年末制造业贷款占比达31%；累计投放战略性新兴产业贷款165亿元，新增56亿元。一是深耕先进制造业和新兴产业。聚焦湖北打造“51020”现代产业集群目标，以4个国家级战略性新兴产业集群为抓手，全力支持“光芯屏端网”、新能源汽车等新兴产业发展壮大；支持培育12家拥有产业链核心技术的“专精特新”企业、28家制造业“单项冠军”企业。二是支持传统产业转型升级。助力实施“技改提能、制造焕新”工程，支持传统制造业向高端化、绿色化、智能化转型升级。

五、支持绿色转型

引导信贷资源投向低碳经济和绿色环保领域，不断加大对清洁能源、节能环保、污染防治、清洁生产等领域的资金支持。积极申报人行专项贷款工具，获批碳减排和煤碳清洁利用2个专项再贷款合计16亿元；为多个千万千瓦级新能源基地、绿色能源项目提供资金支持，相关项目入选全国煤炭清洁高效利用专项再贷款首批经典案例；争取绿色专项贷款，率先引进国际资金服务湖北省属企业绿色发展，支持湖北首个收录全球基础设施中心（GIH）项目库项目，累计为10个新能源项目签约新开行转贷款30亿元，放款近19亿元。全年累计投放绿色贷款74亿元，年末贷款余额新增29亿元。

六、推动普惠金融培优扶弱

（一）完善机制建设

进一步规范普惠金融综合管理，加强业务合规管理，落实用款利率监控，严格审核小微转贷款每季度实际用款人台账及风险共担转贷款用款清单，开展转贷行后评价，确保符合监管要求。

（二）让利企业

在小微企业贷款业务开展过程中严格执行“七不准”“四公开”相关要求，免收普惠小微企业贷款手续费、管理费等费用。

（三）丰富产品

通过丰富小微企业转贷、供应链保理、保理E贷等产品，持续加大对普惠金融信贷投放力度。全年累计发放小微企业转贷款41亿元，小微企业贷款余额180亿元，终端服务小微企业达480余家。

【金融创新】

一、开展“风险共担”转贷款业务

创新推出小微外贸企业“风险共担”转贷款业务，完善风险控制机制，由小微外贸企业与转贷行共同分摊风险，进一步提高转贷行合作积极性，提高引入政策性金融活水灌溉小微企业质效。全年累计投放“风险共担”转贷款1.6亿元。

二、开展供应链融资及再保理业务

深挖外贸产业链供应链，与保理公司深度合作，为民营小微供应商提供再

进出口银行湖北省分行支持的东风汽车集团新能源汽车项目

保理金融服务。2022年,获批成为总行供应链再保理业务试点分行,选取业内大型保理公司作为此项试点业务的首次合作方,聘请经验丰富的专项律师提供法律服务。全年为150余家小微供应商累计办理总金额约3.7亿元再保理业务。

【风险管控】

一、强化内控合规自律机制

一是建立多元化问责机制。根据违规原因、性质和影响等,建立相应的问责机制,加大员工行为管控力度,督促全员遵章守纪。二是开展专项排查。根据操作风险关键指标,累计开展数十次专项排查,堵塞操作风险管理漏洞,提升操作风险管理精细化水平。三是组织开展自查、互查及抽查工作,推动重点问题得到解决。四是强化跟踪治理。通过风险防范集体会商、项目提前介入、建立"容缺"台账等方式,实施及时有效的跟踪和监督。

二、加强金融风险管控

一是积极化解潜在风险。进一步收紧风险敞口,对相关项目开展持续追踪、观察,"一户一策"推动化解潜在风险。二是做好全方位风险防控工作。积极开展风险防控三年行动"回头看",制定年度风险防控和资产保全工作方案,明确工作方向和目标。三是强化客户监测和风险预警管理。全流程运用RAD系统,完成分级核查。根据外部形势变化和业务实际情况,主动开展石化化工、旅游、房地产和面板等行业风险排查。制定2022年境外信贷业务风险防控与化解工作方案,从8个维度提出针对性举措,加强境外贷款风险防控。四是加强反洗钱工作。开展反洗钱"大起底"活动,围绕反洗钱机制建设、客户身份识别等11大板块,抓实抓细反洗钱基础管理工作。

【金融消费者权益保护】

进一步完善金融消费权益保护组织架构与消保工作机制,切实履行金融机构金融消费者权益保护主体责任,落实事前审核、事中管控、事后监督全流程管理规定,规范各种经营行为,形成"高层重视、中层担当、基层落实"的有效机制和良好氛围。针对法人客户特点,制定具有进出口银行特色的消费者权益保护措施,妥善处理客户征信异议。强化机构行为规范,加强金融消费者财产安全保障。切实履行信息披露义务,树立分行良好形象,持续推进金融消费者权益保护工作。

(中国进出口银行湖北省分行)

中国农业发展银行湖北省分行

【概况】

2022年,农发行湖北省分行(简称)深入学习贯彻党的二十大精神,全力服务乡村振兴,助力稳住经济大盘,深耕湖北、聚焦主责主业,全面提升金融服务质效。全年投放各类贷款1432亿元;年末贷款余额5003亿元,较年初净增875亿元,净增额居农发行系统第2位。获得人民银行武汉分行"金融统计数据先进集体"称号,连续多年获得"金融支持湖北经济发展贡献突出单位"等荣誉。

【业务发展】

一、全力服务乡村振兴

(一)支持粮棉油收购和产业发展

一是统筹推进粮食政策性收储和市场化收购。累计投放贷款144亿元,支持企业收储粮食197亿斤,粮食收购市场份额占有率保持在50%以上。二是推进重要粮食物流节点、粮食应急保障体系建设。审批6个长江沿线粮食物流节点建设项目,审批贷款17.3亿元、投放贷款3.4亿元;审批8个粮食应急储备中心建设项目,审批贷款15.6亿元、投放贷款2.5亿元。三是支持粮食全产业链稳链发展。投放粮食全产业链贷款29亿元;发放粮食收购信用保证基金项下贷款4.3亿元,支持企业收购粮食2.3亿斤。

(二)巩固脱贫攻坚成果

向重点帮扶县、大中型安置点和定点帮扶地区发放帮扶贷款364亿元;向28个脱贫县投放贷款279亿元;投放易地扶贫搬迁后续扶持贷款47.3亿元。

(三)推进示范区建设

与省农业农村厅、乡村振兴局共建政策性金融服务乡村振兴"8+2"(嘉鱼、红安、麻城、大悟、郧阳、恩施、来凤、公安8个县市区和随州、黄石2个地级市)实验示范区,累计向"8+2"示范区发放贷款226亿元。

(四)支持农业农村建设

一是支持美丽乡村建设。助推强县工程,投放城乡一体化贷款443亿元、农村人居环境建设贷款206.5亿元、农村路网建设贷款76.3亿元。二是支持特色农业产业发展。聚焦湖北十大重点农业产业链、龙头企业"十百千万"工程,全年投放产业贷款305亿元。实施"农地+优势(特色)产业""农地+优势资源""农地+区域发展""农地+全产业链""农地+生态资源""产业化联合体"等模式,支持一批特色产业发展;投放农地贷款130亿元,支持全省全域国土整治项目建设,其中,支持建设高标准农田12万亩、提质改造耕地5.5万亩。

二、全力服务稳经济大盘

发挥"扩投资、带就业、稳大盘"综合效应,主动认领并提前超额完成全年新增信贷计划,投放农发基础设施基金83笔,金额101亿元,占全省投放额度的45%。一是服务南水北调中线引江补汉工程项目建设。用好政策性金融工具和信贷政策,通过投贷联动的方式为项目提供全方位融资融智服务,审批贷款130亿元、投放农发基础设施基金10亿元、拉动投资超千亿元。二是落实"保交楼、稳民生"决策部署。投放农发行系统首笔"保交楼"专项借款,累放额居农发行系统前列。三是助力制造业发展。全年投放制造业中长期贷款19.6亿元、设备更新改造贷款6.4亿元,分别排名农发行系统第3位和第1位。

三、全力推动区域协调发展

抢抓湖北建设全国构建新发展格局先行区、加快建成中部地区崛起重要战略支点的机遇,全力服务湖北形成多级

2022年10月,农发行湖北省分行与湖北联投集团有限公司签订全面合作协议

支撑的区域发展格局。一是支持都市圈建设。投放贷款439亿元支持襄阳都市圈和宜荆荆都市圈建设,促进基础设施互联互通和公共服务共建共享。二是支持示范区建设。投放41亿元支持随州城乡融合发展示范区建设;投放10亿元支持恩施“两山”实践创新示范区建设;投放103.5亿元支持天潜仙“四化同步”发展示范区建设;投放1.9亿元支持神农架生态文明建设示范区建设。

四、全力支持小微企业发展

(一)加大资金投放力度

全年投放普惠小微贷款12.9亿元、支持普惠小微企业216家;年末普惠小微贷款余额12.9亿元。一是实施物资供应链、资金供应链融资模式。围绕农地、流通、基础设施等重大项目,以核心企业为重点,为项目建设、运营等环节的上下游企业发放流动资金贷款,通过不断延长贷款链条实现普惠小微金融服务全覆盖。二是用好“楚天贷款码”信贷业务管理系统。线上对接有融资需求的企业,全年在线办理业务798笔,进一步提升融资效率。

(二)让利小微企业

用足用好优惠政策,为小微企业提供“一站式”服务,全年累计为普惠小微企业减免各类费用合计600万元。

五、全力服务生态文明建设

聚焦基础设施升级改造、节能环保和绿色生态保护等重点领域,全年累计投放绿色贷款469亿元,年末绿色信贷余额1512亿元,居农发行系统第2位。一是支持碳减排项目。累计审批碳减排贷款项目13个、金额158.2亿元。二是探索创新绿色信贷支持模式。探索“生态资产权益抵押+项目贷”模式,十堰市郧阳区生态产品价值开发利用项目被总行作为绿色信贷创新典型案例推广。三是打造绿色信贷示范区。与宜昌市共建农业政策性金融绿色发展实验示范区,研究推出15项优惠政策、对接绿色信贷项目37个,累计投放61亿元。与十堰市人民政府签订《农业政策性金融支持十堰南水北调中线工程核心水源区暨绿色低碳发展示范区建设战略合作协议》,投放39.9亿元支持十堰绿色低碳发展示范区建设。四是投放长江大保护贷款578亿元,同比多投200亿元。五是投放水利建设贷款141亿元,支持重大民生水利项目建设。

【风险管控】

一、强化全面风险管理机制

一是建立全面风险管理工作汇报机制。按季召开专题风控会议,分析、研判全面风险管理情况,压实“三道防线”职责。二是建立以全面风险管理报告、类别风险管理报告、前台业务部门风险报告、风险事件报告为载体和矩阵式传递为路径的风险报告管理机制,实现信息共享互通。

二、防范信用风险

持续加强信用风险事件跟踪管理和监测,建立重大风险企业、逾期欠息企业周报告制度;加强信用风险监测,及时制定风险化解预案,做到风险早发现、早预警、早处置。

三、做好不良贷款控新降旧工作

做实贷前调查、贷中审查和贷后管理,严防新增不良风险。严格落实资产风险分类管理,真实反映资产质量。加强对存量风险及不良贷款清收处置,加大现金清收力度。年末不良贷款余额较年初减少4962万元、不良贷款率较年初下降0.02个百分点。

【金融消费者权益保护】

一是为重点客户提供“一企一策”个性化服务。利用客户营销、回访等时机,宣传稳经济大盘金融政策和信贷支持、息费减免等方面的举措,帮助金融消费者了解自身权益。二是规范经营行为。将诚信经营和消费者权益保护理念融入客户服务全过程,严格按照监管要求、规定标准、规范流程向客户推荐适合的信贷产品;加大客户服务违规行为排查力度,严厉打击侵害消费者权益的违规行为。三是提升投诉处理水平。明确投诉案件的责任范围,明晰投诉渠道、投诉电话、受理部门,及时处理投诉。四是开展宣教活动。以“3·15”消费者权益保护教育宣传周和监管部门组织开展的专项宣传活动为契机,向大众宣传、普及金融知识。全年组织辖内机构开展宣传活动350余次、发放宣传资料近2万份;线上宣传阅读点击量超万次。

(中国农业发展银行湖北省分行)

(三)国有大型商业银行

中国工商银行湖北省分行

【概况】

2022年,工行湖北省分行(简称)紧紧围绕“先行区”建设目标,服务湖北经济高质量发展,主要运行指标持续向好。截至年末,本外币各项贷款余额7448亿元,较年初增加645亿元;本外币全口径投融资余额突破万亿元大关,达到11232亿元,较年初增加1279亿元。本外币全部存款余额8901.7亿元,较年初增加755.6亿元。年末不良率较年初下降0.06个百分点,资产质量继续保持优良。在2022年度金融消费者权益保护评价中获得A级评价。

【业务发展】

一、持续加大信贷支持力度

(一)助力稳住经济大盘

制定出台助力稳住经济大盘72条措施,积极开展金融稳保“早春行”和“解难题、稳增长、促发展”企业帮扶等活动,聚焦服务实体经济本源,紧扣重点区域、重点领域、重点行业,持续加大信贷投放力度,实现信贷总量同业领先、增量同比增多、结构不断优化。坚持主动发力、应贷尽贷、尽早投放,重点支持了沿江高铁武汉至宜昌段、鄂州花湖机场顺丰转运中心(一期)、宜昌宁德邦普、东风岚图等一批重大项目。承销地方债461亿元,占比15.65%,排名同业第一;承销企业债100亿元,占四大行总额的27.65%。

(二)助力科技创新高地建设

充分发挥科创金融服务中心(武汉)专营优势,通过制定全周期综合金融服务方案,丰富多元化科创金融供给,持续提升对创新主体、创新链条的金融服务能力。积极支持光谷科技创新大走廊建设,助力湖北打造全国科技创新高地。年末科创企业信贷客户达1992户,较年初增加515户,增幅35%;融资余额694亿元,较年初增加176亿元,增幅达34%。

(三)助力制造强国高地建设

深入开展“制造业金融服务深化年”等行动,支持传统制造业升级改造、新兴制造业稳健发展及制造业服务延伸拓展,支持全省加快构建“51020”现代产业集群。年末制造业贷款余额690亿元,较年初增加168亿元,增幅32%,同比多增93亿元;其中制造业中长期贷款余额410亿元,较年初增加164亿元,同比多增101亿元。

(四)助力美丽湖北实现绿色崛起

贯彻落实长江大保护战略,加快绿色投融资创新步伐,用好碳减排支持工具和支持煤炭清洁高效利用专项再贷款政策,助力全省绿色低碳高质量发展。年末绿色贷款余额1593亿元,保持同业第一,较年初增加286亿元。

(五)助力房地产市场健康发展

坚持市场化、法治化原则,主动参与合理解决房地产资金硬缺口方案研究,做好对具备条件项目的信贷投放工作，在助力房地产项目快复工、早复工、早交付的同时，积极支持合规的新增融资。年末房地产贷款累计投放89亿元，较年初增加14亿元，房地产贷款余额达到486亿元，其中保障性租赁住房业务投放26亿元，较年初增加19亿元。

（六）助力稳外贸稳外资

大力推进优质企业贸易外汇收支便利化试点，持续发展线上国际业务。支持“一带一路”建设，加大对重点外资外贸客户外汇融资投放力度，保障外贸企业稳健经营的资金需求。年末外汇贷款余额6.62亿美元，继续保持四大行第1位；跨境人民币结算量188亿元，同比增长56%。

二、不断提升服务质效

（一）主动提供延期还本付息服务

加大对文化旅游、批零住餐、交通物流行业企业的纾困支持力度，用好用足交通物流专项再贷款政策，积极支持疫情防控和保就业、保民生、保市场主体。全年累计办理延期还本6148户，金额711亿元。

（二）有序引导融资成本下降

加大贷款定价对实体经济的精准支持，推动货币信贷政策有效传导。新发放公司贷款利率3.37%，较上年末下降52个BP（较2019年末下降158个BP），为广大市场主体提供低成本融资服务。

（三）全力服务小微企业

深入开展“百行进万企”活动，着力提升“楚天贷款码”应用质效；积极支持“专精特新”企业高质量发展，重点加大对小微企业的帮扶力度，普惠金融信贷业务实现增量、扩面、提质、降本。银保监口径普惠贷款增加120亿元，增幅50%；银保监口径普惠客户数31166户，较年初增加26286户；新发放普惠贷款利率3.81%，在同业中持续保持较低水平。

（四）全力支持民营经济发展

积极开展“民营企业合作伙伴服务提升工程”“服务进民企 助力稳大盘”活动，为民企送政策、送产品、送服务、解难题，持续提升民营企业金融服务质效。年末民营企业贷款余额926亿元，较年初增加168亿元，同比多增48亿元。

（五）全力服务消费回暖

针对广大中小微商户出台系列支付优惠政策，落实支付降费，让利于民，助力市场主体恢复元气。全年为40万户小微企业和个体工商户减免手续费合计1亿元，户均减免250元。开展信用卡“爱购湖北”活动，投入3000万元，实现直接拉动消费额300亿元。

（六）全力服务乡村振兴

持续推进落实与省农业农村厅签署的战略合作协议，助力全省十大重点农业产业链建设，做好涉农领域综合金融供给。推出“工银惠农贷”“香菇贷”“兴农茶叶贷”等涉农特色场景借贷方案，不断加强对乡村振兴产业的融资支持。年末涉农贷款余额760亿元，较年初增加131亿元，同比多增50亿元。其中普惠型涉农贷款余额89亿元，较年初增加25亿元，同比多增9亿元。

【金融创新】

一、构建新市民金融服务体系

组建新市民金融服务专班，持续推进各项服务举措落地。推出新市民“1+3”综合金融服务方案，围绕新市民安居乐业、创业就业、医疗社保等各项需求，着力提供全方位、专门化金融服务。

2022年3月，工行黄石分行开展“星火学堂‘小小银行家’”活动，向黄石日报社小记者普及金融知识

二、提升客户服务体验

优化网点布局，设立7个重点区域网点、4个县域网点，整体装修改造66个网点。依托网点“工行驿站”，为快递员、外卖员、环卫工人等户外劳动者提供贴心公益服务。加快网点适老化改造，升级“老年专属”服务。

三、加快数字化转型

紧跟“数字换人”发展趋势，坚持将转型创新融入经营发展的全领域、各环节。加快数字生态建设，在政务、产业、生活、普惠、乡村等重点领域投产上线智慧政法“一案一号”、税务贷、中港农贸批发市场线上商城、住建领域资金监管等数字化转型项目，着力解决客户服务和基层工作的难点、痛点、堵点。

四、丰富智慧服务场景

大力推广“工银e政务”综合服务平台，“智慧住建”服务客户达436户；“智慧校园”合作院校、“智慧医疗”合作医院分别达39所、31个。

【风险管控】

一、做好“保交楼”金融支持

积极配合地方政府扎实推进“保交楼、保民生、保稳定”工作，依法依规做好房地产市场金融服务，有效防范化解金融风险。全年向总行申请对6户房企、53亿元贷款调整计息周期，对21户房企办理展期或调整分期还款计划合计103亿元。积极应对“抱团停贷”风险冲击和疫情反复影响，主动为客户办理延期还款1754笔、9.34亿元，对8402名客户采取征信过滤措施，缓解客户焦虑情绪；对部分不接受现有纾困政策的客户暂缓催收、诉讼等工作。

二、巩固信贷资产质量

灵活运用现金清收、重组转化、呆账核销、依法诉讼、证券化等手段，加快不良资产出清。累计清收处置不良贷款61亿元，年末不良率0.87%，较年初下降0.06个百分点，资产质量继续保持优良。

三、不断提升合规经营能力

进一步增强员工纪、法、规意识；全面抓实案件及重大风险事件联防联控，深入开展员工异常行为常态化、智能化排查，加大违规问责力度。全年未发生重大风险事件和案件，继续保持安全、平稳运营。

【金融消费者权益保护】

解决好金融消费者“急难愁盼”问题，扎实做好消费者权益保护与投诉治理各项工作。深入开展“3·15”消费者权益保护教育宣传周、普及金融知识守住"钱袋子"等活动,扎实做好消费者权益保护工作。设立纠纷调解室,充分运用金融纠纷多元化调解机制,将矛盾纠纷化解在诉前。加大消保考核引导力度,强化责任追究管理。

(中国工商银行湖北省分行)

中国农业银行湖北省分行

【概况】

2022年,农行湖北省分行(简称)认真贯彻落实总行党委决策部署,充分发挥党建引领作用,助力地方经济实现高质量发展。截至年末,各项贷款余额6310亿元,较年初净增692亿元,同比多增10亿元;县域、制造业、绿色、普惠等贷款指标均达到监管考核要求。各项存款(监管口径,本外币,不含同业存款)时点余额9261亿元,较年初净增1258亿元,同比多增550亿元。不良贷款实现"双降"。连续多年获得"金融支持湖北经济发展贡献突出单位"称号;乡村振兴工作连续3年获得省内国有六大行中唯一"优秀"等级。

【业务发展】

一、服务实体经济发展

(一)服务地方经济建设

一是服务基础设施建设。支持实施"两中心两枢纽一基地"(武汉长江中游航运中心、全国铁路路网中心;全国高速公路网重要枢纽、全国重要航空门户枢纽;全国重要物流基地)综合交通运输规划,全年支持两湖隧道、汉十城际铁路等13个交通项目,总体授信规模200亿元;推进宜兴铁路等重大基础设施项目落地。截至年末,基础设施建设贷款余额2498亿元,增量258亿元。二是服务地方企业。加强与省级、市级国企联系,"一户一案"制定营销方案,全年完成7家省级、5家市级重点国企年度授信。三是服务外贸企业。支持企业"引进来"和"走出去",全年实现跨境人民币结算111亿元。其中,湖北自贸区三大片区共实现跨境人民币结算53亿元。

(二)支持重点产业发展

一是支持新一代信息技术、高端设备制造、新材料、生物医药等技术含量高、附加值大的高端产业发展。截至年末,战略性新兴产业贷款日均余额305亿元、增量112亿元、增速58.14%。二是支持专精特新"小巨人"企业发展。推广"科创e贷",全年服务473家专精特新"小巨人"企业,结算、贷款覆盖率分别为51.6%、17.3%。三是支持科创企业发展。聚焦全省"51020"现代产业集群和"光芯屏端网",立足制造业补链强链和提升竞争力,推进"科创企业评估平台"项目落地,打造以技术流为核心的科创企业准入评估模板。

二、发展普惠金融

一是加大小微企业信贷资金投入。聚焦省内产业集群、专业市场、核心企业上下游等三类客户群体,设立小微客户首贷服务中心,推出"纳税e贷""结算e贷"等线上产品,满足小微企业多样化融资需求。全年普惠贷款净增118.7亿元,增幅34.3%。二是为小微企业纾困解难。率先在同业中出台86条纾困政策措施,主动对接批零、文旅、交通物流等受疫情影响严重行业企业融资需求,通过办理贷款展期、续期等帮助810户小微企业渡过难关。三是推动业务线上化。通过加强与"楚天贷款码""汉融通"等平台合作、在人行"中征平台"上线运行"政采e贷"、运用大数据建模推出"收单e贷""牵手e贷"等特色线上产品,精准服务小微企业。

三、加强科技赋能

(一)加强渠道数字化建设

推动掌银、移动营销PAD、超柜、微银行等渠道数字化建设。通过移动PAD提供的离行业务办理功能,实现全行客户经理走出网点,到客户身边办理掌银、网银、借记卡、个人贷款、财富配置、账户年检等业务。在移动营销PAD上线社保卡开卡功能、加载智能外呼应用,让客户少走路,让服务更贴心。

(二)发挥数字化产品优势

发挥好"网捷贷""房抵e贷"等拳头产品线上优势,深挖教师、医护、白领等目标单位客群和已还款个人住房贷款客群消费贷款需求,有效提振消费信贷市场信心。

(三)推动金融服务数字化转型

聚焦城区专业市场、成熟商圈及县域支柱产业,持续扩大区域特色经济商圈客户数字化金融服务范围。加快智慧政务场景迭代升级,助力城市管理更智慧、居民生活更便捷。截至年末,互联网高频场景数1055个,有效服务客户超过60万户,进一步提升了客户金融服务体验。自主研发的"数服e站",获得总行优秀科技成果一等奖。

四、服务乡村振兴

(一)加强"银政"合作

成立县域服务专班,与省农业农村厅、省水利厅签订战略合作协议,对全省县域实地调研、画像摸底、制定信贷策略,做实县域客户营销。全年实现县域贷款净增344.4亿元。

(二)加大资金投入

一是通过"绿水青山贷"信贷产品、高标准农田服务模式,实现粮食安全、乡村建设、乡村产业等领域贷款分别净增26.3亿元、140亿元、87.1亿元,贷款增速均高于20%。二是向农业产业链核心企业推广"惠农e贷"产品。截至年末,"惠农e贷"余额221.89亿元,较年初净增85.1亿元,同比多增23.2亿元。

(三)强化服务保障

一是加快"三资"平台应用推广。创新开发"e贷e付"平台,探索建立信贷产品与支付产品有机结合的新模式,着力解决县域客户线上融资和支付难题。二是做好农户建档工作。组建745个"支

2022年8月12日,农行湖北省分行与中国南水北调集团江汉水网建设开发有限公司签署战略合作协议

行+网点”攻坚团队,深入开展“四个推进”,累计新增有效建档户9万户。三是扩大服务范围。落实“布局优化、功能优化、机制优化、管理优化”的要求,设立1.3万个“惠农通”服务点,乡镇覆盖率93.3%。

五、提升客户服务水平

按照“五个一”标准开展“浓情暖域”网点挂牌、专区打造、培训传导等工作,严格落实“进门有问候、服务有微笑、老弱有搀扶、等候有安抚、到号有提醒、办理有效率、出门有送别”的“七有”服务标准,努力实现环境升温、服务升温和品牌升温。截至年末,累计887个网点完成“浓情暖域”挂牌及专区打造,网点覆盖率达96%。树立“浓情暖域示范网点”服务标杆和“浓情暖域服务明星”服务典型,不断挖掘和推广网点服务事迹,持续提升客户服务水平。

【金融创新】

一、加大绿色金融创新力度

认真贯彻落实省委、省政府绿色金融工作部署,将绿色金融作为推动深化改革、经营转型的重要抓手,持续增强绿色金融服务能力,不断提升绿色信贷管理水平。截至年末,绿色信贷考核口径年日均余额932亿元,较年初净增321亿元,增量排名四大行第1位。绿色信贷增量、增速以及余额均在农行系统内排名前列,增速创历史新高。一是创新绿色金融产品。推出湖北特色碳金融品牌“农银碳”,包括“农银碳服”“农银碳融”“农银碳投”“农银碳链”“农银碳营”五大产品;首创“农银·碳指数”、碳排放权质押贷款、排污权质押贷款、可再生能源补贴确权贷款、新能源积分质押贷款和碳汇未来收益权质押贷款等多个金融产品,不断丰富矩阵式绿色金融产品体系,推动绿色金融业务扩面提质。二是发挥好“农银碳服”系统优势,围绕风光储应用等领域持续加大信贷投入,推动绿色信贷业务持续发展。

二、优化信贷服务模式

围绕省内城市更新、旧城改造以及交通物流、地下管廊等重点领域项目,创新推出城市更新贷款、水利贷款、园区贷等七大产品,建立信贷服务“十大模板”,通过强化靠前对接、开展同步论证、提升审批效率,持续提升服务水平。

【风险管控】

一、守住内控案防管理底线

强化内控和案防机制建设,针对柜面经理、大堂经理、客户经理等岗位创新研发11个非现场监测模型,实现全方位监测。推行“模型运行+实时核查+现场验证+快速处置”检查监督新模式,消除风险隐患。按照“一行一方案、一类一方案”模式,落实行为纠正、风险控制、责任追究“三到位”。出台员工行为管理十条禁令,压实“人盯人”网格化管理责任。

二、不越信贷风险管理红线

围绕真实性、合规性两大核心和假主体、假背景、假用途、假担保等风险点,开展信贷业务真实性大排查,着力提升信用管控水平。建立潜在风险客户风险化解、不良风险客户风险处置、大额审计差异贷款客户等项目清单,加强“一户一策”分层分级管控,进一步夯实资产质量。

三、筑牢安全生产管理防线

压实责任,细化防控措施,统筹做好疫情防控与经营发展。一是开展专项治理。组织开展金库管理、上门对账、智慧银行等12项专项治理,强化问题根源性整改,杜绝操作风险隐患,全年未发生重大责任性刑事案件和安全生产事故,内控评价保持A级行水平。二是强化信息科技风险管控,网络信息安全和业务连续性保障能力得到进一步加强。三是搭建印章“三防、两清、一查”管控体系,从严遵守保密制度,全年未发生印章风险事件及失泄密事件。四是深化信访舆情管控,全年未发生重大声誉风险及信访事件。

【金融消费者权益保护】

一、开展消保宣教活动

一是开展“3·15”金融消费者权益日、“金融知识万里行”“金融知识普及月守住钱袋子”等大型宣教活动,积极报送优秀宣教作品。召开180多场“3·15”金融消费者权益日系列活动,接近一半活动面向老年人,联动开展金融消费者宣教活动和反洗钱等宣传活动,取得良好宣传效果。二是发挥金融宣传教育基地作用。樊城支行建立金融教育示范基地,全年累计开展10次红色教育和7次金融教育活动,构建金融知识普及长效机制。

二、加强反诈反赌工作

以营业网点为宣传阵地,通过在厅堂摆放防范电信诈骗宣传图片和播放反赌反诈宣传小视频、在智能服务台摆放反诈骗宣传桌牌、在金融知识宣传专栏摆放反赌反诈宣传材料、在柜台窗口放置宣传册等方式,提示客户合法使用银行账户、保护好自身合法权益,进一步提高客户对反赌反诈工作的认知。

(中国农业银行湖北省分行)

中国银行湖北省分行

【概况】

2022年,中行湖北省分行(简称)以党的二十大精神为指引,紧紧围绕湖北省“建成支点、走在前列、谱写新篇”的目标定位,抢抓长江经济带和国家中心城市战略发展机遇,以分行“三大战略”“三个点面结合”为重点,深化金融转型、加强管理创新、加快授信投放、防范金融风险,不断加大金融服务实体经济力度,提升金融服务质效,助力湖北建设全国构建新发展格局先行区。截至年末,本外币资产余额5107亿元,同比增长8.71%;本外币负债规模4709亿元,同比增长6.32%。多次获得“金融支持湖北经济发展突出贡献单位”等称号;连续十一年获得湖北省外汇管理局外汇业务合规与审慎经营评估A类评价。

【业务发展】

一、助力稳住经济大盘

建立银政对接机制,积极融入全省战略规划和产业布局,为重大项目提供高质量金融服务方案。全年为湖北自贸区和综合保税区联动发展、高标准建设中法武汉生态示范城、“互联网+放管服”等项目提供全面的融资、融智支持,助力传统产业转型升级和战略性新兴产业发展。全年涉农贷款新增103.18亿元,同比多增45.01亿元;制造业中长期贷款新增114.72亿元,增幅129.58%;战略性新兴产业贷款新增143.7亿元,增幅73.37%;绿色信贷新增190.59亿元,增幅34.79%。累计承销绿色债券65亿元,排名中行系统第4位。

二、延伸线上融资服务触角

践行“线上产品提升年”主题,深化小微企业金融服务。加快普惠金融数字化转型,增加资金供给、降低融资成本、创新产品服务,实现线上融资服务增量扩面。积极参与发改委“信易贷”平台建设和“汉融通”融资项目、“楚天贷款码”推广。全年办结“楚天贷款码”融资交易1.50万笔、受理率99.56%;累计投放206.40亿元,排名全省金融机构第2位、四大行第1位。通过“汉融通”平台投放资金70亿元;为437户符合申报条件的中小微企业累计申请6350万元纾困贴息支持,有效缓解了中小微企业资金压力。

三、畅通金融惠民利企通道

一是制定《中国银行湖北省分行普惠金融行动方案》,明确普惠金融性业务定位、工作目标、发展措施、配套政策和有效资源。全年普惠贷款新增 106 亿元,达到历史最高水平,增幅 54%。二是认真贯彻落实优化营商环境相关部署。制定《关于再次规范小微企业融资收费合规管理的通知》,严格执行“七不准”要求,强化落实“两禁两限”规定,严格执行省委、省政府关于中小微企业还本续贷、延期还本付息政策。

四、促进对外贸易发展

一是承办外贸活动。独家承办第五届中国国际进口博览会湖北专场活动、联合承办 2022 中国-北欧经贸合作论坛暨世界 500 强对话湖北系列活动,为全省进出口企业提供融资产品、引入境外低成本资金、便利收汇和汇率风险锁定等服务,助力拓宽经贸发展“朋友圈”。二是提升跨境业务便利化水平。加大汇出汇款融资、进口押汇、付款汇利达等跨境融资产品推广应用,扩宽贸易收支便利化、跨境资金结算服务覆盖面。全年国际结算、跨境人民币结算份额分别达 33.70%和 18.35%,结售汇份额占四大行 50.79%。

五、助力科技金融发展

用好用足总行科技金融试点政策,制定《中国银行湖北省分行科技金融品牌建设行动方案》,进一步明确工作目标,制定支持科技金融一揽子计划,将国家技术创新示范企业、湖北省科创“新物种”企业、湖北省上市公司类客户、“专精特新”企业和制造业“单项冠军”企业纳入重点清单,助力科技型企业创新发展。全年战略性新兴产业贷款新增 143.1 亿元,增幅 73.37%;科技金融贷款新增 74.83 亿元,增幅达 18.84%。获评中行系统集团级“‘专精特新’授信服务先进分行”“‘专精特新’账户服务先进分行”。

六、提升综合化经营服务能力

一是加强协同联动。引入金融科技资源和人才,推动中国银行集约运营中心(湖北)成立,发挥中银保险、中银消费、中银金科、中银理财(筹备组)、集约运营中心(湖北)、中银证券等分支机构综合化优势,加强与中银投、中银资产等综合经营公司协同联动,在促进国内国际双循环、强化碳排放金融合作、深化场景建设、助力乡村振兴等方面为区域经济发展赋能。二是优化网点布局。推进 225 个科技金融、绿色金融等特色网点建设;完成 130 个 V5.0 网点建设,打造复合式空间应用,融合网点各类功能及使用场景,通过重构网点信息交互、产品交付流程,推动金融服务向温情化、人性化转型升级;实施全辖网点适老化改造,全力打造行业服务示范窗口。2022 年,辖内 4 个机构荣获全国银行业文明规范服务“千佳示范网点”,2 个机构入选“百佳示范单位”、武汉市“新风杯”金融业文明建设竞赛候选单位。

【风险管控】

一、实施风险全流程监督、全链条防控

加强事前防范,及时精准动态开展关键风险研判,做好各类极端情况下风险应对预案,防范系统性风险。制定《中国银行湖北省分行 2022 年度业务风险大排查工作方案》,推进智能风控建设,投产智能化系统,做到风险早识别、早预警、早处置,防范境内境外、表内表外和传统、非传统风险。

二、加强风险管控

一是全面重检授信政策。制定行业投向指引和重点行业、领域授信审查要点,确保政策更加贴近市场、贴近客户、贴近基层。二是加强重点领域风险防控。重视消费者权益保护工作,实现监管投诉量下降 25.23%。三是加强电信诈骗涉案账户治理。实现电信诈骗涉案账户压降 16.8%,压降绝对额排名全省同业第 1 位。四是压实反洗钱三道防线责任。提高反洗钱管理委员会运行质效,常态化开展检查整改,实现反洗钱高风险客户下降 47.06%。

三、夯实内控案防基础

(一)强化智能内控工具运用

投产运行员工异常行为管理系统、天眼智能风险监控分析平台、重要岗位轮岗和强制休假监督管理系统,形成员工异常行为管理网格化、过程管理无纸化及可视化、预警及监督报告主动化、排查指令及结果一键直达的智能化管控体系,实现违规行为预警、排查、整改、问责、再教育、持续关注的全流程闭环管理。

(二)加强内控案防穿透管理

开展年度内控检查、“穿透式”专项检查和“啄木鸟 2022”员工异常行为排查。在出台重要风险管理人员履职清单基础上,逐步完善各岗位风险内控工作履职清单,明确岗位底线、红线、高压线,将履职要求清单化、规范化、制度化,确保安全、稳健开展各项工作。

(中国银行湖北省分行)

2022 年 12 月 27 日,中行湖北省分行与优质农业企业签订合作协议

中国建设银行湖北省分行

【概况】

2022 年,建行湖北省分行(简称)认真贯彻落实“建成支点、走在前列、谱写新篇”的要求,稳步推进各项工作,全力支持经济社会发展。截至年末,实现综合融资 1708 亿元,同比多增 218 亿元,较上年增长 14.6%。各项贷款余额 7193 亿元,较上年新增 756 亿元,创历史新高,连续三年新增破 700 亿元;一般性存款余额 8229 亿元,新增 518 亿元,增速 6.7%。消费者权益保护工作监管评价结果连续三年保持一级。

【业务发展】

一、服务实体经济发展

(一)加大信贷投入

对公贷款、票据贴现、普惠贷款、消费贷款、信用卡透支新增均排名四大行第 1 位;制造业、普惠、民营、战略新兴及高新技术、基础设施、绿色金融、涉农等领域贷款新增实现“七个超百亿”。

（二）支持“两保”工作

全力支持“保交楼、保民生、保稳定”工作，助力房地产市场平稳健康发展。一是优化准入、定价、风险缓释等指标，采取延期还本付息方式缓解困难房企资金压力，充分满足房地产领域资金需求。二是推动保障性租赁住房信贷投放。全年授信重点企业72个、授信金额270.2亿元、投放77.8亿元。其中纳入解决从事基本公共服务人员住房困难的试点项目107个、授信金额207亿元、投放金额64亿元。

（三）服务新型基础设施建设

对接重大项目，优先支持国铁集团、省铁投、省交投、天河机场、武汉地铁等重点交通行业企业和中央或省属大型能源重点企业以及其成员单位，在不新增地方政府隐性债务前提下，积极支持交通、能源、生态环保、民生服务、市政设施等领域企业发展。年末基础设施领域贷款余额2182.4亿元，较年初新增233.6亿元、增速12%。

（四）助力制造业提档升级

对接湖北“51020”现代产业集群，逐户营销走访全省重点企业和项目。重点支持长江存储国家存储器基地项目一期、天马微电子第6代LTPS AMOLED生产线项目、阳新弘盛铜业40万吨高纯阴极铜项目等。年末制造业贷款余额611.6亿元，较年初新增131亿元、增速27.3%。

二、优化普惠金融服务

一是围绕“数字、平台、生态、赋能”理念，推出“商户云贷”“个体工商户信用快贷”等融资产品，丰富普惠金融产品体系。年末普惠金融贷款余额810亿元，较年初新增148亿元，连续6年保持四大行第1位。二是优化服务模式。通过“建行惠懂你”APP一站式办理业务，在大数据精准化画像技术支撑下实现“3分钟申请、0人工审批、1分钟贷款”。年末贷款客户10.3万户，较年初新增2.5万户。三是为小微企业纾困解难。针对还款困难的小微企业制定一系列纾困措施。全年共为6698户小微企业提供延期还本付息服务、涉及金额47.8亿元；为9149户小微企业提供无还本续贷服务、涉及金额72.8亿元。

三、支持绿色发展

创新推出“光伏贷”“绿色生态贷”“碳中和债”“可持续发展挂钩债券”等多个绿色金融产品，在信贷规模、定价、拨备、审批、信用贷款等方面制定差异化支持政策。积极支持长江经济带沿线区域生态保护修复项目，持续拓展绿色制造、生态修复、绿色建筑等领域。年末绿色贷款余额1038.1亿元，新增375.4亿元、增速56.7%；承销发行7期、154亿元绿色债券融资工具；完成投资绿色债券26笔、合计77.4亿元。

四、助力科创企业发展

设立创新金融服务中心和创新实验室等专门服务机构。打造“科技企业创新能力评价体系”，破解知识产权评估难题。调整传统“资金流”视角，推出“科技信用贷”“人才贷”等十余种专属产品，不断加大科技创新和战略性新兴产业的信贷支持力度。年末高新技术企业贷款余额441.5亿元，新增113.5亿元、增速34.6%；“专精特新”企业贷款余额64.8亿元，新增17.3亿元、增速36.4%。

建行湖北省分行党委书记、行长江文波与中建三局集团有限公司党委书记、董事长陈卫国座谈，就进一步深化业务合作进行沟通交流

五、助力乡村振兴

一是聚焦农业产业化龙头企业、农村基建、“土特产”等领域，推进金融服务乡村振兴共建创新示范区建设工作。年末涉农贷款余额983.85亿元，新增192.34亿元，增速24.3%。二是推动2.35万个线下“裕农通”服务点覆盖全省乡村，全年代缴农村居民社保医保1.82亿元。三是搭建黄鳝、龙虾、香菇等多个农产品农批市场智慧交易平台。四是与省农业农村厅联合推进“数字农经网”“楚农直通车”推广工作，打造全省农业数据中心。

六、助力恢复和提振消费

通过为居民大宗消费场景提供消费信贷支持、加强小额高频消费场景建设，扩大消费贷客群覆盖面。年末消费贷款余额93.8亿元，新增25.8亿元；信用卡贷款余额259.8亿元，新增15.2亿元，排名四大行第1位。通过“建行生活”平台发放1.1亿元“惠购湖北”消费券，拉动商户交易额4.58亿元，有效刺激消费。

七、提升客户服务效能

一是实现“网点办政务”全省覆盖。布设2427台智慧柜员机，提供涵盖社保、医保、公积金、不动产等227项高频民生领域便民服务。二是在光谷区域开设“创业者港湾”旗舰店。免费为科创企业和创业者提供办公设备以及配套创业服务辅导，促进“创新链、产业链、资金链”三链融通。三是在全省网点深化“劳动者港湾”服务，全年累计服务159.3万人次。四是创建168个星级网点，全面推广普惠适老金融服务。

【风险管控】

一是加强资产质量管理，压降不良率。二是夯实合规案防基础。通过完善员工行为管理制度、健全员工非职务犯罪防控机制、围绕34个业务领域开展“四重”违纪违规专项治理，筑牢案防底线。三是以抓好“平安建行”创建工作为主线，加强安全保障、强化突发事件应急处置机制，持续推进安全生产专项整治、强化安全运维管理。全年未发生意识形态领域安全问题及声誉事件，实现信访维稳“两确保一下降”。

（中国建设银行湖北省分行）

交通银行湖北省分行

【概况】

2022年，交行湖北省分行（简称）围

绕支持湖北“建成支点、走在前列、谱写新篇”的目标定位，全面贯彻新发展理念，加快融入新发展格局，助力湖北经济高质量发展。截至年末，本外币各项存款余额2965.96亿元，其中人民币各项存款余额2923.24亿元。本外币各项贷款余额2791.14亿元，其中人民币各项贷款余额2787.27亿元。在武汉、黄石、宜昌、襄阳等市(州)共设立206个营业机构，其中，人工网点93个(含2个普惠型网点)、离行式自助网点113个。

【业务发展】

一、服务实体经济发展

(一)支持重点产业发展

一是加大资金投放力度。聚焦“51020”现代产业集群，结合地方经济、产业结构特点，持续加大对绿色低碳、制造等战略性新兴产业和“专精特新”企业的资金投放力度。依托“智慧交易链平台”，制定建筑、医疗、农业、商贸物流等领域重点客户清单；向交建云商、中企云链、航信等平台和行业头部企业推介链金融服务，为企业下上游客户提供信贷支持；推动“快易付”“快易贴”和名单制供应链产品服务线上化，实现资金秒到账。二是支持传统产业转型。加快金融供给存量重组、增量优化和动能转换，支持传统产业向高端化、绿色化、智能化转型升级。

(二)服务基础设施建设

通过整合全行资源提高资金配置效能、用好用实碳减排支持工具，促进政策红利直达市场主体，全力满足设备更新改造专项再贷款和制造业中长期贷款项目融资需求。

(三)支持房地产市场发展

认真执行房地产金融审慎管理制度，对符合条件的房地产按揭客户实施宽限期纾困政策；通过支持保障性租赁住房建设和项目并购重组，满足房地产企业融资需求，做好“保交楼、保民生、保稳定”工作。

(四)支持小微企业发展

一是加大对小微企业纾困帮扶力度。制定FTP定价、战略专项资源配置、经济资本成本减免等方案，助力交通物流、批零住餐等受疫情影响严重行业的小微企业渡过难关；逐户摸排小微企业延期缴税计划和金融需求，为企业办理贷款延期还本付息，认真做好接续融资服务；对受困中小微企业贷款手续费做到应延尽延、能延快延、应减尽减，主动为小微企业和个体工商户减免对公账户开户费手续费、小额账户管理费、转账手续费、工本费、挂失费等费用。二是加强银企合作。推广“楚天贷款码”融资平台，进一步拓宽小微企业线上融资渠道。三是实地调研、密切跟踪信用培植工程分配企业，精准施策缓解企业融资难题。

二、强化基础业务

(一)发展绿色金融业务

积极响应“碳达峰、碳中和”政策，主动融入地方绿色发展战略，落实长江大保护政策方针，不断创新绿色金融产品和服务。充分发挥集团全牌照优势，全面梳理绿色债、碳中和债、绿色基金等金融产品，引导低成本资金流向绿色能源基础设施、新能源高新技术产业、绿色公交系统等领域。

(二)发展科技金融业务

围绕深耕科技金融市场，进一步创新服务、丰富产品、提高效率。通过实施名单制管理和差异化准入标准，加大对“专精特新”和科技型企业的支持力度。围绕科技型企业制定贴合其特点的信贷支持方式，通过信用、专利权质押、应收账款质押、投贷联动等多种方式对企业予以支持。加强与交银国际、交银投资等集团子公司联系，争取集团内资金资源支持，运用投贷联动为客户提供全生命周期服务。

(三)发展普惠金融业务

一是丰富产品。通过“提级决策”引导前中后台同向发力，共同开发优质产品；通过成立资产经营中心、每日召开专题会、优选合作平台，加快普惠金融“场景定制项目”开发。推出“商户贷”，进一步放宽准入、延长期限、增加用途，扩大产品惠及面；推出“外贸贷”，为出口型小微企业量身打造纯信用、全线上流贷产品，解决企业融资难、融资贵问题。二是加强队伍建设。持续推进“全员做普惠”的队伍建设思路，通过加强网点协同、实施跨条线绩效考核和全行专项行动，推动板块融合、全行联动。

(四)深化涉外金融服务

一是加强线上渠道建设。打通第三方数据渠道，推动单一窗口、出口企业、银行三方信息互联互通。作为湖北唯一一家与省商务厅电子口岸办平台对接的银行，上线“口岸通”业务，打通外汇便利化政策落地“最后一公里”。二是强化贸易融资服务。抓住国家票据业务政策调整契机，聚焦产业链融资需求，全力发展信用证福费廷业务，推动电费证等新业务落地；灵活配套锁汇产品组合，深挖直贷价格空间，为外贸企业提供低成本融资渠道，实现在境外中长期项目贷款、国际银团与跨境并购组合等多个业务突破。三是支持推进人民币国际化。通过宣讲跨境融资便利化政策、实施考核等措施向员工普及跨境人民币相关知识；“一户一策”跟进重点企业，推动CIPS收发器有序上线。

三、支持乡村振兴

成立乡村振兴领导小组，制定乡村振兴、定点帮扶任务，明确各级责任；与省农业农村厅、省乡村振兴局签署乡村振兴三方战略协议，推进新型农业经营主体信贷直通车常态化服务；主动对接财产险公司，探索整村授信的服务模式；加强县域信用体系建设，打造“一县一策”核心产业链，推进“中化农户贷”“澳华饲料经销商快贷”“螃蟹贷”“半夏贷”等一批乡村振兴定制产品落地。

四、提升客户服务水平

一是简化开户流程。实施“先开户，后尽调”，将对公开户、结算产品签约、电子对账等手续办理时间压减到一小时内；以名单制管理的方式动态掌握简易开户情况，根据企业经营范围、规模、从业人数等特征，为其开通相匹配的支付、结算功能权限，合理设定渠道功能及转账限额。二是服务民生保障。积极融入各级政府“一网通办”线上政务服务体系，首家推出“注册即开户”功能；上线“惠企通”智慧政务系统，实现企业补贴“免申即享”；为黄冈市政府代建养老机构资金监管服务平台，助力打击和整治养老领域诈骗行为，规范养老机构服务收费。三是实施网点服务提升工程。开展服务能力提升专项培训，围绕“零投诉”目标全面提升员工服务质效。以“疫情防控不松懈、金融服务不间断、业务发展不停步”为导向，稳妥做好线下金融服务，动态迭代疫情防控措施，保护客户和员工生命健康安全，保障基础金融服务。

【风险管控】

一、加强全流程风险管理

一是发挥全面风险管理委员会作用。加强委员会运作一体化、规范化管理，提升对风险隐患的前瞻识别和防范能力，通过收集共享风险信息、预警研判风险隐患、集体决策防控措施，夯实全面风险管理基础。二是加强操作环节风险防控。加强不相容岗位职责分离管理，压实全流程风险管理责任。通过日常监督检查、非现场系统监测、常态化跟踪整改等方式强化操作环节风险管理制度执行落地。三是加强信贷风险闭环管理。通过建立大额风险预警处置机制加强临期贷款管理；精准划分优质客户、非优质客户和高风险客户，细化风险管控策略；在前台条线部门搭建风险中台，推动风险监控关口前移，增强前瞻性预警和动态管理能力。

二、提升反洗钱工作质效

一是强化组织保障。成立反洗钱中

心，配备反洗钱专职人员；修订和补充反洗钱管理实施细则、制裁合规管理办法等相关制度，夯实内控基础；丰富反洗钱工作领导小组会议内容，强化反洗钱工作执行效果。二是提升客户识别能力。加强对客户持续识别、重新识别和高风险客户强化识别，分类实施管控措施。三是加强账户管理。通过建立非柜面转账限额报表、账户风险交易监测模型和开展涉案账户可疑交易监测情况排查，调整存在可疑交易的账户洗钱风险等级、及时上报风险名单，消除相关风险隐患。充分运用反诈反赌信息共享平台，多方合作开发电诈受害人临时性保护功能，实时管控潜在受害人账户，前移风险拦截关口，确保账户安全。

（交通银行湖北省分行）

中国邮政储蓄银行湖北省分行

【概况】

截至2022年末，邮储银行湖北省分行（简称）各项贷款余额2461亿元，净增290.7亿元，增速13.4%；各项存款余额7497亿元，其中自营存款2187亿元，增速4.9%，市场占有率2.86%。全年实现营业收入86.41亿元，增速12.13%；利润45.09亿元，增速20.35%。经济增加值（EVA）15.9亿元，排名邮储银行系统第5位；经济资本回报率（RAROC）19%，排名邮储银行系统第4位。各项贷款不良额、不良率排名较年初分别优化1个和8个位次。

【业务发展】

一、服务实体经济发展

（一）服务区域协调发展

一是融入湖北“一主两副三中心”区域布局，向武汉市、宜昌市、襄阳市等重点城市倾斜人力资源和财务资源。全年向武汉市、宜昌市、襄阳市、黄冈市、荆州市投放贷款748.8亿元。二是打造光谷自贸区特色支行，全面服务光谷科技大走廊发展战略，为华星光电、长江存储、东湖高新、恒信汽车等产业龙头企业提供综合金融服务。

（二）支持制造业发展

一是加强与“51020”现代产业集群客户联系。走访3万户重点企业，其中已授信1.4万户。针对制造业中长期贷款17个重点支持领域和发改委清单内企业，确保“应投尽投”。年末制造业贷款余额221.03亿元，净增33.77亿元、增幅18.03%。制造业贷款增幅、制造业中长期贷款占比及信用贷款占比等三项指标均高于各项贷款平均水平。二是支持“专精特新”企业发展。通过制定《“专精特新”及科创企业专项服务行动方案》等14个服务方案、在武汉市成立科创金融事业部、在东湖新技术开发区（光谷）设立自贸片区分部，提供精准服务。年末“专精特新”和科创企业贷款结余户数1337户、余额65亿元。

（三）支持基础设施建设

加大对湖北铁路集团、省交投集团、“五大四小”电力集团等重点企业的信贷支持力度，全力支持基础设施项目建设。全年新签署贷款合同60个、金额327.33亿元；新增投放162.55亿元；全年重大项目贷款净增131.38亿元，增幅31.57%。围绕全省地方政府专项债重点支持项目清单，加大企业走访力度。全年落地专项债项目234个、金额69.4亿元；新开账户152个。

（四）支持房地产市场平稳发展

认真落实“保交楼”金融16条措施，为房地产开发贷客户办理延期还本付息，涉及贷款9.92亿元。认真落实《关于进一步加快重大项目建设扩大有效投资的若干意见》要求，加大对武汉市、襄阳市、宜昌市等6个城市保障性租赁住房信贷支持，全年保障性租赁住房贷款投放29.94亿元；城市更新贷款授信24.75亿元，投放20亿元。

（五）支持中小微企业发展

全年中小微企业贷款净增188.4亿元，增幅27.7%；普惠小微企业贷款余额净增80.19亿元，增幅21.78%，创五年来新高。一是支持受困行业企业。加大对交通运输、批零住餐、文化旅游等受疫情影响严重行业企业的资金投放力度。年末文化旅游行业贷款余额33.72亿元，净增11.94亿元。小额贷款中餐饮商贸企业结余规模17.5亿元，净增14.1亿元；创业担保贷款结余规模66亿元，净增17.2亿元。年末批发零售、交通物流、住宿餐饮、文旅等行业贷款余额占各项贷款余额的26.05%，较年初增加3.52个百分点。二是加大有效金融供给。开展“信用户培植”工作。落实“一企一清单”管理要求，全年培植企业316家、融资金额9.23亿元。开展“首贷户”拓展专项行动。通过建立无贷户名单库和出台专项激励政策，全年新增“首贷户”526户，完成计划109%。做好延期还款、展期和无还本续贷工作。建立常态化延期业务机制，全年共延期贷款625笔，金额2.5亿元。其中，住房贷款471笔、金额2.35亿元；普惠小微贷款无还本续贷53笔、金额2.87亿元；小额贷款无还本续贷84笔、金额4406万元。三是落实减费让利政策。向总行争取内部资金转移定价优惠，降低市场主体融资成本，贷款利率降幅高于同业平均水平。新发生贷款利率低于系统平均利率18个BP，同比下降81个BP。其中，小额贷款利率同比下降64个BP；小微企业贷款利率同比下降21个BP；公司贷款利率同比下降43个BP；个人住房按揭贷款利率同比下降93个BP。四是优化业务流程。推广“楚天贷款码”“鄂融通”应用和“301”模式，落实“1351”业务处理时限要求。“301”模式下“极速贷”全年投放3.16万笔、41.92亿元；通过“楚天贷款码”实现近万笔业务扫

邮储银行湖北省分行员工在京山市、沙洋县两个共建县市开展金融服务乡村振兴共建创新示范区建设

码量、发放贷款3487笔。开展小微企业信贷工厂试点工作。通过规范和简化小微企业贷款办理环节、缩短办理时间、简化申请材料数量,实现办贷时间缩短0.5天、小微企业简易开户服务100%覆盖。

二、支持绿色发展

加快建设绿色银行。对接全国(湖北)碳排放权交易系统,参与发起成立碳中和行动联盟,联合有关金融机构共同发布《金融机构支持上海国际碳金融中心建设共同倡议》。与碳排放权登记结算(武汉)有限责任公司签署《支持全国碳市场发展战略合作协议》,成为支持全国碳市场发展的重要合作金融机构。全年绿色贷款增幅42.3%,绿色融资增幅33.1%。

三、助力乡村振兴

贯彻落实金融支持乡村振兴战略部署,支持农业农村现代化,助力农业强省。全年投放涉农贷款314.5亿元,净增56.2亿元。

(一)强化推动与合作机制

将金融服务乡村振兴工作作为"一把手工程"纳入党委主体责任考核、纪委监督重点工作事项及各级经营绩效考核,制定《开辟乡村振兴新蓝海100项工作清单》。探索"政银担企"联动新模式,与省农业农村厅、省乡村振兴局签订战略合作协议,确定五年千亿元投放计划,年内完成进度30%;与省乡村振兴局建立六项深入合作机制;与省总工会搭建"鄂工贷"平台。

(二)推动金融人才赋能乡村振兴

通过重点培育各类人才梯队,推动人才向县域和基层机构倾斜,赋能乡村振兴。增配县域客户经理400人,总人数达到1400余人;优先增配"三农"信贷客户经理至740人。从分行、市(州)行机关选拔百名年轻干部到县市支行经营一线,专职推进乡村振兴工作;选派政治过硬、本领过硬、作风过硬的145名干部,按照"四个不摘"要求到重点帮扶村驻村帮扶。

(三)构建农村信用体系

联合省农业农村厅、省邮政公司推进农村信用体系信息化建设,搭建"数字乡村"平台,采用"行内采集+行外大数据"形式,解决信息不对称等问题,提高农村金融服务质效和水平。累计评定信用村1.92万个,基本实现全省行政村广覆盖;评定信用户56.3万户、授信215亿元,将农户"软信息"变成贷款"硬实力",有效解决农户贷款难题。

(四)推进共建创新示范区建设

落地"3335"行动(三项县域金融全覆盖、三个信贷流程优化、三大创新推进措施、五大倾斜支持政策),支持京山市和沙洋县2个金融服务乡村振兴共建创新示范区建设;推广"新农快贷",在京山市、沙洋县共投放1.3亿元,重点服务当地粮食、畜牧及水产三大行业,。

(五)推进金融科技赋能乡村振兴

运用大数据、信息化等技术手段赋能金融服务乡村振兴。作为农业部门"新农信贷直通车"首家试点银行和主办银行,与省农业农村厅开展"乡村行"活动,全面推广"楚农信贷直通车"线上平台。全年建成52个移动支付示范县,其中3个示范县入选"2022年国家乡村振兴示范县"创建名单。全年通过线上平台共发放贷款17.6亿元,居邮储银行系统前列。

四、推进新市民金融服务

成立新市民金融服务工作领导小组,制定《湖北省分行新市民金融服务工作方案》。落实新市民"六个一"服务方案;搭建"一个新市民特色标签体系",主动挖掘服务新市民12万户;建设"一市一新市民服务中心",在每个市(州)成立新市民服务中心,配备专业服务团队,打通新市民金融服务"最后一公里";建设"一县一'邮爱驿站'",在县域设立87个"邮爱驿站",服务6500人次;发放"一张专属借记卡'U+卡'",为新市民群体发放"U+卡",为农民工发放工资代发卡5万张,累计提供专属理财产品40期,销量10亿元;提供"一套支付结算工具",推出新市民专属"邮惠付"收单业务,服务商户4000家;定制"一系列信贷支持产品",推出"新市民创业担保贷款""泛保客""青创贷""鄂工贷"等系列产品,发放贷款1600余笔、2.83亿元。

五、提升客户服务水平

开通老年人服务绿色通道,在网点配置专人解决老年人金融智能技术困难;配备34台纸硬币兑换机和助盲卡、血压计等便民设备;设置儿童活动专区、母婴室等多种功能性服务场地。全年为行动不方便客户提供上门服务8250次。

【金融创新】

创新服务模式,不断推进科技创新平台建设,通过平台获客、数据活客、服务黏客,全面强化技术成果运用,持续提升数字化水平。加快线上平台搭建和线上产品推广,服务"三农"的线上产品占比由12%提升至66%;"小微易贷"年度净增32亿元,净增贡献度达到89%;"邮e贴"产品线上化率达96%。与人社部门合作建设创业担保贷款线上平台,推动线下营销、纸质采集、多部门盖章审批流程全线上化。拓宽农业经营主体贷款获取渠道,提高申贷效率。在总行数据建模大赛中,有两项成果获"业务价值创造奖"。

【风险管控】

一、加强不良资产处置

组织开展"大战百天、赢战虎年"等专项清收活动,持续推进清收处置工作。完善资产质量管控机制,出台多项资产质量管控方案,推进不良贷款批量转让和资产证券化。各项贷款不良量率实现"双降",保持公司信贷"零不良"。

二、抓实反电诈工作

抓实重点风险隐患"资金链"治理,成立"资金链"治理工作专班,制定《2022年支付结算业务电信网络诈骗和跨境赌博"资金链"治理工作方案》,统一部署23项工作清单。新开户涉案户数由2021年的82户压降至9户,降幅达到89.02%。

三、落实安全生产责任

认真落实省委、省政府安全生产工作要求,开展数据机房消防安全隐患排查、"五个一"安全管理等工作。"一人一方案"抓实重要时点信访工作,建立"7×24小时"负面舆情监测处置机制,保障网络信息安全。全年无重大事件和安全责任事故发生。

【金融消费者权益保护】

一、加强投诉治理

成立投诉处理专班,持续开展客户投诉"整治季"专项行动,按季度考核,抓实投诉降压工作。制定《湖北省邮政金融监管专送投诉专项整治工作方案》,制定全年监管转送投诉压降目标,理财保险类投诉压降成效显著。

二、保护市场主体征信权益

对因疫情影响暂时失去收入来源的企业及个人,适当简化证明资料、加快处理流程、提高办理效率,按调整后的还款安排报送征信记录。

三、开展金融知识宣教活动

开展"送金融知识进敬老院""送金融知识进校园"等活动,加大对老年人、青少年的金融知识宣传力度,强化特殊群体金融权益保护。

(中国邮政储蓄银行湖北省分行)

(四)股份制商业银行

中信银行武汉分行

【概况】

2022年,中信银行武汉分行(简称)认真落实集团和总行党委各项决策部署,不断加大信贷投放、主动服务大局,助力实体经济高质量发展。截至年末,各项贷款余额 1668.65 亿元,同比增加 182.25 亿元。全年实现营业净收入 51.92 亿元,同比增加 3.39 亿元、增幅 7%,其中利息净收入 44.74 亿元,同比增加 2.43 亿元、增幅 5.7%;净利润 17.13 亿元,同比增加 2.59 亿元、增幅 17.8%。年末不良贷款余额 17.64 亿元,较年初减少 4.97 亿元。账面拨备覆盖率 201.92%,同比增加 63.45 个百分点。

【业务发展】

一、服务实体经济发展

加大重点领域和薄弱环节信贷投放力度。截至年末,绿色贷款、战略性新兴产业贷款、制造业中长期贷款、民营企业贷款、涉农贷款分别较 2020 年末增加 99.87 亿元、72.5 亿元、30.97 亿元、44.87 亿元和 51.99 亿元,增幅分别为 342.25%、89.56%、98.91%、17.08% 和 189.12%。全年落地碳减排支持工具 0.8 亿元、设备更新改造贷款 9.4 亿元。

(一)发展普惠金融

一是完善内部政策。落实普惠型小微企业贷款 60BPS 的 FTP 考核利润补贴,将小微企业"首贷户"增量、小微企业信用贷款余额增量等指标纳入综合绩效考核,提升员工的积极性。二是优化业务流程。以标准化、专业化为导向,在风险可控的前提下,对小微企业法人贷款实行"四集中"模式,精简小微企业信贷审批环节,提高审批效率。三是加强队伍建设。组建普惠个贷直营团队,为小微企业主和个体工商户提供融资服务,全年实现普惠个贷增量 29.92 亿元,增幅 25.94%。四是优化融资方式。发挥"金融+科技"驱动优势,推广"银税 e 贷""关税 e 贷""惠加 e 贷""物流 e 贷"等线上信用类产品,实现线上申请融资、实时出具审批结果、贷款资金分秒入账。截至年末,普惠型小微企业法人贷款余额 34.92 亿元,较 2020 年末增加 19.27 亿元,增幅 123.13%。

(二)发展科创金融

建立科技型高成长企业重点营销名单,为名单内企业制定配套专项支持服务措施,形成"政策保障、产品赋能、人人参与"的良好工作机制。截至年末,全口径融资余额 217.91 亿元,增幅 33.87%。一是建立专项保障制度。制定高成长企业营销指引、高成长企业金融服务方案、高成长企业重点产品手册和高成长企业贷前审批尽职免责实施指导意见等专项制度,推动高成长企业稳健发展。二是强化授信审批保障机制。组建专业审批团队,建立侧重科创属性和成长性评价的差异化审批逻辑。开通绿色审批通道,保障审批时效。通过"科创 e 贷"特色产品,累计为"专精特新"企业提供贷款 10 亿元。三是筹建科创专营机构。创新经营和管理模式,在武汉东湖新技术开发区成立科创专营支行,专注服务光谷区域内科创企业。

(三)服务招商引资项目

依托集团优势资源和总行客群优势资源,主动参与地方政府招商引资洽谈及强链补链延链工作。向京东方、华星光电、小鹏汽车、亿纬锂能、中创新航等公司的一批重大招商引资项目累计投放综合融资超过 200 亿元。

2022 年 12 月 26 日,中信银行武汉分行在武汉东湖新技术开发区设立的科创专营支行——中信银行武汉光谷科创支行揭牌

二、推进重点业务发展

(一)做大交易银行产品应用规模

聚焦建安企业、先进制造业等区域优质客群,运用交易银行结算类、贸易融资类产品突破产业链、资金链、生态链业务。全年为 1097 户客户融资 479.27 亿元。

(二)发挥投资银行产品优势

打好资本市场特色产品"组合拳",提供综合融资规模达 328 亿元。累计为区域优质客户承销债券 191.55 亿元,同比增长 13%。落地总行首笔实控人参与 IPO 战略配售融资,全年资本市场业务新增投放 23.33 亿元。投放永续类业务 3 笔,合计 18 亿元。投放银团并购贷款 87.29 亿元,其中投放国企改革重整银团并购贷款 27.6 亿元,是区域首家投放该贷款的银行。

(三)推进电子保函业务

通过技术手段实现公共资源交易中心、银行和担保公司三方系统对接,确保保函出函快速性、保函数据全链路安全性,通过快速简便的线上审批流程,降低企业交易成本。截至年末,累计开立电子保函 219 笔,总金额 6800 万元。

三、聚焦民生需求

(一)稳定住房按揭投放

稳住按揭基本盘,坚持"应贷尽贷"原则,简化申贷手续与材料,下调按揭利率,全年累计投放 59.68 亿元。

(二)促进消费复苏

开拓消费新场景,满足不同客群信贷需求。年末信用贷余额 147.66 亿元,较 2020 年末增长 382.71%,其中车贷余额突破 100 亿元。

(三)发展汽车金融

搭建经销商统一评价体系,整合经销商工商、征信、财务、信贷、交易等信用风险指标及贷后操作风险指标,优化线上审批模型,每日批量评价存量经销商等级,为授信决策提供参考,提升单户审批效率,减少近 50% 调查及审查平均时长,实现授信审批标准化、无纸化。截至年末,落地一汽丰田、比亚迪等车企的 50 余户经销商线上审批工作。

(四)承接养老金代理发放工作

接入湖北省社保银社直连代发平台,依托省人社厅社会保险中心与银行搭建的业务专线,实现企业职工养老保险数据及时安全交换,实现企业职工养老保险基金支付、划解基金支付、划解对账、统计对账的全程电子化处理。每月为 5.1 万余名退休人员安全、快捷发放 1.7 亿元养老金。

(五)丰富手机银行 APP 便民功能

在生活栏目中增加"地铁出行"模

块，是中信银行系统内首家上线地铁乘车码功能的分行。该功能进一步丰富手机银行使用场景，是便民支付建设重点项目。截至年末，交易笔数4万余笔，日均约1000笔。

【风险管控】

一是加强存量授信客户管理。做好授信客户四分类，通过名单制管理，引导经营机构重视借款企业的持续经营能力，差异化匹配经营策略，提升贷后管理质效，保障资金安全。二是防范重点领域风险。加强对房地产客户、物业经营贷客户、低层级平台客户、异地民营集团客户、四分类压缩退出类客户、新业务等重点领域的风险监测，严防存量正常类贷款的潜在风险向增量风险转化。三是加强全面风险管理。加强业务连续性管理，建立疫情备用办公场所，保障业务连续开展。持续做好舆情信息监测，及时主动做好声誉风险排查和信息报送工作。四是加大不良资产清收处置力度。“一户一策”建立处置台账，完成表内不良本金18.02亿元处置工作。2020年至2022年末，累计清收20.19亿元不良资产，其中已核销5.87亿元贷款现金。

【金融消费者权益保护】

一、完善制度机制建设

制定和修订《中信银行武汉分行消费者权益保护工作委员会议事规则(3.0版,2022年)》《中信银行武汉分行金融消费投诉多元化解实施细则(1.0版,2022年)》等4项消保制度，将消保管理要求嵌入流程设置、岗位管理、考核评价和责任追究等方面，强化对制度执行情况的检查、考核。

二、提高投诉处理能力

(一)强化员工消保意识

以突出“全员覆盖”“重点业务”“考学结合”为指引，组织全行干部员工参加消保培训，通过率91.12%。开展消保信息安全培训，完成率93.6%。开展全行厅堂人员服务和投诉专项培训。

(二)加强消费者金融信息保护

开展“侵害个人信息权益乱象”专项整治行动，全面排查2021年和2022年投诉电话和监管投诉台账中涉及信息安全的投诉，由涉及单位逐一处理疑似侵害个人信息投诉，向客户做好解释沟通工作，及时进行问题整改。

(三)强化投诉处理机制

加强与监管机构调解组织联系，建立金融纠纷在线投诉调解对接机制。据人民银行统计，分行投诉量同比下降6.10%，排名银行金融机构第12位。截至年末，在人民银行完成8件案件调解，在银保监局完成16件案件调解，调解金额合计298万元。每月定期组织召开零售条线消保专项会议，分析投诉案例，进一步提高投诉处理能力。

(中信银行武汉分行)

中国光大银行武汉分行

【概况】

2022年，光大银行武汉分行(简称)认真贯彻落实总行“两调、三转、四增”的信贷投资总策略，优化重点领域信贷资源配置，助力稳住经济基本盘。截至年末，资产余额1062.64亿元，较年初增加61.89亿元、增幅6.18%。一般性贷款余额988.52亿元，较年初增加52.94亿元、增幅5.66%；一般性存款余额1021.21亿元，较年初增加87.64亿元、增幅9.39%。全年实现营业收入30.32亿元；净利润16.60亿元。拨备支出较上年增加6.15亿元。

【业务发展】

一、服务重大项目和重大发展战略

一是服务重大项目。聚焦“扩大有效投资”三类重大项目，累计批复项目16个，批复金额24亿元；推进重点项目170余个，项目总额超过500亿元。截至年末，制造业贷款余额95亿元、增速27%；制造业中长期贷款余额33亿元、增速31%；民营企业贷款余额117亿元、增速23%，均高于分行贷款平均增速。二是服务乡村振兴。制定乡村振兴综合金融服务方案，引导金融资源投向县域经济领域。截至年末，涉农贷款余额70亿元，较年初增加16亿元，增速29%。

二、发展普惠金融

截至年末，普惠贷款余额100亿元，较年初增加20亿元，增速25%，银监单列信贷计划完成率达236%，排名同业前列，较好完成“两增两控”监管目标。全年为受疫情影响还款困难的789户零售客户办理延期还本付息6.3亿元。

三、发展绿色金融

成立绿色金融领导小组，加入碳中和行动联盟。单列绿色贷款专项信贷计划，保障重点领域金融需求；制定绿色金融、节能环保等行业融资指引，细化绿色融资分类标准；对清洁能源、节能环保、碳减排等重点领域贷款业务实施一系列叠加定价优惠政策；运用“碳易通场景金融”业务模式，为碳交所平台企业提供一揽子金融服务。向湖北晟拓新能源科技有限公司发放项目融资贷款0.97亿元，成功落地首笔屋顶分布式光伏整区开发项目绿色金融贷款。截至年末，绿色贷款余额96亿元，较年初增加29亿元、增速44%；四个共计5亿元碳减排支持工具支持的项目获批。

【风险管控】

一、加强内控管理

一是强化“三道防线”管理机制。树立“人人都是第一道防线，人人都是最后一道防线，人人都是唯一一道防线”的理念，坚持全面统一授信管理，加强三道防线协同联动，落实全面、全员、全程的管理要求。二是加强内控合规管理。推进“三个治贷”“六严管理”，将合规管理工作融入营销和客户管理全过程，增强员工的市场分析能力、风险管理能力和营销能力。及时整改在检查和自查中发现的问题。三是强化考核问责机制。将风险管理考核评价指标和资产质量控制指标纳入经营机构平衡计分卡和客户经理考核积分中，改善“重贷轻管”意识，落实从严治贷要求。

二、加强重点领域风险管理

一是做好地方政府隐性债务风险监控工作。强化区域风险管理、风险限额管理和客户准入管理，做好对地方政府平台债务的预警监控，提升风险防控的前瞻性；加强授信全流程管理，严禁新增地方政府隐性债务。二是加强房地产贷款管理。认真贯彻落实“保交楼、保民生、保稳定”“金融支持房地产16条”政策要求，加强与地方政府部门沟通，聚焦贷款大户，密切关注受房地产影响的上下游行业，防范对公授信业务以及零售住房按揭贷款风险。全年对10户房地产开发贷款实施展期、调整还款计划等措施，涉及本金24.13亿元。对涉及“抱团停贷”楼盘的个人按揭贷款予以延期还本付息、征信保护措施；密切关注楼盘复工情况，妥善处置和化解舆情风险。

三、加快不良资产处置

精准施策，加快不良资产处置，实现资产质量保持平稳。全年压缩预警客户70户，压降授信敞口22.5亿元；处置特殊资产12.6亿元，现金清收3.86亿元，呆账核销1.26亿元；化解历史包袱，完成长航凤凰抵债股票和南波湾抵债商铺处置。

【金融消费者权益保护】

成立金融知识宣教领导小组，制订宣教工作计划。聘任“阳光消保社会监督员”、开展“行长当阳光消保宣传大使”“金融知识楚天行”等系列宣教活动，组织全行员工多维度、多层次、全方位开展金融知识宣教工作，营造良好的金融服务环境，助力金融消费者增强风险防控能力。

（中国光大银行武汉分行）

招商银行武汉分行

【概况】

2022年，招行武汉分行（简称）以客户为中心，坚持价值创造，狠抓管理提升，取得稳健经营与创新发展的良好局面。截至年末，各项贷款余额1969亿元，较年初净增240亿元；表内外业务投放超过4500亿元，贷款规模及市场份额稳居省内股份制商业银行首位。各项存款余额2886亿元，较年初净增476亿元。全年服务近700万名居民和近10万家企业，获得“金融支持武汉经济社会发展突出贡献单位”等多个荣誉。分行在宜昌市、襄阳市、黄石市、黄冈市、荆州市、十堰市、孝感市共设有7个二级分行、74个支行以及25个社区支行。

【业务发展】

一、服务重点领域

（一）支持制造业发展

聚焦国家先进制造业产业集群、战略性新兴产业集群、湖北省五大区域优势产业，持续提升行业服务能力。截至年末，制造业贷款同比多投66%，制造业贷款余额较年初增长73%。

（二）支持科技企业发展

打造科技金融服务特色，围绕科创企业“人、资本、产业和数字化”等多元化需求，推出“普惠金融 科创有招”综合服务体系。在总行科创贷款、“专精特新”贷款等标准化融资产品的基础上，与担保公司联合推出“科担贷”产品，被纳入新型“政银担”合作体系，享受政府财政补贴优惠政策；根据科技企业发展规划，提供并购贷款、股权激励计划等资本市场配套服务，引入保险资金、企业年金等市场资金，拓宽融资渠道，降低企业融资成本。年末科创贷款同比多投85%，贷款余额较年初增长102%。

（三）支持绿色发展

一是依托市场化运作，将信贷资源重点投向光伏、风电、水电、新能源汽车等绿色行业，助力绿色产业发展。截至年末，绿色贷款余额134.86亿元，较年初增加42.92亿元，增幅47%。二是抢抓全国碳排放权交易登记与结算系统落地机遇，跻身中碳登战略合作银行之列，以行内最高标准和优先级推进系统对接工作。上线中碳登结算系统、创新碳交易融资模式，盘活碳配额资产，服务节能减排企业融资需求。

（四）发展普惠金融

深化小微企业金融服务供给侧结构性改革，建立金融服务小微企业“敢贷、愿贷、能贷、会贷”长效机制，助力稳市场主体、稳经济增长。一是优化组织架构，增强小微金融专业化服务能力。成立普惠金融部，探索客户、产品、风险、经营四位一体新模式，完善队伍、品牌、资源、考核、协同五大配套支持，构建普惠金融长效发展机制。截至年末，普惠小微贷款余额279.28亿元，较年初增加33.07亿元、增幅13%，超额完成监管指导任务。二是执行减费让利和助企纾困政策，降低企业融资成本，缓解企业资金周转困境。全年新发放对公贷款和零售贷款利率均呈下降趋势；累计为客户减免各项费用1.3亿元；灵活运用贷款展期、重组、续贷等各种风险缓释政策，累计为近600户小微客户办理续贷业务，合计金额约8.4亿元。

二、加强银政合作

一是支持地方政府债券发行，打造全流程服务体系。组建地方政府债工作组，为省、市级财政部门以及项目单位提供全流程地方政府债券金融服务。将专项债服务范围拓展到武汉市13个行政区，截至年末，累计为230余个专项债项目提供金融服务，涉及金额约940亿元；辅导并成功发行项目超过130个，涉及金额近550亿元。二是积极参与设立政府投资基金。发挥集团综合金融服务优势，联合产业头部企业、优质基金管理人、国企和央企，打造政府投资基金特色服务平台，为政府投资基金、政府投资子基金、被投企业提供“融智、融资、融科技”一揽子解决方案。

三、助力乡村振兴

以县域产业布局为基础，依托农业农村特色资源优势，支持农业产业龙头企业、大型农产品加工企业发展。截至年末，涉农贷款余额较年初增长24%。与湖北省农业农村厅开展战略合作，推动更多金融资源高效配置到乡村经济社会发展重点领域和薄弱环节。全面升级“金融服务乡村振兴”工作模式，从“增、创、优、拓、助”五大维度提升帮扶质效，依托黄冈市蕲春县“蕲艾”产业特色，推出“艾农贷”“艾企贷”“招爱贷”三款特色支农信贷产品，将现代化金融服务送到乡村田间。

四、提升服务水平

（一）打造私募股权投资生态圈

打造“投商私科研”一体化特色服务模式，制定私募股权基金被投企业专项信贷支持政策，为被投企业提供综合化服务。截至年末，私募股权基金托管规模超过1300亿元；举办私募股权基金线上线下投融资对接活动20余场，参与活动的投资机构超过500家，合计为100余家企业提供路演及后续投资机构对接服务。

（二）完善企业服务体系

一是发挥“投商私科”一体化服务优势。依托总行推出的同业首个团体金融服务品牌——“招商银行薪福金融”，为企业资金代发、人事管理提供系统平台服务，为企业员工提供涵盖财富管理、信贷支持、薪酬福利等方面的金融服务。截至年末，为2万余家企业和180万名企业员工提供“团体金融”服务，助力企业提升经营管理效能。二是为企业提供“一站式人财事”数字化解决方案。聚焦企业行政、财务、人事、后勤等管理需求与痛点，研发并迭代科技产品，持续完善企业服务生态体系。升级“薪福通4.0”产品，满足企业人事服务、薪税代发、财费管控、团体福利、协同办公等需求。全年累计举办“薪福通”沙龙活动25场，为30余家企业输出定制企业数字化方案、为1.6万家中小企业免费提供标准化服务。三是助力企业财资管理向“业财一体化”发展。升级财资管理云服务平台，围绕多账户、多谱系、长链条的财资管理、销售、采购等场景，根据企业不同发展阶段、不同角色诉求，提供集团视角下的一体化、可视化财资管理解决方案，加强企业资金集约、高效、安全管理。截至年末，依托财资管理云平台累计助力8000余家企业提升资金管理和业财协同效率。

（三）提升用户便利化体验

一是提升政务服务能力。与省内公积金、社保、不动产等机构实现数据直连，通过手机银行APP为居民提供公积金查询及提取、社保查询及缴纳、不动产查询及抵押登记、线上房查等服务。年末手机银行APP用户数突破600万户，月活用户数超过280万户。其中，公积金业务办理用户超过80万户；社保业务办理用户超过170万户。二是提升商业服务能力。联合头部商超便利店企业，依托手机银行APP渠道流量优势，打造“招牌惠选”商超品牌，激活市民消费潜力，提振市场消费信心。与商超便利店企业联合开展促消费活动，累计实现36万笔有效交易，新增商超会员超过12万人。

（四）提升老年客群服务质效

一是提升营业网点服务质量。优化网点布局，配备便民服务体验台，为老年客户提供便利服务。二是优化线上渠道服务功能。推出95555适老化“颐享专线”,为老年客户提供一站式快捷接入专属人工服务。升级手机银行APP长辈版,在原有大字模式基础上,推出专属定制首页服务功能,支持老年客户根据自身使用习惯个性化定制首页模块;突出客服入口功能,方便老年客户与客户经理快捷连线;突出重点消息提醒功能,提供“安全管理”服务,方便老年客户随时查看账户状态。

【风险管控】

持续强化全面风险管理,严防重点领域风险,提升合规管理质效,夯实业务发展根基。全年未发生重大违规和违纪事件,未发生重大风险事件。一是优化房地产领域专管策略。优化房地产业务结构,对存量重点房地产项目实行封闭管理,管理有效率超过80%。全力支持“保交楼”工作,妥善处置存量风险、推动并购转让。二是强化合规督导履职管理。建立合规督导官和合规督导员管理架构,配套制定标准化、规范化的合规督导履职流程及工作范式,提升合规管理水平。三是提升反电诈工作质效。结合业务实践、总结常见风险点、做好合规政策咨询解读、优化反洗钱涉诈监测模型,提升对涉诈客户识别、管控时效性和准确性,涉诈账户同比下降21%,武汉市内涉诈账户总量排名从第2位下降到第7位。四是筑牢全员合规意识防线。开展反洗钱宣传活动,原创防范非法集资短视频《没想过》获全国防范非法集资短视频征集大赛一等奖;开展合规文化季活动,组织分行行长、纪委书记、合规官向全行员工进行合规授课,打造“堡垒式”风险合规管理体系。

【金融消费者权益保护】

健全消保工作机制,强化队伍建设,优化投诉管理流程,深化金融知识宣传教育,构建覆盖事前协调、事中管控、事后监督的全流程消费者权益保护体系,落实金融消费者权益保护主体责任。

一、健全消费者权益保护工作机制

设立消费者权益保护与服务监督管理委员会,以分行行长室作为最高决策机构,统一规划与统筹部署全行消保与服务工作。建立“消费者权益保护及投诉管理七项工作机制”,认真聆听客户声音,快速响应客户投诉,着力提升客户服务质效。全年开展消保服务检查360余次,对标查摆问题,狠抓整改落实。

二、加强金融知识宣传教育

一是丰富宣教形式。开展“3·15”金融消费者权益保护教育宣传周、“普及金融知识万里行”等集中性金融知识宣传系列活动;到企业、社区、商圈、高校开展常态化金融知识宣传活动570余次;联合凤凰网推出“反诈入人心 护老幸福行”原创金融教育宣传微视频,曝光量超过千万人次。二是拓宽金融宣教渠道。在十堰市设立省级金融教育示范基地,开展“现场讲座+线上直播”金融知识宣传活动,受众超过10万人次;承办“金融知识宣传·楚天行”走进车谷活动,在车谷人才创新港设立“车谷英才金融服务关爱驿站”,提升金融服务可得性。三是创新金融宣教内容。原创金融知识普及宣传短视频、长图文,被中国银行业协会、人民银行武汉分行等机构微信公众号采稿刊发23次。在人民银行武汉分行组织开展的“说出你的金融故事”评选活动中,原创作品《珍爱信用记录 享受幸福人生》视频荣获湖北省一等奖。

(招商银行武汉分行)

上海浦东发展银行武汉分行

【概况】

2022年,浦发银行武汉分行(简称)深化“一行一策”架构及业务转型改革,主动让利,降低企业融资成本,全力服务实体经济发展。截至年末,贷款余额766.55亿元;本外币一般性存款时点余额712.26亿元,较年初增加54.02亿元、增幅8.21%。全年实现营业收入17.65亿元;净利润6.73亿元。年末资产总额792.56亿元;不良贷款余额8.27亿元,较年初减少5.13亿元、降幅38.3%,创十年新低。

【业务发展】

一、服务实体经济发展

(一)服务重点区域

结合区域经济特征,推进“项目+科技+实体”体系建设,形成“两大链条、七大集聚”特色授信客群。重点关注武汉东湖高新区、武汉经济技术开发区、东西湖临空港开发区三大开发区以及“武鄂黄黄”城市群,全力支持武汉新城建设。

(二)服务重点产业和企业

针对制造业及各类新产业、新模式的客群新增授信金额超过300亿元,加大中长期贷款投放力度。围绕小米、华为、中石油、中交二航局、中铁、烽火科技、骆驼蓄电池等核心企业和行业龙头企业的上下游经销商、供应商,开展“产业链1+N”“供应链1+N”批量融资业务。推出全新模式的“政采E贷”业务,设置专属审批通道,简化业务流程,实现客户通过网银自助提款、资金秒速到账。通过引入担保公司、保险公司等机构,与武汉东湖新技术开发区、科技园区、产业基地、行业协会合作开展批量业务,满足重点企业信贷需求。

(三)服务重点项目

一是紧跟区域发展和产业升级步伐,全面推进城市更新和产城融合项目。通过支持重大基建项目,形成中长期贷款投放规模效应。二是聚焦“51020”现代产业集群和新能源领域,围绕16条重点产业链,加大对重点企业、重大项目及其配套产业链资金投放力度。三是贯彻“保交楼、稳增长”要求,梳理住宅开发贷、经营性物业贷“白名单”客户和项目清单,全力推进房地产开发贷款项目。

(四)服务中小微企业

一是做好稳企纾困工作。开通纾困贷款审批专属通道,主动对接客户需求,对于紧急业务采取一事一议、特事特办。出台《小微企业客户续贷业务管理办法》《关于明确工信部小微企业续贷业务办理要求的通知》《小微企业客户在线融资业务续贷及展期操作规程》,通过适当下调贷款利率、调整还款计划、完善续贷政策安排等方式,制定差异化帮扶政策,帮助受困企业渡过难关。对于受疫情影响较大的交通运输、餐饮、住宿、旅游等行业以及符合国家政策导向有发展前景但暂时受困的个体工商户和小微企业,用好应延尽延政策,不盲目抽贷、断贷、压贷。与企业协商,确定贷款延期及还款安排,实施客户征信保护措施。二是拓展“首贷”客户。引导目标中小微企业通过“楚天贷款码”提交融资申请,对意向客户开展跟进培育工作,不断提升“首贷”客户占比。开展“普惠贷款送上门”活动,加大政策宣传力度,为企业精准提供融资服务。三是降低企业融资成本。建立普惠金融贷款利率定价机制,减免小微企业各项结算及评估费、抵押费、财产保险等授信业务相关费用。做好“汉融通”纾困贴息对接工作,提升小微企业服务质效,帮助小微企业压降经营成本。

二、提升服务水平和质效

(一)加强营业网点服务规范标准化建设

一是明确服务标准。制作《服务标准化手册》和服务示范片,打造营业网点服务教科书;推出营业厅堂服务亮牌管理,进一步明确服务标准,规范员工行为,强化工作纪律。二是建立完善的项目评估机制,加强复合式项目评估管理。

对营业网点服务规范执行情况实行“线上+线下”和“监控+明查+暗访”检测，将检测结果与绩效考核挂钩，全面落实过程管理与成效管理。

（二）优化适老服务

从网点经营管理服务、个人金融业务服务、客户咨询投诉服务、适老网点建设等方面聚焦老年客户高频需求。增设轮椅、爱心抱枕、医药箱、血压计、老花镜等服务设施，配置老年服务专岗人员，不断优化电子智能服务，帮助老年客户跨越数字鸿沟，提升老年客户服务体验。

【金融创新】

一、创新科技金融服务

（一）建立科技金融专营机制

深化“一行一策”改革，结合武汉东湖高新区内光电子信息、生物医药、新能源环保、高端装备制造等产业格局特点，设立5个科技金融业务特色专营机构，打造专业队伍服务科技型企业。开通科技金融专属审批通道，提升科技型企业融资效率。东湖高新支行、光谷支行、湖北自贸试验区武汉片区支行、科创支行、科技支行等5个科技金融专营机构全年共服务100多家科技型企业，有力支持了生物经济、锂电池、智能制造、新材料、信息技术五大特色板块发展。

（二）丰富科技金融专项服务和产品

一是打造覆盖科技企业全生命周期的特色服务体系。按照“批量获客、投贷联动、以大带小”的科技企业经营策略，建立科技金融生态圈服务模式，聚焦上市及拟上市科创企业、高新技术企业、“专精特新”企业、科技型中小企业、PE/VC投资企业等客群，为不同生命周期科技企业提供个性化、精准化金融服务。推出额度为500万元至8000万元的“万户贷”“孵化贷”“科技快速贷”“科技含权贷”“投贷宝”“科技上市贷”“专精特新‘小巨人’贷”等科技金融专项产品。其中“万户贷”成功入选科技局首批贴息贴保产品名录。通过构建“科技型企业万户工程培育库”，为入库科技型企业持续设计、优化专属科技金融特色产品，打造全程、长期培植工程，通过定制化服务培育企业成长。二是进一步深化与政府科技主管部门合作，入围“科担贷”“科保贷”合作银行名单。截至年末，科技型企业客户数923户；科技企业贷款客户数153户。新发放科技型企业信用类贷款占比达68.5%；新发放科技型企业中长期贷款占比21%。

（三）加强科技金融服务宣传推广

一是在光谷举办助力“加快推进武汉具有全国影响力的科技创新中心建设”暨科技金融服务体系推介会，与60余家企业签订战略合作协议，在科技金融领域继续深化合作，同向发力。二是联合中南地铁传媒共同推出“科创力量艺术展”。展示分行护航科创企业从初创到成熟、从产业发展到并购成长的多项成果。

二、发展绿色金融

成立绿色金融业务推进委员会、特设绿色金融部、组建绿色专营支行，负责省内大型绿色企业服务工作和碳要素市场机构日常对接工作，通过专班化运作、项目化推进、差异化补贴的方式，运用绿色信贷、绿色债券、绿色金融顾问、绿色投资等全方位产品体系，为绿色企业提供专业服务。与湖北碳排放权交易中心签订战略合作协议，为碳金融发展赋能。截至年末，绿色信贷余额113亿元，同比增速64.8%，增量排名全省股份制银行第3位，是股份制银行中唯一一家绿色信贷占比突破20%的机构。全年服务了三峡集团、湖北能源、三峡环清、华润新能源等100多家企业，业务类型涵盖绿色信贷、绿色债券、绿色票据、绿色撮合、碳金融等多个方面。

三、创新普惠金融服务

一是创新小微企业在线贴现业务。通过系统自动审批、自动放款，快速解决使用电子银行承兑汇票小微企业的资金需求问题。二是创新银税互动产品。以税务数据为主要依据，实现企业在线申请办理纯信用贷款。三是创新小额纯信用银信贷业务。专为与浦发银行合作1年以上的企业提供50万元小额信贷支持。四是创新供应链业务。落地首笔在线“1+N”供应链业务，为解决核心企业上下游小微企业资金需求提供新思路。

四、创新地方债资金监管服务

以政府专项债为切入点，及时对接省财政厅需求，提供基建地方债资金监管服务方案，通过“云监管”模式，解决监管资源不足、监管手段落后的问题，提高投资项目资金管理效率，加快收益资金分配周转。

五、创新社区服务模式

积极开展适老服务、便民服务，搭建社交场景，创新推出社区服务和物业服务共建、周边商户合作的社区经营模式，将网点打造为“社区金融服务点”“社区便民服务站”。通过制定《浦发银行武汉分行社区银行市场营销活动指引》，以网点为阵地，依托街道社区，开展系列活动。对接辖区民警、街道社区网格管理机构等，定期开展“银警联合金融卫士进社区”主题宣传活动；通过融入老年客户“生活圈”拓展老年客户。

【风险管控】

一、加强内控合规自律

（一）夯实基础管理

立足“提升经营管理效能”“筑牢内控合规防线”两大主题，突出问题导向，聚焦“五大方面”，提升“四大能力”，树立“内控优先、合规为本”“合规创造价值”的理念，“基础管理能力提升深化年”活动取得较好实效。

（二）完善内控管理体系

定期梳理内控管理制度，不断完善制度管理体系，推动制度嵌入流程、流程嵌入系统。

（三）加强合规管理

一是推进数字化合规进程。搭建线上、线下“双轨并行”管理机制。开展员工违规行为系统监测，实现与八大系统对接，提升员工异常行为监测成效。开发12项业务合规监测系统模型，建立29项合规独立监测模型，升级合规内控系统，提升管理质效。二是严格落实“2275严合规计划”。从机制整改、日常监测、合规审核、合规培训等方面查找缺陷、补齐短板。“一把手”行长及其他行领导发挥带头讲合规的“头雁”作用，带动强化员工合规意识。

二、防范经营风险

（一）前移风险防控关口

一是严格落实授信业务“双尽调、双贷后”管理要求，对特定授信客群分别由授信管理部和风险管理部开展“双尽调、双贷后”平行调查工作，做好源头风险隐患排查及控新降旧工作，有效识别有潜在风险的非逾欠贷款。二是对存量公司授信客户开展专项检查，检查覆盖率100%，实时制定、调整压降预案，通过催收逾欠阻断不良下迁。三是建立预警客户余额管理机制，有效开展现金压退工作。四是加强内外部抽检问题复盘和整改，确保新增资产业务零风险运行。

（二）健全风险防控机制

一是制定和修订20多项制度办法和管理措施，进一步梳理业务全流程，筑牢“三道防线”，全方位压实风险管理责任。二是建立“常态化+专项+实时”预警监测机制，用好“三函一书”工具。通过及时传导、信息共享以及一、二道防线联动，推动风险全流程闭环管理。

（三）加强科技赋能

依托总行数字化风险识别与管控体系，实现“对公贷款预收息”邮件通知功能、“贷款还款资金不足”“到期业务账户余额不足”实时预警功能、“红色预警客户自动冻结授信额度”功能。通过升级评级体系到智能化3.0、推进抵质押资产管理系统权证出入库管理全流程线上化等一系列举措，实现实时风险预警和管控，推动风险从“事后预警”向“事前控制”转变。

【金融消费者权益保护】

一、强化机制建设

一是强化消保全流程管控。完善横向协同、纵向管控机制。消保审查采取“线上+线下”的高效工作机制，做到应审尽审。二是高频次开展暗访和检查，按季考评，实施奖惩制度。三是建立消保工作联席会议制度，分析服务检查和客户投诉中反映出来的问题，督促经营机构整改到位。

二、打造金融知识宣教品牌

推出原创消保服务卡通形象“浦楚楚”，通过“浦楚楚”系列推出线上消保作品近 20 篇，累计阅读量达 4.6 万人次。消保活动方式被人民银行武汉分行、湖北省银行业协会采纳，在国家级和省级媒体进行宣传报道。

（上海浦东发展银行武汉分行）

中国民生银行武汉分行

【概况】

2022 年，民生银行武汉分行（简称）聚焦主责主业，进一步夯实内控管理基础，提升内部管理精细化水平，全力支持实体经济高质量发展。截至年末，各项贷款余额 900.44 亿元，较年初增加 16.6 亿元；各项存款余额 842.29 亿元，较年初增加 80.47 亿元。年末资产总额 920.54 亿元，负债总额 898.02 亿元。全年实现营业收入 23.15 亿元；实现税前利润 11.37 亿元，同比增加 2.09 亿元。在湖北银保监局对辖内股份制银行 2022 年评级通报中，从上年度 2B 级提升至 2A 级。

【业务发展】

一、支持涉农企业发展

加大涉农领域信贷投放力度，为重点农业龙头企业、农户和新型农业经营主体提供优质金融服务，满足涉农企业资金需求，进一步支持涉农企业发展。年末涉农贷款余额 37.55 亿元，较年初新增 17.22 亿元，增幅 84.7%。

二、支持科创企业发展

根据省内各园区“专精特新”企业实际情况，推出“星火贷”专属信用产品，全年新增信贷 3350 万元。引入市融担、光谷科担等担保公司，推进“见担即贷”模式，解决科创企业融资难、融资贵问题。

三、支持制造业发展

紧扣制造业转型升级带来的技术改造、设备更新及环保升级等资金需求，加快拓展业务场景，开通绿色授信通道，提升审批效率。年末制造业贷款余额 59.12 亿元，较年初新增 17.66 亿元，增幅 42.6%。

四、支持绿色发展

（一）加大信贷投放力度

加强与政府职能部门、湖北碳交所、新能源发展促进会等沟通，积极引导信贷资源向节能环保、低碳转型、资源高效利用等绿色项目倾斜，在信贷、资本、财务等方面匹配合适资源，加快投放进度，不断强化对重点行业和领域绿色项目的融资支持。年末绿色金融贷款余额 62.8 亿元，较年初新增 28.47 亿元，增幅 82.9%。

（二）丰富绿色信贷产品

围绕清洁能源、节能减排、低碳科技、碳权交易、绿色生活等五大方向，创新推出“投、融、链、营”等四大类产品，全面构建“峰和”绿色金融产品体系；发布“向阳而生”光伏贷产品、“碳 e 贷”系列创新产品；聚焦“普惠金融、供应链金融、专精特新、跨境金融”四大客群，创新低碳转型的数字化工具——“碳账户”。

（三）优化金融服务模式

举办“携手‘碳’索 共助峰和”全国碳市场会员企业专属服务方案发布会，助力企业降低碳配额履约成本，推进能源结构优化和产业绿色升级。

五、发展普惠金融

深耕小微普惠金融，统筹推进“个人+对公”“线上+线下”“一体化链上开发”等业务新模式转变，有效提升小微企业金融服务能力。年末普惠小微余额 123.3 亿元，较年初新增 6.95 亿元，增幅 6%。

六、加强科技应用

一是提升账户管理质效。将 RPA 流程自动化技术应用于单位账户年检场景，实现机器人自动登录人行账户管理系统，模拟人工操作。上线“账户机器人”差异化终审模式，切实做到账户服务“两个不减、两个加强”，大幅减少企业账户开发交付时长。二是推进“数字化厅堂”建设。以北京中关村智慧银行体验店为建设蓝本，在光谷武汉自贸片区筹建首家智慧银行体验店，进一步深入推进“数字化厅堂”创新建设，提升智慧银行客户服务体验。

【风险管控】

一、完善风险管理体系

将主动防范化解金融风险放在首位，建立健全风险管理架构，构建全面风险管理三道防线。优化风险管理制度和程序，强化关键环节风险管理，推进风险管理团队人才建设，全面完善风险管理体系。

二、加强合规管理

一是持续推进“内控合规管理提升年”活动。坚持从全员参与、打造平台、机制保障等三个方面入手，有计划、有重点地推进内控合规文化建设工作，夯实立体式案防体系和从业人员网格化管理体系，提升内控管理水平和案防能力。二是加强员工行为管理。建立从业人员网格化管理体系，开展员工行为管理系列专项整治、员工行为底线教育活动以及员工合规培训，加大违规行为问责力度，强化员工合规意识，培育合规文化。

三、加强重点领域风险管控

坚持多领域全覆盖、重点领域突出管控的原则，提升风险识别、监测和控制水平。建立地产项目风险化解工作机制，加速推动房地产行业重点项目风险化解；推进数字化风险管理基础系统建设，提升内部客户管理及外部监管数据治理工作质效；开展各类重点板块领域风险排查，防范各类信贷风险。实现全年零监管处罚、零新增案件风险事件。

四、做好反诈反赌工作

协助监管部门推进反诈反赌信息共享平台直连改造建设，提升客户身份识别准确性、及时性，进一步加大对涉赌涉诈违法犯罪的打击力度。

五、提升资产质量

制定提升资产质量目标和管理举措，推动不良贷款余额、不良贷款率实现“双降”。年末不良贷款余额 6.12 亿元，较年初减少 3.22 亿元；不良率 0.68%，较年初下降 0.38 个百分点。不良贷款率低于全省银行业机构平均水平 0.66 个百分点。

【金融消费者权益保护】

一、强化服务意识

一是树立“精心服务，创造价值”的服务理念。坚持以客户需求为中心，积极主动开展文明优质服务。搭建更精细、更专业的服务基础管理体系，打造综合服务能力团队和专业推动团队，形成“内化于心、外化于行、固化于制”的良好服务意识。二是开展消保培训。全年面向全行各层级员工开展消保专题培训共 78 场、涉及 3822 人次，及时解读消保政策，传达监管指导思想，深度培育消保理念。

二、优化网点服务

（一）完善网点设施

在网点设立爱心窗口和爱心座椅，设立无障碍通道和服务电话、助盲卡，为特殊群体提供便利金融服务。

（二）延伸服务内容

推广手语服务；为老年人等不便到网点办业务的客户提供上门服务；通过

设置高峰时段提示牌、设立弹性窗口、开辟电子设备服务区,减少客户排队等待时间。开设公众教育区,在网点开办“民生小课堂”,向客户传递最新理财资讯,普及热门金融知识。

(三)开展示范网点创建活动

推进学习服务标杆网点先进经验;不定期到支行开展帮扶和指导,了解活动进度、存在的困难,制定整改方案。

三、提升消费纠纷处理能力

一是围绕人民银行“投诉压降15%”的目标任务,加强投诉全流程管理,修订消费投诉管理实施细则,通过场景培训,提升网点客户投诉处理规范性。二是建立投诉预升级排查机制,推动重点难点投诉解决,保障金融消费者合法权益。三是通过制定《金融消费纠纷多元化解实施细则》,明确小额纠纷补偿、调解、诉讼、仲裁4种解决纠纷方式。全年通过金融纠纷多元化解方式化解纠纷共78件,其中,运用调解方式化解68件,运用小额赔付方式化解10件。

四、开展消保宣教活动

开展“3·15”消费者权益保护教育宣传周、“金融知识进万家”等宣传活动。宣教视频《缩影》获评湖北省银行业协会金融消费者权益保护类“2022年度湖北银行业十大好新闻”。报送的消保案例在湖北省银行业协会“关于消费者权益保护优秀案例征集活动”中获得“具有推广性的优秀案例”奖。

(中国民生银行武汉分行)

华夏银行武汉分行

【概况】

2022年,华夏银行武汉分行(简称)结合地方经济社会发展特点和经营管理实际,认真落实总行各项战略部署和工作安排,着力打造合规、盈利、科技型分行。截至年末,各项贷款余额744.40亿元、资产总额821.71亿元。被人行武汉分行评为“2022年度执行货币信贷政策优秀单位”;被人行武汉分行营管部评为“金融支持绿色发展突出贡献单位”。

【业务发展】

一、服务区域经济发展

围绕省域“一主两副”和长江经济带产业布局,立足“51020”现代产业体系,聚焦聚力强链补链,集中优势资源,服务湖北工业技改和新兴产业,支持湖北先进制造业产业链现代化建设,为特定业务场景的产业链核心客户提供集约式服务。截至年末,全口径制造业贷款余额69.92亿元,业务占比9.39%,较年初增长1.23%。制造业中长期贷款余额占制造业贷款余额66.5%,较年初增长10.76%。

二、服务中小企业发展

通过“中小企业金融服务商”特色经营模式,构建中小企业专项服务体系。一是加大信贷支持力度。建立小微企业贷款授权、授信、受理回告、尽职免责“四张清单”机制,全力推动建立“敢贷、愿贷、能贷、会贷”长效机制,巩固普惠小微贷款“量增、面扩、价降”工作成效。二是开通贷款绿色审批通道。设立专职业务审批人、设置业务审批时限,提升审批效率。三是聚焦“专精特新”企业需求。制作“专精特新”企业名录和专项服务宣传册,明确服务策略、工作要求和考核目标,按照企业需求精准提供金融服务。

三、服务绿色发展

运用多元化产品,为节能环保、清洁生产、清洁能源产业客户提供高效便捷的系统化服务。推进与金融同业合作,为某绿色客户引进国际金融公司5亿元人民币的低成本绿色贷款;积极参与碳核算试点工作,作为第一批碳核算试点机构做好项目贷款碳核算及减排数据测算,率先完成行内项目融资的阶段性试点工作;定期编发《绿色金融市场信息汇编》,指导经营机构服务省内重点绿色项目建设。年末绿色贷款余额首次突破100亿元。

四、服务新市民

强化“一个保障”机制,确保新市民金融服务“高”站位与“实”落地;明确新市民金融服务“六个加强、六个做好”重点工作,让新市民服务工作有人管、有落实、有成效;优化两类服务,强化新市民金融服务工作“多”方案及“优”质效。

【金融创新】

积极开展业务创新,推进多个首单业务落地。全年落地的首单业务有:湖北省首单欧元海外债,系统内首笔设备更新改造专项再贷款和碳排放权质押银票、“单一窗口”跨境支付业务、液体石化产品数字仓单业务,分行首单世界银行集团国际金融公司(IFC)绿色跨境人民币外债贷款、绿色票据贴现业务、“资融通”远期购汇及最大单笔欧元结汇业务。投产上线首个零售消费贷款线上化项目“华夏e贷—联通员工贷”。

【风险管控】

一是加强全面风险管理。通过压实审批和投贷后管理责任、加强风险集中度管理,有效搭建贷前、贷中、贷后三位一体的风险防控体系,推动风险精细化管理。二是优化资产结构。加快数字风控转型,构建多层次授信指导体系。通过扎实推进审批前移、精准开发“白名单”客户、提升战略客户占比、压降低质低效业务、改善授信期限结构等工作,围绕“行业+区域+客户”主线,培育优质新增客户,实现业务布局优化、资产质量改善。

【金融消费者权益保护】

一是建立健全消保制度体系。完善考核评价、监督检查等14个消费者权益保护制度,促进提升消保工作管理水平。二是强化消保工作审查监督。出台消保审查实施细则、消保审查要点等工作指引,前移消保关口,将消保工作事前审查纳入经营活动、产品和服务全流程渗透管控,严防侵害消费者权益的

2022年10月11日,华夏银行武汉分行与湖北联通举行“联通员工贷”启动仪式

行为发生。

（华夏银行武汉分行）

平安银行武汉分行

【概况】

2022年，平安银行武汉分行（简称）围绕总行"科技引领、零售突破、对公做精"十二字经营方针，抢抓机遇、主动作为，整体经营呈现稳中有进良好态势。截至年末，贷款余额959.1亿元，同比增加134.71亿元，增幅16.34%；存款余额653.5亿元，同比增加42.45亿元，增幅6.95%。资产规模957.03亿元。分行下辖41个分支机构。其中，1个分行营业部、8个异地支行、22个同城支行、6个社区支行；在荆州市、襄阳市、宜昌市、黄冈市共设有4家二级分行。多次获得"金融支持武汉经济社会发展突出贡献单位"等称号。

【业务发展】

一、发展零售业务

一是贯彻零售业务"3+2+1"经营策略。推进基础零售、私行财富、消费金融三大业务模块升级；提升风险控制、成本控制两大核心能力；着力推动以AI Bank为内核、开放银行为外延的"1大生态"构筑与经营。二是实施"五位一体"新模式。推动综合化银行、AI银行、远程银行、线下银行和开放银行相互衔接和有机融合，不断强化科技引领作用。

二、发展公司业务

一是贯彻公司业务"3+2+1"经营策略。聚焦行业银行、交易银行、综合金融三大业务支柱；重点发力战略客群、小微客群两大核心客群；严守资产质量"1条生命线"。二是打造"供应链金融、票据一体化、客户经营平台、复杂投融及生态化综拓"五大特色品牌，持续提升服务实体经济能力。在武汉首届"双十首贷先锋"评选活动中，分行交易银行科技致胜团队被评为"十大首贷先锋团队"。

（平安银行武汉分行）

兴业银行武汉分行

【概况】

2022年，兴业银行武汉分行（简称）认真贯彻执行总行"1234"战略和"四稳四进"策略，稳住基本盘、激发新动能，各项业务呈现稳中有进的发展态势。截至年末，各项贷款（不含贴现）余额1165亿元，较年初增加100亿元；各项存款余额1200亿元，较年初增加78亿元。总资产2780亿元，较年初增加63亿元。不良贷款率0.54%，下降0.1个百分点。

【业务发展】

一、布局"五大新赛道"

一是发展普惠金融。依托"兴业普惠"平台构建以线上融资为核心的普惠金融生态体系。年末全口径普惠贷款余额近百亿元，较年初增加31亿元。二是发展科创金融。创新开展"青苗计划"，探索搭建"科学家+金融家+企业家"生态合作联盟。年末科创中小贷款余额（不含贴现）较年初增加18亿元；归集12家科创企业股权融资存款15亿元。三是发展能源金融。聚焦"整县推进"下的分布式光伏等项目，在热能、生物质能、天然气等方向多点布局，年末能源金融融资余额较年初增加13亿元、增幅超过140%。四是发展汽车金融。围绕造车新势力核心车厂，延伸拓展上下游产业链，与吉利、路特斯、小鹏、易捷特等知名车企建立良好合作关系，年末贷款余额较年初增加16亿元。五是发展园区金融。以光电子信息、智能制造等特色园区为突破口，实现一批优质中长期、高收益园区资产投放；在东湖高新区光电办上线智慧园区系统。年末园区类资产余额497亿元，较年初增加77亿元，其中表内贷款增加63亿元。

2022年3月，平安银行武汉分行与湖北联投资本投资发展有限公司签署战略合作协议

二、强化基础业务

一是发展零售业务。零售业务营收占比由2018年的23%增长至2022年的33%，客户数较年初增加16.75万户。二是扎实推进企金客户层级提升。新增3780户企金有效户；开立6户上市公司募资专户，募集资金42亿元。三是加强财政链式营销。成为省级财政非税虚拟子账户缴款唯一合作银行，实现政府债资金回存226亿元。四是加强利率定价管理。深化公私一体化经营，存款规模达到或接近15亿元的同城三类支行达到6家。

三、推进"商行+投行"战略

一是发挥投行引领作用，加强与重点客户合作。全年实现投行业务700亿余元；重点客户结算性存款日均规模182亿元，占企金结算性存款日均规模的34%。二是拓展客户规模。围绕"三率"提升，培育35户同业价值客户，实现净营收1.7亿元，较上年增长18.4%；批量引入25户"银银平台"客户，资产托管规模首次突破4000亿元。

四、加快数字化转型

一是加强"钱大掌柜""兴业生活""兴业普惠""兴业管家""银银平台"运用，将五大线上平台作为获客活客和数字化转型重要抓手。二是围绕商圈、医疗、教育等领域，加快十大场景生态建设。全年建设场景生态项目109个，新增60个，覆盖日均结算性存款42亿元。三是开发企金智能营销服务平台、风险全流程管理平台以及零售营销中台等各类数字化平台和工具，全年共完成开发需求131项，较上年增长133%，夯实数字化营销和数字化管理基础。

五、优化内部管理

一是深化组织架构改革。推进部门职责梳理和"三定"工作，成立多个柔性敏捷组织，进一步打通组织边界，提升协同能力。二是强化内部管理机制。完善考核评价、资源配置、激励约束等配套机制，完成薪酬套改工作。三是推进干部年轻化。启动"墩苗计划"，开展年轻干部轮岗交流。

【风险管控】

聚焦房地产、信用卡、个贷等重点风险领域，提升风险管理的前瞻性和精细化水平，确保不发生重大风险和重大案件。开展“不良清收百日攻坚战”,超额完成表内不良资产余额管控及处置计划。建立科创贷、个贷审查审批派驻机制,进一步推动风险管控与业务发展融合。持续推进“法治兴业”建设,加强检查监督和员工异常行为管控,提高反洗钱工作水平。加强对内外部检查中发现的问题的整改和监管要求的落实。

(兴业银行武汉分行)

广发银行武汉分行

【概况】

2022年,广发银行武汉分行(简称)持续加大信贷支持力度,充分发挥金融助力实体经济发展的“压舱石”和“主力军”作用,全力服务湖北构建“一主引领、两翼驱动、全域协同”的区域发展布局。截至年末,各项贷款余额339亿元,较年初增加33.4亿元,增幅11%;各项存款余额326.19亿元,较年初增加32.1亿元。获得“金融支持绿色发展突出贡献单位”等荣誉。

【业务发展】

一、支持地方经济发展

一是承销地方债政府债。新增债券承销业务规模86亿元,同比增长330%,有力支持地方重点项目和产业升级。二是推动险资入鄂。依托中国人寿集团综合金融平台,深入推进资源整合,通过向集团投资板块推荐重点客户和重点项目,持续深化金博会战略合作成果。全年落地保银协同项目4个、金额合计120亿元,有力支持区域轨道交通、基础设施建设以及高新技术产业发展。自保银协同工作开展以来,累计引入险资560亿元。

二、加大对重点领域的资金投入

引导信贷资金向区域重大项目和绿色、科技、战略性新兴产业等重点领域投放。通过科创票据以及投融资业务,为科技型企业提供资金支持。截至年末,绿色信贷余额21亿元,增幅69%;战略性新兴产业贷款余额28.4亿元,增幅28%;制造业贷款余额39亿元,增幅25%;自营投资非标资产规模43.62亿元,增幅19.64%;风参直贷业务累计投放5.34亿元,增幅320%。

三、做好普惠金融服务

一是推广“税银通”“快融通”“科信贷”等线上新产品,实现客户申请、调查、审批、出账、还款的全线上化操作。截至年末,普惠小微贷款余额28.29亿元,较年初净增4.86亿元,增幅20.75%,增速高于各项贷款增速11.56个百分点;普惠小微贷款客户数3002户,较年初净增920户,增幅44.26%;普惠小微贷款不良率1.1%。连续两年完成普惠小微“两增两控”工作要求。二是开展“楚天贷款码”推广工作。全年处理1081户小微企业授信申请,办结率100%。三是为企业纾困解难。对受疫情影响的企业贷款和手续费做到应延尽延、应减尽减。全年累计办理177户小微企业共206笔贷款延期手续,涉及本金1.3亿元、利息119万元,助力企业稳健经营。严格落实减费让利政策要求,将普惠型小微企业贷款年化利率降低至4.43%,较上年下降37BPS;全年累计减费让利金额超过800万元。

四、支持乡村振兴

贯彻落实金融支持乡村振兴工作部署,派驻驻村书记和驻村工作队到宜昌市秭归县六家包村开展帮扶工作。优化涉农金融供给体制机制,加强新型农业经营主体金融服务,涉农金融投入稳定增长。截至年末,涉农信贷余额23.09亿元,较年初增加3.08亿元,增幅15%;普惠型涉农信贷余额1.71亿元,较年初增加0.52亿元,增幅44%。

【金融创新】

一是创新推出“绿洲计划”。围绕武汉东湖新技术开发区产业集群,指定3个支行共同搭建渠道,推进小微信贷、科技金融和跨境结算业务进一步发展。二是创新推出“科信贷”。针对科技型小微企业轻资产、高成长性的特点,将“科信贷”业务评分表作为客户辅助评价工具,为客户提供免抵押的纯信用融资服务。三是创新推出“科技E贷”。依托“税银通”2.0线上贷款模型,通过全流程线上贷款的操作模式,提升科技型小微企业金融服务效率。

【风险管控】

一、优化信贷资产质量

持续推进存量风险化解,加强还本付息监测和授信到期管理,严防新增风险。截至年末,不良贷款余额3.58亿元,较年初基本持平。其中,个人不良贷款余额0.77亿元,较年初减少0.13亿元,计划完成率110.7%;对公关注类贷款余额0.5亿元,对公关注类贷款不良率0.2%,持续保持较低水平。

二、强化案防和合规管理

一是强化问责机制。落实总行“制度合规年”“合规履职强化年”活动要求,制定部门合规履职清单。全年召开15次问责委员会会议,共问责309人。二是开展案件风险与员工异常行为专项排查。制定印发《2022年案件风险与员工异常行为专项排查工作方案》,召开4期合规案防与员工行为管理汇报会,开展7期案件警示教育培训,参训人数467人次。

【金融消费者权益保护】

一是完善消保机制建设。印发17项消保类文件,召开3次消委会会议、4次消工委会议,将消保要求融入公司治理各个环节,持续提高全员消保意识。二是强化员工考核机制。通过考核激励双向发力,将消保考核结果纳入全行员工绩效考核体系;增设消保兼职岗位加分项,提升网点消保专员工作热情。每周开展“消保之星”评选活动,激发全行员工消保及文明规范服务建设积极性,全年评选214位“消保之星”。三是开展宣教活动。承办湖北省“金融知识宣传·楚天行”活动,在“说出你的金融故事”系列作品评选活动中荣获二等奖。承办湖北省金融消费权益保护工作座谈会,与优秀同业交流,不断提升金融服务水平,全面保障消费者合法权益。连续两年在人民银行武汉分行消保评级中保持A级。

(广发银行武汉分行)

渤海银行武汉分行

【概况】

2022年,渤海银行武汉分行(简称)坚持稳中求进的工作总基调,积极服务湖北省经济社会发展实现“开局企稳、复元打平、再续精彩”的目标任务。截至年末,各项贷款余额398.50亿元、各项存款余额272.85亿元。分行在湖北省内设有17个经营机构,其中,2个二级分行、5个综合支行、6个综合化轻型支行、4个小微支行。

【业务发展】

一、加大信贷投放力度

加大对省内重点行业、绿色和科技产业、小微企业的信贷投放力度,支持地方实体经济发展。全年投放表内贷款178.36亿元,同比多投12.70亿元,增幅7.67%。其中,对公贷款投放171.31亿元,同比多投30.74亿元,增幅21.87%。

二、丰富融资方式

灵活运用表内外融资工具和金融市场多元化产品及服务满足客户个性化需求,形成产品多元化、轻资产轻资本转型、多方联动、多点开花的新局面。首次成功落地2单备证业务,"国内证+福费廷"实现破冰;运用碳减排支持工具支持国电长源光伏项目,科技创新再贷款获人行认定14.17亿元;落地首单"银租通"预售资金监管保函、土拍保函等业务;落地首笔备证欧元债、首笔CMBS、首笔类REITs、首笔理财直融、首笔备证自贸区人民币债等投资项目。全年通过表内自营投资及理财等产品为企业提供投资64亿元,投资总量超过以往三年总和,同比增长447%;

三、发展普惠金融业务

组建普惠业务直营中心,通过优化普惠贷款流程、深化政银担合作、筹建普惠专营小微支行、落实无还本续贷和减费让利政策等一系列举措,推动普惠信贷业务增长。截至年末,普惠贷款余额(监管口径)13.73亿元,较年初新增4.73亿元;贷款增速52.5%,较各项贷款平均增速高57.86个百分点,贷款增速在本地同业中排名第1位。小微企业信贷单列计划完成率236.37%。普惠贷款平均利率5.71%,完成利率压降任务。

四、加强科技赋能

依托"渤银E付""渤银E财""渤银E贷"产品谱系构建"渤揽惠"生活服务专区,为宜昌东阳光大健康项目、地铁乘车码项目提供资金支持;依托"校智付""平安云厨"等平台,与本地6所学校建立合作关系;设立荆州两湖市场联合收单生态合作示范点,全行各网点联合收单业务均取得突破。

五、拓展客户规模

秉持"以客户为中心"的理念,加大客户拓展力度,对公和零售客户数增速分别接近40%和15%。深耕重点客户,加强与三峡集团、湖北联投、武汉地铁等重点客户合作。

六、加强营运管理

一是加快线下网点建设。持续完善服务网点布局,武汉经济技术开发区支行、常青支行、关山支行、宜昌东阳光小微支行等网点在年内正式开业。在各网点开展争创先进活动,推动网点服务质量提升,其中武昌支行在武汉市总工会等单位联合举办的"新风杯"金融业文明建设竞赛活动中,荣获"金融业十佳文明服务示范窗口"称号。二是优化经营管理模式。通过组建专班进一步强化经营、风控、营运等条线协同联动,打造核心竞争力,做好业务组织和推动工作。

【风险管控】

一、加强重点领域风险防范

一是加强声誉风险管理。完善客户投诉处理机制和突发事件应急处理预案;加强对内外部网站、微博和微信公众号、抖音号等新媒体平台的管理,与本地媒体建立舆情实时监测反馈机制;加强宣传员、舆情监测员、网评员队伍建设,组织开展声誉风险管理培训,推动妥善化解外部舆情冲击,维护良好舆论环境。二是加强安全生产管理。开展"保安全、促发展"安全生产专项排查整治工作,全面压紧压实安全职责,严查严治安全隐患、严管严控安全风险、织牢织密防范网格,实现安全生产零隐患、零事故。

二、强化内控合规管理

实行"合规明白人""合规明白纸""合规明白查""合规明白评"四项机制,推动内控合规管理常态化、规范化、标准化、精细化,构建"架构到位、制度到位、人员到位""横向到边、纵向到底"的合规管理体系。

三、优化资产质量

认真研究制订年度区域授信指引,明确授信业务发展方向,引导资金投放到先进制造业、新兴产业、科技创新产业、现代服务业,以及民生消费、医疗卫生等低信用风险行业和"稳增长"领域,不断强化放款会商管理、授后监督、风险预警监测等机制,严格落实贷前、贷中、贷后基础管理。全年整体资产质量持续向好,不良贷款余额、不良率实现"双降"。

【金融消费者权益保护】

开展电信网络诈骗和跨境赌博"资金链"治理工作,组织拍摄的反诈微电影《危险来电》在竞赛活动中荣获三等奖;开展"断卡"警示教育宣传活动,"断卡"工作考核成绩居全市同业前3名。

(渤海银行武汉分行)

2022年4月,渤海银行武汉分行与湖北联投资本投资发展有限公司签署战略合作协议

浙商银行武汉分行

【概况】

2022年,浙商银行武汉分行(简称)深入贯彻落实监管部门和总行党委的工作要求,深耕区域经济,服务地方发展,不断优化金融服务,呈现规模稳健增长、结构持续优化、风险稳妥处置、效益保持优良的良好发展态势。截至年末,本外币各项贷款余额276.73亿元,较年初增加57.08亿元,增幅25.99%;各项存款余额300.41亿元,较年初增加17.97亿元,增幅6.36%。资产总额318.30亿元,较年初增加23.85亿元,增幅8.10%。全年实现营业收入10.73亿元,利润总额4.86亿元;不良贷款率0.83%。获得人民银行武汉分行颁发的多个荣誉称号。

【业务发展】

一、助力小微企业发展

(一)落实普惠金融政策

一是降低贷款利息。认真落实总行降息政策,向客户让利,在前期优惠利率基础上再次下调利率,主动为1920户小微企业减免利息494万元。针对受疫情影响较大的住宿、餐饮等行业企业,单项列支350万元减息额度,共覆盖823户小微企业,涉及贷款本金13.39亿元。二是减免融资费用。全面落实小微企业"零融资手续费""零办理抵押登记费""零评估费用",除贷款利息外,其他费用均由分行承担。三是简化业务流程。简化申报资料和手续,实现5分钟在线申请、1刻钟自动审批;线下审批时效缩短至1个工作日内。

（二）推进银担分险模式

积极与政府性融资担保公司对接合作，集中力量组织额度申报，推进业务审批，成功落地新型政银担业务。截至年末，与7家政府性融资担保机构就开展新型政银担业务建立授信合作关系，实现新型政银担业务备案余额1.68亿元，为79户普惠小微客户解决担保不足的融资难题。

（三）推动供应链项目落地

积极开展供应链金融“公小联动”试点工作，从核心企业额度占用、授信业务责任划分、考核激励政策等多方面整合公司和小企业力量，利用供应链金融推动普惠小微贷款发展。截至年末，落地中铁十一局集团有限公司等建工类企业上游供应商集群业务金额合计1亿元，批量服务其上游劳务和材料小微供应商。

二、支持科创企业发展

（一）开展专项行动

开展“星火计划”专项行动，发挥“大零售、大公司、大投行、大资管、大跨境”五大业务板块联动优势，针对“专精特新”等科创企业不同成长阶段，提供授信服务、境外上市企业专项服务、撮合投资服务、投贷联动服务、并购及银团贷款服务、个人金融服务等系列服务，助力“专精特新”企业发展。

（二）加大金融有效供给

一是推出“高速、高额度、高质量”的信用贷款产品。通过绿色通道大幅缩短从申请到放款的审批时间，极大提升以轻资产为主的科创企业“高速”融资体验。二是制定配套差异化授信授权政策，给予科创企业高额度定向支持。三是组建跨条线精英团队。通过提供专业化、精品化、综合化金融服务，提升科创企业“融资、融智、融服务”质效。

（三）优化资源配置

针对初创期、成长期科创企业风险高、融资余额小、增信不足的阶段性困难，积极推进“银政担（保）”科创企业金融服务模式创新，强化与政府部门、国有担保公司等机构联动，推出风险共担类科创企业融资服务模式。运用专门以高层次人才作为精准服务对象的“人才支持贷”“人才惠”“人才卡”等系列产品，通过“个人金融+企业金融”，打造全方位、全生命周期综合金融服务体系。

三、支持绿色发展

一是丰富业务模式。创新绿色供应链金融产品，服务绿色产业链上下游企业，缓解绿色企业融资难、融资贵问题。二是开展双创债、绿色债等证券承销业务。加强投行产品之间组合和联动，为绿色项目发展注入活力。三是引导资源倾斜。设立绿色金融专岗，专人专职负责业务推动工作；开通绿色信贷审批绿色通道，提高审批效率；对于符合碳减排支持工具的新投放信贷业务，给予利率优惠，并在员工考核中加计奖励。截至年末，绿色贷款余额32.29亿元，增幅61.37%。

四、支持乡村振兴

（一）加强领导与推动

成立金融服务乡村振兴领导小组，统筹推进金融服务乡村振兴工作，通过细化工作措施、压实工作职责、定期跟踪工作进展，确保金融服务乡村振兴工作目标圆满完成。

（二）加大信贷支持力度

一是加大涉农贷款投放力度。不断丰富个人经营贷款、流动资金贷款、微型组织贷款、国内信用证议付等涉农贷款品种；通过加强与政府部门、政府性融资担保公司、保险公司等合作，创新担保方式，提高小农户和新型农业经营主体融资可得性。二是优化绩效考核机制，建立尽职免责制度。将普惠型涉农贷款完成情况纳入综合绩效评价中，明确普惠型涉农贷款免责条款，鼓励客户经理敢贷、愿贷。

五、加强新市民金融服务

（一）提升基础金融服务便利性和可得性

为新市民开卡提供手续费、工本费、年费、短信服务费等38项免费服务。升级网点配套设施，为新市民办理业务提供便利。

（二）支持新市民创业

推出“生意金·新市民创富贷”，专项用于新市民创业。截至年末，共发放“新市民创富贷”105笔，金额1.1亿元，有效支持88户新市民创业。

（三）服务新市民“安居乐业”

对于符合条件的新市民按揭贷款，给予利率优惠政策；优先满足家装、车位购买、汽车分期等消费需求，为新市民提供“安居乐业”的全面金融支持。全年累计为新市民发放个人住房按揭贷款201笔、金额24289万元；发放个人消费贷款108笔、金额3024.8万元。

（四）提供纾困服务

针对受疫情持续影响的新市民，实施延期还款及息费减免等措施。全年延期还本付息涉及金额1653万元；为79名信用卡逾期新市民客户制定延期或分期还款方案、涉及金额251.7万余元。

【金融创新】

积极参与银行间债券市场非金融企业债务融资工具、资产证券化产品创新工作，主动挖掘符合条件的发行企业。年内落地全国首单民营企业应收账款资产支持商业票据（ABCP）——九州通医药集团股份有限公司定向资产支持商业票据，金额合计10亿元；落地全市场首单乡村振兴主题二级分离式CRM合约创设——联易盛供应链服务（武汉）有限公司2022年度第一期华盈定向资产支持票据（乡村振兴），金额合计3亿元，分行份额1亿元，有效发挥投行创新产品在支持重大战略中的作用。

【风险管控】

一、加强资产质量管理

一是提升诉讼催收质效。通过“一户一表”，明确诉讼各环节时间控制节点，制定最佳诉讼方案，强化诉讼全过程管控。二是推进差异化清收处置。对于小微信贷、零售信贷、信用卡等小额不良贷款加大核销力度；对于进入破产重整、融资人偿债能力严重不足且处置缺乏实质有效抓手的公司类不良贷款，加大司法处置力度。三是推进多元化清收处置方式。采取现金清收、核销、转让、不良资产证券化等手段压降不良资产，保持资产质量稳定。四是做好主动风险管理。前瞻性预判行业、区域风险。在前端实施小而分散的风险管理原则，加强客户准入管理；后端采取逐户分类施策，实施有保有退的风险管理政策。五是加强重点领域风险防控。加大对房地产、建筑施工等行业企业贷后管理督导力度，对重点客户开展贷后现场检查，进一步做细、做实风险过程管理。

二、加强合规管理

一是开展风险合规文化教育等专项活动，强化合规意识与理念宣贯。二是紧盯屡查屡犯重点问题领域，开展整治工作。全年累计实施各类内控检查30余次，持续强化重点领域与关键环节管控。三是深化问题发现与整改机制建设，推动实施系统性整改，坚持“严”的主基调，以严罚促进整改。

【金融消费者权益保护】

一是规范营销宣传行为。通过制定零售与小企业条线营销话术、落实条线部门初审责任和开展宣传物料前置消保审查、营销宣传突击检查、专项培训等方式，进一步规范营销宣传行为。二是加强个人信息保护整治与管理。通过组织梳理个人信息相关岗位处理权限、开展客户资料保管情况突击检查、修订完善消费者金融信息保护相关制度等方式，强化个人客户信息保护。三是打造宣传亮点。着力打造有亮点、有特色的宣传模式。拍摄的《妈妈的银行卡》微视频获得全国处非办举办的防范非法集资短视频征集大赛二等奖。四是提升纠纷化解能力。积极应对经济下行、疫情反复、小微同业竞争激烈所导致的咨询和投诉不断攀升的压力，通过做好投诉日常监测、定期分析、提示通报、重点督导，妥善处置咨询与投诉，切实降低咨询转化为投诉、重复投诉、监管投诉的发生率，实现监管转办投诉总量压降。推进多元化解纠纷，依托行业协会纠纷化解平台，年内完成80余笔纠纷调解，保护了机构和消费者的合法权益。

（浙商银行武汉分行）

恒丰银行武汉分行

【概况】

2022年，恒丰银行武汉分行（简称）坚持党建引领，依法合规经营，业务规模、经营效益和发展质量得到全面提升。截至年末，各项贷款余额154.35亿元，同比增长8.39 %，其中普惠金融贷款余额较年初增长65%，全面完成增速、客户数“两增”目标。各项存款余额150.13亿元，同比增长8.67%。资产规模160.61亿元，同比增长7.39%；负债规模160.00亿元，同比增长9.10%。不良贷款余额0.13亿元。拨备覆盖率2129.01%，高于监管要求。连续多年荣获“金融支持武汉经济社会发展突出贡献单位”“金融支持普惠小微工作突出贡献单位”等称号。

【业务发展】

一、扩大存款规模

优化零售结构，零售条线实现日均存款较年初增加4.04亿元，峰值突破16亿元。实现一般性存款日均达到176亿元，较年初新增近46.8亿元，其中对公存款新增42.8亿元，超计划15亿元，完成率148%，系统排名第6位。

二、扩大贷款规模

（一）贷款金额和笔数实现“双增”

截至年末，“专精特新”中小企业贷款余额1.87亿元，增幅1147%；绿色贷款余额17亿元，较年初增长283%；按揭业务实现新增10亿元，在房地产市场成交率萎缩的情况下，实现增幅220%，是五年来新高。全年累计投放108亿元，较同期多增40亿元，增幅61%。其中，投放对公贷款119笔，金额93亿元，较上年增幅分别为40%和54%；投放零售贷款1634笔，金额15亿元，笔数和金额较上年增幅分别为103%和114%。

（二）期限分布趋于合理

全年投放短期贷款36亿元、中期贷款37亿元、长期贷款20亿元，中长期贷款占比明显提升，资产期限结构进一步改善。

（三）产品趋于多样化

推进法透、并购、国内保理、经营性物业、城市更新等项目类贷款业务，不断丰富产品维度，为客户提供全面的金融服务，巩固深度合作基础。

三、优化客群结构

提升获客、活客能力，改善政信平台客户占比较高情况，实现占比较上年下降28.5%。拓展中小企业、民营企业和个人客户，超额完成客户类指标。对公有效户数较上年新增179户，完成总行计划137%；零售全量客户数较基数新增1.47万户。有效客户数新增8184户，完成率303%，普惠金融有效户数是上年的3倍。

四、提升营业收入

妥善应对北金所业务逐步到期影响、恒大非应计影响、投资湖北地方债市场亏损影响，通过营收追赶专项活动，全年实现营收4.74亿元。同业条线营收较上年翻番，达到1.49亿元，其中做市业务收入排名全系统第1位；实现中间业务收入0.93亿元，完成率排名系统第3位。推出大单厚利产品，年末落地备证业务，为来年提升营业收入打下基础。

【风险管控】

一、加强全面风险管理

一是做好压逾、催收和化解工作。推动恒大项目化解，全力实现好房快贷压逾清收工作，降低重点领域风险。二是做好贷后管理。执行月度联席会议制度，管住重点大户、盯住重点行业，筑牢贷款风险管理防线。三是优化出账流程，加强出账管理。

二、加强合规管理

一是压实主体责任。通过发布合规风险提示函、考核排名、合规约谈等方式，压实部门机构合规主体责任。二是强化合规意识。通过“十严十禁”合规标语上墙面、上工位、上桌面，营造合规氛围；开展征文、竞赛、事迹宣讲、送案例到基层等活动，厚植合规文化。三是加强问题整改。分析近三年银行业监管处罚事项，建立监管检查发现问题跟踪台账，扎实做好分析原因、完善制度、整改问题等工作，提升合规管理质效。

（恒丰银行武汉分行）

（五）城市商业银行

汉口银行

【概况】

截至2022年末，汉口银行（简称）各项贷款余额2947.14亿元，较年初增加340.28亿元，增幅13.05%；各项存款余额3713.48亿元，较年初增加358.85亿元，增幅10.70%。资产总额5044.95亿元，较年初增加368.95亿元，增幅7.89%。实现营业收入82.90亿元，同比增加15.59亿元，增幅23.16%；净利润19.15亿元，同比增加6.99亿元，增幅57.48%（各项存款、贷款为人民银行统计口径，包括湖北及重庆地区，资产规模、营业收入、净利润、不良贷款率为审计后母公司口径）。不良贷款率2.64%，较年初下降0.22个百分点。

【业务发展】

一、服务重点产业和重大项目

依托武汉、襄阳、宜荆荆都市圈和成渝地区双城经济圈布局，围绕“51020”现代产业体系和“965”产业集群，挖掘重点产业和重大项目客户资金需求，“一户一策”制定综合化营销及服务方案。构建产品线和客户线交叉延伸的经营模式，完善基础服务和产品体系。优化“九通招商贷”系列产品，支持重点项目建设；围绕重点产业集群布局，大力发展供应链金融。截至年末，为区域重大项目建设提供授信支持超过400亿元。

二、发展对公业务

（一）服务小微企业

充分传导货币信贷政策红利，认真落实中小企业纾困帮扶政策，推动纾解企业融资难、融资贵问题。年末普惠小微贷款（剔除票据贴现与转贴现业务）余额208.54亿元，较年初增加60.84亿元；增速41.19%，高于各项贷款增速27.06个百分点；信贷计划完成率101.40%。普惠小微贷款户数20278户，较年初增加3256户；贷款利率6.17%，较年初下降0.02个百分点；贷款不良率2.79%，控制在不高于各项贷款不良率3个百分点以内。

（二）推进投行业务发展

参与基础设施建设、垃圾处理、城乡交通运输、水务建设等200余个地方项目，全年共计承销湖北省地方政府债80亿元。截至年末，投行业务资产余额297.80亿元，较年初增加17.20亿元；新增投放114.28亿元；主承销业务19笔，承销份额68.76亿元；债券分销149.71亿元。

（三）推进科技金融业务发展

围绕“打造科技金融特色银行”目标，以数字化、生态化、综合化为主线，支持科技金融创新发展。服务核心区域重点科技产业，助力武汉市国家级科创中心建设；结合市场需求，创新科技金融产品；深化渠道建设，构建科技金融生态圈；加强科技赋能，提升数字化服务能力。截至年末，服务科技型企业客户数4599户，其中贷款客户数563户。科技型企业表内外信贷余额389.28亿元，其中表内贷款余额(含贴现)245.70亿元。

三、发展零售业务

(一)优化个人金融资产服务

构建完善、全面的个人金融产品体系,满足客户金融资产多元化配置需求。持续加强内部定价管理和差异化精准营销,个人金融资产业务连续三年保持较高增长态势。年末个人金融资产余额2496.90亿元,较年初增加315.14亿元,增幅14.44%,三年复合增长率为16.66%。其中储蓄存款余额1685.96亿元,较年初增加360.51亿元,增幅27.20%。

(二)落实"保交楼、保民生、保稳定"工作要求

稳健发展住房按揭贷款业务,保障居民合理住房贷款需求。全年投放个人住房贷款59.08亿元,助力7817名客户实现"安居梦"。

(三)推广场景分期类信用卡产品

截至年末,信用卡发卡量63.49万张,较年初增加15.66万张;信用卡透支规模57.40亿元,较年初增加13.54亿元,增幅30.88%。其中,场景分期信用卡累计投放20.84亿元、标准信用卡累计消费83.77亿元。

(四)推进互联网金融业务发展

一是加快线上场景布局。围绕绿色金融场景、生活场景等,以高频非金融场景作为流量入口赋能低频金融场景。推出"个人碳账户",以微信小程序"碳账户"为场景入口,与公交地铁出行、共享单车、生活缴费等相应金融服务和场景衔接,吸引用户在本行渠道归集相应金融业务和行为数据。二是推出数字人民币钱包。通过手机银行实现数字人民币钱包开立、充钱包、存银行、收付款、转账、扫一扫等功能。截至年末,手机银行交易额3220.59亿元、手机银行客户282.97万户、手机银行月活用户数较年初提升4.66%;个人网银客户290.70万户、个人网银交易额205.93亿元。

四、发展金融市场业务

(一)发展投资业务

2022年,新增投资规模49.9亿元;截至年末,信用主体投资规模221.41亿元。一是开展债券投资业务。优化金融市场业务投融资结构,进一步加大地方政府债券、企业信用债券等债券投资力度,全年累计新增债券投资324亿元。其中,地方政府债券88亿元、国债110亿元、政策性金融债39亿元、信用类债券87亿元。信用类债券中,投资科创、绿色经济、乡村振兴、小微、"三农"等主题信用类债券27亿元。二是开展票据再贴现业务。认真贯彻落实中国人民银行再贴现政策,持续加大对湖北本地小微、民营及科创企业票据金融支持力度。全年共申办再贴现70亿元,涉及小微、民营企业140余户,金额占比超过80%,以较低贴现利率满足小微、民营和科创企业的融资需求。

(二)发展资管业务

推出现金管理类产品"天天盈""日日添利"、开放式产品"稳盈""瑞盈"、封闭式产品"恒盈"三大系列,满足客户多样化理财需求。截至年末,理财产品规模739.93亿元。其中,现金管理类理财产品规模154.38亿元,占比20.86%;开放式客户周期型理财产品规模578.73亿元,占比78.21%;封闭式产品规模6.82亿元,占比0.92%。

五、服务民生"大场景"

年内新获各级财政非税收入收缴、社保定存等18个机构业务代理资格,与各级政府共签订9个战略合作协议,助力社会保障事业发展。一是拓展线上便民服务场景。在手机银行推出社保代缴、医保电子凭证等功能,提升群众生活便利性。二是提升公积金委托贷款服务质效。优化公积金委托贷款业务流程、规范业务操作,发挥公积金委托贷款在住房保障中的作用。全年住房公积金委托贷款投放31.35亿元。

六、加强文明规范服务建设

一是积极参加中银协组织开展的银行业营业网点文明规范服务"千佳示范单位"创建工作,汉口银行营业部在全国"千佳示范单位"复查评估中获得第1名。二是打造金融服务示范窗口和明星员工。参加武汉市第十六届"新风杯"金融业文明建设竞赛活动,光谷分行营业室获评"金融业十佳文明服务示范窗口",4名员工获评"金融业文明服务示范明星";在全行开展"季度服务明星"和"有责投诉零新增网点"评选工作,进一步提升文明服务水平。

【金融创新】

一、创新业务产品

一是创新推出"楚碳贷"、"微业贷"、线上"房抵贷"、线上"政采贷"、线上"创业担保贷"(创e贷)、线上"存单贷"等资产类业务产品。二是升级"智能通知A款"、"智能通知D款"、九通"惠通存"等负债类业务产品。三是创新推出永续票据、乡村振兴债、杭银理财周添益理财产品等中间业务类产品。

二、推出服务创新类项目

推出荆门市"营商路路通"、青山区自助政务服务进网点、灵活账单计划等服务创新类项目,丰富服务内涵,延伸服务半径,提高金融服务质效。

【风险管控】

一、稳步提升全面风险管理能力

实施"汉口银行全面风险管理战略规划",对标先进同业,科学规划未来五年的全面风险管理体系建设蓝图,明确职责分工,深化各关键领域三道防线的协同联动,稳步推进关联交易管理、金融市场业务管理、内控案防、流动性风险压力测试、业务连续性管理、信息科技风险评估等工作。

二、开展信贷风险综合治理

通过创新多项信贷风险管理机制、实施信用风险等级行评价方案、开展信贷管理精细化活动、修订信贷从业资质管理办法、出台信贷人员行为禁令、召开信贷大户分析会等措施,进一步强化信贷风险综合治理,基本实现"不新增大额风险贷款"的信贷风险管理目标。优化升级信用风险管理系统、信贷客户风险预警系统和内部评级系统,强化系统对信贷风险管理的支撑作用。

三、加强流动性风险管理

坚持"稳健偏审慎"的流动性风险偏好,围绕"即期管头寸、短期管缺口、中长期管错配、压力情况下管储备"的工作思路,不断提升流动性风险管理水平。制定流动性风险治理专项应急方案,多情景、多频次开展应急演练。实现流动性风险监管指标全面达标,全年无流动性风险事件发生。

四、加强合规管理

推进"内控合规管理建设年"主题活动,举办合规知识竞赛,形成以赛促学的良好氛围。开展合规大监督检查,对分、支行重点领域、重点业务开展标准化检查,在三年内覆盖所有经营机构。

【金融消费者权益保护】

一、完善消保体制机制

一是强化监督机制。董事会及下设的消费者权益保护专业委员会定期听取消保工作情况汇报及相关议案,督导消保工作得到全面、及时、有效落实。二是完善消保制度。构建"纲领性文件+多项管理机制"配套的消保制度体系,确保各项制度目标明确、内容全面。三是打造"横向联动、纵向传导、专人专岗"的消保队伍,实现多层级协同联动,有效提升员工消保专业能力。

二、强化消费者投诉管理

通过畅通投诉渠道、加强投诉分析、优化投诉处理质量和效率,切实维护消费者合法权益。一是落实"一把手负责制"。压实主体责任,落实首问负责制和分、支行投诉处理最终责任制,努力将矛盾化解在诉前,有效防范风险蔓延。二是强化定期通报机制。实时掌握投诉走向、投诉类型,定期通报投诉处理情况,督导相关部门做好重点客户投诉处理工作。三是落实消保审查

“应审尽审”要求，加大对“高敏易诉区”业务审核力度。四是有效衔接投诉受理、流程转办、事项确认、结果反馈等各环节，以时效性、办结率、满意度等指标为衡量标准，推动每笔投诉得到妥善处理。五是推进金融纠纷多元化解机制建设，主动承担纠纷矛盾化解主体责任，促进复杂疑难投诉妥善解决。

三、加强金融知识宣教

结合热点金融知识，按照“全员参与”“全网点覆盖”原则，制作系列宣教活动折页和读物、开展“以案说险”“邻里街坊日”“金融消费者权益日”“普及金融知识万里行”“金融知识普及月 金融知识进万家”等宣教活动，在营业网点重要区域和手机银行专区建立宣传阵地，帮助消费者提升风险识别能力和自我保护能力。

（汉口银行）

湖北银行

【概况】

2022年，湖北银行（简称）全力服务湖北经济高质量发展，主要运行指标持续向好。截至年末，各项贷款余额2337亿元，较年初增加413亿元，增幅21.5%；各项存款余额2956亿元，较年初增加457亿元，增幅18.3%，各项存款余额市场份额较年初提高0.28个百分点。总资产达到4026亿元，较年初增加524亿元，增幅15%。全年实现营业收入88.6亿元，同比增加11.8亿元，增幅15.4%；实现净利润21.6亿元，同比增加4亿元，增幅22.7%。拨备覆盖率215%；资本充足率12.3%；成本收入比29%。逾期贷款较年初减少2.5亿元；不良率较年初下降0.13个百分点。

【业务发展】

一、服务实体经济发展

（一）融入先行区建设发展大局

加大信贷投放力度，积极服务“三高地、两基地”建设、26条重点产业链、科技金融、绿色金融等重点领域。截至年末，共向2584户“三高地、两基地”客户发放贷款949亿元，较年初新增243亿元。布局科技金融、绿色金融“新赛道”，着力发展“专精特新”企业贷款、绿色贷款业务，两项贷款增速分别达到34.3%和29.8%，高于各项贷款增速12.8个和8.3个百分点。

（二）助力中小微企业发展

一是畅通小微金融服务“一点一站三个码”五个渠道，优化激励约束，实现小微企业贷款快审快批。截至年末，普惠小微贷款余额324亿元，较年初新增51亿元，增速18.6%，高于各项贷款平均增速。二是深化小企业中心与分、支行融合发展，为小企业中心平台客户提供9亿元小微贷款。三是开展“百名行长进企入区”活动。通过总、分、支行三级联动分层划片和行长带头深入园区、商区、社区，为企业提供优质金融服务。全年对接和服务企业2011家，新开对公账户739户。积极培育“首贷”企业，帮助310户企业达到融资条件，投放“首贷”资金37亿元。四是助力稳企纾困。贯彻落实省委、省政府助企纾困22条措施和“稳增长18条”等政策要求。全年为976户企业实施延期还本付息46亿元，为企业减费让利2.4亿元。

二、扩展客户规模

深入开展“客户服务质效提升”活动，强化获客活客能力。截至年末，对公有效户突破2万户、个人有效户突破200万户。强化“扫码付”业务扩面增效，“扫码付”商户达到14万户，较年初增长近60%。

（一）扩展机构客户

优化机构客户开户流程，推广“七步工作法”和简易开户服务，有效提升开户效率。年末机构客户总数3645户，较年初增加334户，其中新增省直单位客户9户。核心机构账户覆盖率42.9%，提升2个百分点。

（二）扩展战略客户

深入推进战略客户一体化服务，聚焦全省重点项目建设，强化“两库一清单”重点客户营销服务，全年新增“两库一清单”重点客户222户。密切与长江产业、联投、农发等集团合作，沿链拓展服务其分、子公司311户。全年开立对公账户235户、开户率76%；新增存款45亿元、用信57亿元。推进与法院系统合作，开立法院破产人账户160户。

三、推进立体式同业合作

与兴业证券、海通证券签订全面战略合作协议；与长江、申万宏源、中金等证券公司建立业务交流合作机制；与兴业银行签订分销协议；与渝农商理财公司达成理财代销合作意向，推进理财产品“走出去”和“引进来”；与交行、中行、花旗银行建立跨境人民币清算关系，在花旗银行开立美元清算账户，持续拓宽外币业务“朋友圈”。

四、加快推进A股上市

一是建立高效推进上市工作机制。通过将上市工作纳入绩效考核、制定上市申报工作路线图、定期召开上市工作专题会议，周密部署各项上市重点工作。二是做好上市申报基础工作。按照“天天都是基准日、月月都是申报日”的标准，高效完成IPO尽调、三年一期财务审计、股权确权、股东穿透核查、合规证明开具等各项上市申报准备工作，推动实现上市一次申报成功。

五、加强内部管理

（一）加强公司治理

优化法人治理结构，建立“三会一层”架构。成功完成25亿元二级资本债的发行与赎回置换，大幅降低资本补充成本，主体评级提升至AAA级，公司治理机制进一步完善。

（二）加强经营管理

经营管理实现“四有”：有机制，初步建立自营创利和条线管理相结合的运行机制；有制度，制定事业部内部管理制度、同业中心风险管理制度；有人才，遴选引进一批素质高、活力强的专业型人才；有业绩，九大事业部考核利润同比增长49%，成为新的业务和利润增长点。

（三）加强干部队伍建设

一是优化干部年龄结构。加快青年干部培养，全行中层以上“80后”干部占比提升1个百分点。二是加强纪检部门干部队伍建设。为8个下辖机构调整和选配专职、兼职纪委书记。三是加强干部培训。全年开展各类培训班88个，培训1万余人次。四是推进干部挂职锻炼。选派2人到县（市）挂职参与金融共建、1人到监管部门挂职。

（四）提升服务水平

组织开展“服务提质年”活动，创建适老助残服务示范点，打造内部星级示范网点，有效提升规范化服务水平。

【金融创新】

一、创新金融产品

创新研发“科保贷”“科链贷”“科信贷”“智押贷”“智汇贷”5款产品；开发大额存单转让平台，创新推出大额可转让存单；推出“云店贷”“税易贷”等产品，全年累计发放线上贷款11.8亿元。

二、创新金融服务

一是创新绿色金融服务。深入贯彻落实总行党委关于碳达峰、碳中和的工作部署，系统梳理绿色金融产品，编发《湖北银行绿色金融产品服务手册》。二是加快数字化转型。成立数字化转型战略实施委员会，明确数字化转型实施路径和责任分工；加快网点智能化升级，智慧网点由2个增加至72个。

【风险管控】

一、加强全面风险管理

完善关键风险点防控和风险行长履职办法，建立违规行为警示教育、贷（投）后管理督察等多项信贷制度，明晰全面风险防范流程和管理要求。搭建业务风险管理架构、实施预期信用损失法，增强全面风险抵补水平。持续加强管理制度建设，全年修订和新增各类管理制度86个。

二、推进存量风险化解

组织开展全行资产质量提升专项行动，建立“周会商、半月谈”挂点服务机制。大力提升“院银联合”清收质效，实现存量风险化解工作目标。加强“一户一策”清收处置，一批重点风险化解项目取得重要进展。

三、加强内控合规管理

深入开展“以案为鉴”系统施治、信贷领域重大违规问题专项治理、国企领域突出问题专项整治三项活动，进一步推动巡视、巡察和内外部检查发现问题的整改落实。紧盯重点业务、重点环节，全年开展各类内部审计共106项。

四、开展涉案账户集中整治和反洗钱工作

开展“百日攻坚”专项行动，有效遏制涉案账户高发态势。上线反诈反赌平台，进一步压实各条线、基层行的反洗钱责任。

五、筑牢安全生产和信息安全底线

开展“4·15”全民国家安全教育日、“5·12”防灾减灾宣传教育、安全生产月等活动，落实疫情防控措施，做好员工出行、生产经营各项安排，防范安全生产风险。开展14个重要系统应急演练，强化系统漏洞修复和安全加固，全年实现安全运行无案件、无事故。

【金融消费者权益保护】

一是建立健全消保工作机制。制定消保工作实施方案，统筹规划全行消保工作、明确工作重点，将消保工作落到实处。二是规范投诉处理。及时转办和处理消费者各类投诉，开展员工投诉处理培训，将投诉处理工作纳入考核范围，开展投诉专项检查，着力提升一线员工主动服务意识和投诉处理技能。三是开展消保神秘人暗访和客户满意度调查，提升全行消保工作能力。四是开展消保宣教活动。组织开展“3·15”金融消费者权益保护宣传周、存款保险宣传、守住“钱袋子”、打击养老诈骗、新市民宣传月等各类宣传教育活动1500余场，发放宣传资料35万余份，客户受众量1200万人次。制作的“金融知识快问快答”“防诈骗案例”等视频，被人行武汉分行采用，连续5年被评为“金融消费者权益保护工作A级行”。

（湖北银行）

（六）民营银行

武汉众邦银行

【概况】

2022年，武汉众邦银行（简称）坚持稳中求进的总基调，主动服务和融入新发展格局。运用人工智能、区块链、云计算、大数据等新技术推动业务转型增效，切实提升金融服务质效。截至年末，贷款余额445.67亿元，增幅8.19%；存款余额716.72亿元，增幅30.00%。资产总额1077.88亿元，增幅23.72%。全年实现营业收入15.53亿元、净利润3.50亿元；客户总数突破4000万户。不良贷款率1.47%、拨备覆盖率252.16%、资本充足率10.76%，主要监管指标符合监管要求。

【业务发展】

一、大力发展普惠金融

（一）助力企业纾困解难

一是实施“十百千万工程”及“万邦计划”。用好用足再贷款和转贷款低成本资金，对符合条件的存量贷款应延尽延、新增贷款能贷尽贷。近三年累计对7120户中小企业实施延期还本付息、涉及贷款金额111.09亿元；累计投放符合支小再贷款政策要求的低息贷款122.08亿元，支持8984户市场经营主体复工兴产。二是做好“汉融通”平台纾困贷款贴息工作，贴息申请处理数量和放款凭证上传数量连续多季度排名武汉市同业第1位。

（二）提升中小微企业服务水平

一是加大对中小微企业的信贷支持力度。截至年末，累计发放普惠小微贷款237.45亿元，普惠小微信贷余额124.76亿元，较年初增长19.55%，高于各项贷款平均增速（剔除贴现）19.91个百分点。全年投向中小微企业的贷款占全部贷款的97%，其中信用类贷款占比40.32%。中型企业、小型企业、微型企业的贷款分别占全部贷款的27.16%、51.36%和18.48%。二是加强科技运用。结合“众商贷”轻量化特征，推进“扫码贷”和H5链接等服务方式，为符合条件的线上授信客户实行“1分钟申贷、0人工干预、最快1分钟放款”的“101”模式。运用隐私计算、机器学习等技术，结合企业纳税数据、所属产业链属性等标签进行企业分层分级，解决小微企业信用难定、难用、难流转问题。全年为13.28万户中小企业提供跨场景、纯信用、全线上的金融支持。

二、发展绿色金融

通过引入ESG发展理念、设置绿色金融办公室推进绿色金融业务提质增效。一是引导信贷资源向绿色信贷业务倾斜。制定《武汉众邦银行股份有限公司绿色信贷授信指引》，严格限制“两高一剩”行业客户和项目授信，优先支持节能环保、清洁生产、清洁能源、生态环境等领域。二是下调绿色金融贷款利率。采用RAROC定价模型制定绿色金融贷款利率，下调20个BP绿色贷款FTP。三是优化内部流程，为绿色信贷产品和金融服务研发、审批、推广提供绿色通道。四是践行绿色运营。运用金融科技技术，积极推广线上远程展业模式，推动业务资料无纸化、电子化，加快推进运营数字化转型。

武汉众邦银行联合“供销荆选”平台开展助农直播活动

三、服务科创企业

根据科创企业轻资产、投入高、前期收入少和盈利情况不确定等特点，组建专业服务团队，依托金融科技手段对科创企业进行精准画像，差异化定制“科创贷”等特色产品。对符合条件的科创企业提供投贷联动业务，通过优化业务流程、创新服务模式，赋能科创企业高质量发展。截至年末，新发放55笔“科创贷”、66笔“专精特新”企业贷款。

四、助力乡村振兴

通过创新金融产品、延伸服务触角、畅通办贷渠道助力乡村振兴。为农业产业链匹配低利率优惠资金，专设“农链贷”产品，成为湖北省家禽及蛋制品产业链链长单位、潜江小龙虾产业链重点支持单位。截至年末，涉农贷款余额30.62亿元，较年初增加10.7亿元，增幅53.71%。

五、优化适老金融服务

通过改进人工服务、完善柜面服务、打造适老手机银行APP、扩展上门服务，帮助老年消费者更好地获得金融服务。推出适合老年群体的手机银行版本，自动切换为大字版APP，便于老年人线上办理业务。推出反电诈监测功能，为老年客户提供防范电信诈骗专项致电提示，保障老年客户账户安全。

六、加强业务管理

成立“农业产业链”等五个临时党支部，推动党建工作与业务工作深度融合、相互促进。构建“大风险、大合规、大消保”工作体系，贯彻落实以客户为中心的发展要求。深入推行垂直扁平、高效协同的敏捷创新机制，建立跨职能的扁平化、网络化敏捷小组，采用集中办公形式高效推进项目落地。

【金融创新】

率先推行“快速迭代、小步快跑”的微创新机制，围绕流程最优、耗时最短、成本最低、效益最高、体验最好，以小投入和微创新助推业务高质量发展。

一、创新金融产品

依托大数据、人工智能、区块链技术升级“众链贷”“众微贷”等核心产品，研发“邦E链”“农链贷”等子产品。创新推出纯信用产品“众商贷”，依托数字化营销、互联网科技等前沿技术，降低银行端“三高”成本及小微企业融资成本。

二、创新特色服务

一是创新供应链金融服务模式。运用数字技术赋能核心企业“全链条”，助力产业链稳链、保链、补链、强链。优化升级“同舟”供应链金融系统，打造供应链企业一站式入驻、管理和多场景多品类融资的结算服务平台。二是创新助农模式。推出“左手放款，右手带货”助农新模式，联合供销荆选平台开展助农直播活动，帮助涉农企业解决产品销售问题和资金短缺问题，支持农业企业发展。

三、加强科技赋能

（一）搭建“1号工程”数智化自主经营体系

围绕用户全生命周期，将数字运营贯穿和联动业务前中后端，建成智能营销、公共服务管理、营销大数据分析“三个平台”，开发全链路的用户触达及反馈系统、靶向化营销策略及配置系统以及具备数据展示、监测、效果评价功能的数据集成系统。

（二）搭建大数据精准营销体系

打造“用户标签体系建设—监控体系建设—专题分析—营销模型建设—营销名单自动化输出—营销获客策略优化”全流程样本，深挖数据价值，不断提升金融服务的有效性与精准度。

（三）创新推出“四库三码”

提升客户识别、客群定位、客户触达精准度，在渠道、产品、账户、服务等方面实现“数据业务化”，将人工运营干预率降低90%。

（四）研发“云网点”服务模式

解决疫情中线下服务受限问题，将小微企业线上开户时间缩短至30分钟内。

（五）推动手机银行APP和微信银行升级迭代

深入推进数字化转型，将AI系统嵌入手机银行、客服平台、营销平台等应用场景，提升智能化服务效率。

【风险管控】

一、加强大数据风控体系建设

运用大数据智能风控技术和风险量化评估方法开发风险评估模型，对各类风险进行有效监测、评估，构建事前优化、事中预警阻断和事后监督评估的预警体系。搭建智慧风控中台，形成风险管理控制“云平台+本地化”双引擎模式；建成“司南”“天衍”“倚天”“洞见”“众目”五位一体的大数据风控系统。自主研发模型实验平台、数据管理平台“变量魔方”、风险预测平台“先知”、反欺诈管理平台“慧眼”，形成覆盖贷前、贷中、贷后的风控管理系统。

二、强化全面风控管理

一是前移风险管理关口。在风险预警、数据共享、排险化险等环节形成风险联动管理闭环，提升风险预警的前瞻性，实现风险早发现、早预警、早隔离、早处置。二是增强信用风险、操作风险、流动性风险、市场风险、声誉风险等风险的识别、计量和控制能力，加强新产品、新业务、高风险领域风险管理。三是夯实资产质量。通过加强各项资产质量指标日常监测预警、落实资产质量考核制度、完善风险处置手段、加快不良资产处置，从源头上优化资产质量。四是健全风险考核机制。提高风险类指标在考核分值中的权重，强化综合效益指标考核机制，提高全员对风险管理的重视程度。

三、加强内控合规管理

深入开展“内控合规管理建设年”活动。一是健全内控制度和机制。推进屡查屡犯问题专项治理，加强重点领域风险防控；开展年度综合检查、员工异常行为排查，将合规管理评价纳入考核结果，落实合规管理举措。二是开展员工培训。通过现场培训、视频会议培训、案例警示教育、在线考试等多种方式，强化员工合规意识，牢固树立“内控优先，合规为本”的理念。

【金融消费者权益保护】

一、加强制度保障

修订完善消费者权益保护制度，建立消保前瞻预判、激励约束、事前疏导、内部联动协作机制。建立产品设计的消保事前审查制度，将消保要求融入业务管理中，推动消保工作与业务发展相互促进。

二、提高投诉处理水平

建立健全客户投诉横向协作、纵向联动机制和“五角星”敏捷响应机制。定期开展消保投诉分析会、消保月度会议及消保专题会议，分析客户投诉原因，解决疑难问题，优化投诉处理流程。升级扩容消保专线，通过消保专线咨询疏导、投诉升级前置处理、各部门高效配合，有效化解矛盾纠纷。

三、开展宣教活动

组织开展“3·15”消费者权益日宣传活动、“普及金融知识 守护钱袋子”系列活动以及“金融知识进校园、进社区”、防电诈和反赌专题宣传教育活动。制作的视频作品获得全国防范非法集资短视频征集大赛三等奖、人行武汉分行2022年“说出你的金融故事”活动二等奖。

（武汉众邦银行）

（七）外资银行

东亚银行（中国）有限公司武汉分行

【概况】

2022年，东亚银行武汉分行（简称）

积极创新金融产品，依托境外优势资源开展跨境业务，为本地客户提供优质的金融服务。截至年末，资产总额 19.41 亿元，负债总额 13.09 亿元。

【业务发展】

一是加强资金支持。通过银团贷款、跨境贸易融资等金融产品为企业跨境项目建设提供资金支持；加强同业协同联动，为企业拓宽融资渠道。二是完善配套服务。为企业合理评估境外投资风险、提供外汇产品，提高企业对冲汇率、利率风险的能力；为跨境贸易提供更优惠更快捷的结算、清算、汇兑等便利性支持。三是发展绿色信贷业务。实现绿色信贷业务“零突破”，绿色信贷余额整体增速不低于各项贷款平均增速。四是助力乡村振兴。积极与农业企业联系，为湖北省农业产业化重点龙头企业提供金融服务；发展贸易融资业务，缓解客户产业链上游融资问题，助力农业企业保障百姓“菜篮子”。五是加强科技赋能。完善手机 APP 线上查询、转账、投资理财、结售汇等功能；建立自主可控的智能风控引擎，实现风控模型线上部署及互联网业务秒级审批；建立供应链金融平台，实现供应链业务线上管理功能。

【风险管控】

加强内控合规制度建设，厚植稳健审慎经营文化。按照总行“三道防线”风险管理模式、合规风险管理框架、风险管理机制，合规开展业务。严格按照风险管理规定，实行贷款风险分类管理，进一步提高信贷资产质量。全年未发生操作风险、案件风险、声誉风险、跨境风险等各类风险事件。

【金融消费者权益保护】

树立“确保每位客户都得到最好的金融服务”的企业文化，将消费者权益保护纳入公司治理及企业经营发展战略中，全方位推进实施消费者权益保护政策，提升金融服务满意度。

［东亚银行（中国）有限公司武汉分行］

汇丰银行（中国）有限公司武汉分行

【概况】

2022 年，汇丰银行武汉分行（简称）持续优化信贷结构，加大对制造业、绿色金融等重点领域支持力度，不断提升金融服务实体经济水平。认真贯彻落实银行业政策法规和地方监管要求，坚持审慎经营原则，不断加强和完善制度建设，保障合规安全运营。截至年末，各项贷款余额 59.81 亿元，同比增长 0.83%；各项存款余额 38.38 亿元，同比增长 10.80%。全年实现营业收入 1.74 亿元，同比增长 11.85%；净利润 1.46 亿元，同比增长 90.13%。

【业务发展】

一、做好企业融资服务

依托专业团队，为新能源、高新技术、生物医药、大健康、房地产等行业企业提供短期、中长期流动资金贷款和贸易融资、票据融资等信贷产品及服务。为跨国企业、本地企业和国有企业等不同类型客户量身定制信贷方案，提供全球化的一站式金融服务，为客户拓展海外业务提供支持。年内为某客户在马来西亚和美国的生产基地建设提供境外资金支持；协调香港母行，为某集团境外财资中心开展境外融资服务；帮助某集团在美国、墨西哥、德国等地开立企业账户；为某出口企业定制小币种结汇套保和外币掉期、双货币存款等产品。

二、发展个人金融业务

依托强大的数字化服务能力、专业投资经验和总行全球业务网络，为高净值客户提供优质的金融服务和财务解决方案。一是发展个人贷款业务。全年新发放个人贷款 20 笔，累计金额 2641.50 万元；年末个人贷款余额 132152.87 万元。二是发展理财业务。全年双币投资业务量 428.29 万元、交易笔数 10 笔；结构性投资产品业务量 10490.39 万元、交易笔数 293 笔；代客境外理财计划业务量 16756.32 万元、交易笔数 751 笔。

三、发展代理业务

一是发展代理保险业务。与中美联泰大都会人寿保险有限公司、中德安联人寿保险有限公司、安盛天平财产保险有限公司合作，全年累计代理保险费金额 8038 万元（含往年期缴保费），实现代理保险费收入 386 万元。二是发展代理基金业务。代销 165 只国内开放式基金，共销售代理基金 1064 单，销售金额 15526.69 万元。

【金融创新】

一、创新科技金融服务

认真落实总行针对“专精特新”企业推出的专项支持计划，创新服务模式，简化申请和审批流程，最快在一天内完成信贷审批。开通外汇授信绿色通道，帮助企业规避汇率波动风险。

二、创新绿色金融服务

推出“汇丰绿色存款计划”，将存款企业的盈余资金以贷款的形式投放到符合条件的环保项目中。全年为 2 家企业办理为期 3 个月的绿色存款计划；升级某房地产开发项目基础设施绿色贷款服务，支持项目以高标准环保配套设施打造绿色购物环境，获得美国绿色建筑协会颁发的“能源及环境设计先锋奖（LEED）—核心及外壳组别”金奖预认证。实现绿色信贷零的突破，全年发放绿色贷款 9 亿元；年末绿色贷款余额 8.8 亿元，增幅 100%。

【金融消费者权益保护】

通过面向青少年群体开展专题金融知识讲座、制作“如何守护好‘钱袋子’”“识别假币 保护自身权益”宣教短视频、向社区居民发放金融宣传防疫包等举措，持续开展常态化消费者权益保护工作。

［汇丰银行（中国）有限公司武汉分行］

汇丰银行武汉分行开展业务宣传活动

渣打银行（中国）有限公司武汉分行

【概况】

2022年，渣打银行武汉分行（简称）深入推进业务模式、服务模式、管理模式全方位转型和持续性创新，着力为企业提供专业优质的金融服务，不断提高服务实体经济的质量和水平。实现贷款业务持续保持增长、不良贷款率维持在较低水平。

【业务发展】

一是依托集团境外融资的优势资源，推动海外银团项目落地，助力本地企业“走出去”。帮助某央企子公司优化融资结构，降低融资成本，满足公司跨境融资需求。二是依托总行科技平台，向本地企业推荐数字化供应链金融产品，解决产业链上下游中小企业融资难题。三是积极联系产业园区，布局业务发展新赛道。四是加强与政策性担保公司合作，探索业务发展新模式。五是助力企业防范汇率风险。帮助企业树立“风险中性”理念，引导和帮助企业建立汇率风险管理制度，加强内部汇率风险管理。

【风险管控】

一是开展风险自查。按照内外部风险防控要求，扎实开展各类风险自查，及时整改自查中发现的问题。二是开展员工培训。开展涵盖案件防控、反洗钱管理、征信安全等方面的培训，强化员工风险防控意识。三是开展金融知识宣教工作。通过在营业网点播放消保宣传片、摆放宣传折页，向客户普及金融知识；通过入户走访向客户普及反洗钱和反诈拒赌等知识、提醒客户防范“征信修复”骗局。分行各项业务发展稳健，未发生重大案件和重大风险事件，未收到监管部门转办的投诉。

［渣打银行（中国）有限公司武汉分行］

企业银行（中国）有限公司武汉分行

【概况】

2022年，企业银行武汉分行（简称）认真贯彻落实本地化发展战略，通过提供贷款、票据等金融服务支持本地中小企业发展，同时为来华投资的韩资企业提供金融服务。截至年末，各项贷款余额8.28亿元，较年初增加0.69亿元，增幅9.03%；各项存款余额4.78亿元，较年初减少2.31亿元，降幅32.59%。总资产10.06亿元，较年初增加1.81亿元，增幅21.91%；总负债8.98亿元，较年初增加1.83亿元，增幅25.60%。全年实现净利润831.84万元。

【业务发展】

一、助力中小微企业发展

（一）加大有效金融供给

培养优质中小企业客户群，加大对中小微企业的授信力度。一是丰富产品线。在为中小企业提供流动性资金周转的流贷产品基础上，推出“高新技术企业贷款”“个人经营性贷款”等个性化子产品，为不同生命周期中小微企业提供金融支持，缓解融资难、融资贵问题。二是推广“4321”新型政银担合作机制。全年通过“4321”新型政银担合作模式为5家小微企业授信1400万元，已发放900万元。三是接入“汉融通”平台。对接小微企业融资需求，切实提升小微企业融资的可获得性和便利度。截至年末，20家中小微企业通过“汉融通”平台融资36917.37万元；帮助13家小微企业申请贴息，降低小微企业综合融资成本。截至年末，全年信贷累计投放65971.40万元，累计发放31户，其中中小微型企业贷款（含个人经营性贷款）累计投放56292.64万元，累计发放28户。

（二）助力中小微企业纾困解难

一是落实《武汉市中小企业融资应急资金管理办法》，为申请使用武汉市中小企业应急融资资金的小微企业成功续贷7650万元，缓解企业资金压力。二是合理定价贷款利率。充分评估信贷成本，给予小微企业最大幅度利率优惠，小型企业贷款平均利率3.95%、微型企业贷款平均利率4.30%。

二、落实减费让利政策

一是降低银行账户服务收费，免收单位结算账户基本户开户手续费。二是降低人民币转账汇款手续费。针对符合条件的对公跨行转账和汇款的手续费，给予不高于现行政府指导价标准的9折优惠。三是取消支票工本费和支票挂失费，降低借记卡ATM跨行取现手续费。

三、服务重点产业

一是服务农业产业。加强与某国内生猪养殖龙头企业联系，在维持原有银行承兑汇票3000万元额度授信的基础上，增加500万元银行承兑汇票额度和2000万元流动资金贷款额度，实现涉农贷款业务突破；为该企业办理3500万元票据贴现，支持企业向大型粮贸集团、个人粮贩采购原粮。二是服务制造业。引导资金投向汽车零部件制造、专用设备制造、电气机械和器材制造、化学原料和化学品制造等行业。截至年末，制造业贷款余额54699.62万元，在各项贷款中占比66%，其中中长期贷款占比12%。

四、服务进出口企业和外商投资企业

一是服务进出口企业。充分发挥跨境结算优势，通过为企业提供“假远期信用证”“出口押汇”“出口信用保险项下贸易融资”“打包贷款”“远期结售汇”等国际结算贸易融资服务，助力进出口企业规避汇率风险。向武汉某小微出口型“首贷户”发放18.23万美元、利率3.40%的首笔打包贷款，弥补其境内备货和采购的资金缺口；根据该企业订单情况，持续加大信贷支持力度。截至年末，共向该企业发放2笔打包贷款、金额累计36.46万美元。二是服务外商投资企业。依托母行国际结算网络、支付结算系统，为来汉投资的外商投资企业及其员工提供外商投资企业境内FDI投资、CMS现金管理、代发工资、境内支付结算、外汇国际结算、跨境人民币结算等一揽子金融服务；配备熟悉中、韩、英三种语言的员工，帮助客户与境外机构沟通金融咨询和支付结算等事项，满足客户高端金融需求。

五、支持绿色发展

引导资金投向锂离子电池制造、太阳能利用设施建设和运营、新能源汽车整车及关键零部件制造等绿色金融领域。为绿色企业提供流动资金贷款和银团贷款，助力企业提升产能。截至年末，对湖北省4家小型绿色高新技术企业发放6笔利率最低4.05%、最高5.0%的绿色贷款，金额3200万元。其中，通过“4321”新型政银担风险分担模式发放700万元、通过信用连带保证发放500万元、发放纯信用贷款2000万元。

六、加强适老化服务

制定《优化老年人等弱势群体支付服务的工作方案》，在营业网点配备爱心座椅、老花镜、血压心率监测仪等适老化服务设施。启动移动金融APP适老化开发项目，上线老年版手机银行操作界面，提供界面简洁、字体放大、语音交互等适老化设计服务，提升老年客户办理金融业务的便利性。

【风险管控】

一、加强信贷风险管理

一是加强中小企业信贷审批管理。优化中小企业信贷审批流程，开发针对中小企业的信用评级模型，运用早期预警系统，每天监测多个信用风险指标。打造拥有中小企业信贷经验和信用评级领域工作经验的信贷审查专业团队，筑牢信贷审批第一道防线。二是加强存量贷款风险管理。在总行风险管理部门和信贷审批中心设置的 Total Exposure 额度范围内，按照信贷流程办理各项贷款业务。三是落实贷后信贷资产的分类标准和操作流程，真实、准确和动态地反映资产风险状况。四是加强增量风险管理。分析企业财务数据，依托人民银行征信系统、企业信用信息公示系统等信息平台，掌握企业经营情况以及资产负债状态，综合评估企业整体负债率，审慎开展授信决策，防止多头授信、过度授信。

二、加强声誉风险管理

将声誉风险事件按照性质、严重程度、可控制性、影响范围和紧急程度等划分为三级。做好员工培训工作，提高员工的合规意识，按照各项内控规章制度和业务操作流程，准确、快速、高效地为客户办理各项业务。全年未发生重大客户投诉事件和三级声誉风险事件。

三、优化资产质量

按照五级分类标准划分不良资产，严格执行不良资产管理制度，完善不良贷款清收处置机制，通过法律诉讼途径处理不良资产，持续优化资产质量。

四、加强内控合规建设

一是强化内控管理机制。通过开展潜在合规风险提示、业务合规性审核、合规教育和培训等工作，及时发现内控管理中的薄弱环节和存在风险隐患的环节。二是开展检查与自查。多轮次多层次开展内控制度和业务事后合规检查，提示相关部门及时整改检查中发现的问题，对相应责任人进行严肃问责处理并上报总行相关部门，在全行形成合规监管震慑力，引导员工树立合规意识。全年合规开展各项业务，未发生重大风险事件和重大案件。

【金融消费者权益保护】

一、做好消保宣教工作

通过在网点播放消保宣传视频、发放宣传折页手册等方式，向客户普及金融知识，引导客户理性选择金融服务，帮助客户培养安全的金融消费习惯。

二、做好金融消费者服务工作

压实消保责任，通过事前充分告知、事中勤勉尽职、事后持续跟踪，切实保障金融消费者合法权益。加强投诉管理，完善金融消费者权益保护机制。

三、完善自查自纠工作机制

一是将消费者权益保护工作完成情况纳入绩效考评体系，督促员工认真落实消费者权益保护工作的各项要求。二是开展内部日常监察、特别审计、分支机构现场审计。对日常业务办理中因操作失误导致的差错开展重点审计、事后追踪、督促整改。三是结合监管机构风险提示内容，围绕制度建设情况、个人金融信息保护工作开展情况、争议处理情况、宣传教育情况等开展自查，进一步强化自查自纠工作机制。

［企业银行（中国）有限公司武汉分行］

富邦华一银行有限公司武汉分行

【概况】

2022年，富邦华一银行武汉分行（简称）秉承服务台商的立行宗旨，持续精耕台商、台胞业务，积极服务实体经济，全年实现稳健经营。截至年末，本外币各项贷款余额40.30亿元、本外币各项存款余额24.13亿元。全年实现净利润7848万元。截至年末，无不良贷款。分行设有1个营业网点。

【业务发展】

一、积极服务实体经济发展

依托湖北经济发展优势资源，优化本土化经营模式，加大对重点领域和薄弱环节的信贷支持力度，重点支持绿色环保、先进制造等行业发展。全年共筹组5个银团贷款，筹组金额近20亿元。截至年末，绿色信贷余额7亿元，占各项贷款余额的17.37%。

二、积极服务在鄂台商、台胞

通过推行"360度"结售汇综合服务、推广台胞信用卡等业务，为在鄂台商、台胞提供信贷支持和便捷的金融服务。截至年末，在鄂台企贷款余额2.77亿元；共开立台籍个人账户1331户；累计向在鄂台胞发放个人住房按揭贷款604万元。

【风险管控】

一是强化全面风险管理。严守风险底线，着力抓好风险总量控制和重点客户、重点行业、重点领域的风险管控。加大风险易发领域的风险排查力度，全年开展账户管理专项检查、房地产开发贷款风险排查、联合授信风险检视、案件防控排查、员工异常行为排查等专项排查10余次。二是加强内控合规管理。坚持"内控优先、合规为本"的理念，严格遵循监管要求、严守合规经营底线，通过强化合规教育、严格制度执行、做实自查自纠，营造合规经营的良好氛围。

（富邦华一银行有限公司武汉分行）

华侨永亨银行（中国）有限公司武汉分行

【概况】

华侨永亨银行武汉分行（简称）于2022年10月9日获得中国银行保险监督管理委员会湖北监管局核发的金融许可证，于2022年10月13日在武汉市市场监督管理局注册成立，于2022年12月20日正式营业。分行以武汉作为华中地区总

富邦华一银行武汉分行开展"3·15"金融消费者权益保护宣传活动

部，依托总行在东南亚地区的服务网络优势，协同总行在京津冀、长三角、成渝地区和粤港澳大湾区的网点，构建连接大中华区和东盟的金融贸易桥梁，着力为华中地区的优质中资企业和外商投资企业“走出去”“引进来”提供多元化创新金融服务，为区域经济发展提供动能。

［华侨永亨银行（中国）有限公司武汉分行］

南洋商业银行（中国）有限公司武汉分行

【概况】

截至2022年末，南洋商业银行武汉分行（简称）各项贷款余额274686.21万元，同比增加81475.56万元，增幅42.17%；各项存款余额（含非银存款）286199.06万元，同比减少5678.03万元，降幅1.95%。全年累计实现营业收入7907.69万元，同比增加3151.98万元，增幅66.28%。累计实现净利润5887.66万元，同比增加2569.45万元，增幅77.43%。

【业务发展】

一是服务重点行业和重点领域。加大对涉及基础建设、产业投资的大型国有企业信贷支持力度；引导资金投向制造业、批发零售业和省内重大项目建设。二是服务小微企业。落实总行小微企业业务管理制度，拓展产业链和上下游对公小微客群；积极推进简化符合贷款要求的小微企业贷款审批全流程，畅通小微企业服务通道。三是扩大普惠贷款覆盖面。配合总行推进“普惠宝”供应链系统搭建，不断在不同业务场景植入相适应的产品与服务，实现客户贷款申请、受理、提款申请等业务流程在线化，用款户数、金额及周转率稳步提升。四是加强协同联动。整合集团内部资源，协同集团其他金融板块子公司助力房地产企业纾困解难；为国企和上市公司提供全方位综合金融服务，累计协同服务近120家国企和上市公司。

【金融创新】

一是创新客户服务。创新尽调、资料传递、沟通询价途径，与客户进行线上沟通，每日报价、提出针对性汇率避险建议。在疫情期间，及时为某客户办理外汇远期换汇业务，实现分行金融衍生品业务新突破，助力企业规避汇率风险。二是创新业务模式。制定医疗场景信贷服务计划，获批“普惠宝”批量授信计划额度3亿元，专项用于药店向医药企业支付药品采购款，缓解医保平台向药店回款周期长导致的短期资金压力。

【风险管控】

严格执行总行各项风险管控制度，全年末出现风险事件，不良贷款率为零，所有贷款均为正常类贷款。

一、加强全面风险管理

（一）加强信用风险管理

一是加强授信业务贷前尽职调查。分析客户贷款需求及贷款用途的真实性，客观评价客户的还款来源、还款能力及还款意愿。充分发挥内控合规的独立性，通过非现场及现场调查等方式做好风险信息识别，协同相关部门完善前端风险管控方案。二是在贷中按照授信审批条款推进先决条件落实。通过信贷全流程系统执行所有客户的授信审批及投放，由总行运营部负责先决条件落实情况审核及放款。三是在贷后监测预警客户风险变化。设立贷后监控专岗，根据总行相关政策及单个批复中相应管理要求，对一线人员贷后管理工作质量、内容、频次等进行监督、检查及上报，对项目进行独立盘存和风险评价。

（二）加强流动风险管理

制定分行流动性资金管理内控办法，明确资金头寸报送流程，将资金头寸管理落实到人。建立头寸监测机制，每日监测头寸变动，及时掌握客户资金变动情况。

（三）加强操作风险管理

进行新员工背景调查，根据岗位职责分工、从业经历，审慎配置各岗位员工。接入信贷全流程系统、征信系统、反洗钱系统、黑名单系统、防电信诈骗系统、操作风险管理系统、国际结算系统、票据系统、代客资金系统、报表平台等监管系统，配置1名专业信息科技工作人员负责日常系统运维和管理，保障系统正常运行。

二、加强科技赋能

接入总行研发的风险管理系统，运用负面舆情推送系统，在贷后监控阶段每日获取全部信贷客户各类负面信息，甄别负面信息，采取相应措施，有效提升贷后管理质效。

【金融消费者权益保护】

一是加强员工培训。将消费者权益保护知识纳入业务培训中，丰富全员消保知识，提升全员消保意识。全年参加1次总行线上培训及测试；组织9次金融消费者权益保护对内培训，培训覆盖全行所有员工。二是开展金融知识宣传活动。通过在营业厅摆放宣传折页和海报、在电子屏播放视频宣传反洗钱、存款保险、征信、防电信诈骗等金融知识。开展“3·15”消保专题宣传、“6·14”征信宣传、“普及金融知识万里行”等活动，向客户普及金融消费者权益保护相关知识。

［南洋商业银行（中国）有限公司武汉分行］

瑞穗银行（中国）有限公司武汉分行

【概况】

2022年，瑞穗银行武汉分行（简称）稳步发展各项业务。截至年末，各项贷款余额257976万元，同比减少24980万元，降幅9%；各项存款余额364140万元，同比增加52606万元，增幅17%。资产总额393757万元，同比增加55819万元，增幅17%。全年实现各项业务收入16287万元，同比减少202万元；净利润2023万元，同比增加44万元。不良率为零。

【业务发展】

一、推进普惠金融

引导信贷资产重点支持小微企业、高新技术企业发展。截至年末，小微企业贷款客户共12家，贷款余额5.93亿元，占各项贷款余额的23.00%。全年新发放小微企业贷款加权平均利率3.25%，较最新公布的1年期LPR低0.4个百分点。截至年末，普惠型小微企业贷款客户2户，贷款余额849万元；高新技术产业客户5户，贷款余额2.27亿元，占各项贷款余额的8.81%。

二、服务制造业发展

一是支持企业根据市场预期开展中长期投资。对新成立或经营暂时面临困难的制造型企业，充分考虑客户财务计划的合理性、集团公司支持态度等因素，在合法合规前提下承担合理风险，全力服务本地制造业发展。年末制造业贷款13.20亿元，占各项贷款的51.16%。二是优化信贷结构，持续推进无还本续贷业务，为制造业客户数字化、智能化转型提供资金支持。截至年末，无还本续贷余额11.23亿元，占各项贷款余额的43.51%。

三、服务绿色发展

将绿色融资项目作为重点推进项目，深入挖掘企业绿色信贷需求。积极与碳排放权登记结算（武汉）有限责任公司联系，了解碳市场运行模式，打造环境权益融资闭环。

【风险管控】

不断完善授信相关管理制度，强化制度执行监督，提升信贷业务人员专业水平。加强授信监控指标管理，定期统计并反馈重点关注行业贷款资产质量。关注客户财务指标及海外母公司业绩情况，动态调整企业信用评级及贷款风险分类。截至年末，关注类资产及不良资产为零，资产质量保持稳定。

【金融消费者权益保护】

一是开展消费者权益保护、金融知识宣传普及活动。开展"'权利、责任、风险'3·15主题宣传""普及金融知识万里行""金融知识普及月"等活动，向公众宣传金融知识。二是宣传和普及征信知识。向群众发放"征信防疫包"，引导公众准确认识征信及其相关作用；在线上平台转发以"诚信相伴 照耀未来"为主题的打击"征信修复"诈骗相关知识及案例，引导客户通过正当渠道依法维权。参加人行武汉分行营管部组织的"2022年首届（武汉）征信文化创意大赛"，3名行员获得优秀奖。三是加强投诉管理。畅通客户投诉通道、提升投诉处理水平，全年未发生客户投诉事件。

［瑞穗银行（中国）有限公司武汉分行］

三菱日联银行（中国）有限公司武汉分行

【概况】

截至2022年末，三菱日联银行武汉分行（简称）本外币资产规模合计约39.3亿元。开设存款账户的法人客户共有116家，主要以日资企业为主，并涉及中资、港澳台资、美资企业。

【业务发展】

推广总行金融交易部开发上线的绿色金融产品"绿色存款"，将"绿色存款"业务与绿色信贷业务相结合，根据绿色贷款规模来决定绿色存款额度，引导资金投向可持续型绿色经济项目，涵盖环保、节能、清洁能源、绿色交通、绿色建筑等领域，支持经济向低碳、适应气候变化及可持续发展转型。年内落地首单金额为3000万元、存期为1年的"绿色存款"。截至年末，为支持新能源汽车电池产业发展提供8109.5万元绿色信贷。

【风险管控】

持续推进合规经营，加强金融风险防控，努力提高风险管理水平和抵御能力。全年无风险事件和违法违规行为发生，保持了良好的风险控制态势。

［三菱日联银行（中国）有限公司武汉分行］

台湾土地银行股份有限公司武汉分行

【概况】

2022年，台湾土地银行武汉分行（简称）稳健发展各项业务。截至年末，本外币各项贷款余额17.46亿元，较年初下降5.54%，无不良贷款；本外币各项存款余额0.51亿元，较年初下降30.07%。全年实现营业收入-0.13亿元，同比减少0.88亿元；净利润-0.18亿元，同比减少0.62亿元 。分行未开设分支机构。

【业务发展】

一是支持小微企业发展。用好用足各类金融工具，缓解小微企业融资难题。截至年末，小微企业贷款2.54亿元，占企业贷款18.01%。二是支持绿色金融发展。作为牵头行组建一笔授信总额度246000万元的绿色银团贷款，其中分行额度30800万元。年末绿色贷款余额7112万元。三是夯实传统信贷业务基础，积极探索外汇交易等新的利润增长点。

【风险管控】

一是建立内部审核机制。由副行长负责、合规部门牵头执行内部自行查核，管控业务合规性风险。二是加强信贷风险管理。严格执行贷款"三查"，关注宏观经济环境对各个不同行业企业的影响。加强案件风险防范，完善制度建设；加强培训，强化员工风险意识；完善业务监督机制，确保相关政策和业务流程有效执行。三是加强内部控制管理。遵循职责分离、相互控制和监督的原则。在资金交易方面，由交易部门负责前台资金交易，交割部门负责后台资金结算；在财务报销和划款方面，由经办人员受理、主管审批后进行报销和划款操作；由会计部门进行中台风险控制和监督。

（台湾土地银行股份有限公司武汉分行）

台湾中小企业银行股份有限公司武汉分行

【概况】

2022年，台湾中小企业银行武汉分行（简称）认真贯彻落实总行的战略部署和管理要求，坚守合规经营底线，各项业务实现稳健发展。截至年末，本外币各项贷款余额45337.50万元，无不良贷款；各项存款余额4242.78万元。资产总额109701.39万元。

【业务发展】

一是发展普惠金融。加大对小微企业的支持力度，年末贷款余额同比增长25.09%，平均利率同比下降0.23%。二是发展绿色金融。为长江经济带区域一家资源循环再利用行业客户提供信贷支持，绿色贷款占全部贷款17.67%。三是服务进出口企业。为进出口企业提供开立信用证、购汇及跨境付汇等金融商品和服务，整合多方资源，支持跨境资金流通。

【风险管控】

一、构建风险管理体系

一是按照监管要求，制定和完善存贷款、资金交易、反洗钱、公司治理等覆盖各类业务和管理环节的内控制度。二是建立由行长、副行长、风险管理部门、各业务条线为主体的风险管理组织架构。行长和副行长统筹管理风险防控工作，风险管理部门管理流动性风险、市场风险及信用风险，合规部门管理业务和运作中产生的合规风险，各条线业务主管管理操作风险。采取自评与自查相结合的方式开展风险管控工作。

二、加强内控合规建设

积极开展合规教育宣导，宣导内容涵盖最新监管法令、手册修订、典型案例分析等方面；按计划开展各项自查，主动发现内控漏洞，督促相关部门落实整改；多形式加强员工异常行为管理，防范员工操作风险和道德风险。

【金融消费者权益保护】

建立消费者权益保护机制，通过加强教育培训提高员工的消费者权益保护工作水平；通过营业厅展示、线上、入企和入社区等方式宣传普及金融知识。

（台湾中小企业银行股份有限公司武汉分行）

（八）农村商业银行

武汉农村商业银行

【概况】

2022年，武汉农村商业银行（简称）全面落实"疫情要防住、经济要稳住、发展要安全"的经营要求，统筹推进疫情防控和经营发展，实现全行资产规模再创新高、结构调整明显见效、条线业务有序发展、经营管理工作稳中向好。截至年末，各项贷款余额 2537.23 亿元，同比增加 315.79 亿元、增幅 14.22%；各项存款余额 3272.11 亿元，同比增加 350.49 亿元、增幅 12%。资产总额 4129.65 亿元，同比增加 402.07 亿元、增幅 10.79%。全年实现利润 14.1 亿元，同比增长 13.61%。荣获“金融支持普惠小微突出贡献单位”等称号。

【业务发展】

一、服务区域经济发展

主动融入地方新发展格局，服务武汉科技创新中心和区域金融中心建设、构建“51020”“965”现代产业体系等重大战略。跟进长江新区、光谷科技大走廊、空港新城、军山新城、中法生态新城等区域建设项目，与经开区、东西湖区、青山区政府签订银政战略协议，共授信 1410 亿元用于项目建设，助力区域经济发展。全年对接地方重大项目 1019 个、支持亿元以上项目 139 个。

二、发展普惠金融

一是开展“百行进万企”“行长包户行动”等活动，认真落实优化营商环境、稳经济、保市场主体的相关措施。二是制定 30 余项纾困解难、支实扶小内部政策措施，为交通物流、文化旅游、批发零售、住宿餐饮等受困行业提供专项融资服务。三是推广“汉融通”“楚天贷款码”等线上平台。四是稳健发展住房贷款业务，全力支持“保交楼、稳民生”。用好用足各类政策资金，全年累计使用人行支小再贷款资金 29.93 亿元；年末普惠小微贷款余额 226.95 亿元，净增 56.97 亿元，增幅 33.52%。

三、支持重点领域发展

持续加大对科技创新、绿色低碳领域的信贷支持力度，增加业务含金量、含新量、含绿量。出台支持“专精特新”企业 17 条措施、建立专精特新“小巨人”企业客户库，系统推进科技金融特色支行建设。年末科创金融贷款余额 277.2 亿元，较年初净增 64.8 亿元，增幅 30.5%。提高绿色信贷考核比重，抢抓城市环境治理、长江经济带生态保护等战略机遇，支持绿色企业及重点项目，被指定为全省碳核算首批试点银行。

四、助力乡村振兴

制定金融支持乡村振兴、助力县域经济突破性发展的措施。深化银政合作，与武汉市农业农村局签订 200 亿元战略合作协议；与省农业农村厅签订战略合作协议，未来五年将对省、市乡村振兴重点领域提供 1000 亿元信用额度，加大对粮食安全、种业安全和农业产业信贷支持。截至年末，“三农”累放贷款、贷款余额和本年新增三项指标在全市同业排名第 1 位。

【金融创新】

一、推进村镇银行改革化险

积极履行主发起行管理责任，依照监管部门关于村镇银行改革的政策要求，研究制定村镇银行改革化险方案，稳妥推进村镇银行改革化险工作。

二、创新金融产品

加快推动产品线上化、数字化，大力推广线上贷款新产品“税 e 快贷”；创新推出“专精特新贷”“科担贷”“创业担保贷”等产品，精准服务“专精特新”客户；创新推出 11 个新市民专项金融产品，强化新市民金融服务；创新推出“京东金条”“网商贷”“美团生意贷”“京东融担”“新浪微博”五大网贷产品，扩大网贷业务规模。

2022 年 6 月，武汉农村商业银行与省级“专精特新”企业朗德电气有限公司签订授信合作协议，通过专利权质押的方式为企业申报流动资金贷款 2000 万元

三、创新业务模式

一是持续丰富新型政银担业务体系，拓宽企业融资渠道。全行累计办理新型政银担业务 6679 笔、金额 49.81 亿元，在保金额在全省同业排名第 4 位。二是深化与第三方互联网平台合作，做大直销银行规模。三是开展信用卡提升工程，推出秒批秒用“501”发卡模式，新卡激活率、首刷率分别达到 84%、81%，信用卡业务实现快速增长。

四、创新服务模式

优化网点业务办理流程，有效提升线上线下金融服务质效；上线数字小微信贷管理中台，实现线上对公业务全域覆盖；率先在省内法人银行中推出企业手机银行，加大新一代企业网银、移动银行系统及新型自助设备推广力度；有序推进网点转型，加快智慧银行建设，实现自助设备替代率 73.97%、非现金柜台启用率达到 93.83%。

【风险管控】

一、加强全面风险管理

制定金融风险防控工作方案。一是加大风险预警和排查力度。认真执行全面风险管理规划，建立主要风险识别与评估机制、压力测试体系，按季开展全面风险管理评估。二是加强大额风险和贷款集中度管理。将信息科技外包风险纳入全面风险管理体系；严控房地产市场、互联网平台以及票据业务等重点领域风险；规范股东关联贷款管理。三是启动建设新一代信用风险管理系统、合规操作系统等项目，加快推动全面风险系统建设，增强风险抵御能力。

二、加强资产质量管理

一是严控不良贷款新增。分类排查全行贷款风险，摸清风险底数，进一步做实资产质量管理工作；扎实做好到期贷款监测预警提示和逾期贷款清收处置工作；分析研判和动态跟踪重点客户及股东关联客户的风险情况。二是加快处置不良资产。总行领导带头包户清收，督导落实“一户一策”清收压降处置方案；加强与资产管理公司合作，拓展资产处置渠道。

三、加强内控合规管理

一是开展“四个一”活动，强化案防警示教育，将“全员合规、主动合规、全程合规、合规创造价值”的理念贯穿内控管理全过程。二是严格落实集中作业管理、现金与档案管理、账户服务管理、突发事件应急管理、柜面和网点管理等各项要求。三是对 190 余项制度开展合规性审查，持续加强征信、国库、数据、反洗钱、金融消保等各项基础管理工作。四是上线新一代反洗钱系统，提高反洗钱工作质效。

【金融消费者权益保护】

坚持"以客户为中心"的消保理念，建立健全金融消费者权益保护的各项体制机制，切实将金融消费者权益保护工作落实到业务各流程、各环节。一是修订和完善消保基本制度，构建"事前审查、事中管控、事后监督"的全流程管理机制。二是开展武农商"消保宣传教育日""消保宣传大使""十大消保工作明星"等主题宣教活动，向社会公众普及金融知识、提示金融风险。三是强化消保考核约束机制。定期开展员工培训，明确考核对象、指标、方式、周期等重点内容；对损害消费者权益的事件实行"一票否决"制。四是加强投诉管理。通过"一单双派"推进部门协作，妥善化解矛盾，避免投诉升级，回访率和处理率均达到100%。

（武汉农村商业银行）

（九）农村信用社

湖北省农村信用社联合社

【概况】

2022年，湖北省农信联社（简称）积极履行对农商行的行业自律管理和服务职能，坚持服务"三农"、支小支微，圆满完成各项经营任务，主要运行指标排名农信系统前列。截至年末，各项贷款余额6991亿元，较年初净增861亿元、增长14.05%，完成计划的103%；各项存款余额10355亿元，较年初增加1230亿元、增长13.49%。新增存、贷款规模2091亿元，排名全省金融机构首位。连续多年获得"金融支持湖北经济发展突出贡献单位"称号；获得"湖北省优秀调研成果奖"二等奖、"首届全国农村中小银行金融科技助力乡村振兴十佳案例奖"等荣誉。

【业务发展】

一、发展重点业务

一是发展新型政银担业务。制发《关于深化与省再担保集团省农担公司业务合作的通知》，推广"4321"新型融资担保体系、落实风险分担机制、畅通担保渠道，提高农担业务普惠性和覆盖面。年末新型政银担业务规模89.4亿元，在全省银行机构中居首位。二是推进债券业务。认购产业链核心企业发行的债券，支持人福医药、兴发集团和省内城投公司等重点企业发行债券65亿元，服务行业龙头企业融资需求。

二、发展普惠金融

（一）发展微贷业务

一是扩展客户规模。出台优化营商环境11条措施、推进"'首贷'专项行动"、开展信用培植工程。全年新增"首贷户"5.14万户、新增"首贷"金额260亿元。截至年末，微贷客户突破100万户，较上年净增27万户，占贷款净增客户的119%，户均微贷余额26.1万元；单户500万元以内小微贷款客户157万户，同比增加21.1万户。"福e贷"签约客户100.3万户，同比增加16.7万户；授信980亿元，同比增加391亿元。二是优化业务和产品。推出"周转融"快速续贷业务，优化"房易融""融合税e贷"等产品。截至年末，微贷余额2615亿元，占各项贷款余额37.4%；较年初净增830亿元，占各项贷款96.4%。三是优化账户服务。优化小微企业和个体工商开户流程，为288户小微企业和个体工商户提供简易开户服务。

（二）助力稳企纾困

出台稳企纾困"十大举措"。全年累放再贷款363亿元、余额379亿元；累计对小微企业减免利息9.18亿元、承担或减免信贷相关费用0.54亿元、减免支付手续费1632万元，涉及小微企业和个体工商户15.18万户；争取到普惠小微贷款支持工具补助资金5.56亿元。年末普惠小微企业贷款2268亿元、较年初净增460亿元。

三、发展线上业务

截至年末，"福e贷"线上授信客户100.3万户、金额980亿元、户均授信9.7万元；"税e贷"线上授信小微企业户1.17万户、金额128亿元；"人码合一"平台累计获客103.5万户、涉及金额141.5亿元；"荆楚小康贷"微贷集合作业平台拓展新型农业经营主体3.97万户，预授信农户数340万户。"楚天贷款码"累计获客6.1万户、授信174亿元；扫码支付商户数270万户，累计交易笔数23亿笔、交易金额3607亿元；扫码业务日均交易笔数640万笔、引流资金10亿元、绑定日均存款1712亿元。扫码商户数、交易笔数、交易金额居全国农信银平台首位。

四、助力乡村振兴

全系统1.6万名客户经理参与"小微金融店小二、乡村振兴主办行"劳动竞赛活动，在恩施州宣恩县召开乡村振兴现场会，全面推行"村银共建+金融村官+整村授信"模式。建成1169个村银党建联系点，向14446个村组派驻"金融村官"5503名；累计建档428万户、授信340万户，为农户提供周转备用金1112亿元；共发行73.1万张"乡村振兴卡"。截至年末，涉农贷款4089亿元，较年初增加594亿元、增长16.9%。

【金融创新】

一、创新重点企业服务模式

创新仓单质押方式，恩施州宣恩县农商行为伍台昌臣茶业公司发放贷款1200万元，带动周边28家小微茶企按照有机茶标准创建1.28万亩基地，涉及2010户茶农。充分发挥排污权资源价值，咸宁市通城县农商行创新以排污权抵押结合其他担保的融资模式，为湖北通成高新材料有限公司授信500万元。

二、创新绿色金融服务

一是创新推出"碳林贷"。郧县农商行在完成贷款调研的前提下，仅3天便完成尽职调查、贷款评审、还款来源分析、质押登记和贷款发放等流程，为湖北十堰绿鑫广晶新能源有限公司发放1000万元"碳林贷"，将利率由6.5%降为3.85%，为企业减少26.5万元利息。该笔贷款是十堰市郧阳区首笔"碳林贷"，以菇耳林碳排放收益和轮伐菇耳林收益及其他有效资产为质押，突破传统抵押品范围。二是创新产业链服务模式。蕲春农商行向种植户、专业合作社等产业链上游经营主体推广"村银共建+整村授信"模式，依托农经站承包地、运用"荆楚小康贷""艾商贷""艾农贷"等产品，向农户提供30万元额度线上随点随贷信用贷款。全年累计向603户艾草种植户和专业合作社发放724笔贷款、余额4.14亿元。

三、加强科技赋能

一是上线"楚天农商云"平台。依托平台"人码合一"和智慧微贷系统，将办贷时间缩短到半个小时。二是上线"互联网金融云"平台，在平台嵌入新聚合支付系统及风控监控应用系统，构建互联网安全体系，有效提升商户服务效率及风险防控水平。三是推动数字化项目开发和落地。开发智能柜台二期项目、客户分级管理项目、支付系统性能优化项目；推进商用密码改造项目、贷款纾困延期还本项目落地。四是上线资金业务管理系统、股权管理系统、审计管理系统、账户风险监测系统，优化大数据统一应用门户、移动快报等功能。

【风险管控】

一、加强全面风险管理

（一）完善全面风险管理制度体系

出台《全省农商行流动性风险管理办法》《湖北农信信息科技风险管理办法》《资金业务风险管理办法》《全省农

商行风险偏好管理暂行办法》，进一步压实高级管理层、风险管理部门责任。

（二）强化风险识别和处置

按照各项风险管理办法有效识别信用风险、市场风险、利率风险、操作风险、流动性风险、法律风险等，按月形成风险管理情况报告、按季形成经营风险情况报告，定期召开例会审议全面风险管理情况。全年下发5份《风险提示通知书》、5份《全面风险管理工作督办通知书》、10份《全面风险管理动态》、5期声誉风险提示。

二、加强内部管理

执行《全省农商行内部控制评价暂行办法》，明确内部控制目标和控制要求，建立层次清晰、内容合规、流程规范、运行高效的内控管理体系。一是强化内部审计监督长效机制。采取垂直、独立审计模式，构建省、市、县三级联动的审计体系，对各市（县）农商行开展独立监督、评价和指导，督促各市（县）农商行设立审计委员会、充实专业内审队伍。二是强化沟通协调机制。完善党委会与理事会、高管层沟通协调机制，把坚持党的领导内嵌到内控合规工作全过程，确保高效开展风险管理工作。三是加强应急管理。制定30余项应急预案，明确风险预警标准、责任人、处置程序，妥善处理突发事件。定期组织开展应急演练，提升突发事件应对能力。定期开展安全演练和运营检查，加强营业网点日常安全管理，防范突发事件。

三、加快不良资产处置

自2017年以来累计处置风险贷款852亿元，不良贷款压降至165亿元。新发放贷款3503亿元、不良率0.23%；五年来累计发放500万元以下微贷6066亿元、不良率0.51%。

四、加强账户管理

开展反假货币和反赌反诈宣教工作，推进支付结算投诉和有责涉案账户“双压降”、万户涉案数大幅下降。

【金融消费者权益保护】

一是加强厅堂管理。加强服务环境、服务设施、服务流程及员工服务行为、仪容仪表的统一规范，提高服务客户的“软实力”。二是加强文明服务培训。组织各市（县）农商行常态化开展文明服务培训，规范柜面业务操作，提升服务质效。三是开展文明服务检查。考核各营业网点服务环境、形象、行为、管理、客户满意度等五大内容，加强网点日常运营前后台支撑，强化全员服务意识。

（湖北省农村信用社联合社）

（十）信托公司

交银国际信托有限公司

【概况】

2022年，交银国际信托（简称）统筹推进业务发展和风险管控，配合做好巡视工作，落实整改要求。保持监管零处罚、主动管理项目零投诉、所有到期信托产品均实现兑付、资产质量优于行业平均水平。截至年末，资产规模4952亿元。全年实现营业收入19.21亿元；净利润9.42亿元。缴纳各类税金15.68亿元，同比增长2.02%。获得“2022年度金融支持武汉经济社会发展突出贡献单位”等荣誉，连续六年在信托业协会行业评级中获评A级。

【业务发展】

一、服务实体经济发展

（一）加大有效金融供给

通过“融资+投资、股权+债权、非标+标品、资金+财产权”等综合化金融服务，全力支持实体经济发展。全年通过信托贷款、证券投资、资产证券化等方式向实体企业投入资金规模1001亿元；项目投融资485.38亿元，同比增长72.75%。

（二）支持地方经济发展

充分发挥跨市场投资优势，全年投向本地业务规模52.39亿元，增量在非银机构中排名前列。联合交行湖北省分行，设立全国首单知识产权服务信托——“交银国信·武汉枢密脑科学技术知识产权服务信托”；设立“交银国信·瑞禾鹤峰乡村振兴慈善信托”，资助恩施州鹤峰县容美镇唐家铺村乡村振兴环境整治。

（三）服务重点产业和重大项目

聚焦新能源汽车、生物医药、半导体、数字经济、智能制造等新兴产业，开展私募股权投资业务，支持“卡脖子”关键核心技术攻关和“专精特新”中小企业发展。获批私募股权、创业投资基金管理人资格，向新微物联网、智己汽车、海通新能源、氢晨科技等战略性新兴产业投资6.78亿元。参与国家军民融合基金、上海票据交易所、健康医疗大数据、金融云平台、交银科创基金等重大项目。

（四）助力房地产市场平稳健康发展

落实“金融十六条”政策，全年通过股权、债权、个人住房贷款资产证券化向房地产市场提供184.32亿元资金支持；为符合条件的项目办理延期还本付息。探索保障性住房及租赁住房领域，设立“嘉廷85号集合资金信托计划”，募集10亿元资金支持西安高新区安置房项目开发，满足中低收入居民住房需求。

二、服务绿色发展

通过私募股权投资、债券投资、资产证券化等方式支持清洁能源和绿色产业发展。落地银行间市场首单新能源补贴绿色公募“碳中和”ABN项目、设立全国首单外资机构非资金募集型CCER碳资产服务信托、落地海通恒信租赁绿色资产支持商业票据（ABCP）10亿元。全年投向绿色建筑、既有建筑节能和绿色化改造项目23.79亿元；参与绿色资产证券化业务25.16亿元，资产支持证券入池的基础资产预计每年实现二氧化碳减

交银国际信托与交通银行安庆分行、安庆市立医院发起设立“交银国信·安庆市立医院就医困难群体医疗资助慈善信托”，通过三方云签约达成合作意向

排7.15万吨。

三、支持乡村振兴

设立“上海远星乡村振兴公益慈善信托”,用于支持甘肃省天祝藏族自治县公立教育机构助学项目。帮助甘肃省武威市天祝县销售农产品39.25万元,引入1家上海企业与当地签订长期农产品销售合同。

四、发展慈善信托业务

联合湖州市吴兴区慈善总会为湖州市华煜建设集团设立教育类慈善信托,规模1000万元,用于发放当地优秀人民教师奖励,为地方民营企业投身公益慈善事业拓展渠道。联合交通银行安庆市分行和安庆市立医院、地方国企设立“安庆市困难群体医疗资助慈善信托”,用于突发事件中急需救助的贫困群体。联合爱佑慈善基金会、上海交通大学医学院附属新华医院共建“爱佑·交银国信童乐园”,是“交银国信·瑞禾—儿童人文医疗1号慈善信托”资助的慈善项目,也是行业首单针对儿童人文医疗的慈善信托。截至年末,累计开展各类主题活动142次,参与主题活动的患儿及家属超过1000人次,累计为2115人提供医疗适应支持以及个案服务。

【金融创新】

一是创新“标品一件事”“家族信托一件事”业务模式。制定标品、家族信托业务制度,优化业务流程,拓展业务规模。截至年末,自主管理固收标品规模607.08亿元,较年初增长165.26%。落地首单股权家族信托,年末家族财富信托规模87.92亿元,较年初增长96.91%。二是探索服务信托应用场景,成功落地全国首单知识产权服务信托、首单企业专项激励服务信托。三是创新证券化业务。落地全国首单地下物业CMBN(杭州武林广场CMBN)。全年发行信贷和企业资产证券化224.19亿元,公募信贷资产证券化发行规模排名行业第7位。

【风险管控】

一、加强风险管理

发挥“两会一层”在风险治理及决策中的重要作用,加强风险治理体系建设与风险文化传导。一是做实项目日常风险监控。做好舆情监测预警及处置,提前沟通、积极应对、减退加固,防范化解项目风险隐患。二是加大风险管理资源投入,健全风险处置约束与奖励机制,探索多元化风险化解路径。全年累计清收化解不良及出险项目规模38.4亿元;年末主动管理类信托风险资产率0.89%,低于行业平均水平。三是强化案件防控责任意识。自上而下传导内控案防文化,压实案件防控主体责任,不断提升内控管理水平。

二、加强合规管理

开展内控合规管理宣讲和培训,培训内容涵盖反洗钱及制裁合规管理、房地产业务审批、关联交易监管系统报送、机构洗钱风险自评估工作等方面,提高全员遵章守纪、廉洁自律的自觉性。参加监管部门举办的各类合规主题培训交流活动,做好转训工作。全年开展内部宣讲和培训超过10余次,引导全员成为合规文化建设的参与者和执行者。

【金融消费者权益保护】

一、推进消费者权益保护体制机制建设

董事会、监事会及各层级消保委审议和听取公司年度消费者权益保护工作情况报告,按照监管部门要求部署消保工作,指导公司建立目标清晰、架构合理、保障充分、执行有效的消保管理体系。

二、建立健全消保制度

制定和修订消保考核、投诉处理、消保审查、个人客户信息安全、产品和服务信息披露及金融知识宣传等制度,提高消保工作效能。

三、提升线上客服能力

在APP线上签约功能中嵌入AI双录模式。为老年客户下载“关怀版”APP,解决老年人运用智能技术困难的问题,便利老年人使用智能化产品和服务。在湖北省银行业协会举办的消费者权益保护优秀案例征集评比活动中荣获“具推广价值案例”“优秀组织单位”双奖。

四、加强投诉管理

安排专人接听投诉电话,畅通投诉通道,确保投诉答复率100%。开展投诉突发事件应急演练,提高投诉事件应急处置能力。加强溯源整改,推动矛盾多元化解。

(交银国际信托有限公司)

国通信托有限责任公司

【概况】

2022年,国通信托(简称)加快重点业务拓展,全力推进经营创收,各项经营指标排名行业前30名,达到行业中上游水平,收入实现稳步增长。截至年末,总资产91.31亿元、净资产77.79亿元。全年实现营业收入11.04亿元、利润总额7.80亿元。存续信托项目370个、资产规模达到1500亿元。在2022金融界领航中国“金智奖”评选中荣获“杰出财富管理奖”,在“首届武汉社会责任企业推选”活动中荣获“2022武汉十大企业社会责任案例奖”。

【业务发展】

一是服务本地大型企业。通过债权融资、股权投资等方式,跨市场配置社会闲置资金,为企业提供各类投融资支持。全年成功落地长江存储56亿元、华星光电25亿元资金支持,有效引导社会资金投向先进制造、高新技术等产业领域。截至年末,服务湖北经济建设规模同比增长35.85%。二是助力企业重整。推进“国通信托·凯迪生态重整服务信托”落地,是全省首单重整服务信托。三是发展慈善信托。截至年末,累计设立、备案9单慈善信托,涵盖疫情防控、教育助学、扶贫济困等领域,总规模超过3000万元。

【金融创新】

一、推进财富管理业务改革创新

一是成立城市财富中心。聘用一批高素质城市财富中心总经理,搭建促进财管业务可持续发展的组织框架。二是丰富产品线、构建货架体系。上线现金管理、债权组合产品,补充代销多头、量化投资产品。以平台项目为突破口,构建产品定价体系。三是促进财管业务提质增量。加大业务培训力度,提升财管队伍专业化水平。全年投资类、标准化类项目销售规模同比增长24%。

二、加快业务创新和拓展

一是推出“睿致1号”“锦鳞1号”,实现产品品类、期限的突破,受到市场普遍欢迎。二是加快拓展涉众资金、破产重整等服务信托业务。成功中标凯迪生态实质合并重整案信托计划受托人。三是加快重点业务投放。在落实监管要求的前提下,实现应投尽投,加快重点业务规模调整、提高。四是强化固有与信托业务协同。提升固有资金主动投资能力,实现固有、信托业务双轮驱动。

【风险管控】

一是推行安全资产策略。通过拓展机构资金降低筹资成本、获取低收益高评级客户,快速提升公司优质客户资产占比,资产质量实现稳中向好,全年末新增重大风险。二是加快推进非标转标、标品业务拓展,进一步减少公司风险隐患。三是严控新增项目风险。动态调整平台非标项目准入标准,落实重点集团客户及重点区域集中度管控措施,把好资产质量关。四是加强项目存续期管理。对所有项目进行再排查,确保所有项目责任全部明确、所有项目流程全部监控;全面排查风险隐患,针对性制定整改措施,维护好公司及投资者利益。

【金融消费者权益保护】

一是加强队伍建设。新增消保专员,实施培训上岗;加强员工培训,落实适当性管理办法,把牢“合格投资者”审核关;加大绩效考核力度,用好督查“利器”,坚持督促、帮扶并举,对真抓实干、成效突出的员工给予激励,对落实不力、效果不彰的进行督促约谈,切实提升员工执业水平。二是完善消保制度体系及工作机制。加强事前、事中、事后管理;落实考核评价要求,定期或不定期进行客户回访,持续优化消保工作方式、方法。严格保护消费者金融信息安全,全年未发生消费者金融信息遗失、毁损、泄露或者被篡改的事件。三是开展金融知识宣传。组织开展“3·15”宣传周、“金融知识普及万里行”、防范非法集资宣传和“金融知识普及月”“新市民金融服务宣传月”等活动;在直播平台开办15场金融知识讲座,取得较好的宣教效果。

(国通信托有限责任公司)

(十一)金融资产管理公司

中国长城资产管理股份有限公司湖北省分公司

【概况】

2022年,长城资产湖北省分公司(简称)认真贯彻落实监管部门指导意见与公司党委决策部署,配合做好公司党委巡视工作,落实整改要求。进一步巩固不良资产经营主业,防控和化解市场风险,一体化推进内控管理改革,全年实现稳健经营。截至年末,资产规模86亿元,实现不良债权资产经营处置回现14.48亿元。

【业务发展】

一是聚焦主责主业。加大金融不良资产收购力度,全年收购金融不良债权本金总额22.59亿元,助力本地金融机构加快处置不良贷款、化解金融风险。坚持内部挖潜,盘活存量资产,全年处置不良资产回收现金5.23亿元。二是助力实体企业化险。充分发挥不良资产经营优势,通过开展非金收购重组、实质性重组和结合还款计划调整等方式,助力化解实体企业风险。三是助力中小金融机构化险、提质增效。对接多家中小金融机构,通过降低银行低效资产规模,化解不良资产风险,释放信贷空间,助力中小金融机构轻装上阵、稳健运营。

【风险管控】

一、加强风险管理

做好项目全流程风险管理,强化风险识别监测、计量报告、风险化解机制,促进业务稳健发展。突出攻坚重点,进一步加强资产质量管理,风险化解取得有效突破。

二、夯实内部管理

一是发挥党委核心引领作用。层层压实党建责任,强化执纪监督,推进党风廉政建设;优化干部梯队结构,持续实施后备干部培养计划。二是夯实基础管理。完善多项内部管理制度和办法,健全规章制度体系;加强合规建设,全面开展风险排查,落实风险防控要求;强化“业财险”协同管理机制,促进业务收益、财务成本、风险控制有机统一。

(中国长城资产管理股份有限公司湖北省分公司)

中国信达资产管理股份有限公司湖北省分公司

【概况】

2022年,信达资产湖北省分公司(简称)认真贯彻落实公司党委决策部署,聚焦不良资产经营主责主业,增加有效投放、加快资产周转、防范化解风险,主要经营指标在信达资产系统内位居前列。截至年末,表内资产总额211.39亿元,经营口径业务规模177.63亿元。全年各主要业务板块共实现经营口径收入7.64亿元、经营口径利润4.57亿元(组合拨备前)。

【业务发展】

一、扩大不良资产收购规模

一是加强与金融机构联系,通过推动各经营单元参与竞购、寻求反向收购机会,拓展资产包收购规模。二是开展违约债券收购处置业务。积极参与金融债权相关司法处置法拍等新型不良资产经营业务,全年累计收购6个不良资产包项目、债权资产(本息)14.23亿元,其中收购中小银行不良资产包本息2.2亿元、投放6690万元。

二、加大不良资产处置力度

一是认真落实“强化主动经营风险的能力”的要求,加强同业协作联动,推动诉讼执行,在化解内生风险的基础上盘活长期闲置的土地资产。二是拓展不良资产处置渠道。通过淘宝、京东资产平台、“信达智慧淘”微信小程推介不良资产项目;联合武汉金交所和京东拍卖网举办“武上京彩,绽放资产”-互联网+资产推介会”;与中介机构和投资机构召开线上线下联合招商座谈会;参加不良资产线上直播推介会。全年通过打包转让、公开竞价、债权清收、诉讼执行、破产清算等方式共处置传统资产包项目124户次,处置资产合计26.84亿元。

三、拓展客户规模

制定客户营销和调研活动方案,全年回访客户644家、1456户次;拜访34家上市公司,涵盖新能源、半导体、互联网、房地产、畜牧业、化学工业、医药、医疗用品及器材批发等多个行业。

四、助力企业纾困化险、提质增效

(一)助力化解房企风险

发挥业务功能和集团协同优势,协同集团旗下信达地产开展房地产纾困业务,采取“股+债+代建+封闭运作”等方式投放42亿元,其中实质性重组业务占比83%。

(二)推进受困企业实质性重组

收购某上市公司大股东逾期涉诉股押融资债权4.3亿元,推进地方政府对该公司实质性重组,取得上市公司控股权,助力该公司重回良性发展轨道。在天喔(武汉)食品有限公司等3家公司进入破产程序后,密切与债权管理人联系,制定重整计划、招募投资人、共同推介重整项目,促成企业成功重整,恢复生产经营活动,妥善处理200多名留守员工就业安置问题,项目取得较好的经济效益和社会效益。

(三)助力企业提质增效

对某国家集成电路龙头封测企业实施市场化债转股,将3.2亿元增资款全部用于偿还银行贷款,帮助企业优化资本结构,降低资产负债率和财务费用,助力企业可持续发展。

【风险管控】

一、防范商业风险

在纾困项目实施过程中,帮助信托公司化解金融风险、推动项目交付,通过对还款来源项目公司实施股权风险隔离、引入信达地产进行监管,做好项目出现违约后的接管和代建代管工作,防范商业风险。

二、加强合规管理

一是健全完善合规制度,夯实管理基础。二是开展合规“飞行”检查,对检查发现的问题及时整改、严肃问责。三是开展员工培训。开展全员合规培训、业务决策委员专项业务培训,提高管理层决策能力,强化全员合规意识,培育合规文化。四是开展员工异常行为排查。通过向客户及中介机构函询、核查高级副经理及以上人员个人信用报告等方式加强“八小时之外”监督,确保员工自觉遵章守纪、依法合规执业。

三、加强安全生产管理

一是开展宣传教育活动。通过开展“全民国家安全教育日”活动、组织员工参加保密警示教育暨保密专题知识培训,筑牢保密安全防线。二是开展安全生产大检查,排查安全生产风险隐患。

【金融消费者权益保护】

结合自身业务特点和工作实际,加强消费者权益保护,提升服务效能。在“6·14”信用记录关爱日活动期间,制作1万张征信宣传卡向社区居民发放,帮助居民培养健康的信用消费习惯。

(中国信达资产管理股份有限公司湖北省分公司)

中国华融资产管理股份有限公司湖北省分公司

【概况】

2022年,华融资产湖北省分公司(简称)认真贯彻落实湖北省委、省政府关于金融工作的战略部署和监管部门的监管要求,在集团党委和公司党委的坚强领导下,聚焦主责主业,持续加大不良资产经营力度,充分发挥为企业纾困化险功能,扎实服务实体经济发展。全年实现拨备前利润5.97亿元。

【业务发展】

一是优化增量业务投放。紧跟政策导向,持续推进闲置低效资产盘活工作。全年新增投放项目2个、涉及金额25.07亿元。二是参与中小金融机构改革化险。加强与地方政府、监管部门、金融机构联系,与银行机构沟通,积极宣讲相关政策,寻求合作机会。全年成功完成1个不良资产包收购、推进172户共37亿元不良资产组包收购。三是践行集团协同战略。依托集团产融并举优势,为项目开发建设和销售管理提供专业保障。四是开展开源节流、降本增效专项工作,强化成本管控。五是提高人岗适配度。开展“双竞双选”工作,构建业务发展与个人成长相匹配的人事配备机制,充分发挥员工能力。

【风险管控】

一、加强内控管理

一是开展监管检查和整改工作。详细研究制定检查内容、细化分解整改措施、深入剖析问题成因,形成抓源治本长效机制,不断巩固提升整改成效。抓实巡视整改,压紧压实“两个责任”,将巡视整改中对照查摆出的33个问题和68项整改措施落实到位。二是强化合规意识。健全、完善25个内部合规制度;认真落实好13个存量项目核查和问责工作,不断强化员工合规意识。

二、防范操作风险和道德风险

一是加强培训。组织开展16次综合培训和7次“青年小讲堂”,进一步提升员工理论素养和业务能力,有效防范员工操作风险。二是持续规范员工执业行为,有效防范员工道德风险。

(中国华融资产管理股份有限公司湖北省分公司)

中国东方资产管理股份有限公司湖北省分公司

【概况】

2022年,东方资产湖北省分公司(简称)坚持党建引领,立足主责主业,妥善应对国内市场持续低迷、整体呈现波动下行的影响,主动融入地区发展大局。全年新增投放60亿余元。

【业务发展】

一、助力稳企纾困

一是将信贷资源向实体行业倾斜。全年共投放10个实体行业项目,投放金额37亿元,占年度投放总额的62%;存量实体项目规模较年初增长47%。二是综合运用市场化债转股手段,优化实质性重组模式,为实体企业量身定制纾困方案,帮助受困企业正常经营。

二、助力企业改革化险

一是拓展央企、国企客户“朋友圈”。深入挖掘国企改革过程中“两非”“两金”“两资”业务机会,年内落地4个相关项目。二是助力打好中小银行改革化险“攻坚战”。走访省内中小银行,了解战略方向、资产质量、任务目标及困难,探索新合作方式。三是助力地方政府风险化解工作,稳定区域信用环境。落实重点房企风险化解决策部署,牵头开展融创集团债务风险化解工作。

三、推进存量资产处置回收

一是应收尽收,压缩风险敞口。设立“资产处置”专项奖,强化考核“指挥棒”作用,激发员工加快处置进度的动力和积极性。将处置回现作为经营任务分解至各业务部门,进一步压实资产处置责任,加快资金回笼。二是丰富手段,拓展营销渠道。通过举办线上资产推介会、参加政府主办的不良资产交流会,密切与同业公司、省属金融机构联系,进一步拓展营销渠道。

【风险管控】

一是强化内控合规建设,厚植合规审慎文化。持续做细做实建章立制工作,全年共制定、修订32项制度,涉及党建、纪检、业务、服务采购、薪酬激励等多个方面,重点细化非金不良业务管理、项目投后管理、外包机构选聘、重要岗位绩效工资发放等重要环节制度,进一步健全合规风险防范机制。二是用好内控合规工具,提升合规管理质效。组织开展年度合规检查、合规风险评估、外包风险评估、中介机构黑名单排查、反洗钱自查及审计等工作,及时、全面排查经营管理和存量业务中存在的风险隐患,督促相关部门即查即改,将风险防控工作融入日常经营、业务开展的各个环节。

(中国东方资产管理股份有限公司湖北省分公司)

(十二)金融租赁公司

光大金融租赁股份有限公司

【概况】

2022年,光大金融租赁公司(简称)坚持稳中求进的工作总基调,统筹风险防控和业务转型,超额完成经营任务。全年新增投放394亿元,市场份额持续巩固。年末总资产1309亿元。全年实现营业净收入38.9亿元,同比增长20%;实现净利润17.7亿元,同比增长17%。全年上缴税金9.6亿元,创历史新高。获得“金融支持绿色发展突出贡献单位”等荣誉。

【业务发展】

一、加大资金投放力度

全年投放超过300亿元支持实体经济发展,同比增长67%。在京津冀地区、粤港澳大湾区、长江经济带等重点区域新增投放近260亿元。制造业新增投放超过80亿元,同比增长86%;绿色租赁新增投放89亿元。向民营企业新增投放166亿元;小微企业新增投放114亿元。

二、助力企业纾困

加大对受疫情影响严重的行业企业

支持力度，在风险可控的前提下简化贷款审批流程，通过展期、设置宽限期、下调租赁利率、弹性还款等调整方式助力企业纾困。全年共对 300 户对公、零售客户予以金融纾困。

三、强化基础业务

聚焦主责主业，做实航空、航运、车辆、新能源等板块，巩固业务发展基础。全年新增投放近 200 亿元，余额占比达 30%。航空业务机队规模达到 50 架、航运业务船队规模达到 20 艘；车辆业务零售投放比重超过 50%；新能源业务在汽车换电领域、互用光伏发电领域实现突破。

【金融创新】

一、创新银租协同模式

依托光大银行资金监管和结算优势，运用“租赁物具备物权+股权+债权”多重结合和股东担保、全部权益抵质押等保障方式，推动业务从注重主体信用转向注重资产质量。与集团战略客户达成融资租赁业务协议，支持 18Gwh 动力电池生产项目，预计项目年产值超过 60 亿元、上缴税收 1.8 亿元以上、拉动规上工业增加值 9 个百分点。

二、推动业务转型

调研清洁能源及其产业链、航空航运、资源富集区域优势产业、先进制造业、先进农牧业等战略转型重点行业，调整业务结构，加快业务转型。在新型船舶、风电大基地、分布式光伏、新能源电池产业链等战略性新兴产业实现业务突破。采用天津东疆离岸租赁结构，创新开展国产大型液化气运输船舶租赁业务。

【风险管控】

注重识别阶段性困难和长期性风险，因案施策、因案制宜，“一户一策”制定风险防控目标，落实各项风险防控措施，跟进风险化解进程，确保资产质量稳定和各类风险总体可控。

【金融消费者权益保护】

认真贯彻落实监管要求和光大集团关于消费者权益保护工作的决策部署，设立消费者权益保护委员会，扎实开展消保知识宣传和培训，进一步提高服务质量，切实维护消费者合法权益，推动消费者权益保护工作提质增效。

（光大金融租赁股份有限公司）

航天科工金融租赁有限公司

【概况】

2022 年，航天金融租赁公司（简称）回归租赁本源，坚持产业转型的发展战略，加大对湖北和华东等区域项目支持力度，助力区域协调发展。全年新增业务投放 94.48 亿元（不含保理业务）。截至年末，资产总额 187.33 亿元，同比增长 6.82%，其中融资租赁资产总额 176.56 亿元；负债总额 148.03 亿元，同比增长 7.24%，其中同业负债 121.44 亿元。全年实现营业收入 11.7 亿元（国资委统计口径），同比增长 16.89%；实现净利润 3.16 亿元，同比增长 10.44%。

【业务发展】

一、服务航天和航运产业

投放涵盖固投、信创板块购买服务、厂商租赁等多个业务品种。与航天行云科技有限公司签订战略合作协议，在卫星发射、租赁物监控系统研发等方面开展全方位合作。成功发射“航天金租一号”卫星，是公司在商业航天卫星项目的首次投放。完成首单内贸油船融资租赁业务投放。全年投放集团内业务 19 笔、金额 3.27 亿元，是成立以来投放笔数最多的一年。

二、服务基础设施建设

加强与国家电投集团等企业合作，以设备租赁的方式支持 14 个分布式和集中式光伏电站、2 个风力发电电站、5 个储能项目，总装机规模 359.27 万千瓦。为上海、武汉、长春、宜宾、芜湖等 8 个市的绿色交通项目、城镇集中供热系统清洁化建设运营和改造及煤炭清洁利用等 17 个民生项目提供绿色租赁服务。为 5 个地级市污水处理、再生利用及污泥处理处置设施建设运营提供绿色租赁服务。助力山东钢铁集团建设“绿色工厂”，促进山东省船企蓬莱京鲁船业建立船舶制造和海工装备智能制造及绿色制造生产设施。

三、优化投放结构

（一）加大对重点业务的投放力度

全年直租业务投放 13.25 亿元，占比 14.02%，较上年 4.92 亿元增长 1.7 倍。经营性租赁投放 2.65 亿元，占比 2.80%，较上年增长 2 倍。直租及经营租赁业务投放规模及占比均大幅提升。

（二）加大对重点行业和租赁物的资金投放力度

在全年投放总额中，航天产业 3.27 亿元，占比 3.44%，较上年增长 2 倍；航运船舶 12.81 亿元，占比 13.56%，较上年增长近 19 倍；清洁能源 12.82 亿元，占比 13.57%，较上年增长 32.44%；车辆业务 3.68 亿元，占比 3.90%，较上年增长近 1 倍。全年设备类资产投放 86.48 亿元，占比 91.53%，较上年增长 40.66%，设备类资产投放额及占比均大幅提升。

【金融创新】

一、夯实业务创新基础

制定《业务创新管理办法》《业务创新委员会工作规则》，全面启动业务创新工作。开展行业调研，申报创新议题，完成新能源电池、煤炭清洁利用、工程机械以及电子信息产业等 4 个创新方向可行性研究工作；发布航运、清洁能源、商用车 2022 年度市场分析报告以及氢能行业、储能行业、动力电池及充换电行业研究报告。

二、创新普惠金融业务

一是聚焦传统制造业。根据电子、机加、注塑、印刷和纺织等传统制造业发展趋势和特点，组建专业团队，制定有竞争力的风控政策、创新租赁方式，助力传统制造业转型发展。二是聚焦小微企业。以小微企业购置生产设备为核心应用场景，按照“风险整体可控、收益覆盖

2022 年 3 月，光大金融租赁股份有限公司与中航通用飞机有限责任公司签订战略合作协议

成本、有利规模展业”三大原则创新特色租赁产品。三是构建大数据模型体系。分析普惠金融业务模式，着力打造获客集约化、风控模型化、流程制式化的智能大数据模型体系。依托内外部数据平台，创新标准化审批模式，综合考量还款能力、还款意愿、征信记录、违约成本等多方面因素，逐步实现统一标准化作业。四是优化普惠业务智能科技系统，实现普惠业务进件、审批、风控、签约、放款等环节线上化操作。

【风险管控】

一、深化全面风险管理

一是在原有的全面风险管理框架基础上，完善风险治理架构、风险管理策略、风险偏好、风险限额、风险管理制度。二是引进中诚信“智象风控”信用风险评级系统，为业务信用风险评价提供决策依据，构建客户评级系统和评级模型。三是加强风险压力测试和应急计划方案建设，提高决策的可操作性。四是开展案例研究讨论、专题培训、风险防范讲座等活动，提升全体员工风险防控水平。

二、加强项目风险管理

一是严格开展尽调工作。梳理尽调风险流程和关键点，编制尽调审查手册，优化通用型尽调报告模板、各关键产业尽调报告模板，确保项目关键要素清晰列示，充分揭示项目风险。将现场尽调和尽调报告完成情况纳入业务人员月度考评方案，加强项目准入管控、项目流程管理和关键岗位操作规范。二是严格开展审查工作。制定行业授信指引类文件和《评审委员会工作规则》，综合市场、产业变化和同业调研情况，及时更新年度业务投向指引、区域准入标准，在港口、水务、风电、节能环保等领域建立风险模型。通过模型化、规范化管控，加强项目审查底线管理，防范项目信用风险。三是根据租赁业务品种和租赁物类型实行差别化资产管理。四是加强租后管理。做好项目租后舆情分类、分级管理方案和风险预警处置，推进核心业务系统和车辆租赁系统与企查查、预警通等大数据平台对接，动态开展风险预警和舆情监控工作；不定期开展重点区域、重点行业项目专项风险排查，重点关注存在风险隐患的项目，制定和落实整改措施，做到提前发现、提前介入、提前处置风险。

（航天科工金融租赁有限公司）

2022 年 12 月 7 日，“航天金租一号”卫星成功发射

湖北金融租赁股份有限公司

【概况】

2022 年，湖北金融租赁公司（简称）认真抓好“促投放、稳增长”的工作要求，全年累计实现业务投放 250.98 亿元，较上年增加 16.33 亿元，完成全年贷款新增计划的 123.91%，计划完成率位居全市金融机构前列。全年实现营业收入 33.17 亿元，较上年增长 12.94%；累计实现利润总额 13.04 亿元，较上年增长 13.03%。年末资产总额 523.91 亿元，较年初增加 78.69 亿元，增长 17.67%，经营规模进入全行业前 20 位，排名地方国资非上市金融租赁公司第 1 位。年末租赁资产余额 485.22 亿元，较年初新增 86.74 亿元。同业授信及融资额均创新高，流动性保持稳定。资产质量保持稳定，不良资产率继续保持行业较低水平；拨备率、拨备覆盖率等各项风险指标均在监管标准范围以内。在 43 家相似股东背景金融租赁公司中，净资产、投放金额、营收、利润等核心指标均排名前列。获得“2022 年度金融支持武汉经济社会发展突出贡献单位”“2022 年卓越影响力金融租赁公司”等荣誉称号；获得人行武汉分行 A 类机构综合评价。

【业务发展】

一、加大资金投放力度

履行好金融国企社会责任，持续加大对实体经济，尤其是对湖北地方经济发展的支持力度。全年累计向湖北区域投放 89.68 亿元，占比 36.88%；全年投放湖北区域客户 42 户，金额 90.78 亿元，占总投放金额的 36.19%。坚持“深耕湖北、服务全国”的战略部署，优化区域结构，深化全国布局。全年向长江经济带区域投放 171.01 亿元，占比 68.14%；业务覆盖扩大到全国 24 个省、市、区。

二、优化业务投向

充分发挥金融租赁“融资+融物”特点和优势，聚焦“民生金融”（公用事业、旅游、医疗）、“绿色金融”（新能源、低碳转型、环保）、“产业金融”（核心制造产业链、新材料、高端制造）等领域，不断提升业务投向与国家宏观导向、区域发展战略契合度。全年投向基础设施类项目 124.57 亿元、绿色发展项目 29.32 亿元、民生保障类项目 17.80 亿元。聚力服务重点领域，全年共投向制造业、新基建、绿色信贷等领域 39.92 亿元，较上年多投 31 亿元；“专精特新”领域营销取得首笔突破。

三、优化管理机制

在内部管理方面，优化完善专业化业务全流程管理机制，制定直租业务及经营性租赁管理办法，畅通专业化绿色通道；在定价管理方面，实行专业化优惠定价方式，加大对产业客户支持力度；在激励机制方面，加大营销资源配套及考核力度，组织开展系列学习分享会等多种活动，进一步提高全员积极性。

四、加快业务转型

（一）明确转型目标

制定转型发展五年规划，聚焦新能源、车辆、高端装备三大重点方向，积极加大对光伏等重点领域业务投放的力度。扎实推进构建转型发展组织架构、研发产品、建立配套机制等工作，推动业务模式、营销渠道、收入品种、风险管控、运营模式、人才结构“六个转变”。

(二)推进业务转型

一是开展转型调研。组织系统调研同业专业化发展路径和与重点厂商合作模式,研发车辆、分布式光伏、高空作业平台等标准化产品,打造特色租赁模式;全面梳理东湖高新区"光芯屏端网"龙头企业,推动专业化转型与区域优势产业相结合。二是完善业务操作和业务风险防控体系。厘清专业化业务管理思路,加大对细分行业、创新产品、目标客户的研究分析,探索适应公司专业化发展的业务操作和业务风险防控体系。三是建立跟踪体系。细分主要投向行业和领域,建立产业景气度跟踪指标体系、租赁物价格跟踪体系,通过分析指标,监控行业景气度变化。四是推进应用系统建设。根据专业化业务实施情况,加快配套应用系统建设,推进配套应用系统数字化、网络化和智能化,为专业化业务提供科技支撑。

【金融创新】

一是开辟服务绿色通道。优化业务尽调、准入、受理、审批、租后等管理流程,持续实施绿色通道审批机制,多方向、多维度推动项目落地。加强与优质战略客户、重要基础设施建设和重要民生服务等项目对接,做到相关业务随到随审、优先审批、优先放款。二是创新营销模式。加强科技赋能,充分利用数字化营销工具,大力开展线上精准营销和业务拓展,有效克服疫情影响,持续提升业务营销效率和办租效率。

【风险管控】

一、筑牢全面风险管理体系

一是做好风险测试和相关评估工作。高标准、严要求开展风险压力测试及资本充足评估工作,做好风险防控政策预调、微调,切实提高风险抵御能力。二是夯实风险监测预警机制。加强市场信息收集和形势研判,强化市场风险、流动性风险等指标监测及预警机制建设,找准核心风险敏感点,制定、实施有效的应对措施,提前作出反应。三是构建更加健全的制度体系。结合公司业务专业化转型方向和特征,进一步完善专业化业务配套制度,夯实风险管理根基,确保稳健开展各项业务。

二、提升内控管理质效

一是持续完善合规管理体系。按照"全面覆盖、全员参与"的要求,建立合规组织更加健全、制度更加完备、流程更加规范的管理体系,进一步增强依法治理能力。二是加强反洗钱工作。根据洗钱风险自评估结果,制定洗钱风险自评估整改方案;持续开展反洗钱内控制度体系建设,强化反洗钱内部检查和培训宣传,切实防范洗钱风险。三是全面提升案件防控工作质效。结合年度案防考评情况,梳理案防工作中存在的问题,加以完善和改进;科学制定年度案防工作计划,形成案防体系,确保全年"零案件""零事故"。四是有效扩大审计监督范围。按照年度审计工作计划,扩大专项审计范围,把握监督重点,提升内控管理质效。

三、提升全面风险管理效能

一是加强宏观政策解读。重视货币政策、财政政策和产业政策变化,深入研究和理解政策变化内在逻辑,确保防范风险策略与政策导向相一致。二是严控重点领域风险。依托大数据信息,关注重点行业及区域风险指标、舆情信息变化情况,加强动态监测、研判发展趋势、明确应对措施。三是优化组合风险管理。加强客户管理、担保管理、行业投向管理,严格落实集中度及风险限额管理,打好风险管理"组合拳"。四是加快建立大数据风控系统,满足个性化开发需求,实现客户信息智能管理和风险信息智能识别。

四、提升信息科技安全和运营保障能力

深入开展"安全隐患排查百日攻坚战"行动,自开业以来连续多年保持无安全事故。认真落实常态化疫情防控,有效应对多轮疫情冲击。

(湖北金融租赁股份有限公司)

(十三)企业集团财务公司

有色矿业集团财务有限公司

【概况】

2022年,有色矿业财务公司(简称)贯彻落实集团公司各项工作部署,推动党建与业务发展深度融合,不断强化集团资金集中管理,持续提高资金使用效率和效益,呈现稳健经营、持续发展的良好态势。截至年末,资产总额103.98亿元、负债总额71.53亿元。全年实现营业收入3.05亿元、利润总额1.74亿元,其中拨备前利润1.85亿元。资本充足率38.40%,流动性比率52.78%,不良贷款率为零,主要监管指标均符合监管要求。

【业务发展】

一、发展重点业务

一是发展信贷业务。构建以循环额度贷款、订单融资贷款、银团贷款、海关税收担保为代表的有色行业特色产品体系。全年累计投放自营贷款25笔、78.23亿元;出具非融资性保函20笔、担保金额5.64亿元。年末信贷余额76.46亿元,较年初净增5.41亿元;日均贷款规模66.39亿元,较上年减少2.75亿元。二是发展票据业务。创新紧跟市场波动、连通再融资渠道、平衡风险收益的市场化票据报价体系,为集团内企业办理银行承兑汇票贴现10笔、1.49亿元;出具财务公司承兑汇票9笔、226.1万元,不断拓展集团内企业的票据应用范围和融资渠道。三是发展外汇业务。对内大力推广即期结售汇业务,帮助集团有效管控汇率波动风险,引导成员单位树立"汇率风险中性"理念。在提供美元结售汇服务的基础上,增加日元、欧元等币种的结售汇服务,覆盖境内成员单位业务涉及的主要币种,全年结售汇金额超过7亿美元。四是强化资金集中管理。强化资金归集措施,实现境内资金应归尽归。通过专户管理以及票据、保函等业务,累计释放受限资金11.17亿元,年末境内全口径资金集中度92.48%。

二、强化基础工作

一是深入参与集团应收票据集中工作,截至年末,票据集中托管量7.72亿元,票据集中度100%,覆盖61家集团内企业,率先实现统一信息化平台和票据资产动态监控,管理效率达到同业领先水平。二是强化账户动态管理,提高账户管理质效。制定《境内成员单位商业银行账户开销户操作细则》,严格账户开户、销户审批,"一事一议"形成开户申请报告40份,"一企一策"督促成员企业清理账户56户。三是推进银行账户直联,实现资金监控全覆盖。新增国开行、进出口银行、上海银行银企直联及网银直联功能,境内全口径账户直联率达到89.47%。

三、落实减费让利政策

一是实行以LPR为基准的贷款利率市场化定价,主动传导货币信贷政策,年末贷款加权平均利率3.62%,低于央行公布的新增企业贷款加权利率0.38个百分点,共为成员单位让利2523万元。二是为成员单位设计个性化存款方案和"一企一策"低利率资金集中方案,全年让利4480.03万元。三是为成员单位减免各项手续费287.91万元。

【金融创新】

一是创新人民币结算业务。推进人民币国际化结算,上线CIPS标准收发器,成功落地跨境人民币支付结算业务,代理成员单位完成4.5亿元跨境人民币支付，提升跨境人民币交易效率和安全性。二是创新传统信贷产品。创新推出订单融资式流动资金贷款，为集团内重组成立的新材料加工企业投放3800万元，助力企业平稳健康经营。三是创新新能源产业服务。以财务顾问形式引导大型商业银行为锂电正极材料前驱体项目筹组13.15亿元银团贷款，促进金融支持政策切实惠及实体企业。

【风险管控】

一是完善风险合规管理机制。制定岗位职责清单、风险识别清单和流程管控清单，设置业务部门合规管理员、业务合规官，明确职责边界和履职要求，有效建立风险合规管理“三道防线”。二是加强制度建设。完成年度内部控制制度建设工作计划，全年新增5项制度、修订22项制度。三是加强风险限额管理。制定年度风险偏好、明确风险管理策略、引入量化约束指标。四是扎实开展洗钱和恐怖融资风险自评估和预期信用损失评估工作，丰富风险识别及风险控制手段。

（有色矿业集团财务有限公司）

湖北宜化集团财务有限责任公司

【概况】

2022年，湖北宜化财务公司（简称）整体运行良好。截至年末，贷款总额25.13亿元，较年初增加1.35亿元、增长5.68%；存款总额34.1亿元，较年初增加7.04亿元、增长26%。资产总额41.76亿元，较年初增加7.28亿元，增长21%；负债总额35.16亿元，较年初增加7.11亿元，增长25.36%。全年实现利润0.21亿元。资本充足率23.45%，不良贷款为零，主要监管指标均达到监管要求。

【业务发展】

一、加强成员单位资金归集

一是开展成员单位认定及开销户工作。注销成员单位14户、新吸纳成员单位6户。截至年末，共有70家成员单位开设了账户。二是做好成员单位线上业务辅导，提高结算效率。全年结算业务笔数95201笔，结算业务金额3412.16亿元，票据业务量484.55亿元，分别较上年同期增长42%、104%、34%。三是妥善应对宜化股份系列资金不能全额上收影响，确保集团系列资金“颗粒归仓”，“双环”系列资金归集由3亿元增加到5亿元，存款较年初增长26%。

二、加大信贷投放力度

一是支持集团重大项目建设。发放2.6亿元降解新材料贷款，实现项目贷款新突破；参与银团贷款项目，承贷2亿元，满足集团重大项目资金需求。二是支持磷肥行业稳产保供，分次向楚星化工发放贷款2.5亿元。三是支持小微及涉农企业发展。全年向小型企业贷款11亿元，涉农贷款12.45亿元。

三、落实减费让利政策

落实宜化集团债权人委员会决议，全年减费让利3164万元。其中，降低成员单位贷款利率，减少成员单位费用支出1155.81万元；提高成员单位存款利率上浮幅度，让利成员单位1732.31万元；减免成员单位办理结算汇划费用247.77万元；通过办理再贴现降低成员单位贴现成本8.05万元；发挥同业优势，通过参与成员单位直贴议价降低成员单位成本20.06万元。

四、助力企业化险

配合集团开展风险化解工作。向金沙新化矿发放2.65亿元委托贷款；支持上市公司资本运作，按照债委会要求为新疆宜化提供结算服务，协助新疆宜化化解风险；参与金沙酒业重大资产重组项目，助力企业聚焦主业、化解风险。

【风险管控】

一、加强信用风险防控

一是加强授信额度管理。优化信用评级系统，科学认定评级结果，审慎核定成员单位综合授信额度。二是做实贷前调查和贷中审查工作。全年开展尽职调查35次，实地走访成员单位28次。召开风委会会议30次，审议通过信贷业务46笔、发放贷款39笔，金额26.92亿元（不含委贷26464.07万元）；签发保函4笔，金额385万元；审批通过下年度发放贷款2笔，金额2.1亿元。

二、加强流动性风险防控

一是加强流动性风险监测。推进流动性指标按日监测、按季开展流动性压力测试，不断优化流动性测试模型。加强与集团资金处沟通，提前了解成员单位大额资金进出情况，根据流动性监测结果提出资金使用建议。二是调整负债结构。动员成员单位转存定期9亿元，弱化上市公司资金无法全部归集对公司流动性的影响。

三、加强信息科技风险防控

投入625万元支持公司信息化建设，搭建运维一体化超融合平台、推进数舱建设、改造新一代信贷和票据系统、开展二代征信测试，实现信息科技风险可控。加强网络与信息安全管理，严格管控外部存储设备接入和数据泄露。超融合与运维一体化项目、六期技改硬件全部实现国产化，进一步增强信创运维能力。

四、开展案件专项治理

巩固“内控合规管理建设年”工作成果，强化现场检查和问题整改。落实公司2022年案件防控暨“三大工程”实施方案，开展防范非法集资、反洗钱和反恐怖融资、反电信网络诈骗等各种专项整治工作和4次警示教育，排查风险隐患。按季开展员工异常行为排查、不定期进行员工家访，签订防止利益冲突承诺书、个人廉政风险承诺书、案件防控责任状等，推动落实各项案件防控措施。

（湖北宜化集团财务有限责任公司）

东风汽车财务有限公司

【概况】

2022年，东风汽车财务公司（简称）积极履行金融服务集团主业发展职能，深化东风汽车集团资金归集平台、资金结算平台、资金监控平台、金融服务平台等“四个平台”建设，赋能汽车产业链价值提升。截至年末，成员单位存款规模1094亿元，监管口径资金集中度81.56%，较年初增长1.1个百分点；表内外资产达1672.53亿元，较年初下降1.40%。实现利润16.60亿元，同比下降51.76%；按还原执行金融纾困政策影响口径统计，利润总额31.42亿元，同比下降8.72%。

【业务发展】

一、助力客户纾困解难

加强前中后台协同联动，快速制定纾困政策，7×24小时无间断在线办理纾困手续，打造金融纾困“东风模式”。全年向全国经销商和终端客户宣传纾困政策8200余场次、上门服务困难客户2000余次，推动政策“非申即享、直达快享”。全年累计受理纾困延期申请16.72万笔，涉及贷款本金464.29亿元。

二、强化基础业务

（一）深耕产业链金融

一是服务商用车市场。强化与主机厂的营销协同，精准支持东风商用车和柳汽拓展市场；深挖东风股份、瑞驰新能源市场潜力。商用车金融累计放款5.49万辆，渗透率23.36%。其中，东风股份放款2.02万辆，渗透率提升5.81个百分点；瑞驰新能源放款4176辆，渗透率扩大至12%。二是服务乘用车市场。协同主机厂开展区域和店端联动营销，推进与新零售平台合作，支持自主品牌提升销量。乘用车金融累计放款36.59万辆，渗透率达34.99%，其中东风风神放款量同比增长7.30%。三是服务经销商和供应商。深化批发金融批零联动模式，累计投放314.36亿元，同比增长4.81%。优化公司金融联合存贷款方案，搭建东风供应链金融平台，开展"万企百亿"攻坚活动。年内新增注册127家供应商，累计投放306.81亿元，同比增长14.53%。

（二）发展债券业务

担任东风汽车集团公开发行2022年公司债券（第一期）财务顾问，全程跟踪服务发行工作。完成东风汽车集团2022年公司债券（第一期）簿记建档工作，首次发行3年期企业债券20亿元，全场认购倍数4倍，票面利率3.00%，创东风汽车集团同期限信用债票面利率历史新低。

（三）发展外币结售汇业务

拓展外币品种，持续推进跨境资金集中资金池、跨境双向人民币资金池"双池"运营。完善CIPS收发器功能，通过CIPS收发器向境外划拨6.2亿元人民币。截至年末，累计18家成员单位加入跨境双向人民币资金池；办理外币结算60.88亿元、同比提升365%。

三、推动集团司库二期项目建设

推动司库覆盖至271家直属控股单位，实现金融资源全局可视、可管、可控。截至年末，存款规模1129.63亿元、同比增长2.77%，是历史最高水平；监管口径资金集中度81.56%，较年初增长1.1个百分点；吸收合营单位存款突破228.02亿元。

【金融创新】

一、创新金融业务

一是创新开发暂估应收账款保理产品、推出非整车经销商融资业务，满足供应商和零部件成员单位经销商融资需求，非整车经销商融资业务首笔放款720万元。二是创新推出全场景、全模式、全流程结售汇业务。为深圳市东风南方汽车进出口有限公司收取香港贸易商货款，成功落地外汇收汇业务。三是创新推出"东风融E单"电子债权凭证。创新可拆、可转、可融的电子债权凭证，通过东风供应链金融平台为东风华神供应商开立首张电子债权凭证，促进上游供应商应收账款融通及交易。

二、加快数字化系统建设

一是优化汽车金融2.0系统、开发汽车金融3.0系统，实现经销商APP与主机厂对接。二是搭建集团金融板块云平台"东风金融云"，为集团金融业务支撑提供全面IT服务，实现相关金融业务系统的快速部署及上线。三是投产上线新一代票据业务系统，作为第一批金融机构接入上海票据交易所系统，支持客户票据全生命周期需求。为南斗六星系统集成有限公司签发13张新一代票据。截至年末，票据业务累计投放454.33亿元，其中公司金融票据业务投放金额达241.42亿元，同比增长16.76%。

【风险管控】

一、加强内控合规管理

一是加强制度建设。推进毕马威咨询公司全面风险管理诊断成果落地，全年修订制度458项、废止制度123项，规范65个重点领域合规内控矩阵。二是优化分级授权管理体系，开展48项合规问题专项检查和专项治理。

二、加强全面风险管理

一是完善大数据风控体系。开发统一征信、统一贷后管理、法企直连平台，上线采购、合同、审计管理系统，赋能全面风险管理。二是加强"两地三中心"—同城双活数据中心建设，强化信息运维和安全管理，连续七年未发生重大信息安全事件。

【金融消费者权益保护】

一是畅通投诉渠道。在客服系统设置投诉专线、在官网及微信公众号公示投诉专线和服务价格目录。二是提升投诉处理水平。强化漏接投诉电话回访机制，明确外部投诉处理标准，扩大投诉处理覆盖面；加强与湖北银行业保险业纠纷调解中心、律师事务所合作，运用多元化纠纷处理机制处理闹诉、缠诉及无理投诉的客户，避免投诉升级。全年处理外部投诉案件197件；有责投诉结案率100%。三是开展主题宣传活动。开展"3·15"金融消费者权益保护宣传周、"金融宣传进万家"等主题宣传活动，通过微信公众号、东风金融官网等平台扩大宣传效果。

（东风汽车财务有限公司）

湖北交投集团财务有限公司

【概况】

2022年，湖北交投财务公司（简称）以"立足集团主业，服务产业发展"为宗旨，稳健开展各项业务。全年累计发放贷款96.89亿元；不良贷款为零。实现营业收入5.33亿元；净利润1.44亿元。在中国银保监会年度监管评级中保持1B级，获得"2022年度金融支持武汉经济社会发展突出贡献单位"等荣誉。

【业务发展】

一、加强资金集中管理

一是完善司库体系建设。实现22家合作银行合计1486个账户穿透可视，对集团资金实行可视化管理。二是履行好集团账户管理职责。严把账户准入关口。通过简化账户审批流程、整合资金计划功能，提高账户审批效率，得到成员单位好评。全年结算超过10万笔，结算金额9180亿元。全年资金集中日均余额140亿元，平均全口径资金集中度64.61%。

二、开展信贷业务

发挥内部银行"快、优、活"的竞争优势和服务优势，强化内部协同，为成员单位提供个性化金融服务，帮助成员单位实现降本增效。日均贷款余额创历史新高，达109.90亿元；时点余额首次突破100亿元，增幅超过10%。全年投放绿色信贷9.60亿元，投放金额实现新突破；办理委托贷款共计5.98亿元；开立保函155笔，金额11.09亿元。

三、开展投资业务

不断丰富投资业务品种，提高资产配置效率，持续筑稳资金管理底盘，擦亮优质服务底色，积蓄产业金融底气。不断拓展业务"朋友圈"，深挖潜在业务机会。全年与金融机构双向授信金额、同业拆借金额均创历史新高；首次成功落地金融债。

【金融创新】

坚持"开放共享、互利共赢、安全高效"的经营理念，打造湖北省属国有企业首家供应链金融平台，首创"楚道"品牌。全面谋划"楚道云链"供应链金融平台蓝图，21天内实现平台搭建上线和业务顺利落地。全年有5家核心企业、40余家上游供应商和多家金融机构成功入驻。截至年末，累计签发"楚道E信"12.09亿元，完成融资11.75亿元，综合成本率2.68%；压降建设融资成本40%以上，带动产业链整体实现降本增效约1600万元。

【风险管控】

一是健全风险管理体系和内部控制体系。完善"1+10"全面风险管理制度体系，明确部门风险管理职责。成立风险协调小组，制定年度风险偏好陈述书，细化23项风险预警指标。完成风险预警系统、监管数据报送平台建设。二是加强合规管理。按照合规要求更新公司管理办法实施方案。组织开展《民法典》《反洗钱法》《财务公司管理办法》专题培训，强化员工合规执业意识。组织内部合规风险排查，有效整改 12 项问题，确保公司稳健运营。

（湖北交投集团财务有限公司）

三环集团财务有限公司

【概况】

2022 年，三环集团财务公司（简称）稳健经营、合规发展，取得较好的经营业绩。截至年末，贷款余额 166337.00 万元、同业存款余额 66677.53 万元；全年贴现 22545 万元。资产规模 258277.51 万元。全年实现利息净收入 6545.78 万元；拨备前利润 5036.62 万元、净利润 3832.18 万元。

【业务发展】

一、加大信贷投放力度

提高集团资金使用效率，支持成员企业复工复产，解决成员企业生产经营需求。对 23 家成员企业进行评级、授信，授信金额共计 30.95 亿元；向成员企业发放各项贷款 182 笔、金额 35.44 亿元，其中，累计发放流动资金贷款 30.39 亿元、累计贴现 5.05 亿元。截至年末，信贷投放（流贷、贴现）余额 188882 万元。

二、发展基础业务

一是发展结算业务。截至年末，共开立账户 148 户。其中，活期账户 88 户、定期账户 28 户、通知存款账户 2 户、保证金账户 30 户、同业账户 14 户，实际发生交易的账户有 85 户。成员企业新增开户 9 户、变更 10 户。全年结算业务交易笔数 36872 笔，结算金额 1176.54 亿元。二是开展票据承兑业务。截至年末，累计开具承兑汇票 131436 万元，余额 68962 万元。三是开展资金集中业务。截至年末，三环集团合并报表货币资金总额 234032 万元，吸收存款 142886 万元，根据资金集中度计算出的全口径归集率为 47.26%，与上年基本持平。

【风险管控】

一是进行客户信用评级。根据成员单位行业分布情况、经营情况及财务状况等建立信用评级、授信模型，将成员单位信用分为 6 个等级，最高为 AAA 级。结合被授信单位净资产等财务指标，测算授信额度。按照监管要求和“三个办法一个指引”标准审核信贷资料，确保业务符合风险控制要求。二是加强风险指标监测。监测资金流动性、资本充足率、拨备覆盖率等指标，确保各项指标均符合监管要求。向相关部门报送现场及非现场监管报告。三是开展案防自查及评估。根据案防要求 5 个板块共 25 个指标自评案防情况，补充缺失部分指标对应的制度文件。

（三环集团财务有限公司）

中国石化财务有限责任公司武汉分公司

【概况】

2022 年，中国石化财务武汉分公司（简称）认真落实公司年度工作会议精神，助力集团公司扛好“三大核心职责”，圆满完成年度各项目标任务。截至年末，资产总额 54.74 亿元。

【业务发展】

一、开展“一企一策”精准服务

制定重点项目清单和重点企业联系清单，密切与企业联系，了解企业金融需求，为企业提供主动、精准、专业、高效的金融服务。探索财企合作新模式，当好成员企业金融顾问，助力成员企业构建稳固的产供销体系。发挥票据优势，助力企业降本增效。

二、服务集团资金管理

一是加强资金收付管理。强化业务监控，连续多年保持“录入零差错、收付零损失、服务零投诉”。二是发展结算业务。办理首张公司结算收款卡，丰富资金入账渠道，减少资金外部沉淀。三是拓宽服务渠道。网上金融服务平台实现客户全覆盖。

三、服务成员企业发展

紧跟集团“三新”战略发展方向，发放首笔绿色贷款 456 万元，支持地热、光伏等新能源项目建设。解决成员企业原油采购集中支付的资金困难，有序推进生产经营和项目建设。主动下调利率，帮助成员企业降本增效。

【风险管控】

一、强化合规意识

推进“合规管理强化年”活动，采取“线上+线下”方式分层分类开展反洗钱、合规管理等培训；定期开展“每周一学”和警示教育，学好专业知识和相关法律法规，提升员工专业技能，强化员工合规意识，督促员工合规展业；组织员工学习《诚信合规管理手册》，签订合规承诺书，开展合规宣誓，营造良好合规文化氛围。

二、加强内部管理

一是完善内部评级体系。规范贷前调查流程，完善信贷业务审核要点和清单，确保信用风险可控、在控。二是加强制度建设。开展“我为制度做诊断”活动，打造精简有效的制度体系。三是加强风险排查。开展“梳理业务流程、防范化解操作风险”专项活动，评估重点业务、流程环节的操作风险。四是加强稽核监督。扎实开展月度常规稽核和合同管理、征信管理等专项稽核，建立“问题清单”，确保问题整改落实到位，在消除执行短板、依法合规经营、加强风险防控等方面发挥监督保障作用。

（中国石化财务有限责任公司武汉分公司）

中国电力财务有限公司华中分公司

【概况】

2022 年，中国电财华中分公司（简称）依托服务品种齐全、结算系统高效、风险体系健全、经营管理规范的优势，为电力客户提供优质、高效的金融服务，各项业务稳健发展，超额完成目标任务。连续三年获得“金融支持武汉经济社会发展突出贡献单位”称号。

【业务发展】

一、做好融资服务

一是开展“票融通”业务，拓展“承兑+买方付息+再贴现”组合业务，用足人民银行能源保供专项再贴现政策，降低客户融资成本。二是发挥“电 e 金服”平台作用，整合全产业链业务流、资金流、信息流，将公司资源优势拓展辐射到产业链上下游企业。三是按照国网公司融资集约管理要求制定融资计划，引导客户有序还款。

二、加强财务资金管理

通过利润偏差分析加强预算计划执行过程管控；加强资金备付额度精益管理，积极运用优化配置资金政策，加大资金引入力度，通过利差收益实现利润共享。

三、提升服务水平

一是开展“卓越亮蚁—三讲三做立新功”主题活动。运用“5443”亮蚁客服工作法，动态调整应急预案，建立健全区域业务代办工作机制，保障特殊时期客户单位及时支付重要款项。二是加强内部协同联动。在疫情防控以及四川高温旱灾期间,通过区域合作互助保障金融服务不断档。

【风险管控】

一、全面落实监管要求

高标准高质量完成监管数据报送,全年共报送非现场监管报表483张、报告97个、反洗钱分类评级材料172份。全年未发生营业结算操作风险事件,实现营业差错率和营业风险事件"双零"目标。

二、加强合规管理

开展"合规管理强化年"活动,强化"五持续五常态"长效机制。开展合规"学讲懂"主题教育活动和知识竞赛、"严肃财经纪律、依法合规经营"综合治理等专项行动,梳理18个重点领域的75个关键环节共242个风险点,制发《2022年分公司重要领域关键环节风险点清单》,消除问题隐患60余项。

三、筑牢安全生产防线

开展"一把手讲安全课""新安法知多少"知识竞赛等活动,增强全员安全意识;制定领导班子成员安全生产责任清单和全员安全责任清单,压实岗位责任;开展信息安全督查和隐患排查,做好信息保密、安全运行保障工作,确保重要时点、重点区域平稳、安全、有序运行。

【金融消费者权益保护】

运用新一代资金结算系统保障客户资金安全。持续开展反洗钱等金融知识进社区活动,增强公众风险防范意识和自我保护能力。

(中国电力财务有限公司华中分公司)

三峡财务有限责任公司宜昌分公司

【概况】

2022年,三峡财务宜昌分公司(简称)秉持"立足集团、服务集团"的经营宗旨,积极发挥"四大平台、两种属性"作用,全力支持集团主业发展。截至年末,信贷余额406.28亿元;贴现余额4212.83万元;存款余额424.08亿元,较年初增加234.5亿元。全年实现营业收入15.60亿元,同比增加0.17亿元,增长1.1%;利润总额10.78亿元,同比减少1.68亿元,下降13.47%。缴纳税金2.23亿元,与上年持平。

【业务发展】

一、服务重大项目

(一)服务集团大水电项目

一是跟进云川公司乌白项目资金计划,优先保证提款额度。二是通过流动资金贷款和循环额度贷款等方式满足已投运的长江电力、川云公司、清江公司大水电项目临时性资金需求。全年为长江电力和川云公司办理循环额度贷款授信、为清江公司办理循环额度贷款授信,有效降低企业资金备付水平。

(二)服务抽水蓄能板块建设

一是为天台抽蓄项目提供搭桥贷款,保障项目前期建设;成功组建天台抽水蓄能银团贷款。二是支持三峡建工全国抽水蓄能业务开发主体投标竞标;第一时间为松阳、江油、浦江抽蓄项目提供授信证明,做好项目投标准备工作。

(三)服务新能源项目

围绕集团新能源业务发展,通过项目贷款、票据承兑、票据贴现等方式为新能源项目提供金融服务,助力集团打造风光三峡、实现双碳目标。一是服务海上风电项目。紧跟海上风电业务发展步伐,为三峡新能源阳江发电有限公司提供固定资产贷款,用于青洲五、六、七期海上风电项目建设,巩固集团海上风电引领地位。二是服务金沙江下游水风光储国家级示范基地(简称金下基地)建设。与三峡集团云南能投公司(含控股子公司)签订30亿元借款合同,以统借统还的方式提供搭桥贷款,用于下属7个项目公司新能源项目开发和建设,有力支持集团金下基地云南侧项目开工。三是下调贷款利率。参照市场利率平均水平,为新能源项目调降贷款利率,办理存量贷款利率调整手续,引导项目融资成本下行。

(四)服务长江大保护战略

一是采用搭桥贷款的方式解决项目前期资金问题,推进项目建设。全年为长江大保护项目累计发放搭桥贷款80笔。二是依托公司金融行业优势,拓宽融资渠道,引入外部金融资源,为项目组建银团贷款,降低项目融资成本,满足项目长期资金需求。三是通过票据贴现和保函等工具缓解产业链上下游中小微企业融资难题。全年为长江环保集团及其下属项目公司办理1324笔电子银行承兑汇票业务、10笔各类保函;为长江大保护项目施工单位办理60笔票据贴现业务。

二、推进结算业务

通过升级票交所直连加密系统、发挥资金结算平台作用,实现成员单位电子服务系统开通率100%、电子支付业务比率接近100%,缓解成员单位支付结算业务笔数与金额快速增长压力,做到资金结算零在途、零差错,为广大成员单位提供安全、稳定、高效的支付结算服务。全年提供延时结算服务638小时,同比增加350小时,日均2.56小时。办理成员单位支付结算业务金额1.99万亿元,同比下降2.45%;支付结算业务笔数46.37万笔,同比增长3.46%,单日业务量首次破万笔,创历史新高。办理商业票据业务笔数6916笔,同比增长91.95%;商业票据金额81.99亿元,同比增长57.69%。完成大额交易识别53701笔、可疑交易识别24202笔。

三、推进代理电费回收业务

争取到南方电网超高压公司提前预付溪洛渡右岸电站电费超过2亿元,电费回收率将100.34%,现金率99.80%。为溪洛渡和乌东德电站办理买方付息票据,现金结算率100%。全年代理集团大水电回收电费实现现金占比99.8%。电费回收进度较购售电合同约定提前7天左右。

四、提升服务水平

一是加强与成员单位联系,及时告知信贷规模、资金头寸和资金归集情况。二是主动作为,安排专人为集团提供现场服务。三是推进集团司库体系建设,督促成员单位加强账户管理、实现银企直联。四是加强G6系统应用。综合运用开销户管理、外部银行账户监控等管理手段,实现成员单位"账户可视、资金可控、调拨可循、结果可查",保障资金安全。

【风险管控】

一、加强内控管理

一是认真学习贯彻《财务公司管理办法》《企业集团财务公司管理办法》,制定《〈管理办法〉实施工作方案》,从总体要求、工作原则、保障措施等方面部署重点工作任务。二是编制"三项清单",将合规要求和管控措施嵌入重要业务流程、关键管理环节与重点岗位职责。三是开展《中国银行业自律公约》落实情况自查。采取现场检查与非现场检查相结合的方式,通过抽查档案和文件、调阅监控录像开展自查,向中银协提交《分公司关于开展中国银行业自律公约等行规行约落实情况的自查报告》。

二、加强案防管理

一是实施"排雷工程、拆弹工程和强基工程"三大工程,向监管部门上报《分公司2022年案件防控暨"三大工程"工作总结》。二是开展案防工作自评估。组织各部门按照部门职责开展2021年分公司案防工作自评估工作,编制《分公司2021年度案防工作自我评估报告》。

三、做好监管数据统计报送和汇报工作

一是做好数据报送工作。优化1104报送系统取数逻辑,报表准确率达90%以上。全年按照监管部门要求提交12套"1104"报表报告材料和53份经营情况分析报告、关键指标月度监测表、监管指标考核表、成员单位名录等非现场监管报送材料，实现全年数据报送零差错。二是做好汇报工作。全年向湖北银保监局报送能源电力保供工作情况报告、服务小微企业情况调研报告、重点工作推进情况报告等24份汇报材料；向宜昌银保监分局报送贷款规模下降情况说明、信贷投放情况调研报告、清廉金融文化建设工作自评报告、扫黑除恶工作报告等13份汇报材料。

四、防范非法集资

排查成员单位账户，分析账户资金流水，防范异常资金流动等可疑交易。及时向监管部门上报《非法集资风险排查报告》《分公司关于开展2022年防范非法集资宣传月活动工作总结》《分公司2022年防范非法集资及养老诈骗工作情况报告》等报告，发挥金融服务窗口引导和监督作用。

五、开展反洗钱工作

建立层次清晰、职责明确、相互协调、有效配合的反洗钱工作机制，定期组织召开反洗钱和反恐怖融资工作领导小组会议，及时做好沟通和报告工作。制定“反洗钱，你我同行”宣传方案，在社区开展志愿者服务活动，向居民发放反洗钱宣传资料；在微信公众号等互联网平台推送85条反洗钱信息。全年未发生洗钱案件和风险。

（三峡财务有限责任公司宜昌分公司）

航天科工财务有限责任公司武汉分公司

【概况】

2022年，航天科工财务武汉分公司（简称）聚焦主责主业，坚守风险合规底线，夯实管理基础，妥善应对各种风险挑战，实现合规经营、稳健发展。截至年末，存款余额140.62亿元，日均存款规模153.10亿元，同比增长41%；自营贷款余额37.95亿元，同比增长43%；信贷业务日均规模28.92亿元，同比增长48.46%。存贷款日均规模实现“双突破”。累计发放贷款35.52亿元，同比增长76%；累计办理贴现1.45亿元，年末贴现余额0.57亿元。获得“金融支持武汉经济社会发展突出贡献单位”等称号。

【业务发展】

一、发展信贷业务

一是加大资金投放力度。将信贷资源向重点成员企业倾斜，在风险可控前提下给予成员企业充足授信支持；发挥财务公司集团内部融资主渠道功能，推进批发型和零售型信贷业务，对符合条件的成员企业应贷尽贷，满足成员企业资金需求。二是调整信贷结构。通过创新信贷产品、整合优质信贷资源，引导资金投向集团重大项目、战略性新兴产业和优质企业；终止非主业和风险隐患较大企业贷款业务，进一步优化资产质量。

二、优化结算服务

一是编制《电票业务操作指南》，对成员企业开展电票业务和函证业务指导，提升相关业务及时性、准确性、便利性。二是延长对外付款时间。在符合内控要求的前提下全力保障各单位结算业务顺利开展。全年累计办理网银收付款业务24.7万笔、金额474.74亿元。

三、助力成员企业降本增效

认真落实减费让利政策，引导成员企业用好、用足信贷优惠政策，降低成员企业贷款名义利率和实际利息，有效推动企业金融成本下降。

四、确保疫情期间金融服务不断档

制订疫情应急工作预案，在疫情期间按照党员优先、岗位必要的原则，合理安排员工线下办理贷款发放、支付清算、账户管理、票据兑付等业务。运用“航天云信”系统远程办公，保障金融服务渠道畅通。

【风险管控】

一、加强内控合规建设

一是规范审批流程。严格执行授信及信贷业务“4+4+专业委员会+主要领导审批”合规审批流程，切实履行风控一、二、三道防线主体责任，有效发挥总分两级信贷审查委员会和风险领导小组前置把关作用。二是开展风险排查。按照监管部门巩固“整治市场乱象”“内控合规管理建设年”工作成果的要求，以决策合规、治理合规、资金管理合规、业务合规、印章管理合规等为治理重点，开展全面风险排查。三是加大培训宣传力度。开展全员合规培训，强化员工合规意识、底线思维；组织开展合规知识小讲堂活动，宣贯金融法律法规、公司相关制度，规范员工从业行为。

二、加强网络安全管理

严格执行集团和公司信息网络安全规章制度，通过记录机房设备日常运维情况、定期检查设备及线路、参加集团网络安全演练等，实施有效的网络安全防护措施，确保全年无网络故障和网络安全事故发生。

（航天科工财务有限责任公司武汉分公司）

中国能源建设集团财务有限公司武汉分公司

【概况】

2022年，中能建财务武汉分公司（简称）依托自身金融专业优势，积极服务集团成员企业和关联企业，取得较好经营业绩。截至年末，表内外资产总额301.32亿元、负债总额300.35亿元。全年实现营业收入3.85亿元、净利润2.76亿元。

【业务发展】

一、加强资金集中管理

做好支付结算服务，以流量带存量，推动资金集中水平不断提高。一是密切跟踪集团改革调整情况，加强与成员单位沟通，为集团新设机构和业务领域提供账户开立、资金集中等各项金融服务，切实为集团“聚好财”。二是发挥区位优势，及时收集相关企业经营信息与资金信息，协助公司本部做好资金归集工作，实现关键时点的归集目标。三是围绕客户需求积极优化结算方式，创新结算服务手段，推出委托收款等个性化服务品种，以优质支付结算服务带动存量资金归集。

二、服务重点产业和重点领域

一是服务制造业企业发展。根据制造业企业生产经营周期长的特点，合理确定贷款期限、增加中长期贷款比重，缓解制造业企业用款周期长的难题。年末制造业贷款余额2.18亿元，其中中长期贷款占比21.84%。二是服务绿色企业发展。采用信用贷款的方式为绿色企业提供融资服务，给予同期LPR下浮0.15—0.2个百分点的优惠利率。截至年末，为三家绿色企业累计发放贷款2.23亿元，余额0.58亿元，其中“首贷户”贷款金额0.4亿元。三是服务中小企业发展。截至年末，中型企业贷款余额15.05亿元、小型企业贷款余额0.8亿元，贷款利率均不高于同期LPR利率。四是发放第二期境外疫情贷。截至年末，共发放疫情贷2.26亿元，利率2.95%。五是落实减费让利政策。降低自营贷款利率，全年发放的自营贷款平均利率2.89%；降低贷款手续费，委托贷款按照每笔1000元手续费标准收取。

【风险管控】

一是加强制度管理。按照公司本部《2022“制度建设年”专项行动方案》，以“简约、高效、好用”为目标，稳步推进制度“立改废”。对照修订后的制度，完善《内部控制手册》、开展内部控制评价，确保各项内控措施健全有效。二是开展专项检查。通过制发《2022年制式合同汇编》开展2021年度合同专项检查和UKEY、印章、弱密码风险检查及信贷业务检查，努力强弱项、补短板。三是常态化开展反洗钱、案防、征信等培训，持续提升员工合规意识，保障分公司依法合规经营。

（中国能源建设集团财务有限公司武汉分公司）

宝武集团财务有限责任公司武汉分公司

【概况】

2022年，宝武财务武汉分公司（简称）认真落实总公司"十四五"战略规划和年度工作部署，积极参与宝武集团钢铁生态圈建设，统筹推进公司治理、业务发展和风险防控等各项工作，实现合规经营、稳健发展。截至年末，资产总额99.3亿元，负债总额97.88亿元。全年实现营业收入4.23亿元，净利润0.62亿元。

【业务发展】

一是发展基础业务。通过了解和掌握集团核心成员单位资金运作规律，为成员单位提供财资服务和网银服务。通过丰富资产业务和存款业务品种，加快成员单位资金归集。二是扩大客户规模。推进服务区域向广东、湖南、江西等地延伸；加快客户走访频次、动态调整营销策略；推进与集团内相关商务平台、其他财务公司合作，开发下游业务市场客户。三是支持绿色发展。探索碳排放权质押贷款模式，支持成员单位环保设备升级和再生资源业务发展。

【风险管控】

一是加强风险敞口管理。完善制度和业务操作手续，优化各项业务审批流程，加强贷前审查和贷后跟踪。二是加强征信管理。开展征信合规教育培训，增强员工征信信息安全意识；积极配合人行武汉分行征信业务检查，认真落实整改要求。三是开展反洗钱、防范金融诈骗等工作，提升金融消费者风险防范意识。四是加强内部防疫管理和消防、治安综合治理，确保不发生安全事故。

（宝武集团财务有限责任公司武汉分公司）

（十四）消费金融公司

湖北消费金融股份有限公司

【概况】

2022年，湖北消费金融公司（简称）坚持"党建引领促发展"的工作思路，推动党建工作与经营管理深度融合，以专业化、定制化、远程化、数智化的消费金融服务满足广大居民消费需求。年内完成第三轮增资扩股，注册资本金达10.06亿元。截至年末，总资产123.17亿元，累计为全国共1200万名个人客户提供消费金融服务，累计发放消费贷款700亿元。全年实现净利润1.19亿元。累计利税12亿元。逾期60天以上贷款全部纳入不良，拨备覆盖率较上年稳步提升，资本充足率、贷款拨备率、资产损失准备充足率等监管指标达到监管要求。

【业务发展】

一、支持乡村振兴

坚持特色化、差异化、数智化的发展思路，加快推进数智乡村建设，为乡村客群提供触手可及的数字化消费金融服务；通过推出乡村消费贷款产品和线上推介特色农产品，进一步释放乡村振兴新动能，推动实现农业更强、农村更美、农民更富。截至年末，乡村信贷投放超过53亿元。

二、落实金融纾困政策

摸排受疫情影响地区客户需求，根据客户实际情况"一户一策"精准提供相匹配的纾困工具，缓解受困客户资金周转压力。

三、发展场景金融

通过"菁英循环贷""乡村消费贷""抵押贷"等拳头产品和线上分期服务，满足城市乡村居民家装、家居、旅游、文娱、日常消费等多样化消费需求。依托线上消费直播平台和线下"美好生活体验馆"的优势资源，向大众提供消费金融服务。

四、提升金融服务水平

加强科技运用。通过加大金融科技投入、加强科技人才培养，推动客户服务网络化、数字化、智能化发展。一是简化贷款申请流程。以"湖北消费金融""小鱼福卡"APP为核心，运用远程面核面签等技术，简化线上贷款申请流程，实现客户足不出户获得贷款。二是扩展智能化服务场景。通过电话、微信公众号、企业微信号、官网、手机APP等渠道，公示客服电话400-882-5137，为客户提供7×24小时不间断的金融服务。

【金融创新】

一是创新服务模式。制定湖北县域金融服务方案，深入13个省内重点县域，"一县一策"制定消费信贷提升计划和推进方案。二是创新金融产品。融合互联网技术手段与传统金融信贷管理经验，精准划分客户群体，根据不同客户群体的金融需求创新和迭代相匹配的产品。三是构建多元融资体系。持续提升自主市场化融资能力，获得非银机构所有主流融资资质，构建以股东存款为基石、同业借款为主体、银团贷款和ABS创新融资互为补充的多元融资体系。

【风险防控】

一、加强内部管理

一是完善规章制度体系。完善流动性风险、声誉风险、洗钱和恐怖融资风险、科技外包风险等管理制度，加强制度执行监督、业务流程常态化检查和持续性评估。二是开展专项检查和排查。开展合规风险全面检查和大额费用支出、授权管理等专项检查以及不法贷款中介专项排查，提升内控体系有效性，实现全年无经济案件、无刑事案件、无重大责任事故发生的"三无"目标。三是实施资产净化方案，加快处置、出清存量风险，稳住基本盘。四是通过调整组织架构、优化业务流程、迭代风控模型，严控新增风险。

二、完善智能风控体系

运用人脸活体检测、数据核验等技术，构建反欺诈风险模型、信用风险评估模型、风控决策引擎，实现贷前全线上验证审批流程不超过5分钟；基于客户还款行为，开发预警模型评估预判客户还款行为，提升贷中存量客户挖潜精准性。

三、强化纠纷多元化解机制

运用数据动态分析技术，加强客户精细化分类管理。充分利用银调及法院资源，打造"法院+调解中心+银保机构"联动模式，实现精准划分、分层管理、分类处置风险客户，助力化解小额债务纠纷。积极开展区块链存证诉讼，"互联网+"诉讼模式取得突破性进展，诉讼周期缩短66%。

【金融消费者权益保护】

一是夯实消保工作基础。认真贯彻落实《银行保险机构消费者权益保护管理办法》《中国人民银行金融消费者权益保护实施办法》等监管要求，持续完善消保机制、制度、流程，推动消保工作与业务发展和服务管理深度融合。二是加强合规审查。将消保审查纳入内部控制体系和风险管理体系，督办落实营销宣传行为规范、个人金融信息保护、产品适当性管理、收费管理等关键领域的消保管理要求，切实维护消费者合法权益。三是开展宣教活动。定期开展"小鱼儿消保讲堂"系列宣教活动，制作主题漫画和线上推文，通过微信公众号、官方网站宣传，累计触达40万人次，帮助大众建立正确的金融消费观念，进一步提高大众金融安全意识和自我保护能力。

（湖北消费金融股份有限公司）

三、保险机构

（一）财产保险机构

长江财产保险股份有限公司

【概况】

截至2022年末，长江财险（简称）资产总额265635万元。全年实现保费收入81796万元，增幅44.04%；为社会提供风险保障保额2.7万亿元，同比增长263%；赔付净支出41941万元。上缴税款8359万元，同比增长11.51%。公司共有84个分支机构，其中，5个省级分公司、28个中心支公司（含武汉分公司）、49个支公司、2个营销服务部。

【业务发展】

一、发展科技保险

一是与业内经验丰富的再保险公司组成共同体，参与东湖科技保险中心的建筑工程质量潜在缺陷保险项目。截至年末，已提供风险保障1.3亿元。二是优化建筑工程质量潜在缺陷保险、科研场所安全责任保险、充电桩（站）充电安全责任保险、湖北省高新技术企业小额贷款保证保险等产品，巩固科技保险发展基础。三是建立独立自主的风控体系。完善线上和线下风控模型，在科技保险产品落地的基础上制定风险分担机制。

二、加强营运管理

一是优化调整组织架构。成立战略客户事业部、健康险/社会医疗保险事业部、农业保险/乡村振兴事业部以及金融业务领导小组四个"总对总"模式的大事业部，通过财务、人事等方面放权赋能，增强团队凝聚力。二是推进经理层成员任期制和契约化管理。根据经理层成员的分管工作，"一对一"编制《岗位说明书》《经营目标责任书》，明确岗位职责、权利、义务和经营目标，构建差异化薪酬分配和考核体系。经理层任期制和契约化管理相关经验被相关工作简报刊载，向全省国资系统传播。三是完成国企改革三年行动实施方案。成立改革工作领导小组，对标一流企业管理制度，逐步完善党委前置研究、市场化招聘、公司法人治理、企业民主管理等制度，使公司经营决策科学合理、职工权益得到有效保障。通过"走出去、请进来"模式，加强与同业友商交流合作，学习先进经验、补齐自身短板、提升管理能力和管理水平。持续推进落实垂直集中化管控模式，进一步完善和构筑理赔管理架构。首次获得国家计算机软件著作权，自主研发实现零的突破。全年投入研发经费2000万元，增长26%。

【金融创新】

一、创新乡村振兴服务模式

与郧西县人民政府、房县人民政府、襄州区人民政府签订战略合作协议，探索保险创新发展新模式和保险服务地方经济社会发展新途径。全年共开发商业性露地蔬菜、食用菌、桃树、茶叶种植保险和生猪、小龙虾、蛋鸡等养殖保险共7款产品，不断提升农险产品的广度和深度。通过及时调集资金、赠送设备等举措减少遭受旱情灾害地区的损失。全年承保农户49659户，提供风险保障3.76亿元；赔款145万元，赔付率7.5%，结案率100%；灾后补偿1120户。

二、丰富保险产品

全年开发海洋进出口货物运输保险（2022）、湖北省安全生产责任保险、国内鲜活货物运输保险等共计100款保险产品，进一步丰富了产品库。全年承保安全生产类责任险、环境污染责任险、医疗责任险、建筑工程类保险、政府救助责任险等业务标的500余个。

【风险管控】

一是梳理风险管理流程和各项风险控制程序，建立"事前审查""事中监测、检查""事后考核"的合规管理机制，全面评估保险业务、资金运用、机构设立等重要领域的合规风险。二是强化合规报告、合规考核等制度有效实施，做到"有制度、有监督、有检查、有考核、有奖惩"。三是提升反洗钱和反恐怖融资管理水平，追究相关案件责任，确保公司合规、稳健、高效运营。全年配合打击欺诈案件86件，减损金额433万元。

【金融消费者权益保护】

将保险消费投诉管理要求层层压实到机构、岗位、人员，逐级落实主体责任、工作责任和考核要求，控降投诉发生量，监管投诉下降至48件，降幅达26%。进一步加强投诉预警管理，增强事前防控能力，提前化解纠纷隐患，避免投诉升级。积累投诉预警处置经验，加强员工培训，推动每项投诉得到妥善处理。

（长江财产保险股份有限公司）

2022年5月，长江财险举办经理层任期制和契约化管理签约仪式，董事长叶战平（右）与总经理刘楚斌（左）签订年度目标责任书

泰康在线财产保险股份有限公司

【概况】

2022年，泰康在线（简称）保费跨越

百亿元平台，财务指标保持良好发展态势，风险指标保持稳定。全年实现原保险保费收入100.13亿元，同比增长40%。其中，健康险收入57.6亿元，占总保费的57.5%；车险收入17.6亿元，占总保费的17.6%；财产险收入24.9亿元，占总保费的24.9%。全年实现净利润1.4亿元，承保利润0.38亿元。年末总资产177.2亿元，总负债137.8亿元，净资产39.4亿元。四季度公司核心偿付能力充足率320.2%，综合偿付能力充足率321.7%，监管风险评级结果为BB类。

【业务发展】

一、服务乡村振兴战略

切实履行社会责任，在保险产品、服务、定点帮扶等方面探索支持乡村振兴线上化模式。一是研发适应县域的普惠型健康险，避免中低收入客群因病返贫，缓解民生压力。二是在理赔端推出"住院押金垫付""重疾绿通""远程问诊"等服务，解决乡村客户资金不充裕、偏远地区看病难等问题。

二、服务小微企业和新市民

将小微企业、新市民作为重要经营客群，为其提供更全面、更精准、更安心的保险保障体系。积极推进新市民、灵活用工项目，累计实现新市民领域保费1.6亿元，已决赔款5287万元；累计实现小微企业领域保费2.8亿元，已决赔款4136万元。

（一）与腾讯微保开展合作

与腾讯微保创新推出多场景产品，其中，专为小微企业和新市民定制务工保障、灵活用工雇主责任险和看病报销金（商户版）产品。

（二）推出新市民社保补充产品

根据新市民社保体系特点，为新市民提供涵盖工伤、医疗、失业和养老等方面的产品，通过补充商业保险，缓解新市民社保缺失问题。

（三）推出中小微企业弹性保障计划

面向小微企业和个体工商户，以雇主责任险为基础保单，以企业财产损失、公众责任、超赔、连续经营为可选责任，以员工短期意健险（意外、门诊、住院、癌症）为可选责任，采取企业和员工均可交费的方式，通过支持赠险、日交、月交、年交，构成丰富多元的弹性保障计划。2022年，中标美团和饿了么外卖平台的新型职业伤害保障试点地区承办单位。

三、服务"双碳"战略

高度重视"双碳"战略下绿色保险的布局和发展，深入开展市场调研与产品设计，探索绿色保险的实践路径。一是推动新能源车险战略项目发展。积极服务新能源车商及其上下游产业链，强化与新能源车主机厂在大数据和科技运用等方面的创新合作。二是推进绿色健康管理、环境责任、建工责任、雇主责任、绿色生活等相关业务，积极发挥互联网保险在服务"双碳"战略中的作用。全年绿色保险累计保费6359万元，已决赔款5274万元。

四、服务健康中国战略

（一）构建医疗生态闭环

探索创新非标准体、带病体等人群的健康险产品，构建包括费用补偿、健康管理、医疗服务等维度的健康医疗生态闭环，为客户提供"人人带病生存"的风险解决方案。积极推进已病人群产品服务创新，累计为12万余名肺癌、冠心病、糖尿病等患者提供疾病管理服务，为乳腺癌、甲状腺癌患者提供专属保障。线上"慢病专区"服务已病人群达50万名。累计为超过1亿名客户提供了健康保障，健康险已决赔款25.2亿元。

（二）推动健康险升级

依托集团大健康产业资源优势，深耕健康医疗产业，在拓展保障责任、丰富产品供给、连接实体资源、患者疾病管理等方面取得显著成效，全年服务健康险付费客户2633万人。通过集团自有连锁齿科诊所，连接内外部齿科诊所网络，创新推出即买即用的"齿科保险+齿科诊疗"，为客户提供从挂号到就诊和理赔的全流程便捷服务。

（三）构建疾病管理体系

一是拓展受益人群范围。将保险保障扩展到老年人、亚健康人群、已病人群。二是加强已病人群管理。打造行业领先的院外管理能力，为投保客户提供主动、长期、规范的院外健康管理服务，同时实现医疗控费，降低出险概率和实际医疗支出。

五、加强互联网科技应用

一是树立互联网保险品牌形象。推出"五四"青年节、泰康在线七周年、健博会等系列主题活动，推广和体现互联网保险创新精神，在官方微博、抖音、微信视频号等平台广泛传播。深耕互联网生态平台，汇聚线上线下流量，累计与上千家渠道建立合作关系，全年合作14家亿元渠道，与腾讯、阿里、抖音等互联网公司保持密切合作关系，打造具有行业影响力的互联网保险品牌。二是夯实基础科技能力。自主研发的分布式云端保险业务系统，支撑35亿件保单承保，产品工厂最快支持1小时完成新销售方案上线，建立了从产品设计、动态定价、智能核保、快速理赔等全流程的线上化能力，实现财产险业务线上化率达到99.72%。

【金融创新】

一是开展供给侧产品创新。开发"好效保·全能卫士"保险产品，针对客户健康状况和差异化支付能力提供差异化保障方案。其中为糖尿病患者设计AI交互式健康告知，依据病情严重程度提供四档风险费率。在既往症和老年慢病人群的产品保障体系中，兼顾多层次保障需求，全方位满足客户的投保意愿。二是提升车险领域服务能力。稳步拓展车险经营区域，在厦门、宁波、陕西、海南、西藏等地区建立并完善车险服务体系，为更多的客户提供优质的车险服务。

【风险管控】

一是完善风险管理体系。搭建偿付能力风险偏好体系，坚持在能力范围内承担适度水平的风险，守住风险底线，确保盈利能力与增长水平稳定性和持续性，避免经营状况出现大幅、异常波动，维持良好的风险综合评级水平。二是提升风险管理信息化水平。建立风险与内控管理信息系统，支持风险监测预警、风险报告、内部控制评估等风险管理工作线上化，满足风险信息的收集与加工等需求。结合公司实际管理情况挖掘效率提升方向，不断优化升级系统，提升风险管理工作效率，提升风险管理信息化水平。三是审慎开展业务。积极拓展风险适度、收益水平满足发展要求、公司风险管控能力较强的业务领域，审慎进入高风险业务领域，严格限制进入风险难以控制的业务领域。

【金融消费者权益保护】

一、开展消费者权益保护宣传活动

充分利用线上平台资源，积极履行好消费者教育宣传的社会责任，结合互联网保险消费者人群特点，开展金融知识宣教工作。全年通过各平台发布400余次教育宣传材料，包含风险提示、"以案说险"等内容。采用线上线下相结合的方式开展"3·15"消保宣传周与"9月金融知识进万家"等教育宣传活动。在线上通过设置答题领取金币、微博话题转发等环节，帮助消费者树立正确的保险消费观念；在线下通过各地车险服务中心，走进少数民族村寨、居民社区等消费者生活场景，为消费者普及金融保险知识；充分发挥合作机构资源优势，联动投放教育宣传信息，全面提升活动影响力。"9月金融知识进万家"活动期间，累计输出20余则教育宣传内容，发送百余条教育宣传信息，开展23次线上线下教育宣传活动，累计触达消费者超过2800万人次。

二、创新消费者权益保护模式

一是打造"白蔡邦家族"内容IP。通

过职场轻喜剧形式，融合圈层文化、结合热点事件，制作短视频、创意图文及交互内容。拍摄“消保×白蔡邦”的联合特辑，引入新角色，以核心人物亲身经历对消费者进行风险提示，通过多平台推广，利用微博超话功能扩大触达人次，发布当日即获得近4万人次曝光量，累计全平台阅读量达近百万人次，取得良好传播效果。二是发布《“消保共建，众行致远”：关于共同加强互联网保险消费者权益保护的倡议书》。向合作伙伴发出“加强互联网消费者权益保护，提升消费者获得感、幸福感、安全感”的倡议，呼吁合作伙伴自觉行动，切实保障消费者权益。

（泰康在线财产保险股份有限公司）

中国人民财产保险股份有限公司湖北省分公司

【概况】

2022年，人保财险湖北省分公司（简称）坚持“保险姓保”，不断强化经营政治导向，充分发挥风险保障功能，为经济平稳运行和社会稳定发展保驾护航。

【业务发展】

一、服务实体经济发展

一是支持重大工程和重点企业。累计为湖北基建交通、汽车及零部件、光电信息、生物医药、化工等领域标志性重大工程和重点企业提供风险保障30万亿元。二是支持外贸发展。认真落实稳外贸稳外资相关要求，累计为省内651家出口企业提供风险保障91亿元，助力企业“走出去”。三是服务货物运输。保障航空物流、公铁水路稳定畅通，累计为14.2万次货物运输提供风险保障6583亿元，服务构建新发展格局。四是助力稳住经济大盘。累计为全省1.8万家中小微企业、个体工商户提供风险保障1380亿元；发挥投资对优化供给结构的关键作用，进一步加快险资入鄂。截至年末，推动中国人保集团投资432亿元用于支持湖北经济社会发展。

二、服务民生保障

一是助力增强医疗保障。服务健康湖北建设，累计承办大病、医疗救助和补充医疗保险等各类社保项目160个，服务5147万人次，提供风险保障21.2万亿元，缓解参保人因病产生的经济负担。二是服务社会治理。积极服务政府职能转变，在安全生产、食品安全、建筑质量、治安管理等领域累计提供风险保障42.8万亿元，助力提升社会治理现代化水平。三是助力乡村振兴。精准对接乡村振兴战略，搭建农业风险保障体系，认真落实“米袋子”“菜篮子”保障工作。累计提供乡村振兴专项产品160个，为全省207万户农户提供风险保障545亿元。

三、加强新市民保险服务

针对新市民在就业、创业、住房、医疗和教育等领域的保险需求，持续为新市民提供多层次、广覆盖的保险服务。累计为8968家参保单位和226万人次提供风险保障1.16万亿元。一是助力新市民就业创业。针对小微企业和个体工商户等新市民集中的创业主体，推出小微经营户安全综合保险、个体工商户财产保险等产品。二是保障新市民居住水平。创新住房安居类保险供给，推出建设工程质量保证保险和工程质量潜在缺陷保险，助力提升公租房、保障性租赁住房等房屋工程质量。三是满足新市民教培需求。围绕新市民及其子女的学习需求，加大教育培训保障支持力度。四是减轻新市民医疗负担。积极推动“惠民保”项目，为新市民提供“门槛低、价格低、保额高”的医疗保障。推动随州市、黄冈市、宜昌市和咸宁市“惠民保”项目成功落地，服务超过120万人次。

四、提升服务水平

一是履行责任担当。建立“先预付、中救灾、后核算”的理赔模式，针对重大灾害做到快速响应，派出工作组到受灾地区开展救灾工作，积极帮助相关部门解决善后问题。全年投入1200万元专项资金支援抗旱救灾，支付旱灾赔款7.5亿元，涉及农户31.5万户，切实保障农户利益。二是优化客户体验。坚持科技赋能，推进承保和理赔服务线上化，为客户提供更高效、更便捷、更优质的保险服务。深入开展“暖企、暖警、暖医”等活动，节假日在高速路口设置“温暖驿站”，为群众提供警保联动、省心理赔和智能体检等服务，帮助群众及时解决出行困难，累计服务5.6万人次。

【金融创新】

一是支持东湖科技保险创新示范区建设。参与制定《东湖科技保险创新示范区实施方案》，为科技保险政策助推科技企业发展建言献策。在武汉市东湖高新区开设科技保险支公司，组建8个专业团队共160余人，打造高效能科技保险专业队伍，主动服务科技企业全生命周期风险管理。二是为科创企业提供全链条风险保障。围绕科技企业研发、生产和经营过程，为企业提供科技类保险产品50余款，涵盖研发类、产品类、融资类、人身类、财产类、信用类和知识产权类风险。全年累计为中国信科、长江存储和华工激光等2120余家企业提供风险保障8600亿元。三是加快科技保险创新。推出“东湖专利宝”“东湖专利行”等产品，推动保障知识产权、软件首版次的创新险种在示范区落地。成功签发全国首单环保装备产品质量安全责任保险和进口预付款信用保险；签发全省首单软件首版次保险、集成电路流片费用损失保险、专利申请费用补偿保险、发电行业碳超额排放费用损失保险等。四是打造“保险+投资”服务模式。实施保险与投资双轮驱动战略，创新“科保贷”“绿保贷”等融资增信模式，打造服务科技创新新模式。全年累计为26家科技企业提供6700万元融资增信支持。

（中国人民财产保险股份有限公司湖北省分公司）

中国大地财产保险股份有限公司湖北分公司

【概况】

截至2022年末，大地财险湖北分公司（简称）累计实现保费收入6.2亿元，增速7.5%。分公司下设11个三级机构和52个四级机构。

【业务发展】

一、服务重大战略部署

制定《关于印发中国大地保险湖北分公司服务国家战略工作方案的通知》，围绕分公司“十四五”战略规划，做好“六稳”工作、落实“六保”任务、助力实现“双碳”目标，实现多个险种多领域新突破。年内获得城乡居民大病保险经营资格；中标黄冈市2023—2025年职工和居民意外伤害保险经营采购项目，年保费规模预计5600万元；中标省应急管理厅2022年“安全生产责任险”招标项目、恩施州宣恩县2022年茶叶种植保险服务机构采购项目第一包、恩施市茶叶保险项目第二包、省农业农村厅2022年育肥猪及小麦完全成本保险经办机构7个标段项目、利川市公开竞争性遴选优势特色农产品（中药材、肉牛、中蜂）保险项目；入围恩施州鹤峰县“防贫保”保险遴选项目、湖北省林业局全省森林保险扩面遴选项目张湾区B包和崇阳县B包；签单三峡集团青洲海上风电项目。

二、强化基础业务

（一）发展意外险业务

通过稳住“车+人”业务、推进学平

险、大力发展团意险业务、持续做好建意险业务、有序推进政保意外险业务，提升意外险利润和规模贡献度。实现意外险增速从-15.8%增长至8.3%，增长24.1%；保单成本率90.34%，同比优化2.87%。

（二）发展健康险业务

通过密切与黄冈市医疗保障局和宜昌市医疗保障局等业务部门联系、持续跟踪黄冈和咸宁等地市“惠民保”项目，拓展政保类健康险业务。制定《湖北分公司2022年传统个人健康险业务发展工作方案》，推进个人健康险业务发展。实现健康险增速从1.1%增长至27.6%，增长26.5%。

三、加强车险经营管理

成立车险经营优化工作专班，建立车险保单成本率监控机制，以保单成本率为基础配置销售资源。加强客户报价管理，通过提升车险“3个10%”（报价量提升10%、转化率提升10%、单均保费提升10%）全面拓展车险业务。

四、优化财产险承保质量

审核投保单填写的完整性和规范性，检查投保手续和要件的完整准确性。持续跟进国有大型企业集团保险项目，推进与三峡集团、国家能源集团、中国机械工业集团、中铁大桥局、鹏程经纪等优质企业和保险经纪公司联系。实现财产险增速从-26.0%增长至8.8%，增长34.8%；精算赔付率从91.71%下降至45.85%，同比优化45.86%。

【风险管控】

设立风险管理与法律合规部，进一步健全风险管理委员会和两核委员会运作机制。通过及时更新风险管理委员会小组成员、定期召开风险管理会议、严把“入口关”和“出口关”等措施，不断提高风险管理专业能力，助力防范和化解各种风险，避免重大风险事件发生。

（中国大地财产保险股份有限公司湖北分公司）

中国出口信用保险公司湖北分公司

【概况】

2022年，中国信保湖北分公司（简称）充分发挥政策性保险跨周期、逆周期调节作用，保障“双链”畅通，支持湖北企业“走出去”，激发市场主体活力。全年为近3000家出口企业提供出口收汇风险保障服务，支持出口及海外投资107亿美元；承保5600余个企业海外买家，覆盖150个海外国别和地区；累计支付赔款1319万美元，同比增长55.84%。

【业务发展】

一、服务重点领域和重大战略

（一）支持稳外贸、稳经济大盘

与省商务厅联合印发《关于加大出口信用保险支持做好跨周期调节进一步稳外贸的通知》，出台6项工作举措，帮助企业纾困解难、提振信心、稳定预期。一是加大承保力度。加大对湖北企业海外买方审批授信支持力度，全年支持短期险自主投保客户出口77.9亿美元，授信满足率86%，全力帮助出口企业稳市场、保订单。二是加大对企业向新兴市场、自贸伙伴出口的支持力度，着力提升湖北自贸区、东湖高新区等国家级经济技术开发区企业的服务水平。全年累计承保企业向新兴市场出口24.4亿美元；支持企业向RCEP国家出口15.1亿美元，同比增长55.48%。三是进一步优化理赔流程、提升理赔效率。坚持“应赔尽赔、能赔快赔”，全年累计向企业支付赔款1319万美元，同比增长55.84%，有效缓解企业经营困难。

（二）支持共建“一带一路”高质量发展

作为湖北省“一带一路”建设工作领导小组成员单位，及时跟进共建“一带一路”发展面临的新形势、新要求，充分发挥核心政策性业务优势，支持企业融入“一带一路”沿线国家基础设施建设。承保东风汽车出口埃及电动客车底盘项目和武汉合康出口罗马尼亚充电桩项目；为安琪酵母、葛洲坝水泥等行业龙头企业投资“一带一路”国别项目提供海外投资风险保障。全年累计承保“一带一路”沿线国家项目建设出口和投资约30亿美元；累计支付赔款1037万美元，同比增长27.5%，保障企业利益。

二、发展普惠金融

强化金融惠民导向，通过积极争取政策支持、加大宣传力度、针对性降低投保成本等措施，不断提升中小微企业服务水平。一是开展“小微攻坚”专项活动。全年服务小微客户数2700余户，同比增长35.2%；支持小微企业出口21.9亿美元，同比增长1.6%；向小微企业支付赔款约195万美元，同比增长72.6%。二是加强与“单一窗口”合作。进一步发挥与武汉市税务部门搭建的“税保联盟”作用，深入落实小微企业出口信用保险“全覆盖”政策，依托该平台支持小微出口企业2500余家，同比增长31.9%。三是贯彻落实中小微企业一揽子政策要求，应降尽降符合要求的“专精特新”和制造业“单项冠军”企业保险手续费。四是开展理赔专项行动。小微企业理赔受理时效减少28天，效率提高35%，客户满意度100%。五是升级“楚贸贷”融资平台，落实“楚贸贷”中小企业融资方案，进一步完善“楚贸贷”二期方案。六是加强小微客户服务。通过举办小微客户服务节活动、开展“送培训、送融资、送服务、送体检、送案例”服务，为小微企业提供事前防范、事中监控、事后保障全链条风控方案。

三、服务重点企业

一是将承保的重点农产品企业纳入公司现代农业产业链，帮助企业享受产业链专属承保政策，通过多产品联动，推动产业链服务向链前、后延伸。二是通过中长期险、海外投资险、短期出口贸易险等产品，搭建风险可控的融资结构，支持企业项目融资，为重点外经企业项目建设提供资金支持。三是密切与相关银行合作，为符合要求的重点企业提供信保保单项下融资增信服务，进一步降低保单融资风险。全年共支持65家企业获得融资增信约17亿元。

【金融创新】

深入推进数字化创新应用，发挥数据库优势，推出“信步天下”APP、“买家资信红绿灯”、资信导航仪等数字化产品，为出口企业提供国别、行业数据及保单一站式查询、风险预警、海外买家风险咨询等各类服务，提升出口企业对海外市场风险管控水平。截至年末，为3400余家企业提供数字化服务，帮助企业及时识别、防范和化解相关风险。

【风险管控】

一、完善风险管理体系

制定2022年度《风险管控行动方案》，明确关键监控监测风险指标、阈值和处室职能分工，制定业务营销、承保、保后管理、理赔追偿等经营环节风险点管控方案，明确责任处室和具体工作要求，构建完善的风险管控体系。

二、加强内控管理

一是加强制度管理。落实“制度建设年”工作部署，系统推进制度规定“立改废释”工作，修订和完善22项行政、财务管理、业务条线和反洗钱工作等方面内部管理制度和各险种全流程承保制度。二是加强保后管理。统筹开展各条线业务保单和项目执行跟踪、业务风险监控等保后管理工作，切实提高管理有效性。三是提高理赔工作质效。通过梳理风险点、制定处置方案，确保在案件大幅增长情况下保质保量开展理赔追偿工作。

三、强化风险管控意识

一是强化执行力。制定问题整改目

标及措施，持续推进问题整改，研究部署内控、合规、反洗钱等合规管理工作年度计划和职责分工。二是组织员工学习历史典型风险案件，进一步强化员工风险防范意识和识别、处置风险能力。三是加大整治、打击违法金融行为宣教力度，稳步推进反洗钱、反欺诈、防范非法集资、扫黑除恶等工作。

【金融消费者权益保护】

一、强化消费者投诉管理机制

完善消费者投诉管理制度，将消费者权益保护工作融入日常经营管理每个环节。提高诚信意识和信用水平，在产品销售、服务等环节降低投诉风险。

二、开展消费者宣教活动

通过开通分公司微信公众号、举办小微客户服务节、分享理赔案例、实地走访企业、开展线上问卷调查等多种形式，开展“3·15”消费者权益保护教育宣传周、“7·8”保险宣传日、金融知识普及月、新市民服务宣传月等活动，加强金融消费风险提示，帮助出口企业识别非法金融活动，为出口企业提供更加优质、更加安全、更加放心的金融服务。

（中国出口信用保险公司湖北分公司）

中华联合财产保险股份有限公司湖北分公司

【概况】

2022年，中华联合财险湖北分公司（简称）持续发挥保险保障作用，全力服务实体经济、服务民生保障、服务稳定经济大盘。全年累计承保126万笔，实现保费收入16.39亿元；赔付支出10.45亿元。在全省设有174个机构、7900个村级服务点，是湖北省内财险市场中机构网络第二齐全的公司。

【业务发展】

一、服务基础设施建设

承保武汉轨道交通、两湖隧道、十巫高速建设项目，为中建、中铁、中交等工程施工企业提供各类工程风险保障937亿元，赔付支出791万元。

二、服务重点产业

立足“51020”现代产业体系，服务湖北先进制造业产业链现代化建设和“专精特新”中小企业发展，推动制造业技术改造升级。为武汉重工、中铁科工等生产制造企业提供风险保障163亿元、赔付支出170万元。

三、服务“三农”

一是服务三大主粮高产稳产。全年共为水稻、小麦、玉米等主粮作物提供保障34.90亿元，支付赔款1.2亿元，受益农户4.98万户次。二是巩固脱贫攻坚成果。为脱贫县42.48万户农户提供风险保障48.68亿元，支付赔款5034万元，受益农户1.36万户次。

四、强化基础业务

通过开展驾乘人员意外险、道路客运承运人责任险、货物运输保险、营业中断保险、民用燃气财产保险等业务，为人民群众生命财产安全提供风险保障10704亿元，赔付支出16388万元。

【金融创新】

一、创新特色农业保险和绿色金融产品

一是创新特色农业保险。创新开发30多个特色农产品保险，涵盖大豆、茶叶、黄金梨、仔猪、蛋鸡以及水产天气指数等种类，为特色农产品提供风险保障15.45亿元，助力地方特色农产品和产业链提档升级。二是创新绿色金融产品。探索建立绿色金融标准，不断创新绿色金融产品和服务，积极发挥绿色金融在支持经济绿色低碳高质量发展方面的积极作用。累计为长江大保护项目建设提供风险保障940亿元，赔付支出8698万元。

二、开展科技保险创新

积极参与东湖科技保险创新示范区建设，向东湖科技保险发展促进中心报备包括重点新材料首批次应用保险、软件首版次质量安全责任保险、高新技术企业关键研发设备保险、高新技术企业研发中断保险、专利执行保险、专利被侵权损失保险、工程质量潜在缺陷保险等46款科技保险产品。

三、丰富民生保险服务内容

聚焦新市民保险保障需求，开发“新市民综合保险”，将家庭财产、房屋承租人、见义勇为、新冠肺炎、意外身故及伤残等纳入保障范围；推出农民工工资支付履约保证保险，为420家企业提供保障1.95亿元；在武汉市、随州市开展“惠医保”“惠随保”等普惠型、无差别（职业类别）城市定制健康险，累计为40699人次提供风险保障1089亿元。

【风险管控】

一是加强合规风险嵌入式管控。通过加强培训宣导学习、制订合规工作方案、召开合规专题会议、加强合规队伍建设、创建“合规示范岗”、组织全员签订“合规承诺书”等措施落实合规嵌入式管控动作。二是规范合规管理考核评价工作。制定考核评价工作目标，明确风险合规工作的重要领域、重要事项，强化考核评价机制。三是建立合规管理部门与业务部门常态化检查机制。四是成立整改工作专班，认真开展现场检查、落实问题整改，严肃追责问责。五是推动审计整改闭环管理。将审计查出的问题进行分类，建立问题清单和整改清单，实现整改台账管理。

【金融消费者权益保护】

一、完善制度体系

在监管规章制度和总公司内控制度基础上，结合分公司实际，制定和完善43项消费者权益保护工作制度，进一步完善消费者权益保护制度体系。

二、强化日常管理

在原有消保事务委员会基础上成立消费者权益保护部，单独管理消费者权益保护工作；各分支机构均配备消保岗。全年召开5次消保事务委员会会议、开展14次消保培训，参会人员近600人次。

三、加强宣传教育

通过在142个营业网点设立宣传教育区、在微信公众号上发布“以案说险”提示、组织开展“3·15宣传周”“金融知识普及月”消费者权益保护活动等措施，深入推动金融消费者宣传教育走深走实。全年共组织线上线下教育宣传活动366场，涉及消费者13.1万人次。

四、开展适老化服务

在全省131个营业网点设置“老年人专属服务窗口”，配置适老化服务设施；在服务大厅安排服务人员引导，协助老年客户办理业务。

（中华联合财产保险股份有限公司湖北分公司）

中国太平洋财产保险股份有限公司湖北分公司

【概况】

2022年，太保财险湖北分公司（简称）聚焦主责主业，充分发挥社会“稳定器”和经济“减震器”作用，全力服务实体经济发展。全年实现保费收入66.1亿元，同比增长14.6%，在太保财险系统排名第7位。分公司在全省设有13个中心支公司、3个直属支公司、81个支公司和23个营销服务部。

【业务发展】

一、服务实体经济发展

一是助力稳住经济基本盘。着力优化保险供给，发挥保险融资增信功能，帮助个体工商户和中小企业缓解资金紧张的难题，支持疫情常态化下企业复工复产。二是服务基础项目建设。承保襄阳市襄州区乡村振兴农村公路项目和沪渝蓉高铁、武汉轨道交通十二号线、武大高速1标段等项目，全年工程险实现保费收入4817万元；为地方建设提供393亿元保额保障。

二、服务民生保障

一是服务社会治理。对接地方政府平台，为国计民生重点领域提供风险保障和专业服务，大力推动安责险、电梯保险、校园保等政保战略性险种发展。全年政策性责任险业务实现保费收入9616万元，增速62.9%，为客户提供1782亿元的保额保障。二是服务医疗保障。加大个人健康险客群开拓力度，丰富产品和服务供给，巩固政策性健康险平台作用，持续扩大健康险业务覆盖区域；加强对大病保险、意外医疗、防贫脱贫等存量业务拓展，挖掘慢病保险、长护险、“惠民保”等业务潜力。截至年末，“惠医保”服务范围从武汉市扩展至孝感、宜昌等市。截至年末，累计提供保险金额11.25亿元，支付保险金1528.93万元，服务客户超过10902户。全年实现政策性健康险业务保费收入12.2亿元，增速29.7%。

【金融创新】

一、创新保险产品

一是首创“防贫保”。探索具有地方特色的防贫减贫长效机制，通过“防贫保”助力受灾群众救助工作。截至年末，“防贫保”服务网络覆盖湖北81个县(市、区)共1800万名农村人口；服务范围涵盖全省78%区域，其中，襄阳、咸宁、孝感和宜昌四个地级市实现区县全覆盖。为34个原国家级贫困县提供风险保额5万亿元；已救助15.4万户农户、救助金额4亿元。二是创新开发水产养殖气象指数和“保险+期货”等地方政策性特色农险产品。截至年末，地方政策性创新险种数量达36种，为农户提供风险保额71.9亿元。三是推出“乡村振兴保”。推出涵盖百余个险种的“乡村振兴保”组合产品，为150多家农村企业以及县域级政府单位提供风险保额500多亿元。四是创新开发针对小微业主的房屋抵押贷款保证保险，推动信保业务稳健发展。

二、创新理赔服务

一是创新理赔工具。大力推广米数科技“车E赔”和“太·AI”车辆定损等理赔工具，不断提高理赔服务质量和体验。二是推动数字化创新。自主开发一系列数字报表、大灾数据平台、线上程序等辅助工具，打造数字化理赔新模式。通过“太平洋医管家”提供线上人伤慰问、云探视、云调解等服务；推广“云存储服务记录仪”，实现对理赔服务全过程监控、检查，进一步提升理赔服务质量。三是丰富理赔服务内容。组建“太保公路侠”团队，为陷入困境的车主提供免费搭电和换胎服务，为考生提供送考服务。四是开展节假日特色理赔服务。节假日期间开启绿色理赔通道，引导客户使用太平洋“太贴心”微信小程序，实现线上“一键报案”“一键修车”“一键索赔”。

【风险管控】

一是加强内部管理。通过线下现场检查与线上高风险数据监测相结合的方式，查找风险隐患、分析问题成因、堵塞风险漏洞，提升风险防控水平。二是防范理赔风险。通过加强理赔人员培训、强化科技运用等方式，深入分析和排查高危风险数据，提升理赔人员与质检岗位人员风险识别能力，把好理赔质量出口关。深化警保合作，建立风险疑案调查长效机制，堵塞理赔漏洞，严厉打击和震慑舞弊欺诈行为。三是防范操作风险。加强合规培训，强化全员合规意识。强化执纪问责，加大对违规违纪和信访举报案件查处力度，对违规违纪行为“零容忍”，实施“重内控、严管理、强警示”的管控措施，进一步规范执业行为，防范操作风险。

【金融消费者权益保护】

高度重视消保评价工作，加强消保政策制度学习，逐步构建起以制度建设为基石、以现场检查和投诉核查为抓手、以考核评价为引领的消费者权益保护监管体系。通过加强各部门协作联动，对重点事项、敏感投诉形成上下融通、横向联动的快速应急机制，杜绝侵害消费者权益的行为。

(中国太平洋财产保险股份有限公司湖北分公司)

中国平安财产保险股份有限公司湖北分公司

【概况】

2022年，平安财险湖北分公司(简称)充分发挥保险保障作用，进一步扩大承保领域，着力打造综合金融优势，提升综合竞争力。分公司下设15个三级机构、121个四级和五级机构，服务网络覆盖全省主要地区。连续十年获评湖北省“十佳优质文明服务金融机构”；多次获得“金融支持湖北经济发展突出贡献单位”“金融支持武汉经济社会发展突出贡献单位”等荣誉。

【业务发展】

一是服务实体经济。承保越南海阳燃煤电站、老挝南公1水电站、三峡阳江沙扒海上风电场等项目；为国家石油天然气管网集团有限公司、东风汽车集团、三峡集团、葛洲坝集团、中国石油天然气集团有限公司等客户提供一揽子保险服务。二是服务乡村振兴。成立工作组驻村帮扶，落实“乡风文明100行动”，构建党建共建新模式。积极履行“让贫有所助”的行业责任，推进落实免息免担保的“平安扶贫贷+一揽子保险”的产业扶贫模式。三是履行社会责任。连续11年启动“一路平安，让爱回家”春节护航活动、“五一”和国庆护航活动，为返乡外出车主提供道路安全救助、路途生活帮助和事故理赔协助等服务。

【金融创新】

创新推出车险理赔语音报案、IM互动报案，通过引入精准理赔决策引擎为客户精准画像、图片定损，制定差异化理赔服务方案。创新推出电子保单，推进保单、理赔、增值服务全流程线上化。

(中国平安财产保险股份有限公司湖北分公司)

天安财产保险股份有限公司湖北省分公司

【概况】

2022年，天安财险湖北省分公司(简称)持续发挥保险职能作用，全力服务地方经济发展。全年实现保费收入3.71亿元；赔付支出2.19亿元。

【业务发展】

大力发展建筑工程履约保证保险、农民工支付保证保险和新市民保险，向总公司争取优惠费率和价格支持，帮助施工单位降低成本，保障建筑工人和农民工利益。截至年末，共为455家企业提供保险保障，保险责任金额1304.7万元；通过绿色赔付通道赔付264.68万元。

【风险管控】

一是组织开展个人信息乱象专项整治活动及“代理退保”黑产乱象专项行动。二是开展内部合规检查及承保风险评估。全年开展14次内控合规检查和专项自查、4次承保理赔基础管理自查和现场检查、2次审计；配合外部监管部门开展2次合规检查，确保客户身份信息真实性、完整性。对基础管理工作薄弱的中支负责人和相关责任人予以通报处罚。三是认真学习贯彻执行反洗钱相关文件，积极组织开展反洗钱专题培训和宣传活动，不断增强管理人员反洗钱履职责任感和防控风险的能力。

（天安财产保险股份有限公司湖北省分公司）

华安财产保险股份有限公司湖北分公司

【概况】

2022年，华安财险湖北分公司（简称）坚持合规经营，不断创新业务发展、改善服务质量，着力为客户提供优质的保险服务。全年实现业务收入37599.2万元，同比增加3804.6万元，增幅11.26%；累计赔款支出19375.4万元，同比增长8.68%。全年实现净利润483.8万元。年末资产规模2.75亿元，较上年同期增加0.06亿元；负债规模2.68亿元，与上年同期持平。在武汉、十堰、荆门、恩施等地市（州）共设有3个同城中心支公司、8个异地中心支公司、10个支公司和多个营销服务部，营业网点分布于全省主要地区。

【业务发展】

一、强化基础业务

一是服务重点政保合作项目。为武汉“惠医保”医疗险项目和江汉区留汉大学生团体人身意外伤害险项目提供保险保障。在“武汉惠医保2022”公益见面会上，作为共保体向医护人员捐赠“武汉惠医保2022”、与东风保险经纪公司签署“惠医保”战略合作协议。二是承保摩托车和营业出租车辆。全年承保摩托车交强险93461笔、营业出租车辆（含网约车）1309笔，缓解摩托车、营业出租车辆“投保难”问题。

二、提升服务水平

一是上线“锐眼系统”。为已投保客户提供保险期间防灾减损服务提醒，最快三小时向保险客户提供风险查勘报告。持续推动系统与外部物联网设备联通响应，实时监控保险标的，为企业更好地预警风险。二是上线在线验车功能。系统自动匹配验车规则、统一验车拍摄要求，引入AI图像自动识别技术，自动识别车辆受损部位，辅助核保人识别承保风险；一键发起验车需求，实现客户自助验车；引入验车催办、核保直推验车功能，将验车信息共享到后端理赔的受损甄别环节中，提升理赔质效。三是加强适老化服务。通过在营业场所设置绿色通道、便民设施、专岗服务人员，为老年人提供专属服务。开发和优化“华安保险老人版”小程序，优化调整字体、色彩、交互、产品、服务等细节，有效解决老年用户运用智能技术困难的问题。

【风险管控】

一是防范系统性经营风险。坚持科学经营的理念，结合市场实际情况，建立风险预案，前置风险管理措施。二是防范承保入口道德风险。加强承保管理制度的学习和落实，强化追责机制，提高审核流程的规范性。发挥好业务审定委员会的作用，杜绝承保道德风险。三是防范理赔出口道德风险。加强理赔关键岗位人员品德教育，发挥好复勘、调查岗位作用，加大追处力度，确保理赔工作规范开展。

【金融消费者权益保护】

在微信公众号上定期发布消保工作内容、借助大屏幕、微信朋友圈等渠道扩大消保知识宣传效果；开展“3·15”金融消费者权益保护宣传周、“7·8”保险公众宣传日、“金融知识进万家”等大型宣传活动，向公众普及消保知识，助力提升消费者金融素养。

（华安财产保险股份有限公司湖北分公司）

永安财产保险股份有限公司湖北分公司

【概况】

2022年，永安财险湖北分公司（简称）坚守合规经营底线，以科技创新提能激活变量、以调整转型提升做强存量、以特色险种提质做大增量，全力推动业务稳健发展。全年实现保费收入33325万元，同比增速8.98%。其中，车险23443万元、非车险9882万元；综合成本率95.06%。在全省设有13个中心支公司、27个支公司、6个营销服务部和1个营业部，营业网点分布于全省主要地区。

【业务发展】

一、推进基础业务发展

一是发展车险业务。细化车险内部结构，采取差异化、精细化、地域化管控措施，大力推动绿色车险发展。实行车商渠道扁平化、集约化、垂直化管理模式，加强科技赋能，推进车商2.0试点工作。二是拓展非车险业务。坚持传统业务和创新业务同步发展、线上业务和线下业务同步推进。三是发挥小险种优势，突出特色险种亮点；大力发展农业险，实现中央财政和地方财政补贴农业险项目零的突破。

二、优化机构管理

坚持“党建促经营，经营助党建”两手抓，签订目标管理责任状，强化机构监督考核机制。通过开展机构分类管理、加强培训，提高前中后端综合服务能力。加大对发展不足机构的帮扶支持力度，提升机构渠道建设和开发新客户的能力，夯实发展基础，提升机构产能与效能。

三、优化理赔工作

一是开展防损专项检查。提高汛期应急理赔处理能力，规范应急处理流程，最大限度保障被保险人利益。二是上线“安农保”掌上APP。通过手机完成理赔全流程操作，简化农业保险理赔流程，缩

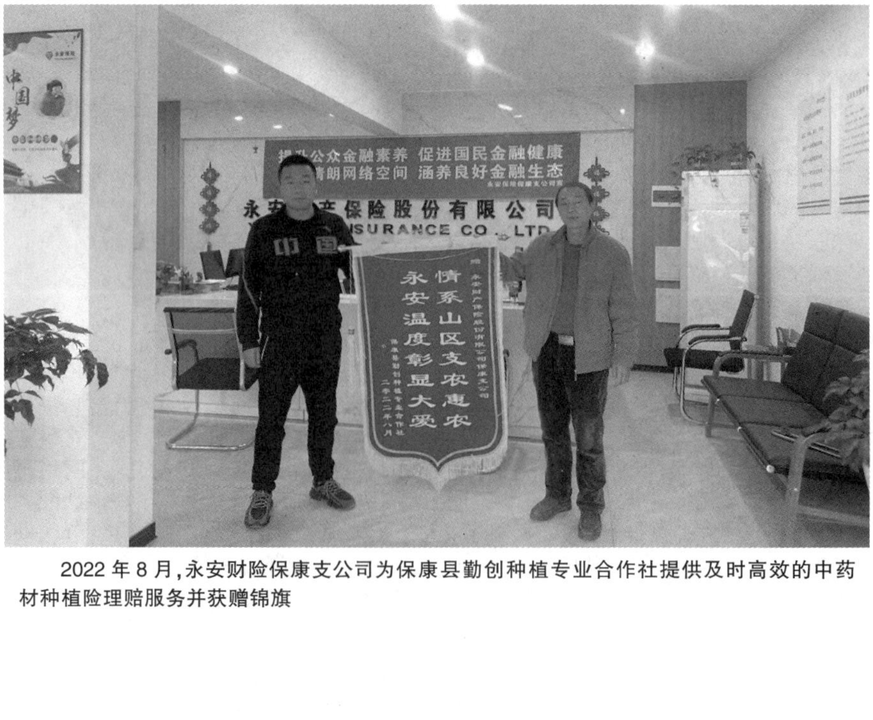

2022年8月，永安财险保康支公司为保康县勤创种植专业合作社提供及时高效的中药材种植险理赔服务并获赠锦旗

短理赔时间。

四、加强队伍建设

一是组织开展学习和培训。建立理赔人员异地交流学习、轮岗培训机制，加强理赔人员行为过程管理。二是开展“三定”系列工作。通过强化绩效考核导向、优化绩效考核办法、细化考核评价，推进机构更加精简、机制更加灵活、管控更加强劲、服务更加优质。三是引进和培育优秀人才。通过开展内部竞聘和考评、加强人才吸引和培养机制建设，筑牢干部员工思想根基。

【风险管控】

遵守行业自律公约，依法合规经营，不闯“禁区”、不踩“红线”、不打“擦边球”，确保不发生系统性违法违规风险。一是加强制度建设。修订完善各项内控制度，细化岗位职责、业务流程和员工行为制度要求，提升制度管理效能，强化制度管理长效机制。二是开展自查自纠。开展多维度审计与巡察以及业务承保、行政许可、费用管理等自查自纠工作，落实风险管理责任，前置风险关口，提前化解风险隐患。三是做好反欺诈工作。制定奖罚措施，将反欺诈工作要求融入每个业务环节，堵塞“跑冒漏滴”；加快案件清理，确保分公司稳健经营。

（永安财产保险股份有限公司湖北分公司）

太平财产保险有限公司湖北分公司

【概况】

2022年，太平财险湖北分公司（简称）坚持稳中求进、效益为先的发展思路，实现业务平稳发展、重点工作稳步推进的良好局面。截至年末，保费收入同比增长4.7%。

【业务发展】

一、支持实体经济发展

一是服务重大项目。为“两新一重”等工程项目提供风险保障102亿元；承保天门乡村振兴—四好农村路建设项目、沪渝蓉高铁武宜段、呼北高速公路第三标段，提供风险保障合计16亿元。二是服务中小企业。全年为3626家中小企业提供风险保障3627亿元，帮助其增强自身抵御风险的能力。三是助力乡村振兴。赔付荆门首单“生猪保险+期货”保险；赔付钟祥市家豕生态农牧有限公司等生猪养殖企业共221万元，有效平抑生猪价格剧烈波动带来的养殖风险。

二、做好防灾应急工作

一是高效应对东风小康“2·27”火灾事故。第一时间开展抗灾救灾、查勘定损等工作，赔付金额2300万元。二是全力做好抗旱救灾工作。投入防灾防损资金65.78万元，受益农户0.6万户次。三是做好特殊时段安全保障工作。强化特殊时段、重点时期安全防范措施，确保客户服务不断档。分公司实现全年平稳运营。

（太平财产保险有限公司湖北分公司）

亚太财产保险有限公司湖北分公司

【概况】

2022年，亚太财险湖北分公司（简称）进一步优化业务结构、把控业务风险，推进业务平稳发展，全年实现保费收入24120万元。

【业务发展】

坚持车险发展战略，抓住市场机遇，踏准发展节奏，进一步巩固车险发展基础。稳健发展非车险业务，重点推动银保、意外险、健康险和商业险业务。全年实现车险保费收入15508万元，同比增长24.28%，占比64%；财产险保费收入7087万元，同比增长54.52%，占比30%；意健险保费收入1525万元，同比负增长82.07%，占比6%。

【风险管控】

通过推动业务变革创新、强化依法合规经营，改变多层级、重资产、同质化经营现状，全力打造扁平化、轻资产、差异化的经营模式。加强底线思维，提高风险处置隔离及化险能力，确保各项业务稳健发展。

（亚太财产保险有限公司湖北分公司）

中银保险有限公司湖北分公司

【概况】

2022年，中银保险湖北分公司（简称）坚持党建引领，认真落实“扩客群，稳增长，控风险，提质效”的工作要求，以服务客户为中心、以业务发展为重点、以能力建设为抓手，充分发挥保险保障功能，服务实体经济发展。全年实现保费收入14480.95万元，赔付支出6991.15万元。

【业务发展】

一、助力增强医疗保障

共保承保“武汉惠医保2022”项目，参与为34万余名武汉市民提供医疗补充保障。全年实现份额内保费收入213万元、份额内保额420亿元。

二、助力稳企纾困

制定支持经济持续恢复和高质量发展的具体措施，为受疫情影响严重的交通运输、批发零售、文化娱乐、住宿餐饮等行业企业提供保险服务支持。主动与投保工程险、建筑工程团体意外伤害险的客户联系，对于停工和无法在原有工期间内完工的工程，提供保单免费延期服务，助力企业恢复生产。

三、推进信保业务发展

一是推进关税保证保险业务。优化承保政策，适度降低费率适用条件，通过关税保证保险解决企业进口业务中融资难、融资贵难题，为无银行授信等企业提供通关便利。为荆门格林美、潜江金澳科技等企业客户累计提供关税保证保险保障额度5.52亿元，帮助企业实现“先通关后缴税”，缓解企业税款支付压力，降低资金成本。二是发展信用险业务。依托供应链核心企业信用、真实交易背景，与银行开展合作，通过无需抵押担保的应收账款信用险为企业提供增信服务。为椿岭科技等多家企业客户提供3.09亿元坏账风险保障，依托保险数据库帮助企业甄别新拓下游买家的资质，确认坏账额度，助力企业稳健经营。

【风险管控】

一、加强全面风险管理

一是完善全面风险管理体系。夯实三道防线风险管控基础，明确各部门在全面风险管理中的职责分工；通过建立全面风险联络人队伍强化风控协同机制，提升全面风险管理的有效性，完善“全面覆盖、协同高效、数字智能、专业担当”的全面风险管理体系。二是加强风险研判和识别能力，对重大项目、高风险标的、特殊风险标的、复杂风险标的等业务做实核保前置工作。对共保业务、重大项目等做好理赔跟进管理，建立赔案台账，定期专人跟进。

二、加强内部管理

一是加强合规管理。健全和完善承保、理赔、营销、集中采购等重点环节、重点领域合规管理制度。密切关注监管新政策、新要求，开展重点部门、重点人群、重点险种、重点环节、重点领域合规风险排查，消除合规风险隐患，完善风险应对措施，筑牢风险防线。全年开展涵盖销售人员以及承保、理赔、资金、财务核算、单证及合同管理、授权管理等方面的自查和排查共计 20 余次。全年未发生违法违规行为。二是加强员工合规教育。通过开展合规管理、反洗钱管理等方面培训和防范金融诈骗、防范非法集资答题活动以及警示教育，强化合规经营企业文化，提高员工合规意识。

（中银保险有限公司湖北分公司）

永诚财产保险股份有限公司湖北分公司

【概况】

截至 2022 年 11 月，永诚财险湖北分公司（简称）实现非华能市场化业务整体经营考核保费 14220 万元。分公司在武汉市、黄石市、荆州市、荆门市、襄阳市、宜昌市、十堰市共设有 9 个中心支公司、1 个营业部、2 个营销服务部。

【业务发展】

一、开展车险业务

重启车险业务，推动车险个客业务有序、有效开展，全年新拓展 13 个单位的车险业务。通过优化车险业务平台，提升其他重要板块业务量。

二、加强队伍建设

树立“销售、效益、服务、数智”四种文化，加强员工技能培训，不断提高员工综合素质，为员工搭建良好的职业发展平台。全年人均产能 162 万元，较上年增加 22 万元。

【风险管控】

一、加强反洗钱工作

一是强化反洗钱措施。修订反洗钱制度；每月检查与核实机构反洗钱客户身份；每日核实反洗钱系统抽取的客户风险等级；每日与被反洗钱系统抓取的可疑交易、大额交易的机构反洗钱联系人联系，在规定时间内核实交易真实性，并按要求上报监管部门。二是开展反洗钱宣传活动。组织开展以“喜迎二十大：共筑金融安全防线 反洗钱人人有责”为主题的反洗钱宣传活动，帮助社会公众甄别洗钱行为。三是开展反洗钱培训。组织重要岗位、关键员工开展“反洗钱培训（基础篇）”学习培训，强化反洗钱工作的规定和要求，压实重点岗位职责。

二、加强合规管理

一是落实“合规管理强化年”工作要求，明确各岗位员工的工作职责。全面开展自查，深入查找内控合规薄弱环节，深挖违规根源，做实重点问题整治和常态化治理。二是加强内部审计。全年开展 8 项内部专项审计，发现 45 个问题并落实整改。

（永诚财产保险股份有限公司湖北分公司）

安盛天平财产保险有限公司湖北分公司

【概况】

2022 年，安盛天平财险湖北分公司（简称）实现保费收入合计 12484.63 万元，同比增长 22.07%；应收保费率 1.04%。累计赔付支出 6208.46 万元，同比下降 11.38%；综合赔付率 66.98%，同比增长 3.67%。

【业务发展】

一、强化基础业务

一是深挖车险客户价值。通过叠加销售意外险、健康险等产品，深度挖掘车险客户价值，满足本地车主家庭保障需求，全面提升车险客户黏度，夯实车险业务基础。二是发展非车险业务。通过推动健康险和意外险等险种产品更新迭代、开展营销活动、积极拓宽业务渠道、优化智能核保功能，持续拓展非车险客户数量，提升业务占比。

二、提升客户服务水平

（一）提升查勘质效

督促一线查勘岗严格依照理赔操作规范手册开展查勘工作，在规定时限内与报案客户联系，线上交接索赔资料，运用移动查勘定损系统推进单方小额事故客户自助查勘。对节假日期间符合快速处理条件的案件，通过企业微信或在线定损程序进行远程定损；对车损金额 3000 元以下案件现场定损；6 年以内车辆无需抵达 4S 店拆解。实现案件先赔付后收发票，进一步提升查勘工作效率。

（二）提升理赔质效

简化理赔流程。单车损失金额 3000 元以下且定责定性无疑义案件，现场定损后一次性收集齐全索赔单证材料；1 万元以下、单证齐全的赔案，当日支付赔款；高峰时间段（7:30—9:30、17:00—19:00）在城市道路上无人伤、车辆无漏水漏油的双方事故，客户提供现场照片即免事故证明受理。损失金额 1 万元以下的轻微交通事故，客户拍摄现场侧前方、侧后方以及双方碰撞部位后即启动快速理赔流程。

三、开展适老化改造

制定老年人服务工作流程和预案，在柜面设立老年人服务专席提供老年人专项服务，解决老年人在保险服务领域运用智能技术遇到的困难。优化与老年人沟通的话术交流模式，强化员工服务意识，以优质的服务为老年客户排忧解难。

【业务创新】

一、服务新市民保险需求

一是加大对新市民创业就业支持力度。设计多款适合新市民职业特点的雇主意外险、团体意外险、个人意外险产品，提高新市民创业就业的保险保障水平。截至 2022 年三季度，开发 3 个新市民创业保险产品，与 8 个参保单位开展合作，共 1074 人参保，累计保费收入 28.11 万元、保险金额 2791.04 万元。开发 11 个就业保障产品，14522 人参保，累计保费收入 416.82 万元、保险金额 1419832.78 万元。二是增强新市民抵御财产损失风险能力。积极开展家财险业务，创新推出家财险产品，助力新市民安居乐业。截至 2022 年三季度，保险金额 8101 万元。三是助力新市民子女教育。针对新市民家庭学龄前儿童，创新开发普惠保险学平险产品和意外险产品。截至 2022 年三季度，学平险保险金额 13516 万元、意外险保险金额 7151 万元。四是服务新市民医疗健康需求。创新推出安盛天平个人综合补充医疗保险、安盛天平个人百万住院医疗保险、卓越馨选医疗保险等 7 个产品，为新市民提供“价格低、保障全、保额高”的优质保险服务，截至 2022 年三季度，新市民参保人数 6264 人、累计保费收入 369.74 万元、保险金额 1342769.26 万元。

二、支持小微企业发展

创新推出“盛业保”，为小微企业及员工提供高保额、高赔付、24 小时的保险保障，保障企业员工基本权益得，增强小微企业抵御风险的能力。

【风险管控】

一、加强内控管理

一是加强内控制度建设。制定印发《安盛天平财产保险有限公司合规政策（2022 年）》《安盛天平财产保险有限公司湖北分公司反洗钱组织架构及工作职责规定》《安盛天平财产保险有限公司湖北分公司涉刑案件管理实施细则》等文件，明确合规展业、反洗钱、反贿赂与反腐败等方面工作要求，严肃开展违规问责工作，压实相关部门岗位职责。二是开展合规培训。全年开展 9 次合规培训，通过组织员工学习违规违纪违法典型案例，加强警示教育，规范员工行为，增强员工合规意识。三是开展合规风险排查。通过排查辖内 108 名从业人员异常行为、重点领域风险隐患，强化合规风险排查机制，确保分公司合规开展业务。

二、加强财务管理

一是完善财务制度。明确财务管理手段和目标，规范操作程序。二是构建财务集中管理体系。采取税金、社保、公积金等极少数款项由机构账户支付、其他所有款项均采取总部集中支付的方式，降低资金管控风险和财务数据失真风险。截至年末，全部保费已实现集中收款，按时集中划入总公司账户。

三、加强案件管理

每季度向总公司填报《非保险业务类诉讼仲裁案件信息》，认真执行案件及时上报制度和案件统计制度；严格按照《安盛天平财产保险有限公司湖北分公司涉刑案件管理实施细则》的要求，向地方监管部门和总公司上报涉刑案件情况。

【金融消费者权益保护】

一、加强投诉管理

一是畅通投诉举报渠道。在网点公布监督电话，由运营部门负责收集整理投诉案件，监督网点做好投诉处理工作。积极受理 12378 平台、市民热线、信访、信函、来电来访等渠道的投诉、举报，确保各类投诉举报信息受理有渠道、转办有目标、办结有时限。二是优化投诉受理流程。编制投诉受理流程图，细化处置程序和权限，明确各类客户投诉处理方法，督促网点第一时间回应客户诉求、反馈处理结果。全年受理各类消费咨询投诉件 2296 件。三是建立纠纷多元化解机制。建立消费者权益保护工作小组，在线协同处置投诉纠纷，强化消费维权服务机制，打通消费维权“最后一公里”。制定纠纷应急预案和处置办法，明确网点负责人在消保工作中的责任和义务，督促及时化解纠纷，避免纠纷升级。

二、开展消费者权益保护宣传教育活动

（一）开展线下宣教工作

一是深入社区开展“3·15”消费者权益保护义务宣传维权活动。通过发放防范非法集资和反洗钱宣传册、现场宣讲，向社区居民普及相关金融知识，提升居民风险防范意识。二是在营业场所设置金融知识宣传教育专区。在所有网点配备充足的教育宣传资源并及时更新，帮助来办理业务的客户了解自身合法权益。

（二）开展线上宣教工作

将时事热点和消费者权益保护知识相融合，通过总公司官网、分公司官方微博等线上平台向消费者发布相关知识，推动用户提升自我保护能力。

三、加强员工培训

开展消费者权益保护专题学习和培训，将消保相关法律法规融入培训和运用实践中，为维护消费者合法权益提供法律支撑。依托公司内部学习平台开展线上学习和培训，组织销售部门、理赔部门员工线上集中学习、讨论，获得较好的学习效果。

（安盛天平财产保险有限公司湖北分公司）

阳光财产保险股份有限公司湖北省分公司

【概况】

2022 年，阳光财险湖北省分公司（简称）积极探索地方特色农产品保险，不断推进农业保险产品转型升级，努力提升农业保险保障水平，降低农民生产过程中的风险，促进农业和农村经济发展。全年开展农险项目累计签单保费 640.93 万元，为参保农户提供保险保障 1.15 亿元；支付赔款 298.96 万元。

【业务发展】

一、发展种植保险

承保 7.96 万亩中央财政补贴性水稻完全成本保险，保费 516.2 万元，提供保险保障 8603.35 万元；已支付赔款 258.99 万元，受益农户 98 户次。中央财政补贴性小麦完全成本保险项目签单保费 2.43 万元，累计为沙洋约 810 亩小麦提供保险保障 48.65 万元。

二、发展养殖保险

承保 9724 头地方财政补贴性育肥猪养殖保险，签单保费 46.68 万元，为黄冈市罗田县参保农户提供风险保障 777.92 万元；已支付赔款 21.86 万元，受益农户 142 户次。承保 1880 头地方财政补贴性肉牛养殖保险，签单保费 75.2 万元，为荆门市沙洋县参保农户提供保险保障 1880 万元；已支付赔款 18.1 万元，受益农户 18 户次。

三、发展林业保险

林木综合商业保险承保林地 271.5 亩，签单保费 0.42 万元，为参保农户提供保险保障 149.33 万元。

【风险管控】

一、加强内部管理

一是强化合规管理机制。制发《关于印发〈阳光产险湖北省分公司 2022 年度合规管理计划〉的通知》《关于印发〈阳光产险湖北省分公司合规法律工作“红黄蓝”考核评估管理办法（2022 修订版）〉的通知》《关于印发〈阳光产险湖北省分公司三级机构风险管理红黄蓝考核评价办法（2022 年版）〉的通知》等文件，夯实合规管理基础。二是加强合规评估。对三级机构及下辖的所有分支机构开展合规评估，从监管处罚情况、合规法律风险、内控情况等方面评估合规管理工作成效，防控违规风险。三是开展分支机构检查督导。成立联合检查小组，对武汉中支、宜昌中支、襄阳中支、孝感中支开展现场及远程检查，检查范围涵盖销售、承保、理赔、财务业务数据、反洗钱管理、中介业务管理、高管任职管理、人员管理、印章管理等基础管理内容，规范和统一内部管理标准。

二、加强全面风险管理

组织员工学习《个人信息保护法》《反有组织犯罪法》《民法典》《反垄断法》等法律法规，参加涉刑案件警示教育活动，参加清廉文化线上培训，强化员工规范执业意识，防范涉刑案件风险。制发《关于印发〈阳光产险湖北省分公司日常风险防控管理工作细则（2022 年修订版）〉的通知》等文件，明确全面风险管理要求，通过加强事前防范、事中控制、事后监督和纠正，提高全面风险防范能力，确保分公司稳健经营。

三、防范重点领域风险

一是开展扫黑除恶专项工作。开展常态化扫黑除恶宣传及排查，确保不存在为涉黑组织或个人提供分红投资型保险产品、出具担保保函的情形；不存在录用涉黑涉恶人员情形；不存在与涉黑涉恶组织或个人开展信贷、保险等形式的业务合作情形。二是加强反洗钱工作。通过加大宣传和培训力度、开展督导检查等工作，增强员工反洗钱意识。完善反洗钱管理体系，形成长效机制，提升反洗钱工作质效。三是防范非法集资。建立常态化防非宣传、风险排查机制。组织全员参加监管部门组织的“反欺诈、促合规”防范金融诈骗知识答题活动；通过开展宣传月系列活动进一步强化防非意识。

（阳光财产保险股份有限公司湖北省分公司）

都邦财产保险股份有限公司湖北分公司

【概况】

2022 年，都邦财险湖北分公司（简称）实现保费收入 2287 万元。其中，车险保费收入 1523 万元、财产险保费收入

586万元、意健险保费收入178万元。分公司在全省下设多个三、四级机构，形成覆盖全省主要地区的保险营销和服务网络。

【业务发展】

一、加快非车险业务转型

通过开展全员营销开辟业务新渠道，助力非车险战略转型发展。持续推动安责险、诉责险、承运人责任险等政府及行业统保类民生政保责任险及经代渠道财产险业务发展，进一步优化业务结构。

二、开展精准营销

一是拓展小微企业客户。为小微企业提供"嘟嘟卫士"老板无忧系列线上服务，保障范围齐全、操作简便，帮助小微企业挽回财产损失。二是拓展个险客户。为个人客户提供"千万家财""安燃无恙""租事顺心"等线上产品，保障范围广、保费低，满足个人客户多样化的生活需求。

三、开展防灾防损活动

一是成立防灾防损小组，明确参与防灾防损活动的客户范围以及活动具体内容和相关要求。及时向客户揭示被保险项目中存在的安全隐患，制作防灾防损建议书并提示客户整改。安排专人回访，确认整改落实情况，帮助客户消除风险隐患。二是及时收集和整理被保险项目所在地发生的自然灾害信息，通过网络、广播、电视等渠道发送给客户，做好事前提示。

四、加强理赔过程管控

一是强化科技应用。运用"邦易赔"远程理赔系统补齐线上服务短板，提升理赔时效，降低公估使用率。二是做好反欺诈工作。与德联易控合作开发CE反欺诈、反渗漏系统，通过指标考核有效降低CE触发率和执行率；引进AIC智能检测设备，运用现代化科技手段识别欺诈行为，提升反欺诈技术手段，提高线索筛查准确率。三是加强案件管理。督促查勘员在大案群和系统内及时上报重大案件，重案岗对疑难案件给出明确处理意见和调查方向，动态跟踪各个处理环节。运用精友2.5代系统进行案件管理，考核机构对于单项大额可修可换配件的管理质效，提高理赔服务质量。

五、加强营运管理

强化消保考核机制。一是开展内部考核。建立消费者权益保护工作内部考核管理办法，明确考核对象、方式、周期等指标，根据实际情况制定针对各中支的评分细则，对各中支消费者权益保护工作成效进行全面考核，检验工作质效。二是开展合作机构考核。将消保工作相关要求纳入到对第三方合作机构管理中，明确违反消保工作要求的清退规则和列入合作机构黑名单的条件。定期开展第三方合作机构消保工作监督检查，确保合作机构将消保工作要求落到实处。

【金融创新】

创新推出"都安心"全民防癌医疗产品，为客户提供线上医疗咨询问诊、专家门诊预约、导医陪诊服务、检查快排、住院、手术绿通及日本代购药等健康服务。为高血压、高血糖等慢性病患者提供全年免费用药、同城闪送药服务，提升客户体验。

【风险管控】

完善《都邦保险湖北分公司保险消费投诉管理办法》，明确投诉登记要求、处理流程、统计分析、档案管理、信息披露、溯源整改等要求，建立内部沟通协调、信息共享、协同处理的投诉处理工作机制。提前做好投诉工作预案，避免客户投诉升级及案件风险扩大。

【金融消费者权益保护】

一是开展内部员工培训。全年开展4次消保主题培训和投诉主题培训，强化各级员工消费者权益保护意识。二是开展宣传活动。开展"3·15"消费者权益保护教育宣传周、"7·8"全国保险公众宣传日、"全民反诈在行动""保险业防范非法集资宣传月"等活动以及2022年金融联合教育宣传活动，向社会公众普及保险知识、宣传保险政策，帮助社会公众增强金融风险防范意识。

（都邦财产保险股份有限公司湖北分公司）

渤海财产保险股份有限公司湖北分公司

【概况】

2022年，渤海财险湖北分公司（简称）实现保费收入9006.24万元，赔付支出10969.51万元。年末资产总额11494.35万元。在全省下设7个中心支公司、6个营销服务部。

【业务发展】

一、发展非车险业务

认真落实非车险业务高质量发展战略，通过及时调整业务结构和激发销售人员积极性、主动性、创造性，推动非车险业务发展。

二、提升客户服务水平

一是加强客户数据管理。提升车险客户信息真实性，督促各机构安排专人建立、更新、保存好客户信息台账；开展非车险客户数据摸底工作，加强客户资源公司化管理。二是增强客户服务能力。对接总公司线上服务平台，引入本地第三方服务平台，为下辖机构差异化运营提供支持。

【风险管控】

一是强化底线思维，坚持依法合规经营。牢固树立主动合规理念，坚持规范经营。加强基层合规培训，顺应监管下沉、功能延伸、要求趋严的形势，提高三、四级机构合规管理能力。二是坚决守住不发生系统性风险底线。聚焦新业务风险、舆情风险、劳动用工风险等重点领域风险和承保、理赔、费用等关键环节风险，层层压实责任，落实好风险防控措施，确保不发生内控重大风险。

（渤海财产保险股份有限公司湖北分公司）

中国人寿财产保险股份有限公司湖北省分公司

【概况】

2022年，中国人寿财险湖北省分公司（简称）认真落实集团公司"两稳两控五提高"和总公司"三提一优"的工作要求，有效应对经济下行、疫情反复、高温干旱等不利因素影响，各项业务稳中有进、发展态势持续向好。全年实现保费收入25.02亿元，同比增长1.47%；近4年合计承保利润超过1.47亿元，连续4年实现承保盈利。分公司下辖80个县支公司，全省县域覆盖率达95.77%。

【业务发展】

一、服务实体经济发展

一是做好企业融资服务。为武汉新芯、中芯集成电路等电路制造企业提供风险保障128亿元；为东风本田等先进汽车制造企业提供风险保障44亿元；为华强化工、楚源集团等化工龙头企业提供风险保障75亿元。二是支持基础设施建设。为沪渝蓉高速铁路武汉至宜昌段、西安至十堰高速铁路先开段、三峡枢纽茅坪港疏港铁路等基建工程项目提供工程险风险保障53亿元。三是助力社会治理现代化。充分发挥责任保险辅助社会治理的作用，全年累计提供社会治理专项风险保障3608亿元。四是发展建工履约、关税履约等非融资性保证保险，为相关企业提供保证金2.86亿元，缓解企业资金压力。

二、支持绿色发展

一是助力实现"双碳"目标，为水

电、风电、太阳能等清洁能源企业提供风险保障47.4亿元。二是服务长江经济带绿色发展战略，为相关生态环境保护建设工程项目提供风险保障3.8亿元。三是加强与地方安委会、生态环境等职能部门合作，为绿色企业提供1080万元风险保障。

三、服务乡村振兴

与省乡村振兴局签订《2022年省直单位定点帮扶责任书》，落实《中国人寿财险湖北省分公司驻村工作队“六治强基”引领乡村治理促进乡村振兴实施方案》，全面推动农业保险提标、扩面、增品。在郧西县、秭归县、远安县等脱贫县开展育肥猪养殖保险、茶叶种植保险、柑橘种植保险、桃树种植保险等地方特色扶贫保险业务。年内在售农险产品95款，为50404户次农户提供风险保障34.17亿元；为13560户次农户支付赔款1.16亿元。在14个中支机构开展农民工工资支付保证保险业务，累计为农民工提供风险保障1.79亿元。

四、夯实业务基础

（一）提升承保能力

一是优化车险业务结构。高成本车险边际成本率超过100%的业务占比14.51%，同比下降5.48个百分点；家庭自用车第三者责任险200万元以上保单占比84.59%。持续提升续保率，续保业务占比49.92%，同比增长12.06个百分点。二是提升非车险业务质量。全年实现安责险保费收入5680.70万元，同比增长98.63%；驾意险保费收入3917.64万元，同比增长57.23%。三是加强财产险风险查勘管理，查勘覆盖率达到80%以上，进一步提高承保质量。

（二）加强理赔管理

通过规范理赔流程、创新理赔服务模式、落实理赔基础管理工作要求，进一步提升理赔服务质量。全年实现减损2.77亿元，同比增加9719.29万元；送回修率76.5%。

五、提升客户服务水平

（一）加强科技赋能

一是丰富RPA机器人个性化功能。通过无人值守机器人在5天内完成约24000单雇主责任险保单批改工作。二是开发送回修二次调度管理系统，在武汉、恩施、黄石、襄阳等中支上线运行，全年定向推送4.8万多条送回修信息。三是推动服务线上化。提升私家车客户线上激活率；加强NPS数据分析与监控，全年共转派80份低分预警工单。

（二）确保疫情期间服务不断档

制定突发事件应急预案，督促各中支党委切实发挥主体责任，守牢防疫安全底线，高效统筹疫情防控和业务发展。督促各渠道、险种中台部门做好服务支持工作，保障客户服务质量。

【金融创新】

通过季有企划方案、月有表彰兑现、日有通报提示等措施持续加强业务创新和发展。2个创新项目获得总公司孵化基金，5个创新项目分别在总公司相关评选活动中获得多个三等奖及优秀奖，2个金融支农创新试点项目获得省农业农村厅200万元保费资金支持。

【风险管控】

发挥“三道防线”作用，一体化推进风险防范、反洗钱等工作，通过自查、检查、问责等方式将风险管控措施落到实处。一是防范合规风险。开展“合规利剑行动”、合规风险隐患排查、“五虚”问题整治等工作；配合监管部门做好现场检查工作，落实问题整改。二是防范声誉风险。组织开展4次声誉风险排查整治工作，及时化解7项声誉风险隐患，守住不发生重大声誉事件的底线。

【金融消费者权益保护】

一是联合湖北银行业保险业纠纷调解中心开展全省中国人寿财险系统消费者权益保护能力提升暨纠纷调解工作专题培训，规范保险从业者执业行为，切实保障保险消费者合法权益。二是深化投诉治理，亿元保费监管投诉量优于行业平均水平。三是制作消费者权益保护短视频，获评湖北省保险行业协会“短视频打榜优秀作品”。

（中国人寿财产保险股份有限公司湖北省分公司）

中国人寿财险当阳支公司运用无人机查勘油菜受灾情况

现代财产保险（中国）有限公司湖北分公司

【概况】

2022年，现代财险湖北分公司（简称）稳步开展各项经营工作。全年实现保费收入3312.45万元。

【业务发展】

一是助力新市民创业就业。通过新就业形态用工责任保险、电子商务经营者责任保险分担创业风险；通过建筑工程施工人员团体意外伤害保险为建筑施工等高危职业人群提供保险保障；通过传统的雇主责任险等产品增加新市民就业保障。二是服务新市民安居和消费。通过家庭财产综合险产品为新市民住房和家庭财产提供多方面风险保障。三是助力新市民培训及子女教育。推出校方责任险产品，帮助新市民更便利地获得低保费、高保障及优质服务的学生保险产品；将新市民纳入团体意外险、健康员福等保险保障范围，满足新市民多层次的健康保障需求。

【风险管控】

一是加强项目管理。强化沟通机制，项目经总公司业务部门和法律合规部审批、召开总经理办公会审议、报送监管机构后方可开展，自上而下严控风险。二是建立“大监督”体系。充分发挥审计、合规、内控等内部监督作用，推动各类监督有机贯通、相互协调。总结分析内审外查、自查自纠、乱象整治等工作中发现的问题，严肃追究屡查屡犯问题主要领导和相关责任人责任，督促责任人落实问题整改。

［现代财产保险（中国）有限公司湖北分公司］

长安责任保险股份有限公司湖北省分公司

【概况】

2022年，长安责任保险湖北省分公司（简称）秉持"价值发展、减损扭亏、转型升级、降本增效"的经营方针，不断探索和创新专业责任保险公司特色经营模式。截至年末，资产规模17356.61万元。全年累计实现保费收入22918.68万元，赔付支出13830.01万元。在武汉、襄阳、宜昌等地共设有8个中心支公司、15个支公司、2个营销服务部、1个直属营业部。

【业务发展】

一是发展健康保险。扩展商业健康保险覆盖面，加强保险产品创新，提供灵活、实惠、便利的健康保险产品"长安金甲"，承保774人次，保险金额24.79亿元。二是助力增强市民养老保障。配合地方政府发展养老机构责任保险，维护养老机构和入住养老机构老年人的合法权益。为1家养老机构提供养老机构责任险，保险金额100万元。三是保障农民工合法权益。大力推广农民工工资保证保险产品，保障农民工工资及时足额发放。为15家企业提供农民工工资保证保险，保险金额998.27万元。

【金融创新】

一是服务新市民就业创业。聚焦建筑工人、快递骑手、网约车司机等职业风险较为突出的新市民群体，在新市民较为集中的行业开展保险产品创新，发展适合新市民职业特点的雇主责任险、意外险、安责险等业务，扩大保险保障覆盖面。全年为38家职业风险较为突出的企业提供雇主责任险，承保10000人次、保险金额66亿元；为170家企业提供团体意外险，承保2550人次，保险金额21亿元；为38家企业提供安全生产责任险，承保570人次，保险金额3.04亿元；为21个项目提供相关工程类保险，保险金额1.83亿元。二是助力新市民安居乐业。优化新市民安居保险服务，创新家庭财产保险，发展工程质量保证保险，增强新市民家庭抵御财产损失风险的能力。全年工程质量保证保险和家庭财产保险保障金额5698万元。三是服务新市民子女教育。优化新市民子女教育保险服务，积极发展学平险。全年学平险承保2754人次，保障金额6.25亿元。

【风险管控】

一、建立全面风险防控体系

一是采取有效风险防控措施防范保险诈骗、非法集资、保险资金运用等保险重点业务领域以及反洗钱和反恐怖融资、关联交易等重点领域风险。二是完善内控制度。系统性梳理和完善各部门、条线相关制度，确保制度有效性。监测和分析承保出单、理赔案件、印章管理、单证管控等重点环节，修订和完善各项管理制度，提升管理水平。

二、加强内控合规管理

一是完善考核办法。将合规经营纳入绩效考核办法，由各机构、各部门负责人签署合规经营责任状，落实管理者合规经营责任，对违法违纪行为形成制度威慑和约束。二是强化合规意识。通过充实合规管控架构、组织合规宣导、抓好专项宣教、开展合规检查等措施强化底线思维，营造依法合规经营氛围。三是开展各类风险排查和自查自纠。开展高管人员离任稽核年度检查。围绕风险审视情况、业务部门需求、各类专项排查要求开展专项检查，防范资金违规使用风险。四是强化问题整改。对检查发现的问题从根源上追究原因，对屡查屡犯的问题，从惩处措施、合规教育、内部管理等方面进行整改，推进合规自查自纠、违规问责工作制度化、常态化。五是加强案件风险预防和警示教育。组织全体员工学习典型案件，以案说法扎牢思想"篱笆"，确保案件防控工作取得实效。六是强化责任落实。积极推动各级机构主动适应监管新形势新要求，压实每一道责任防线，将合规要求融入业务前端，严格控制业务环节风险，杜绝违法违规行为，持续提升合规管控水平，防范化解重大风险。

（长安责任保险股份有限公司湖北省分公司）

国元农业保险股份有限公司湖北分公司

【概况】

2022年，国元农险湖北分公司（简称）实现保费收入10941.92万元。在武汉、黄冈、荆州、荆门等市共设有4个中心支公司、16个县级支公司和14个营销服务部。

【业务发展】

一、扩大农业保险覆盖面

在全省开办30余个政策性农业保险险种和大豆、玉米、蔬菜、温室大棚、果树、茶叶、食用菌、淡水养殖、梅花鹿以及农产品目标价格和水产天气指数等地方特色农产品保险，满足更多农业生产经营者多元化的保险需求。中央政策性保险经办区域增至6个县（市），中央政策性种植业保险承保覆盖率达到93%，较上年增长4个百分点。为养殖规模达到2000头以上的养殖场提供中央政策性养殖业保险服务。全年累计为4万余户参保农户提供风险保障11.27亿元，充分保障投保农户物化成本、物权收益和劳动力收益。

二、支持农业规模化经营

一是拓展融资渠道。开展涉农小额贷款保证保险、农业保险保单质押贷款等业务，为农业生产经营者贷款融资提供风险保障，助力规模经营农户引进先进设备或技术、扩大生产规模。二是拓展保障范围。开展农民工工资履约保证保险、农业雇主责任险、农机具保险、农家福组合保险等业务，为规模经营农户提供生产经营、人身健康等全方位风险保障，助力规模经营农户做大做强。

三、助力防灾减损

快速反应、主动作为，在洪湖市和沙洋县、公安县等地积极开展抗旱救灾工作，妥善应对持续高温干旱天气对水稻种植产生的不利影响。一是发布灾害预警信息。加强与气象、农业等政府部门合作，制定《关于水稻高温热害防控工作要点》，将高温干旱气象信息、高温热害的危害性及预防措施通过手机短信、微信、短视频传递给广大农户，提醒农户及时采取防范应对措施。二是加强灾害信息监测。派出20个工作小组到洪湖市和沙洋县、公安县对水稻长势和当地灾情进行调查摸底，聘请农业专家在田间地头指导农户防控灾害。向旱情严重的部分地区捐赠200余台（套）水泵等抗旱物资，帮助受灾农户及时进行生产自救，减轻灾害损失。

【金融创新】

一、创新农险产品

从供给端和需求端出发，调研市场需求，深入挖掘特色农产品保险创新点，精心设计、研发有地方特色、有产业规模的特色优势农产品保险。截至年末，创新开发50余款特色农险产品，涵盖蔬菜、果树、茶叶、莲藕、食用菌、中药材、花卉苗木、牲畜、家禽、水产等品种。在部分县（市）试点开展蔬菜目标价格、玉米目标价格、大豆目标价格、鱼类天气指数、小龙虾天气指数等新型农业保险业务，推动农业保险转型升级。

二、加强科技应用

创新种植业和养殖业保险作业方式。一是通过交互运用移动农险APP、无人机航拍、卫星遥感等技术，结合GIS地理信息系统，精准定位承保田块，打造“天空地”三维立体化的承保和定损新模式，实现保费收取、信息收集、客户签名、信息公示、承保出单、赔案理算等服务环节线上化操作，提升农险服务时效和客户体验。二是升级养殖险快速理赔、自助查勘系统，实现猪脸AI识别和拍照测长估重，解决养殖场封闭式管理无法进场查勘的难题，规避死猪重复理赔、称重造假等风险。

【风险管控】

认真落实总公司“合规管理提升年”工作部署，开展“2022春雷行动、农险合规大检查、反洗钱自查自纠”等专题活动，自查内控合规管理薄弱环节，强化问题整改，切实提高依法合规经营水平。认真落实监管部门风险防控要求，加强员工培训，加大金融知识普及和宣传力度，开展防骗反诈和防范非法集资学习与宣传教育，提升员工风险防范意识，防控重点领域金融风险。

【金融消费者权益保护】

一、健全消费者权益保护机制

一是成立消费者权益保护和投诉处理领导小组，通过制定消费者权益保护和投诉受理工作流程、编制完整的流程图、明确处置程序和权限、在网点公布监督电话，确保客户反馈的问题得到及时处置。二是制定奖惩机制和互评机制。开展网点互评和自查，针对网点存在的问题，制定新的服务细则和工作措施。将客户满意度纳入考核体系，督促员工规范执业行为、落实消费者权益保护工作。

二、开展消费者权益保护宣传教育

“3·15”期间，通过在营业场所悬挂横幅、张贴海报、设立展架、发放宣传折页等方式，向上门办理业务的客户宣传金融知识。到田间地头普及农业保险知识，结合电信网络诈骗、投资养老、洗钱犯罪的真实案例，帮助农户增强反诈意识、远离非法金融活动、守住自己的“钱袋子”。

（国元农业保险股份有限公司湖北分公司）

鼎和财产保险股份有限公司湖北分公司

【概况】

2022年，鼎和财险湖北分公司（简称）全力推动业务规模持续增长、经营效益稳步提升、合规内控不断夯实、服务能力显著增强。全年实现保费收入2.12亿元，同比增长23%。其中，车险保费收入1.45亿元，同比增长5.8%，占比68.4%；非车险保费收入0.67亿元，同比增长89.6%，占比31.6%。提供各类风险保额1799亿元。赔付支出0.87亿元，综合成本率110.76%。分公司下设8个中心支公司、4个营销服务部。

【业务发展】

一是坚持“能源行业保险专家”战略定位。依托能源市场优势资源，助力能源行业转型发展。积极服务新型电力系统建设和新型能源体系建设，全年实现能源板块保费收入3935万元，同比增长369.5%。二是发展车险业务。推广“鼎E保”，实现车险全流程线上投保，随时随地为客户提供保险服务。三是为客户提供灾害预警服务，在恶劣天气和不利气象条件发生前，通过手机短信向客户发送预警提示。四是优化理赔服务。加强理赔服务时效管理，明确规定和严格考核理赔各环节工作时效，提升客户体验。

【风险管控】

开展“制度建设强化年”“合规管理强化年”活动。加强前端审核管理，完善事前防范管理机制。发挥审计监督作用，实现近三年经济责任审计全覆盖。开展新闻舆情培训、舆情应急演练、宣传阵地自查、常态化舆情监测，防范声誉风险，全年未发生重大舆情事件。

【金融消费者权益保护】

成立消保工作委员会，明确消保归口管理部门，在各部门、各机构设立消保专岗，构建上下联动、横向协同的消保体系。践行“高严细实快”工作标准，着力打造“四位一体”全流程消保管理模式，推动消保工作制度化、系统化、专业化。

（鼎和财产保险股份有限公司湖北分公司）

中煤财产保险股份有限公司湖北分公司

【概况】

2022年，中煤财险湖北分公司（简称）坚持“优化结构、提质增效、提升服务、创新引领”的经营思路，以“四个建设”为主要抓手，着力打造具有中煤财险特色的经营模式，推动分公司可持续发展。

【业务发展】

一是统筹推进“党建+业务”发展。制定“三重一大”及重要业务事项决策制度，更加科学高效地落实经营发展要求，完成流程优化、降本增效、提质增产的目标。二是推进“制度+渠道+队伍”建设。系统梳理开业以来所有文件制度；与多家代理渠道签订合作协议，搭建非车共保体系；细化人员职责分工和业务板块，制定增员方案及指导人计划。三是加强理赔管理。简化理赔资料收集流程；按照时效要求及时支付理赔款项，常态化落实追偿工作。

【风险管控】

建立和完善风险防控机制，加强内部管理。坚守合规底线，紧盯重点风险领域，规范业务审批流程，重点监控重要业务事项和高风险领域。加强合规培训，增强员工合规意识，提升员工风险防控水平，确保分公司稳健经营。

【金融消费者权益保护】

加强消费者权益保护工作，完善消费者权益保护工作组织架构、运行机制，明确消费者权益保护工作在外部服务协议中的责任和义务，确保各项消保措施落实到位，切实保障消费者合法权益。

（中煤财产保险股份有限公司湖北分公司）

国泰财产保险有限责任公司湖北分公司

【概况】

2022年，国泰财险湖北分公司（简称）通过加强队伍建设、严格执行KPI考核制度、加强消费者权益保护工作，实现经营成本优化、业务稳健开展的良好格局。全年实现保费收入494.92万元，累计赔款支出164.03万元。

【业务发展】

开通24小时报案专线电话，督促查勘、定损人员挂牌服务，5分钟内与报案客户联系，告知索赔流程和具体索赔单证。对于索赔单证齐全、索赔金额达成一致的案件，实现小额案件1个工作日内支付赔款。在赔款到账后进行电话回访，记录客户建议和意见，进一步提升客户服务水平。

【风险管控】

一、加强内部管理

一是加强制度建设。建立年度内控制度建设计划，全年新增4项、修订9项反洗钱合规类、消保类、财务类制度。二是强化责任追究。通过例行查核机制主动发现问题，避免违法违规行为发生，做到规范严谨、令行禁止。三是加强案件管理。开业至今未发生过涉嫌侵占、挪用、诈骗、商业贿赂、非法集资、传销、贪污、洗钱被公安司法机关立案查处的情形和受到监管部门重大行政处罚的案件。四是加强业务管理。将所有业务环节纳入信息系统，推动各项业务活动信息化、流程化，防范操作风险。五是接受总公司稽核部年度常规审计，督促员工合规开展各项营销活动、严格遵守法律法规、积极践行行业规范，遵守公司内部管理制度和诚信准则。

二、落实监管要求

督促员工认真学习监管文件，严格按照监管文件要求规范开展风险防控工作。全年向监管部门累计报送73份报告、报表。

（国泰财产保险有限责任公司湖北分公司）

英大泰和财产保险股份有限公司湖北分公司

【概况】

2022年，英大财险湖北分公司（简称）围绕“一体四翼”发展布局，坚持“稳增长、调结构、控成本、防风险、强管理”的发展思路，统筹疫情防控和经营发展，圆满完成全年各项目标任务。截至年末，实现保费收入6.87亿元，同比增长3.48%；实现净利润1953.46万元。分公司下辖10个中心支公司、12个支公司、3个营销服务部，服务网点基本覆盖全省主要地区。

【业务发展】

一、夯实业务基础

一是坚持“根植主业、服务实业、以融促产、创造价值”的发展定位，细分市场，聚焦核心客户群。不断优化承保政策和核保规则，把好业务“入口”关，提高业务承保门槛，关停严重亏损业务。二是对重点业务、重点渠道、重点板块和重点单位进行“清单式”管理。优化业务结构，提升业务质量，将特色业务打造为核心竞争力。

二、推动高效理赔

积极应对黄冈市、恩施州暴雪和十堰市、襄阳市低温雨雪冰冻灾害，开启绿色理赔通道，简化理赔程序，及时支付预付赔款，全力配合客户抢险救灾，助力灾后重建。

三、服务乡村振兴

组织人员到宜昌市长阳土家自治县开展扶贫项目调研，宜昌中心支公司连续三年承保宜昌市长阳土家自治县55座村级扶贫发电站财产保险业务，承保资产5333万元。

四、加强营运管理

一是认真贯彻落实安全生产责任制度。严格开展安全生产专项整治三年行动、“五查五严”安全专项整治、安全文化建设等安全生产工作，开展“安全生产提升年”等各项系列活动，树立安全发展理念，强化安全防范意识和安全生产意识。二是推动赔付降压。落实业务品质管控、业务结构调整和理赔质量管控要求，通过下发提质增效实施考核方案、召开提质增效现场座谈会、一对一督导等举措，全力推动赔付压降。三是深化财务集中管理。实行资金集中支付，提升资金管理效能，全年整体资金计划执行率98.9%。四是开展员工培训。全年组织开展45次新员工及中层干部等各类培训，参训人员1125人次，进一步提升干部员工职业素质。

五、提升客户服务水平

督促下辖机构在职场内设立“爱心窗口”指示牌、桌签指引和座位贴，加强对员工服务意识和服务能力的培训，帮助老年人做好线上化、智能化操作，进一步提升客户服务体验。

【风险管控】

一是开展专项审计。开展经责审计、理赔费用专项及中介渠道合规专项审计等7项审计，认真落实问题整改；完成年度审计收尾及审计录入工作。二是加强合规管理。成立“合规管理强化年”专项工作领导小组，督促落实“合规管理强化年”工作部署；编制合规风险事件“讲清楚”工作机制实施细则，将风险问题清单纳入台账管理，切实做到思想认识到位、组织领导到位、工作落实到位。三是加强全面风险管理。组织开展2022年度全面风险管理与内控管理专题培训和声誉事件应急模拟演练，排查风险隐患，提升全面风险防控水平。四是清理未决案件。制定小额案件未决清理方案，通过统筹管理理赔人员、统一线上查勘定损标准等举措，系统清理开业以来车险历史未决案件，全面优化理赔指标。

【金融消费者权益保护】

通过组织学习消保政策法规、加强投诉管理、构建消费者权益保护管理体系、树立消费者权益保护服务意识，实现消保自评得分86.1分，评定等级为二级A类，在湖北财产险公司中排名第13名。

（英大泰和财产保险股份有限公司湖北分公司）

英大财险湖北分公司赔付国电雪灾损失6525万元，入选2022年度湖北保险业“十大典型赔案”

紫金财产保险股份有限公司湖北分公司

【概况】

2022年，紫金财险湖北分公司（简称）秉持“始于责任，成于精细”的经营理念，优化战略布局，坚持创新发展，服务民生、科学兴企，实现稳健经营。全年实现保费收入13826.42万元，较上年增长7.44%。综合成本率104.58%；综合赔付率66.04%。在武汉市、荆门市、荆州市、恩施州等市（州）共设有9个中支机构、10个支公司、2个营销服务部，服务网络覆盖全省主要地区。

【业务发展】

一、支持农业现代化发展

积极围绕乡村振兴战略和优势特色农业产业发展规划,从需求侧和供给侧两端发力,深入挖掘特色农产品保险创新点,推动政策性保险和商业性保险"双轮驱动",打造产品覆盖全、风险保障高、服务水平优的特色农业保险产品体系。积极开发满足新型农业经营主体需求的保险产品,有序推进价格保险、收入保险试点工作,推动农业保险"保价格、保收入",助力农户防范自然灾害和市场变动双重风险。稳步推广指数保险、产量保险、涉农保险,探索开展一揽子综合保险,将农机大棚、农房仓库等农业生产设施设备纳入保障范围,支持农业现代化发展。

二、拓展服务网络

加强与保险代理、保险经纪公司合作,在全省主要地区设立代理营业网点,弥补县级营业网点的不足,有效推动公司业务发展。

三、加强客户服务

推出"人伤无忧"特色理赔服务。了解出险客户及住院伤者需求,为出险客户及伤者提供"治疗无忧、护理无忧、出院无忧"等专业化理赔服务,解决客户及伤者后顾之忧。

四、服务社会治理

做好武汉市道路交通事故社会救助基金管理人相关工作,积极探索参与政府公共服务的新领域和新途径,发挥好社会"稳定器"的作用,放大道路救助基金托底民生的公益效应。

【风险管控】

落实总公司新五年战略规划,有序推进全面风险管理体系建设和风险管理治理体系建设,加强风险偏好管理,提升风险管理水平,做实做细风险防控工作,确保分公司稳健运行。

【金融消费者权益保护】

一是做好消保宣教工作。营造积极和谐的宣传氛围,鼓励全体员工参与金融知识宣传与反洗钱教育工作。通过在职场大厅张贴"共筑诚信消费环境 提振金融消费信心""反洗钱 · 在身边"活动主题海报、悬挂横幅、设立咨询服务台、发放金融知识及反洗钱宣传教育折页等,向客户普及金融知识、进行风险提示,提高客户安全意识。二是加强投诉管理。完善投诉处理和纠纷化解保障机制;在"3 · 15"期间开通绿色通道,畅通投诉渠道;成立应急支援小组,妥善处理投诉问题,切实保障消费者合法权益。

(紫金财产保险股份有限公司湖北分公司)

浙商财产保险股份有限公司湖北分公司

【概况】

2022年,浙商财险湖北分公司(简称)秉承"稳健经营、效益为先,依法合规,逐步发展"的经营思路,认真落实"有效益的规模"的发展要求,推动业务提质增效,全年实现保费收入4938.34万元。

【业务发展】

一是积极推进保险产品服务创新,努力培育新业务增长点。跟进武汉天然气有限公司招标信息,精心制作标书,多部门共同协作,推动燃气险业务落地。二是做好客户服务。梳理、完善服务制度,简化操作流程,提升承保理赔服务效率。扩大"浙理赔"科技赋能工具使用覆盖面,提升客户体验。

【风险管控】

一是加强内控合规管理。完善内控制度,明确岗位职责和工作流程;将合规管理纳入各级机构、各部门考核指标;严格执行内、外部审计制度,提高依法合规治企能力。二是加强反洗钱培训,强化员工反洗钱意识,营造依法合规的良好氛围。

【金融消费者权益保护】

一是加强投诉管理。建立健全消费者权益保护机制,设定每月第一周的周二为"机构负责人接待日",快捷处理保险消费者合理诉求;实行投诉处理"一把手负责制",由"一把手"负责督办所有投诉案件;建立重大案件应急预案,提前消除纠纷隐患。二是加强人员培训。加强各级机构窗口工作人员及业务人员教育培训,引导客户理性选择产品,帮助客户强化风险意识和维权意识。三是加大消费者权益保护宣传力度。通过开展宣传活动向消费者普及保险消费知识,提升消费者自我保护能力。

(浙商财产保险股份有限公司湖北分公司)

国任财产保险股份有限公司湖北分公司

【概况】

2022年,国任财险湖北分公司(简称)结合地方保险市场发展特点,认真落实总公司"夯基础、优结构、深改革、实创新、强赋能"的工作要求,圆满完成年度经营目标任务。全年实现保费收入24780.65万元。其中,车险保费收入20670.61万元,保费占比83.41%;财产险保费收入2201.36万元,保费占比8.89%;意健险保费收入1908.68万元保费占比7.70%。赔付支出15935.88万元。分公司下辖7个三级机构、5个四级机构。

【业务发展】

一、服务新市民

(一)服务新市民职业安全

围绕新市民聚集的建设施工行业,积极推动覆盖施工现场和施工指定生活区的团体意外伤害保险、建筑施工企业安全生产责任险、建筑施工企业雇主责任险等产品落地。全年为350家企业合计35000多人次提供价值123.5亿元的保险保障,支付赔款200万元。

(二)服务新市民资金安全

推出建筑施工合同投保保证保险、建筑工程监理履约保险、采购合同预付款履约保证保险、供货履约保证保险、建筑施工合同质量保证保险、建筑工程合同款支付保证保险、农民工工资支付履约保证保险等产品,减少企业欠薪隐患,保障建设施工行业新市民薪资权益。全年为新市民提供累计超过200万元薪资权益保证保险保障。

二、加强业务管理

一是监测营销宣传活动。建立基本营销宣传行为管理制度,督促下辖机构按照管理制度开展产品营销培训和营销活动。二是强化销售行为可回溯机制。通过投保人实名制和双录、留存互联网保险销售行为资料和销售回访记录,认真落实"销售行为可回放、重要信息可查询、问题责任可确认"的监管要求。

三、提升客户服务水平

(一)优化适老化服务

上线老年人指引IVR功能,一键转接老年人专属坐席服务,优化电话服务流程。推进微信小程序老年人模式改造工作,解决老年人智能手机使用困难的问题。

(二)开展客户服务节

围绕"国任之师、致敬守护、九久相伴"的主题、结合传统节日,面向消防员、教师及老年人开展活动,让公众进一步"了解国任、信任国任、选择国任",让客户多维度、多方面体验国任保险的优质服务。通过客户服务节累计赠送保险保额20000万元。

【风险管控】

一、强化反洗钱工作

一是完善反洗钱管理机制。将洗钱风险管理纳入全面风险管理体系,构建以反洗钱领导小组为决策组织、合规部门为牵头部门、各业务单位为执行部门的反洗钱管理架构。二是落实“一岗双责”。履行好反洗钱工作的主体职责，压实各级反洗钱管理者责任，做到一级压一级、层层抓落实；明确各层级、各岗位、各项义务的管理标准与工作职责，全面提升反洗钱制度的权威性、有效性和可操作性。

二、加强员工培训

一是通过制定培训计划、规范培训流程、做好培训记录、考试评价等措施提升培训质效。二是组织员工学习《国任财产保险股份有限公司问责管理办法》《国任财产保险股份有限公司授权管理暂行办法》《国任财产保险股份有限公司关联交易管理规定》等9项风控管理制度，规范员工执业行为，确保合法合规开展各项工作。三是组织学习典型案例，不断提高一线业务操作人员和反洗钱岗位人员识别可疑交易的能力。

【金融消费者权益保护】

在总公司发展战略、企业文化、章程规范的基础上，细化消保工作内容，形成分公司消保制度，进一步压实消保主体责任。通过统筹制定消费者权益保护工作计划、上报消保工作专项资源需求、优化人力安排，完善消保硬、软件配套设施，确保高效开展消保工作。

一、强化内部考核

将消保工作纳入部门负责人及相关岗位考核指标中，在投诉考核的基础上，增加续保率、理赔周期、处理及时率等考核指标，按时通报考核结果。

二、加强审查管理

一是制定《国任财产保险股份有限公司湖北分公司消费者权益保护审查实施细则》，设置协议条款、营销方案、承保业务审查等环节，明确审查职责分工、审查内容及要点、审查流程及结果应用。二是开展保险中介渠道业务合规情况审计工作。修订中介合同模板，增加消费者权益保护条款，保护消费者合法权益。

三、加强消费者信息保护

建立健全信息安全保障制度，妥善保管消费者个人信息，防止信息毁损、丢失；全面梳理客户个人信息，检视个人信息保护机制中存在的问题与不足，形成相应报告上报总公司。

四、强化信息披露

在产品展示、投保流程中，严格按照总公司信息披露执行标准突出显示重点信息、必读勾选等事项。以半年度为周期开展信息披露抽查及监测工作，确保信息产品、服务信息有效披露。

五、开展消保宣传教育活动

结合行业特点、紧贴“3·15”活动主题开展消费者权益保护宣教活动。在营业场所设立独立的公益性金融知识宣传专区，营造良好宣传氛围，解答客户的各类业务咨询；加强与媒体机构合作，扩大金融宣传教育覆盖面，提高消费者维权意识。

（国任财产保险股份有限公司湖北分公司）

锦泰财产保险股份有限公司湖北分公司

【概况】

2022年，锦泰财险湖北分公司（简称）坚持“巩固规模、业务转型、推进高质量发展”的经营思路，聚焦各项任务目标，全力推进业务发展。截至年末，资产规模127.09万元。全年实现保费收入8628.03万元，赔付支出为5497.34万元。

【业务发展】

一、助力科创企业发展

积极融入地方经济发展大局，充分发挥保险保障功能，主动对接科创企业保险需求，为科创企业提供高效、优质的保险服务。参与承保长江存储科技有限责任公司财产一切险及营业中断险，拓展重点业务领域。

二、加强新市民保险服务

一是助力新市民创业就业。通过雇主责任险、团体意健险为网约车司机、建筑工人等职业风险较为突出的新市民群体提供风险保障，全年为新市民提供风险保障5.19亿元。二是服务新市民住房安居。推出“爱家保”家庭财产综合险保险产品，有效防范新市民因灾致贫的风险，让新市民“住得起、住得安心”。三是助力新市民子女教育。推出校方责任险和学生平安保险，全年提供风险保障金额8.64亿元，覆盖人数5911人。

【风险管控】

进一步强化合规经营，夯实管理基础。梳理内控制度，完善风险管理体系，通过风险提示、警示教育、宣传培训、检查督导等举措，落实内、外部各项检查中发现的问题整改，强化全员合规意识，提升反洗钱工作质效，增强整体风险防范能力。

【金融消费者权益保护】

一是加强投诉管理。开展投诉案件和舆情风险排查，追根溯源化解纠纷，防范网络平台投诉及媒体舆情；将投诉件数量、投诉件性质、投诉舆情风险等级等纳入综合考核指标，加强全员行为管理。二是开展消保宣教活动。通过官微分享“以案说险”案例，提高保险消费者风险识别和自我保护能力；开展“权利·责任·风险”宣教活动，向保险消费者普及和推广知情权、受教育权、自主选择权、信息安全权等知识。

（锦泰财产保险股份有限公司湖北分公司）

众诚汽车保险股份有限公司湖北分公司

【概况】

2022年，众诚汽车保险湖北分公司（简

锦泰财险湖北分公司在2022年第三届荆楚乡村文化旅游节上宣传支持乡村振兴的系列保险产品

称）实现保费收入 5924 万元。其中，车险保费 5464 万元、占比 92.23%；非车险保费 460 万元，占比 7.77% 。赔付支出（直接赔款）1330 万元。综合成本率 115.11%。

【业务发展】

一、服务民生保障

共保承保武汉“惠医保”，为 30 万名城乡居民提供补充医疗保障。开启“惠医保”快速投保通道和移动端便捷缴费、承保、理赔通道，通过便捷、快捷、低收费、高效率的优质服务增强医疗保障的公平性和协调性。

二、发展车险业务

依托汽车厂家优势资源，联合广汽传祺、本田、丰田及埃安等集团旗下门店开展形式多样的营销活动，扩大客户基数，提升新车保险业务份额。

三、提升客户服务水平

一是优化理赔服务。推广视频查勘、案件快赔服务，提升理赔服务质效；加强理赔人员培训，确保专业、及时地为客户提供理赔服务；通过小额案件劝销、重大案件协助降责、减损，满足客户风险减量的需求。二是优化适老服务。在营业网点设置老年人服务专区，配备老花镜、放大镜、雨伞、医药箱等物品；开通无障碍通道，指定专人引导老年客户办理业务。

四、加强成本管控

严格执行配件更换标准，降低配件更换率，运用“好壹账通”和中保车服防渗漏系统管控非合作店维修的配件成本；加大案件现场查勘力度，提升视频查勘及自有人员查勘、定损占比，降低公估使用率，减少公估费用。

【风险管控】

全年开展多次不同形式的合规教育培训，营造“人人合规、人人讲规、人人守规”的合规文化氛围。下发各类风险防控工作指导性文件，提升员工风险识别能力，增强风险防范意识。配合总部开展内控合规、财务基础业务等方面专项检查，有效发挥风险管理三道防线的作用，筑牢风险防火墙。

【金融消费者权益保护】

一是开展新市民金融知识宣教活动。以“3·15”消费者权益保护教育宣传周为契机，到快递网点开展“共筑诚信消费环境，提振金融消费信心”主题宣教活动，向快递员普及金融知识。二是开展青少年金融知识宣教活动。到大学校园和街头向青少年发放宣传资料，普及金融保险知识，提高青少年防范电信网络诈骗意识。

（众诚汽车保险股份有限公司湖北分公司）

华泰财产保险有限公司湖北省分公司

【概况】

2022 年，华泰财险湖北省分公司（简称）围绕依法合规经营和质量效益发展两大主线，以客户为中心，坚持 EA（专属代理人）主渠道发展战略，打造差异化竞争优势，实现业务稳健发展。截至年末，实现保费收入 7031.24 万元，同比增长 29.02%。其中 EA 渠道累计实现保费收入 1116.67 万元，占总体保费收入的 15.88%。分公司在全省开设 33 个线下 EA 门店，其中，武汉市 21 个、襄阳市 8 个、鄂州市 4 个。

【业务发展】

一是优化适老服务。在乡镇和社区周边开设 EA 门店，为老年人提供保险服务。为老年客户提供爱心专座和老花镜等物品，指定专人解答老年客户保险咨询问题；主动上门为不方便到门店的老年客户办理相关业务。二是推动产寿业务协同发展。全年实现产寿协同业务 334.08 万元。

【风险管控】

通过规范运营流程、明确风险管理责任、加强督促检查，夯实风险管理基础。将员工培训纳入日常管理工作，强化员工风险防控意识，筑牢风险防控第一道防线。全年开展 5 次制度“应知应会”专题线上线下培训，课程涵盖销售管理、承保管理、理赔管理、财会管理、渠道管理、反洗钱管理、人员管理等方面，进一步规范员工执业行为和业务操作流程。

【金融消费者权益保护】

一是开展“3·15”消费者权益保护教育宣传周、“7·8”保险宣传周等活动。在社区、门店开展有奖问答和保险咨询活动，现场解答投保、理赔等客户最关注的问题。宣传维权常识，向社区居民普及保险知识，帮助居民树立理性消费观念，提高风险防范意识。二是加强网点宣传。在网点悬挂金融联合教育宣传活动横幅、设置公众教育宣传栏、张贴海报；在网点 LED 显示屏滚动播放消费者权益保护宣传标语，营造宣传氛围。

（华泰财产保险有限公司湖北省分公司）

长江财产保险股份有限公司湖北分公司

【概况】

2022 年，长江财险湖北分公司（简称）全面推行“四快”理赔服务，搭建全国化承保理赔互联网平台，持续提升客户服务水平。全年实现保费收入 2.56 亿元。在全省设有 16 个市级中心支公司、29 个县级支公司和 2 个营销服务部。连续多年获得“金融支持湖北经济发展突出贡献单位”等荣誉。

【业务发展】

一是推进重点业务发展。优化产品供给，深化政企合作，获得省内环境污染责任险试点资格、公务车保险采购供应商资格，积极发挥保险辅助社会治理的作用。二是助力乡村振兴。获得省内农险业务经营资格，进一步完善乡村振兴服务体系；布局“三农”服务站，逐步形成以中央财政农险为主、地方财政农险为辅、商业性农险为补充的业务发展模式。三是促进增强医疗保障。布局“保险+科技+健康管理”生态圈战略，建立区域慢病管理中心，拓展医疗保险新领域。

长江财险湖北分公司与十堰市房县人民政府签署战略合作协议

【风险管控】

不断完善风险管理制度和流程，建立健全风险管理组织体系，加强全面风险管理。开展现有制度“立改废”工作，梳理各条线规章制度，优化承保、理赔、回访、档案管理、费用使用等多项制度。通过优化业务流程、开展内部自查、加强教育培训等多项举措，强化全员风险管理意识，提升整体风险管理水平。依照监管部门和总公司风险防控要求，完善反洗钱内控制度，提升反洗钱工作质效。

（长江财产保险股份有限公司湖北分公司）

富德财产保险股份有限公司湖北分公司

【概况】

2022年，富德财险湖北分公司（简称）贯彻落实“创新、协调、绿色、开放、共享”的发展理念，加强精细化管理，全力拓展非车渠道、综拓渠道。截至年末，累计实现保费收入1148.26万元，赔付支出2974.88万元。下设武汉中心支公司。

【金融创新】

一是加强业务创新。依托富德集团资源优势，深耕交叉销售业务。以综拓渠道为核心，不断加大对自主渠道的支持力度。加强非车险专业化团队建设，培养非车险专业人才，推进公司非车险战略转型。二是加强服务创新。上线“富德e保”APP，运用智能手机、移动支付等无线网络设备与技术，为客户提供便捷投保、保单查询、自助理赔、会员增值、优惠折扣等优质服务；开通“电子签名”功能，为客户带来“投保全程无纸化”的全新体验。

【风险管控】

一是完善风险管理体系。建立覆盖所有业务流程和操作环节、能够对风险进行持续监控和定期评估的风险管理体系，根据公司实际有针对性地实施重点风险管控，定期向监管机构及总公司报送各类风险分析报告。二是开展风险检查。不定期开展现场、非现场检查，及时向监管部门报告发现的风险并督促问题整改。通过及时发现、全程跟踪，确保将各项风险控制在源头。三是强化合规意识。定期分层级、分条线自上而下开展合规培训，不断强化全员合规意识，将合规管理要求融入日常经营工作的各个环节，实现合规经营。

【金融消费者权益保护】

将消费者权益保护工作作为“一把手工程”，持续完善消费者权益保护长效机制和联动机制。不断细化客户投诉处理流程，推动专项服务标准化、规范化；优化销售、承保、保全、资诉、增值、理赔各个环节服务标准和时效，保障消费者合法权益。

（富德财产保险股份有限公司湖北分公司）

新疆前海联合财产保险股份有限公司湖北分公司

【概况】

2022年，新疆前海联合财险湖北分公司（简称）坚持以发展为目标、以创新为动力、以效益为中心的经营理念，创新营销机制，全面提升经营能力，努力实现效益与规模同步增长的目标。全年实现保费收入4500.97万元。其中，车险保费收入3899.96万元、非车险保费收入601.01万元。全年赔付支出2390.64万元，全险种综合赔付率72.95%。

【业务发展】

一、发展车险业务

一是大力发展非营业客车业务。精耕家用车业务，用好定价系统、里程评分等工具，扩大家用车业务规模。二是拓展营业货车业务。细分车龄、吨位、货车种类，拓展低风险区域干线运输车队业务。三是开展新板块业务。依托业务团队资源充分挖掘团体客户，实现团险业务突破。

二、发展非车险业务

加强非车险专业销售团队建设；分析非车险客户承保需求，制定专属化方案，探索场景化业务模式；推出特定人群责任险，丰富非车险产品供给。

三、优化客户服务

推行车险理赔线上化集中管理模式，客户通过H5链接、微信等网络工具与专业坐席连线，为客户提供无接触化、便捷、高效的理赔服务。

【金融消费者权益保护】

一是加强网点宣传。在营业网点设立公益性金融知识普及和教育专区，宣传讲解金融知识，解答客户咨询的问题，向客户普及金融知识。二是开展金融联合教育宣传月活动。线上通过微信公众号推文、微信朋友圈转发等方式普及金融知识，帮助消费者理性选择正确的金融产品和服务；线下设立现场宣传展台，开展防范养老领域、理财领域以及利用电信网络进行诈骗的宣传。三是加强新市民金融消费者权益保护。开展“3·15”消费者权益保护宣传周、“7·8”保险公众宣传日、“防范非法集资宣传月”、“反洗钱宣传月”、“新市民服务宣传月”等活动；落实新市民金融消费者权益保护主体责任，开通新市民投诉专线，畅通投诉渠道，推进金融消费纠纷多元化解机制建设，维护新市民金融消费者合法权益。

（新疆前海联合财产保险股份有限公司湖北分公司）

建信财产保险有限公司湖北分公司

【概况】

2022年，建信财险湖北分公司（简称）累计实现保费收入8350.22万元，同比增长18.05%；实现净利润671.82万元。

【业务发展】

一、服务基础设施建设

承保沪渝蓉高速铁路武汉至宜昌段汉川东至宜昌北（不含先开段）站前工程WYZQ-4标段的建工团意险及工程一切险，为项目提供保险保障额度9.15亿元。

二、助力乡村振兴

积极参与建行湖北省分行组织的“乡村振兴 惠农安心”系列活动，承保涉农普惠贷款客户人身意外伤害保险、个人生活损失津贴保险，保障金额分别为1.5亿元和7800万元，防止借款人员因病和意外致贫返贫。加强与建行湖北省分行二级行联系，承保恩施分行、天门分行、仙桃分行借款人意外险，向农村小额借款人提供保险保障5613.65万元。

三、助力绿色发展

承保污染治理、环境保护专用设备制造、绿色旅游等行业企业的财产保险，共计提供保障额度6.01亿元。参与绿色项目建筑施工人员团意险共保项目，份额内保额1.23亿元。全年累计提供绿色金融保险保障额度7.24亿元，推进绿色产业发展。

四、加强新市民保险服务

在省内建行营业网点设立新市民保险宣传点，向客户宣传新市民保险服务；加强与新市民群体集中的行业联系，围绕新市民就业，推介雇主责任险、团体意外险、驾乘人员意外险等新市民专项产品。

五、优化客户服务

一是优化承保服务。广泛收集客户

意见,定期回溯承保工作;通过每周一课加强承保政策学习,不断完善承保服务流程;建立考核机制,加强核保队伍建设,提升承保工作质效。二是优化理赔服务。做好“同心计划”理赔服务,坚持“线上提效率,线下提质量”,全年累计提供线下理赔辅导180余次;简化理赔流程、缩短赔付周期,针对人伤及大案开展降赔减损。三是完善增值服务。做好道路救援等增值服务,加强增值服务考核评价。

【风险管控】

一是开展“强基合规控风险”(第二季)专项活动。全面梳理内控管理流程,加强风险排查和数据回溯,以承保精细化管控业务风险、以理赔回头看促进客户服务、以财务规范化约束营销行为,夯实风险防范基础。二是提升反洗钱工作水平。做好案件回溯和质检工作,落实客户身份识别精细化、常态化管理;加强可疑交易日常筛查、监测和审核工作;根据客户风险等级评定情况实施差异化风险管理措施。三是加强财务管理。学习总行、总公司下发的财务制度,通过定期开展培训、加强基础资料管理,规范开展财务工作。四是加强收付数据管理,降低承保端差错率。

【金融消费者权益保护】

一是加强投诉管理。建立分层级的纠纷化解机制,耐心做好客户解释工作,跟进投诉处理过程,及时化解纠纷。二是开展消保宣教活动。开展10次消保宣教活动,涵盖个人信息保护、消费者权益保护等方面内容,采取训后测评检验培训效果的方式,增强员工消保意识。三是加大消保考核力度。督促消保专、兼职人员每日登录工单系统核对工单办理情况,将工单两小时回复及时率、按时办结率以及客户回访满意度等纳入绩效考核,增强消保工作质效。

(建信财产保险有限公司湖北分公司)

大家财产保险有限责任公司湖北分公司

【概况】

2022年,大家财险湖北分公司(简称)实现保费收入20101.43万元,同比增长9.9%,累计发生赔付支出10666.35万元。资产总额为14703.20万元。

【业务发展】

一、发展基础业务

一是发展农业保险。签单中央财政补贴型水稻完全成本保险和小麦完全成本保险,累计为166户农户提供风险保障1912万元。二是发展车险。制定车险发展计划和销售模式,渠道负责人一对一开展渠道维护和工作,进一步深挖渠道业务潜力;加强车险业务知识和技能培训,培养团结稳定的展业队伍,强化售中服务,维护好客户关系。

二、服务新市民保险需求

为新市民提供责任险、意外险、家财险、健康险、工程险和财产险等多个险种产品,着力服务新市民创业就业、安居、消费、培训和子女教育以及健康医疗等需求。

三、支持绿色发展

一是推进绿色金融发展。深入贯彻落实绿色金融发展理念,不断加大对低碳经济、循环经济、节能环保企业转型升级和技术改造的保险资源投入,重视承保中项目的风险管理与防控。二是强化管理机制。建立跨部门领导小组等形式的组织架构,指定牵头部门全面负责绿色金融统筹协调、产品创新、业务推进等工作,切实提升绿色金融管理水平。三是加强人才队伍建设。加强绿色金融人才培养引进和团队建设,提高绿色服务能力。四是加强探索创新。聚焦环保、节能、清洁能源、绿色交通等领域,重点发展环境污染责任险,帮助企业分担经营风险,提高企业污染防治能力。

四、优化适老服务

一是优化柜面服务。在营业网点配备老花镜和放大镜等物品、设置爱心服务窗口和老年人绿色通道,派服务专员全程陪同老年人办理业务。二是优化电话呼入设置,为致电的老年人优先接入专人服务坐席。三是优化线上服务。推出适老化版本“大家保险”APP等线上系统,简化APP页面,增设语音功能,通过“一键拨打”直接接入人工客服,提升老年客户办理业务的便捷度。

【风险管控】

一、加强内部控制

开展内控评估工作,通盘梳理、客观评估各项业务的管理水平,不断提升内控有效性,提高公司合规运营水平。各部门根据计划安排,按时完成10类共88个要点的评估工作、提交内控评估表和相关证明材料,及时制定整改措施,落实整改工作。

二、加强反洗钱工作

对照各项反洗钱法律法规和属地监管要求,开展反洗钱基础管理自查工作,全面排查反洗钱工作的薄弱环节,及时补齐短板,从源头上排除洗钱风险隐患;做到日常管理不松懈,切实落实可疑、大额交易上报及排除工作,及时发现和化解洗钱风险。

【金融消费者权益保护】

一是加强网点宣传。在营业场所设立金融知识宣传教育区,根据热点金融问题不断更新各类宣传手册内容;制定老年人专属宣传手册。二是加强线上宣传。通过公司官网、官微、手机APP、网点通等平台开展公益性金融知识教育宣传。发布“以案说险”、风险提示等系列文章,拓宽宣传范围;结合2022年大家保险第二届客服节活动,通过在线答题抽奖、在线直播等方式向消费者普及金融保险知识。三是开展“3·15”消费者权益保护教育宣传周、“金融知识进万家”等各项金融知识宣传活动,提高消费者风险防范意识。

(大家财产保险有限责任公司湖北分公司)

(二)人身保险机构

合众人寿保险股份有限公司

【概况】

2022年,合众人寿(简称)以高质量发展为引领,坚持“稳中求进”的业务发展原则和“价值引领、保证品质、降本提效”的经营方针,持续推动寿险队伍向专业化、职业化转型,牢牢守住发展基本盘,行业排名保持稳定。受人身险处于深度调整和转型期的影响,保费收入增速放缓。全年实现规模保费收入297.53亿元,同比增长-29.3%;原保险保费收入189.04亿元,同比增长-32.7%。其中,新单保费收入60.62亿元,同比增长-60.5%;续期保费收入128.43亿元,同比增长0.7%。截至年末,公司拥有600余个分支机构,服务客户总量超过8000万人。

【业务发展】

一、推进科技赋能

一是推进金融科技与公司业务深度融合。打造新一代科技化展业工具,实现计划书同屏演示,更好地为业务一线提供科技支持;升级智能双录功能,录制效率提升7%,品检时效提升31%;拓展远程智慧客服项目二期业务场景,保全办理时效提升10倍以上,理赔调查时效提升高达700倍,进一步提升服务效能;

在信息技术应用创新项目中拓宽国产终端设备的使用广度和深度，提升应用系统国产化率。二是推进金融科技与客户服务深度融合。通过保单整理系统为客户提供保单检视服务，生成保险保障和缺口分析报告，赋能代理人成为客户专业的保单管家。依托“小交会”平台，帮助代理人做好客户服务工作，管理好业务队伍活动量。以科技平台为功能载体，支撑内外勤员工养老规划师课程的线上学习和考试认证，建设一支专业的养老规划师队伍；通过发布外勤绩优明星短视频，打造业务标杆，助力业务队伍高质量建设。

二、推进老年群体保险服务

根据老年客户群体的风险保障情况，加快产品创新，不断完善产品体系，提升老年保险服务质效。一是推出“传世优年”养老保险产品。创新性提供一张保单保两个被保险人的养老保障，解决老年人差异化养老需求，为老年人提供合理资金规划。二是满足老年人医疗需求。推出老年人专属骨折医疗险，解决由于意外骨折产生的医疗费用问题；配合老年防癌医疗险，推出癌症特药器械医疗保险产品，为老年客户提供药品直付服务，解决购药资金短缺的问题，全面满足老年客户医疗需求。三是在“7·8”全国保险公众宣传日活动中，为乡村地区老年人群体捐赠总保额1.01亿元的意外伤害保险。

【风险管控】

一是完善风险管理体系。通过定期与不定期开展制度梳理、修订工作，不断完善风险管理制度，提升制度的健全性、合理性和有效性，建立较为完善的风险管理制度体系。二是优化风险管理工具和流程。动态检视风险偏好体系，不断优化风险监测指标，定期开展风险监测与自评估，夯实风险管理基础工作，不断提升风险识别、风险预警、风险分析能力。开展风险管理信息系统二期建设工作，提高风险管理信息化水平。加强理赔风控模型应用，对高风险案件精准追踪，有效控制风险。

【消费者权益保护】

一是健全消费者权益保护机制。从源头预防、中间关键环节监控、事后问责处置着手，围绕金融消费者的八项权益保护要求，构建强化消保事前、事中和事后的全流程管控体系，切实保护消费者的合法权益。二是优化理赔服务。创新服务模式，上线“视频调查”系统，推进与客户进行线上沟通交流，实现线上询问、面见、验伤和远程签字功能，进一步提升理赔服务效率。全年通过“视频调查”系统共完成666次服务，平均时长仅9分钟。

（合众人寿保险股份有限公司）

国华人寿保险股份有限公司

【概况】

2022年，国华人寿（简称）践行“坚定转型发展、突出价值成长、全面提升能力、迈向成熟险企、助力共同富裕”的总体思路，不断优化产品结构，控制负债成本，持续推进业务发展。截至年末，累计实现原保险保费收入374.49亿元，同比下降1.04%。实现总规模保费455.56亿元。其中，新单规模保费295.80亿元；续期规模保费159.76亿元。按缴费结构划分，在全年新单规模保费中，趸交保费229.47亿元，期交保费66.33亿元。截至年末，总资产2775.17亿元，净资产255.01亿元，实现净利润5.53亿元（母公司口径）。在华东、华南、华北、西南等地设立18个省级分公司、92个中心支公司等共计112个分支机构。在2022武汉民营企业100强、民营制造业企业50强发布会暨金融服务民营企业高质量发展大会中，国华人寿排名“2022武汉民营企业100强”第5位；获得“金禧奖·2022卓越理赔服务保险公司”“金桥奖·年度创新赋能高质量发展保险公司”“年度品牌号召力保险公司”等称号；“国华申利福两全保险”获得2022中国武汉极目金融榜“2022年年度最具投资价值寿险产品”荣誉。

【业务发展】

一、支持绿色金融

参与推动建立保险资金绿色投资新体系，按照整体投资计划，严格遵守安全性、合规性原则和资产负债匹配原则，聚焦长期景气方向，适时投资优质资产，协助企业提升创新能力，完善现代化产业链。投资绿色金融相关股票、债券、公募基金及股权。其中，股票投资的投资标的主要业务涉及节能环保及清洁能源，债券投资的投资标的主要业务涉及生态环境和清洁能源，公募基金的投资标的主要业务涉及清洁能源，股权投资的投资标的主要业务涉及清洁能源产业。全年涉及绿色发展投资产业的投资余额为11.38亿元。

二、履行社会责任

国华人寿及国华人寿公益基金会全年共支出115.6万元用于支持社会公益。一是助力乡村振兴。为重庆市忠县双桂镇初级中学捐赠近7万元，用于购买篮球架、乒乓球台及节能路灯等设备，丰富乡村学生文体生活。国华人寿公益基金会联合国华人寿安徽分公司、农业银行安徽省分行共同发起设立“农行·国华皖美乡村助农基金”项目，创新运用“业务+公益”的模式，通过农业银行安徽省分行销售的国华人寿保单，均在业务费用中计提助农基金，捐赠到国华人寿公益基金会，用于安徽省内的公益助农项目，该项目已募集善款41.5万元。二是助老扶老。整合多方资源，带动各分公司和中支开展各类形式多样、主题丰富的扶老公益活动。国华人寿公益基金会资助10万元，联合5A级社工机构设立“筑起防护网，守护幸福晚年”老年人防诈骗社区服务项目。该项目开展防骗科普宣传活动、防骗专题培训、智慧课堂及防骗剧场小组服务，形成防骗宣传手册、防骗剧场故事、防骗宣传视频、防骗宣传书画作品，增强社区老年人防骗“免疫力”，筑起社区老年人晚年生活“防护网”。三是助力疫情防控。向上海市陆家嘴街道普联大厦办公人员和生活困难者捐赠64份爱心物资，总价值32000元。

【金融创新】

持续优化“移动柜面”相关功能，上线“保全通”服务，模拟实体柜面服务场景，将视频服务打造成智能化、无纸化的资料受理平台，将复杂的保全业务纳入移动柜面服务范畴。结合老年人阅读、操作习惯，设计适老化操作流程，页面增加“长者专版”入口、语音播报等功能。自动识别60岁以上客户，默认跳转至适老化页面，有效提高服务效率与客户满意度。移动柜面的保全功能入口增至27个，支持的保单服务项目累计达到42个，实现保全线上业务100%全覆盖，正式进入2.0时代。

【风险管控】

遵循“偿二代”二期规则，将新规内容延伸至风险管理工作的各个方面。一是完善风险指标监测体系，提升风险偏好量化传导水平。完善、更新并持续监测风险限额指标体系，推动风险管理与经营管理的融合；将风险限额指标传导至分支机构，构建机构风险监测指标体系。二是通过标准化手段，提高各部门、各机构的风险管理水平。推动风险数据报送流程标准化、整改流程标准化；拓展系统使用权限；更新《风险管理及合规考核办法（2022版）》，制定《分公司风险合规部负责人管理办法（试行）》，进一步规范分公司风险管理工作。三是培育风险管理文化，提升全员风险识别和风险管理意识。宣导、培训“偿二代”二期新规内容和信息系统操作、风险指标监测情况等方面，及时准确地将监管规则及风险现状传递至各部门及机构。针对保险资金案件、财务管理、业务管理、内控管理中存在的风险点进行重点排查，汇总编制公司整体风险排查报告。

【金融消费者权益保护】

一是构建消费者权益保护体系。将消费者权益保护工作纳入企业文化建设，全面贯彻落实监管部门关于消费者权益保护的各项要求，持续完善消费者权益保护体制机制建设，组织各部门、机构健全消费者权益保护制度体系，将消费者权益保护融入公司治理的各个环节，不断提升员工消费者权益保护意识和工作能力，切实维护保险消费者合法权益。二是开展保险消费者权益保护教育宣传工作。在官网、官微及营业场所设立宣传教育专区，发布覆盖经营业务全流程的风险提示，持续完善并落实年度教育宣传计划。成立专项活动小组，开展“3·15”保险消费者权益保护、“7·8”保险公众宣传日、金融知识普及月等活动。制定金融知识普及月消费者权益保护宣传标兵评选方案，通过公众投票活动加大宣传教育力度，提高消费者金融素养。

（国华人寿保险股份有限公司）

中国人寿保险股份有限公司湖北省分公司

【概况】

2022年，中国人寿湖北省分公司（简称）坚持“两稳两控五提高”工作思路和“三抓三强三稳”工作主线，推进公司高质量发展。标保业务、首年期交业务、十年期业务、短险业务、政策性健康险业务收入分别为10.29亿元、35.23亿元、14.30亿元、16.14亿元、13.52亿元，全年为4746万人次提供风险保障超过6.05万亿元。

【业务发展】

一、强化基础业务

一是巩固渠道业务。通过精心组织、精细谋划、精准把控，个险渠道提前六个月完成全年首年期交目标任务；坚持“1+5+N”板块发展思路，推动团险多元发展，团短险同比增长5.17%；银保渠道首年期交业务、标保业务、五年期业务均保持增长；持续提升健康险渠道服务管理水平，积极推进协议续签。二是发展综合金融业务。加大产寿险互动、银保协同力度，全年实现寿代产联合性业务6.83亿元。

二、服务重点领域和产业

承保黄冈市、咸宁市、宜昌市“惠民保”业务。全年承保专属商业养老保险1862件，实现12种大病保险项目覆盖1292万人。为3005家小微企业和659家战略性新兴产业及绿色环保产业企业提供保险服务。

三、服务乡村振兴

成立143人乡村振兴工作队，充分发挥保险专业特长，创新保险帮扶举措，扩大保障覆盖面，将保险资源与乡村振兴深度融合。乡村振兴普惠保险覆盖207万人，消费帮扶任务完成率151.83%，乡村振兴工作被省委农村工作领导小组评定为“好”。

四、加强营运管理

一是提升服务体验。推广“柜面+”服务，客户平均等候时长同比缩短12%；优化适老服务，开展柜面适老化改造，老年客户服务满意度99.5%；探索开发VIP服务项目，全年开展637场线上客户服务活动。二是提高服务效率。推广契约智能服务，上线“一部手机双录”等多个功能；升级智能核保功能，提升新单自动核保通过率；升级智能调查系统，全年完成调查案件2.42万件；优化理赔流程，全年赔付数量54.68万件，赔付金额17.56亿元；推动保全服务线上化，保全服务E化率99.33%。

【风险管控】

一是加强案防管理。开展乱象整治、“制度合规年”活动，通过制定重点整治任务清单、开展问题排查，推动重点领域、重点问题根源性整改。二是加强反洗钱管理。开展客户信息治理，对客户进行分级分类管理，个人长险客户关键信息准确率达99.95%；通过监测黑名单客户、高风险客户异常交易行为，强化大额和可疑交易分析报告机制；通过监测员工异常行为、监督重要岗位轮岗，进一步防范洗钱风险。三是开展全面风险排查和应急演练，提高应急处突能力。四是全面提升审计质量，深化审计问题整改。五是推进诚信、合规文化建设。常态化开展诚信教育培训和合规文化培训，培育“风险即生命，合规创价值”的理念。

【金融消费者权益保护】

一是强化组织领导。将消保工作列入分公司“十四五规划”和“三年规划”重点工作事项，通过召开消费者权益保护委员会工作会议，强化消保工作制度执行，推进各项消保工作落地。二是开展投诉综合治理。制定九条投诉管控举措，实现监管投诉总量大幅下降。三是开展宣教活动。全年向消费者提供各类公益性金融知识宣传640余次，其中在“3·15”“金融知识宣传月”活动期间开展专项主题教育宣传160余次，累计发放各类宣传资料10万余份，涉及40万余人次。

（中国人寿保险股份有限公司湖北省分公司）

中国太平洋人寿保险股份有限公司湖北分公司

【概况】

2022年，太保寿险湖北分公司（简

太保寿险湖北分公司举办媒体开放日活动，多家媒体现场参观消保教育基地

称）认真落实总公司“三化五最”转型要求，坚持高质量发展不动摇、坚持疫情常态化防控不动摇、坚持转型创新不动摇，实现业务结构优化、系统排名晋位、运行指标优化、生产生态环境改善的良好局面。全年实现保费收入95.12亿元，其中，新单保费收入33.06亿元、续期保费收入61.98亿元。个人业务渠道实现保费收入69.57亿元，占总保费的73.13%；团体业务渠道实现保费收入25.55亿元，占总保费的26.86%。

【业务发展】

一、强化基础业务

围绕健康、养老和财富三大核心需求，构建“产品+服务”体系，推动“金福·合家欢”“长相伴”“鑫从容”系列产品发展。持续完善以“太保蓝本”“细胞冻存服务”为代表的健康服务体系、以“太保家园”养老社区为核心的养老服务体系，进一步强化基础业务。

二、强化平台支撑

通过分层经营、分层推动，提升“拓客、蓄客、转化”的职业化闭环客户经营能力。一是固化普客经营平台。制定“统一主题、统一工具、权益介绍、转化促成”的场景化经营流程，线上线下相融合开展多种主题活动，提升内外勤联动营销能力。二是优化中、高客经营平台。通过打造具备高端客户服务能力的顶尖服务队伍、开展太保信托等高端客户体验活动，实现高端客户市场的开拓和突破。

三、加强队伍建设

启动“芯”基本法，通过“队伍销售行为改变”“主管经营行为改变”“新人成长规划改变”三大举措，引导经营队伍提升业务品质和服务质量，助力新人稳定留存、推动代理人队伍转型。在“芯”基本法牵引下，持续优化队伍招募，辅以专业化、体系化的培训，为代理人构建行业内具有竞争力的薪酬体系，实现代理人效益与公司业务质态的“正反馈”和“良性循环”。

四、服务乡村振兴

认真落实金融支持乡村振兴工作要求，不断创新助农、惠农、强农服务方式，增强农险服务水平和服务能力。成立13个对口帮扶小组，驻村驻点对口帮扶1个省级对口帮扶地区和8个地级市对口帮扶地区。

（中国太平洋人寿保险股份有限公司湖北分公司）

中国平安人寿保险股份有限公司湖北分公司

【概况】

2022年，平安人寿湖北分公司（简称）依托专业的保险保障优势、稳健的投资能力、完备的风险防控体系，促进业务持续、快速增长。截至年末，累计实现总保费收入1837266.30万元。分公司在省内共设有15个中心支公司，37个支公司，61个营销服务部。多次荣获“优质服务金融单位”等称号。

【业务发展】

一、强化基础业务

一是拓展个人代理业务渠道和银邮代理渠道。截至年末，内含价值较高的个人代理业务渠道保费收入占比达93.21%。个人业务13个月保费继续率90.3%，同比增长3.3%；25个月保费继续率94.2%，同比增长1.4%，业务质量得到稳步提升。二是强化新单业务。全年实现新单保费收入404110.50万元，占比22.00%，其中新单期缴保费372802.51万元，占个险业务新单保费收入92.25%。三是强化续期业务。通过加强续期服务队伍建设、提供保单全生命周期续期提醒服务，优化交费体验。全年实现续期保费收入1433155.80万元，占总保费收入78.00%。

二、提升客户服务质效

（一）提升理赔服务水平

一是实行重疾先赔。为不幸罹患重大疾病的客户提供上门理赔、优先理赔，有效缓解客户资金压力。二是实行重案特案预赔。为社会影响较大的自然灾害、公共卫生事件、社会安全事件提供快速预赔保险金，践行社会责任。

（二）优化保全业务模式

依托总公司“智慧客服”人工智能、人脸识别等创新服务技术，实时分流、高效处理保全业务。全年智慧人工客服累计接待120733人次、受理296140件保全业务，空中客服满意度高达98.3%。

（三）举办客服节

在客服节开幕式上邀请平安守护者向客户科普安全知识；客服节期间开展“守护者行动”系列活动，平安守护者带领全省代理人深入社区、学校开展196场线下活动，吸引近万名客户参与，提升了客户满意度。

三、加强科技赋能

依托“科技+”策略，积极推动营销、客服、经营等流程智能化升级。打造数据经营管理平台，开发数据秒查、问题定位、异常洞察三大核心功能，全面覆盖业绩、队伍、产能、产品、服务等经营指标数据，实现经营管理“先知、先觉、先行”和代理人队伍管理在新人招募、队伍培养、销售支持等环节的全流程智能化。

【风险管控】

一、完善风险排查机制

一是强化组织领导。成立风险排查工作领导小组和执行小组，印发《关于开展全面风险排查工作的通知》，部署2022年全面风险排查专项工作，督促各级营业单位结合排查要点自上而下开展全面风险排查。二是通过早会菜单、邮件宣导、案例警示等形式督促营业单位做好风险排查，形成全面风险排查长效机制。三是成立风控联合督查组。对下辖营业机构自查情况开展现场检查，跟踪整改落实情况，全面查处和整治各领域违规问题，形成营业单位自查、职能部门自查、风控联合督查三位一体的风险排查联动机制。

二、开展风险自查与排查

一是开展费用自查、采购管理自查、虚假理赔自查、培训管理自查，对自查发现的问题严格按照自查自纠工作机制进行整改和内部问责。二是每季度督促下辖营业机构围绕销售管理、“两非”管理等方面的问题开展自查，自查内容包括违规发布短信和微信朋友圈、印制和传播违规宣传资料、违规使用印章等。三是开展非法集资、非法放贷与金融诈骗风险专项排查。从从业人员自查、营业单位检查、高风险人员排查和分公司督导检查四个维度开展专项排查。通过督促全员对照《从业人员自查表》开展自查和重点分析外勤人员综合退保率、失效率、投诉率、质押贷款率、出勤率、回访成功率等指标，加强员工异常行为监控。按照《防范和处置非法集资条例》的要求，检视防范非法集资、大额交易和可疑交易报告等方面制度，排查制度风险。全年未发现非法集资、非法放贷与金融诈骗风险线索。

三、开展扫黑除恶专项工作

认真落实监管部门关于扫黑除恶工作要求，密切关注黑恶势力向金融领域渗透的动向，增强扫黑除恶工作前瞻性、主动性和时效性。将扫黑除恶工作与整治金融市场乱象、防范化解金融风险紧密结合，紧盯人员管理、市场准入、第三方合作等关键环节，持续有效推动扫黑除恶工作走深走实。

【金融消费者权益保护】

一、推进消费者权益保护机制

围绕“体制建设”“机制运行”“操作服务”“宣传教育”“纠纷化解”五大模块,将消费者权益保护工作要求嵌入售前、售中、售后各环节中,切实履行好消费者权益保护的职责。

二、加强投诉管理

一是成立地区消费者权益保护联席会,建立消费者权益保护工作网格化运作管理体系,加强消保区域内部联动,压降投诉量。二是与金融纠纷调解机构开展三方合作,建立诉前调解对接工作模式,推动纠纷多元化解,取得良好成效。全年亿元保费投诉量 1.6 件/亿元,在保险行业排名前列。

(中国平安人寿保险股份有限公司湖北分公司)

新华人寿保险股份有限公司湖北分公司

【概况】

2022 年,新华保险湖北分公司(简称)聚焦主责主业,积极发挥保险专业优势,全力服务实体经济发展。全年实现原保险保费收入 834978.42 万元,同比增长 3.91%。其中,新契约保费收入 210967.53 万元,占比 25.27%,同比增长 4.23%;续期保费收入 624010.88 万元,占比 74.73%,同比增长 3.8%。在新华人寿系统中,整体 13 个月保费继续率 91.5%,排名第 6 位;整体 25 个月保费继续率 85.6%,排名第 6 位;整体期交、整体价值、财富价值保费均超额完成年度目标任务,核心指标规模均排名前 7 位。

【业务发展】

一、强化基础业务

(一)拓展个险渠道

一是优化营销策略。按月开展主题营销活动,通过举办电影包场和线上抽奖点赞活动、发放“CAR-T”卡、实施“领飞”计划和“鹰瞳”项目,不断提升营销效果。二是加强营销队伍建设。坚持“主管直增推动,本部战略持续推动,弱体整改实现”的发展思路,以“三化”队伍建设为核心,通过三条增员路径充实营销队伍。全年累计新增员工 1922 人、入围“新华保险精英俱乐部”234 人。

(二)拓展银代渠道

通过“金融产品+”模式优化资源配置,提高资源利用率。全年实现期交保费 3.38 亿元,年度达成率 101%;价值保费 2744 万元,年度达成 100%。一是实施“金融产品+私人定制”模式。根据客户储蓄、养老、健康等方面保险需求,为客户精准匹配覆盖全生命周期的产品。二是实施“金融产品+客户活动”模式。通过举办网点沙龙、尊享会等活动为客户提供增值服务。三是实施“金融产品+康养社区”模式。依托总公司康养资源优势,为客户提供旅居、养老等服务。四是实施“金融产品+信托业务”模式。依托总部信托资源优势,发挥保险财富传承功能,推动财富管理业务发展。

(三)拓展团险渠道

积极参与湖北省总工会新就业形态劳动者意外赠险项目,定期参加项目推动会议及相关培训,全年共承保该项目 5 万人次意外险,保费收入 100 万元。持续推动专属养老保险业务发展,支持第三支柱养老保障体系建设。截至年末,团险渠道专属养老保险保费收入 1604.25 万元,承保人数 1014 人。

(四)拓展收展渠道

按照总部特定失效保单专项复效活动要求,落实日检视、周分析、月兑现工作制度,督促各渠道认真梳理失效业务、制定联动管理举措,对失效保单给予复效推动专项支持。聚焦两年内失效业务、二三次业务、大单多单业务,加强个险、银代、财富渠道业务员和在职单督管员及客专队伍管理,提升疫情常态化防控下复效服务质效,实现月度复效平台复效保费 550 万元。全年累计复效保费 7500 万元,为客户延续保险保障。

二、提升客户服务水平

一是举行第二十二届客户服务节。开展“天使视界,守护成长”等系列公益行动,通过新闻自媒体宣传 180 余次,参与活动的客户超过 3 万人;开展 372 场企业回访、客户专讲等特色活动,发放宣传折页 10000 余份,进一步提升客户黏度。二是推进“优客+”增值服务。围绕“加服务、加客群、加价值”的理念,升级“优客+”健康增值服务体系,满足客户对健康管理服务的需求。近 1 万名客户线上体验健康体检、洁牙、视频问诊等服务。三是优化适老化服务。加强门店适老服务标准化建设,在柜面窗口开展老年人智能服务专项关爱活动。开设“银发驿站”,在 13 个中心支公司的 16 个中大型柜面配置老年人专项服务设施。

三、履行社会责任

一是做好定点帮扶工作。通过开展实地调研、召开工作会议,扎实做好宜昌市长阳县马鞍山村定点帮扶工作。二是做好公益扶贫工作。全年开展公益活动 490 余场,向黄石市环卫工人捐赠意外伤害险,持续推进武汉市、宜昌市、襄阳市等市(州)环卫工人保险捐赠项目,涉及环卫工人 4.6 万余人。

【金融创新】

成立新市民服务工作推动专项小组,制定新市民服务工作方案。针对快递小哥、网约车司机等群体特点及需求,制定《赢动力(惠企版)产品组合方案》,创新专属意外保险产品,涵盖意外伤害及意外伤害医疗、住院津贴保险责任,为新市民提供更方便、更灵活的投保方式和更全面的保险保障。

【风险管控】

一、加强合规管理

(一)强化合规意识

一是通过签订《风险管理责任书》、履职监督谈话等方式,加强领导干部合规思想教育;通过制作专刊,高频次宣传监管信息、合规理念,提升内外勤人员合规意识。

新华保险孝感中支开展“情暖新市民 守护城市美容师”主题公益活动,向孝感市环卫工人捐赠保险保障

二是邀请专业人士针对“代理退保”黑产、职务犯罪、信息安全等保险行业热点问题作专题授课，规范员工执业行为。

（二）加强负面清单管理

督促中心支公司结合本机构业务特点制定负面清单落实机制、开展负面清单问题风险评估和负面清单问题风险排查。编写风险防控手册，适时调整负面行为清单，细化负面清单落实工作，将工作要求嵌入到各项业务环节中，合规开展各项业务。

（三）落实问题整改

对在监管检查、专项排查、内外审计、内控评价、风险自查中发现的问题认真整改，建立合规风险防范长效机制；强化追责问责力度，杜绝虚假整改、纸面整改。

（四）落实诚信自律公约

通过修订诚信合规承诺书、制作《监管讯息速递》课件和《一句话带你了解自律公约》微信图文，解析《湖北省保险从业人员诚信管理自律公约》内容，督促全员严格遵守公约。

二、加强案防工作

一是防控突发事件。通过加强员工培训、实战演练及桌面推演等方式，开展18次突发事件应急演练，增强员工风险意识和责任意识，丰富员工风险防范、化解和处置经验。二是防控涉刑案件。认真贯彻落实“预防为主、抓早打小”的防控方针，通过完善案防管理流程机制、加强员工培训、彻查案件线索等防控措施，筑牢案防底线。

三、加强反洗钱管理

组织高管、骨干员工参加监管部门反洗钱业务线上培训。综合运用线上、线下各类宣传工具，开展“走进社区、走进工地、走进校园、走进农村”阵地宣传；构建“党建+反洗钱宣传”新模式。全年开展各类反洗钱宣传活动94场次、受众人数14241人次。通过微信公众号宣传反洗钱知识，增强社会公众和全体员工识别洗钱行为的能力。

【金融消费者权益保护】

一、加强消费者权益保护宣教

将消费者权益保护宣教工作纳入经营业务流程，编发《关于开展2022年常态化教育宣传和“以案说险在身边”系列活动的通知》，制作宣教台账和简报，定期检验活动效果。全年开展“消保学堂进一线”活动97场，涉及公司内外勤员工11903人次；开展“金融知识面对面”活动9场，参与客户1850人；通过官方微博发布“以案说险”风险提示12篇；开展“3·15”消费者权益保护教育宣传周系列活动，向社会大众普及金融知识。

二、提高投诉处理水平

通过发布“2022年客户服务十大承诺”、评选“诚信荣誉之星”，树立服务典范；开展“总经理接待日”活动，促进提高投诉处理水平和质效，有效化解矛盾纠纷。

（新华人寿保险股份有限公司湖北分公司）

泰康人寿保险有限责任公司湖北分公司

【概况】

2022年，泰康人寿湖北分公司（简称）坚持“专业化、规范化、国际化”的发展战略，践行“守信用、担风险、重服务、合规范”的核心价值理念，持续加强风险管控，改善客户体验，推动业务提质增效。截至年末，总规模保费98.98亿元，同比增长3.83%；理赔结案10.11万件，累计赔付5.61亿元。分公司在宜昌、襄阳等市（州）共设立15个中心支公司。在2022年（第六届）中国最佳健康雇主评选中获得“2022中国年度优选雇主”等荣誉称号。

【业务发展】

一、促进业务增长

全年实现个险业务规模保费82.21亿元，同比增长13.85%；个险标保6.7亿元，同比增长10.3%。大个险标准保费达成8.7亿元，同比增长2.9%，其中，银保大个险标保达成1.4亿元、新业务标保达成4863万元。

二、服务乡村振兴

一是启动泰康“溢彩公益计划”，推动定点帮扶地区乡村振兴项目落地。成立泰康人寿湖北分公司溢彩志愿者协会，重点帮扶孝感市大悟县吕王镇刘院村；举办“一根拐杖”“溢彩千家”等活动，推动咸宁市、荆门市、十堰市乡村振兴相关项目落地。二是打造险企、代理人、客户三方共同参与的“保险+公益”模式。开展京山农场“超级体验”活动，加强村企合作，拓展当地农产品销路。

三、服务民生保障

（一）助力增强医疗保障

依托泰康“保险+医养康宁”商业模式和机构协同优势，充分发挥商业保险对多层次医疗保障服务体系的补充作用。一是承保天门市、荆门市、荆州市城乡居民大病保险。参保总人数791.41万人，其中参保扶贫对象68.56万人，已赔付66277人次、金额6667.88万元。二是承保黄冈市6个区县职工和城乡居民意外伤害保险。承保总人数229.12万人，其中参保扶贫对象32.46万人，已赔付1015人次、金额675.724万元。

（二）助力优化养老服务供给

参与宜昌市、天门市、荆门市长期护理保险经办工作，在失能老人评估、照护服务管理、基金结算支付等方面积极发挥作用。截至年末，共支付59104.06万元，缓解当地失能人群护理费用压力。

四、提升客户服务水平

（一）提升理赔服务水平

优化“健保通”“信用赔”“重疾先赔”服务，一站式实现理赔受理、资料上传、审核等全流程零人工服务，减少客户提出理赔申请后的等待时间，缩短理赔周期。截至年末，“重疾先赔”服务客户1138人、理赔金额9469.57万元。“健保通”合作医院106家，赔付案件21933件，同比增长18.33%。

（二）优化适老化服务

一是优化智能服务。通过在“泰生活”APP增加大字版本和视频服务入口、在核保前置系统和易投系统新增字体调节功能，在电话坐席系统设置老年人优先进入人工服务，方便老年人使用电子设备。二是进行柜面适老化改造。通过设立长者绿色通道、提供爱心专座、开展一对一人工服务等措施，为老年人提供更贴心、更便捷的服务。

【风险管控】

坚持“风清气正、诚信合规”的经营理念，配合监管部门做好现场检查工作、落实集团及总公司风险防控要求，实现“转保诉讼零终审败诉、刑民事双向打击聘才套利”的目标。

一、加强内部管理

一是加强制度建设。依照总公司管理制度，结合分公司实际制定和修订30项制度，进一步完善制度体系。二是强化内部审计机制。加强与集团稽核中心上下联动，督促下辖机构落实审计反馈问题整改，增强风险防控能力。三是构建三道防线风险管理组织架构，通过加强风险自查和排查将风险防控工作落到实处。

二、强化合规意识

一是加强员工培训。制定年度合规培训计划，针对内外勤人员工作职能设置差异化培训课程，培训内容包括诚信合规展业、自媒体营销管理、反洗钱知识概述、保险黑产识别、防范非法集资等方面。二是实施干部履新合规访谈制度，推进合规建设第一责任人履职尽责，强化高管合规意识。三是通过召开专项会议等方式“讲合规、谈风险”，牢固树立风险意识和合规观念。

【金融消费者权益保护】

一、完善消保工作体系

一是加强制度建设。出台、更新70余项消费者权益保护相关规章制度，确保消费者权益保护工作有章可循。二是强化评估机制。围绕消费者知情权、自主选择权等权益，评估产品、服务营销计划、合作机构，不断加强业务品质管控；评估消保培训效果，不断提升员工消费者权益保护意识。

二、开展消保宣教活动

一是在营业场所和官方网站开展“以案说险”宣传，对消费者进行风险提示，提高消费者金融素养。二是制定“‘3·15’消费者权益保护教育宣传周”“金融知识进万家”等金融知识宣传活动方案，通过制作宣传视频和发放宣传折页、海报等，加强线上线下联动宣传。其中，“‘3·15’消费者权益保护教育宣传周”活动触及消费者3.43万人次、“金融知识普及月”活动涉及消费者2.62万人次。三是加强与媒体合作，创新广播、网络直播等宣传方式，不断拓展金融知识宣教渠道。

（泰康人寿保险有限责任公司湖北分公司）

太平人寿保险有限公司湖北分公司

【概况】

2022年，太平人寿湖北分公司（简称）实现原保险保费收入831760.46万元，同比增长3.97%。全年累计赔付支出131723.11万元。分公司下辖13个中心支公司、18个支公司、48个营销服务部，服务网络遍及全省。连续六年获评企业信用评价“AAA级信用企业”、连续五年入选“湖北企业100强”。

【业务发展】

一、发展专属商业养老保险业务

整合销售渠道，积极开展太平专属商业养老保险产品宣传和销售工作。截至年末，“岁岁金生”专属商业养老保险产品销售1678件，累计保费金额468.78万元。

二、服务乡村振兴

成立乡村振兴工作小组，驻村驻点开展乡村振兴工作，持续推进英山县竹坳亭村美丽乡村建设三期和富冲村道路建设等项目，截至年末，累计投入59.92万元。

三、提升客户服务体验

一是加强科技赋能。让客户充分享受便捷的线上服务。采用人脸识别、身份验证、银行账号校验等手段保障客户资金安全；通过信息系统数据存储、备份、定级、测评、备案等方式保障数据安全；通过语音输入即可完成投保录入。二是优化适老化服务。通过在电话热线设置“老年客户专属通道”、在微信公众号设置“长辈模式”专属入口、增加视频保全服务远程连线柜面功能，做实做细适老化工作，提升老年人服务体验。

【风险管控】

一、完善合规内控体系

一是构建合规经营三道防线。推动三条防线各司其职、协调配合，有效参与内部管理，构建合规内控体系。二是完善内控制度。严格落实各项监管要求，定期检视和梳理内控制度，推动各项内控管理和业务经营行为依法合规。

二、加强重点领域风险管控

组织开展内控自评估、全面风险排查、人身保险市场乱象治理等工作，及时排查和处置潜在风险。

三、加强员工培训

通过召开内勤合规培训会、外勤常规会做好合规提示、警示案例宣导，强化全员合规理念，进一步规范员工行为，推动各项业务平稳健康发展。

【金融消费者权益保护】

借助调解平台专业力量多元、多渠道化解纠纷，打造“多元化、一站式、全覆盖”的解决纠纷模式，切实维护消费者合法权益。

（太平人寿保险有限公司湖北分公司）

中宏人寿保险有限公司湖北分公司

【概况】

2022年，中宏人寿湖北分公司（简称）积极应对新冠疫情反复、行业深度转型等因素带来的影响，推进各项业务稳步发展。全年累计实现保费收入26172.48万元，同比增长28.13%。其中，新单保费收入9954.91万元，同比增长28.53%；续期保费收入16217.57万元，同比增长27.87%。

【业务发展】

一是积极开展新市民金融服务工作。聚焦灵活就业新市民的保险保障需求，设计面向家政服务人员、快递骑手、网约车司机、个体店主等新市民群体的意外保障计划，涵盖意外身故保障、意外医疗保障、意外住院津贴等保险责任，配套宠物抓咬疫苗服务、健康体检服务等增值服务。二是优化适老服务。启动老年客户关怀计划，为老年客户定制《微服务简易操作指南》，方便老年客户清晰了解线上业务办理的操作流程，解决老年客户运用智能技术困难的问题；呼叫中心服务系统增设老年客户专属标签和增加IVR进线识别功能，第一时间将老年客户来电转至人工接听，为老年客户提供专属人工服务。

【风险管控】

一是开展合规自查。建立合规检查机制，对所有业务环节常态化开展合规自查，及时识别业务风险。及时整改自查中发现的问题。二是培育合规文化。持续开展不同层次、形式多样的合规培训和宣导，引导内外勤员工主动落实合规管理要求，营造合规文化氛围。三是强化责任追究，加大问责力度。对于日常经营中出现的违规行为，严格执行员工违纪违规处理办法；坚持对欺诈、非法集资、商业贿赂等违规行为“零容忍”，严肃处理相关违规人员。

【金融消费者权益保护】

开展“7·8”全国保险公众宣传日活动，聚焦“一老一少”，通过分析典型案例，引导社会公众远离和抵制非法金融活动，避免盲目投资和冲动交易；提升社会公众对金融产品和服务的认知，增强其风险识别和自我保护能力。

（中宏人寿保险有限公司湖北分公司）

建信人寿保险股份有限公司湖北分公司

【概况】

2022年，建信人寿湖北分公司（简称）在总公司党委的正确领导下，主动适应新形势、迎接新挑战，聚焦数字化经营，推进精细化管理，各项业务呈现良好发展态势。截至年末，实现新单规模保费24.98亿元。新单期缴6.82亿元；全年目标达成率137.12%，同比增长14%。

【业务发展】

一、发展银保业务

一是推进县域“163”项目。借力县域“双A+1”数字化项目，联合建行湖北省分行及同业在63个县市行开展“163”县域期缴驱动项目，深挖县域客户资源。

二是开展联合营销。加强与建行湖北省分行合作，制定《“虎跃赢春 决胜首季”建行-建信人寿首季联合营销活动方案》《“如虎添翼 激情超越”建行-建信人寿二季度联合营销活动方案》，通过开展层次多样、丰富多彩的客户营销活动，为客户提供定制化保险需求解决方案。三是积极融入母行新金融生态系统，开展“裕农通”赠险等活动，围绕“惠民裕农”场景深挖客户群体，推动黄冈市、十堰市、武汉市相关业务场景突破。

二、发展团险业务

根据地方经济发展趋势筛选优质行业，以烟草、电信行业和央企、国企客户为重点客群，“一机构一项目”开展营销工作。通过收集和分析信息、制定营销策略、组成专班主动上门拜访等，推动多个重点项目落地，有力支撑团险业务可持续发展。

三、发展个险业务

推进个险“金色夕阳”计划项目。通过引进有能力、有意愿、有干劲的专业人员，夯实个险业务发展基础。截至年末，实现个险新单期缴保费540万元。

【风险管控】

认真贯彻落实监管部门及总公司的各项政策和要求，不断规范销售行为，提升业务品质，深化客户服务；建立“售前预防、售中规范、售后治理”和以“风险为本”的合规经营体系。

一、开展制度梳理

开展各业务管理渠道制度重检和关键制度执行自查工作。汇集综合管理、财务管理、销售管理、人力资源管理、运营管理和合规管理等六大类内部现行规章制度，进一步扎牢制度“防火墙”，督促全体员工自觉严守规章制度，保障分公司稳健经营发展。

二、加强问题整改

建立覆盖审计、合规等检查渠道的全量问题库，厘清责任主体，明确整改路径。定期评估整改进度与责任认定的完成情况，健全整改长效机制，落实根源性整改。

三、加强员工行为管理

建立健全员工行为网格化管理制度，梳理最新网格成员表格。通过员工自查、网格成员互查、网格管理员排查，将员工行为排查和网格化管理运行相结合，及时发现和处置员工异常行为。持续开展“合规云课堂”培训，将合规意识融入工作流程和员工内心，进一步规范员工执业行为。

（建信人寿保险股份有限公司湖北分公司）

安联人寿保险有限公司湖北分公司

【概况】

2022年，中德安联人寿保险有限公司更名为安联人寿保险有限公司。安联人寿湖北分公司（简称）致力于为湖北客户提供专业和优质的保险保障服务。

【业务发展】

依托集团丰富的风险管理经验和品牌影响力，聚焦满足客户高品质生活需求，积极打造“有爱、有趣、有才、有为”的营销菁英团队，拓展多元化、数字化的营销网络，为客户提供涵盖生存、养老、疾病、医疗、身故、残疾、教育金等多种保障范围的人寿保险解决方案，提供差异化、特色化、精细化的保险产品和增值服务。

【风险管控】

依托总公司运营管理部、反洗钱工作领导小组和分公司合规部门，切实做好各类日常风险、系统性风险和突发性风险的防范工作。运营部、客户中心部、合规部协助渠道做好合规和风险管控工作，确保合规开展各项业务。

（安联人寿保险有限公司湖北分公司）

工银安盛人寿保险有限公司湖北分公司

【概况】

2022年，工银安盛人寿湖北分公司（简称）依托股东雄厚的资本实力、卓著的品牌声誉及互补的专业优势，构建以客户需求为导向的“产品+服务”体系，满足客户多样化保障需求。全年累计实现总保费收入27.71亿元。分公司在荆州、黄冈、襄阳、宜昌、孝感等市下设5个中心支公司。

【业务发展】

一、优化理赔服务

推广“七免一捷”服务。在客户办理理赔业务的过程中，取消强制要求由第三方出具工作证明、收入证明、婚姻证明（单身证明）、社保证明、火化证明、意外伤害证明、保险金继承协议书（村委）见证等七项书面材料的规定，以客户自持材料或有效凭证及告知承诺作为办理依据，可以社保或公积金缴纳记录、工作证、劳务合同等代替工作证明，以结婚证代替婚姻证明，切实缓解客户业务办理过程中“奇葩”证明、循环证明、重复证明的痛点和堵点，解决客户“理赔难、理赔烦”的困扰。针对个人医疗险理赔中通过拍照上传纸质发票进行理赔申请的案件，实施先结案支付、后补交发票原件的理赔措施；使用电子发票进行理赔申请的案件，可免交发票打印盖章件，第一时间将保险金送到客户手中，实现赔付更迅捷。

二、优化保险服务

完善线上“保全协办”“理赔协办”功能，解决老年客户运用智能技术困难的问题，避免客户到柜台排队等候和填写纸质申请的困扰，进一步提升客户服务水平。

【风险管控】

一、加强合规管理

一是完善合规管理体系。搭建“三道防线”合规管理架构和合规管理制度体系，通过业务部门、合规部门协作联动筑牢风险防控底线。二是加大对风险易发、高发领域和关键环节的监督力度。开展重点领域的合规情况及整治督导检查，推动分支机构依法合规开展业务。三是开展合规宣传。开展“内控合规宣传月”“反洗钱宣传月”等主题宣传活动，强化正面典型引路效应，培育合规意识，将合规文化建设融入经营管理全过程，营造良好的合规文化氛围。

二、加强全面风险管理

一是建立风险偏好体系。结合股东中国工商银行的风险管理经验以及安盛集团风险偏好实践，设立风险偏好体系，有效应用于各类风险决策中。二是制定与各类风险相应的风险管理框架，有机结合定性与定量的风险管理方式，全面识别、评估、监测、管控和报告风险。三是加强风险评估分析和风险数据治理。有序开展偿付能力风险管理能力自评估、风险综合评级自评估和全面风险排查，将风险管理要求嵌入业务决策环节，确保整体风险可控。

【金融消费者权益保护】

一、加强消保审查

按照总公司消保工作要求，认真落实消费者权益保护的管理制度和操作规程，保护消费者合法权益。

二、加强销售行为可回溯管理

在管理机制中明确要求现场同步录音录像内容需包含的销售关键环节，对双录不清晰的视听资料不予质检通过，督促整改。制定视听资料管理办法，明确管理责任，规范调阅程序，建立视听资料质检体系和质检信息系统，配备与销售人员岗位分离的质检人员，确保视听资料真实有效。

三、加强消保宣教

一是制定全年消费者权益保护相关工作计划，统筹推进教育宣传渠道建设、消费者常态化教育、老年人群教育宣传、行司协同宣教工作机制建立等工作。二是开展宣教活动。在营业场所设立独立的公益性金融知识宣传教育区；在官网、官微开展形式多样的金融知识宣教活动。

四、加强纠纷化解

完善纠纷化解制度体系，积极推动纠纷多元化解；建立调解执行机制，将在授权范围内达成的调解协议作为财务支付依据；将调解结果纳入消保工作绩效考核中，强化矛盾纠纷排查化解。

（工银安盛人寿保险有限公司湖北分公司）

中信保诚人寿保险有限公司湖北省分公司

【概况】

2022 年，中信保诚人寿湖北省分公司（简称）积极探索差异化业务模式，为客户提供覆盖疾病、医疗、意外、财富管理等多个领域、全生命周期的保险产品和服务，各项工作取得显著成效。全年实现保费收入 18.5 亿元，同比增长 15.8%。其中，新单保费收入 8.8 亿元，同比增长 39%；续期保费收入 9.7 亿元，同比增长 0.5%。分公司在武汉、宜昌、襄阳、荆州、荆门、黄石等市共开设 12 个经营机构（含省公司在内）。

【业务发展】

及时调整经营方向，聚焦人民群众健康和养老需求，提供多样化产品与服务，在保持业务稳定的同时寻求新突破。一是拓展业务渠道。完善内部架构体系，多条线推进银保渠道建设，渠道数量实现较大突破、渠道业务实现持续增长，有力保障了全年整体业绩增长。银保渠道 13 个月保费继续率 93.4%。二是深耕营销渠道。通过优化业务品质、加强队伍建设、稳定老客户、拓展新客户，巩固营销渠道发展基础，实现 13 个月保费继续率 90.5%，高于上年同期值。三是优化客户服务。紧盯各项服务评价指标、保单品质关键指标，持续优化客户服务。通过官方微信号、官方网站及业务人员服务终端系统，为客户提供全业务环节电子化服务，提升客户体验。

【风险管控】

一是加强合规管理。通过完善内控管理机制、开展专项合规检查，增强合规经营内生动力。对合规检查中发现的问题认真整改，确保问题整改完成率继续保持 100%；上线合规内控（5C）标准化管理平台，动态管理合规内控工作。分公司风险综合评级（IRR）连续 24 次获得 A 类评级。二是做好反洗钱工作。实现反洗钱监管评价结果整体良好，分公司评级结果上升至 BBB 级、襄阳中支上升至 A 类；宜昌、荆州、荆门等市中支评价结果均达到 B 类以上。

【金融消费者权益保护】

全面落实监管部门和总公司消保工作要求，制定消费者权益年度工作计划。督促各部门完成阶段性消保自评工作，持续跟进问题整改进度。在监管部门公布的最新消保监管评级结果中，获得二级 A 评级，排名中信保诚系统第 2 位。

（中信保诚人寿保险有限公司湖北省分公司）

交银人寿保险有限公司湖北省分公司

【概况】

2022 年，交银人寿湖北省分公司（简称）围绕加快业务发展，通过夯实管理基础、提升业务品质、筑牢风险堤坝，推动各项工作有效开展。全年实现业务收入 124966.39 万元；实现利润 599 万元，超额达成总公司下达的利润考核指标。

【业务发展】

持续打造高端特色定制服务品牌“睿康”，推出“家庭服务包”，为客户提供就医接送陪诊、“老年一键通”、居家照护和肠癌筛查等服务。帮助客户预定就诊车辆，陪同客户到指定医院并提供全程专业陪诊；为符合“老年一键通”服务条件的客户，提供一键呼叫设备和 24 小时热线服务；完善肠癌筛查居家取样检测服务。

【风险管控】

一是强化合规考核评价机制。完善员工违规行为追责办法，按季度开展合规工作评价，将评价结果与考核管理办法挂钩，进一步提高合规管理精细化水平。二是开展自查自纠。按季度开展各类合规检查，对检查中发现的问题，认真分析形成原因、制定整改措施、跟踪整改完成情况，实现合规闭环管理。三是强化培训和教育。按季度召开全面风险管理和内部控制专题会议，通报重点监测风险指标情况、检视重点领域风险隐患、发布风险提示，督促各条线认真制定整改措施。

【金融消费者权益保护】

一是加大对保险销售误导行为的治理力度，加强保险消费者风险提示。二是加强消保宣教工作。制作“以案说险”“普及保险知识”“防范代理退保”等主题宣传折页，在社区和职场网点设置宣教区域，向公众发放宣传折页，讲解基础保险知识，通过解析真实投保、理赔案例向消费者普及保险常识及相关法律知识。重点对消费者财产安全权、知情权、自主选择权、公平交易权、依法求偿权、受教育权、受尊重权、信息安全权等基本权利进行知识普及，帮助消费者充分了解和维护自身各项合法权利。

（交银人寿保险有限公司湖北省分公司）

中意人寿保险有限公司湖北省分公司

【概况】

2022 年，中意人寿湖北省分公司（简称）坚持“建一流企业，铸百年基业”的发展理念，持续提升业务管理能力和客户服务水平，全力拓展寿险市场。截至年末，规模保费 4.5 亿元，同比增长 48.9%；资产规模 82861.14 万元。全年实现保费收入 40434.27 万元，赔付支出 2144.55 万元。分公司在荆门、襄阳等市下设 2 个中心支公司和 1 个营销服务部。

【业务发展】

一、拓展业务渠道

一是拓展个人营销业务渠道。新单标保平台首次突破千万元，提前 3 个月超越上年全年保费规模，确保了较好的成长性。二是拓展银保渠道。严格执行经营计划，全力发展重点业务，业务平台突破 4000 万元。深耕重点地区，武汉市期缴规模达到 2921.7 万元，同比增长 123.2%，创历史新高；荆门市期交业务规模破千万元，达到 1214.4 万元，同比增长 127.4%。三是拓展关联业务渠道。加强关联业务精细化管理，多个业务实现销售突破。全年关联渠道新单保费 723.3 万元，年度预算达成率 120.5%。四是拓展经代业务渠道。优化渠道产品结构、保持高频率业务互动，通过大力发展增额终身寿险提升业务规模，带动重疾和养老产品提前 4 个月达成年度目标。

二、完善医养服务体系

关注客户健康、养老需求，丰富“意

管家+悦养老”健康管理生态圈服务项目，不断拓展医养产品和医养服务的广度和深度，助力客户实现“病有所医、老有所养”。

三、加强特殊人群保险服务

一是优化适老服务。在客户服务大厅设置老年人专属爱心等候区，配备助听器、拐杖、老花镜、急救药品箱等物品；在职场为老年人开通绿色通道，安排专人接待，协助老年人业务办理；为行动不便的老年人提供上门服务，通过智能移动设备办理保险业务；开通“老年人关怀专线”客服热线，上线“掌上中意”APP 关怀模式，提供符合老年人使用习惯的专项服务。二是丰富老年人专属产品。推出“中意悠然相伴养老年金保险（分红型）”“中意附加悠然倍护护理保险”“中意悠然康逸老年特定疾病保险”等产品，丰富产品线，填补湖北寿险市场老年客群保险产品的空白。三是面向新市民开展客户大走访活动，通过面对面交流深入了解新市民金融需求，推进新市民金融服务的便利化、均等化、透明化和人性化。

四、提升经营管理效能

一是提升管理效能。建立完善企业管理信息化平台，整合多个系统资源，实现数据集成和共享；运用流程引擎、规则引擎、AI 算法技术，建设统一视图平台、通信平台和作业平台，实现业务流程自动化和智能化。二是提升服务效能。推进服务平台集中化、服务渠道线上化、服务模式智能化；完善“掌上中意”“掌 e 通”“我中意”三大 APP 功能，为客户、员工打造移动化、数字化、无纸化全流程服务工具。

【风险管控】

一、加强内控合规管理

一是开展内控制度废、改、立工作，确保内控制度的完整性、严密性、协调性、可操作性和合法性。二是开展对 P2P 网络借贷、非法集资、非法金融活动等的监测，有效识别和防范风险。

二、加强全面风险管理

加强科技赋能，构建数字化风险防范体系，增强风险防控能力；开展全面风险排查，对于检查发现的各类风险点，及时确定整改措施，督促整改落实，防止风险扩散蔓延。针对不同系统环节，设置对应层级审批人员，严格执行不相容岗位分离制度；针对重要岗位关键人员，建立严格的异常行为排查机制，审计、检查高级管理层在任职期间所从事的经营管理活动。开展应急预案演练，提升应对突发事件的能力，做到有效、快速处置突发风险，确保业务平稳发展。

【金融消费者权益保护】

一是加强消保制度和机制建设。建立覆盖业务前端到后端各个环节的消保管理体系；梳理消保制度，制定或修订 7 个消保相关制度，推动消保工作顺利开展。二是开展员工培训。全年开展各类消保培训 159 场，参训人次 1400 余人次，实现消保培训全覆盖。三是开展金融知识宣传教育活动。开展“3·15”消费者权益保护教育宣传周、“7·8”保险公众宣传日、金融知识普及月、新市民金融服务宣传月、客户大走访等金融知识宣传活动。在营业场所设置消保宣传专区、张贴风险提示海报；通过电子屏滚动播放防范非法集资、反洗钱、反欺诈等宣传海报。通过公司微信公众号发布风险提示和“以案说险”推文；进企业、进社区，深入基层普及金融知识；制作老年人消保宣传教育短视频，加强老年人金融服务宣传推广。

（中意人寿保险有限公司湖北省分公司）

光大永明人寿保险有限公司湖北分公司

【概况】

2022 年，光大永明人寿湖北分公司（简称）业务结构调整获得显著成效，各关键业务流程主线均呈现提升发展趋势。截至年末，资产总计 5275.59 万元。实现保费收入 38312.41 万元、赔付支出 7094.66 万元、净利润-5209.34 万元。分公司下设武汉汉口营销服务部。

【风险管控】

一、加强合规管理

（一）完善合规管理体系

一是完善组织架构。设立法律合规部，负责执行和落实合规建设工作，定期向总部法律合规部及分公司总经理汇报合规工作情况。各部门和机构设兼职合规人员，协助部门负责人及法律合规部开展各项合规工作。二是强化合规工作机制。定期召开合规例会、发布风险预警电子期刊，向全员传达监管新政和合规动态，分析警示案例。

（二）加强合规学习培训

通过月度经营分析会和全员学习活动日开展法律合规培训、诚信教育及制度培训共 108 次、涉及人员 4298 人次。培训内容涵盖监管新政策、公司新制度、重点风险、行业热点等方面。

（三）开展合规检查

全年组织开展“巩固治乱象、深化强监管”专项排查、2021 年度销售误导责任追究、违规销售及降诉专项治理等专项风险排查。制定切实可行的自查自纠方案，边查边纠。加强对员工的异常行为管理，定期开展合规排查督导会，深入剖析检查中发现的问题，弥补漏洞，消除盲区和薄弱环节。强化并落实整改措施，严格落实《光大永明人寿保险有限公司行政问责制度》，对屡查屡犯问题责任人及部门进行追责。

二、加强内部管理

建立和完善“纵向到底、横向到边”的制度体系，集中有限资源，抓关键业务、关键环节、关键人员。制定和修订资金运用、销售行为、消费者权益保护等领域的制度，明确风险防范措施，推动风险管理工作规范化、流程化和标准化。全年修订下发管理制度 23 个、清理废止失效制度 2 个。

三、防范舆情风险

严格执行《光大永明人寿保险有限公司声誉风险管理办法》，坚持“预防第一，全员参与，及时报告、分级管理、分工协作”的工作原则，常态化开展舆情监测工作。监测频率不低于每天 2 次、常规舆情分析报告频率不低于每 2 周 1 次。依据舆情事件的性质、严重程度、可控性、影响范围、紧急程度等，对事件进行分级分类判断，按流程进行处理。全年未发生重大网络舆情风险和舆情处置风险。

【金融消费者权益保护】

一、加强投诉管理

一是强化投诉管理机制。完善消费者权益保护和投诉管理制度，明确消保委员会职责，及时处理投诉案件和突发事件，避免久拖不决造成投诉升级。二是加强员工培训。开展合规经营和消保专题培训，将消费者权益保护工作嵌入业务全流程，提升员工投诉处理能力与服务意识。

二、开展消保宣教活动

一是开展线上宣教活动。在微信公众号、官方网站、移动展业平台开展消保知识宣传和普法教育活动，将金融消费者“八项权益”融入日常业务场景，增强消费者合法维权和风险防范意识。二是开展线下宣教活动。在职场内部悬挂横幅、粘贴宣传海报；开展金融普法进社区活动，向居民宣传反洗钱犯罪、防范非法集资、反保险欺诈等金融知识。

（光大永明人寿保险有限公司湖北分公司）

友邦人寿保险有限公司湖北分公司

【概况】

截至2022年末，友邦人寿湖北分公司(简称)实现总保费收入9008.37万元。其中，分红险占比12.12%，普通险占比87.88%。截至年末，各项赔款和给付累计支出212.80万元。

【业务发展】

一是推进实施“卓越营销员3.0”策略。围绕新人发展、产能提升和主管发展三大核心维度，为营销员提供全方位发展支持，持续增强营销员专业销售能力和客户经营能力，赋能渠道发展。二是优化适老服务。完善网点适老举措，在网点配设“适老服务权益包”，为老年群体提供有“温度”的敬老服务。

【风险管控】

一、规范销售行为

一是规范非保险金融产品销售。严令禁止营销员参与第三方理财产品等任何非保险金融产品的营销活动，暂停招募具有第三方理财公司从业背景的人员为保险营销员。二是治理销售误导行为。明确产品推动和宣传资料审核部门的职责，制定宣传资料制作标准、审核标准、审核流程，加强宣传资料使用、归档、销毁等方面的管理，确保宣传资料准确性；严格管理营销员执业资格，强化新产品培训测试机制，确保营销员充分了解产品；实施销售行为监测与评估，及时排查营销员异常行为，对销售误导行为责任人进行问责处置、对舞弊行为“零容忍”、对责任人处以“解除劳动/代理合同”等处分。

二、防范非法集资

在资金、舆情、投诉以及人员往来四个方面实施风险监测预警，规范风险初筛、判断等流程，建立常规排查与重大案件专项排查相结合的非法集资风险排查机制。

三、加强合规宣传与培训

在职场内设置防范非法集资、反洗钱的宣传展板，张贴海报，营造良好的合规氛围；强化合规培训机制，利用早会进行合规培训，对未按规定参加培训的营销员处以清退处理，进一步增强营销员合规意识。

【金融消费者权益保护】

一、加强投诉管理

一是构建投诉管理体系。构建“事前问诊、事中问策、事后反哺”的投诉管理体系，从防范、监控、纠偏、优化等四个方面加强投诉管理。二是畅通投诉渠道。建立“信、访、电、网”投诉及咨询渠道，在官方网站、营业场所公布保险消费者投诉维权电话、投诉流程等信息，积极、妥善、快速处理投诉；倡导金融消费者通过正规渠道维权，加强金融消费者理性维权及自我保护意识。

二、开展消保宣教活动

一是丰富宣传形式。开展“3·15”消费者权益保护教育宣传周、“7·8”全国保险公众宣传日、“金融知识普及月”“新市民金融服务宣传月”等活动，通过漫画、长图、动画等形式宣传金融知识，助力提升公众金融素养。二是关注“一老一少一新”重点人群。专设线上“适老知识课堂”，制作便于老年人理解的图文、漫画及动画视频，普及金融知识，进行金融防诈风险提示；向青少年群体倡导理性消费观念，促进提高风险保障意识；开展线上“防骗反诈维权测试”，向高校学生和大病儿童家庭科普金融知识，揭露常见金融骗局，切实有效维护消费者权益。

2022年1月5日，友邦人寿湖北分公司联合武汉大学设立“友邦-武大精算教育基金”暨实习实践基地

(友邦人寿保险有限公司湖北分公司)

北大方正人寿保险有限公司湖北分公司

【概况】

截至2022年末，北大方正人寿湖北分公司(简称)资产余额119586.74万元；年末有效保单件数165178件。全年实现新准则口径保费收入37982.77万元，同比增长21.5%；赔付支出3763.28万元。全年新单标准保费13621.35万元，同比增长83.4%。其中，银保渠道承保5585.04万元，同比增长53.17%；电销渠道承保3586.6万元，同比增长109.5%。分公司在荆门、宜昌、襄阳等市下设3个中心支公司、1个营销服务部以及专属机构湖北电话销售中心。

【业务发展】

一是推广TNPS系统。通过五大核心服务板块识别客户集中反馈的问题，更及时、全面、智慧洞察客户感受，快速形成解决方案，提升客户体验感和满意度。二是优化理赔服务。认真履行对客户的保障承诺，提供高品质、超越期望的理赔服务。全新升级重疾先赔服务，覆盖病种更广、赔付限额更高；升级FIT健康管理互动平台，满足客户“大病找名医，小病求方便”的核心需求；全年理赔受理案件1988件，同比增长7.9%；理赔服务客户1586人次，同比增长5.5%；获赔率99.3%，同比增长0.3%；平均理赔时效1.34天，同比提速23%。

【风险管控】

通过学习监管政策、完善机制建设、开展自查自纠等工作，将监管要求落到实处，进一步强化内控管理，严守合规底线，严防合规风险。加强合规管理，持续培育合规文化。加强合规队伍建设，提升专业化能力；开展合规宣传培训，强化员工合规意识；开展合规自查检查，巩固“内控合规管理建设年”工作成果；强化反洗钱基础管理，提升洗钱风险管理水平。

(北大方正人寿保险有限公司湖北分公司)

中英人寿保险有限公司湖北分公司

【概况】

2022年,中英人寿湖北分公司(简称)坚持稳健经营,为客户提供更专业的产品及服务。全年实现新单保费2.35亿元,同比增长20%。其中,个人营销渠道承保1.2亿元、数字营销渠道承保8300万元、经代渠道承保2800万元。

【业务发展】

一是推进基础业务发展。打造专业的代理人团队,构建立体化营销体系;发展财富管理业务,为高净值客户提供全方位的风险保障和财富管理综合解决方案;丰富产品线,完善"保障+服务"整合型产品体系。二是提升客户服务质效。运用智能客服、AI智能核保、智能双录、智能认证、空中客服、大数据风控、智闪理赔等技术,为客户提供覆盖保单全生命周期的10E智能化保单服务以及满足不同健康阶段需求的健康管理服务。

【金融创新】

布局康养业务,制定康养"YOUNG计划",通过整合"2类保险产品、2个养老的家、1套营养健康方案",构建"保险+康养服务+营养健康"模式下的"康养新生态"。联合中粮营养健康研究院推出含营养咨询、健康讲堂、健康测试在内的营养健康指导;通过提供专家支持(Specialist)、专业培训(Professional)和专属认证(Exclusive)的"SPE"赋能平台,为客户提供有温度、有品质的特色康养服务。

(中英人寿保险有限公司湖北分公司)

同方全球人寿保险有限公司湖北分公司

【概况】

2022年,同方全球人寿湖北分公司(简称)实现保费收入6.1亿元,同比增长7.4%。其中,新单累计保费收入1.3亿元,同比增长2.3%;续期累计保费收入4.8亿元,同比增长8.8%。全年赔付支出6688万元,实现净利润1130万元。截至年末,资产总额17亿元。湖北分公司下设宜昌中心支公司和襄阳营销服务部。

【业务发展】

一是设立宜昌中心支公司。2022年6月,宜昌中心支公司在宜昌自贸片区设立开业,是同方全球人寿湖北分公司在省内设立的第一家中心支公司。宜昌中支将深耕当地市场,有效实现客户价值,为湖北分公司发展注入强劲动力。二是提升客户服务质效。秉持"温暖关爱+科技赋能"的核心理念,构建"同易培"服务体系,不断提升客户服务水平。为符合重疾先赔条件的不幸罹患重大疾病或轻症疾病等客户提供专人协助办理、专人上门探访、全程理赔绿通服务,让客户未出院即获赔;升级原有重疾先赔服务,覆盖病种增加到40种,赔付金额(含豁免金额)由30万元提升到50万元,帮助客户解决高额医疗费用难题。

【风险管控】

严格落实案件风险防控和消费者权益保护主体责任,不断建立健全管理机制,压紧压实风险防线,确保稳健发展。截至年末,综合偿付能力充足率达180%,风险综合评价为A级。全年未发生重大群访、群诉事件,无涉黑涉恶案件,无业内、外案件,实现"零"声誉风险。

(同方全球人寿保险有限公司湖北分公司)

民生人寿保险股份有限公司湖北分公司

【概况】

2022年,民生人寿湖北分公司(简称)实现保费收入16675.67万元,同比下降2.98%。全年赔付支出4789.29万元,其中,满期给付2443.7万元、年金给付1106.99万元、赔款支出370.6万元、死亡给付184.94万元、医疗给付672.05万元。分公司在全省共设有10个中心支公司、6个支公司,服务网络覆盖全省主要地区。

【业务发展】

一是优化业务结构。关闭银保与中介渠道,集中资源发展个险渠道业务。全年个人代理保费收入15771.95万元,占比94.58%;直销保费收入0.55万元;银行邮政代理保费收入4.07万元;保险中介代理保费收入898.84万元。二是提升理赔服务水平。简化理赔材料,免除纸质单证,推广微信在线理赔,线上提交和受理理赔申请,实现客户足不出户办理理赔和理赔流程透明化。截至年末,申请支付时效1.53天、理赔出险支付时效38.62天,理赔获赔率99.67%。三是优化保全服务。推出多种服务模式,简化服务流程,为客户提供线上保单查询、保全变更等多项在线服务。

【风险管控】

一、健全风险管理架构

建立风险排查领导小组和工作小组,制定风险事件快速报告制度和报送责任人制度,构建总经理室直接领导、相关职能部门密切配合、覆盖所有下辖机构的风险管理组织体系,确保风险管理工作常抓不懈,有效控制各类风险。坚持"谁主管、谁负责"原则,明确岗位责任,强化各级责任人风险管理意识。

二、加强内部管理

一是开展自查自纠。定期开展自查自纠工作,及时发现和分析内部管理存在的不足和漏洞,进一步完善内部控制建设。二是加强营销人员管理。重视业务人员素质和道德规范,加强诚信展业教育和业务人员道德行为规范,提高入职门槛,杜绝销售误导行为。三是充分发挥风险管理组织架构的作用,加强内部审计等工作,及时发现和化解各种风险隐患。

三、加强监督管理

一是检验评估风险管理流程及有效性。定期检查各部门及各下辖机构风险管理工作,重点检查销售误导风险管控工作,评估风险管理制度的执行情况,提出整改意见。将整改执行不到位的部门上报总经理室,督促整改达到标准要求。二是加强数据现场检查。督促各机构每月保质保量按时上报各类风险报表、报告,严格管控数据不严谨、不真实的现象。三是加强销售环节管理现场检查。明确重点检查范围,加大销售环节现场检查力度,畅通投诉和信访渠道,确保及时收到客户反馈信息。

四、加强学习培训

通过晨会、工作例会进行政策宣贯;加强新员工防范非法集资等方面的合规教育培训,防范因销售误导或不当承诺引发的风险;加强内外勤员工风险管理制度学习培训;不定期开展高级管理人员风险管理理念、流程以及控制方式等方面的培训,进一步增强高级管理人员风险管理意识。

【金融消费者权益保护】

一是完善消保机制。将消费者权益保护纳入公司章程和各项制度,严格按照《民生保险消费者权益保护内部考核细则(试行)》《民生保险消费者权益保护检查管理办法》《民生保险消费者权益保护管理规定》等文件落实消保工作。二是完善投诉处理机制。健全消费投诉处理考核评价制度,提高投诉管理质量;畅通投诉处理渠道,为客户提供多元化解消费纠纷途径,妥善处理各类投诉案件，切实维护消费者合法权益。全年未发生重大投诉及群诉事件。三是开展消费者权益保护活动。开展“3·15”消费者权益保护教育宣传周、金融知识普及月等活动，助力社会大众提升金融素养、强化风险防控意识；引导消费者理性、正确选择金融产品和服务，切实履行消费者权益保护职责。

（民生人寿保险股份有限公司湖北分公司）

招商信诺人寿保险有限公司湖北分公司

【概况】

2022年，招商信诺人寿湖北分公司（简称）积极把握市场发展机遇，采取一系列有效的措施推动业务发展。全年实现保费收入105406.45万元；意外险、健康险、寿险保费收入占总保费收入的比重分别为1.70%、11.56%和86.74%。新单标准保费15166.91万元，新单期交保费占比98.52%。

【业务发展】

一、推进业务发展

一是推进电销业务降诉提质，实现严重违规案件率及投诉高发问题率明显降低、自建电销新业务价值扭亏为盈。二是银保渠道维持较高的业绩平台，期缴保费市场排名同比提升、净新增客户实现大幅增长。三是提升健康险团体高端医疗业务市场份额，市场排名由第3名提升至第2名。四是打造差异化经营模式，构建健康管理业务“百城千家万店”健康生态圈。

二、加强适老服务

严格执行监管部门关于适老化工作的各项要求，持续跟进、落实适老化服务标准化建设工作，适老化服务标准化建设达到监管要求。

【风险管控】

一、加强内部管理

一是完善内部管理体系。开展内控制度“立改废”工作，按照监管和法律法规最新要求全面检视内控制度，建立“制度体系完善、组织架构健全、管理责任清晰、公司运作高效”的管理体系，充分发挥“三道防线”的作用。有效识别、防范和化解金融风险。二是开展合规检查。聚焦重点风险领域，开展各项合规专项自查，坚持“多线并行”和穿透原则，做深做细检查工作；开展“回头看”自查工作，深挖经营管理中存在的问题和风险隐患，坚持问题导向，针对已经发现及潜在风险点建立“问题库”，采取有针对性的风险控制措施，强化整改追踪问责机制。三是加强关联交易风险管控。按照实质重于形式的要求和穿透原则，做好关联方和关联交易识别工作，持续完善关联方名单，多渠道、主动核实关联方信息，增强关联方信息的准确性和完整性；设立跨部门的关联交易管理办公室，建立日常管理机制，强化对子公司的关联交易管理；加强对资金运用等重点领域的关联交易管理，防范交易风险。

二、加强合规管理

一是开展合规培训。加强合规文化建设及合规培训目标管理，通过线上学习平台、面授和电话远程培训等方式，建立面向董监事、高级管理层、合规条线、各业务渠道和全体员工的多维度、分层次合规培训体系。二是开展合规宣传。采用线上线下相结合的方式，通过官网、官方微博、官方微信、抖音等线上多媒体和现场宣传活动等方式，开展形式多样的合规和反洗钱宣传活动。编制月度法律合规简报和季度反洗钱简报，向全体员工及时传达和解读监管政策法规、发布行业违规警示案例，强化合规意识。

【金融消费者权益保护】

一是强化消保机制。按季度召开消委会会议，总结消保工作落实情况，制定下季度消保工作计划，部署消保重点工作。二是加强信息安全治理。成立数据安全治理专项小组，管控客户敏感数据提取量，排查“代理退保”黑产风险，保障客户信息安全。三是提升投诉处理水平。构建预防拦截、升级治理、阻黑利益、监管沟通等四道防线，投诉量同比大幅下降。四是加强员工培训。制定员工消保培训计划，根据不同岗位职责，通过线上、线下相结合的方式对员工进行消费者权益保护政策、内部消费者权益保护制度等方面的专项培训、考试，培训覆盖率100%，员工参与率100%。五是开展消保宣教工作。聚焦重点人群和重点保险服务场景，通过官网宣传合规反洗钱最新法律法规、基础知识和最新合规监管资讯。在官网设置扫黑除恶和反保险欺诈宣传专栏，公布监督举报途径，发布相关法律法规和风险提示；制作“我不会告诉你”短视频，从“黑产内心独白”的角度，对消费者进行风险提示，提醒消费者警惕“代理退保”黑产套路。

（招商信诺人寿保险有限公司湖北分公司）

招商信诺人寿湖北分公司召开消委会，落实消保工作

瑞泰人寿保险有限公司湖北分公司

【概况】

2022年，瑞泰人寿湖北分公司（简称）认真贯彻落实“合规化、合理化、差异化”的经营方针，牢固树立合规经营意识，强化风险防控举措，不断提升合规经营水平。全年实现续期保费收入183.5万元，13个月继续率31.2%，25个月继续率80.34%。

【业务发展】

优化渠道经营策略，坚持总总渠道

深入经营、分分渠道重点经营的方向，深耕经代渠道、银保渠道、团险渠道，淘汰低效能业务渠道，持续优化业务结构，实现业务较快发展。截至年末，经代渠道有效合作渠道17家，全年累计承保APE保费1487万元。其中，经营平台超过800万元的渠道1家、百万元平台渠道2家、50万元平台渠道4家。全年团险渠道实现保费收入687万元。

【风险管控】

严格落实监管要求和总部各项规章制度，积极开展合规培训，培训对象覆盖全体内外勤员工，培训内容涵盖反保险欺诈、防范"代理退保"风险、《民法典》以及反洗钱等方面。

【金融消费者权益保护】

一是加强投诉管理。严格按照监管部门及总公司的相关要求开展消保工作，通过细化客户咨询流程、提高服务工作时效等措施不断提升客户满意度，成立至今未发生重大群体性投诉事件。二是开展消保宣教活动。通过"走出去，请进来"等方式，开展防范非法集资宣传月活动、"7·8"保险宣传月、金融知识普及月、反洗钱宣传月等专项宣传教育活动，提升员工及社会公众对洗钱、非法集资、非法金融产品的防范意识，取得良好的宣传效果。

（瑞泰人寿保险有限公司湖北分公司）

富德生命人寿保险股份有限公司湖北分公司

【概况】

2022年，富德生命人寿湖北分公司（简称）实现旧准则保费收入92.2亿元，同比增长8.2%，连续五年排名富德生命人寿系统第1位。其中新单规模保费收入54.9亿元，折合综合标保6.4亿元，排名富德生命人寿系统第2位。分公司下设12个中心支公司、40个营销服务部，服务网络遍布全省主要市县。荣获"诚信经营与服务示范企业"等称号，连续五年入选"湖北民营企业100强"。

【业务发展】

一是充分发挥保险"稳定器"功能。截至年末，累计为客户提供风险保障2275亿元，年度赔付支出4.6亿元。二是提升客户服务质效。坚持"为您24小时在线"的服务理念，大力提升理赔服务时效，理赔出险支付时效提升13.3%，申请支付时效缩短至1.37天。

【金融创新】

一、创新保险产品

一是创新保障类产品。打造"康健"等系列重疾品牌，由"单一产品运作"升级为"产品矩阵经营"，为客户提供差异化保障产品；丰富"生命360"系列产品，补充"银保360"重疾产品缺口，满足客户多样化保障需求。二是创新寿险类产品。开发"传世金尊""盛世如意"等增额终身寿产品，满足客户养老规划需求。三是创新储蓄类产品。开发"富赢六号"，打造包含6款年金产品的储蓄产品体系，满足不同层次客户财务规划需求。

二、创新服务模式

积极探索互联网技术在业务中的应用，运用人脸识别、OCR技术、阿里云大数据等先进技术，在投保、核保、保全、理赔等保单全生命周期为客户提供优质、高效的全流程电子化、智能化保单服务。

【风险管控】

一是强化风险防控意识。定期开展主题教育活动，在内部平台发布违法违规经营活动的风险警示信息，提升员工对违法违规活动严重性、危害性的认识。二是加大风险排查力度。定期对下辖机构进行现场检查，建立问题整改追踪机制，严格按照销售误导责任追究办法、员工违规处罚办法追责，督促问题整改。

【金融消费者权益保护】

将消费者权益保护融入公司治理各个环节，持续优化消费者权益保护工作体制机制，切实维护消费者合法权益。一是设立消费者权益保护工作委员会，统一规划、统筹部署消费者权益保护工作。二是持续完善消费者权益保护制度，进一步强化保险产品及服务全流程管理。三是规范客户投诉处理流程，明确投诉处理责任和原则，及时有效处理投诉。四是线上和线下相结合、常态化和集中化相结合开展消保教育宣传活动，向消费者普及金融知识，增强消费者金融风险防范意识。

（富德生命人寿保险股份有限公司湖北分公司）

2022年5月—10月，富德生命人寿湖北分公司开展"小海豚计划"公益活动

平安养老保险股份有限公司湖北分公司

【概况】

2022年，平安养老湖北分公司（简称）坚持"创新、协调、绿色、开放、共享"的发展理念，聚焦民生服务事业，持续发挥保险保障作用。截至年末，资产规模11.33亿元。全年实现保费收入3.47亿元，赔付支出2.17亿元，实现净利润4370.88万元。分公司在十堰、襄阳、宜昌、荆州等市下设5个中心支公司，服务网络覆盖全省主要地区。

【业务发展】

一是服务民生保障。充分发挥"服务民生、稳定社会"的保险保障功能，大力推广企业员工福利保障计划、在校学生学平险、50—80岁老人孝心卡等民生福利保障型产品。全年理赔人数287432人次，赔付金额2.17亿元。二是发展养老资管业务。全年实现年金受托规模13.14亿元，年金投资规模2.46亿元；养老资管服务企业客户数超过260户，个人客户数36万人，在同行业机构中保持领先。三是提升理赔质效。建立重大突发事件应急机制，开通绿色理赔通道，对重大保险事故导致的群体性意外救助案件和困难人群启动预付赔款机制；推广自助理赔服务，实现手机自助理赔覆盖60%以上客户、理赔案件占比75.44%。四是加强运营管理。监测运营全流程作业质量，建立完善的反馈机制；运用数字技术赋能核保、内控、理赔工作，提升效率、降低差错率。

【金融创新】

一是推出在线客服音转字服务。通过后台机器人语音识别功能将客户语音转化成文字，方便、快捷完成官方微信端的咨询解答。二是推出“好福利”APP“刷脸”领取养老金功能。通过“智能养老”刷脸进行人脸识别，不受时间与空间的限制随时领取养老金，提升客户体验。

【风险管控】

一是建立风险管控长效机制。在分支机构及“一把手”考核指标中将合规经营和风险管理指标权重增加至50%，进一步强化合规风控考核机制；建立多层次风险监测体系以及较为全面的员工违规行为问责体系，对违法违规行为保持高压管控。二是加强合规文化建设。构建“党建引领、科技赋能、‘三不腐’一体推进”的清廉金融文化建设模式，强化全员合规意识。

【金融消费者权益保护】

一是加强消保审查。围绕产品责任配置、风险提示等方面，审查产品和服务设计的各个环节。二是落实纠纷调解机制。建立完善的解决纠纷制度，加强与纠纷调解机构联系，妥善处理客户纠纷，切实保护消费者合法权益。

（平安养老保险股份有限公司湖北分公司）

合众人寿保险股份有限公司湖北分公司

【概况】

2022年，合众人寿湖北分公司（简称）坚持“新时代、新合众、新发展”的发展战略，持续推进“保险+养老”模式，打造新时代保险生态圈。全年实现原保险保费收入123607万元；全年赔付支出19466万元，累计赔付率29.82%。全年承保标保6913万元。分公司下设11个中心支公司、6个支公司、17个营销服务部，网络覆盖全省主要市（州）。

【业务发展】

一、推进基础业务发展

一是加强营销队伍建设。组建养老保险规划师团队，充实营销队伍；通过建立荣誉体系激励员工工作热情，助力打造高绩优销售团队。二是发展银保业务。调整渠道业务结构，推进期交业务转型，提高新业务价值；加强保单续期管理，促进续期保费回收。三是发展团险业务。拓展重点客户规模，巩固传统业务优势；坚持多渠道开拓、多元化经营，通过交叉销售，推动中介渠道发展。

二、履行社会责任

一是服务民生保障。积极参与企业员工福利保障计划的招投标工作，助力增强医疗保障。二是助力乡村振兴。为十堰、黄冈等市1000余位50岁至70岁村民捐赠价值10万元的意外伤害保险，为农户人身安全提供保障。

三、加强科技赋能

开发保单整理工具，上线家庭寿险保单整理系统。全年通过保单整理系统整理12万份公司内部保单和3万余份同业保单，为10万名客户提供更加快捷、方便的保单管理服务。

【风险管控】

一是开展治理市场乱象专项工作。依法依规查处违法违规行为，深入剖析问题和风险产生的原因，制定解决问题、化解风险的根本措施；完善风险防控体制机制和内控制度，构建防范化解风险长效机制。二是制定年度制度梳理工作计划，检视内部制度，确保制度的有效性和可操作性。三是做好防范非法集资工作。贯彻落实监管部门及总公司防范和处置非法集资工作相关要求，开展非法集资风险专项排查和自查，重点排查异常销售行为，杜绝非法集资风险。四是强化合规意识。加强合规文化建设，将合规理念融入经营管理的各项工作中，确保分公司稳健运营。

【金融消费者权益保护】

认真开展金融消费者权益保护、防范非法集资、反保险欺诈、反洗钱等方面的宣传教育活动和案例警示，向社会公众普及金融知识，强化金融消费教育，提升公众的风险意识和保险意识。

（合众人寿保险股份有限公司湖北分公司）

合众人寿十堰中支向郧阳区洞耳河村50岁至70岁村民捐赠意外保险，总保额5955万元

华泰人寿保险股份有限公司湖北分公司

【概况】

2022年，华泰人寿湖北分公司（简称）坚持依法合规经营，推动各项业务稳健发展。截至年末，累计实现保费收入10026.26万元，同比增长17.98%。湖北分公司下设4个中心支公司和4个支公司。

【业务发展】

一、推动个险渠道发展

加强个险渠道精细化管理，通过推进绩优建设、优化个险业务品质、提升营销效率，稳固个险渠道核心业务。开展机构差异化经营和弱体机构改造，提升分支机构运行效能。

二、提升客户服务水平

一是加强保全服务。为客户提供柜面办理、95509电话办理、微信保全平台办理以及空中柜面办理等线上线下保全服务方式。其中，微信保全平台提供7×24小时自助保全服务；空中柜面提供一站式、数字化可视服务，客户足不出户就能享受柜面人员一对一保全服务。二是依照《华泰人寿保险股份有限公司服务承诺》，优化销售服务、承保服务、理赔服务、保单服务、续期服务等方面的服务流程，进一步提升服务体验。

【风险管控】

严格落实监管部门和总公司关于加强风险防范、内控管理的各项工作要求，坚持依法合规经营，持续提升内控合规管理和反洗钱管理水平，有效防范各类经营风险。积极开展合规宣传和合规培训，发挥案例警示和风险提示的作用，加强防范销售误导、防范非法集资、打击保险黑产、防范保险欺诈，及时排查化解风险隐患。全年实现稳健运营。

【金融消费者权益保护】

充分发挥消费者权益保护事务委员会组织功能，制定年度消费者权益保护工作计划，有序开展“3·15”消费者权益保护教育宣传周、“7·8”保险公众宣传日、金融知识宣传月、“以案说险”宣传月等活动。针对“一老一少一新”特定人群，开展“走出去、请进来”宣传活动，进街道、进小区、进公园开展宣教活动，取得良好宣传效果。

（华泰人寿保险股份有限公司湖北分公司）

太平养老保险股份有限公司湖北分公司

【概况】

2022年，太平养老湖北分公司（简称）贯彻落实“以攻为守、稳中求进、化危为机、创新转型”的经营要求，全力稳年金、强团险、重管理、壮队伍，各项工作取得了明显成效。截至年末，职业年金新增受托缴费109184万元，职业年金期末资产管理余额657303万元；养老金新增受托缴费136099万元，养老金期末资产管理余额544889万元。全年实现保险保费收入12756万元、赔付支出6087万元。

【业务发展】

一是推进基础业务发展。深耕主责主业，创新养老产品，拓展客户规模，加强产品营销，商业养老保险业务超额达成任务目标；加强内外勤部门协同联动，强化个人养老金业绩追踪，推动个人养老金业务完成目标任务。二是加强新业态从业人员保险服务。推广新业态从业人员保险——“畅享保”，助力巩固拓展新业态从业人员的商业保险服务与保障，增强保险功能作用。

【风险管控】

加强合规管理，不断提升反洗钱履职能力；加强合规建设，将合规建设贯穿所有业务流程；持续探索合规经营新思路，打造更加审慎经营的业务新生态。

【金融消费者权益保护】

牢固树立“以客户为中心”的理念，不断完善消保机制。一是强化运营专业性、时效性、准确性。通过规范咨询和投诉案件处理流程、加强日常消保培训与宣传、开展适老化服务标准化建设，提升客户满意度。二是督促落实日常客户拜访工作，优化和创新服务模式，积极响应客户需求。三是落实问题清单、责任清单、任务清单，扎实推进消保工作走深、走实，切实保护消费者合法权益。

（太平养老保险股份有限公司湖北分公司）

中美联泰大都会人寿保险有限公司湖北分公司

【概况】

2022年，中美联泰大都会人寿湖北分公司（简称）积极推动业务转型和管理优化，不断加强合规管理与风险管理，稳健发展各项业务。全年实现保费收入18911.88万元，其中新单保费收入6282.15万元、续期保费收入12629.73万元；理赔金额930.83万元，获赔率99.81%，电子化理赔占比96.66%。

【业务发展】

通过加大广告宣传力度、加强客户营销，积极推广360Future家庭养老解决方案，为客户提供从容准备、安心养老、愉悦享老等三种方案，全方位、一站式满足客户与家人医疗、康养、安居等养老需求。

【风险管控】

一、加强合规管理

一是加强反洗钱工作。梳理全年反洗钱重点工作，完成《2022年非法人金融机构反洗钱基本情况调查问卷》，逐项分析反洗钱工作的薄弱环节，及时补齐短板弱项；开展“凝聚金融力量，打击洗钱犯罪”“人人了解反洗钱，安全意识记心间”“保护自己，远离洗钱”等反洗钱主题宣传活动，提升员工和大众洗钱风险防范意识。二是加强防范非法集资宣传。开展“守住钱袋子，护好幸福家”、金融知识普及宣传月等主题宣传活动，通过走进社区、线上发布新闻、组织员工参加线上知识答题争霸赛等形式进行宣传，营造良好的普法宣传氛围。三是开展廉政警示教育培训。组织员工观看《零容忍》专题片，参加线上论坛和清廉金融文化建设“银保大讲堂”，强化员工遵纪守法、合规经营的意识。

二、开展风险排查和自查

开展2022年度全面风险排查和自查，横向到边、纵向到底排查员工管理、业务流程等领域风险，保证风险排查工作的深入性及全面性，杜绝风险隐患，着力提升员工的风险防范意识，避免发生系统性风险。开展处置“代理退保”风险等工作，形成自查报告并向行业协会报送。

【金融消费者权益保护】

一是开展客户大走访活动。通过入户走访广泛收集客户提出的意见，及时进行相关问题整改；设立宣传点开展适老化服务标准化建设宣传，向老年人介绍适老化服务标准化内容、发放消费者权益保护手册，不断提升客户服务水平和公司影响力。二是开展保险消费者权益保护在线学习，压实消费者权益保护主体责任。三是开展消费者权益保护自评价工作。成立消保评价工作领导小组，针对体制建设、机制与运行、操作与服务、教育宣传以及纠纷化解五个方面的考核指标和评分要点进行评价，制定整改方案，督促责任人落实整改，进一步提升消保工作水平。

（中美联泰大都会人寿保险有限公司湖北分公司）

平安健康保险股份有限公司湖北分公司

【概况】

2022年，平安健康湖北分公司（简称）严格贯彻落实各项监管要求，坚持守正创新、合规经营，全力满足客户多层次、多元化的健康保障需求，全年规模利润稳步增长，业务品质保持稳健，客户服务持续改善，整体经营稳健向好。全年服务客户数71.31万人，同比增长65%。全年实现保费收入4亿元，同比增长100%；利润1800万元；赔款金额0.81亿元，同比增长451%。

【业务发展】

一、提升客户服务水平

开展客户回访工作，向客户讲解理赔

申请流程及材料要求,通过优化线上理赔流程,改善客户理赔体验;增加线上自助申请材料回退功能,优化线上审核时效;上线理赔款账号准确度校验功能,提高赔付效率;安排专人跟进理赔客户,及时解决理赔过程中出现的问题;上线手机APP“关怀版”,页面更简洁、操作更便捷、功能更清晰,方便老年人使用电子设备。

二、做好新市民金融服务

为以新市民为主体的小微企业提供保险保障。截至年末,承保449家小微企业;小微企业团体健康险、意外险赔案14537笔,已决赔款1421万元。

【金融创新】

制定“健康保险+医健服务”驱动3.0新战略,聚焦产品创新升级、医健服务转型等方面,打造专业化、特色化服务模式。

一、推动产品体系升级创新

(一)创新服务内容

一是推出特药服务。升级特药保障,将特药种类拓展至123种,首次引入广谱抗癌昂贵药,助力解决重特大疾病患者“因病致贫、因病返贫”问题。二是推出院外普药服务。新增4大类共10种院外刚需普药,满足客户多元的用药需求。三是推出特药基因检测服务。推出特药前后基因检测服务,让客户用药无忧。

(二)扩大保障人群范围

一是开发慢病专属产品。聚焦高血压、糖尿病、甲状腺结节、乳腺结节等慢病人群的保障需求,上市“e生保特定慢病医疗保险”专属产品,覆盖10大类共262种常见疾病,核保结论更优、投保条件更宽松。二是开发肺结节专项产品。针对保险市场中肺结节人群的保障空白,为肺结节人群量身定制“肺部恶性肿瘤医疗保险(肺康保)”产品,其保障责任全面、赔付限额高,覆盖院外特药费用责任,提供特药直结服务。

(三)探索开发“一老一小”普惠性保障方案

启动老年人群专属普惠产品创设工作,探索集预防、治疗、慢病管理、康复护理于一体的健康保障方案。聚焦少年儿童群体,设计“平安星”少儿门诊产品组合,提供不限次数、无单次限额的门诊保障和伤残保障以及指定医院的门诊预约服务,解决0—12岁少年儿童免疫力弱、就医频次高、就医排队难的问题。

二、加快医疗健康服务转型

(一)打造“家庭医生+就医陪诊、住院陪护、三日理赔”服务

通过统一就医服务和理赔入口,构建就医理赔融合服务新模式,全面提升理赔时效,优化客户体验。全年前置报案率31.82%,出院理赔周期不超过3天。一是创新“就医陪诊”服务。围绕全人群普遍需求和特定人群个性化需求,定制标准化、差异化服务方案。二是推出“住院陪护”服务。围绕院前、院中、院后不同场景提供相适应的服务项目。三是推进“出院三日赔”服务。针对赔付慢、赔付难问题,推出“三日赔”服务,在住院期间提醒客户提前申请报案,收到报案信息后快速跟进排查风险、跟踪出院、代办交单理赔,推动理赔报案前置,缩短理赔时效。

(二)扩大医疗服务网络

一是加强与公立三甲医院合作。与省内前4家“复旦版”全国百强医院、12家三甲医院开展全面合作。其中,实现高端直结合作的医院有4家,与2家公立医疗机构合作提供标准化体检服务。二是打造专属诊区病房。与武汉协和医院合作打造专属诊区病房,设置专属导诊台和专人驻点,为客户提供VIP门诊、住院、检查等服务。

【风险管控】

一、加强合规管理

一是开展合规宣教活动。通过开展法律合规宣传月、专题宣导会议、机构合规培训等宣教活动,促进全体干部员工知敬畏、律己身、守底线,营造良好的合规氛围。二是开展“合规风暴季”专项行动。组织开展为期3个月的“合规风暴季”专项行动,成立由党支部书记、总经理任组长的“合规风暴季”专项行动领导小组,全面负责、统筹规划专项行动工作,按照行动方案自查虚列费用、违规外发敏感信息、虚假考勤、合同管理不规范等问题,严格问责追责,督促落实问题整改。三是开展财务合规宣导月活动。面向全体员工开展财务合规性专题宣导,明确财务“红线”和“底线”。四是持续推进底线建设工程。组织全体员工学习《员工行为价值准则》和“负面清单”,通过召开底线建设工作专题培训、开展底线学习心得分享专题早会、组织底线建设工程专题通关考试等方式规范员工行为;通过典型案例开展警示教育,进一步强化员工合规意识。

二、加强制度建设

通过监管检查、常规稽核、自查自纠等途径,检视、评估不同渠道反馈的制度问题和建议,确保各项业务制度、内部管理制度的可操作性和实用性。将制度检视工作责任落实到人,认真评估检视方案中的每一个执行行为,及时发现问题,建立缺陷台账,制定整改计划及完成时间。

【金融消费者权益保护】

一、开展消费者权益保护自查

一是开展投诉案件自查。集中审查内外部投诉案件,重点复核12378保险消费者投诉维权热线转办案件、重复投诉案件,通过重新听取案件电话录音进行案件分析,妥善处置投诉。年内未发生投诉案件升级为重大投诉、群诉风险事件。二是开展销售宣传自查。在宣传物料投放前增设消费者权益保护审查环节,及时整改不符合要求的宣传物料。三是开展理赔案件自查。加强客户身份信息识别,做好留存理赔资料原件工作,核查获赔金额超过1万元的理赔案件的真实性,确保所有赔付案件真实有效。

二、完善消保工作长效机制

一是加强客户信息保护。健全个人信息保护机制,完善个人信息收集、适用、存储传输、删除等各方面工作;开设信息安全小课堂,增强内部员工保护客户信息意识,杜绝非法集资、诈骗和挪用、侵占、非法买卖客户个人信息等违法行为,保障客户个人信息安全。二是开展“3·15”消费者权益保护周、金融知识普及月等活动。采取线上与线下相结合的方式向消费者普及金融知识,引导消费者远离和抵制非法金融活动,增强风险防范意识。

(平安健康保险股份有限公司湖北分公司)

中国人民健康保险股份有限公司湖北分公司

【概况】

2022年,人保健康湖北分公司(简称)全年实现保费收入17.11亿元,同比增长54.28%。其中,新单期缴保费收入1.1亿元,同比增长46.67%;新单趸缴保费收入14.59亿元,同比增长59.98%。全年赔付支出金额1.12亿元,同比增长214.93%;满期给付金额0.3亿元,同比增长100.04%。

【业务发展】

一、持续推进荆州市2020年—2022年度社会救助入户核查服务项目

通过召开专题会议、出台管理办法、开展系统培训、收集通报进度,全面研究和部署荆州市社会救助兜底脱贫工作。根据区县社会救助部门兜底脱贫的目标任务,定时间、定任务、定措施、定人员、定责任,精细化推进各项工作。项目组认真履行督查职责,针对项目中出现的问题,

及时制定整改措施，督促第一责任人落实整改，确保项目安全有序推进。项目组通过逐户核查的方式，到低保群众家中详细宣讲民生政策，记录群众生活状况，指导群众正确填写调查问卷。帮助符合要求的群众办理低保救助金领取手续，解答低保特困对象咨询。

二、加强队伍建设

打造政治可靠、素质较高、业务过硬、热爱民政事业的专业队伍，不断加强法律法规、业务知识的培训，着力提高员工职业道德、业务素质和工作能力。

三、提升客户服务水平

持续开展核保、双录知识培训，不断提升承保、保全、理赔服务水平；建立运营质量定期分析机制，动态监控业务处理流程，重点加强短期险业务质量与理赔管控，提升保险服务质量。

【风险管控】

一、加强合规管理

一是成立风险合规委员会，督促各部门、各下辖机构结合实际对照责任清单认领和落实责任。全年召开6次风险合规委员会工作例会统筹部署合规工作。二是开展制度废、改、立工作。将风险管控、合规经营、廉洁从业、应急举措等重点工作纳入制度体系，全年废除制度4个、制定和修订制度35个，进一步提高制度的操作性和合规性。

二、开展风险排查和自查

不断完善"三重一大"决策流程，以党内监督带动纪律监督、合规监督、财务监督、审计监督，将监督工作贯穿经营风险防控各个环节。开展销售宣传、营销员管理、业务管理、退保理赔、久拖未决客户纠纷、数据真实性、舆情处置、涉诈案件防范等9个重点领域风险排查，逐一排查70个风险点，及时堵塞风险漏洞；开展经济责任审计、中介合规性专项审计以及巡察检查，全年提交30份风险自查报告，未发现重大风险隐患。

【金融消费者权益保护】

将消保宣教工作纳入消保常态化工作体系。组织开展"3·15"保险消费者权益护教育宣传周、"金融知识普及月 金融知识进万家 争做理性投资者 争做金融好网民"等活动，向消费者普及金融知识；通过公司官网、微信公众号、官方微博等渠道积极开展线上消保宣传活动，扩大消保宣传覆盖面；评估消保宣教工作成效，持续推动消保宣教工作走深、走实。

（中国人民健康保险股份有限公司湖北分公司）

信泰人寿保险股份有限公司湖北分公司

【概况】

2022年，信泰人寿湖北分公司（简称）坚持"聚焦突破、均衡发展、管理驱动、提升价值"的工作总基调，强化经营管理，实现服务品质提升、组织管理能力夯实、团队结构改善的良好发展态势。全年实现总规模保费26.4亿元，其中，新单规模保费10.7亿元、续期保费15.6亿元。新单期交保费7亿元，占新单规模保费69.6%，同比增长42.4个百分点。

【业务发展】

一、推动科技赋能数字化转型

加快智能化技术升级，推动线上线下融合发展，提高运营管理效率，打造"体系化、规范化、智能化、效率化"的服务体系。一是上线智能客服系统。为客户提供7×24小时智能文本机器人在线服务，降低运营成本，提升客户满意度。二是开通企业微信号。打造客户经营数字化新平台，优化"掌上信泰"系统和智能双录、信泰保险官微理赔等功能，打通从前端展业到后端服务的客户经营全链路。三是完成钉钉系统对接。上线钉钉智能报表系统，提高交互性和操作性，提高业务追踪与督导管理质效。

二、提升客户服务水平

构建客户分级服务体系，为客户提供24小时电话医生在线问诊、门诊预约、国内专家二次会诊、住院预约、手术预约、专家复诊、国际二次诊疗等服务；充分运用智能科技手段，推出积分商城兑换服务、专属高铁机场VIP休息室服务以及异地协助就医住院、紧急医疗转运、护照丢失援助等19项紧急救援服务；推进"重疾绿通"服务，为客户提供个性化医疗方案。

【风险管控】

一、开展自查自纠工作

一是配合开展2021年以来财务数据真实性现场稽核调查。按照稽核调查《现场检查事实确认书》相关内容，开展年度风险排查，梳理风险点，制定落实整改计划，及时堵塞风险漏洞。二是配合总公司开展审计和合规联合大检查。针对审计和合规联合大检查中发现的问题，明确整改责任人，建立整改明细表，实时跟进整改进度；补充完善制度实施细则，建立风险防控长效机制。

二、加强合规管理

一是强化合规意识。积极参加和开展内、外部合规培训，通过开展"一把手讲合规"、反洗钱及防范非法集资专项培训等活动，强化员工内控合规意识。全年开展各类合规培训84场、受众2575人次；开展反洗钱培训30场、受众398人次。制发《合规月刊》《合规专栏》《合规提示》，营造良好的合规氛围。二是加强合规队伍建设。通过现场培训、制式培训、自查练兵及现场交叉检查等方式加强对下属机构合规兼岗的指导，提升专兼岗的合规管理水平。连续四年监管有效投诉处罚件为零；连续五年内外违规监管处罚为零。

【金融消费者权益保护】

一是完善消保制度。制定《信泰人寿保险股份有限公司湖北分公司消费者权益保护管理实施办法》《信泰人寿保险股份有限公司湖北分公司保险消费投诉处理管理办法》等消保文件，明确消保责任、规范消保工作流程和标准。二是设立客户关爱基金。专项用于信访投诉和客户增值服务，提高消费者权益保护工作质量。三是开展消保宣传活动。全年开展70余场"3·15"消费者权益保护教育宣传周、金融知识普及月、新市民宣传教育月等活动，向消费者普及金融保险知识。四是开展消保专项培训。全年举办8场消保培训学习，提升员工消保工作水平。五是强化第三方纠纷化解机制，通过"调解中心+司法确认"的模式解决投诉纠纷，将纠纷化解在诉前。

（信泰人寿保险股份有限公司湖北分公司）

农银人寿保险股份有限公司湖北分公司

【概况】

2022年，农银人寿湖北分公司（简称）认真落实总公司"五进五稳"工作要求和八大工作重点，全面夯实基础管理，做大银保、做优团险、做强个险、稳保续期，圆满完成年度各项经营目标任务。截至年末，实现保费收入15.44亿元，赔付支出6.44亿元。分公司下设10个中心支公司及10个四级机构，服务网络覆盖全省主要地区。

【业务发展】

不断完善内部架构，建立健全工作机制。依托农业银行平台持续深化行司联动，聚焦新市民群体和老年群体，构建养老、少儿、财富、意外、健康、医疗六位一体的产品体系。强化产品服务能力，切实提高保险服务的可得性和便利性。

【风险管控】

持续强化销售品质管理，从源头上遏制违规销售行为，防范道德风险。持续推进公司内控制度评价工作，夯实内控管理基础，加大合规自查、检查和合规宣传培训力度，严防重点领域合规风险。开展服务监督和内部风险监测，及时分析研判风险隐患，坚持风险抓早、抓小，确保稳健经营。

【金融消费者权益保护】

一是优化柜面服务。开展网点硬件设施改造，充分发挥传统服务平台优势，提升特殊群体服务水平。二是加强投诉管理。建立业务营销、运营管理、机构负责人三位一体的投诉处理队伍，不断完善投诉溯源整改工作机制，将矛盾纠纷化解在基层、源头，形成消费纠纷处置良性循环。定期通报投诉处理情况，压实各岗位消保责任，对出现推诿、漏办误办、满意率低等情形进行严肃追责。全年受理保险消费投诉案件同比下降69%，未出现疑难案件和历史遗留案件、未发生群体性事件。三是开展消保宣教活动。通过制作宣传视频、分享“以案说险”文案，加大重点人群宣教力度；发挥营业网点渠道优势，扩大宣传覆盖面，营造“学金融、懂金融、用金融”的良好氛围。

（农银人寿保险股份有限公司湖北分公司）

长城人寿保险股份有限公司湖北分公司

【概况】

2022年，长城人寿湖北分公司（简称）秉持“依法合规 客户至上 价值优增 合作共赢”的经营理念，坚决落实“保险姓保”的政策要求，稳健发展各项业务。全年实现原保险保费收入19.68亿元。其中，新单保费8.4亿元、续期保费11.28亿元。分公司在全省下设7个中心支公司、6个支公司、6个营销服务部，服务网络分布于全省主要地区。

【业务发展】

一、发展基础业务

一是发展个险业务。加强个险销售队伍建设，做好客户分层分级营销服务，持续拓展个险业务规模。全年累计达成新单标保1773万元，同比增长9%。二是发展收展业务。持续提升中心城区保费占比，全年累计达成新单标保185万元。三是发展银保业务。聚焦“2+2+N”渠道发展策略，逐步提高银保业务价值。全年达成新单标保22300万元，超额完成总公司下达的目标任务。四是发展经代业务。推广定制产品“明爱传承”“明爱金彩”“童城传世”及“金麒麟万能型终身寿险”，提升储蓄型产品占比。全年累计达成新单标保5057万元。

二、提升客户服务水平

一是积极创新服务模式，强化科技赋能。通过微信、“银保通”、官方APP等线上渠道，提供全流程线上化保单服务；推出“智能核保”“微信理赔”“线上保全”等E化服务举措，提供“绿通挂号”“电话医生”等增值服务，着力改善客户服务体验。二是加强“一柜通”建设，为客户提供线下承保、保全、理赔、咨询等一站式服务，优化客户体验。

【风险管控】

一是开展制度“废、改、立”和内控流程测试，夯实内控管理基础。二是加强合规管理。开展“一把手讲合规”活动，以“规范作业，防治销售乱象”为主题，加强员工学习培训；督促全员遵守《湖北省保险从业人员诚信管理自律公约》，强化合规意识。三是开展风险排查和应急演练。从销售宣传、退保理赔、数据真实性、营销员管理、风险管理等5个方面开展风险排查；开展客户上访等群体性事件应急演练，提升风险预警水平。四是做好反洗钱工作。加强反洗钱宣传与培训，开展反洗钱工作检查与考核，提升反洗钱工作水平。五是开展打击非法金融活动普法宣传。常态化开展扫黑除恶、防范和打击非法集资、防范销售非保险金融产品等宣教活动；开展《民法典》等法律法规普及宣传，提高全员学法、懂法、守法、用法的法律意识。

【金融消费者权益保护】

督促下辖营业场所设置宣教区域，通过电子显示屏、微信公众号和进社区、进学校等形式开展线上线下宣传活动。线上发布“以案说险”“保险十知道”，设置“风险小贴士”，进行风险提示，提升消费者权益保护意识。“3·15”金融知识普及月活动期间撰写13篇金融消费者权益保护专题文章、拍摄“金融消费者八项权益”小视频，通过微信公众号和微信群进行宣传，取得了良好的宣传效果。

（长城人寿保险股份有限公司湖北分公司）

和谐健康保险股份有限公司湖北分公司

【概况】

2022年，和谐健康湖北分公司（简称）坚守合规经营底线，加强经营管理和业务开拓，不断提升保险服务水平。全年实现保险业务收入141498.19万元。截至年末，在襄阳、荆州、孝感、十堰等市共设有4个中心支公司。

【业务发展】

一、推进基础业务发展

通过调整业务结构、优化保险产品、提升服务水平，持续推动基础业务发展。从业务结构看，长期健康险保费收入141374.73万元、意外险保费收入93.01万元、短期健康险保费收入30.45万元，其中长期健康险业务占比达97.96%；从地区发展看，武汉地区保费收入94550.33万元、孝感地区保费收入11634.78万元、十堰地区保费收入13045.33万元、荆州地区保费收入10506.75万元、襄阳地区保费收入11761万元，武汉地区是业务发力的主要地区。

二、丰富产品体系

在售产品达到115款。其中，万能型产品仍保持5款，非万能型产品110款。年内开发完成“喜乐”系列互联网专属重疾产品、“喜爱”系列互联网专属医疗产品和“喜来”系列互联网综合意外产品，逐步实现互联网保险多元化经营目标。

三、优化适老服务

细化老年人服务措施，为老年人提供人工传统服务方式，在柜面设置老年人爱心专座、配备轮椅、助听器等服务设施，提升老年客户群体服务水平。

【风险管控】

一、加强合规管理

一是开展监管处罚信息收集工作。分析保险行业监管处罚信息，及时向管理层和各职能部门进行信息推送与风险提示。二是加强合规教育培训。根据不同岗位职能开设差异化合规培训课程，强化合规意识。

二、开展内部排查

对照监管检查结果开展同类问题排查，制定针对性整改措施；严格执行问责机制，将每项整改工作落实到部门、责任人，推动问题及时整改到位。

三、加强反洗钱工作

完善反洗钱制度，确保反洗钱各项工作有章可循、有法可依；将反洗钱工作要求细化到每一个业务环节和操作岗位，压实岗位责任。

【金融消费者权益保护】

一、强化消保工作机制

将消费者权益保护工作纳入经营战略和企业文化，定期召开消费者权益保护事务委员会工作会议，深化消费者权益保护经营理念；完善消保制度，确保合规开展消保工作；根据不同岗位职责开展差异化员工培训，培训内容覆盖投诉处理、消保政策学习贯彻等方面，进一步规范员工行为；在公司官方网站和 APP 醒目处公示投诉渠道及投诉流程，提升投诉处理效率。

二、开展消保宣教活动

开展“3·15”教育宣传周、“7·8”全国保险公众宣传日、金融知识普及月、客户大走访等金融知识宣传教育活动，通过搭设展台、粘贴海报、制作横幅、发放宣传折页等方式，向消费者普及金融知识，着力提升消费者防范金融风险能力。

（和谐健康保险股份有限公司湖北分公司）

中国人民人寿保险股份有限公司湖北省分公司

【概况】

2022 年，人保寿险湖北省分公司（简称）实现规模保费收入 41.38 亿元，同比增长 11.90%，在人保寿险系统内排名第 7 位。分公司在全省 13 个市（州）、76 个县（市、区）设立分支机构。

【业务发展】

一、拓展业务规模

通过聚焦高年期期交业务、优化保障类主打产品组合，持续拓展业务规模。在人保寿险系统中，全年累计实现新业务价值保费 1.10 亿元，排名第 8 位；累计实现首年期交保费 7.55 亿元，排名第 6 位；累计实现十年期以上首年期交保费 1.59 亿元，排名第 6 位；累计实现短期险保费 1.73 亿元，排名第 4 位。

二、优化客户服务

一是完善服务网络。构建多渠道服务网络体系，为客户提供全方位、便捷、高效的服务。二是提升业务处理质效。稳健开展各项业务管理工作，呈现业务处理数量大幅增加时全省保单回执回销率上升、保全时效和理赔支付时效持续提升的良好局面。全省保单回执 5 日回销率 99.22%，同比增长 0.38%；保全时效持续保持在 1.01 天；理赔申请支付时效 1.35 天，效能同比增长 4.93%。三是推行便捷服务举措。依托技术赋能推广线上服务模式，实现移动出单率、保全线上化率、理赔线上化率、回访线上化率分别达到 99.98%、94.51%、98.19%、94.25%，为客户提供更安全、更快捷、更关怀的服务体验。四是出台优惠政策。出台费率下调和免息复效优惠政策，下调现售的多款短期保险产品以及主销团体短险产品的表定费率，下调比例超过 30%；推行免息复效政策，对失效两年内的个人保单进行免息复效，全年为 1115 人次免息 77.06 万元。

三、履行社会责任

一是推进“女性安康工程”。依托“女性安康工程”巩固精准扶贫工作成效，全年为 124 万人次女性同胞提供 124 亿余元的特定疾病风险保障；累计为 1124 名不幸罹患女性特定疾病的客户给付理赔金 1931 万元。二是助力疫情后民营企业缓解资金压力，增强中小企业发展信心。全年共承保民营企业 5598 家，提供风险保障 2175 亿元；发生赔款 3143 笔，赔款金额合计 3145 万元。三是服务新市民养老需求。全年累计承保新市民专属养老保险 1453.75 万元，承保人数在人保寿险系统排名第 9 位。

【风险管控】

一是创新培训形式。开展“合规宣导日”“3 分钟小课堂”等活动，营造“合规人人有责，合规从我做起”的合规氛围。二是开展自查自纠。开展“假保单”专项检查等各项风险检查工作，及时排查化解风险隐患，加强风险常态化防控整治。三是完善责任追究和考核体系。通过考核和处罚警示，规范员工执业行为，营造依法合规经营环境。四是强化基层治理，加强风险事前、事中、事后管控，有效提升风险管理质效。五是妥善处置重大风险。加大打击非法集资、反洗钱等工作力度，增强案件风险管控有效性。全年未发生重大风险和群体性事件，整体经营状况保持平稳。

（中国人民人寿保险股份有限公司湖北省分公司）

国华人寿保险股份有限公司湖北分公司

【概况】

2022 年，国华人寿湖北分公司（简称）全年原始保费收入 204383 万元，其中新单原始保费收入 129807 万元；规模保费 232609 万元，其中，新单规模保费 161058 万元、续期保费 71551 万元，续期保费占比 31%。累计赔付支出 12756 万元。在宜昌、襄阳、荆门、荆州、黄冈、孝感、咸宁、黄石、潜江等市共设有 8 个中心支公司和 1 个营销服务部。

【业务发展】

积极推广在线服务管理模式，推出一站式在线服务，进一步提升服务水平。上线“啄木鸟平台”“E 动柜面”和国华 VIP 贵宾服务平台，通过国华直播间推出一系列高质量的线上服务，持续优化客户体验。

【风险管控】

通过完善合规管理架构，落实合规管理政策，强化全员合规操作与合规经营意识，进一步增强防范风险的能力，保障业务持续健康发展。在总公司的制度体系下，进一步明确和细化分公司内控管理要求，强化内控管理基础；完善各分支机构反洗钱组织架构，确保有效开展反洗钱工作；认真落实监管部门和总公司的风险防控要求，保障分公司稳健发展。

（国华人寿保险股份有限公司湖北分公司）

恒大人寿保险有限公司湖北分公司

【概况】

2022 年，恒大人寿湖北分公司（简称）坚持以总公司制定的“调结构、稳增长、促创新、防风险”12 字方针为指导，认真落实“价值+服务”的战略要求，加大高质量、高价值、高效益的核心业务发展力度，实现规模和效益相统一，较好地完成重点考核目标，业务发展及经营管理取得长足进步。截至年末，资产规模 163.9 亿元。全年实现总规模保费 47.1 亿元；赔付支出 6.0 亿元。分公司下辖荆州、黄石、黄冈、孝感等 4 个中心支公司，潜江、仙桃、天门等 3 个支公司和武昌、松滋 2 个营销服务部。

【业务发展】

一、推动各项业务稳步发展

全年新单保费达成 33.8 亿元，其中，银保渠道新单规模保费 31.9 亿元，全年累计总规模保费 40.2 亿元；经代渠道新单规模保费 1.4 亿元，全年标准保费 7451.8 万元，全年累计总规模保费 5.1 亿元。全年累计实现期缴保费 10.0 亿元，同比增长 19.0%。新单期缴保费占年度规模保费21.2%,同比增长2.0%。期缴平台创历史新高,业务结构得到进一步优化。年度续期实收保费13.3亿元,同比增长46.2%。年度整体13个月继续率96.13%,同比增长2.91%,业务品质持续提升。

二、做好客户服务

一是优化线上服务。持续优化线上保全、理赔服务,上线视频保全功能,为客户提供更便捷、更贴心的服务体验。二是开展客户服务活动。组织开展反保险欺诈专项宣传、“新市民金融服务宣传月”等客户服务活动;围绕“恒·关爱”“恒·健康”“恒·守护”“恒·服务”四个活动主题举办客户服务节,增加客户黏性,提升服务品质。三是举办第一届运营服务技能大比武活动,检验员工综合技能和专业素养,为客户提供更专业的服务。四是优化适老化服务。积极解决老年人应用智能技术的困难,保障老年客户群体的保险需求。

【风险管控】

一、加强内部管理

一是建立和完善内控制度。全面梳理公司制度,完善业务、财务、运营、综合管理等方面的16项制度,使各项工作、各个环节有规可依、有章可循。二是加强合规管理。开展活动量管理、自查自纠、月度合规考核等工作,强化机构和渠道的合规经营意识;通过总公司微信公众号、学习平台,开展合规培训和宣传活动,营造良好的合规文化氛围。

二、提升风险管理水平

建立较为完善的风险管理体系,通过每月监测指标、统计操作风险事件、发布风险提示函等方式,动态掌握风险隐患底数,精准识别风险,有效防范化解风险。

三、规范员工执业行为

建立销售人员分类体系,每年开展2次销售人员合规风险评估,综合判断和分析监管、运营、业务、续期等指标,排查指标异常产生的原因;对销售人员进行风险评估和分类管理,提高业务素质和经营水平。

【金融消费者权益保护】

一是健全组织架构。建立消费者权益保护工作委员会,设立消费者权益保护部,保障消费者权益保护工作的独立性、权威性、专业性。二是完善制度体系。围绕消保审查、内部考核、消费投诉等9大板块制定和修订32项制度,确保消保工作做实做精。三是开展宣教活动。常态化开展保险消费者教育活动,通过官方网站、官方微信号发布风险提示信息和保险常识;开展147场消保培训,参加人数2367人;开展“消保主题趣味闯关”线上活动以及“3·15”消费者权益保护教育宣传周、“7·8”保险公众宣传日、9月金融联合教育宣传等主题活动,参与人数超过20000人。四是积极化解纠纷。整合各方面力量,推动各种纠纷解决方式相互配合、相互协调,有效解决消费者“急难愁盼”问题。

(恒大人寿保险有限公司湖北分公司)

英大泰和人寿保险股份有限公司湖北分公司

【概况】

2022年,英大人寿湖北分公司(简称)原保险保费收入16.64亿元,同比增长49.72%。其中,新单原保险保费收入12.6亿元,占总原保险保费收入的75.77%,同比增长41.46%;续期原保险保费收入4.03亿元,占总原保险保费收入的24.23%,同比增长83.16%。综合考核连续三年在英大泰和人寿系统中排名第1位。在武汉、荆州、黄冈、黄石、襄阳、宜昌、荆门、十堰、孝感、恩施等10个市(州)设有10个三级机构和21个四级机构。

【业务发展】

一是加强与集团子公司协作联动。积极推广国网“电e金服”数字化线上产业链金融服务平台,扩大普惠金融业务规模。二是推进校企合作。与中南财经政法大学金融学院签订战略合作协议,成立“产学研合作基地”,着力打造校企合作新典范、新标杆。三是服务新市民。开启绿色通道,简化新市民投保和理赔流程;开展新市民宣传教育活动,提高金融服务新市民质效。四是履行社会责任。在疫情期间为国网湖北电力公司到陕西驰援的突击队员赠送每人50万元保额的人身意外保险。五是优化适老化服务。在网点设立适老柜面服务专区,优化柜面服务流程,增设爱心座椅、老年人专属窗口,配备老花镜、急救包等设施,安排服务专员做好一站式适老服务,帮助老年客户消除“数字鸿沟”。

【风险管控】

一是强化合规意识。围绕内控机制与信息化建设、屡查屡犯问题整治、员工行为管理等方面,开展“合规大讲堂”培训和合规知识竞赛;通过编发《合规月刊》、制作合规微视频,加强案例警示教育,深植合规经营、清廉从业的理念,营造“不敢违规、不能违规、不想违规”的文化氛围。二是构建风险预防体系。打造开放、合规的风险防控新模式,通过抓好“五个关键”、确保“五个到位”,不断提升风险防控水平,确保分公司安全、稳健、可持续发展。

【金融消费者权益保护】

秉承“快速响应、回应准确、处理果断”的工作原则,倡导“精、细、实、高、新”的管理理念,积极落实消费者权益保护主体责任。建立重大理赔、投诉案件应急处理机制,持续提升服务品质;定期召开业务品质管理委员会会议,通报各渠道和各机构双录、回访、理赔、投诉、反洗钱等工作情况,严格按照《业务人员品质管理办法》落实处罚追责;开展客户大走访、“感恩相伴”特色客户服务、“3·15”消费者权益保护周、“金融知识普及月”等活动,响应客户需求,提升客户体验。

(英大泰和人寿保险股份有限公司湖北分公司)

泰康养老保险股份有限公司湖北分公司

【概况】

2022年,泰康养老湖北分公司(简称)深入贯彻落实集团战略,努力克服疫情影响,扎实推进各项工作,全面达成年度各项任务目标。截至年末,累计资产总额30085.5万元。全年实现保费收入68961.2万元、赔付支出16535.5万元。在荆州市和宜昌市设立2个中心支公司。

【业务发展】

一、服务民生保障

一是扩大补充医疗保险服务范围。承保天门市、荆门市、荆州市城乡居民大病保险项目;承保黄冈市职工和居民意外伤害保险以及武汉市中心城区职工大额保险项目。竞标天门市和宜昌市长护险项目,持续服务荆门地区长护项目。全年补充医疗保险参保人数1535万人;年度协议保费10.36亿元,同比增长15.9%,承办范围、参保人数、保费规模均居泰康养老系统前三。二是助力加强医疗保障基金监管。参与武汉、荆州、宜昌、仙桃、天门等市医保基金监管工作,全年累计核查出违规医疗费用6868.15万元,切实发挥医保基金监管作用。

二、推进基础业务发展

(一)企业业务稳中向好

截至年末,企业年金受托管理规模3.48亿元,企业年金受托到账规模5.86亿元;职业年金受托管理规模67亿元。

投资管理规模44亿元，计划运作以来累计收益率22.7%。企业缴费的团险保费4.9亿元，目标达成率128.6%；企业缴费的团体长险保费553.3万元，目标达成率19.8%。全年新增39户年金客户，规模合计超过2.5亿元。成功中标某能源行业员工福利项目，获得其未来五年的服务资格。

（二）个人业务稳中有序

推广面向企事业单位员工的BBC弹性福利保障解决方案（职域服务），通过创新职域行销模式、丰富产品供给、完善服务层次，帮助企事业单位搭建“医养保障第三支柱”，提升员工及其家庭风险保障水平。全年个人BBC业务累计实现标保9336万元，排名泰康养老系统第7位；全年累计获客人数超过10.2万人。

三、提升服务水平

（一）加强适老化服务

在门店设置公众教育宣传栏、配置老年人金融服务专区和老年人服务窗口，不断提升老年客户咨询和投诉服务、老年人群体金融知识普及宣传等方面的质效。

（二）强化基础服务

通过官方微信、“泰生活”APP为客户提供保单查询、保全变更等基础服务，提升基础金融服务的便利性和可得性。

（三）优化理赔服务

一是推出“重疾先赔”服务。对符合要求的重疾出险客户提供理赔人员提前介入、协助收集关键资料、优先审核提前赔付等服务。二是推出“特药寻购”服务。对已获得重疾赔付且有紧缺药品需求的客户提供寻购各类靶向药、罕见药等购药服务。

（四）推出个性化专属服务

为保费达到相应标准的客户提供专属就医、重疾绿通、齿科保健、问诊开药等增值服务。为本年标准保费达到相应标准的高端客户提供个性化体检套餐服务以及“绿通CAR-T版高端医疗服务计划”、泰康家庭医生等服务。

【风险管控】

一、加强内控合规管理

一是组织员工学习行业自律公约和负面清单，签署从业人员诚信承诺书，督促员工合规执业。二是开展检查和排查。开展2022年常规风险排查（全系统）、整治侵害个人信息权益乱象等专项工作。开展合规检查暨非法集资风险排查，根据检查情况督促相关部门落实问题整改。配合集团稽核中心开展高管离任稽核对接、2022年度常规稽核及整改、2022年度中介渠道业务专项稽核，针对稽核检查中发现的问题严格联责、落责、追责，将处罚情况在全系统公示，强化员工合规意识。

二、加大合规宣教力度

采取主题宣传和常态化宣传并重、线上宣传和线下宣传并行、常规宣传和创新宣传并举的方式，加大合规宣教力度。全年开展“诚信合规月”“防非宣传月”“风清气正月”“预防保险从业人员违法犯罪宣传月”“反洗钱宣传月”等主题宣传活动。全年共开展42场合规专项培训，参与人数1027人次，通过训后测试等形式强化合规培训成效。

三、加强业务全流程风险管控

加强部门间合作，建立信息沟通机制，加强业务全流程风险管控。开展年金保险产品销售管理、规范采购合同管理、案件纠纷防控、反洗钱管理以及防控销售误导等方面风险排查，组织全员签署信息安全承诺函和禁止销售非公司指定产品、禁止参与非法集资活动承诺书，强化金融风险防控。全年未出现重大违规和重大风险事件。

【金融消费者权益保护】

一、加强投诉管理

坚持投诉处理多元化解原则，发挥内外部沟通协调合议机制作用，充分借助省银行业保险业调解中心调解机制与消费者进行协商，将纠纷化解在初始阶段。全年投诉案件均已100%办结和回访，未出现重大突发、群体性投诉等损害消费者合法权益的事件。

二、开展产品和服务消保审查

落实消保审查工作要求，设置专业消保审查岗位、建立和完善三条消保审查路径、固定审核节点，审查覆盖公司所有资料。严格开展消保审查和台账登记，落实主体责任。

三、开展消费者权益保护教育宣传

在营业场所设立金融知识宣传教育区、公众教育宣传栏、老年人金融服务专区，配备充足宣传资源；在营业场所粘贴金融宣教海报和风险提示标语，在官方微信和公司APP开展“以案说险”、风险提示等活动。组织开展线上线下金融知识教育宣传活动。开展“客户大走访”“金融宣传月”等活动，向消费者宣传和普及金融知识。

四、加强消费者个人信息保护

从信息采集、处理、传输、存储、共享、销毁等六个方面加强消费者信息管理。通过每月开展全量系统漏洞扫描、每年开展互联网系统渗透测试、不定期开展钓鱼邮件演练，提升系统安全强度。规范终端设备管理，上线文件外发平台，严格审核敏感信息数据提取及外发流程，加大敏感信息违规外发监测和处罚力度，确保合规使用数据。

五、加强销售行为可回溯管理

建立保险销售行为可回溯管理制度，依据监管部门和总公司“双录”业务流程管理要求，加强销售前端和投保过程管理，录制视听资料，系统做好视听资料留存工作。跟踪保险销售行为可回溯机制执行情况，压实管理责任，维护消费者合法权益。

（泰康养老保险股份有限公司湖北分公司）

幸福人寿保险股份有限公司湖北分公司

【概况】

2022年，幸福人寿湖北分公司（简称）锚定“三平四盈”的经营目标，推动各项业务完成计划任务。全年实现原保险保费收入143611.3万元，同比增长33.8%。其中，新单保费收入72110.6万元，占比50.2%；续期保费收入71500.7万元，占比49.8%。分公司下辖5个中心支公司、15个支公司。

【业务发展】

秉持“以客户为中心”的保险服务理念，为保险消费者提供专业、主动、贴心的理赔服务。全年共理赔4715件，赔付金额2075.21万元。其中，医疗赔付4502件，赔付金额656.52万元；重疾赔付87件，赔付金额615.75万元；身故赔付122件，赔付金额769.74万元；伤残赔付4件，赔付金额33.2万元。理赔案均出险支付周期66.84天，理赔案均索赔支付周期1.15天；理赔案件获赔率99.92%，自助保全理赔使用率99.13%，微信回访成功率98.30%。

【金融创新】

一是创新养老保障服务。持续推进老年人住房反向抵押养老保险发展，为武汉市60岁以上老年人提供新型养老方式。该业务是保险业服务社会养老保障体系供给侧改革的重要创新，是应对人口老龄化、缓解社会养老压力的积极举措。二是创新推出“空中客服”服务。通过微信小程序为客户提供保险服务，让客户体验足不出户、安全可靠、高效便捷的优质服务，进一步增强客户体验感和获得感。

【风险管控】

一是强化内控体系建设。制定工作

流程、风险控制矩阵、内控手册,进一步完善内部控制管理机制和体系。二是开展风险排查和自查。开展全面风险排查和应急演练、年度风险排查、内控合规专项自查和销售违规行为重点治理等工作,巩固内控合规管理基础。三是推进合规文化建设。倡导“合规人人有责”“合规创造价值”等合规文化,营造“不敢违规、不能违规、不想违规”的合规氛围。四是加强合规学习培训。结合总公司“四学”活动,通过学监管文件、学内部制度以及开展警示教育、案例学习、专题测试等方式,强化全员合规意识。五是及时整改、严格问责。持续加大现场和非现场检查力度,主动识别、评估、监测风险隐患。将检查情况纳入全员年度考核,对检查中发现的问题及时整改,严肃追纪问责。

【金融消费者权益保护】

一是完善消保制度建设。制定消费者权益保护工作管理细则、培训管理办法、教育宣传管理办法、工作考核办法等一系列制度,进一步提升消费者权益保护工作质量。二是开展宣教活动。开展“3·15”消费者权益保护日、“7·8”保险公众宣传日、“客户大走访”等活动,向社会公众普及保险知识、推广保险理念,解答热点问题、展示行业形象。

(幸福人寿保险股份有限公司湖北分公司)

阳光人寿保险股份有限公司湖北分公司

【概况】

2022年,阳光人寿湖北分公司(简称)以合规经营为基础、以价值管理为指引,创新经营与业务发展模式,全面夯实管理基础,加强组织能力建设,扎实推进各项工作落地见效。全年实现总保费收入43.15亿元,同比增长0.6%。分公司下辖56个机构,其中,1个二级机构、12个三级机构、42个四级机构、1个五级机构,经营服务网络覆盖全省。

【业务发展】

一是持续推进线上化智能化经营。全年新保客户线上化率96.21%;APP月均活动人数41703人次,持续提升客户黏度;电子化回访占比85.41%;保全E化占比93.18%,理赔E化占比99.79%。服务更加方便快捷,客户体验明显提升。二是做好理赔服务。全年理赔服务客户19824人次,整体获赔率99.32%;赔付金额20009.6万元。三是开展运营服务季及客户节活动,提升品牌影响力。全年开展30余场线上线下活动,累计参与1万余人次。

【风险管控】

严格贯彻落实各项监管政策,持续完善风控合规管理组织体系,通过强化组织领导、完善制度保障、创新管控思路、优化工作方法、加强宣传培训等各项措施不断推进风险管理工作。一是开展宣教活动。开展“八五普法”“合规宣传月”“第六届风控合规技能大赛”等活动;组织全员参与“2022年防范非法集资宣传月”答题活动和“合规百问百答”测试。二是开展专项排查和自查。依照监管要求,深入开展退保风险防范教育、“内控合规管理建设年”、重大信息虚假问题专项整治、2022年全面风险排查等系列工作,定期开展内部自查,全面推进各类乱象及风险问题排查整治。

(阳光人寿保险股份有限公司湖北分公司)

百年人寿保险股份有限公司湖北分公司

【概况】

2022年,百年人寿湖北分公司(简称)资产规模63220万元。全年累计实现原保险保费收入(新会计准则口径)286864万元,同比增长14%;全年新单保费收入104344万元,同比增长20%;续期保费收入182519万元,同比增长10%。全年赔付支出24110万元,同比下降4%。分公司下辖24个分支机构,其中,9个中心支公司、12个支公司和3个营销服务部。

【业务发展】

一、推出“百年管家服务”平台

围绕“服务领先”战略,创新推出综合性、一站式服务平台,运用科技手段,实现“一键触达”业务链接入口,“管家”全程在线指导客户办理业务,平均服务响应时效32秒,为不同等级的VIP客户提供各类VIP权益使用说明、预约等服务,解决业务办理多层入口、自助操作无人辅助的难题。

二、推出住院全流程资金解决方案

一是推出“直付速赔”。简化理赔流程,仅需几分钟完成理赔。二是推出“重疾直付”“直付先赔”“住院免押金”等住院专属服务。在住院期间,确诊即赔,提前赔付医疗费用,为符合条件的客户提供住院押金代缴服务。三是推出“保医直付”。通过与医院数据直连,实现出院后直接结案付款。四是推出“微信理赔”。通过线上自助理赔,实现小额案件免收账单。

三、行业首创“时空胶囊·爱的手书”项目

为客户提供记忆保存空间,在提供保险保障的同时传递精神关怀,通过送信与客户产生二次互动,增加客户黏性,提升服务价值和保单持续率。

四、加强适老服务

重视老年客户的服务质量,通过传统服务和科学技术相结合的方式,为老年客户提供全面的保险服务,解决老年人运用智能技术困难的问题。

【风险管控】

一、开展主题宣传活动

开展“合规文化主题宣传月”“防范非法集资宣传月”“反保险欺诈宣传月”“反洗钱宣传月”“金融知识普及月”等宣传活动,制作12期合规简报、8张合规学习园地展板、9期微信公众号文章、5期风险提示及政策解读电子海报等宣传资料,采用线上与线下相结合的方式扩大宣传范围,强化全员风险防控意识。

二、开展教育培训

一是常态化开展教育培训。每周开展合规部内部学习,提高岗位人员专业能力;每月针对热点问题、监管新规开展全省系统合规兼岗培训,提升员工合规工作意识;每季度召开反洗钱专项培训会议,总结上季度反洗钱工作经验、制定下季度工作安排。全年针对内、外勤员工开设6期直播课程,课程包含合规经营、依法销售、拒绝非法代理退保、解读《个人信息保护法》、远离销售误导等内容。二是加强监管政策学习。组织员工学习《人身保险产品信息披露管理办法(征求意见稿)》《长期人身保险产品信息披露规则(征求意见稿)》等政策法规,持续增强风险防控能力。

三、加强自纠自查

一是开展自律检查、日常合规巡查、案防专项检查、合规专项检查、反洗钱专项检查等工作。加大督导检查力度,评估下辖机构内控风险并完善管控措施。机构合规检查覆盖率达100%,反洗钱现场检查覆盖率67%。二是配合总公司审计部开展8次审计工作,梳理经营管理中的薄弱环节及风险点,认真整改在审计中发现的问题,确保分公司稳健发展。

【金融消费者权益保护】

在营业网点设置消费者权益保护教

育宣传专区，向线下客户普及消保知识；开展“消保宣传活动月”活动，增加“有奖知识竞赛”“积分兑好礼”特色环节，帮助消费者树立科学理性的保险消费观念，进一步提升自身保护能力。在微信公众号开设金融小百科（连载版）栏目，通过发布金融知识科普文章、开设消保知识宣讲连载课堂、发布消保知识科普文章，进行风险警示；制作“理赔案例选集”（电子连载）50余集、“我为理赔代言”电子期刊10余期，向消费者普及保险理赔知识。

（百年人寿保险股份有限公司湖北分公司）

中邮人寿保险股份有限公司湖北分公司

【概况】

2022年，中邮人寿湖北分公司（简称）严格落实监管要求，依托全省邮政网络和资源，充分发挥“自营+代管”特色模式优势，经营管理实现提质增效。全年为10万人次普惠保险客户提供风险保障57亿元。

【业务发展】

一、促进业务平稳发展

一是提升保费规模。坚持“服务基层、服务三农”的战略定位，全年实现总保费58.96亿元，同比增长12%。期交新单保费和长期期交新单保费在全省银保市场均排名第1位。二是优化业务结构。大力发展长期储蓄型和风险保障型产品，回归保险保障本源。全年累计实现长期期交保费20.4亿元，同比增长41%，期交新单保费占比79%；实现新业务价值4.74亿元，同比增长33%。三是推进金融支持乡村振兴工作。落实年度服务乡村振兴战略实施方案，全年为10个村合计4523人提供意外伤害保险保障，保额8910万元。

二、提升客户服务水平

以客户服务季活动为主轴，举办“名医直播”“名医健康巡讲问诊”等特色活动45场，服务客户48.9万人次。加强新市民保险服务，新市民保险服务工作入选《新市民金融服务案例汇编》。

【风险管控】

一、做好满期给付风险管控

加强省、市、县、乡网点四级联动管控，大力推广保全线上化作业，提升给付时效。全年完成满期给付件41694件，涉及金额12.02亿元，有效防范满期给付风险。

二、加强合规文化建设

一是加强培训。全年开展6期“合规大讲堂”和12期“风险合规微课堂”培训，发布12期风险地图和6期风控合规简报，不断提升风险管理效能。二是开展宣传活动。开展“3·15”消费者权益保护教育宣传周、“7·8”保险公众宣传日、金融知识普及月等活动，协同各市（州）邮政网点，推动保险知识进农村、进社区、进校园，落实扫黑除恶、反欺诈、反非法集资等合规宣传工作。

【金融消费者权益保护】

坚持以客户为中心，完善投诉处理机制，健全消保体系。明确邮银保三方职责和处理流程，全年投诉件办理及时率100%。2022年消保监管评价得分91.8分，在省内人身险公司中排名第4位。

（中邮人寿保险股份有限公司湖北分公司）

大家人寿保险股份有限公司湖北分公司

【概况】

2022年，大家人寿湖北分公司（简称）坚持“保险姓保、回归本源”的发展方向和“规模适速、价值增长、能力提升”的发展基调，统筹推进业务发展和转型，实现业务结构不断优化、价值持续提升。截至年末，资产规模2885220.14万元。全年实现保费收入389583.64万元；赔付支出79109.63万元。分公司在宜昌、黄冈、咸宁、荆州、襄阳、荆门等地设立6个中心支公司。

【业务发展】

一、强化基础业务

一是拓展银保渠道。坚持“四大任务，五大突破，六大聚焦”的经营思路，持续推进银保渠道网点精细化、队伍专业化，实现规模和价值协同突破。二是拓展个险渠道业务。推动“星链计划”“星河计划”“星辰计划”“星域计划”落地湖北，联合武汉大学等高校打造具有“专业化、职业化、数字化”特质的独立保险代理人模式，开设湖北省寿险行业首家专属保险代理店。三是推动集团“大家的家”养老品牌落地湖北，为客户提供高品质、多层次的“城心医养”“旅居疗养”等养老产品和服务，打造“保险+康养”服务模式。

二、提升客户服务水平

一是构建全生命周期保险生态圈。开展“五个一”客户服务工程，通过开展“倾听客户声音”“处理投诉案件”“现场接待客户”“组织客户座谈”“分析客户脸谱”等工作，深入了解客户需求，不断改进服务方式，努力为个人客户、家庭客户提供涵盖人身保险、养老保障、财富管理等全品类、一站式的保险保障解决方案。二是优化适老服务。将适老服务纳入日常经营管理中，在各级柜面设置老年人窗口和爱心座椅，配置老花镜、放大镜、紧急药箱等设施，进一步提升老年客户服务体验。

【风险管控】

一是加强合规管理。深入贯彻落实监管部门和总公司合规工作要求，坚守合规底线，坚持源头治理、预防为主。二是加强风险防控。通过把好“四个关口”、强化“四个责任”、防范“六类风险”等举措，不断提升风险管理效能。三是做好反洗钱工作。下辖的2个机构反洗钱分类评级为A级、4个机构评级为BBB级；2名基层员工荣获“反洗钱工作先进个人”称号。

【金融消费者权益保护】

开展“3·15”保险消费者权益保护周、“7·8”保险公众宣传日、金融知识普及月、合规宣传月等活动，通过发放宣传册（页）、现场咨询、设置宣传横幅、设立总经理接待日等方式，到社区普及保险知识、接待消费者咨询，提升消费者依法维权意识。面向老年客户群体，开展形式多样的金融知识教育宣传活动，不断提升老年客户识别和防范金融风险的能力。

（大家人寿保险股份有限公司湖北分公司）

前海人寿保险股份有限公司湖北分公司

【概况】

2022年，前海人寿湖北分公司（简称）遵循保险市场发展规律，坚持合规经营，筑牢风险防控底线，稳健发展各项业务，经营类主要指标均达到总公司考核值。全年实现总规模保费39.4亿元，在前海人寿系统内排名第三位，其中新单规模保费为29.6亿元。全年有效保单件数34.6万件。赔款支出、死伤医疗累计给付6560.4万元；累计赔付率96.21%。

【业务发展】

一、发展基础业务

一是拓展个险渠道。通过合理匹配

产品、加强考核与激励,不断推动个险渠道业务发展。全年实现新单规模保费3277万元(含经纪代理公司业务),折算新单标准保费2517万元,达成率90%。二是拓展银保渠道。全年实现新单规模保费29.2亿元,其中,期缴保费2.6亿元、趸交保费27.7亿元。三是拓展团险渠道。全年实现新单规模保费717万元、续期保费收入9.8亿元,当年达成率105%,超额完成全年目标任务。

二、优化适老化服务

通过在职场张贴防撞标识、摆放防滑地标和配备轮椅、雨伞等设施,提升网点应对老年客户突发情况的处置能力。为到柜台办理业务的老年客户开通绿色通道,简化业务流程;为出行不便的老年客户提供上门服务,让老年客户享受更为便利的金融服务。

【风险管控】

一、加强事前防范

通过加强制度建设,夯实基础管理;开展学习培训,厚植合规文化;加强警示教育,规范执业行为。

二、加强事中监控

开展全面风险排查、常规风险排查、防范非法集资风险排查和应急演练,认真整改在审计和检查中发现的问题。紧盯重点风险领域,常态化开展自查自纠。

三、加强事后处置

对违法违规行为采取"零容忍"的态度,从提升问题整改质效、通报警示高风险指标、深挖风险隐患根源、加大问责处罚力度四个维度推动风险防控工作闭环管理,全面提升风险管理水平,守住不发生系统性风险的底线,确保公司稳健经营。

【金融消费者权益保护】

一是丰富宣传方式。通过转发总公司线上推文、在营业场所播放"以案说险"和风险提示宣传短视频、设置教育宣传专区、组织开展2022年客户大走访活动,采取线上线下相结合的方式拓展宣传覆盖面,提升宣传效果。二是开展宣教活动。依照监管部门及总公司消保工作要求,积极开展消保宣教活动。全年组织开展11场以"共促消费公平 共享数字金融"为主题的"3·15"消保教育宣传活动,涉及消费者30.72万人次;开展"7·8"保险公众宣传日活动和"保险科技服务体验""cue到我的幸福感网络话题"主题活动,展示行业良好形象和保险科技服务便捷性;开展11场以"提升公众金融素养 促进国民金融健康 共建清朗网络空间 涵养良好金融生态"为主题的消保宣教活动,涉及消费者29.26万人次,覆盖公司所有有效个人保单客户;开展以"情暖新市民 前海在行动"为主题的新市民金融宣传活动,切实增强新市民金融服务获得感、幸福感、安全感。

(前海人寿保险股份有限公司湖北分公司)

财信吉祥人寿保险股份有限公司湖北分公司

【概况】

2022年,财信吉祥人寿湖北分公司(简称)坚持"稳中求进,以稳为主"的主基调,高效统筹疫情防控和业务发展,年度中长期期交标准保费、新业务价值保费及续期保费均超额完成年度考核任务。截至年末,资产规模16.44亿元。全年实现原保险保费收入41430.61万元;赔付支出749.31万元。分公司下辖7个分支机构,其中,3个三级机构、4个四级机构。

【业务发展】

一、服务民生保障

推出普惠型补充医疗保险,解决参保人因病返贫、因病致贫等问题,助力实现全民健康保障。推进襄阳市普惠型补充医疗保险试点工作,支持当地构建多层次医疗保障体系。

二、服务重大项目

积极发挥保险保障功能,与平安财险湖北分公司共同承保武汉科技园区国家存储器基地项目,助力打造"芯片—显示—智能终端"全产业链生态体系。

三、助力疫情防控

一是强化服务保障。通过及时更新客户服务指引、取消定点医院限制、开通理赔绿色通道、调整限制条款、简化理赔流程等措施,保障疫情期间服务不断档。二是推出新冠责任扩展产品,设立"新冠关怀基金",取消等待期和免赔额限制,缓解客户资金压力。三是推出"疫苗保"保险产品。截至2022年4月末,"疫苗保"提供风险保障金额3356万元、涉及人数1157人。

四、提升客户服务水平

(一)提升服务效能

推出"商保直付"一站式结算服务,实现"看病结算最多跑一次"的目标;实施新契约核保前置服务方案,实现当日投保、当日承保,保障大单承保时效与服务品质。

(二)优化适老化服务

开展"关爱老人,用心服务"活动,聚焦老年客户高频业务场景,为老年客户提供"亲和、便捷、高效"的金融服务。设置老年客户绿色通道和老年客户专属客服坐席,优先响应老年客户电话服务需求;保留传统金融服务方式,提供现金收费服务和上门服务,增强老年客户体验感。

【风险管控】

一、健全风险监测排查机制

一是压实岗位责任。明确各条线、各岗位风险责任,监测评价战略风险、保险风险、操作风险、声誉风险等重要风险指标,将风险指标纳入机构及机构主要负责人年度绩效考核中,进一步压实岗位责任。二是开展风险排查。加强下辖机构现场检查督导,通过风险大排查及年度专项检查,对存在的风险点、总分公司内控管理制度执行情况、历年风险排查、审计发现问题的整改情况开展检查,并持续追踪整改。三是优化业务品质监测系统和反洗钱系统,监测个险业务品质和涉及洗钱的可疑交易,向高风险机构、高风险保单下发整改警示函,及时排查和上报可疑交易。四是定期收集风险管理指标,采用定性与定量相结合的方式评估风险管理指标,及时采取风险处置措施。

二、建立重大风险和突发事件应急机制

对重大和突发风险事件进行界定、分级,明确应急触发条件、风险处置的措施,妥善处理各类风险事件。

三、加强合规管理

一是建立合规队伍,严格落实合规风险管理要求。二是加强合规培训。制定培训计划和培训内容,全年开展多场次涵盖法律法规、监管制度、党政廉洁、案防教育、诚信教育等方面的学习培训,进一步强化全员合规意识。

【金融消费者权益保护】

一、加强制度建设

完善和修订消保相关制度,将消费者权益保护工作纳入整体绩效考核体系中。结合投诉处理工作情况,进一步完善相关制度。

二、强化消保工作机制

一是每月开展全员消保知识培训。将消费者宣传教育工作作为金融消费者权益保护工作的重要内容,不断健全消费者宣传教育常态化工作机制。二是每季度召开反保险欺诈工作会,排查涉及欺诈的线索;设立欺诈举报邮箱、电话,切实维护消费者合法权益。

三、开展消保宣教活动

一是开展"金融知识普及月"系列活动。组织员工上街头、进社区、进学校、进商户,向“一老一小”和新市民等人群普及理性投资、合理借贷、理性消费、防范非法集资、反保险诈骗等金融知识。通过微信公众平台刊发宣教文章,引导广大金融消费者正确选择金融产品、自觉远离非法金融活动、维护自身合法利益。二是开展“7·8”全国保险公众宣传日活动。围绕“奋进新征程 保险守护稳稳的幸福”的主题,组织开展“进社区、进园区、进工地”宣传活动,向快递小哥、外卖骑手、保安保洁等新市民普及保险知识,提升新市民群体保险意识。

(财信吉祥人寿保险股份有限公司湖北分公司)

国联人寿保险股份有限公司湖北分公司

【概况】

国联人寿湖北分公司(简称)于2022年12月1日开业运营,以人才和创新为核心发展动力,不断提升管理水平,推动各项业务高质量发展。

【业务发展】

一、强化基础业务

一是拓展银保渠道。细化目标任务,加强业务节奏管控,提高目标达成率;明确业务发展方式、路径及销售模式,加大渠道开拓及维护力度,挖掘渠道资源。二是推动私域流量运营。紧盯市场,建立市场调研机制和合作渠道联盟,通过一体化推进线上互联网业务和线下经代业务产品迭代、提升团队服务水平、加强品质管理,不断推动私域流量运营。

二、加强机构建设

以加强绩优销售团队建设为主线,优化人员结构,打造专业的销售队伍,提升机构经营效能。

三、优化适老化服务

在柜面设置老年人服务专区,配备应急物资;为老年客户提供100%人工回访服务及一对一双录指导和递交保单服务。

【风险管控】

一是加强组织领导。成立法律合规部,各部门设置合规风险联系人,在总公司董事会和风险管理委员会授权和指导下开展风险管理工作。二是加强制度建设。按照监管要求和公司实际完善制度体系,将风险防控要求嵌入各项制度。三是建立风险管理责任机制。明确各岗位职责,对违反风险管理制度的组织和个人进行追责。四是识别、分析、评估各类风险,匹配相应的管控措施,提升风险管理的有效性。五是强化风险管理意识。将风险管理文化融入企业文化,通过加强教育培训增强员工风险管理意识,规范员工执业行为,确保稳健开展业务。

【金融消费者权益保护】

一是加强消保宣传教育。在柜面设置消保宣传展架,放置消保宣传资料、合规宣传资料、报刊等,为客户提供消保知识及新闻资讯,助力消费者提升金融素养、提高风险防范意识。二是开展消保培训、合规政策培训及业务技能培训,不断提升员工专业化水平,增强员工消保意识,切实维护消费者合法权益。

(国联人寿保险股份有限公司湖北分公司)

四、证券期货机构

（一）证券机构

长江证券股份有限公司

【概况】

2022年，长江证券（简称）以“服务实体经济发展、服务客户财富增长”为战略引领，以业务发展为中心，以经营促发展，向管理要价值，各部门合力推动业务发展，实现业绩稳中有进，盈利中枢持续抬升。截至年末，资产总额1589.85亿元，归属上市公司股东的净资产307.36亿元。全年实现营业总收入63.72亿元，归属上市公司股东净利润15.10亿元。

【业务发展】

一、推进经纪及证券金融业务

1.推进零售经纪及财富管理业务

以客户需求为中心，以资产配置为核心，持续加强财富管理买方能力建设，基于客户精细化分层，向客户提供一站式深度服务，提升客户投资体验。一是融合线上线下渠道，深化多场景获客能力，做大客户基数和资产规模，为财富管理业务转型发展奠定良好基础；以对公业务带动经纪业务，通过密切联系企业、企业背后的股东、企业家及高管，挖掘高净值客户资源。二是持续丰富金融产品供给。甄选优质产品，在公募销售常态化的基础上重点构建“买方视角”优选量化私募产品线，提升私募产品的选择能力。三是不断激发投顾潜能，打造专业高效投顾队伍，通过优化服务增强客户获得感。四是强化科技赋能。继续推进财富管理平台建设，优化系统功能、服务场景、研究能力，实现员工对客户的全天候陪伴服务。全年代理买卖收入市占率（不含席位）为1.81%，创近年来新高。客户数量达到818万户，连续五年持续增长，资务总值达到1.11万亿元；注册投顾人数2187名，行业排名第10位，投顾产品销售额9399万元，同比增长24.36%；金融产品代销收入为2.25亿元，权益类产品日均保有量为243.7亿元。

2.推进机构经纪及研究业务

依托研究业务行业优势，通过金融科技持续赋能，不断探索研究优势与科技优势有机结合点，有效提升客户“研究+”模式的服务效率，在业内形成示范效应。积极推进内部协同，多业务条线共同为客户提供跨业务、全周期服务，不断夯实机构客户综合服务能力。研究所配置全行业研究力量，囊括总量、周期行业、金融制造行业、消费行业、科技行业5大研究领域、34个研究方向。全年共外发研究报告4000余篇，路演5万余场，调研1000余次。研究业务头部地位继续夯实，收入贡献达到历史高位，排名稳居行业前列。在“卖方分析师水晶球奖”“金麒麟最佳分析师”“上证报最佳分析师”等多项外部评选中蝉联第一；在“第二十届新财富最佳分析师评选”中，首次获得“本土最佳研究团队”第一名，实现市场评选“大满贯”。2022年，公募基金分仓收入保持行业前三，非公业务逆势增长，收入结构进一步改善。

3.推进资产托管业务

深化私募业务发展战略，将托管业务定位为财富管理和机构经纪的“链接器”。围绕客户全生命周期的综合金融服务需求，以私募基金托管业务为切入口，一体化推进私募产品线、种子基金、场外衍生品等私募业务综合服务。加大宣传力度，组织开展第二届“金长江”实盘交易大赛，近千家管理人、超过1700只产品报名参赛。托管产品数量、业务规模和市场排名保持强劲增长态势，年度新增私募产品备案数量行业排名升至第14名，增速位列行业第2名；实现公募基金、券商资管计划托管业务突破。获评中国金鼎奖“最具潜力托管券商”“2022中国证券业主经纪商君鼎奖”。

4.推进信用业务

加大金融科技投入、深化数字化转型、创新业务运营模式，搭建面向各类客群、满足多样需求的服务体系，提升对高净值客户及机构客户的综合服务能力。推进开展融资融券业务，持续提升券源筹集能力，推进交易系统建设，优化征授信、担保品、集中度等业务管控效果。持续强化股票质押业务风控准入，改善项目结构，优化风险管控体系。大力开展行权融资业务，帮助实体企业通过股权激励改善发展环境，助力普惠金融和共同富裕。截至年末，融资融券业务规模277.10亿元，通过自有资金开展股票质押业务规模19.58亿元。

二、推进投资银行业务

1.推进股权融资类业务

通过全资子公司长江保荐开展股权融资类业务。重视产业投行打造，深耕“三新一高”（新能源、新材料、新一代信息技术、高端装备制造）等战略性新兴产业及生物医药等特色行业，扩展行业优势，服务国家绿色发展、自主发展战略。全年完成项目9单、已过会3单、在审4单，覆盖IPO、再融资、可转债等业务类型，项目结构及收入结构持续优化。在

2022年7月29日，由《证券时报》主办、长江证券协办的“2022年中国基金业峰会暨第七届中国‘金长江’私募基金发展高峰论坛”在深圳举行

中国证券业协会组织的证券公司投行业务质量评价中获得 A 类。全年长江保荐完成 IPO 项目 12 单，市场排名(并列)第 11 位，近三年 IPO 承销家数排名呈现逐年上升趋势。完成再融资项目(含可转债)11 单，市场排名(并列)第 15 位。截至年末，IPO 在审项目 20 单，市场排名第 14 位。湖北地区公司完成 2 单 IPO 及 1 单转板上市，另有 1 单定增项目已启动发行。

2.推进债券融资业务

积极探索和开拓债券创新品种，储备科技创新公司债、新型城镇化建设专项债、乡村振兴专项债、绿色债及优质主体企业债等创新品种。公司债券项目资质连续多年稳步攀升，已发行项目中主体评级在 AA+及以上的优质项目占比 69%。全年主承销债券 61 只，规模 236.8 亿元，其中企业债 12 只，规模 39.03 亿元；公司债 47 只，规模 196.71 亿元；非金融企业债务融资工具 2 只，规模 1.06 亿元。

3.推进"新三板"业务

将服务客户群体向前推移，更早介入行业好、前景好的中小企业，积累更多优质企业客户。全年推荐挂牌企业 6 家，市场排名并列第 13 位；完成股票定向发行 17 次，市场排名第 6 位；完成股票定向发行募集金额 5.47 亿元，市场排名第 11 位。截至年末，累计督导企业 226 家，市场排名第 6 位，其中，创新层 48 家；"新三板"做市家数 63 家，市场排名第 9 位。

三、推进资产管理业务

一是长江资管公募化转型初显成效，ABS、公募 REITs 发展势头良好，产品新发数量、规模可观。全年长江资管成功发行 24 只产品，累计新发规模 105.25 亿元。全年发行设立 ABS 项目 7 只，合计规模 38.09 亿元，发行规模同比增长 110%，排名上升 27 位；深耕湖北取得突破，落地 2 单，中标、签约共计 4 单。二是长信基金非货规模逆势增长，年末增幅 5.68%，跑赢全行业非货规模整体增幅，固收类基金十年业绩位居行业前列，权益类重点产品业绩表现明显改善。全年发行成立 9 只基金，募集规模 38.91 亿元。截至年末，管理产品总数为 120 只，净资产总规模 1210.21 亿元，其中，公募基金 85 只，净资产规模 1153.51 亿元；专户理财产品 35 只，净资产规模 56.70 亿元。

四、推进另类投资及私募股权投资管理业务

一是通过全资子公司长江创新开展另类投资业务。长江创新投资项目数量和规模快速增长，共完成 10 余个股权投资项目及科创板跟投项目，项目情况良好。年内有 1 个项目成功上市、1 个项目 IPO 在审，多个明星项目价值逐步凸显，资产收益率保持高位。截至年末，长江创新累计完成 40 余个股权投资项目及科创板跟投项目。二是通过长江资本开展私募股权投资基金管理业务。2022 年，长江资本收入利润、募资金额、项目上市等创历史新高，募资取得历史性突破，实现收入 2 亿元，净利润 1.74 亿元。全年新设 5 只基金，成功中标规模 120 亿元的安徽新能源和节能环保产业主题母基金管理人资格，并积极推进规模 50 亿元的宜昌绿色基金筹建工作；新增投资 12 个项目，金额 2.99 亿元；创耀科技、万凯新材、中一科技、恒烁股份、万润新能 5 个项目上市，8 个项目上市申请文件已受理或处于辅导阶段；5 个项目完全退出，7 个项目部分退出。实现募、投、管、退一体化良性循环。

【金融创新】

一、开展金融产品创新

一是长江资管持续布局基金产品，进一步完善产品线。全年设立基金产品 8 只，新发规模 64.17 亿元。截至年末，存续基金 30 只，其中，债券型 13 只、混合型 9 只、股票型 4 只、货币及 FOF 各 2 只，涵盖股票、混合、债券、货币四大类型，已初步形成完备的产品线。二是长信基金积极推进基金管理业务创新。快速推进 3 只养老 FOF 增设 Y 份额，成功入围第一批个人养老金基金名录，入围基金数量排名全市场第 16 位。三是创新债券融资品种。实施乡村振兴债券业务战略，全年累计发行乡村振兴相关债券 4 只，规模在 40 亿元左右；持续推进债券项目创新工作，完成三峡资本 2022 年面向专业投资者公开发行绿色公司债券的工作，系资本市场公开发行的首单央企资本投资类公司绿色公司债券；完成武汉光谷产业投资有限公司 2022 年面向专业投资者非公开发行科技创新公司债券(第一期)工作，发行规模 10 亿元，为湖北省首单上交所科创公司债券。四是加快推进衍生品期权、市值雪球、宽基指数互换、融券互换、定制化保本和非保本浮动收益凭证等多项创新业务落地，不断丰富服务客户的衍生品工具。

二、推进金融服务创新

持续提升在国家战略重点领域的研究能力与市场影响力，加大线上线下结合与产业链协同的服务力度。顺应机构客户市场发展趋势，积极响应不断变化的机构客户需求，致力于为机构客户提供全方位一站式的金融解决方案。坚持科技赋能研究服务，推出长江 ESG 系列指数，包括长江 300 环境最佳实践系列指数、长江 300ESG 社会实践系列指数及长江 300 治理最佳实践系列指数，为投资者提供覆盖面更广、更具代表性的基准工具。

【风险管控】

坚持合规管理高质量发展，推进合规价值赋能增效，压实主体责任，聚焦精准服务，紧盯重点领域，促进经营战略落地。一是坚持规范管理不放松，实现分类评价三连 A。二是建立研究、评估、跟踪协调"三步式"快速支持模式，为多元业务协同提供量身定制方案。三是夯实全面风险管理体系，提升数智效能。建成全面风险管理平台"千寻"，加强信用资产质量管控，建立健全衍生品风险管理体系。四是持续优化垂直管理机制，推动母子公司一体化发展。全年各项主要风控指标均持续符合监管指标，风险抵御能力进一步提升。

【投资者权益保护】

持续加大投资者教育工作力度。依托长江证券投教基地，深挖国民素质教育需求，积极履行社会责任。坚持多措并举，创新投教形式，整合内外资源，延伸服务触角，针对不同的社会环境和金融教育需求，探索构建多场景、多维度、全覆盖的"进校园、进社区、进乡村"投资者教育新模式，不断深化各方协作，服务社会大众。全年全国分支机构开展常态化投教活动 630 场次，参与人次 66553 人，电子投教产品点击率 631 万次。

(长江证券股份有限公司)

天风证券股份有限公司

【概况】

2022 年，天风证券(简称)获得宏泰集团战略入股，成为湖北省唯一一家省属券商机构。公司坚持稳健经营，推进实现高质量发展，市场竞争力和抗风险能力持续提升。

【业务发展】

一、推进各项业务发展

1.证券经纪业务

2022 年，经纪业务托管资产规模有所下滑，但客户数稳步增长。截至年末，托管资产规模 2057 亿元，同比下降 25%；新增客户 28 万户，总客户数达到

169 万户,同比增长 20%;证券经纪业务营业收入 15.85 亿元,同比下降 0.76%。

2.投资银行业务

全年实现投资银行业务收入 9.34 亿元,同比下降 1.32%。债权投行方面,企业债规模排名第 3 位、公司债规模排名第 17 位。股权投行方面,IPO 项目 1 单、再融资项目 6 单、并购重组项目 1 单、财务顾问项目 2 单等。

3.证券自营业务

收缩风险限额,对分管领导、组织团队、投资策略、风险管控等进行调整与优化。

4.研究咨询业务

搭建金融生态联盟和产业服务联盟,挖掘优质资产,实现价值变现。在 2022 年第二十届新财富最佳分析师评选中,天风研究在新财富本土最佳研究团队、最具影响力研究机构、最佳销售服务团队三大奖项评选中全部进入前五名,在新财富本土最佳研究机构奖项上连续六年稳居前五名。

5.资产管理业务

推进资管子公司结构调整,投研体系建设进一步完善,主动管理能力持续提升。截至年末,资管业务营业收入 9.47 亿元,同比下降 13.64%;公司资产管理业务受托客户资金规模合计 1084.83 亿元;ABS 管理月均规模 496.05 亿元,排名行业第 8 位。

6.私募基金投资业务

年内新增备案基金 1 只,认缴规模 10 亿元,实缴规模 5.87 亿元;完成多个项目退出,有 2 家企业获批上市。截至年末,私募基金子公司天风天睿及下属机构共管理备案基金数量 24 只,认缴规模 53.51 亿元,实缴规模 42.26 亿元。

7.海外业务

子公司天风国际获批香港证监会颁发的第 6 类牌照(保荐业务牌照),天风国际协助健康元药业有限公司正式发行全球存托凭证(GDR)并在瑞士证券交易所上市。

8.另类投资业务

另类子公司天风创新全力存量资产,主动压缩对外投资,调整业务结构,完成 2 个项目退出,完成 1 个项目的股权转让,获得 2 只基金分配回款。全年新增投资项目 3 个。

二、引领绿色金融发展

积极推进"双碳"目标实现,对绿色发展、ESG 等前沿议题进行深入研究,为 ESG 投资提供深刻的洞察与建议,持续支持中央财经大学绿色金融国际研究院发展,推进绿色业务,发挥综合金融服务优势,提供绿色债券、资产证券化、绿色企业投融资等一系列绿色金融产品和服务,支持绿色企业的业务发展、产业升级和战略布局。

三、助力乡村振兴

围绕产业帮扶、智力提升、消费助力、公益助学、医疗支持、生态改善、组织振兴和理论研究等方面,全面助力乡村振兴,参与定点帮扶与"一司一县""一县一企"结对帮扶工作。

【风险管控】

一是建立与自身经营战略及风险偏好相匹配的、全面的风险管理架构体系。建立风险管理组织架构四个层级,各风险管理层级在各自的职责范围内履行风险管理的职责。承担管理职能的业务部门均配备专职风险管理人员。二是完善包括 ESG 治理在内治理体系。开展 ESG 风险评估,推动达成资本配置最优化、风险可承受范围内的收益最大化;加强 ESG 风险管理,注重 ESG 风险识别和防范,落实反腐倡廉措施。

【投资者权益保护】

积极推进投资者教育与保护工作,加强投教基地建设,与主流媒体、互联网平台等渠道合作,创新投教活动形式,持续为投资者提供生动、优质的投教内容。

(天风证券股份有限公司)

2022 年 4 月 17 日,"宏泰·天风高质量发展推进会"在武汉召开

爱建证券有限责任公司湖北分公司

【概况】

2022 年,爱建证券湖北分公司(简称)坚持稳健经营,严控经营风险,加强团队及渠道建设,积极推进财富管理业务转型。期末托管客户资产合计 42051 万元,累计交易量 1129298 万元(含债券融券回购交易),累计完成金融产品销售 2108 万元,实现营业收入 153 万元。

【业务发展】

推进业务创新、客户管理和成本控制等方面的专业化、特色化。稳步推进财富管理业务转型,为投资者提供风险匹配的理财服务,助力财富保值增值。不断优化业务收入结构,持续做大、做强、做优传统经纪业务,推动机构业务发展。以销售"固收+"及场内基金为抓手,实现客户资产总额和产品型客户群体的不断积累。在服务与产品配置的过程中,不断提升客户获得感、满意度。推进券商创新业务,提高分级市场投行业务活力。积极储备上市后备企业资源,为机构业务奠定基础。

【投资者权益保护】

举办线上投教活动近 20 场次,助力投资者树立正确的投资理念,提高风险意识。

(爱建证券有限责任公司湖北分公司)

安信证券股份有限公司湖北分公司

【概况】

2022 年,安信证券湖北分公司(简称)践行"合规、诚信、专业、稳健"的企业文化,坚持“以客户为中心”的经营理念,聚焦财富管理和中高端客户群建设,着力提升专业化经营能力,探索升级客户服务新路径,各项业务取得显著发展成效。

【业务发展】

以私募产品销售为抓手,代销多只私募金融产品,推动理财产品销售额大幅增长。年内获得深圳证券交易所“全国ETF百强营业部”称号。年末市场份额为0.29‰,市场份额较上年增长11.97%。

【风险管控】

建立有效的风险管理和内部控制体系,实现业务发展与规范运作的融合、一线风险管控与风险管控部门的融合、前台与后台的融合;加强培训宣导,提高全员合规意识。积极落实监管机构反洗钱工作要求。落实风控合规管理考核,从严问责。

【投资者权益保护】

举办线上、线下投资者教育讲座,组织员工深入社区开展投教主题宣传,加强宣传力度。持续做好客户的适当性管理工作,切实保护投资者合法权益。

(安信证券股份有限公司湖北分公司)

财信证券股份有限公司湖北分公司

【概况】

2022年9月,财信证券股份有限公司武汉沙湖路证券营业部升级为财信证券股份有限公司湖北分公司。截至2022年末,客户数量4329户,同比增长15.49%;指定与托管市值(期末)18779.21万元,同比增长59.49%;市场交易额423731.9万元,同比增长3.95%;全年实现营业收入107.4万元。

【业务发展】

一、加快财富管理业务转型

为客户提供多层次、多品种、风险收益匹配的金融产品,满足客户多元化的资产配置需求。提升金融产品供给服务及投资顾问服务,继续发挥权益类产品服务的专业优势。强化金融科技赋能,加速业务转型,提升服务效率和水平。截至年末,服务投资者近5000人次,财富管理业务客户基础持续夯实。

二、助力企业直接融资

承接区域内的各项经纪业务及投行项目,开展业务创新,以更高层次的组织架构提升机构业务承揽能力,打造具备经纪业务、固收业务、投资银行业务、资产管理业务、基金类业务的综合性业务平台。助力企业拓宽融资渠道、优化融资结构,通过股债融资、并购重组等方式全方位满足实体经济直接融资需求,为企业提供可以贯穿其全生命周期、全产业链的金融服务。

【金融创新】

一、优化产品营销服务

实行差异化产品和营销策略,针对不同客户的风险偏好、风险承受能力,为客户量身定制投资理财产品营销方案,有效满足其资产保险增值的投资需求。

二、深化客户服务

与客户达成交易后,实时跟踪客户投资动态,为客户提供与产品相关的研报及资讯,加强与客户定期沟通,把握客户投资心理,做好客户投资数据管理台账,提高投资服务质效。

财信证券湖北分公司开展金融知识普及月活动

【风险管控】

秉持“风险为本”的方针原则,严格按照监管部门和总公司的各项风险管理制度,制定和完善反洗钱内部控制制度、客户投诉管理办法等制度。加强员工培训,树立科学的风险管理理念,强化纪律和风险意识;加强风险警示教育,推动形成防范风险的第一道屏障。分公司全年无违规及投诉情况,未发生风险管理重大事项。

【投资者权益保护】

一是开展对加强客户信息管理、投诉处理等维护中小投资者合法权益工作的自查及整改工作,加大投资者权益保护力度。二是积极开展“3·15”投资者保护主题教育活动。在分公司电视屏滚动播放活动系列口号和海报;在业务办理处设置服务咨询台;在写字楼电梯间张贴海报与宣传页,利用多种宣传形式向消费者普及金融知识。三是开展2022年投资者保护主题教育活动。在分公司前台摆防范非法证券活动宣传资料,派发宣传单;设立咨询台,对前来办理业务的客户进行宣传。通过公司短信平台发送宣传短信,进一步增强宣传氛围,引导投资者理性投资,主动远离非法证券活动。四是开展金融知识普及月宣传活动。采取线上与线下相结合的方式进行宣传活动,引导投资者掌握相关金融知识,谨防上当受骗。五是开展“2022年世界投资者周”活动。向投资者宣传证券投资知识以及证券期货的法律法规常识,对违法违规行为进行提醒警示,线上与线下相结合,扩大活动的覆盖范围和宣传效果。

(财信证券股份有限公司湖北分公司)

第一创业证券股份有限公司武汉分公司

【概况】

2022年,第一创业证券武汉分公司(简称)坚持“有固定收益特色、以资产管理业务为核心”的战略目标,积极把握资本市场全面深化改革机遇,在特色化和差异化发展上做好业务布局和资源配套,持续提升核心竞争力。

【业务发展】

一是始终秉持“以客户为中心”的经营理念,以客户为中心调整组织架构和业务流程,打造投研能力,建设销售能力,提升组织效率和协同效力,建设协同文化,开展综合金融新业务模式探索。二是在券商资管业务领域,以固定收益为核心,深耕“固收+”资产管理体系,增强策略配置、内部联动及外部资源整合能力。持续加强产品创设,提升主动管理能力,构建特色化产品谱系,提供不同风险偏好及收益目标的金融产品,竭力为机构和个人投资者提供稳定增值回报。三是以分布式买方投顾践行以投顾为支点的财富管理转型,通过总分关系的改变、业务模式的改变,充分发挥分支机构的优势及主观能动性,为客户提供有温度、有深度、差异化的服务,突破传统经纪业务困境,实现财富管理业务转型。

【风险管控】

一是通过建立健全合规管理体系,严格执行合规管理制度,培育合规文化,实现对合规风险的有效识别和管理,确保依法合规经营,实现外部监管与内部约束的有效统一,保障诚信、稳健、规范发展。二是通过建立行之有效的风险管理架构、制度、指标体系、流程和系统,对风险进行事前积极防范、事中动态监控、事后及时评估与改进,将风险控制在可承受的范围内,保障可持续发展。三是建立完善投资者教育工作机制和制度流程,对社会公众开展普及证券知识、宣传政策法规、揭示投资风险、介绍金融投资产品及服务、公示经营信息、接受投资者咨询、传导理性投资理念、引导依法维权等活动。

(第一创业证券股份有限公司武汉分公司)

东北证券股份有限公司湖北分公司

【概况】

2022年,东北证券湖北分公司(简称)实现经纪业务持续稳定发展、金融产品销售快速增长,整体竞争力不断增强。截至年末,托管资产规模38.88亿元,实现股基交易量1074.3亿元,新增客户数4600户。分公司在湖北省设立证券营业部4个,其中,武汉3个、襄阳1个。从业人员45人,本科及以上学历人员占比90%以上。

【业务发展】

一、证券经纪业务

积极拓展银行和其他渠道,加大客户开发和金融产品的销售力度,实现经纪业务的稳健发展。继续秉承以客户为中心的服务理念,为客户进行资产配置,坚持向财富管理转型。

二、机构经纪业务

致力打造“以中小企业投行及财富管理为特色的全能型券商”,在大力发展经纪业务的同时,重点推进机构经纪业务,如PB业务、股票质押和机构产品定制等业务。同上市公司及其重要股东、私募机构、高管保持着良好的沟通。完成1单机构产品定制业务,私募机构项目在持续跟踪中。

三、两融业务

通过提升服务和实行有竞争力的利率,让客户切实享受到两融业务给其带来的收益;根据市场变化及时对两融客户提示风险,让客户尽量减少因市场风险而带来的损失。

【风险管控】

一是严格落实监管部门和公司的合规管理要求。完善考核制度中的合规考核内容,加大合规检查力度,通过各项自查活动,进一步提升全员合规意识。加强对员工的合规培训和执业行为的检查力度,定期进行合规培训,每季度对所有业务进行合规检查,通过高频率的检查,大幅降低了人员、业务方面的风险。二是加强反洗钱工作。持续规范投资者账户信息,分析投资者异常交易数据,对中风险、高风险客户进行监控和识别,并及时向公司报告。

【投资者权益保护】

采取线上和线下相结合的方式开展投资者教育工作。开展“‘3·15’投资者保护专项宣传”“防范非法证券期货活动宣传月”等活动,走进社区和企业,为中小投资者普及金融知识,引导中小投资者理性参与投资,远离非法金融活动。邀请投资者积极参加“读懂上市公司报告”和《股东来了》活动,取得良好的宣传效果。

(东北证券股份有限公司湖北分公司)

东莞证券股份有限公司湖北分公司

【概况】

2022年,东莞证券湖北分公司(简称)着力强化资本市场中介服务职能,为资本市场高效健康发展发挥积极作用。依托强有力的专家团队与服务团队,建立完备的实体展示与平台服务体系,为客户打造全新金融投资体验。业务范围涵盖证券经纪、投资咨询、证券投资基金代销、为期货公司提供中间介绍业务、融资融券、代销金融产品、财务顾问、承销与保荐、资产管理等领域。截至年末,共设有3个证券营业部,分别位于武汉、襄阳、宜昌。

【业务发展】

以创新为导向,顺应金融改革之势,抓住资本市场发展机遇,整合各方资源,逐步扩大区域影响力。按照东莞证券“1+3+N”战略规划,紧跟经纪业务的财富管理转型和数字化转型的发展趋势,通过科技创新赋能业务发展。依托大数据中台,结合客户画像、用户行为分析等工具,从资产、交易、风险偏好等多维度深入了解客户,为客户提供更加个性化、智能化的服务,不断提升客户的服务体验。

【风险管控】

进一步加强合规管理,紧跟监管要求,严格按照公司总部各项业务管理制度开展业务,做到有章可循。落实好反洗钱内部控制制度覆盖反洗钱法规和监管要求的义务,各项反洗钱内控措施均符合法规要求。

【投资者权益保护】

提供全方位的投资者教育与服务,充分揭示风险,促进投资者树立理性投资理念。举办“‘3·15’投资者保护主题教育”“‘4·15’全民国家安全教育日宣传”“‘5·15’全国投资者保护宣传”“廉洁从业宣传”“防范非法证券期货宣传月”“网下投资者专项教育宣传”“2022年金融联合宣传教育活动月”以及“‘北交所走近投资者’专项投资者服务”等系列投教活动。引导投资者掌握证券投资知识,提升权益保护意识。

(东莞证券股份有限公司湖北分公司)

方正证券股份有限公司湖北分公司

【概况】

2022年,方正证券湖北分公司(简称)始终秉持“以金融服务成就美好生活”的理念,以“成为广受客户信赖的投资银行”为愿景,致力于为客户提供交易、投融资、财富管理等全方位金融服务。截至年末,分公司托管资产总规模39亿元、客户数14万户,全年实现营收1127万元。

【业务发展】

发展绿色股权投资和绿色债券融资业务，支持绿色产业发展。推进科技赋能，全面提升线上运营与服务。通过“小方 APP”、“大方综合服务平台”、无纸化协议平台、电子签章系统和“一云多心”云平台等协商运营服务平台，将线下业务传导至线上，移动化处理，提升业务办理效率，推进实现无纸化办公和低碳办公。

【金融创新】

一、财富管理业务与机构业务并进

一是在承接现有成熟机构业务基础上，大力发展机构经纪业务，充分挖掘机构背后的高净值客户群体，为财富管理业务赋能。二是通过完整的财富管理业务链条，服务好财富核心人群，反哺机构业务。实现机构客户与高净值个人相互转化，机构业务与财富管理双向延伸。

二、发挥差异化优势

各分支机构根据自身特色与优势，在公司总体考核目标的基础上，形成差异化发展。分公司发挥机构业务专业优势，重点聚焦机构经纪与投行业务；营业部重点聚焦开户引流，做大客户基础，做好金融产品销售，深入开发两融客户，发展机构业务。

【风险管控】

建立严格风控管理体系，保障营业部经营管理合规运行。严格遵守合规制度，加强客户适当性管理，通过强化合规管理、信息技术、客户服务等岗位能力，促进经营管理合规运行。

【投资者权益保护】

全年共制作原创投教产品 35 个，开展“3・15”投资者权益保护、“4・15”全民国家安全教育日宣传、“5・15”全国投资者保护宣传日、金融知识普及宣传月、“2022 年世界投资者周”等专项投资者教育活动 13 次，助力投资者了解识别投资风险，有效维护自身合法权益。

（方正证券股份有限公司湖北分公司）

光大证券股份有限公司武汉分公司

【概况】

2022 年，光大证券武汉分公司（简称）全年实现营业收入 1.2 亿余元，营业利润 6700 万余元。分公司在湖北、湖南有 9 个证券营业部，其中湖北省 7 个，分布在武汉、十堰、荆门、襄阳。

【业务发展】

充分发挥大型央企全牌照、全业务链的优势，有效发挥光大集团综合金融平台优势，深化与地方政府、上市公司以及金融同业的广泛合作，协同承揽、互利共赢、促进资源整合，为企业提供“全方位”“一站式”金融服务。根据区域客户特点以及区域竞争态势，规划区域业务布局、对接总部相应条线，全面统筹开展零售、投行、信用、财富管理等各类证券业务。

【风险管控】

贯彻“合规创造价值”理念，严格落实监管部门合规要求和总公司的各项合规制度，积极探索合规管理的有效办法，持续完善合规监控、合规检查、隔墙管理、员工执业行为与客户异常交易管理等方面工作。秉持坚守合规底线的理念，坚持风险为本，筑牢风险防线，对日常工作中发现的风险点，开展适当性核查，及时处置、消除风险隐患。细化合规履职范围，对经营和业务流程中的风险主动进行识别、评估和控制，收集、报告风险点并及时整改。强化培训宣导，提高全员合规意识。对新员工入司进行合规培训，对老员工和经纪人进行案例分析、警示教育和普法宣传，开展合规承诺，不断强化合规意识。分公司及辖区 9 个营业部均配有专兼职合规管理人员。全年各项业务合规发展，未发生违法违规事件以及重大安全事故。

（光大证券股份有限公司武汉分公司）

广发证券股份有限公司湖北分公司

【概况】

2022 年，广发证券湖北分公司（简称）坚持“保持定力，积极变革，奋力开创高质量发展新局面”的经营目标，积极构建业务生态圈，加强支撑体系建设，提高综合服务能力，实现财富管理业务和机构业务并肩同行。2022 年末，托管资产规模约 1100 亿元，累计股基成交量 9000 亿余元。全年实现营业收入 3.11 亿元、利润总额 1.62 亿元。分公司在湖北省内共设立 16 个证券营业部，员工 444 人。

【业务发展】

一、推进经纪业务

推进财富管理业务加快转型。深耕财富管理业务，在疫情特殊时期新增资产、新增有效户、金融产品销售量总体保持平稳。利用综合化服务体系和专业能力，持续推进综合经营和协同服务，为高净值客户提供一站式财富管理解决方案。

二、推进证券金融业务

坚持“客户中心导向”，推动融资融券业务有效满足个人客户、机构客户的需求。推进转融通业务，为上市公司提供流动性，盘活存量资产，为实体经济发展助力。持续推进精细化管理，依托客户分层服务体系，为不同类型客户提供优质、高效、有价值的差异化融资融券服务。

三、推进投资银行业务

以平台化、专业化、数字化为导向，

广发证券湖北分公司开展“拥抱注册制，共享高质量”上交所 2022 年度会员合作投教活动

专注于为机构客户提供全链条、专业化的投资银行金融服务。积极拓展IPO、债券、资产证券化、再融资、并购重组等业务,为湖北地区优质企业提供全生命周期的资本市场服务,助力企业稳健发展。

四、推进资产管理业务

依托金融集团化架构优势,充分利用资产管理机构优势资源,建立丰富的产品供给体系,向客户提供策略占优、品类多样的产品服务,打造业内领先的资产管理品牌。各类广发资管金融业务保持稳步发展态势。

【金融创新】

一是坚持以科技创新引领业务发展,搭建数字化运营体系。依托公司科技金融模式与平台,运用多种先进技术和工具,持续提升金融科技与业务的融合深度及数字化水平。二是积极拓展创新业务。在确保合规与风控的前提下,大力拓展创新业务。开展机构客户转融通证券出借业务,帮助央企开展转融通证券出借业务,规模近2亿元,助力盘活央企资产,在不影响资产权属的情况下为央企增加额外收益。三是探索推出上市公司特定股份管理系统"董秘宝"。该系统可对庞杂的股票交易规则进行梳理拆解,通过核心算法引擎实现智能化合规计算,对上市公司特定股东交易行为进行合规判断,实现事前控制。该系统强化信息预披露功能,提高股份合规管理的管控力度,帮助上市公司防控违规风险,增强特定股东的合规交易意识。

【风险管控】

一是打造规范运营体系,强化落实运营制度的执行和反馈。各业务条线通过自查、抽查、现场检查等多种形式落实制度要求,形成良性反馈闭环,实现运营精细化管理、提质增效。二是加强合规文化建设,落实风险管理工作,完善风险管理制度。组织开展各类经营业务的风险排查工作,对发现的风险隐患及时进行风险提示,督促制定化解风险的措施。三是牢固树立员工合规理念。通过组织员工开展合规宣导、新政策学习解读、传递监管动态信息以及合规考核等活动,全方位、多角度、多形式宣导合规文化,强化员工合规执业意识。

【投资者权益保护】

加强投资者权益保护宣传与教育工作。2022年2月,广发证券湖北投教基地试运行,累计接待2000余人次,开放约210个工作日。以湖北投教基地为依托,开展专题投教活动10余场;线上与线下结合开展主题活动34场,累计受众2500人次。打造投教宣传媒体矩阵,申请创建"广发证券湖北投资者教育基地"微信公众号,年内发布投教宣传文章36篇、拍摄制作投教小视频4部。

(广发证券股份有限公司湖北分公司)

国海证券股份有限公司武汉分公司

【概况】

2022年,国海证券武汉分公司(简称)着力加强资本市场服务,各项业务平稳运行。一是立足经纪业务。搭建完善的营销和服务体系,加强与银行机构合作;扩大客户规模,优化客户服务模式,提升客户服务水平,帮助客户实现资产保值增值。二是开拓机构业务。加快机构业务团队建设,优化人员配置,增强服务能力,积极拓展融资融券及股票质押业务,支持中小企业融资发展。三是挖掘创新业务潜在项目。优化零售客户和企业机构客户两大服务体系,持续推进创新转型,提升创新业务领域的竞争优势,提高综合金融服务能力。

分公司不断完善风控制度体系,设立专职合规管理人员,加强机构合规管理。全年未发生风险事件。

(国海证券股份有限公司武汉分公司)

国开证券股份有限公司湖北省分公司

【概况】

2022年,国开证券湖北省分公司(简称)充分发挥自身债券融资、资产管理、资产证券化、投行等产品优势,大力支持重大项目建设,帮助企业降杠杆,支持实体经济发展。截至年末,累计落地项目55个,为客户提供融资超过650亿元,实现债券承销规模居湖北省前列;实现净收入2000万余元,排名系统前列。

【业务发展】

2022年,分公司累计发行湖北地方债8批、总金额1277.39亿元;累计中标14.32亿元,政府债承销排名券商第1位。成功发行武汉城建公司债、武汉城建保债计划、湖北交投公司债、汉口银行绿色金融债券;首次开展机构客户开户等经纪业务。

【风险管控】

加强事前、事中、事后风险防范和合规管理,严把项目准入关、立项及承做资料审核关、存续期项目管理及信息披露关,扎实抓好风险排查和风险化解等工作。一是坚持合规经营,加强底线思维,提高对风险的评估监测、系统防范、处置隔离和化解应对能力。二是坚持从服务国家战略的需要出发开展业务,在风险防控和政策合规方面守住底线,在发展过程中积极主动地有效防范风险。三是加强存量项目风险预判,确保每个项目零违规、零违约。加强对宏观经济形势和国家最新的金融政策、产业政策及监管政策的学习和研究,做好存量项目的风险预判,提前制定风险化解预案,确保存量项目均按时还本付息,无一违约。

(国开证券股份有限公司湖北省分公司)

国联证券股份有限公司湖北分公司

【概况】

2022年,国联证券湖北分公司(简称)秉承"诚信、稳健、开放、创新"的经营理念,以客户需求为导向,整合优势业务资源,为客户提供专业、高效、个性化的金融解决方案。截至年末,资产总额3523.28万元;全年实现营业收入39.22万元。

【业务发展】

依托公司总部开展财富管理、投资交易、融资融券、股票质押融资、投资顾问、股票期权"六大服务",助力客户资产保值增值。针对机构客户的定位,充分发挥公司总部产品研发和资产配置优势,创新经营模式,持续丰富产品线,拓展业务渠道,实现证券经纪业务规模的稳步增长。

【风险管控】

贯彻监管部门和公司总部关于防范化解风险、严守风险底线的要求,精心组织、周密安排、主动作为,认真开展全面风险排查。遵守证券行业自律公约,积极改进工作流程,规范管理制度,提升工作能力,维护好行业形象,促进分公司依法合规经营、稳健发展。

【投资者权益保护】

开展"理性认识市场 投资量力而行""'5·15'全国投资者保护宣传日"等投资者教育专项活动,组织员工与投资者参加"读懂上市公司报告"系列线上大讲堂和《股东来了》2022投资者权益知识竞赛等活动，提升员工专业知识水平，强化投资者风险防范意识，切实做好投资者合法权益保护工作，积极培育成熟理性的投资文化。

（国联证券股份有限公司湖北分公司）

国融证券股份有限公司武汉分公司

【概况】

2022年，国融证券武汉分公司（简称）积极推进业务多元化发展，在保持主营业务收入稳固增长的前提下，积极推进咨询服务、投行项目齐头并进。挖掘、整合湖北省各县（市）的资源，拓宽经纪业务层面潜在客户面，提高潜在客户转化为有效客户的转化率。积极寻找、洽谈有资金需求的地方政府及优质企业，提供多元化的投融资方案（包含债券、基金、咨询等投行业务），丰富营收业务，实现各项业务外延式发展与内涵式发展并举。

【风险管控】

一是加强反洗钱风险管控。建立组织健全、结构完整、职责明确的反洗钱风险管理架构，规范各部门在反洗钱内部控制和反洗钱风险管理中的职责分工。建立层次清晰、相互协调、有效配合的运行机制，制定一系列行之有效的管理制度。加强重大风险事项管理，制定反洗钱风险事项处置方案、应急计划，落实反洗钱重大风险事项报告工作。二是加强投资者教育工作。制定投资者教育工作服务指引，引导投资者了解证券市场和各类证券投资品种的特点与风险，熟悉证券市场的法律法规，树立正确的投资理念，增强风险防范意识，依法维护自身合法权益。开展反洗钱、防范非法证券等主题宣传活动，加强金融证券政策法规及市场规则宣传与证券基础知识普及。

（国融证券股份有限公司武汉分公司）

国盛证券有限责任公司湖北分公司

【概况】

2022年，国盛证券湖北分公司（简称）坚持"以卓越服务立业、以改革创新驱动、以控制风险安身、以金融科技图强"的经营理念，积极打造零售客户和财富管理服务体系，致力于成为服务实体经济、培育行业龙头、推动企业升级发展的金融赋能平台。通过"二次创业"深化改革，在产品销售、私募销售等方面取得较好成效。

【业务发展】

一是推进经纪业务。深耕银行、社区、商会等渠道，为高端客户提供上市公司调研、定制产品等专项服务，持续拓展客户规模。二是瞄准"个人和机构交易型客群、配置型客群、企业客群"三大市场，聚焦发展"交易型业务、资产配置业务、企业综合业务"，加快财富管理业务转型。三是依据机构业务政策变化，推进债券、"新三板"等业务发展。强化与地方政府及企业的沟通对接，提升客户服务能力。四是推进产品销售业务。研究公募、私募及权益类、混合类等产品属性与特点，为客户提供风险匹配的产品。五是增强机构业务、经纪业务与财富管理的协同，深度挖掘机构客户、高净值客户的需求，打造全方位的金融服务。

【风险管控】

践行"合规风控至上"的经营理念，强化全员主动、全面风险管理意识。建立健全风险管理制度体系，修订、完善风险管理规章制度。制定总体和分类型的风险偏好，建立分业务风险限额指标，通过回测评估不断优化调整。通过监测、汇集、分析各类风险信息，识别公司面临的风险，审慎评估公司的总体风险水平。持续推进全面风险管理系统建设，实现流动性风险、市场风险、信用风险、操作风险等各类风险管理功能的系统化，实现对净资本等风险控制指标、相关业务风险指标的有效预警和动态监控。积极探索利用金融科技提升全面风险管理工作的智能化、数字化水平，提高全面风险管理质量和效率。开展风险管理监督与考核评价，推动分支机构履行风险管理职责。坚持监管导向、问题导向，通过健全合规管理制度、优化业务流程、强化合规管控、加强合规宣导培训等措施，持续完善合规管理机制，提升合规管理效能，严格控制经营管理中的合规风险，保障经营依法合规开展。加强风险信息报送与数据采集工作，充分利用风险日报、月报等成熟渠道报送风险信息，对于新增风险事项及有重要进展的存续风险事项主动、及时报送。

【投资者权益保护】

积极参与"3·15"国际消费者权益日、"5·15"全国打击和防范经济犯罪宣传日、全国金融知识普及月等活动，引导投资者树立正确的投资理念，增强投资者风险防范意识。采取线上与线下相结合的方式开展投资者教育和权益保护，线上通过微信公众号、微信朋友圈、短信等平台展示专题宣传产品，推广风险警示词条；线下通过进社区、进企业、进商圈等形式开展宣教活动。

（国盛证券有限责任公司湖北分公司）

国泰君安证券股份有限公司湖北分公司

【概况】

2022年，国泰君安证券湖北分公司（简称）贯彻落实总公司"三个三年三步走"战略路径，全面筑牢"综合服务平台、领先数字科技、稳健合规文化"三个核心能力支柱，秉持"以客户为中心"的经营理念，持续推进财富管理转型，为客户提供综合化的一站式金融服务。

【业务发展】

一、服务区域资本市场建设

以平台化、专业化、精细化、数字化为导向，着力为机构客户提供全链条、专业化的投资银行金融服务。积极拓展IPO、债券、资产证券化、再融资、并购重组等业务，为湖北地区优质企业提供全生命周期的资本市场服务，助力企业发展。股权业务方面，积极助力武汉金融控股（集团）有限公司并购九州证券股份有限公司。债券业务方面，充分发挥资源优势，帮助企业降低融资成本，为企业发展注入动力。全年为省内10余家企业发行债券，总规模超过350亿元。年内作为主承销商助力葛洲坝集团发行全市场首单"科创+低碳转型挂钩"双贴标债券，实现了债券市场对科技创新企业低碳转型领域的精准支持和资金直达。股票质押融资业务方面，为多家省内上市公司股东提供股票质押融资服务。

二、推进财富管理高质量发展

深耕区域资本市场，加强全方位金融服务，做强做优做大零售客户基础。聚焦全面推进零售客群经营发展，持续扩大财富管理客群规模，为零售客户提供高效优质的财富管理服务。强调"以财富管理为体，机构+信用业务为翼"，在持续夯实存量客户基础的同时，挖掘新增客户，在市场震荡加剧的环境下，实现开户稳增长、资产稳增加，扎实推进融资融券业务的深入开展。年内新一代分布式核心交易系统切换上线，是公司全面数字化转型的基础性、先导性、战略性项目。作为首家证券公司，将低延时技术应用到超大规模证券公司核心交易系统，实现了交易、账户、清算各大业务模块相分离，打造证券核心交易系统信创示范工程，进一步提高行业核心技术系统的抗风险能力。

【金融创新】

大力推动财富管理转型，在持续服务客户、追求自我迭代的转型过程中，建立"以客户为中心"的售前、售中、售后产品服务体系。持续提升客户服务水平，强化适当性管理，在保证合规风控稳健、风险匹配适当的前提下，增加对客路演频次，加强与客户的直接沟通，将优质金融产品推荐给风险水平适配的、有投资需要的客户。推动高端客户私人定制业务创新，满足长期投资需要，为客户提供以长期稳健增值为目标的服务方案。

【风险管控】

严守合规底线，关注高风险业务，把控重点环节，规范操作流程，对重点风险事项采取持续监控，坚持做好自查和检查。严格执行"将合规风控能力打造为公司首要核心竞争力"的要求，为业务高质量发展保驾护航。一是建立合规与风控人员穿透式管理体系，加大分公司对营业部合规与风控人员的管理力度。通过落实穿透式管理，使每一项政策、制度、规定在各个业务单元、部位得到有效落实，提升合规风控人员组织管理效能，充分赋能业务转型与发展。二是推行 6S 管理，实现场所管理规范化。从营运柜台开始启动和推行 6S 管理，制订图文详尽的可视化管理标准手册，通过定位、画线、挂标识牌等方法对营业部大厅所有设备和物品实行统一的可视化管理，实现场所管理规范化、标准化、清晰化，稳定服务品质，提高工作效率，改善客户体验，进一步提升品牌影响力。

【投资者权益保护】

持续深入开展投资者宣传教育工作，不断创新投资者教育工作方式、提高投教宣传工作效能、扩大宣传途径、积累宣传经验，创新更多高效、优质的投教方法。持续推出系列化、全方位、投资者易接受的投教产品，营造稳定、和谐、健康的投资环境。通过开展专项活动、组织开展线上线下宣传活动，向金融消费者普及正确的投资理念，引导投资者全面知权、积极行权、依法维权，增强投资者理性投资、价值投资和风险防范意识。

（国泰君安证券股份有限公司湖北分公司）

国信证券股份有限公司湖北分公司

【概况】

2022 年，国信证券湖北分公司（简称）持续为个人和机构客户提供证券经纪服务，代销金融产品；提供融资融券、股票质押式回购、约定购回、行权融资等资本中介服务；为期货公司提供中间介绍业务。截至年末，分公司客户超过 33 万户，托管资产近 200 亿元，融资融券余额超过 13 亿元。

分公司积极发挥品牌及专业优势，深耕服务本地实体经济，致力于提高企业融资总量、优化企业融资结构。通过债券市场积极帮助湖北地区企业扩大直接融资比重、降低融资成本。年内，国信证券作为主承销券商在湖北完成 7 家企业共 12 期债券发行，金额合计 98 亿元。其中，黄石市城市发展投资集团有限公司 2022 年度一期、二期定向债务融资工具合计 30 亿元；葛洲坝集团股份有限公司 2022 年面向专业投资者公开发行可续期公司债券 20 亿元；黄石市众邦城市住房投资有限公司 2022 年度第一、二、三期定向债务融资工具合计 15 亿元；荆门高新技术产业开发有限责任公司 2022 年度第一、二期中期票据合计 11 亿元；黄冈市城市建设投资有限公司 2022 年度第一、三期中期票据合计 8.5 亿元；荆州开发区城市建设投资开发有限公司 2022 年度第二期短期融资券 8 亿元；随州市城市建设综合开发投资有限公司 2022 年度第一期定向债务融资工具 5 亿元。

分公司持续强化风控体系建设、坚守合规经营理念。年内，国信证券湖北地区省级投教基地正式进入试运行阶段。

（国信证券股份有限公司湖北分公司）

国元证券股份有限公司湖北分公司

【概况】

2022 年，国元证券湖北分公司（简称）持续推进资产管理、证券承销与保荐等业务。截至年末，客户总资产 26.5 亿元，累计实现经纪业务交易量 425.3 亿元；资产总规模 20336.41 万元。全年实现营业收入 1221.86 万元。

【业务发展】

一、推进经纪业务

打造以一个"以客户为中心"的业务服务体系，积极拓展机构业务客户，服务对象既包括持牌的专业机构，也包括各类企业客户。推进零售经纪业务转型，采取线上做长尾，线下做高端、做机构的方式，大力开发服务机构客户、高净值客户的经纪业务。

二、推进财富管理业务

依托投研力量，积极构建以"固收+"为主、以权益和其他类型产品为辅的产品体系，以适当性管理为基础，为存量和新增客户推荐合适的产品。加快财富管理业务转型，建立"优+"投顾团队，运用线上化、数字化手段多渠道精准营销，在

国元证券湖北分公司开展员工业务培训

“国元点金”APP 形成了以国元 E 资讯、图文直播、视频直播、投资组合、投顾锦囊、赢系列等产品为主的较为完善的线上投顾社区服务体系，进一步提升客户服务体验。

【风险管控】

坚守底线思维，健全风险防范、预警、处置体系，完善内部监督体制机制，坚决守住合规底线和风控生命线。一是扎实开展合规管理提升专项行动。推动合规体系、制度、机制以及文化等方面全面提升，实现合规管理体系有效重塑、合规机制有效深化、合规能力有效提升、违规行为有效管控。二是强化合规管理。加强合规教育培训与宣导，强化合规监督、合规审查、合规检查、合规考核和问责，做到有规必依、问责必严。将合规管理下沉、前移到业务领域，从源头预防违规行为，降低合规管理成本，提高合规管理效果。三是认真完成现场检查问题整改。四是持续完善风险管理系统建设。

（国元证券股份有限公司湖北分公司）

海通证券股份有限公司湖北分公司

【概况】

2022 年，海通证券湖北分公司（简称）实现各项业务发展稳中有进，主要经营指标较上年均有所增长，经营业绩取得历史较高水平。截至年末，总资产约 450 亿元，全年实现营业收入约 9200 万元。

【业务发展】

一、服务实体经济发展

将“以客户为中心”作为战略着力点和发力点，做深服务价值链，构建客户生态圈，回归证券业务本源，促进产融结合。助力湖北超卓航空科技股份有限公司登陆上交所科创板、武汉联特科技股份有限公司登陆深交所创业板，募集资金 16.51 亿元。为省内企业提供债券融资 796 亿元，为省内上市公司股东提供股权融资 5.2 亿元。

二、创新金融产品和服务

以“一个海通”理念总揽“投、融、保、研”和财富管理协同联动，为实体企业健康发展提供专业支持。构建战略客户服务体系，制定战略客户准入及分类分级标准，组建“1+N”客户经理服务团队，整合公司各条线专业服务能力与业务资源，做深股权价值链，打造客户生态圈。强化与地方政府、园区合作，组建跨部门复合团队，提供多元化综合金融服务，不断做大业务圈、扩大客户圈、壮大朋友圈，持续推动客户互通、团队互帮、利益共享、互利共赢、共同发展。为湖北交通投资集团、湖北省科技投资集团、武汉地铁集团、武汉城市建设集团、武汉高科集团等战略客户提供多元化综合金融服务。举办 2022 年“东湖科技创新峰会暨资本助力服务科技 TMT 行业论坛”，多维度拓展战略客户服务方式，打响海通品牌。

【风险管控】

强化风险管控，坚守安全发展底线、红线。推进风险常态化、长效化管理，以“合规内控文化建设年”为抓手，以实施方案为纲要，持续促进合规内控提档升级，树牢合规经营底线思维。增强员工合规意识，提升内控有效性。平衡好业务创新和稳健发展的关系，杜绝管控盲点，实现合规内控和创新发展双轮驱动。

【投资者权益保护】

加强投资者权益保护宣教工作。开展“拥抱注册制，共享高质量”“读懂上市公司报告”“防非宣传月”“金融知识普及月”等系列主题活动 47 场，举办“东湖科技创新峰会暨资本助力服务科技 TMT 行业论坛”“企业上市辅导沙龙之专精特新企业专题培训会”“襄阳市奋进‘新三板’· 金融园区行对接交流会”等活动，受众超过 2000 人次。

（海通证券股份有限公司湖北分公司）

宏信证券有限责任公司湖北分公司

【概况】

截至 2022 年末，宏信证券湖北分公司（简称）托管资产规模 6.58 亿元。全年累计经纪业务交易量超过 64.60 亿元，实现营业收入 86.28 万元。

【业务发展】

一是规范开展资产管理业务。事前做好项目的尽职调查，合理、合法、合规制定业务方案；事中做好材料的充分收集、核对真实性工作，做好相关合同原件的签署、归档和上报；事后做好与委托人、托管人及相关监管部门及时沟通，确保项目正常平稳运行。二是持续推进证券经纪业务。加强营销团队的培养及客户的联系及维护，针对不同的客户需求制定相应的服务方案，不断提升客户满意度及企业品牌影响力，在客户开发及产品销售的过程中，坚持以“适当性要求”为准则，坚守职业操守，保障投资者权益。三是稳步推进两融业务。严格落实适当性管理要求，充分揭示业务风险，做好仓位警戒提示工作。全年无强制平仓情况。

【风险管控】

一是制定并持续完善风险管理制度。通过评估、稽核、检查和绩效考核等手段确保风险管理制度的贯彻落实。严格依照风险管理制度及相关业务管理制度，落实风险管理责任，建立合理的组织架构，配备专业合规人员从事合规管理工作，确保各岗位人员权责明确、相互制衡。实施健全的授权管理体系，确保所有部门在被授予的权限范围内开展工作，严禁越权从事经营活动。二是加强风险管理。严格依据公司总部制定的业务管理制度及流程开展业务。针对业务主要风险环节制定业务操作流程，促进业务规范管理。加强反洗钱工作，采用“系统筛选+人工甄别”模式进行大额可疑交易分析。加强合规管理，采取逐日盯市机制，利用恒生电子合规管理系统，动态监控关键风险指标情况，及时处理预警信息，发现异常情况立刻上报合规风控部。加强应急管理，针对重点风险环节和风险隐患制定切实有效的应急应变措施，不定期进行应急演练。加强投诉处理，实行“首问负责制”，严格执行《宏信证券有限责任公司客户投诉处理实施细则》，按照“渠道畅通，妥善处理，及时反馈，落实改进”的原则，做好客户服务及投诉处理工作。三是强化考核管理。实行合理、公正、公平原则与风险合规结果挂钩的绩效考核管理制度，对重大合规事项，采取一票否决制度，有效控制合规风险。

（宏信证券有限责任公司湖北分公司）

华安证券股份有限公司湖北分公司

【概况】

2022 年，华安证券湖北分公司（简称）扎实做好经纪业务，积极探索财富管理业务转型，抓住基金代销和机构业务发展契机，大力开展金融产品销售及机构业务。持续发力创新类业务，在收益凭证、资管线条等重点业务中精准发力，为高净值客户提供深度服务，进一步提升区域品牌影响力。全年实现营业收入1078.17 万元。

【业务发展】

一是积极布局互联网平台。以同花顺、抖音和微信公众号等自媒体平台为依托，打造互联网 IP，针对目标客户以优质有趣的传播内容引导客户理性投资，以专业服务开发客户、引入资产，提高创收水平。二是发展机构经纪业务。注重多元化经营，增强经营韧性，与基金公司拓展合作，引入量化券结产品，引进机构客户资产，提高佣金收入。三是推进金融产品销售。根据客户的风险收益偏好，设计合理的理财产品配置方案；增强理财顾问专业能力，摸清客户基本盘，根据市场行情调整销售节奏及销售重点，深化客户反馈机制。四是推进机构业务发展。深化与长江传媒的金融服务合作，确定收益凭证资金存量目标为“保 4 亿争 6 亿”；以保本理财配置为切入口，对接中文在线等 14 家武汉市上市公司，发掘新的优质项目拓宽产品线。推进定向资管业务，进一步增加资管规模。完成武汉迈威通信“新三板”挂牌持续督导，拟推动融资定增和冲刺北交所。积极发展湖北省内“新三板”业务，为武汉东湖高新区中小企业提供贴身“金融保姆”服务，助推企业对接资本市场融资。与武汉迈威通信股份有限公司签订上市辅导协议，实现首单 IPO 项目落地。截至年末，已接洽 12 家企业，其中利润 500 万元以上的企业 5 家；与十堰金融机构达成 5 家企业“新三板”挂牌合作意向。

【风险管控】

构建全面风险管理的组织体系，督促各部门履行全面风险管理职责，建立多层次、相互衔接、有效制衡的运行机制。严格依照《华安证券股份有限公司全面风险管理实施细则》《华安证券湖北分公司风险管理制度》等文件对分公司及下辖营业部的各个风险点进行风控管理。一是加强洗钱风险防控。持续完善反洗钱规章制度，指导运营部门和柜台工作人员依法依规开展反洗钱工作。配合监管和执法部门开展反洗钱工作检查和调查。二是加强操作风险防控。将操作风险管理体系覆盖各部门和全体员工，嵌入到各个业务流程和操作环节，贯穿于决策、执行、监督全过程。在组织架构、岗位设置、权责分配、业务流程等方面明确职责分工。对重要业务操作实行复核制，对单人单岗业务加强监控。不断更新和完善操作风险应急处置措施和预案。三是加强信用风险防控。落实信用专员对客户的资产情况进行沟通和尽调的职责。加强客户信用风险评估，制定和完善风险预防措施，确保资产资金安全。四是加强市场风险防控。强化与总部各部门沟通，将在极端情况下产生的损失控制在可承受的范围内，避免市场风险造成矛盾的激化。五是加强流动性风险防控。根据全年预算下拨资金，保障日常支出，满足正常业务开展的资金需求，避免流动性风险。六是加强声誉风险防控。制定声誉情况应急预案，有效应对和化解因经营和管理、员工个人违法违规行为或外部事件导致利益相关方对公司负面评价的风险。全年分公司及辖区营业部无重大风险事件发生。

【投资者权益保护】

重视投资者教育与保护工作，推进理性投资文化建设。联合下辖营业部通过线上与线下相结合的方式拓展宣传渠道，组织开展各类投资者保护活动，深入推进证券知识普及教育，引导投资者树立理性投资理念，增强风险意识，提高维权意识和能力。全面提升投资者保护工作质量和水平，开通客服热线和投诉专线，建立和完善客户投诉与纠纷处理流程和机制，切实保护投资者合法权益。

（华安证券股份有限公司湖北分公司）

华安证券湖北分公司与武汉迈威通信股份有限公司签订上市辅导协议

华创证券有限责任公司湖北分公司

【概况】

2022 年，华创证券湖北分公司（简称）立足中部地区布局规划，深入挖掘以湖北省为中心的中部地区业务资源，以发展经纪业务为基础，兼顾拓展机构业务，提供多元化金融产品服务。截至年末，分公司在湖北省共有客户 3278 户，为各类客户提供专业的金融服务。

【业务发展】

一、扩宽经纪业务渠道

通过资源整合加强与多家银行的合作，引进成熟型业务人员，充分利用客户服务系统进行客户画像和客户分级，提高客户服务的精准度。

二、加速经纪业务向财富管理业务转型

加快财富管理团队建设，推进财富管理条线和机构业务条线双线建设。加强人才储备，提升业务优势，秉持以客户为中心、帮助客户实现资产保值增值的经营宗旨，提升投资驱动的金融产品服务能力，有力推进财富管理业务从产品销售驱动向为客户进行资产管理和配置的方向转变。

三、挖掘创新业务潜在项目

优化零售客户和企业机构客户两大服务体系，加快创新转型步伐，着力发展财富管理、个股期权、PB、资产管理和私募股权投资等业务，持续提升创新业务领域的竞争优势，提高综合金融服务能力。

【风险管控】

一是加强风控制度建设。完善内控管理制度体系，进一步提高内控管理水平。二是加强内控合规管理。结合分层培训工作要求，定期组织员工开展合规学习培训，针对管理人员和业务部门人员加强合规培训，提高岗位实操能力。定期开展各项专项检查，组织下辖分支机构开展一线合规年度自查，加强对员工和业务的合规监督及审查力度，主动发现和纠正违规行为，做到防微杜渐。三是持续做好投资者教育和权益保护工作。组织开展各项投保宣传活动，履行投资者保护工作责任。

（华创证券有限责任公司湖北分公司）

华福证券有限责任公司华中分公司

【概况】

2022年，华福证券华中分公司（简称）以客户为中心，围绕财富管理业务转型大力推动产品销售及投顾专业服务，加大合规风险防控力度，各项业务实现稳健良性发展。截至年末，分公司资产规模48391万元，全年实现营业净收入2325万元。

【业务发展】

持续推进经纪业务、机构业务、投行业务等各项业务发展。截至年末，华中地区客户数193772户，新增客户资产12亿元、当年A股基金交易量861.5亿元、理财产品保有规模6.31亿元、两融余额4.2亿元。

【风险管控】

坚持“合规风控和创新发展”的双轮驱动发展原则，践行“合规、诚信、专业、稳健”理念，建立健全廉洁从业管理内控体系，不断加强风险管控能力建设。一是加强内控检查。组织开展“兴航程”合规风控和内控提升系列活动，实行“一把手负责制”，加强投资者适当性管理、员工执业行为、廉洁从业、反洗钱工作、异常交易行为管理、代销金融产品等全面自查。二是加强合规文化教育。通过“兴航程”知识竞赛和金融行业廉洁文化宣传月等特色活动组织员工学习执业相关合规知识和案例。三是加强合规风控管理队伍和内控管理建设。配备与业务规模相匹配的风控人员14人，每个机构设置1名专职合规人员。四是加强风控系统升级，加强对客户异常交易行为监控、风险排查和教育警示工作。提高反洗钱系统优化和客户身份识别、可疑排查等功能操作和存档的便捷性。推进员工执业行为监测等多维度功能完善和上线，推动合规风控管理持续数字化转型。

【投资者权益保护】

积极组织开展投资者教育、行业文化建设等专项活动。开展“走进上市公司”“投资者教育进百校”等活动，引导投资者树立正确投资理念，防范非法投资风险。全年共举办投教活动146场，制作原创投教产品730个，其中10个原创产品在湖北省证券期货业协会微信公众号转发。

（华福证券有限责任公司华中分公司）

华金证券股份有限公司湖北分公司

【概况】

2022年，华金证券湖北分公司（简称）依托传统经纪业务，深耕财富管理业务，深入挖掘省内目标客户，推进各项业务平稳发展。截至年末，新增客户近4000户，新增金融产品销售3.68亿元。

【业务发展】

持续开展以ETF为特色的财富管理服务。以总部上线金融产品为主线，聚焦客户多元金融服务需求，进一步推动财富管理业务转型。积极探索服务转型路径，通过开展ETF知识讲座、相关ETF产品路演活动以及投教活动等，优化客户服务体验。

【风险管控】

一是持续推进合规风控文化建设。通过开展新入职员工合规展业专项培训和每月全体员工合规培训，不断提升员工合规意识。二是全面落实风险管理和合规管理要求，持续压实风控合规责任。健全风险预警和合规隐患报告机制，落实分工合理、权责明确、相互制衡、有效监督的风控合规要求。严格落实金融产品销售中的客户适当性管理要求，对内控制度中要求重点关注的客户开展电话回访工作，对营销人员的销售行为进行合规检查。

【投资者权益保护】

一是加强投资者宣传教育。开展“3·15”投资者保护主题教育、“4·15”全民国家安全教育日、“5·15”全国投资者保护宣传日、防范非法集资等金融风险宣传教育月、金融知识普及月、“2022年世界投资者周”等活动，提升投资者风险防范意识。二是加强反洗钱工作。开展反洗钱宣传活动17次，累计受众近三万人次。

（华金证券股份有限公司湖北分公司）

华林证券股份有限公司湖北分公司

【概况】

2022年，华林证券湖北分公司（简称）秉持“以客户为中心，以科技为驱动，以交易为基础，以敏捷为特色”的经营理念，凭借良好的经营业绩和规范的管理，市场影响力不断提升。截至年末，分公司托管资产规模34.82亿元，累计经纪业务交易量565.15亿元，实现营业收入892.47万元。

【业务发展】

坚持“打造新一代年轻化的科技金融公司”的战略目标，持续深化科技金融转型，加大信息技术投入，优化产品及服务体验，不断提升核心竞争力，全力打造“科技、专业、稳健、可持续”四张“金色名片”，加快高质量发展。作为业内较早实施互联网转型的券商，在证券经纪业务中已建立较为成熟的线上线下用户增长体系、多场景的客户服务体系、多策略多品种的产品服务体系。积极探索新的展业模式，创造新的业务增长点。根据总部制度细化服务流程，不断从基础服务上升到人性化服务，为客户持续提供超期望的服务。

【风险管控】

守牢监管底线，筑牢合规防线，夯实经营发展基础。每季度开展一次合规管理工作会议，着力抓思想、抓管理、抓整改。及时发现合规管理问题与风险点，提出有针对性的合规管理建议与措施。督促员工牢固树立合规意识和道德意识，强化合规底线要求，把合规管理理念覆盖到所有业务、各分支机构，贯穿落实到每个环节。对员工开展分层合规培训，提高合规培训的有效性。建立投教小组，定期向员工传递最新监管动态，开展业务技能培训、新政策新制度学习解读，提升员工合规执业的意识，促进公司合规经营、稳健发展。全年未发生风险事件。

【投资者权益保护】

全年开展“3·15”投资者保护、“4·15”全民国家安全教育日、“5·15”全国投资者保护宣传日、“2022年世界投资者周”、防范非法证券期货宣传月、退市中的投资者教育保护、“走进北交所”等投教宣传活动12次。利用各种线上方式对投资者进行宣传教育，把投教工作贯穿于日常工作中，形成常规化、模式化的长效机制，引导投资者正确认识资本市场，增强风险防范意识，树立理性投资观念。

（华林证券股份有限公司湖北分公司）

国新证券股份有限公司湖北分公司

【概况】

2022年，国新证券湖北分公司（简称）坚持“客户依赖、员工自豪、社会认可”的经营理念，建立包括投行、资管、财富管理、自营投资、公募基金和私募股权基金等多元业务布局，依托股票质押、代销金融产品、“新三板”、股票期权等多项业务优势资源，深耕湖北市场，持续扩大业务规模，为客户提供高质量综合理财金融服务，实现各项业务稳健发展。

分公司持续强化风险管控。一是加强合规文化建设。组织员工开展合规反洗钱培训，强化员工合规执业意识。二是落实合规风险管理工作。制定《合规底稿》，细化每个业务条线工作流程，将合规管理要求贯穿到每个工作环节中。严格规范员工行为管理，将风险管控工作责任落实到人，及时提示各类风险隐患并督促制定化解风险的措施，及时整改。三是做好投资者教育工作。定期举办客户理财沙龙，走进社区、企业和高校开展投资者教育活动，提高投资者风险防范意识。

（国新证券股份有限公司湖北分公司）

华泰证券股份有限公司湖北分公司

【概况】

2022年，华泰证券湖北分公司（简称）聚焦主责主业，回归金融本源，紧跟转型步伐，贯彻“双轮驱动”发展战略，坚持“对外一个华泰、对内一个客户”的经营理念，抓实“财富管理基业、机构业务开拓、队伍建设实效”三项重点，实现财管业务稳中有进、机构业务成绩显著。截至年末，分公司资产规模34.97亿元、营业收入2.11亿元、利润总额0.26亿元；总客户数137.67万户、客户资产规模1698亿元，累计经纪业务交易量1.15万亿元；融资融券开户数3.49万户，融资融券余额44.75亿元。

【业务发展】

坚持以客户为中心，借助科技赋能下的一体化平台优势和全业务链优势，建条线、优架构、强队伍、提服务，深挖客户财富管理需求，构建多层次、体系化、全方位的财富管理服务体系。积极把握资本市场改革机遇，以先进的“聊TA”平台为根基，以“涨乐财富通”“涨乐全球通”移动APP与PC端专业平台为抓手，依托高度协同的业务模式、先进的数字化平台、广泛且紧密的客户资源，借助业务品种与交易系统优势，全力打造以客户服务为中心的一体化服务体系。发挥券商全业务链落地的前沿平台和触角优势，充分整合内外部资源，依托科技赋能下的平台优势，助力实体经济发展。全年累计承揽发行债券31只，融资超过140亿元。聚焦以上市公司及其股东为核心的企业金融客群，实现限售股减持政策在分公司落地，为原始股东提供减持服务；落地湖北省首单GDR项目；结合并购重组、可转债大宗、股权质押、转融通出借、股权激励、行权融资等，搭建起助力地方实体经济发展的全业务链闭环生态。

【风险管控】

坚持以投资者为中心，将合规下沉到业务一线，贴近业务、深入业务、服务业务，筑牢合规防线。一是加大合规培训力度，推动合规文化建设。对30个分支机构（含分公司业务部）每月开展现场集中培训、不定期开展V2视频培训；结合监管动态、合规检查重点等每月编写合规管理工作简报，推动合规与风险管理文化建设及普及工作。二是加强合规队伍建设。实现差别化人员配置，在风险管控难度较大的重点领域设置专职合规管理人员。通过设计制定合规人员履职评价指标、加强合规考核，提高合规人员业务素养。三是加强客户异常交易行为管理。强化重点客户、重点标的每日监测。根据客户历史收函情况、系统预警情况、资产情况等筛选出炒作风险较高的客户名单，及时将“交易所风险提示”和“严重异常波动”的股票信息传达给客户；强化异常交易预警系统回访及批注的时效性和质量。

【投资者权益保护】

常态化开展防范打击非法证券期货活动的宣传教育，提高投资者识别和防范风险能力。开展“荆楚财富行”主题线上交流活动，定期举办客户沙龙活动，帮助客户树立正确理财观念。深入推进将投资者教育纳入国民教育体系探索实践，提升社会公众的金融素养，营造尊重投资者、敬畏投资者、回报投资者的舆论氛围，在普及证券期货知识、提高投资者风险意识、提升国民财经素养等方面发挥积极作用。全年开展线上、线下投教活动59场，受众超过375万人次。原创投教产品“投资维权遇难题天问妙计安民心”获得“湖北辖区2022年证券期货优秀投教视频作品评选”二等奖。

（华泰证券股份有限公司湖北分公司）

九州证券股份有限公司湖北分公司

【概况】

2022年，九州证券湖北分公司（简称）坚持客户至上、合规守信、专业稳健的理念，以服务实体经济为导向，以满足客户需求为中心，打造具有独特竞争力的证券公司。截至年末，资产规模12.17亿元、总客户数9956名；全年累计经纪业务交易10.89亿元。

分公司持续强化风险管控。一是建立健全经纪业务管理制度。内容涵盖执业资格、合同签署、行为规范、考核激励、信息公示、客户回访、异常交易监控、责任追究等各个方面。强化制度执行，避免实际执行与制度规定不一致情况的发生。二是对证券经纪业务系统实施统一管理。统一建立证券经纪业务客户账户管理、客户资金存管、代理交易、代理清算交收、证券托管、交易风险监控等信息系统。三是建立完善内部、外部责任追究机制。全年合规风控工作成效明显，未发生重大事故与监管风险。

（九州证券股份有限公司湖北分公司）

粤开证券股份有限公司武汉分公司

【概况】

2022年，粤开证券武汉分公司（简称）持续开展代理客户买卖股票、债券、基金等证券买卖业务，为财富管理客户提供个性化投资顾问服务，整体运行情况良好。

【业务发展】

一、推进传统通道业务

提供深沪A股、债券、回购、基金、港股通等齐全的证券品种及投资交易服务。通过粤开金融APP，粤开同花顺（高端版）、粤开通达信至尊版、粤开独立下单软件等多种网上交易软件，为用户提供超高附加值服务体验。

二、推进金融产品代销业务

加强与合作金融机构沟通，结合营销部门及客户需求为客户提供金融产品。与投资研究中心合作，为分支机构及各级营销部门引进金融产品。在金融产品代销业务中建立“四位一体”的营销服务模式，以适当性管理和客户分类分级为基础，以丰富的产品和标准化的服务为依托，搭建贯穿客户营销和服务全过程的工作流程体系，以适应市场竞争，满足投资者的金融服务需求。

三、推进财富管理业务

为客户提供全方位的理财规划和资产配置服务，实现客户财富持续稳健增长。专家团队综合考量客户财务状况、风险偏好等因素，为客户制定综合理财规划。设立专业服务团队，搭建丰富、完善、多层次的产品及服务体系，以客户需求为导向为客户提供财富咨询及资产配置建议。

【风险管控】

一是加强风险管理。推进全面风险管理体系建设，实现业务全流程实质风险管控；加强资金流动性风险指标监测，提升资金管理水平；扩大合规管控的业务、流程覆盖范围，及时检视合规风险管控成效；夯实合规经营基础，围绕分类评价目标，把握提升方向，为业务发展保驾护航。二是积极开展反洗钱、防范非法集资等主题宣传活动。创新宣传形式，通过户外健康跑、横幅展架及海报、宣传手册派发等方式，加强宣传教育。三是做好投资者合法权益保护工作。开展“3·15”投资者保护活动及“读懂上市公司报告”主题投教活动，提升投资者解读上市公司报告能力。通过走进社区、直播、内部培训、海报横幅悬挂、微信公众号主题推文等方式开展投教活动，有效宣传金融知识，增强投资者风险防范意识。

（粤开证券股份有限公司武汉分公司）

民生证券股份有限公司武汉分公司

【概况】

2022年，民生证券武汉分公司（简称）坚持“民生在勤，守正出新”理念，积极推进各项业务稳步发展。截至年末，新开客户410户，其中有效户329户，同比增长193.75%。

【业务发展】

一是扩宽经纪业务渠道，开展精准化线上营销。与多家银行开展驻点合作，拓展社区等非银行网点营销渠道。通过客户服务系统进行客户画像和客户分级，提高客户服务精准度，进一步提升客户服务能力和水平。二是加快经纪业务向财富管理业务转型。不断壮大营销团队，通过日常视频晨会、各类金融产品推介会及分公司内部营销经营分享会议，不断提升业务人员专业素质。进一步优化财富产品结构，帮助客户实现资产保值增值；完善投资驱动的金融产品服务能力，有效引导财富管理业务从营销驱动向为客户进行资产管理和配置的方向转变。全年销售公募规模6128.15万元、私募产品（量化+多头）规模2207.6万元；产品保有量3011.36万元，较上年有较大增长。三是稳步推进协同业务。依托优势投行业务，围绕大投行业务带来的衍生业务机会和优质客户，不断拓宽业务协同的深度和广度。年内推荐与投行合作的“投资+保荐”项目4单，总部投行协同的5单保荐业务也在同步跟踪中。

【风险管控】

一是规范内部管理。建立规范运营体系，贯彻落实运营管理制度。通过柜台人员自查、合规主管抽查、审计现场检查等多种形式的检查，推动形成良性反馈闭环，实现运营规范化管理。二是加强合规廉洁文化建设，牢固树立合规理念。通过开展员工合规培训、传递监管动态信息、通报合规动态，学习解读新业务和新政策，全方位、多角度宣导合规文化，强化合规执业意识，做到全员合规，合规管理全覆盖。三是落实风险管理工作要求。贯彻执行风险管理制度，配合开展各类经营业务风险排查，保障稳健经营。

（民生证券股份有限公司武汉分公司）

平安证券股份有限公司湖北分公司

【概况】

2022年，平安证券湖北分公司（简称）致力于经纪业务向互联网财富管理转型，实现科技赋能智能投顾、专业队伍支撑、移动APP承载，为客户提供优质的互联网财富管理服务。截至年末，分公司托管资产169亿元，实现营业收入6466万元。

【业务发展】

一是助力企业直接融资。成立六大行业组并配备专业研究员，在半导体、医疗、新能源、新材料、节能环保、高端装备制造等领域组建专业投行团队，为实体经济转型升级和数字经济发展提供专业的资本市场服务。全年累计为企业提供2503亿元股权和债权直接融资服务。其中，发行乡村振兴债券和ABS债券3只，累计发行规模10亿元；参与深交所首单和上交所首单数字经济债发行，累计发行数字经济债券和ABS债券3只，发行规模约11亿元。近年来累计为实体经济提供直接融资超过1.8万亿元，覆盖国计民生、基础设施、产业升级等多个领域，助力实体经济高质量发展。二是助力乡村振兴。发挥资本市场工具促融资、助循环、防风险等功能，积极服务乡村振兴。截至年末，实现绿色债覆盖到脱贫地区或国家乡村振兴重点帮扶县，金额9.5亿元。

【金融创新】

一是积极推进绿色金融。深入开展绿色金融业务研究，积极创新绿色产品，承销绿色债券（含碳中和债）和绿色ABS债券32只，承销规模150亿元。二是创新和提升客户服务。借助智慧投顾平台、应用“AI+远程+线下”模式提供覆盖客户全旅程的陪伴式财富管理服务；推进客户分层经营模式，改善客户体验，为客户提供多元化的财富管理服务。打造行业领先的智能化券商服务平台，依托互联网平台思维，运用科技赋能方式，聚焦专业品质提升，不断推进各类业务全方位线上化、数据化、智能化改造，为客户提供专业、有温度的金融服务。利用“平安证券APP”持续升级智慧投顾服务体系，打造核心功能和场景，改善客户体验。推出包含策略交易、条件选股、智能盯盘、量化严选、基金投顾等在内的多项功能，为投资者提供差异化、多元化、贯穿整个投资旅程的陪伴式服务，为客户创造价值。

【风险管控】

推进合规管理，恪守合规底线。认真落实监管机构和公司总部的合规管理要求，持续开展合规宣导培训、合规检查，不断加强合规文化建设，保障业务健康、良性发展。全年未发生重大风险事件。

【投资者权益保护】

开展系列投资者教育活动，加强投资者教育和权益保护。加强职场投教园地宣传，向投资者发放教育宣传品。组织开展走进高校、走进上市公司、走进社区以及《股东来了》投资者权益知识竞赛、防范非法集资健步行等特色投资者教育和权益保护活动。全年宣传覆盖近40000人次。

（平安证券股份有限公司湖北分公司）

申港证券股份有限公司湖北分公司

【概况】

2022年，申港证券湖北分公司（简称）践行"以人为本，融合创新"的企业文化，以"合规稳健、专业高效"为核心价值观，植根武汉、服务全省，实行差异化、特色化经营。截至年末，分公司资产规模78.67亿元、营业收入360.04万元、客户数量6895户。

【业务发展】

业务拓展方面，以市场份额为核心，紧跟总部步伐，实现经纪业务向财富管理业务的转型。坚持"迭代专业系统，拓展专业渠道，优化专业服务"的"三个专业"总体方针，深化服务体系建设，加快提升客户规模。投资顾问业务方面，着力打造投资顾问业务体系，形成策略产品和投顾服务双轮驱动的管理模式，初步实现经纪业务向财富管理业务转型突破。

【风险管控】

建立健全风险管控制度和体系，实现对风险的有效识别和防范化解。培育全员主动风险管控文化，增强自我约束能力，保障公司及员工在经营管理和执业过程中的行为符合法律、法规和行业准则，形成内部约束到位、相互制衡有效、内部约束与外部监管有机联系的长效机制。建立健全覆盖各业务、各条线的全面风险管理体系，实现业务发展与风险管理的动态平衡。明确风险管控理念和风险管控目标，积极开展合规咨询、合规审查、合规检查，保障业务健康发展。

（申港证券股份有限公司湖北分公司）

申万宏源证券有限公司湖北分公司

【概况】

2022年，申万宏源证券湖北分公司（简称）积极为投资者提供财富管理服务和投资者教育服务，为企业投融资与经营发展提供综合金融服务，荣获武汉市政府颁发的"金融支持武汉经济社会发展突出贡献单位"等奖项。

【业务发展】

依托申万宏源"投资控股集团+证券子公司"的双层架构优势，为企业集团、个人投资者、专业机构投资者、金融同业机构及政府客户提供以资本市场为核心的全产业链综合金融服务，有力支持湖北地区经济发展。一是发展资产管理业务。2022年，分公司主动管理业务规模均在百亿元以上，其中1只产品自2017年成立以来累计投资湖北省内企业发行债券超过百亿元，为湖北省内超过40家企业开展疫情防控、基础设施建设、生态治理等提供强有力的资金支持。与建设银行、华夏银行合作推动普惠性理财产品代销业务，代销规模突破4亿元，助力居民财富保值增值。全力服务国家战略，助力中信科移动核心骨干通过资产管理计划参与战略配售，规模合计4.86亿元。二是发展投资银行业务。分公司主承销葛洲坝、光谷金控、武汉地铁、湖北科投、荆门高新等企业发行的债券21只，规模近260亿元，债券品种包括普通公司债、可续期公司债、绿色公司债、中票、短融、PPN等，为湖北省内国企和平台公司科技创新企业孵化、基础设施建设等提供充足的资金保障。三是发展股权业务。分公司独立承揽的中信科移动科创板IPO项目顺利上市，助力企业募资超过40亿元。理工光科再融资、华新水泥B转H股均由分公司独立推动完成，其中华新水泥项目是上交所首个B股转H股成功案例。深耕湖北市场，加强与国企股权基金合作，为孵化优质成长企业赋能。与湖北省铁路发展基金合作设立股权投资基金10亿元、与武汉高科合作设立Pre-REITs基金3.95亿元，成为央地国企合作标杆项目。积极参与公益培训，为武汉东湖高新区园区超过2000家潜力企业开展资本市场与产业发展专题培训50余场。

【风险管控】

一是严格依据相关法律法规及公司合规风控管理制度开展合规风控管理。二是推进体制机制建设，着力解决基础管理工作中存在的问题，切实履行"关口前移，前端管控"和"前后抓总，全面总控"职责，守住底线，不碰红线，实现运营管理的规范化、系统化和专业化，全面依法合规经营。三是践行主动合规、合规创造价值、合规从管理层做起、合规人人有责、合规是公司生存基础的合规文化理念。培育员工守法合规意识，以管理提质增效，保障业务转型发展。四是积极开展投资者教育基地建设工作。在黄石市建成申万宏源证券湖北投教基地（省级），深入推进投资者教育工作。

（申万宏源证券有限公司湖北分公司）

世纪证券有限责任公司湖北分公司

【概况】

2022年，世纪证券湖北分公司（简称）持续为客户提供证券经纪、证券投资咨询、证券投资基金代销、融资融券、代销金融产品等全方位综合金融服务。通过规范业务流程和打造经验丰富、团结协作、业务扎实的专业团队，构建完善的经纪业务营销体系。以客户为中心，以证券经纪业务为基础，加快推动业务转型，专业、高效、持久地为客户提供全方位、多元化的资本市场服务。

分公司持续强化风险管控。根据监管法律法规和总部相关要求和指导，合规开展各项业务，严格遵循客户适当性管理要求，做好投资者教育工作。严格按照总公司相关制度要求进行风险管理，在业务开展过程中做到及时识别、评估、应对、报告相关风险。全年未出现重大风险事件。

（世纪证券有限责任公司湖北分公司）

太平洋证券股份有限公司武汉分公司

【概况】

2022年，太平洋证券武汉分公司（简称）重点加强产品销售和拓展期权业务，产品销售收入和衍生品收入较上年均有大幅增长，收入结构实现优化。托管客户资产和交易量较上年有所下降，但市占率较上年有小幅增长。截至年末，分公司托管客户总资产4.5亿元；客户累计交易量38.9亿元；传统经纪业务收入241.02万元、产品销售收入282.66万元、两融净利息收入28.48万元、投顾服务收入8.76万元。

分公司严把风险管控责任关，坚持做好合规展业工作，全面提升风险和合规管控的能力和水平。积极开展投资者适当性管理工作，每月定期组织员工进行合规学习培训；按照监管机构和公司反洗钱工作要求，切实履行反洗钱职责，落实合规和反洗钱工作。加强投资者权益保护与宣传教育，不断创新活动方式，开展各种主题投保活动，将投保和投教工作有机结合在一起，融合到日常经营中。

（太平洋证券股份有限公司武汉分公司）

万和证券股份有限公司湖北分公司

【概况】

2022年，万和证券湖北分公司(简称)重点关注中小企业，推出方便快捷的机构开户业务，助力中小企业提高资金利用率。截至年末，资产总额2266.54万元，总资产周转率43.17%。持续发展优势业务，形成独特的业务亮点，持续实现盈利。年末销售毛利率为35.22%。

【业务发展】

一是推进财富管理业务发展。为高净值的个人客户和机构客户提供股权投资、股权投资基金管理、并购重组、股权投资顾问和科创板、创业板跟投等股权投资服务，为客户创造收益、实现价值。二是科技赋能业务发展。依托“万和e阳指”金融终端满足客户对财经资讯、业务办理等方面的需求；优化综合运营平台，实现一站式无纸化办公，大幅缩短客户业务办理时间，提高办公效率。

【风险管控】

深入开展“合规管理强化年”工作。分公司负责人作为合规风控管理的第一责任人，严格履行合规风险管理职责。督促合规风控人员加强对监管政策的了解和把握，提升合规管理能力。加强对分公司和下辖营业部日常经营活动的监督检查，督促定期和不定期报告合规风险管理与日常经营检查情况。开展包括综合治理在内的一系列提升内部管理能力的专项整治工作，取得积极成效。开展综合治理全面自查，接受总部巡检小组现场检查。对于发现的问题及时整改，对涉及机制建设、系统改造等方面的问题，制定明确的整改措施、确定责任人员和时限。通过巡检进一步压实合规主体责任，提升内部管理能力，排查化解存量风险，强化全员对于合规文化的认同感。

【投资者权益保护】

开展“3·15”投资者保护主题教育、“4·15”全民国家安全宣传教育、“5·15”全国投资者保护宣传日投教等13项投资者主题教育活动。采取组织员工培训、群发宣传短信、在微信公众号朋友圈宣传、在营业场所摆放宣传手册等多种形式，加强金融知识普及，助力投资者提高风险防范能力。

(万和证券股份有限公司湖北分公司)

万联证券股份有限公司湖北分公司

【概况】

2022年，万联证券湖北分公司(简称)坚持财富管理转型发展，积极推进各项业务发展，储备多条产品线，为客户提供综合投融资服务。截至年末，累计经纪业务交易量1569亿元、金融产品保有规模4亿元、金融产品销售规模5亿元；托管资产规模99亿元，实现利润4150万元。

【业务发展】

一是大力发展证券经纪业务。针对不同客户群体建立全面的客户服务体系，积极探索服务转型路径，不断满足市场变化下的不同客户的需求，争取为客户创造最大价值。依托总部平台，积极与多家银行、基金公司开展合作，实现资源共享，优势互补。二是推进两融业务。强化客户适当性管理和风险管理，做好风险解读工作，为客户提供专业、全面的服务。截至年末，两融余额6亿元。三是稳步推进创新业务。推进债券项目、发展金融市场业务、培育投行业务等创新业务。积极抢占湖北市场，储备多个债权、股权、产品设立等项目。积极发挥区域性平台优势，与湖北省内各市(州)、县政府及企业进行深入交流合作，紧贴地方政府和企业需求，提供定制化的融资服务。

【风险管控】

一是加强内部合规管理。建立科学合理的组织架构、考核制度，注重员工的合规培训与业务培训。每月开展合规培训、办公场地安全检查等，每周组织员工参与总部举办的业务培训。二是做好客户投诉处理工作。实行“首问负责制”，严格执行公司制定的各项制度，做好客户服务及投诉处理工作。三是加强风险管理。建立全面风险管理系统，对各条业务线和风险点进行风险预防和监督管理，强化员工风险防范意识。定期组织开展合规自查和审查。

(万联证券股份有限公司湖北分公司)

西部证券股份有限公司湖北分公司

【概况】

2022年，西部证券湖北分公司(简称)积极应对市场波动和疫情反复的双重压力，加快财富管理业务转型升级，强化科技金融创新驱动，围绕湖北省加快建设全国构建新发展格局先行区战略目标，形成“武汉+宜昌”营业网点布局，为湖北区域客户提供全方位、全生命周期的服务，区域市场竞争力和影响力得到进一步提升。

【业务发展】

建立以客户为中心的全生命周期投融资服务体系，以发展资本消耗型业务为路径，将金融科技作为新生动能，聚焦“财富信用”“投资银行”“资产管理”“机构业务”“投研投资”五大业务方向，推进转型发展。深化金融科技创新应用和高效数字化金融服务，积极布局、推进数字化转型与金融科技创新工作。不断加大数字化投入，深化大数据、云计算、人工智能等技术在不同业务场景的应用，依托技术和业务创新提升运营效能和服务水平。持续迭代完善信天游手机证券交易软件，网上业务办理系统全面优化升级，理财商城、智能客户画像、智能客服等互联网展业平台上线发布。上线用户行为分析平台，实现用户行为数据从无到有的突破。

【风险管控】

持续完善合规风控体系，牢固树立合规经营理念，不断提升业务风险的识别能力、管控能力，扎实做好合规审查和风险控制工作，提升风险防控水平。持续推进全面风险管理体系建设，从制度流程梳理、合规风控与反洗钱信息系统支持、队伍建设等方面加强内生合规管理机制建设，推动落实合规风控全覆盖与垂直穿透管理。稳步提升合规管理精细化水平，建立以净资本和流动性为核心的风控指标体系，加大合规风控信息系统建设，实现风险管理系统“全覆盖”，通过信息系统实现对风险的计量、监控、预警、限额管理、压力测试和汇总报告。妥善处理客户投诉纠纷事项，高度重视投诉处理工作，及时化解矛盾纠纷，有效防范监管处罚风险。加强合规专业队伍建设，把握关键风险点，把好合规管理关口。

【投资者权益保护】

持续加强投资者教育和权益保护，夯实金融消费者权益保护主体责任。妥善处理投资者诉求，提升投资者保护工作实效。建立投教工作长效机制，创新金融服务形式。采取线上与线下相结合、传统媒体与新媒体相结合的方式组织开展宣传，扩大宣传辐射面，提升宣传精准度。

(西部证券股份有限公司湖北分公司)

东方财富证券股份有限公司湖北分公司

【概况】

2022年,东方财富证券湖北分公司(简称)全力打造高素质专业团队,践行“链接人与财富,为用户创造更多价值”使命,致力于“成为领先的创新互联网券商”,各项业务实现稳步发展。一是通过东方财富 APP、Choice 金融终端等产品和服务,满足投资者对财经资讯、金融工具等方面的需求,不断提升用户体验,为用户提供高效优质的服务。二是打造财富管理服务特色,通过线上与线下相结合的方式,进一步延伸财富管理产品和服务,提供个性化、定制化、精细化服务,满足投资者日益增长的财富管理需求。三是持续延伸和完善服务链条,完善专业化的企业客户综合金融服务,深度匹配客户全生命周期投融资需求,为客户提供定制化解决方案。

分公司持续加强风险管控。一是强化内部合规管理。严格遵守公司合规、反洗钱等各类管理规定,不断完善各项制度流程,定期开展专项检查和组织辖区分支机构开展交叉检查,确保依法合规开展业务。二是持续开展合规培训。树立合规经营观念,强化员工合规意识,引导员工自觉、自发地遵守合规风控管理制度。三是积极开展投资者教育工作。持续开展“投资者教育进百校”“投资者教育进百村”等各类投教活动,向大学生、农村地区及老年群众等特定人群普及金融知识和防非反诈等知识。开展防范非法集资、“3·15”投资者保护、“4·15”全民国家安全教育等专项投资者教育活动,提高投资者对非法证券期货活动的防范意识和能力,切实保护投资者合法权益。

(东方财富证券股份有限公司湖北分公司)

西南证券股份有限公司湖北分公司

【概况】

截至2022年末,西南证券湖北分公司(简称)客户总资产42.7亿元,信用业务两融余额5381万元;全年普通账户及信用账户股基交易成交金额196亿元;全年实现营业收入710.8万元,利润总额256.3万元。

【业务发展】

分公司持续壮大传统经纪业务规模,实行统筹规划、协调发展。推动财富管理全面转型向纵深发展,从“以自我为中心的产品销售”向“以客户为中心的资产配置”转变,为客户做好财富管理规划,满足客户不同的投资与理财需求。利用总部丰富的产品线,提升对机构客户的服务,利用场外业务等金融创新业务满足机构客户的投资需求。积极推进机构业务项目,签署两单“新三板”挂牌业务合同,助力实体经济发展。

【风险管控】

持续规范员工行为,强化合规意识,加强员工执业行为管理及廉洁从业教育。通过监控平台做好员工行为管控工作,定期开展合规检查,发现问题及时整改,切实防范风险。扎实开展反洗钱工作,认真履行反洗钱三大核心义务,提升反洗钱工作专业水平。积极组织开展投资者教育活动,采用传统宣传与新媒体宣传相结合的方式,进行投资者教育。

(西南证券股份有限公司湖北分公司)

兴业证券股份有限公司湖北分公司

【概况】

2022年,兴业证券湖北分公司(简称)紧密围绕湖北省“一主引领、两翼驱动、全域协同”的区域发展战略,形成“武汉(分公司本部+8家同城营业部)+宜昌分公司+襄阳分公司”的营业网点布局,金融服务辐射武汉“1+8”城市圈、“宜昌”城市群、“襄阳”城市群,实现了“营业网点重点覆盖,金融服务全域辐射”的区域市场布局。面对市场波动和疫情反复的双重压力,分公司加快推进“双轮联动”和数智化转型,区域市场竞争力和影响力进一步提升。截至年末,客户总资产240.53亿元,客户数累计17万户。全年实现营业收入4200万元。

【业务发展】

深入贯彻落实集团“双轮联动”及数智化转型要求,聚焦“6+1”主要业务方向,紧盯重点项目及核心指标,抢抓存量项目落地、狠抓新项目储备,以“大机构、大投行、大销售”引领财富管理业务高质高效发展。以客户为中心,服务区域经济社会发展。

一、强化生态建设,搭建平台拓市场

持续深化“政—证—企生态圈”和“同业生态圈”建设,进一步提升品牌影响力。总公司与湖北省地方金融监督管理局、荆门市政府、湖北银行、兴业银行武汉分行等省职能部门、市(州)政府和金融机构签订战略合作协议;分公司与武汉市地方金融工作局以及洪山区、武昌区、江汉区政府举行战略会谈。对接落实政府及同业机构战略合作内容,统筹协调整合相关资源,以业务合作及创收为导向,以“重点目标客户清单”为抓手,在客户导入和重点项目合作上持续实现突破。2022年,区域债权融资份额排名18位,较上年提升12位;区域财富管理业务收入份额1.58%,较上年提升0.02%,实现三年持续稳定增长;区域IPO在辅在会项目数2单,位居区域前列;区域管理人覆盖率及产品市场份额均排名券商同业第6位。

二、完善业务体系,双轮联动促发展

一是加强大投行项目储备。协同推动荆州城发公司债、黄石磁湖SCP和PPN等项目落地,实现省、市、区重点平台的突破;重点跟进项目数十单,储备股权项目多单,同时围绕政府及同业合作导流,初步形成良好的股权业务梯队储备。二是完善大销售业务体系。积极融入集团大销售体系,结合大销售业务发展规划,筹建“销售业务协同部”,初步构建涵盖城商行、农商行及券商自营、资管、公募、保险、央企财务公司的大销售机构客群。三是推动大财富管理业务转型。积极应对市场波动,在财富管理业务收入承压下滑的背景下,狠抓重点指标,市场份额得到巩固并实现一定幅度提升。

三、加强内部管理,谋篇布局抓转型

一是优化组织架构。筹备设立销售业务协同部,融入集团大销售体系;落实集团数字化转型发展战略,组建数字财富中心。通过撤并、整合、优化,做大做强做优业务部。优化业务部驻点营业部安排,激发双轮联动效能。二是加强队伍建设。优化“选、育、用、留”机制,促进人员“数量、质量、结构”持续优化。以业绩结果为导向,建立能上能下的干部选拔任用机制,配优配强干部队伍。鼓励中台干部往前台发展,加强岗位轮动,提升业务部服务客户的专业能力。通过内部干部聘任、挂职锻炼、岗位轮动等方式,促进员工内部培育,加强后备干部梯队建设。

【金融创新】

秉持“敢为人先、爱拼会赢”的精神,坚持“以客户为中心”的理念,充分发挥主观能动性，在资本市场深化改革发展大背景下积极把握机遇、创新创造，在创新业务领域持续挖掘增长极，建立自身优势。

一、加大金融产品创新，充分发挥资本市场功能

借助集团协同力量，聚焦兴业证券在行业中的优势，推动“共同富裕”，创新服务区域资本市场建设。一是推动财富管理业务创新。结合市场变化，推出特色产品，不断满足客户财富管理需求，巩固财富管理业务“压舱石”地位。持续拓宽服务渠道，继续发展基础客群规模，通过“双轮联动”服务超高净值和高净值个人客户以及机构客户，利用家办服务、结构化产品、FOF 等体系化产品及服务，向各类客户提供多层次、多模式的综合金融服务。与本地商业银行保持密切合作，大力拓展 ToB 业务。二是推动大机构承揽业务创新。聚焦省内“51020”重点产业发展布局，利用在生物医药、光芯屏端网等产业领域的研究优势，依托“投资+投行+投研”工具，发掘“专精特新”优质企业，加快项目储备，支持创新型中小企业发展；向集团重点推荐科创债、自贸区债、绿色债券等创新债券品种，为城投平台直接融资提供新思路；构建大销售协同体系，实行资产、资金两头抓，全方位提供综合金融服务；以直接融资服务为核心，深化创新“投行+商行”“投资+投行”等外部合作模式，通过“投行+研究”的内部联动机制，打造上市公司业务平台；聚焦湖北区域产业转型需要，探索设立特色产业发展基金；助力湖北企业借助基础设施公募 REITs 工具，进一步盘活存量资产、扩大有效投资；深耕区域私募客户，通过“托管+”模式，联动泛资产管理业务，为投资者创造综合价值。

二、发力绿色金融，助力实现“双碳”目标

在集团绿色金融发展部统一指导下，加强与政府部门、湖北碳交所、湖北绿色金融综合服务平台战略合作。积极参与绿色证券金融及绿色低碳发展领域建设，增强绿色证券金融服务意识与能力，提升兴证集团在湖北地区的绿金品牌价值和商业价值。

三、加强科技赋能，促进数字化金融服务

通过设立数字财富中心，推动科技与业务深度融合，建立针对两基客群的总分协同、人机匹配数字化作业新模式，加快财富管理数字化转型。通过构建开放融合的生态合作关系，聚合兴证集团专业的投资服务资源，以“内容+服务”为媒介融入合作伙伴平台，共同服务好区域线上用户。

【风险管控】

一是持续完善合规风控体制机制建设。从制度流程梳理、合规风控与反洗钱信息系统支持、队伍建设等方面加强内生合规管理机制建设，进一步强化合规管理与风险管控措施，推动落实合规风控全覆盖与垂直穿透管理。二是积极倡导合规风控文化。树立“合规、诚信、专业、稳健”行业文化理念，加强合规风控培训、宣导和监督检查，营造良好的合规文化氛围，提升员工合规意识，为经营发展保驾护航。三是进一步提升合规管理精细化水平。切实加强内部控制管理，明确各项精细化管理要求与具体措施，夯实各分支机构管理基础；在管理过程中关注实质成效，防范基础性、简单性问题反复发生。四是妥善处理客户投诉纠纷。高度重视投诉处理工作，发挥主观能动性，及时化解矛盾纠纷，有效防范监管处罚风险。五是强化合规管理履职担当。加强合规专业队伍建设，不断提升自身合规风控管理能力，做到敢于履职、善于履职，提升创新业务认识，把握关键风险点，把好合规管理关口。

【投资者权益保护】

持续加强投资者教育和权益保护工作，夯实投保投教主体责任。聚焦主业、优化服务，积极回应投资者关切，妥善处理投资者诉求；坚持合作共享，重视加强与辖区监管、自律、媒体等各方的沟通协同；建立投教工作长效机制，创新金融服务形式，采取线上与线下相结合、传统媒体与新媒体相结合的方式组织开展宣传。线上通过微信公众号、微信朋友圈、短视频平台、短信平台等方式展示专题宣传产品、推广风险警示词条；线下通过进社区、进企业、进校园等形式开展宣教活动。全年累计开展投保投教活动 256 场，累计制作原创投教产品 187 个；累计受众 20 万人次。

（兴业证券股份有限公司湖北分公司）

长城国瑞证券有限公司湖北分公司

【概况】

2022 年，长城国瑞证券湖北分公司（简称）坚持“大资管、大投行、大财富、大协同”的发展方向，推进实施“一年调整结构，两年赶超目标，三年翻番利润”新三年规划，全年实现营业净收入 28 万元。分公司运行平稳，未发生风险事件。

【业务发展】

一、优化业务结构

立足主责主业，做精做专破产重整业务，打造特色业务模式，挖掘新的利润增长点。与凯乐科技签署财务顾问服务协议，该项目是分公司与投行北京分部协同推进的上市公司破产重整业务的第二单，实现业务收入 50 万元。为国创高科子公司提供破产重整财务顾问服务，为其重整提供资金支持。

二、发展零售业务

一是加强零售渠道开发。与工、农、建、招等多个银行渠道对接经纪业务。二是加强零售业务与机构业务联动，实现机构业务带动零售业务发展。三是在开展社区普法宣传等活动的同时，积极开展营销宣传活动，开发潜在客户。四是做好存量客户维护，提供每日资讯分享、持仓产品跟进分析、新股查询和通知等服务。全年分公司新开户 18 户，总客户数 119 户。

【风险管控】

一是积极组织开展防范风险宣传活动。全年组织开展反洗钱投教宣传活动 16 场。二是强化合规培训，不断提升员工专业能力。组织合规反洗钱相关主题培训 9 场，实现全员覆盖。三是积极开展自查工作，及时反馈自查报告。全年开展自查工作 12 项，有效提升员工的合规意识和执业水平，保障公司合规稳健运营。

（长城国瑞证券有限公司湖北分公司）

长城证券股份有限公司湖北分公司

【概况】

2022 年，长城证券湖北分公司（简称）持续推进财富管理业务转型。以线上线下融合、客户分层经营为抓手，大力推进经纪业务；利用平台化科技赋能加速财富管理转型，持续推进投顾线上服务创新，探索多元化投顾业务服务模式。全年各项业务实现稳健增长，经营实力实现有效提升。截至年末，客户数 195528 户，托管总资产 442.06 亿元；全年实现营业收入 4787.03 万元，利润总额 2033.36 万元。

分公司以高效能管理全面推动辖区营业部各项业务高质量发展，恪守风控

合规底线，把底线思维意识和风控合规要求贯穿于各项工作中，推动打造专业高效的风险防控体系，强化合规风控管理综合实力，在不断更新变化的证券市场中，准确识变、科学应变、主动求变，确保可持续发展。

（长城证券股份有限公司湖北分公司）

招商证券股份有限公司湖北分公司

【概况】

2022 年，招商证券湖北分公司（简称）坚持深耕湖北，持续开展诚信规范经营。武汉中北路证券营业部在当地交易量、营业收入、利润排名领先。

【业务发展】

一是积极贯彻落实资本市场发展战略，着力培育中小企业；加大与湖北省内政府投融资平台、大型央企、国企合作力度，通过债券市场助力企业直接融资。二是大力拓展业务空间，积极推进业务转型。通过投资者教育、主题论坛、产品知识普及、创新投资工具介绍等活动，做好客户财富管理工作，有效发挥专业服务优势。

【风险管控】

持续推进规范经营，强化风险管理。严格执行监管部门要求和公司总部各项规章制度；持续加强合规风控管理、反洗钱工作，严控金融风险点；加强合规风险检查与培训，开展廉洁从业检查与教育。全年未发生重大风险事件。

【投资者权益保护】

持续开展投资者适当性管理工作，帮助投资者提高识别风险能力，维护自身合法权益。全年共开展常态化投教活动 70 余场、专项投教活动 40 余场。

（招商证券股份有限公司湖北分公司）

中国银河证券股份有限公司湖北分公司

【概况】

2022 年，银河证券湖北分公司（简称）遵循“双轮驱动 协同发展”战略，在稳健经营的前提下，积极推进财富管理业务转型发展；践行服务国家战略，落实“六稳六保”，努力提升湖北分公司自主经营管理能力，确保监管部门工作要求和公司部署有效落实和落地。截至年末，服务客户 66 万户、客户总资产 450 亿元；实现营业收入 3.5 亿元、利润总额 1.8 亿元；综合经营业绩在地区券商中排名前列。

【业务发展】

一、服务国家战略，践行央企责任担当

设立主题产业基金，深度服务于产业、地区或集团。积极推进“基金+基地”服务，扎实推进资本市场服务，支持优质企业发展，发挥对区域经济的促进作用。积极发挥“金融国家队”的作用，聚焦主责主业，围绕服务国家战略、服务科技创新、服务“六稳六保”，抢抓投融资一体化发展契机，构建跨越式发展规划，将分公司打造成湖北区域综合金融服务平台。

二、提升金融服务水平，助力实体经济提质增效

不断增强资本市场业务能力，努力拓宽企业融资渠道，降低企业融资成本，加大股权投资、另类投资、私募股权投资基金等业务条线对优质创新企业的支持培育，助推科技创新和产业升级。贯彻落实“三新一高”重大战略部署，支持“专精特新”企业、战略性新兴产业、前沿科技企业发展，引导资本要素向科创领域聚集。支持制造业特别是先进制造业、产业链重要环节和核心节点企业发展，丰富供应链金融服务供给，助力稳链、补链、强链。

三、持续推进财富管理转型，满足多层级理财需求

秉持以客户为中心的理念，以服务实体经济和助力投资者财富保值增值为目标，运用金融科技与数字化产品，以机构业务和“互联网+”为抓手，为客户提供优质高效的综合金融服务。不断提升财富管理服务能力和智能化精准化水平，以“财富星”品牌投顾、专业策略交易等工具为支撑，持续提升财富管理综合能力，努力满足多层级投资者的多样化理财需求。落实监管要求，以银河证券湖北投教基地为载体认真做好投资者教育和保护工作，积极践行央企券商社会责任。

【风险管控】

坚持“审慎稳健经营”理念，以业务和管理合规为主线，建立健全辖区风险事项报告机制，做好重点业务、创新业务以及员工执业行为、廉洁从业、客户投诉纠纷处理等风险管控工作，确保实现稳健经营。

（中国银河证券股份有限公司湖北分公司）

中国中金财富证券有限公司湖北分公司

【概况】

2022 年，中金财富证券湖北分公司（简称）积极推进证券经纪、证券投资咨询、证券资产管理、融资融券、证券投资基金代销、代销金融产品等业务发展。截至年末，共有客户 19.9 万户，客户总资产 520 亿元。

【业务发展】

依照人员分层、客户分层、地域特征等结构，组建 AWM、JV 团队。推动营业部进一步落实活动量管理，对人员实行标准化及精细化管理，推动营业部整体经营水平迈上新台阶。截至年末，新增交易性资产和产品资产 54 亿元，新开信用账户 219 户，两融日均余额 6.45 亿元，产品存量 62 亿元，新开户 11527 户。

【风险管控】

推行全面风险管理策略，制定《中国中金财富证券风险管理办法》，覆盖公司所有业务、产品、人员，贯彻全员性、全覆盖、穿透性、全程性、一致性、独立性、合规性管理原则，确保符合监管要求及集团风险偏好。综合平衡各种可能产生的业务机会与收入、损失、风险，确保业务发展与公司整体风险能力和资本实力相匹配，整体风险可控、可测、可防。

（中国中金财富证券有限公司湖北分公司）

中山证券有限责任公司湖北分公司

【概况】

2022 年，中山证券湖北分公司（简称）着力强化存量客户服务，以提高客户服务质量为切入点，着力提高存量客户的活跃度和贡献率。积极推动业务思路创新，提高新增资产指标，实现各项业务稳健发展。全年分公司新增交易客户资产 6752.31 万元，实现营业收入 936.42 万元。

【业务发展】

推进融资融券客户的开发和激活。截至年末，分公司日均融资融券余额较上年增长 73.88%。在市场交易量大幅下降的背景下，交易市占率和代买市占率有较大幅度提升。

【风险管控】

一是加强合规管理。坚守“全员合规”“合规从管理层做起”“合规创造价值”“合规是公司的生存基础”的理念,规范从业人员执业行为,坚持规范经营,全年未发生违规风险事件。二是加强反洗钱风险管控。严格按照反洗钱政策法规和制度要求,不断完善反洗钱管理工作,组织开展各类反洗钱宣传培训活动,提升反洗钱工作水平,保障业务经营合规发展。三是加强投资者宣传教育。采取多种形式开展投资者宣传教育与培训活动,努力提高投资者保护自身合法权益的意识和能力,切实落实投资者权益保护的责任。

(中山证券有限责任公司湖北分公司)

中泰证券股份有限公司湖北分公司

【概况】

2022年,中泰证券湖北分公司(简称)坚持“1142”经营战略思路,围绕“深耕细作区域市场”工作要求,深化改革,通过降本增效、优化营业网点布局,优化人员结构、建设高水平人才队伍,持续深化财富管理转型等措施进一步推动实现高质量发展。有效发挥金融牌照优势,在金融产品销售、机构业务、线上投资顾问业务等方面取得良好业绩,较好完成全年经营工作目标。

【业务发展】

一是积极推进机构业务发展,为湖北、山东、江苏、四川等省多家政府平台实现债券融资32亿元。二是大力发展股权业务,完成IPO立项2单,完成专项财务顾问5单,累计为企业提供债权融资额度1.5亿元。三是紧跟总部财富管理转型步伐,着力开展线上投资顾问业务。上线多只全国、区域投顾产品,已上线产品收益率在全国名列前茅,为客户带来更好的服务体验。线上投顾业务服务佣金收入规模不断扩大,投顾业务已经逐渐成为分公司金融产品和服务创新的重点工作方向。

【风险管控】

秉持“合规风控至上”的经营管理理念,深入贯彻”全员合规、合规从管理层做起、合规创造价值、全面风险管理”的合规风险管理理念,持续完善合规、风险管理体系。加强内控机制建设,加强对员工的培训和管理,依托专业的合规与风险管理队伍以及公司合规与风险管理系统,加强对各类业务、客户、产品和服务的风险评估和管理,推进各项业务恪守规则、规范运行,有效控制合规管理风险,有效保障业务操作合规性和规范性,有效提升员工及客户的合规意识,有效提升客户满意度。

【投资者权益保护】

组织全体员工加强相关政策法规、公司制度以及业务知识的学习,提高全体员工的金融消费者权益保护意识。通过线上与线下相结合、组织投资者参加知识竞赛、制作并发布宣传易企秀、短视频等多样化的宣传活动,积极开展“3·15”金融消费者权益保护等宣传教育活动,有效提升投资者权益保护意识。

(中泰证券股份有限公司湖北分公司)

中天国富证券有限公司湖北分公司

【概况】

2022年,中天国富证券湖北分公司(简称)秉持“卓越服务,成人达己”的理念,以投资银行类业务为主、证券经纪业务为辅,立足武汉、覆盖华中地区,全力打造专业、勤勉、经验丰富的业务团队,为客户提供优质金融服务。

【业务发展】

一是开展投资银行类业务。由骨干员工划片分区分别重点负责各地区股权和债权项目。专人对接该区域政府部门及金融管理部门、优质的拟上市公司和“新三板”、创新层、精选层企业;及时跟进客户在资本市场上的融资、并购、上市等各种需求,做好服务。二是拓展经纪业务。通过投行客户引流实现股份托管,拓展大宗交易业务。强化对高净值客户的跟进和服务,提高产品销售能力。引入宽睿极速交易系统,配备工作小组,提高开户效率,为客户提供全方位服务。

【风险管控】

坚持“全员合规、人人风控”的经营理念。建立健全风控管理机制,公司负责人是分公司合规风控第一责任人,负责落实合规和风险管理目标,对合规运营和风险管理承担总体责任;合规专员协助公司负责人履行合规和风险管理职责,负责合规和风险管理制度建设、公司相关管理制度在分公司的落地实施,对合规运营和风险管理承担管理责任。

(中天国富证券有限公司湖北分公司)

中信建投证券股份有限公司湖北分公司

【概况】

2022年,中信建投证券湖北分公司(简称)坚持安全、稳健、规范运行,采取扬长补短、协同增效的策略,推进业务全面发展。全年分公司实现A股基金交易量5471亿元,实现营业收入3.27亿元,主要经营数据稳居湖北前列。

【业务发展】

一是在企业融资、收购兼并、证券经纪、证券金融、固定收益、资产管理、股票及衍生品交易领域形成自身特色和核心业务优势。搭建研究咨询、信息技术、运营管理、风险管理、合规管理等专业高效的业务支持体系。二是加快财富管理业务转型发展。与中信集团资源共享与协同,采取客户开发线上与线下并重的模式,在均衡发展的同时注重传统与创新。

【风险管控】

分公司始终坚守合规经营,严格遵守监管部门相关规章制度和公司内控制度,合法合规开展业务,确保每一项业务的真实性、完整性、合理性,实行全面适当性管理,确保业务一线与后方系统实现高效平稳运行。一是落实风险管理责任。各营业部均设有独立的合规管理专岗,在分公司层面设立合规总监,在总公司层面每日下发营业部工作量表,高频次开展专项检查及不定期合规抽查。二是加强日常风险管理。在完善业务管理制度的基础上,重点规范业务环节操作流程,做好客户身份识别,采用“系统筛选+人工甄别”模式进行大额可疑交易分析,防范洗钱风险。采取逐日盯市机制,运用电子合规管理系统动态监控关键风险指标,及时处理预警信息。不定期开展重点风险环节和风险隐患的应急措施演练和检查,防范风险发生。三是加强考核监督和处罚力度。对于风险合规事件绝不姑息,对于客户投诉快速响应处理,对于重大合规事项采取一票否决制度。

(中信建投证券股份有限公司湖北分公司)

中信证券股份有限公司湖北分公司

【概况】

截至2022年末,中信证券湖北分公

司(简称)服务客户30万余户,托管资产规模1200亿元;全年实现股票基金交易量5185亿元,市场份额1.09‰、湖北区域市场份额4.32%。

【业务发展】

坚持深耕湖北,服务实体经济。协同总部投行委完成江瀚新材料上市申报与审核,以及湖北银行、平安电工的IPO辅导与申报。着力为"专精特新"企业提供上市路径咨询与财富管理服务。协助湖北地区企业发行债券283.8亿元,市场排名第二。发挥投研优势,举办"一路同信"债券市场专场讲座,为湖北区域具有影响力的发债主体提供发债建议。

【风险管控】

持续加强合规及风险管理,积极落实监管要求开展反洗钱相关工作以及各类经营业务的风险排查,认真开展客户账户信息治理工作。积极开展湖北辖区2022年证券期货优秀投教视频评选活动等金融消费者权益保护宣传教育活动,两件原创投教作品分获"二等奖""优秀作品奖"。积极筹建"中信证券湖北实体投资者教育基地",进一步履行社会责任,有效提高投资者的金融素养及风险防范意识。

(中信证券股份有限公司湖北分公司)

中银国际证券股份有限公司武汉分公司

【概况】

2022年,中银证券武汉分公司(简称)坚持"客户至上,稳健进取"价值观,以市场为导向,坚守金融服务实体经济的初心和本源,不断创新服务模式,提升服务能力。截至年末,资产总额137773万元,净资产4889万元,营业收入6877万元。

【业务发展】

一是积极推进重点区域、重点业务发展。聚焦自贸区武汉片区、东湖高新区、武汉经开区企业,着力推进中小企业互荐、科创板(创业板)企业股权IPO业务营销。积极为企业引入中银证券直投、中银投等投资,提升企业对中银集团综合服务的认可度。二是推进产品与服务创新。积极推进基金投顾业务等新业务发展,推动产品规模持续增长。推进财富管理投顾一体化工作,推广投顾增值服务、企业微信等多项新设业务。深化与银行及其他各渠道联动,加强线下宣导,促进中高端客户增长,进一步扩大客户资产规模。坚持"科技赋能,转型协同"发展战略,打造高效能的营销队伍,提升营销人员的专业技能和拓客能力。

【风险管控】

坚持"严守风险合规底线"经营理念,建立健全内部控制体系,做好各项业务及人员的风险防控、风险管理工作,提高全员合规意识。全年未发生违法违规事件。做好投资者权益保护宣传教育工作,采取线上与线下相结合的方式组织开展"3·15"消费者权益保护日、"4·15"全民国家安全教育日、"5·15"全国投资者保护宣传日、第三届全国防范非法证券期货宣传月、防范非法集资宣传月、金融知识普及月、退市中的投资者保护、"读懂上市公司报告"等各类投资者教育专项活动21场,覆盖公众12万人次,助力投资者树立正确的投资理念,增强风险防范意识。

(中银国际证券股份有限公司武汉分公司)

中邮证券有限责任公司湖北分公司

【概况】

2022年,中邮证券湖北分公司(简称)坚持"深化、创新、突破"理念,积极推进财富管理业务转型及机构业务拓展,夯实经营发展基础。截至年末,累计开立证券账户11.6万户,资产总值11.59亿元。

【业务发展】

充分发挥差异化竞争优势,以债券业务为切入点服务实体经济。顺利进入湖北省政府债券公开发行承销团成员名单。通过不断丰富金融产品种类,切实满足客户多元化金融理财需求。全年上线付费投顾产品"点石成金"1只、定制收益凭证产品7只,持续打造多元化产品组合满足客户要求。

【风险管控】

将廉洁从业摆在重要位置,通过开展客户等级划分、问题账户自查等工作,切实提升全员合规执业意识。严格落实执行监管新规及公司制度,积极推进整改问责,全力配合监管部门完成新任负责人报备、营业执照换领等工作。通过员工行为监测系统排查员工违反职业操守行为,切实推进各项业务合法合规、风险可控。

【投资者权益保护】

积极做好投资者权益保护宣传教育工作,全年累计开展"3·15"投资者保护活动、《股东来了》投资者权益知识答题活动、"科创板三周年"等专项投教活动6场、各类线上讲座22场、社区宣传活动4场。通过各类投教活动,促进金融知识普及,有效提升投资者风险识别能力和水平。

(中邮证券有限责任公司湖北分公司)

华英证券有限责任公司华中分公司

【概况】

2022年,华英证券华中分公司(简称)秉持"诚信、专业、卓越、责任"经营理念,致力打造"精品投行、特色投行",以武汉为中心,辐射周边主要城市,为客户提供专业的股权和债券承销与保荐服务。在多个领域培育核心客户,储备项目数百个,业务覆盖股权融资、债券融资、收购兼并、财务顾问等多种类型,客户数量持续增长,业务发展实现稳中有进的良好局面。积极参与湖北省地方政府债发行工作,助力湖北省实现高质量发展。

【业务发展】

通过"投行+投资+产业落地"的创新金融业务服务模式,为客户提供全生命周期、全业务品种的综合资本运作服务,助力客户实现长期高效可持续发展。通过"投行+"的综合金融服务模式,助力中部崛起发展战略。年内华英证券作为华康医疗的保荐机构助力其成功在创业板上市,募集资金总额10.38亿元,为创业板首单医疗净化行业IPO项目,在行业内具有较大的影响力和创新意义;作为保荐机构助力兴发集团28亿元可转债项目成功发行,两次服务累计为其融资36.8亿元。作为联席主承销商,助力"中国甲骨文"国产数据库领域龙头企业达梦数据库申报交易所并成功过会。积极推动和跟进省内语言人工智能龙头企业、多家医疗制药企业、基础化工领域企业、纺织企业、水务环保企业、工业器械企业的"投行+"项目服务。

【风险管控】

坚持"风险可测、可控、可承受"的原则,强化风险管理。坚持严格管理、审慎经营、规范运作,审慎开展创新业务,严格限定高风险类型业务的风险敞口,加强风险监测。严守合规底线,认真落实监管要求,不断健全内部控制组织架构体系,形成清晰、合理的投行内控组织架构,投资银行类业务部门是内部控制的第一道防线，业务管理部是内部控制的第二道防线，内核委员会、合规法务部、风险管理部共同构成第三道防线。对投资银行各项业务、各个环节和各个岗位进行全面、清晰、合理有效的规范。投行内控三道防线、立项内核发行审议决策机制运行良好，各项投行内控制度及机制基本实现有效执行和运行。全年未发生违法违规行为。

（华英证券有限责任公司华中分公司）

开源证券股份有限公司湖北分公司

【概况】

2022年，开源证券湖北分公司（简称）积极推进财富管理业务转型，为投资者提供专业优质的服务。截至年末，托管资产规模19412万元、累计经纪业务交易量34.38亿元，全年实现营业收入413.67万元。

【业务发展】

一是助力中小企业发展。紧跟国家战略及湖北省区域发展规划，以"一流北交所特色券商"建设为主线，为多层次资本市场的高质量发展服务。以北交所保荐上市及"新三板"挂牌为支点，打通北交所和"新三板"市场综合金融服务链，为处于不同时期的企业提供全方位综合金融服务。二是推动财富管理业务转型。以各类优质金融产品为桥梁，链接客户资产配置需求与全市场优质策略、优质资产，为投资者提供全方位、一站式高水准资产配置服务，满足投资者的不同投资目标。三是夯实传统经纪业务基础，为客户提供多元化金融产品和服务。业务涵盖代理买卖证券、证券投资基金销售、代销金融产品、大宗交易、股票期权经纪、"新三板"经纪、港股通、期货中间介绍、证券投资顾问等。四是发展信用业务服务。为二级市场投资者提供融资融券业务及约定购回业务，为上市公司股东提供股票质押业务等融资工具，为基金、保险、机构投资者提供盘活资产、增厚收益的转融通证券出借交易服务，为理财型投资者提供低门槛、稳收益、保安全、零费用的收益凭证产品。五是加快转型满足客户多样化投资需求。持续完善产品体系，不断提高专业能力、提升服务质量，帮助客户更好地了解金融市场，为其制定详细的投资计划，为客户提供优质化、个性化的投资服务。

【风险管控】

一是强化合规意识。全面倡导和践行合规文化，加强员工执业行为管理，发挥警示教育作用。通过开展全员合规培训，不断提高员工业务知识，增强员工风险识别能力。二是严控各类业务风险。加强理财、代销金融产品、两融业务监测管理，认真执行针对性应急措施，防范风险。根据监管部门及公司总部通报的监管案例，开展合规性自查，发现风险及时处置并化解。三是加强考核与监督。在内部制度中明确合规问责具体措施，注重合规考核与问责结果的执行力，将合规考核、合规问责结果与部门和人员的薪酬体系挂钩，进一步强化风险管控力度。

【投资者权益保护】

多样化开展金融消费者保护宣传。一是通过电子屏幕进行宣传，在醒目位置摆放防范电信诈骗、防范非法集资、防范洗钱、防范非法证券期货活动以及金融维权等宣传资料。二是走进社区、广场等开展专项户外宣传活动。开展"读懂上市公司报告""3·15投资者权益保护日""5·15全国投资者保护宣传日""世界投资者周""金融知识普及月""防范非法集资宣传月""普及金融知识 守住钱袋子""牵手北交所 共赢新起点"等活动，扎实做好投资者教育工作。

（开源证券股份有限公司湖北分公司）

东亚前海证券有限责任公司湖北分公司

【概况】

2022年，东亚前海证券湖北分公司（简称）坚持财富管理、交易技术服务和机构业务多元并举的发展路线。全年实现营业收入560万元，净利润130万元。

【业务发展】

践行"让追求财富增长的客户更幸福""稳健、创新、诚信、利他"理念，依托总部及股东的境内外投融资优势，以跨境业务为特色，深耕本地，辐射周边，打造面向上市公司、机构客户和高净值人群的综合金融服务体系。大力开展经纪业务，继续开发高净值客户，大力储备客户资产。截至年末，累计客户总资产12亿元，较上年增长90%。机构业务成效显著，发行黄冈城投私募公司债第二、三、四期30亿元，每期发行票面利率创历史最低纪录。积极为地方政府发债提供专业性融资建议，为湖北省内地方政府融资平台实现融资109亿元，有效降低政府融资成本。独立承销发行黄冈市城市建设投资有限公司公司债30亿元，显著降低企业融资成本。

【风险管控】

全面开展合规风险管理，持续优化相关合规风控系统，加强全员的合规意识，确保在合法合规的大前提下稳健经营。全年无风险事件发生。

【投资者权益保护】

组织开展丰富多样的投资者教育保护宣传活动，将投教工作融入客户服务的各个环节，并作为经营常态化工作来开展。围绕全面注册制以及退市制度改革、公募REITs、"新三板"改革和设立北交所等重大改革举措，结合开展防范非法证券期货活动等宣传活动，做好金融消费者权益保护工作。

（东亚前海证券有限责任公司湖北分公司）

渤海证券股份有限公司武汉分公司

【概况】

2022年，渤海证券武汉分公司（简称）持续推进证券经纪、证券投资咨询、证券承销与保荐、融资融券以及与证券交易、证券投资活动有关的财务顾问等业务。截至年末，客户数2984户、客户总资产6577.38万元；交易量796241.09万元，营业收入81.34万元。

【业务发展】

一是助力企业融资。深度了解企业需求，发挥好资本市场优化资源配置的作用，助力企业实现直接融资。二是加快财富管理业务转型。以"客户为中心"，全方位搭建投顾业务体系、丰富产品种类，引导客户树立"长期投资、价值投资、理性投资"理念。三是扩宽创新业务渠道。在服务好现有个人客户的同时，挖掘潜在机构客户资本市场服务需求与合作机会。推进与上市公司、私募机构、信托公司和银行机构合作。

【风险管控】

一是加强内部合规、风控文化建设。建立科学的组织架构、完善的考核制度，不断丰富培训内容，搭建合规文化体系。建立投教小组及反洗钱工作小组，向员工及社会公众开展合规教育以及全方位的投教宣传活动。通过开展合规、风控培训、举办学术研讨会议、开展E-Learning网络学习及测试等方式，提升员工风险管理意识和投资者教育工作水平。严格执行公司各项管理制度和操作规程,确保经营活动合法合规,有效防范经营风险和道德风险,保障客户及公司资产的安全。二是定期开展自查与检查,建立风险防范机制。采取非现场与现场相结合的方式,发现风险,及时化解风险。定期开展各项自查工作,参加总部组织的合规互检工作,接受总部现场检查。强化事前、事中、事后风险管理,对业务中存在的各类风险进行识别、评估、监测、报告和应对处置。制定风险管控流程,根据不同风险的不同特征,明确管控措施,做到对各类业务的全覆盖,使风险可测、可控、可承受。分公司全年实现合规运营,未发生风险事件。

【投资者权益保护】

以投资者风险教育为主线,积极开展“3·15”投资者保护主题教育、“5·15”全国投资者保护宣传日、宪法宣传周、防范非法证券期货宣传月、湖北省2022年“金融知识普及月 金融知识进万家 争做理性投资者 争做金融好网民”等各类主题投教宣传活动。制作谨防非法集资拜年、反诈等小视频,以线上和线下相结合的方式开展宣传教育活动,有效提升消费者金融风险识别、防范非法集资的能力,引导投资者树立正确投资观念。

(渤海证券股份有限公司武汉分公司)

信达证券股份有限公司湖北分公司

【概况】

2022年,信达证券湖北分公司(简称)以经纪业务为基础,以两融业务、财富管理、资产配置为抓手,以投顾收费作为增加客户黏性、改善收入结构的新增长点,实现各项业务平稳发展。全年实现营业收入538.75万元,持续保持盈利水平。

【业务发展】

一是协同集团及其子公司为企业并购重组、定向增发提供专业化的投、融资服务。发行非公开发行公司债(第二期)2.11亿元;协助集团公司为上市公司完成定向增发3.2亿元,充分发挥资本市场服务实体经济的作用。二是大力开展金融产品与服务创新。以财富管理转型作为自身经营的要点,为客户配置合适的金融产品,通过一系列的金融产品配置方案为机构投资者、境内上市公司提供资产配置服务。全年实现金融产品销售7000万余元,服务金融产品客户超过500户。

【风险管控】

完善风险管理体系,明确合规管理责任,建立合规工作机制,有效识别并主动防范、化解合规风险。一是严格按照监管要求不断完善内部控制制度建设、规范业务流程,确保各项工作有章可循。二是定期开展检查及自查,主动发现风险隐患并及时整改。三是加强员工执业行为管理,持续开展全员合规文化培育和风险教育,将合规管理与考核挂钩,落实重大合规问题“一票否决制”。全年未发生风险事件。

【投资者权益保护】

积极开展投资者教育工作,加强对注册制、退市制度改革、公募REITs、“新三板”改革等相关政策与资讯的宣导,在“3·15”消费者权益保护日、“5·15”全国投资者保护宣传日、世界投资者周、防非宣传月、金融知识普及月等重要时间节点,走进社区、企业等开展宣传活动,引导投资者树立正确的投资理念,增强投资者的风险防范意识。建立并完善《客户投诉细则》,对各业务组职责分工、投诉事件的受理督办、处理流程、留痕等作出详细规定,明确客户投诉受理、处理、督办、反馈、资料存档等工作流程。

(信达证券股份有限公司湖北分公司)

首创证券股份有限公司湖北分公司

【概况】

2022年,首创证券湖北分公司(简称)坚持“立足经纪业务、夯实业务基础,实现多元化业务发展新格局”理念,致力于为客户搭建金融服务体系和金融服务平台。截至年末,资产总额1012万元;全年实现营业收入99.72万元。

【业务发展】

一是积极参与资本市场建设,通过强化自身金融服务功能,致力于解决企业“融资难、融资贵、融资慢”等融资问题。2022年7月,参加武汉市洪山区金融支持文旅企业专场银企对接会,为有融资需求的企业提供“全覆盖”“多对一”高效精准服务。二是把握行业财富管理转型契机,结合总部产品优势,不断提升投资管理、资产配置、市场营销能力,通过满足客户多元化资产配置的需求,促进储蓄向投资转变。三是创新经营模式。借助总部在资产管理、固定收益投资交易等领域的特色与品牌优势,持续丰富产品线,为高净值个人客户及机构客户提供更优质的服务。四是构建前台客群服务、中台管理机制、后台支持保障的组织框架,明确各岗位职责,优化人员配置,提高运行效率。

【风险管控】

一是严格执行总部制定的内控制度,多维度严格控制各项经营风险;完善管理及业务制度,有效防范和控制风险。二是运用信息技术,加强系统建设提升工作效率,运用总部搭建的反洗钱系统、风险监控系统,结合人工分析,按照特定的规则和数据对客户交易行为、员工展业行为进行监测,对异常情形进行上报,提高异常情况监控的准确性、时效性。三是强化全员合规风险防控意识。通过岗前及日常培训,强化员工对国家相关法律法规以及公司规章制度、业务流程、岗位职责的把握,增强合规展业底线思维,确保各项业务健康发展、风险可防可控。四是定期和不定期开展对各项业务、员工展业行为的检查和抽查,主动发现和纠正风险,检查过程均留痕备查,做到防微杜渐。分公司成立以来未发生风险事件。

【投资者权益保护】

一是成立金融消费者权益保护小组,合理配置金融消费者权益保护工作岗位,确保金融消费者权益保护有专人、专岗执行和落实。二是规范消费者投诉管理工作,制定健全的客户投诉处理机制,明确投诉处理人员的具体责任与权限,确保投诉得到及时高效的处理。三是加强消费者权益保护宣传教育。走进社区开展“警惕洗钱陷阱”“反洗钱金融知识科普”等金融消费者权益保护活动;全方位开展“金融知识普及月”“守住钱袋子、过好幸福年”等各类主题宣传活动,累计开展线上及线下宣传活动8次,受众500余人。

(首创证券股份有限公司湖北分公司)

(二)期货机构

长江期货股份有限公司

【概况】

2022年,长江期货(简称)坚持党建与业务相融合,助力实体经济发展,着力推进“一体两翼”战略,经营质量持续向好。中后台全力支持业务发展,CTP主席系统顺利切换，结算效率有效提升，合规风控严谨有效，后台整体运营能力进步明显，人才队伍协同效能和专业能力稳步提高。截至年末，长江期货在北京、上海、广州、深圳、武汉等地设有分公司5家、营业部16家，风险管理子公司1家——长江产业金融服务（武汉）有限公司。截至年末，资产总额77.26亿元，净资产9.72亿元；实现营业收入6.53亿元，净利润1.10亿元。持续入选“新三板”创新层，是华中地区资格最全、经营范围最广的期货经营机构。在中国证监会公布的期货公司分类评价结果中，长江期货获评为A级期货公司。

【业务发展】

一是各业务条线均衡发展。机构及产业客户服务持续拓展，特法机构权益大幅增长；年内客户权益突破78亿元，再创新高。资管业务延续“固收+”产品优势，业务收入达千万级；风险管理子公司实现稳健发展，做市与场外双轮驱动，成为两千万级利润贡献主体。二是充分运用期货市场工具，有效服务经济社会发展。承接湖北省规模最大的棉花“保险+期货”价格险试点项目，覆盖农户超过10万户，降低棉农损失1700万余元，赔付率达94%。为企业申请交割库及产融基地4个，在华中区域首次探索场外衍生品服务钢贸企业的模式，累计为钢贸企业提供超过4亿元货值的风险管理。引导客户参与交易所项目，完成大商所“企业风险管理计划”项目6个、“农民收入保障计划”项目10个、获批郑商所产业服务专项计划30个，切实履行服务中小微企业职责。持续以“保险+期货”深耕陕西延安、湖北。在陕西延安延长县、黄龙县、黄陵县开展“保险+期货”项目。加大与湖北特色农业产业合作，开展湖北棉花“保险+期货”、秭归生猪“保险+期货”、阳新生猪“保险+期货”、襄阳谷城“保险+期货”项目，支持湖北资源品种发展，打造“保险+期货”湖北模式。全年共开展27个“保险+期货”项目，接近过去2年项目的总和，项目涉及鸡蛋、生猪、玉米、苹果等多个品种，承保货值突破10亿元，较上年翻番。

【金融创新】

一是创新开展“保险+期货”项目。承接的湖北棉花“保险+期货”试点项目首次应用“一张保单跨时对应三次期权交易”的模式，实现跨界工具层面的突破融合，保障多个市（县）棉花的价格波动风险统一标准。设计长达8个月的期货价格保险，覆盖种植前、中、后全周期，既让棉农安心种棉，又使其放心卖棉；通过分批次、跨区间的操作，最大程度优化费率成本，使产品更具有现实推广价值。在政策性农业保险创新试点县——黄龙县开展苹果“保险+期货”项目，赔付率达到211%，真正实现利用金融杠杆，以最小风险、较少投入获得可观经济收益，开辟了通过期货价格保险保障果农种植收益的新路径。二是推进系统建设优化升级。切换CTP主席系统，达到每秒12000笔系统峰值容量，实现“异地双活”。同时上线CTP二代结算系统、CAP账户管理系统，公司整体客户服务能力和运营效率得到较大提升。升级FIND终端，新增客户交易信息，优化数据标准，为经营管理提供决策依据。上线长江期货掌厅小程序，为客户提供便捷的服务，轻松实现账户类业务办理。上线长江期货全面风险管理系统，通过建设独立数据集市与多套源端业务系统数据自动对接，实现全量风险计量、汇总、预警和监控。三是党建引领纾困帮扶。创新开展“订单收购+期货”新模式。为延长县2家新型农业经营主体免费提供价值5万元风险管理产品，促成其与9家农业合作社建立采购合作关系，保障苹果成功销售135吨，保障货值94.5万元，有效帮扶企业降低由于苹果价格上涨而导致收购成本上涨的风险，同时保障果农按一定价格锁定苹果销售路径、获得销售收入，实现“订单农业”模式零的突破。扩大乡村振兴帮扶区域。与湖北罗田县、山西隰县、安徽太湖县、湖北红安县、甘肃秦安县等十余地乡镇村签订战略合作协议、党建结对共建协议，通过党建交流、资金捐赠、消费帮扶、金融知识培训等方式，开展帮扶工作。全年累计采购帮扶区域特色农产品近40万元。

【风险管控】

认真落实监管要求，以搭建全面风险管理系统为重点，通过修订全面风险管理办法和业务条线风控细则，完善专项风险管理机制，规范风险管理指标体系，推进金融工具估值模型验证，建立风险管理绩效考核机制，健全全面风险管理体系。通过建立业务风控前置审核机制、业务风险定期评估机制以及开展重点业务案例分析警示、强化关键环节风险管控、开展专项业务风险检查等，夯实业务风险管理基础。加强团队建设，提升风险管理能力。在日常工作中，严格执行各项风险管理措施，有效监测各项风险指标，确保各项业务风险可测、可控和可承受。

【投资者权益保护】

积极开展投资者宣传教育活动。全年组织21个分支机构开展主题投教活动10余场，制作印刷活动宣传折页、宣传海报4000余份，发布转载投教文章和产品近260篇，通过行情交易软件、客服短信等渠道发布活动内容20万余条。通过线上与线下相结合的方式开展投资者教育和保护工作，以线上直播、主题讲座、作品评选、知识竞赛等形式组织开展投教及宣传活动，有效促进金融期货投教知识普及，提升消费者权益保护意识。原创投教视频《5分钟看懂商品期货》入围中国期货业协会“优秀案例库”；原创投教视频《“期”馆风云》荣获湖北辖区2022年证券期货优秀投教视频作品三等奖；原创情景剧《张老头的“灵丹妙药”》入围郑商所“期货影响力——郑商所投教先锋”评选前10名，公司获得“投教先锋团队”称号。

长江期货开展红色教育及投教宣传活动

（长江期货股份有限公司）

美尔雅期货有限公司

【概况】

2022年，美尔雅期货（简称）坚持守正创新和特色化、差异化、专业化的发展定位，切实加强中介能力、专业能力和服务能力建设，发挥专业优势为实体经济发展提供高质量、高效率的风险管理服务。全年实现交易量5849.25万手，交易额42259.32亿元。实现营业收入46162.12万元，实现净利润5845.79万元。

【业务发展】

一、推进“保险+期货”模式

开展大商所农保计划项目6个，分别是贵州镇宁县生猪价格险、江苏如东县生猪价格险、湖北郧阳区生猪价格险、湖北潜江市生猪价格险、江苏徐州生猪养殖利润价格险和江西万年县生猪价格险，项目保费合计超过630万元，对应承接保额超过6730万元。首次开展郑商所“保险+期货”项目——山东六县苹果项目，对应承保面积1916.5亩、承保数量3833吨、对应承接保额超过3505万元，项目赔付率达到192.2%，有效地帮助山东苹果种植户规避苹果价格波动风险，保障种植收益。全年累计运行“保险+期货”项目7个，承保货值总计10237万元，同比增长204.37%；累计总赔付额550万元，同比增长101.7%，有效发挥期货助力实体经济发展功能。

二、推进期货风险管理业务

风险子公司上海美尔雅实业获批做市商业务牌照，取得上期所沥青品种做市商资格，正式成为期货风险管理业务全牌照机构。运用专业化的衍生品工具，为产业客户提供一揽子以期现风险管理为核心的个性化服务。积极推介大商所企风项目及郑商所稳企安农项目22个，一对一帮扶新企业制定风险对冲策略。积极响应中期协“服务中小微企业”号召，在上年度中期协针对期货风险管理业务服务中小微企业成效评价中排名47位，处于全行业前三分之一。

三、推进交易咨询业务

积极推进交易咨询业务，逐步形成基础产品、策略产品和尊享产品的产品梯队，服务产业及高净值客户50余个，完成咨询产品签约2028份，较上年增长279%，服务覆盖面进一步扩大。探索创新内部客户服务模式，建立风险账户管理预警机制，为处置客户风险提供较好的决策参考。为资金运作设计定制化的股指期货和期权产品等，不断丰富完善服务形式，提升咨询业务的落地性和实效性。

四、开展实体企业期货知识培育

成立“美尔雅期货百万培训基金”，专款用于产业客户培训。全年组织中小企业线下培训4期，培训鸡蛋、生猪、建材、饲料、纯碱等产业客户20余家。企业培训活动以行业发展态势讲解、期货科普、产业链及品种知识、套期保值实操案例等为主要内容，帮助企业了解期货和衍生品市场的风险管理功能，提升实体企业的风险管理意识和能力。

五、搭建直播体系

一是对自主设计、开发的移动交易客户端软件美尔雅期货APP进行升级迭代，提升用户体验。全面改版APP首页，支持线上运营活动14余次，注册用户达到1.2万个，有效增强用户黏性。上线美尔雅期货小程序，与微信公众号、抖音号、APP等渠道共同形成流量矩阵，为数字化营销、流量转换打下坚实基础。二是初步搭建直播体系，与IP打造相结合，输出专业分析、期货知识、正确交易理念等优质内容，形成“小美有约”“期市夜行线”“大雄谈期”“老吴聊期货”等品牌栏目，日均直播时长4小时，总计观看人次394168次；新增观看人数15298人，同比增长108%。

【风险管控】

一、强化合规文化建设

充分利用OA、企业微信、网站、公众号等平台，以及线下多种形式，持续开展全民国家安全教育日、国家宪法日等宣传活动。向全体员工详细解读《中华人民共和国期货和衍生品法》。着力提高公司合规宣传培训质量，对新员工培训课程、居间人培训课程进行全面更新。编发《合规简报》3期，结合监管动态与公司经营现状，针对合规风险、反洗钱风险以及客户投诉风险进行风险警示，进一步强调开展业务过程中的合规注意事项。通过邮件督促学习、视频培训、现场培训等形式对分支机构员工开展合规培训。通过开展各类培训活动，不断强调合规经营底线，有效提升员工合规意识。

二、完善风险管理制度

对风险管理制度进行再次完善，全面梳理风险管理制度及职责机制，召开风险管理委员会会议4次。将合规、廉洁从业、软件正版化、反洗钱、强平、穿仓等各种指标整合成一套科学的考核体系，融入全面考核体系中。

三、强化客户信息安全管理

严格落实客户信息安全措施，加强外部机构巡查，开展全员信息安全培训，定期核查、清理员工各系统的账号权限，防止出现权限过大、随意导出客户数据等问题；严格规范对调岗人员、离职人员的账号调整、注销工作。加强密码系统安全规范管理和数据安全规范梳理工作，对CTP柜台、德索CRM、金仕达反洗钱等系统权限进行全面清理，切实保障客户信息安全。

四、加强反洗钱工作

以反洗钱现场检查整改和洗钱风险自评估为重点，有序开展反洗钱系统建设、机制完善、宣传培训、可疑交易监测分析、风险评估、内控体系梳理与完善等工作。协调各业务部门、分支机构有效落实尽职调查等反洗钱义务，不断完善反洗钱工作体系和洗钱风险防范措施。公司及各分支机构洗钱风险防范水平均

美尔雅期货有限公司举办2022秋季化工品风险管理研讨会

有所提升，完成年度洗钱和恐怖融资风险自评估工作，总体机构固有风险评级为较低风险、控制措施有效性为较有效、剩余风险评级为中低风险。

【投资者权益保护】

一是开展主题宣传教育活动。开展“‘3·15’消费者权益保护日”“‘4·15’全民国家安全教育日”“‘5·15’全国投资者保护日暨全国防范非法证券期货宣传月”“理性投资，远离非法期货”“防非打非”“保护投资者合法权益”“金融知识宣传”等主题宣传教育活动。二是充分利用视频号及抖音等短视频平台，运用投资者喜闻乐见的短视频形式普及期货知识。开发多种形式的原创投教作品，让投资者更好地认识期货、理解期货。推出有声电台，开设线上直播分享课程，线上实时交流、实时解答投资者的疑问。三是积极开展适老化工作。官网新设“老年人专区”板块，推出“老年人投资教育交易者知识系列”的适老化课程，帮助老年投资者了解期货，提高风险防范意识，避免盲目入市。

（美尔雅期货有限公司）

中信期货有限公司中南分公司

【概况】

2022年，中信期货中南分公司（简称）坚持“诚信、创新、凝聚、融合、奉献、卓越”的理念，依托总部携手中信证券、中信银行等中信集团成员单位，不断提升服务水平和创新能力，为产业机构和资产管理机构以及高净值个人客户提供大宗商品金融风险管理工具和方案。截至年末，实现手续费收入114.42万元，营业收入106.42万元。

【业务发展】

一是为生猪养殖和保供提供金融支持。年内联合美尔雅期货有限公司、中国人寿财产保险股份有限公司湖北分公司共同开展生猪“保险+期货”价格险分散项目。该项目属于大连商品交易所2022年“农民收入保障计划”养殖分散项目之一，采用增强亚式看跌期权结构，挂钩合约为LH2301，项目承保期限1个月，由湖北省及潜江市各级政府、大商所、生猪养殖户共同出资162万元。其中湖北省及潜江市各级政府支持保费82万元，占比51%；大商所支持保费50万元，占比31%；潜江生猪养殖户自缴保费30万元，占比18%。项目运行期间，生猪期现货价格大幅下行，参保生猪价格险项目的养殖户最终获得赔付金额近284万元，赔付率175.20%，农户自缴保费部分赔付率达946%。此项目有效帮助生猪养殖户规避生猪价格波动风险，促进生产主体运用“保险+期货”等金融工具对抗价格波动。二是依托总部研究团队，通过提供金融期货及大宗商品研究报告、举行线上线下策略会、与企业及投资机构进行现场交流等形式为企业提供研究支持，引导企业用好金融衍生品工具风险管理和价格发现功能。三是开展企业“广覆盖、深开发”工作，切实履行金融服务实体企业的职能。依托湖北辖区资源禀赋，积极争取湖北省上市公司协会、中国纯碱工业协会、湖北省畜禽业协会等行业协会支持，对辖区上市公司、龙头企业、产业链上中下游企业进行全面梳理和对接，落地纯碱、棉花标准仓单和非标准仓单的质押业务，有效服务实体经济。

【风险管控】

严格遵守合规管理制度与内控管理机制，严防合规风险，确保稳健经营。充分发挥日常合规督导职能，不定期开展合规自查、全员合规培训，全年未发生违规事件和被监管部门或公司处罚的情形。严格遵守反洗钱内部控制制度，提高反洗钱工作有效性。引导客户合法合规交易，配合交易风控部及时对异常交易客户予以提醒、劝阻和制止。对客户进行风险教育、转达交易所相关监管信息和书面决定，将合规风控要求贯彻到每一项具体工作中。

【投资者权益保护】

通过进社区、进校园以及党建与业务相融合等方式开展常态化及专项投资者宣传教育工作。落实适当性管理制度，引导投资者选择正规的金融机构。向投资者宣传防范非法期货活动知识、揭示市场风险，切实保护投资者合法权益。

（中信期货有限公司中南分公司）

海通期货股份有限公司湖北分公司

【概况】

2022年，海通期货湖北分公司（简称）坚持合规经营，加快专业务实的人才梯队建设，积极开拓市场；坚持服务实体经济，聚焦服务机构客户、产业客户，在期货经纪业务、基金销售业务等方面取得显著成效。截至年末，分公司客户期末权益19068.82万元，其中，机构客户期末权益10980.38万元，占比57.6%。

【业务发展】

分公司大力推进业务发展。全面整合华中地区交易所、产业和协会以及海通证券各分支机构等内外部资源，以稳健发展传统经纪业务为“压舱石”，通过推进产业客户风险管理服务、期现结合业务、总部资产管理及基金销售业务、投资者宣传教育等，促进业务健康有序发展。为不同需求的客户提供多元化产品与服务，为投资者提供稳定、快捷、高效的交易跑道。持续打造从业经验丰富、职业道德良好的客户服务团队，为产业客户提供优质的风险管理服务。开通工行、建行、交行、农行、中行、浦发、中信、民生、光大、招商、兴业、平安等银行的“银期转账”业务，确保资金安全和资金调拨方便、快捷。

【风险管控】

分公司持续强化风险管控。从内部经营合规、客户交易风险控制以及反洗钱等方面加强风险管控。在日常管理中始终把合规工作、守法合规经营作为各项工作的重中之重。不断加强投资者宣传教育工作，提升投资者风险意识，树立理性投资的理念。

（海通期货股份有限公司湖北分公司）

中国国际期货股份有限公司武汉分公司

【概况】

2022年，中国国际期货武汉分公司（简称）期货业务持续保持较高增长水平，占据较大的市场份额，交易规模在华中地区连续多年位居榜首、位居湖北省前列。连续多年获得湖北省人民政府授予的“湖北省优秀金融机构”荣誉，多次获评“湖北十佳优质文明服务金融机构”“最具竞争力期货单位”“诚信文化宣传先进单位”等荣誉。

【业务发展】

一、服务实体经济

坚持深耕湖北，做实产业服务。一是实施服务乡村振兴战略。深入涉农企业，在种植收购、风险规避、商贸往来、经营管理等方面为企业提供专业指导，将金融市场资讯融入现货经营。立足于期货市场基本功能的发挥，做深做精产业服务，培育成熟的机构投资者，助力乡村振兴。二是有效发挥期货的功能作用。一方面，通过期货市场价格发现功能，帮助现货企业优化配置生产要素，避免盲目生产。另一方面，通过期货市场的风险管理功能，促进生产要素有效流动，助力市场主体通过在期货市场上套期保值降低风险、减少价格波动带来的冲击，从而促进产业链上下游的企业正常生产和生产要素的有效流动。

二、推进业务创新发展

围绕绿色金融、“双碳”目标等发展战略，结合传统品种的风险管理经验，探索推出碳排放、商品指数等创新品种。完善“保险+期货”的业务模式，开发更多金融服务产品。

三、打造湖北地区的高端期货服务平台

以武汉市作为中部地区发展重心，全力打造湖北地区的高端期货服务平台。定期举办各种精品产业会议，为企业搭建交易咨询服务平台。中国国际期货将“95162 语音中期”立体式服务体系落地武汉，服务覆盖湖北、湖南、安徽三省；成立创新业务中心，大力开展资产管理、境外业务等创新类业务；成立华中互联网金融中心，通过互联网、移动互联网等工具，研发产品、服务客户，推动华中地区金融业务的发展。在华中地区打造多元化、全方位的金融服务和风险管理平台，使之成为 24 小时不间断交易的中国期货及金融衍生品交易中心。

【风险管控】

一、进一步加强合规管理

一是建立高效的风险管理机制。以风险管理为核心，提高全员合规意识，严格控制经营风险。及早识别和防范各类风险，有效防范合规风险，确保稳健经营。二是严格落实合规管理要求。围绕制度健全、流程规范的要求，重点强化营业网点内部管理，做好客户账户日常规范管理工作。加强合规规范管理，将合规管理要求融入各项业务日常操作流程中，确保职能岗位操作规范。三是加强营业网点合规培训。对营业网点工作人员开展全面的业务和合规培训，促进其熟练掌握相关法规制度、业务操作流程，依法合规开展业务。

二、严格实行风险管理

开展风险评估、预测，对可能面临的各种风险进行提前预防、控制。健全完善业务流程，建立有效的复核机制、强化内部责任追究机制，对发现的问题及时采取措施进行整改。完善动态风险监控机制，建立科学的风险监测反馈系统。

三、加强反洗钱工作

修订完善反洗钱制度汇编，加强反洗钱制度和体系建设，夯实反洗钱工作基础。根据期货行业特性及客户实际情况，不断完善反洗钱系统建设，利用金仕达反洗钱系统严格依法开展客户身份识别及等级划分工作。加强对客户身份信息的监控和管理，及时更新、补充客户的身份资料和相关信息。认真开展对有关客户的重新识别，加大对重点客户的监控力度。完善可疑交易报送机制，对可疑交易数据需进一步甄别的异常情况进行审核流转，强化人工分析、审核和判断可疑交易的工作流程。

【投资者权益保护】

一是积极开展以“选择合法机构，远离非法期货，坚持理性投资，谨防上当受骗”为主题的防范非法证券期货宣传活动，帮助投资者增强风险防范意识和能力。推进防范非法期货宣传，聚焦非法推荐股票基金期货、场外配资、股市黑嘴、境外机构违规提供跨境证券期货基金交易服务、仿冒假冒证券期货基金经营机构等重点领域风险，普及“高收益意味着高风险”“承诺保本保收益就是金融诈骗”“只与持牌证券期货经营机构合作”等风险防范理念。二是利用营业场所、交易系统、“两微一端”进行宣传活动。帮助中小投资者树立正确投资理念，远离非法证券期货活动，依法维护自身合法权益。三是在日常业务多环节提示客户关注投资风险，选择与自身承受能力相匹配的产品，坚持理性投资、价值投资和长期投资理念。四是开展期货基础知识宣传。五是针对非法金融领域投资、养老领域金融诈骗、电信网络诈骗和个人信息安全，有效开展金融风险提示。

（中国国际期货股份有限公司武汉分公司）

中泰期货股份有限公司武汉分公司

【概况】

2022 年，鲁证期货股份有限公司武汉分公司更名为中泰期货股份有限公司武汉分公司。分公司坚持“合规风控至上，客户利益至上，人才价值至上，创新发展至上”的经营理念，持续强化金融中介机构功能定位，将服务实体企业和金融机构作为业务发展的重点，不断提高专业服务能力和水平。

【业务发展】

一、有效发挥资源和专业优势

利用总部专业优势与资源，充分发挥期货市场服务实体经济的功能。依托总部的研发力量和技术支持，积极推进产品创新和业务创新。利用期货及衍生品工具，为客户提供专业、优质的期货投资及风险管理服务。

二、助力企业风险管理

利用专业的风险管理能力为大宗商品市场提供定制化、个性化服务，满足不同客户的多样化风险管理需求，深度服务实体企业，解决客户面临的价格风险、资产价值管理等问题。一是利用期权进行风险管理，在对冲上涨或下跌风险的同时，保留下跌或上涨时的可能收益，锁定最大亏损，锁定利润。二是利用期权套保在资金利用和资金管理方面的优势，服务客户，减少资金占用，增强流动性。三是利用期权合约结构多样、策略灵活度高、有较高的容错空间的优点，更好地配合现货贸易及期货交易。

【风险管控】

一是强化合规管理。设置合规岗以防范、化解和处置经营风险、重大异常情况和突发事件。二是积极落实监管要求，开展风险管控工作。认真贯彻落实反洗钱工作要求，做好客户风险识别和排查。积极开展投资者保护教育活动，全面落实合规自查工作。

（中泰期货股份有限公司武汉分公司）

瑞达期货股份有限公司武汉市分公司

【概况】

2022 年，瑞达期货武汉市分公司（简称）积极推进金融改革创新，提升现代金融服务水平，助力辖区实体经济发展。截至年末，实现营业收入 1262.13 万元，利润 598.25 万元。

【业务发展】

运用期货、期权等金融工具服务现货产业，帮助机构客户规避经营风险。年内签约服务 16 家产业客户，通过风险管理实现降本增效；有效发挥期货市场价格发现功能，切实为现货企业提供可行性风险管理方案。联办线上产业投教活动 20 余场次，加强与现货企业交流沟通，通过“期现结合”，及时化解经营风险，帮助企业规避日常经营中的风险，保障企业健康发展。形成以涵盖期货经纪业务为基础，以投资咨询业务为引导，以资产管理业务和风险管理业务为两翼的多元化、全方位业务发展格局，为客户提供多元化的资产配置方案。

【风险管控】

严格依照期货行业监管法规和自律规则，在总部对分支机构实施统一结算、统一风险管理、统一资金调拨、统一财务管理及会计核算的"四统一"管理的基础上，贯彻落实合规管理、风险管理等内部管理制度。以风险管控为前提开展业务，对关键岗位进行充分隔离，对从业人员开展定期合规培训，有效提升全员合规意识，确保合规稳健运营。

【投资者权益保护】

积极开展投资者教育活动，持续向社会公众宣传金融法律法规，强化投资风险警示，落实投资者保护主体责任。全年共举办各类投教活动32场，受众5010人。

（瑞达期货股份有限公司武汉市分公司）

宁证期货有限责任公司湖北分公司

【概况】

2022年，宁证期货湖北分公司（简称）坚持立足湖北、服务实体经济的市场定位，把握"稳中求进"工作基调，在精耕传统经纪业务的基础上，主动创新发展，不断增强专业服务能力，实现盈利快速增长、业务规模不断扩大、市场空间进一步拓展、经营管理效率有效提升。截至年末，实现日均总资产过亿元、总成交量过百万手、成交额过百亿元、手续费过百万元。

【业务发展】

一是以经纪业务发展为基础，大力推进财务管理和风险管理业务发展。合理调配业务资源，确保资源有效、精准投放，实现资源利用最大化。二是围绕"以人为本、以心为桥、以诚为基、以德兴业"的经营宗旨，着力为客户提供专业、优质的期货投资及风险管理服务，充分发挥期货市场服务实体经济的功能，满足企业风险管理和资源配置需求。三是加快业务转型。抓住期货市场深化改革的机遇，加快资管业务转型，努力打造一流的业务竞争实力、创收盈利能力以及服务实体经济能力，推动业务快速发展。四是拓展投资公司、高净值个人客户。为客户提供交易咨询、财富管理计划等专业性服务，寻求业务新增长点，推动业务从风险管理、财富管理向综合性金融管理服务转变，构建全方位的财富管理服务体系。五是拓展业务资源。外派业务人员前往一线城市"北上广深"地区进行业务学习和拓展，在提升专业水平的同时，拓展新的产业客户群体和资源，加快资管业务转型。六是拓展客户线上服务体系。做好客户线上服务工作，积极运用技术手段，维护和完善线上APP的服务功能，引导客户进行线上办理，提升客户服务便捷度。

【风险管控】

一是营造合规经营环境。树立合规价值观，强化合规理念。引导员工从"要我合规"向"我要合规"转变，强化员工合规经营意识，落实职业道德规范和价值标准，明确员工的行为准则。运用OA、微信、网站等平台以及线下多种模式，组织员工学习最新监管政策、期货法律法规、反洗钱政策及各类违规案例，提升合规意识。二是加强合规展业。优化业务环节、简化业务手续和业务材料，解决疫情期间法人客户开户、特法客户线上服务等难题，守住合规底线。三是强化风险排查。做好客户风险识别和排查，全面落实合规自查工作，全年未发生违法违规事件。四是加大反洗钱工作力度。持续改进反洗钱工作和流程，完善反洗钱内控制度，认真贯彻执行反洗钱法律法规要求，加大宣传和培训力度，做好客户身份识别、身份资料和交易记录保存、可疑交易报告等工作，推动反洗钱工作落到实处。

【投资者权益保护】

一是提升员工专业性，提高客户服务质量。组织开展各项专业性产品培训和产品路演培训活动，组织反洗钱专项培训5场和反洗钱领导小组会议及培训活动4场，全方位提升员工专业水平。二是开展投资者宣传教育工作，提升客户风险意识。开展全民国家安全教育日宣传、火灾危险性警示宣传、中国公平竞争政策宣传周以及"宪法"宣传等金融宣传活动4场、反洗钱宣传活动3场。三是做好信息公示，加强风险提示。及时更新投资者园地内容，张贴交易所最新资讯与通知。设立从业人员公示牌、公司介绍公示牌、投资者投诉处理流程等各个方面的内容，加强信息公示的全面性。

（宁证期货有限责任公司湖北分公司）

方正中期期货有限公司湖北分公司

【概况】

2022年，方正中期期货湖北分公司（简称）以传统经纪业务为根基，在巩固市场优势地位的同时，持续推动业务转型升级，打造行业领先的综合金融服务平台。截至年末，分公司资产总额33869.68万元、净资产752.44万元、营业收入1456.21万元、净利润478.91万元。

【业务发展】

在开展传统商品期货经纪业务的同时，积极推动金融期货经纪业务和基金销售业务，推动实体企业灵活参与期货交割、仓单业务等。分公司领导前往湖北省宜昌市长阳土家族自治县以及黄石市阳新县开展以"方心有爱 助益如期"为主题的系列金融知识培训，将金融工具带入实体经济，充分发挥期货工具在乡村振兴过程中的积极作用，为乡村振兴事业持续助力。

【风险管控】

持续强化从"被动的制度合规"转变为"主动的意识合规"，严格贯彻落实主动合规、全员合规。持续提升专业履职能力和岗位胜任能力。在服务客户过程中，强化证据保留意识，保护客户和公司合法权益。积极开展投资者权益保护宣教活动，以"线上+线下"的方式，通过微信朋友圈、短视频、联合交易所线上投教会议、乡村振兴培训等多种形式开展投资者教育活动，切实维护投资者合法权益，自觉维护市场秩序，促进期货市场健康稳定发展。

（方正中期期货有限公司湖北分公司）

紫金天风期货股份有限公司湖北分公司

【概况】

2022年，紫金天风期货湖北分公司（简称）致力于个人客户服务与开拓，借助互联网搭建个人客户服务体系，打通线上业务流程，建立以客户服务移动平台为核心，集合服务内容及资源优势，形成拉新、促活、留存于一体的业务运作模式。加强互联网渠道建设，将互联网受众需求特性和公司专业内容相融合，拓展客户来源渠道，加强公司专业品牌建设。

分公司持续加强合规风险管理，开展风险分析、识别、评估、监测、应对及报告，推进合规风险管理文化建设。开展对业务合规与风险情况的自查，不断强化重点领域和薄弱环节风险防控，加大投资者权益保护力度。全年分公司实现合规稳健经营。

（紫金天风期货股份有限公司湖北分公司）

中信建投期货有限公司湖北分公司

【概况】

2022 年，中信建投期货湖北分公司（简称）积极发挥专业优势，有效运用期货价格发现和风险管理功能，不断深化与湖北省内有色金属、养殖等重点特色产业的对接，助力实体企业加强价格和供应链风险管控、稳定经营。全年新增商品期货客户数 389 户，期末客户权益规模 14401.20 万元，全年成交金额 1119.39 亿元。截至年末，实现营业收入 627.36 万元，净利润 353.75 万元。

【业务发展】

一、帮助企业树立套期保值理念

着重培养企业风险意识，让企业充分认识期货的风险规避功能。在行情剧烈波动时，通过套期保值规避价格波动风险实现稳健经营的目标。助力企业坚持套期保值的理念，避免“靠天吃饭”或期货投机，努力实现持续稳健发展。

二、帮助企业完善套保策略体系

帮助企业探索适合自身的发展模式，识别自身经营中的风险点，量体裁衣选择适合自身特点的保值模式和策略，有针对性地进行对冲。

三、为企业提供全方位服务

针对企业多种风险管理的需求，逐步探索出基差贸易、仓单服务、场外期权等一揽子综合服务方案，达到各种不同的套期保值效果，实现保价锁价、稳定正常生产经营的目的和要求。积极为中小企业提供个性化的风险管理服务，有效解决企业资金流动性问题，保障企业持续稳定经营，有效规避原材料价格上涨风险，保证企业利润的稳定，增加整体库存收益。

四、打造专业人才队伍

着力打造精通现货又熟悉期货的专业人才队伍，密切追踪国内外最新的宏观经济政策、行业及行情信息，为实体企业的套保、经营决策提供高质量服务。

（中信建投期货有限公司湖北分公司）

广州期货股份有限公司湖北分公司

【概况】

2022 年，广州期货湖北分公司（简称）着力提升客户服务水平，持续推进高质量发展。截至年末，实现营业收入 165.95 万元，净利润 15.24 万元，期末客户权益 15614.17 万元，整体经营情况良好。

分公司持续完善全面风险管理体系，优化全面风险管理架构。推进合规文化建设，在风险防范上做到有思想、有偏好、有基因、有技术、有目标，全面提升风险合规管理质效。定期开展合规反洗钱培训学习，有效提升全员合规风险意识。强化投资者权益保护宣传教育，积极开展多种形式的宣教活动，有效提升投资者权益保护意识。

（广州期货股份有限公司湖北分公司）

广发期货有限公司武汉分公司

【概况】

2022 年，广发期货武汉分公司（简称）坚持“稳健经营、持续创新、绩效导向、协同高效”的经营理念，打造专业客户服务队伍，为客户提供优质的金融服务。截至年末，资产总额 17833.71 万元，总成交量 260.14 万手、成交额 1993.52 亿元，手续费收入 299.89 万元，营业收入 505.77 万元，净利润 179.16 万元。

【业务发展】

作为拥有行业领先创新能力的期货市场综合服务商，为客户提供多样化、个性化、国际化的交易系统，专业的跨市场、跨品种套利分析软件选择，满足客户多样化需求。团队成员拥有丰富的投资管理经验，在多年的投资和研究中形成了成熟的投资理念和稳健的风险控制措施。研究方向包括对冲、套利、程序化交易多个领域，涵盖股票、期货、期权、债券等多种资产类别。在大类资产配置、投资策略组合、交易策略设计、投资收益实现等方面取得优秀成绩。

除基础经纪业务外，为实体产业客户提供优质的仓单贸易、合作套保、“保险+期货”、专业投资咨询管理等创新业务。依托香港和英国业务通道，为企业提供“一个平台，联通全球”的专业服务。年内参与湖北省棉花价格“保险+期货”项目，项目总保费超过 2000 万元，覆盖 8 个县市，总承保面积超过 40 万亩，保费规模、承保县市数量、覆盖面积均创省内新高。主导襄阳市谷城县生猪价格“保险+期货”项目。该项目是“大商所农保计划”分散试点项目之一，保费共计 100 万元，对生猪产业进行稳价保供的同时保障养殖户的收入，该项目总赔付金额超过 146 万元，赔付率高达 146%。

【风险管控】

在日常运营中坚持诚信合规、稳健经营，加强对客户信息保护。加强合规管理，坚持“不以风险换业务”的经营理念。坚守合规底线和风险管理生命线，建立全面风险管理体系，实施全面风险管理战略。认真贯彻落实监管要求，严格遵守各项规章制度，加强运营合规自查，确保合规稳健运营。

（广发期货有限公司武汉分公司）

国泰君安期货有限公司湖北分公司

【概况】

2022 年，国泰君安期货湖北分公司（简称）坚持国泰君安“金融报国”理念，秉持“家国一体，金融向善”情怀，充分发挥期货及金融衍生品专业优势，坚持“诚信、责任、亲和、专业、创新”的核心价值观，立足衍生品服务，为客户提供以风险管理和财富管理为特色的综合金融服务。严格按照监管要求持续强化依法合规经营，各项业务稳健发展。全年实现营业收入 96.76 万元。

【业务发展】

一、支持乡村振兴

助力全面脱贫、乡村振兴等国家战略，运用“保险+期货”模式助力农户应对市场价格波动风险。在当阳市开展生猪“保险+期货”价格险项目 2 个，承保生猪现货总规模 1772 吨、总保额 4116 万元、总理赔 88.15 万元；在枣阳市开展生猪“保险+期货”价格险项目 1 个，承保生猪现货总规模556吨、总保额1201万元、总理赔82.19万元。乡村振兴工作荣获大商所2022年度“优秀乡村振兴奖”荣誉。

二、打造产业生态圈

充分发挥期货市场功能，深化期货服务实体经济功能，提升产业企业参与期货市场广度和深度，有效帮助实体企业利用期货和衍生品市场管理风险。做好市场培育工作，年内共组织产业链系列沙龙13场。积极打造产业生态圈，在产业链上下游打造国泰君安期货品牌，引进优质客户，产生规模效应。通过系列沙龙会议，与产业生态圈的企业进行宏观经济环境、行业基本面的分析与交流，对金融衍生品工具服务实体经济的方式进行深入探讨，开展企业利用金融工具进行风险管理的专题培训。充分发挥期货及金融衍生品专业优势，为客户提供以风险管理和财富管理为特色的综合金融服务。

【风险管控】

在合规与风险管理战略和公司合规管理与风险管理制度的框架下，将合规与风险管理嵌入到具体的业务与管理活动流程中。设立兼职一线合规风控管理岗，负责督促落实合规与风险管理工作。配合总部运营中心开展客户交易风险通知、强行平仓风险提示、客户强行平仓结果告知等风控工作。配合总部合规与风险管理部对客户的异常交易行为进行监控、提醒、通知、教育。认真履行实际控制关系账户管理工作职责，加强客户实际控制关系账户报备、协查等工作。严格按照公司信息报送相关规章制度的要求，认真履行信息报送职责。成立反洗钱工作小组，按照规定开展客户身份识别、客户洗钱风险等级划分、大额交易和可疑交易识别与报告以及反洗钱培训与宣传等工作。常态化开展执业行为风险提示，不断强化合规风控理念宣导，强化员工信息安全意识。定期或不定期对合规与风险管理情况开展自查自纠，及时发现风险隐患，完善内控管理机制，防范风险于未然。全年未发生重大风险事件。

【投资者权益保护】

一是做好金融消费者权益保护工作，在营业场所显著位置设立投资者教育园地，开设专门的公示栏。通过宣传标语常挂、宣传材料常备、咨询台常设、LED显示屏播放宣传图片及宣传视频、不定期组织各种专项投教宣传活动、组织线上或线下投资者教育活动等多元化的宣传手段，提升投资者权益保护意识。二是举办产业链上、中、下游企业系列沙龙会议，开展宏观经济环境、行业基本面分析，以及金融衍生品工具服务实体经济、涉农企业利用金融工具进行风险管理等探讨。通过现场拜访客户、线上及线下路演活动，开展期货场外期权基础知识和交割知识、套保会计、企风计划等培训交流。三是开展国家安全教育日宣传教育、《股东来了》2022投资者权益知识竞赛活动宣传、“远离洗钱犯罪，共建美好未来”反洗钱宣传等投资者教育专项宣传活动。

（国泰君安期货有限公司湖北分公司）

兴证期货有限公司湖北分公司

【概况】

2022年，兴证期货湖北分公司（简称）抓住期货市场深化改革、扩大开放的机遇，加快从传统中介型期货经纪公司向一流的综合金融衍生品服务商转型。坚持以客户为中心，利用先进的金融服务理念和金融管理技术、雄厚的研发力量和丰富的企业风险管理经验，为客户提供一站式的金融服务。坚持“风险为本”的经营理念，认真贯彻执行监管部门与总部风险防控和合规管理要求，坚持合规稳健运营，风险管控能力进一步提升。

（兴证期货有限公司湖北分公司）

福能期货股份有限公司湖北分公司

【概况】

2022年，福能期货湖北分公司（简称）坚持“以客户为先，与客户共赢”经营理念，依托公司总部高端技术平台、专业化研发团队和系统化的客户服务，为客户提供专业化、定制化的优质高效的金融服务。

【业务发展】

一是依托完善的软硬件设施、高效的服务，为上市公司、大型企业提供套保交割、交割仓库、交割品牌等服务。加强与客户和合作机构联系，维护好客户资源和业务渠道。努力提高业务能力，提升客户服务质量，将分公司打造为一流的商品期货、金融期货服务商。二是打造专业团队。完善用人制度，建立人才引进、培养、选拔机制，强化协同合作意识，进一步提升员工业务水平。

【风险管控】

一是优化完善内部管理制度和流程。常态化开展稽核审计检查，强化事前防控、事中管理、事后追责问责。二是认真履行反洗钱义务。严格执行大额和可疑交易报告制度，做好反洗钱培训宣传工作，提高反洗钱工作成效。三是定期开展员工教育培训，提高员工风险识别能力，及时防范化解业务风险，不断推进业务高质量发展。

（福能期货股份有限公司湖北分公司）

混沌天成期货股份有限公司湖北分公司

【概况】

2022年，混沌天成期货湖北分公司（简称）坚持以客户需求为导向，以满足客户需求为目标，为机构投资者、现货企业、专业投资者、高净值个人投资者提供优质高效的金融服务。

【业务发展】

一是建立具备丰富期货从业经验的团队，依托混沌天成研究院提供专业的研究分析报告和资讯信息，有效整合产业链和投资机构资源；依托公司总部先进的智能IT运维、监控系统，持续完善IT管理制度和应急预案，确保信息系统的稳定运行，为客户安全交易保驾护航。二是积极开展业务创新。深化与银行、证券公司、私募基金公司以及各合作渠道对接，发挥金融专业机构渠道优势，有效互换整合资源，成为多只量化私募纯期货产品及多个综合类产品指定期货经纪商，在经营和服务上形成了自身特色。

【风险管控】

健全合规管理和风险管理体系，严格依照相关法律法规和制度规定，有效实施合规和风险管理。强化合规与风险管理的监督、检查，营造良好的经营环境，将合规与风险管理融入日常管理和业务流程中。切实保护投资者合法权益，引导投资者理性参与期货交易。组织开展投资者教育活动，通过线上和线下多种宣传教育形式，引导投资者理性认识市场，进一步增强风险防范意识，有效地维护自身合法权益，共同维护和谐稳定的金融秩序。

（混沌天成期货股份有限公司湖北分公司）

华金期货有限公司湖北分公司

【概况】

2022年，华金期货湖北分公司（简称）坚持特色化、专业化发展道路，持续以期货赋能实体经济发展。依托总部雄厚的资金实力，与华发集团各板块、珠海国资系统、珠海市产业资源实现联动发展，利用股东资源与华发商贸实现业务协同，采取期现结合服务实体经济新模式。以产业客户和私募基金为重点发展客户。联动公司业务，积极拓展与中部地区私募基金的合作，引导资金进入产品专业化投资，与多家机构开展合作。以棉花和生猪产业为聚焦点，积极开发相关企业和客户，形成专业化产业服务的模式，为产业客户提供全方位的特色化服务。截至年末，客户权益突破1亿元。

分公司严格执行内控管理制度，明确岗位职责和人员管理要求。持续加强对开户、委托交易、结算、保证金和客户出入金、风险控制、期货经纪合同、业务印章、业务档案、客户投诉回访等方面的规范管理；加强对信息技术、财务、行政事务、市场营销的风险管理，有效防范业务风险，确保规范稳健运营。

（华金期货有限公司湖北分公司）

宏源期货有限公司湖北分公司

【概况】

2022年，宏源期货湖北分公司（简称）推动各项业务稳健发展，全年实现成交量440万手，日均客户权益1.95亿元。全年实现营业收入717万元，实现利润总额350万元。

【业务发展】

大力开发企业和专业投资机构客户，拓展辖区内螺纹钢贸易商、报废空调拆解企业，为其普及国家相关政策和期货工具知识，助力企业稳健经营。持续推进由通道服务向综合服务转型发展，将场外业务、期货交易咨询业务作为新的业务增长点，持续加强产品销售业务和股票期权经纪业务的蓄客、揽客和累客。积极寻求金融同业合作机会，加强与银行、公募、私募等机构的深入联系，捋清业务线索，不断拓展业务发展空间。

【金融创新】

不断优化客户结构和改进开发模式，探索线上营销和市内产业贸易商集中地重点攻坚模式，将工作重心转移到高净值客户人群，通过整合金融行业资源、重点攻坚产业贸易商、深耕互联网等方式，加快潜在客户的开发和业务的推进。一是整合金融行业资源。通过整合金融行业的资源，获取优秀交易团队线索；通过优质服务和持续跟进，开发高净值客户作为核心客户群体。二是重点攻坚产业贸易商。将产业客户开发重心逐步转移到贸易商体。梳理辖区重点产业贸易商集中地，充分运用产业客户“群居”特点，组织线上线下交流，梳理客户需求，解决客户痛点，完成贸易商个人客户的转化，加强套期保值和场外期权的案例引导，为未来开发产业客户奠定基础。三是深耕互联网营销。细化线上开发模式，对潜在目标客户进行分类分级，找准重点攻坚对象，通过丰富的服务产品和专业服务，吸引客户的认可和加入。

【风险管控】

一是严格执行内控管理和业务规范要求，推进廉洁风险及案件风险防控、反洗钱、员工合规执业管理等工作，积极落实巡视整改相关要求和各项制度规定，严格控制各类风险。全年未发生风险事件。二是积极开展投资者权益保护宣传教育。在办公场所醒目位置悬挂横幅、积极开展“3·15”消费者权益保护等投资者教育活动，向开户投资者进行充分的风险提示。每季度通过互联网公众平台（微信公众号、微博等）发布投资者教育相关文章，有效提升投资者风险意识。

（宏源期货有限公司湖北分公司）

前海期货有限公司湖北分公司

【概况】

2022年，前海期货湖北分公司（简称）立足湖北、辐射全国，积极整合产业客户和金融机构资源，为客户提供优质、高效的综合金融服务。

【业务发展】

依托总部的研发力量、技术支持，积极推进产品创新和业务创新，利用期货及衍生品工具，为客户提供专业、优质的期货投资及风险管理服务。大力发展产业客户，深入与企业合作，坚持期货为实体经济的创新发展服务、为虚拟经济的风险管理服务、为综合金融的协同发展服务。通过宏观经济研究与行情研判，为客户提供信息、综合资讯等标准化的线上、线下服务；针对客户需要开展行业分析和产业调研，为客户制定趋势性投资、套期保值、套利等投资策略。通过组织沙龙、投资者报告会等方式，为客户讲解期货投资策略，让投资者更好地了解与利用期货工具。

【风险管控】

以风险识别、风险对冲、风险管理为原则，建立科学合理的全面风险管理模式。将风险架构作为整个管理体系架构，始终遵循企业风控管理“一个基础，三个防线”原则，以公司治理为核心，实行决策由上至下贯彻实施，意见由下至

华金期货湖北分公司为客户举办衍生品知识讲座

上反馈上报。加强风险管理的全面性及联动性,合规管理部门透彻理解合规政策规则,将合规要求融入各项内控制度之中;建立内审机制,在各项经营管理活动运作之前先做合规审核;加强事后检查,检测合规政策的落实程度。建立更加有效的风险预警与风险控制机制,形成稳定、持续的风控管理传统,不断探索适应业务发展的风控管理新模式。

(前海期货有限公司湖北分公司)

华闻期货有限公司华中分公司

【概况】

2022 年,华闻期货华中分公司(简称)依托总部专业的投研团队、资产和风险管理能力,持续推进商品期货经纪、金融期货经纪、期货投资咨询等业务发展,着力为客户提供差异化定制服务,满足客户多样化需求。截至年末,公司权益 1.2 亿元,同比增长 33%。全年累计为近 4000 名个人客户和机构客户提供金融服务。全年实现营业收入 100 万元。

坚持“合规是业务发展底线”理念,严格遵守期货行业监管法规和自律公约,认真落实总部各项风险防范、风险内控管理制度,严防合规风险。积极履行反洗钱义务,提高反洗钱工作有效性。不定期开展内部培训,将风险管理要求融入每个业务环节。积极开展反洗钱宣传工作,维护金融市场稳定。加大投资者权益保护宣传教育工作力度,通过网络平台播放情景剧等方式开展投教宣传,有效提升投资者权益保护意识。

(华闻期货有限公司华中分公司)

山东齐盛期货有限公司武汉分公司

【概况】

2022 年,山东齐盛期货武汉分公司(简称)依托股东背景、广泛的营业网络、丰富的客户资源和先进的技术系统,坚守服务实体经济本源。以传统期货经纪为主,开展商品期货经纪、金融期货经纪业务,有效助力现货企业抵御风险、实现稳健经营。为客户提供周到、安全、便捷的服务,引导投资者把握市场机会和管理经营风险,实现企业和个人财富增值。年内分公司法人客户数量稳步增加。截至年末,分公司客户权益为 5791.72 万元,营业收入 122.73 万元。

分公司坚持合规先行的理念,持续强化风险管控。从内部制度建设、风险摸排、自查自纠等方面着手,全面建设合规管理体系。坚持将合规风控的相关要求贯穿到各项业务、各个环节,为合规经营奠定良好的基础。强化投资者教育和权益保护。对客户信息实行严密保护,开展丰富多彩、喜闻乐见的投资者宣传教育活动,做好相关风险提示工作,引导客户理性投资、远离非法证券期货活动。

(山东齐盛期货有限公司武汉分公司)

中州期货有限公司华中分公司

【概况】

2022 年,中州期货华中分公司(简称)围绕“打造专业优势、服务实体经济”的目标,积极打造在产业调研、企业培训、市场培育、期货及衍生品推广以及专业化服务方面的独特优势。打造拥有精通期货套期保值、期货及衍生品风险管理、期现结合以及深入了解现货产业链的人才队伍,为客户在套期保值、交割、风险管理等方面提供期货及衍生品专业服务。截至年末,分公司累计服务期货套期保值企业达 78 家,客户保证金规模 5.9 亿元,其中法人户保证金规模 3.5 亿元。全年实现营业收入 899.95 万元,实现净利润 181.4 万元。

【业务发展】

一是充分利用交易所政策支持实体企业。积极运用交易所产业支持政策为企业提供服务,服务客户数较上年增加 20 家。大力推广大商所套保业务,落地产业客户 15 家;大商所场外标准仓单业务落地产业客户 5 家;郑商所产业服务专项计划落地产业客户 7 家。二是推进开展交割服务。协助客户完成棉花、大豆、玉米、淀粉、棕榈油等期货品种的交割工作。三是推进生态协同与资管财富。依托母公司德邦证券,大力发展 IB 业务。以机构业务协同为主,落地多个产品户,期末权益 1315 万元,较上年实现大幅增长。通过资管、财富业务撬动经纪业务增量。开发私募公司在华中分公司开立特法账户,期末权益超过 1 亿元。

(中州期货有限公司华中分公司)

国金期货有限责任公司湖北分公司

【概况】

2022 年,国金期货湖北分公司(简称)坚持合规经营、开拓创新,积极构建优秀团队,为客户提供专业的商品期货经纪和金融期货经纪服务,各项业务实现平稳发展。截至年末,资产总额 19.34 万元;全年实现营业收入 538.79 万元,营业支出 483.19 万元,利润 56 万元。

【业务发展】

一是深入研究产业痛点,发挥期货、期权的套期保值功能,提升期现联动水

国金期货湖北分公司召开期货业务分享会

平，为企业提供精细化方案和高水平服务，助力企业建立相对完整的产业链条风险管理体系，有效规避现货市场价格波动风险。通过不断提高期货及衍生品服务实体产业的能力，助力实体经济高质量发展。二是立足期货交易，面向产业服务，提供综合金融服务。确立“好交易、好投资、好服务”的期货品牌战略，打造“高手训练赢”和“天天研究院”两大服务平台，为客户提供一站式交易服务和便捷性平台体验，帮助投资者“知期货、懂交易”，构建“成就客户”的价值服务体系。

【风险管控】

一是建立完备的风险管理工作体系，在总部“四统一”的风险管理框架内开展合规风控工作。重点抓好洗钱和恐怖融资风险管理、投诉处置和合规风险管控工作，制定完备有效的风险管理制度和专项内控制度，完善相关流程和工作标准。二是强化投资者权益保护和投资者教育工作。充分发挥新媒体传播快、触角长、覆盖广的特点，多平台发布原创短视频，将消费者权益保护与洗钱风险防范知识相结合，用浅显易懂、风趣幽默又接地气的形式，多角度向投资者普及金融知识，增强风险防范意识和责任意识，维护自身合法权益。

（国金期货有限责任公司湖北分公司）

大有期货有限公司武汉分公司

【概况】

截至2022年末，大有期货武汉分公司（简称）大力开发产业客户和个人客户，为产业客户提供套期保值服务。推进“保险+期货”项目，为养殖户提供双保险。截至年末，资产总额10914.94万元，营业收入21.11万元。

分公司持续强化风险管控。强化合规管理，将合规管理覆盖到各个业务条线、各个环节及每个员工。全面完善和优化现有内部控制制度，实行自上而下的全员、全方位和全过程风险控制。加强全员参与的风险管理文化建设，确保业务发展与风控能力相匹配。严格按照内控制度，明确由开户岗进行投资者适当性评估工作，开户人员不得兼任客户开发类的业务岗位，市场部经理、客户经理等销售人员不得参与投资者适当性评估。在向投资者销售产品或提供服务过程中，充分揭示产品的风险，全面客观介绍相关法律法规、业务规则和产品特征，通过对投资者的经济实力、金融产品认知能力、投资经历等情况进行了解，对投资者参与金融期货交易的适当性进行初步判断评估，推荐与客户风险承受能力相匹配的产品。按照监管要求和内控制度对投资者进行实名审核和信息收集，按照流程进行风险承受能力评级与产品或服务风险等级匹配，对投资者进行风险揭示及告知适当性匹配结果均进行全程录音录像。开展反洗钱工作，加强对重点领域风险管理。定期开展投资者权益保护宣教活动，营造良好的金融环境和金融氛围。全年未发生客户投诉和与客户发生纠纷等事件。

（大有期货有限公司武汉分公司）

中天期货有限责任公司湖北分公司

【概况】

中天期货湖北分公司（简称）于2022年2月成立。分公司拥有一支对辖区内的棉花、油脂油料、玻璃等产业上下游实体企业具备丰富的期现服务经验的团队，对私募基金和投顾孵化具有相应的对接服务能力和资源优势。2022年，分公司整体经营指标保持平稳运行，客户数量、保证金规模稳中有进，各类经营数据良好。

【业务发展】

一是利用期货及相关衍生工具，采取套期保值、建立虚拟库存等手段，帮助2家棉花企业提升抗风险能力，增强资源配置效能。二是坚持以期货经纪业务为主战场，开辟财富管理新战场。从“价格战”转向“服务战”，业务范围包括商品期货经纪和金融期货经纪。着力打造期证合作研发平台，在商品期货经纪业务基础上，积极拓展金融期货、期权以及其他金融创新业务，为客户提供全面、优质的服务。

【风险管控】

实行“统一风控、分级管理”。设立风险控制委员会，负责审核公司的风险管理制度。风险控制委员会下设交易风控工作领导小组，负责制订交易风控相关内控制度、审议整体交易风险处于风险状态时的风险控制措施，对总体风险进行汇总、评估，做好保证金调整审批、强平纠纷或交易风控诉讼以及重大风控事项处理工作。交易风控部负责日常期货经纪业务交易风险控制，实时掌握客户整体交易情况，对分支机构实行统一交易风险管理，开展交易风控业务培训。

【投资者权益保护】

切实做好金融消费者合法权益保护工作，将金融知识宣传纳入长效机制，作为一项基础工作和常态性工作扎实开展。一是线下对客户进行金融知识的宣传，在营业厅摆放金融书刊、公示服务流程，利用电子屏进行主题宣传。二是通过总部的微信公众号、微博和官网进行线上宣传。三是开展“3·15”消费者权益保护日、“4·15”全民国家安全教育日、“5·15”全国投资者保护日、“12·5”宪法宣传周等主题宣传活动，倡导理性投资文化，凝聚市场各方共识，形成人人关心、关爱、关注投资者合法权益的良好氛围，有效提升投资者权益保护意识。

（中天期货有限责任公司湖北分公司）

国贸期货有限公司武汉分公司

【概况】

国贸期货武汉分公司（简称）成立于2022年10月，是国贸期货在湖北地区设立的第一家分支机构。分公司坚持“专业、诚信、进取、共赢”理念，围绕“金融业赋能实体经济高质量发展”的思路，以丰富的产业服务经验、精进的衍生品研发实力、便捷的交易服务平台为客户量身打造一站式财富管理体系，致力于打造一流的综合金融衍生品服务商。

【业务发展】

一、打好传统经纪业务基石，服务实体经济

以玻璃、纯碱及黑色系为重点展业品种，在发展经纪业务同时发挥期货服务实体经济的作用。与湖北当地玻璃制造商接洽，帮助其在湖北当阳地区设立玻璃仓库，该项目预计2023年下半年开建，后续将继续跟进申请湖北地区玻璃交割库。

二、依托内部资源持续发力，提供一站式服务

依托总部研究院的研发实力、资产管理子公司丰富的产品运营和风险管理经验、风险管理子公司优质的风险管理服务，充分发挥期货价格发现、资产配置、规避风险的服务功能，为交易者提供一站式财富管理服务。举办“稳企安农，护航实体”——玻璃纯碱市场分析及企业风险管

理专题报告会，帮助玻璃纯碱产业链客户掌握利用玻璃纯碱期货进行套保知识，提升企业对期现结合以及风险控制的认识，提高现货上下游企业利用玻璃纯碱金融衍生品工具进行对冲的意识。

三、链通产业共创价值，协同共享共创共赢

依托厦门国贸集团深厚的贸易背景，与集团供应链部门协同展业，实现客户与资源的共享，促进五大赛道、九家集团的业务协同，助力打造国贸控股高质量发展的“二次增长曲线”。

【风险管控】

根据合规风险管理目标，建立和完善配套制度；结合内控要求，将合规风险管控意识纳入日常流程中，确保合规风险管理工作执行到位。严格遵守期货行业监管法规、行业自律规范以及公司内部风险管理制度，强化自身风险管理机制，有效落实风险管控措施，确保合规展业、合法经营。

（国贸期货有限公司武汉分公司）

五、其他机构

中国银联股份有限公司湖北分公司

【概况】

2022年，中国银联湖北分公司（简称）秉持“共同事业、共求发展、和谐共赢”的经营理念，坚持推进四方模式，不断发挥卡组织职能，凝聚银行卡产业各方力量，为全省人民群众提供快捷、安全、高效的支付服务。全年银行卡跨行清算交易笔数3.16亿笔、清算金额2.17万亿元；移动支付交易笔数1.17亿笔，银联卡发卡量累计达3.16亿张；全省联网商户近106万户，受理跨行消费的POS机具87.6万台。分公司服务网络覆盖全省12个市（州）、24个县级市、37个县。多次获得“金融支持湖北经济发展突出贡献单位”“金融支持武汉经济社会发展突出贡献单位”“电子支付创新奖”等荣誉。

【业务发展】

一、助力商户经营，提振消费信心

一是推出“逛街吧”“会员一码付”功能，为商户提供数字化扫码平台，助力提升商户经营能力。二是引入多方营销资源，促进零售消费。争取到省、市、区各类政府消费券资金超过5亿元，通过云闪付平台发放政府消费券促进全省消费，消费交易金额达14亿元；打造“荆楚U惠”营销品牌，形成银行出资、商户让利营销模式，联合产业各方共同投入营销资金，持续促进全省消费。三是联合银行机构大力发展分期业务，促进家电、汽车等大额场景消费。四是推动武汉公交等交通行业企业开通银联乘车码、闪付等支付方式，同步在多家银行APP嵌入扫码支付功能，进一步提升用户消费体验。

二、发挥平台功能作用，服务银行用户

一是开展云闪付网络支付平台本地化营销和推广，丰富银行APP卡券营销能力。向民生银行、中国银行、中信银行等省内分支机构输出卡券营销功能，实现手机银行用户在APP内闭环领用优惠权益。二是丰富银行APP卡产品权益。推动民生银行武汉分行成功发行“楚惠卡”；协助汉口银行顺利发行“无界卡”。三是建立涵盖零售消费、交通出行、大额分期等多场景核心商户池，为银行机构提供营销运营一揽子综合服务。四是为银行提供数据服务。整合数据服务资源，助力银行机构激活睡眠客户、识别个人信贷风险；协助众邦银行、浦发银行做好贷记业务合规化管理和风险防范工作。

三、推进功能升级，构建大数据服务体系

升级“银联云”服务功能，与湖北农信合作，助力湖北农信云平台、聚合支付平台和风控系统投产上线，为湖北农信各平台提供安全稳定的“银联云”服务。

【风险管控】

联合产业各方加强风险防控。一是加大套码、套现治理力度，强化辖内机构业务规范与风险防控工作。二是排查违规问题并及时整改，推动机构落实《中国人民银行关于加强支付受理终端及相关业务管理的通知》（文号为银发〔2021〕259号，简称“259号文”）要求。三是严格开展商户入网评估及全生命周期管理工作，运用多种手段对商户进行持续监测，切实提升入网商户质量。四是加强银行卡信息保护，提高持卡人防范意识。通过官方网站、微信公众号、报媒等宣传渠道开展形式多样的银行卡安全知识宣传，提升公众银行卡风险防范意识。五是配合人行、公安部门、成员银行等加大治理跨境赌博、防控电信网络诈骗、反洗钱工作力度，完善日常沟通汇报机制。

中国银联湖北分公司联合中国民生银行武汉分行发布“楚惠卡”

（中国银联股份有限公司湖北分公司）

第四部分

金融政策性文件

一、金融政策性文件选编

省人民政府办公厅关于印发 持续深化一流营商环境建设若干措施的通知(摘录)

发文机构:湖北省人民政府办公厅
文号:鄂政办发〔2022〕2号　发文日期:2022年1月2日

持续深化一流营商环境建设若干措施

二、持续深化商事领域改革,让经营更便利

(一)持续提升准入便利度。持续提升企业开办便利化水平,鼓励有条件的地方在"210"标准(2个环节、1日内办结、零费用)基础上进一步压减环节和时间,将银行开户预约纳入企业开办服务范围。深化简易注销登记改革,全流程1个工作日办结(不含公告时间)。持续深化"证照分离"改革,取消审批、改为备案、实行告知承诺的事项达到120项以上。在超市、饭店等19个行业大力推行"一业一证"改革。试点推行市场准营承诺即入制和准入准营一次承诺即入机制。

(三)优化招标投标管理。持续推进"评定分离"改革。减少工程建设领域涉企保证金,招标人要求投标人递交投标保证金的,金额不得超过招标项目估算价的1%,且最高不超过50万元,工程质量保证金预留比例不得高于工程价款结算总额的1.5%。加快实施银行保函、保险公司保单和担保公司保函并行的工程担保制度。在招投标领域全面应用电子营业执照,实现"一网通投"。畅通招标投标异议、投诉渠道,强化公共资源交易全链条监管。

(五)提升金融服务能力。完善小微企业"四张清单"金融服务机制,3个工作日内反馈贷款办理初步意见。实施中小微企业融资信用培植工程,帮助1000家以上中小微企业实现正常融资或达到融资条件。确保小微企业信用贷款余额比上年同期水平进一步提高。推广"楚天贷款码",对满足授信条件的及时放款,需进一步线下对接的当日受理对接,3日内尽职调查,5日内初步完成授信。执行普惠小微企业贷款不良率不高于各项贷款不良率3个百分点以内的监管容忍度标准。

(六)强化知识产权创造、保护和运用。推动各地创建国家知识产权试点示范地区,新增一批知识产权试点示范优势企业和园区。开展武汉城市圈知识产权互认试点。加强知识产权质押融资工作对接,持续扩大知识产权质押融资规模,2022年实现知识产权质押融资金额较上一年度增长20%。推动知识产权跨境转让交易便利化,争取在东湖新技术开发区等特定区域开展知识产权临时仲裁。

三、持续优化政务服务功能,让办事更高效

(十一)优化登记财产制度。深化"互联网+不动产登记"改革,提升网办覆盖面和便利度。加强不动产登记与银行等金融机构的协同服务。全面推广水电气一体化过户,并逐步拓展更多联动服务。将抵押登记办理时限压缩至1个工作日内。推动企业间不动产转移登记实现"190"办结标准(1个环节、90分钟)。推行二手房转移登记纳税缴费全程网上办。深化探索不动产宗地分割登记模式。

五、持续提升对外开放服务水平,让循环更畅通

(二十)降低跨境贸易成本。持续推进免除查验没有问题外贸企业吊装、移位、仓储费用工作。落实担保降费政策,对服务疫情防控的外贸企业免收担保费、再担保费;对受疫情影响严重的小微外贸企业,担保费率降至1%以下,再担保费减半征收。持续规范货物港务费等收费项目,减并港口收费项目。规范口岸收费清单目录制度和常态化收费公示机制。

(二十一)优化外商投资环境。全面整合面向港澳台及外资的政务服务系统和功能模块。完善重点外资企业联系服务机制。优化外资行政许可审批服务,除法律法规另有规定外,按照与内资一致的条件和程序审核外资行政许可申请。简化外资项目核准手续,所有备案的外资项目一律实行告知性备案管理。

附件:湖北省优化营商环境2022年重点任务清单

附件:

湖北省优化营商环境2022年重点任务清单

政策措施	序号	重点任务	牵头单位	责任单位	完成时限
(一)持续提升准入便利度	1	持续提升企业开办便利化水平,鼓励有条件的地方在"210"标准(2个环节、1日内办结、零费用)基础上,进一步压减环节和时间,将银行开户预约纳入企业开办服务范围。	省市场监管局	人行武汉分行、省直有关单位,各市、州、县人民政府	2022年12月

政策措施	序号	重点任务	牵头单位	责任单位	完成时限
（五）提升金融服务能力	18	完善小微企业贷款授权、授信、受理回告、尽职免责“四张清单”金融服务机制，提高贷款办理效率，3个工作日内反馈办理初步意见。	人行武汉分行、省地方金融监管局	湖北银保监局，各市、州、县人民政府	2022年6月
	19	实施中小微企业融资信用培植工程，帮助1000家以上中小微企业实现正常融资或达到融资条件。	人行武汉分行、省地方金融监管局	湖北银保监局、省直有关单位，各市、州、县人民政府	2022年12月
	20	确保小微企业信用贷款余额比上年同期水平进一步提高。	省地方金融监管局、人行武汉分行、湖北银保监局	各市、州、县人民政府	2022年12月
	21	推广“楚天贷款码”，对企业线上提交的融资需求，满足授信条件的积极运用“301”等模式及时放款，需进一步线下对接的当日受理对接，3日内尽职调查，5日内初步完成授信。	省地方金融监管局、人行武汉分行	湖北银保监局，各市、州、县人民政府	2022年6月
	22	执行普惠小微企业贷款不良率不高于各项贷款不良率3个百分点以内的监管容忍度标准。	省地方金融监管局、湖北银保监局	人行武汉分行，各市、州、县人民政府	持续推进
（六）强化知识产权创造、保护和运用	24	加强知识产权质押融资工作对接，持续扩大知识产权质押融资规模，2022年实现知识产权质押融资金额较上一年度增长20%。	省知识产权局、人行武汉分行	省银保监局、省直有关单位，各市、州、县人民政府	2022年12月
（二十）降低跨境贸易成本	104	落实担保降费政策，对服务疫情防控的外贸企业免收担保费、再担保费；对受疫情影响严重的小微外贸企业，担保费率降至1%以下，再担保费减半征收。	省地方金融监管局	省商务厅、省直有关单位，各市、州、县人民政府	2022年12月
（二十一）优化外商投资环境	107	全面整合面向港澳台及外资的政务服务系统和功能模块。	省政务办	省商务厅、省市场监管局省人社厅、省税务局、省住建厅、人行武汉分行、省公安厅、省直有关单位，各市、州、县人民政府	2022年12月

省人民政府办公厅印发
关于进一步支持中小企业和个体工商户
纾困发展若干措施的通知(摘录)

发文机构:湖北省人民政府办公厅

文号:鄂政办发〔2022〕14 号　发文日期:2022 年 4 月 13 日

关于进一步支持中小企业和个体工商户纾困发展若干措施

一、加大资金支持

扩大信贷规模。2022 年,安排 5000 亿元以上专项信贷资金,促进中小微企业融资增量、扩面、降价;安排支小再贷款额度不低于 200 亿元,引导地方法人金融机构使用支小再贷款支持小微企业;安排不少于 100 亿元再贴现资金,专项支持商业银行开展民营和小微企业票据融资。(责任单位:省地方金融监管局,人行武汉分行、湖北银保监局)

深入推进中小微企业(含个体工商户)首次贷款拓展三年专项行动,累计新增个体工商户有贷款余额户数 30 万户,力争全省拓展中小微企业(含个体工商户)40 万户,累计发放首次贷款超过 4000 亿元,新增个体工商户经营性贷款 1000 亿元以上。(责任单位:省市场监管局、省地方金融监管局,人行武汉分行、湖北银保监局)

二、推进减税退税降费

规范平台收费行为。鼓励引导平台经营者推出服务费减免措施,降低中小企业经营成本。加强对平台随意滞压占用经营者保证金、交易款行为的监管。(责任单位:省市场监管局、省发改委、省商务厅,人行武汉分行)

三、优化融资服务

大力实施缓解中小微企业融资难融资贵信用培植工程和首贷拓展专项行动,保持对小微企业的金融支持力度不减,确保小微企业融资更便利,综合融资成本稳中有降。对经营指标有劣变趋势,但基本面仍然可控、及时“输血”有望恢复的企业,给予增量贷款支持。对于资金暂遇困难但生产经营正常的中小企业及轻资产科技型小微企业和个体工商户,银行金融机构要做到不压贷、不限贷、不抽贷、不断贷。落实“四张清单”工作机制,进一步减少中小企业和个体工商户贷款办理环节、申请材料和办理时间。深化与上交所、深交所、北交所合作,加强中小企业上市融资指导,支持证券中介机构加大服务中小企业上市、挂牌力度。(责任单位:省地方金融监管局,湖北银保监局、人行武汉分行)

七、加大政府采购支持

对 200 万元以下的货物和服务项目、400 万元以下的工程项目,适宜由中小企业提供的,应当专门面向中小企业采购;超过前述金额的采购项目,适宜由中小企业和个体工商户提供的,预留该部分采购项目预算总额的 40%以上专门面向中小企业和个体工商户采购,其中预留给小微企业和个体工商户的比例不低于 60%。在政府采购活动中,采购人、采购代理机构不得向供应商收取投标保证金、采购文件工本费。政府采购合同履行完毕后,应于收到供应商验收申请后 7 日内组织履约验收。对于满足合同约定支付条件的,采购人应当自收到发票后 25 日内完成资金支付。深入实施“政采贷”,支持中小企业和个体工商户利用政府采购合同向银行融资,原则上不再要求中标(成交)企业提供除自然人保证以外任何形式的担保,融资利率原则上比同期同类企业流动资金贷款利率低 20%以上,不另行收取任何费用和附加其他任何条件。(责任单位:省财政厅、省经信厅,人行武汉分行,各市、州、县人民政府)

九、保障款项支付

省促进中小企业发展工作领导小组办公室设立防范和化解拖欠中小企业账款工作专班,建立企业投诉拖欠账款的受理、甄别、分办和督办工作机制。推进重点产业链金融链长制,鼓励产业链核心企业为中小企业欠款确权,支持中小微企业依托产业链核心企业开展应收账款融资。(责任单位:省经信厅、省财政厅、省政府国资委,人行武汉分行,各市、州、县人民政府)

各地、各部门要提高政治站位,强化责任担当,对照职责分工,进一步深化细化实化纾困举措。加强政策宣贯,确保中小企业和个体工商户知晓政策、熟悉政策,用好、用活、用足政策。加强调查研究,改进工作方式方法,加快推动各项政策落地见效。政策落实情况每半年报省促进中小企业发展工作领导小组办公室(省经信厅)和省扶持个体工商户发展联席会议办公室(省市场监管局)。

各项政策措施除有明确规定时限以外,执行至 2023 年 12 月 31 日。

省人民政府办公厅关于印发
湖北省科技融资担保体系建设实施方案的通知(摘录)

发文机构:湖北省人民政府办公厅
文号:鄂政办发〔2022〕19号　发文日期:2022年4月29日

湖北省科技融资担保体系建设实施方案

为深化金融供给侧结构性改革,健全科技融资担保体系,以金融创新更好服务科技创新,强化金融支持科技型中小微企业的外部支撑,结合我省实际,制定本方案。

一、总体要求

(一)指导思想。以习近平新时代中国特色社会主义思想为指导,全面贯彻党的十九大和十九届历次全会精神,认真落实省委十一届历次全会部署,深入实施创新驱动发展战略,加快推进科技强省建设,坚持风险共担、分级负担、政银担联合发力,依托全省现有政府性融资担保体系,构建专注服务科技创新企业的科技融资担保体系,更好发挥融资担保增信作用,着力破解融资难题,为科技型中小微企业发展壮大营造良好金融生态。

(二)发展目标。聚焦全省高新技术企业和科技型中小微企业,建立科技融资担保专营机构,提升服务科技型企业能力,构建覆盖全省、上下联动的专业化科技融资担保体系。力争到2025年,全省科技融资担保业务规模达到200亿元以上,国家级高新区、省级高新区实现科技融资担保业务全覆盖。

二、重点任务

(一)组建省级科技融资担保专营机构。组建湖北省科技融资担保有限公司,注册资本金5亿元,由省再担保集团全额出资。机构性质为政府性融资担保机构,坚持政策性定位,不以营利为目的,实行市场化运作。发挥湖北省科技融资担保有限公司行业龙头作用,通过科技融资担保业务引领、产品研发、培训指导和股权纽带等,加强与市县政府性融资担保机构合作。(责任单位:湖北宏泰集团、省再担保集团,省财政厅、省政府国资委、省地方金融监督管理局、省科技厅)

(二)设立市县科技融资担保业务机构。有条件的市(州)和国家级高新区可新设科技融资担保机构,专营科技融资担保业务。其他市县政府性融资担保机构可设立科技融资担保业务部。(责任单位:各市、州、县人民政府,省地方金融监督管理局、省科技厅)

(三)创新担保模式。引导融资担保机构降低服务门槛、优化工作流程、加强产品创新、提升工作效率,积极开展信用担保业务,鼓励开展股权质押和知识产权质押,不断提升信用担保占比。引导政府性融资担保机构聚焦服务科技型中小微企业等主体,科技融资担保业务单户限额一般不超过1000万元,特殊情况下不超过2000万元。科技融资担保专营机构新增科技型小微企业融资担保金额和户数占比不低于80%,新增单户500万元以下占比不低于50%。担保费率不超过1%。(责任单位:省地方金融监督管理局,各市、州、县人民政府)

(四)实施名单推荐制。各级科技部门定期收集有融资需求的科技型中小微企业名单,向银行机构、融资担保机构推荐;银行机构、融资担保机构向符合条件的科技型中小微企业提供融资、增信支持。(责任单位:省科技厅、省地方金融监督管理局,人行武汉分行、湖北银保监局,各市、州、县人民政府)

(五)提供全生命周期服务。推动融资担保机构与创业投资机构、银行实现"投贷担"业务联动;探索与企业征信机构和信用评级机构、保险公司、资产管理公司等加强合作,为科技型中小微企业提供全生命周期服务。(责任单位:省地方金融监督管理局,人行武汉分行、湖北银保监局,各市、州、县人民政府)

(六)推动金融科技赋能。在"鄂融通"平台增设"科技金融"板块,整合科技信贷、科技融资担保等产品,拓宽科技金融服务渠道。进一步丰富"鄂融通"数据维度,拓展科技型企业数据库。引导科技融资担保机构创造条件接入"鄂融通"平台。加强大数据应用,提升智能化风控水平。(责任单位:省地方金融监督管理局,各市、州、县人民政府)

(七)落实分险责任。对新型政银担合作的科技融资担保业务由省再担保集团、担保机构、合作银行和市县政府按4∶2∶2∶2比例分担风险责任。市县政府按比例分担风险责任所需资金从各地现有新型政银担合作代偿补偿专户列支,可不再另设科技融资担保代偿补偿专户。(责任单位:省财政厅、省地方金融监督管理局,人行武汉分行、湖北银保监局,各市、州、县人民政府)

三、工作机制

(一)建立完善"四补"机制。各地建立和落实资本金补充、风险补偿、保费补助和业务奖补工作机制,可根据业务开展情况,适当提高科技融资担保业务代偿补偿率。按照"谁受益、谁补助"的原则,对湖北省科技融资担保有限公司担保费率不超过1%的业务,由业务所在地市县政府给予保费补助,补助后的费率不超过3%。省再担保集团可对再担保费给予减免。(责任单位:省财政厅、省地方金融监督管理局、省政府国资委,各市、州、县人民政府,湖北宏泰集团、省再担保集团)

(二)落实尽职免责机制。对政府性融资担保机构开展科技融资担保业务出现损失的,按现有政府性融资担保机构开展小微企业、"三农"业务尽职免责政策执行落实。(责任单位:省财政厅、省地方金融监督管理局,各市、州、县人民政府)

(三)优化绩效评价机制。对融资担保机构开展的科技融资担保业务实行单独统计、单独考核,重点考核新增担保业务、信用担保业务、放大倍数、担保费率、应偿尽偿情况、风险防控等指标,弱化盈利考核指标。鼓励银行机构加强科技信贷考核,引导银行机构加大对科技型中小微企业信贷支持力度。(责任单位:省财政厅、省地方金融监督管理局、省科技厅,人行武汉分行、湖北银保监局,各市、州、县人民政府)

四、组织保障

(一)加强组织领导。全省融资担保业务监管联席会议负责全省科技融资担保体系建设工作的统筹协调和工作指导,定期召开会议,及时研究解决问题,确保工作取得实效。根据工作需要,联席会议增加省科技厅作为成员单位。各成员单位要统一思想认识,明确目标任务,细化职责分工,落实工作举措。

(二)落实属地责任。各市、州、县政府要认真履行属地责任,明确推进科技融资担保体系建设的分管领导、牵头部门和责任主体,细化工作方案,强化政策保障,扎实推进各项任务落地见效。坚持底线思维、问题导向,统筹融资担保支持科技创新和防范金融风险,压实风险防控主体责任。

(三)加强督办督导。省地方金融监督管理局、省财政厅会同省科技厅定期通报各地科技融资担保业务开展情况,并将其纳入全省金融信用县市创建评估内容。

省人民政府办公厅关于印发加强金融助企纾困工作若干措施的通知(摘录)

发文机构:湖北省人民政府办公厅

文号:鄂政办发〔2022〕24号　发文日期:2022年5月30日

关于加强金融助企纾困工作若干措施

为深入贯彻落实党中央、国务院关于稳增长的决策部署和省委有关工作要求,全力稳住经济大盘,进一步加大金融助企纾困和帮扶受困群体力度,帮助更多市场主体应对疫情冲击、渡过难关,促进全省经济社会平稳健康发展,制定如下措施。

一、全力实现信贷投放量增价降

(一)持续加大新增贷款投放。继续落实"充足发力、精准发力、靠前发力"政策要求,加大金融支持实体经济力度,力争全年新增贷款7700亿元。地方法人金融机构要用好用足存款准备金率下调、再贷款再贴现等政策,将优惠政策资金优先用于助企纾困;全国性金融机构要积极向上争取政策倾斜,充分运用碳减排支持工具以及支持科技创新、煤炭清洁高效利用、物流及仓储企业等专项再贷款政策,加强与相关行业主管部门的沟通对接,积极挖掘市场主体和项目有效需求,加大资金投放力度。(牵头单位:省地方金融监管局,人民银行武汉分行、湖北银保监局;责任单位:省发改委、省科技厅、省经信厅、省生态环境厅、省商务厅,各金融机构)

(二)强化中小微企业信贷支持。2022年安排5000亿元以上专项信贷资金支持中小微企业纾困和发展,全年普惠小微贷款新增1200亿元以上。单列300亿元以上再贷款、再贴现额度,支持金融机构为受困中小微企业发放优惠利率贷款。切实抓好纾解中小微企业融资难融资贵24条措施落实见效,大力推广"301"全线上纯信用快速贷款模式和"楚天贷款码"。持续推进信用培植、首贷拓展、金融链长制等工作机制。(牵头单位:人民银行武汉分行、湖北银保监局,省地方金融监管局;责任单位:各市、州、县人民政府,各金融机构)

(三)强化特定行业差异化金融支持。针对餐饮商贸企业,鼓励运用交易流水、经营用房租赁等信用信息数据,发放信用贷款。针对文化旅游企业,运用"景区开发贷""民宿贷""版权质押贷"等产品,拓宽企业融资渠道。针对交通运输企业,优先满足承担疫情防控和应急运输任务较重的运输物流企业融资需求,创新符合道路水路运输企业特点的动产质押类贷款产品。针对外贸企业,延伸保税仓储、国际物流配送、转口贸易、大宗商品贸易等领域融资服务;支持扩大人民币跨境结算,鼓励银行以授信或保证金方式向中小微外贸企业提供汇率避险服务,并适度降低外汇衍生品保证金比例,推动外贸企业套保成本下行。针对出租车司机、网点店主、货车司机等灵活就业主体,比照个体工商户和小微企业主,加大经营性贷款支持力度。创新活体畜禽、知识产权、土地经营权等抵质押贷款方式,拓宽企业抵质押物范围,合理评估企业抵押资产价值,适度提高贷款抵押率,持续增强受困企业融资能力。(牵头单位:湖北银保监局、人民银行武汉分行、外汇管理局湖北省分局,省地方金融监管局;责任单位:各市、州、县人民政府,各金融机构)

(四)做好稳链保供金融保障。支持做大做强"51020"现代产业集群,用好科技创新专项再贷款资金,加大高新技术企业、"专精特新"企业、国家技术创新示范企业、制造业单项冠军企业、关键技术攻关企业融资对接力度,做好产业链上下游企业科技开发和技术改造融资服务,力争全年高新技术企业贷款实现同比多增。省政府引导基金要加大对初创期科技型企业的天使投资力度,引导社会资本深度参与企业培育。全力做好涉及粮食安全的企业、新型农业经营主体和民生物资保供企业的金融保障,加大对重要农产品和生活必需品生产、购销、加工等环节的支持力度,产粮大县要实现涉农贷款余额持续增长。落实金融链长制,加强同业合作,开展"多对一"融资对接服务,创新运用订单、仓单、存货、应收账款、票据等供应链金融产品。用好支持煤炭清洁高效利用专项再贷款,完善煤炭等能源供应的金融服务,合理满足煤炭安全生产建设、发电企业购买煤炭、煤炭储备等领域融资需求,保障电力煤炭等能源稳定供应。(牵头单位:人民银行武汉分行、湖北银保监局,省地方金融监管局;责任单位:省发改委、省科技厅、省经信厅、省农业农村厅、省商务厅、省文旅厅、省政府国资委,各市、州、县人民政府,各金融机构)

(五)加大重大项目融资支持。搭建重大项目信用信息服务平台,支持有需求的银行、担保机构等接入平台,充分利用平台数据资源,做好线上服务工作,确保实现100%对接。金融机构要加强项目营销和审批情况跟踪,做好实时反馈,对符合条件的项目及时足额予以融资支持。根据重大项目单位意向合作金融机构以及金融机构融资服务匹配度等因素,1个重大项目确定1家牵头银行,做好授信等综合融资服务。(牵头单位:人民银行武汉分行,省发改委、省地方金融监管局;责任单位:各市、州、县人民政府,各金融机构)

(六)加大金融让利实体经济力度。金融机构要积极争取内部资金转移定价优惠,持续释放贷款市场报价(LPR)利率改革效果,落实支农支小再贷款利率下调政策安排,合理降低各期限存款利率,推动实际贷款利率稳中有降。规范服务收费，鼓励金融机构扩大支付手续费减费领域及幅度，降低小微企业和个体工商户银行账户服务收费、人民币转账汇款和银行卡刷卡手续费，取消部分票据业务收费，对受疫情影响较大的市场主体免收单位银行结算账户管理费和年费。力争2022年金融向实体经济让利340亿元。（牵头单位：人民银行武汉分行、湖北银保监局；责任单位：各金融机构）

二、积极实施受困主体金融纾困政策

（七）支持受困主体贷款展期、续贷、调整还款计划。金融机构要结合实际，对住宿餐饮、批发零售、文化旅游等接触性服务业及物流运输、外贸等受疫情影响较大暂遇困难的行业企业，通过依规调整还款计划、延期还本、无还本续贷、贷款展期等方式，支持企业抵御疫情影响，不得盲目压贷、限贷、抽贷、断贷，对中小微企业和个体工商户的合理续贷、展期、调整还款安排免收罚息。对因感染新冠肺炎住院治疗或隔离人员、疫情防控需要隔离观察人员以及受疫情影响暂时失去收入来源人群存续的个人住房按揭、车贷、信用卡等贷款，支持采取延后还款时间、延长贷款期限、延迟还本等方式调整还款计划。（牵头单位：湖北银保监局、人民银行武汉分行，省地方金融监管局；责任单位：各市、州、县人民政府，各金融机构）

（八）改善房地产领域金融供给。因城施策落实好差别化住房信贷政策，合理确定省内各城市商业性个人住房贷款最低首付款比例、最低贷款利率，完善新市民、老年人住房金融服务，更好满足购房者合理住房需求。引导金融机构支持非住宅商品房交易、自持、租赁及运营的信贷需求，助力非住宅商品房去库存。金融机构要保持房地产开发贷款平稳有序投放，对优质房地产项目，满足合理融资需求，不盲目抽贷、断贷、压贷；对风险处置项目，在资金安全、风险可控的基础上，稳妥有序开展并购贷款、并购债券业务，积极为项目出让、兼并收购提供融资顾问服务。加大对城镇老旧小区改造、长租房市场、保障性住房建设的金融支持力度。加大对建筑企业流动性贷款支持力度，保持建筑企业融资连续稳定。（牵头单位：人民银行武汉分行、湖北银保监局，省住建厅；责任单位：各金融机构）

（九）加大对受困企业和个体工商户贷款财政贴息力度。市县政府要联合金融机构设立中小微企业和特困行业纾困基金，市县财政对中小微企业和特困行业使用纾困基金贷款给予适当贴息，省财政对各地贷款贴息按一定比例予以奖补。对符合条件的个体工商户额度不超过20万元、期限不超过3年，小微企业额度不超过300万元、期限不超过2年的创业担保贷款，给予37个脱贫县最高4%、其他地区最高3%贴息，贴息资金由各级财政按比例分担。鼓励各地对小微企业300万元以上、500万元以下创业担保贷款，根据情况自行安排贴息。省财政统筹按各地新增发放创业担保贷款额度的1%给予奖补。对金融机构当年新发放的普惠小微首次贷款，按实际发放贷款额度的0.5‰对经办金融机构给予财政资金奖励。（牵头单位：省财政厅；责任单位：省地方金融监管局、省人社厅，人民银行武汉分行，各市、州、县人民政府，各金融机构）

（十）聚焦重点行业企业开展稳企纾困金融专项对接。按照"解难题、稳增长、促发展"企业帮扶活动工作要求，由金融管理部门组织金融机构建立包保对接服务机制，明确企业帮扶牵头银行。针对餐饮商贸、文化旅游、交通运输、外贸等受疫情影响较大行业，制定专项金融支持方案，出台配套政策，开展精准对接。相关行业主管部门建立受困企业名单，定期更新并与金融管理部门和金融机构共享。对包保市场主体和受困名单内企业，行业主管部门、金融管理部门和金融机构要主动走访对接，与企业多方会商，针对性开展信用培植，解决问题，提供帮扶。（牵头单位：省地方金融监管局，人民银行武汉分行；责任单位：省发改委、省科技厅、省经信厅、省财政厅、省自然资源厅、省生态环境厅、省农业农村厅、省商务厅、省文旅厅、省市场监管局，湖北银保监局，各市、州、县人民政府，各金融机构）

（十一）拓宽受困企业融资渠道。用好企业上市"绿色通道"制度，加强与上交所、深交所、北交所沟通对接，在企业上市融资方面给予重点辅导和支持。支持暂时遇到困难的上市公司在资本市场发行可转换债、可续期债、优先股等，扩宽资金来源。支持符合条件的企业发行债券融资，保持现金流稳定。（牵头单位：省地方金融监管局，湖北证监局，省发改委，人民银行武汉分行；责任单位：各金融机构）

（十二）提高受困主体贷款效率。对受疫情影响较大的市场主体和个人的融资需求，建立信贷服务"绿色通道"，简化审批流程，提高办理效率。金融机构必要时可采取视频会议等方式，为企业办理审批放款业务。优化信贷资源配置，制定提升小微企业融资服务效率工作计划，2022年底前实现市州县网点"四张清单"全覆盖，力争小微企业贷款办理环节、办理时间、申请材料数量较上年进一步减少。（牵头单位：湖北银保监局、人民银行武汉分行；责任单位：各金融机构）

三、积极改善受困主体金融服务

（十三）发挥融资担保增信功能。融资担保机构要加强与银行及其他金融机构沟通对接，推广"见贷即保""见保即贷"批量业务，继续优化续贷续保业务，推动抵押担保无缝对接；针对受困企业，适当提高担保风险容忍度，提高对民营企业担保比例，扩大融资担保规模和覆盖范围，加大对受疫情影响市场主体担保增信力度。对防疫重点企业和受疫情影响较大的中小微企业新申请的银行贷款，按照降低担保费率相关要求执行；对创业担保贷款免收担保费。加快推广新型政银担合作，落实省再担保集团、政府性融资担保机构、银行和地方政府的四方风险分担机制，2022年实现市州县新型政银担业务全覆盖，力争业务量同比增长20%以上；各级政府要加大政策支持力度，落实政府性融资担保机构"四补"机制和尽职免责要求，增强政府性融资担保机构可持续发展能力。（牵头单位：省地方金融监管局；责任单位：省财政厅、省人社厅，各市、州、县人民政府，各金融机构）

（十四）增强保险保障作用。保险机构要加强与银行机构合作，依法合规开展贷款保证保险业务。适度顺延疫情严重地区营运类停驶车辆车险期限，对投保安全生产责任保险的企业，扩展承保新冠肺炎疫情的救助保障责任。引导保险机构发展满足不同收入群体需要的健康保险产品和多样化养老保险产品。（牵头单位：湖北银保监局；责任单位：各金融机构）

（十五）扩大外汇政策受惠面。扩大贸易外汇收支便利化试点，简化企业业务办理环节和流程。支持银行在"交易留痕、风险可控"的前提下凭交易电子信息，为跨境电商、外贸综合服务等贸易新业态提供结算服务。支持东湖高新区、湖北自贸试验区符合条件的中小微高新技术企业在不超过等值500万美元额度内自主借用外债，支持企业以线上方式申请外债登记；支持非金融企业的多笔外债共用同一外债账户，其外债登记注销可直接在银行办理。允许具有贸易出口背景的国内外汇贷款办理结汇，企业原则上以贸易出口收汇资金偿还。企业因特殊情况无法按期收汇且无外汇资金用于偿还具有贸易出口背景的国内外汇贷款的，贷款银行可按规定为企业办理购汇偿还手续。（牵头单位：人民银行武汉分行、外汇

管理局湖北省分局;责任单位:各金融机构)

(十六)开展小微企业简易开户服务。全面推广小微企业简易开户服务,明确开户资料和操作流程,落实好减费让利要求,提高开户服务透明度,切实为开户需求急迫、无固定经营场所以及受疫情影响的企业提供简流程、少环节、低成本的银行账户便利服务。2022年实现各地市、各银行小微企业简易开户服务全覆盖。(牵头单位:人民银行武汉分行;责任单位:各金融机构)

(十七)保护市场主体征信权益。按受疫情影响相关逾期贷款可不作逾期记录报送的有关规定,对因疫情影响暂时失去收入来源的企业及个人,适当简化证明资料,加快处理流程,提高办理效率,按调整后的还款安排报送征信记录。畅通金融消费者线上咨询、投诉处理通道,有效化解金融投诉纠纷。(牵头单位:人民银行武汉分行、湖北银保监局;责任单位:各金融机构)

(十八)加快推进信用信息整合共享。推进全省中小企业融资信用平台建设,加大平台涉企政务信息归集共享力度,实现省市两级数据互联互通。加强金融科技运用,强化信用信息服务产品研发,根据银行需求提供批量化、定制化信息服务,提高企业信用"画像"精准性,扩大小微企业信用贷款、首次贷款规模。各地要依托本地中小企业信用信息平台,加强信用信息运用,扩大信息共享范围,发挥好信用信息对中小微企业融资的支持作用。(牵头单位:省地方金融监管局、省发改委,人民银行武汉分行;责任单位:各市、州、县人民政府)

四、持续推动各项措施落地见效

(十九)压实工作责任。省政府金融工作议事协调机制和金融委办公室地方协调机制要将金融助企纾困作为重要工作推进落实。各行业主管部门和金融管理部门要加强政策沟通和信息共享,切实形成工作合力。各市州县政府要建立专项工作机制,组织有关部门不定期开展会商,及时解决困难和问题。各省级金融机构要成立专项工作小组,明确任务目标,细化工作措施,确保各项政策措施精准落地。

(二十)强化跟踪落实。各省级金融机构设立助企纾困服务热线,向全社会公开,安排专人实时接收受困企业和个体政策咨询、问题反映、服务诉求,及时办理和答复。省金融工作领导小组办公室设立监督电话,对政策落实中反映的突出问题,督促相关部门和金融机构及时解决。各部门要系统梳理已出台的助企纾困金融政策,跟踪掌握实施情况,对效果不及预期的,加紧督办,确保政策落实见效。

(二十一)广泛宣传引导。以"稳预期、强信心"为主题,定期召开新闻发布会,充分利用媒体、网络等渠道,广泛宣传金融助企纾困成效,深入总结推广典型案例,扩大政策知晓度、覆盖面。密切关注社会舆论,主动回应金融机构、市场主体和人民群众合理诉求,点对点做好政策解读,营造良好舆论氛围。

(二十二)加强监测评估。省金融工作领导小组要加强对各地区、各金融机构工作落实情况的定期监测,对成绩突出的予以通报表扬,对效果不明显的加大约谈指导。各金融机构政策执行情况与央行评级、金融市场准入、货币政策工具运用等挂钩。各地政策落实效果作为金融信用市州县考评的重要参考。

省人民政府办公厅
关于印发贯彻落实中央扎实稳住经济
一揽子政策措施工作清单的通知(摘录)

发文机构:湖北省人民政府办公厅

文号:鄂政办发〔2022〕26号　发文日期:2022年6月3日

二、强化政策对接,加速把政策红利转化为发展实效

各地各部门要强化拼抢意识,牢牢把握当前重要窗口期,把准吃透中央政策精髓要义,积极主动向中央和国家有关部委汇报,主要负责同志要亲自上阵、衔接争取,全力争取国家支持。要按照《工作清单》提出的六个方面133项举措及分工安排,对本部门本领域本行业工作进行再细化再落实。省财政厅、省地方金融监管局、省商务厅、省经信厅、省人社厅要围绕财税、金融、消费、产业链供应链、就业等政策落实,抓紧制定配套实施细则,推动政策直达快享,最大程度发挥政策效应。

三、加快项目建设,推动形成更多实物工作量

各地各部门要把项目建设作为当前稳增长的重要载体和有力抓手,把中央各项政策措施落实到具体项目上。要抢抓政策机遇,按照"应争尽争、应入(规)尽入、应开尽开、应快尽快"原则,加快新开工一批大型引水灌溉、骨干交通工程、抽水蓄能电站、老旧小区改造、地下综合管廊等重大基础设施项目。要建立重大基础设施项目建设协调机制,做深做实项目前期工作,加强对接争取,加快项目审批,尽快形成实物工作量和实际增长量,为稳定经济增长提供坚实支撑。

四、抓住关键环节,全力以赴稳工业促消费增外贸

各地各部门要聚焦工业、消费、外贸等重点领域突出问题,精准施策、密切配合,形成工作合力。要全力保住产业链、打通供应链,严格落实物流"白名单"制度,加大重要原材料保供稳价力度,帮助企业解决产业链供应链资金链问题。要在做好疫情常态化防控前提下创造更多消费,拉动汽车等大宗消费,加大文化旅游等困难行业政策支持,加速消费恢复提振。要加强重点外贸企业跟踪服务,有序增加国际航线航班,稳定和扩大外贸进出口规模。

五、多措并举帮扶,助力市场主体纾困解难

各地各部门要将落实中央政策措施作为深入开展党员干部"下基层、察民情、解民忧、暖民心"实践活动的重要内容,加强政策宣传解读,持续优化营商环境,稳定市场预期。扎实开展"解难题、稳增长、促发展"企业帮扶活动,加快解决用地、资金、用工、物流等方面突出问题,全力以赴帮助市场主体渡过难关、健康发展。

六、加大民生保障,守牢安全底线

各地各部门要用情用力解决好群众急难愁盼问题,更大力度加强就业服务，稳定就业岗位，扎实做好失业保障、低保和社会救助。加大防范经济、金融、社会等领域安全风险，扎实做好安全生产、防汛抗旱、能源保供、稳定物价、粮食安全等各项工作，确保社会大局和谐稳定。

七、建立工作机制，强化督办落实

建立贯彻落实中央扎实稳住经济一揽子政策措施工作协调机制，由省政府办公厅、省发改委牵头，统筹负责中央政策、项目、资金争取和重大问题协调督办等工作，定期通报政策落实情况。各地各部门要加大工作推进力度，全力以赴抓好落实，每月10日前报送工作进展情况。由省营商办牵头，从财政、经信、税务、人社、金融等部门抽调精干力量，组建工作专班，对政策措施落实情况和实施效果进行评估督导。强化督促检查，对工作主动、成效明显的地方和部门，进行通报表扬；对工作滞后、落实不力的，严肃追责问责，确保中央稳经济各项决策部署全面落实。

附件：贯彻落实中央扎实稳住经济一揽子政策措施工作清单

附件：

贯彻落实中央扎实稳住经济一揽子政策措施工作清单

中央政策		序号	落实举措	牵头单位	责任单位	完成时限
1.进一步加大增值税留抵退税政策力度。	在已出台的制造业等6个行业企业的存量留抵税额全额退还、增量留抵税额按月全额退还基础上，研究将批发和零售业等7个行业企业纳入按月全额退还增量留抵税额、一次性全额退还存量留抵税额政策范围，预计新增留抵退税1420亿元。抓紧办理小微企业、个体工商户留抵退税并加大帮扶力度，在纳税人自愿申请的基础上，6月30日前基本完成集中退还存量留抵税额。今年出台的各项留抵退税政策新增退税总额达到约1.64万亿元。	1	全面摸清底数，依托税收大数据，切实盘清企业划型、行业认定、纳税信用、退库资金“四本账”，科学合理计算每月退税规模，及时将信息传递给财政、人行国库等部门，留足备好资金，确保退付到位。选优配强留抵退税业务办理人员，确保一线人员“懂政策、能操作、会解释”。建立纳税人诉求快速响应机制，密切跟踪留抵退税政策实施情况和执行效果。	省财政厅、省税务局	财政部湖北监管局、人行武汉分行，各市、州、县人民政府	2022年12月
		2	紧盯时间节点，分批分次、分级分类稳妥实施，6月30日前集中退还小型企业和制造业等6个行业大、中型企业存量留抵退税；按照财政部和国家税务总局规定的时间节点，退还批发零售等7个行业的存量和增量留抵退税；按月退还符合条件纳税人的增量留抵退税。预计今年全省新增退税总额达到约800亿元。	省财政厅、省税务局	财政部湖北监管局、人行武汉分行，各市、州、县人民政府	2022年12月
3.加快地方政府专项债券发行使用并扩大支持范围。	在依法合规、风险可控的前提下，财政部会同人民银行、银保监会引导商业银行对符合条件的专项债券项目建设主体提供配套融资支持，做好信贷资金和专项债资金的有效衔接。	9	建立专项债券项目对接机制，在依法合规、风险可控的前提下，引导商业银行对符合条件的专项债券项目建设主体提供配套融资支持，做好信贷资金和专项债资金的有效衔接，简化审批流程，提高审批效率，做到应贷尽贷。	人行武汉分行、湖北银保监局	省财政厅，各市、州、县人民政府	持续推进
		10	银行业金融机构对符合条件的专项债券项目开展配套融资的，凡偿债资金来源为经营性收入、不新增隐性债务的，监管部门不认定为隐性债务问责情形。	湖北银保监局		持续推进

中央政策		序号	落实举措	牵头单位	责任单位	完成时限
4.用好政府性融资担保等政策。	今年新增国家融资担保基金再担保合作业务规模1万亿元以上。	12	加快推广新型政银担合作，实现全省市县业务全覆盖，力争2022年底新型政银担规模同比增长35%以上、在保余额超过520亿元。	省财政厅、省地方金融监管局	湖北银保监局，各市、州、县人民政府	2022年12月
		13	继续争取国家融资担保基金支持，推荐省融资再担保集团作为国家融资担保基金2022年股权投资对象，提升增信实力。积极争取国家融资担保基金授信和分险支持。	省财政厅		2022年12月
		14	支持各银行业金融机构与国家融资担保基金及其合作担保机构有序开展“总对总”的“见贷即保”批量担保业务，为小微企业、个体工商户提供信贷支持，合理分担贷款风险。	湖北银保监局	相关金融机构	持续推进
	对符合条件的交通运输、餐饮、住宿、旅游行业中小微企业、个体工商户，鼓励政府性融资担保机构提供融资担保支持，政府性融资担保机构及时履行代偿义务，推动金融机构尽快放贷，不盲目抽贷、压贷、断贷，并将上述符合条件的融资担保业务纳入国家融资担保基金再担保合作范围。	15	对符合条件的交通运输、餐饮、住宿、旅游行业中小微企业和个体工商户，加大担保增信力度。加强业务监管和考核督办，引导融资担保机构及时履行代偿责任，维护行业信用。	省财政厅、省地方金融监管局	湖北银保监局，各市、州、县人民政府	持续推进
	深入落实中央财政小微企业融资担保降费奖补政策，计划安排30亿元资金，支持融资担保机构进一步扩大小微企业融资担保业务规模，降低融资担保费率。	16	争取中央中小企业担保奖补支持不少于1亿元，建立省级担保业务奖补机制，引导各地落实资本金持续补充等机制，做实新型政银担分险机制。	省财政厅、省地方金融监管局	湖北银保监局，各市、州、县人民政府	2022年12月
	推动有条件的地方对支小支农担保业务保费给予阶段性补贴。	17	推动有条件的市州对支小支农担保业务保费给予阶段性补贴。	省财政厅	省地方金融监管局，相关市（州）人民政府	2022年12月
8.鼓励对中小微企业和个体工商户、货车司机贷款及受疫情影响的个人住房与消费贷款等实施延期还本付息。	商业银行等金融机构继续按市场化原则与中小微企业（含中小微企业主）和个体工商户、货车司机等自主协商，对其贷款实施延期还本付息，努力做到应延尽延，本轮延期还本付息日期原则上不超过2022年底。	26	各银行业金融机构继续按市场化原则与中小微企业（含中小微企业主）和个体工商户、货车司机等自主协商，对贷款实施延期还本付息，努力做到应延尽延，本轮延期还本付息日期原则上不超过2022年底。	湖北银保监局	相关金融机构	2022年12月

中央政策		序号	落实举措	牵头单位	责任单位	完成时限
8.鼓励对中小微企业和个体工商户、货车司机贷款及受疫情影响的个人住房与消费贷款等实施延期还本付息。	中央汽车企业所属金融子企业要发挥引领示范作用，对2022年6月30日前发放的商用货车消费贷款给予6个月延期还本付息支持。	27	指导东风汽车财务公司对受疫情影响不能正常运营的商用货车，经客户自主申请并审核通过后给予6个月的延期还本付息支持，并充分利用信息技术手段实现延期业务办理全程线上化，提升工作质效。支持鼓励东风汽车财务公司发行金融债券。	湖北银保监局、人行武汉分行	省政府国资委	2022年12月
	对因感染新冠肺炎住院治疗或隔离、受疫情影响隔离观察或失去收入来源的人群，金融机构对其存续的个人住房、消费等贷款，灵活采取合理延后还款时间、延长贷款期限、延期还本等方式调整还款计划。	28	对因感染新冠肺炎住院治疗或隔离、受疫情影响隔离观察或失去收入来源的人群，银行业金融机构对其存续的个人住房、消费等贷款，灵活采取合理延后还款时间、延长贷款期限、延期还本等方式灵活调整还款计划。	人行武汉分行、湖北银保监局	相关金融机构	持续推进
	对延期贷款坚持实质性风险判断，不单独因疫情因素下调贷款风险分类，不影响征信记录，并免收罚息。	29	督促银行业金融机构对延期还本付息贷款进行专门统计、密切监测，加强贷款风险管理。对延期贷款坚持实质性风险判断，不单独因疫情因素下调贷款风险分类，不影响征信记录，并免收罚息。	人行武汉分行、湖北银保监局	相关金融机构	持续推进
9.加大普惠小微贷款支持力度。	继续新增支农支小再贷款额度。将普惠小微贷款支持工具的资金支持比例由1%提高至2%，即由人民银行按相关地方法人银行普惠小微贷款余额增量（包括通过延期还本付息形成的普惠小微贷款）的2%提供资金支持，更好引导和支持地方法人银行发放普惠小微贷款。	30	2022年湖北银行业金融机构单户授信1000万元以下（含）普惠小微贷款新增1200亿元，总体继续实现普惠小微贷款“两增”目标。	湖北银保监局	相关金融机构	2022年12月
		31	加强普惠小微贷款支持工具政策宣传，将普惠小微贷款支持工具的资金支持比例由1%提高至2%，推动金融机构持续增加普惠小微贷款投放，更多发放信用贷款。发挥再贷款、再贴现牵引带动作用，2022年安排不低于300亿元的支农支小再贷款资金，支持金融机构为小微企业（含农业新型经营主体，下同）发放优惠利率贷款；安排不低于160亿元再贴现资金，支持小微企业缓解占款压力。	人行武汉分行	相关金融机构	2022年12月
		32	加大信用贷款投放力度，力争普惠小微贷款余额中信用贷款占比持续提高。努力提升小微企业贷款户中首贷户的比重，大型银行、股份制银行实现全年新增小型微型企业法人首贷户数量高于上年。	湖北银保监局	相关金融机构	持续推进
	指导金融机构和大型企业支持中小微企业应收账款质押等融资，抓紧修订制度将商业汇票承兑期限由1年缩短至6个月，并加大再贴现支持力度，以供应链融资和银企合作支持大中小企业融通发展。	33	指导金融机构和大型企业支持中小微企业应收账款质押等融资，落实商业汇票承兑期限由1年缩短至6个月的制度，并加大再贴现支持力度，以供应链融资和银企合作支持大中小企业融通发展。	人行武汉分行	湖北银保监局，相关金融机构	2022年12月

中央政策		序号	落实举措	牵头单位	责任单位	完成时限
10. 继续推动实际贷款利率稳中有降。	在用好前期降准资金、扩大信贷投放的基础上，充分发挥市场利率定价自律机制作用，持续释放贷款市场报价利率（LPR）形成机制改革效能，发挥存款利率市场化调整机制作用，引导金融机构将存款利率下降效果传导至贷款端，继续推动实际贷款利率稳中有降。	34	加强存款利率自律管理，确保银行中长期存款利率下降 10 个 bp，并引导金融机构将存款利率下降效果传导至贷款端。持续推动金融机构将 LPR 内嵌到内部定价和传导相关环节，引导金融机构根据市场主体资质、经营状况及贷款方式、期限等因素，形成差异化、精细化利率定价体系，降低市场主体融资成本。2022 年，争取全省企业贷款利率下降 15 个 bp 以上。鼓励和推动减费让利，扩大金融机构减费领域，鼓励商业银行主动承担普惠小微企业贷款抵质押评估费和保险费。	人行武汉分行、湖北银保监局	相关金融机构	2022 年 12 月
11. 提高资本市场融资效率。	科学合理把握首次公开发行股票并上市（IPO）和再融资常态化。	35	实施资本市场建设“楚天行动”和企业上市“楚天种子”行动计划，全年新增上市公司 20 家以上，推动全省上市后备企业数量达到 1000 家。力争全年全省直接融资规模达到 7200 亿元。	省地方金融监管局	湖北证监局	2022 年 12 月
	支持内地企业在香港上市，依法依规推进符合条件的平台企业赴境外上市。	36	支持企业利用境外市场特别是港股市场上市，有效拓宽股权融资渠道。支持更多符合条件的企业利用交易所市场发行债券。	湖北证监局	省地方金融监管局	持续推进
	继续支持和鼓励金融机构发行金融债券，建立“三农”、小微企业、绿色、双创金融债券绿色通道，为重点领域企业提供融资支持。	37	支持和鼓励金融机构发行金融债、资本补充债提升信贷投放能力。利用绿色通道政策为小微企业、绿色、双创等专项金融债发行提供便利，加大对重点领域企业的融资支持。	人行武汉分行	相关金融机构	持续推进
	督促指导银行间债券市场和交易所债券市场各基础设施全面梳理收费项目，对民营企业债券融资交易费用能免尽免，进一步释放支持民营企业的信号。	38	积极对接证监会，以通知的形式向市场公开民营企业费用减免等政策利好，进一步释放支持民营企业的信号。	湖北证监局		持续推进
12. 加大金融机构对基础设施建设和重大项目的支持力度。	政策性开发性银行要优化贷款结构，投放更多更长期限贷款。	39	力争政策性开发性银行全年新增贷款达到 910 亿元，加大中长期贷款投放力度，更多投向先进制造及战略性新兴产业、交通能源、城市更新及新型城镇化、乡村振兴及农业现代化等领域，确保重点项目资金需求。	湖北银保监局	相关金融机构	2022 年 12 月
	引导商业银行进一步增加贷款投放、延长贷款期限。	40	搭建重大项目融资对接服务平台，支持有需求的银行、担保机构等接入平台，充分利用平台数据资源，做好线上服务工作，确保实现 100%对接。根据重大项目单位意向合作金融机构以及金融机构融资服务匹配度等因素，1 个重大项目确定 1 家牵头银行，做好授信等综合融资服务。	人行武汉分行	相关金融机构	持续推进

中央政策		序号	落实举措	牵头单位	责任单位	完成时限
12. 加大金融机构对基础设施建设和重大项目的支持力度。	鼓励保险公司等发挥长期资金优势，加大对水利、水运、公路、物流等基础设施建设和重大项目的支持力度。	41	鼓励辖内法人保险机构聚焦国家和地方建设需求，引导各保险公司省级分公司积极争取总公司支持，加大对省内水利、水运、公路、物流等基础设施建设和重大项目的支持力度。	湖北银保监局	相关金融机构	持续推进
17. 促进平台经济规范健康发展。	出台支持平台经济规范健康发展的具体措施，在防止资本无序扩张的前提下设立“红绿灯”，维护市场竞争秩序，以公平竞争促进平台经济规范健康发展。	63	落实国家即将出台的支持平台经济规范健康发展的具体措施，维护公平竞争，促进平台经济规范健康发展。加强平台经济领域反垄断监管，强化《反垄断法》等法律法规培训、宣传，引导经营者依法合规经营。	省发改委、省市场监管局	省委网信办、省经信厅、省人社厅、省农业农村厅、省商务厅、省税务局、人行武汉分行，各市、州、县人民政府	持续推进
18.稳定增加汽车、家电等大宗消费。	引导金融机构提升金融服务能力，更好满足消费升级需求。	75	鼓励金融机构创新消费信贷管理模式和产品，根据汽车、家电等消费领域特点，灵活设定首付比例、期限和还款方式，大力发展线上消费信贷产品。	人行武汉分行	省发改委，相关金融机构	2022 年 12 月
19. 健全完善粮食收益保障等政策。	完善最低收购价格执行预案，落实好 2022 年适当提高稻谷、小麦最低收购价水平的政策要求，根据市场形势及时启动收购，保护农民种粮积极性。	78	及时布设托市收储库点，根据市场形势及时报请国家批准，在我省启动最低收购价预案。组织开展巡回督导和监督检查，及时发现和解决收购中出现的各种问题，严肃查处各类违法违规行为，保护种粮农民利益。	省粮食局、中储粮集团湖北分公司	省发改委、省市场监管局、农发行省分行，各市、州、县人民政府	2022 年 12 月
25. 推动阶段性减免市场主体房屋租金。	出租人减免租金的可按规定减免当年房产税、城镇土地使用税，并引导国有银行对减免租金的出租人视需要给予优惠利率质押贷款等支持。非国有房屋减免租金的可同等享受上述政策优惠。	95	鼓励国有银行对减免服务业小微企业和个体工商户租金的出租人视需要给予优惠利率质押贷款等支持。	湖北银保监局	人行武汉分行	2022 年 12 月
26. 加大对民航等受疫情影响较大行业企业的纾困支持力度。	在用好支持煤炭清洁高效利用、交通物流、科技创新、普惠养老等专项再贷款的同时，增加民航应急贷款额度 1500 亿元，并适当扩大支持范围，支持困难航空企业渡过难关。	97	利用好煤炭清洁高效利用再贷款，完善煤炭等能源供应的金融服务，合理满足煤炭安全生产建设、发电企业购买煤炭、煤炭储备等领域融资需求，保障电力煤炭等能源稳定供应。	人行武汉分行、湖北银保监局	省能源局	2022 年 12 月
	鼓励银行向文化旅游、餐饮住宿等其他受疫情影响较大行业企业发放贷款。	101	开展文化旅游、批零住餐等行业金融助企纾困专项行动，鼓励各银行业、保险业金融机构建立灵活调配投放金融资源、统筹协调服务的快速反应机制，在信贷融资、保险理赔、在线服务、技术保障等方面开辟绿色通道，加大对文化旅游、餐饮住宿、交通物流等受疫情影响较大行业企业的金融支持力度。	人行武汉分行、湖北银保监局	相关金融机构	2022 年 12 月

中央政策		序号	落实举措	牵头单位	责任单位	完成时限
29.统筹加大对物流枢纽和物流企业的支持力度。	加快1000亿元交通物流专项再贷款政策落地，支持交通物流等企业融资，加大结构性货币政策工作对稳定供应链的支持。	113	争取交通物流专项再贷款35亿元以上，引导政策资金支持领域内符合条件的企业和个体工商户，优先支持货车司机融资需求。	人行武汉分行	省交通运输厅，各市、州、县人民政府	2022年12月
30.加快推进重大外资项目积极吸引外商投资。	进一步拓宽企业跨境融资渠道，支持符合条件的高新技术和“专精特新”企业开展外债便利化额度试点。	117	在武汉东湖新技术开发区和湖北自由贸易试验区，积极开展外债便利化额度试点，支持区内符合条件的高新技术企业在不超过等值500万美元额度内自主开展跨境融资。	国家外汇管理局湖北省分局	武汉市人民政府	2022年12月
31.实施住房公积金阶段性支持政策。	受疫情影响的企业，可按规定申请缓缴住房公积金，到期后进行补缴。在此期间，缴存职工正常提取和申请住房公积金贷款，不受缓缴影响。	119	受疫情影响的企业，可按规定申请缓缴住房公积金，到期后进行补缴。在此期间，缴存职工正常提取和申请住房公积金贷款，不受缓缴影响。	省住建厅	省财政厅、人行武汉分行，各市、州、县人民政府	持续推进
	受疫情影响的缴存人，不能正常偿还住房公积金贷款的，不作逾期处理，不纳入征信记录。	120	受疫情影响的缴存人，不能正常偿还住房公积金贷款的，不作逾期处理，不作为逾期记录报送人民银行征信部门。	人行武汉分行	相关金融机构	持续推进
32.完善农业转移人口和农村劳动力就业创业支持政策。	加强对吸纳农业转移人口较多区域、行业的财政和金融支持，中央财政农业转移人口市民化奖励资金安排400亿元，推动健全常住地提供基本公共服务制度，将符合条件的新市民纳入创业担保贷款扶持范围。	123	支持将新市民纳入湖北“青创贷”扶持范围，扩面增量服务更多创业青年。鼓励各银行业金融机构将符合条件的高校毕业生小微企业创业担保贷款最高额度提高至500万元。	湖北银保监局	相关金融机构	2022年12月

省人民政府办公厅印发
关于进一步激发市场活力稳住经济增长
若干措施的通知(摘录)

发文机构:湖北省人民政府办公厅

文号:鄂政办发〔2022〕40 号　发文日期:2022 年 8 月 25 日

关于进一步激发市场活力稳住经济增长的
若干措施

一、实施"首贷户"贷款贴息。深入推进中小微企业(含个体工商户)首次贷款拓展专项行动,2022 年新增"首贷户"15 万户。引导银行降低"首贷户"贷款利率,鼓励金融机构和市县按照"银行减免+政府贴息"的模式对 2022 年"首贷户"予以支持,省级财政按照各地实际贴息金额的 50%给予补助,已享受财政贴息政策的不再享受"首贷户"贴息。(责任单位:省财政厅,人行武汉分行、湖北银保监局,省地方金融监管局,各市、州、县人民政府)

三、加大科技创新、碳减排支持工具等贷款贴息。对 2022 年 8 月至 12 月科技创新再贷款、碳减排支持工具、支持煤炭清洁高效利用再贷款、交通物流再贷款等货币政策工具所带动的中小微企业及个人贷款,市县给予 1%的贴息(不得重复享受财政贴息)。省级财政按照各地贴息金额的 30%给予补助。(责任单位:人行武汉分行,省财政厅、省发改委、省科技厅、省经信厅、省交通运输厅、省生态环境厅,湖北银保监局,省地方金融监管局,各市、州、县人民政府)

四、加大企业融资增信支持力度。扩大中小企业担保规模,力争全省融资担保行业年末在保余额超过 2200 亿元,全省新型政银担业务超过 560 亿元。支持建立应收账款和应收票据融资奖补激励机制,对于对接中国人民银行征信中心应收账款融资服务平台,并通过平台帮助中小微企业的核心实体企业,对其年促成贷款总额 1000 万元以上的贷款,按实际促成贷款金额的 0.5%给予奖励,单户企业奖励最高不超过 200 万元。对供应链核心企业签发的供应链票据,按照签发量的 0.2%给予奖励,单户企业年度奖励不超过 200 万元。(责任单位:人行武汉分行,省财政厅,湖北银保监局,省地方金融监管局)

九、支持批零住餐行业发展。鼓励和支持各地出台政策,对批发、零售、住宿、餐饮新增限额以上企业给予奖励。发放批发零售一体、住宿餐饮一体专项消费券 5000 万元,持续提振消费增长,带动商贸流通企业恢复发展。鼓励有条件的地方对住宿、餐饮业市场主体和养老服务机构的防疫、消杀等费用支出给予补贴。(责任单位:省商务厅、省财政厅、省民政厅、省发改委、省统计局、省市场监管局,人行武汉分行,各市、州、县人民政府)

十一、加大汽车促消费力度。支持发放优惠"大礼包"。2022 年 8 月至 12 月,支持各地联合汽车生产、销售企业、成品油经营企业、保险公司等,通过发放购车补贴、汽车消费券、购车赠送加油保险优惠券等措施促进汽车消费,省级财政对各地联合开展汽车促销活动给予补助。鼓励金融机构对自然人车主提供以下三种汽车金融服务:首付金额在机动车销售统一发票价税合计金额的 2 成以内(含 2 成);贷款时限 5 年;执行年利率在贷款总金额 3%以内或 0 利率且服务费(手续费)在分期款总金额 3%以内。省级财政对 2022 年 8 月至 12 月执行以上金融服务政策绩效好的金融机构给予一次性奖励。(责任单位:省商务厅、省财政厅、省经信厅、省地方金融监管局)

各地各有关部门要进一步提高政治站位,充分认识激发市场活力稳住经济增长的重大意义,确保政策执行落实到位。省财政厅、省交通运输厅、省商务厅、省文旅厅、省税务局、人行武汉分行等单位要于 8 月底前制定细化配套措施,推动政策直达快享。各地要结合实际,制定本地落实举措,确保若干措施落地见效。各地各有关部门要加强政策宣传,提高政策知晓率,稳定市场预期,增强市场信心,更好促进经济平稳增长。

省人民政府关于进一步加快重大项目建设
扩大有效投资的若干意见(摘录)

发文机构:湖北省人民政府

文号:鄂政发〔2022〕17 号　发文日期:2022 年 6 月 10 日

二、重点工作

聚焦中央财经委员会第十一次会议明确的五大领域,重点围绕交通物流、水利、流域综合治理、数字经济、城市基础设施、以县城为重要载体的城镇化、公共卫生、能源等 8 个方面,明确发展思路、建设目标、重点项目及责任部门,清单化推进落实,发挥关键性、节点性重大项目的示范效应,带动全省基础设施建设水平整体提升。

三、政策举措

（四）加大投资项目融资支持。在省投资项目在线审批监管平台中，增加省重大项目融资对接服务功能，对省重大项目明确牵头银行，做好融资服务。对在境内外主要资本市场上市的企业，省财政给予最高400万元奖励资金。深入推进基础设施领域不动产投资信托基金（REITs）试点，支持完善项目手续、办理产权证书、推进国有资产转让，对成功发行的项目争取中央预算内资金补助。对制造业中长期贷款余额增幅排名全省前3名的金融机构，每季度通报表扬并给予财政资金奖励。探索设立城市建设投资基金。对高速公路项目采取收益高低搭配、以丰补歉方式进行投资人招标。（责任单位：人行武汉分行，省财政厅、省发改委、省交通运输厅、省自然资源厅、省政府国资委、省地方金融监管局，各市、州、县人民政府）

（七）加快推动节能降碳。推动碳减排支持工具和煤炭清洁高效利用专项再贷款在我省扩面增量。对整体能效提高的企业，所降低能耗优先支持该企业技改项目。金融机构将项目碳减排量和贷款利率挂钩，重点支持大型风电和光伏、抽水蓄能、节能降碳改造升级项目。创新开展森林碳汇收益权质押贷款"碳林贷"、可再生能源补贴确权贷款、新能源汽车积分收益权质押贷款等绿色信贷业务。（责任单位：省经信厅、省生态环境厅、省财政厅、省发改委、省林业局、省能源局、省地方金融监管局，人行武汉分行，各市、州、县人民政府）

（十一）积极推进保障性租赁住房建设。在武汉、襄阳、宜昌、十堰、鄂州、荆州等城市开展试点，鼓励利用集体建设用地和企事业单位自有闲置土地建设租赁住房。加大保障性租赁住房信贷支持力度，对开发建设、购买、装修改造、运营管理、交易结算等提供金融服务，保障性租赁住房项目贷款不纳入房地产贷款集中度管理。利用非居住存量房屋建设保障性租赁住房，取得保障性租赁住房项目认定书后，比照执行住房租赁增值税、房产税等税收优惠政策。（责任单位：省住建厅、省发改委、省财政厅、省自然资源厅，省税务局、人行武汉分行，各市、州、县人民政府）

省金融领导小组关于印发《湖北省资本市场建设"楚天行动"实施方案》的通知（摘录）

发文机构：湖北省金融领导小组

文号：鄂金组发〔2022〕4号　发文日期：2022年3月2日

湖北省资本市场建设"楚天行动"实施方案

一、主要目标

围绕充分发挥多层次资本市场枢纽作用和资源配置功能，促进投融资和产业协同发展，更好服务实体经济发展，推动全省直接融资规模、上市公司数量、上市后备企业数量较2020年实现倍增，构建中部资本市场高地。力争到2025年，全省直接融资规模突破1万亿元、上市公司数量达到230家以上、上市后备企业数量达到2000家以上。

二、重点任务

（一）做优做实上市后备资源库。围绕我省"51020"现代产业集群，聚焦"光芯屏端网"等新一代技术产业、汽车制造、现代化工、大健康、航空航天、高端装备制造等重点产业、专精特新"小巨人"企业、高新技术"瞪羚"企业等，依托企业上市政务云平台，建立健全省、市、县三级上市后备资源库和重点行业上市后备库，实施动态管理和精准培育。实行上市后备资源挖掘培育联动机制，各市州、各行业主管部门每年向省企业上市工作领导小组办公室（以下简称"省上市办"）推荐优质后备企业，并将优质后备企业作为重点扶持和培育对象，推动其做大做强；省上市办协调各部门落实重点后备企业支持政策，加快上市进程。加快实施企业股改专项行动，力争"十四五"时期推动1000家企业完成股份制改造。（责任单位：省企业上市工作领导小组成员单位，各市、州、县人民政府）

（二）实施"楚天种子"赋能提升行动。建立上市后备企业、行业主管部门、中介机构等多方参与的常态化宣讲推介机制，分级分类开展资本市场培训，全面提升企业对接资本市场实现高质量发展的能力和积极性。分行业、分类别制定"种子"入库标准，定期在全省进行上市后备企业资源摸底，组织专家团队评选，通过各种渠道和途径公布"种子"企业名单，弘扬"种子"价值，提升企业知名度，吸引更多中介机构、投资机构关注企业，畅通企业与资本市场对接渠道。对入库"种子"实施动态管理，针对不同发展阶段的后备企业特点，各市州要为省级"金种子"企业制定精准服务方案，实行"一企一专班"贴身辅导，通过政策全周期支持、服务全链条保障、资源全过程倾斜，助推优质上市后备"种子"企业价值发现和价值实现。"金种子"企业定期更新扩容，每年新增入库省级"种子"后备企业200家以上。（责任单位：省企业上市工作领导小组成员单位，各市、州、县人民政府）

（三）加大后备企业培育支持力度。深入贯彻落实推进企业上市的各项政策措施，进一步加大对优质后备企业的项目用地、财税、资金、招投标、招商等支持力度。完善企业上市分阶段奖励实施办法，全面落实上市奖励无申请兑付制度。引导金融机构在风险可控前提下，为重点上市后备企业提供综合金融服务。支持政策性担保机构提供融资增信服务，并按规定给予担保费率优惠。充分利用上交所中部基地、深交所和北交所服务湖北基地，分片区、分行业、分类别精准开展上市专题培训和投融资对接活动，组建中介机构和行业主管部门共同参与的专家辅导团队，为上市后备企业提供专业、精准、高效服务。加强与香港贸发局等机构合作，推动企业境外上市、重组上市、分拆上市。在充分研判的基础上，利用招商引资、股权投资、战略投资等方式，引入优质上市公司和后备资源。（责任单位：省企业上市工作领导小组成员单位，各市、

州、县人民政府）

（四）提升区域性股权市场服务功能。推动各地政府信息资源共享平台与武汉股权托管交易中心信息服务平台实现互联互通，支持武汉股权托管交易所中心提升对中小微企业的综合服务能力。鼓励中小企业在武汉股权托管交易中心挂牌，支持武汉股权托管交易中心开展区块链建设试点，争取四板改革创新试点，积极探索业务及产品创新。加强武汉股权托管交易中心与沪深北交易所合作，支持探索建立“新三板”转板对接机制，将武汉股权托管交易中心打造成为全国区域性股权市场领军机构。（责任单位：省地方金融监管局、湖北证监局，各市、州、县人民政府）

（五）培育高质量上市公司集群。鼓励引导符合条件的上市公司利用各类股债融资工具扩大直接融资，充分发挥引领带动作用，促进以优质上市公司为主导的产业链集群发展。支持规范运作的上市公司开展市场化并购重组、引入合格战略投资者，聚焦主业做优做强。深入开展上市公司治理专项行动，加强依法监管和分类处置，总结梳理公司治理、信息披露、资金占用、违规担保等典型案例，压实企业主体责任和属地责任，综合施策，稳妥推进上市公司化解风险。（责任单位：湖北证监局、省地方金融监管局，各市、州、县人民政府）

（六）扩大债券融资规模。积极对接债券创新产品信息，加强债券融资培训，增强企业发债融资的积极性和主动性。充分挖掘市场资源，加强对接服务，鼓励、引导优质企业通过债券市场融资。大力培育发债企业资源，注重对企业首次运用债券市场实现融资的规划和扶持。稳妥推进基础设施领域不动产投资信托基金（REITs）试点，有效盘活辖区基础设施存量资产。鼓励金融机构积极参与我省企业债券发行，组织中介机构与发债企业对接。加强与中国银行间市场交易商协会和沪深交易所的沟通联系，为企业发债创造有利条件。（责任单位：湖北证监局、省发改委、省财政厅、人民银行武汉分行、湖北银保监局、省地方金融监管局，各市、州、县人民政府）

（七）支持创投私募基金规范发展。在做好风险防控的基础上，推行创业投资企业、创业投资管理企业和天使投资人登记注册便利化，鼓励有条件的地方对新设立和新迁入且投资当地实缴资金达到一定规模的创业投资机构给予适当奖励。建立私募股权投资优质企业和重点项目库，支持长期资本、风险资本进入私募股权基金，支持创业投资机构通过上市、发行企业债、公司债、双创债务融资工具以及募集保险资金等渠道，创新创业投资募集资金方式。支持发起设立专业化的私募股权二级市场基金（简称S基金），鼓励现有母基金引入S策略，拓宽创业投资和股权投资份额转让与退出渠道，提升合规经营意识和专业化运作水平，加大私募股权基金对实体经济的支持力度。（责任单位：湖北证监局、省地方金融监管局、省发改委、省财政厅、省政府国资委、省市场监督管理局，各市、州、县人民政府）

（八）创新完善政府引导基金体系。优化政府引导基金布局，建立省级股权投资平台、省级母基金、专业类子基金阶段协同、资金协同、目标协同的培育合力机制。设立省科技创新发展基金，加强与头部私募股权投资基金合作，推动湖北重点建设实验室、国家重大科技基础设施和技术创新中心对接天使投资、创业投资等机构。支持长江产业投资集团有限公司加强投资运营管理，成为投融资领域一流领军企业。探索创新国有创投机构绩效考核评价机制，对政府参股的各类种子、天使、风投、创投基金，整体考核基金所投项目，从基金投资运营全周期评价整体投资收益，完善容错和尽职免责机制，鼓励发行基金债，更大力度撬动社会资本投早、投小、投科技。（责任单位：省发改委、省政府国资委、省财政厅、省地方金融监管局、湖北证监局，各市、州、县人民政府）

（九）发挥资本市场服务机构作用。支持长江证券、天风证券、长江期货、美尔雅期货等地方法人机构通过增资扩股、并购重组等方式做优做强。充分发挥证券公司、律师事务所、会计师事务所等资本市场专业机构作用，建立激励与约束机制，提升综合服务功能。完善证券公司保荐代表人联系市州和重点区县制度，定期通报重点券商保荐人服务情况，引导更多券商深入市县，点对点提供专业指导。（责任单位：省地方金融监管局、湖北证监局、省政府国资委，各市、州、县人民政府）

（十）打造最优资本市场发展环境。各级政府、各行业主管部门要落实企业上市“绿色通道”制度，各级政府和各行业主管部门主要负责同志要亲自抓好协调督办，为企业上市和直接融资提供最优服务。各地各有关部门要按照“一网一门一次”要求，主动做好企业上市和多层次资本市场服务，限时办结。各级政府要建立与主流证券服务类媒体常态化的沟通联系机制，加强舆情监测，快速指导企业开展舆情管理，切实提高新闻宣传和舆论引导工作有效性，积极营造良好发展氛围。（责任单位：各市、州、县人民政府，省企业上市工作领导小组各成员单位）

三、保障措施

（一）强化政策保障。各级政府主要负责同志每年听取一次资本市场建设和企业上市工作情况汇报，政府常务会每年进行专题研究部署，深入落实领导包保上市后备企业制度，逐级压实资本市场建设和推进企业上市工作责任。加强对相关各项政策措施执行情况的督办检查，抓好税收、申请财政性资金补助、项目用地指标和价格、高新技术企业认定、招投标采购、人才引进等政策支持。建立行业主管部门上市后备企业“白名单”制度，帮助重点上市后备企业妥善解决历史沿革、相关资格确认和证明文件出具等方面问题。各地要结合实际，制定出台支持企业上市、私募基金规范发展、债券融资等配套扶持政策。省上市办要分行业、分类别梳理后备企业上市相关支持政策，加强宣传培训，根据政策落实情况进行评估优化。

（二）健全工作机制。将企业上市工作纳入全省高质量发展综合绩效评价内容，将资本市场建设工作纳入市州党政领导干部综合绩效考评，建立各级政府主要领导高度重视推动、各部门支持配合的企业上市工作格局。各市州和省企业上市工作领导小组成员单位要结合各自实际，制定分区域、分行业的年度企业上市和资本市场建设工作计划，明确工作目标，实行专人跟踪、重点对接，优化培育辅导服务。实行企业上市和资本市场建设工作季度通报制度，对真抓实干、工作成效明显的单位和机构给予通报表扬，推广经验做法；对工作不力、进展滞后的市州和机构加强提示和督办，约谈相关负责人。

（三）加强统筹协调。省企业上市工作领导小组要充分发挥统筹指导和综合协调作用，对全省资本市场建设工作情况进行分析，部署推进重点工作任务，积极对接各方要素资源，协调相关部门解决具体问题。各市州政府要把资本市场建设工作作为“抓发展、抓创新、抓未来”的关键工程来落实，制定完善政策措施，落实工作责任，优化政务服务，持续加力推进。

省金融领导小组关于印发《湖北省优化金融营商环境十项重要“微改”工作方案》的通知(摘录)

发文机构:湖北省金融领导小组

文号:鄂金组发〔2022〕13号　发文日期:2022年7月15日

湖北省优化金融营商环境十项重要“微改”工作方案

一、工作任务

(一)全面推广“301”模式、“楚天贷款码”和“鄂融通”。对满足线上产品授信条件的企业融资申请,全面推广“301”模式(即3分钟申贷、0人工干预、1秒钟放款)。用好“楚天贷款码”,加大布码力度和服务范围,实现“线下”有效布码、“线上”快速办理。对超期未办的扫码融资申请,及时督办推进,提高“码”上融资办理效率,切实提升中小微企业融资可得性。对需要线下调查核实的企业融资申请,全面落实“1351”模式(即1日内受理、3日内尽职调查、5日内初步授信审批、1日内反馈结果)。引导银行等金融机构和地方金融组织入驻“鄂融通”平台,开展融资服务,并对平台使用情况进行监督。(牵头单位:人民银行武汉分行、省地方金融监管局;责任单位:各金融机构)

(二)合理确定贷款期限,加快落实无还本续贷金融政策。优化对小微企业的融资期限管理,引导银行业金融机构结合不同企业资金需求特点合理匹配贷款期限,加大小微企业中长期贷款投放力度。针对有市场前景、流动资金贷款到期后仍有融资需求、且暂时存在资金困难的小微企业,研究出台续贷服务政策。督导银行业金融机构制定无还本续贷实施方案,按照“应办尽办”原则,完善尽职免责制度,升级业务系统功能,优化内部考核及资源配置,加强政策宣传和告知引导,扩大无还本续贷业务覆盖面,提高小微企业贷款中无还本续贷比重。完善小微企业金融服务评价体系,将无还本续贷业务作为商业银行小微企业金融服务监管评价的重要评价指标,与MPA(宏观审慎评估体系)、央行评级及结构性政策工具运用挂钩。推广“见贷即保”批量担保业务,督促政府性融资担保机构继续优化续贷续保服务,推动抵押担保无缝对接。(牵头单位:湖北银保监局、人民银行武汉分行、省地方金融监管局;责任单位:各金融机构)

(三)大力推动应收账款融资。引导金融机构积极开展应收账款融资业务,减少其他附属担保,盘活中小微企业应收账款存量资产。鼓励中小微企业依托人民银行征信中心应收账款融资服务平台(中征平台)发布融资需求和应收账款信息,推动供应链核心企业和单位及时确认债权债务关系。促进全省制造业、农业重点产业链核心企业及大型医院等公共服务单位与中征平台完成系统对接,实现应付账款及时、自动、批量上传与确认,为中小微企业在线获得应收账款融资提供便利。鼓励政府性融资担保机构将应收账款纳入反担保标的,为中小微企业提供优质融资担保服务。建立应收账款确权约束机制,对未依法履行确认债权债务关系义务的核心企业和单位,由行业主管部门开展专项督办,情节严重的,依法进行失信惩戒。力争2022年通过中征平台实现应收账款融资超过2600亿元。(牵头单位:人民银行武汉分行;责任单位:湖北银保监局、省地方金融监管局、省发改委、省经信厅、省农业农村厅、省卫健委、省政府国资委,各市州县政府,各金融机构)

(四)精准实施信用培植工程。推进2022年新一批信用培植工作,针对各县(市、区)政府部门推荐的融资难度较大的中小微企业,帮助其满足金融需求或通过信用培植达到融资条件。有效发挥联合协商机制作用,行业主管部门履行企业推荐责任,做到应推尽推;金融机构落实“一企一清单”管理要求,完整准确列出企业信用培植辅导事项清单,相关政府部门按照清单及时对企业开展相应政策辅导,做到应培尽培。优化信用培植平台服务功能,加强平台统计监测和信息共享。定期通报全省信用培植工程进展情况,持续扩大培植效果。(牵头单位:人民银行武汉分行、省地方金融监管局;责任单位:省发改委、省科技厅、省经信厅、省财政厅、省自然资源厅、省生态环境厅、省农业农村厅、省商务厅、省文旅厅、省市场监管局、省税务局、湖北银保监局、湖北证监局,各市州县政府,各金融机构)

(五)提升小微企业金融服务融资效率。督促银行业金融机构制定2022年提高小微企业融资效率工作计划,持续落实小微企业贷款授权、授信、受理回告、尽职免责“四张清单”服务机制及提升融资效率“十条措施”,加强专项督办评估和常态化督查指导,在2022年底前实现银行网点“四张清单”全覆盖,力争小微企业贷款办理环节、办理时间、申请材料数量较上年进一步下降。推动地方法人银行加大小微业务资源倾斜和内部考核评价力度,完善尽职免责制度;督促非法人银行落实上级行政策安排,积极争取资源倾斜。(牵头单位:湖北银保监局、人民银行武汉分行;责任单位:各金融机构)

(六)系统推进首贷户拓展专项行动。比对市场主体注册登记信息和金融机构贷款企业信息,形成新一批全省中小微企业无贷户名单,组织金融机构对照名单精准开展首贷户拓展,破解民营小微企业融资难“最先一公里”。指导金融机构合理制定全年新增首贷户计划,加大对高新技术企业、科技型中小企业等重点领域企业的支持力度,加强监测调度和考核督办。力争2022年全省拓展中小微企业首贷户15万户,发放首次贷款超过1500亿元。鼓励有条件的地方建设首贷服务中心,汇集金融政策宣传、信用信息查询、信用培植辅导、融资担保增信等功能,为中小微企业首次贷款提供一站式服务。(牵头单位:人民银行武汉分行、湖北银保监局、省市场监管局、省工商联;责任单位:各市州县政府,各金融机构)

(七)推动实现亿元以上重大项目金融服务全覆盖。建设重大项目融资服务对接平台,推动实现对全省亿元以上重大项目线上实时信息推送、督导推进与监测分析等功能。组织金融机构依托重大项目融资服务对接平台,加快开展融资服务对接，确保对全省固定资产投资在1亿元以上的重大项目100%对接，对符合条件的项目及时足额予以融资支持，切实满足其合理融资需求。建立健全重大项目融资对接服务工作机制和考核评估体系，强化激励约束和评估结果运用。（牵头单位：人民银行武汉分行、省发改委、湖北银保监局、省地方金融监管局、省经信厅；责任单位：各金融机构）

（八）加强科技融资担保体系建设。发挥湖北科技融资担保有限公司的龙头作用，构建覆盖全省、上下联动的科技融资担保体系。引导融资担保机构创新产品、优化服务，积极开展信用担保业务，鼓励开展股权质押和知识产权质押融资，不断提升信用担保占比。各级科技部门提供科技型中小微企业名单并实施动态管理，向银行业金融机构、担保机构推荐，银行业金融机构、担保机构向符合条件的科技型企业提供融资、增信支持。各地落实分险责任，建立完善资本金补充、风险补偿、保费补助和业务奖补"四补"工作机制。（牵头单位：省地方金融监管局、省财政厅、省科技厅、省政府国资委、人民银行武汉分行、湖北银保监局；责任单位：各市州县政府，各金融机构、各政府性融资担保机构）

（九）着力优化企业汇率避险服务。针对当前汇率双向波动常态下，中小微企业汇率避险理念相对滞后、避险能力不足的问题，做好中小微企业汇率风险管理服务。通过组织培训、调研和会商等方式，积极传导汇率"风险中性"理念。用好外经贸发展专项资金，在符合世贸组织规则前提下，为中小微企业提供汇率避险方面的公共服务。鼓励金融机构创新服务方式，扩大服务渠道，丰富避险产品，采取"逐企建档、逐企对接、定向辅导"等方式为中小微企业"一对一"提供靶向宣传和精准组合策略。（牵头单位：外汇局湖北省分局；责任单位：省商务厅、省财政厅、省地方金融监管局、人民银行武汉分行，各金融机构）

（十）深入开展小微企业简易开户服务。针对小微企业难以提供证明材料导致的开户难问题，组织银行业金融机构全面推广小微企业简易开户服务，落实减费让利相关要求，做好制度修订、流程梳理、网点公告、宣传培训等工作。跟踪了解简易开户服务的政策效果并适时开展督导检查，确保2022年小微企业开户服务在全省各地市、各银行实现全覆盖，切实为小微企业提供简流程、少环节、低成本的银行账户服务。（牵头单位：人民银行武汉分行；责任单位：各金融机构）

二、工作步骤

（一）动员部署（2022年7月）。各地各部门对照工作方案认领任务，落实落细工作举措，做好工作部署和政策解读。各金融机构面向基层经营机构及市场主体，加大政策宣导力度，层层压实责任，全面打通金融政策传导的"最后一公里"。

（二）推进实施（2022年7月—12月）。各地各部门根据职责要求明确工作任务、责任目标和完成时限，及时对负责工作推进情况进行指导和督办。各金融机构根据工作任务细化落实措施，建立工作台账，逐项抓好落实。

（三）总结评价（2023年1月）。全面总结优化金融营商环境十项重要"微改"工作实施情况，挖掘先进典型，推广经验做法。将本方案落实情况作为全省金融信用市州县创建评估的重要参考。

三、工作要求

（一）加强组织领导。各地各部门要高度重视优化金融营商环境十项重要"微改"工作，落实金融机构主体责任、地方政府属地责任、金融管理部门监管责任及行业主管部门指导责任，确保相关工作要求有效传导、落地见效。

（二）注重协调配合。各地各部门要切实聚焦市场主体关切，按照"谁主管、谁负责、谁督办"的原则，加强业务指导和工作督查。各级政府要定期组织开展交流会商，研究解决工作开展中的问题困难，强化工作联动和信息共享，形成齐抓共管的工作格局。

（三）抓好正反典型。在《湖北日报》等媒体平台开展优化金融营商环境系列报道，分期分批宣传工作举措及成效，曝光负面典型。各地各部门要及时总结推广有效经验做法和先进典型案例，打造一批在全国叫得响的湖北品牌，充分发挥辐射带动和示范引领作用，积极营造全省优化金融营商环境的良好氛围。

关于印发《湖北省政府性融资担保机构融资担保业务反担保设置指引（试行）》的通知（摘录）

发文机构：湖北省地方金融监督管理局　中国人民银行武汉分行
中国银行保险监督管理委员会湖北监管局
文号：鄂金发〔2022〕5号　发文日期：2022年3月7日

湖北省政府性融资担保机构融资担保业务反担保设置指引（试行）

第一章　总则

第一条　为规范我省政府性融资担保机构反担保行为，加大信用业务力度，放宽反担保要求，不断做强做优主业，有效缓解小微企业、"三农"、创业创新和战略性新兴产业主体（以下简称小微企业等主体）融资难问题，促进政府性融资担保机构更好地服务于实体经济，制定本指引。

第二条　本指引所称反担保，特指政府性融资担保机构在开展融资担保业务时，为了保障追偿权实现，要求融资人以第三人的信用或者以特定财产、财产性权利提供担保的行为。

第三条　政府性融资担保机构开展小微企业等主体融资担保业务反担保工作应遵循以下原则：

(一)规范性原则

政府性融资担保机构应当按照《中华人民共和国民法典》、《融资担保公司监督管理条例》及其他规范性文件的规定,依法做好反担保管理,规范反担保操作流程,确保反担保方式合法、合规,有效防范法律风险与操作风险,促进业务健康发展。

(二)适度性原则

政府性融资担保机构应当加大信用业务力度,合理、适度设立反担保方式,放宽反担保要求,拓宽反担保渠道,同时逐步提高信用担保业务占比,降低抵(质)押担保业务占比,为缺乏抵质押物但有较好经营前景的小微企业等主体提供融资担保服务。

(三)有效性原则

政府性融资担保机构设置反担保方式应根据融资人的生产经营、资产负债等情况,因地制宜、一企(户)一策,有效增强其履约偿债意愿,促使其诚实守信、规范经营。

第二章　反担保方式

第四条　政府性融资担保机构的反担保方式主要包括以下类型:保证反担保、抵押反担保、质押反担保等。政府性融资担保机构可综合考虑小微企业等主体风险情况,采用一种或一种以上反担保方式进行组合。

第五条　政府性融资担保机构应加大力度推动信用担保业务发展,对符合下列条件之一的情形,政府性融资担保机构一般应开展信用担保业务,根据融资人实际情况不要求融资人提供反担保或者仅要求融资人提供保证反担保:

(一)个人创业担保贷款及合伙经营“捆绑式”创业担保贷款。

(二)单户担保金额人民币200万元及以下,且融资人符合种养大户、家庭农场、农民合作社、小微农业企业等新型农业经营主体认定标准的融资担保业务。

(三)获得县级以上劳动模范、道德模范、退役英模、创业明星、巾帼建功标兵、“双学双比”女能手等荣誉称号的个人及其创办的小微企业。

(四)获得国家最高科学技术奖、国家自然科学奖、国家技术发明奖、国家科学技术进步奖、国际科学技术合作奖、中国专利奖等科技奖项,以及入选国家科技计划、国家中长期人才发展规划、国家“万人计划”、中科院“百人计划”、长江学者奖励计划、湖北省海外高层次人才引进计划、湖北省“楚天学者”计划、知识创新专项计划、技术创新专项计划、湖北省隐形冠军名录等科技计划、人才计划、发展计划的个人及其创办的小微企业或纳入名录中的小微企业。

(五)政府性融资担保机构与银行业金融机构、省级再担保机构开展批量化业务合作,明确锁定担保体系代偿率上限,以“见贷即保”方式开展的小微企业融资担保业务。

(六)政府性融资担保机构充分利用互联网、大数据、云计算等技术,与银行业金融机构或征信机构合作开发的线上小微企业融资担保业务产品。

第六条　政府性融资担保机构应进一步降低反担保门槛,对符合下列条件之一的情形,可以适当降低反担保门槛,弱化对抵(质)押物等反担保要求:

(一)成长性好、发展前景优良、有较强就业吸纳能力,且经评审认定第一还款来源有保障的小微企业。

(二)省十大重点农业产业链工作联席会议确定的重点支持的农业产业化龙头企业或白名单企业。

(三)政府性融资担保机构重点支持节能环保、新能源、新能源汽车等战略性新兴产业生产制造端的绿色融资担保业务,以及支持绿色农业开发项目,绿色林业开发项目,工业节能节水环保项目,自然保护、生态修复及灾害防控项目,资源循环利用项目,垃圾处理及污染防治项目,可再生能源及清洁能源项目,农村及城市水项目,建筑节能及绿色建筑项目,绿色交通运输项目等节能环保项目的绿色融资担保业务。

(四)政府性融资担保机构与产业链、供应链“链主”企业及征信机构合作,通过掌握上下游小微企业的资金流、物流和信息流,降低信息不对称,重点支持产业链、供应链小微企业的融资担保业务。

(五)政府性融资担保机构全面分析、研判、评估科技型小微企业核心技术、创新能力、关键岗位人才信息和潜在风险,重点支持科技型小微企业开展技术研发、成果转化、装备购置、产能扩张等项目的融资担保业务。

(六)政府性融资担保机构重点支持掌握产业“专精特新”技术特别是在“卡脖子”关键技术攻关中发挥作用的小微企业的融资担保业务。

(七)劳动密集型小微企业的创业担保贷款。

第七条　政府性融资担保机构可根据融资人所在地区的整体信用环境、企业实际生产经营情况、财务信息以及实际控制人的信用信息、行为表现、社会声誉等非财务信息对反担保方式作适当调整。

第八条　政府性融资担保机构应在符合法律、法规规定和有效控制风险的前提下,积极拓展反担保方式和范围,原则上“市场可定价、闭环可流通、法律可追溯、执行可操作”的资产和权益均可作为反担保方式。鼓励政府性融资担保机构积极推广采用运输设备(车辆、船舶)、农业机械、牲畜活禽、农村承包土地经营权、水域滩涂养殖权、知识产权、排污权、碳排放权、收益权、特许经营权、植物新品种权等动产和权利作为反担保方式的融资担保业务。

政府性融资担保机构应当保持对市场新业态、新变化的密切关注,持续加强新型反担保方式的开发。支持政府性融资担保机构与第三方金融仓储机构、供应链金融服务平台等机构合作,共同开发新型反担保方式。鼓励政府性融资担保机构积极探索开展期权换担保、分红换担保、出口退税账户、出口信保保单、农业保单、仓单等作为反担保方式的融资担保业务,探索利用工程供水、供热、发电、污水处理、垃圾处理、政府采购中标合同、生产订单等预期收益质押作为反担保方式的融资担保业务。

第三章　反担保管理

第九条　政府性融资担保机构应妥善设置反担保保前审查机制,有效防范业务风险。

(一)政府性融资担保机构应做好反担保方式的法律合规审核,确保反担保方式符合《中华人民共和国民法典》等相关担保法律法规规定。

(二)政府性融资担保机构应确保反担保方式真实、有效。

(三)反担保方式需要进行价值评估的,政府性融资担保机构应建立合理的价值评估方法,确保评估价值符合客观实际,防止反担保方式价值虚高或偏低。反担保方式的价值可由担保机构认可的机构评估确定,也可由担保机构结合市场价值自行评估确定,鼓励政府性融资担保机构承担评估费。政府性融资担保机构应合理设置评估价值有效期,有效期内的反担保方式可直接按照评估结果确定评估价值。

第十条　政府性融资担保机构应合理设定反担保方式，不得设定过度反担保。

（一）政府性融资担保机构应合理确定反担保方式抵（质）押率，抵（质）押率原则上不低于银行业金融机构同类资产抵（质）押率的上限。

（二）政府性融资担保机构原则上不得要求小微企业等主体提供超额抵（质）押反担保方式，小微企业等主体为单笔融资担保业务提供的全部反担保方式，根据担保机构设定的抵（质）押率折算后的价值，一般不高于担保机构为小微企业等主体该项融资提供担保的金额。

（三）如果政府性融资担保机构为创新反担保方式，接纳不被银行业金融机构认可的抵（质）押物，或以化解存量风险为目的，可不受上述两项限制。

第十一条　政府性融资担保机构应加强反担保期限管理。反担保期限应与担保期限相匹配，原则上不得长于担保期限。

第十二条　政府性融资担保机构应认真做好各类反担保合同的签署工作。

（一）政府性融资担保机构办理保证类反担保方式时，应与保证人订立保证合同。

（二）政府性融资担保机构办理抵（质）押类反担保方式时，应与抵（质）押人订立抵（质）押合同。以共同共有财产抵（质）押的，政府性融资担保机构应与所有财产共有人签订抵（质）押合同。

（三）同一融资担保业务项下需要设定多种反担保方式的，政府性融资担保机构应当与保证人、抵押人、出质人分别签订相应的担保合同。保证合同、抵（质）押合同内容应当符合《中华人民共和国民法典》等相关担保法律法规规定。

反担保人为公司或其他组织的，应当要求反担保人依照《中华人民共和国公司法》、《中华人民共和国合伙企业法》等法律法规的规定出具同意担保的决议文件或其他书面文件。

第十三条　政府性融资担保机构应合规办理各类反担保登记手续。

对于法律规定登记生效或未经登记不得对抗善意第三人的抵（质）押财产，政府性融资担保机构应及时在法定登记部门办理抵（质）押登记，取得他项权利证书或其他抵（质）押登记证明文件。

政府性融资担保机构应根据抵（质）押财产变现难易程度及其他风险控制需要，酌情要求办理公证手续。

第十四条　为充分发挥政策性职能，政府性融资担保机构可在合理评估业务风险的前提下，充分考虑小微企业等主体实际情况，灵活采用余值抵押、顺位抵押、预告登记、留置等方式办理反担保手续，提升小微企业等主体的融资便利性。

第十五条　政府性融资担保机构应积极运用线上渠道办理登记手续：

（一）政府性融资担保机构应积极接入中国人民银行征信中心动产融资统一登记公示系统，实现生产设备、原材料、半成品、产品抵押，应收账款质押，存款单、仓单、提单质押等反担保方式的线上办理。

（二）所在区域不动产登记部门已开通不动产线上抵押登记渠道的，政府性融资担保机构应积极接入相关平台，实现不动产抵押登记线上办结。其他类型反担保方式可通过互联网渠道办理登记手续的，政府性融资担保机构应及时接入相关平台，迅速实现线上登记。

第十六条　政府性融资担保机构应认真做好档案管理，对各类反担保合同、抵（质）押登记证明及相关文件应实行专门管理，做到账实分管、交接明晰、台账完整。

第十七条　政府性融资担保机构应强化反担保保后工作，并根据保后检查情况做好分类管理。

（一）融资担保业务存续期内，政府性融资担保机构应按照保后管理相关要求对设定的反担保方式进行检查和管理。

（二）融资担保业务存续期内，若发生异常情况可能造成保证人担保意愿降低、代偿能力减弱或担保责任免除的，政府性融资担保机构应视情况及时采取风险防控措施。

（三）抵（质）押有效期内，如抵（质）押人有恶意转移、处置抵（质）押财产或阻碍政府性融资担保机构依法实现抵（质）押权的，政府性融资担保机构应视情况及时采取风险防控措施。

（四）融资担保业务本息全部清偿正常解保不续保的，保证、抵（质）押合同终止。政府性融资担保机构应当与抵（质）押人向原登记机关办理注销登记，并将保管的相关文件返还给抵（质）押人，办妥交接手续。

（五）融资担保业务到期，小微企业等主体未能清偿全部融资担保业务本息，或者由于小微企业等主体严重违约，经银行业金融机构、政府性融资担保机构共同认定并协商同意，银行业金融机构提前收回融资担保业务本息而小微企业等主体不能偿还时，政府性融资担保机构应及时履行代偿责任，在保证期间内对一般保证的债务人提起诉讼或者申请仲裁，或在保证期间内书面通知连带责任保证的保证人承担保证责任，或行使抵押权、质押权，并取得回执或其他司法认可有中断诉讼时效效力的证明。债务完全清偿前，担保机构须持续催收，确保对保证人的债权诉讼时效不届满。

（六）同一担保业务主合同项下，既有保证，又有抵押或质押的，政府性融资担保机构应与各方担保人约定，可选择要求保证人履行保证责任，或行使抵押权、质押权，或同时向保证人、抵押人或质押人主张权利。

第四章　附则

第十八条　政府性融资担保机构应按照国家和行业监管相关规定，根据本指引要求，结合本单位实际情况，制定具体的融资担保业务反担保管理办法或操作规范，并报履行出资人职责的部门和业务监管部门备案。

第十九条　本指引由湖北省地方金融监督管理局负责解释。

第二十条　本指引自颁布之日起实施。

关于印发《湖北省小额贷款公司监督管理实施细则(试行)》《湖北省融资租赁公司监督管理实施细则(试行)》的通知(摘录)

发文机构:湖北省地方金融监督管理局

文号:鄂金发〔2022〕20号　发文日期:2022年5月27日

湖北省小额贷款公司监督管理实施细则(试行)

第一章　总则

第一条　为进一步发挥小额贷款公司支持小微企业、个体工商户和“三农”主体普惠金融服务作用,规范小额贷款公司经营行为,强化小额贷款公司监管,根据《中华人民共和国民法典》《中华人民共和国公司法》《防范和处置非法集资条例》《湖北省地方金融条例》等法律法规及《中国银行业监督管理委员会中国人民银行关于小额贷款公司试点的指导意见》(银监发〔2008〕23号)、《关于加强小额贷款公司监督管理的通知》(银保监办发〔2020〕86号)等相关规定,制定本细则。

第二条　本省行政区域内小额贷款公司监督管理适用本细则。国家对小额贷款公司监督管理另有规定的,从其规定。

本细则所称小额贷款公司,是指依照有关法律、法规及本细则规定,在本省范围内设立,不吸收公众存款,经营小额贷款业务的有限责任公司或股份有限公司。

第三条　省地方金融监督管理局负责制定全省小额贷款公司监管制度及政策,组织开展全省小额贷款公司监管工作。市(州)、县(市、区)地方金融工作局(金融办)或承担相应监督管理职责的政府有关部门(以下简称市、县级地方金融监督管理部门),依照相关规定按属地原则负责小额贷款公司日常监督管理和风险处置,包括设立、变更、退出的初审、复审、现场检查、非现场监管、分类评级、违法违规行为查处等。

第四条　县级人民政府是本辖区小额贷款公司风险处置的第一责任人,履行小额贷款公司风险处置和维稳处突第一责任。

第五条　小额贷款公司应当坚持“支农、支小”的市场定位和“小额、分散”的经营原则,诚实守信合法经营,践行普惠金融理念,在法律、法规规定的范围内开展业务,支持实体经济发展。

小额贷款公司的合法经营活动受法律保护,不受任何单位和个人的干涉。

第六条　湖北省小额贷款公司行业协会等组织应建立自律制度,强化服务功能,完善行业管理约束机制,开展行业发展研究、诚信体系建设、行业标准化建设、职业技能培训和会员权益保护等工作,并接受省地方金融监督管理局指导。

第二章　设立、变更与退出

第七条　在湖北省设立小额贷款公司及其分支机构,应当经地方金融监督管理部门批准。未经批准,任何市场主体不得在名称或经营范围中使用“小额贷款”“小贷”“贷”或类似字样,法律、行政法规另有规定的除外。

设立小额贷款公司,应向拟注册地县级地方金融监督管理部门提交申请材料,经县级初审、市级复审、省级审核批准后向市场监督管理部门申请办理注册登记。县级初审、市级复审情况地方金融监管部门须经同级地方人民政府分管领导书面签字同意后上报。

设立小额贷款公司分支机构,应当向拟注册地县级地方金融监督管理部门提交申请材料,经县级初审、市级批准后向市场监督管理部门申请办理注册登记。市级地方金融监督管理部门应当在批准之日起5日内向省地方金融监督管理局备案。

第八条　各市级地方金融监督管理部门要按照“总量统筹、提高质量、合理布局、防控风险”的原则,合理规划辖区内小额贷款公司布局,积极稳妥地扩大小额贷款公司覆盖面。

第九条　小额贷款公司办理以下事项变更,应向公司住所地县级地方金融监督管理部门提出申请,经市级地方金融监督管理部门复审、省地方金融监督管理局批准后,在30日内至市场监督管理部门办理变更登记:

(一)合并、分立;

(二)变更组织形式;

(三)变更业务经营区域范围;

(四)减少注册资本;

(五)变更持有5%(含5%)以上股权的股东、实际控制人、法定代表人。

小额贷款公司对外融资尚未结清的,不得申请减少注册资本。

第十条　小额贷款公司以下事项变更,应向公司住所地县级地方金融监督管理部门提出申请,经市级地方金融监督管理部门批准后,在30日内至市场监督管理部门办理变更登记:

(一)变更持有5%以下股权的股东;

(二)变更董监高人员;

(三)增加注册资本;

(四)变更企业名称;

(五)变更经营地址。

市级地方金融监督管理部门应当在批准之日起5个工作日内向省地方金融监督管理局备案。

第十一条　小额贷款公司主发起人(第一大股东)股权三年内不得转让(司法部门或监管部门依法责令转让的除外)。小额贷款公司董事、高级管理人员持有的股份(股权),在任职期间内不得转让。股东出资后不得抽逃转移出资。

第十二条　小额贷款公司向银行业金融机构融资时需要担保物的,其股东可以将公司股权设立质押担保,除前款规定情形外,小额贷款公司股东不得将其股权设立质押担保。

第十三条　经营满一年的小额贷款公司,因经营原因可申请解散或通过变更名称及经营范围的方式退出小额贷款行业。申请退出的小额贷款公司,经地方金融监督管理部门批准后方可向市场监督管理部门申请办理注销或变更登记手续。

第十四条　小额贷款公司存在重大违法违规、重大风险隐患的，地方金融监督管理部门可注销其经营许可，并进行公示并通报属地市场监督管理部门。县级地方金融监督管理部门应及时督促其办理变更经营范围、名称或注销手续。

小额贷款公司出现“空壳”“失联”等不具备正常经营能力情形，县级地方金融监督管理部门应当协调市场监管等部门将其列入经营异常名录、依法吊销其营业执照，劝导其申请变更企业名称和业务范围、自愿注销营业执照，并由省地方金融监督管理局注销其经营许可。

小额贷款公司被司法机关责令关闭或强制解散、市场监管部门吊销营业执照的，由省地方金融监督管理局注销其经营许可。

第十五条 小额贷款公司设立、变更和退出的条件、要求、流程和需要提交的材料，按照国家相关规定和省地方金融监督管理局《全省小额贷款公司设立、变更及退出操作指引（试行）》执行。

第三章 业务规则

第十六条 小额贷款公司经省地方金融监督管理局批准，可依法经营下列部分或全部业务，并在经营范围中列明：

（一）发放小额贷款；

（二）与小额贷款有关的融资咨询、财务顾问等中介服务；

（三）省地方金融监督管理局规定的其他业务。

第十七条 小额贷款公司不得经营下列业务或从事下列活动：

（一）吸收或变相吸收公众存款；

（二）采取欺诈、胁迫、诱导等方式向贷款人发放与其自身借款用途、还款能力等不相符合的贷款；

（三）通过互联网平台或者地方各类交易场所销售、转让本公司除不良信贷资产以外的其他信贷资产；

（四）发行或者代理销售理财、信托计划等资产管理产品；

（五）使用非法手段催收；

（六）非法受托发放贷款；

（七）法律法规或有关规定禁止从事的其他活动。

第十八条 小额贷款公司发放贷款应当遵循小额、分散的原则，根据借款人收入水平、总体负债、资产状况、实际需求等因素，合理确定贷款金额和期限，使借款人还款额不超过其还款能力。对同一借款人的贷款余额不得超过小额贷款公司净资产的10%；对同一借款人及其关联方的贷款余额不得超过小额贷款公司净资产的15%。

小额贷款公司应当建立严格的关联交易管理制度，明确关联交易的对象、额度及管理规定。关联交易应当遵守法律法规和有关监管规定，并按照商业原则进行，不应优于对非关联方同类交易条件，防止风险传染和利益输送。

第十九条 小额贷款公司应当与借款人明确约定贷款用途，并且按照合同约定监控贷款用途，贷款用途应当符合法律法规、国家宏观调控和产业政策。小额贷款公司贷款不得用于以下事项：

（一）债券、股票、金融衍生品等投资，房地产违规融资；

（二）法律法规、相关规定禁止的其他用途。

第二十条 小额贷款公司通过银行借款、股东借款等非标准化融资形式融入资金的余额不得超过其净资产的1倍；经营管理良好、风控能力强、A类（本细则中提到的分类评级结果均指最近一次分类评级）的小额贷款公司，可通过发行债券、资产证券化产品等标准化债权类资产形式融入不超过其净资产的4倍的资金，并报注册地县级地方金融监督管理部门备案。

小额贷款公司的融资方式、融资利率水平按照市场化原则由双方自由协商确定。

第二十一条 小额贷款公司原则上应当在公司住所县级行政区域内开展业务。公司住所地在市辖区的，可在市辖区各区内开展业务。对于资金实力雄厚、经营管理较好、风控能力较强、监管评价良好的小额贷款公司，可以放宽经营区域限制，但不得超出湖北省行政区域。

（一）经省地方金融监督管理局分类评级结果为A类且注册资金在2亿元以上的小额贷款公司，经营区域可放宽到湖北省全域；

（二）经省地方金融监督管理局分类评级结果为A、B类，且注册资金在1亿元以上的小额贷款公司，经营区域可放宽到其所在市（州）全域。

第二十二条 小额贷款公司与借款人按市场原则自主协商确定贷款利率，但不得违反人民银行、司法部门相关规定。不得从贷款本金中先行扣除利息、手续费、管理费、保证金等。

鼓励小额贷款公司降低贷款利率，降低实体经济融资成本。

第二十三条 小额贷款公司应当充分履行告知义务，应当在贷款合同中明示贷款种类、金额、期限、年化利率、还款方式等。在债务到期前的合理时间内，告知借款人应当偿还本金及利息的金额、时间、方式以及未到期偿还的责任。严禁利用各种不合理的计息、收息方式变相提高贷款利率。

第二十四条 小额贷款公司应当按照审慎、稳健经营的原则，建立健全并严格遵守符合本公司业务特点的管理和经营制度，主要包括以下方面：

（一）健全公司治理结构机制。完善组织架构、制定必要的议事规则、决策程序和内审制度，明确股东（会）、董事（会）、监事（会）、高级管理层、业务部门、风险管理部门和内审部门的权责分工，增强公司治理的有效性。

（二）建立贷款“三查”制度。包括贷前调查、贷时审查、贷后检查等内容。贷前调查重点包括申请人资信状况、经营情况、申请贷款用途的合规性和合法性、贷款担保情况等方面的调查；贷时审查是审查人员对调查人员提供的资料进行核实、评定，复测贷款风险度，提出审核意见，按规定履行审批手续；贷后检查是贷后对借款人执行借款合同情况及借款人的经营情况进行追踪调查和检查。

（三）建立审贷分离制度。将贷款的调查、审查、批准职责和权限分别划归不同人员和部门负责执行，确保贷款管理的各个环节和岗位相互制约。

（四）制定统一授信规则。包括统一授信范围、基本要素、信贷准入条件、客户综合评价、最高授信额度等。

（五）制定贷款保障规则。包括信用贷款和担保贷款的准入标准，贷款保障的内容、保证人的偿还能力、抵（质）押物的权属和价值以及实现抵（质）押权的可行性，贷款保障的评估和审查标准等。

（六）建立贷款风险分类制度。贷款风险分类应当划分为正常、关注、次级、可疑和损失五类，企业根据实际经营情况确定不良贷款，充分计提呆账准备金，确保贷款损失准备充足率不低于100%。

（七）建立档案管理制度。妥善保管业务档案、业务台账、原始凭证以及会计账簿等有关资料，应当对各类业务数据进行灾备处理，相关资料保存期限不少于20年。

（八）建立金融消费者投诉处理机制。对外公布投诉方式，设立专门机构或指定内设机构处理金融消费者投诉处理工作。

第二十五条 小额贷款公司应当按照金融企业财务规则和企业会计准则等要求，建立健全会计财务制度，真实记录和反映企业财务状况、经营成果和现金流量。

小额贷款公司应当强化资金管理，对放贷资金（含自有资金及外部融入资金）实施专户管理，所有资金必须进入放贷专户方可放贷，贷款本金、利息结算均须通过放贷专户管理。小额贷款公司放贷专户数量原则上不超过2个，放贷专户需具备支撑小额贷款业务的出入金能力。小额贷款公司应在开设或变更账户之日起5日内向注册地县级地方金融监督管理部门备案，并按季提供放贷专户运营报告和开户银行出具的放贷专户资金流水明细。

小额贷款公司因公司发展需要，开设有外部融资等其他相应账户的，应专户专用，不得用于放贷业务。

第二十六条 小额贷款公司应当妥善保管依法获取的客户信息，未经授权或者同意不得收集、存储、使用客户信息，不得非法买卖或者泄露客户信息。

第二十七条 小额贷款公司应当按照要求接入省小额信贷综合信息服务管理平台，并按时向辖区地方金融监督管理部门报送经营数据。应于每月初2个工作日内报送上月经营数据，每季初5个工作日内报送上季度经营数据，次年1月15日前报送上年度经营数据。报送材料包括财务会计报表、经营报告、融资情况、注册会计师出具的年度审计报告（年度需报告）及其他相关经营数据，所报送数据和资料应当真实、准确、完整。

小额贷款公司应按照有关规定定期向人行武汉分行各分支机构报送地方金融组织综合统计信息。

第二十八条 小额贷款公司应当按照法律法规和省地方金融监督管理局的要求，规范债务催收程序和方式。小额贷款公司及其委托的第三方催收机构，不得以暴力或者威胁使用暴力，故意伤害他人身体，侵犯人身自由，非法占有被催收人的财产；侮辱、诽谤、骚扰等方式干扰他人正常生活，违规散布他人隐私；向债务人、担保人以及其他依照法律规定或者合同约定负有还款义务的单位或者个人以外的其他人员催收等非法手段进行债务催收。

第二十九条 小额贷款公司应当在经营场所显著位置悬挂营业执照、地方金融监督管理部门批准设立文件（复印件）、监督举报电话、监管评价等级、自律承诺内容等。

第四章 监督管理

第三十条 各级地方金融监督管理部门应当加强监管队伍建设，提高监管专业化水平，按照监管要求和职责配备专职监管员，专职监管员的人数、能力应当与监管对象数量、业务规模相匹配。

第三十一条 省地方金融监督管理局根据需要组织对全省范围小额贷款公司的现场检查工作。市、县级地方金融监督管理部门根据需要组织对辖区内小额贷款公司的现场检查工作。现场检查相关程序和要求根据《湖北省类金融机构现场检查办法》执行。

小额贷款公司及相关个人应当配合监管部门进行检查，不得妨害、拒绝和阻碍。

第三十二条 各级地方金融监督管理部门根据现场检查发现的问题，对小额贷款公司提出明确的整改和监管意见。

各级地方金融监督管理部门应当采取有效监管措施，督促小额贷款公司及时整改。

第三十三条 各级地方金融监督管理部门在履行职责过程中，发现小额贷款公司有涉嫌违反监管要求的行为或者存在其他风险隐患的，可以与其实际控制人、主要股东、法定代表人、董事、监事、高级管理人员等进行监管谈话，要求其就相关业务活动和风险管理的重大事项作出说明。

第三十四条 各级地方金融监督管理部门应当按照非现场监督管理制度，收集小额贷款公司报表数据、经营管理情况等信息，对小额贷款公司风险状况作出分析和评估，及时进行风险预警，采取相应措施，并按要求报送相关数据信息。

市级地方金融监督管理部门一般应于每月初7个工作日内向省地方金融监督管理局报送辖内小额贷款公司上月月度情况表，一般应于每季初10个工作日内、次年1月底前向省地方金融监督管理局报送辖内小额贷款公司上季度、上年度经营情况报表及监管工作报告。辖内小额贷款公司重大事项应及时报告。

第三十五条 省地方金融监督管理局建立小额贷款公司监管分类评级制度，根据相关规定组织市、县两级地方金融监督管理部门对全省小额贷款公司实施监管评级。省地方金融监督管理局依据分类评级结果实施分类监管。

设立满一年的小额贷款公司应当参加当年度分类评级。

第三十六条 各级地方金融监督管理部门建立社会监督机制，畅通投诉举报渠道，充分利用和发挥社会监督力量，强化对小额贷款公司经营行为的约束和监督。

第五章 风险处置

第三十七条 小额贷款公司对经营活动中的风险承担主体责任，在发生重大风险事件时应当立即采取相应措施，并在事件发生24小时内向注册地县级地方金融监督管理部门报告；在发生一般风险事件5个工作日内向注册地县级地方金融监督管理部门报告。

重大风险事件包括以下情形：

（一）法定代表人、实际控制人、主要负责人以及董事、监事、高级管理人员失联，或因涉嫌重大违法违规被立案调查或采取强制措施；

（二）经营困难、发生流动性风险；

（三）发生重大待决诉讼、仲裁；

（四）发生重大负面舆情，可能或已经引发群体性事件；

（五）其他可能引发重大金融风险的情况。

一般风险事件包括以下情形：

（一）法定代表人、实际控制人以及主要负责人等持续三个月以上不能正常履职；

（二）因经营问题或其他原因连续停业三个月以上；

（三）作出暂停业务、解散等重大决议；

（四）被市场监督管理部门列入异常经营名录、严重违法失信企业名单；

（五）主发起人（第一大股东）因以其持有的小额贷款公司股份进行对外质押、提供担保而发生偿付；

（六）其他可能造成风险的事项。

小额贷款公司向地方金融监督管理部门报告风险应当说明风险事件起因、目前的状态、可能发生的后果以及应对方案和措施等。

第三十八条 市、县两级地方金融监督管理部门应当对本辖区内发生的小额贷款公司风险事件的性质、事态变化和风险程度，及时做出判断；对危及金融秩序、影响社会稳定、可能引发系统性风险的重大事件，应当及时向同级政府报告，按照有关规定及时处置，并同时向省地方金融监督管理局报告。

第三十九条　小额贷款公司的业务活动可能引发重大金融、社会稳定风险的，地方金融监督管理部门可采取下列措施：

（一）出具风险警示函；

（二）向投资者、债权人等利益相关方提示风险或向股东会（成员大会）提示相关董事、监事、高级管理人员或者经营管理人员的任职风险；

（三）对相关责任人员监管谈话，要求控股股东或者实际控制人以及法定代表人、董事、监事或者高级管理人员等，对业务活动以及风险状况等事项作出说明；

（四）采取责令公开说明、责令定期报告、责令改正等监管措施；

（五）法律、法规规定可以采取的其他措施。

第四十条　小额贷款公司的业务活动已经形成重大金融、社会稳定风险，经注册地地方金融监督管理部门申请，市级地方金融监管部门负责人批准，可以采取限制经营活动、责令停止增设分支机构、暂停登记事项变更等控制风险扩大的措施，并报省地方金融监督管理局备案。

采取前款规定的措施仍不能控制风险扩大、可能严重影响区域金融稳定的，经注册地市级人民政府批准，市级地方金融监管部门可以对该小额贷款公司依法采取接管、安排其他小额贷款公司实施业务托管或者促成重组等措施，并联合有关部门开展风险处置。

小额贷款公司的重大风险隐患已经消除并具备正常经营能力、可以继续从事地方金融业务活动的，注册地市级地方金融监管部门应报请同级人民政府及时解除相关处置措施。

第六章　法律责任

第四十一条　各级地方金融监督管理部门依法做好本行政区域内小额贷款公司及其活动的监督管理和行政处罚。市、县级地方金融监督管理部门依职权管辖本行政区域内发生的案件。

市、县级地方金融监督管理部门可以依照法律、法规和规章的相关规定，实施除注销经营许可以外的行政处罚，并自实施行政处罚10个工作日内将情况报省地方金融监督管理局。注销经营许可由省地方金融监督管理局实施。

第四十二条　小额贷款公司违反《湖北省地方金融条例》和本细则第七条、第九条、第十条、第十六条、第十七条、第三十一条的规定，存在未经批准擅自设立小额贷款公司，或者从事、变相从事小额贷款业务；未按规定办理备案、审批的；超出核准业务范围从事其他业务；违反相关经营规则；拒绝、妨碍监管工作等违法违规行为的，由各级地方金融监督管理部门依照监管权限按《湖北省地方金融条例》第四十八至第五十一条规定对小额贷款公司及其负有直接责任的董事、监事、高级管理人员以及其他直接责任人员予以相应行政处罚。

第四十三条　小额贷款公司违反本细则所述其他经营规则、经营管理监管规定的，由地方金融监督管理部门责令限期整改；县级地方金融监督管理部门应当采取监管谈话、问询、出具警示函等方式对整改过程实施监管。

违规小额贷款公司完成问题整改后，应当向注册地县级地方金融监督管理部门提交整改报告。逾期未整改或违规情节严重的，由市级以上地方金融监督管理部门依法予以处罚。

第四十四条　小额贷款公司发生吸收或变相吸收公众存款等严重违法违规行为，由县级以上地方人民政府指定的处置非法集资牵头部门根据《防范和处置非法集资条例》及相关规定进行查处。一经查实，由注册地地方金融监管部门提出申请，经同级人民政府同意后，报省地方金融监督管理局注销经营许可。

第四十五条　地方金融监督管理部门对在监督检查中发现的小额贷款公司违法违规经营行为，有关法律法规有处罚规定的，应当协调有关部门依照规定给予处罚；有关法律法规未作处罚规定及未达到处罚标准的，地方金融监督管理部门可以采取监管谈话、出具警示函、责令改正、将其违法违规情况记入违法违规经营行为信息库并公布等监管措施；涉嫌犯罪的，移交公安机关查处。

第七章　附则

第四十六条　网络小额贷款公司的相关监管事项参照本细则执行。

第四十七条　细则施行前已经设立的小额贷款公司，注册资本、股权结构等可按原监管政策保持不变，但注册资本、股权结构等需要变更的，遵循本细则要求进行变更。

第四十八条　本细则由省地方金融监督管理局负责解释。

第四十九条　本细则自印发之日起施行，本细则印发前有关规定与本细则不一致的，以细则为准。法律法规和中央金融监管部门对小额贷款公司监督管理另有规定的，从其规定。

湖北省融资租赁公司监督管理实施细则（试行）

第一章　总则

第一条　为加强我省融资租赁公司监督管理，引导融资租赁公司合规经营，促进行业健康发展，根据《中华人民共和国民法典》《中华人民共和国公司法》《防范和处置非法集资条例》《湖北省地方金融条例》等法律法规及《融资租赁公司监督管理暂行办法》（银保监发〔2020〕22号）、《融资租赁公司非现场监管规程》（银保监规〔2022〕3号）等监管规定，制定本细则。

第二条　在本省设立融资租赁公司、开展融资租赁业务的，适用本细则。

本细则所称融资租赁公司，是指依法从事融资租赁业务的有限责任公司或股份有限公司（不含金融租赁公司）。

本细则所称融资租赁业务，是指出租人根据承租人对出卖人、租赁物的选择，向出卖人购买租赁物，提供给承租人使用，承租人支付租金的交易活动。

第三条　省地方金融监督管理局负责制定全省融资租赁公司监管制度及政策，组织开展全省融资租赁公司监管工作。市（州）、县（市、区）地方金融工作局（金融办）或承担相应监督管理职责的政府有关部门（以下简称市、县级地方金融监督管理部门），依照相关规定按属地原则负责融资租赁公司日常监督管理和风险处置，包括设立、变更、退出的审查、现场检查、非现场监管、分类评级、违法违规行为查处等。

第四条 融资租赁公司从事融资租赁活动应当遵守法律法规，遵循诚实信用原则和公平原则，不得损害国家利益、社会公共利益和他人合法权益。

鼓励融资租赁公司在推动装备制造业发展、企业技术升级改造、设备进出口等方面发挥重要作用，服务实体经济，实现行业高质量发展。

第五条 融资租赁公司及其从业人员在从事经营活动中应当增强自律意识，建立相应的企业自查制度，及时纠正违章违纪、违背政策、损害消费者权益等行为。

鼓励融资租赁公司加入行业自律组织，诚信经营、公平竞争、稳健运行。融资租赁行业协会应当按照章程发挥沟通协调和行业自律作用，履行协调、维权、自律、服务职能，开展行业培训、理论研究、纠纷调解等活动，配合地方金融监督管理部门监督管理，推动行业诚信建设。

第二章 设立、变更与退出

第六条 省地方金融监督管理局与省市场监督管理局建立会商机制，严格控制融资租赁公司及其分支机构的登记注册和企业变更。

拟新设融资租赁公司的组织或个人，应向拟注册地地方金融监督管理部门提出准入申请，经可行性评估后，方可向市场监督管理部门申请办理注册登记。

市、县级地方金融监督管理部门应明确设立融资租赁公司的可行性评估流程。新设融资租赁公司的可行性评估应报经同级人民政府分管领导签字同意后，再报至省地方金融监督管理局。

未经地方金融监督管理部门可行性评估，任何组织和个人不得设立融资租赁公司或者从事融资租赁业务活动。

第七条 申请设立融资租赁公司法人机构，应当符合《中华人民共和国公司法》规定，并具备下列条件：

（一）公司章程合法并载明公司名称、住所、经营范围、法定代表人，股东姓名或名称、出资方式、出资额和出资时间，公司权力机构及其产生办法、职权、议事规则以及股东在合规经营、风险防范方面的责任等内容；

（二）注册资本金应一次性实缴，且不低于1亿元人民币（或等值外币）；

（三）融资租赁公司主发起人股东应当为企业法人，具有与拟设立的融资租赁公司所从事业务相关联的行业背景，信誉良好，无重大违法违规行为，最近1年年末净资产不低于2亿元，最近2个会计年度连续盈利；

（四）各股东入股资金均为自有资金，不得以债务资金或委托资金等非自有资金入股，股东要承诺2年内不转让所持有的股权，同时，不将所持有的股权进行质押或设立信托，并在公司章程中载明；

（五）拟任董事、监事、高级管理人员应具有本科以上（含本科）学历，信用良好，并熟悉融资租赁行业相关法律法规。拟任董事、监事应有3年以上从事金融或相关经济工作经历，拟任高级管理人员有5年以上从事金融或相关经济工作经历，并具备良好从业履历，无犯罪记录和不良信用记录；

（六）具有良好的公司治理结构、有效的组织管理方式、明确的发展战略和完善的风险控制制度；

（七）有与业务经营相适应的营业场所、安全防范措施和其他设施；

（八）相关法律法规、政策性文件规定的其他条件。

第八条 融资租赁公司申请在本省设立分支机构，应具备以下条件：

（一）注册资本金（实缴）不低于2亿元人民币（或等值外币）；

（二）经营融资租赁业务3年以上，且最近2个会计年度连续盈利；

（三）最近2年无违法违规经营记录，并纳入银保监会名单制管理名录；

（四）相关法律法规、政策性文件规定的其他条件。

本省融资租赁公司在省外开展融资租赁业务，按当地监管政策需要设立分支机构的，应当自分支机构设立之日起30日内，将有关情况逐级报至省地方金融监督管理局备案。

省外融资租赁公司在湖北设立分支机构，除符合第一款条件外，还须经总公司注册地省级地方金融监督管理部门同意，并拨付不低于5000万元人民币的营运资金。

第九条 融资租赁公司合并、分立以及变更名称或组织形式、注册资本、股权股东、业务经营范围、法定代表人、董监高、营业场所等事项，应向地方金融监督管理部门提出变更申请，经审核备案后，方可向市场监督管理部门申请办理变更登记。

第十条 融资租赁公司不再从事融资租赁业务，应当按要求向注册地地方金融监督管理部门提出书面申请，去除企业名称中"融资租赁"字样、相应变更经营范围，并提交资产状况证明、债权债务处置方案等材料，省地方金融监督管理局审核通过后，依法收回原批复文件，并予以公告。

融资租赁公司解散，应当依法成立清算组进行清算，并对债务清偿及相关责任承接等作出明确安排。清算结束后，应在15日内将清算报告等相关材料报送至注册地地方金融监督管理部门，省地方金融监督管理局审核通过后，依法收回原批复文件，并予以公告。

融资租赁公司被吊销营业执照或被依法宣告破产，省地方金融监督管理局应收回原批复文件，通报市场监督管理部门，并予以公告。

第三章 经营范围

第十一条 在本省登记注册的融资租赁公司可在全省范围内开展融资租赁业务。

第十二条 融资租赁公司可以经营下列部分或全部业务：

（一）融资租赁业务；

（二）经营租赁业务；

（三）与融资租赁和经营租赁业务相关的租赁物购买、残值处理与维修、租赁交易咨询、接受租赁保证金；

（四）转让与受让融资租赁或租赁资产；

（五）固定收益类证券投资业务；

（六）法律法规或国务院金融监督管理部门规定可从事的其他业务。

第十三条 融资租赁公司不得开展下列业务或活动：

（一）非法集资、吸收或变相吸收存款；

（二）发放或受托发放贷款；

（三）与其他融资租赁公司拆借或变相拆借资金，联合租赁、转租赁和委托租赁除外；

（四）出借、出租融资租赁经营资格；

（五）通过网络借贷信息中介等互联网金融平台、私募投资基金融资或转让资产；

（六）虚构融资租赁项目进行融资；

（七）违反国家有关规定向地方政府、地方政府融资平台公司提供融资或者要求地方政府为租赁项目提供担保、承诺还款等；

（八）以暴力或其他非法手段催收债务；

（九）法律法规或国务院金融监督管理部门规定禁止从事的其他活动。

第十四条　融资租赁公司从事汽车租赁业务时，不得自行或与其他机构合作开展下列活动：

（一）以融资租赁业务的名义从事汽车消费贷款业务，与承租方签订汽车贷款合同；

（二）以"分期付款""汽车贷款"等名义，误导消费者，合同文本、宣传资料、推广网站等出现"以租代购""车抵贷""贷""贷款"等语意模糊或不属于融资租赁业务经营范围内的文字描述；

（三）未准确解释融资租赁业务内容，未真实、全面告知车辆所有权归属等重要信息；

（四）租金管理不规范，未明确告知承租人融资金额与项目明细、还款日期与各项息费金额，以及违约情形下需承担的违约责任及相关费用构成；

（五）为承租人提供或变相提供融资担保；

（六）乱收取服务费、泄露客户个人信息、非法催收。

第十五条　融资租赁公司应当聚焦主业经营，逐步提高直接租赁、经营租赁业务占比，增强资产管理综合运营能力，开展专业化和差异化经营。

第四章　业务规则与风险控制

第十六条　融资租赁公司应当建立完善以股东或股东（大）会、董事会（执行董事）、监事（会）、高级管理层等为主体的组织架构，明确职责分工，保证相互之间独立运行、有效制衡，形成科学高效的决策、激励和约束机制。

第十七条　融资租赁公司应当根据其组织架构、业务规模和复杂程度，建立健全内部控制体系、风险管理体系，完善业务制度、财会制度、租赁资产管理制度、客户投诉处理制度和反洗钱制度等，形成良好风险预警机制，识别、控制和化解风险，保障公司安全稳健运行。

第十八条　融资租赁公司应当建立关联交易管理制度，其关联交易应当遵循商业原则，执行回避制度，独立交易、定价公允，以不优于非关联方同类交易的条件进行。

融资租赁公司与其设立的控股子公司、项目公司之间的交易，不适用本细则对关联交易的监管要求。

第十九条　适用于融资租赁交易的租赁物应当为权属清晰、真实存在且能够产生收益的固定资产，法律法规或者中国银保监会另有规定的除外。

融资租赁公司不得接受已设置抵押、权属存在争议、无处分权、已被司法机关查封、扣押的财产或所有权存在瑕疵的财产作为租赁物。

第二十条　按照国家法律法规规定租赁物的权属应当登记的，融资租赁公司须依法办理相关登记手续。若租赁物不属于需要登记的财产类别，融资租赁公司应当按照有关规定在中国人民银行征信中心动产融资统一登记公示系统对租赁物权利状况进行登记公示。

第二十一条　融资租赁公司应当加强对租赁期限届满返还或因承租人违约而取回的租赁物的风险管理，加强对融资租赁项目的检查和后期管理，建立完善的租赁物处置制度和程序，降低租赁物持有期风险。

融资租赁公司应当重视租赁物的风险缓释作用，密切监测租赁物价值对融资租赁债权的风险覆盖水平，制定有效的风险应对措施。

融资租赁公司和承租人应当对与融资租赁业务有关的担保、保险等事项进行充分约定，维护交易安全。

第二十二条　融资租赁公司应当向客户如实、充分披露息费项目和标准、产品类型、违约风险等，不得设置违反公平原则的交易条件，不得违反客户意愿捆绑搭售产品、服务或者附加其他不合理条件；有关法律法规、行业监管制度或司法解释对息费有明确标准的，不得超出规定标准。

售后回租业务中，融资租赁公司对租赁物的买入价格应当有合理的、不违反会计准则的定价依据作为参考，不得低值高买。

第二十三条　融资租赁公司可以向商业银行、非银金融机构融资，也可以向股东及同一控制权下关联公司借款，还可以通过转让融资租赁资产融资，鼓励符合条件的融资租赁公司通过引入保险资金、发行债券、股票和资产证券化等方式筹措资金。

第二十四条　融资租赁公司应当建立健全业务集中度风险管理体系，加强对单一客户和单一关联客户的限额管理，有效防范和分散经营风险。融资租赁公司应当遵守以下监管指标：

（一）融资租赁和其他租赁资产比重不得低于总资产的60%；

（二）风险资产总额不得超过净资产的8倍；

（三）固定收益类证券投资业务资产不得超过净资产的20%；

（四）对单一承租人的全部融资租赁业务余额一般不得超过净资产的30%，对单一集团的全部融资租赁业务余额一般不得超过净资产的50%；

（五）对一个关联方的全部融资租赁业务余额一般不得超过净资产的30%，对全部关联方的全部融资租赁业务余额一般不得超过净资产的50%；

（六）对单一股东及其全部关联方的融资余额，不得超过该股东在融资租赁公司的出资额，且同时满足本细则对单一客户关联度的规定。

第二十五条　融资租赁公司应当建立资产质量分类制度和准备金制度，在准确分类的基础上及时足额计提资产减值损失准备，并计提不低于风险资产期末余额1%的一般风险损失准备。

第二十六条　融资租赁公司应充分利用金融科技建立完善业务信息系统，增强展业能力，加强租赁物管理，建立并执行信息安全相关制度，定期对企业网站及自媒体平台等宣传获客渠道进行检视和维护，确保公司信息安全。

融资租赁公司应建立客户信息安全保护制度，定期检视客户信息安全情况，遵守保密义务，未经授权或者同意不得收集、存储、使用客户信息，不得非法买卖或者泄露客户信息。

第二十七条　融资租赁公司应当建立健全客户投诉以及纠纷处置机制，妥善处理客户投诉并及时反馈结果，积极配合地方金融监督管理部门办理信访投诉、纠纷调处有关事宜。

第二十八条　支持具备条件的融资租赁公司依法接入中国人民银行征信系统和湖北省中小企业信用信息平台，持续加强信用风险管理，并按照有关规定向征信机构提供和查询融资租赁相关信息。

第二十九条　融资租赁公司应当建立健全业务数据和经营信息报送制度，真实、准确、完整填报信息。每月初2个工作日内报送上月经营数据，每季度初5个工作日内报送上季度经营数据，次年1月15日前报送上年度经营数据。同时，融资租赁公司应按要求定期向企业所在地的人民银行分支机构报送经营数据。

分支机构和项目公司的监管指标、业务指标与融资租赁公司法人机构合并计算。

第三十条 融资租赁公司及其主发起人股东应当及时采取措施，消除风险隐患，并建立重大事项报告制度。在下列事项发生后5个工作日内向注册地地方金融监督管理部门报告，地方金融监督管理部门收到报告后应及时处理，并向上级地方金融监督管理部门及同级人民政府报告：

（一）重大关联交易；

（二）标的额超过公司净资产30%的重大待决诉讼或者仲裁；

（三）超过公司净资产30%的资产被查封、扣押、冻结，主要或全部业务陷入停顿；

（四）主要负责人下落不明；

（五）公司或其主要负责人因涉嫌违法违规被行政机关或司法机关立案调查；

（六）主发起人股东依法解散、申请破产或被责令关闭、吊销营业执照；

（七）可能导致3个月内应偿付（兑付）的负债总额中超过50%部分无法按期偿付（兑付）的重大流动性困难。

第三十一条 融资租赁公司存在第三十条重大风险隐患的，市级地方金融监督管理部门应及时采取限制经营活动、责令暂停相关业务、责令停止增设分支机构、暂停登记事项变更等控制风险扩大的措施。融资租赁公司的重大风险隐患无法消除或者不具备正常经营能力的，经市州人民政府分管领导同意后，由市级地方金融监督管理部门提出申请，省地方金融监督管理局可依法收回原批复文件，并进行公告。

融资租赁公司的重大风险隐患已经消除并具备正常经营能力、可以继续从事融资租赁业务活动的，市级地方金融监督管理部门应及时解除前款处置措施。

第五章 监督管理

第三十二条 各级地方金融监督管理部门应当加强监管队伍建设，提高监管专业化水平，按照监管要求和职责配备专职监管员，专职监管员的人数、能力应当与监管对象数量、业务规模相匹配。

第三十三条 地方金融监督管理部门根据融资租赁公司的经营规模、风险状况、内控管理等情况，对融资租赁公司组织实施分类监管，通过现场检查、信息交叉比对、实地走访、接受信访投诉等方式，将辖内的融资租赁公司按照经营业绩和风险、违法违规情形划分为正常经营、非正常经营和违法违规经营等三类。

正常经营类是指依法合规经营、接受并配合监管、在注册地有经营场所且如实填报信息的融资租赁公司。非正常经营类主要是指“失联”和“空壳”等经营异常的融资租赁公司。违法违规经营类是指经营行为违反法律法规和本细则规定的融资租赁公司。

第三十四条 省地方金融监督管理局按照银保监会工作要求建立融资租赁公司监管名单。市、县级地方金融监督管理部门应坚持“动态管理、有进有出”原则，加强对纳入名单制管理企业的跟踪监测。省地方金融监督管理局根据市、县级地方金融监督管理部门日常监管情况，动态调整监管名单，并按要求向银保监会备案。

市、县级地方金融监督管理部门应当督促非正常经营类和违法违规经营类融资租赁公司按要求进行整改，非正常经营类或违法违规经营类企业整改验收合格的，可纳入监管名单；拒绝整改或者整改不合格的，依法依规采取相应监管措施；涉嫌违法犯罪的，及时移送公安机关依法查处。

第三十五条 省地方金融监督管理局根据需要对全省融资租赁公司组织开展现场检查工作。市、县级地方金融监督管理部门根据需要对辖区内融资租赁公司组织开展现场检查工作。现场检查相关程序和要求根据《湖北省类金融机构现场检查办法》执行。

融资租赁公司及相关个人应当配合地方金融监督管理部门进行检查，不得妨害、拒绝和阻碍。

第三十六条 县级地方金融监督管理部门应当按照《融资租赁公司非现场监管规程》（银保监规〔2022〕3号）规定，收集融资租赁公司的报表数据、经营管理情况等信息，对融资租赁公司风险状况作出分析和评估，及时进行风险预警，采取相应措施，并按要求报送相关数据信息。辖内融资租赁公司重大事项应及时报告。

市级地方金融监督管理部门应于每月初7个工作日内，向省地方金融监督管理局报送辖内融资租赁公司上月经营数据，于每季初10个工作日内、次年1月底前向省地方金融监督管理局报送辖内融资租赁公司上季度、上年度经营数据以及年度监管工作报告。

第三十七条 各级地方金融监督管理部门根据现场检查和非现场监管发现的问题，对融资租赁公司提出明确的整改和监管意见，并督促融资租赁公司及时整改。

第三十八条 各级地方金融监督管理部门依法履行监督管理职责，可以采取监管谈话、风险提示、对外通报、责令整改、调整监管名单等监管措施，引导融资租赁公司合规经营。

第三十九条 各级地方金融监督管理部门应当建立融资租赁公司及其主要股东、董事、监事、高级管理人员违规经营融资租赁业务行为信息库，如实记录相关违规行为信息；给予行政处罚的，依法向社会公示。

第四十条 外省融资租赁公司在湖北设立分支机构的，企业注册地地方金融监督管理部门负责分支机构日常监督管理，并加强与总公司注册地地方金融监督管理部门沟通合作，建立定期通报制度。分支机构发生重大违法违规行为时，机构注册地地方金融监督管理部门可将违法违规情况通报总公司注册地地方金融监督管理部门。

第六章 法律责任

第四十一条 各级地方金融监督管理部门依法做好本行政区域内融资租赁公司及其活动的监督管理和行政处罚。市、县级地方金融监督管理部门依职权管辖本行政区域内发生的案件。

市、县级地方金融监督管理部门可以实施警告、责令限期改正、罚款、没收违法所得、没收非法财物、行政法规规定的其他行政处罚，并自实施行政处罚10个工作日内将情况报至省地方金融监督管理局。收回批复文件由省地方金融监督管理局实施。

第四十二条 融资租赁公司违反《湖北省地方金融条例》和本细则第六条、第九条、第十二至十四条、第十七条、第二十二条、第二十四条、第二十五条、第二十九条、第三十条、第三十五条规定，存在未经评估擅自设立融资租赁公司，或者从事、变相从事融资租赁业务；未按规定办理变更备案；超出核准业务范围从事其他地方金融业务；违反相关经营规则；拒绝、妨碍监管工作等违法违规行为的，由各级地方金融监督管理部门依照监管权限按《湖北省地方金融条例》第四十八至

第五十一条规定，对融资租赁公司及其负有直接责任的董事、监事、高级管理人员和其他直接责任人员实施相应行政处罚。

第四十三条　融资租赁公司违反本细则其他经营规则和监管规定的，县级地方金融监督管理部门应责令其限期整改，并采取监管谈话、出具警示函等方式对整改过程实施监管。

违规融资租赁公司按要求整改后，应当向注册地县级地方金融监督管理部门提交整改报告。逾期未整改或违规情节严重的，由市级以上地方金融监督管理部门依法予以处罚。

第四十四条　融资租赁公司违反有关法律法规有处罚规定的，依照其规定给予处罚；有关法律法规未作处罚规定的，地方金融监督管理部门可以采取监管谈话、出具警示函、责令限期改正、通报批评等监管措施；涉嫌犯罪的，移交公安机关查处。

第七章　附则

第四十五条　本细则所称主发起人股东，是指持有融资租赁公司50%以上股权或者表决权，以及持有股权或者表决权比例不足50%但足以对融资租赁公司的决策产生重大影响的法人股东。

本细则高级管理人员，是指融资租赁公司总经理、副总经理、财务部门负责人、风控部门负责人、合规稽查部门负责人，或者实际履行相关职责的人员。

关联方、重大关联交易、风险资产、“失联”和“空壳”等依据《融资租赁公司监督管理暂行办法》（银保监发〔2020〕22号）的规定予以认定。

第四十六条　本细则施行前已经设立的融资租赁公司，原则上应当在2023年6月30日前达到本细则规定的各项监管要求。经营飞机、船舶等租赁期较长的融资租赁业务的企业，可通过注册地地方金融监管部门向省地方金融监督管理局申请适当延长过渡期。逾期未达到规定要求的融资租赁公司，省地方金融监督管理局将视情收回原批复文件。

第四十七条　本细则由省地方金融监督管理局负责解释。

第四十八条　本细则自印发之日起施行，国务院金融监督管理部门对融资租赁公司监督管理另有规定的，从其规定。

关于印发《国家外汇管理局湖北省分局关于开展优质企业贸易外汇收支便利化试点的指导意见》的通知（摘录）

发文机构：国家外汇管理局湖北省分局

文号：鄂汇发〔2022〕14号　发文日期：2022年6月20日

国家外汇管理局湖北省分局关于开展优质企业贸易外汇收支便利化试点的指导意见

第一章　总则

第一条　为深化“放管服”改革，支持湖北地区开放型经济高质量发展，提升贸易自由化、便利化水平，引导银行和企业守法自律，发挥正向激励作用，根据《中华人民共和国外汇管理条例》等相关规定，制定本指导意见。

第二条　符合条件的境内银行向国家外汇管理局湖北省分局（以下简称湖北省分局）备案后，作为货物贸易/服务贸易外汇收支便利化试点银行（以下简称试点银行），可对本行推荐的优质企业开展货物贸易/服务贸易外汇收支便利化试点（以下简称试点业务）。

试点银行应审慎展业，落实“了解客户”“了解业务”“尽职审查”原则，审查货物贸易/服务贸易收支的真实性、合规性和合理性。适用试点业务的优质企业（以下简称试点企业）应确保货物贸易/服务贸易外汇收支具有真实、合法的交易基础，不得利用构造贸易、虚假贸易等转移资金或骗取融资。

第三条　湖北省分局对试点业务进行监督管理，可根据国际收支形势、政策变化和业务发展需要等对本指导意见进行调整。

第二章　业务备案

第四条　银行开展试点业务，应同时具备以下条件：

（一）在湖北地区内注册经营的银行一级分行或地方性银行总行。

（二）具备真实的试点业务需求，所推荐的试点企业符合本指导意见规定的条件。

（三）合规经营、审慎展业，具备完善的内控制度，包括但不限于客户准入、业务授权、高风险业务清单、货物贸易/服务贸易外汇业务的风险预警、职责分工、应急管理、内部审计、责任追究等方面。申请银行及下属经办行应配备熟悉外汇业务政策的从业人员。

（四）针对试点业务制定专项管理办法，包括但不限于对试点企业的主体身份、生产经营、诚信记录等进行尽职调查，对试点企业贸易收支真实性、合理性及商业模式逻辑性等持续跟踪、定期评估，对试点业务建立专门监测指标和预警系统，建立发现异常及应急处置措施。

（五）银行贸易收支结构合理。

（六）近三年银行外汇业务合规与审慎经营评估原则上均在B+（含）以上。

（七）货物贸易/服务贸易外汇业务合规记录良好。

（八）承诺自愿遵守《银行承诺函》（见附件）。

第五条　企业向试点银行申请成为试点企业，应同时具备以下条件：

（一）企业原则上在试点银行持续办理经常项目外汇收支业务两年以上，具备真实的试点业务需求。

实行财务集中管理的集团型企业申请试点，应由一家在湖北地区内注册的成员企业(以下简称主办企业)向试点银行统一申请。主办企业原则上在试点银行持续办理经常项目外汇收支业务两年以上;申请试点的集团内其他成员企业应纳入集团内部的财务集中管理但可不在试点银行持续办理经常项目外汇收支业务两年以上。

(二)异地企业(含异地成员企业)参与试点的,其注册地需在已实行试点的地区。异地企业正式成为试点企业后,应向其所在地外汇分局进行书面备案。

(三)企业货物贸易/服务贸易收支结构合理,资金收付合理稳定。

(四)生产经营状况稳定、诚信度高、守法合规情况好,以往无构造贸易、虚假贸易等异常记录,近三年未被所在地外汇局处罚。申请货物贸易外汇收支便利化试点的企业近三年货物贸易外汇管理分类应持续为 A 类。

(五)具备保证货物贸易/服务贸易收支合规性的措施,配备专人对试点业务进行监督评估。

能自证货物贸易/服务贸易收支及交易的真实性、逻辑性和合理性,做到交易留痕,并利用电子化手段准确记录和管理。

(六)企业应审慎经营、财务中性,企业贸易信贷、贸易融资应具有合理性,按规定报告贸易信贷等信息。

(七)出于风险防范目的,试点银行规定的其他条件。

第六条 符合条件的银行可向湖北省分局备案,并提交以下材料:

(一)备案报告,包括银行自评情况(业务需求、近三年银行外汇业务合规与审慎经营评估情况、收支结构以及被核查、约谈、风险提示、处罚、人员等情况)、首批拟开展试点业务的银行网点、首批推荐拟试点的企业(包含结合企业准入条件开展的评估情况)等。

(二)银行专项管理办法,包括但不限于操作流程、内部风险控制、开展试点业务的银行网点和试点企业的准入及退出条件以及根据企业业务需求、业务特点和管理水平制定具体的试点措施等。

(三)《银行承诺函》。

自收到完整备案材料之日起 20 个工作日内,对于符合条件的银行,以湖北省分局名义出具书面备案文件,银行方可开展试点业务。

第七条 试点银行应按照本指导意见,审核并确定试点企业,留存试点企业申请材料 5 年备查。

第八条 试点银行应对试点业务的实施情况进行评估,运行良好的,试点银行可适时新增试点企业,同时将新增试点企业名单及银行网点于 10 个工作日内向湖北省分局事后备案。

第九条 湖北省分局对试点银行按年度开展定期评估。评估合格的银行可继续开展试点业务。经评估不合格的银行,湖北省分局应及时告知相关银行评估不合格的原因,试点银行应在 3 个月内进行整改,根据本指导意见第十条规定应当取消试点资格的情况除外,整改期内试点银行不可新增试点企业。整改到期后仍不符合本指导意见准入标准的,湖北省分局应书面通知试点银行,取消其试点资格。

第十条 湖北省分局对试点业务日常监测中,发现试点银行未按本指导意见进行尽职审查、合规经营、审慎展业,或内控管理执行不到位的,试点银行应在 3 个月内进行整改,整改期内试点银行不可新增试点企业。到期后未完全整改的,湖北省分局应书面通知试点银行取消其试点资格。

试点银行出现以下情形之一的,湖北省分局自发现之日起 10 个工作日内,书面通知试点银行取消其试点资格:

(一)银行未尽职审核,主动开展或协助企业开展监管套利、空转套利、虚假交易、构造贸易等异常交易,或为企业开展上述异常交易转移资金或骗取融资提供便利。

(二)银行的经营行为对湖北地区跨境资金流动、金融稳定造成负面影响。

(三)银行外汇业务合规与审慎经营评估为 B-及以下。

(四)银行不配合湖北省分局监督管理工作。

第三章 便利化措施

第十一条 试点银行在确保交易真实、合法,符合合理性和逻辑性的基础上,可为本行试点企业实施以下便利化措施:

(一)优化单证审核。银行按照"了解客户""了解业务""尽职审查"原则为试点企业办理货物贸易/服务贸易外汇收支业务,对于资金性质不明确的业务,银行应要求企业提供相关单证。对于单笔等值 5 万美元以上的服务贸易外汇支出可事后核验《服务贸易等项目对外支付税务备案表》。

(二)货物贸易超期限等特殊退汇业务免于事前登记。单笔等值 5 万美元以上的退汇日期与原收、付款日期间隔在 180 天(不含)以上或由于特殊情况无法原路退回的退汇业务,可在银行直接办理,免于到所在地外汇局办理登记手续。

(三)货物贸易对外付汇时免于办理进口报关单核验手续。银行能确认试点企业货物贸易付汇业务真实合法的,可免于办理进口报关电子信息核验手续。

(四)服务贸易项下非关联关系的境内外机构间发生的代垫或分摊、或超 12 个月的代垫或分摊业务,由试点银行审核真实性、合理性后办理。

(五)经湖北省分局备案的其他贸易外汇收支便利化措施。

第十二条 试点银行可在备案方案范围内对本行推荐的试点企业实施货物贸易/服务贸易外汇收支便利化措施,也可按现行货物贸易/服务贸易外汇管理规定办理。

第十三条 试点银行仅能对本行推荐的试点企业开展试点业务。试点企业在非推荐银行、试点银行对非本行推荐的试点企业办理的货物贸易/服务贸易外汇收支业务不适用本指导意见第十一条规定的便利化措施。

第十四条 试点银行在办理试点业务涉外收付款申报时,交易附言中应注明"贸易便利试点"字样。

第四章 业务管理

第十五条 试点银行开展试点业务应履行尽职审查义务,具体包括:

(一)试点银行应对试点企业的业务经营状况及可持续经营能力进行跟踪监测,每年至少实地走访一次试点企业,并留存相关材料备查。

(二)试点银行应对试点企业的货物贸易/服务贸易收支业务进行监测,可根据企业业务模式、内控管理等实际情况自主开展事后核查,确认业务真实合规,各项措施落实到位。

(三)试点银行日常业务办理中,如发现试点企业货物贸易/服务贸易收支业务存在异常情况,应立即中止实施便利化措施,待确认相关业务真实合规后,方可恢复各项便利化措施。

(四)试点银行应定期审查本行试点业务开展情况,对试点制度落实、预警系统监测效果、业务开展合规性及审慎展业能力进行全面评估,对存在问题应及时整改。

第十六条 试点企业应确保货物贸易/服务贸易外汇收支业务的真实性、合理性,并留存交易单证 5 年备查。

第十七条　湖北省分局对试点银行和企业进行业务指导或风险提示，试点银行及企业应配合湖北省分局非现场监测和核查工作，如实提供相关资料。

第十八条　试点企业发生下列情形之一，试点银行自发现之日起5个工作日内取消企业试点资格：

（一）试点银行对企业定期评估不合格的。

（二）企业被所在地外汇局降为B/C类或处罚的。

（三）发现企业存在构造贸易、虚假贸易等异常情况的。

（四）业务核查中发现企业提供虚假单证的。

（五）企业不配合所在地外汇局、试点银行监督管理的。

第十九条　银行试点资格被取消，其所推荐的所有试点企业在该行试点资格自动取消，但不影响企业在其他试点银行的试点资格。

湖北省分局发现存在异常或违规行为的企业，可通知推荐该试点企业的银行，取消企业试点资格。

因异常或违规行为被取消试点资格的银行和企业，原则上两年内不得再次申请本指导意见的试点业务。

第二十条　湖北省分局取消银行试点资格的，应及时通知相关银行。试点银行取消企业试点资格的，应及时通知试点企业，并于5个工作日内将企业名单及取消原因报湖北省分局备案。

第五章　附则

第二十一条　试点银行如变更试点业务范围，需向湖北省分局重新备案。

第二十二条　本指导意见所称“服务贸易”，包括经常项目的服务、初次收入（资本项目有关的收益收支除外）和二次收入。

第二十三条　按照原《国家外汇管理局湖北省分局关于开展贸易外汇收支便利化试点的指导意见（试行）》（鄂汇发〔2020〕25号）开展试点业务的试点银行，如符合本指导意见第四条的要求，可继续开展试点业务。

第二十四条　本指导意见由湖北省分局负责解释。

第二十五条　本指导意见自发布之日起实施，原《国家外汇管理局湖北省分局关于开展贸易外汇收支便利化试点的指导意见（试行）》（鄂汇发〔2020〕25号）同时废止。

中国银保监会湖北监管局印发《关于推进湖北银行业保险业绿色金融发展的指导意见》的通知（摘录）

发文机构：中国银行保险监督管理委员会湖北监管局

文号：鄂银保监规〔2022〕1号　发文日期：2022年1月18日

关于推进湖北银行业保险业绿色金融发展的指导意见

一、总体要求

（一）指导思想

以习近平新时代中国特色社会主义思想为指导，全面贯彻党的十九大和十九届二中、三中、四中、五中、六中全会精神，牢固树立创新、协调、绿色、开放、共享的发展理念，建立健全银行业保险业绿色金融服务体系，引导资金要素向低碳、环保、节能、降耗等领域聚集，推动湖北绿色金融发展迈上新台阶，促进湖北生态文明建设和经济社会可持续发展。

（二）基本原则

——坚持绿色导向。坚持将生态优先、绿色发展放在首位，增强责任感和紧迫感，牢固树立和践行“绿水青山就是金山银山”的发展理念，将绿色发展导向和绿色金融工作要求落到实处。

——坚持发展导向。立足服务实体经济，通过绿色金融促进绿色产业发展，实现绿色金融与产业发展、环境保护有机结合，推动区域经济绿色转型发展，构建高质量、可持续的绿色发展体系，形成示范引领作用。

——坚持创新导向。充分发挥积极性、主动性、创造性，积极开展绿色金融产品和服务模式创新，鼓励先试先行，探索通过绿色金融推动绿色产业发展的新思路、新模式和新途径。

——坚持市场导向。统筹兼顾环境、社会和经济效益，短期和中长期效益，协调好金融支持绿色发展和自身可持续发展的关系，充分发挥市场在资源配置中的决定性作用，建立健全绿色金融市场化、专业化运作模式。

（三）工作目标

——绿色金融服务体系基本形成。辖内银行业保险业金融机构在完善绿色金融组织架构、制度建设、服务模式、流程管理等方面取得显著成效，基本建立起多层次的绿色金融组织体系、多元化的绿色产品供给体系、多维度的绿色服务支撑体系。

——绿色金融创新能力不断提升。立足湖北不同领域的绿色发展需求，在绿色信贷、绿色保险、绿色信托、绿色租赁、碳金融等领域推出有影响力的创新产品和服务，总结形成可推广、可复制的绿色金融创新经验和品牌。

——绿色金融总量和结构显著改善。力争实现“一个不低于”和“三个逐年提高”：绿色信贷余额增速不低于各项贷款增速；绿色信贷净增额逐年提高；绿色信贷余额占各项贷款比重逐年提高；绿色保险保障金额逐年提高。

二、完善绿色金融工作体系

（四）加强组织保障。各银行保险机构要从战略高度推进绿色金融，把绿色金融融入到业务及管理流程的各个环节之中，建立健全绿色金融长效发展机制。要实行绿色金融“一把手负责制”，设立跨部门领导小组等形式的组织架构，并指定牵头部门负责绿色金融业务，协调相关工作。鼓励有条件的机构设立绿色金融事业部、绿色专营机构、绿色金融服务中心等专业机构和特色机构，提升服务专业化水平。要加强绿色金融人才培养引进和专业团队建设，提高环境和社会风险管理、产品研发和推广等绿色金融服务能力。

（五）健全管理制度。各银行保险机构要根据国家绿色低碳发展目标和规划、环保法律法规、产业政策、行业准入政策等规定，明确绿色金融的支持方向和重点领域。要制定环境、社会和治理风险评估标准，进行分类管理和动态评估，对国家重点调控的限制类以及有重大风险的行业制定专门的授信指引或投资负面清单，实行有差别、动态的授信或投资政策，实施风险敞口管理制度。要建立有利于绿色金融创新的工作机制，在依法合规、有效控制风险和商业可持续的前提下，推动绿色金融业务流程、产品和服务创新。

（六）强化激励约束。各银行保险机构要建立有效的绿色金融考核评价体系和奖惩机制，合理设置包括融资规模、增速等在内的绿色金融业务考评指标，通过在综合绩效考核指标体系中设置加分项等形式，加大绿色金融考核权重，定期对相关业务条线、分支机构开展考评。要完善绿色金融服务尽职免责相关制度，并采取安排专项信贷规模、调整FTP转移定价、扩大分支机构业务权限等正向激励政策。要将绿色金融政策执行情况纳入内控合规检查范围，定期组织实施内部审计，检查发现重大问题的，依据规定进行问责。

三、加大绿色发展支持力度

（七）支持生态修复和环境治理。鼓励各银行保险机构积极对接湖北省长江经济带绿色发展重点项目，积极满足重要生态系统保护和修复重大工程建设融资需求，持续提升生态环境质量。发挥政策性金融、开发性金融作用，加大中长期绿色信贷投放力度。支持长江及汉江流域水源地保护、长江岸线和重点湖泊整治、森林保护、自然灾害防治、湿地生态修复、海绵城市建设、城镇污水垃圾处理设施及“无废城市”建设、农业和农村污染治理等项目。

（八）支持产业转型升级。鼓励各银行保险机构加强产融合作，推动工业绿色发展。支持新一代信息技术、生物医药、新材料等产业发展。支持现代物流、信息科技、文化旅游和健康养老等现代服务业发展，加快推动绿色产业规模化。支持创新型的节能减耗、低碳循环、安全生产的现代工业产业集群、产业链和绿色低碳循环工业示范园区建设。支持钢铁、纺织、水泥、化工、金属冶炼等传统行业绿色转型升级。支持制造业开展节能减排、污染集中或循环化处理等改造，促进构建高效、清洁、低碳、循环的绿色制造体系。

（九）支持新能源开发和利用。鼓励各银行保险机构在保障能源安全的基础上，支持因地制宜发展水能、风能、太阳能、地热能、氢能、生物质能等可再生能源和清洁能源。积极服务能源结构优化，支持高效节能装备、先进环保装备、资源循环利用装备和绿色标识产品的生产、建设和运营。支持钢铁、电力、石化、建材、煤炭等行业提升能源利用效率。鼓励探索开展低碳技术改造和设备升级的项目融资等业务。

（十）支持绿色建筑、绿色交通、绿色农业发展。鼓励各银行保险机构加强金融资源配置，积极支持重点绿色领域发展。探索多元化绿色金融支持方式，支持达到绿色建筑星级标准的新型建筑工业化项目，支持既有建筑绿色改造。支持综合交通绿色发展，推进多式联运高质量发展，畅通长江黄金水道。支持种植业、养殖业、农机装备、污染防治和新型主体培育，引导传统农业向绿色低碳模式转型。

四、创新绿色金融产品与服务

（十一）创新绿色信贷产品。鼓励各银行机构立足湖北绿色发展和绿色转型，根据绿色企业融资需求，创新绿色金融服务方式，量身定制绿色金融产品。鼓励根据绿色企业项目周期和行业特征，合理确定项目融资和流动资金贷款等传统产品贷款期限、贷款方式。鼓励有针对性地发展环境权益抵（质）押融资服务，开展主要污染物排放权、用能权、节能环保项目特许经营权、合同能源管理未来收益权、绿色工程项目收费权和收益权抵（质）押融资等新型业务。

（十二）优化绿色保险服务。鼓励各保险机构探索差别化保险费率机制，将保险费率与企业环境风险管理水平挂钩，发挥费率杠杆调节作用，助力绿色经济发展。积极推广环境污染责任保险、安全生产责任保险，发挥首台（套）重大技术装备、首批次材料保险补偿机制作用，全面推动农业保险提标、扩面、增品。鼓励充分发挥防灾减灾功能，研究建立面向环境污染责任保险投保主体的环境风险监控和预警机制，实时开展风险监测，定期开展风险评估，及时提示风险隐患，高效开展保险理赔。

（十三）拓宽绿色融资渠道。支持信托公司多元化拓展绿色信托业务，积极受托发行绿色信贷资产证券化产品、绿色企业资产支持票据，承销、投资绿色债券。鼓励资产管理公司积极收购绿色金融不良资产，合理拓展与绿色企业结构调整相关的重组业务。鼓励金融租赁公司、财务公司聚焦绿色出行、清洁能源、节能减排、环境治理、资源循环等绿色领域，持续创新业务产品。鼓励消费金融公司优化产品服务，探索创新绿色消费信贷产品，加强对绿色消费的金融支持。

（十四）推动碳金融创新。鼓励各银行保险机构积极配合湖北省碳排放权交易市场建设，依托全国碳排放权注册登记结算系统落户武汉的契机，支持湖北打造碳金融高地。鼓励积极开展碳排放权质押贷款、附加碳收益绿色债券、碳资产托管协议、碳保险等业务，帮助企业盘活碳资产，实现节能减排目标。引导和撬动金融资源向低碳项目、绿色创新项目倾斜，增强金融体系管理气候变化相关风险的能力，通过交易为碳排放合理定价。

五、做好全流程风险管理

（十五）将环境、社会和治理风险纳入全面风险管理体系。鼓励各银行保险机构充分利用大数据，探索开发绿色金融管理信息系统，加强内外部数据整合应用，及时对接获取客户环境保护、安全生产、落后产能、职业病防控等动态信息，准确开展环境和社会风险分类、评估及管理。在绿色金融业务办理中，要加强环保风险预警跟踪管理，加强资金流向监控和闭环管理，有效提升合规经营、风险识别能力，推动绿色金融健康可持续发展。

（十六）做好贷前贷中贷后管理。各机构要加强授信尽职调查，全面掌握企业及其重要关联方在建设、生产、经营活动中可能给环境和社会带来的危害及相关风险。要针对不同行业客户特点，制定环境和社会方面的合规文件清单和风险审查清单，强化行业信贷政策中的绿色要求。对有潜在重大环境和社会风险的客户，制定并实行有针对性的贷后管理措施，加强动态分析，并在资产风险分类、准备计提、损失核销等方面及时做出调整。

（十七）强化数据质量管理。各银行保险机构要严格执行绿色金融相关统计要求，认真填报和复核绿色融资、绿色保险等统计数据，确保数据的真实性和准确性，杜绝“洗绿”“漂绿”“混绿”等现象发生。

六、健全工作保障机制

（十八）加强总结报告。各银行保险机构要认真分析绿色金融相关数据，梳理工作举措及成效、存在的问题、相关建议等内容，形成工作报告，并于每季度结束后20日内将报告电子版和盖章版上传至湖北银保监局网盘系统“常规统计（机构类，报统信处）”-“10绿色金融报告（季度）”对应日期文件夹，同时报送至本机构监管员安全电子邮箱。

（十九）开展经验交流。湖北银保监局将进一步加强对各银行保险机构绿色金融相关情况的分析，每年对湖北辖内绿色金融开展情况进行梳理汇总，推广绿色金融良好做法，发挥示范效应，促进绿色金融发展提质增效。

（二十）强化监管推动。各级监管部门要加强对银行保险机构管理环境、社会和治理风险的监测分析，及时引导其调整信贷和投资政策。对绿色信贷投放或风险保障不力的银行保险机构，要督促和引导其加大对绿色发展的支持力度。

本《指导意见》自印发之日起实施，原《中国银监会湖北监管局关于印发〈湖北银行业加快推进绿色信贷发展的意见〉的通知》（鄂银监发〔2017〕7号）同时废止。

中国银保监会湖北监管局印发《关于湖北银行业保险业支持长江经济带发展的指导意见》的通知（摘录）

发文机构：中国银行保险监督管理委员会湖北监管局
文号：鄂银保监规〔2022〕2号　发文日期：2022年1月18日

关于湖北银行业保险业支持长江经济带发展的指导意见

一、总体要求

（一）指导思想

坚持以习近平新时代中国特色社会主义思想为指导，全面贯彻党的十九大和十九届二中、三中、四中、五中、六中全会精神，落实习近平生态文明思想、习近平在三次长江经济带发展座谈会上重要讲话精神，以及银保监会、省委省政府推动长江经济带发展各项部署，肩负起习近平总书记和党中央赋予湖北的历史使命，统筹推进“五位一体”总体布局，协调推进“四个全面”战略布局，加大金融支持长江经济带绿色发展力度，助力打造人与自然和谐共生的美丽湖北。

（二）总体目标

引导湖北银行业保险业主动担当、积极作为，围绕生态保护和绿色发展，积极发挥银行业保险业功能和优势，在弥补水系生态保护、森林生态体系建设、生产生活污染治理等生态保护方面的突出短板，加强黄金水道和立体交通建设、绿色低碳产业发展、城镇综合治理等绿色发展领域发挥金融支持作用，助力实现“碳达峰、碳中和”目标，推动长江经济带高质量发展。

（三）基本原则

——坚持生态优先。持续推进长江大保护，把修复长江生态环境摆在首要位置。正确处理好保护与发展的关系，牢固树立绿色发展理念，守住生态文明红线，加快建立健全绿色金融体系和政策导向。

——坚持市场主导。积极发挥政策引导作用，充分体现市场在资源配置中的决定性作用，构建互利共赢的产融合作生态。突出产业支撑，强化企业和消费者在形成绿色生产方式和生活方式方面的主体地位。

——坚持创新驱动。强化主动创新意识，以改革创新推动金融服务水平不断提升。加大对区域内科技创新的金融支持力度，加快培育壮大绿色产业，全面推动传统产业转型升级。

——坚持风险可控。秉持风险为本，遵循客观规律、循序渐进开展金融支持长江经济带发展各项工作，审慎评估重大项目融资风险，强化项目全流程风险监控，不断探索完善风险补偿机制。

二、重点支持方向

（四）支持生态修复和绿色发展。聚焦长江、汉江、清江流域生态保护和修护，加大对长江、汉江、清江沿线工业转移和污染防治的金融支持力度，重点支持湖泊清淤综合治理、防灾减灾体系建设、退化湿地保护修复工程、岸线综合治理，以及尾矿综合治理和历史遗留矿山生态修复。推动长江流域绿色发展，支持能源结构调整优化，支持重点行业绿色转型，支持节能环保、清洁能源、清洁生产等绿色环保产业发展。

（五）服务区域发展战略布局。积极支持湖北区域发展战略，主动对接“一主引领、两翼驱动、全域协同”区域发展布局的金融需求，支持武汉“1+8”城市圈同城化发展，支持“襄十随神”城市群汽车、装备、食品等特色产业发展，支持“宜荆荆恩”城市群打造绿色化工、生物医药、高端装备产业集群，支持城乡统筹发展，提升县域金融服务水平。主动服务长江中游城市群建设，发挥长江经济带东西双向、陆海统筹的区位优势，支持湖北加快与中部及沿江省份协同发展。

（六）强化基础设施和公共服务共建共享。加大对长江经济带交通走廊建设的金融支持力度，服务三峡枢纽联运转运体系建设，提升长江中游黄金水道功能，支持机场、铁路等重大交通设施建设。加大对能源基础设施建设的金融支持力度，保障新能源、电网建设、煤炭储备、油气管网、天然气设施等重大工程融资需求。

（七）巩固拓展脱贫攻坚成果同乡村振兴有效衔接。支持金融服务乡村振兴示范区建设，支持湖北乡村振兴高质量发展。深入推进“整村授信三年全覆盖”工程，主动提供建档评级和融资对接服务，提升整村授信工作实效。准确把握脱贫人口小额信贷政策要点，对建档立卡脱贫户和边缘户的合理信贷需求做到“应贷尽贷”。巩固拓展医疗保障脱贫攻坚成果，全面落实大病保险“一站式服务、一票制结算”。

（八）大力培育发展新优势。支持湖北制造强省建设和“51020”现代产业体系构建，以新一代信息技术、汽车制造、生物医药、现代农业等产业链为重点，聚焦集成电路、新型显示、智能终端等产业链缺失环节，推进重点产业链“金融链长制”落实，支持产业转型升级示范区建设，助力打造“光芯屏端网”等产业集群。加快发展科技金融，完善全链条、全周期的科技金融服务体系，推进东湖科技保险示范区建设，助力武汉创建国家科技创新中心，支持湖北打造创新发展示范区。

（九）主动构筑开放新高地。推动金融支持长江经济带发展和共建“一带一路”工作融合，准确对接“一带一路”沿线国家金融需求，大力支持区域开放合作的重大项目建设。进一步支持外贸发展，拓宽金融服务外贸领域的深度和广度，着力满足外贸领域不同客户差异化金融需求，培育壮大湖北外贸主体，助力打造具有中部特色的外贸产业优势集群。鼓励积极参与湖北自贸试验区建设，支持武汉、宜昌、鄂州、黄冈、黄石等地加快临空经济区建设，帮助有实力的企业“走出去”，促进湖北更高水平对外开放。

三、完善信贷支持政策

（十）优化信贷流程。鼓励银行业金融机构探索建立长江经济带重点项目授信审查审批绿色通道机制，在风险可控的前提下，对符合长江经济带发展需求的企业、涉及长江经济带的重大项目提高审批效率。依托金融科技，持续提升全流程线上业务占比，提高企业融资便利程度。有效开展企业全周期金融服务，根据企业生产经营周期，合理确定贷款期限和还款方式，提高贷款期限与企业生产经营周期的匹配度。

（十一）增强信贷投放能力。鼓励银行机构积极争取总行资源，在贷款额度、内部转移定价等方面向支持湖北长江经济带发展倾斜。在依法合规前提下，用足信贷政策空间，用好政府部门配套的贷款贴息、补贴、风险基金等行业发展政策。推动低效企业兼并重组，提高存量资金使用效率。积极采用市场化手段，多渠道、批量化处置不良贷款，为新增长江经济带支持贷款腾出空间。

（十二）实施差别化信贷政策。鼓励建立长江经济带及绿色金融企业黑名单、白名单机制，对国家重点调控的限制类以及有重大风险的行业制定专门的授信指引，实行有差别、动态的授信政策。积极对接长江经济带所涉行业主管部门，认真梳理各级政府长江经济带发展重点项目清单，积极满足重点项目和重点企业的信贷需求。鼓励对符合长江经济带发展的企业适当降低融资成本，对长江经济带建设的重点项目提高中长期贷款、信用贷款投放比例。

（十三）创新融资产品和服务。鼓励根据自身和项目情况进行差异化信贷模式创新，发展银团贷款、联合授信，支持区域内的大型项目和基础设施建设，为区域内重大工程项目建设提供一揽子综合性金融服务。鼓励充分对接湖北碳排放权交易市场，开发适应性和气候友好型的金融产品，丰富绿色金融应用场景，规范发展碳金融服务。鼓励金融资产管理公司、信托公司、财务公司、金融租赁公司和消费金融公司等非银行金融机构发挥业务优势和创新优势，提供专业化金融服务。

四、强化保险保障功能

（十四）发挥保险服务经济发展的保障作用。加大绿色保险推进力度，充分发挥环境污染责任保险、安全生产责任保险等在分担长江经济带环境治理成本方面的重要作用。鼓励探索完善巨灾保险体系，根据长江流域风险特点，探索对台风、地震、滑坡、泥石流、洪水、森林火灾害的有效保障模式。持续推进农业保险扩面、提标、增品，开发满足新型农业经营主体需求的保险产品。鼓励保险公司充分利用东湖科技保险创新示范区政策优势，根据科技企业的风险特征和实际需求，创新丰富科技保险产品，为区域内科技型企业提供全方位保险支持。

（十五）增强保险融资增信功能。持续推动小额贷款保证保险业务发展，为助力长江经济带发展的小微企业融资提供保险增信服务。加大出口信用保险对新一代信息技术、生物医药、汽车、现代农业等湖北优势产业的支持力度，助力“光芯屏端网”“专精特新”企业拓展海外市场，增强湖北出口企业竞争力。

（十六）加大对民生领域保障力度。鼓励结合湖北实际，进一步推动保险服务民生保障。鼓励围绕多元化养老需求，创新提供投保简单、交费灵活、收益稳健的养老保险产品，积极争取税收递延型商业养老保险和专属养老保险在湖北试点。持续推动城乡居民大病保险规范发展，推动城市定制型商业医疗保险等健康保险扩大覆盖面，积极参与长期护理保险试点，加快商业护理保险发展。持续落实大病保险对低收入人群倾斜政策，继续推动小额人身保险等普惠保险发展，提高对欠发达地区的支持力度。

（十七）引导险资服务区域发展战略。鼓励保险资金积极服务湖北长江经济带区域发展，支持保险资金对接长江沿岸城市群发展的重点项目和工程，对于区域内的交通基础设施、水利、生态、能源、公共服务等重大项目给予长期资金支持。

五、加强风险管理与防控

（十八）确保项目建设合规性。加强支持长江经济带有关重大项目合规性审查，贷款发放前要确保项目已正式取得投资、环保、土地、规划、安全生产等主管部门的审批（核准）文件，确保项目资本金足额到位并与贷款配套使用，确保项目实施进度与已投资额相匹配。

（十九）切实落实还款保障条件。按照自主经营、自担风险、自负盈亏、自我约束的商业化原则自主审贷，全面、深入评估重大项目风险，严格把关。审慎评估融资主体的还款能力和还款来源，确保其自有经营性现金流能够覆盖应还债务本息，不得要求或接受地方政府及其部门以任何方式提供担保、承诺回购投资本金、保本保收益等兜底安排，或以其他方式违规承担偿债责任。

（二十）推进风险管理体系建设。建立健全风险监测预警机制，强化支持长江经济带重大项目全流程风险管理，提升数字化风控能力。优化风险处置流程和制度，制定重大项目风险应急预案，提高风险处置能力。优化重大项目风险缓释机制，完善风险隔离措施。

六、强化组织保障与监督指导

（二十一）健全工作机制。各银行保险机构要围绕支持长江经济带发展出台行之有效、符合地方特色的推进政策。要加强内部联动，建立支持长江经济带发展工作小组，部署和决定重大事项，做好与政府部门沟通、内部统筹协调、任务分解、督促检查和评估考核等工作。要建立支持长江经济带建设的考核和激励约束机制，制订可行性和针对性强的考核方案，细化责任分工，压实责任并督促落实。要强化统筹安排，配备专门资源及配套措施，确保支持长江经济带发展的各项措施有效落实。

（二十二）加强沟通协调。各级监管部门要与银行保险机构建立经常性联络机制，方便各项政策及时上传下达。省银行业协会、保险行业协会要积极搭建行业平台，凝聚行业共识，积极推广金融支持长江经济带发展过程中的经验与成果。

（二十三）**开展定期总结**。各银行保险机构要定期向监管部门报送支持长江经济带发展工作情况的报告，于每季度结束后20日内将报告电子版和盖章版上传至湖北银保监局网盘系统“常规统计（机构类，报统信处）”-“09支持长江经济带发展情况报告（季度）”对应日期文件夹，同时报送至本机构监管员安全电子邮箱。湖北银保监局每年将视工作开展情况进行梳理总结。

本意见自印发之日起实施，原《中国银监会湖北监管局关于印发〈湖北银行业支持推进长江经济带发展指导意见〉的通知》（鄂银监发〔2018〕21号）同时废止。

中国银保监会湖北监管局关于印发《湖北银保监局涉刑案件风险机构分类监管办法（试行）》的通知（摘录）

发文机构：中国银行保险监督管理委员会湖北监管局
文号：鄂银保监发〔2022〕2号　发文日期：2022年2月7日

湖北银保监局涉刑案件风险机构分类监管办法（试行）

第一章　总则

第一条　为进一步加强案件风险防控，规范案件处置工作，体现差别监管、分类监管理念，提高案防监管效率，依据《中华人民共和国银行业监督管理法》《中华人民共和国商业银行法》《中华人民共和国保险法》《银行保险机构涉刑案件管理办法（试行）》等有关规定，制定本办法。

第二条　涉刑案件是指符合《银行保险机构涉刑案件管理办法（试行）》中关于业内案件和业外案件定义的刑事犯罪案件或案件风险事件。

第三条　分类监管是指中国银保监会湖北监管局及其辖内银保监分局（以下分别简称“省局”“分局”）对辖内发生涉刑案件的银行保险机构依据案件（案件风险事件）类别、性质、影响后果、信息报送情况、案件处置情况、内控管理水平进行综合评价分析，对符合一定条件或达到一定标准被认定为涉刑案件风险机构所采取分类监管措施的统称。

第四条　本办法适用于辖内银行保险机构。

银行机构，是指在辖内依法设立的商业银行、农村合作银行、农村信用社、村镇银行等吸收公众存款的金融机构以及政策性银行。

保险机构，是指在辖内依法设立的保险集团（控股）公司、保险公司、保险资产管理公司。

辖内依法设立的金融资产管理公司、信托公司、财务公司、金融租赁公司、消费金融公司以及银保监会批准设立的其他金融机构适用本办法。

保险专业中介机构参照本办法执行。

第二章　涉刑案件风险机构的认定

第五条　涉刑案件风险机构的认定实行动态管理和调整，符合认定条件的即可依程序认定。涉刑案件风险机构一经认定，监管部门应对其采取相应分类监管措施。

第六条　辖内银行保险机构符合下列情形之一的，即可被认定为涉刑案件风险机构。

（一）故意隐瞒或故意错报关键要素，导致案件（风险）信息性质或分类不准确的；

（二）迟报、漏报、错报案件（风险）信息，经监管部门书面提示仍未在规定时间内改正的；

（三）发生业内案件或重大业外案件，无正当理由而未按规定时限报送机构调查报告或案件审结报告，经监管部门书面提示仍未在规定时间内改正的；

（四）未按监管要求或监管政策针对案件制定整改方案，建立整改台账，明确整改措施，确定整改期限，落实整改责任并向案发机构属地监管部门报告整改落实情况的；

（五）案件机构调查中对案件责任人员的内部问责力度不够，监管部门多次沟通仍不到位的；

（六）在案件监管督查过程中不配合调查的；

（七）对上级机构或监管部门指出的内部控制薄弱环节或提出的整改要求，未采取落实措施或落实不到位，发生案件的；

（八）未按年度制定案件风险排查计划或案件风险排查已发现相关环节内控问题未及时采取措施，发生案件的；

（九）未建立覆盖全员的员工管理制度或对员工异常行为的管理制度执行不到位，发生案件的；

（十）机构业务条线管理、合规管理、内审稽核等负有检查职责的部门对具体发案业务已做过专项检查或审计，应发现未能发现问题或发现问题未及时报告，发生案件的；

（十一）其他因管理严重失职，内部控制严重失效，导致发生案件的；

（十二）发生重大业内案件的；

（十三）发生重大业外案件，案涉银行保险机构或人员存在严重违法违规行为的；

（十四）同一年度同质同类案件多次发生的；

（十五）发生严重扰乱金融市场秩序或社会关注度高、影响恶劣的案件的；

（十六）监管部门认为符合条件的其他重大事宜。

第七条　涉刑案件风险机构按性质情节轻重依次分为A、B、C、D四种类型。

符合前条（一）至（六）款情形之一的为A类涉刑案件风险机构；符合前条（七）至（十一）款情形之一的为B类涉刑案件风险机构；符合前条（十二）至（十六）款情形之一的为C类涉刑案件风险机构。具有C类涉刑案件风险机构所列两款及以上情形的为D类涉刑案件风险机构。

同时具有前条同种类型所列两款及以上情形的涉刑案件风险机构，认定时下调一个机构类型。

同时具有前条不同类型所列情形的涉刑案件风险机构，按照从重的原则进行认定。

第八条 涉刑案件风险机构的认定实行统一标准、分级负责、属地实施。

省局直接监管的涉刑案件风险机构的认定由案件稽查处或机构监管处室提出，报分管负责人和主要负责人或局长办公会认定。

分局直接监管的涉刑案件风险机构的认定由分局相关部门提出，报分局分管负责人和主要负责人或分局局长办公会认定。省局也可以要求分局对其辖内的涉刑案件风险机构进行认定。

第三章 分类监管的实施

第九条 对涉刑案件风险机构实施分类监管，要坚持依法、客观、公正、持续、审慎和及时的原则。

第十条 监管部门对涉刑案件风险机构，除采取常规性的监管措施外，可视涉刑案件风险机构类型的不同，依法采取不同的分类监管措施。

对涉刑案件风险机构采取分类监管措施不影响依法对其采取监管强制措施或实施行政处罚。

第十一条 对A类涉刑案件风险机构，可采取以下一项或多项分类监管措施。

（一）开展监管约谈。约谈机构主要负责人，听取整改情况汇报，提出监管要求。

（二）扣减案防评估相关项目得分。当年度分类监管尚未解除的，视情况扣减其当年度案防工作评估指标体系中案防工作组织、执行等相关项目得分。

（三）责令开展内审或内部检查。出具建议函或监管意见书要求机构内审或相关部门对其相关领域业务按照监管要求实施检查并向监管部门报送检查结果。

（四）责令限期改正。出具监管意见书，责令机构对案件管理工作中存在的问题限期改正，督促其强化内控合规管理，防范化解案件风险。

第十二条 对B类涉刑案件风险机构，除可采取对A类涉刑案件风险机构的分类监管措施外，还可采用以下一项或多项分类监管措施。

（一）扣减案防评估违规项全部得分。当年度分类监管尚未解除的，扣减其当年度案防工作评估指标体系中违规项全部得分。

（二）提出扣分参考建议。当年度分类监管尚未解除的，对其当年度的监管评级、偿付能力评估、公司治理监管评估、湖北辖内股份制银行监管执行力考核评价等评级评价，由省局或分局案件管理部门向机构监管部门提出扣分参考建议。

（三）加大案防督导力度。提高机构年度案防工作督导频次或增加其分支机构案防工作督导随机抽查比例，重点督导其落实案件整改情况。

第十三条 对C类涉刑案件风险机构，除可采取对B类涉刑案件风险机构的分类监管措施外，还可采用以下一项或多项分类监管措施。

（一）下调案防评估等级。当年度分类监管尚未解除的，在当年度机构案防监管评价原有级次基础上下调一个等级（原有级次为“红牌”的除外）并将评估结果通报其上级单位。

（二）建议采取整改问责措施。将其主要问题通报其上级单位并建议其上级机构对该机构采取相应整改或问责措施。

（三）核查员工异常行为排查疑点。监管部门督促指导机构对涉案风险点进行员工异常行为排查和疑点收集核查，责令其对相关问题进行整改，对相关责任人严肃处理。

（四）阶段性派员参与案件处置。监管部门可阶段性派员现场参与案件的风险处置，督导机构找准发案原因，针对性进行整改和责任追究。

第十四条 对D类涉刑案件风险机构，除可采取对C类涉刑案件风险机构的分类监管措施外，还可依据相关法律法规进一步采取其他监管措施。

第十五条 涉刑案件风险机构经认定后，由提出认定申请的监管部门向其发出《分类监管通知书》（附件1）。通知书中应写明认定涉刑案件风险机构的类型及理由、实施分类监管的措施、分类监管的解除条件等内容。其中，D类涉刑案件风险机构涉及采取其他监管措施的，依照相关法律法规要求程序实施。

分局直接作出分类监管决定的，应在作出决定之日起5日内向省局书面备案，并按季向省局书面报告涉刑案件风险机构监管措施落实及整改情况。

《分类监管通知书》在下达涉刑案件风险机构的同时抄送其上一级管理机构，法人机构抄送当地政府。

第十六条 涉刑案件风险机构应在《分类监管通知书》所列明的问题得到有效整改后向下达《分类监管通知书》的监管部门递交《涉刑案件风险机构整改报告（机构模板）》（附件2）。

下达《分类监管通知书》的监管部门在收到机构整改报告后1个月内进行审核，审核合格的，予以解除分类监管措施。分局解除所直接作出分类监管决定的，应在解除之日起5日内抄送省局备案。

自收到《分类监管通知书》之日起六个月内达不到分类监管解除条件或连续2次整改报告审核不合格的涉刑案件风险机构，监管部门应加大监管力度，可依照本法第八条规定的认定程序下调一个机构类型或采取进一步的监管措施。

第四章 附则

第十七条 监管组需对其辖内银行保险机构实施涉刑案件风险机构分类监管的，应向省局书面提出申请，由省局依照程序进行认定、实施分类监管措施和分类监管解除。

第十八条 监管部门应建立分类监管档案，并将涉刑案件风险机构及其高级管理人员的相关情况纳入机构和高级管理人员监管档案。

第十九条 分类监管措施只在作出决定的监管部门所在市（州）适用。

第二十条 本办法所称“日”是指工作日。

第二十一条 本办法由中国银保监会湖北监管局负责解释。

第二十二条 本办法自印发之日起施行。

关于加快推动绿色金融支持绿色建筑产业发展的通知(摘录)

发文机构:湖北省住房和城乡建设厅　中国人民银行武汉分行
中国银行保险监督管理委员会湖北监管局　湖北省地方金融监督管理局
文号:鄂建文〔2022〕45号　发文日期:2022年9月29日

一、高度重视绿色金融支持绿色建筑产业发展工作

绿色金融支持绿色建筑产业发展是贯彻新发展理念的重要实践,是优化金融资源配置、促进建筑产业转型升级的有力举措,是提升工程品质、增强人民群众获得感的具体行动。各单位、各部门要高度重视、强化措施、形成合力,加快构建“金融产品丰富、支持措施有力、办理流程优化、服务便捷高效”的绿色金融支持绿色建筑产业发展工作格局,着力推进城乡建设绿色低碳发展。

二、绿色金融产品及支持范围

(一)绿色金融产品

本通知所指绿色金融产品,是指银行、保险等持牌金融机构,围绕绿色建筑产业,依法提供的包括但不限于绿色建筑产业项目融资、流动资金类贷款、绿色供应链融资、绿色建筑保险、合同能源融资、绿色建筑按揭贷款等金融产品;还包括受公积金部门委托的金融机构为绿色商品住宅办理公积金贷款业务。

(二)支持绿色建筑产业的范围

1.绿色建筑。达到国家、省现行绿色建筑评价标准中一星级及以上标识的建筑;符合国家、省现行相关技术标准的超低能耗建筑及可再生能源应用建筑。

2.装配式建筑。达到国家、省现行装配式建筑评价标准中A级及以上要求或者装配率达到60%及以上的建筑。

3.既有建筑节能及绿色改造。符合国家、省现行相关技术标准的既有建筑节能及绿色改造的建筑。

4.绿色建材。获得一星级及以上标识的节能墙体材料、外墙保温材料、节能门窗、装配式建筑部品部件、磷石膏建材产品、预拌混凝土(砂浆)等。

5.绿色建筑服务。为绿色建筑项目全生命周期提供绿色建筑方案设计服务、绿色建筑技术咨询服务、合同能源管理服务、节能评估和能源审计等。

6.绿色建筑消费。个人或单位购买或租赁绿色建筑、装配式建筑,采购绿色建材进行装修等消费。

三、支持措施

支持和鼓励金融机构向符合范围的绿色建筑产业提供一系列用于项目投资、建材生产、工程设计、建造、改造和消费等全生命周期的金融服务。依托绿色建筑产业链核心企业,积极开展供应链金融服务,有效满足绿色建筑产业链上下游企业的融资需求。积极推广合同能源管理融资模式,推动既有公共建筑节能改造。支持为符合要求的绿色建筑、装配式建筑提供综合保险服务。在符合“房住不炒”等国家、省房地产调控政策的前提下,支持居民合理的绿色建筑、装配式建筑消费需求,提供绿色建筑、装配式建筑按揭贷款。

支持和鼓励金融机构对符合范围的绿色建筑产业,持续释放LPR改革潜力,降低绿色建筑产业贷款利率水平、降低企业融资成本,依据项目的绿色等级、建筑能耗水平或装配率在融资额度、贷款利率、保险费率等方面提供差异化服务。住房公积金缴存人购买星级绿色商品住宅,在其计算的可贷额度基础上,按绿色星级逐级上浮5%。鼓励金融机构在受理绿色建筑产业贷款审批时,采取“绿色通道”模式,提高受理、审批、投放效率。

四、申请条件与办理流程

(一)申请条件

绿色建筑产业信贷的申请条件包括借款人条件和绿色建筑产业项目条件。借款人需符合金融机构对绿色信贷借款人的基本条件;绿色建筑产业项目需达到对应的绿色等级或相应条件,具体条件见附件1。一、二星级绿色建筑项目需获得市(州)住建主管部门出具的预评价证明,三星级绿色建筑项目需获得省住建主管部门出具的预评价证明,具体工作规程见附件2。

(二)办理流程

绿色建筑产业信贷的办理流程包括受理申请、前期筛选、尽职调查、项目评估、贷款审查、贷款审批、贷款发放和贷后管理等。具体工作流程见附件1。

其他金融产品支持绿色建筑产业的申请条件及办理流程,本着“风险可控、优惠便捷、服务高效”的原则,可结合实际,参照附件1执行。

五、监督管理

(一)各地住建主管部门要加强对绿色金融支持的绿色建筑、装配式建筑、既有建筑节能及绿色改造等项目的监管,督促指导工程各参建单位严格执行审查合格的施工图设计文件,严查擅自修改施工图设计文件行为,竣工验收时重点监督是否满足施工图审查确认的绿色建筑设计参数、建筑节能要求或相应的装配率等,对不符合要求的督促整改,整改不达标的,不得同意竣工验收备案。项目竣工后,按照相关规定组织星级绿色建筑标识认定。各地公积金主管部门要加强对个人购买星级绿色商品住宅时享受公积金贷款优惠政策的监管,确保其规范运行、落地生效。

(二)各地人行要指导金融机构,参照省绿色建筑产业贷款实施规范,在风险可控的前提下有序做好绿色建筑产业贷款工作。引导金融机构建立、优化符合绿色建筑产业项目的信贷管理制度,完善统计监测,确保符合标准的绿色建筑产业贷款纳入人民银行绿色贷款专项统计,争取获得总行绿色信贷专项审批定价政策支持。强化贷后管理,建立绿色建筑产业项目运行风险预警、退出机制,确保绿色金融支持绿色建筑产业项目的实施效果。

(三)各地银保监分局要引导金融机构在依法合规、风险可控前提下,针对绿色建筑产业项目融资特点,推动绿色金融流程、产品和服务创新,加大融资支持力度,提升绿色金融服务质效和风险管理水平。

(四)各地金融工作局(办)要根据绿色建筑产业项目具体融资需求,向有关金融机构进行推介,联合住建等相关部门组织开展形式多样的融资对接活动,引导金融机构在落实国家信贷政策基础上,做好融资服务。

六、保障措施

(一)增强部门协同

各级住建主管部门、金融管理部门要严格落实通知要求,健全沟通机制,畅通工作渠道,形成工作合力,有效建立绿色金融产品服务绿色建筑产业项目的信息发布、合作共享平台,加快推进金融机构与绿色建筑产业的实质性对接。

（二）加大产品创新

围绕绿色建筑产业链，鼓励金融机构研发适合我省的绿色金融产品和服务模式。推动绿色信托、绿色租赁、绿色建筑技术发明专利质押、供应链信贷等金融服务。推广绿色债券，鼓励购买、租赁绿色建筑消费类金融产品创新。鼓励保险机构开发绿色建筑性能保险、绿色装修保险、绿色建筑领域知识产权保险等产品和服务。

（三）加强检查指导

适时对各地推动绿色金融支持绿色建筑产业发展工作进行检查指导，总结典型经验，推广好的做法，及时表彰工作实绩突出的单位、部门及金融机构，发挥正向激励作用。

（四）营造良好氛围

集中开展宣传活动，通过举办发布会、播放宣传片、开展现场咨询等形式，扩大绿色金融支持绿色建筑产业的社会影响，引导社会监督，激发公众对绿色建筑产业的消费需求，积极营造良好的绿色发展环境。

附件：

1.湖北省绿色建筑产业信贷工作指引

2.湖北省绿色建筑标识预评价工作规程

附件1：

湖北省绿色建筑产业信贷工作指引

一、申请条件

（一）借款人基本条件

1.绿色建筑的建设单位与工程总承包单位、绿色建材生产企业、绿色建筑服务企业、绿色建筑消费单位等

（1）依法登记，并有固定场所，从事符合法律、法规的生产、经营活动的单位，具备相应行业领域的资质要求。

（2）征信记录良好，无违法违规行为，不涉及影响正常经营的重大债务纠纷、诉讼、负面报道等，未列入政府黑名单等负面清单。

（3）财务状况良好，具有按期还本付息能力，近2年无拖欠或延期支付利息的情况（符合国家助企纾困政策的除外），或拖欠情况已处理完毕。

（4）行业和社会环境风险分类达到金融服务机构的相关要求。

（5）未列入洗钱风险管理中“禁止客户准入情形”或“中止或终止客户业务关系”情形的客户。

（6）贷款人要求的其他条件。

2.绿色建筑消费个人

（1）具备完全民事行为能力。

（2）征信记录良好，无违法违规行为，未列入政府黑名单等负面清单。

（3）财务状况良好，具有按期还本付息能力。

（4）未列入洗钱风险管理中“禁止客户准入情形”或“中止或终止客户业务关系”情形的客户。

（5）贷款人要求的其他条件。

（二）绿色建筑产业项目条件

1.绿色建筑、装配式建筑、既有建筑节能及绿色改造项目

（1）新建项目应依据《绿色建筑评价标准》（GB/T50378）完成绿色建筑标识预评价。

（2）超低能耗建筑、可再生能源应用建筑符合国家、省现行相关技术标准的要求，提供标注为超低能耗建筑、可再生能源应用建筑的施工图审查合格证明。

（3）既有建筑节能及绿色改造项目应获得《既有建筑绿色改造评价标准》（GB/T51141）一星级及以上设计标识证书。

（4）装配式建筑项目应达到《装配式建筑评价标准》（GB/T51129）A级及以上要求，或装配率达到60%及以上。装配式建筑应提供标注装配式建筑等级与装配率的施工图审查合格证明。

（5）项目建设单位、工程总承包单位以及监理单位等主体应有较好的信用记录，应签署并承诺执行湖北省绿色建筑项目融资信息披露自律要求，建设单位应按照绿色建筑标准等要求进行项目竣工验收，及时申请绿色建筑标识认定。

2.绿色建材

绿色建材产品应获得一星级及以上绿色建材评价标识证书或绿色建材产品认证证书。

3.绿色建筑服务

应提供营业执照与绿色建筑服务相关业绩，绿色建筑服务合同以及所服务的绿色建筑项目的介绍与计划书。

4.绿色建筑消费

应购买或租赁本通知所规定的绿色建筑项目中包含的建筑及装修用绿色建材。

二、实施程序

（一）受理申请

对借款人提交的书面申请及相关材料进行审核，材料不符合有关规定的应及时向借款人详细说明。

（二）前期筛选

应根据绿色建筑产业项目贷款分类，结合有关管理规范，对贷款申请进行前期判断，重点关注以下内容：

1.能否纳入绿色建筑产业信贷范围；

2.借款人及项目发起人信用状况是否良好，有无不良信用、恶意逃债、欺诈等重大不良记录；

3.国家对拟投资项目的投资主体资格和经营资质有要求的，是否符合相应规定。

（三）尽职调查

应根据金融机构内部管理规范和程序，对绿色建筑产业项目贷款借款人和项目开展尽职调查，重点调查以下内容：

1.是否符合国家产业、土地、环保、绿色低碳等相关政策，并按规定取得相应的准入资格；

2.是否按规定履行投资项目的合法管理程序，并取得有效期内的核准文件或备案文件等；

3.是否符合国家有关项目资本金制度的规定；

4.是否符合银行业关于信贷政策、反洗钱要求、环境和社会风险管理等项目准入的相关标准。

（四）项目评估

尽职调查通过后，进入绿色建筑产业项目评估快速通道，及时完成项目评估。

（五）贷款审查

应对绿色建筑产业项目贷款的项目评估材料及其他贷款要素进行合法、合规性等审查。

（六）贷款审批

应纳入绿色贷款快速审批通道，作出绿色建筑产业项目贷款审批决定。

（七）贷款发放

尽快发放绿色贷款，同时密切关注绿色建筑产业项目贷款的实际用途，确保与申请用途一致。

（八）贷后管理

应在贷款发放后，持续开展评估、监测和统计分析，除符合一般贷款的管理要求外，还应重点关注：

1.资金用途与借款申请的一致性，是否持续符合绿色建筑产业项目贷款要求；

2.建设过程中是否擅自修改施工图设计文件，降低绿色建筑设计参数、建筑节能要求或相应的装配率水平，是否顺利通过竣工验收；是否顺利通过项目所在地住建主管部门的竣工验收备案；星级绿色建筑项目是否取得对应等级标识；

3.强化贷后资金流向监控，严防资金流向非绿色建筑产业领域。

三、退出程序

1.绿色建筑项目竣工验收不合格，且整改后仍不合格的；星级绿色建筑项目竣工验收2年后仍未取得对应等级标识或标识被撤销的，需启动绿色金融退出程序。

2.绿色建筑项目因竣工验收不合格或未取得标识而需退出的，金融机构可以按照约定提前收回信贷资金和已享受的绿色信贷差别化优惠利息。

3.企业或个人向金融机构提供虚假证明材料或以其他不正当手段获得贷款的，金融机构应按照约定提前收回信贷资金和已享受的绿色信贷差别化优惠利息。

4.对于启动绿色金融退出程序的项目，金融机构需取消该项目所涉贷款的绿色信贷认定并在绿色信贷金融统计中予以剔除，并于剔除后10个工作日内将相关数据剔除说明及清单向人民银行进行报备，同时，须收回已享受的绿色信贷差别化优惠利息。

四、其他要求

开展绿色建筑产业信贷业务除遵循本指引外，还应符合国家相关法律法规及金融监管相关规定。

二、金融政策性文件目录

1.省人民政府办公厅关于印发持续深化一流营商环境建设若干措施的通知

（发文机构：湖北省人民政府办公厅，文号：鄂政办发〔2022〕2号，发文日期：2022年1月2日）

2.省人民政府办公厅印发关于进一步支持中小企业和个体工商户纾困发展若干措施的通知

（发文机构：湖北省人民政府办公厅，文号：鄂政办发〔2022〕14号，发文日期：2022年4月13日）

3.省人民政府办公厅关于印发湖北省科技融资担保体系建设实施方案的通知

（发文机构：湖北省人民政府办公厅，文号：鄂政办发〔2022〕19号，发文日期：2022年4月29日）

4.省人民政府办公厅关于印发加强金融助企纾困工作若干措施的通知

（发文机构：湖北省人民政府办公厅，发文日期：文号：鄂政办发〔2022〕24号，发文日期：2022年5月30日）

5.省人民政府办公厅关于印发贯彻落实中央扎实稳住经济一揽子政策措施工作清单的通知

（发文机构：湖北省人民政府办公厅，文号：鄂政办发〔2022〕26号，发文日期：2022年6月3日）

6.省人民政府办公厅印发关于进一步激发市场活力稳住经济增长若干措施的通知

（发文机构：湖北省人民政府办公厅，文号：鄂政办发〔2022〕40号，发文日期：2022年8月25日）

7.省人民政府关于进一步加快重大项目建设扩大有效投资的若干意见

（发文机构：湖北省人民政府，文号：鄂政发〔2022〕17号，发文日期：2022年6月10日）

8.省金融领导小组关于印发《湖北省资本市场建设"楚天行动"实施方案》的通知

（发文机构：湖北省金融领导小组，文号：鄂金组发〔2022〕4号，发文日期：2022年3月2日）

9.省金融领导小组关于印发《湖北省优化金融营商环境十项重要"微改"工作方案》的通知

（发文机构：湖北省金融领导小组，文号：鄂金组发〔2022〕13号，发文日期：2022年7月15日）

10.关于印发《湖北省政府性融资担保机构融资担保业务反担保设置指引（试行）》的通知

（发文机构：湖北省地方金融监督管理局、中国人民银行武汉分行、中国银行保险监督管理委员会湖北监管局，文号：鄂金发〔2022〕5号，发文日期：2022年3月7日）

11.关于印发《湖北省小额贷款公司监督管理实施细则（试行）》《湖北省融资租赁公司监督管理实施细则（试行）》的通知

（发文机构：湖北省地方金融监督管理局，文号：鄂金发〔2022〕20号，发文日期：2022年5月27日）

12.中国人民银行武汉分行关于开展小微企业"敢贷愿贷能贷会贷"专项行动的通知

（发文机构：中国人民银行武汉分行，文号：武银〔2022〕45号，发文日期：2022年4月24日）

13.《关于金融支持湖北省绿色低碳转型发展的实施意见》

（发文机构：中国人民银行武汉分行，发文日期：2022年5月）

14.《关于加强征信支持稳企纾困和经济社会发展的指导意见》

（发文机构：中国人民银行武汉分行，发文日期：2022年6月）

15.《建立重大项目银企对接融资新机制的若干措施》

（发文机构：中国人民银行武汉分行、湖北省发展和改革委员会、湖北省地方金融监督管理局，发文日期：2022年3月）

16.《关于金融支持乡村振兴助力县域经济高质量发展的实施意见》

（发文机构：中国人民银行武汉分行、中国银行保险监督管理委员会湖北监管局、湖北省农业农村厅、湖北省乡村振兴局等十部门，发文日期：2022年4月）

17.《关于金融支持"专精特新"中小企业创新发展的指导

意见》

（发文机构：中国人民银行武汉分行、湖北省经济和信息化厅，发文日期：2022 年 4 月）

18.《金融支持湖北省文化旅游行业稳企纾困专项行动方案》

（发文机构：中国人民银行武汉分行、湖北省文化和旅游厅等四部门，发文日期：2022 年 5 月）

19.《进一步做好金融支持新型农业经营主体发展若干措施》

（发文机构：中国人民银行武汉分行、湖北省农业农村厅、湖北省地方金融监督管理局，发文日期：2022 年 5 月）

20.《纾解中小微外贸企业融资难融资贵问题专项行动方案》

（发文机构：中国人民银行武汉分行、国家外汇管理局湖北省分局、湖北省商务厅、湖北省财政厅、湖北省地方金融监督管理局，发文日期：2022 年 6 月）

21.《湖北省绿色项目贷款提升行动方案》

（发文机构：中国人民银行武汉分行、湖北省发展和改革委员会、湖北省科学技术厅、湖北省经济和信息化厅、湖北省财政厅等 16 个部门，发文日期：2022 年 10 月）

22.关于印发《国家外汇管理局湖北省分局关于开展优质企业贸易外汇收支便利化试点的指导意见》的通知

（发文机构：国家外汇管理局湖北省分局，文号：鄂汇发〔2022〕14 号，发文日期：2022 年 6 月 20 日）

23.中国银保监会湖北监管局印发《关于推进湖北银行业保险业绿色金融发展的指导意见》的通知

（发文机构：中国银行保险监督管理委员会湖北监管局，文号：鄂银保监规〔2022〕1 号，发文日期：2022 年 1 月 18 日）

24.中国银保监会湖北监管局印发《关于湖北银行业保险业支持长江经济带发展的指导意见》的通知

（发文机构：中国银行保险监督管理委员会湖北监管局，文号：鄂银保监规〔2022〕2 号，发文日期：2022 年 1 月 18 日）

25.中国银保监会湖北监管局关于印发《湖北银保监局涉刑案件风险机构分类监管办法（试行）》的通知

（发文机构：中国银行保险监督管理委员会湖北监管局，文号：鄂银保监发〔2022〕2 号，发文日期：2022 年 2 月 7 日）

26.中国银保监会湖北监管局、湖北省经济和信息化厅关于做好 2022 年“专精特新”中小企业金融服务工作的通知

（发文机构：中国银行保险监督管理委员会湖北监管局、湖北省经济和信息化厅，文号：鄂银保监发〔2022〕5 号，发文日期：2022 年 3 月）

27.《湖北银行业保险业新市民金融服务工作方案》

（发文机构：中国银行保险监督管理委员会湖北监管局、中国人民银行武汉分行、湖北省地方金融监督管理局，发文日期：2022 年 6 月）

28.中国银保监会湖北监管局、湖北省公安厅、湖北省市场监督管理局关于防范非法“代理退保”风险严厉打击违法犯罪行为的通告

（发文机构：中国银行保险监督管理委员会湖北监管局、湖北省公安厅、湖北省市场监督管理局，文号：鄂银保监发〔2022〕44 号，发文日期：2022 年 11 月 17 日）

29.《湖北省企业创新积分制工作实施方案》

（发文机构：湖北省科学技术厅、湖北省教育厅、湖北省经济和信息化厅、湖北省财政厅、湖北省人力资源和社会保障厅、湖北省生态环境厅、湖北省市场监督管理局、湖北省地方金融监督管理局、国家税务总局湖北省税务局、中国人民银行武汉分行、中国银行保险监督管理委员会湖北监管局、中国证券监督管理委员会湖北监管局、湖北省政务管理办公室，发文日期：2022 年 9 月）

30.关于加快推动绿色金融支持绿色建筑产业发展的通知

（发文机构：湖北省住房和城乡建设厅、中国人民银行武汉分行、中国银行保险监督管理委员会湖北监管局、湖北省地方金融监督管理局，文号：鄂建文〔2022〕45 号，发文日期：2022 年 9 月 29 日）

31.湖北省财政厅、湖北省经济和信息化厅、湖北省地方金融监督管理局关于印发《湖北省融资担保机构业务奖补专项资金管理办法》的通知

（发文机构：湖北省财政厅、湖北省经济和信息化厅、湖北省地方金融监督管理局，文号：鄂财金发〔2022〕36 号，发文日期：2022 年）

32.省财政厅、省地方金融监督管理局关于印发湖北省企业上市省级奖励资金管理办法的通知

（发文机构：湖北省财政厅、湖北省地方金融监督管理局，文号：鄂财产发〔2022〕113 号，发文日期：2022 年）

第五部分

金融统计

一、全省金融统计

(一)银行业

1.本外币信贷收支表

(1)湖北省金融机构本外币信贷收支表

表 5-1-1-1-1　　2022 年 12 月 31 日　　汇率:6.9646　单位:万元

栏目 来源项目名称	12 月余额	比年初增减数 2022 年	比年初增减数 2021 年	栏目 运用项目名称	12 月余额	比年初增减数 2022 年	比年初增减数 2021 年
一、各项存款	795636621	70869953	53173423	一、各项贷款	740624294	70244354	71660868
(一)境内存款	794632116	72350583	52883263	(一)境内贷款	731151611	70259166	72009556
1.住户存款	459753379	72751437	45557875	1.住户贷款	221142821	9794519	24285324
(1)活期存款	141646827	15779771	7313254	(1)短期贷款	36755021	6246727	6514147
(2)定期及其他存款	318106553	56971665	38244621	消费贷款	12567333	1543023	1311255
2.非金融企业存款	196695876	2602882	-528384	经营贷款	24187688	4703704	5202892
(1)活期存款	85748472	-7879220	-4089324	(2)中长期贷款	184387801	3547792	17771177
(2)定期及其他存款	110947404	10482102	3560940	消费贷款	154685440	-2677836	15010965
3.机关团体存款	95077597	-2386900	1682062	经营贷款	29702360	6225628	2760212
4.财政性存款	18512950	-1976637	-830829	2.非金融企业及机关团体贷款	510007567	60583447	47785432
5.非银行业金融机构存款	24592314	1359802	7002539	(1)短期贷款	90278305	6546908	-289659
(二)境外存款	1004505	-1480630	290160	(2)中长期贷款	348942985	43420652	36067093
二、金融债券	2530496	-99790	-163737	(3)票据融资	49647349	10268340	9188228
其中:境外发行				(4)融资租赁	20956978	281246	2813827
三、卖出回购资产	247000	-17867	179982	(5)各项垫款	181950	66301	5942
四、借款及非银行业金融机构拆入	372699	-140001	45278	3.非银行业金融机构贷款	1223	-118800	-61200
五、联行往来(净)				(二)境外贷款	9472683	-14812	-348688
六、应付及暂收款	19901490	1114667	1412324	二、债券投资	74616726	9975444	6631542
七、各项准备	20756694	2399323	1386685	其中:境外债券			
八、所有者权益	29779080	2111293	5345122	三、股权及其他投资	17162945	-331417	-3899305
其中:实收资本	9419138	151147	314826	四、买入返售资产	973215	240304	-1307941
九、其他	-13356398	3235841	-3128892	五、存放非银行业金融机构款项	448215	118474	-381452
				六、联行往来(净)	12533660	-1237355	-14229722
				其中:境内存放二级准备金	1643334	24283	-15702
				七、金银占款			
				八、中央银行外汇占款			
				九、应收及预付款	5547053	504990	-361998
				十、投资性房地产	6319	3878	-2874
				十一、固定资产	3955256	-45254	141067
资金来源总计	855867682	79473419	58250184	资金运用总计	855867682	79473419	58250184

注:1.本表机构包括中国人民银行、银行业存款类金融机构、银行业非存款类金融机构。
2.本表数据为合并口径。

(2)湖北省存款类金融机构本外币信贷收支表

表 5-1-1-1-2　　2022 年 12 月 31 日　　汇率:6.9646　单位:万元

栏目 来源项目名称	12 月余额	比年初增减数		栏目 运用项目名称	12 月余额	比年初增减数	
		2022 年	2021 年			2022 年	2021 年
一、各项存款	796090110	70788249	52050150	一、各项贷款	726642958	70110083	71513352
(一)境内存款	795085605	72268879	51759989	(一)境内贷款	717170275	70124894	71862040
1.住户存款	459753379	72751437	45557875	1.住户贷款	221142541	9794519	24296271
(1)活期存款	141646827	15779771	7313254	(1)短期贷款	36754741	6246727	6514422
(2)定期及其他存款	318106553	56971665	38244621	消费贷款	12567053	1543023	1311528
2.非金融企业存款	196587748	2628928	-495898	经营贷款	24187688	4703704	5202894
(1)活期存款	85748472	-7879220	-4089324	(2)中长期贷款	184387801	3547792	17781849
(2)定期及其他存款	110839276	10508148	3593426	消费贷款	154685440	-2677836	15018613
3.机关团体存款	95077597	-2386900	1682062	经营贷款	29702360	6225628	2763236
4.财政性存款	18512950	-1976637	-830829	2.非金融企业及机关团体贷款	491881203	59546879	45649934
5.非存款类金融机构存款	25153931	1252052	5846779	(1)短期贷款	90253305	6521908	-239659
(二)境外存款	1004505	-1480630	290160	(2)中长期贷款	348632887	43333254	35994093
二、金融债券	2084923	-19960	150133	(3)票据融资	49647349	10268340	9188228
其中:境外发行				(4)融资租赁	3165712	-642924	701329
三、卖出回购资产	247000	-71216	233331	(5)各项垫款	181950	66301	5942
四、借款及非银行业金融机构拆入	297754	-104946	-55000	3.非存款类金融机构贷款	4146531	783496	1915835
五、联行往来(净)				(二)境外贷款	9472683	-14812	-348688
六、应付及暂收款	18395755	1347250	1451906	二、债券投资	74343862	10021194	6586569
七、各项准备	19970002	2317630	1278481	其中:境外债券			
八、所有者权益	25125141	1705548	4936237	三、股权及其他投资	15484558	-350653	-3692350
其中:实收资本	7234865	156486	219359	四、买入返售资产	895315	295354	-1427090
九、其他	-22801836	3417968	-1875577	五、存放非银行业金融机构款项	448215	118474	-381452
				六、联行往来(净)	12533660	-1237355	-14229722
				其中:境内存放二级准备金	1643334	24283	-15702
				七、金银占款			
				八、中央银行外汇占款			
				九、应收及预付款	5116852	451646	-341723
				十、投资性房地产	6319	3878	-2874
				十一、固定资产	3937109	-32098	144952
资金来源总计	839408849	79380522	58169661	资金运用总计	839408849	79380522	58169661

注:1.本表机构包括中国人民银行、银行业存款类金融机构。
　2.本表数据为合并口径。

(3)湖北省银行业存款类金融机构本外币信贷收支表

表 5-1-1-1-3　　　　2022 年 12 月 31 日　　　　单位:万元

来源项目名称	12 月余额	比年初增减数 2022 年	比年初增减数 2021 年	运用项目名称	12 月余额	比年初增减数 2022 年	比年初增减数 2021 年
一、各项存款	777014779	71965815	54373941	一、各项贷款	726642958	70110083	71513352
(一)境内存款	776010274	73446445	54083781	(一)境内贷款	717170275	70124894	71862040
1.个人存款	459753379	72751437	45557875	1.短期贷款	131111589	13658187	8229834
其中:活期储蓄存款	141646827	15779771	7313254	(1)个人贷款及透支	36754741	6246727	6514422
定期储蓄存款	219115327	40506304	29295131	其中:个人消费贷款	12567053	1543023	1311528
结构性存款	4435548	-625136	-1266373	(2)单位贷款及透支	90253305	6521908	-239659
2.单位存款	288055192	-1607685	-148760	经营贷款及透支	73112883	4324005	-3093416
其中:活期存款	125987713	-12290974	-4257326	固定资产贷款	1680545	-286344	-467605
定期存款	45833798	1461119	-1486790	并购贷款	26000	26000	
保证金存款	17160197	2648285	825129	贸易融资	15433876	2458247	3321362
结构性存款	5424911	704625	-1334501	(3)非存款类金融机构贷款	4103543	889552	1955070
3.国库定期存款	3062776	1050856	1881156	2.中长期贷款	533063675	46774990	53736706
4.非存款类金融机构存款	25138927	1251837	6793510	(1)个人贷款	184387801	3547792	17781849
(二)境外存款	1004505	-1480630	290160	其中:个人消费贷款	154685440	-2677836	15018613
二、代理财政性存款	1340930	-266723	-1911686	(2)单位贷款	348632887	43333254	35994093
三、金融债券	2084923	-19960	150133	经营贷款	73322648	13236958	12314352
其中:境外发行				固定资产贷款	266862794	29520671	22204456
四、卖出回购资产	7843283	577178	2250295	并购贷款	4153619	916848	766797
五、向中央银行借款	9512617	870157	-2969314	贸易融资	4293827	-341223	708487
六、银行业存款类金融机构往来	21542636	1153364	-5136592	(3)非存款类金融机构贷款	42988	-106056	-39235
七、借款及非存款类金融机构拆入	297754	-104946	-55000	3.票据融资	49647349	10268340	9188228
八、联行往来(净)				4.融资租赁	3165712	-642924	701329
九、应付及暂收款	18393190	1347254	1455634	5.各项垫款	181950	66301	5942
其中:应付利息	13352099	1613734	2153107	(二)境外贷款	9472683	-14812	-348688
十、其他负债	6022667	201690	525419	二、债券投资	74343862	10021194	6586569
十一、所有者权益	25444416	1770155	4902531	三、股权及其他投资	15484558	-350653	-3692350
其中:实收资本	7234865	156486	219359	四、买入返售资产	3132017	-540379	-612667
				五、存放中央银行存款	17993892	1103179	-1760370
				六、缴存中央银行财政性存款	445062	-1681246	-218178
				七、银行业存款类金融机构往来	20823019	1014825	-2946682
				八、存放非存款类金融机构款项	448215	118474	-381452
				九、联行往来(净)	12533660	-1237355	-14229722
				其中:境内存放二级准备金	1643334	24283	-15702
				十、库存现金	1806711	-21295	-15322
				十一、应收及预付款	5116852	451646	-341723
				其中:应收利息	3364284	286646	49585
				十二、投资性房地产	6319	3878	-2874
				十三、固定资产	3620841	-30495	150746
				十四、其他资产	6640069	797865	667814
				十五、减:各项准备	19540842	2265737	1131779
				其中:贷款损失准备	18250965	2081300	1302428
资金来源总计	869497194	77493982	53585361	资金运用总计	869497194	77493982	53585361

注:1.本表机构包括银行、信用社和财务公司。
2.本表数据为合并口径。

(4)湖北省银行业非存款类金融机构本外币信贷收支表

表 5-1-1-1-4　　2022 年 12 月 31 日　　汇率:6.9646 单位:万元

栏目 来源项目名称	12 月余额	比年初增减数		栏目 运用项目名称	12 月余额	比年初增减数	
		2022 年	2021 年			2022 年	2021 年
一、各项存款	108128	-26046	-32486	一、各项贷款	18126644	1036568	2124551
(一)境内存款	108128	-26046	-32486	(一)境内贷款	18126644	1036568	2124551
1.个人存款				1.短期贷款	25280	25000	-50275
其中:保证金存款				(1)个人贷款及透支	280		-275
2.单位存款	108128	-26046	-32486	其中:个人消费贷款	280		-273
其中:活期存款				(2)单位贷款及透支	25000	25000	-50000
定期存款			-50000	经营贷款及透支	25000	25000	-50000
保证金存款	108128	-26046	17514	固定资产贷款			
(二)境外存款				并购贷款			
二、代理财政性存款				贸易融资			
三、金融债券	445573	-79829	-313870	2.中长期贷款	310098	87398	62328
其中:境外发行				(1)个人贷款			-10672
四、卖出回购资产	203300	-40184	16444	其中:个人消费贷款			-7648
五、中长期借款				(2)单位贷款	310098	87398	73000
其中:境外借款				经营贷款	50000		50000
六、向中央银行借款				固定资产贷款	260098	87398	23000
七、金融机构存放				并购贷款			
八、金融机构拆入	15732384	883866	2288190	贸易融资			
九、应付及暂收款	1505735	-232583	-39582	3.票据融资			
十、其他负债	36634	4104	-6893	4.融资租赁	17791266	924170	2112498
十一、所有者权益	4653940	405745	408884	5.各项垫款			
其中:实收资本	2184273	-5339	95467	(二)境外贷款			
				二、债券投资	272863	-45749	44973
				三、股权及其他投资	1678386	19236	-206955
				四、买入返售资产	77900	-55050	119150
				五、存放中央银行存款	15001	215	3979
				六、存放金融机构	1134511	-5876	608031
				七、拆放金融机构	129678	-34442	-92404
				八、库存现金	1	0	
				九、应收及预付款	430201	53345	-20275
				其中:应收利息	214644	-4453	31644
				十、投资性房地产			
				十一、固定资产	18147	-13156	-3886
				十二、其他资产	1589054	41675	-148273
				十三、减:各项准备	786693	81693	108203
资金来源总计	22685693	915073	2320688	资金运用总计	22685693	915073	2320688

注:1.本表机构包括信托投资公司、金融租赁公司、汽车金融公司和贷款公司等银行业非存款类金融机构。
2.本表数据为合并口径。

(5)湖北省中资大型银行本外币信贷收支表

表 5-1-1-1-5　　2022 年 12 月 31 日　　单位:万元

栏目 来源项目名称	12 月余额	比年初增减数 2022 年	比年初增减数 2021 年	栏目 运用项目名称	12 月余额	比年初增减数 2022 年	比年初增减数 2021 年
一、各项存款	420566804	35669511	29636474	一、各项贷款	381415873	34480121	33729229
(一)境内存款	419859740	35917771	29502805	(一)境内贷款	372325670	34697445	34095783
1.个人存款	278538933	39969763	26080732	1.短期贷款	54222896	5808237	1356777
其中:活期储蓄存款	100844865	10214909	5185097	(1)个人贷款及透支	13961417	2420720	2427134
定期储蓄存款	99407762	18023429	15060456	其中:个人消费贷款	5525066	196397	180152
结构性存款	2487518	-351172	-898559	(2)单位贷款及透支	40259558	3387518	-1070357
2.单位存款	131492345	-6442801	1206986	经营贷款及透支	29905149	1522974	-2332996
其中:活期存款	60403491	-8327218	-24395	固定资产贷款	581178	-176525	-746648
定期存款	16614296	-1123309	-2325054	并购贷款			
保证金存款	2630760	-207246	-1049	贸易融资	9773232	2041070	2009287
结构性存款	3103995	947359	-239267	(3)非存款类金融机构贷款	1921		
3.国库定期存款	1394692	482388	812821	2.中长期贷款	298538638	21840338	30104517
4.非存款类金融机构存款	8433770	1908421	1402267	(1)个人贷款	102071194	-1764053	8405558
(二)境外存款	707063	-248260	133669	其中:个人消费贷款	97076059	-3027094	8446201
二、代理财政性存款	192656	-105791	-1879163	(2)单位贷款	196457189	23604392	21688959
三、金融债券				经营贷款	32565699	8685940	7759797
其中:境外发行				固定资产贷款	160669672	13816978	13237135
四、卖出回购资产				并购贷款	1298479	403161	1623
五、向中央银行借款	23607	-51833	7534	贸易融资	1923340	698313	690403
六、银行业存款类金融机构往来	7176566	1389735	-1367733	(3)非存款类金融机构贷款	10254		10000
七、借款及非存款类金融机构拆入	58369	-10690	-24243	3.票据融资	19556356	7057475	2630978
八、联行往来(净)				4.融资租赁			
九、应付及暂收款	9195424	854860	866291	5.各项垫款	7780	-8606	3511
其中:应付利息	6535566	721985	1097493	(二)境外贷款	9090202	-217324	-366554
十、其他负债	2703957	189952	8494	二、债券投资	1579434	198147	270694
十一、所有者权益	4697728	721308	2926345	三、股权及其他投资	1129	-900099	872986
其中:实收资本				四、买入返售资产			
				五、存放中央银行存款	600	2	137
				六、缴存中央银行财政性存款	311170	-1679605	-104194
				七、银行业存款类金融机构往来	1793534	490186	390655
				八、存放非存款类金融机构款项			
				九、联行往来(净)	61573660	6795277	-3762947
				其中:境内存放二级准备金	905413	-11076	10574
				十、库存现金	1009637	32463	-23059
				十一、应收及预付款	1763722	122028	-256329
				其中:应收利息	945156	83480	2779
				十二、投资性房地产			
				十三、固定资产	1639993	-39107	-27289
				十四、其他资产	2111724	238715	35079
				十五、减:各项准备	8585366	1081076	950964
				其中:贷款损失准备	8479606	1106691	890303
资金来源总计	444615110	38657053	30173998	资金运用总计	444615110	38657053	30173998

注:本表数据为合并口径。

(6)湖北省中资中型银行本外币信贷收支表

表 5-1-1-1-6　　　　2022 年 12 月 31 日　　　　单位:万元

来源项目名称 \ 栏目	12 月余额	比年初增减数		运用项目名称 \ 栏目	12 月余额	比年初增减数	
		2022 年	2021 年			2022 年	2021 年
一、各项存款	108274389	7002417	5884990	一、各项贷款	160024155	16755987	14136732
(一)境内存款	108043424	8262926	5725774	(一)境内贷款	159837055	16719279	14141741
1.个人存款	32558822	8024378	2427458	1.短期贷款	24104450	2417434	-172570
其中:活期储蓄存款	13625039	2566481	347952	(1)个人贷款及透支	2694746	-119868	35813
定期储蓄存款	8788100	3879743	1141029	其中:个人消费贷款	1128343	-182909	-74142
结构性存款	1893964	-275652	-351680	(2)单位贷款及透支	21409704	2537303	-208383
2.单位存款	69460946	1050851	487424	经营贷款及透支	17374138	2154588	-937834
其中:活期存款	28651503	-1407228	-2157734	固定资产贷款	110562	-76864	-38911
定期存款	6786802	-355329	1010216	并购贷款	23000	23000	
保证金存款	9437258	2313367	670614	贸易融资	3902004	436578	768362
结构性存款	1905373	-29389	-1374762	(3)非存款类金融机构贷款			
3.国库定期存款	676000	176000	495800	2.中长期贷款	128503686	14197614	12063243
4.非存款类金融机构存款	5347656	-988303	2315093	(1)个人贷款	34223096	1739989	3482654
(二)境外存款	230965	-1260509	159215	其中:个人消费贷款	25112816	-159423	2755071
二、代理财政性存款	922463	100741	110613	(2)单位贷款	94280590	12576425	8641789
三、金融债券				经营贷款	16701718	1541250	1992815
其中:境外发行				固定资产贷款	73367695	11486774	6237095
四、卖出回购资产				并购贷款	2202408	454386	639154
五、向中央银行借款	621805	198835	10580	贸易融资	2008769	-905985	-227276
六、银行业存款类金融机构往来	967863	-522324	-1286707	(3)非存款类金融机构贷款		-118800	-61200
七、借款及非存款类金融机构拆入				3.票据融资	7180977	80477	2243741
八、联行往来(净)	46911130	9493336	7975253	4.融资租赁			
九、应付及暂收款	1799085	25358	273490	5.各项垫款	47942	23755	7328
其中:应付利息	963212	301244	143662	(二)境外贷款	187100	36707	-5009
十、其他负债	1099740	-111229	250158	二、债券投资	2429732	-312320	-479179
十一、所有者权益	1324327	-267189	425794	三、股权及其他投资	27237	-300483	-367875
其中:实收资本				四、买入返售资产			
				五、存放中央银行存款	0	0	0
				六、缴存中央银行财政性存款	46962	1285	-109888
				七、银行业存款类金融机构往来	273706	38418	17454
				八、存放非存款类金融机构款项	170		
				九、联行往来(净)			
				其中:境内存放二级准备金	522391	35359	-75908
				十、库存现金	148276	-21515	15997
				十一、应收及预付款	710614	82433	9851
				其中:应收利息	508041	59104	11305
				十二、投资性房地产	5159	3913	-4069
				十三、固定资产	377703	15832	32852
				十四、其他资产	664484	37453	136200
				十五、减:各项准备	2787397	381057	-256098
				其中:贷款损失准备	2743401	382225	-239451
资金来源总计	161920802	15919946	13644171	资金运用总计	161920802	15919946	13644171

注:本表数据为合并口径。

(7)湖北省中资小型银行本外币信贷收支表

表 5-1-1-1-7　　2022 年 12 月 31 日　　单位:万元

栏目 来源项目名称	12 月余额	比年初增减数		栏目 运用项目名称	12 月余额	比年初增减数	
		2022 年	2021 年			2022 年	2021 年
一、各项存款	222379511	26796263	21583285	一、各项贷款	162271412	20382546	22283786
(一)境内存款	222351054	26787601	21580208	(一)境内贷款	162159067	20272994	22284019
1.个人存款	148479280	24748716	17076443	1.短期贷款	45501167	4832661	7391375
其中:活期储蓄存款	27101731	2998357	1770390	(1)个人贷款及透支	19941679	3910343	4033825
定期储蓄存款	110888455	18591059	13097385	其中:个人消费贷款	5757196	1494002	1188288
结构性存款	36483	1848	-3686	(2)单位贷款及透支	21458487	31317	1404551
2.单位存款	61558645	1289024	828565	经营贷款及透支	19661267	231383	1026182
其中:活期存款	31570084	-3561728	311178	固定资产贷款	342359	-158835	39434
定期存款	13220456	3365112	-1248861	并购贷款	3000	3000	
保证金存款	4720979	625216	379172	贸易融资	1451861	-44230	338934
结构性存款	376100	-243900	306800	(3)非存款类金融机构贷款	4101001	891001	1953000
3.国库定期存款	992084	392469	572536	2.中长期贷款	94571769	12446022	10918162
4.非存款类金融机构存款	11321044	357393	3102664	(1)个人贷款	44615136	5160969	6594518
(二)境外存款	28457	8662	3077	其中:个人消费贷款	29021741	2096788	4519948
二、代理财政性存款	225811	-261603	-143193	(2)单位贷款	49956633	7286553	4323644
三、金融债券	2084923	-19960	150133	经营贷款	20344574	3370556	1943176
其中:境外发行				固定资产贷款	28598474	3989397	2008253
四、卖出回购资产	7608283	539158	2199615	并购贷款	652732	60802	127071
五、向中央银行借款	8853629	726791	-2972546	贸易融资	360853	-134202	245145
六、银行业存款类金融机构往来	10271325	-118740	-619483	(3)非存款类金融机构贷款		-1500	
七、借款及非存款类金融机构拆入	219385	-99854	-39630	3.票据融资	21986591	2969353	3979451
八、联行往来(净)	675871	476939	-579270	4.融资租赁			
九、应付及暂收款	6610309	772941	771018	5.各项垫款	99541	24958	-4970
其中:应付利息	5375579	610775	749736	(二)境外贷款	112345	109552	-232
十、其他负债	1087695	50254	266176	二、债券投资	68740969	10154189	7253213
十一、所有者权益	15907994	888674	1467533	三、股权及其他投资	14100174	665750	-4997692
其中:实收资本	5730865	156486	520150	四、买入返售资产	3012016	-660379	-72467
				五、存放中央银行存款	16290800	504198	-1376629
				六、缴存中央银行财政性存款	86903	-2953	-4096
				七、银行业存款类金融机构往来	11186704	-1300929	-1124778
				八、存放非存款类金融机构款项	119486	45393	-35979
				九、联行往来(净)			
				其中:境内存放二级准备金	215530		49631
				十、库存现金	648066	-32210	-8447
				十一、应收及预付款	2500913	264028	-57756
				其中:应收利息	1810550	178193	79447
				十二、投资性房地产			
				十三、固定资产	1438138	-10023	188099
				十四、其他资产	2934553	457366	468723
				十五、减:各项准备	7405399	716113	432339
				其中:贷款损失准备	6375558	506143	641257
资金来源总计	275924736	29750862	22083637	资金运用总计	275924736	29750862	22083637

注:本表数据为合并口径。

(8)湖北省中资四家大型银行本外币信贷收支表

表 5-1-1-1-8　　2022 年 12 月 31 日　　单位:万元

栏目 来源项目名称	12 月余额	比年初增减数		栏目 运用项目名称	12 月余额	比年初增减数	
		2022 年	2021 年			2022 年	2021 年
一、各项存款	311021656	27425481	21022497	一、各项贷款	260602922	25029558	26106489
(一)境内存款	310516781	27586005	20747438	(一)境内贷款	260428513	25004956	26104570
1.个人存款	199193375	30197985	19012655	1.短期贷款	43197281	3228133	2555507
其中:活期储蓄存款	80432097	8757525	3340722	(1)个人贷款及透支	10413340	2119513	1485733
定期储蓄存款	93502464	16275517	13935667	其中:个人消费贷款	4860762	166752	21343
结构性存款	1662177	60262	-115199	(2)单位贷款及透支	32782020	1108621	1069774
2.单位存款	103323771	-4667913	-7029	经营贷款及透支	25537775	1165685	283586
其中:活期存款	46445837	-5138853	-1149905	固定资产贷款	563628	-194025	-417785
定期存款	10417005	-1624245	-2426923	并购贷款			
保证金存款	2047806	-141929	-28184	贸易融资	6680617	136961	1203972
结构性存款	1751375	264237	-16313	(3)非存款类金融机构贷款	1921		
3.国库定期存款	1114688	329384	685821	2.中长期贷款	200983343	15687380	21298529
4.非存款类金融机构存款	6884947	1726549	1055991	(1)个人贷款	83013845	-1931236	6883067
(二)境外存款	504875	-160525	275059	其中:个人消费贷款	79982081	-2526552	6712341
二、代理财政性存款	184075	-85272	-1727668	(2)单位贷款	117969245	17618616	14415461
三、金融债券				经营贷款	24290188	7582828	4896034
其中:境外发行				固定资产贷款	91197198	9437742	8834348
四、卖出回购资产				并购贷款	836585	133883	668
五、向中央银行借款	18258	3736	-48880	贸易融资	1645273	464163	684411
六、银行业存款类金融机构往来	5623295	336783	-1182551	(3)非存款类金融机构贷款	254		
七、借款及非存款类金融机构拆入	58369	-10690	-24243	3.票据融资	16240420	6097268	2245572
八、联行往来(净)				4.融资租赁			
九、应付及暂收款	7346580	987420	683708	5.各项垫款	7469	-7826	4962
其中:应付利息	5168584	868057	865399	(二)境外贷款	174410	24602	1919
十、其他负债	1579761	160488	37329	二、债券投资	1579434	198147	270694
十一、所有者权益	2966111	302672	2263795	三、股权及其他投资	1129	-900099	872986
其中:实收资本				四、买入返售资产			
				五、存放中央银行存款			
				六、缴存中央银行财政性存款	289520	-1307990	-242986
				七、银行业存款类金融机构往来	3696	-275	-227
				八、存放非存款类金融机构款项			
				九、联行往来(净)	66533932	6691652	-5179022
				其中:境内存放二级准备金	2438	-11076	10574
				十、库存现金	720271	7054	-25796
				十一、应收及预付款	1399029	107627	-259837
				其中:应收利息	608054	61206	561
				十二、投资性房地产			
				十三、固定资产	1357673	-38036	-25177
				十四、其他资产	1301179	179102	56511
				十五、减:各项准备	4990681	846122	549649
				其中:贷款损失准备	4891759	870599	488801
资金来源总计	328798104	29120618	21023987	资金运用总计	328798104	29120618	21023987

注:本表数据为合并口径。

(9)湖北省城市商业银行本外币信贷收支表

表 5-1-1-1-9　　2022 年 12 月 31 日　　单位:万元

来源项目名称	12 月余额	比年初增减数 2022 年	比年初增减数 2021 年	运用项目名称	12 月余额	比年初增减数 2022 年	比年初增减数 2021 年
一、各项存款	68695964	8573042	7153254	一、各项贷款	51884438	7756205	8355563
(一)境内存款	68678297	8570915	7151798	(一)境内贷款	51876798	7750850	8355814
1.个人存款	32281885	6920644	4312325	1.短期贷款	14280232	1961295	3600737
其中:活期储蓄存款	6608866	1208701	1030097	(1)个人贷款及透支	4089995	1114720	1223836
定期储蓄存款	20090672	5190816	2229677	其中:个人消费贷款	2320558	701473	837381
结构性存款				(2)单位贷款及透支	7270236	346575	526902
2.单位存款	28578740	1385472	860617	经营贷款及透支	6317263	255242	350425
其中:活期存款	13936717	-328622	881151	固定资产贷款	145710	-121334	219681
定期存款	5905277	1791101	-1024426	并购贷款			
保证金存款	2970514	630704	401502	贸易融资	807262	212667	-43204
结构性存款				(3)非存款类金融机构贷款	2920000	500000	1850000
3.国库定期存款	355084	139469	198536	2.中长期贷款	29767177	4451408	4644742
4.非存款类金融机构存款	7462588	125331	1780319	(1)个人贷款	10185416	1210250	2025921
(二)境外存款	17667	2126	1456	其中:个人消费贷款	8307230	793666	1793553
二、代理财政性存款	2251	-343729	-53767	(2)单位贷款	19581761	3241158	2618821
三、金融债券	1449923	100040	240133	经营贷款	6000710	1059091	1123863
其中:境外发行				固定资产贷款	13019223	2375089	1204372
四、卖出回购资产	3067054	202887	249852	并购贷款	224039	-45491	49670
五、向中央银行借款	3832684	638104	-1639702	贸易融资	337789	-147531	240916
六、银行业存款类金融机构往来	4620935	-753877	188851	(3)非存款类金融机构贷款			
七、借款及非存款类金融机构拆入		-454	454	3.票据融资	7777421	1322887	108724
八、联行往来(净)	88919	162220	16033	4.融资租赁			
九、应付及暂收款	1644780	216940	172197	5.各项垫款	51968	15260	1612
其中:应付利息	1294046	146248	170927	(二)境外贷款	7641	5356	-252
十、其他负债	169360	32787	107192	二、债券投资	23128031	2057026	2711703
十一、所有者权益	6151224	289436	753105	三、股权及其他投资	7627413	57807	-3133546
其中:实收资本	1743950	57	446076	四、买入返售资产	1218232	44816	-633960
				五、存放中央银行存款	4797857	-305712	199895
				六、缴存中央银行财政性存款	24480	7075	-21371
				七、银行业存款类金融机构往来	1248986	-490602	170480
				八、存放非存款类金融机构款项	45977	22069	-25658
				九、联行往来(净)			
				其中:境内存放二级准备金			
				十、库存现金	136138	9092	-7902
				十一、应收及预付款	636947	46088	-266626
				其中:应收利息	497235	18398	2701
				十二、投资性房地产			
				十三、固定资产	275950	-12450	8019
				十四、其他资产	1126745	189913	263088
				十五、减:各项准备	2428101	263932	432084
				其中:贷款损失准备	1888211	193411	350859
资金来源总计	89723094	9117395	7187603	资金运用总计	89723094	9117395	7187603

注:本表数据为合并口径。

(10)湖北省外资银行本外币信贷收支表

表 5-1-1-1-10　　2022 年 12 月 31 日　　单位:万元

来源项目名称	12 月余额	比年初增减数 2022 年	比年初增减数 2021 年	运用项目名称	12 月余额	比年初增减数 2022 年	比年初增减数 2021 年
一、各项存款	1640742	29085	106943	一、各项贷款	2580128	25950	499249
(一)境内存款	1605152	12038	112744	(一)境内贷款	2497106	-30293	476146
1.个人存款	159645	23220	-1457	1.短期贷款	1151526	-38890	111286
其中:活期储蓄存款	75191	24	9816	(1)个人贷款及透支	450		420
定期储蓄存款	31010	12072	-3739	其中:个人消费贷款			
结构性存款	17582	-159	-12448	(2)单位贷款及透支	1150455	-37441	108795
2.单位存款	1414638	14413	140709	经营贷款及透支	957215	-60111	-21989
其中:活期存款	457371	-46750	46282	固定资产贷款	13521	13306	-5330
定期存款	151033	32093	16743	并购贷款			
保证金存款	45625	11175	-4351	贸易融资	179719	9365	136114
结构性存款	39443	30555	-27272	(3)非存款类金融机构贷款	621	-1449	2070
3.国库定期存款				2.中长期贷款	1321384	24107	341303
4.非存款类金融机构存款	30869	-25594	-26508	(1)个人贷款	206395	-29159	48794
(二)境外存款	35590	17047	-5801	其中:个人消费贷款	202845	-28154	47068
二、代理财政性存款		-71	57	(2)单位贷款	1082255	39022	280545
三、金融债券				经营贷款	93417	7495	-31065
其中:境外发行				固定资产贷款	987973	30876	311396
四、卖出回购资产				并购贷款			
五、向中央银行借款	4464	4464		贸易融资	865	651	214
六、银行业存款类金融机构往来	10614	-32088	8148	(3)非存款类金融机构贷款	32734	14244	11965
七、借款及非存款类金融机构拆入	20000	5598	8874	3.票据融资	24196	-15510	23557
八、联行往来(净)	434966	-30359	317688	4.融资租赁			
九、应付及暂收款	15476	-1935	3368	5.各项垫款			
其中:应付利息	7407	1095	69	(二)境外贷款	83022	56243	23103
十、其他负债	957775	77224	-12537	二、债券投资			
十一、所有者权益	235957	25239	43756	三、股权及其他投资			
其中:实收资本	2000			四、买入返售资产			
				五、存放中央银行存款	4556	-3086	2674
				六、缴存中央银行财政性存款	27	27	
				七、银行业存款类金融机构往来	75124	1330	-18369
				八、存放非存款类金融机构款项	1911	1021	-2596
				九、联行往来(净)			
				其中:境内存放二级准备金			
				十、库存现金	731	-33	187
				十一、应收及预付款	13009	393	519
				其中:应收利息	11714	386	1038
				十二、投资性房地产			
				十三、固定资产	1051	-108	-11
				十四、其他资产	671560	61690	-11707
				十五、减:各项准备	28104	10025	-6350
				其中:贷款损失准备	27956	9935	-6405
资金来源总计	3319993	77158	476296	资金运用总计	3319993	77158	476296

注:本表数据为合并口径。

(11)湖北省农村商业银行本外币信贷收支表

表 5-1-1-1-11　　2022 年 12 月 31 日　　单位:万元

栏目 来源项目名称	12 月余额	比年初增减数		栏目 运用项目名称	12 月余额	比年初增减数	
		2022 年	2021 年			2022 年	2021 年
一、各项存款	134536266	15755650	11585988	一、各项贷款	93877075	11602686	11424948
(一)境内存款	134532522	15755049	11584957	(一)境内贷款	93877031	11602643	11424948
1.个人存款	106697709	16207357	11875649	1.短期贷款	24370878	3131375	2211814
其中:活期储蓄存款	19773068	1705529	634166	(1)个人贷款及透支	12580225	2597919	2114707
定期储蓄存款	84047354	13640508	10196061	其中:个人消费贷款	2165204	616262	3934
结构性存款				(2)单位贷款及透支	10650653	2456	125107
2.单位存款	23915391	-1011172	-1457347	经营贷款及透支	10451472	33163	296829
其中:活期存款	14496299	-2443441	-1214650	固定资产贷款	192959	-16202	-188727
定期存款	4368125	-395036	-301228	并购贷款	3000	3000	
保证金存款	858232	13524	-94067	贸易融资	3223	-17505	17005
结构性存款				(3)非存款类金融机构贷款	1140000	531000	-28000
3.国库定期存款	500000	217000	283000	2.中长期贷款	56147647	7111720	5476575
4.非存款类金融机构存款	3419421	341864	883656	(1)个人贷款	30516100	3675403	4012782
(二)境外存款	3744	601	1031	其中:个人消费贷款	18324715	1144166	2541524
二、代理财政性存款	220338	82216	-78724	(2)单位贷款	25631548	3436317	1463793
三、金融债券	635000	-120000	-90000	经营贷款	12721019	2313402	785846
其中:境外发行				固定资产贷款	12748728	1106115	689947
四、卖出回购资产	3629490	-118642	2102481	并购贷款	161800	16800	-12000
五、向中央银行借款	4636136	210859	-1334926	贸易融资			
六、银行业存款类金融机构往来	3960612	685312	-1338018	(3)非存款类金融机构贷款			
七、借款及非存款类金融机构拆入				3.票据融资	13322892	1361809	3743140
八、联行往来(净)				4.融资租赁			
九、应付及暂收款	4464766	527582	523579	5.各项垫款	35614	-2261	-6581
其中:应付利息	3737243	412954	498898	(二)境外贷款	44	44	
十、其他负债	785352	-26643	129386	二、债券投资	45259682	8267498	4614394
十一、所有者权益	8623884	560146	616687	三、股权及其他投资	3140560	-682342	-1441278
其中:实收资本	3239349	146030	49705	四、买入返售资产	1793784	-675204	531501
				五、存放中央银行存款	9265726	274670	-1679867
				六、缴存中央银行财政性存款	58274	-10594	19878
				七、银行业存款类金融机构往来	7888295	-1167400	-1710763
				八、存放非存款类金融机构款项	64261	20676	-10153
				九、联行往来(净)	63516	18815	-109429
				其中:境内存放二级准备金			
				十、库存现金	489674	-41011	-1645
				十一、应收及预付款	1609377	131560	228364
				其中:应收利息	1174479	99687	66541
				十二、投资性房地产			
				十三、固定资产	939495	-17728	15103
				十四、其他资产	1696406	243894	174211
				十五、减:各项准备	4654282	409041	-61188
				其中:贷款损失准备	4174774	270173	229543
资金来源总计	161491844	17556479	12116453	资金运用总计	161491844	17556479	12116453

注:本表数据为合并口径。

(12)湖北省农村信用社本外币信贷收支表

表 5-1-1-1-12　　2022 年 12 月 31 日　　单位:万元

来源项目名称	12 月余额	比年初增减数 2022 年	比年初增减数 2021 年	运用项目名称	12 月余额	比年初增减数 2022 年	比年初增减数 2021 年
一、各项存款	41	-41	41	一、各项贷款			
(一)境内存款	41	-41	41	(一)境内贷款			
1.个人存款				1.短期贷款			
其中:活期储蓄存款				(1)个人贷款及透支			
定期储蓄存款				其中:个人消费贷款			
结构性存款				(2)单位贷款及透支			
2.单位存款	41	-41	41	经营贷款及透支			
其中:活期存款	41	-41	41	固定资产贷款			
定期存款				并购贷款			
保证金存款				贸易融资			
结构性存款				(3)非存款类金融机构贷款			
3.国库定期存款				2.中长期贷款			
4.非存款类金融机构存款				(1)个人贷款			
(二)境外存款				其中:个人消费贷款			
二、代理财政性存款				(2)单位贷款			
三、金融债券				经营贷款			
其中:境外发行				固定资产贷款			
四、卖出回购资产	235000	38020	50680	并购贷款			
五、向中央银行借款				贸易融资			
六、银行业存款类金融机构往来	3116267	436780	-1306172	(3)非存款类金融机构贷款			
七、借款及非存款类金融机构拆入				3.票据融资			
八、联行往来(净)				4.融资租赁			
九、应付及暂收款	54133	4231	-18440	5.各项垫款			
其中:应付利息	9786	-494	-8947	(二)境外贷款			
十、其他负债				二、债券投资	1519118	-78482	-441792
十一、所有者权益	372319	34144	-14132	三、股权及其他投资	300		
其中:实收资本	2000		-1000	四、买入返售资产			
				五、存放中央银行存款	1049377	526572	-92127
				六、缴存中央银行财政性存款			
				七、银行业存款类金融机构往来	796340	132854	-891926
				八、存放非存款类金融机构款项	303523	67289	81445
				九、联行往来(净)	55402	-137820	113210
				其中:境内存放二级准备金			
				十、库存现金			
				十一、应收及预付款	29807	1345	-19226
				其中:应收利息	25456	1618	-19513
				十二、投资性房地产			
				十三、固定资产	132901	2670	-39507
				十四、其他资产			
				十五、减:各项准备	109008	1294	-1900
				其中:贷款损失准备			
资金来源总计	3777760	513134	-1288023	资金运用总计	3777760	513134	-1288023

注:本表数据为合并口径。

(13)湖北省村镇银行本外币信贷收支表

表 5-1-1-1-13　　2022 年 12 月 31 日　　单位:万元

来源项目名称 \ 栏目	12 月余额	比年初增减数 2022 年	比年初增减数 2021 年	运用项目名称 \ 栏目	12 月余额	比年初增减数 2022 年	比年初增减数 2021 年
一、各项存款	4723530	595578	565468	一、各项贷款	3717447	362017	540934
(一)境内存款	4723510	595563	565473	(一)境内贷款	3717447	362017	540934
1.个人存款	3952774	710253	601975	1.短期贷款	2051088	170142	318128
其中:活期储蓄存款	361644	8739	14916	(1)个人贷款及透支	1622727	188756	297242
定期储蓄存款	3484001	671887	559869	其中:个人消费贷款	145015	60363	30095
结构性存款				(2)单位贷款及透支	427360	-18615	19886
2.单位存款	769727	-106693	-34505	经营贷款及透支	426670	-18605	20176
其中:活期存款	392415	-117158	-14402	固定资产贷款	690	-10	-290
定期存款	246152	-8442	-31140	并购贷款			
保证金存款	46429	-5965	-4368	贸易融资			
结构性存款				(3)非存款类金融机构贷款	1001	1	1000
3.国库定期存款		-8000	-2000	2.中长期贷款	1666359	191875	222807
4.非存款类金融机构存款	1009	3	3	(1)个人贷款	1468181	156835	195499
(二)境外存款	20	15	-5	其中:个人消费贷款	549942	10336	73724
二、代理财政性存款	3221	-91	-10701	(2)单位贷款	198178	36539	27308
三、金融债券				经营贷款	187283	35992	26337
其中:境外发行				固定资产贷款	10895	548	970
四、卖出回购资产				并购贷款			
五、向中央银行借款	105398	-59627	-72792	贸易融资			
六、银行业存款类金融机构往来	59221	-47893	21066	(3)非存款类金融机构贷款		-1500	
七、借款及非存款类金融机构拆入				3.票据融资			
八、联行往来(净)				4.融资租赁			
九、应付及暂收款	170297	27157	35749	5.各项垫款			
其中:应付利息	134770	26771	28071	(二)境外贷款			
十、其他负债	16220	2237	11789	二、债券投资			
十一、所有者权益	536431	22813	51720	三、股权及其他投资			
其中:实收资本	347566	10399	24368	四、买入返售资产			
				五、存放中央银行存款	699344	60731	638
				六、缴存中央银行财政性存款	3219	-364	-2527
				七、银行业存款类金融机构往来	1131784	91747	63468
				八、存放非存款类金融机构款项	9230	2630	-168
				九、联行往来(净)	11597	7330	972
				其中:境内存放二级准备金			
				十、库存现金	19694	-1385	1145
				十一、应收及预付款	59903	21210	-412
				其中:应收利息	23422	4981	2478
				十二、投资性房地产			
				十三、固定资产	37191	-640	1701
				十四、其他资产	62433	12521	12496
				十五、减:各项准备	137524	15623	15948
				其中:贷款损失准备	132752	15118	15079
资金来源总计	5614318	540175	602299	资金运用总计	5614318	540175	602299

注:本表数据为合并口径。

(14)湖北省信托公司本外币信贷收支表

表 5-1-1-1-14　　2022 年 12 月 31 日　　汇率:6.9646　单位:万元

来源项目名称	12 月余额	比年初增减数		运用项目名称	12 月余额	比年初增减数	
		2022 年	2021 年			2022 年	2021 年
一、各项存款				一、各项贷款	335378	112398	22727
(一)境内存款				(一)境内贷款	335378	112398	22727
1.个人存款				1.短期贷款	25280	25000	-50273
其中:保证金存款				(1)个人贷款及透支	280		-273
2.单位存款				其中:个人消费贷款	280		-273
其中:活期存款				(2)单位贷款及透支	25000	25000	-50000
定期存款				经营贷款及透支	25000	25000	-50000
保证金存款				固定资产贷款			
(二)境外存款				并购贷款			
二、代理财政性存款				贸易融资			
三、金融债券				2.中长期贷款	310098	87398	73000
其中:境外发行				(1)个人贷款			
四、卖出回购资产		-87684	87684	其中:个人消费贷款			
五、中长期借款				(2)单位贷款	310098	87398	73000
其中:境外借款				经营贷款	50000		50000
六、向中央银行借款				固定资产贷款	260098	87398	23000
七、金融机构存放				并购贷款			
八、金融机构拆入	65500	-89000	79500	贸易融资			
九、应付及暂收款	134069	-10845	-245127	3.票据融资			
十、其他负债	27345	9454	-1374	4.融资租赁			
十一、所有者权益	2287362	140015	179313	5.各项垫款			
其中:实收资本	994273	1461	95467	(二)境外贷款			
				二、债券投资	57049	-104327	50546
				三、股权及其他投资	1675939	20022	-207626
				四、买入返售资产	77900	-55050	119150
				五、存放中央银行存款			
				六、存放金融机构			
				七、拆放金融机构	10000	10000	
				八、库存现金	1	0	
				九、应收及预付款	127406	10203	-22450
				其中:应收利息	6058	-16493	-1693
				十、投资性房地产			
				十一、固定资产	17617	-12980	-3994
				十二、其他资产	329558	-29327	168455
				十三、减:各项准备	116572	-11001	26812
资金来源总计	2514276	-38060	99996	资金运用总计	2514276	-38060	99996

注:本表数据为合并口径。

(15)湖北省金融租赁公司本外币信贷收支表

表 5-1-1-1-15　　2022 年 12 月 31 日　　汇率:6.9646　单位:万元

来源项目名称	12 月余额	比年初增减数		运用项目名称	12 月余额	比年初增减数	
		2022 年	2021 年			2022 年	2021 年
一、各项存款	108128	-26046	-32486	一、各项贷款	17791266	924170	2112498
(一)境内存款	108128	-26046	-32486	(一)境内贷款	17791266	924170	2112498
1.个人存款				1.短期贷款			
其中:保证金存款				(1)个人贷款及透支			
2.单位存款	108128	-26046	-32486	其中:个人消费贷款			
其中:活期存款				(2)单位贷款及透支			
定期存款			-50000	经营贷款及透支			
保证金存款	108128	-26046	17514	固定资产贷款			
(二)境外存款				并购贷款			
二、代理财政性存款				贸易融资			
三、金融债券	445573	-79829	-313870	2.中长期贷款			
其中:境外发行				(1)个人贷款			
四、卖出回购资产	203300	47500	-71240	其中:个人消费贷款			
五、中长期借款				(2)单位贷款			
其中:境外借款				经营贷款			
六、向中央银行借款				固定资产贷款			
七、金融机构存放				并购贷款			
八、金融机构拆入	15666884	972866	2210690	贸易融资			
九、应付及暂收款	1371666	-220658	204651	3.票据融资			
十、其他负债	9289	-5296	-5572	4.融资租赁	17791266	924170	2112498
十一、所有者权益	2366578	275335	229855	5.各项垫款			
其中:实收资本	1190000			(二)境外贷款			
				二、债券投资	215814	58578	-5573
				三、股权及其他投资	2447	-786	671
				四、买入返售资产			
				五、存放中央银行存款	15001	215	3979
				六、存放金融机构	1134511	4699	599097
				七、拆放金融机构	119678	-44442	-92404
				八、库存现金			
				九、应收及预付款	302795	43155	2215
				其中:应收利息	208586	12040	33382
				十、投资性房地产			
				十一、固定资产	530	-176	109
				十二、其他资产	1259496	71153	-316769
				十三、减:各项准备	670120	92694	81795
资金来源总计	20171418	963872	2222028	资金运用总计	20171418	963872	2222028

注:本表数据为合并口径。

（16）湖北省中资财务公司本外币信贷收支表

表 5-1-1-1-16　　　　2022 年 12 月 31 日　　　　单位：万元

栏目 来源项目名称	12 月余额	比年初增减数		栏目 运用项目名称	12 月余额	比年初增减数	
		2022 年	2021 年			2022 年	2021 年
一、各项存款	24153292	2468580	-2837791	一、各项贷款	20351390	-1534521	864356
（一）境内存款	24150863	2466150	-2837791	（一）境内贷款	20351377	-1534530	864352
1.个人存款	16700	-14640	-25301	1.短期贷款	6131549	638744	-457035
其中：活期储蓄存款				（1）个人贷款及透支	156449	35533	17230
定期储蓄存款				其中：个人消费贷款	156449	35533	17230
结构性存款				（2）单位贷款及透支	5975100	603211	-474265
2.单位存款	24128576	2480869	-2812486	经营贷款及透支	5215115	475172	-826780
其中：活期存款	4905222	1051992	-2432699	固定资产贷款	632925	112575	283850
定期存款	9061211	-457448	1060166	并购贷款			
保证金存款	325575	-94227	-219257	贸易融资	127061	15465	68665
结构性存款				（3）非存款类金融机构贷款			
3.国库定期存款				2.中长期贷款	10128199	-1733091	309482
4.非存款类金融机构存款	5587	-80	-4	（1）个人贷款	3271980	-1559953	-749675
（二）境外存款	2430	2430		其中：个人消费贷款	3271980	-1559953	-749675
二、代理财政性存款				（2）单位贷款	6856220	-173138	1059157
三、金融债券				经营贷款	3617240	-368283	649630
其中：境外发行				固定资产贷款	3238980	196646	410577
四、卖出回购资产				并购贷款		-1500	-1050
五、向中央银行借款	9112	-8101	-14882	贸易融资			
六、银行业存款类金融机构往来			-564645	（3）非存款类金融机构贷款			
七、借款及非存款类金融机构拆入				3.票据融资	899229	176546	310502
八、联行往来（净）	1073435	-2045104	2866315	4.融资租赁	3165712	-642924	701329
九、应付及暂收款	718763	-308201	-440093	5.各项垫款	26688	26195	73
其中：应付利息	460549	-20871	171094	（二）境外贷款	13	9	4
十、其他负债	174640	-4241	13492	二、债券投资	74608	59659	-16367
十一、所有者权益	2906091	367978	53236	三、股权及其他投资	1355719	184179	800231
其中：实收资本	1500000		-299791	四、买入返售资产	120001	120001	-540200
				五、存放中央银行存款	648558	75493	-294424
				六、缴存中央银行财政性存款			
				七、银行业存款类金融机构往来	6697610	1652966	-1319717
				八、存放非存款类金融机构款项	23124	4771	-424322
				九、联行往来（净）			
				其中：境内存放二级准备金			
				十、库存现金			
				十一、应收及预付款	98787	-18581	-18781
				其中：应收利息	63367	-36134	-25471
				十二、投资性房地产	1160	-35	1195
				十三、固定资产	31055	240	-3398
				十四、其他资产	258888	2912	39883
				十五、减：各项准备	625567	76171	12824
				其中：贷款损失准备	624443	76307	16724
资金来源总计	29035334	470912	-924369	资金运用总计	29035334	470912	-924369

注：本表数据为合并口径。

2.人民币信贷收支表

(1)湖北省金融机构人民币信贷收支表

表 5-1-1-2-1　　2022 年 12 月 31 日　　单位:万元

来源项目名称 \ 栏目	12 月余额	比年初增减数		运用项目名称 \ 栏目	12 月余额	比年初增减数	
		2022 年	2021 年			2022 年	2021 年
一、各项存款	789739409	73358906	52823582	一、各项贷款	727357359	71819576	70751927
(一)境内存款	789273886	73326357	52799756	(一)境内贷款	727285621	71801840	70751668
1.住户存款	457930944	72668597	45573293	1.住户贷款	221136450	9793011	24284432
(1)活期存款	140661602	15787805	7281375	(1)短期贷款	36748831	6245135	6513161
(2)定期及其他存款	317269342	56880792	38291918	消费贷款	12561143	1541431	1310269
2.非金融企业存款	193228903	3657049	-624751	经营贷款	24187688	4703704	5202892
(1)活期存款	83623717	-7590750	-4123029	(2)中长期贷款	184387618	3547875	17771272
(2)定期及其他存款	109605186	11247799	3498277	消费贷款	154685258	-2677753	15011059
3.机关团体存款	95029759	-2378885	1675258	经营贷款	29702360	6225628	2760212
4.财政性存款	18512950	-1976637	-830829	2.非金融企业及机关团体贷款	506147949	62127629	46528436
5.非银行业金融机构存款	24571330	1356233	7006785	(1)短期贷款	89178912	8121672	-1082220
(二)境外存款	465524	32549	23826	(2)中长期贷款	346557893	43621445	35653709
二、金融债券	2530496	-99790	-163737	(3)票据融资	49647349	10268340	9188228
其中:境外发行				(4)融资租赁	20582008	49885	2762925
三、卖出回购资产	247000	-17867	179982	(5)各项垫款	181788	66287	5794
四、借款及非银行业金融机构拆入	94945	-24055	119000	3.非银行业金融机构贷款	1223	-118800	-61200
五、联行往来(净)				(二)境外贷款	71737	17736	259
六、应付及暂收款	19590071	1367017	1270685	二、债券投资	74616726	9975444	6631542
七、各项准备	19336796	2335064	1482498	其中:境外债券			
八、所有者权益	29345291	2083912	4083224	三、股权及其他投资	17155876	-332015	-3899153
其中:实收资本	9401865	149686	319222	四、买入返售资产	973215	240304	-1307941
九、其他	-13940780	3395158	-3362720	五、存放非银行业金融机构款项	420197	110246	-369341
				六、联行往来(净)	17040213	160759	-15178035
				其中:境内存放二级准备金	1643334	24283	-15702
				七、金银占款			
				八、中央银行外汇占款			
				九、应收及预付款	5418249	465411	-334735
				十、投资性房地产	6319	3878	-2874
				十一、固定资产	3955075	-45258	141125
资金来源总计	846943228	82398345	56432514	资金运用总计	846943228	82398345	56432514

注:1.本表机构包括中国人民银行、银行业存款类金融机构、银行业非存款类金融机构。
2.本表数据为合并口径。

(2)湖北省存款类金融机构人民币信贷收支表

表 5-1-1-2-2　　2022 年 12 月 31 日　　单位:万元

来源项目名称 \ 栏目	12 月余额	比年初增减数		运用项目名称 \ 栏目	12 月余额	比年初增减数	
		2022 年	2021 年			2022 年	2021 年
一、各项存款	790192080	73277135	51700332	一、各项贷款	713718259	71902421	70643349
(一)境内存款	789726556	73244586	516765068	(一)境内贷款	713646522	71884685	70643089
1.住户存款	457930944	72668597	455732923	1.住户贷款	221136170	9793011	24295379
(1)活期存款	140661602	15787805	7281375	(1)短期贷款	36748551	6245135	6513436
(2)定期及其他存款	317269342	56880792	38291918	消费贷款	12560863	1541431	1310542
2.非金融企业存款	193120775	3683095	-592265	经营贷款	24187688	4703704	5202894
(1)活期存款	83623717	-7590750	-4123029	(2)中长期贷款	184387618	3547875	17781943
(2)定期及其他存款	109497058	11273845	3530763	消费贷款	154685258	-2677753	15018707
3.机关团体存款	95029759	-2378885	1675259	经营贷款	29702360	6225628	2763236
4.财政性存款	18512950	-1976637	-830829	2.非金融企业及机关团体贷款	488396555	61322423	44443840
5.非存款类金融机构存款	25132129	1248417	5851049	(1)短期贷款	89153912	8096672	-1032220
(二)境外存款	465524	32549	23826	(2)中长期贷款	346247795	43534047	35580709
二、金融债券	2084923	-19960	150133	(3)票据融资	49647349	10268340	9188228
其中:境外发行				(4)融资租赁	3165712	-642924	701329
三、卖出回购资产	247000	-71216	233331	(5)各项垫款	181788	66287	5794
四、借款及非存款类金融机构拆入	20000	11000	9000	3.非存款类金融机构贷款	4113797	769252	1903870
五、联行往来(净)				(二)境外贷款	71737	17736	259
六、应付及暂收款	18108906	1611682	1312869	二、债券投资	74343862	10021194	6586569
七、各项准备	18550103	2253371	1374295	其中:境外债券			
八、所有者权益	24744081	1680900	3665399	三、股权及其他投资	15484558	-350653	-3692350
其中:实收资本	7234865	156486	223385	四、买入返售资产	895315	295354	-1427090
九、其他	-23076308	3777205	-2085901	五、存放非存款类金融机构款项	420197	110246	-369341
				六、联行往来(净)	17040213	160759	-15178035
				其中:境内存放二级准备金	1643334	24283	-15702
				七、金银占款			
				八、中央银行外汇占款			
				九、应收及预付款	5025133	409020	-345780
				十、投资性房地产	6319	3878	-2874
				十一、固定资产	3936928	-32102	145010
资金来源总计	830870784	82520116	56359457	资金运用总计	830870784	82520116	56359457

注:1.本表机构包括中国人民银行、银行业存款类金融机构。
　2.本表数据为合并口径。

(3)湖北省银行业存款类金融机构人民币信贷收支表

表 5-1-1-2-3　　2022 年 12 月 31 日　　单位:万元

来源项目名称 \ 栏目	12 月余额	比年初增减数		运用项目名称 \ 栏目	12 月余额	比年初增减数	
		2022 年	2021 年			2022 年	2021 年
一、各项存款	771116748	74454701	54024124	一、各项贷款	713718259	71902421	70643349
(一)境内存款	770651224	74422152	54000298	(一)境内贷款	713646522	71884685	70643089
1.个人存款	457930944	72668597	45573293	1.短期贷款	130006007	15231359	7436286
其中:活期储蓄存款	140661602	15787805	7281375	(1)个人贷款及透支	36748551	6245135	6513436
定期储蓄存款	218382637	40415852	29375778	其中:个人消费贷款	12560863	1541431	1310542
结构性存款	4341787	-626974	-1307298	(2)单位贷款及透支	89153912	8096672	-1032220
2.单位存款	284540381	-545502	-251932	经营贷款及透支	72951266	4396791	-3185739
其中:活期存款	123816692	-11994352	-4297866	固定资产贷款	1680545	-286344	-421931
定期存款	45329843	1545328	-1275602	并购贷款	26000	26000	
保证金存款	16383011	3379845	456113	贸易融资	14496101	3960225	2575450
结构性存款	5423510	711520	1342789	(3)非存款类金融机构贷款	4103544	889552	1955070
3.国库定期存款	3062776	1050856	1881156	2.中长期贷款	530645667	46961622	53311452
4.非存款类金融机构存款	25117124	1248201	6797780	(1)个人贷款	184387618	3547875	17781943
(二)境外存款	465524	32549	23826	其中:个人消费贷款	154685258	-2677753	15018707
二、代理财政性存款	1340930	-266723	-1911686	(2)单位贷款	346247795	43534047	35580709
三、金融债券	2084923	-19960	150133	经营贷款	73170050	13290320	12303487
其中:境外发行				固定资产贷款	264641054	29668908	21806381
四、卖出回购资产	7843283	577178	2250295	并购贷款	4153619	916848	766797
五、向中央银行借款	9512617	870157	-2969314	贸易融资	4283072	-342029	704043
六、银行业存款类金融机构往来	21392040	1330721	-4967749	(3)非存款类金融机构贷款	10254	-120300	-51200
七、借款及非存款类金融机构拆入	20000	11000	9000	3.票据融资	49647349	10268340	9188228
八、联行往来(净)				4.融资租赁	3165712	-642924	701329
九、应付及暂收款	18106341	1611686	1316597	5.各项垫款	181788	66287	5794
其中:应付利息	13324627	1607802	2163858	(二)境外贷款	71737	17736	259
十、其他负债	7216542	299314	829805	二、债券投资	74343862	10021194	6586569
十一、所有者权益	25063356	1745506	3631692	三、股权及其他投资	15484558	-350653	-3692350
其中:实收资本	7234865	156486	223385	四、买入返售资产	3132017	-540379	-612667
				五、存放中央银行存款	17973209	1111201	-1771360
				六、缴存中央银行财政性存款	445062	-1681246	-218178
				七、银行业存款类金融机构往来	20607073	1030105	-2784842
				八、存放非存款类金融机构款项	420197	110246	-369341
				九、联行往来(净)	17040213	160759	-15178035
				其中:境内存放二级准备金	1643334	24283	-15702
				十、库存现金	1740206	-37894	-10536
				十一、应收及预付款	5025133	409020	-345780
				其中:应收利息	3274976	244577	44792
				十二、投资性房地产	6319	3878	-2874
				十三、固定资产	3620659	-30500	150804
				十四、其他资产	8273920	694269	1209789
				十五、减:各项准备	18133909	2188842	1241650
				其中:贷款减值准备	16846361	2003733	1414210
资金来源总计	863696779	80613578	52362897	资金运用总计	863696779	80613578	52362897

注:1.本表机构包括银行、信用社和财务公司。
2.本表数据为合并口径。

(4)湖北省银行业非存款类金融机构人民币信贷收支表

表 5-1-1-2-4　　　　2022 年 12 月 31 日　　　　单位：万元

栏目 来源项目名称	12 月余额	比年初增减数		栏目 运用项目名称	12 月余额	比年初增减数	
		2022 年	2021 年			2022 年	2021 年
一、各项存款	108128	-26046	-32486	一、各项贷款	17751674	805207	2073649
(一)境内存款	108128	-26046	-32486	(一)境内贷款	17751674	805207	2073649
1.个人存款				1.短期贷款	25280	25000	-50275
其中:保证金存款				(1)个人贷款及透支	280		-275
2.单位存款	108128	-26046	-32486	其中:个人消费贷款	280		-273
其中:活期存款				(2)单位贷款及透支	25000	25000	-50000
定期存款			-50000	经营贷款及透支	25000	25000	-50000
保证金存款	108128	-26046	17514	固定资产贷款			
(二)境外存款				并购贷款			
二、代理财政性存款				贸易融资			
三、金融债券	445573	-79829	-313870	2.中长期贷款	310098	87398	62328
其中:境外发行				(1)个人贷款			-10672
四、卖出回购资产	203300	-40184	16444	其中:个人消费贷款			-7648
五、中长期借款				(2)单位贷款	310098	87398	73000
其中:境外借款				经营贷款	50000		50000
六、向中央银行借款				固定资产贷款	260098	87398	23000
七、金融机构存放				并购贷款			
八、金融机构拆入	14336755	699667	2217770	贸易融资			
十、应付及暂收款	1481165	-244665	-42184	3.票据融资			
十一、其他负债	36634	4104	-6893	4.融资租赁	17416296	692809	2061596
十二、所有者权益	4601210	403012	417826	5.各项垫款			
其中:实收资本	2167000	-6800	95837	(二)境外贷款			
				二、债券投资	272863	-45749	44973
				三、股权及其他投资	1671317	18638	-206803
				四、买入返售资产	77900	-55050	119150
				五、存放中央银行存款	15001	215	3979
				六、存放金融机构	1049442	69696	447390
				七、拆放金融机构	129678	-34442	-92404
				九、库存现金	1	0	
				十、应收及预付款	393116	56392	11045
				其中:应收利息	211296	-7548	32094
				十一、投资性房地产			
				十二、固定资产	18147	-13156	-3886
				十三、其他资产	620318	-3999	-32282
				十四、减:各项准备	786693	81693	108203
资金来源总计	21212765	716058	2256607	资金运用总计	21212765	716058	2256607

注:1.本表机构包括信托投资公司、金融租赁公司、汽车金融公司和贷款公司等银行业非存款类金融机构。
2.本表数据为合并口径。

(5)中国人民银行湖北省人民币信贷收支表

表 5-1-1-2-5　　2022 年 12 月 31 日　　单位:万元

来源项目名称	12 月余额	比年初增减数 2022 年	比年初增减数 2021 年	运用项目名称	12 月余额	比年初增减数 2022 年	比年初增减数 2021 年
一、货币发行				一、金融机构贷款	6335595	115941	-1316736
二、金融机构存款	17987927	1118300	-1773568	中资大型银行			
(一)境内金融机构存款	17987927	1118300	-1773568	中资中小型银行	6093064	176268	-1372491
中资大型银行	600	2	-224	农村信用社			
中资中小型银行	16277630	513282	-438859	财务公司			
农村信用社	1049377	526572	-92127	外资金融机构			
财务公司	641032	81189	-298626	其他金融机构	242531	-60327	55755
外资金融机构	4245	-2961	2999	其中:资产管理公司			
其他金融机构	15043	216	-946731	二、再贴现	817391	-303267	93346
(二)境外金融机构存款				三、专项贷款			
三、金融机构特种存款				四、金银占款			
四、非金融机构存款	3610153	1849712	1334925	五、外汇占款			
五、财政存款	14109244	-2760770	-800299	六、有价证券及投资			
其中:中央财政存款				七、买入返售证券			
地方财政存款	14109244	-2760770	-800299	八、存放金融机构			
六、商业银行划来财政性存款	445063	-1681254	-218496	九、清算资金往来(净)	28682693	-1351528	-206124
七、卖出回购证券				十、其他资产	316268	-1603	-5793
八、中央银行债券							
九、清算资金往来(净)							
十、其他负债	318835	-1839	-11574				
十一、国家资本							
十二、当年结益	-319276	-64607	33706				
资金来源总计	36151947	-1540457	-1435307	资金运用总计	36151947	-1540457	-1435307

（6）湖北省中资大型银行人民币信贷收支表

表 5-1-1-2-6　　　　2022 年 12 月 31 日　　　　单位：万元

栏目 来源项目名称	12 月余额	比年初增减数		栏目 运用项目名称	12 月余额	比年初增减数	
		2022 年	2021 年			2022 年	2021 年
一、各项存款	417115466	36337767	29449211	一、各项贷款	370307040	35262270	33832712
（一）境内存款	416846227	36329758	29443609	（一）境内贷款	370254582	35246741	33831708
1.个人存款	277275623	39933305	26039844	1.短期贷款	53883763	6299248	1295916
其中：活期储蓄存款	100131976	10214652	5159020	（1）个人贷款及透支	13955268	2419133	2426151
定期储蓄存款	98919788	17985369	15096910	其中：个人消费贷款	5518917	194811	179169
结构性存款	2429293	-351995	-954298	（2）单位贷款及透支	39926574	3880115	-1130235
2.单位存款	129760639	-5992504	1185953	经营贷款及透支	29821106	1488511	-2309353
其中：活期存款	59113661	-8263964	-74946	固定资产贷款	581178	-176525	-700974
定期存款	16412436	-991920	-2192524	并购贷款			
保证金存款	2409327	62840	-127433	贸易融资	9524290	2568129	1880091
结构性存款	3103995	947359	-239267	（3）非存款类金融机构贷款	1921		
3.国库定期存款	1394692	482388	812821	2.中长期贷款	296806845	21898638	29901452
4.非存款类金融机构存款	8415273	1906569	1404991	（1）个人贷款	102071012	-1763970	8405652
（二）境外存款	269239	8010	5602	其中：个人消费贷款	97075877	-3027011	8446295
二、代理财政性存款	192656	-105791	-1879163	（2）单位贷款	194725579	23662608	21485799
三、金融债券				经营贷款	32552467	8672707	7759797
其中：境外发行				固定资产贷款	158951294	13888427	13033976
四、卖出回购资产				并购贷款	1298479	403161	1623
五、向中央银行借款	23607	-51833	7534	贸易融资	1923340	698313	690403
六、银行业存款类金融机构往来	7035821	1455903	-1295473	（3）非存款类金融机构贷款	10254		10000
七、借款及非存款类金融机构拆入				3.票据融资	19556356	7057475	2630978
八、联行往来（净）				4.融资租赁			
九、应付及暂收款	9014594	826421	861341	5.各项垫款	7617	-8620	3362
其中：应付利息	6525860	717775	1105287	（二）境外贷款	52457	15529	1004
十、其他负债	1890205	117907	21195	二、债券投资	1579434	198147	270694
十一、所有者权益	4405275	749792	1654425	三、股权及其他投资	1129	-900099	872986
其中：实收资本				四、买入返售资产			
				五、存放中央银行存款	600	2	137
				六、缴存中央银行财政性存款	311170	-1679605	-104194
				七、银行业存款类金融机构往来	1793201	490176	390411
				八、存放非存款类金融机构款项			
				九、联行往来（净）	66973510	6851979	-5270892
				其中：境内存放二级准备金	905413	-11076	10574
				十、库存现金	967751	24067	-15447
				十一、应收及预付款	1692930	88929	-257015
				其中：应收利息	875731	50769	1535
				十二、投资性房地产			
				十三、固定资产	1639993	-39107	-27289
				十四、其他资产	1612384	29101	211404
				十五、减：各项准备	7201517	995695	1084438
				其中：贷款减值准备	7097852	1020467	1025696
资金来源总计	439677625	39330166	28819069	资金运用总计	439677625	39330166	28819069

注：本表数据为合并口径。

（7）湖北省中资中型银行人民币信贷收支表

表 5-1-1-2-7　　2022 年 12 月 31 日　　单位：万元

栏目 来源项目名称	12 月余额	比年初增减数		栏目 运用项目名称	12 月余额	比年初增减数	
		2022 年	2021 年			2022 年	2021 年
一、各项存款	106641202	8456360	5795429	一、各项贷款	159003499	17698306	13434981
（一）境内存款	106489386	8443308	5778611	（一）境内贷款	158988229	17695525	13435863
1.个人存款	32066201	7990693	2477428	1.短期贷款	23816638	3201881	-689854
其中：活期储蓄存款	13381909	2567944	344194	（1）个人贷款及透支	2694746	-119868	35813
定期储蓄存款	8574534	3842146	1181378	其中：个人消费贷款	1128343	-182909	-74142
结构性存款	1864577	-271866	-341473	（2）单位贷款及透支	21121891	3321749	-725667
2.单位存款	68402833	1267449	488768	经营贷款及透支	17321632	2227519	-1032564
其中：活期存款	27990487	-1404183	-2142344	固定资产贷款	110562	-76864	-38911
定期存款	6516047	-380990	1091648	并购贷款	23000	23000	
保证金存款	9310916	2552579	575136	贸易融资	3666697	1148094	345808
结构性存款	1905373	-29389	-1374762	（3）非存款类金融机构贷款			
3.国库定期存款	676000	176000	495800	2.中长期贷款	127942674	14389413	11874649
4.非存款类金融机构存款	5344353	-990834	2316615	（1）个人贷款	34223096	1739989	3482654
（二）境外存款	151815	13052	16819	其中：个人消费贷款	25112816	-159423	2755071
二、代理财政性存款	922463	100741	110613	（2）单位贷款	93719578	12768224	8453194
三、金融债券				经营贷款	16639280	1661706	2005016
其中：境外发行				固定资产贷款	72869120	11558118	6036300
四、卖出回购资产				并购贷款	2202408	454386	639154
五、向中央银行借款	621805	198835	10580	贸易融资	2008769	-905985	-227276
六、银行业存款类金融机构往来	958755	-430242	-1224582	（3）非存款类金融机构贷款		-118800	-61200
七、借款及非存款类金融机构拆入				3.票据融资	7180977	80477	2243741
八、联行往来（净）	47667592	8550178	7492573	4.融资租赁			
九、应付及暂收款	1706242	316834	144457	5.各项垫款	47942	23755	7328
其中：应付利息	954953	301161	149056	（二）境外贷款	15270	2781	-882
十、其他负债	1086987	-24616	191431	二、债券投资	2429732	-312320	-479179
十一、所有者权益	1277826	-325154	428970	三、股权及其他投资	27237	-300483	-367875
其中：实收资本				四、买入返售资产			
				五、存放中央银行存款	0	0	0
				六、缴存中央银行财政性存款	46962	1285	-109888
				七、银行业存款类金融机构往来	266908	37482	17628
				八、存放非存款类金融机构款项	170		
				九、联行往来（净）			
				其中：境内存放二级准备金	522391	35359	-75908
				十、库存现金	125747	-29061	12916
				十一、应收及预付款	699773	78317	8500
				其中：应收利息	497215	54889	9779
				十二、投资性房地产	5159	3913	-4069
				十三、固定资产	377703	15832	32852
				十四、其他资产	665717	39545	121674
				十五、减：各项准备	2765736	389882	-281934
				其中：贷款减值准备	2721760	391058	-265286
资金来源总计	160882872	16842936	12949472	资金运用总计	160882872	16842936	12949472

注：本表数据为合并口径。

(8)湖北省中资小型银行人民币信贷收支表

表 5-1-1-2-8　　2022 年 12 月 31 日　　单位:万元

来源项目名称	12 月余额	比年初增减数 2022 年	比年初增减数 2021 年	运用项目名称	12 月余额	比年初增减数 2022 年	比年初增减数 2021 年
一、各项存款	221792041	27073795	21345008	一、各项贷款	161634520	20517841	22054493
(一)境内存款	221769005	27069635	21342340	(一)境内贷款	161632009	20518123	22054726
1.个人存款	148468968	24743895	17076866	1.短期贷款	45060926	5131807	7189378
其中:活期储蓄存款	27100420	2998310	1770287	(1)个人贷款及透支	19941638	3910339	4033822
定期储蓄存款	110879454	18586286	13097910	其中:个人消费贷款	5757155	1493997	1188285
结构性存款	36483	1848	-3686	(2)单位贷款及透支	21018287	330467	1202556
2.单位存款	60986908	1575131	590251	经营贷款及透支	19650952	270544	997833
其中:活期存款	31487609	-3439945	214883	固定资产贷款	342359	-158835	39434
定期存款	13203045	3349614	-1243726	并购贷款	3000	3000	
保证金存款	4291801	847711	232018	贸易融资	1021976	215759	165289
结构性存款	376100	-243900	306800	(3)非存款类金融机构贷款	4101001	891001	1953000
3.国库定期存款	992084	392469	572536	2.中长期贷款	94484951	12392006	10890866
4.非存款类金融机构存款	11321044	358141	3102687	(1)个人贷款	44615136	5160969	6594518
(二)境外存款	23036	4160	2669	其中:个人消费贷款	29021741	2096788	4519948
二、代理财政性存款	225811	-261603	-143193	(2)单位贷款	49869815	7232537	4296349
三、金融债券	2084923	-19960	150133	经营贷款	20267646	3316695	1920110
其中:境外发行				固定资产贷款	28598474	3989397	2008253
四、卖出回购资产	7608283	539158	2199615	并购贷款	652732	60802	127071
五、向中央银行借款	8853629	726791	-2972546	贸易融资	350963	-134357	240916
六、银行业存款类金融机构往来	10270581	-99633	-586330	(3)非存款类金融机构贷款		-1500	
七、借款及非存款类金融机构拆入				3.票据融资	21986591	2969353	3979451
八、联行往来(净)	761552	166174	-618578	4.融资租赁			
九、应付及暂收款	6600918	771381	768607	5.各项垫款	99541	24958	-4970
其中:应付利息	5366342	609301	747331	(二)境外贷款	2511	-282	-232
十、其他负债	1053627	49305	243868	二、债券投资	68740969	10154189	7253213
十一、所有者权益	15904235	888549	1461167	三、股权及其他投资	14100174	665750	-4997692
其中:实收资本	5730865	156486	520150	四、买入返售资产	3012016	-660379	-72467
				五、存放中央银行存款	16277644	506523	-1383417
				六、缴存中央银行财政性存款	86903	-2953	-4096
				七、银行业存款类金融机构往来	11089665	-1343377	-1130335
				八、存放非存款类金融机构款项	93380	38186	-26464
				九、联行往来(净)			
				其中:境内存放二级准备金	215530		49631
				十、库存现金	646510	-32732	-8143
				十一、应收及预付款	2492563	260156	-59780
				其中:应收利息	1803218	174584	77434
				十二、投资性房地产			
				十三、固定资产	1438138	-10023	188099
				十四、其他资产	2948325	457259	468995
				十五、减:各项准备	7405206	716485	434656
				其中:贷款减值准备	6375475	506577	643561
资金来源总计	275155601	29833955	21847751	资金运用总计	275155601	29833955	21847751

注:本表数据为合并口径。

(9)湖北省中资四家大型银行人民币信贷收支表

表 5-1-1-2-9　　　　2022 年 12 月 31 日　　　　单位:万元

来源项目名称	12 月余额	比年初增减数		运用项目名称	12 月余额	比年初增减数	
		2022 年	2021 年			2022 年	2021 年
一、各项存款	308295080	27970497	20685373	一、各项贷款	259532942	25342150	26133747
(一)境内存款	308056890	27963932	20681199	(一)境内贷款	259482784	25325329	26132628
1.个人存款	198105884	30156972	18964089	1.短期贷款	42917008	3571829	2618036
其中:活期储蓄存款	79788402	8753659	3319942	(1)个人贷款及透支	10407191	2117926	1484750
定期储蓄存款	93120470	16236899	13959216	其中:个人消费贷款	4854613	165165	20360
结构性存款	1603952	59440	-170938	(2)单位贷款及透支	32507896	1453904	1133286
2.单位存款	101968023	-4246260	-29106	经营贷款及透支	25473930	1151420	289612
其中:活期存款	45496182	-5092555	-1178046	固定资产贷款	563628	-194025	-372110
定期存款	10248715	-1505024	-2317368	并购贷款			
保证金存款	1827813	127863	-155048	贸易融资	6470338	496510	1215784
结构性存款	1751375	264237	-16313	(3)非存款类金融机构贷款	1921		
3.国库定期存款	1114688	329384	685821	2.中长期贷款	200318050	15664071	21264206
4.非存款类金融机构存款	6868295	1723837	1060395	(1)个人贷款	83013663	-1931153	6883162
(二)境外存款	238190	6565	4175	其中:个人消费贷款	79981899	-2526469	6712435
二、代理财政性存款	184075	-85272	-1727668	(2)单位贷款	117304134	17595223	14381045
三、金融债券				经营贷款	24290188	7582828	4896034
其中:境外发行				固定资产贷款	90532087	9414350	8799932
四、卖出回购资产				并购贷款	836585	133883	668
五、向中央银行借款	18258	3736	-48880	贸易融资	1645273	464163	684411
六、银行业存款类金融机构往来	5485989	389395	-1095240	(3)非存款类金融机构贷款	254		
七、借款及非存款类金融机构拆入				3.票据融资	16240420	6097268	2245572
八、联行往来(净)				4.融资租赁			
九、应付及暂收款	7304392	986548	660153	5.各项垫款	7306	-7839	4813
其中:应付利息	5159750	863615	872410	(二)境外贷款	50158	16821	1119
十、其他负债	1479028	148862	34473	二、债券投资	1579434	198147	270694
十一、所有者权益	2932990	231827	2307666	三、股权及其他投资	1129	-900099	872986
其中:实收资本				四、买入返售资产			
				五、存放中央银行存款			
				六、缴存中央银行财政性存款	289520	-1307990	-242986
				七、银行业存款类金融机构往来	3363	-286	-471
				八、存放非存款类金融机构款项			
				九、联行往来(净)	64577335	6912582	-5474022
				其中:境内存放二级准备金	2438	-11076	10574
				十、库存现金	686333	-1263	-18465
				十一、应收及预付款	1376060	100817	-258816
				其中:应收利息	586161	54493	1025
				十二、投资性房地产			
				十三、固定资产	1357673	-38036	-25177
				十四、其他资产	1230605	184392	63277
				十五、减:各项准备	4934582	844824	504889
				其中:贷款减值准备	4837750	868463	445952
资金来源总计	325699813	29645592	20815878	资金运用总计	325699813	29645592	20815878

注:本表数据为合并口径。

(10)湖北省城市商业银行人民币信贷收支表

表 5-1-1-2-10　　2022 年 12 月 31 日　　单位:万元

来源项目名称 \ 栏目	12 月余额	比年初增减数 2022 年	比年初增减数 2021 年	运用项目名称 \ 栏目	12 月余额	比年初增减数 2022 年	比年初增减数 2021 年
一、各项存款	68572369	8589137	7153756	一、各项贷款	51779371	7776430	8368567
(一)境内存款	68554730	8587013	7152299	(一)境内贷款	51777303	7776646	8368818
1.个人存款	32277646	6920890	4312650	1.短期贷款	14180736	1987091	3613741
其中:活期储蓄存款	6607938	1208773	1030079	(1)个人贷款及透支	4089955	1114715	1223833
定期储蓄存款	20087361	5190990	2230019	其中:个人消费贷款	2320517	701468	837378
结构性存款				(2)单位贷款及透支	7170782	372376	539909
2.单位存款	28459412	1400575	860771	经营贷款及透支	6311831	261732	359251
其中:活期存款	13911624	-324520	874531	固定资产贷款	145710	-121334	219681
定期存款	5905277	1791101	-1024426	并购贷款			
保证金存款	2876280	641704	408275	贸易融资	713240	231978	-39024
结构性存款				(3)非存款类金融机构贷款	2920000	500000	1850000
3.国库定期存款	355084	139469	198536	2.中长期贷款	29767177	4451408	4644742
4.非存款类金融机构存款	7462588	126079	1780343	(1)个人贷款	10185416	1210250	2025921
(二)境外存款	17638	2124	1457	其中:个人消费贷款	8307230	793666	1793553
二、代理财政性存款	2251	-343729	-53767	(2)单位贷款	19581761	3241158	2618821
三、金融债券	1449923	100040	240133	经营贷款	6000710	1059091	1123863
其中:境外发行				固定资产贷款	13019223	2375089	1204372
四、卖出回购资产	3067054	202887	249852	并购贷款	224039	-45491	49670
五、向中央银行借款	3832684	638104	-1639702	贸易融资	337789	-147531	240916
六、银行业存款类金融机构往来	4620192	-753897	215031	(3)非存款类金融机构贷款			
七、借款及非存款类金融机构拆入				3.票据融资	7777421	1322887	108724
八、联行往来(净)	91525	164117	16699	4.融资租赁			
九、应付及暂收款	1643638	216585	173161	5.各项垫款	51968	15260	1612
其中:应付利息	1292904	145893	171891	(二)境外贷款	2069	-216	-252
十、其他负债	150904	33232	97373	二、债券投资	23128031	2057026	2711703
十一、所有者权益	6148410	290328	746685	三、股权及其他投资	7627413	57807	-3133546
其中:实收资本	1743950	57	446076	四、买入返售资产	1218232	44816	-633960
				五、存放中央银行存款	4788063	-302178	194312
				六、缴存中央银行财政性存款	24480	7075	-21371
				七、银行业存款类金融机构往来	1226168	-489741	155471
				八、存放非存款类金融机构款项	20636	15283	-16144
				九、联行往来(净)			
				其中:境内存放二级准备金			
				十、库存现金	135493	9175	-7983
				十一、应收及预付款	635890	45820	-266671
				其中:应收利息	497197	18394	2666
				十二、投资性房地产			
				十三、固定资产	275950	-12450	8019
				十四、其他资产	1147252	191751	275575
				十五、减:各项准备	2428029	264012	434752
				其中:贷款减值准备	1888142	193495	353527
资金来源总计	89578949	9136802	7199220	资金运用总计	89578949	9136802	7199220

注:本表数据为合并口径。

(11)湖北省外资银行人民币信贷收支表

表 5-1-1-2-11　　　　2022 年 12 月 31 日　　　　单位:万元

栏目 来源项目名称	12 月余额	比年初增减数		栏目 运用项目名称	12 月余额	比年初增减数	
		2022 年	2021 年			2022 年	2021 年
一、各项存款	1509172	56415	126340	一、各项贷款	2421810	-41475	456807
(一)境内存款	1490169	51517	127604	(一)境内贷款	2420325	-41173	456441
1.个人存款	103452	15344	4455	1.短期贷款	1113131	-40319	97881
其中:活期储蓄存款	47296	6899	7874	(1)个人贷款及透支	450		420
定期储蓄存款	8860	2051	-421	其中:个人消费贷款			
结构性存款	11433	-4961	-7841	(2)单位贷款及透支	1112059	-38870	95390
2.单位存款	1355850	61768	149657	经营贷款及透支	942461	-64955	-14876
其中:活期存款	400209	-13965	71427	固定资产贷款	13521	13306	-5330
定期存款	151033	40002	8834	并购贷款			
保证金存款	45391	10941	-4351	贸易融资	156077	12779	115597
结构性存款	38050	37450	-35560	(3)非存款类金融机构贷款	621	-1449	2070
3.国库定期存款				2.中长期贷款	1282998	14656	335004
4.非存款类金融机构存款	30867	-25594	-26508	(1)个人贷款	206395	-29159	48794
(二)境外存款	19003	4898	-1264	其中:个人消费贷款	202845	-28154	47068
二、代理财政性存款		-71	57	(2)单位贷款	1076603	43815	286210
三、金融债券				经营贷款	93417	7495	-31065
其中:境外发行				固定资产贷款	983186	36320	317275
四、卖出回购资产				并购贷款			
五、向中央银行借款	4464	4464		贸易融资			
六、银行业存款类金融机构往来	10614	-32088	9453	(3)非存款类金融机构贷款			
七、借款及非存款类金融机构拆入	20000	11000	9000	3.票据融资	24196	-15510	23557
八、联行往来(净)	486120	-117847	280043	4.融资租赁			
九、应付及暂收款	11831	1144	735	5.各项垫款			
其中:应付利息	7271	1046	46	(二)境外贷款	1486	-302	366
十、其他负债	3012234	159826	362104	二、债券投资			
十一、所有者权益	198168	31079	41286	三、股权及其他投资			
其中:实收资本	2000			四、买入返售资产			
				五、存放中央银行存款	4556	-3086	2674
				六、缴存中央银行财政性存款	27	27	
				七、银行业存款类金融机构往来	50759	4665	-7730
				八、存放非存款类金融机构款项			
				九、联行往来(净)			
				其中:境内存放二级准备金			
				十、库存现金	198	-169	138
				十一、应收及预付款	11520	-913	531
				其中:应收利息	10234	-916	1036
				十二、投资性房地产			
				十三、固定资产	869	-112	47
				十四、其他资产	2789746	164306	370117
				十五、减:各项准备	26880	9321	-6434
				其中:贷款减值准备	26831	9325	-6484
资金来源总计	5252604	113922	829019	资金运用总计	5252604	113922	829019

注:本表数据为合并口径。

(12)湖北省农村商业银行人民币信贷收支表

表 5-1-1-2-12　　2022 年 12 月 31 日　　单位:万元

来源项目名称 \ 栏目	12 月余额	比年初增减数 2022 年	比年初增减数 2021 年	运用项目名称 \ 栏目	12 月余额	比年初增减数 2022 年	比年初增减数 2021 年
一、各项存款	134466192	15699330	11579447	一、各项贷款	93876278	11610290	11416548
(一)境内存款	134462800	15698876	11578486	(一)境内贷款	93876234	11610246	11416548
1.个人存款	106697676	16207371	11875663	1.短期贷款	24370081	3138979	2203414
其中:活期储蓄存款	19773046	1705527	634167	(1)个人贷款及透支	12580225	2597919	2114707
定期储蓄存款	84047343	13640524	10196074	其中:个人消费贷款	2165204	616262	3934
结构性存款				(2)单位贷款及透支	10649856	10060	116707
2.单位存款	23845702	-1067358	-1463833	经营贷款及透支	10451472	33163	296829
其中:活期存款	14487327	-2438985	-1221144	固定资产贷款	192959	-16202	-188727
定期存款	4350714	-412448	-301228	并购贷款	3000	3000	
保证金存款	857599	12967	-94058	贸易融资	2426	-9901	8604
结构性存款				(3)非存款类金融机构贷款	1140000	531000	-28000
3.国库定期存款	500000	217000	283000	2.中长期贷款	56147647	7111720	5476575
4.非存款类金融机构存款	3419421	341864	883656	(1)个人贷款	30516100	3675403	4012782
(二)境外存款	3392	454	961	其中:个人消费贷款	18324715	1144166	2541524
二、代理财政性存款	220338	82216	-78724	(2)单位贷款	25631548	3436317	1463793
三、金融债券	635000	-120000	-90000	经营贷款	12721019	2313402	785846
其中:境外发行				固定资产贷款	12748728	1106115	689947
四、卖出回购资产	3629490	-118642	2102481	并购贷款	161800	16800	-12000
五、向中央银行借款	4636136	210859	-1334926	贸易融资			
六、银行业存款类金融机构往来	3960612	704439	-1331045	(3)非存款类金融机构贷款			
七、借款及非存款类金融机构拆入				3.票据融资	13322892	1361809	3743140
八、联行往来(净)				4.融资租赁			
九、应付及暂收款	4464624	527443	523580	5.各项垫款	35614	-2261	-6581
其中:应付利息	3737101	412816	498899	(二)境外贷款	44	44	
十、其他负债	783571	-26587	129163	二、债券投资	45259682	8267498	4614394
十一、所有者权益	8623132	558905	617041	三、股权及其他投资	3140560	-682342	-1441278
其中:实收资本	3239349	146030	49705	四、买入返售资产	1793784	-675204	531501
				五、存放中央银行存款	9262364	273461	-1681072
				六、缴存中央银行财政性存款	58274	-10594	19878
				七、银行业存款类金融机构往来	7814101	-1210701	-1701330
				八、存放非存款类金融机构款项	63496	20255	-10152
				九、联行往来(净)	63516	18815	-109429
				其中:境内存放二级准备金			
				十、库存现金	489336	-41083	-1254
				十一、应收及预付款	1609345	131550	228348
				其中:应收利息	1174447	99677	66525
				十二、投资性房地产			
				十三、固定资产	939495	-17728	15103
				十四、其他资产	1703024	243077	174220
				十五、减:各项准备	4654161	409331	-61539
				其中:贷款减值准备	4174759	270524	229178
资金来源总计	161419095	17517963	12117016	资金运用总计	161419095	17517963	12117016

注:本表数据为合并口径。

（13）湖北省农村信用社人民币信贷收支表

表 5-1-1-2-13　　2022 年 12 月 31 日　　单位：万元

来源项目名称	12 月余额	比年初增减数		运用项目名称	12 月余额	比年初增减数	
		2022 年	2021 年			2022 年	2021 年
一、各项存款	41	-41	41	一、各项贷款			
（一）境内存款	41	-41	41	（一）境内贷款			
1.个人存款				1.短期贷款			
其中：活期储蓄存款				（1）个人贷款及透支			
定期储蓄存款				其中：个人消费贷款			
结构性存款				（2）单位贷款及透支			
2.单位存款	41	-41	41	经营贷款及透支			
其中：活期存款	41	-41	41	固定资产贷款			
定期存款				并购贷款			
保证金存款				贸易融资			
结构性存款				（3）非存款类金融机构贷款			
3.国库定期存款				2.中长期贷款			
4.非存款类金融机构存款				（1）个人贷款			
（二）境外存款				其中：个人消费贷款			
二、代理财政性存款				（2）单位贷款			
三、金融债券				经营贷款			
其中：境外发行				固定资产贷款			
四、卖出回购资产	235000	38020	50680	并购贷款			
五、向中央银行借款				贸易融资			
六、银行业存款类金融机构往来	3116267	436780	-1306172	（3）非存款类金融机构贷款			
七、借款及非存款类金融机构拆入				3.票据融资			
八、联行往来（净）				4.融资租赁			
九、应付及暂收款	54133	4231	-18440	5.各项垫款			
其中：应付利息	9786	-494	-8947	（二）境外贷款			
十、其他负债				二、债券投资	1519118	-78482	-441792
十一、所有者权益	372319	34144	-14132	三、股权及其他投资	300		
其中：实收资本	2000		-1000	四、买入返售资产			
				五、存放中央银行存款	1049377	526572	-92127
				六、缴存中央银行财政性存款			
				七、银行业存款类金融机构往来	796340	132854	-891926
				八、存放非存款类金融机构款项	303523	67289	81445
				九、联行往来（净）	55402	-137820	113210
				其中：境内存放二级准备金			
				十、库存现金			
				十一、应收及预付款	29807	1345	-19226
				其中：应收利息	25456	1618	-19513
				十二、投资性房地产			
				十三、固定资产	132901	2670	-39507
				十四、其他资产			
				十五、减：各项准备	109008	1294	-1900
				其中：贷款减值准备			
资金来源总计	3777760	513134	-1288023	资金运用总计	3777760	513134	-1288023

注：本表数据为合并口径。

(14)湖北省村镇银行人民币信贷收支表

表 5-1-1-2-14　　　　2022 年 12 月 31 日　　　　单位:万元

来源项目名称 \ 栏目	12 月余额	比年初增减数 2022 年	比年初增减数 2021 年	运用项目名称 \ 栏目	12 月余额	比年初增减数 2022 年	比年初增减数 2021 年
一、各项存款	4723530	595578	565468	一、各项贷款	3717447	362017	540934
(一)境内存款	4723510	595563	565473	(一)境内贷款	3717447	362017	540934
1.个人存款	3952774	710253	601975	1.短期贷款	2051088	170142	318128
其中:活期储蓄存款	361644	8739	14916	(1)个人贷款及透支	1622727	188756	297242
定期储蓄存款	3484001	671887	559869	其中:个人消费贷款	145015	60363	30095
结构性存款				(2)单位贷款及透支	427360	-18615	19886
2.单位存款	769727	-106693	-34505	经营贷款及透支	426670	-18605	20176
其中:活期存款	392415	-117158	-14402	固定资产贷款	690	-10	-290
定期存款	246152	-8442	-31140	并购贷款			
保证金存款	46429	-5965	-4368	贸易融资			
结构性存款				(3)非存款类金融机构贷款	1001	1	1000
3.国库定期存款		-8000	-2000	2.中长期贷款	1666359	191875	222807
4.非存款类金融机构存款	1009	3	3	(1)个人贷款	1468181	156835	195499
(二)境外存款	20	15	-5	其中:个人消费贷款	549942	10336	73724
二、代理财政性存款	3221	-91	-10701	(2)单位贷款	198178	36539	27308
三、金融债券				经营贷款	187283	35992	26337
其中:境外发行				固定资产贷款	10895	548	970
四、卖出回购资产				并购贷款			
五、向中央银行借款	105398	-59627	-72792	贸易融资			
六、银行业存款类金融机构往来	59221	-47893	21066	(3)非存款类金融机构贷款		-1500	
七、借款及非存款类金融机构拆入				3.票据融资			
八、联行往来(净)				4.融资租赁			
九、应付及暂收款	170297	27157	35749	5.各项垫款			
其中:应付利息	134770	26771	28071	(二)境外贷款			
十、其他负债	16220	2237	11789	二、债券投资			
十一、所有者权益	536431	22813	51720	三、股权及其他投资			
其中:实收资本	347566	10399	24368	四、买入返售资产			
				五、存放中央银行存款	699344	60731	638
				六、缴存中央银行财政性存款	3219	-364	-2527
				七、银行业存款类金融机构往来	1131784	91747	63468
				八、存放非存款类金融机构款项	9230	2630	-168
				九、联行往来(净)	11597	7330	972
				其中:境内存放二级准备金			
				十、库存现金	19694	-1385	1145
				十一、应收及预付款	59903	21210	-412
				其中:应收利息	23422	4981	2478
				十二、投资性房地产			
				十三、固定资产	37191	-640	1701
				十四、其他资产	62433	12521	12496
				十五、减:各项准备	137524	15623	15948
				其中:贷款减值准备	132752	15118	15079
资金来源总计	5614318	540175	602299	资金运用总计	5614318	540175	602299

注:本表数据为合并口径。

(15)湖北省信托公司人民币信贷收支表

表 5-1-1-2-15　　2022 年 12 月 31 日　　单位:万元

来源项目名称	12 月余额	比年初增减数 2022 年	比年初增减数 2021 年	运用项目名称	12 月余额	比年初增减数 2022 年	比年初增减数 2021 年
一、各项存款				一、各项贷款	335378	112398	22727
(一)境内存款				(一)境内贷款	335378	112398	22727
1.个人存款				1.短期贷款	25280	25000	-50273
其中:保证金存款				(1)个人贷款及透支	280		-273
2.单位存款				其中:个人消费贷款	280		-273
其中:活期存款				(2)单位贷款及透支	25000	25000	-50000
定期存款				经营贷款及透支	25000	25000	-50000
保证金存款				固定资产贷款			
(二)境外存款				并购贷款			
二、代理财政性存款				贸易融资			
三、金融债券				2.中长期贷款	310098	87398	73000
其中:境外发行				(1)个人贷款			
四、卖出回购资产		-87684	87684	其中:个人消费贷款			
五、中长期借款				(2)单位贷款	310098	87398	73000
其中:境外借款				经营贷款	50000		50000
六、向中央银行借款				固定资产贷款	260098	87398	23000
七、金融机构存放				并购贷款			
八、金融机构拆入	65500	-89000	79500	贸易融资			
十、应付及暂收款	134062	-10848	-245127	3.票据融资			
十一、其他负债	27345	9454	-1374	4.融资租赁			
十二、所有者权益	2265809	137761	179629	5.各项垫款			
其中:实收资本	977000		95837	(二)境外贷款			
				二、债券投资	57049	-104327	50546
				三、股权及其他投资	1668870	19424	-207474
				四、买入返售资产	77900	-55050	119150
				五、存放中央银行存款			
				六、存放金融机构			
				七、拆放金融机构	10000	10000	
				九、库存现金	0.68	0	
				十、应收及预付款	127016	9842	-22193
				其中:应收利息	5994	-16557	-1440
				十一、投资性房地产			
				十二、固定资产	17617	-12979	-3993
				十三、其他资产	315457	-30627	168363
				十四、减:各项准备	116572	-11001	26812
资金来源总计	2492716	-40318	100313	资金运用总计	2492716	-40318	100313

注:本表数据为合并口径。

(16)湖北省金融租赁公司人民币信贷收支表

表 5-1-1-2-16　　　　2022 年 12 月 31 日　　　　单位:万元

栏目 来源项目名称	12 月余额	比年初增减数		栏目 运用项目名称	12 月余额	比年初增减数	
		2022 年	2021 年			2022 年	2021 年
一、各项存款	108128	-26046	-32486	一、各项贷款	17416296	692809	2061596
(一)境内存款	108128	-26046	-32486	(一)境内贷款	17416296	692809	2061596
1.个人存款				1.短期贷款			
其中:保证金存款				(1)个人贷款及透支			
2.单位存款	108128	-26046	-32486	其中:个人消费贷款			
其中:活期存款				(2)单位贷款及透支			
定期存款			-50000	经营贷款及透支			
保证金存款	108128	-26046	17514	固定资产贷款			
(二)境外存款				并购贷款			
二、代理财政性存款				贸易融资			
三、金融债券	445573	-79829	-313870	2.中长期贷款			
其中:境外发行				(1)个人贷款			
四、卖出回购资产	203300	47500	-71240	其中:个人消费贷款			
五、中长期借款				(2)单位贷款			
其中:境外借款				经营贷款			
六、向中央银行借款				固定资产贷款			
七、金融机构存放				并购贷款			
八、金融机构拆入	14271255	788667	2140270	贸易融资			
十、应付及暂收款	1347104	-232736	202048	3.票据融资			
十一、其他负债	9289	-5296	-5572	4.融资租赁	17416296	692809	2061596
十二、所有者权益	2335401	274857	238481	5.各项垫款			
其中:实收资本	1190000			(二)境外贷款			
				二、债券投资	215814	58578	-5573
				三、股权及其他投资	2447	-786	671
				四、买入返售资产			
				五、存放中央银行存款	15001	215	3979
				六、存放金融机构	1049442	80270	438457
				七、拆放金融机构	119678	-44442	-92404
				九、库存现金			
				十、应收及预付款	266101	46563	33279
				其中:应收利息	205302	9009	33579
				十一、投资性房地产			
				十二、固定资产	530	-176	109
				十三、其他资产	304861	26779	-200687
				十四、减:各项准备	670120	92694	81795
资金来源总计	18720050	767115	2157630	资金运用总计	18720050	767115	2157630

注:本表数据为合并口径。

(17)湖北省中资财务公司人民币信贷收支表

表 5-1-1-2-17　　2022 年 12 月 31 日　　单位:万元

来源项目名称	12 月余额	比年初增减数 2022 年	比年初增减数 2021 年	运用项目名称	12 月余额	比年初增减数 2022 年	比年初增减数 2021 年
一、各项存款	24058826	2530405	-2691906	一、各项贷款	20351390	-1534521	864356
(一)境内存款	24056396	2527976	-2691906	(一)境内贷款	20351377	-1534530	864352
1.个人存款	16700	-14640	-25301	1.短期贷款	6131549	638744	-457035
其中:活期储蓄存款				(1)个人贷款及透支	156449	35533	17230
定期储蓄存款				其中:个人消费贷款	156449	35533	17230
结构性存款				(2)单位贷款及透支	5975100	603211	-474265
2.单位存款	24034109	2542695	-2666601	经营贷款及透支	5215115	475172	-826780
其中:活期存款	4824685	1127747	-2366927	固定资产贷款	632925	112575	283850
定期存款	9047281	-471377	1060166	并购贷款			
保证金存款	325575	-94227	-219257	贸易融资	127061	15465	68665
结构性存款				(3)非存款类金融机构贷款			
3.国库定期存款				2.中长期贷款	10128199	-1733091	309482
4.非存款类金融机构存款	5587	-80	-4	(1)个人贷款	3271980	-1559953	-749675
(二)境外存款	2430	2430		其中:个人消费贷款	3271980	-1559953	-749675
二、代理财政性存款				(2)单位贷款	6856220	-173138	1059157
三、金融债券				经营贷款	3617240	-368283	649630
其中:境外发行				固定资产贷款	3238980	196646	410577
四、卖出回购资产				并购贷款		-1500	-1050
五、向中央银行借款	9112	-8101	-14882	贸易融资			
六、银行业存款类金融机构往来			-564645	(3)非存款类金融机构贷款			
七、借款及非存款类金融机构拆入				3.票据融资	899229	176546	310502
八、联行往来(净)	1073435	-2045104	2866315	4.融资租赁	3165712	-642924	701329
九、应付及暂收款	718622	-308325	-440103	5.各项垫款	26688	26195	73
其中:应付利息	460415	-20988	171084	(二)境外贷款	13	9	4
十、其他负债	174629	-4252	13492	二、债券投资	74608	59659	-16367
十一、所有者权益	2905533	367096	59975	三、股权及其他投资	1355719	184179	800231
其中:实收资本	1500000		-295765	四、买入返售资产	120001	120001	-540200
				五、存放中央银行存款	641032	81190	-298627
				六、缴存中央银行财政性存款			
				七、银行业存款类金融机构往来	6610200	1708306	-1162891
				八、存放非存款类金融机构款项	23124	4771	-424322
				九、联行往来(净)			
				其中:境内存放二级准备金			
				十、库存现金			
				十一、应收及预付款	98541	-18815	-18790
				其中:应收利息	63121	-36368	-25480
				十二、投资性房地产	1160	-35	1195
				十三、固定资产	31055	240	-3398
				十四、其他资产	258888	2912	39883
				十五、减:各项准备	625562	76166	12824
				其中:贷款减值准备	624443	76307	16724
资金来源总计	28940157	531720	-771753	资金运用总计	28940157	531720	-771753

注:本表数据为合并口径。

(18)湖北省消费金融公司人民币信贷收支表

表 5-1-1-2-18　　　　2022 年 12 月 31 日　　　　单位:万元

来源项目名称 \ 栏目	12 月余额	比年初增减数		运用项目名称 \ 栏目	12 月余额	比年初增减数	
		2022 年	2021 年			2022 年	2021 年
一、各项存款		-11000	-5000	一、各项贷款	1105643	95028	204584
(一)境内存款		-11000	-5000	(一)境内贷款	1105643	95028	204584
1.个人存款				1.短期贷款	896732	191697	213289
其中:保证金存款				(1)个人贷款及透支	896732	191697	213289
2.单位存款		-11000	-5000	其中:个人消费贷款	896732	191697	213289
其中:活期存款		-11000	-5000	(2)单位贷款及透支			
定期存款				经营贷款及透支			
保证金存款				固定资产贷款			
(二)境外存款				并购贷款			
二、代理财政性存款				贸易融资			
三、金融债券	20608	-95280	111630	2.中长期贷款	208911	-96669	-8705
其中:境外发行				(1)个人贷款	208911	-96669	-8705
四、卖出回购资产				其中:个人消费贷款	208911	-96669	-8705
五、中长期借款				(2)单位贷款			
其中:境外借款				经营贷款			
六、向中央银行借款				固定资产贷款			
七、金融机构存放				并购贷款			
八、金融机构拆入	1005100	216407	95549	贸易融资			
十、应付及暂收款	53547	13011	229	3.票据融资			
十一、其他负债				4.融资租赁			
十二、所有者权益	156017	12054	-3424	5.各项垫款			
其中:实收资本	100580	6580		(二)境外贷款			
				二、债券投资			
				三、股权及其他投资			
				四、买入返售资产			
				五、存放中央银行存款			
				六、存放金融机构	86574	39790	9989
				七、拆放金融机构			
				九、库存现金			
				十、应收及预付款	40140	6782	8276
				其中:应收利息	30019	7989	6845
				十一、投资性房地产			
				十二、固定资产	18436	5993	4140
				十三、其他资产	45818	-2428	-10453
				十四、减:各项准备	61339	9972	17553
资金来源总计	1235272	135192	198982	资金运用总计	1235272	135192	198982

注:本表数据为合并口径。

(19)湖北省小额贷款公司人民币信贷收支表

表 5-1-1-2-19　　　　2022 年 12 月 31 日　　　　单位:万元

来源项目名称	12 月余额	比年初增减数 2022 年	比年初增减数 2021 年	运用项目名称	12 月余额	比年初增减数 2022 年	比年初增减数 2021 年
一、各项存款				一、各项贷款	2595201	-96127	-158902
(一)境内存款				(一)境内贷款	2595201	-96127	-158902
1.个人存款				1.短期贷款	2363330	-89012	-127424
其中:保证金存款				(1)个人贷款及透支	1136509	-75058	-115087
2.单位存款				其中:个人消费贷款	15725	-1343	1318
其中:活期存款				(2)单位贷款及透支	1226821	-13954	-12337
定期存款				经营贷款及透支	1226821	-13954	-12337
保证金存款				固定资产贷款			
(二)境外存款				并购贷款			
二、代理财政性存款				贸易融资			
三、金融债券				2.中长期贷款	231762	-7124	-31466
其中:境外发行				(1)个人贷款	150448	-4508	-20575
四、卖出回购资产	16981	-5248	-1767	其中:个人消费贷款	14047	286	-5941
五、中长期借款		-10750	3750	(2)单位贷款	81314	-2616	-10892
其中:境外借款		-10750	3750	经营贷款	81314	-2616	-10892
六、向中央银行借款				固定资产贷款			
七、金融机构存放				并购贷款			
八、金融机构拆入	21556	-12970	14970	贸易融资			
十、应付及暂收款	258122	-15986	44787	3.票据融资			
十一、其他负债	14191	-914	-207	4.融资租赁			
十二、所有者权益	2729475	-107188	-241062	5.各项垫款	110	10	-12
其中:实收资本	2703279	-80181	-220788	(二)境外贷款			
				二、债券投资		-500	
				三、股权及其他投资	80234	2735	17610
				四、买入返售资产			
				五、存放中央银行存款			
				六、存放金融机构	37591	707	-13734
				七、拆放金融机构			
				九、库存现金	14226	672	-75
				十、应收及预付款	280752	-57913	81559
				其中:应收利息	57145	4272	12295
				十一、投资性房地产	12892	6063	1618
				十二、固定资产	46092	-1420	6597
				十三、其他资产	206615	-2070	-98574
				十四、减:各项准备	233279	5204	15628
资金来源总计	3040325	-153055	-179529	资金运用总计	3040325	-153055	-179529

注:本表数据为合并口径。

3.外汇综合统计

(1)湖北省金融机构外汇信贷收支表

表 5-1-1-3-1　　2022 年 12 月 31 日　　单位:万美元

栏目 来源项目名称	12 月余额	比年初增减数		栏目 运用项目名称	12 月余额	比年初增减数	
		2022 年	2021 年			2022 年	2021 年
一、各项存款	846741	-468592	83693	一、各项贷款	1904910	-423016	192534
(一)境内存款	769352	-224108	35515	(一)境内贷款	555091	-293233	212181
1.住户存款	261671	-11177	3876	1.住户贷款	915	152	154
(1)活期存款	141462	-14326	8448	(1)短期贷款	889	168	168
(2)定期及其他存款	120209	3150	-4572	消费贷款	889	168	168
2.非金融企业存款	497799	-211321	30984	经营贷款			
(1)活期存款	305079	-73424	13821	(2)中长期贷款	26	-15	-13
(2)定期及其他存款	192720	-137897	17164	消费贷款	26	-15	-13
3.机关团体存款	6869	-1892	1243	经营贷款			
4.财政性存款				2.非金融企业及机关团体贷款	554176	-293385	212027
5.非银行业金融机构存款	3013	281	-588	(1)短期贷款	157854	-261575	131058
(二)境外存款	77389	-244483	48178	(2)中长期贷款	342459	-63125	72629
二、金融债券				(3)票据融资			
其中:境外发行				(4)融资租赁	53839	31315	8316
三、卖出回购资产				(5)各项垫款	23		23
四、借款及非银行业金融机构拆入	39881	-21869	-9887	3.非银行业金融机构贷款			
五、联行往来(净)	647065	159521	-134189	(二)境外贷款	1349819	-129783	-19646
六、应付及暂收款	44714	-43710	23729	二、债券投资			
七、各项准备	203874	-8752	-9822	其中:境外债券			
八、所有者权益	62285	-1458	194855	三、股权及其他投资	1015		
其中:实收资本	2480		-617	四、买入返售资产			
九、其他	83907	-32738	38504	五、存放非银行业金融机构款项	4023	919	-1785
				六、联行往来(净)			
				其中:境内存放二级准备金			
				七、应收及预付款	18494	4500	-3858
				八、投资性房地产			
				九、固定资产	26	-2	-8
资金来源总计	1928468	-417599	186883	资金运用总计	1928468	-417599	186883

注:本表数据为合并口径。

(2)湖北省跨境收付各季度统计表

表 5-1-1-3-2　　2022 年 12 月 31 日　　单位:万美元

交易金额(折美元)	收入金额	支出金额	总金额
2022 年第 1 季度	1830369	1596596	3426965
2022 年第 2 季度	1365761	1139896	2505657
2022 年第 3 季度	1444068	1412899	2856967
2022 年第 4 季度	1396877	1210842	2607720
合计	6037076	5360233	11397308

(3)湖北省银行结售汇各季度统计表

表 5-1-1-3-3　　2022 年 12 月 31 日　　单位:万美元

本期金额值	结汇	售汇	结汇售汇
2022 年 1 季度	860876	616847	1477723
2022 年 2 季度	734251	756995	1491246
2022 年 3 季度	857476	828244	1685720
2022 年 4 季度	719159	672683	1391842
合计	3171762	2874769	6046531

(4)湖北省外债期限结构各季度统计表

表 5-1-1-3-4　　2022 年 12 月 31 日　　单位:万美元

项目	一季度	二季度	三季度	四季度
中长期余额	686918	719136	699461	691045
短期余额	193683	164312	163524	142689
总外债余额	880601	883448	862985	833734

(二)保险业

1.湖北省保险业经营情况统计表

表 5-1-2-1　　2022 年 12 月 31 日　　单位:万元

项目	本年累计数
一、原保险保费收入	19524660
1.财产险	4231535
2.人身险	15293125
(1)寿险	10959215
(2)健康险	3947728
(3)人身意外伤害险	386182
二、原保险赔付支出	6019244
1.财产险	2612305
2.人身险	3406939
(1)寿险	1631889
(2)健康险	1644918
(3)人身意外伤害险	130132

注:1.本表数据是保险业执行《关于印发〈保险合同相关会计处理规定〉的通知》(财会〔2009〕15 号)后,各保险公司按照相关口径要求报送的数据。
2.原保险保费收入为按《企业会计准则(2006)》设置的统计指标,指保险企业确认的原保险合同保费收入。
3.原保险赔付支出为按《企业会计准则(2006)》设置的统计指标,指保险企业支付的原保险合同赔付款项。
4.原保险保费收入、原保险赔付支出、保险金额和保单件数为本年累计数。
5.上述数据来源于各公司报送的保险数据,未经审计。

2.湖北省财产保险机构经营情况统计表

表 5-1-2-2　　2022 年 12 月 31 日　　单位:万元、%

机构名称	本年累计值					
	原保险保费收入			赔款支出		
	本期金额	上年同期金额	同比	本期金额	上年同期金额	同比
中国人民财产保险股份有限公司湖北省分公司	2061490	1842449	11.89%	1336828	1281637	4.31%
中国大地财产保险股份有限公司湖北分公司	62842	57025	10.20%	42586	55202	-22.85%
中国出口信用保险公司湖北分公司	8156	14330	-43.08%	6201	3165	95.95%
中华联合财产保险股份有限公司湖北分公司	163908	148990	10.01%	107403	107441	-0.04%
中国太平洋财产保险股份有限公司湖北分公司	661384	577095	14.61%	412163	354404	16.30%
中国平安财产保险股份有限公司湖北分公司	1122228	997076	12.55%	676161	598941	12.89%
史带财产保险股份有限公司湖北分公司	64	23	180.13%	11	5	119.09%
华安财产保险股份有限公司湖北分公司	37599	33795	11.26%	19423	17834	8.91%
永安财产保险股份有限公司湖北分公司	33325	30577	8.99%	18220	20449	-10.90%
太平财产保险有限公司湖北分公司	98789	91197	8.32%	60091	61923	-2.96%
亚太财产保险有限公司湖北分公司	24120	25570	-5.67%	10005	15984	-37.41%
中银保险有限公司湖北分公司	14481	14817	-2.27%	6991	9571	-26.96%
永诚财产保险股份有限公司湖北分公司	15942	15682	1.66%	6075	5574	8.98%
安盛天平财产保险有限公司湖北分公司	12485	10228	22.07%	6208	7006	-11.38%
阳光财产保险股份有限公司湖北省分公司	139785	109364	27.82%	84937	61337	38.47%

续表 5-1-2-2

机构名称	本年累计值					
	原保险保费收入			赔款支出		
	本期金额	上年同期金额	同比	本期金额	上年同期金额	同比
都邦财产保险股份有限公司湖北分公司	2287	4452	-48.63%	4359	9245	-52.85%
渤海财产保险股份有限公司湖北分公司	9006	16702	-46.08%	10970	16662	-34.17%
中国人寿财产保险股份有限公司湖北省分公司	250211	246566	1.48%	175568	150306	16.81%
现代财产保险(中国)有限公司湖北分公司	3312	53	6106.58%	505		
长安责任保险股份有限公司湖北省分公司	22919	22268	2.92%	13830	16443	-15.89%
国元农业保险股份有限公司湖北分公司	10942	10877	0.60%	8742	6017	45.28%
鼎和财产保险股份有限公司湖北分公司	21232	17262	23.00%	8721	10895	-19.96%
中煤财产保险股份有限公司湖北分公司	4997	10071	-50.38%	5496	7161	-23.26%
国泰财产保险有限责任公司湖北分公司	22847	20552	11.17%	16060	14724	9.07%
英大泰和财产保险股份有限公司湖北分公司	68680	66369	3.48%	41375	37066	11.63%
紫金财产保险股份有限公司湖北分公司	13826	12869	7.44%	8049	7689	4.68%
浙商财产保险股份有限公司湖北分公司	4938	11215	-55.97%	7494	12132	-38.23%
国任财产保险股份有限公司湖北分公司	24781	23686	4.62%	15936	11637	36.95%
锦泰财产保险股份有限公司湖北分公司	8628	8834	-2.33%	5497	5799	-5.20%
众诚汽车保险股份有限公司湖北分公司	5925	519	1040.89%	1427	38	3606.21%
华泰财产保险有限公司湖北省分公司	7031	5450	29.02%	1548	2345	-33.99%
长江财产保险股份有限公司湖北分公司	45797	18932	141.90%	22350	18059	23.76%
富德财产保险股份有限公司湖北分公司	1148	3026	-62.06%	2975	4952	-39.92%
新疆前海联合财产保险股份有限公司湖北分公司	4501	5253	-14.32%	2391	2538	-5.79%
建信财产保险有限公司湖北分公司	8350	7074	18.05%	3720	4008	-7.17%
大家财产保险有限责任公司湖北分公司	20101	18291	9.90%	10666	8103	31.63%
众安在线财产保险股份有限公司(虚拟)	98834	78992	25.12%	46293	36634	26.37%
中国铁路财产保险自保有限公司(虚拟)	3915	1290	203.43%	1357	803	69.03%
泰康在线财产保险股份有限公司(虚拟)	101312	41025	146.96%	52954	19090	177.40%
易安财产保险股份有限公司(虚拟)		0		0		
安心财产保险有限责任公司(虚拟)					0	
阳光信用保证保险股份有限公司(虚拟)	3	37	-93.28%	77	92	-16.25%
众惠财产相互保险社(虚拟)	609	411	48.17%	946	377	150.53%
合计	5222730	4620295	13.04%	3262607	3003287	8.63%

3.湖北省人身保险机构经营情况统计表

表 5-1-2-3　　2022 年 12 月 31 日　　单位:万元、%

机构名称	本年累计值					
	原保险保费收入			赔款支出		
	本期金额	上年同期金额	同比	本期金额	上年同期金额	同比
中国人寿保险股份有限公司湖北省分公司(国寿股份)	2076455	2081086	-0.22%	503706	448391	12.34%
中国人寿保险股份有限公司湖北省分公司(国寿存续)	1008	1253	-19.54%	91292	107656	-15.20%
中国太平洋人寿保险股份有限公司湖北分公司	951389	875871	8.62%	249117	326230	-23.64%
中国平安人寿保险股份有限公司湖北分公司	1837266	1984161	-7.40%	326534	321387	1.60%
新华人寿保险股份有限公司湖北分公司	834978	803556	3.91%	219641	233297	-5.85%

续表 5-1-2-3

机构名称	本年累计值					
	原保险保费收入			赔款支出		
	本期金额	上年同期金额	同比	本期金额	上年同期金额	同比
泰康人寿保险有限责任公司湖北分公司	1061081	1025951	3.42%	235884	242465	-2.71%
太平人寿保险有限公司湖北分公司	831760	800009	3.97%	131723	130546	0.90%
中宏人寿保险有限公司湖北分公司	26172	20427	28.13%	1914	1702	12.40%
建信人寿保险股份有限公司湖北分公司	349109	365798	-4.56%	13946	80185	-82.61%
安联人寿保险有限公司湖北分公司	2647	1603	65.16%	119	29	317.17%
工银安盛人寿保险有限公司湖北分公司	277733	186864	48.63%	50452	19735	155.65%
中信保诚人寿保险有限公司湖北省分公司	184528	159352	15.80%	16096	12315	30.71%
交银人寿保险有限公司湖北省分公司	124966	154144	-18.93%	2930	2719	7.76%
中意人寿保险有限公司湖北省分公司	40434	28633	41.21%	2145	2158	-0.60%
光大永明人寿保险有限公司湖北分公司	38312	30843	24.22%	7095	1704	316.25%
友邦人寿保险有限公司湖北分公司	9008			213		
北大方正人寿保险有限公司湖北分公司	37983	31273	21.46%	3763	2529	48.82%
中英人寿保险有限公司湖北分公司	65992	63194	4.43%	12598	12460	1.10%
同方全球人寿保险有限公司湖北分公司	60653	56497	7.36%	6688	7870	-15.03%
民生人寿保险股份有限公司湖北分公司	16676	17188	-2.98%	4789	6882	-30.41%
招商信诺人寿保险有限公司湖北分公司	105406	92375	14.11%	11653	44221	-73.65%
瑞泰人寿保险有限公司湖北分公司	8634	6156	40.25%	863	392	120.25%
富德生命人寿保险股份有限公司湖北分公司	686411	646952	6.10%	46024	100074	-54.01%
平安养老保险股份有限公司湖北分公司	34699	40603	-14.54%	21742	24259	-10.38%
合众人寿保险股份有限公司湖北分公司	123607	184877	-33.14%	19466	27034	-27.99%
华泰人寿保险股份有限公司湖北分公司	10026	8498	17.98%	768	895	-14.25%
太平养老保险股份有限公司湖北分公司	12756	11130	14.61%	6087	5176	17.59%
中美联泰大都会人寿保险有限公司湖北分公司	18912	22509	-15.98%	1340	1610	-16.77%
平安健康保险股份有限公司湖北分公司	40077	19971	100.67%	8446	1469	474.97%
中国人民健康保险股份有限公司湖北分公司	171149	110933	54.28%	14235	5124	177.81%
信泰人寿保险股份有限公司湖北分公司	258269	361042	-28.47%	8274	6303	31.27%
农银人寿保险股份有限公司湖北分公司	154380	163884	-5.80%	64368	28081	129.22%
长城人寿保险股份有限公司湖北分公司	196835	156405	25.85%	29002	30545	-5.05%
和谐健康保险股份有限公司湖北分公司	141498	29096	386.32%	79625	203173	-60.81%
中国人民人寿保险股份有限公司湖北省分公司	371391	348756	6.49%	151000	67551	123.54%
国华人寿保险股份有限公司湖北分公司	204383	224356	-8.90%	12757	7261	75.70%
恒大人寿保险有限公司湖北分公司	470510	438016	7.42%	59814	17438	243.01%
英大泰和人寿保险股份有限公司湖北分公司	166416	111151	49.72%	6519	7143	-8.73%
泰康养老保险股份有限公司湖北分公司	68961	83382	-17.30%	16535	16285	1.54%
幸福人寿保险股份有限公司湖北分公司	143481	107369	33.63%	24956	25173	-0.86%
阳光人寿保险股份有限公司湖北分公司	384194	382784	0.37%	49457	75052	-34.10%
百年人寿保险股份有限公司湖北分公司	286864	252509	13.61%	24079	25120	-4.14%
中邮人寿保险股份有限公司湖北分公司	589565	524713	12.36%	132766	48470	173.91%
大家人寿保险股份有限公司湖北分公司	389584	217824	78.85%	79110	33607	135.40%
前海人寿保险股份有限公司湖北分公司	394262	867473	-54.55%	6359	7415	-14.24%
财信吉祥人寿保险股份有限公司湖北分公司	41431	60299	-31.29%	749	937	-20.01%
国联人寿保险股份有限公司湖北分公司	78					
合计	14301930	14160767	1.00%	2756637	2770067	-0.48%

(三)证券期货业

1.证券业

(1)湖北省证券机构经营情况统计表

表 5-1-3-1-1　　　　2022 年 12 月 31 日

	指标	本年累计新增数(家)		年末数(家)	
基本情况	证券公司			2	
	证券分公司家数	3		65	
	证券营业部家数	-4		368	
	证券投资咨询公司			1	
	证券投资咨询分公司	-1		6	
	证券投资基金分公司			4	
	独立基金销售机构			2	
	指标	总资产(亿元)	同比(%)	净资产(亿元)	同比(%)
	长江证券	1489.02	-1.04%	288.91	-1.15%
	天风证券	881.39	-3.80%	227.02	-7.76%
证券公司	指标	本年累计数(亿元)		同比(%)	
	证券交易总额	157117.04		-16.68%	
	营业收入	55.31		-38.78%	
	其中:手续费及佣金收入	51.98		-13.41%	
	净利润	-3.68		-122.55%	
证券分支机构	指标	本年累计数(亿元)		同比(%)	
	证券交易总额	163191.96		0.53%	
	部均交易量	376.89		0.76%	
	营业收入	40.78		-15.51%	
	其中:手续费及佣金收入	33.89		-18.97%	
	净利润	5.88		-48.37%	

注:表中百分数正数为同比增长,负数为同比下降。

(2)湖北省证券机构资产负债项目统计表

表 5-1-3-1-2　　　　2022 年 12 月 31 日　　　　单位:万元

项目 机构名称	资产总计	负债和所有者权益(或股东权益)总计	
		负债合计	所有者权益(或股东权益)合计
长江证券股份有限公司	14890766	12002507	2888259
天风证券股份有限公司	9820831	7435945	2384886
爱建证券有限责任公司湖北分公司	1607	2385	-778
安信证券股份有限公司湖北分公司	30775	30775	
财信证券股份有限公司湖北分公司	2038	1538	500
东北证券股份有限公司湖北分公司	24645	24145	500
东莞证券股份有限公司湖北分公司	70891	70891	
方正证券股份有限公司湖北分公司	27466	25845	1621
光大证券股份有限公司武汉分公司	82627	77922	4705
广发证券股份有限公司湖北分公司	517947	495943	22004

续表 5-1-3-1-2

项目 机构名称	资产总计	负债和所有者权益(或股东权益)总计	
		负债合计	所有者权益(或股东权益)合计
国海证券股份有限公司武汉分公司	2597	2597	
国开证券股份有限公司湖北省分公司	317	317	
国联证券股份有限公司湖北分公司	3523	1958	1565
国盛证券有限责任公司湖北分公司	11906	10006	1900
国元证券股份有限公司湖北分公司	20236	19436	800
海通证券股份有限公司湖北分公司	115045	109481	5564
宏信证券有限责任公司湖北分公司	1152	1152	
华安证券股份有限公司湖北分公司	15026	15226	-200
华创证券有限责任公司湖北分公司	2733	2233	500
华福证券有限责任公司华中分公司	20104	20104	
华金证券股份有限公司湖北分公司	3191	5155	-1963
华林证券股份有限公司湖北分公司	9609	10961	-1352
国新证券股份有限公司湖北分公司	18714	19023	-309
华泰证券股份有限公司湖北分公司	349692	338885	10807
九州证券股份有限公司湖北分公司	6006	7571	-1565
粤开证券股份有限公司武汉分公司	2181	1681	500
民生证券股份有限公司武汉分公司	1176	1459	-284
平安证券股份有限公司湖北分公司	96474	79594	16880
申港证券股份有限公司湖北分公司	9420	14301	-4881
太平洋证券股份有限公司武汉分公司	3586	3286	300
万和证券股份有限公司湖北分公司	2267	3349	-1082
万联证券股份有限公司湖北分公司	58306	48572	9734
西部证券股份有限公司湖北分公司	1382	882	500
东方财富证券股份有限公司湖北分公司	12551	11821	730
西南证券股份有限公司湖北分公司	9154	8654	500
兴业证券股份有限公司湖北分公司	86318	91989	-5672
长城国瑞证券有限公司湖北分公司	7	99	-92
长城证券股份有限公司湖北分公司	116369	109069	7300
中国银河证券股份有限公司湖北分公司	246509	238509	8000
中国中金财富证券有限公司湖北分公司	97894	97394	500
中山证券有限责任公司湖北分公司	12700	12700	
中泰证券股份有限公司湖北分公司	44212	43509	703
中天国富证券有限公司湖北分公司	68	1625	-1558
中信建投证券股份有限公司湖北分公司	-844	300	-1144
中信证券股份有限公司湖北分公司	230013	230570	-557
中银国际证券股份有限公司武汉分公司	137773	132884	4889
中邮证券有限责任公司湖北分公司	6595	5533	1061
华英证券有限责任公司华中分公司	1016	16	1000
开源证券股份有限公司湖北分公司	844	844	
东亚前海证券有限责任公司湖北分公司	3293	3058	234
渤海证券股份有限公司武汉分公司	2618	2558	60
信达证券股份有限公司湖北分公司	1053	1053	
首创证券股份有限公司湖北分公司	1012	150	862

注:1.本表内中信建投证券股份有限公司湖北分公司统计数据不含其省内证券营业部数据。
　2.本表数据来源于各单位报送数据,未经审计。

2.期货业

(1)湖北省期货机构经营情况统计表

表 5-1-3-2-1　　2022 年 12 月 31 日

	指标	本年累计新增数(家)	年末数(家)
基本情况	期货公司		2
	期货分公司(家)	3	28
	期货营业部(家)	2	42
	指标	净资产(万元)	净资本(万元)
	长江期货	93174.78	73460.19
	美尔雅期货	54696.52	34628.35
期货公司	指标	本年累计数	同比(%)
	代理交易量(万手)	11604.99	-28.22%
	代理交易额(亿元)	82539.14	20.10%
	手续费收入(万元)	39597.08	-15.54%
	净利润(万元)	12324.75	-27.93%
期货营业部	指标	本年累计数	同比(%)
	代理交易量(万手)	16768.61	-13.18%
	代理交易额(亿元)	115749.53	-14.97%
	手续费收入(万元)	50913.35	-4.10%
	净利润(万元)	16195.37	-8.49%

注:表中百分数正数为同比增长,负数为同比下降。

(2)湖北省期货机构资产负债项目统计表

表 5-1-3-2-2　　2022 年 12 月 31 日　　单位:万元

机构名称＼项目	资产总计	负债和所有者权益(或股东权益)总计	
		负债合计	所有者权益(或股东权益)合计
长江期货股份有限公司	772612	675393	97219
美尔雅期货有限公司	491784	434926	56858
中信期货有限公司中南分公司	31834	34275	-2441
海通期货股份有限公司湖北分公司	18053	19126	-1073
中国国际期货股份有限公司武汉分公司	12709	12709	
中泰期货股份有限公司武汉分公司	6511	6248	263
瑞达期货股份有限公司武汉市分公司	9320	7324	1997
宁证期货有限责任公司湖北分公司	-53	163	-217
方正中期期货有限公司湖北分公司	33870	33117	752
紫金天风期货股份有限公司湖北分公司	1744	1533	211
中信建投期货有限公司湖北分公司	15151	14600	551
广州期货股份有限公司湖北分公司	15853	15777	76
广发期货有限公司武汉分公司	17834	15067	2767
国泰君安期货有限公司湖北分公司	15034	14934	100
兴证期货有限公司湖北分公司	71	83	-12

续表 5-1-3-2-2

项目 机构名称	资产总计	负债和所有者权益(或股东权益)总计	
		负债合计	所有者权益(或股东权益)合计
福能期货股份有限公司湖北分公司	8734	9072	-338
混沌天成期货股份有限公司湖北分公司	7282	7282	
华金期货有限公司湖北分公司	8579	7373	1206
宏源期货有限公司湖北分公司	17411	17411	
前海期货有限公司湖北分公司	-96	64	-159
华闻期货有限公司华中分公司	11695	12221	-526
中州期货有限公司华中分公司	59352	59062	290
国金期货有限责任公司湖北分公司	19	30	-11
大有期货有限公司武汉分公司	10915	10945	-30
中天期货有限责任公司湖北分公司	2801	2801	
国贸期货有限公司武汉分公司	773	783	-10

注:1.海通期货股份有限公司华中分公司名称于 2022 年 2 月变更为海通期货股份有限公司湖北分公司。
2.本表数据来源于各单位报送数据,未经审计。

(四)上市公司、“新三板”挂牌企业情况统计

1.湖北省上市公司地区分布及运行情况统计表

表 5-1-4-1　　2022 年 12 月 31 日　　单位:亿股、亿元

地区	上市公司数量(家)	占全省比重(%)	总股本	总市值	资产总计	营业总收入
武汉市	75	56.39	810.94	6905.72	10788.45	4863.81
黄石市	7	5.26	112.83	1951.32	2473.63	1975.38
十堰市	3	2.26	16.07	224.67	233.00	160.78
宜昌市	11	8.27	78.55	1226.04	1301.94	821.95
襄阳市	11	8.27	46.26	527.21	443.00	280.26
鄂州市	1	0.75	5.97	28.19	18.27	10.56
荆门市	6	4.51	78.66	553.34	3254.64	747.21
孝感市	5	3.76	19.12	186.96	485.38	236.23
荆州市	7	5.26	98.58	1675.55	1426.10	687.85
黄冈市	2	1.50	3.54	27.11	63.43	28.61
咸宁市	1	0.75	1.56	15.66	15.85	7.25
随州市	1	0.75	2.78	56.40	20.63	9.16
仙桃市	1	0.75	10.49	19.71	13.29	5.15
潜江市	2	1.50	22.88	68.41	61.37	19.68
总计	133	100	1308.21	13466.29	20598.97	9853.90

注:本表“资产总计”“营业总收入”项目统计口径为合并报表数。

2.湖北省“新三板”挂牌企业地区分布及运行情况统计表

表 5-1-4-2　　2022 年 12 月 31 日　　单位:万股、万元

项目 地区	挂牌家数(家)	家数占比(%)	股份总量	可交易股份数量	资产合计	总资产均值	净资产合计	净资产均值	营业收入合计	营业收入均值	净利润合计	净利润均值
武汉市	162	67.22	892686.88	583081.86	4436136.60	27383.56	1773617.85	10948.26	2967062.80	18315.20	46577.81	287.52
黄石市	4	1.66	19497.95	7403.84	112859.08	28214.77	35173.64	8793.41	57317.58	14329.39	2137.74	534.43
十堰市	7	2.90	39355.38	20341.76	192354.63	27479.23	70361.77	10051.68	81095.19	11585.03	-3710.28	-530.04
宜昌市	16	6.64	126209.69	73980.76	770212.82	48138.30	351053.08	21940.82	428401.52	26775.10	40001.86	2500.12
襄阳市	6	2.49	21100.00	11640.43	157053.05	26175.51	68152.77	11358.80	103284.61	17214.10	2051.93	341.99
鄂州市	4	1.66	32183.43	14515.06	187811.90	46952.97	81316.02	20329.01	110020.75	27505.19	1739.65	434.91
荆门市	9	3.73	28287.00	13525.10	164085.84	18231.76	61611.57	6845.73	95990.58	10665.62	6410.08	712.23
孝感市	2	0.83	15763.00	11377.92	72101.47	36050.73	31010.38	15505.19	31074.38	15537.19	767.88	383.94
荆州市	5	2.07	25875.81	13403.46	99407.01	19881.40	33243.71	6648.74	49493.66	9898.73	2612.61	522.52
黄冈市	15	6.22	147699.20	58066.08	1960355.68	130690.38	805499.75	53699.98	1722407.24	114827.15	125881.69	8392.11
咸宁市	2	0.83	6933.00	4909.85	7532.53	3766.27	3900.26	1950.13	4237.98	2118.99	-841.97	-420.98
随州市	4	1.66	29574.00	19157.76	207239.06	51809.76	88084.13	22021.03	276809.33	69202.33	7085.83	1771.46
恩施州	1	0.41	2000.00	2000.00	333.00	333.00	-161.83	-161.83			1.35	1.35
仙桃市	2	0.83	9146.89	3193.39	50445.36	25222.68	17651.93	8825.97	25647.11	12823.55	1440.44	720.22
天门市	2	0.83	9000.00	4180.35	32175.77	16087.89	13122.92	6561.46	17341.34	8670.67	1503.30	751.65
总计	241	100	1405312.22	840777.60	8450103.81	506418.22	3433637.95	205318.36	5970184.07	359468.25	233659.91	16403.43

（五）地方金融组织运营情况统计

1.湖北省小额贷款公司运营情况统计表

表 5-1-5-1　　2022 年 12 月 31 日　　单位：家、人、户、万元、%

主要指标	年初数	发生数	年末数
一、机构数量	384	-	368
其中：法人机构数量	360	-	344
分支机构数量	24	-	24
二、从业人数	1800	-	1472
三、资产总额	3387057	-	3310713
四、负债总额	345565	-	312736
五、实收资本	3295100	-	3009243
六、营业收入	-	53513	-
七、净利润	-	9845	-
八、贷款余额	2744690	-	2739331
其中：不良贷款余额	972950	-	1016782
九、贷款户数	48506	-	55166
十、贷款笔数	87041	-	83230
十一、累计发放贷款金额	-	805427	-
十二、累计发放贷款户数	-	15017	-
十三、累计发放贷款笔数	-	22008	-
十四、加权平均利率（年化）	-	13	-

注：本表报送范围为在省内登记注册的小额贷款公司（含省外小额贷款公司法人机构在本省设立的分支机构，但不含本省小额贷款公司法人机构在省外设立的分支机构）。

2.湖北省融资担保公司运营情况统计表

表 5-1-5-2　　2022 年 12 月 31 日　　单位：万元、%

主要指标	年初数	本年度增加（发生额）	本年度减少/解除（发生额）	年末数
融资担保金额	18231750	14198688	10226714	22203724
其中：直接融资担保金额	16257890	12311842	8493530	20076202
其中：个人消费借款担保	1083079			1438543
住房置业担保	274511			286854
发行债券担保	6288100			7459450
关联方担保	371530			267196
融资再担保金额	1973860	1886846	1733184	2127522
其中：比例风险性融资再担保	221649			95406
融资担保代偿金额	1041467	114417	68953	1086931
其中：直接融资担保代偿金额	1039414	111322	68841	1081895
融资再担保代偿金额	2053	3095	112	5036
本年融资担保代偿率				1.1188
非融资担保金额	518431	1588108	1517977	588562
其中：直接非融资担保金额	518350	1585571	1516079	587842

续表 5-1-5-2

主要指标	年初数	本年度增加（发生额）	本年度减少/解除（发生额）	年末数
其中：诉讼保全担保	52240			14602
工程履约担保	37722			195624
其他非融资担保	428388			377616
非融资再担保金额	81	2537	1898	720
非融资担保代偿金额	5066	51		5117
担保金额合计	18750181	15786796	11744691	22792286
其中：再担保金额合计	1973941	1889383	1735082	2128242
担保代偿金额合计	1046533	114468	68953	1092048
担保准备金				806135
拔备覆盖率				73.8186
尚未履行代偿责任金额	856292			918237
其中：逾期 90 天以上尚未履行代偿责任金额	823610			872458
逾期 360 天以上尚未履行代偿责任金额	682465			763903
本年度累计缴纳的增值税金额		15764		

3.湖北省区域性股权市场运营情况统计表

表 5-1-5-3　　2022 年 12 月 31 日

主要指标	本年新增数	本年累计数
一、托管企业数量（家）	294	7142
二、托管股本（亿股）	51.4	2093.05
三、挂牌企业数量（家）	210	6339
四、四板市场成交量（亿股）	36.73	206.32
五、四板市场成交额（亿元）	40.58	352.89
六、四板市场股权融资额（亿元）	67.43	1691.49
其中：股权直接融资（亿元）	7.14	602.33
股权质押融资（亿元）	60.29	1089.16

4.湖北省典当行业运营情况统计表

表 5-1-5-4　　2022 年 12 月 31 日　　单位：家、人、万元、%

主要指标	本年发生数	本季度末数
一、典当企业数量	1	195
其中：法人机构数量	1	188
分支机构数量		7
其中：外省（区、市）典当行在本省（区、市）设立的分支机构数量		1
二、从业人员数量	106	1002
三、注册资本	5000	475700
四、实收资本	5000	475700

续表 5-1-5-4

主要指标	本年发生数	本季度末数
五、资产总额	9326.16	475328.95
六、负债总额	1366.66	27267.98
七、净资产	7959.5	448060.97
八、典当总额	473016.18	-
其中:房地产典当总额	280560.44	-
动产典当总额	108788.78	-
财产权利典当总额	83666.96	-
九、典当余额	19097.8	297283.53
其中:房地产典当余额	11504.2	166284.69
动产典当余额	3451.92	75478.77
财产权利典当余额	4141.68	55520.07
十、主营业务收入(利息及综合服务费)	13838.98	-
十一、净利润	-909.73	-
十二、对外融资余额		
其中:银行贷款余额		
资产、资产收益权转让		
其他融资余额		
十三、逾期当金余额	1727.22	95880.1
当金逾期率	-0.94	32.25
绝当金额	3392.51	9785.14
绝当率	0.010	0.033
十四、典当业务笔数	19258	-
其中:法人典当业务笔数	658	-
自然人典当业务笔数	18600	-
房地产典当业务笔数	5665	-
动产典当业务笔数	13279	-
财产权利典当业务笔数	314	-
十五、典当业务平均当期	92.07	-
其中:房地产典当平均当期	140.83	-
动产典当平均当期	59.56	-
财产权利典当平均当期	93.06	-

注:1.统计范围为本省登记注册的典当行法人及外省登记注册的典当行在本省的分支机构。
2.典当企业数量=法人机构数量+分支机构数量。
3.注册资本填报本省登记注册的典当行法人的注册资本数量。

5.湖北省融资租赁公司经营情况统计表

表 5-1-5-5　　2022 年 12 月 31 日　　单位:家、万元、%

主要指标	年初数	年末数
一、法人机构数量	153	153
其中:纳入监管名单的公司数量	21	21
完成公示非正常经营公司数量	0	67
国有控股融资租赁公司数量	17	17
其中:中央企业控股融资租赁公司数量	1	1

续表 5-1-5-5

主要指标	年初数	年末数
地方国企控股融资租赁公司数量	16	16
二、实收资本	948303	948303
三、总资产	2879307	2800688
其中:租赁资产	2062765	1943641
其中:融资租赁资产	1894155	1878204
其中:直接租赁资产	92114	89291
售后回租资产	1802041	1788913
四、对外融资余额	1377068	1405977
其中:对股东负债	225728	189925
短期银行贷款	171750	152464
长期银行贷款	492880	458645
发行的债券余额	284260	284260
资产证券化融资余额	127156	180246
其他融资余额	75295	140437
五、净资产	1265089	1168754
六、风险资产	1889014	2062226
七、不良资产余额	236373	266188
八、不良资产率	11.46%	13.70%
九、跨省融资租赁资产余额(承租人为省外)	473642	392828
其中:跨省售后回租资产余额	403478	325073

注:本表统计范围为在本省注册的融资租赁公司法人机构。

6.湖北省商业保理公司运营情况统计表

表 5-1-5-6　　2022 年 12 月 31 日　　单位:家、人、万元、%

主要指标	年末数
一、商业保理公司法人机构数量	14
其中:实收资本在 5000 万元(不含)以下的数量	2
实收资本在 5000 万元-1 亿元(不含)的数量	4
实收资本在 1 亿元-5 亿元(不含)的数量	8
实收资本在 5 亿元-10 亿元(不含)的数量	
实收资本在 10 亿元以上的数量	
其中:国有控股商业保理公司数量	8
其中:中央企业控股商业保理公司数量	
地方国企控股商业保理公司数量	8
民营控股商业保理公司数量	5
外资控股融资租赁公司数量	1
其中:纳入“监管名单”的公司数量	7
完成公示的非正常经营公司数量	
二、从业人员数量	93
三、注册资本	126100.00
四、实收资本	108305.50
五、总资产	283289.84

续表 5-1-5-6

主要指标	年末数
六、总负债	121876.28
七、净资产	161413.56
八、应收保理融资款本金	226172.21
其中:有追索权保理	167628.29
无追索权保理	58543.92
正向保理	184643.74
反向保理	41528.47
对省(区、市)内客户	208254.59
对省(区、市)外客户	17917.62
九、累计发放的保理融资款本金	-
十、累计受让的应收账款金额	-
十一、主营业务收入(利息及服务费收入)	-
十二、净利润	-
十三、风险资产	237860.87
十四、杠杆倍数(风险资产/净资产)	1.47
十五、风险准备金余额	3027.62
十六、不良保理资产余额	246.41
十七、不良保理资产率	0.11
十八、对外融资余额	105058.35
其中:股东借款	58358.35
银行借款	43800.00
资产证券化融资额	
债券融资余额	
再保理融资余额	
其他融资余额	2900.00

注:1.统计范围以在本省登记注册的商业保理公司法人机构为统计对象,本省商业保理公司法人机构在省外设立的分支机构有关情况汇总至法人机构统一填报。
2.有追索权保理:商业保理公司可以向应收账款债权人主张返还保理融资款本息或者回购应收账款债权,也可以向应收账款债务人主张应收账款债权。
3.无追索权保理:商业保理公司只可以向应收账款债务人主张应收账款债权。
4.对省(区、市)内客户:应收账款债权人为省(区、市)内的应收保理融资款本金。
5.对省(区、市)外客户:应收账款债权人为省(区、市)外的应收保理融资款本金。
6.风险资产:指总资产减去货币资金(现金和银行存款)和国债后的剩余资产。
7.资产证券化融资余额:通过将保理业务资产打包转让给特定目的载体,构建资产池发行市场流通的标准化证券余额。
8.风险准备金:指根据会计准则和监管规定,计提的风险准备金。
9.不良保理资产余额:指逾期90天以上和未逾期或逾期90天以内但计入不良的保理资产。
10.不良保理资产率:指不良保理资产余额与应收保理融资款本金余额之比。

7.湖北省地方资产管理公司运营情况统计表

表 5-1-5-7　　2022年12月31日　　单位:人、个、万元

主要指标	金融企业业务	非金融企业业务	合计
一、法人机构(家)	-	-	2
其中:接受本省(区、市)地方金融监管机构监管	-	-	2
从事跨省收购不良资产	-	-	-
民营及外资控股	-	-	-

续表 5-1-5-7

主要指标	金融企业业务	非金融企业业务	合计
二、本年累计收购不良资产账面值(含本金、利息)	210445.3	128307	338752.3
其中:本年累计跨省收购不良资产账面值(含本金、利息)	0	1300	1300
三、本年累计收购不良资产投资额	58978	128197	187175
其中:本年累计跨省收购不良资产投资额	0	1300	1300
四、存量不良资产账面值(含本金、利息)	1742535.9	1158822.9	2901358.8
五、存量不良资产投资余额	689311.9	940676.4	1629988.3
六、本年累计处置不良资产账面值(含本金、利息)	401468.5	150609.6	552078.1
七、本年累计处置不良资产收回资金	136087.1	150549.6	286636.7
八、资产总额	-	-	2081308.2
九、负债总额	-	-	1200722.1
十、本年累计营业收入	-	-	113366.2
十一、本年累计净利润	-	-	40922.7
	账面值	投资额	
十二、累计收购五类机构不良资产	1346	103	-
其中:小额贷款公司	0	0	-
融资担保公司	1346	103	-
典当行	0	0	-
融资租赁公司	0	0	-
商业保理公司	0	0	-

主要指标解释:1.金融企业业务:金融企业业务是指从金融企业手中收购的不良资产。

金融企业的定义依据《金融企业不良资产批量转让管理办法》,是指中华人民共和国境内依法设立的国有及国有控股商业银行、政策性银行、信托投资公司、财务公司、城市信用社、农村信用社以及原中国银行业监督管理委员会依法监督管理的其他国有及国有控股金融企业(金融资产管理公司除外)。

2.五类机构指小额贷款公司、融资担保公司、典当行、融资租赁公司及商业保理公司。

二、各地金融统计

1.各市(州)、直管市、林区本外币存贷款统计表

表 5-2-1　　2022 年 12 月 31 日　　汇率:6.9646　单位:亿元、%

项目 地区	各项存款			各项贷款		
	余额	比年初增减数	增幅(%)	余额	比年初增减数	增幅(%)
武汉市	35754	1978	5.86	44384	3558	8.72
黄石市	2465	255	11.56	2058	280	15.77
十堰市	3244	272	9.14	2199	281	14.67
宜昌市	5647	901	18.98	5179	510	10.92
襄阳市	5153	502	10.78	3577	414	13.10
鄂州市	1081	97	9.90	945	130	15.93
荆门市	2991	350	13.25	1734	189	12.25
孝感市	3506	389	12.48	2091	240	12.97
荆州市	4516	511	12.75	2777	312	12.64
黄冈市	4947	573	13.10	2954	401	15.70
咸宁市	2138	228	11.97	1663	187	12.66
随州市	2063	266	14.79	1093	111	11.30
恩施州	1992	262	15.17	1607	162	11.20
仙桃市	1157	128	12.42	582	91	18.58
潜江市	961	107	12.58	509	98	23.85
天门市	952	127	15.41	435	72	19.87
神农架林区	72	6	8.57	47	8	21.84
省本部	925	135	17.02	228	-21	-8.41
湖北省	**79564**	**7087**	**9.78**	**74062**	**7024**	**10.48**

注:本表以湖北省行政区划排序。
数据来源:中国人民银行武汉分行。

2.各市(州)保险业经营情况统计表

表 5-2-2　　2022 年 12 月 31 日　　单位:万元、%

地区	保费收入			赔款及给付		
	本期金额	上年同期金额	同比(%)	本期金额	上年同期金额	同比(%)
武汉市	8649459	8391813	3.07	2468196	2449903	0.75
黄石市	639195	600008	6.53	190730	172681	10.45
十堰市	916457	906531	1.09	281460	273509	2.91
宜昌市	1415127	1305928	8.36	443264	383551	15.57
襄阳市	1388747	1355277	2.47	422412	437625	-3.48
鄂州市	221943	219422	1.15	66629	62818	6.07
荆门市	865337	808075	7.09	292890	284781	2.85
孝感市	843022	833798	1.11	260475	246643	5.61
荆州市	1842992	1675731	9.98	646774	560397	15.41

续表 5-2-2

地区	保费收入			赔款及给付		
	本期金额	上年同期金额	同比(%)	本期金额	上年同期金额	同比(%)
黄冈市	1183901	1182468	0.12	390828	369933	5.65
咸宁市	531332	513520	3.47	194790	184544	5.55
随州市	365493	358581	1.93	128904	131382	-1.89
恩施州	654506	625020	4.72	222049	206342	7.61
本级	7149	4889	46.24	9843	9243	6.49
合计	19524660	18781062	3.96	6019244	5773354	4.26

3.各市(州)财产保险机构经营情况统计表

表 5-2-3　　2022 年 12 月 31 日　　单位:万元、%

地区	保费收入			赔款支出		
	本期金额	上年同期金额	同比(%)	本期金额	上年同期金额	同比(%)
武汉市	2221580	1931281	15.03	1323984	1254223	5.56
黄石市	163460	149466	9.36	106936	92224	15.95
十堰市	238926	223333	6.98	161681	153810	5.12
宜昌市	360619	320421	12.55	211338	190525	10.92
襄阳市	379593	337662	12.42	231740	226447	2.34
鄂州市	47714	43948	8.57	29718	29101	2.12
荆门市	273710	235120	16.41	160673	143875	11.68
孝感市	208658	203809	2.38	142694	140799	1.35
荆州市	520158	424711	22.47	355823	270288	31.65
黄冈市	303038	283377	6.94	206135	196089	5.12
咸宁市	154209	141270	9.16	103163	92696	11.29
随州市	123666	122603	0.87	85398	85722	-0.38
恩施州	220252	198408	11.01	133488	118248	12.89
本级	7148	4885	46.32	9836	9241	6.45
合计	5222730	4620295	13.04	3262607	3003287	8.63

4.各市(州)人身保险机构经营情况统计表

表 5-2-4　　2022 年 12 月 31 日　　单位:万元、%

地区	保费收入			赔款及给付		
	本期金额	上年同期金额	同比(%)	本期金额	上年同期金额	同比(%)
武汉市	6427879	6460533	-0.51	1144211	1195680	-4.30
黄石市	475735	450542	5.59	83794	80457	4.15
十堰市	677531	683198	-0.83	119779	119700	0.07
宜昌市	1054508	985507	7.00	231926	193026	20.15
襄阳市	1009154	1017614	-0.83	190673	211178	-9.71
鄂州市	174229	175474	-0.71	36911	33717	9.47

续表 5-2-4

地区	保费收入			赔款及给付		
	本期金额	上年同期金额	同比(%)	本期金额	上年同期金额	同比(%)
荆门市	591627	572955	3.26	132217	140906	-6.17
孝感市	634365	629988	0.69	117780	105844	11.28
荆州市	1322834	1251020	5.74	290951	290109	0.29
黄冈市	880863	899092	-2.03	184693	173844	6.24
咸宁市	377123	372250	1.31	91627	91848	-0.24
随州市	241828	235978	2.48	43506	45660	-4.72
恩施州	434253	426612	1.79	88561	88094	0.53
本级	1	4	-67.46	7	2	165.01
合计	14301930	14160767	1.00	2756637	2770067	-0.48

三、金融机构综合统计

(一)金融机构业务统计

1.银行业机构

(1)本外币信贷收支统计

① 国家开发银行湖北省分行本外币信贷收支表

表 5-3-1-1-1-1　　2022 年 12 月 31 日　　单位:万元

栏目 来源项目名称	12 月余额	比年初增减数 2022 年	比年初增减数 2021 年	栏目 运用项目名称	12 月余额	比年初增减数 2022 年	比年初增减数 2021 年
一、各项存款	4868801	-471436	-454109	一、各项贷款	68292370	3512260	1865826
(一)境内存款	4703929	-384200	-304833	(一)境内贷款	59378876	3752894	2234183
1.个人存款				1.短期贷款	419397	139840	-1602115
其中:活期储蓄存款				(1)个人贷款及透支			
定期储蓄存款				其中:个人消费贷款			
结构性存款				(2)单位贷款及透支	419397	139840	-1602115
2.单位存款	4703929	-384200	-304833	经营贷款及透支	419397	140197	-1402472
其中:活期存款	3497452	-1498806	265467	固定资产贷款			-200000
定期存款	26834	25096	-27427	并购贷款			
保证金存款	2	-96	0	贸易融资		-357	357
结构性存款				(3)非存款类金融机构贷款			
3.国库定期存款				2.中长期贷款	58959479	3613053	3971522
4.非存款类金融机构存款		0	0	(1)个人贷款	349312	60536	18128
(二)境外存款	164872	-87236	-149276	其中:个人消费贷款	349312	60536	18128
二、代理财政性存款				(2)单位贷款	58610168	3552518	3953394
三、金融债券				经营贷款	4273683	768116	1641442
其中:境外发行				固定资产贷款	54336485	2784402	2349676
四、卖出回购资产				并购贷款			
五、向中央银行借款				贸易融资			-37724
六、银行业存款类金融机构往来	154504	22253	-223794	(3)非存款类金融机构贷款			
七、借款及非存款类金融机构拆入				3.票据融资			-135224
八、联行往来(净)	61620861	3878992	2210522	4.融资租赁			
九、应付及暂收款	224328	15120	-21187	5.各项垫款			
其中:应付利息	23327	7134	-1643	(二)境外贷款	8913494	-240634	-368358
十、其他负债	154691	-27161	-21373	二、债券投资			
十一、所有者权益	671787	378719	346874	三、股权及其他投资			
其中:实收资本				四、买入返售资产			
				五、存放中央银行存款	600	2	137
				六、缴存中央银行财政性存款			
				七、银行业存款类金融机构往来	1785400	490400	390246
				八、存放非存款类金融机构款项			

续表 5-3-1-1-1-1

栏目 来源项目名称	12 月余额	比年初增减数		栏目 运用项目名称	12 月余额	比年初增减数	
		2022 年	2021 年			2022 年	2021 年
				九、联行往来(净)			
				其中:境内存放二级准备金			
				十、库存现金			
				十一、应收及预付款	220612	-555	7731
				其中:应收利息	206925	17529	12570
				十二、投资性房地产			
				十三、固定资产	1584	-1470	-91
				十四、其他资产	66747	-1231	-15949
				十五、减:各项准备	2672341	202917	410967
				其中:贷款损失准备	2671942	203017	410469
资金来源总计	67694973	3796489	1836933	资金运用总计	67694973	3796489	1836933

注:本表数据为合并口径。

② 中国进出口银行湖北省分行本外币信贷收支表

表 5-3-1-1-1-2　　　　2022 年 12 月 31 日　　　　单位：万元

栏目 来源项目名称	12 月余额	比年初增减数 2022 年	比年初增减数 2021 年	栏目 运用项目名称	12 月余额	比年初增减数 2022 年	比年初增减数 2021 年
一、各项存款	470750	147808	33192	一、各项贷款	14417155	1657423	1512803
（一）境内存款	470750	147808	33192	（一）境内贷款	14369760	1749933	1516930
1.个人存款				1.短期贷款	2039894	625006	45521
其中：活期储蓄存款				(1)个人贷款及透支			
定期储蓄存款				其中：个人消费贷款			
结构性存款				(2)单位贷款及透支	2039894	625006	45521
2.单位存款	470733	147808	33192	经营贷款及透支	883125	538425	107459
其中：活期存款	394811	139665	42372	固定资产贷款			
定期存款				并购贷款			
保证金存款	40354	-16345	10365	贸易融资	1156769	86581	-61937
结构性存款				(3)非存款类金融机构贷款			
3.国库定期存款				2.中长期贷款	12329866	1124926	1471408
4.非存款类金融机构存款	17	0	0	(1)个人贷款			
（二）境外存款				其中：个人消费贷款			
二、代理财政性存款				(2)单位贷款	12329866	1124926	1471408
三、金融债券				经营贷款	6015670	1223455	1366794
其中：境外发行				固定资产贷款	4920937	919835	76048
四、卖出回购资产				并购贷款	357995	-145951	305680
五、向中央银行借款				贸易融资	1035264	-872412	-277113
六、银行业存款类金融机构往来	2196	-47829	50012	(3)非存款类金融机构贷款			
七、借款及非存款类金融机构拆入				3.票据融资			
八、联行往来(净)	13868800	1545395	1385567	4.融资租赁			
九、应付及暂收款	85214	25037	35449	5.各项垫款			
其中：应付利息	71398	28509	31099	（二）境外贷款	47395	-92509	-4127
十、其他负债	36220	-26342	-10971	二、债券投资			
十一、所有者权益	103871	103871	204245	三、股权及其他投资			
其中：实收资本				四、买入返售资产			
				五、存放中央银行存款	0	0	0
				六、缴存中央银行财政性存款			
				七、银行业存款类金融机构往来	230000	30000	50000
				八、存放非存款类金融机构款项			
				九、联行往来(净)			
				其中：境内存放二级准备金			
				十、库存现金	0	-1	0
				十一、应收及预付款	69043	27155	13897
				其中：应收利息	68764	27147	13727
				十二、投资性房地产	5159	3913	-4069
				十三、固定资产	15816	-4959	3138
				十四、其他资产	1620	761	-15911
				十五、减：各项准备	171742	-33648	-137636
				其中：贷款损失准备	171624	-33539	-130480
资金来源总计	14567052	1747940	1697494	资金运用总计	14567052	1747940	1697494

注：本表数据为合并口径。

③ 中国农业发展银行湖北省分行本外币信贷收支表

表 5-3-1-1-1-3　　2022 年 12 月 31 日　　单位:万元

来源项目名称 \ 栏目	12 月余额	比年初增减数		运用项目名称 \ 栏目	12 月余额	比年初增减数	
		2022 年	2021 年			2022 年	2021 年
一、各项存款	6768379	510143	-322840	一、各项贷款	50025940	8752406	5013026
(一)境内存款	6768379	510143	-322840	(一)境内贷款	50025940	8752406	5013026
1.个人存款				1.短期贷款	5609230	109159	-945854
其中:活期储蓄存款				(1)个人贷款及透支			
定期储蓄存款				其中:个人消费贷款			
结构性存款				(2)单位贷款及透支	5609230	109159	-945854
2.单位存款	6768379	510143	-322840	经营贷款及透支	5609230	109159	-945854
其中:活期存款	5262854	-262784	-330570	固定资产贷款			
定期存款	260144	106844	-66812	并购贷款			
保证金存款	59499	-1605	-11235	贸易融资			
结构性存款				(3)非存款类金融机构贷款			
3.国库定期存款				2.中长期贷款	44416710	8643246	5958880
4.非存款类金融机构存款				(1)个人贷款			
(二)境外存款				其中:个人消费贷款			
二、代理财政性存款	881521	133218	116931	(2)单位贷款	44416710	8643246	5958880
三、金融债券				经营贷款	1011674	601579	155305
其中:境外发行				固定资产贷款	43405036	8041667	5803575
四、卖出回购资产				并购贷款			
五、向中央银行借款				贸易融资			
六、银行业存款类金融机构往来				(3)非存款类金融机构贷款			
七、借款及非存款类金融机构拆入				3.票据融资			
八、联行往来(净)	42780881	7287105	4475505	4.融资租赁			
九、应付及暂收款	124143	21990	12908	5.各项垫款			
其中:应付利息	65054	13154	5802	(二)境外贷款			
十、其他负债	65553	-31	4	二、债券投资	1547299	-617981	-730661
十一、所有者权益	331604	81145	-113268	三、股权及其他投资			
其中:实收资本				四、买入返售资产			
				五、存放中央银行存款			
				六、缴存中央银行财政性存款			
				七、银行业存款类金融机构往来	377	-7	-2517
				八、存放非存款类金融机构款项	170		
				九、联行往来(净)			
				其中:境内存放二级准备金			
				十、库存现金			
				十一、应收及预付款	89356	-3533	-17165
				其中:应收利息	87192	-5250	-16906
				十二、投资性房地产			
				十三、固定资产	47104	-2118	-2068
				十四、其他资产	8959	38	638
				十五、减:各项准备	767125	95234	92012
				其中:贷款损失准备	766956	95234	91958
资金来源总计	50952080	8033571	4169241	资金运用总计	50952080	8033571	4169241

注:本表数据为合并口径。

④ 中国工商银行湖北省分行本外币信贷收支表

表 5-3-1-1-1-4　　2022 年 12 月 31 日　　单位:万元

栏目 来源项目名称	12 月余额	比年初增减数		栏目 运用项目名称	12 月余额	比年初增减数	
		2022 年	2021 年			2022 年	2021 年
一、各项存款	86518860	6561068	5433206	一、各项贷款	74485624	6448159	6388621
（一）境内存款	86332428	6732981	5192204	（一）境内贷款	74365828	6437643	6384839
1.个人存款	55146821	8564615	4868839	1.短期贷款	8543831	227725	329373
其中:活期储蓄存款	22882257	2537724	1732947	（1）个人贷款及透支	1268884	98	34691
定期储蓄存款	24877487	4945250	4755925	其中:个人消费贷款	1053082	-83254	22799
结构性存款	7779	-150027	-1308997	（2）单位贷款及透支	7274947	227628	294682
2.单位存款	27550247	-2844895	-882598	经营贷款及透支	6172581	118124	446851
其中:活期存款	13255314	-2582537	516660	固定资产贷款	106018	-166166	-4100
定期存款	2646188	-845876	-1610755	并购贷款			
保证金存款	251133	-106020	-173402	贸易融资	996347	275669	-148069
结构性存款	723227	202180	-60826	（3）非存款类金融机构贷款			
3.国库定期存款	329348	86384	151420	2.中长期贷款	61636372	4447168	5279697
4.非存款类金融机构存款	3306011	926877	1054543	（1）个人贷款	24304925	-491392	2172083
（二）境外存款	186432	-171913	241002	其中:个人消费贷款	23065081	-981150	2110167
二、代理财政性存款	117759	-48569	-1347104	（2）单位贷款	37331447	4938560	3107614
三、金融债券				经营贷款	8314642	3280781	1308811
其中:境外发行				固定资产贷款	28070852	1434770	1768643
四、卖出回购资产				并购贷款	257913	-45461	-209895
五、向中央银行借款	18258	18258	-62412	贸易融资	688039	268469	240055
六、银行业存款类金融机构往来	2500621	994526	443584	（3）非存款类金融机构贷款			
七、借款及非存款类金融机构拆入	485	-223	-328	3.票据融资	4181396	1761250	775769
八、联行往来(净)				4.融资租赁			
九、应付及暂收款	2592809	257405	460512	5.各项垫款	4229	1500	
其中:应付利息	1465538	294950	332731	（二）境外贷款	119796	10515	3782
十、其他负债	682486	37629	12417	二、债券投资	1576009	200080	285540
十一、所有者权益	684491	150654	134022	三、股权及其他投资			
其中:实收资本				四、买入返售资产			
				五、存放中央银行存款			
				六、缴存中央银行财政性存款	189492	-986961	-138354
				七、银行业存款类金融机构往来	918	-287	34
				八、存放非存款类金融机构款项			
				九、联行往来(净)	17325816	2479847	-1102743
				其中:境内存放二级准备金			
				十、库存现金	218749	30871	-10780
				十一、应收及预付款	683863	51764	-22226
				其中:应收利息	165997	14845	-24100
				十二、投资性房地产			
				十三、固定资产	305997	-16683	4487
				十四、其他资产	741441	123357	62737
				十五、减:各项准备	2412140	359399	393419
				其中:贷款损失准备	2369565	359853	357661
资金来源总计	93115768	7970748	5073897	资金运用总计	93115768	7970748	5073897

注:本表数据为合并口径。

⑤ 中国农业银行湖北省分行本外币信贷收支表

表 5-3-1-1-1-5　　2022 年 12 月 31 日　　单位:万元

来源项目名称 \ 栏目	12 月余额	比年初增减数		运用项目名称 \ 栏目	12 月余额	比年初增减数	
		2022 年	2021 年			2022 年	2021 年
一、各项存款	93734209	12819811	6984674	一、各项贷款	63104079	6923882	6823852
(一)境内存款	93714011	12817439	6991831	(一)境内贷款	63101777	6923839	6823023
1.个人存款	61889856	9543212	5480705	1.短期贷款	12739750	1163237	659490
其中:活期储蓄存款	24931332	2698964	731020	(1)个人贷款及透支	3693725	725041	596224
定期储蓄存款	31068312	5392672	4063032	其中:个人消费贷款	1013916	-47137	-37496
结构性存款	7275	-7282	-74443	(2)单位贷款及透支	9046025	438196	63266
2.单位存款	29506359	2342957	1457905	经营贷款及透支	7818116	50746	420662
其中:活期存款	9815893	-748226	-886460	固定资产贷款	66034	-42386	-33080
定期存款	2832686	222392	353324	并购贷款			
保证金存款	395685	-14140	-49054	贸易融资	1161875	429836	-324316
结构性存款		-43375	-102426	(3)非存款类金融机构贷款			
3.国库定期存款	277340	85000	192219	2.中长期贷款	45048002	3825626	5548510
4.非存款类金融机构存款	2040456	846271	-138999	(1)个人贷款	17508829	105316	2012708
(二)境外存款	20198	2372	-7157	其中:个人消费贷款	16804458	23205	1915816
二、代理财政性存款	27563	13872	-397557	(2)单位贷款	27539173	3720310	3535801
三、金融债券				经营贷款	4121919	850293	1012976
其中:境外发行				固定资产贷款	22877462	2634153	2319272
四、卖出回购资产				并购贷款	420480	146402	198353
五、向中央银行借款				贸易融资	119313	89462	5200
六、银行业存款类金融机构往来	1817365	-1228821	-1276626	(3)非存款类金融机构贷款			
七、借款及非存款类金融机构拆入				3.票据融资	5311598	1933250	615023
八、联行往来(净)				4.融资租赁			
九、应付及暂收款	1797816	304271	82521	5.各项垫款	2426	1726	
其中:应付利息	1490456	276996	166052	(二)境外贷款	2303	43	829
十、其他负债	185021	14554	-1740	二、债券投资			-11002
十一、所有者权益	922335	28449	332634	三、股权及其他投资	1000	-99	1
其中:实收资本				四、买入返售资产			
				五、存放中央银行存款			
				六、缴存中央银行财政性存款	38487	-238550	-75453
				七、银行业存款类金融机构往来	336	12	-230
				八、存放非存款类金融机构款项			
				九、联行往来(净)	35450056	5321524	-1031707
				其中:境内存放二级准备金			
				十、库存现金	228973	-24920	20635
				十一、应收及预付款	157007	13304	6019
				其中:应收利息	131145	16279	3389
				十二、投资性房地产			
				十三、固定资产	394061	4617	-446
				十四、其他资产	372172	50120	-2889
				十五、减:各项准备	1261862	97755	4875
				其中:贷款损失准备	1246376	94329	10723
资金来源总计	98484308	11952136	5723907	资金运用总计	98484308	11952136	5723907

注:本表数据为合并口径。

⑥ 中国银行湖北省分行本外币信贷收支表

表 5-3-1-1-1-6　　2022 年 12 月 31 日　　单位:万元

栏目 来源项目名称	12 月余额	比年初增减数		栏目 运用项目名称	12 月余额	比年初增减数	
		2022 年	2021 年			2022 年	2021 年
一、各项存款	47417333	2895071	3430365	一、各项贷款	51077154	4093555	5518423
(一)境内存款	47307638	2898896	3509913	(一)境内贷款	51054628	4093794	5521456
1.个人存款	25629165	4013705	3949864	1.短期贷款	9110511	399244	1025651
其中:活期储蓄存款	9108819	1231901	365134	(1)个人贷款及透支	1683671	412807	250514
定期储蓄存款	11113475	2020545	1541597	其中:个人消费贷款	856144	85359	-2948
结构性存款	1637884	213843	1424041	(2)单位贷款及透支	7424919	-13563	775137
2.单位存款	21065530	-1258676	-663569	经营贷款及透支	5047634	673106	180009
其中:活期存款	9926824	-293578	-781075	固定资产贷款	43960	-154790	178750
定期存款	2853619	-45782	-785502	并购贷款			
保证金存款	855385	-18086	130238	贸易融资	2333324	-531879	416379
结构性存款	573828	-2388	83849	(3)非存款类金融机构贷款	1921		
3.国库定期存款	213000	67000	146000	2.中长期贷款	39476487	3313008	3942250
4.非存款类金融机构存款	399942	76866	77618	(1)个人贷款	16987509	-503005	1042016
(二)境外存款	109695	-3825	-79548	其中:个人消费贷款	16612357	-444660	1103168
二、代理财政性存款	4823	-44044	7612	(2)单位贷款	22488724	3816012	2900234
三、金融债券				经营贷款	4092116	1705309	1003937
其中:境外发行				固定资产贷款	17745945	2004758	1581822
四、卖出回购资产				并购贷款	122557	73057	13000
五、向中央银行借款		-14522	13532	贸易融资	528106	32890	301475
六、银行业存款类金融机构往来	345434	170640	-471731	(3)非存款类金融机构贷款	254		
七、借款及非存款类金融机构拆入				3.票据融资	2467468	381529	559257
八、联行往来(净)	1179443	-609957	2684387	4.融资租赁			
九、应付及暂收款	936287	70208	-113978	5.各项垫款	162	14	-5701
其中:应付利息	707935	93747	108284	(二)境外贷款	22526	-240	-3034
十、其他负债	242138	41877	-3269	二、债券投资		-33	-2
十一、所有者权益	225389	220752	371457	三、股权及其他投资		-900000	900000
其中:实收资本				四、买入返售资产			
				五、存放中央银行存款			
				六、缴存中央银行财政性存款	8498	-71233	-58666
				七、银行业存款类金融机构往来	2442		
				八、存放非存款类金融机构款项			
				九、联行往来(净)			
				其中:境内存放二级准备金			
				十、库存现金	96753	2772	-14722
				十一、应收及预付款	141376	4165	-267523
				其中:应收利息	120625	1350	17338
				十二、投资性房地产			
				十三、固定资产	240763	-5981	-12157
				十四、其他资产	76391	-3540	902
				十五、减:各项准备	1292531	389679	147880
				其中:贷款损失准备	1274323	415762	119927
资金来源总计	50350847	2730026	5918376	资金运用总计	50350847	2730026	5918376

注:本表数据为合并口径。

⑦ 中国建设银行湖北省分行本外币信贷收支表

表 5-3-1-1-1-7　　2022 年 12 月 31 日　　单位:万元

来源项目名称 \ 栏目	12 月余额	比年初增减数		运用项目名称 \ 栏目	12 月余额	比年初增减数	
		2022 年	2021 年			2022 年	2021 年
一、各项存款	83351254	5149530	5174252	一、各项贷款	71936065	7563963	7375593
(一)境内存款	83162705	5136690	5053490	(一)境内贷款	71906280	7549680	7375252
1.个人存款	56527533	8076454	4713247	1.短期贷款	12803189	1437927	540993
其中:活期储蓄存款	23509688	2288937	511620	(1)个人贷款及透支	3767059	981567	604304
定期储蓄存款	26443190	3917049	3575114	其中:个人消费贷款	1937620	211784	38988
结构性存款	9239	3728	-155799	(2)单位贷款及透支	9036130	456360	-63311
2.单位存款	25201634	-2907299	81232	经营贷款及透支	6499444	323709	-763936
其中:活期存款	13447806	-1514512	970	固定资产贷款	347616	169316	-559354
定期存款	2084511	-954979	-383991	并购贷款			
保证金存款	545603	-3683	64033	贸易融资	2189071	-36665	1259979
结构性存款	454320	107820	63090	(3)非存款类金融机构贷款			
3.国库定期存款	295000	91000	196182	2.中长期贷款	54822483	4101579	6528072
4.非存款类金融机构存款	1138537	-123465	62829	(1)个人贷款	24212581	-1042155	1656260
(二)境外存款	188550	12841	120762	其中:个人消费贷款	23500186	-1123948	1583189
二、代理财政性存款	33930	-6532	9381	(2)单位贷款	30609901	5143734	4871812
三、金融债券				经营贷款	7761511	1746444	1570310
其中:境外发行				固定资产贷款	22502940	3364062	3164612
四、卖出回购资产				并购贷款	35636	-40114	-790
五、向中央银行借款				贸易融资	309815	73342	137680
六、银行业存款类金融机构往来	959875	400438	122222	(3)非存款类金融机构贷款			
七、借款及非存款类金融机构拆入	57884	-10466	-23916	3.票据融资	4279957	2021240	295523
八、联行往来(净)				4.融资租赁			
九、应付及暂收款	2019668	355537	254653	5.各项垫款	651	-11065	10663
其中:应付利息	1504655	202364	258333	(二)境外贷款	29785	14283	341
十、其他负债	470116	66428	29921	二、债券投资	3425	-1900	-3843
十一、所有者权益	1133895	-97182	1425683	三、股权及其他投资	129		-27015
其中:实收资本				四、买入返售资产			
				五、存放中央银行存款			
				六、缴存中央银行财政性存款	53042	-11246	29488
				七、银行业存款类金融机构往来			-32
				八、存放非存款类金融机构款项			
				九、联行往来(净)	14937504	-1719676	-360184
				其中:境内存放二级准备金	2438	-11076	10574
				十、库存现金	175795	-1670	-20930
				十一、应收及预付款	416783	38394	23893
				其中:应收利息	190288	28732	3934
				十二、投资性房地产			
				十三、固定资产	416852	-19989	-17061
				十四、其他资产	111176	9164	-4239
				十五、减:各项准备	24148	-711	3474
				其中:贷款损失准备	1495	655	490
资金来源总计	88026623	5857752	6992195	资金运用总计	88026623	5857752	6992195

注:本表数据为合并口径。

⑧ 交通银行湖北省分行本外币信贷收支表

表 5-3-1-1-1-8　　　　2022 年 12 月 31 日　　　　单位:万元

栏目 来源项目名称	12 月余额	比年初增减数		栏目 运用项目名称	12 月余额	比年初增减数	
		2022 年	2021 年			2022 年	2021 年
一、各项存款	29659649	936102	2378175	一、各项贷款	27911411	3031469	3015894
(一)境内存款	29624110	935004	2370127	(一)境内贷款	27909112	3032761	3016009
1.个人存款	11152969	1971879	859246	1.短期贷款	6437954	2140667	279137
其中:活期储蓄存款	3531191	229669	510113	(1)个人贷款及透支	995911	173337	362014
定期储蓄存款	5242465	1635687	1159001	其中:个人消费贷款	191869	51690	77857
结构性存款	825341	-411434	-783360	(2)单位贷款及透支	5442043	1967331	-82877
2.单位存款	16819564	-1323168	1094812	经营贷款及透支	2763246	80560	-537389
其中:活期存款	5551344	-1359992	414153	固定资产贷款	2500	2500	-11778
定期存款	5500619	644545	295648	并购贷款			
保证金存款	493810	-74155	48802	贸易融资	2676297	1884270	466290
结构性存款	1352620	683122	-222954	(3)非存款类金融机构贷款			
3.国库定期存款	156000	29000	127000	2.中长期贷款	19934415	42163	2256448
4.非存款类金融机构存款	1495576	257293	289069	(1)个人贷款	8232169	-595691	885658
(二)境外存款	35539	1098	8048	其中:个人消费贷款	8039910	-532310	955108
二、代理财政性存款	4	-1297	-137258	(2)单位贷款	11692246	637854	1360789
三、金融债券				经营贷款	1469854	-30106	596730
其中:境外发行				固定资产贷款	9633112	287298	747303
四、卖出回购资产				并购贷款	461894	269278	955
五、向中央银行借款		-25724	25724	贸易融资	127386	111385	15801
六、银行业存款类金融机构往来	1064801	747880	10714	(3)非存款类金融机构贷款	10000		10000
七、借款及非存款类金融机构拆入				3.票据融资	1536432	850711	481876
八、联行往来(净)				4.融资租赁			
九、应付及暂收款	573497	-14657	113391	5.各项垫款	311	-781	-1451
其中:应付利息	456386	-6920	112665	(二)境外贷款	2299	-1292	-115
十、其他负债	232794	528	-480	二、债券投资			
十一、所有者权益	647384	-20339	102008	三、股权及其他投资			
其中:实收资本				四、买入返售资产			
				五、存放中央银行存款			
				六、缴存中央银行财政性存款	1325	-361336	132495
				七、银行业存款类金融机构往来	4438	62	1439
				八、存放非存款类金融机构款项			
				九、联行往来(净)	4411435	-1002628	-639270
				其中:境内存放二级准备金	902975		
				十、库存现金	41141	-8	-1491
				十一、应收及预付款	53930	-320	-10324
				其中:应收利息	50133	-1020	-9722
				十二、投资性房地产			
				十三、固定资产	134547	-5757	-5293
				十四、其他资产	14217	-4050	-4668
				十五、减:各项准备	394315	34939	-3490
				其中:贷款损失准备	391673	34954	37
资金来源总计	32178128	1622493	2492272	资金运用总计	32178128	1622493	2492272

注:本表数据为合并口径。

⑨ 中国邮政储蓄银行湖北省分行本外币信贷收支表

表 5-3-1-1-1-9　　2022 年 12 月 31 日　　单位:万元

栏目 来源项目名称	12 月余额	比年初增减数		栏目 运用项目名称	12 月余额	比年初增减数	
		2022 年	2021 年			2022 年	2021 年
一、各项存款	75016698	7779364	6689912	一、各项贷款	24609169	2906834	2741021
（一）境内存款	75014920	7780961	6690074	（一）境内贷款	24609169	2906834	2741021
1.个人存款	68192588	7799898	6208831	1.短期贷款	4168264	299597	124249
其中:活期储蓄存款	16881577	1227714	1334262	(1)个人贷款及透支	2552166	127870	579387
定期储蓄存款	662833	112226	-34212	其中:个人消费贷款	472435	-22044	80952
结构性存款				(2)单位贷款及透支	1616098	171726	-455138
2.单位存款	6645080	-67520	424037	经营贷款及透支	1184730	136531	-676720
其中:活期存款	4908858	-329568	445890	固定资产贷款	15050	15000	-117085
定期存款	669839	-168705	-166352	并购贷款			
保证金存款	89143	8935	-21667	贸易融资	416318	20195	338668
结构性存款				(3)非存款类金融机构贷款			
3.国库定期存款	124004	124004		2.中长期贷款	18661400	2497741	2578018
4.非存款类金融机构存款	53248	-75421	57206	(1)个人贷款	10475869	702338	618704
（二）境外存款	1778	-1597	-162	其中:个人消费贷款	8704756	-28768	760624
二、代理财政性存款	8576	-19221	-14237	(2)单位贷款	8185531	1795404	1959314
三、金融债券				经营贷款	2531974	365103	625591
其中:境外发行				固定资产贷款	5502877	1307536	1305808
四、卖出回购资产				并购贷款			
五、向中央银行借款	5348	-29846	30690	贸易融资	150680	122765	27915
六、银行业存款类金融机构往来	333966	282819	27897	(3)非存款类金融机构贷款			
七、借款及非存款类金融机构拆入				3.票据融资	1779505	109496	38754
八、联行往来(净)				4.融资租赁			
九、应付及暂收款	1051019	-133023	90379	5.各项垫款			
其中:应付利息	887270	-146287	121072	（二）境外贷款			
十、其他负债	736711	56097	-6982	二、债券投资			
十一、所有者权益	412447	60256	213668	三、股权及其他投资			
其中:实收资本				四、买入返售资产			
				五、存放中央银行存款			
				六、缴存中央银行财政性存款	20326	-10280	6297
				七、银行业存款类金融机构往来			-803
				八、存放非存款类金融机构款项			
				九、联行往来(净)	52249154	4985245	4265866
				其中:境内存放二级准备金			
				十、库存现金	248226	25418	4227
				十一、应收及预付款	90151	15277	6100
				其中:应收利息	80044	5764	-630
				十二、投资性房地产			
				十三、固定资产	146189	6156	3272
				十四、其他资产	729580	64894	-815
				十五、减:各项准备	528030	-2903	-6161
				其中:贷款损失准备	524233	-1878	-9004
资金来源总计	77564766	7996446	7031327	资金运用总计	77564766	7996446	7031327

注:本表数据为合并口径。

⑩ 中信银行武汉分行本外币信贷收支表

表 5-3-1-1-1-10　　　　2022 年 12 月 31 日　　　　单位:万元

栏目 来源项目名称	12 月余额	比年初增减数		栏目 运用项目名称	12 月余额	比年初增减数	
		2022 年	2021 年			2022 年	2021 年
一、各项存款	16659676	1593520	995011	一、各项贷款	16688111	1823906	1038720
(一)境内存款	16606651	1640150	1078993	(一)境内贷款	16559487	1697387	1038707
1.个人存款	3930495	1123329	193951	1.短期贷款	2386327	361177	142907
其中:活期储蓄存款	1138381	255966	-8663	(1)个人贷款及透支	199041	-20058	129126
定期储蓄存款	1254670	469326	137571	其中:个人消费贷款	174119	-21263	118253
结构性存款	410369	20282	-42449	(2)单位贷款及透支	2187286	381235	13781
2.单位存款	12136238	350230	1027601	经营贷款及透支	2029215	396097	-107733
其中:活期存款	2878911	233191	-464172	固定资产贷款			-20100
定期存款	841657	-52852	94970	并购贷款			
保证金存款	3581100	730809	487657	贸易融资	158071	-14861	141615
结构性存款	372755	95441	-48789	(3)非存款类金融机构贷款			
3.国库定期存款	115000	41000	74000	2.中长期贷款	13368366	1289698	1063721
4.非存款类金融机构存款	424919	125592	-216559	(1)个人贷款	6553998	574546	836372
(二)境外存款	53025	-46630	-83982	其中:个人消费贷款	4971746	230624	701087
二、代理财政性存款	31704	-29223	6430	(2)单位贷款	6814368	715152	227349
三、金融债券				经营贷款	751538	-473104	-63506
其中:境外发行				固定资产贷款	5607063	1094604	163062
四、卖出回购资产				并购贷款	351419	97151	118194
五、向中央银行借款	146570	80353	-418	贸易融资	104348	-3500	9598
六、银行业存款类金融机构往来	52005	-119436	-111579	(3)非存款类金融机构贷款			
七、借款及非存款类金融机构拆入				3.票据融资	796792	41315	-169367
八、联行往来(净)				4.融资租赁			
九、应付及暂收款	223017	62506	-17095	5.各项垫款	8002	5196	1446
其中:应付利息	98154	19442	2181	(二)境外贷款	128624	126519	13
十、其他负债	154540	25947	10525	二、债券投资			
十一、所有者权益	126125	25341	-11127	三、股权及其他投资	22846	20144	
其中:实收资本				四、买入返售资产			
				五、存放中央银行存款			
				六、缴存中央银行财政性存款	5855	-36	-1713
				七、银行业存款类金融机构往来	5858	631	-960
				八、存放非存款类金融机构款项			
				九、联行往来(净)	712873	-227935	-203940
				其中:境内存放二级准备金			
				十、库存现金	10335	-3193	-2919
				十一、应收及预付款	99454	17539	-7578
				其中:应收利息	81299	21358	-8953
				十二、投资性房地产			
				十三、固定资产	26194	-912	-427
				十四、其他资产	193424	53094	17339
				十五、减:各项准备	371314	44230	-33225
				其中:贷款损失准备	355358	43139	-29601
资金来源总计	17393637	1639008	871748	资金运用总计	17393637	1639008	871748

注:本表数据为合并口径。

⑪ 中国光大银行武汉分行本外币信贷收支表

表 5-3-1-1-1-11　　2022 年 12 月 31 日　　单位:万元

来源项目名称	12 月余额	比年初增减数	
		2022 年	2021 年
一、各项存款	10238390	838065	661998
(一)境内存款	10204955	852162	630081
1.个人存款	2964630	605704	201995
其中:活期储蓄存款	622159	17651	-59615
定期储蓄存款	923252	453561	154858
结构性存款	295451	-154566	-68771
2.单位存款	6997340	237281	343101
其中:活期存款	1420549	-271442	-113216
定期存款	942011	-608745	-165816
保证金存款	1707087	731854	196367
结构性存款	195350	-221050	3300
3.国库定期存款	74000	9000	65000
4.非存款类金融机构存款	168984	176	19985
(二)境外存款	33436	-14097	31916
二、代理财政性存款	4	-20	-705
三、金融债券			
其中:境外发行			
四、卖出回购资产			
五、向中央银行借款		-20136	-26189
六、银行业存款类金融机构往来	16908	-184368	-114163
七、借款及非存款类金融机构拆入			
八、联行往来(净)			
九、应付及暂收款	149412	23957	33235
其中:应付利息	102085	37481	15577
十、其他负债	96844	-616	-8266
十一、所有者权益	167372	-54339	116711
其中:实收资本			
资金来源总计	10668929	602543	662621

运用项目名称	12 月余额	比年初增减数	
		2022 年	2021 年
一、各项贷款	9885295	529455	1201933
(一)境内贷款	9884190	528776	1201995
1.短期贷款	1899364	200011	73217
(1)个人贷款及透支	166962	-128280	-14844
其中:个人消费贷款	157384	-128474	-14193
(2)单位贷款及透支	1732402	328291	88061
经营贷款及透支	1287849	375213	-160555
固定资产贷款			-20000
并购贷款			
贸易融资	444553	-46922	268616
(3)非存款类金融机构贷款			
2.中长期贷款	7295276	295125	799704
(1)个人贷款	3985906	132914	344484
其中:个人消费贷款	3197728	11246	318900
(2)单位贷款	3309370	162210	455220
经营贷款	1098368	77777	230662
固定资产贷款	1803766	50310	163419
并购贷款	140049	58049	67001
贸易融资	267188	-23926	-5862
(3)非存款类金融机构贷款			
3.票据融资	689550	33641	330552
4.融资租赁			
5.各项垫款			-1477
(二)境外贷款	1104	679	-62
二、债券投资	20	-69	-174
三、股权及其他投资		-6085	53
四、买入返售资产			
五、存放中央银行存款			
六、缴存中央银行财政性存款	372	291	-104
七、银行业存款类金融机构往来	2178	455	248
八、存放非存款类金融机构款项			
九、联行往来(净)	958630	110554	-572449
其中:境内存放二级准备金			
十、库存现金	13550	2926	-1594
十一、应收及预付款	42034	9004	5171
其中:应收利息	33005	7085	1907
十二、投资性房地产			
十三、固定资产	8683	-637	-1183
十四、其他资产	30057	-853	-2388
十五、减:各项准备	271891	42498	-33106
其中:贷款损失准备	268797	42371	-33673
资金运用总计	10668929	602543	662621

注:本表数据为合并口径。

⑫ 招商银行武汉分行本外币信贷收支表

表 5-3-1-1-1-12　　　　2022 年 12 月 31 日　　　　单位:万元

栏目 来源项目名称	12 月余额	比年初增减数		栏目 运用项目名称	12 月余额	比年初增减数	
		2022 年	2021 年			2022 年	2021 年
一、各项存款	28858936	4758186	1420029	一、各项贷款	19693647	2403972	1464399
(一)境内存款	28770424	4745219	1444782	(一)境内贷款	19692085	2404759	1464767
1.个人存款	12277862	3024011	987743	1.短期贷款	2934799	683734	326877
其中:活期储蓄存款	7428841	1644592	411206	(1)个人贷款及透支	389666	-45518	11024
定期储蓄存款	3045867	1177701	425584	其中:个人消费贷款	293562	-16693	31216
结构性存款	400448	-131540	-116532	(2)单位贷款及透支	2545133	729252	315853
2.单位存款	15591249	1955492	248494	经营贷款及透支	1751914	612200	237561
其中:活期存款	8601623	816669	556929	固定资产贷款	18837	-22839	41676
定期存款	1439673	318642	116847	并购贷款	23000	23000	
保证金存款	1852565	807371	46441	贸易融资	751382	116891	36616
结构性存款	453350	71779	-473278	(3)非存款类金融机构贷款			
3.国库定期存款	113000	31000	82000	2.中长期贷款	13716721	914423	210772
4.非存款类金融机构存款	788313	-265284	126544	(1)个人贷款	9573345	215251	490357
(二)境外存款	88512	12967	-24752	其中:个人消费贷款	7061351	-108609	386256
二、代理财政性存款	1062	70	941	(2)单位贷款	4143376	817972	-218385
三、金融债券				经营贷款	899657	224559	-7084
其中:境外发行				固定资产贷款	2968328	550825	-243436
四、卖出回购资产				并购贷款	192183	10607	10508
五、向中央银行借款	168675	65031	-1434	贸易融资	83208	31981	21627
六、银行业存款类金融机构往来	66367	-369970	225397	(3)非存款类金融机构贷款		-118800	-61200
七、借款及非存款类金融机构拆入				3.票据融资	3018724	792845	920788
八、联行往来(净)				4.融资租赁			
九、应付及暂收款	392467	63391	-22597	5.各项垫款	21840	13757	6330
其中:应付利息	190903	72882	10075	(二)境外贷款	1562	-787	-368
十、其他负债	190292	-73126	95007	二、债券投资			
十一、所有者权益	321124	59113	-59488	三、股权及其他投资		-317070	-169564
其中:实收资本				四、买入返售资产			
				五、存放中央银行存款			
				六、缴存中央银行财政性存款	390	-14177	-104626
				七、银行业存款类金融机构往来	5432	1828	-1278
				八、存放非存款类金融机构款项			
				九、联行往来(净)	10296737	2500157	493884
				其中:境内存放二级准备金			
				十、库存现金	63786	-22262	22951
				十一、应收及预付款	51982	1240	-3826
				其中:应收利息	36931	-847	2498
				十二、投资性房地产			
				十三、固定资产	61306	-6596	-1674
				十四、其他资产	75154	-4697	-384
				十五、减:各项准备	249509	39699	42026
				其中:贷款损失准备	246404	41847	43124
资金来源总计	29998923	4502696	1657856	资金运用总计	29998923	4502696	1657856

注:本表数据为合并口径。

⑬ 上海浦东发展银行武汉分行本外币信贷收支表

表 5-3-1-1-1-13　　　　2022 年 12 月 31 日　　　　单位:万元

来源项目名称	12 月余额	比年初增减数		运用项目名称	12 月余额	比年初增减数	
		2022 年	2021 年			2022 年	2021 年
一、各项存款	7567319	676309	291791	一、各项贷款	7665804	−308772	186054
(一)境内存款	7561898	675365	291425	(一)境内贷款	7664843	−309354	186233
1.个人存款	1980163	557355	97340	1.短期贷款	2556368	338343	−273218
其中:活期储蓄存款	717035	137057	106243	(1)个人贷款及透支	324283	−44079	−280026
定期储蓄存款	635853	301232	87505	其中:个人消费贷款	237293	−44884	−297890
结构性存款	197134	−7626	−91682	(2)单位贷款及透支	2232085	382422	6808
2.单位存款	4766241	−321923	−90325	经营贷款及透支	1422131	−59414	−89413
其中:活期存款	1495336	−518159	7916	固定资产贷款	46500	−6745	47145
定期存款	657247	159685	−22667	并购贷款			
保证金存款	251320	36397	−8270	贸易融资	763454	448581	49076
结构性存款	197061	87781	−63520	(3)非存款类金融机构贷款			
3.国库定期存款	54000	1000	53000	2.中长期贷款	4977467	38412	−54650
4.非存款类金融机构存款	761494	438933	231411	(1)个人贷款	1896463	−168824	147171
(二)境外存款	5421	943	366	其中:个人消费贷款	1475775	−98727	168909
二、代理财政性存款	1396	1029	184	(2)单位贷款	3081004	207236	−201821
三、金融债券				经营贷款	896754	−60826	−308490
其中:境外发行				固定资产贷款	2172850	263937	99394
四、卖出回购资产				并购贷款	11400	4125	7275
五、向中央银行借款	58839	−120	−17221	贸易融资			
六、银行业存款类金融机构往来	85027	−22852	−877146	(3)非存款类金融机构贷款			
七、借款及非存款类金融机构拆入				3.票据融资	131006	−686109	514101
八、联行往来(净)		−638544	534908	4.融资租赁			
九、应付及暂收款	105282	34082	26393	5.各项垫款	2		
其中:应付利息	91571	35618	24451	(二)境外贷款	961	582	−179
十、其他负债	39105	−2433	19065	二、债券投资			
十一、所有者权益	67987	−52744	54826	三、股权及其他投资	237		−198440
其中:实收资本				四、买入返售资产			
				五、存放中央银行存款			
				六、缴存中央银行财政性存款	1294	−12317	10103
				七、银行业存款类金融机构往来	1883	−705	−26423
				八、存放非存款类金融机构款项			
				九、联行往来(净)	296174	296174	
				其中:境内存放二级准备金			
				十、库存现金	9687	2930	−1211
				十一、应收及预付款	42194	3220	8555
				其中:应收利息	38768	5670	6542
				十二、投资性房地产			
				十三、固定资产	17987	−1252	20525
				十四、其他资产	20900	−1878	−1302
				十五、减:各项准备	131204	−17326	−34940
				其中:贷款减值准备	128401	−17393	−30806
资金来源总计	7924955	−5274	32801	资金运用总计	7924955	−5274	32801

⑭ 中国民生银行武汉分行本外币信贷收支表

表 5-3-1-1-1-14　　2022 年 12 月 31 日　　单位：万元

栏目 来源项目名称	12 月余额	比年初增减数		栏目 运用项目名称	12 月余额	比年初增减数	
		2022 年	2021 年			2022 年	2021 年
一、各项存款	8557427	785644	-808274	一、各项贷款	9004431	166066	546804
（一）境内存款	8546637	785983	-807850	（一）境内贷款	9001326	166438	546761
1.个人存款	2703599	534634	145863	1.短期贷款	2019394	173699	-133302
其中：活期储蓄存款	928617	113401	-8992	（1）个人贷款及透支	1044902	19214	59628
定期储蓄存款	792279	318532	102139	其中：个人消费贷款	50384	1375	10394
结构性存款	55298	19957	-69233	（2）单位贷款及透支	974492	154484	-192930
2.单位存款	5641300	244176	-1080085	经营贷款及透支	896284	166941	-262242
其中：活期存款	2120576	-229413	-611156	固定资产贷款			
定期存款	928783	185285	5492	并购贷款			
保证金存款	281534	-7161	-111205	贸易融资	78208	-12456	69312
结构性存款	1150	-9650	-45166	（3）非存款类金融机构贷款			
3.国库定期存款	57000	18000	39000	2.中长期贷款	5747374	-183297	309315
4.非存款类金融机构存款	144738	-10827	87373	（1）个人贷款	1331421	-77601	82168
（二）境外存款	10790	-339	-424	其中：个人消费贷款	1196917	-55739	107214
二、代理财政性存款	0	-88	54	（2）单位贷款	4415953	-105696	227147
三、金融债券				经营贷款	1204964	133196	303111
其中：境外发行				固定资产贷款	2604531	-220942	154436
四、卖出回购资产				并购贷款	191232	-13803	-226773
五、向中央银行借款	226483	170259	35754	贸易融资	415226	-4147	-3627
六、银行业存款类金融机构往来	33590	-86617	94789	（3）非存款类金融机构贷款			
七、借款及非存款类金融机构拆入				3.票据融资	1234558	176036	370748
八、联行往来（净）		-510704	510704	4.融资租赁			
九、应付及暂收款	142850	6059	25741	5.各项垫款			
其中：应付利息	76768	12935	4614	（二）境外贷款	3104	-372	42
十、其他负债	143963	171	-4999	二、债券投资			
十一、所有者权益	115175	22795	-66826	三、股权及其他投资			
其中：实收资本				四、买入返售资产			
				五、存放中央银行存款			
				六、缴存中央银行财政性存款	32028	31675	-754
				七、银行业存款类金融机构往来	2670	1137	216
				八、存放非存款类金融机构款项			
				九、联行往来（净）	157519	157519	-814531
				其中：境内存放二级准备金			
				十、库存现金	14203	1478	-915
				十一、应收及预付款	71796	14954	-8944
				其中：应收利息	44051	16737	-8621
				十二、投资性房地产			
				十三、固定资产	33362	-375	14725
				十四、其他资产	36221	3485	-6130
				十五、减：各项准备	132740	-11581	-56474
				其中：贷款减值准备	126198	-11197	-56521
资金来源总计	9219489	387520	-213057	资金运用总计	9219489	387520	-213057

⑮ 华夏银行武汉分行本外币信贷收支表

表 5-3-1-1-1-15　　　　2022 年 12 月 31 日　　　　单位:万元

栏目 来源项目名称	12 月余额	比年初增减数		栏目 运用项目名称	12 月余额	比年初增减数	
		2022 年	2021 年			2022 年	2021 年
一、各项存款	7973912	308817	129220	一、各项贷款	7443988	20900	89202
(一)境内存款	7960550	308210	123573	(一)境内贷款	7442697	19955	89227
1.个人存款	2313751	413002	82267	1.短期贷款	1112559	-115261	195079
其中:活期储蓄存款	775995	59892	-74278	(1)个人贷款及透支	108757	10579	-6476
定期储蓄存款	595070	320003	-289	其中:个人消费贷款	36032	20664	11759
结构性存款	167438	-28528	-30285	(2)单位贷款及透支	1003803	-125840	201554
2.单位存款	4294399	-484483	-301474	经营贷款及透支	891880	-88253	228097
其中:活期存款	1720794	-462826	-539954	固定资产贷款	755	755	-110937
定期存款	665245	141674	31040	并购贷款			
保证金存款	463127	151535	37892	贸易融资	111168	-38343	84395
结构性存款		-5000	-1000	(3)非存款类金融机构贷款			
3.国库定期存款	63000	16000	47000	2.中长期贷款	5882034	-308559	-63625
4.非存款类金融机构存款	1289400	363690	295780	(1)个人贷款	1187461	-113486	49567
(二)境外存款	13362	607	5647	其中:个人消费贷款	970883	-43533	93173
二、代理财政性存款	31	31	-2082	(2)单位贷款	4694573	-195073	-113193
三、金融债券				经营贷款	1866155	-73937	-138010
其中:境外发行				固定资产贷款	2632920	-86531	-4932
四、卖出回购资产				并购贷款	94100	-700	-200
五、向中央银行借款				贸易融资	101398	-33904	29950
六、银行业存款类金融机构往来	190	27	-1062	(3)非存款类金融机构贷款			
七、借款及非存款类金融机构拆入				3.票据融资	433107	432775	-43645
八、联行往来(净)	233450	223231	245056	4.融资租赁			
九、应付及暂收款	231107	61630	28620	5.各项垫款	14997	11000	1418
其中:应付利息	108221	43630	22880	(二)境外贷款	1292	946	-25
十、其他负债	74096	15374	12486	二、债券投资	882262	305891	251770
十一、所有者权益	-189337	-328812	-2058	三、股权及其他投资	1723	97	76
其中:实收资本				四、买入返售资产			
				五、存放中央银行存款			
				六、缴存中央银行财政性存款	292	-2280	160
				七、银行业存款类金融机构往来	2457	493	-600
				八、存放非存款类金融机构款项			
				九、联行往来(净)			
				其中:境内存放二级准备金	522391	35359	-75908
				十、库存现金	9902	-1164	-980
				十一、应收及预付款	175352	13703	16929
				其中:应收利息	60716	-13483	18272
				十二、投资性房地产			
				十三、固定资产	44691	35780	-664
				十四、其他资产	24902	4998	15637
				十五、减:各项准备	262121	98120	-38649
				其中:贷款减值准备	257467	97818	-38353
资金来源总计	8323449	280299	410180	资金运用总计	8323449	280299	410180

⑯ 平安银行武汉分行本外币信贷收支表

表 5-3-1-1-1-16　　　　2022 年 12 月 31 日　　　　单位:万元

来源项目名称　　　栏目	12 月余额	比年初增减数		运用项目名称　　　栏目	12 月余额	比年初增减数	
		2022 年	2021 年			2022 年	2021 年
一、各项存款	4822263	-718047	659462	一、各项贷款	9566903	1159762	1208825
(一)境内存款	4808794	493673	434047	(一)境内贷款	9566631	1159560	1209101
1.个人存款	2538180	805600	365748	1.短期贷款	771121	-287824	-56557
其中:活期储蓄存款	698045	134049	-8874	(1)个人贷款及透支	294171	-7036	102925
定期储蓄存款	440738	254658	128962	其中:个人消费贷款	110945	-32134	49705
结构性存款	161265	73012	-15850	(2)单位贷款及透支	476950	-280788	-159482
2.单位存款	2211993	-225964	-4919	经营贷款及透支	285051	-24955	-243101
其中:活期存款	804668	-65384	-219349	固定资产贷款		-11590	-8410
定期存款	354582	78032	34594	并购贷款			
保证金存款	414235	-99712	49675	贸易融资	191899	-244244	92029
结构性存款	153000	-123600	70400	(3)非存款类金融机构贷款			
3.国库定期存款	58000	19000	39000	2.中长期贷款	8674785	1444766	1319890
4.非存款类金融机构存款	620	-104962	34217	(1)个人贷款	5472689	1031617	949092
(二)境外存款	13469	-1211720	225415	其中:个人消费贷款	2661141	-59489	519141
二、代理财政性存款	6711	-4306	-10457	(2)单位贷款	3202096	413150	370798
三、金融债券				经营贷款	893370	-261705	46407
其中:境外发行				固定资产贷款	1889351	396260	214819
四、卖出回购资产				并购贷款	419375	278595	111980
五、向中央银行借款			-54847	贸易融资			-2408
六、银行业存款类金融机构往来	90000	90000		(3)非存款类金融机构贷款			
七、借款及非存款类金融机构拆入				3.票据融资	120484	2377	-54233
八、联行往来(净)	4331001	2057193	292331	4.融资租赁			
九、应付及暂收款	178754	-290031	126391	5.各项垫款	241	241	
其中:应付利息	55433	10559	11485	(二)境外贷款	272	202	-276
十、其他负债	73472	75	7463	二、债券投资			
十一、所有者权益	76636	-29526	116831	三、股权及其他投资			
其中:实收资本				四、买入返售资产			
				五、存放中央银行存款			
				六、缴存中央银行财政性存款	6723	-1830	-12881
				七、银行业存款类金融机构往来	15823	4717	-3395
				八、存放非存款类金融机构款项			
				九、联行往来(净)			
				其中:境内存放二级准备金			
				十、库存现金	10247	-2971	63
				十一、应收及预付款	36028	1046	1885
				其中:应收利息	28390	2004	1865
				十二、投资性房地产			
				十三、固定资产	76506	-3136	81
				十四、其他资产	87178	18237	5900
				十五、减:各项准备	220570	70467	63305
				其中:贷款损失准备	220191	70426	64037
资金来源总计	9578837	1105359	1137173	资金运用总计	9578837	1105359	1137173

注:本表数据为合并口径。

⑰ 兴业银行武汉分行本外币信贷收支表

表 5-3-1-1-1-17　　2022 年 12 月 31 日　　单位:万元

来源项目名称	12 月余额	比年初增减数 2022 年	比年初增减数 2021 年
一、各项存款	13036483	-1367935	1371851
(一)境内存款	13029831	-1365622	1373727
1.个人存款	2900538	830892	987309
其中:活期储蓄存款	1062484	126492	119048
定期储蓄存款	863384	492640	557317
结构性存款	81580	40608	-20442
2.单位存款	8379841	-703461	99606
其中:活期存款	2872073	-942112	-1080265
定期存款	350648	41760	33377
保证金存款	720482	-3450	-26493
结构性存款	488087	52625	56687
3.国库定期存款	89000	32000	89000
4.非存款类金融机构存款	1660452	-1525052	197811
(二)境外存款	6652	-2313	-1875
二、代理财政性存款	34	32	-651
三、金融债券			
其中:境外发行			
四、卖出回购资产			
五、向中央银行借款		-104552	-42855
六、银行业存款类金融机构往来	621493	218789	-327270
七、借款及非存款类金融机构拆入			
八、联行往来(净)			
九、应付及暂收款	131710	8304	27867
其中:应付利息	75550	16991	27318
十、其他负债	64090	-174005	-60551
十一、所有者权益	189838	-117741	67917
其中:实收资本			
资金来源总计	14043648	-1537108	1036308

运用项目名称	12 月余额	比年初增减数 2022 年	比年初增减数 2021 年
一、各项贷款	12244662	230064	1640524
(一)境内贷款	12241884	228615	1637746
1.短期贷款	2088645	190866	576763
(1)个人贷款及透支	92998	72559	79601
其中:个人消费贷款	26233	24888	21964
(2)单位贷款及透支	1995647	118308	497162
经营贷款及透支	1876661	96716	439232
固定资产贷款	44470	-34720	-4730
并购贷款			
贸易融资	74516	56312	62660
(3)非存款类金融机构贷款			
2.中长期贷款	9550911	805200	1467120
(1)个人贷款	3491658	132316	591314
其中:个人消费贷款	2972958	-43247	313296
(2)单位贷款	6059253	672884	875806
经营贷款	655593	88582	181053
固定资产贷款	4956868	418066	282469
并购贷款	444656	166313	411802
贸易融资	2136	-77	482
(3)非存款类金融机构贷款			
3.票据融资	599467	-761013	-399798
4.融资租赁			
5.各项垫款	2861	-6439	-6339
(二)境外贷款	2779	1449	2779
二、债券投资	82	-93	-177
三、股权及其他投资	2431	2431	2431
四、买入返售资产			
五、存放中央银行存款			
六、缴存中央银行财政性存款	8	-40	-113
七、银行业存款类金融机构往来	3921	506	986
八、存放非存款类金融机构款项			
九、联行往来(净)	1848345	-1558736	-593355
其中:境内存放二级准备金			
十、库存现金	11592	846	721
十一、应收及预付款	27797	-2288	-1140
其中:应收利息	24128	-1685	-1237
十二、投资性房地产			
十三、固定资产	25141	955	2357
十四、其他资产	33442	-160235	-50284
十五、减:各项准备	153774	50517	-34358
其中:贷款减值准备	151953	51103	-33823
资金运用总计	14043648	-1537108	1036308

⑱ 广发银行武汉分行本外币信贷收支表

表 5-3-1-1-1-18　　2022 年 12 月 31 日　　单位:万元

栏目 来源项目名称	12 月余额	比年初增减数		栏目 运用项目名称	12 月余额	比年初增减数	
		2022 年	2021 年			2022 年	2021 年
一、各项存款	3320854	-530092	85614	一、各项贷款	3388220	320804	464505
(一)境内存款	3314555	-530165	81023	(一)境内贷款	3388213	320805	464533
1.个人存款	949604	129851	196134	1.短期贷款	686749	138524	66863
其中:活期储蓄存款	253483	77380	-1631	(1)个人贷款及透支	73966	22751	27414
定期储蓄存款	236987	92090	40021	其中:个人消费贷款	42391	13611	19539
结构性存款	124982	-107250	144173	(2)单位贷款及透支	612783	115773	39449
2.单位存款	2203232	-658448	-168388	经营贷款及透支	440800	32459	-44568
其中:活期存款	1079308	155366	-348382	固定资产贷款		-1725	1725
定期存款	346813	-725655	990950	并购贷款			
保证金存款	65955	-16327	-4031	贸易融资	171983	85039	82292
结构性存款	44620	22285	-820771	(3)非存款类金融机构贷款			
3.国库定期存款	53000	9000	39800	2.中长期贷款	2544176	133673	384578
4.非存款类金融机构存款	108719	-10568	13478	(1)个人贷款	730156	13256	123115
(二)境外存款	6299	73	4591	其中:个人消费贷款	604316	8053	102867
二、代理财政性存款		-1	0	(2)单位贷款	1814020	120417	261463
三、金融债券				经营贷款	1407975	61675	315155
其中:境外发行				固定资产贷款	406045	58742	-53693
四、卖出回购资产				并购贷款			
五、向中央银行借款	21238	8000	13238	贸易融资			
六、银行业存款类金融机构往来	86	-69	-6896	(3)非存款类金融机构贷款			
七、借款及非存款类金融机构拆入				3.票据融资	157288	48609	13582
八、联行往来(净)				4.融资租赁			
九、应付及暂收款	35128	8432	4882	5.各项垫款			-489
其中:应付利息	28073	10044	5173	(二)境外贷款	7	-1	-28
十、其他负债	34692	-3119	16390	二、债券投资	69	-69	-30
十一、所有者权益	13932	23706	290	三、股权及其他投资			
其中:实收资本				四、买入返售资产			
				五、存放中央银行存款			
				六、缴存中央银行财政性存款			-1
				七、银行业存款类金融机构往来	3108	-636	1681
				八、存放非存款类金融机构款项			
				九、联行往来(净)	32724	-807393	-399525
				其中:境内存放二级准备金			
				十、库存现金	4974	-104	728
				十一、应收及预付款	5578	392	-220
				其中:应收利息	4797	369	527
				十二、投资性房地产			
				十三、固定资产	20912	-918	-1004
				十四、其他资产	25752	-2370	12849
				十五、减:各项准备	55408	2848	-34536
				其中:贷款损失准备	50051	2416	-34210
资金来源总计	3425931	-493142	113518	资金运用总计	3425931	-493142	113518

注:本表数据为合并口径。

⑲ 渤海银行武汉分行本外币信贷收支表

表 5-3-1-1-1-19　　2022 年 12 月 31 日　　单位:万元

来源项目名称	12 月余额	比年初增减数 2022 年	比年初增减数 2021 年	运用项目名称	12 月余额	比年初增减数 2022 年	比年初增减数 2021 年
一、各项存款	2728478	48625	467903	一、各项贷款	3984956	-226218	128720
(一)境内存款	2726634	47164	467658	(一)境内贷款	3984558	-226108	128701
1.个人存款	459671	122456	142881	1.短期贷款	859632	2187	150273
其中:活期储蓄存款	88066	-21165	47245	(1)个人贷款及透支	8764	-2667	-2250
定期储蓄存款	219668	103052	49804	其中:个人消费贷款	1804	1211	-298
结构性存款	35142	507	-3686	(2)单位贷款及透支	850869	4854	152523
2.单位存款	2215596	-81940	290103	经营贷款及透支	527015	224394	1177
其中:活期存款	730785	65564	99719	固定资产贷款			
定期存款	296853	179043	-180150	并购贷款			
保证金存款	543362	-65336	191269	贸易融资	323854	-219540	151346
结构性存款	325000	-295000	306800	(3)非存款类金融机构贷款			
3.国库定期存款	50000	11000	39000	2.中长期贷款	2933075	-337543	-67008
4.非存款类金融机构存款	1367	-4353	-4326	(1)个人贷款	1335089	-163428	74291
(二)境外存款	1844	1461	245	其中:个人消费贷款	1182570	-192264	52513
二、代理财政性存款	0	0		(2)单位贷款	1597986	-174115	-141299
三、金融债券				经营贷款	608921	-313011	-29350
其中:境外发行				固定资产贷款	822565	62395	-201949
四、卖出回购资产				并购贷款	166500	76500	90000
五、向中央银行借款				贸易融资			
六、银行业存款类金融机构往来	10000	10000		(3)非存款类金融机构贷款			
七、借款及非存款类金融机构拆入	219385	-99400	-40085	3.票据融资	191850	109248	45437
八、联行往来(净)	927105	-154407	-329311	4.融资租赁			
九、应付及暂收款	61127	-19777	58744	5.各项垫款			
其中:应付利息	48335	4126	26698	(二)境外贷款	398	-110	19
十、其他负债	57319	11237	580	二、债券投资			
十一、所有者权益	49369	-237	-1982	三、股权及其他投资			
其中:实收资本				四、买入返售资产			
				五、存放中央银行存款			
				六、缴存中央银行财政性存款	919	919	-70
				七、银行业存款类金融机构往来	2681	-399	669
				八、存放非存款类金融机构款项			
				九、联行往来(净)			
				其中:境内存放二级准备金			
				十、库存现金	718	105	-70
				十一、应收及预付款	24428	-1536	11370
				其中:应收利息	23435	-1927	11773
				十二、投资性房地产			
				十三、固定资产	21205	20239	14383
				十四、其他资产	17876	2930	847
				十五、减:各项准备			
				其中:贷款损失准备			
资金来源总计	4052783	-203960	155849	资金运用总计	4052783	-203960	155849

注:本表数据为合并口径。

⑳ 浙商银行武汉分行本外币信贷收支表

表 5-3-1-1-1-20　　2022 年 12 月 31 日　　单位:万元

来源项目名称	12 月余额	比年初增减数		运用项目名称	12 月余额	比年初增减数	
		2022 年	2021 年			2022 年	2021 年
一、各项存款	3004112	179693	496784	一、各项贷款	2767272	570814	548479
(一)境内存款	2998973	175256	496438	(一)境内贷款	2663010	466551	548479
1.个人存款	283951	118272	-13832	1.短期贷款	680997	142621	170389
其中:活期储蓄存款	86299	25937	-3774	(1)个人贷款及透支	40688	409	-12458
定期储蓄存款	90913	37038	-39642	其中:个人消费贷款	8328	-1412	7859
结构性存款	1341	1341		(2)单位贷款及透支	640308	142212	182847
2.单位存款	2662510	36976	479266	经营贷款及透支	377177	177456	23578
其中:活期存款	859682	-473966	133675	固定资产贷款	3000	-21290	8770
定期存款	735131	445871	128752	并购贷款			
保证金存款	108279	-14414	-126100	贸易融资	260131	-13954	150499
结构性存款	51100	51100		(3)非存款类金融机构贷款			
3.国库定期存款	51000	20000	31000	2.中长期贷款	1927128	270037	377099
4.非存款类金融机构存款	1512	7	4	(1)个人贷款	496509	38231	164938
(二)境外存款	5138	4437	346	其中:个人消费贷款	288575	53988	91069
二、代理财政性存款	1	1	-1	(2)单位贷款	1430619	231805	212161
三、金融债券				经营贷款	167884	60409	39607
其中:境外发行				固定资产贷款	1239670	158067	168325
四、卖出回购资产				并购贷款			
五、向中央银行借款	18378	17393	985	贸易融资	23064	13329	4229
六、银行业存款类金融机构往来	66	0	-1873	(3)非存款类金融机构贷款			
七、借款及非存款类金融机构拆入				3.票据融资	49885	48894	991
八、联行往来(净)				4.融资租赁			
九、应付及暂收款	22219	-15667	11111	5.各项垫款	5000	5000	
其中:应付利息	5224	3102	1641	(二)境外贷款	104262	104262	
十、其他负债	22173	354	390	二、债券投资			
十一、所有者权益	44962	-13154	18040	三、股权及其他投资			-445000
其中:实收资本				四、买入返售资产			
				五、存放中央银行存款			
				六、缴存中央银行财政性存款			-7
				七、银行业存款类金融机构往来	272	80	126
				八、存放非存款类金融机构款项			
				九、联行往来(净)	272352	-426008	414657
				其中:境内存放二级准备金			
				十、库存现金	970	446	6
				十一、应收及预付款	53077	21397	7751
				其中:应收利息	19076	12720	-8527
				十二、投资性房地产			
				十三、固定资产	7255	907	-250
				十四、其他资产	10710	983	-326
				十五、减:各项准备			
				其中:贷款损失准备			
资金来源总计	3111909	168620	525437	资金运用总计	3111909	168620	525437

注:本表数据为合并口径。

㉑ 恒丰银行武汉分行本外币信贷收支表

表 5-3-1-1-1-21　　　　2022 年 12 月 31 日　　　　单位：万元

栏目 来源项目名称	12 月余额	比年初增减数		栏目 运用项目名称	12 月余额	比年初增减数	
		2022 年	2021 年			2022 年	2021 年
一、各项存款	1520811	108511	383297	一、各项贷款	1543490	119499	326562
（一）境内存款	1520767	108491	383293	（一）境内贷款	1543490	119499	326562
1.个人存款	126970	49991	32524	1.短期贷款	238150	-37810	-26920
其中：活期储蓄存款	67997	37023	21458	（1）个人贷款及透支	2917	-3974	-939
定期储蓄存款	40384	4665	4984	其中：个人消费贷款	978	-694	-289
结构性存款				（2）单位贷款及透支	235233	-33837	-25981
2.单位存款	965843	32032	-18521	经营贷款及透支	223933	-41697	-29421
其中：活期存款	485846	22334	-30845	固定资产贷款			
定期存款	12200	-23810	-17010	并购贷款			
保证金存款	71967	50181	10561	贸易融资	11300	7860	3440
结构性存款				（3）非存款类金融机构贷款			
3.国库定期存款	36000	13000	23000	2.中长期贷款	1297049	382235	165655
4.非存款类金融机构存款	391953	13468	346290	（1）个人贷款	218923	134452	59103
（二）境外存款	45	21	4	其中：个人消费贷款	145160	102194	29413
二、代理财政性存款				（2）单位贷款	1078127	247782	106552
三、金融债券				经营贷款	360141	47407	-39435
其中：境外发行				固定资产贷款	617593	187383	146587
四、卖出回购资产				并购贷款	100393	12993	-600
五、向中央银行借款				贸易融资			
六、银行业存款类金融机构往来	0	-34531	-107504	（3）非存款类金融机构贷款			
七、借款及非存款类金融机构拆入				3.票据融资	8290	-224926	187827
八、联行往来（净）				4.融资租赁			
九、应付及暂收款	8161	-1212	2497	5.各项垫款			
其中：应付利息	3117	-1322	-214	（二）境外贷款			
十、其他负债	21105	779	10144	二、债券投资			
十一、所有者权益	-3861	-5060	19148	三、股权及其他投资			
其中：实收资本				四、买入返售资产			
				五、存放中央银行存款			
				六、缴存中央银行财政性存款	11	11	
				七、银行业存款类金融机构往来	384	-384	162
				八、存放非存款类金融机构款项			
				九、联行往来（净）	15625	-39567	-28927
				其中：境内存放二级准备金	215530		49631
				十、库存现金	753	528	-36
				十一、应收及预付款	2590	-486	286
				其中：应收利息	2097	-78	612
				十二、投资性房地产			
				十三、固定资产	696	368	71
				十四、其他资产	10962	2252	8207
				十五、减：各项准备	28294	13733	-1256
				其中：贷款损失准备	28287	13739	-1268
资金来源总计	1546216	68488	307581	资金运用总计	1546216	68488	307581

注：本表数据为合并口径。

㉒ 汉口银行本外币信贷收支表

表 5-3-1-1-1-22　　2022 年 12 月 31 日　　单位:万元

来源项目名称（栏目）	12 月余额	比年初增减数		运用项目名称（栏目）	12 月余额	比年初增减数	
		2022 年	2021 年			2022 年	2021 年
一、各项存款	36124358	3627339	3036220	一、各项贷款	28519124	3624542	4439855
(一)境内存款	36106691	3625213	3034763	(一)境内贷款	28517055	3624758	4440106
1.个人存款	16716733	3600011	1760465	1.短期贷款	7813608	1050604	1946030
其中:活期储蓄存款	3365352	473167	425763	(1)个人贷款及透支	2721022	902624	1043045
定期储蓄存款	9971631	2750289	845100	其中:个人消费贷款	2138402	609352	821911
结构性存款				(2)单位贷款及透支	3892586	147979	-247015
2.单位存款	14783021	-124148	-16419	经营贷款及透支	3107456	-75287	-178810
其中:活期存款	5633891	-1154186	185790	固定资产贷款	2861	-5049	-14360
定期存款	3465736	1528130	-786348	并购贷款			
保证金存款	1781265	475796	151076	贸易融资	782269	228315	-53845
结构性存款				(3)非存款类金融机构贷款	1200000		1150000
3.国库定期存款	149000	56000	93000	2.中长期贷款	16074357	2002896	3210422
4.非存款类金融机构存款	4457937	93350	1197718	(1)个人贷款	6944255	1099728	1539979
(二)境外存款	17667	2126	1456	其中:个人消费贷款	5678229	691599	1253109
二、代理财政性存款	2131	-397	-2520	(2)单位贷款	9130103	903168	1670443
三、金融债券	999956	100060	40145	经营贷款	3160300	286530	758225
其中:境外发行				固定资产贷款	5415314	697820	628911
四、卖出回购资产	1927394	-779073	1129166	并购贷款	224039	-45491	49670
五、向中央银行借款	3409143	939670	-1671052	贸易融资	330449	-35691	233636
六、银行业存款类金融机构往来	2784706	-371335	-659555	(3)非存款类金融机构贷款			
七、借款及非存款类金融机构拆入		-454	454	3.票据融资	4628596	572997	-708309
八、联行往来(净)	69680	69680		4.融资租赁			
九、应付及暂收款	876764	92357	80007	5.各项垫款	494	-1739	-8037
其中:应付利息	682871	45809	38888	(二)境外贷款	2069	-216	-252
十、其他负债	59756	-4934	46652	二、债券投资	14031809	990008	563125
十一、所有者权益	3207537	144462	627460	三、股权及其他投资	3239865	-374316	-2127614
其中:实收资本	982785	57	369960	四、买入返售资产	674883	169522	-370997
				五、存放中央银行存款	2636454	-560672	287399
				六、缴存中央银行财政性存款	17735	9536	-8738
				七、银行业存款类金融机构往来	260653	7536	153834
				八、存放非存款类金融机构款项	44604	20696	-25658
				九、联行往来(净)		-86240	-11569
				其中:境内存放二级准备金			
				十、库存现金	95986	11312	-6589
				十一、应收及预付款	336522	24061	-275970
				其中:应收利息	229966	-3227	9795
				十二、投资性房地产			
				十三、固定资产	143378	-4562	11920
				十四、其他资产	649142	111182	121012
				十五、减:各项准备	1188732	125231	123032
				其中:贷款减值准备	1008357	94672	141687
资金来源总计	49461424	3817374	2626977	资金运用总计	49461424	3817374	2626977

㉓ 湖北银行本外币信贷收支表

表 5-3-1-1-1-23　　　　2022 年 12 月 31 日　　　　单位:万元

栏目 来源项目名称	12 月余额	比年初增减数		栏目 运用项目名称	12 月余额	比年初增减数	
		2022 年	2021 年			2022 年	2021 年
一、各项存款	32571606	4945702	4117034	一、各项贷款	23365314	4131663	3915708
(一)境内存款	32571606	4945702	4117034	(一)境内贷款	23359742	4126091	3915708
1.个人存款	15565152	3320633	2551861	1.短期贷款	6466623	910691	1654708
其中:活期储蓄存款	3243515	735534	604334	(1)个人贷款及透支	1368973	212095	180791
定期储蓄存款	10119041	2440526	1384577	其中:个人消费贷款	182156	92121	15470
结构性存款				(2)单位贷款及透支	3377650	198596	773917
2.单位存款	13795719	1509620	877036	经营贷款及透支	3209807	330528	529235
其中:活期存款	8302826	825564	695360	固定资产贷款	142850	-116284	234041
定期存款	2439541	262971	-238078	并购贷款			
保证金存款	1189249	154908	250426	贸易融资	24993	-15648	10641
结构性存款				(3)非存款类金融机构贷款	1720000	500000	700000
3.国库定期存款	206084	83469	105536	2.中长期贷款	13692820	2448511	1434320
4.非存款类金融机构存款	3004651	31980	582601	(1)个人贷款	3241161	110522	485942
(二)境外存款				其中:个人消费贷款	2629001	102067	540444
二、代理财政性存款	120	-343332	-51247	(2)单位贷款	10451658	2337990	948378
三、金融债券	449967	-20	199988	经营贷款	2840410	772561	365637
其中:境外发行				固定资产贷款	7603909	1677269	575461
四、卖出回购资产	1139660	981960	-879314	并购贷款			
五、向中央银行借款	423540	-301567	31351	贸易融资	7340	-111840	7280
六、银行业存款类金融机构往来	1836229	-382542	848406	(3)非存款类金融机构贷款			
七、借款及非存款类金融机构拆入				3.票据融资	3148825	749889	817032
八、联行往来(净)	19240	6300	4464	4.融资租赁			
九、应付及暂收款	768017	124584	92189	5.各项垫款	51474	16999	9648
其中:应付利息	611175	100439	132038	(二)境外贷款	5572	5572	
十、其他负债	110574	38690	60541	二、债券投资	9096222	1067018	2148578
十一、所有者权益	2943687	144975	125645	三、股权及其他投资	4387548	432124	-1005931
其中:实收资本	761165		76117	四、买入返售资产	543350	-124706	-262962
				五、存放中央银行存款	2161403	254960	-87504
				六、缴存中央银行财政性存款	6745	-2461	-12633
				七、银行业存款类金融机构往来	988333	-498137	16646
				八、存放非存款类金融机构款项	1373	1373	
				九、联行往来(净)			
				其中:境内存放二级准备金			
				十、库存现金	40152	-2220	-1313
				十一、应收及预付款	300425	22027	9345
				其中:应收利息	267270	21625	-7094
				十二、投资性房地产			
				十三、固定资产	132572	-7889	-3901
				十四、其他资产	478573	79700	142076
				十五、减:各项准备	1239369	138701	309052
				其中:贷款损失准备	879854	98739	209172
资金来源总计	40262640	5214751	4549057	资金运用总计	40262640	5214751	4549057

注:本表数据为合并口径。

㉔武汉众邦银行本外币信贷收支表

表 5-3-1-1-1-24　　2022 年 12 月 31 日　　单位:万元

来源项目名称（栏目）	12 月余额	比年初增减数 2022 年	比年初增减数 2021 年	运用项目名称（栏目）	12 月余额	比年初增减数 2022 年	比年初增减数 2021 年
一、各项存款	7170350	1535164	930591	一、各项贷款	4496734	197542	958580
(一)境内存款	7170350	1535164	930591	(一)境内贷款	4496734	197542	958580
1.个人存款	4676319	619743	124921	1.短期贷款	3020189	-537148	966955
其中:活期储蓄存款	115790	33592	26281	(1)个人贷款及透支	1596362	15180	413687
定期储蓄存款	2915463	-1056907	96632	其中:个人消费贷款	1115308	116798	309605
结构性存款				(2)单位贷款及透支	1383827	-412329	423267
2.单位存款	2450838	1034349	708953	经营贷款及透支	1337737	-398569	363418
其中:活期存款	668341	-286439	456531	固定资产贷款			
定期存款	1656718	1376387	176342	并购贷款			
保证金存款	122194	16522	375	贸易融资	46090	-13759	59850
结构性存款				(3)非存款类金融机构贷款	40000	-140000	130000
3.国库定期存款				2.中长期贷款	833334	376291	98293
4.非存款类金融机构存款	43193	-118928	96718	(1)个人贷款	394919	109224	61985
(二)境外存款	0	0	0	其中:个人消费贷款	223549	184703	-61847
二、代理财政性存款				(2)单位贷款	438415	267067	36309
三、金融债券				经营贷款	298615	167267	36309
其中:境外发行				固定资产贷款	139800	99800	
四、卖出回购资产	911739	454913	-152718	并购贷款			
五、向中央银行借款	261033	-79938	73888	贸易融资			
六、银行业存款类金融机构往来	1620490	22249	617994	(3)非存款类金融机构贷款			
七、借款及非存款类金融机构拆入				3.票据融资	636252	351441	-106668
八、联行往来(净)	22936	29695	11281	4.融资租赁			
九、应付及暂收款	238959	37919	-32858	5.各项垫款	6959	6959	
其中:应付利息	152844	18896	23716	(二)境外贷款			
十、其他负债	40784	29552	6556	二、债券投资	353257	-170335	-72883
十一、所有者权益	505986	34730	10814	三、股权及其他投资	3332200	1290285	22132
其中:实收资本	400000			四、买入返售资产		-29991	29991
				五、存放中央银行存款	1527874	474509	102704
				六、缴存中央银行财政性存款			
				七、银行业存款类金融机构往来	914301	266028	351080
				八、存放非存款类金融机构款项	17	17	
				九、联行往来			
				其中:境内存放二级准备金			
				十、库存现金	119	15	55
				十一、应收及预付款	114590	45795	-38488
				其中:应收利息	70806	44412	3869
				十二、投资性房地产			
				十三、固定资产	156346	-718	149070
				十四、其他资产	34039	4921	10060
				十五、减:各项准备	157199	13785	46751
				其中:贷款减值准备	151535	13702	47045
资金来源总计	10772278	2064284	1465550	资金运用总计	10772278	2064284	1465550

㉕ 东亚银行(中国)有限公司武汉分行本外币信贷收支表

表 5-3-1-1-1-25　　　　2022 年 12 月 31 日　　　　单位:万元

栏目 来源项目名称	12 月余额	比年初增减数		栏目 运用项目名称	12 月余额	比年初增减数	
		2022 年	2021 年			2022 年	2021 年
一、各项存款	87044	-847	-48760	一、各项贷款	189535	-8075	52322
(一)境内存款	85061	-1960	-48132	(一)境内贷款	188467	-7790	52639
1.个人存款	3971	197	322	1.短期贷款	32629	-2351	10911
其中:活期储蓄存款	2192	-403	445	(1)个人贷款及透支			
定期储蓄存款	1755	600	-77	其中:个人消费贷款			
结构性存款				(2)单位贷款及透支	32629	-2351	10911
2.单位存款	80086	21759	-67821	经营贷款及透支	17493	-10554	4686
其中:活期存款	22638	-9663	230	固定资产贷款	13306	13306	
定期存款	3920	259	-11942	并购贷款			
保证金存款	7189	6558	-3224	贸易融资	1829	-5103	6224
结构性存款	31050	31050	-26700	(3)非存款类金融机构贷款			
3.国库定期存款				2.中长期贷款	155838	-5439	41729
4.非存款类金融机构存款	1004	-23916	19367	(1)个人贷款	25907	-3497	8965
(二)境外存款	1984	1113	-628	其中:个人消费贷款	22483	-2541	7258
二、代理财政性存款				(2)单位贷款	129931	-1942	32764
三、金融债券				经营贷款			-35100
其中:境外发行				固定资产贷款	129931	-1942	67864
四、卖出回购资产				并购贷款			
五、向中央银行借款				贸易融资			
六、银行业存款类金融机构往来				(3)非存款类金融机构贷款			
七、借款及非存款类金融机构拆入				3.票据融资			
八、联行往来(净)	42302	-8957	100250	4.融资租赁			
九、应付及暂收款	652	293	-346	5.各项垫款			
其中:应付利息	184	102	-425	(二)境外贷款	1068	-285	-317
十、其他负债	10889	676	-438	二、债券投资			
十一、所有者权益	53168	2163	3112	三、股权及其他投资			
其中:实收资本				四、买入返售资产			
				五、存放中央银行存款	44	0	0
				六、缴存中央银行财政性存款			
				七、银行业存款类金融机构往来	803	187	187
				八、存放非存款类金融机构款项	805	296	20
				九、联行往来(净)			
				其中:境内存放二级准备金			
				十、库存现金	106	-74	70
				十一、应收及预付款	1314	287	522
				其中:应收利息	977	25	487
				十二、投资性房地产			
				十三、固定资产	70	-29	-20
				十四、其他资产	2472	204	-1122
				十五、减:各项准备	1094	-531	-1839
				其中:贷款减值准备	1089	-531	-1842
资金来源总计	194055	-6672	53818	资金运用总计	194055	-6672	53818

㉖ 汇丰银行(中国)有限公司武汉分行本外币信贷收支表

表 5-3-1-1-1-26　　2022 年 12 月 31 日　　单位:万元

来源项目名称	12 月余额	比年初增减数 2022 年	比年初增减数 2021 年	运用项目名称	12 月余额	比年初增减数 2022 年	比年初增减数 2021 年
一、各项存款	383781	37364	-16883	一、各项贷款	598123	4906	122824
(一)境内存款	367336	26081	-17500	(一)境内贷款	589728	2268	119071
1.个人存款	152080	24339	-1760	1.短期贷款	155963	25999	55108
其中:活期储蓄存款	71571	1759	8431	(1)个人贷款及透支			
定期储蓄存款	28043	11929	-3517	其中:个人消费贷款			
结构性存款	17516	-109	-12099	(2)单位贷款及透支	155963	25999	55108
2.单位存款	215256	1742	-15740	经营贷款及透支	97241	31599	12502
其中:活期存款	47946	-30420	-5395	固定资产贷款			-1105
定期存款	500	500		并购贷款			
保证金存款	25641	-1958	-3656	贸易融资	58722	-5600	43711
结构性存款	1393	-6895	8288	(3)非存款类金融机构贷款			
3.国库定期存款				2.中长期贷款	432240	-23696	63154
4.非存款类金融机构存款				(1)个人贷款	131198	-24656	-902
(二)境外存款	16445	11283	617	其中:个人消费贷款	131198	-24656	-902
二、代理财政性存款		-71	57	(2)单位贷款	301043	960	64056
三、金融债券				经营贷款	24950	13550	11400
其中:境外发行				固定资产贷款	275969	-12500	52442
四、卖出回购资产				并购贷款			
五、向中央银行借款				贸易融资	124	-90	214
六、银行业存款类金融机构往来	10614	-8088	7453	(3)非存款类金融机构贷款			
七、借款及非存款类金融机构拆入		-5402	-126	3.票据融资	1524	-35	809
八、联行往来(净)	106476	-34943	123425	4.融资租赁			
九、应付及暂收款	3449	153	136	5.各项垫款			
其中:应付利息	1596	338	-14	(二)境外贷款	8396	2638	3753
十、其他负债	663753	48823	-9634	二、债券投资			
十一、所有者权益	87182	14577	7665	三、股权及其他投资			
其中:实收资本				四、买入返售资产			
				五、存放中央银行存款	4102	-3013	2999
				六、缴存中央银行财政性存款	27	27	
				七、银行业存款类金融机构往来	1020	-34	462
				八、存放非存款类金融机构款项			
				九、联行往来(净)			
				其中:境内存放二级准备金			
				十、库存现金	626	41	118
				十一、应收及预付款	3337	-53	-823
				其中:应收利息	3148	-26	-841
				十二、投资性房地产			
				十三、固定资产	129	20	-32
				十四、其他资产	653294	54224	-12232
				十五、减:各项准备	5403	3705	1222
				其中:贷款损失准备	5403	3705	1222
资金来源总计	1255256	52414	112093	资金运用总计	1255256	52414	112093

注:本表数据为合并口径。

㉗ 渣打银行(中国)有限公司武汉分行本外币信贷收支表

表 5-3-1-1-1-27　　2022 年 12 月 31 日　　单位:万元

来源项目名称 \ 栏目	12 月余额	比年初增减数		运用项目名称 \ 栏目	12 月余额	比年初增减数	
		2022 年	2021 年			2022 年	2021 年
一、各项存款	67943	-6018	-25670	一、各项贷款	319590	20350	221244
(一)境内存款	65417	-6583	-23542	(一)境内贷款	319590	22140	219454
1.个人存款	384	-531	45	1.短期贷款	163844	39336	102180
其中:活期储蓄存款	213	-522	56	(1)个人贷款及透支			
定期储蓄存款	126	-24	-41	其中:个人消费贷款			
结构性存款				(2)单位贷款及透支	163844	39336	102180
2.单位存款	54929	-6110	-33634	经营贷款及透支	55561	28048	18107
其中:活期存款	30261	-7523	-32912	固定资产贷款			
定期存款	1750	-6575	-873	并购贷款			
保证金存款				贸易融资	108283	11288	84074
结构性存款				(3)非存款类金融机构贷款			
3.国库定期存款				2.中长期贷款	155746	-17196	117274
4.非存款类金融机构存款	10105	58	10046	(1)个人贷款			
(二)境外存款	2526	566	-2128	其中:个人消费贷款			
二、代理财政性存款				(2)单位贷款	155746	-17196	117274
三、金融债券				经营贷款	11298	-8044	184
其中:境外发行				固定资产贷款	143708	-9893	117090
四、卖出回购资产				并购贷款			
五、向中央银行借款				贸易融资	741	741	
六、银行业存款类金融机构往来				(3)非存款类金融机构贷款			
七、借款及非存款类金融机构拆入				3.票据融资			
八、联行往来(净)	192465	13757	178708	4.融资租赁			
九、应付及暂收款	919	24	297	5.各项垫款			
其中:应付利息	243	29	153	(二)境外贷款		-1790	1790
十、其他负债	16280	5996	-542	二、债券投资			
十一、所有者权益	37094	1219	7088	三、股权及其他投资			
其中:实收资本				四、买入返售资产			
				五、存放中央银行存款	0	0	
				六、缴存中央银行财政性存款			
				七、银行业存款类金融机构往来			
				八、存放非存款类金融机构款项			
				九、联行往来(净)			-61463
				其中:境内存放二级准备金			
				十、库存现金			
				十一、应收及预付款	1407	-534	1157
				其中:应收利息	1289	-495	1206
				十二、投资性房地产			
				十三、固定资产	127	-69	-55
				十四、其他资产	726	-15	-342
				十五、减:各项准备	7148	4753	661
				其中:贷款减值准备	7146	4773	638
资金来源总计	314701	14979	159881	资金运用总计	314701	14979	159881

㉘ 企业银行(中国)有限公司武汉分行本外币信贷收支表

表 5-3-1-1-1-28　　2022 年 12 月 31 日　　单位:万元

栏目 来源项目名称	12 月余额	比年初增减数		栏目 运用项目名称	12 月余额	比年初增减数	
		2022 年	2021 年			2022 年	2021 年
一、各项存款	47817	-23119	48913	一、各项贷款	100357	23797	23494
(一)境内存款	45908	-23213	49472	(一)境内贷款	82831	6859	22906
1.个人存款	320	-360	546	1.短期贷款	48361	1575	9352
其中:活期储蓄存款	204	-376	471	(1)个人贷款及透支	450		420
定期储蓄存款	86	-14	75	其中:个人消费贷款			
结构性存款	8	8		(2)单位贷款及透支	47911	1575	8932
2.单位存款	45588	-22852	48925	经营贷款及透支	47696	1576	8716
其中:活期存款	14463	2325	7598	固定资产贷款	215	-1	216
定期存款	6000	196	5778	并购贷款			
保证金存款	6547	1631	3242	贸易融资			
结构性存款				(3)非存款类金融机构贷款			
3.国库定期存款				2.中长期贷款	21185	-409	12818
4.非存款类金融机构存款				(1)个人贷款	10058	-547	10583
(二)境外存款	1910	94	-558	其中:个人消费贷款	10029	-569	10598
二、代理财政性存款				(2)单位贷款	11127	138	2235
三、金融债券				经营贷款	4573	1584	2105
其中:境外发行				固定资产贷款	6554	-1446	130
四、卖出回购资产				并购贷款			
五、向中央银行借款				贸易融资			
六、银行业存款类金融机构往来				(3)非存款类金融机构贷款			
七、借款及非存款类金融机构拆入				3.票据融资	13284	5692	737
八、联行往来(净)	40864	46746	-26414	4.融资租赁			
九、应付及暂收款	610	382	89	5.各项垫款			
其中:应付利息	333	230	84	(二)境外贷款	17526	16938	588
十、其他负债	10506	58	325	二、债券投资			
十一、所有者权益	833	-219	845	三、股权及其他投资			
其中:实收资本				四、买入返售资产			
				五、存放中央银行存款	90	50	0
				六、缴存中央银行财政性存款			
				七、银行业存款类金融机构往来	178	135	-21
				八、存放非存款类金融机构款项			
				九、联行往来(净)			
				其中:境内存放二级准备金			
				十、库存现金			
				十一、应收及预付款	294	21	152
				其中:应收利息	279	21	173
				十二、投资性房地产			
				十三、固定资产	87	66	-8
				十四、其他资产	561	341	-14
				十五、减:各项准备	937	561	-155
				其中:贷款损失准备	837	466	-159
资金来源总计	100630	23848	23758	资金运用总计	100630	23848	23758

注:本表数据为合并口径。

㉙ 富邦华一银行有限公司武汉分行本外币信贷收支表

表 5-3-1-1-1-29　　　　2022 年 12 月 31 日　　　　单位:万元

栏目 来源项目名称	12 月余额	比年初增减数		栏目 运用项目名称	12 月余额	比年初增减数	
		2022 年	2021 年			2022 年	2021 年
一、各项存款	241334	-6397	13764	一、各项贷款	403026	-18819	-24457
(一)境内存款	229734	-10365	14362	(一)境内贷款	346994	-57561	-41747
1.个人存款	2890	-424	-611	1.短期贷款	219579	-38810	-81927
其中:活期储蓄存款	1011	-433	413	(1)个人贷款及透支			
定期储蓄存款	1000	-418	-179	其中:个人消费贷款			
结构性存款	58	-58	-349	(2)单位贷款及透支	219579	-38810	-81927
2.单位存款	226843	-9941	14972	经营贷款及透支	219579	-38810	-81542
其中:活期存款	67807	-14593	9880	固定资产贷款			-385
定期存款	69948	11780	3729	并购贷款			
保证金存款	2782	2558	-1442	贸易融资			
结构性存款	2000	1400	-8860	(3)非存款类金融机构贷款			
3.国库定期存款				2.中长期贷款	123116	-3459	26315
4.非存款类金融机构存款				(1)个人贷款	39232	-459	30148
(二)境外存款	11600	3968	-597	其中:个人消费贷款	39135	-388	30113
二、代理财政性存款				(2)单位贷款	83884	-3000	-3833
三、金融债券				经营贷款	13100	-5267	-19933
其中:境外发行				固定资产贷款	70784	2266	16100
四、卖出回购资产				并购贷款			
五、向中央银行借款	4464	4464		贸易融资			
六、银行业存款类金融机构往来				(3)非存款类金融机构贷款			
七、借款及非存款类金融机构拆入				3.票据融资	4300	-15291	13866
八、联行往来(净)	144674	-24808	-48046	4.融资租赁			
九、应付及暂收款	2061	392	244	5.各项垫款			
其中:应付利息	1548	306	369	(二)境外贷款	56032	38742	17289
十、其他负债	2077	1874	-1028	二、债券投资			
十一、所有者权益	9886	7687	15433	三、股权及其他投资			
其中:实收资本	2000			四、买入返售资产			
				五、存放中央银行存款	0	0	
				六、缴存中央银行财政性存款			
				七、银行业存款类金融机构往来	64	14	-38
				八、存放非存款类金融机构款项			
				九、联行往来(净)			
				其中:境内存放二级准备金			
				十、库存现金			
				十一、应收及预付款	1644	777	27
				其中:应收利息	1459	793	-14
				十二、投资性房地产			
				十三、固定资产	8	-46	-55
				十四、其他资产	2043	1900	-569
				十五、减:各项准备	2289	614	-5460
				其中:贷款减值准备	2282	609	-5460
资金来源总计	404496	-16788	-19632	资金运用总计	404496	-16788	-19632

㉚ 华侨永亨银行(中国)有限公司武汉分行本外币信贷收支表

表 5-3-1-1-1-30　　2022 年 12 月 31 日　　单位:万元

来源项目名称 \ 栏目	12 月余额	比年初增减数	运用项目名称 \ 栏目	12 月余额	比年初增减数
一、各项存款			一、各项贷款		
(一)境内存款			(一)境内贷款		
1.个人存款			1.短期贷款		
其中:活期储蓄存款			(1)个人贷款及透支		
定期储蓄存款			其中:个人消费贷款		
结构性存款			(2)单位贷款及透支		
2.单位存款			经营贷款及透支		
其中:活期存款			固定资产贷款		
定期存款			并购贷款		
保证金存款			贸易融资		
结构性存款			(3)非存款类金融机构贷款		
3.国库定期存款			2.中长期贷款		
4.非存款类金融机构存款			(1)个人贷款		
(二)境外存款			其中:个人消费贷款		
二、代理财政性存款			(2)单位贷款		
三、金融债券			经营贷款		
其中:境外发行			固定资产贷款		
四、卖出回购资产			并购贷款		
五、向中央银行借款			贸易融资		
六、银行业存款类金融机构往来			(3)非存款类金融机构贷款		
七、借款及非存款类金融机构拆入			3.票据融资		
八、联行往来(净)			4.融资租赁		
九、应付及暂收款	121	121	5.各项垫款		
其中:应付利息			(二)境外贷款		
十、其他负债	10268	10268	二、债券投资		
十一、所有者权益	-503	-503	三、股权及其他投资		
其中:实收资本			四、买入返售资产		
			五、存放中央银行存款		
			六、缴存中央银行财政性存款		
			七、银行业存款类金融机构往来		
			八、存放非存款类金融机构款项		
			九、联行往来(净)	9572	9572
			其中:境内存放二级准备金		
			十、库存现金		
			十一、应收及预付款	34	34
			其中:应收利息		
			十二、投资性房地产		
			十三、固定资产	21	21
			十四、其他资产	259	259
			十五、减:各项准备		
			其中:贷款减值准备		
资金来源总计	9886	9886	资金运用总计	9886	9886

㉛ 南洋商业银行(中国)有限公司武汉分行本外币信贷收支表

表 5-3-1-1-1-31　　2022 年 12 月 31 日　　单位:万元

栏目 来源项目名称	12 月余额	比年初增减数		栏目 运用项目名称	12 月余额	比年初增减数	
		2022 年	2021 年			2022 年	2021 年
一、各项存款	286199	-5678	104094	一、各项贷款	274686	81476	86263
(一)境内存款	286199	-5678	104094	(一)境内贷款	274686	81476	86263
1.个人存款				1.短期贷款	91083	-12337	-680
其中:活期储蓄存款				(1)个人贷款及透支			
定期储蓄存款				其中:个人消费贷款			
结构性存款				(2)单位贷款及透支	91083	-12337	-680
2.单位存款	266438	-3941	160015	经营贷款及透支	81780	-21640	-680
其中:活期存款	180853	22886	67624	固定资产贷款			
定期存款				并购贷款			
保证金存款	3466	2386	730	贸易融资	9303	9303	
结构性存款	5000	5000		(3)非存款类金融机构贷款			
3.国库定期存款				2.中长期贷款	178516	95725	79943
4.非存款类金融机构存款	19761	-1737	-55921	(1)个人贷款			
(二)境外存款				其中:个人消费贷款			
二、代理财政性存款				(2)单位贷款	178516	95725	79943
三、金融债券				经营贷款			
其中:境外发行				固定资产贷款	178516	95725	79943
四、卖出回购资产				并购贷款			
五、向中央银行借款				贸易融资			
六、银行业存款类金融机构往来				(3)非存款类金融机构贷款			
七、借款及非存款类金融机构拆入				3.票据融资	5088	-1912	7000
八、联行往来(净)				4.融资租赁			
九、应付及暂收款	1375	593	315	5.各项垫款			
其中:应付利息	178	99	64	(二)境外贷款			
十、其他负债	20547	-270	-186	二、债券投资			
十一、所有者权益	5888	5888	3318	三、股权及其他投资			
其中:实收资本				四、买入返售资产			
				五、存放中央银行存款			
				六、缴存中央银行财政性存款			
				七、银行业存款类金融机构往来	35	-33	1
				八、存放非存款类金融机构款项			
				九、联行往来(净)	37590	-80743	21673
				其中:境内存放二级准备金			
				十、库存现金			
				十一、应收及预付款	504	-53	-107
				其中:应收利息	388	77	154
				十二、投资性房地产			
				十三、固定资产	135	5	13
				十四、其他资产	1060	-118	-302
				十五、减:各项准备			
				其中:贷款减值准备			
资金来源总计	314009	532	107542	资金运用总计	314009	532	107542

㉜ 瑞穗银行(中国)有限公司武汉分行本外币信贷收支表

表 5-3-1-1-1-32　　2022 年 12 月 31 日　　单位:万元

来源项目名称	12 月余额	比年初增减数 2022 年	比年初增减数 2021 年	运用项目名称	12 月余额	比年初增减数 2022 年	比年初增减数 2021 年
一、各项存款	364140	52605	70052	一、各项贷款	257976	-24980	-1171
(一)境内存款	364140	52605	72581	(一)境内贷款	257976	-24980	-1171
1.个人存款				1.短期贷款	213845	-7449	-4729
其中:活期储蓄存款				(1)个人贷款及透支			
定期储蓄存款				其中:个人消费贷款			
结构性存款				(2)单位贷款及透支	213845	-7449	-4729
2.单位存款	364140	52605	72581	经营贷款及透支	213845	-7449	-4729
其中:活期存款	52244	-1193	-4105	固定资产贷款			
定期存款	26573	8831	1120	并购贷款			
保证金存款				贸易融资			
结构性存款				(3)非存款类金融机构贷款			
3.国库定期存款				2.中长期贷款	44131	-13568	2414
4.非存款类金融机构存款				(1)个人贷款			
(二)境外存款			-2529	其中:个人消费贷款			
二、代理财政性存款				(2)单位贷款	44131	-13568	2414
三、金融债券				经营贷款			
其中:境外发行				固定资产贷款	44131	-13568	2414
四、卖出回购资产				并购贷款			
五、向中央银行借款				贸易融资			
六、银行业存款类金融机构往来				(3)非存款类金融机构贷款			
七、借款及非存款类金融机构拆入				3.票据融资		-3963	1144
八、联行往来(净)			-19957	4.融资租赁			
九、应付及暂收款	2000	-215	-25	5.各项垫款			
其中:应付利息	1550	-136	-74	(二)境外贷款			
十、其他负债	12763	1405	187	二、债券投资			
十一、所有者权益	14854	2023	2279	三、股权及其他投资			
其中:实收资本				四、买入返售资产			
				五、存放中央银行存款			
				六、缴存中央银行财政性存款			
				七、银行业存款类金融机构往来		-5	-166
				八、存放非存款类金融机构款项	191	-37	-73
				九、联行往来	133109	79592	53517
				其中:境内存放二级准备金			
				十、库存现金			
				十一、应收及预付款	1544	-109	59
				其中:应收利息	1479	-115	77
				十二、投资性房地产			
				十三、固定资产	96	20	-4
				十四、其他资产	3377	1331	33
				十五、减:各项准备	2544	1	-340
				其中:贷款减值准备	2542	-1	-341
资金来源总计	393757	55819	52535	资金运用总计	393757	55819	52535

㉝ 三菱日联银行(中国)有限公司武汉分行本外币信贷收支表

表 5-3-1-1-1-33　　2022 年 12 月 31 日　　单位:万元

栏目 来源项目名称	12 月余额	比年初增减数 2022 年	比年初增减数 2021 年	栏目 运用项目名称	12 月余额	比年初增减数 2022 年	比年初增减数 2021 年
一、各项存款	153137	-15645	-39659	一、各项贷款	216860	-35794	4422
(一)境内存款	153137	-15645	-39659	(一)境内贷款	216860	-35794	4422
1.个人存款				1.短期贷款	165490	-40159	-1169
其中:活期储蓄存款				(1)个人贷款及透支			
定期储蓄存款				其中:个人消费贷款			
结构性存款				(2)单位贷款及透支	165490	-40159	-1169
2.单位存款	153137	-15645	-39659	经营贷款及透支	165490	-40159	2724
其中:活期存款	35139	-6735	491	固定资产贷款			-3893
定期存款	42341	18141	18933	并购贷款			
保证金存款				贸易融资			
结构性存款				(3)非存款类金融机构贷款			
3.国库定期存款				2.中长期贷款	51370	4365	5590
4.非存款类金融机构存款				(1)个人贷款			
(二)境外存款				其中:个人消费贷款			
二、代理财政性存款				(2)单位贷款	51370	4365	5590
三、金融债券				经营贷款			
其中:境外发行				固定资产贷款	51370	4365	5590
四、卖出回购资产				并购贷款			
五、向中央银行借款				贸易融资			
六、银行业存款类金融机构往来				(3)非存款类金融机构贷款			
七、借款及非存款类金融机构拆入				3.票据融资			
八、联行往来(净)	44205	-16330	42991	4.融资租赁			
九、应付及暂收款	3629	-2545	2216	5.各项垫款			
其中:应付利息	1483	326	-252	(二)境外贷款			
十、其他负债	14043	1860	1282	二、债券投资			
十一、所有者权益	1502	-1567	-635	三、股权及其他投资			
其中:实收资本				四、买入返售资产			
				五、存放中央银行存款		-8	0
				六、缴存中央银行财政性存款			
				七、银行业存款类金融机构往来			
				八、存放非存款类金融机构款项			
				九、联行往来(净)			
				其中:境内存放二级准备金			
				十、库存现金			
				十一、应收及预付款	1729	225	-77
				其中:应收利息	1630	228	-82
				十二、投资性房地产			
				十三、固定资产	202	-30	77
				十四、其他资产	3724	1831	861
				十五、减:各项准备	5998	450	-912
				其中:贷款损失准备	5968	442	-934
资金来源总计	216517	-34227	6195	资金运用总计	216517	-34227	6195

注:本表数据为合并口径。

㉞ 台湾土地银行股份有限公司武汉分行本外币信贷收支表

表 5-3-1-1-1-34　　2022 年 12 月 31 日　　单位:万元

栏目 来源项目名称	12 月余额	比年初增减数 2022 年	比年初增减数 2021 年	栏目 运用项目名称	12 月余额	比年初增减数 2022 年	比年初增减数 2021 年
一、各项存款	5104	-2195	1351	一、各项贷款	174637	-10248	13371
(一)境内存款	4546	-2206	1339	(一)境内贷款	174637	-10248	13371
1.个人存款				1.短期贷款	25821	-9279	19170
其中:活期储蓄存款				(1)个人贷款及透支			
定期储蓄存款				其中:个人消费贷款			
结构性存款				(2)单位贷款及透支	25200	-7830	17100
2.单位存款	4546	-2206	1339	经营贷款及透支	25200	-7830	17262
其中:活期存款	3346	-1168	1623	固定资产贷款			-163
定期存款		-1038	16	并购贷款			
保证金存款				贸易融资			
结构性存款				(3)非存款类金融机构贷款	621	-1449	2070
3.国库定期存款				2.中长期贷款	148816	-969	-5799
4.非存款类金融机构存款				(1)个人贷款			
(二)境外存款	558	12	12	其中:个人消费贷款			
二、代理财政性存款				(2)单位贷款	116082	-15213	-17763
三、金融债券				经营贷款	29872	3337	7446
其中:境外发行				固定资产贷款	86210	-18550	-25209
四、卖出回购资产				并购贷款			
五、向中央银行借款				贸易融资			
六、银行业存款类金融机构往来		-24000	2000	(3)非存款类金融机构贷款	32734	14244	11965
七、借款及非存款类金融机构拆入	20000	13000	7000	3.票据融资			
八、联行往来(净)	45000	-10000	-20000	4.融资租赁			
九、应付及暂收款	510	-859	693	5.各项垫款			
其中:应付利息	280	-202	164	(二)境外贷款			
十、其他负债	110940	10552	-540	二、债券投资			
十一、所有者权益	15677	-1672	1401	三、股权及其他投资			
其中:实收资本				四、买入返售资产			
				五、存放中央银行存款	311	-125	-325
				六、缴存中央银行财政性存款			
				七、银行业存款类金融机构往来	22062	-5740	-18114
				八、存放非存款类金融机构款项	193	153	-2493
				九、联行往来(净)			
				其中:境内存放二级准备金			
				十、库存现金			
				十一、应收及预付款	688	-81	-455
				其中:应收利息	618	-4	-179
				十二、投资性房地产			
				十三、固定资产	123	-55	99
				十四、其他资产	1378	896	294
				十五、减:各项准备	2161	-27	472
				其中:贷款损失准备	2161	-27	472
资金来源总计	197231	-15174	-8095	资金运用总计	197231	-15174	-8095

注:本表数据为合并口径。

㉟ 台湾中小企业银行股份有限公司武汉分行本外币信贷收支表

表 5-3-1-1-1-35　　2022 年 12 月 31 日　　单位:万元

来源项目名称	12 月余额	比年初增减数 2022 年	比年初增减数 2021 年	运用项目名称	12 月余额	比年初增减数 2022 年	比年初增减数 2021 年
一、各项存款	4243	-987	-241	一、各项贷款	45338	-6663	936
(一)境内存款	3675	-998	-252	(一)境内贷款	45338	-6663	936
1.个人存款				1.短期贷款	34912	4584	3071
其中:活期储蓄存款				(1)个人贷款及透支			
定期储蓄存款				其中:个人消费贷款			
结构性存款				(2)单位贷款及透支	34912	4584	3071
2.单位存款	3675	-998	-252	经营贷款及透支	33330	5108	965
其中:活期存款	2675	-666	1249	固定资产贷款			
定期存款				并购贷款			
保证金存款				贸易融资	1582	-523	2105
结构性存款				(3)非存款类金融机构贷款			
3.国库定期存款				2.中长期贷款	10425	-11247	-2134
4.非存款类金融机构存款				(1)个人贷款			
(二)境外存款	568	12	12	其中:个人消费贷款			
二、代理财政性存款				(2)单位贷款	10425	-11247	-2134
三、金融债券				经营贷款	9625	2335	2834
其中:境外发行				固定资产贷款	801	-13582	-4968
四、卖出回购资产				并购贷款			
五、向中央银行借款				贸易融资			
六、银行业存款类金融机构往来			-1305	(3)非存款类金融机构贷款			
七、借款及非存款类金融机构拆入		-2000	2000	3.票据融资			
八、联行往来(净)				4.融资租赁			
九、应付及暂收款	151	-275	-197	5.各项垫款			
其中:应付利息	11	4	1	(二)境外贷款			
十、其他负债	85708	5981	-1552	二、债券投资			
十一、所有者权益	10376	-1758	3573	三、股权及其他投资			
其中:实收资本				四、买入返售资产			
				五、存放中央银行存款			
				六、缴存中央银行财政性存款			
				七、银行业存款类金融机构往来	50963	6806	-578
				八、存放非存款类金融机构款项	722	610	-50
				九、联行往来(净)	750		135
				其中:境内存放二级准备金			
				十、库存现金			
				十一、应收及预付款	515	-121	77
				其中:应收利息	447	-119	56
				十二、投资性房地产			
				十三、固定资产	53	-9	-26
				十四、其他资产	2666	838	1783
				十五、减:各项准备	529	499	
				其中:贷款损失准备	529	499	
资金来源总计	100478	962	2278	资金运用总计	100478	962	2278

注:本表数据为合并口径。

㊱ 武汉农村商业银行本外币信贷收支表(武汉地区)

表 5-3-1-1-1-36　　2022 年 12 月 31 日　　单位:万元

栏目 来源项目名称	12 月余额	比年初增减数		栏目 运用项目名称	12 月余额	比年初增减数	
		2022 年	2021 年			2022 年	2021 年
一、各项存款	28760088	2977912	3199929	一、各项贷款	21441154	2709918	2846279
(一)境内存款	28756585	2977400	3198974	(一)境内贷款	21441110	2709874	2846279
1.个人存款	14450873	2337778	2131077	1.短期贷款	5638688	784816	262514
其中:活期储蓄存款	3096027	237237	117171	(1)个人贷款及透支	1299314	466533	172598
定期储蓄存款	9054668	1357321	1131914	其中:个人消费贷款	785173	325222	82378
结构性存款				(2)单位贷款及透支	3199374	−232718	95916
2.单位存款	10707291	213192	86515	经营贷款及透支	3064342	−217791	274702
其中:活期存款	5865806	−1168874	79714	固定资产贷款	130607	1375	−195791
定期存款	1518966	−433933	75662	并购贷款	3000	3000	
保证金存款	146708	80008	8450	贸易融资	1426	−19302	17005
结构性存款				(3)非存款类金融机构贷款	1140000	551000	−6000
3.国库定期存款	179000	82000	97000	2.中长期贷款	13204690	2007960	1219797
4.非存款类金融机构存款	3419421	344431	884382	(1)个人贷款	3033723	−159711	374500
(二)境外存款	3502	512	955	其中:个人消费贷款	2581240	−128668	411473
二、代理财政性存款	45508	−14556	39997	(2)单位贷款	10170967	2167671	845297
三、金融债券	350000	−150000		经营贷款	2963313	1093619	250526
其中:境外发行				固定资产贷款	7049854	1048752	599771
四、卖出回购资产	2411669	−3199	1621863	并购贷款	157800	25300	−5000
五、向中央银行借款	447741	131933	−447135	贸易融资			
六、银行业存款类金融机构往来	2216569	242226	−989428	(3)非存款类金融机构贷款			
七、借款及非存款类金融机构拆入				3.票据融资	2593912	−82875	1365536
八、联行往来(净)				4.融资租赁			
九、应付及暂收款	602032	168862	73977	5.各项垫款	3820	−27	−1568
其中:应付利息	485647	98256	120455	(二)境外贷款	44	44	
十、其他负债	40438	−22207	48615	二、债券投资	7926110	1234021	1241764
十一、所有者权益	2358245	12806	95339	三、股权及其他投资	2578484	−705218	−292283
其中:实收资本	545250	49568	9719	四、买入返售资产	1528508	−196274	152802
				五、存放中央银行存款	2499299	−347598	−237574
				六、缴存中央银行财政性存款	55046	−4701	31952
				七、银行业存款类金融机构往来	976244	930703	−299400
				八、存放非存款类金融机构款项	64261	20676	−10153
				九、联行往来(净)	200164	−152510	−144223
				其中:境内存放二级准备金			
				十、库存现金	151300	−26120	−818
				十一、应收及预付款	464630	45282	186030
				其中:应收利息	284108	36334	32222
				十二、投资性房地产			
				十三、固定资产	143742	−4787	−11421
				十四、其他资产	421591	74367	9523
				十五、减:各项准备	1218243	233981	−170678
				其中:贷款减值准备	1115748	177632	−16422
资金来源总计	37232291	3343776	3643157	资金运用总计	37232291	3343776	3643157

㊲ 湖北省农村信用社联合社本外币信贷收支表

表 5-3-1-1-1-37　　2022 年 12 月 31 日　　单位:万元

来源项目名称	12 月余额	比年初增减数		运用项目名称	12 月余额	比年初增减数	
		2022 年	2021 年			2022 年	2021 年
一、各项存款	134503741	15755649	11589215	一、各项贷款	93851819	11606117	11424401
(一)境内存款	134499997	15755036	11588186	(一)境内贷款	93851776	11606073	11424401
1.个人存款	106676258	16206841	11874183	1.短期贷款	24356450	3134629	2210095
其中:活期储蓄存款	19767480	1706294	633825	(1)个人贷款及透支	12577127	2599551	2114555
定期储蓄存款	84033619	13638796	10193566	其中:个人消费贷款	2163333	616984	3730
结构性存款				(2)单位贷款及透支	10639323	4078	123540
2.单位存款	23904318	-1010669	-1452652	经营贷款及透支	10440141	34784	295262
其中:活期存款	14492018	-2443501	-1213550	固定资产贷款	192959	-16202	-188727
定期存款	4363225	-394480	-301183	并购贷款	3000	3000	
保证金存款	857564	13498	-94077	贸易融资	3223	-17505	17005
结构性存款				(3)非存款类金融机构贷款	1140000	531000	-28000
3.国库定期存款	500000	217000	283000	2.中长期贷款	56136820	7109238	5476397
4.非存款类金融机构存款	3419421	341864	883656	(1)个人贷款	30513417	3674867	4012604
(二)境外存款	3743	613	1029	其中:个人消费贷款	18324309	1144032	2541409
二、代理财政性存款	220338	82216	-78724	(2)单位贷款	25623403	3434372	1463793
三、金融债券	635000	-120000	-90000	经营贷款	12713474	2310607	784896
其中:境外发行				固定资产贷款	12748128	1106965	690897
四、卖出回购资产	3864490	-80622	2153161	并购贷款	161800	16800	-12000
五、向中央银行借款	4636136	210859	-1334926	贸易融资			
六、银行业存款类金融机构往来	7076879	1122092	-2644190	(3)非存款类金融机构贷款			
七、借款及非存款类金融机构拆入				3.票据融资	13322892	1364467	3744490
八、联行往来(净)				4.融资租赁			
九、应付及暂收款	4517531	531530	505137	5.各项垫款	35614	-2261	-6581
其中:应付利息	3745720	412149	489958	(二)境外贷款	44	44	
十、其他负债	785231	-26764	129386	二、债券投资	46778800	8189016	4172602
十一、所有者权益	8996369	594504	602785	三、股权及其他投资	3140860	-682342	-1441278
其中:实收资本	3241349	146030	48705	四、买入返售资产	1793784	-675204	531501
				五、存放中央银行存款	10315103	801242	-1771994
				六、缴存中央银行财政性存款	58274	-10594	19878
				七、银行业存款类金融机构往来	8684328	-1034784	-2602623
				八、存放非存款类金融机构款项	367784	87965	71292
				九、联行往来(净)	109858	-122463	7362
				其中:境内存放二级准备金			
				十、库存现金	489595	-40968	-1648
				十一、应收及预付款	1639131	132909	209198
				其中:应收利息	1199892	101315	47083
				十二、投资性房地产			
				十三、固定资产	1072375	-15059	-24403
				十四、其他资产	1696251	243769	174246
				十五、减:各项准备	4762248	410140	-63309
				其中:贷款损失准备	4173736	269982	229323
资金来源总计	165235715	18069463	10831844	资金运用总计	165235715	18069463	10831844

注:本表数据为合并口径。

㊳ 中国信达资产管理股份有限公司湖北省分公司本外币信贷收支表

表 5-3-1-1-1-38　　2022 年 12 月 31 日　　单位:万元

栏目 来源项目名称	12 月余额	比年初增减数		栏目 运用项目名称	12 月余额	比年初增减数	
		2022 年	2021 年			2022 年	2021 年
一、各项存款				一、各项贷款			
(一)境内存款				(一)境内贷款			
1.个人存款				1.短期贷款			
其中:活期储蓄存款				(1)个人贷款及透支			
定期储蓄存款				其中:个人消费贷款			
结构性存款				(2)单位贷款及透支			
2.单位存款				经营贷款及透支			
其中:活期存款				固定资产贷款			
定期存款				并购贷款			
保证金存款				贸易融资			
结构性存款				(3)非存款类金融机构贷款			
3.国库定期存款				2.中长期贷款			
4.非存款类金融机构存款				(1)个人贷款			
(二)境外存款				其中:个人消费贷款			
二、代理财政性存款				(2)单位贷款			
三、金融债券				经营贷款			
其中:境外发行				固定资产贷款			
四、卖出回购资产				并购贷款			
五、向中央银行借款				贸易融资			
六、银行业存款类金融机构往来				(3)非存款类金融机构贷款			
七、借款及非存款类金融机构拆入				3.票据融资			
八、联行往来(净)				4.融资租赁			
九、应付及暂收款	10515	-5368	-40901	5.各项垫款			
其中:应付利息				(二)境外贷款			
十、其他负债	513425	78458	-1244793	二、债券投资			
十一、所有者权益	1468673	30551	219124	三、股权及其他投资	1987621	104702	-1027639
其中:实收资本				四、买入返售资产			
				五、存放中央银行存款	2971	-2506	-39183
				六、缴存中央银行财政性存款			
				七、银行业存款类金融机构往来			
				八、存放非存款类金融机构款项			
				九、联行往来(净)			
				其中:境内存放二级准备金			
				十、库存现金			
				十一、应收及预付款	242	219	-6
				其中:应收利息			
				十二、投资性房地产			
				十三、固定资产	138	-25	6
				十四、其他资产	1642	1251	252
				十五、减:各项准备			
				其中:贷款减值准备			
资金来源总计	1992613	103641	-1066570	资金运用总计	1992613	103641	-1066570

㊴ 光大金融租赁股份有限公司本外币信贷收支表

表 5-3-1-1-1-39　　　　2022 年 12 月 31 日　　　　单位:万元

来源项目名称	12 月余额	比年初增减数 2022 年	比年初增减数 2021 年	运用项目名称	12 月余额	比年初增减数 2022 年	比年初增减数 2021 年
一、各项存款				一、各项贷款	11173492	-47503	966712
(一)境内存款				(一)境内贷款	11173492	-47503	966712
1.个人存款				1.短期贷款			
其中:活期储蓄存款				(1)个人贷款及透支			
定期储蓄存款				其中:个人消费贷款			
结构性存款				(2)单位贷款及透支			
2.单位存款				经营贷款及透支			
其中:活期存款				固定资产贷款			
定期存款				并购贷款			
保证金存款				贸易融资			
结构性存款				(3)非存款类金融机构贷款			
3.国库定期存款				2.中长期贷款			
4.非存款类金融机构存款				(1)个人贷款			
(二)境外存款				其中:个人消费贷款			
二、代理财政性存款				(2)单位贷款			
三、金融债券	159640	-79949	-499442	经营贷款			
其中:境外发行				固定资产贷款			
四、卖出回购资产	203300	47500	-71240	并购贷款			
五、向中央银行借款				贸易融资			
六、银行业存款类金融机构往来				(3)非存款类金融机构贷款			
七、借款及非存款类金融机构拆入	10342073	254489	1569029	3.票据融资			
八、联行往来(净)				4.融资租赁	11173492	-47503	966712
九、应付及暂收款	1036785	-322834	161086	5.各项垫款			
其中:应付利息	55297	-12488	-46684	(二)境外贷款			
十、其他负债	31	-113	-79	二、债券投资	215814	58578	-5573
十一、所有者权益	1321175	158670	130680	三、股权及其他投资	79899	79899	-80211
其中:实收资本	590000			四、买入返售资产			
				五、存放中央银行存款	0	0	0
				六、缴存中央银行财政性存款			
				七、银行业存款类金融机构往来	761091	-12241	346747
				八、存放非存款类金融机构款项	29914		-39371
				九、联行往来(净)			
				其中:境内存放二级准备金			
				十、库存现金			
				十一、应收及预付款	161221	-15471	-22920
				其中:应收利息	114862	-9287	9680
				十二、投资性房地产			
				十三、固定资产	134	-53	9
				十四、其他资产	1107344	55105	188418
				十五、减:各项准备	465906	60550	63778
				其中:贷款减值准备	439229	62165	62579
资金来源总计	13063003	57764	1290034	资金运用总计	13063003	57764	1290034

⑩ 航天科工金融租赁有限公司本外币信贷收支表

表 5-3-1-1-1-40　　2022 年 12 月 31 日　　单位:万元

来源项目名称	12 月余额	比年初增减数 2022 年	比年初增减数 2021 年	运用项目名称	12 月余额	比年初增减数 2022 年	比年初增减数 2021 年
一、各项存款	108128	-26046	17514	一、各项贷款	1765582	104290	356489
(一)境内存款	108128	-26046	17514	(一)境内贷款	1765582	104290	356489
1.个人存款				1.短期贷款			
其中:保证金存款				(1)个人贷款及透支			
2.单位存款	108128	-26046	17514	其中:个人消费贷款			
其中:活期存款				(2)单位贷款及透支			
定期存款				经营贷款及透支			
保证金存款	108128	-26046	17514	固定资产贷款			
(二)境外存款				并购贷款			
二、代理财政性存款				贸易融资			
三、金融债券				2.中长期贷款			
其中:境外发行				(1)个人贷款			
四、卖出回购资产				其中:个人消费贷款			
五、中长期借款				(2)单位贷款			
其中:境外借款				经营贷款			
六、向中央银行借款				固定资产贷款			
七、金融机构存放				并购贷款			
八、金融机构拆入	1214400	35050	53350	贸易融资			
九、应付及暂收款	148651	96034	15883	3.票据融资			
十、其他负债	9151	-5049	-5735	4.融资租赁	1765582	104290	356489
十一、所有者权益	392997	19557	18569	5.各项垫款			
其中:实收资本	300000			(二)境外贷款			
				二、债券投资			
				三、股权及其他投资			
				四、买入返售资产			
				五、存放中央银行存款	8100	114	181
				六、存放金融机构	54657	-8485	-189738
				七、拆放金融机构		-5065	-67047
				八、库存现金			
				九、应收及预付款	41554	13511	7991
				其中:应收利息	24467	5260	6502
				十、投资性房地产			
				十一、固定资产	139	-49	4
				十二、其他资产	76201	24233	3429
				十三、减:各项准备	72906	9003	11728
资金来源总计	1873327	119546	99581	资金运用总计	1873327	119546	99581

㊶ 湖北金融租赁股份有限公司本外币信贷收支表

表 5-3-1-1-1-41　　2022 年 12 月 31 日　　单位:万元

来源项目名称	12 月余额	比年初增减数 2022 年	比年初增减数 2021 年	运用项目名称	12 月余额	比年初增减数 2022 年	比年初增减数 2021 年
一、各项存款			-50000	一、各项贷款	4852192	867383	789296
(一)境内存款			-50000	(一)境内贷款	4852192	867383	789296
1.个人存款				1.短期贷款			
其中:活期储蓄存款				(1)个人贷款及透支			
定期储蓄存款				其中:个人消费贷款			
结构性存款				(2)单位贷款及透支			
2.单位存款			-50000	经营贷款及透支			
其中:活期存款				固定资产贷款			
定期存款			-50000	并购贷款			
保证金存款				贸易融资			
结构性存款				(3)非存款类金融机构贷款			
3.国库定期存款				2.中长期贷款			
4.非存款类金融机构存款				(1)个人贷款			
(二)境外存款				其中:个人消费贷款			
二、代理财政性存款				(2)单位贷款			
三、金融债券	280000		180000	经营贷款			
其中:境外发行				固定资产贷款			
四、卖出回购资产				并购贷款			
五、向中央银行借款				贸易融资			
六、银行业存款类金融机构往来				(3)非存款类金融机构贷款			
七、借款及非存款类金融机构拆入	4110411	683327	588311	3.票据融资			
八、联行往来(净)				4.融资租赁	4852192	867383	789296
九、应付及暂收款	197122	8022	36414	5.各项垫款			
其中:应付利息	43207	2118	16658	(二)境外贷款			
十、其他负债				二、债券投资			
十一、所有者权益	651604	95612	80902	三、股权及其他投资			
其中:实收资本	400000	100000		四、买入返售资产			
				五、存放中央银行存款	6901	101	3798
				六、缴存中央银行财政性存款			
				七、银行业存款类金融机构往来	268864	-84066	7622
				八、存放非存款类金融机构款项	59764	-69377	14013
				九、联行往来(净)			
				其中:境内存放二级准备金			
				十、库存现金			
				十一、应收及预付款	99206	44649	17384
				其中:应收利息	69467	16281	17011
				十二、投资性房地产			
				十三、固定资产	256	-74	96
				十四、其他资产	83262	51562	9631
				十五、减:各项准备	131308	23217	6213
				其中:贷款减值准备	129149	23664	5234
资金来源总计	5239137	786961	835627	资金运用总计	5239137	786961	835627

㊷ 有色矿业集团财务有限公司本外币信贷收支表

表 5-3-1-1-1-42　　　　2022 年 12 月 31 日　　　　单位:万元

栏目 来源项目名称	12 月余额	比年初增减数		栏目 运用项目名称	12 月余额	比年初增减数	
		2022 年	2021 年			2022 年	2021 年
一、各项存款	709051	−59661	190759	一、各项贷款	764595	54078	89253
(一)境内存款	709051	−59661	190759	(一)境内贷款	764595	54078	89253
1.个人存款				1.短期贷款	465400	147356	−56456
其中:活期储蓄存款				(1)个人贷款及透支			
定期储蓄存款				其中:个人消费贷款			
结构性存款				(2)单位贷款及透支	465400	147356	−56456
2.单位存款	703463	−59581	190763	经营贷款及透支	465400	147356	−56456
其中:活期存款	102484	−71427	83342	固定资产贷款			
定期存款	121839	25789	29100	并购贷款			
保证金存款	2400	2331	69	贸易融资			
结构性存款				(3)非存款类金融机构贷款			
3.国库定期存款				2.中长期贷款	296000	−88500	154000
4.非存款类金融机构存款	5587	−80	−4	(1)个人贷款			
(二)境外存款				其中:个人消费贷款			
二、代理财政性存款				(2)单位贷款	296000	−88500	154000
三、金融债券				经营贷款	296000	−88500	154000
其中:境外发行				固定资产贷款			
四、卖出回购资产				并购贷款			
五、向中央银行借款			−16320	贸易融资			
六、银行业存款类金融机构往来				(3)非存款类金融机构贷款			
七、借款及非存款类金融机构拆入				3.票据融资	3195	−4779	−8291
八、联行往来(净)				4.融资租赁			
九、应付及暂收款	4757	−3306	645	5.各项垫款			
其中:应付利息	1858	−1630	1228	(二)境外贷款			
十、其他负债	1467	1467		二、债券投资	14956	6	5005
十一、所有者权益	324501	4863	5656	三、股权及其他投资			−30003
其中:实收资本	300000			四、买入返售资产			
				五、存放中央银行存款	39308	−1871	11266
				六、缴存中央银行财政性存款			
				七、银行业存款类金融机构往来	230953	−108950	109814
				八、存放非存款类金融机构款项	1	0	0
				九、联行往来			
				其中:境内存放二级准备金			
				十、库存现金			
				十一、应收及预付款	1378	141	317
				其中:应收利息	1244	171	177
				十二、投资性房地产	1160	−35	1195
				十三、固定资产	5067	−91	−1278
				十四、其他资产	4090	−329	1783
				十五、减:各项准备	21731	−414	6614
				其中:贷款减值准备	21724	−422	6614
资金来源总计	1039776	−56636	180739	资金运用总计	1039776	−56636	180739

㊸ 湖北宜化集团财务有限责任公司本外币信贷收支表

表 5-3-1-1-1-43　　2022 年 12 月 31 日　　单位:万元

来源项目名称	12 月余额	比年初增减数 2022 年	比年初增减数 2021 年	运用项目名称	12 月余额	比年初增减数 2022 年	比年初增减数 2021 年
一、各项存款	340319	69901	187790	一、各项贷款	251334	13760	46179
(一)境内存款				(一)境内贷款	242200	4626	37045
1.个人存款				1.短期贷款	216200	18400	15400
其中:活期储蓄存款				(1)个人贷款及透支			
定期储蓄存款				其中:个人消费贷款			
结构性存款				(2)单位贷款及透支	216200	18400	15400
2.单位存款	340319	69901	187790	经营贷款及透支	216200	18400	15400
其中:活期存款	295319	24943	142790	固定资产贷款			
定期存款	45000	45000	45000	并购贷款			
保证金存款		-42		贸易融资			
结构性存款				(3)非存款类金融机构贷款			
3.国库定期存款				2.中长期贷款	26000	26000	26000
4.非存款类金融机构存款				(1)个人贷款			
(二)境外存款				其中:个人消费贷款			
二、代理财政性存款				(2)单位贷款	26000	26000	26000
三、金融债券				经营贷款			
其中:境外发行				固定资产贷款	26000	26000	26000
四、卖出回购资产				并购贷款			
五、向中央银行借款	9124	138	7153	贸易融资			
六、银行业存款类金融机构往来				(3)非存款类金融机构贷款			
七、借款及非存款类金融机构拆入				3.票据融资	9134	-30640	4779
八、联行往来(净)				4.融资租赁			
九、应付及暂收款	1049	721	475	5.各项垫款			
其中:应付利息	681	458	556	(二)境外贷款			
十、其他负债	1083	339	1078	二、债券投资			
十一、所有者权益	66006	1717	2137	三、股权及其他投资			
其中:实收资本	50000			四、买入返售资产			
				五、存放中央银行存款	22018	5607	12770
				六、缴存中央银行财政性存款			
				七、银行业存款类金融机构往来	146430	53570	139091
				八、存放非存款类金融机构款项			
				九、联行往来(净)			
				其中:境内存放二级准备金			
				十、库存现金			-7
				十一、应收及预付款	323	42	192
				其中:应收利息	323	42	192
				十二、投资性房地产			
				十三、固定资产	181	135	15
				十四、其他资产	1168	-16	1168
				十五、减:各项准备	3874	283	776
				其中:贷款减值准备	3874	283	776
资金来源总计	417581	72816	198633	资金运用总计	417581	72816	198633

㊹ 东风汽车财务有限公司本外币信贷收支表

表 5-3-1-1-1-44　　2022 年 12 月 31 日　　单位:万元

栏目 / 来源项目名称	12 月余额	比年初增减数	
		2022 年	2021 年
一、各项存款	11296271	304575	1735789
(一)境内存款	11293842	302146	1735789
1.个人存款	16700	-14640	-25301
其中:活期储蓄存款			
定期储蓄存款			
结构性存款			
2.单位存款	11277142	316786	1761090
其中:活期存款	494667	65455	-209699
定期存款	6681504	-118290	941644
保证金存款	306793	-84791	-219707
结构性存款			
3.国库定期存款			
4.非存款类金融机构存款			
(二)境外存款	2430	2430	
二、代理财政性存款			
三、金融债券			
其中:境外发行			
四、卖出回购资产			
五、向中央银行借款		-8227	-5577
六、银行业存款类金融机构往来			
七、借款及非存款类金融机构拆入			
八、联行往来(净)			
九、应付及暂收款	594072	-214053	-370007
其中:应付利息	362729	6467	167352
十、其他负债	12883	-6461	-1268
十一、所有者权益	1951500	119495	290760
其中:实收资本	900000		
资金来源总计	13854726	195330	1649697

栏目 / 运用项目名称	12 月余额	比年初增减数	
		2022 年	2021 年
一、各项贷款	7798936	-1676884	50248
(一)境内贷款	7798922	-1676893	50243
1.短期贷款	691209	254241	14882
(1)个人贷款及透支	156449	35533	17230
其中:个人消费贷款	156449	35533	17230
(2)单位贷款及透支	534761	218709	-2348
经营贷款及透支	407700	203187	-70956
固定资产贷款			
并购贷款			
贸易融资	127061	15522	68608
(3)非存款类金融机构贷款			
2.中长期贷款	3296561	-1607642	-836461
(1)个人贷款	3271980	-1559953	-749675
其中:个人消费贷款	3271980	-1559953	-749675
(2)单位贷款	24582	-47688	-86786
经营贷款	24582	-47688	-62263
固定资产贷款			-24523
并购贷款			
贸易融资			
(3)非存款类金融机构贷款			
3.票据融资	618751	293236	170419
4.融资租赁	3165712	-642924	701329
5.各项垫款	26688	26195	73
(二)境外贷款	13	9	4
二、债券投资			
三、股权及其他投资	1355719	186392	1164813
四、买入返售资产			
五、存放中央银行存款	498926	48676	-46861
六、缴存中央银行财政性存款			
七、银行业存款类金融机构往来	4162638	1694242	925288
八、存放非存款类金融机构款项	23113	4761	-424323
九、联行往来(净)			
其中:境内存放二级准备金			
十、库存现金			
十一、应收及预付款	59603	-37881	-27586
其中:应收利息	55184	-35286	-28529
十二、投资性房地产			
十三、固定资产	19063	361	-867
十四、其他资产	243677	1942	49172
十五、减:各项准备	306947	26280	40188
其中:贷款减值准备	306018	26465	42120
资金运用总计	13854726	195330	1649697

㊺湖北交投集团财务有限公司本外币信贷收支表

表 5-3-1-1-1-45　　2022 年 12 月 31 日　　单位:万元

来源项目名称 \ 栏目	12 月余额	比年初增减数		运用项目名称 \ 栏目	12 月余额	比年初增减数	
		2022 年	2021 年			2022 年	2021 年
一、各项存款	2449856	155609	-323361	一、各项贷款	1065039	74782	78359
(一)境内存款	2449856	155609	-323361	(一)境内贷款	1065039	74782	78359
1.个人存款				1.短期贷款	765558	-50404	-48626
其中:活期储蓄存款				(1)个人贷款及透支			
定期储蓄存款				其中:个人消费贷款			
结构性存款				(2)单位贷款及透支	765558	-50404	-48626
2.单位存款	2449856	155609	-323361	经营贷款及透支	765558	-50404	-48626
其中:活期存款	2076794	420937	-396409	固定资产贷款			
定期存款	373000	-77000	73000	并购贷款			
保证金存款	62	-45	48	贸易融资			
结构性存款				(3)非存款类金融机构贷款			
3.国库定期存款				2.中长期贷款	299481	151961	189038
4.非存款类金融机构存款				(1)个人贷款			
(二)境外存款				其中:个人消费贷款			
二、代理财政性存款				(2)单位贷款	299481	151961	189038
三、金融债券				经营贷款	187434	187434	187434
其中:境外发行				固定资产贷款	112047	-33973	4154
四、卖出回购资产				并购贷款		-1500	-2550
五、向中央银行借款				贸易融资			
六、银行业存款类金融机构往来				(3)非存款类金融机构贷款			
七、借款及非存款类金融机构拆入				3.票据融资		-26774	-62053
八、联行往来(净)				4.融资租赁			
九、应付及暂收款	12778	-29307	-11385	5.各项垫款			
其中:应付利息	10197	-28922	-13705	(二)境外贷款			
十、其他负债	2467	643	372	二、债券投资	59653	59653	57653
十一、所有者权益	218804	6183	14021	三、股权及其他投资		-2214	-82830
其中:实收资本	150000			四、买入返售资产	120001	120001	-19999
				五、存放中央银行存款	80401	21275	-24243
				六、缴存中央银行财政性存款			
				七、银行业存款类金融机构往来	1379830	-138029	-328352
				八、存放非存款类金融机构款项			
				九、联行往来(净)			
				其中:境内存放二级准备金			
				十、库存现金			
				十一、应收及预付款	409	-932	254
				其中:应收利息		-1096	-155
				十二、投资性房地产			
				十三、固定资产	224	-45	-103
				十四、其他资产	5042	542	935
				十五、减:各项准备	26694	1907	2027
				其中:贷款减值准备	26626	1870	1959
资金来源总计	2683905	133128	-320353	资金运用总计	2683905	133128	-320353

㊻ 中国能源建设集团财务有限公司武汉分公司本外币信贷收支表

表 5-3-1-1-1-46　　　　2022 年 12 月 31 日　　　　单位:万元

来源项目名称	12 月余额	比年初增减数		运用项目名称	12 月余额	比年初增减数	
		2022 年	2021 年			2022 年	2021 年
一、各项存款				一、各项贷款	1199878	3178	1196700
(一)境内存款				(一)境内贷款	1199878	3178	1196700
1.个人存款				1.短期贷款	549420	-185630	735050
其中:活期储蓄存款				(1)个人贷款及透支			
定期储蓄存款				其中:个人消费贷款			
结构性存款				(2)单位贷款及透支	549420	-185630	735050
2.单位存款				经营贷款及透支	549420	-185630	735050
其中:活期存款				固定资产贷款			
定期存款				并购贷款			
保证金存款				贸易融资			
结构性存款				(3)非存款类金融机构贷款			
3.国库定期存款				2.中长期贷款	650458	188808	461650
4.非存款类金融机构存款				(1)个人贷款			
(二)境外存款				其中:个人消费贷款			
二、代理财政性存款				(2)单位贷款	650458	188808	461650
三、金融债券				经营贷款	650458	188808	461650
其中:境外发行				固定资产贷款			
四、卖出回购资产				并购贷款			
五、向中央银行借款				贸易融资			
六、银行业存款类金融机构往来				(3)非存款类金融机构贷款			
七、借款及非存款类金融机构拆入				3.票据融资			
八、联行往来(净)	1155469	-30333	1185802	4.融资租赁			
九、应付及暂收款	679	349	330	5.各项垫款			
其中:应付利息				(二)境外贷款			
十、其他负债	5000	-192	5192	二、债券投资			
十一、所有者权益	9709	33517	-23808	三、股权及其他投资			
其中:实收资本				四、买入返售资产			
				五、存放中央银行存款			
				六、缴存中央银行财政性存款			
				七、银行业存款类金融机构往来	29	12	17
				八、存放非存款类金融机构款项			
				九、联行往来(净)			
				其中:境内存放二级准备金			
				十、库存现金			
				十一、应收及预付款	939	411	528
				其中:应收利息	939	411	528
				十二、投资性房地产			
				十三、固定资产	8	4	4
				十四、其他资产		-184	184
				十五、减:各项准备	29997	80	29917
				其中:贷款减值准备	29997	80	29917
资金来源总计	1170857	3341	1167516	资金运用总计	1170857	3341	1167516

㊼ 宝武集团财务有限责任公司武汉分公司本外币信贷收支表

表 5-3-1-1-1-47　　2022 年 12 月 31 日　　单位:万元

来源项目名称＼栏目	12 月余额	比年初增减数		运用项目名称＼栏目	12 月余额	比年初增减数	
		2022 年	2021 年			2022 年	2021 年
一、各项存款	974306	100849	873457	一、各项贷款	258735	68240	190496
(一)境内存款	974306	100849	873457	(一)境内贷款	258735	68240	190496
1.个人存款				1.短期贷款	233000	45000	188000
其中:活期储蓄存款				(1)个人贷款及透支			
定期储蓄存款				其中:个人消费贷款			
结构性存款				(2)单位贷款及透支	233000	45000	188000
2.单位存款	974306	100849	873457	经营贷款及透支	233000	45000	188000
其中:活期存款	40202	4105	36097	固定资产贷款			
定期存款				并购贷款			
保证金存款				贸易融资			
结构性存款				(3)非存款类金融机构贷款			
3.国库定期存款				2.中长期贷款	25735	23240	2496
4.非存款类金融机构存款				(1)个人贷款			
(二)境外存款				其中:个人消费贷款			
二、代理财政性存款				(2)单位贷款	25735	23240	2496
三、金融债券				经营贷款			
其中:境外发行				固定资产贷款	25735	23240	2496
四、卖出回购资产				并购贷款			
五、向中央银行借款				贸易融资			
六、银行业存款类金融机构往来				(3)非存款类金融机构贷款			
七、借款及非存款类金融机构拆入				3.票据融资			
八、联行往来(净)				4.融资租赁			
九、应付及暂收款	3905	-2318	6223	5.各项垫款			
其中:应付利息	3597	-1340	4937	(二)境外贷款			
十、其他负债	5600	-177	777	二、债券投资			
十一、所有者权益	9412	4657	4755	三、股权及其他投资			
其中:实收资本				四、买入返售资产			
				五、存放中央银行存款			
				六、缴存中央银行财政性存款			
				七、银行业存款类金融机构往来	232924	63792	164132
				八、存放非存款类金融机构款项			
				九、联行往来(净)	500409	-28981	529390
				其中:境内存放二级准备金			
				十、库存现金			
				十一、应收及预付款	488	185	302
				其中:应收利息	481	179	302
				十二、投资性房地产			
				十三、固定资产	99	-24	123
				十四、其他资产	568	-200	768
				十五、减:各项准备			
				其中:贷款损失准备			
资金来源总计	993223	103011	890212	资金运用总计	993223	103011	890212

㊽ 湖北消费金融股份有限公司本外币信贷收支表

表 5-3-1-1-1-48　　2022 年 12 月 31 日　　单位:万元

栏目 来源项目名称	12 月余额	比年初增减数		栏目 运用项目名称	12 月余额	比年初增减数	
		2022 年	2021 年			2022 年	2021 年
一、各项存款		-11011	-4989	一、各项贷款	1105643	95028	204584
(一)境内存款		-11011	-4989	(一)境内贷款	1105643	95028	204584
1.个人存款				1.短期贷款	896732	191697	213289
其中:活期储蓄存款				(1)个人贷款及透支	896732	191697	213289
定期储蓄存款				其中:个人消费贷款	896732	191697	213289
结构性存款				(2)单位贷款及透支			
2.单位存款		-11011	-4989	经营贷款及透支			
其中:活期存款				固定资产贷款			
定期存款		-11011	-4989	并购贷款			
保证金存款				贸易融资			
结构性存款				(3)非存款类金融机构贷款			
3.国库定期存款				2.中长期贷款	208911	-96669	-8705
4.非存款类金融机构存款				(1)个人贷款	208911	-96669	-8705
(二)境外存款				其中:个人消费贷款	208911	-96669	-8705
二、代理财政性存款				(2)单位贷款			
三、金融债券	20608	-95280	111630	经营贷款			
其中:境外发行				固定资产贷款			
四、卖出回购资产				并购贷款			
五、向中央银行借款				贸易融资			
六、银行业存款类金融机构往来	1014826	220565	101117	(3)非存款类金融机构贷款			
七、借款及非存款类金融机构拆入				3.票据融资			
八、联行往来(净)				4.融资租赁			
九、应付及暂收款	40151	8662	-5998	5.各项垫款			
其中:应付利息				(二)境外贷款			
十、其他负债				二、债券投资			
十一、所有者权益	156080	11882	-3766	三、股权及其他投资			
其中:实收资本	100580	6580		四、买入返售资产			
				五、存放中央银行存款			
				六、缴存中央银行财政性存款			
				七、银行业存款类金融机构往来	89260	38363	3652
				八、存放非存款类金融机构款项			
				九、联行往来(净)			
				其中:境内存放二级准备金			
				十、库存现金			
				十一、应收及预付款	38120	32797	-17926
				其中:应收利息			
				十二、投资性房地产			
				十三、固定资产	18432	9729	7985
				十四、其他资产	44058	-28619	17252
				十五、减:各项准备	63847	12480	17553
				其中:贷款减值准备	62155	11944	16974
资金来源总计	1231666	134818	197994	资金运用总计	1231666	134818	197994

(2)人民币信贷收支统计

① 国家开发银行湖北省分行人民币信贷收支表

表 5-3-1-1-2-1　　　　2022 年 12 月 31 日　　　　单位:万元

来源项目名称 \ 栏目	12 月余额	比年初增减数		运用项目名称 \ 栏目	12 月余额	比年初增减数	
		2022 年	2021 年			2022 年	2021 年
一、各项存款	4573112	-318750	-299769	一、各项贷款	58292180	3814306	2083058
(一)境内存款	4573112	-318750	-299769	(一)境内贷款	58292180	3814306	2083058
1.个人存款				1.短期贷款	399200	119643	-1584498
其中:活期储蓄存款				(1)个人贷款及透支			
定期储蓄存款				其中:个人消费贷款			
结构性存款				(2)单位贷款及透支	399200	119643	-1584498
2.单位存款	4573112	-318750	-299769	经营贷款及透支	399200	120000	-1384855
其中:活期存款	3366634	-1433356	252261	固定资产贷款			-200000
定期存款	26834	25096	-9157	并购贷款			
保证金存款	2	-96	0	贸易融资		-357	357
结构性存款				(3)非存款类金融机构贷款			
3.国库定期存款				2.中长期贷款	57892980	3694663	3802780
4.非存款类金融机构存款		0	0	(1)个人贷款	349312	60536	18128
(二)境外存款				其中:个人消费贷款	349312	60536	18128
二、代理财政性存款				(2)单位贷款	57543668	3634127	3784651
三、金融债券				经营贷款	4260450	754883	1641442
其中:境外发行				固定资产贷款	53283218	2879244	2180933
四、卖出回购资产				并购贷款			
五、向中央银行借款				贸易融资			-37724
六、银行业存款类金融机构往来	154504	22253	-223794	(3)非存款类金融机构贷款			
七、借款及非存款类金融机构拆入				3.票据融资			-135224
八、联行往来(净)	53808057	4039743	3402219	4.融资租赁			
九、应付及暂收款	105487	-3828	1316	5.各项垫款			
其中:应付利息	23326	7134	-1636	(二)境外贷款			
十、其他负债	128115	-31443	-15458	二、债券投资			
十一、所有者权益	412672	478209	-968771	三、股权及其他投资			
其中:实收资本				四、买入返售资产			
				五、存放中央银行存款	600	2	137
				六、缴存中央银行财政性存款			
				七、银行业存款类金融机构往来	1785400	490400	390246
				八、存放非存款类金融机构款项			
				九、联行往来(净)			
				其中:境内存放二级准备金			
				十、库存现金			
				十一、应收及预付款	173531	-27299	6937
				其中:应收利息	159844	-9215	11777
				十二、投资性房地产			
				十三、固定资产	1584	-1470	-91
				十四、其他资产	273737	27463	5993
				十五、减:各项准备	1345085	117218	590536
				其中:贷款减值准备	1344686	117317	590038
资金来源总计	**59181947**	**4186184**	**1895744**	**资金运用总计**	**59181947**	**4186184**	**1895744**

注:本表数据为合并口径。

② 中国进出口银行湖北省分行人民币信贷收支表

表 5-3-1-1-2-2　　2022 年 12 月 31 日　　单位：万元

来源项目名称 \ 栏目	12 月余额	比年初增减数		运用项目名称 \ 栏目	12 月余额	比年初增减数	
		2022 年	2021 年			2022 年	2021 年
一、各项存款	447375	155223	28369	一、各项贷款	14120532	1770121	1450007
（一）境内存款	447375	155223	28369	（一）境内贷款	14118532	1770121	1450007
1.个人存款				1.短期贷款	1952610	558005	30583
其中：活期储蓄存款				（1）个人贷款及透支			
定期储蓄存款				其中：个人消费贷款			
结构性存款				（2）单位贷款及透支	1952610	558005	30583
2.单位存款	447358	155223	28369	经营贷款及透支	883125	538425	107459
其中：活期存款	379793	137867	55119	固定资产贷款			
定期存款				并购贷款			
保证金存款	31997	-7131	-7204	贸易融资	1069485	19580	-76876
结构性存款				（3）非存款类金融机构贷款			
3.国库定期存款				2.中长期贷款	12165922	1212116	1419424
4.非存款类金融机构存款	17	0	0	（1）个人贷款			
（二）境外存款				其中：个人消费贷款			
二、代理财政性存款				（2）单位贷款	12165922	1212116	1419424
三、金融债券				经营贷款	6002249	1210034	1366794
其中：境外发行				固定资产贷款	4770413	1020445	24064
四、卖出回购资产				并购贷款	357995	-145951	305680
五、向中央银行借款				贸易融资	1035264	-872412	-277113
六、银行业存款类金融机构往来	2188	-47830	50006	（3）非存款类金融机构贷款			
七、借款及非存款类金融机构拆入				3.票据融资			
八、联行往来（净）	13642365	1658838	1331068	4.融资租赁			
九、应付及暂收款	82255	22851	34823	5.各项垫款			
其中：应付利息	69303	27136	30524	（二）境外贷款	2000		
十、其他负债	30517	-13070	-2385	二、债券投资			
十一、所有者权益	81664	81664	209674	三、股权及其他投资			
其中：实收资本				四、买入返售资产			
				五、存放中央银行存款	0	0	0
				六、缴存中央银行财政性存款			
				七、银行业存款类金融机构往来	230000	30000	50000
				八、存放非存款类金融机构款项			
				九、联行往来（净）			
				其中：境内存放二级准备金			
				十、库存现金	0	-1	0
				十一、应收及预付款	65956	25309	13495
				其中：应收利息	65678	25301	13326
				十二、投资性房地产	5159	3913	-4069
				十三、固定资产	15816	-4959	3138
				十四、其他资产	1134	274	-16038
				十五、减：各项准备	152233	-33019	-155021
				其中：贷款减值准备	152115	-32910	-147865
资金来源总计	14286365	1857677	1651554	资金运用总计	14286365	1857677	1651554

注：本表数据为合并口径。

③ 中国农业发展银行湖北省分行人民币信贷收支表

表 5-3-1-1-2-3　　2022 年 12 月 31 日　　单位:万元

栏目 来源项目名称	12 月余额	比年初增减数		栏目 运用项目名称	12 月余额	比年初增减数	
		2022 年	2021 年			2022 年	2021 年
一、各项存款	6763957	515664	-326340	一、各项贷款	50025940	8752406	5013026
(一)境内存款	6763957	515664	-326340	(一)境内贷款	50025940	8752406	5013026
1.个人存款				1.短期贷款	5609230	109159	-945854
其中:活期储蓄存款				(1)个人贷款及透支			
定期储蓄存款				其中:个人消费贷款			
结构性存款				(2)单位贷款及透支	5609230	109159	-945854
2.单位存款	6763957	515664	-326340	经营贷款及透支	5609230	109159	-945854
其中:活期存款	5258436	-257263	-334070	固定资产贷款			
定期存款	260144	106844	-66812	并购贷款			
保证金存款	59495	-1605	-11235	贸易融资			
结构性存款				(3)非存款类金融机构贷款			
3.国库定期存款				2.中长期贷款	44416710	8643246	5958880
4.非存款类金融机构存款				(1)个人贷款			
(二)境外存款				其中:个人消费贷款			
二、代理财政性存款	881521	133218	116931	(2)单位贷款	44416710	8643246	5958880
三、金融债券				经营贷款	1011674	601579	155305
其中:境外发行				固定资产贷款	43405036	8041667	5803575
四、卖出回购资产				并购贷款			
五、向中央银行借款				贸易融资			
六、银行业存款类金融机构往来				(3)非存款类金融机构贷款			
七、借款及非存款类金融机构拆入				3.票据融资			
八、联行往来(净)	42785311	7281580	4478968	4.融资租赁			
九、应付及暂收款	124142	21990	12908	5.各项垫款			
其中:应付利息	65054	13154	5802	(二)境外贷款			
十、其他负债	65553	-31	5	二、债券投资	1547299	-617981	-730661
十一、所有者权益	331597	81149	-113231	三、股权及其他投资			
其中:实收资本				四、买入返售资产			
				五、存放中央银行存款			
				六、缴存中央银行财政性存款			
				七、银行业存款类金融机构往来	377	-7	-2517
				八、存放非存款类金融机构款项	170		
				九、联行往来(净)			
				其中:境内存放二级准备金			
				十、库存现金			
				十一、应收及预付款	89356	-3533	-17166
				其中:应收利息	87191	-5251	-16906
				十二、投资性房地产			
				十三、固定资产	47104	-2118	-2068
				十四、其他资产	8959	38	638
				十五、减:各项准备	767125	95234	92012
				其中:贷款减值准备	766956	95234	91958
资金来源总计	50952080	8033571	4169241	资金运用总计	50952080	8033571	4169241

注:本表数据为合并口径。

④ 中国工商银行湖北省分行人民币信贷收支表

表 5-3-1-1-2-4　　　　2022 年 12 月 31 日　　　　单位:万元

来源项目名称 \ 栏目	12 月余额	比年初增减数		运用项目名称 \ 栏目	12 月余额	比年初增减数	
		2022 年	2021 年			2022 年	2021 年
一、各项存款	85855564	6864587	5414552	一、各项贷款	74022166	6482404	6653010
(一)境内存款	85766308	6858057	5404276	(一)境内贷款	74010081	6481172	6653190
1.个人存款	54922300	8559824	4846568	1.短期贷款	8488486	304936	628019
其中:活期储蓄存款	22723990	2540795	1716065	(1)个人贷款及透支	1266236	-528	34219
定期储蓄存款	24819718	4934745	4759180	其中:个人消费贷款	1050433	-83880	22327
结构性存款		-147577	-1317878	(2)单位贷款及透支	7222250	305464	593800
2.单位存款	27208675	-2715049	-648255	经营贷款及透支	6126615	85776	467307
其中:活期存款	12941392	-2585526	484712	固定资产贷款	106018	-166166	-4100
定期存款	2623384	-832838	-1438144	并购贷款			
保证金存款	246287	13777	-79722	贸易融资	989617	385854	130593
结构性存款	723227	202180	-60826	(3)非存款类金融机构贷款			
3.国库定期存款	329348	86384	151420	2.中长期贷款	61335969	4413486	5249403
4.非存款类金融机构存款	3305986	926898	1054543	(1)个人贷款	24304873	-491396	2172103
(二)境外存款	89256	6530	10276	其中:个人消费贷款	23065028	-981154	2110187
二、代理财政性存款	117759	-48569	-1347104	(2)单位贷款	37031097	4904882	3077300
三、金融债券				经营贷款	8314642	3280781	1308811
其中:境外发行				固定资产贷款	27770503	1401092	1738329
四、卖出回购资产				并购贷款	257913	-45461	-209895
五、向中央银行借款	18258	18258	-62412	贸易融资	688039	268469	240055
六、银行业存款类金融机构往来	2422284	1002615	381437	(3)非存款类金融机构贷款			
七、借款及非存款类金融机构拆入				3.票据融资	4181396	1761250	775769
八、联行往来(净)				4.融资租赁			
九、应付及暂收款	2577272	252783	461728	5.各项垫款	4229	1500	
其中:应付利息	1464255	295783	338919	(二)境外贷款	12086	1232	-180
十、其他负债	594467	29136	3373	二、债券投资	1576009	200080	285540
十一、所有者权益	674438	100899	182697	三、股权及其他投资			
其中:实收资本				四、买入返售资产			
				五、存放中央银行存款			
				六、缴存中央银行财政性存款	189492	-986961	-138354
				七、银行业存款类金融机构往来	917	-287	51
				八、存放非存款类金融机构款项			
				九、联行往来(净)	16980286	2691776	-1456888
				其中:境内存放二级准备金			
				十、库存现金	206654	28413	-10600
				十一、应收及预付款	675546	50884	-20595
				其中:应收利息	157680	13965	-23029
				十二、投资性房地产			
				十三、固定资产	305997	-16683	4487
				十四、其他资产	667598	130090	68517
				十五、减:各项准备	2364625	360007	350897
				其中:贷款减值准备	2323737	359587	317079
资金来源总计	92260041	8219709	5034270	资金运用总计	92260041	8219709	5034270

注:本表数据为合并口径。

⑤ 中国农业银行湖北省分行人民币信贷收支表

表 5-3-1-1-2-5　　2022 年 12 月 31 日　　单位:万元

栏目 来源项目名称	12 月余额	比年初增减数		栏目 运用项目名称	12 月余额	比年初增减数	
		2022 年	2021 年			2022 年	2021 年
一、各项存款	93603032	12858968	6947857	一、各项贷款	63095029	6964901	6820239
(一)境内存款	93582882	12856377	6955212	(一)境内贷款	63092726	6964858	6819410
1.个人存款	61867077	9543140	5478531	1.短期贷款	12730738	1204245	651119
其中:活期储蓄存款	24917717	2698465	729247	(1)个人贷款及透支	3692998	724936	596118
定期储蓄存款	31059188	5393114	4062646	其中:个人消费贷款	1013189	-47242	-37602
结构性存款	7275	-7282	-74443	(2)单位贷款及透支	9037739	479309	55001
2.单位存款	29398014	2381968	1423460	经营贷款及透支	7818116	50746	420662
其中:活期存款	9717890	-754485	-902754	固定资产贷款	66034	-42386	-33080
定期存款	2824707	265394	338075	并购贷款			
保证金存款	393323	-11872	-51954	贸易融资	1153590	470949	-332581
结构性存款		-43375	-102426	(3)非存款类金融机构贷款			
3.国库定期存款	277340	85000	192219	2.中长期贷款	45047964	3825637	5553267
4.非存款类金融机构存款	2040451	846269	-138998	(1)个人贷款	17508791	105312	2012737
(二)境外存款	20149	2592	-7355	其中:个人消费贷款	16804419	23201	1915845
二、代理财政性存款	27563	13872	-397557	(2)单位贷款	27539173	3720325	3540530
三、金融债券				经营贷款	4121919	850293	1012976
其中:境外发行				固定资产贷款	22877462	2634168	2324001
四、卖出回购资产				并购贷款	420480	146402	198353
五、向中央银行借款				贸易融资	119313	89462	5200
六、银行业存款类金融机构往来	1815270	-1217769	-1287867	(3)非存款类金融机构贷款			
七、借款及非存款类金融机构拆入				3.票据融资	5311598	1933250	615023
八、联行往来(净)				4.融资租赁			
九、应付及暂收款	1797266	305224	82518	5.各项垫款	2426	1726	
其中:应付利息	1490346	276945	166174	(二)境外贷款	2303	43	829
十、其他负债	181259	12554	-1684	二、债券投资			-11002
十一、所有者权益	924106	31424	333873	三、股权及其他投资	1000	-99	1
其中:实收资本				四、买入返售资产			
				五、存放中央银行存款			
				六、缴存中央银行财政性存款	38487	-238550	-75453
				七、银行业存款类金融机构往来	4	0	-490
				八、存放非存款类金融机构款项			
				九、联行往来(净)	35305590	5329267	-1075010
				其中:境内存放二级准备金			
				十、库存现金	227649	-24861	21108
				十一、应收及预付款	156788	13318	5942
				其中:应收利息	131090	16296	3393
				十二、投资性房地产			
				十三、固定资产	394061	4617	-446
				十四、其他资产	388469	50989	-3253
				十五、减:各项准备	1258582	95310	4495
				其中:贷款减值准备	1243097	91883	10344
资金来源总计	98348495	12004273	5677141	资金运用总计	98348495	12004273	5677141

注:本表数据为合并口径。

⑥ 中国银行湖北省分行人民币信贷收支表

表 5-3-1-1-2-6　　　　2022 年 12 月 31 日　　　　单位:万元

来源项目名称	12 月余额	比年初增减数		运用项目名称	12 月余额	比年初增减数	
		2022 年	2021 年			2022 年	2021 年
一、各项存款	45986069	3085768	3258907	一、各项贷款	50719013	4258772	5254027
(一)境内存款	45905494	3089368	3250995	(一)境内贷款	50713028	4257509	5253898
1.个人存款	24912113	3980200	3919819	1.短期贷款	8895123	579051	771826
其中:活期储蓄存款	8709636	1229624	361104	(1)个人贷款及透支	1681417	411947	250153
定期储蓄存款	10846774	1993376	1560724	其中:个人消费贷款	853890	84500	-3308
结构性存款	1587438	209465	1377973	(2)单位贷款及透支	7211786	167104	521672
2.单位存款	20396944	-1031886	-896820	经营贷款及透支	5029764	681583	162144
其中:活期存款	9536423	-252161	-792997	固定资产贷款	43960	-154790	178750
定期存款	2775286	24767	-824589	并购贷款			
保证金存款	655533	96738	-52004	贸易融资	2138061	-359689	180778
结构性存款	573828	-2388	83849	(3)非存款类金融机构贷款	1921		
3.国库定期存款	213000	67000	146000	2.中长期贷款	39350437	3296929	3928665
4.非存款类金融机构存款	383438	74054	81997	(1)个人贷款	16987418	-502913	1042061
(二)境外存款	80575	-3600	7912	其中:个人消费贷款	16612266	-444569	1103213
二、代理财政性存款	4823	-44044	7612	(2)单位贷款	22362765	3799842	2886603
三、金融债券				经营贷款	4092116	1705309	1003937
其中:境外发行				固定资产贷款	17619986	1988587	1568191
四、卖出回购资产				并购贷款	122557	73057	13000
五、向中央银行借款		-14522	13532	贸易融资	528106	32890	301475
六、银行业存款类金融机构往来	292474	184510	-339312	(3)非存款类金融机构贷款	254		
七、借款及非存款类金融机构拆入				3.票据融资	2467468	381529	559257
八、联行往来(净)	2321725	-648553	2491169	4.融资租赁			
九、应付及暂收款	915689	76054	-137455	5.各项垫款			-5850
其中:应付利息	704286	91593	109149	(二)境外贷款	5985	1263	129
十、其他负债	237373	41872	-1374	二、债券投资		-33	-2
十一、所有者权益	210720	206083	366243	三、股权及其他投资		-900000	900000
其中:实收资本				四、买入返售资产			
				五、存放中央银行存款			
				六、缴存中央银行财政性存款	8498	-71233	-58666
				七、银行业存款类金融机构往来	2442		
				八、存放非存款类金融机构款项			
				九、联行往来(净)			
				其中:境内存放二级准备金			
				十、库存现金	81347	-2110	-8748
				十一、应收及预付款	137557	2232	-268050
				其中:应收利息	117215	-573	16811
				十二、投资性房地产			
				十三、固定资产	240763	-5981	-12157
				十四、其他资产	66480	-4260	-1060
				十五、减:各项准备	1287227	390219	146022
				其中:贷款减值准备	1269420	416339	118039
资金来源总计	49968872	2887168	5659322	资金运用总计	49968872	2887168	5659322

注:本表数据为合并口径。

⑦ 中国建设银行湖北省分行人民币信贷收支表

表 5-3-1-1-2-7　　　　2022 年 12 月 31 日　　　　单位:万元

栏目 来源项目名称	12 月余额	比年初增减数		栏目 运用项目名称	12 月余额	比年初增减数	
		2022 年	2021 年			2022 年	2021 年
一、各项存款	82850416	5161173	5064058	一、各项贷款	71696734	7636073	7406471
(一)境内存款	82802205	5160130	5070715	(一)境内贷款	71666949	7621791	7406130
1.个人存款	56404395	8073808	4719171	1.短期贷款	12802661	1483597	567072
其中:活期储蓄存款	23437059	2284775	513525	(1)个人贷款及透支	3766541	981571	604259
定期储蓄存款	26394790	3915664	3576666	其中:个人消费贷款	1937102	211787	38943
结构性存款	9239	4834	-156590	(2)单位贷款及透支	9036121	502026	-37187
2.单位存款	24964390	-2881294	92509	经营贷款及透支	6499434	333314	-760501
其中:活期存款	13300478	-1500382	32994	固定资产贷款	347616	169316	-513680
定期存款	2025339	-962347	-392709	并购贷款			
保证金存款	532670	29220	28632	贸易融资	2189071	-604	1236994
结构性存款	454320	107820	63090	(3)非存款类金融机构贷款			
3.国库定期存款	295000	91000	196182	2.中长期贷款	54583680	4128019	6532871
4.非存款类金融机构存款	1138421	-123384	62854	(1)个人贷款	24212581	-1042155	1656260
(二)境外存款	48211	1043	-6658	其中:个人消费贷款	23500186	-1123948	1583189
二、代理财政性存款	33930	-6532	9381	(2)单位贷款	30371099	5170174	4876611
三、金融债券				经营贷款	7761511	1746444	1570310
其中:境外发行				固定资产贷款	22264137	3390502	3169411
四、卖出回购资产				并购贷款	35636	-40114	-790
五、向中央银行借款				贸易融资	309815	73342	137680
六、银行业存款类金融机构往来	955962	420040	150501	(3)非存款类金融机构贷款			
七、借款及非存款类金融机构拆入				3.票据融资	4279957	2021240	295523
八、联行往来(净)				4.融资租赁			
九、应付及暂收款	2014166	352486	253363	5.各项垫款	651	-11065	10663
其中:应付利息	1500864	199294	258168	(二)境外贷款	29785	14283	341
十、其他负债	469043	66954	30783	二、债券投资	3425	-1900	-3843
十一、所有者权益	1123726	-106578	1424853	三、股权及其他投资	129		-27015
其中:实收资本				四、买入返售资产			
				五、存放中央银行存款			
				六、缴存中央银行财政性存款	53042	-11246	29488
				七、银行业存款类金融机构往来			-32
				八、存放非存款类金融机构款项			
				九、联行往来(净)	14613184	-1757014	-450955
				其中:境内存放二级准备金	2438	-11076	10574
				十、库存现金	170684	-2704	-20225
				十一、应收及预付款	406169	34383	23888
				其中:应收利息	180177	24805	3850
				十二、投资性房地产			
				十三、固定资产	416852	-19989	-17061
				十四、其他资产	111171	9227	-4302
				十五、减:各项准备	24147	-711	3474
				其中:贷款减值准备	1495	655	490
资金来源总计	87447243	5887543	6932940	资金运用总计	87447243	5887543	6932940

注:本表数据为合并口径。

⑧ 交通银行湖北省分行人民币信贷收支表

表 5-3-1-1-2-8　　　　2022 年 12 月 31 日　　　　单位:万元

来源项目名称（栏目）	12 月余额	比年初增减数		运用项目名称（栏目）	12 月余额	比年初增减数	
		2022 年	2021 年			2022 年	2021 年
一、各项存款	29232361	866443	2385122	一、各项贷款	27872749	3198980	2874886
(一)境内存款	29203089	863401	2383533	(一)境内贷款	27870450	3200272	2875001
1.个人存款	10978481	1976469	866996	1.短期贷款	6399291	2308179	138129
其中:活期储蓄存款	3463094	233335	504922	(1)个人贷款及透支	995911	173337	362014
定期储蓄存款	5136717	1636222	1171872	其中:个人消费贷款	191869	51690	77857
结构性存款	825341	-411434	-783360	(2)单位贷款及透支	5403380	2134842	-223885
2.单位存款	16574878	-1400221	1102148	经营贷款及透支	2763246	80560	-537389
其中:活期存款	5342441	-1448734	416305	固定资产贷款	2500	2500	-11778
定期存款	5467049	656713	300352	并购贷款			
保证金存款	492370	-73861	49281	贸易融资	2637634	2051781	325282
结构性存款	1352620	683122	-222954	(3)非存款类金融机构贷款			
3.国库定期存款	156000	29000	127000	2.中长期贷款	19934415	42163	2256448
4.非存款类金融机构存款	1493731	258153	287390	(1)个人贷款	8232169	-595691	885658
(二)境外存款	29272	3042	1589	其中:个人消费贷款	8039910	-532310	955108
二、代理财政性存款	4	-1297	-137258	(2)单位贷款	11692246	637854	1360789
三、金融债券				经营贷款	1469854	-30106	596730
其中:境外发行				固定资产贷款	9633112	287298	747303
四、卖出回购资产				并购贷款	461894	269278	955
五、向中央银行借款		-25724	25724	贸易融资	127386	111385	15801
六、银行业存款类金融机构往来	1061362	761436	-4336	(3)非存款类金融机构贷款	10000		10000
七、借款及非存款类金融机构拆入				3.票据融资	1536432	850711	481876
八、联行往来(净)				4.融资租赁			
九、应付及暂收款	553992	-22993	109496	5.各项垫款	311	-781	-1451
其中:应付利息	455514	-6697	113444	(二)境外贷款	2299	-1292	-115
十、其他负债	232404	555	-406	二、债券投资			
十一、所有者权益	647384	-20339	102008	三、股权及其他投资			
其中:实收资本				四、买入返售资产			
				五、存放中央银行存款			
				六、缴存中央银行财政性存款	1325	-361336	132495
				七、银行业存款类金融机构往来	4438	62	1439
				八、存放非存款类金融机构款项			
				九、联行往来(净)	3957013	-1046221	-648883
				其中:境内存放二级准备金	902975		
				十、库存现金	33282	-31	-1265
				十一、应收及预付款	53479	427	-11237
				其中:应收利息	49682	-273	-10636
				十二、投资性房地产			
				十三、固定资产	134547	-5757	-5293
				十四、其他资产	64495	-191488	133381
				十五、减:各项准备	393820	36557	-4826
				其中:贷款减值准备	391184	36564	-1290
资金来源总计	31727507	1558080	2480349	资金运用总计	31727507	1558080	2480349

注:本表数据为合并口径。

⑨ 中国邮政储蓄银行湖北省分行人民币信贷收支表

表 5-3-1-1-2-9　　2022 年 12 月 31 日　　单位:万元

来源项目名称 \ 栏目	12 月余额	比年初增减数		运用项目名称 \ 栏目	12 月余额	比年初增减数	
		2022 年	2021 年			2022 年	2021 年
一、各项存款	75014914	7819578	6678484	一、各项贷款	24609169	2906834	2741021
(一)境内存款	75013136	7821175	6678646	(一)境内贷款	24609169	2906834	2741021
1.个人存款	68191258	7799864	6208759	1.短期贷款	4168264	299597	124249
其中:活期储蓄存款	16880481	1227658	1334156	(1)个人贷款及透支	2552166	127870	579387
定期储蓄存款	662601	112248	-34178	其中:个人消费贷款	472435	-22044	80952
结构性存款				(2)单位贷款及透支	1616098	171726	-455138
2.单位存款	6644626	-27272	412680	经营贷款及透支	1184730	136531	-676720
其中:活期存款	4908404	-289320	434534	固定资产贷款	15050	15000	-117085
定期存款	669839	-168705	-166352	并购贷款			
保证金存款	89143	8935	-21667	贸易融资	416318	20195	338668
结构性存款				(3)非存款类金融机构贷款			
3.国库定期存款	124004	124004		2.中长期贷款	18661400	2497741	2578018
4.非存款类金融机构存款	53248	-75421	57206	(1)个人贷款	10475869	702338	618704
(二)境外存款	1778	-1597	-162	其中:个人消费贷款	8704756	-28768	760624
二、代理财政性存款	8576	-19221	-14237	(2)单位贷款	8185531	1795404	1959314
三、金融债券				经营贷款	2531974	365103	625591
其中:境外发行				固定资产贷款	5502877	1307536	1305808
四、卖出回购资产				并购贷款			
五、向中央银行借款	5348	-29846	30690	贸易融资	150680	122765	27915
六、银行业存款类金融机构往来	333966	282819	27897	(3)非存款类金融机构贷款			
七、借款及非存款类金融机构拆入				3.票据融资	1779505	109496	38754
八、联行往来(净)				4.融资租赁			
九、应付及暂收款	1050723	-133306	90375	5.各项垫款			
其中:应付利息	887270	-146278	121069	(二)境外贷款			
十、其他负债	69499	-325	7312	二、债券投资			
十一、所有者权益	412230	60096	213522	三、股权及其他投资			
其中:实收资本				四、买入返售资产			
				五、存放中央银行存款			
				六、缴存中央银行财政性存款	20326	-10280	6297
				七、银行业存款类金融机构往来			-803
				八、存放非存款类金融机构款项			
				九、联行往来(净)	52247220	5025361	4254233
				其中:境内存放二级准备金			
				十、库存现金	248137	25361	4283
				十一、应收及预付款	89859	14984	6100
				其中:应收利息	80044	5764	-630
				十二、投资性房地产			
				十三、固定资产	146189	6156	3272
				十四、其他资产	62387	8476	13478
				十五、减:各项准备	528030	-2903	-6161
				其中:贷款减值准备	524233	-1878	-9004
资金来源总计	76895256	7979795	7034043	资金运用总计	76895256	7979795	7034043

注:本表数据为合并口径。

⑩ 中信银行武汉分行人民币信贷收支表

表 5-3-1-1-2-10　　　　2022 年 12 月 31 日　　　　单位:万元

来源项目名称	12 月余额	比年初增减数 2022 年	比年初增减数 2021 年	运用项目名称	12 月余额	比年初增减数 2022 年	比年初增减数 2021 年
一、各项存款	16326141	1557846	1116235	一、各项贷款	16499321	1872666	1018628
(一)境内存款	16308845	1555111	1114349	(一)境内贷款	16497132	1872582	1018615
1.个人存款	3851334	1116992	222446	1.短期贷款	2358656	397701	103033
其中:活期储蓄存款	1113719	259001	-2399	(1)个人贷款及透支	199041	-20058	129126
定期储蓄存款	1204614	462206	158435	其中:个人消费贷款	174119	-21263	118253
结构性存款	410369	20282	-42449	(2)单位贷款及透支	2159615	417759	-26093
2.单位存款	11919669	273228	1032994	经营贷款及透支	2013523	430877	-153637
其中:活期存款	2727654	216241	-501027	固定资产贷款			-20100
定期存款	790823	-101768	134810	并购贷款			
保证金存款	3566622	719674	490065	贸易融资	146092	-13118	147645
结构性存款	372755	95441	-48789	(3)非存款类金融机构贷款			
3.国库定期存款	115000	41000	74000	2.中长期贷款	13333682	1428370	1083503
4.非存款类金融机构存款	422842	123891	-215092	(1)个人贷款	6553998	574546	836372
(二)境外存款	17296	2735	1886	其中:个人消费贷款	4971746	230624	701087
二、代理财政性存款	31704	-29223	6430	(2)单位贷款	6779684	853823	247131
三、金融债券				经营贷款	716854	-334433	-43724
其中:境外发行				固定资产贷款	5607063	1094604	163062
四、卖出回购资产				并购贷款	351419	97151	118194
五、向中央银行借款	146570	80353	-418	贸易融资	104348	-3500	9598
六、银行业存款类金融机构往来	52005	-119436	-111413	(3)非存款类金融机构贷款			
七、借款及非存款类金融机构拆入				3.票据融资	796792	41315	-169367
八、联行往来(净)				4.融资租赁			
九、应付及暂收款	221807	61511	-16680	5.各项垫款	8002	5196	1446
其中:应付利息	96963	18449	2458	(二)境外贷款	2189	84	13
十、其他负债	150738	25773	10545	二、债券投资			
十一、所有者权益	121535	25233	-10769	三、股权及其他投资	22846	20144	
其中:实收资本				四、买入返售资产			
				五、存放中央银行存款			
				六、缴存中央银行财政性存款	5855	-36	-1713
				七、银行业存款类金融机构往来	5004	796	-549
				八、存放非存款类金融机构款项			
				九、联行往来(净)	559784	-314061	-58914
				其中:境内存放二级准备金			
				十、库存现金	9880	-3007	-2837
				十一、应收及预付款	99107	17729	-7304
				其中:应收利息	80965	21546	-8824
				十二、投资性房地产			
				十三、固定资产	26194	-912	-427
				十四、其他资产	193424	53094	13684
				十五、减:各项准备	370915	44355	-33361
				其中:贷款减值准备	354960	43264	-29737
资金来源总计	17050500	1602056	993931	资金运用总计	17050500	1602056	993931

注:本表数据为合并口径。

⑪ 中国光大银行武汉分行人民币信贷收支表

表 5-3-1-1-2-11　　2022 年 12 月 31 日　　单位:万元

来源项目名称	12 月余额	比年初增减数 2022 年	比年初增减数 2021 年	运用项目名称	12 月余额	比年初增减数 2022 年	比年初增减数 2021 年
一、各项存款	10097547	929371	683194	一、各项贷款	9859149	740301	1161186
(一)境内存款	10081715	929043	683224	(一)境内贷款	9858045	739621	1161248
1.个人存款	2932323	607342	207108	1.短期贷款	1873219	410856	32469
其中:活期储蓄存款	607480	19305	-58902	(1)个人贷款及透支	166962	-128280	-14844
定期储蓄存款	912765	448674	155913	其中:个人消费贷款	157384	-128474	-14193
结构性存款	288314	-149694	-65456	(2)单位贷款及透支	1706257	539136	47314
2.单位存款	6906408	312525	391131	经营贷款及透支	1287849	377343	-162685
其中:活期存款	1392301	-278033	-107237	固定资产贷款			-20000
定期存款	883241	-525902	-121611	并购贷款			
保证金存款	1703172	730846	194212	贸易融资	418408	161793	229998
结构性存款	195350	-221050	3300	(3)非存款类金融机构贷款			
3.国库定期存款	74000	9000	65000	2.中长期贷款	7295276	295125	799704
4.非存款类金融机构存款	168984	176	19985	(1)个人贷款	3985906	132914	344484
(二)境外存款	15832	328	-31	其中:个人消费贷款	3197728	11246	318900
二、代理财政性存款	4	-20	-705	(2)单位贷款	3309370	162210	455220
三、金融债券				经营贷款	1098368	77777	230662
其中:境外发行				固定资产贷款	1803766	50310	163419
四、卖出回购资产				并购贷款	140049	58049	67001
五、向中央银行借款		-20136	-26189	贸易融资	267188	-23926	-5862
六、银行业存款类金融机构往来	7836	-92283	-52198	(3)非存款类金融机构贷款			
七、借款及非存款类金融机构拆入				3.票据融资	689550	33641	330552
八、联行往来(净)				4.融资租赁			
九、应付及暂收款	148952	23904	34018	5.各项垫款			-1477
其中:应付利息	101625	37427	16360	(二)境外贷款	1104	679	-62
十、其他负债	93096	1145	-7709	二、债券投资	20	-69	-174
十一、所有者权益	166002	-56596	113535	三、股权及其他投资		-6085	53
其中:实收资本				四、买入返售资产			
				五、存放中央银行存款			
				六、缴存中央银行财政性存款	372	291	-104
				七、银行业存款类金融机构往来	1355	233	436
				八、存放非存款类金融机构款项			
				九、联行往来(净)	831067	82428	-450496
				其中:境内存放二级准备金			
				十、库存现金	12649	3113	-1449
				十一、应收及预付款	41808	9586	4724
				其中:应收利息	32779	7667	1460
				十二、投资性房地产			
				十三、固定资产	8683	-637	-1183
				十四、其他资产	30062	-877	-2365
				十五、减:各项准备	271730	42900	-33315
				其中:贷款减值准备	268636	42773	-33882
资金来源总计	10513436	785384	743946	资金运用总计	10513436	785384	743946

注:本表数据为合并口径。

⑫ 招商银行武汉分行人民币信贷收支表

表 5-3-1-1-2-12　　　　2022 年 12 月 31 日　　　　单位:万元

栏目 来源项目名称	12 月余额	比年初增减数		栏目 运用项目名称	12 月余额	比年初增减数	
		2022 年	2021 年			2022 年	2021 年
一、各项存款	28350945	4748195	1496084	一、各项贷款	19609368	2671313	1184116
(一)境内存款	28278528	4736353	1492468	(一)境内贷款	19607806	2672100	1184484
1.个人存款	12052543	3019368	980073	1.短期贷款	2920132	956929	71528
其中:活期储蓄存款	7267492	1637529	398876	(1)个人贷款及透支	389666	-45518	11024
定期储蓄存款	2982308	1179270	429242	其中:个人消费贷款	293562	-16693	31216
结构性存款	400448	-131540	-116532	(2)单位贷款及透支	2530466	1002447	60504
2.单位存款	15325898	1952099	303796	经营贷款及透支	1751914	643951	205810
其中:活期存款	8358224	800443	596932	固定资产贷款	18837	-22839	41676
定期存款	1420555	323847	132567	并购贷款	23000	23000	
保证金存款	1849730	814999	46020	贸易融资	736715	358335	-186982
结构性存款	453350	71779	-473278	(3)非存款类金融机构贷款			
3.国库定期存款	113000	31000	82000	2.中长期贷款	13647110	908569	185838
4.非存款类金融机构存款	787087	-266114	126599	(1)个人贷款	9573345	215251	490357
(二)境外存款	72417	11842	3616	其中:个人消费贷款	7061351	-108609	386256
二、代理财政性存款	1062	70	941	(2)单位贷款	4073765	812118	-243319
三、金融债券				经营贷款	899657	224559	-7084
其中:境外发行				固定资产贷款	2898717	544971	-268370
四、卖出回购资产				并购贷款	192183	10607	10508
五、向中央银行借款	168675	65031	-1434	贸易融资	83208	31981	21627
六、银行业存款类金融机构往来	66339	-369972	225398	(3)非存款类金融机构贷款		-118800	-61200
七、借款及非存款类金融机构拆入				3.票据融资	3018724	792845	920788
八、联行往来(净)				4.融资租赁			
九、应付及暂收款	392042	63502	-22813	5.各项垫款	21840	13757	6330
其中:应付利息	190541	73055	9807	(二)境外贷款	1562	-787	-368
十、其他负债	190438	-3306	27243	二、债券投资			
十一、所有者权益	307000	44829	-56014	三、股权及其他投资		-317070	-169564
其中:实收资本				四、买入返售资产			
				五、存放中央银行存款			
				六、缴存中央银行财政性存款	390	-14177	-104626
				七、银行业存款类金融机构往来	4951	1813	-1254
				八、存放非存款类金融机构款项			
				九、联行往来(净)	9877586	2288166	799197
				其中:境内存放二级准备金			
				十、库存现金	46179	-28960	18756
				十一、应收及预付款	50749	1741	-5195
				其中:应收利息	35698	-346	1129
				十二、投资性房地产			
				十三、固定资产	61306	-6596	-1674
				十四、其他资产	75154	-4697	-12118
				十五、减:各项准备	249182	43184	38233
				其中:贷款减值准备	246077	45332	39331
资金来源总计	29476501	4548349	1669405	资金运用总计	29476501	4548349	1669405

注:本表数据为合并口径。

⑬ 上海浦东发展银行武汉分行人民币信贷收支表

表 5-3-1-1-2-13　　2022 年 12 月 31 日　　单位:万元

来源项目名称	12 月余额	比年初增减数 2022 年	比年初增减数 2021 年	运用项目名称	12 月余额	比年初增减数 2022 年	比年初增减数 2021 年
一、各项存款	7485993	685945	240096	一、各项贷款	7525537	-315710	121889
(一)境内存款	7480621	685006	239716	(一)境内贷款	7524576	-316292	122068
1.个人存款	1957521	550270	99361	1.短期贷款	2555323	343113	-279033
其中:活期储蓄存款	709659	137957	106985	(1)个人贷款及透支	324283	-44079	-280026
定期储蓄存款	620587	293247	88680	其中:个人消费贷款	237293	-44884	-297890
结构性存款	197134	-7626	-91682	(2)单位贷款及透支	2231040	387192	993
2.单位存款	4707606	-305197	-144056	经营贷款及透支	1421086	-54644	-95228
其中:活期存款	1463083	-484851	-46403	固定资产贷款	46500	-6745	47145
定期存款	638443	143635	-22452	并购贷款			
保证金存款	243743	35865	-7896	贸易融资	763454	448581	49076
结构性存款	197061	87781	-63520	(3)非存款类金融机构贷款			
3.国库定期存款	54000	1000	53000	2.中长期贷款	4838245	26704	-113000
4.非存款类金融机构存款	761494	438933	231411	(1)个人贷款	1896463	-168824	147171
(二)境外存款	5372	939	380	其中:个人消费贷款	1475775	-98727	168909
二、代理财政性存款	1396	1029	184	(2)单位贷款	2941782	195528	-260171
三、金融债券				经营贷款	896754	-60826	-308490
其中:境外发行				固定资产贷款	2033628	252229	41044
四、卖出回购资产				并购贷款	11400	4125	7275
五、向中央银行借款	58839	-120	-17221	贸易融资			
六、银行业存款类金融机构往来	85027	-22852	-877146	(3)非存款类金融机构贷款			
七、借款及非存款类金融机构拆入				3.票据融资	131006	-686109	514101
八、联行往来(净)		-596101	522904	4.融资租赁			
九、应付及暂收款	104976	33807	26446	5.各项垫款	2		
其中:应付利息	91265	35343	24458	(二)境外贷款	961	582	-179
十、其他负债	39084	-2339	18911	二、债券投资			
十一、所有者权益	67089	-53011	54156	三、股权及其他投资	237		-198440
其中:实收资本				四、买入返售资产			
				五、存放中央银行存款			
				六、缴存中央银行财政性存款	1294	-12317	10103
				七、银行业存款类金融机构往来	1827	-697	-26350
				八、存放非存款类金融机构款项			
				九、联行往来(净)	356397	356397	
				其中:境内存放二级准备金			
				十、库存现金	8914	2578	-1188
				十一、应收及预付款	39742	1610	8183
				其中:应收利息	36316	4060	6170
				十二、投资性房地产			
				十三、固定资产	17987	-1252	20525
				十四、其他资产	20900	-1878	-1295
				十五、减:各项准备	130431	-17627	-34903
				其中:贷款减值准备	127642	-17687	-30769
资金来源总计	7842404	46358	-31670	资金运用总计	7842404	46358	-31670

⑭ 中国民生银行武汉分行人民币信贷收支表

表 5-3-1-1-2-14　　2022 年 12 月 31 日　　单位：万元

来源项目名称＼栏目	12 月余额	比年初增减数		运用项目名称＼栏目	12 月余额	比年初增减数	
		2022 年	2021 年			2022 年	2021 年
一、各项存款	8446155	801661	-819113	一、各项贷款	8990501	156887	559275
（一）境内存款	8436053	802181	-818611	（一）境内贷款	8987397	157259	559233
1.个人存款	2668583	535723	151195	1.短期贷款	2005465	164519	-120831
其中：活期储蓄存款	915271	115916	-7122	（1）个人贷款及透支	1044902	19214	59628
定期储蓄存款	784842	320376	102589	其中：个人消费贷款	50384	1375	10394
结构性存款	42567	16451	-66782	（2）单位贷款及透支	960563	145305	-180458
2.单位存款	5565732	259284	-1096178	经营贷款及透支	882355	157761	-249771
其中：活期存款	2049864	-212080	-629109	固定资产贷款			
定期存款	928783	185285	8755	并购贷款			
保证金存款	276679	-9386	-112607	贸易融资	78208	-12456	69312
结构性存款	1150	-9650	-45166	（3）非存款类金融机构贷款			
3.国库定期存款	57000	18000	39000	2.中长期贷款	5747374	-183297	309315
4.非存款类金融机构存款	144738	-10827	87373	（1）个人贷款	1331421	-77601	82168
（二）境外存款	10102	-520	-502	其中：个人消费贷款	1196917	-55739	107214
二、代理财政性存款	0	-88	54	（2）单位贷款	4415953	-105696	227147
三、金融债券				经营贷款	1204964	133196	303111
其中：境外发行				固定资产贷款	2604531	-220942	154436
四、卖出回购资产				并购贷款	191232	-13803	-226773
五、向中央银行借款	226483	170259	35754	贸易融资	415226	-4147	-3627
六、银行业存款类金融机构往来	33590	-86617	94789	（3）非存款类金融机构贷款			
七、借款及非存款类金融机构拆入				3.票据融资	1234558	176036	370748
八、联行往来（净）		-632876	632876	4.融资租赁			
九、应付及暂收款	142692	5990	25857	5.各项垫款			
其中：应付利息	76611	12865	4731	（二）境外贷款	3104	-372	42
十、其他负债	143737	63	-5017	二、债券投资			
十一、所有者权益	114318	23276	-67307	三、股权及其他投资			
其中：实收资本				四、买入返售资产			
				五、存放中央银行存款			
				六、缴存中央银行财政性存款	32028	31675	-754
				七、银行业存款类金融机构往来	2187	1019	553
				八、存放非存款类金融机构款项			
				九、联行往来（净）	60319	60319	-717338
				其中：境内存放二级准备金			
				十、库存现金	13464	1396	-855
				十一、应收及预付款	71788	14980	-8895
				其中：应收利息	44045	16762	-8571
				十二、投资性房地产			
				十三、固定资产	33362	-375	14725
				十四、其他资产	36056	4180	-5274
				十五、减：各项准备	132730	-11587	-56457
				其中：贷款减值准备	126189	-11204	-56504
资金来源总计	9106975	281669	-102107	资金运用总计	9106975	281669	-102107

⑮ 华夏银行武汉分行人民币信贷收支表

表 5-3-1-1-2-15　　2022 年 12 月 31 日　　单位:万元

来源项目名称 \ 栏目	12 月余额	比年初增减数		运用项目名称 \ 栏目	12 月余额	比年初增减数	
		2022 年	2021 年			2022 年	2021 年
一、各项存款	7822194	280057	94333	一、各项贷款	7348160	10128	42102
(一)境内存款	7817516	281128	94460	(一)境内贷款	7346868	9182	42127
1.个人存款	2305968	414390	83168	1.短期贷款	1090310	-116212	186615
其中:活期储蓄存款	771914	60410	-74496	(1)个人贷款及透支	108757	10579	-6476
定期储蓄存款	591368	320873	790	其中:个人消费贷款	36032	20664	11759
结构性存款	167438	-28528	-30285	(2)单位贷款及透支	981553	-126791	193090
2.单位存款	4159148	-512952	-331488	经营贷款及透支	870039	-92261	219181
其中:活期存款	1662691	-467935	-522376	固定资产贷款	755	755	-110937
定期存款	588704	116139	-17225	并购贷款			
保证金存款	462519	153710	38565	贸易融资	110759	-35285	84846
结构性存款		-5000	-1000	(3)非存款类金融机构贷款			
3.国库定期存款	63000	16000	47000	2.中长期贷款	5808455	-318381	-102261
4.非存款类金融机构存款	1289400	363690	295780	(1)个人贷款	1187461	-113486	49567
(二)境外存款	4679	-1071	-127	其中:个人消费贷款	970883	-43533	93173
二、代理财政性存款	31	31	-2082	(2)单位贷款	4620994	-204895	-151829
三、金融债券				经营贷款	1862185	-77907	-138010
其中:境外发行				固定资产贷款	2563311	-92384	-43568
四、卖出回购资产				并购贷款	94100	-700	-200
五、向中央银行借款				贸易融资	101398	-33904	29950
六、银行业存款类金融机构往来	190	27	-1062	(3)非存款类金融机构贷款			
七、借款及非存款类金融机构拆入				3.票据融资	433107	432775	-43645
八、联行往来(净)	292161	242182	233628	4.融资租赁			
九、应付及暂收款	230866	61429	28600	5.各项垫款	14997	11000	1418
其中:应付利息	107981	43426	22863	(二)境外贷款	1292	946	-25
十、其他负债	73616	15809	12510	二、债券投资	882262	305891	251770
十一、所有者权益	-193615	-332275	-2622	三、股权及其他投资	1723	97	76
其中:实收资本				四、买入返售资产			
				五、存放中央银行存款			
				六、缴存中央银行财政性存款	292	-2280	160
				七、银行业存款类金融机构往来	2192	429	-603
				八、存放非存款类金融机构款项			
				九、联行往来(净)			
				其中:境内存放二级准备金	522391	35359	-75908
				十、库存现金	9678	-1221	-932
				十一、应收及预付款	173172	11972	16727
				其中:应收利息	58536	-15214	18070
				十二、投资性房地产			
				十三、固定资产	44691	35780	-664
				十四、其他资产	25216	5119	15638
				十五、减:各项准备	261941	98656	-39031
				其中:贷款减值准备	257291	98357	-38736
资金来源总计	8225444	267259	363305	资金运用总计	8225444	267259	363305

⑯平安银行武汉分行人民币信贷收支表

表 5-3-1-1-2-16　　2022 年 12 月 31 日　　单位:万元

来源项目名称	12 月余额	比年初增减数 2022 年	比年初增减数 2021 年	运用项目名称	12 月余额	比年初增减数 2022 年	比年初增减数 2021 年
一、各项存款	4717865	733074	379385	一、各项贷款	9483327	1471970	1077219
(一)境内存款	4704615	732028	372803	(一)境内贷款	9483056	1471769	1077495
1.个人存款	2518373	802386	367541	1.短期贷款	687546	24385	-188162
其中:活期储蓄存款	692417	132014	-9173	(1)个人贷款及透支	294171	-7036	102925
定期储蓄存款	426737	253652	131060	其中:个人消费贷款	110945	-32134	49705
结构性存款	161265	73012	-15850	(2)单位贷款及透支	393375	31420	-291088
2.单位存款	2127622	15604	-67956	经营贷款及透支	285051	-24955	-243101
其中:活期存款	803872	-59025	-205022	固定资产贷款		-11590	-8410
定期存款	354582	78032	34594	并购贷款			
保证金存款	330659	135498	-27688	贸易融资	108324	67965	-39576
结构性存款	153000	-123600	70400	(3)非存款类金融机构贷款			
3.国库定期存款	58000	19000	39000	2.中长期贷款	8674785	1444766	1319890
4.非存款类金融机构存款	620	-104962	34217	(1)个人贷款	5472689	1031617	949092
(二)境外存款	13250	1046	6582	其中:个人消费贷款	2661141	-59489	519141
二、代理财政性存款	6711	-4306	-10457	(2)单位贷款	3202096	413150	370798
三、金融债券				经营贷款	893370	-261705	46407
其中:境外发行				固定资产贷款	1889351	396260	214819
四、卖出回购资产				并购贷款	419375	278595	111980
五、向中央银行借款			-54847	贸易融资			-2408
六、银行业存款类金融机构往来	90000	90000		(3)非存款类金融机构贷款			
七、借款及非存款类金融机构拆入				3.票据融资	120484	2377	-54233
八、联行往来(净)	4429500	631350	570036	4.融资租赁			
九、应付及暂收款	92528	5747	-3358	5.各项垫款	241	241	
其中:应付利息	52790	13867	16346	(二)境外贷款	272	202	-276
十、其他负债	73093	-126	7360	二、债券投资			
十一、所有者权益	82243	-40854	120442	三、股权及其他投资			
其中:实收资本				四、买入返售资产			
				五、存放中央银行存款			
				六、缴存中央银行财政性存款	6723	-1830	-12881
				七、银行业存款类金融机构往来	14150	4766	-4172
				八、存放非存款类金融机构款项			
				九、联行往来(净)			
				其中:境内存放二级准备金			
				十、库存现金	9727	-3227	726
				十一、应收及预付款	34824	821	2873
				其中:应收利息	27185	1682	2822
				十二、投资性房地产			
				十三、固定资产	76506	-3136	81
				十四、其他资产	87178	18237	5900
				十五、减:各项准备	220495	72717	61186
				其中:贷款减值准备	220116	72674	61920
资金来源总计	9491940	1414885	1008561	资金运用总计	9491940	1414885	1008561

注:本表数据为合并口径。

⑰ 兴业银行武汉分行人民币信贷收支表

表 5-3-1-1-2-17　　　　2022 年 12 月 31 日　　　　单位:万元

栏目 来源项目名称	12 月余额	比年初增减数		栏目 运用项目名称	12 月余额	比年初增减数	
		2022 年	2021 年			2022 年	2021 年
一、各项存款	12910205	-1403847	1379125	一、各项贷款	12164690	243147	1599375
(一)境内存款	12903617	-1401525	1381019	(一)境内贷款	12161911	241699	1596596
1.个人存款	2834050	814796	984894	1.短期贷款	2088645	210627	576763
其中:活期储蓄存款	1051962	128248	120496	(1)个人贷款及透支	92998	72559	79601
定期储蓄存款	816936	472368	546520	其中:个人消费贷款	26233	24888	21964
结构性存款	72061	43027	-13582	(2)单位贷款及透支	1995647	138069	497162
2.单位存款	8320115	-723269	109314	经营贷款及透支	1876661	109403	439232
其中:活期存款	2833096	-941193	-1078869	固定资产贷款	44470	-34720	-4730
定期存款	330033	21146	41823	并购贷款			
保证金存款	720348	-3562	-26627	贸易融资	74516	63385	62660
结构性存款	488087	52625	56687	(3)非存款类金融机构贷款			
3.国库定期存款	89000	32000	89000	2.中长期贷款	9470939	798523	1425971
4.非存款类金融机构存款	1660452	-1525052	197811	(1)个人贷款	3491658	132316	591314
(二)境外存款	6587	-2322	-1895	其中:个人消费贷款	2972958	-43247	313296
二、代理财政性存款	34	32	-651	(2)单位贷款	5979281	666207	834657
三、金融债券				经营贷款	645230	87757	172647
其中:境外发行				固定资产贷款	4887259	412214	249726
四、卖出回购资产				并购贷款	444656	166313	411802
五、向中央银行借款		-104552	-42855	贸易融资	2136	-77	482
六、银行业存款类金融机构往来	621493	218789	-327270	(3)非存款类金融机构贷款			
七、借款及非存款类金融机构拆入				3.票据融资	599467	-761013	-399798
八、联行往来(净)				4.融资租赁			
九、应付及暂收款	131024	7795	27573	5.各项垫款	2861	-6439	-6339
其中:应付利息	74910	16520	27061	(二)境外贷款	2779	1449	2779
十、其他负债	64047	-174015	-60503	二、债券投资	82	-93	-177
十一、所有者权益	186432	-121831	58715	三、股权及其他投资	2431	2431	2431
其中:实收资本				四、买入返售资产			
				五、存放中央银行存款			
				六、缴存中央银行财政性存款	8	-40	-113
				七、银行业存款类金融机构往来	3205	-146	336
				八、存放非存款类金融机构款项			
				九、联行往来(净)	1799396	-1609723	-553761
				其中:境内存放二级准备金			
				十、库存现金	10624	434	399
				十一、应收及预付款	27770	-2236	-948
				其中:应收利息	24101	-1633	-1044
				十二、投资性房地产			
				十三、固定资产	25141	955	2357
				十四、其他资产	33442	-160235	-50284
				十五、减:各项准备	153554	52125	-34518
				其中:贷款减值准备	151733	52711	-33983
资金来源总计	13913235	-1577630	1034134	资金运用总计	13913235	-1577630	1034134

⑱ 广发银行武汉分行人民币信贷收支表

表 5-3-1-1-2-18　　2022 年 12 月 31 日　　单位:万元

来源项目名称	12 月余额	比年初增减数		运用项目名称	12 月余额	比年初增减数	
		2022 年	2021 年			2022 年	2021 年
一、各项存款	3272825	-546828	120216	一、各项贷款	3376974	325078	451304
(一)境内存款	3266545	-546904	115629	(一)境内贷款	3376967	325079	451332
1.个人存款	945506	129425	196439	1.短期贷款	675503	142798	53662
其中:活期储蓄存款	251995	77563	-1823	(1)个人贷款及透支	73966	22751	27414
定期储蓄存款	234377	91481	40518	其中:个人消费贷款	42391	13611	19539
结构性存款	124982	-107250	144173	(2)单位贷款及透支	601536	120047	26248
2.单位存款	2159321	-674761	-134088	经营贷款及透支	440800	32459	-44568
其中:活期存款	1061472	141647	-311476	固定资产贷款		-1725	1725
定期存款	320741	-728248	988344	并购贷款			
保证金存款	65953	-16327	-4030	贸易融资	160737	89313	69091
结构性存款	44620	22285	-820771	(3)非存款类金融机构贷款			
3.国库定期存款	53000	9000	39800	2.中长期贷款	2544176	133673	384578
4.非存款类金融机构存款	108719	-10568	13478	(1)个人贷款	730156	13256	123115
(二)境外存款	6280	76	4588	其中:个人消费贷款	604316	8053	102867
二、代理财政性存款		-1	0	(2)单位贷款	1814020	120417	261463
三、金融债券				经营贷款	1407975	61675	315155
其中:境外发行				固定资产贷款	406045	58742	-53693
四、卖出回购资产				并购贷款			
五、向中央银行借款	21238	8000	13238	贸易融资			
六、银行业存款类金融机构往来	86	-69	-6896	(3)非存款类金融机构贷款			
七、借款及非存款类金融机构拆入				3.票据融资	157288	48609	13582
八、联行往来(净)	2805	828732	351504	4.融资租赁			
九、应付及暂收款	34958	8308	4877	5.各项垫款			-489
其中:应付利息	27911	9920	5168	(二)境外贷款	7	-1	-28
十、其他负债	37972	164	16352	二、债券投资	69	-69	-30
十一、所有者权益	13560	23262	560	三、股权及其他投资			
其中:实收资本				四、买入返售资产			
				五、存放中央银行存款			
				六、缴存中央银行财政性存款			-1
				七、银行业存款类金融机构往来	1661	-723	1603
				八、存放非存款类金融机构款项			
				九、联行往来(净)			
				其中:境内存放二级准备金			
				十、库存现金	4633	-167	729
				十一、应收及预付款	5502	339	-232
				其中:应收利息	4721	315	515
				十二、投资性房地产			
				十三、固定资产	20912	-918	-1004
				十四、其他资产	29095	973	12849
				十五、减:各项准备	55401	2945	-34634
				其中:贷款减值准备	50045	2513	-34308
资金来源总计	3383445	321568	499852	资金运用总计	3383445	321568	499852

注:本表数据为合并口径。

⑲ 渤海银行武汉分行人民币信贷收支表

表 5-3-1-1-2-19　　　　2022 年 12 月 31 日　　　　单位:万元

栏目 来源项目名称	12 月余额	比年初增减数		栏目 运用项目名称	12 月余额	比年初增减数	
		2022 年	2021 年			2022 年	2021 年
一、各项存款	2399615	324556	254743	一、各项贷款	3584175	-61998	-44787
(一)境内存款	2397771	323095	254498	(一)境内贷款	3583776	-61888	-44806
1.个人存款	459588	122373	142881	1.短期贷款	535778	220267	-168
其中:活期储蓄存款	88066	-21165	47245	(1)个人贷款及透支	8764	-2667	-2250
定期储蓄存款	219585	102969	49804	其中:个人消费贷款	1804	1211	-298
结构性存款	35142	507	-3686	(2)单位贷款及透支	527015	222935	2082
2.单位存款	1886815	194074	76944	经营贷款及透支	527015	224394	1177
其中:活期存款	725858	123497	37000	固定资产贷款			
定期存款	296853	179043	-180150	并购贷款			
保证金存款	219508	152745	40828	贸易融资		-1459	905
结构性存款	325000	-295000	306800	(3)非存款类金融机构贷款			
3.国库定期存款	50000	11000	39000	2.中长期贷款	2856148	-391404	-90075
4.非存款类金融机构存款	1367	-4353	-4326	(1)个人贷款	1335089	-163428	74291
(二)境外存款	1844	1461	245	其中:个人消费贷款	1182570	-192264	52513
二、代理财政性存款	0	0		(2)单位贷款	1521059	-227976	-164366
三、金融债券				经营贷款	531994	-366871	-52416
其中:境外发行				固定资产贷款	822565	62395	-201949
四、卖出回购资产				并购贷款	166500	76500	90000
五、向中央银行借款				贸易融资			
六、银行业存款类金融机构往来	10000	10000		(3)非存款类金融机构贷款			
七、借款及非存款类金融机构拆入				3.票据融资	191850	109248	45437
八、联行往来(净)	1075363	-368375	-327478	4.融资租赁			
九、应付及暂收款	53037	-20845	55361	5.各项垫款			
其中:应付利息	40389	3136	23322	(二)境外贷款	398	-110	19
十、其他负债	57319	11237	580	二、债券投资			
十一、所有者权益	51267	1352	-2349	三、股权及其他投资			
其中:实收资本				四、买入返售资产			
				五、存放中央银行存款			
				六、缴存中央银行财政性存款	919	919	-70
				七、银行业存款类金融机构往来	2681	-399	669
				八、存放非存款类金融机构款项			
				九、联行往来(净)			
				其中:境内存放二级准备金			
				十、库存现金	718	105	-70
				十一、应收及预付款	19025	-3870	9884
				其中:应收利息	18032	-4261	10287
				十二、投资性房地产			
				十三、固定资产	21205	20239	14383
				十四、其他资产	17876	2930	847
				十五、减:各项准备			
				其中:贷款减值准备			
资金来源总计	3646599	-42075	-19144	资金运用总计	3646599	-42075	-19144

注:本表数据为合并口径。

⑳ 浙商银行武汉分行人民币信贷收支表

表 5-3-1-1-2-20　　2022 年 12 月 31 日　　单位:万元

栏目 来源项目名称	12 月余额	比年初增减数		栏目 运用项目名称	12 月余额	比年初增减数	
		2022 年	2021 年			2022 年	2021 年
一、各项存款	2939628	221361	477529	一、各项贷款	2637025	514061	488090
(一)境内存款	2939530	221276	477522	(一)境内贷款	2637025	514061	488090
1.个人存款	278446	113116	-13925	1.短期贷款	664902	190285	114229
其中:活期储蓄存款	86027	25885	-3857	(1)个人贷款及透支	40688	409	-12458
定期储蓄存款	85681	31935	-39652	其中:个人消费贷款	8328	-1412	7859
结构性存款	1341	1341		(2)单位贷款及透支	624214	189876	126687
2.单位存款	2608571	88152	460442	经营贷款及透支	372294	210126	-13598
其中:活期存款	816199	-418674	113212	固定资产贷款	3000	-21290	8770
定期存款	735131	447783	133886	并购贷款			
保证金存款	97824	-20442	-129594	贸易融资	248920	1040	131514
结构性存款	51100	51100		(3)非存款类金融机构贷款			
3.国库定期存款	51000	20000	31000	2.中长期贷款	1917237	269882	372870
4.非存款类金融机构存款	1512	7	4	(1)个人贷款	496509	38231	164938
(二)境外存款	98	85	8	其中:个人消费贷款	288575	53988	91069
二、代理财政性存款	1	1	-1	(2)单位贷款	1420729	231650	207932
三、金融债券				经营贷款	167884	60409	39607
其中:境外发行				固定资产贷款	1239670	158067	168325
四、卖出回购资产				并购贷款			
五、向中央银行借款	18378	17393	985	贸易融资	13174	13174	
六、银行业存款类金融机构往来	66	0	-1873	(3)非存款类金融机构贷款			
七、借款及非存款类金融机构拆入				3.票据融资	49885	48894	991
八、联行往来(净)				4.融资租赁			
九、应付及暂收款	22209	-15677	11111	5.各项垫款	5000	5000	
其中:应付利息	5224	3102	1641	(二)境外贷款			
十、其他负债	21849	188	348	二、债券投资			
十一、所有者权益	42825	-14565	18096	三、股权及其他投资			-445000
其中:实收资本				四、买入返售资产			
				五、存放中央银行存款			
				六、缴存中央银行财政性存款			-7
				七、银行业存款类金融机构往来	266	74	126
				八、存放非存款类金融机构款项			
				九、联行往来(净)	338037	-327390	456279
				其中:境内存放二级准备金			
				十、库存现金	443	-72	9
				十一、应收及预付款	51219	20136	7274
				其中:应收利息	17218	11458	-9004
				十二、投资性房地产			
				十三、固定资产	7255	907	-250
				十四、其他资产	10710	983	-326
				十五、减:各项准备			
				其中:贷款减值准备			
资金来源总计	3044956	208701	506195	资金运用总计	3044956	208701	506195

注:本表数据为合并口径。

㉑ 恒丰银行武汉分行人民币信贷收支表

表 5-3-1-1-2-21　　2022 年 12 月 31 日　　单位：万元

来源项目名称	12 月余额	比年初增减数 2022 年	比年初增减数 2021 年	运用项目名称	12 月余额	比年初增减数 2022 年	比年初增减数 2021 年
一、各项存款	1520359	108669	383475	一、各项贷款	1543490	119499	326562
（一）境内存款	1520314	108648	383471	（一）境内贷款	1543490	119499	326562
1.个人存款	126518	50148	32702	1.短期贷款	238150	-37810	-26920
其中：活期储蓄存款	67908	36959	21456	（1）个人贷款及透支	2917	-3974	-939
定期储蓄存款	40020	4887	5165	其中：个人消费贷款	978	-694	-289
结构性存款				（2）单位贷款及透支	235233	-33837	-25981
2.单位存款	965843	32031	-18521	经营贷款及透支	223933	-41697	-29421
其中：活期存款	485846	22334	-30845	固定资产贷款			
定期存款	12200	-23810	-17010	并购贷款			
保证金存款	71967	50181	10561	贸易融资	11300	7860	3440
结构性存款				（3）非存款类金融机构贷款			
3.国库定期存款	36000	13000	23000	2.中长期贷款	1297049	382235	165655
4.非存款类金融机构存款	391953	13468	346290	（1）个人贷款	218923	134452	59103
（二）境外存款	45	21	4	其中：个人消费贷款	145160	102194	29413
二、代理财政性存款				（2）单位贷款	1078127	247782	106552
三、金融债券				经营贷款	360141	47407	-39435
其中：境外发行				固定资产贷款	617593	187383	146587
四、卖出回购资产				并购贷款	100393	12993	-600
五、向中央银行借款				贸易融资			
六、银行业存款类金融机构往来	0	-34531	-107504	（3）非存款类金融机构贷款			
七、借款及非存款类金融机构拆入				3.票据融资	8290	-224926	187827
八、联行往来（净）				4.融资租赁			
九、应付及暂收款	8153	-1201	2504	5.各项垫款			
其中：应付利息	3110	-1312	-207	（二）境外贷款			
十、其他负债	20950	624	10144	二、债券投资			
十一、所有者权益	-3815	-5014	19160	三、股权及其他投资			
其中：实收资本				四、买入返售资产			
				五、存放中央银行存款			
				六、缴存中央银行财政性存款	11	11	
				七、银行业存款类金融机构往来	364	-385	183
				八、存放非存款类金融机构款项			
				九、联行往来（净）	15122	-39492	-28742
				其中：境内存放二级准备金	215530		49631
				十、库存现金	707	513	-44
				十一、应收及预付款	2590	-486	286
				其中：应收利息	2097	-78	612
				十二、投资性房地产			
				十三、固定资产	696	368	71
				十四、其他资产	10962	2252	8207
				十五、减：各项准备	28294	13733	-1256
				其中：贷款减值准备	28287	13739	-1268
资金来源总计	1545647	68547	307778	资金运用总计	1545647	68547	307778

注：本表数据为合并口径。

㉒ 汉口银行人民币信贷收支表

表 5-3-1-1-2-22　　2022 年 12 月 31 日　　单位:万元

来源项目名称 \ 栏目	12 月余额	比年初增减数		运用项目名称 \ 栏目	12 月余额	比年初增减数	
		2022 年	2021 年			2022 年	2021 年
一、各项存款	36003457	3643863	3038987	一、各项贷款	28419629	3643348	4459850
(一)境内存款	35985819	3641739	3037531	(一)境内贷款	28417560	3643563	4460101
1.个人存款	16712494	3600257	1760789	1.短期贷款	7714113	1069409	1966025
其中:活期储蓄存款	3364424	473239	425745	(1)个人贷款及透支	2720982	902620	1043042
定期储蓄存款	9968320	2750464	845442	其中:个人消费贷款	2138362	609347	821908
结构性存款				(2)单位贷款及透支	3793132	166789	-227017
2.单位存款	14666388	-108617	-14000	经营贷款及透支	3102024	-68796	-169983
其中:活期存款	5611492	-1149655	181437	固定资产贷款	2861	-5049	-14360
定期存款	3465736	1528130	-786348	并购贷款			
保证金存款	1687030	486796	157849	贸易融资	688247	240635	-42674
结构性存款				(3)非存款类金融机构贷款	1200000		1150000
3.国库定期存款	149000	56000	93000	2.中长期贷款	16074357	2002896	3210422
4.非存款类金融机构存款	4457937	94099	1197742	(1)个人贷款	6944255	1099728	1539979
(二)境外存款	17638	2124	1457	其中:个人消费贷款	5678229	691599	1253109
二、代理财政性存款	2131	-397	-2520	(2)单位贷款	9130103	903168	1670443
三、金融债券	999956	100060	40145	经营贷款	3160300	286530	758225
其中:境外发行				固定资产贷款	5415314	697820	628911
四、卖出回购资产	1927394	-779073	1129166	并购贷款	224039	-45491	49670
五、向中央银行借款	3409143	939670	-1671052	贸易融资	330449	-35691	233636
六、银行业存款类金融机构往来	2783962	-371356	-633375	(3)非存款类金融机构贷款			
七、借款及非存款类金融机构拆入				3.票据融资	4628596	572997	-708309
八、联行往来(净)	72286	72286		4.融资租赁			
九、应付及暂收款	875622	92001	80972	5.各项垫款	494	-1739	-8037
其中:应付利息	681729	45454	39852	(二)境外贷款	2069	-216	-252
十、其他负债	49545	-5962	46550	二、债券投资	14031809	990008	563125
十一、所有者权益	3204964	145563	621072	三、股权及其他投资	3239865	-374316	-2127614
其中:实收资本	982785	57	369960	四、买入返售资产	674883	169522	-370997
				五、存放中央银行存款	2627061	-557960	283038
				六、缴存中央银行财政性存款	17735	9536	-8738
				七、银行业存款类金融机构往来	254959	9529	154815
				八、存放非存款类金融机构款项	20636	15283	-16144
				九、联行往来(净)		-85531	-12234
				其中:境内存放二级准备金			
				十、库存现金	95341	11396	-6670
				十一、应收及预付款	335504	23798	-275981
				其中:应收利息	229966	-3226	9795
				十二、投资性房地产			
				十三、固定资产	143378	-4562	11920
				十四、其他资产	656324	111920	121275
				十五、减:各项准备	1188663	125314	125700
				其中:贷款减值准备	1008288	94755	144355
资金来源总计	49328460	3836656	2649944	资金运用总计	49328460	3836656	2649944

㉓ 湖北银行人民币信贷收支表

表 5-3-1-1-2-23　　　　2022 年 12 月 31 日　　　　单位:万元

来源项目名称 \ 栏目	12 月余额	比年初增减数		运用项目名称 \ 栏目	12 月余额	比年初增减数	
		2022 年	2021 年			2022 年	2021 年
一、各项存款	32568912	4945274	4114769	一、各项贷款	23359742	4133083	3908717
(一)境内存款	32568912	4945274	4114769	(一)境内贷款	23359742	4133083	3908717
1.个人存款	15565152	3320633	2551861	1.短期贷款	6466623	917682	1647717
其中:活期储蓄存款	3243515	735534	604334	(1)个人贷款及透支	1368973	212095	180791
定期储蓄存款	10119041	2440526	1384577	其中:个人消费贷款	182156	92121	15470
结构性存款				(2)单位贷款及透支	3377650	205587	766926
2.单位存款	13793024	1509192	874771	经营贷款及透支	3209807	330528	529235
其中:活期存款	8300132	825135	693095	固定资产贷款	142850	-116284	234041
定期存款	2439541	262971	-238078	并购贷款			
保证金存款	1189249	154908	250426	贸易融资	24993	-8657	3650
结构性存款				(3)非存款类金融机构贷款	1720000	500000	700000
3.国库定期存款	206084	83469	105536	2.中长期贷款	13692820	2448511	1434320
4.非存款类金融机构存款	3004651	31980	582601	(1)个人贷款	3241161	110522	485942
(二)境外存款				其中:个人消费贷款	2629001	102067	540444
二、代理财政性存款	120	-343332	-51247	(2)单位贷款	10451658	2337990	948378
三、金融债券	449967	-20	199988	经营贷款	2840410	772561	365637
其中:境外发行				固定资产贷款	7603909	1677269	575461
四、卖出回购资产	1139660	981960	-879314	并购贷款			
五、向中央银行借款	423540	-301567	31351	贸易融资	7340	-111840	7280
六、银行业存款类金融机构往来	1836229	-382542	848406	(3)非存款类金融机构贷款			
七、借款及非存款类金融机构拆入				3.票据融资	3148825	749889	817032
八、联行往来(净)	19240	6301	4464	4.融资租赁			
九、应付及暂收款	768017	124584	92189	5.各项垫款	51474	16999	9648
其中:应付利息	611175	100439	132038	(二)境外贷款			
十、其他负债	101359	39194	50823	二、债券投资	9096222	1067018	2148578
十一、所有者权益	2943445	144765	125613	三、股权及其他投资	4387548	432124	-1005931
其中:实收资本	761165		76117	四、买入返售资产	543350	-124706	-262962
				五、存放中央银行存款	2161002	255782	-88726
				六、缴存中央银行财政性存款	6745	-2461	-12633
				七、银行业存款类金融机构往来	971209	-499271	656
				八、存放非存款类金融机构款项			
				九、联行往来(净)			
				其中:境内存放二级准备金			
				十、库存现金	40152	-2220	-1313
				十一、应收及预付款	300386	22022	9310
				其中:应收利息	267231	21621	-7129
				十二、投资性房地产			
				十三、固定资产	132572	-7889	-3901
				十四、其他资产	490928	79832	154300
				十五、减:各项准备	1239366	138698	309052
				其中:贷款减值准备	879854	98739	209172
资金来源总计	40250489	5214616	4537042	资金运用总计	40250489	5214616	4537042

注:本表数据为合并口径。

㉔武汉众邦银行人民币信贷收支表

表 5-3-1-1-2-24　　　　2022 年 12 月 31 日　　　　单位:万元

栏目 来源项目名称	12 月余额	比年初增减数		栏目 运用项目名称	12 月余额	比年初增减数	
		2022 年	2021 年			2022 年	2021 年
一、各项存款	7170350	1535164	930591	一、各项贷款	4496734	197542	958580
(一)境内存款	7170350	1535164	930591	(一)境内贷款	4496734	197542	958580
1.个人存款	4676319	619743	124921	1.短期贷款	3020189	-537148	966955
其中:活期储蓄存款	115790	33592	26281	(1)个人贷款及透支	1596362	15180	413687
定期储蓄存款	2915463	-1056907	96632	其中:个人消费贷款	1115308	116798	309605
结构性存款				(2)单位贷款及透支	1383827	-412329	423267
2.单位存款	2450838	1034349	708953	经营贷款及透支	1337737	-398569	363418
其中:活期存款	668341	-286439	456531	固定资产贷款			
定期存款	1656718	1376387	176342	并购贷款			
保证金存款	122194	16522	375	贸易融资	46090	-13759	59850
结构性存款				(3)非存款类金融机构贷款	40000	-140000	130000
3.国库定期存款				2.中长期贷款	833334	376291	98293
4.非存款类金融机构存款	43193	-118928	96718	(1)个人贷款	394919	109224	61985
(二)境外存款	0	0	0	其中:个人消费贷款	223549	184703	-61847
二、代理财政性存款				(2)单位贷款	438415	267067	36309
三、金融债券				经营贷款	298615	167267	36309
其中:境外发行				固定资产贷款	139800	99800	
四、卖出回购资产	911739	454913	-152718	并购贷款			
五、向中央银行借款	261033	-79938	73888	贸易融资			
六、银行业存款类金融机构往来	1620490	22249	617994	(3)非存款类金融机构贷款			
七、借款及非存款类金融机构拆入				3.票据融资	636252	351441	-106668
八、联行往来(净)	22936	29695	11281	4.融资租赁			
九、应付及暂收款	238959	37919	-32858	5.各项垫款	6959	6959	
其中:应付利息	152844	18896	23716	(二)境外贷款			
十、其他负债	40784	29552	6556	二、债券投资	353257	-170335	-72883
十一、所有者权益	505986	34730	10814	三、股权及其他投资	3332200	1290285	22132
其中:实收资本	400000			四、买入返售资产		-29991	29991
				五、存放中央银行存款	1527874	474509	102704
				六、缴存中央银行财政性存款			
				七、银行业存款类金融机构往来	914301	266028	351080
				八、存放非存款类金融机构款项	17	17	
				九、联行往来			
				其中:境内存放二级准备金			
				十、库存现金	119	15	55
				十一、应收及预付款	114590	45795	-38488
				其中:应收利息	70806	44412	3869
				十二、投资性房地产			
				十三、固定资产	156346	-718	149070
				十四、其他资产	34039	4921	10060
				十五、减:各项准备	157199	13785	46751
				其中:贷款减值准备	151535	13702	47045
资金来源总计	10772278	2064284	1465550	资金运用总计	10772278	2064284	1465550

㉕ 东亚银行(中国)有限公司武汉分行人民币信贷收支表

表 5-3-1-1-2-25　　　　2022 年 12 月 31 日　　　　单位:万元

来源项目名称 \ 栏目	12 月余额	比年初增减数		运用项目名称 \ 栏目	12 月余额	比年初增减数	
		2022 年	2021 年			2022 年	2021 年
一、各项存款	85115	-1188	-48406	一、各项贷款	188467	-8197	52609
(一)境内存款	83202	-2264	-47794	(一)境内贷款	188467	-7790	52639
1.个人存款	2199	-662	609	1.短期贷款	32629	-2351	10911
其中:活期储蓄存款	1894	-561	571	(1)个人贷款及透支			
定期储蓄存款	282	-101	83	其中:个人消费贷款			
结构性存款				(2)单位贷款及透支	32629	-2351	10911
2.单位存款	80002	22314	-67770	经营贷款及透支	17493	-10554	4686
其中:活期存款	22555	-9108	282	固定资产贷款	13306	13306	
定期存款	3920	259	-11942	并购贷款			
保证金存款	7189	6558	-3224	贸易融资	1829	-5103	6224
结构性存款	31050	31050	-26700	(3)非存款类金融机构贷款			
3.国库定期存款				2.中长期贷款	155838	-5439	41729
4.非存款类金融机构存款	1001	-23916	19367	(1)个人贷款	25907	-3497	8965
(二)境外存款	1913	1077	-612	其中:个人消费贷款	22483	-2541	7258
二、代理财政性存款				(2)单位贷款	129931	-1942	32764
三、金融债券				经营贷款			-35100
其中:境外发行				固定资产贷款	129931	-1942	67864
四、卖出回购资产				并购贷款			
五、向中央银行借款				贸易融资			
六、银行业存款类金融机构往来				(3)非存款类金融机构贷款			
七、借款及非存款类金融机构拆入				3.票据融资			
八、联行往来(净)	39537	-9266	100143	4.融资租赁			
九、应付及暂收款	590	265	-336	5.各项垫款			
其中:应付利息	169	90	-419	(二)境外贷款		-408	-30
十、其他负债	10889	676	-438	二、债券投资			
十一、所有者权益	52964	2415	2908	三、股权及其他投资			
其中:实收资本				四、买入返售资产			
				五、存放中央银行存款	44	0	0
				六、缴存中央银行财政性存款			
				七、银行业存款类金融机构往来	424	175	175
				八、存放非存款类金融机构款项			
				九、联行往来(净)			
				其中:境内存放二级准备金			
				十、库存现金	52	-99	86
				十一、应收及预付款	1308	283	523
				其中:应收利息	975	25	488
				十二、投资性房地产			
				十三、固定资产	70	-29	-20
				十四、其他资产	-176	246	-1270
				十五、减:各项准备	1093	-524	-1768
				其中:贷款减值准备	1087	-524	-1772
资金来源总计	189096	-7098	53871	资金运用总计	189096	-7098	53871

㉖ 汇丰银行(中国)有限公司武汉分行人民币信贷收支表

表 5-3-1-1-2-26　　2022 年 12 月 31 日　　单位:万元

栏目 来源项目名称	12 月余额	比年初增减数		栏目 运用项目名称	12 月余额	比年初增减数	
		2022 年	2021 年			2022 年	2021 年
一、各项存款	288781	54218	-42366	一、各项贷款	578790	14089	99223
(一)境内存款	285314	53821	-42899	(一)境内贷款	577970	14286	99190
1.个人存款	98279	17237	3736	1.短期贷款	144329	37927	35440
其中:活期储蓄存款	44178	8596	6312	(1)个人贷款及透支			
定期储蓄存款	7783	2720	-438	其中:个人消费贷款			
结构性存款	11367	-4911	-7492	(2)单位贷款及透支	144329	37927	35440
2.单位存款	187036	36585	-46634	经营贷款及透支	97241	31599	12502
其中:活期存款	21352	-2240	-28001	固定资产贷款			-1105
定期存款	500	500		并购贷款			
保证金存款	25407	-2192	-3656	贸易融资	47088	6328	24044
结构性存款				(3)非存款类金融机构贷款			
3.国库定期存款				2.中长期贷款	432116	-23606	62940
4.非存款类金融机构存款				(1)个人贷款	131198	-24656	-902
(二)境外存款	3467	396	533	其中:个人消费贷款	131198	-24656	-902
二、代理财政性存款		-71	57	(2)单位贷款	300919	1050	63842
三、金融债券				经营贷款	24950	13550	11400
其中:境外发行				固定资产贷款	275969	-12500	52442
四、卖出回购资产				并购贷款			
五、向中央银行借款				贸易融资			
六、银行业存款类金融机构往来	10614	-8088	7453	(3)非存款类金融机构贷款			
七、借款及非存款类金融机构拆入				3.票据融资	1524	-35	809
八、联行往来(净)	215375	-45586	127290	4.融资租赁			
九、应付及暂收款	1989	243	87	5.各项垫款			
其中:应付利息	1495	261	-12	(二)境外贷款	820	-197	33
十、其他负债	1182014	69778	173315	二、债券投资			
十一、所有者权益	59199	10524	5848	三、股权及其他投资			
其中:实收资本				四、买入返售资产			
				五、存放中央银行存款	4102	-3013	2999
				六、缴存中央银行财政性存款	27	27	
				七、银行业存款类金融机构往来	244	-75	80
				八、存放非存款类金融机构款项			
				九、联行往来(净)			
				其中:境内存放二级准备金			
				十、库存现金	146	-70	53
				十一、应收及预付款	3271	-62	-868
				其中:应收利息	3082	-35	-886
				十二、投资性房地产			
				十三、固定资产			
				十四、其他资产	1176781	73844	171396
				十五、减:各项准备	5388	3722	1199
				其中:贷款减值准备	5388	3723	1199
资金来源总计	1757972	81017	271684	资金运用总计	1757972	81017	271684

注:本表数据为合并口径。

㉗渣打银行(中国)有限公司武汉分行人民币信贷收支表

表 5-3-1-1-2-27　　2022 年 12 月 31 日　　单位:万元

栏目 来源项目名称	12 月余额	比年初增减数		栏目 运用项目名称	12 月余额	比年初增减数	
		2022 年	2021 年			2022 年	2021 年
一、各项存款	63111	-6009	17971	一、各项贷款	308423	12362	220709
(一)境内存款	63111	-6009	17971	(一)境内贷款	308423	12362	220709
1.个人存款	179	-481	35	1.短期贷款	153418	30299	103435
其中:活期储蓄存款	102	-497	7	(1)个人贷款及透支			
定期储蓄存款	32	1	-3	其中:个人消费贷款			
结构性存款				(2)单位贷款及透支	153418	30299	103435
2.单位存款	52828	-5586	7890	经营贷款及透支	55561	28048	18107
其中:活期存款	28160	-6999	8612	固定资产贷款			
定期存款	1750	-6575	-873	并购贷款			
保证金存款				贸易融资	97857	2251	85329
结构性存款				(3)非存款类金融机构贷款			
3.国库定期存款				2.中长期贷款	155005	-17937	117274
4.非存款类金融机构存款	10105	58	10046	(1)个人贷款			
(二)境外存款	0	0	0	其中:个人消费贷款			
二、代理财政性存款				(2)单位贷款	155005	-17937	117274
三、金融债券				经营贷款	11298	-8044	184
其中:境外发行				固定资产贷款	143708	-9893	117090
四、卖出回购资产				并购贷款			
五、向中央银行借款				贸易融资			
六、银行业存款类金融机构往来				(3)非存款类金融机构贷款			
七、借款及非存款类金融机构拆入				3.票据融资			
八、联行往来(净)	195370	14535	180835	4.融资租赁			
九、应付及暂收款	730	-124	271	5.各项垫款			
其中:应付利息	243	29	158	(二)境外贷款			
十、其他负债	10319	35	-208	二、债券投资			
十一、所有者权益	36126	907	7252	三、股权及其他投资			
其中:实收资本				四、买入返售资产			
				五、存放中央银行存款	0	0	
				六、缴存中央银行财政性存款			
				七、银行业存款类金融机构往来			
				八、存放非存款类金融机构款项			
				九、联行往来(净)			-15238
				其中:境内存放二级准备金			
				十、库存现金			
				十一、应收及预付款	1367	-569	1180
				其中:应收利息	1253	-530	1218
				十二、投资性房地产			
				十三、固定资产	127	-69	-55
				十四、其他资产	2882	2366	186
				十五、减:各项准备	7142	4746	661
				其中:贷款减值准备	7139	4766	638
资金来源总计	305656	9345	206122	资金运用总计	305656	9345	206122

㉘ 企业银行(中国)有限公司武汉分行人民币信贷收支表

表 5-3-1-1-2-28　　2022 年 12 月 31 日　　单位:万元

栏目 来源项目名称	12 月余额	比年初增减数 2022 年	比年初增减数 2021 年	栏目 运用项目名称	12 月余额	比年初增减数 2022 年	比年初增减数 2021 年
一、各项存款	45730	-19403	44703	一、各项贷款	80741	4769	22906
(一)境内存款	44025	-19528	45322	(一)境内贷款	80741	4769	22906
1.个人存款	320	-361	546	1.短期贷款	46272	-514	9352
其中:活期储蓄存款	204	-376	471	(1)个人贷款及透支	450		420
定期储蓄存款	86	-14	75	其中:个人消费贷款			
结构性存款	8	8		(2)单位贷款及透支	45822	-514	8932
2.单位存款	43705	-19168	44776	经营贷款及透支	45607	-513	8716
其中:活期存款	12581	5850	3607	固定资产贷款	215	-1	216
定期存款	6000	355	5619	并购贷款			
保证金存款	6547	1631	3242	贸易融资			
结构性存款				(3)非存款类金融机构贷款			
3.国库定期存款				2.中长期贷款	21185	-409	12818
4.非存款类金融机构存款				(1)个人贷款	10058	-547	10583
(二)境外存款	1705	126	-619	其中:个人消费贷款	10029	-569	10598
二、代理财政性存款				(2)单位贷款	11127	138	2235
三、金融债券				经营贷款	4573	1584	2105
其中:境外发行				固定资产贷款	6554	-1446	130
四、卖出回购资产				并购贷款			
五、向中央银行借款				贸易融资			
六、银行业存款类金融机构往来				(3)非存款类金融机构贷款			
七、借款及非存款类金融机构拆入				3.票据融资	13284	5692	737
八、联行往来(净)	23985	24710	-22793	4.融资租赁			
九、应付及暂收款	476	251	87	5.各项垫款			
其中:应付利息	333	231	84	(二)境外贷款			
十、其他负债	10506	58	325	二、债券投资			
十一、所有者权益	284	-736	852	三、股权及其他投资			
其中:实收资本				四、买入返售资产			
				五、存放中央银行存款	90	50	0
				六、缴存中央银行财政性存款			
				七、银行业存款类金融机构往来	178	135	-21
				八、存放非存款类金融机构款项			
				九、联行往来			
				其中:境内存放二级准备金			
				十、库存现金			
				十一、应收及预付款	250	-22	151
				其中:应收利息	234	-22	172
				十二、投资性房地产			
				十三、固定资产	87	71	-8
				十四、其他资产	464	332	-12
				十五、减:各项准备	829	456	-158
				其中:贷款损失准备	821	450	-159
资金来源总计	80981	4880	23175	资金运用总计	80981	4880	23175

㉙ 富邦华一银行有限公司武汉分行人民币信贷收支表

表 5-3-1-1-2-29　　　　2022 年 12 月 31 日　　　　单位:万元

栏目 来源项目名称	12 月余额	比年初增减数		栏目 运用项目名称	12 月余额	比年初增减数	
		2022 年	2021 年			2022 年	2021 年
一、各项存款	238094	-881	6773	一、各项贷款	341169	-63013	-39595
(一)境内存款	227302	-4157	7362	(一)境内贷款	340503	-63316	-39957
1.个人存款	2476	-389	-470	1.短期贷款	213088	-44566	-80138
其中:活期储蓄存款	919	-264	513	(1)个人贷款及透支			
定期储蓄存款	678	-554	-139	其中:个人消费贷款			
结构性存款	58	-58	-349	(2)单位贷款及透支	213088	-44566	-80138
2.单位存款	224826	-3768	7832	经营贷款及透支	213088	-44566	-79753
其中:活期存款	65789	-15531	9851	固定资产贷款			-385
定期存款	69948	18891	-3382	并购贷款			
保证金存款	2782	2558	-1442	贸易融资			
结构性存款	2000	1400	-8860	(3)非存款类金融机构贷款			
3.国库定期存款				2.中长期贷款	123116	-3459	26315
4.非存款类金融机构存款				(1)个人贷款	39232	-459	30148
(二)境外存款	10792	3276	-589	其中:个人消费贷款	39135	-388	30113
二、代理财政性存款				(2)单位贷款	83884	-3000	-3833
三、金融债券				经营贷款	13100	-5267	-19933
其中:境外发行				固定资产贷款	70784	2266	16100
四、卖出回购资产				并购贷款			
五、向中央银行借款	4464	4464		贸易融资			
六、银行业存款类金融机构往来				(3)非存款类金融机构贷款			
七、借款及非存款类金融机构拆入				3.票据融资	4300	-15291	13866
八、联行往来(净)	85482	-75330	-55759	4.融资租赁			
九、应付及暂收款	2043	432	193	5.各项垫款			
其中:应付利息	1531	345	318	(二)境外贷款	666	303	363
十、其他负债	2077	1888	-1042	二、债券投资			
十一、所有者权益	10301	8101	15236	三、股权及其他投资			
其中:实收资本	2000			四、买入返售资产			
				五、存放中央银行存款	0	0	
				六、缴存中央银行财政性存款			
				七、银行业存款类金融机构往来	64	14	-38
				八、存放非存款类金融机构款项			
				九、联行往来(净)			
				其中:境内存放二级准备金			
				十、库存现金			
				十一、应收及预付款	836	-1	2
				其中:应收利息	650	16	-39
				十二、投资性房地产			
				十三、固定资产	8	-46	-55
				十四、其他资产	2043	1900	-569
				十五、减:各项准备	1658	179	-5655
				其中:贷款减值准备	1656	179	-5655
资金来源总计	342462	-61325	-34600	资金运用总计	342462	-61325	-34600

㉚ 华侨永亨银行(中国)有限公司武汉分行人民币信贷收支表

表 5-3-1-1-1-30　　2022 年 12 月 31 日　　单位:万元

来源项目名称	12 月余额	比年初增减数	运用项目名称	12 月余额	比年初增减数
一、各项存款			一、各项贷款		
(一)境内存款			(一)境内贷款		
1.个人存款			1.短期贷款		
其中:活期储蓄存款			(1)个人贷款及透支		
定期储蓄存款			其中:个人消费贷款		
结构性存款			(2)单位贷款及透支		
2.单位存款			经营贷款及透支		
其中:活期存款			固定资产贷款		
定期存款			并购贷款		
保证金存款			贸易融资		
结构性存款			(3)非存款类金融机构贷款		
3.国库定期存款			2.中长期贷款		
4.非存款类金融机构存款			(1)个人贷款		
(二)境外存款			其中:个人消费贷款		
二、代理财政性存款			(2)单位贷款		
三、金融债券			经营贷款		
其中:境外发行			固定资产贷款		
四、卖出回购资产			并购贷款		
五、向中央银行借款			贸易融资		
六、银行业存款类金融机构往来			(3)非存款类金融机构贷款		
七、借款及非存款类金融机构拆入			3.票据融资		
八、联行往来(净)			4.融资租赁		
九、应付及暂收款	121	121	5.各项垫款		
其中:应付利息			(二)境外贷款		
十、其他负债	10009	10009	二、债券投资		
十一、所有者权益	-244	-244	三、股权及其他投资		
其中:实收资本			四、买入返售资产		
			五、存放中央银行存款		
			六、缴存中央银行财政性存款		
			七、银行业存款类金融机构往来		
			八、存放非存款类金融机构款项		
			九、联行往来(净)	9572	9572
			其中:境内存放二级准备金		
			十、库存现金		
			十一、应收及预付款	34	34
			其中:应收利息		
			十二、投资性房地产		
			十三、固定资产	21	21
			十四、其他资产	259	259
			十五、减:各项准备		
			其中:贷款减值准备		
资金来源总计	9886	9886	资金运用总计	9886	9886

㉛ 南洋商业银行(中国)有限公司武汉分行人民币信贷收支表

表 5-3-1-1-2-31　　2022 年 12 月 31 日　　单位:万元

来源项目名称 \ 栏目	12 月余额	比年初增减数 2022 年	比年初增减数 2021 年	运用项目名称 \ 栏目	12 月余额	比年初增减数 2022 年	比年初增减数 2021 年
一、各项存款	286197	-5548	103988	一、各项贷款	274686	81476	86263
(一)境内存款	286197	-5548	103988	(一)境内贷款	274686	81476	86263
1.个人存款				1.短期贷款	91083	-12337	-680
其中:活期储蓄存款				(1)个人贷款及透支			
定期储蓄存款				其中:个人消费贷款			
结构性存款				(2)单位贷款及透支	91083	-12337	-680
2.单位存款	266436	-3811	159909	经营贷款及透支	81780	-21640	-680
其中:活期存款	180850	23017	67517	固定资产贷款			
定期存款				并购贷款			
保证金存款	3466	2386	730	贸易融资	9303	9303	
结构性存款	5000	5000		(3)非存款类金融机构贷款			
3.国库定期存款				2.中长期贷款	178516	95725	79943
4.非存款类金融机构存款	19761	-1737	-55921	(1)个人贷款			
(二)境外存款				其中:个人消费贷款			
二、代理财政性存款				(2)单位贷款	178516	95725	79943
三、金融债券				经营贷款			
其中:境外发行				固定资产贷款	178516	95725	79943
四、卖出回购资产				并购贷款			
五、向中央银行借款				贸易融资			
六、银行业存款类金融机构往来				(3)非存款类金融机构贷款			
七、借款及非存款类金融机构拆入				3.票据融资	5088	-1912	7000
八、联行往来(净)				4.融资租赁			
九、应付及暂收款	1375	593	315	5.各项垫款			
其中:应付利息	178	99	64	(二)境外贷款			
十、其他负债	20547	-270	-186	二、债券投资			
十一、所有者权益	5888	5888	3318	三、股权及其他投资			
其中:实收资本				四、买入返售资产			
				五、存放中央银行存款			
				六、缴存中央银行财政性存款			
				七、银行业存款类金融机构往来	35	-33	1
				八、存放非存款类金融机构款项			
				九、联行往来(净)	37586	-80613	21567
				其中:境内存放二级准备金			
				十、库存现金			
				十一、应收及预付款	504	-53	-107
				其中:应收利息	388	77	154
				十二、投资性房地产			
				十三、固定资产	135	5	13
				十四、其他资产	1062	-118	-302
				十五、减:各项准备			
				其中:贷款减值准备			
资金来源总计	314007	663	107435	资金运用总计	314007	663	107435

㉜ 瑞穗银行(中国)有限公司武汉分行人民币信贷收支表

表 5-3-1-1-2-32　　2022 年 12 月 31 日　　单位:万元

来源项目名称	12 月余额	比年初增减数 2022 年	比年初增减数 2021 年	运用项目名称	12 月余额	比年初增减数 2022 年	比年初增减数 2021 年
一、各项存款	352849	57325	77466	一、各项贷款	252990	-22118	4624
(一)境内存款	352849	57325	77466	(一)境内贷款	252990	-22118	4624
1.个人存款				1.短期贷款	213646	-7437	-3254
其中:活期储蓄存款				(1)个人贷款及透支			
定期储蓄存款				其中:个人消费贷款			
结构性存款				(2)单位贷款及透支	213646	-7437	-3254
2.单位存款	352849	57325	77466	经营贷款及透支	213646	-7437	-3254
其中:活期存款	40953	2889	1417	固定资产贷款			
定期存款	26573	9469	482	并购贷款			
保证金存款				贸易融资			
结构性存款				(3)非存款类金融机构贷款			
3.国库定期存款				2.中长期贷款	39344	-10717	6734
4.非存款类金融机构存款				(1)个人贷款			
(二)境外存款				其中:个人消费贷款			
二、代理财政性存款				(2)单位贷款	39344	-10717	6734
三、金融债券				经营贷款			
其中:境外发行				固定资产贷款	39344	-10717	6734
四、卖出回购资产				并购贷款			
五、向中央银行借款				贸易融资			
六、银行业存款类金融机构往来				(3)非存款类金融机构贷款			
七、借款及非存款类金融机构拆入				3.票据融资		-3963	1144
八、联行往来(净)			-34318	4.融资租赁			
九、应付及暂收款	1999	-215	-13	5.各项垫款			
其中:应付利息	1549	-137	-61	(二)境外贷款			
十、其他负债	25952	5909	1863	二、债券投资			
十一、所有者权益	-1523	753	851	三、股权及其他投资			
其中:实收资本				四、买入返售资产			
				五、存放中央银行存款	9	9	
				六、缴存中央银行财政性存款			
				七、银行业存款类金融机构往来		-5	0
				八、存放非存款类金融机构款项			
				九、联行往来	126735	86275	40459
				其中:境内存放二级准备金			
				十、库存现金			
				十一、应收及预付款	1540	-110	86
				其中:应收利息	1476	-117	104
				十二、投资性房地产			
				十三、固定资产	96	20	-4
				十四、其他资产	437	-305	470
				十五、减:各项准备	2529	-6	-213
				其中:贷款减值准备	2527	-8	-213
资金来源总计	379277	63772	45849	资金运用总计	379277	63772	45849

㉝ 三菱日联银行(中国)有限公司武汉分行人民币信贷收支表

表 5-3-1-1-2-33　　2022 年 12 月 31 日　　单位:万元

来源项目名称 \ 栏目	12 月余额	比年初增减数		运用项目名称 \ 栏目	12 月余额	比年初增减数	
		2022 年	2021 年			2022 年	2021 年
一、各项存款	139947	-18919	-34881	一、各项贷款	214716	-35422	6734
(一)境内存款	139947	-18919	-34881	(一)境内贷款	214716	-35422	6734
1.个人存款				1.短期贷款	163346	-40034	240
其中:活期储蓄存款				(1)个人贷款及透支			
定期储蓄存款				其中:个人消费贷款			
结构性存款				(2)单位贷款及透支	163346	-40034	240
2.单位存款	139947	-18919	-34881	经营贷款及透支	163346	-40034	4133
其中:活期存款	21948	-10009	5270	固定资产贷款			-3893
定期存款	42341	18141	18933	并购贷款			
保证金存款				贸易融资			
结构性存款				(3)非存款类金融机构贷款			
3.国库定期存款				2.中长期贷款	51370	4612	6494
4.非存款类金融机构存款				(1)个人贷款			
(二)境外存款				其中:个人消费贷款			
二、代理财政性存款				(2)单位贷款	51370	4612	6494
三、金融债券				经营贷款			
其中:境外发行				固定资产贷款	51370	4612	6494
四、卖出回购资产				并购贷款			
五、向中央银行借款				贸易融资			
六、银行业存款类金融机构往来				(3)非存款类金融机构贷款			
七、借款及非存款类金融机构拆入				3.票据融资			
八、联行往来(净)	56013	-16321	44451	4.融资租赁			
九、应付及暂收款	1940	126	-211	5.各项垫款			
其中:应付利息	1482	326	-252	(二)境外贷款			
十、其他负债	1609546	132226	195860	二、债券投资			
十一、所有者权益	7	-1795	242	三、股权及其他投资			
其中:实收资本				四、买入返售资产			
				五、存放中央银行存款		-8	0
				六、缴存中央银行财政性存款			
				七、银行业存款类金融机构往来			
				八、存放非存款类金融机构款项			
				九、联行往来(净)			
				其中:境内存放二级准备金			
				十、库存现金			
				十一、应收及预付款	1724	223	-74
				其中:应收利息	1625	227	-79
				十二、投资性房地产			
				十三、固定资产	202	-30	77
				十四、其他资产	1596780	131042	197867
				十五、减:各项准备	5970	490	-857
				其中:贷款减值准备	5940	482	-879
资金来源总计	1807453	95317	205461	资金运用总计	1807453	95317	205461

注:本表数据为合并口径。

㉞ 台湾土地银行股份有限公司武汉分行人民币信贷收支表

表 5-3-1-1-2-34　　2022 年 12 月 31 日　　单位:万元

来源项目名称	12 月余额	比年初增减数 2022 年	比年初增减数 2021 年	运用项目名称	12 月余额	比年初增减数 2022 年	比年初增减数 2021 年
一、各项存款	5104	-2195	1351	一、各项贷款	141903	-22809	1877
(一)境内存款	4546	-2206	1339	(一)境内贷款	141903	-22809	1877
1.个人存款				1.短期贷款	25821	-9279	19170
其中:活期储蓄存款				(1)个人贷款及透支			
定期储蓄存款				其中:个人消费贷款			
结构性存款				(2)单位贷款及透支	25200	-7830	17100
2.单位存款	4546	-2206	1339	经营贷款及透支	25200	-7830	17262
其中:活期存款	3346	-1168	1623	固定资产贷款			-163
定期存款		-1038	16	并购贷款			
保证金存款				贸易融资			
结构性存款				(3)非存款类金融机构贷款	621	-1449	2070
3.国库定期存款				2.中长期贷款	116082	-13530	-17293
4.非存款类金融机构存款				(1)个人贷款			
(二)境外存款	558	12	12	其中:个人消费贷款			
二、代理财政性存款				(2)单位贷款	116082	-13530	-17293
三、金融债券				经营贷款	29872	3337	7446
其中:境外发行				固定资产贷款	86210	-16867	-24739
四、卖出回购资产				并购贷款			
五、向中央银行借款				贸易融资			
六、银行业存款类金融机构往来		-24000	2000	(3)非存款类金融机构贷款			
七、借款及非存款类金融机构拆入	20000	13000	7000	3.票据融资			
八、联行往来(净)	45000	-10000	-20000	4.融资租赁			
九、应付及暂收款	509	-539	393	5.各项垫款			
其中:应付利息	280	-202	164	(二)境外贷款			
十、其他负债	70310	-157	312	二、债券投资			
十一、所有者权益	18495	3895	1627	三、股权及其他投资			
其中:实收资本				四、买入返售资产			
				五、存放中央银行存款	311	-125	-325
				六、缴存中央银行财政性存款			
				七、银行业存款类金融机构往来	18497	3649	-8350
				八、存放非存款类金融机构款项			
				九、联行往来(净)			
				其中:境内存放二级准备金			
				十、库存现金			
				十一、应收及预付款	389	-347	-434
				其中:应收利息	319	-270	-159
				十二、投资性房地产			
				十三、固定资产	123	-55	99
				十四、其他资产	-9	-497	174
				十五、减:各项准备	1798	-188	357
				其中:贷款减值准备	1798	-188	357
资金来源总计	159417	-19996	-7316	资金运用总计	159417	-19996	-7316

注:本表数据为合并口径。

㉟ 台湾中小企业银行股份有限公司武汉分行人民币信贷收支表

表 5-3-1-1-2-35　　　　2022 年 12 月 31 日　　　　单位:万元

栏目 来源项目名称	12 月余额	比年初增减数		栏目 运用项目名称	12 月余额	比年初增减数	
		2022 年	2021 年			2022 年	2021 年
一、各项存款	4243	−987	−241	一、各项贷款	39925	−2613	1457
(一)境内存款	3675	−998	−252	(一)境内贷款	39925	−2613	1457
1.个人存款				1.短期贷款	29500	7972	3406
其中:活期储蓄存款				(1)个人贷款及透支			
定期储蓄存款				其中:个人消费贷款			
结构性存款				(2)单位贷款及透支	29500	7972	3406
2.单位存款	3675	−998	−252	经营贷款及透支	29500	7972	3406
其中:活期存款	2675	−666	1249	固定资产贷款			
定期存款				并购贷款			
保证金存款				贸易融资			
结构性存款				(3)非存款类金融机构贷款			
3.国库定期存款				2.中长期贷款	10425	−10585	−1949
4.非存款类金融机构存款				(1)个人贷款			
(二)境外存款	568	12	12	其中:个人消费贷款			
二、代理财政性存款				(2)单位贷款	10425	−10585	−1949
三、金融债券				经营贷款	9625	2335	2834
其中:境外发行				固定资产贷款	801	−12919	−4783
四、卖出回购资产				并购贷款			
五、向中央银行借款				贸易融资			
六、银行业存款类金融机构往来				(3)非存款类金融机构贷款			
七、借款及非存款类金融机构拆入		−2000	2000	3.票据融资			
八、联行往来(净)				4.融资租赁			
九、应付及暂收款	58	-8	-1	5.各项垫款			
其中:应付利息	11	4	3	(二)境外贷款			
十、其他负债	60065	38	15	二、债券投资			
十一、所有者权益	16673	2061	2700	三、股权及其他投资			
其中:实收资本				四、买入返售资产			
				五、存放中央银行存款			
				六、缴存中央银行财政性存款			
				七、银行业存款类金融机构往来	31318	805	524
				八、存放非存款类金融机构款项			
				九、联行往来(净)	750		135
				其中:境内存放二级准备金			
				十、库存现金			
				十一、应收及预付款	298	−288	85
				其中:应收利息	231	−286	63
				十二、投资性房地产			
				十三、固定资产			
				十四、其他资产	9224	1646	2274
				十五、减:各项准备	475	445	
				其中:贷款减值准备	475	445	
资金来源总计	81040	−895	4474	资金运用总计	81040	−895	4474

注:本表数据为合并口径。

㊱ 武汉农村商业银行人民币信贷收支表(武汉地区)

表 5-3-1-1-2-36　　2022 年 12 月 31 日　　单位:万元

来源项目名称	12 月余额	比年初增减数		运用项目名称	12 月余额	比年初增减数	
		2022 年	2021 年			2022 年	2021 年
一、各项存款	28695502	2925149	3195086	一、各项贷款	21441154	2718318	2837878
(一)境内存款	28692259	2924698	3194206	(一)境内贷款	21441110	2718275	2837878
1.个人存款	14450840	2337791	2131091	1.短期贷款	5638688	793217	254113
其中:活期储蓄存款	3096005	237235	117172	(1)个人贷款及透支	1299314	466533	172598
定期储蓄存款	9054657	1357336	1131927	其中:个人消费贷款	785173	325222	82378
结构性存款				(2)单位贷款及透支	3199374	-224317	87515
2.单位存款	10642997	160476	81733	经营贷款及透支	3064342	-217791	274702
其中:活期存款	5861731	-1161446	74923	固定资产贷款	130607	1375	-195791
定期存款	1501555	-451345	75662	并购贷款	3000	3000	
保证金存款	146573	79948	8458	贸易融资	1426	-10901	8604
结构性存款				(3)非存款类金融机构贷款	1140000	551000	-6000
3.国库定期存款	179000	82000	97000	2.中长期贷款	13204690	2007960	1219797
4.非存款类金融机构存款	3419421	344431	884382	(1)个人贷款	3033723	-159711	374500
(二)境外存款	3244	452	881	其中:个人消费贷款	2581240	-128668	411473
二、代理财政性存款	45508	-14556	39997	(2)单位贷款	10170967	2167671	845297
三、金融债券	350000	-150000		经营贷款	2963313	1093619	250526
其中:境外发行				固定资产贷款	7049854	1048752	599771
四、卖出回购资产	2411669	-3199	1621863	并购贷款	157800	25300	-5000
五、向中央银行借款	447741	131933	-447135	贸易融资			
六、银行业存款类金融机构往来	2216569	261353	-982455	(3)非存款类金融机构贷款			
七、借款及非存款类金融机构拆入				3.票据融资	2593912	-82875	1365536
八、联行往来(净)				4.融资租赁			
九、应付及暂收款	601891	168723	73978	5.各项垫款	3820	-27	-1568
其中:应付利息	485506	98118	120456	(二)境外贷款	44	44	
十、其他负债	38657	-22150	48393	二、债券投资	7926110	1234021	1241764
十一、所有者权益	2357481	11553	95691	三、股权及其他投资	2578484	-705218	-292283
其中:实收资本	545250	49568	9719	四、买入返售资产	1528508	-196274	152802
				五、存放中央银行存款	2495937	-348807	-238779
				六、缴存中央银行财政性存款	55046	-4701	31952
				七、银行业存款类金融机构往来	902092	887389	-289971
				八、存放非存款类金融机构款项	63496	20255	-10152
				九、联行往来(净)	204957	-149719	-142524
				其中:境内存放二级准备金			
				十、库存现金	150965	-26192	-427
				十一、应收及预付款	464598	45272	186014
				其中:应收利息	284076	36324	32206
				十二、投资性房地产			
				十三、固定资产	143742	-4787	-11421
				十四、其他资产	428066	73534	9535
				十五、减:各项准备	1218137	234287	-171029
				其中:贷款减值准备	1115748	177997	-16787
资金来源总计	37165019	3308806	3645417	资金运用总计	37165019	3308806	3645417

㊲ 湖北省农村信用社联合社人民币信贷收支表

表 5-3-1-1-2-37　　　　2022 年 12 月 31 日　　　　单位：万元

栏目 来源项目名称	12 月余额	比年初增减数		栏目 运用项目名称	12 月余额	比年初增减数	
		2022 年	2021 年			2022 年	2021 年
一、各项存款	103600257	12369177	20312585	一、各项贷款	69914658	8591585	16794326
（一）境内存款	103600257	12369177	20312585	（一）境内贷款	69914658	8591585	16794326
1.个人存款	91176006	13559258	22997778	1.短期贷款	18232123	2327902	4290418
其中：活期储蓄存款	16577727	1456313	1952270	(1)个人贷款及透支	11256080	2125336	4066519
定期储蓄存款	74351684	12138305	21047908	其中：个人消费贷款	1000679	395246	409888
结构性存款				(2)单位贷款及透支	6976043	222566	265899
2.单位存款	12103251	-1325081	-3006193	经营贷款及透支	6917091	237259	277816
其中：活期存款	8141692	-1302628	-2646946	固定资产贷款	58952	-14693	-11917
定期存款	2641855	21370	-339949	并购贷款			
保证金存款	653011	-68668	-159288	贸易融资			
结构性存款				(3)非存款类金融机构贷款		-20000	-42000
3.国库定期存款	321000	135000	321000	2.中长期贷款	40923420	4820234	8686438
4.非存款类金融机构存款				(1)个人贷款	27007244	3842660	7419382
（二）境外存款				其中：个人消费贷款	15303294	1284318	3356598
二、代理财政性存款	174830	96772	-21949	(2)单位贷款	13916176	977574	1267056
三、金融债券	285000	30000	-60000	经营贷款	9448135	1076848	1612879
其中：境外发行				固定资产贷款	4468041	-99274	-345823
四、卖出回购资产	1452821	-77423	453875	并购贷款			
五、向中央银行借款	4188395	78926	-808865	贸易融资			
六、银行业存款类金融机构往来	4860310	879866	-774896	(3)非存款类金融机构贷款			
七、借款及非存款类金融机构拆入				3.票据融资	10727421	1445783	3824737
八、联行往来（净）				4.融资租赁			
九、应付及暂收款	3862870	342675	763805	5.各项垫款	31694	-2334	-7267
其中：应付利息	3219620	297099	656442	（二）境外贷款			
十、其他负债	666279	-237	-195	二、债券投资	38852690	6954995	9885833
十一、所有者权益	6593187	536761	999522	三、股权及其他投资	3478620	-2302697	-3455899
其中：实收资本	2696099	96462	135448	四、买入返售资产	265276	-478930	-100231
				五、存放中央银行存款	7815803	1148840	-385580
				六、缴存中央银行财政性存款	3223	-5863	-17940
				七、银行业存款类金融机构往来	5092816	427852	-1790675
				八、存放非存款类金融机构款项			
				九、联行往来（净）	52379	-150894	-133407
				其中：境内存放二级准备金			
				十、库存现金	333835	-15287	-15585
				十一、应收及预付款	1168669	86184	109045
				其中：应收利息	910523	63821	78000
				十二、投资性房地产			
				十三、固定资产	632738	-30034	39701
				十四、其他资产	1615030	189679	265750
				十五、减：各项准备	3541788	158913	331456
				其中：贷款减值准备	2984923	79815	315172
资金来源总计	125683949	14256517	20863882	资金运用总计	125683949	14256517	20863882

注：本表数据不含武汉农村商业银行。

㊳ 国通信托有限责任公司人民币信贷收支表

表 5-3-1-1-2-38　　2022 年 12 月 31 日　　单位:万元

来源项目名称	12 月余额	比年初增减数 2022 年	比年初增减数 2021 年	运用项目名称	12 月余额	比年初增减数 2022 年	比年初增减数 2021 年
一、各项存款				一、各项贷款			
(一)境内存款				(一)境内贷款			
1.个人存款				1.短期贷款			
其中:活期储蓄存款				(1)个人贷款及透支			
定期储蓄存款				其中:个人消费贷款			
结构性存款				(2)单位贷款及透支			
2.单位存款				经营贷款及透支			
其中:活期存款				固定资产贷款			
定期存款				并购贷款			
保证金存款				贸易融资			
结构性存款				(3)非存款类金融机构贷款			
3.国库定期存款				2.中长期贷款			
4.非存款类金融机构存款				(1)个人贷款			
(二)境外存款				其中:个人消费贷款			
二、代理财政性存款				(2)单位贷款			
三、金融债券				经营贷款			
其中:境外发行				固定资产贷款			
四、卖出回购资产		89808	89808	并购贷款			
五、向中央银行借款				贸易融资			
六、银行业存款类金融机构往来				(3)非存款类金融机构贷款			
七、借款及非存款类金融机构拆入	65686	154500	154500	3.票据融资			
八、联行往来(净)				4.融资租赁			
九、应付及暂收款	72473	68313	-293646	5.各项垫款			
其中:应付利息		268	-2118	(二)境外贷款			
十、其他负债				二、债券投资	47107	139373	57409
十一、所有者权益	778086	719341	76204	三、股权及其他投资	338130	594654	-214660
其中:实收资本	415837	415837	95837	四、买入返售资产	77943	132983	119182
				五、存放中央银行存款			
				六、缴存中央银行财政性存款			
				七、银行业存款类金融机构往来	47402	28935	17810
				八、存放非存款类金融机构款项			
				九、联行往来(净)			
				其中:境内存放二级准备金			
				十、库存现金		1	
				十一、应收及预付款	22795	85855	12459
				其中:应收利息	4949	21605	2135
				十二、投资性房地产			
				十三、固定资产	15584	18541	557
				十四、其他资产	442593	131444	54850
				十五、减:各项准备	75310	99824	20741
				其中:贷款减值准备			
资金来源总计	916244	1031962	26866	资金运用总计	916244	1031962	26866

㊴ 中国信达资产管理股份有限公司湖北省分公司人民币信贷收支表

表 5-3-1-1-2-39　　　　2022 年 12 月 31 日　　　　单位:万元

栏目 来源项目名称	12 月余额	比年初增减数		栏目 运用项目名称	12 月余额	比年初增减数	
		2022 年	2021 年			2022 年	2021 年
一、各项存款				一、各项贷款			
(一)境内存款				(一)境内贷款			
1.个人存款				1.短期贷款			
其中:活期储蓄存款				(1)个人贷款及透支			
定期储蓄存款				其中:个人消费贷款			
结构性存款				(2)单位贷款及透支			
2.单位存款				经营贷款及透支			
其中:活期存款				固定资产贷款			
定期存款				并购贷款			
保证金存款				贸易融资			
结构性存款				(3)非存款类金融机构贷款			
3.国库定期存款				2.中长期贷款			
4.非存款类金融机构存款				(1)个人贷款			
(二)境外存款				其中:个人消费贷款			
二、代理财政性存款				(2)单位贷款			
三、金融债券				经营贷款			
其中:境外发行				固定资产贷款			
四、卖出回购资产				并购贷款			
五、向中央银行借款				贸易融资			
六、银行业存款类金融机构往来				(3)非存款类金融机构贷款			
七、借款及非存款类金融机构拆入				3.票据融资			
八、联行往来(净)				4.融资租赁			
九、应付及暂收款	10515	-5368	-40901	5.各项垫款			
其中:应付利息				(二)境外贷款			
十、其他负债	513425	78458	-1244793	二、债券投资			
十一、所有者权益	1468673	30551	219124	三、股权及其他投资	1987621	104702	-1027639
其中:实收资本				四、买入返售资产			
				五、存放中央银行存款	2971	-2506	-39183
				六、缴存中央银行财政性存款			
				七、银行业存款类金融机构往来			
				八、存放非存款类金融机构款项			
				九、联行往来(净)			
				其中:境内存放二级准备金			
				十、库存现金			
				十一、应收及预付款	242	219	-6
				其中:应收利息			
				十二、投资性房地产			
				十三、固定资产	138	-25	6
				十四、其他资产	1642	1251	252
				十五、减:各项准备			
				其中:贷款减值准备			
资金来源总计	1992613	103641	-1066570	资金运用总计	1992613	103641	-1066570

㊵ 光大金融租赁股份有限公司人民币信贷收支表

表 5-3-1-1-2-40　　2022 年 12 月 31 日　　单位:万元

来源项目名称 \ 栏目	12 月余额	比年初增减数		运用项目名称 \ 栏目	12 月余额	比年初增减数	
		2022 年	2021 年			2022 年	2021 年
一、各项存款				一、各项贷款	10798522	-278864	915810
(一)境内存款				(一)境内贷款	10798522	-278864	915810
1.个人存款				1.短期贷款			
其中:活期储蓄存款				(1)个人贷款及透支			
定期储蓄存款				其中:个人消费贷款			
结构性存款				(2)单位贷款及透支			
2.单位存款				经营贷款及透支			
其中:活期存款				固定资产贷款			
定期存款				并购贷款			
保证金存款				贸易融资			
结构性存款				(3)非存款类金融机构贷款			
3.国库定期存款				2.中长期贷款			
4.非存款类金融机构存款				(1)个人贷款			
(二)境外存款				其中:个人消费贷款			
二、代理财政性存款				(2)单位贷款			
三、金融债券	159640	-79949	-499442	经营贷款			
其中:境外发行				固定资产贷款			
四、卖出回购资产	203300	47500	-71240	并购贷款			
五、向中央银行借款				贸易融资			
六、银行业存款类金融机构往来				(3)非存款类金融机构贷款			
七、借款及非存款类金融机构拆入	8946444	70290	1498609	3.票据融资			
八、联行往来(净)				4.融资租赁	10798522	-278864	915810
九、应付及暂收款	1012223	-334912	158484	5.各项垫款			
其中:应付利息	48849	-16897	4322	(二)境外贷款			
十、其他负债	31	-113	-79	二、债券投资	215814	58578	-5573
十一、所有者权益	1291021	159896	138877	三、股权及其他投资	79899	79899	-80211
其中:实收资本	590000			四、买入返售资产			
				五、存放中央银行存款	0	0	0
				六、缴存中央银行财政性存款			
				七、银行业存款类金融机构往来	676022	63330	457813
				八、存放非存款类金融机构款项	29914		-39371
				九、联行往来(净)			
				其中:境内存放二级准备金			
				十、库存现金			
				十一、应收及预付款	125550	-11383	7716
				其中:应收利息	111578	-12318	9877
				十二、投资性房地产			
				十三、固定资产	14381	14194	9
				十四、其他资产	138463	-2492	32794
				十五、减:各项准备	465906	60550	63778
				其中:贷款减值准备	439229	62165	62579
资金来源总计	11612659	-137289	1225209	资金运用总计	11612659	-137289	1225209

㊶ 航天科工金融租赁有限公司人民币信贷收支表

表 5-3-1-1-2-41　　2022 年 12 月 31 日　　单位:万元

来源项目名称＼栏目	12 月余额	比年初增减数		运用项目名称＼栏目	12 月余额	比年初增减数	
		2022 年	2021 年			2022 年	2021 年
一、各项存款	108128	-26046	17514	一、各项贷款	1765582	104290	356489
(一)境内存款	108128	-26046	17514	(一)境内贷款	1765582	104290	356489
1.个人存款				1.短期贷款			
其中:保证金存款				(1)个人贷款及透支			
2.单位存款	108128	-26046	17514	其中:个人消费贷款			
其中:活期存款				(2)单位贷款及透支			
定期存款				经营贷款及透支			
保证金存款	108128	-26046	17514	固定资产贷款			
(二)境外存款				并购贷款			
二、代理财政性存款				贸易融资			
三、金融债券				2.中长期贷款			
其中:境外发行				(1)个人贷款			
四、卖出回购资产				其中:个人消费贷款			
五、中长期借款				(2)单位贷款			
其中:境外借款				经营贷款			
六、向中央银行借款				固定资产贷款			
七、金融机构存放				并购贷款			
八、金融机构拆入	1214400	35050	53350	贸易融资			
九、应付及暂收款	148651	96034	15883	3.票据融资			
十、其他负债	9151	-5049	-5735	4.融资租赁	1765582	104290	356489
十一、所有者权益	392997	19557	18569	5.各项垫款			
其中:实收资本	300000			(二)境外贷款			
				二、债券投资			
				三、股权及其他投资			
				四、买入返售资产			
				五、存放中央银行存款	8100	114	181
				六、存放金融机构	54657	-8485	-189738
				七、拆放金融机构		-5065	-67047
				八、库存现金			
				九、应收及预付款	41554	13511	7991
				其中:应收利息	24467	5260	6502
				十、投资性房地产			
				十一、固定资产	139	-49	4
				十二、其他资产	76201	24233	3429
				十三、减:各项准备	72906	9003	11728
资金来源总计	1873327	119546	99581	资金运用总计	1873327	119546	99581

㊷ 湖北金融租赁股份有限公司人民币信贷收支表

表 5-3-1-1-2-42　　2022 年 12 月 31 日　　单位:万元

来源项目名称	12 月余额	比年初增减数 2022 年	比年初增减数 2021 年	运用项目名称	12 月余额	比年初增减数 2022 年	比年初增减数 2021 年
一、各项存款			-50000	一、各项贷款	4852192	867383	789296
(一)境内存款			-50000	(一)境内贷款	4852192	867383	789296
1.个人存款				1.短期贷款			
其中:活期储蓄存款				(1)个人贷款及透支			
定期储蓄存款				其中:个人消费贷款			
结构性存款				(2)单位贷款及透支			
2.单位存款			-50000	经营贷款及透支			
其中:活期存款				固定资产贷款			
定期存款			-50000	并购贷款			
保证金存款				贸易融资			
结构性存款				(3)非存款类金融机构贷款			
3.国库定期存款				2.中长期贷款			
4.非存款类金融机构存款				(1)个人贷款			
(二)境外存款				其中:个人消费贷款			
二、代理财政性存款				(2)单位贷款			
三、金融债券	280000		180000	经营贷款			
其中:境外发行				固定资产贷款			
四、卖出回购资产				并购贷款			
五、向中央银行借款				贸易融资			
六、银行业存款类金融机构往来				(3)非存款类金融机构贷款			
七、借款及非存款类金融机构拆入	4110411	683327	588311	3.票据融资			
八、联行往来(净)				4.融资租赁	4852192	867383	789296
九、应付及暂收款	197122	8022	36414	5.各项垫款			
其中:应付利息	43207	2118	16658	(二)境外贷款			
十、其他负债				二、债券投资			
十一、所有者权益	651604	95612	80902	三、股权及其他投资			
其中:实收资本	400000	100000		四、买入返售资产			
				五、存放中央银行存款	6901	101	3798
				六、缴存中央银行财政性存款			
				七、银行业存款类金融机构往来	268864	-84066	7622
				八、存放非存款类金融机构款项	59764	-69377	14013
				九、联行往来(净)			
				其中:境内存放二级准备金			
				十、库存现金			
				十一、应收及预付款	99206	44649	17384
				其中:应收利息	69467	16281	17011
				十二、投资性房地产			
				十三、固定资产	256	-74	96
				十四、其他资产	83262	51562	9631
				十五、减:各项准备	131308	23217	6213
				其中:贷款减值准备	129149	23664	5234
资金来源总计	5239137	786961	835627	资金运用总计	5239137	786961	835627

㊸ 有色矿业集团财务有限公司人民币信贷收支表

表 5-3-1-1-2-43　　2022 年 12 月 31 日　　单位:万元

来源项目名称 \ 栏目	12 月余额	比年初增减数		运用项目名称 \ 栏目	12 月余额	比年初增减数	
		2022 年	2021 年			2022 年	2021 年
一、各项存款	631361	-226	136497	一、各项贷款	764595	54078	89253
(一)境内存款	631361	-226	136497	(一)境内贷款	764595	54078	89253
1.个人存款				1.短期贷款	465400	147356	-56456
其中:活期储蓄存款				(1)个人贷款及透支			
定期储蓄存款				其中:个人消费贷款			
结构性存款				(2)单位贷款及透支	465400	147356	-56456
2.单位存款	625774	-147	136501	经营贷款及透支	465400	147356	-56456
其中:活期存款	38724	1937	29080	固定资产贷款			
定期存款	107910	11860	29100	并购贷款			
保证金存款	2400	2331	69	贸易融资			
结构性存款				(3)非存款类金融机构贷款			
3.国库定期存款				2.中长期贷款	296000	-88500	154000
4.非存款类金融机构存款	5587	-80	-4	(1)个人贷款			
(二)境外存款				其中:个人消费贷款			
二、代理财政性存款				(2)单位贷款	296000	-88500	154000
三、金融债券				经营贷款	296000	-88500	154000
其中:境外发行				固定资产贷款			
四、卖出回购资产				并购贷款			
五、向中央银行借款			-16320	贸易融资			
六、银行业存款类金融机构往来				(3)非存款类金融机构贷款			
七、借款及非存款类金融机构拆入				3.票据融资	3195	-4779	-8291
八、联行往来(净)				4.融资租赁			
九、应付及暂收款	4624	-3422	636	5.各项垫款			
其中:应付利息	1731	-1740	1219	(二)境外贷款			
十、其他负债	1456	1456		二、债券投资	14956	6	5005
十一、所有者权益	324160	4192	5942	三、股权及其他投资			-30003
其中:实收资本	300000			四、买入返售资产			
				五、存放中央银行存款	32619	2939	897
				六、缴存中央银行财政性存款			
				七、银行业存款类金融机构往来	159699	-54904	66206
				八、存放非存款类金融机构款项	1	0	0
				九、联行往来			
				其中:境内存放二级准备金			
				十、库存现金			
				十一、应收及预付款	1141	-85	309
				其中:应收利息	1007	-55	170
				十二、投资性房地产	1160	-35	1195
				十三、固定资产	5067	-91	-1278
				十四、其他资产	4090	-329	1783
				十五、减:各项准备	21725	-420	6614
				其中:贷款减值准备	21724	-422	6614
资金来源总计	961601	1999	126754	资金运用总计	961601	1999	126754

㊹ 湖北宜化集团财务有限责任公司人民币信贷收支表

表 5-3-1-1-2-44　　2022 年 12 月 31 日　　单位:万元

栏目 来源项目名称	12 月余额	比年初增减数		栏目 运用项目名称	12 月余额	比年初增减数	
		2022 年	2021 年			2022 年	2021 年
一、各项存款	340319	69901	187790	一、各项贷款	251334	13760	46179
(一)境内存款				(一)境内贷款	242200	4626	37045
1.个人存款				1.短期贷款	216200	18400	15400
其中:活期储蓄存款				(1)个人贷款及透支			
定期储蓄存款				其中:个人消费贷款			
结构性存款				(2)单位贷款及透支	216200	18400	15400
2.单位存款	340319	69901	187790	经营贷款及透支	216200	18400	15400
其中:活期存款	295319	24943	142790	固定资产贷款			
定期存款	45000	45000	45000	并购贷款			
保证金存款		−42		贸易融资			
结构性存款				(3)非存款类金融机构贷款			
3.国库定期存款				2.中长期贷款	26000	26000	26000
4.非存款类金融机构存款				(1)个人贷款			
(二)境外存款				其中:个人消费贷款			
二、代理财政性存款				(2)单位贷款	26000	26000	26000
三、金融债券				经营贷款			
其中:境外发行				固定资产贷款	26000	26000	26000
四、卖出回购资产				并购贷款			
五、向中央银行借款	9124	138	7153	贸易融资			
六、银行业存款类金融机构往来				(3)非存款类金融机构贷款			
七、借款及非存款类金融机构拆入				3.票据融资	9134	−30640	4779
八、联行往来(净)				4.融资租赁			
九、应付及暂收款	1049	721	475	5.各项垫款			
其中:应付利息	681	458	556	(二)境外贷款			
十、其他负债	1083	339	1078	二、债券投资			
十一、所有者权益	66006	1717	2137	三、股权及其他投资			
其中:实收资本	50000			四、买入返售资产			
				五、存放中央银行存款	22018	5607	12770
				六、缴存中央银行财政性存款			
				七、银行业存款类金融机构往来	146430	53570	139091
				八、存放非存款类金融机构款项			
				九、联行往来(净)			
				其中:境内存放二级准备金			
				十、库存现金			−7
				十一、应收及预付款	323	42	192
				其中:应收利息	323	42	192
				十二、投资性房地产			
				十三、固定资产	181	135	15
				十四、其他资产	1168	−16	1168
				十五、减:各项准备	3874	283	776
				其中:贷款减值准备	3874	283	776
资金来源总计	417581	72816	198633	资金运用总计	417581	72816	198633

㊺ 东风汽车财务有限公司人民币信贷收支表

表 5-3-1-1-2-45　　　　2022 年 12 月 31 日　　　　单位：万元

来源项目名称 \ 栏目	12 月余额	比年初增减数		运用项目名称 \ 栏目	12 月余额	比年初增减数	
		2022 年	2021 年			2022 年	2021 年
一、各项存款	11279494	306967	1716667	一、各项贷款	7798936	−1676884	50248
（一）境内存款	11277065	304537	1716667	（一）境内贷款	7798922	−1676893	50243
1.个人存款	16700	−14640	−25301	1.短期贷款	691209	254241	14882
其中：活期储蓄存款				(1)个人贷款及透支	156449	35533	17230
定期储蓄存款				其中：个人消费贷款	156449	35533	17230
结构性存款				(2)单位贷款及透支	534761	218709	−2348
2.单位存款	11260365	319177	1741967	经营贷款及透支	407700	203187	−70956
其中：活期存款	477890	67846	−228822	固定资产贷款			
定期存款	6681504	−118290	941644	并购贷款			
保证金存款	306793	−84791	−219707	贸易融资	127061	15522	68608
结构性存款				(3)非存款类金融机构贷款			
3.国库定期存款				2.中长期贷款	3296561	−1607642	−836461
4.非存款类金融机构存款				(1)个人贷款	3271980	−1559953	−749675
（二）境外存款	2430	2430		其中：个人消费贷款	3271980	−1559953	−749675
二、代理财政性存款				(2)单位贷款	24582	−47688	−86786
三、金融债券				经营贷款	24582	−47688	−62263
其中：境外发行				固定资产贷款			−24523
四、卖出回购资产				并购贷款			
五、向中央银行借款		−8227	−5577	贸易融资			
六、银行业存款类金融机构往来				(3)非存款类金融机构贷款			
七、借款及非存款类金融机构拆入				3.票据融资	618751	293236	170419
八、联行往来(净)				4.融资租赁	3165712	−642924	701329
九、应付及暂收款	594065	−214060	−370007	5.各项垫款	26688	26195	73
其中：应付利息	362722	6460	167352	（二）境外贷款	13	9	4
十、其他负债	12883	−6461	−1268	二、债券投资			
十一、所有者权益	1951282	119283	290754	三、股权及其他投资	1355719	186392	1164813
其中：实收资本	900000			四、买入返售资产			
				五、存放中央银行存款	498088	49563	−48584
				六、缴存中央银行财政性存款			
				七、银行业存款类金融机构往来	4146482	1695536	907883
				八、存放非存款类金融机构款项	23113	4761	−424323
				九、联行往来(净)			
				其中：境内存放二级准备金			
				十、库存现金			
				十一、应收及预付款	59594	−37889	−27586
				其中：应收利息	55175	−35294	−28530
				十二、投资性房地产			
				十三、固定资产	19063	361	−867
				十四、其他资产	243677	1942	49172
				十五、减：各项准备	306947	26280	40188
				其中：贷款减值准备	306018	26465	42120
资金来源总计	13837724	197502	1630568	资金运用总计	13837724	197502	1630568

㊻ 湖北交投集团财务有限公司人民币信贷收支表

表 5-3-1-1-2-46　　2022 年 12 月 31 日　　单位:万元

栏目 来源项目名称	12 月余额	比年初增减数		栏目 运用项目名称	12 月余额	比年初增减数	
		2022 年	2021 年			2022 年	2021 年
一、各项存款	2449856	155609	-323361	一、各项贷款	1065039	74782	78359
(一)境内存款	2449856	155609	-323361	(一)境内贷款	1065039	74782	78359
1.个人存款				1.短期贷款	765558	-50404	-48626
其中:活期储蓄存款				(1)个人贷款及透支			
定期储蓄存款				其中:个人消费贷款			
结构性存款				(2)单位贷款及透支	765558	-50404	-48626
2.单位存款	2449856	155609	-323361	经营贷款及透支	765558	-50404	-48626
其中:活期存款	2076794	420937	-396409	固定资产贷款			
定期存款	373000	-77000	73000	并购贷款			
保证金存款	62	-45	48	贸易融资			
结构性存款				(3)非存款类金融机构贷款			
3.国库定期存款				2.中长期贷款	299481	151961	189038
4.非存款类金融机构存款				(1)个人贷款			
(二)境外存款				其中:个人消费贷款			
二、代理财政性存款				(2)单位贷款	299481	151961	189038
三、金融债券				经营贷款	187434	187434	187434
其中:境外发行				固定资产贷款	112047	-33973	4154
四、卖出回购资产				并购贷款		-1500	-2550
五、向中央银行借款				贸易融资			
六、银行业存款类金融机构往来				(3)非存款类金融机构贷款			
七、借款及非存款类金融机构拆入				3.票据融资		-26774	-62053
八、联行往来(净)				4.融资租赁			
九、应付及暂收款	12778	-29307	-11385	5.各项垫款			
其中:应付利息	10197	-28922	-13705	(二)境外贷款			
十、其他负债	2467	643	372	二、债券投资	59653	59653	57653
十一、所有者权益	218804	6183	14021	三、股权及其他投资		-2214	-82830
其中:实收资本	150000			四、买入返售资产	120001	120001	-19999
				五、存放中央银行存款	80401	21275	-24243
				六、缴存中央银行财政性存款			
				七、银行业存款类金融机构往来	1379830	-138029	-328352
				八、存放非存款类金融机构款项			
				九、联行往来(净)			
				其中:境内存放二级准备金			
				十、库存现金			
				十一、应收及预付款	409	-932	254
				其中:应收利息		-1096	-155
				十二、投资性房地产			
				十三、固定资产	224	-45	-103
				十四、其他资产	5042	542	935
				十五、减:各项准备	26694	1907	2027
				其中:贷款减值准备	26626	1870	1959
资金来源总计	2683905	133128	-320353	资金运用总计	2683905	133128	-320353

㊼ 三环集团财务有限公司人民币信贷收支表

表 5-3-1-1-2-47　　　　2022 年 12 月 31 日　　　　单位:万元

来源项目名称 \ 栏目	12 月余额	比年初增减数		运用项目名称 \ 栏目	12 月余额	比年初增减数	
		2022 年	2021 年			2022 年	2021 年
一、各项存款	14	1	1	一、各项贷款	19	-2	0
(一)境内存款	14	1	1	(一)境内贷款	19	-2	0
1.个人存款				1.短期贷款	17	9	-2
其中:活期储蓄存款				(1)个人贷款及透支			
定期储蓄存款				其中:个人消费贷款			
结构性存款				(2)单位贷款及透支	17	9	-2
2.单位存款	14	1	1	经营贷款及透支	17	9	-2
其中:活期存款	6	3	0	固定资产贷款			
定期存款	3	-1	0	并购贷款			
保证金存款	2	-1	0	贸易融资			
结构性存款				(3)非存款类金融机构贷款			
3.国库定期存款				2.中长期贷款		-10	1
4.非存款类金融机构存款				(1)个人贷款			
(二)境外存款				其中:个人消费贷款			
二、代理财政性存款				(2)单位贷款		-10	1
三、金融债券				经营贷款		-10	1
其中:境外发行				固定资产贷款			
四、卖出回购资产				并购贷款			
五、向中央银行借款				贸易融资			
六、银行业存款类金融机构往来				(3)非存款类金融机构贷款			
七、借款及非存款类金融机构拆入				3.票据融资	2	-2	1
八、联行往来(净)				4.融资租赁			
九、应付及暂收款	0	0	0	5.各项垫款			
其中:应付利息	0	0	0	(二)境外贷款			
十、其他负债				二、债券投资			
十一、所有者权益	11	0	0	三、股权及其他投资			
其中:实收资本	10			四、买入返售资产			
				五、存放中央银行存款	1	0	0
				六、缴存中央银行财政性存款			
				七、银行业存款类金融机构往来	4	1	1
				八、存放非存款类金融机构款项	0	0	0
				九、联行往来			
				其中:境内存放二级准备金			
				十、库存现金			
				十一、应收及预付款	3	2	1
				其中:应收利息	0	0	0
				十二、投资性房地产			
				十三、固定资产	0	0	0
				十四、其他资产	0	0	0
				十五、减:各项准备	1		0
				其中:贷款减值准备	1		0
资金来源总计	26	1	2	资金运用总计	26	1	2

㊽ 中国能源建设集团财务有限公司武汉分公司人民币信贷收支表

表 5-3-1-1-2-48　　2022 年 12 月 31 日　　单位：万元

来源项目名称 \ 栏目	12 月余额	比年初增减数 2022 年	比年初增减数 2021 年	运用项目名称 \ 栏目	12 月余额	比年初增减数 2022 年	比年初增减数 2021 年
一、各项存款				一、各项贷款	1199878	3178	1196700
（一）境内存款				（一）境内贷款	1199878	3178	1196700
1.个人存款				1.短期贷款	549420	-185630	735050
其中：活期储蓄存款				（1）个人贷款及透支			
定期储蓄存款				其中：个人消费贷款			
结构性存款				（2）单位贷款及透支	549420	-185630	735050
2.单位存款				经营贷款及透支	549420	-185630	735050
其中：活期存款				固定资产贷款			
定期存款				并购贷款			
保证金存款				贸易融资			
结构性存款				（3）非存款类金融机构贷款			
3.国库定期存款				2.中长期贷款	650458	188808	461650
4.非存款类金融机构存款				（1）个人贷款			
（二）境外存款				其中：个人消费贷款			
二、代理财政性存款				（2）单位贷款	650458	188808	461650
三、金融债券				经营贷款	650458	188808	461650
其中：境外发行				固定资产贷款			
四、卖出回购资产				并购贷款			
五、向中央银行借款				贸易融资			
六、银行业存款类金融机构往来				（3）非存款类金融机构贷款			
七、借款及非存款类金融机构拆入				3.票据融资			
八、联行往来（净）	1155469	-30333	1185802	4.融资租赁			
九、应付及暂收款	679	349	330	5.各项垫款			
其中：应付利息				（二）境外贷款			
十、其他负债	5000	-192	5192	二、债券投资			
十一、所有者权益	9709	33517	-23808	三、股权及其他投资			
其中：实收资本				四、买入返售资产			
				五、存放中央银行存款			
				六、缴存中央银行财政性存款			
				七、银行业存款类金融机构往来	29	12	17
				八、存放非存款类金融机构款项			
				九、联行往来（净）			
				其中：境内存放二级准备金			
				十、库存现金			
				十一、应收及预付款	939	411	528
				其中：应收利息	939	411	528
				十二、投资性房地产			
				十三、固定资产	8	4	4
				十四、其他资产		-184	184
				十五、减：各项准备	29997	80	29917
				其中：贷款减值准备	29997	80	29917
资金来源总计	1170857	3341	1167516	资金运用总计	1170857	3341	1167516

㊾ 宝武集团财务有限责任公司武汉分公司人民币信贷收支表

表 5-3-1-1-2-49　　2022 年 12 月 31 日　　单位:万元

来源项目名称	12 月余额	比年初增减数 2022 年	比年初增减数 2021 年	运用项目名称	12 月余额	比年初增减数 2022 年	比年初增减数 2021 年
一、各项存款	974306	100849	873457	一、各项贷款	258735	68240	190496
(一)境内存款	974306	100849	873457	(一)境内贷款	258735	68240	190496
1.个人存款				1.短期贷款	233000	45000	188000
其中:活期储蓄存款				(1)个人贷款及透支			
定期储蓄存款				其中:个人消费贷款			
结构性存款				(2)单位贷款及透支	233000	45000	188000
2.单位存款	974306	100849	873457	经营贷款及透支	233000	45000	188000
其中:活期存款	40202	4105	36097	固定资产贷款			
定期存款				并购贷款			
保证金存款				贸易融资			
结构性存款				(3)非存款类金融机构贷款			
3.国库定期存款				2.中长期贷款	25735	23240	2496
4.非存款类金融机构存款				(1)个人贷款			
(二)境外存款				其中:个人消费贷款			
二、代理财政性存款				(2)单位贷款	25735	23240	2496
三、金融债券				经营贷款			
其中:境外发行				固定资产贷款	25735	23240	2496
四、卖出回购资产				并购贷款			
五、向中央银行借款				贸易融资			
六、银行业存款类金融机构往来				(3)非存款类金融机构贷款			
七、借款及非存款类金融机构拆入				3.票据融资			
八、联行往来(净)				4.融资租赁			
九、外汇买卖(净)				5.各项垫款			
十、应付及暂收款	3905	-2318	6223	(二)境外贷款			
其中:应付利息	3597	-1340	4937	二、债券投资			
十一、其他负债	5600	-177	777	三、股权及其他投资			
十二、所有者权益	9412	4657	4755	四、买入返售资产			
其中:实收资本				五、存放中央银行存款			
				六、缴存中央银行财政性存款			
				七、银行业存款类金融机构往来	232924	63792	164132
				八、存放非存款类金融机构款项			
				九、联行往来(净)	500409	-28981	529390
				其中:境内存放二级准备金			
				十、外汇买卖(净)			
				十一、库存现金			
				十二、应收及预付款	488	185	302
				其中:应收利息	481	179	302
				十三、投资性房地产			
				十四、固定资产	99	-24	123
				十五、其他资产	568	-200	768
				十六、减:各项准备			
				其中:贷款损失准备			
资金来源总计	993223	103011	890212	资金运用总计	993223	103011	890212

㊿ 湖北消费金融股份有限公司人民币信贷收支表

表 5-3-1-1-2-50　　2022 年 12 月 31 日　　单位：万元

栏目 来源项目名称	12 月余额	比年初增减数		栏目 运用项目名称	12 月余额	比年初增减数	
		2022 年	2021 年			2022 年	2021 年
一、各项存款		-11011	-4989	一、各项贷款	1105643	95028	204584
（一）境内存款		-11011	-4989	（一）境内贷款	1105643	95028	204584
1.个人存款				1.短期贷款	896732	191697	213289
其中：活期储蓄存款				（1）个人贷款及透支	896732	191697	213289
定期储蓄存款				其中：个人消费贷款	896732	191697	213289
结构性存款				（2）单位贷款及透支			
2.单位存款		-11011	-4989	经营贷款及透支			
其中：活期存款				固定资产贷款			
定期存款		-11011	-4989	并购贷款			
保证金存款				贸易融资			
结构性存款				（3）非存款类金融机构贷款			
3.国库定期存款				2.中长期贷款	208911	-96669	-8705
4.非存款类金融机构存款				（1）个人贷款	208911	-96669	-8705
（二）境外存款				其中：个人消费贷款	208911	-96669	-8705
二、代理财政性存款				（2）单位贷款			
三、金融债券	20608	-95280	111630	经营贷款			
其中：境外发行				固定资产贷款			
四、卖出回购资产				并购贷款			
五、向中央银行借款				贸易融资			
六、银行业存款类金融机构往来	1014826	220565	101117	（3）非存款类金融机构贷款			
七、借款及非存款类金融机构拆入				3.票据融资			
八、联行往来（净）				4.融资租赁			
九、应付及暂收款	40151	8662	-5998	5.各项垫款			
其中：应付利息				（二）境外贷款			
十、其他负债				二、债券投资			
十一、所有者权益	156080	11882	-3766	三、股权及其他投资			
其中：实收资本	100580	6580		四、买入返售资产			
				五、存放中央银行存款			
				六、缴存中央银行财政性存款			
				七、银行业存款类金融机构往来	89260	38363	3652
				八、存放非存款类金融机构款项			
				九、联行往来（净）			
				其中：境内存放二级准备金			
				十、库存现金			
				十一、应收及预付款	38120	32797	-17926
				其中：应收利息			
				十二、投资性房地产			
				十三、固定资产	18432	9729	7985
				十四、其他资产	44058	-28619	17252
				十五、减：各项准备	63847	12480	17553
				其中：贷款减值准备	62155	11944	16974
资金来源总计	1231666	134818	197994	资金运用总计	1231666	134818	197994

（3）资产负债项目统计

① 国家开发银行湖北省分行资产负债表

表 5-3-1-1-3-1　　2022 年 12 月 31 日　　单位：万元

资产	年末数	年初数	负债和所有者权益（或股东权益）	年末数	年初数
资产			负债		
现金及存放中央银行款项	600	598	向中央银行借款		
存放同业款项	2004	965	同业及其他金融机构存放款项	154636	132281
贵金属			拆入资金		
拆出资金	1797864	1316363	交易性金融负债		
交易性金融资产			衍生金融负债		
衍生金融资产			卖出回购金融资产款		
买入返售金融资产			吸收存款	4870316	5341033
应收利息			应付职工薪酬	3128	2850
发放贷款和垫款	65806272	62475966	应交税费	60655	89049
可供出售金融资产			应付利息		
持有至到期投资			预计负债		
应收款项投资			应付债券		
长期股权投资			递延所得税负债		
投资性房地产			其他负债	61868320	57978741
固定资产	1584	3054	负债合计	66957055	63543954
在建工程			所有者权益（或股东权益）		
无形资产	18	14	实收资本（或股本）		
递延所得税资产			资本公积		
其他资产	20500	40062	减：库存股		
			盈余公积		
			一般风险准备		
			未分配利润	671787	293068
			外币报表折算差额		
			所有者权益（或股东权益）合计	671787	293068
资产总计	67628842	63837022	负债和所有者权益（或股东权益）总计	67628842	63837022

② 中国进出口银行湖北省分行资产负债表

表 5-3-1-1-3-2　　2022 年 12 月 31 日　　单位：万元

资产	年末数	年初数	负债和所有者权益（或股东权益）	年末数	年初数
资产			负债		
现金及存放中央银行款项	0	1	向中央银行借款		
存放同业款项	963	694	同业及其他金融机构存放款项	2214	50043
贵金属			拆入资金		
拆出资金	231253	203798	交易性金融负债		
交易性金融资产			衍生金融负债		
衍生金融资产	486	9	卖出回购金融资产款		

续表 5-3-1-1-3-2

资产	年末数	年初数	负债和所有者权益(或股东权益)	年末数	年初数
买入返售金融资产			吸收存款	471124	323484
应收利息			应付职工薪酬	461	336
发放贷款和垫款	14276603	12582871	应交税费	9219	16362
可供出售金融资产			应付利息		
持有至到期投资			预计负债	5595	27917
应收款项投资			应付债券		
长期股权投资			递延所得税负债		17
投资性房地产	5159	1246	其他负债	13938583	12192320
固定资产	15816	20775	负债合计	14427196	12610462
在建工程			所有者权益(或股东权益)		
无形资产	43	59	实收资本(或股本)		
递延所得税资产			资本公积		
其他资产	744	5253	减:库存股		
			盈余公积		
			一般风险准备		
			未分配利润	103871	204245
			外币报表折算差额		
			所有者权益(或股东权益)合计	103871	204245
资产总计	**14531067**	**12814706**	**负债和所有者权益(或股东权益)总计**	**14531067**	**12814706**

③ 中国农业发展银行湖北省分行资产负债表

表 5-3-1-1-3-3 2022 年 12 月 31 日 单位:万元

资产	年末数	年初数	负债和所有者权益(或股东权益)	年末数	年初数
资产			负债		
现金及存放中央银行款项	0	0	向中央银行借款		
存放同业款项	391	398	同业及其他金融机构存放款项	42834524	35538525
贵金属			拆入资金		
拆出资金			交易性金融负债		
交易性金融资产			衍生金融负债		
衍生金融资产			卖出回购金融资产款		
买入返售金融资产			吸收存款	7661021	7013683
应收利息			应付职工薪酬	34148	28669
发放贷款和垫款	49328006	40661846	应交税费	19191	17237
可供出售金融资产			应付利息		
持有至到期投资	1562738	2165280	预计负债		
应收款项投资			应付债券		
长期股权投资			递延所得税负债		
投资性房地产			其他负债	71587	69930
固定资产	46990	48536	负债合计	50620470	42668043
在建工程	168	711	所有者权益(或股东权益)		
无形资产	8153	8312	实收资本(或股本)		
递延所得税资产			资本公积	258	258
其他资产	5629	33421	减:库存股		

续表 5-3-1-1-3-3

资产	年末数	年初数	负债和所有者权益(或股东权益)	年末数	年初数
			盈余公积		
			一般风险准备		
			未分配利润	331347	250201
			外币报表折算差额		
			所有者权益(或股东权益)合计	331604	250459
资产总计	50952074	42918502	负债和所有者权益(或股东权益)总计	50952074	42918502

④ 中国工商银行湖北省分行资产负债表

表 5-3-1-1-3-4　　2022 年 12 月 31 日　　单位:万元

资产	本期余额	比年初增减数		负债和所有者权益	本期余额	比年初增减数	
		2022 年	2021 年			2022 年	2021 年
资产				负债			
现金	218721	30864	-10823	单位存款	29800635	-1982444	537541
贵金属	65583	-6728	2729	储蓄存款	55205668	8584931	4882725
存放中央银行款项				向中央银行借款			
存放同业款项	918	-287	34	同业存放款项	3727508	1072925	678693
存放系统款项	17325002	2480297	-1104455	系统内存放款项			
应收利息	165977	14843	-24136	同业拆入			
贷款	68618766	4142557	5519194	卖出回购款项	18258	18258	-62412
贸易融资	1684371	544388	90848	汇出汇款	252	89	-47831
贴现及买断式转贴现	4181396	1761250	775769	应解汇款	976	-709	1057
其他贷款				存入保证金	281980	-118558	-179899
拆放同业				其他存款			
其他应收款	195645	-2699	5208	应付利息	1465535	294952	332707
投资	1584146	199109	274939	应交税费	410130	41248	92686
买入返售资产				应付职工薪酬	50490	8204	682
待摊费用	8465	1356	-423	应付利润(股利)			
固定资产原价	810278	18889	40916	其他应付款	338043	-117528	37547
累计折旧(减)	464106	16677	22330	递延收益	28739	4458	3473
固定资产净值	346172	2212	18586	预计负债	8867	-4551	3300
固定资产清理	-8350	9189	697	应付债券			
在建工程	33702	-12802	-14809	其他负债	95173	14746	-185108
无形资产	59858	-127	-943	递延税项(递延税款贷项)	129913	8811	3960
抵债资产	34211			负债合计	91562168	7824834	6099121
递延税项(递延税款借项)	403917	73542	76214	所有者权益			
其他资产	151612	-898101	1016640	实收资本	411448	4094	-1242
各项资产减值损失准备(减)	2412028	359396	393298	资本和盈余公积			
				其他综合收益	7679	-242	3774
				一般风险准备			
				未分配利润	676789	150782	130318
				其中:本年利润	676789	676789	526007
				所有者权益合计	1095915	154634	132850
资产总计	92658083	7979468	6231971	负债和所有者权益总计	92658083	7979468	6231971

注:1.本表根据《中国工商银行综合统计制度》风险监管报表系列 GF01 表有关规定编制。
2.本表数据为本外币合并口径。

⑤ 中国农业银行湖北省分行资产负债表

表 5-3-1-1-3-5　　2022 年 12 月 31 日　　单位:万元

资产	年末数	年初数	负债和所有者权益(或股东权益)	年末数	年初数
资产			负债		
现金及存放中央银行款项	228973	253892	向中央银行借款		
存放同业款项	336	324	同业及其他金融机构存放款项	2937401	3929699
贵金属			拆入资金		
拆出资金			交易性金融负债		
交易性金融资产			衍生金融负债	-9	59
衍生金融资产	387	1136	卖出回购金融资产款		
买入返售金融资产			吸收存款	92614173	80030885
应收利息	131145	117003	应付职工薪酬	169759	161234
发放贷款和垫款	63104079	56180197	应交税费	15423	16274
可供出售金融资产			应付利息	1490423	1213416
持有至到期投资		99	预计负债	42508	38108
应收款项投资			应付债券		
长期股权投资	1000	1000	递延所得税负债		
投资性房地产			其他负债	119772	84823
固定资产	383182	380137	负债合计	97389450	85474497
在建工程	11356	8761	所有者权益(或股东权益)		
无形资产	109219	88741	实收资本(或股本)	126434	126434
递延所得税资产	225215	171591	资本公积		
其他资产	34209238	29375141	减:库存股		
			盈余公积		
			一般风险准备		
			未分配利润	869770	960012
			外币报表折算差额		
			所有者权益(或股东权益)合计	1014680	1103526
资产总计	98404130	86578023	负债和所有者权益(或股东权益)总计	98404130	86578023

⑥ 中国银行湖北省分行资产负债表

表 5-3-1-1-3-6　　2022 年 12 月 31 日　　单位:万元

资产	年末数	年初数	负债和所有者权益(或股东权益)	年末数	年初数
资产			负债		
现金及存放中央银行款项	126369	221827	向中央银行借款		14553
存放同业款项			同业及其他金融机构存放款项	1913732	1922278
贵金属	11278	10613	拆入资金		4749
拆出资金	559	735	交易性金融负债		
交易性金融资产			衍生金融负债		
衍生金融资产			卖出回购金融资产款		
买入返售金融资产			吸收存款	47746139	44876510
应收利息	707	336	应付职工薪酬	98873	100352
发放贷款和垫款	49913436	47102303	应交税费	31982	34830
可供出售金融资产			应付利息		

续表 5-3-1-1-3-6

资产	年末数	年初数	负债和所有者权益(或股东权益)	年末数	年初数
持有至到期投资			预计负债	102225	58868
应收款项投资			应付债券		
长期股权投资			递延所得税负债		
投资性房地产			其他负债	155620	171461
固定资产	233005	240200	负债合计	50048571	47183601
在建工程			所有者权益(或股东权益)		
无形资产	17612	15491	实收资本(或股本)	106961	106961
递延所得税资产			资本公积		
其他资产	77956	72476	减:库存股		
			盈余公积		
			一般风险准备		
			未分配利润	224717	368782
			外币报表折算差额	674	4637
			所有者权益(或股东权益)合计	332351	480380
资产总计	50380922	47663981	负债和所有者权益(或股东权益)总计	50380922	47663981

⑦ 中国建设银行湖北省分行资产负债表

表 5-3-1-1-3-7　　2022 年 12 月 31 日　　单位:万元

资产	期末余额	年初余额	负债和股东权益	期末余额	年初余额
资产			负债		
现金及存放中央银行款项	228790	241744	向中央银行借款		
存放同业款项			同业及其他金融机构存放款项	1598452	1321882
贵金属	86	84	拆入资金		
拆出资金			交易性金融负债	466268	352866
衍生金融资产	10524	10494	衍生金融负债	5469	2272
买入返售金融资产			卖出回购金融资产		
发放贷款和垫款	69404391	61980103	吸收存款	84169395	78637465
金融投资			应付职工薪酬	73172	60684
交易性金融资产	26	26	应交税费	43684	42587
债权投资	3882	6087	预计负债	48270	40344
其他债权投资			应付债券		
其他权益工具投资			递延所得税负债	143	360
长期股权投资			租赁负债	27534	30630
投资性房地产			其他负债	663904	365217
固定资产	395413	410403	负债合计	87096292	80854307
在建工程	16924	20860	股东权益		
无形资产	25998	27020	股本		
商誉			其他权益工具		
递延所得税资产	448	2	资本公积		
使用权资产	31587	35641	减:库存股		
其他资产	18112024	19352918	其他综合收益	-914	1073
			盈余公积		
			一般风险准备		

续表 5-3-1-1-3-7

资产	期末余额	年初余额	负债和股东权益	期末余额	年初余额
			未分配利润	1134716	1230002
			股东权益合计	1133801	1231076
资产总计	88230093	82085382	负债和股东权益总计	88230093	82085382

注:本表数据为本外币合并口径。

⑧ 交通银行湖北省分行资产负债表

表 5-3-1-1-3-8　　2022 年 12 月 31 日　　单位:万元

资产	期末余额	负债和股东权益	期末余额
资产		负债	
现金及存放中央银行款项	42466	向中央银行借款	
存放同业款项	4432	同业及其他金融机构存放款项	1584105
拆出资金	10547	拆入资金	
衍生金融资产	2812	交易性金融负债	6926
买入返售金融资产		衍生金融负债	3827
发放贷款和垫款	27556501	卖出回购金融资产款	
以公允价值计量且其变动计入当期损益的金融投资		客户存款	29596241
以摊余成本计量的金融投资		发行存款证	
以公允价值计量且其变动计入其他综合收益的金融投资		应付职工薪酬	34680
以公允价值计量且其变动计入其他综合收益的股权投资		应交税费	14741
长期股权投资		预计负债	16782
纳入合并范围的结构化主体		应付债券	
投资性房地产		递延所得税负债	
固定资产	119467	其他负债	360829
在建工程		联行往来	
无形资产	8475	负债合计	31618132
递延所得税资产		股东权益	
其他资产	40517	股本	
联行往来	4480299	其他权益工具	
		资本公积	
		盈余公积	
		库存股	
		一般风险准备	
		未分配利润	648106
		其他综合收益/(损失)	-722
		归属于母公司股东权益合计	647384
		少数股东权益	
		股东权益合计	647384
资产总计	32265516	负债和股东权益总计	32265516

注:本表数据口径为本外币。

⑨ 中国邮政储蓄银行湖北省分行资产负债表

表 5-3-1-1-3-9　　2022 年 12 月 31 日　　单位:万元

资产	年末数	年初数	负债和所有者权益(或股东权益)	年末数	年初数
资产			负债		
现金及存放中央银行款项	248226	222808	向中央银行借款	380068	172795
存放同业款项	20324	30606	同业及其他金融机构存放款项		
贵金属			拆入资金		
拆出资金			交易性金融负债		
交易性金融资产			衍生金融负债	1559	
衍生金融资产	1559		卖出回购金融资产款	5353	35259
买入返售金融资产			吸收存款	75851265	68168031
应收利息	22281	16698	应付职工薪酬	62153	61699
发放贷款和垫款	24128420	21220515	应交税费	9834	6969
可供出售金融资产			应付利息		
持有至到期投资			预计负债	2449	2486
应收款项投资			应付债券		
长期股权投资			递延所得税负债		
投资性房地产			其他负债	3716855	3175397
固定资产	129572	126789	负债合计	80029536	71622636
在建工程	16617	13244	所有者权益(或股东权益)		
无形资产	2572	2751	实收资本(或股本)		
递延所得税资产			资本公积		
其他资产	55877992	49993099	减:库存股		
			盈余公积		
			一般风险准备		
			未分配利润	418753	
			外币报表折算差额		
			所有者权益(或股东权益)合计	418027	3874
资产总计	**80447563**	**71626510**	**负债和所有者权益(或股东权益)总计**	**80447563**	**71626510**

⑩ 中信银行武汉分行资产负债表

表 5-3-1-1-3-10　　2022 年 12 月 31 日　　单位:万元

资产	年末数	年初数	负债和所有者权益(或股东权益)	年末数	年初数
资产			负债		
现金及存放中央银行款项	16186	19418	向中央银行借款		
存放同业款项	5847	5221	同业及其他金融机构存放款项	468463	466759
贵金属			拆入资金		
拆出资金			交易性金融负债		
交易性金融资产	2846	2702	衍生金融负债	133	
衍生金融资产	2727		卖出回购金融资产款	146468	65827
买入返售金融资产			吸收存款	16271580	14821193
应收利息	68207	48661	应付职工薪酬	40776	26034
发放贷款和垫款	16321688	14543041	应交税费	71870	44350

续表 5-3-1-1-3-10

资产	年末数	年初数	负债和所有者权益(或股东权益)	年末数	年初数
可供出售金融资产			应付利息	98144	78712
持有至到期投资	19952		预计负债	51587	36166
应收款项投资			应付债券		
长期股权投资			递延所得税负债		
投资性房地产			联行存放	397696	342263
固定资产	26118	27107	其他负债	64046	65363
在建工程			负债合计	17610764	15946668
无形资产	1115	633	所有者权益(或股东权益)		
递延所得税资产	123571	93371	实收资本(或股本)		
其他资产	80851	63541	资本公积		
存放联行	1109278	1283022	减:库存股		
			盈余公积		
			一般风险准备		
			拨入营运资金	41537	39269
			其他综合收益	-134	1711
			未分配利润	126220	99069
			外币报表折算差额		
			所有者权益(或股东权益)合计	167622	140049
资产总计	17778386	16086718	负债和所有者权益(或股东权益)总计	17778386	16086718

⑪ 中国光大银行武汉分行资产负债表

表 5-3-1-1-3-11　　2022 年 12 月 31 日　　单位:万元

资产	年末数	年初数	负债和所有者权益(或股东权益)	年末数	年初数
资产			负债		
现金及存放中央银行款项	13920	10753	向中央银行借款		
存放同业款项	2175	1738	同业及其他金融机构存放款项	28596	164721
贵金属	55	55	拆入资金	14054	110282
拆出资金			交易性金融负债		
交易性金融资产			衍生金融负债		
衍生金融资产			卖出回购金融资产款		20072
买入返售金融资产			吸收存款	10212355	9356168
应收利息	33005	25931	应付职工薪酬	33576	32016
发放贷款和垫款	9878324	9356458	应交税费	6871	14541
可供出售金融资产			应付利息	102084	64641
持有至到期投资			预计负债	7792	9891
应收款项投资	7421	5307	应付债券		
长期股权投资			递延所得税负债		
投资性房地产			其他负债	53723	43368
固定资产	7750	8387	负债合计	10459053	9815701
在建工程			所有者权益(或股东权益)		
无形资产	109	158	实收资本(或股本)		
递延所得税资产			资本公积		

续表 5-3-1-1-3-11

资产	年末数	年初数	负债和所有者权益(或股东权益)	年末数	年初数
其他资产	683661	628544	减:库存股		
			盈余公积		
			一般风险准备		
			未分配利润	167369	221630
			外币报表折算差额		
			所有者权益(或股东权益)合计	167369	221630
资产总计	10626422	10037331	负债和所有者权益(或股东权益)总计	10626422	10037331

⑫ 招商银行武汉分行资产负债表

表 5-3-1-1-3-12　　2022 年 12 月 31 日　　单位:万元

资产	年末数	年初数	负债和所有者权益(或股东权益)	年末数	年初数
资产			负债		
现金及存放中央银行款项	73377	106336	向中央银行借款	168452	103255
存放同业款项	5432	3596	同业及其他金融机构存放款项	832940	1453174
贵金属	2577	3488	拆入资金		
拆出资金			交易性金融负债		
交易性金融资产			衍生金融负债		
衍生金融资产			卖出回购金融资产款		
买入返售金融资产			吸收存款	28092461	23084691
应收利息	36525	37388	应付职工薪酬	59784	52150
发放贷款和垫款	19425565	17054718	应交税费	38188	45297
可供出售金融资产			应付利息	190901	118018
持有至到期投资		314907	预计负债	19850	31406
应收款项投资			应付债券		
长期股权投资			递延所得税负债		
投资性房地产			其他负债	249234	348375
固定资产	61294	67890	负债合计	29651809	25236367
在建工程			所有者权益(或股东权益)		
无形资产	103	127	实收资本(或股本)		
递延所得税资产			资本公积		
其他资产	10368036	7909929	减:库存股		
			盈余公积		
			一般风险准备	12342	13639
			未分配利润	308756	248372
			外币报表折算差额		
			所有者权益(或股东权益)合计	321099	262012
资产总计	29972907	25498379	负债和所有者权益(或股东权益)总计	29972907	25498379

⑬ 上海浦东发展银行武汉分行资产负债表

表 5-3-1-1-3-13　　2022 年 12 月 31 日　　单位:万元

资产	年末数	年初数	负债和所有者权益(或股东权益)	年末数	年初数
资产			负债		
现金及存放中央银行款项	10985	20372	向中央银行借款		
存放同业款项	1881	2582	同业及其他金融机构存放款项	530457	416519
贵金属			拆入资金		
拆出资金			交易性金融负债		
交易性金融资产			衍生金融负债		
衍生金融资产			卖出回购金融资产款	58657	58889
买入返售金融资产			吸收存款	7121748	6638296
应收利息	37895	32361	应付职工薪酬	67	48
发放贷款和垫款	7532718	7823674	应交税费	5544	5415
可供出售金融资产			应付利息	91572	55955
持有至到期投资			预计负债	3041	2256
应收款项投资			应付债券		
长期股权投资			递延所得税负债		
投资性房地产			其他负债	22658	735778
固定资产	17987	19238	负债合计	7833745	7913157
在建工程	1232	1980	所有者权益(或股东权益)		
无形资产	55	26	实收资本(或股本)		
递延所得税资产			资本公积		
其他资产	298978	133650	减:库存股		
			盈余公积		
			一般风险准备		
			未分配利润	67303	121674
			外币报表折算差额	682	-945
			所有者权益(或股东权益)合计	67985	120729
资产总计	7901730	8033885	负债和所有者权益(或股东权益)总计	7901730	8033885

⑭ 中国民生银行武汉分行资产负债表

表 5-3-1-1-3-14　　2022 年 12 月 31 日　　单位:万元

资产	年末数	年初数	负债和所有者权益(或股东权益)	年末数	年初数
资产			负债		
现金及存放中央银行款项	46231	13078	向中央银行借款		
存放同业款项	2670	1533	同业及其他金融机构存放款项	168342	273964
贵金属	233	929	拆入资金		
拆出资金			交易性金融负债		
交易性金融资产			衍生金融负债		
衍生金融资产			卖出回购金融资产款	227208	56347
买入返售金融资产			吸收存款	8493237	7677136
应收利息			应付职工薪酬	29580	26451
发放贷款和垫款	8910393	8716945	应交税费	5035	9987
可供出售金融资产			应付利息		

续表 5-3-1-1-3-14

资产	年末数	年初数	负债和所有者权益(或股东权益)	年末数	年初数
持有至到期投资			预计负债	3703	3426
应收款项投资			应付债券		
长期股权投资			租赁负债	23860	22053
投资性房地产			递延所得税负债		
固定资产	33362	33737	其他负债	29236	550261
在建工程			负债合计	8980201	8619625
无形资产	191	272	所有者权益(或股东权益)		
使用权资产	25476	23430	实收资本(或股本)	110000	110000
递延所得税资产			资本公积		
其他资产	186820	32081	减:库存股		
			其他综合收益	82	1163
			盈余公积		
			一般风险准备		
			未分配利润	115093	91216
			外币报表折算差额		
			所有者权益(或股东权益)合计	225175	202380
资产总计	9205376	8822005	负债和所有者权益(或股东权益)总计	9205376	8822005

⑮ 华夏银行武汉分行资产负债表

表 5-3-1-1-3-15　　2022 年 12 月 31 日　　单位:万元

资产	年末数	年初数	负债和所有者权益(或股东权益)	年末数	年初数
资产			负债		
现金及存放中央银行款项	9900	11066	向中央银行借款		
存放同业款项	2425	1964	同业及其他金融机构存放款项	152219	17558
贵金属			拆入资金		
拆出资金			交易性金融负债		
以公允价值计量且其变动计入当期损益的金融资产			衍生金融负债		
衍生金融资产			卖出回购金融资产款		
买入返售金融资产			吸收存款	7820445	7647686
应收利息	60695	74199	应付职工薪酬	8429	9138
发放贷款及垫款	7185614	7263428	应交税费	5450	12333
以公允价值计量且其变动计入其他综合收益的金融资产	1723	1626	租赁负债	18858	12305
以摊余成本计量的金融资产	882090	576220	应付利息	108219	64591
应收款项类投资			预计负债	11658	3074
长期股权投资			应付债务凭证		
投资性房地产			递延所得税负债		
固定资产	44691	8911	其他负债	281215	61590
使用权资产	20121	14905	负债合计	8406495	7828275
无形资产			股东权益		
递延所得税资产			股本		
其他资产	9856	15430	其他权益工具		
			资本公积		
			减:库存股		

续表 5-3-1-1-3-15

资产	年末数	年初数	负债和所有者权益(或股东权益)	年末数	年初数
			其他综合收益	-209	464
			盈余公积		
			一般风险准备		
			未分配利润	-189169	139010
			股东权益合计	-189378	139474
资产总计	8217117	7967749	负债与股东权益合计	8217117	7967749

⑯ 平安银行武汉分行资产负债表

表 5-3-1-1-3-16　　2022 年 12 月 31 日　　单位:万元

资产	年末数	年初数	负债和所有者权益(或股东权益)	年末数	年初数
资产			负债		
现金及存放中央银行款项	16969	21818	向中央银行借款		
存放同业款项	15764	11077	同业及其他金融机构存放款项		103944
贵金属			拆入资金	90297	854
拆出资金			交易性金融负债		
交易性金融资产			衍生金融负债		
衍生金融资产			卖出回购金融资产款		
买入返售金融资产			吸收存款	4837723	5471968
应收利息			应付职工薪酬	23660	24713
发放贷款和垫款	9387928	8293083	应交税费	8202	12184
可供出售金融资产			应付利息		
持有至到期投资			预计负债	16182	9136
应收款项投资			应付债券		
长期股权投资			递延所得税负债		
投资性房地产			其他负债	4479397	2723860
固定资产	74126	77329	负债合计	9455461	8346660
在建工程			所有者权益(或股东权益)		
无形资产			实收资本(或股本)		
递延所得税资产			资本公积		
其他资产	37321	49521	减:库存股		
			盈余公积		
			一般风险准备		
			未分配利润	76646	106168
			外币报表折算差额		
			所有者权益(或股东权益)合计	76646	106168
资产总计	9532108	8452827	负债和所有者权益(或股东权益)总计	9532108	8452827

⑰ 兴业银行武汉分行资产负债表

表 5-3-1-1-3-17　　2022 年 12 月 31 日　　单位:万元

资产	年末数	年初数	负债和所有者权益(或股东权益)	年末数	年初数
资产			负债		
现金及存放中央银行款项	11600	10794	向中央银行借款		
存放同业款项	4013	3463	同业及其他金融机构存放款项	1662955	3596549
贵金属			拆入资金		
拆出资金			交易性金融负债		
交易性金融资产	2431		衍生金融负债		
衍生金融资产			卖出回购金融资产款		104867
买入返售金融资产		0	吸收存款	12070605	11268820
应收利息	381	239	应付职工薪酬	46017	54242
发放贷款和垫款	12112238	11920973	应交税费	6731	7754
可供出售金融资产			应付利息		
持有至到期投资			预计负债	7501	9336
应收款项投资	82	177	应付债券		
长期股权投资			递延所得税负债		
投资性房地产			其他负债	64592	65115
固定资产	21831	22234	负债合计	13858401	15106682
在建工程	636	690	所有者权益(或股东权益)		
无形资产	2479	2392	实收资本(或股本)		
递延所得税资产			资本公积		
其他资产	1892547	3453297	减:库存股		
			盈余公积		
			一般风险准备		
			未分配利润	189838	307579
			外币报表折算差额		
			所有者权益(或股东权益)合计	189838	307579
资产总计	14048238	15414261	负债和所有者权益(或股东权益)总计	14048238	15414261

⑱ 广发银行武汉分行资产负债表

表 5-3-1-1-3-18　　2022 年 12 月 31 日　　单位:万元

资产	年末数	年初数	负债和所有者权益(或股东权益)	年末数	年初数
资产			负债		
现金及存放中央银行款项	4974	5078	向中央银行借款		
存放同业款项	3109	3745	同业及其他金融机构存放款项	11028	26821
贵金属			拆入资金		
拆出资金			交易性金融负债	215	119
交易性金融资产			衍生金融负债	207	
衍生金融资产	216		卖出回购金融资产款	21172	13196
买入返售金融资产			吸收存款	3337353	3842196
应收利息			应付职工薪酬	3590	6011
发放贷款和垫款	3340998	3022306	应交税费	2412	1770
可供出售金融资产			应付利息	10948	13378

续表 5-3-1-1-3-18

资产	年末数	年初数	负债和所有者权益(或股东权益)	年末数	年初数
持有至到期投资			预计负债	5855	3310
应收款项投资			应付债券		
长期股权投资	78	155	递延所得税负债		
投资性房地产			其他负债	2045	2046
固定资产	20912	21830	负债合计	3394825	3908846
使用权资产			所有者权益(或股东权益)		
在建工程	11128	13942	实收资本(或股本)	18400	18400
无形资产	965	145	资本公积		
递延所得税资产			减:库存股		
其他资产	44778	850272	其他综合收益	-120	253
			盈余公积		
			一般风险准备		
			未分配利润	14053	-10027
			外币报表折算差额		
			所有者权益(或股东权益)合计	32332	8626
资产总计	3427157	3917472	负债和所有者权益(或股东权益)总计	3427157	3917472

⑲ 渤海银行武汉分行资产负债表

表 5-3-1-1-3-19　　2022 年 12 月 31 日　　单位:万元

资产	期末余额	年初余额	负债和股东权益	期末余额	年初余额
资产			负债		
现金及银行存款	718	614	向中央银行借款		
存放中央银行款项	919		同业及其他金融机构存放款项	11364	3720
存放同业款项	2681	3080	拆入资金	218749	317785
减:存放同业减值准备			以公允价值计量且其变动计入当期损益的金融负债		
存放同业款项净值	2681	3080	衍生金融负债		
贵金属			卖出回购金融资产款		
拆出资金			客户存款	2726141	2674227
减:拆出资金减值准备			应解及汇出款	20	10
拆出资金净值			应付职工薪酬	9231	11482
买入返售金融资产			应交税费	1250	3849
减:买入返售金融资产减值准备			应付利息	43515	44188
买入返售金融资产净值			预计负债		
应收利息	18623	25352	应付债券		
发放贷款和垫款	3981592	4208271	租赁负债	17261	14431
减:贷款损失准备			递延所得税负债		
发放贷款和垫款净值	3981592	4208271	其他负债	967691	1134534
以公允价值计量且其变动计入当期损益的金融投资			负债合计	3995221	4204224
衍生金融资产			股东权益		
以公允价值计量且其变动计入其他综合收益的金融投资			股本		
以摊余成本计量的金融投资			其他权益工具		
长期股权投资			其中:永续债		
投资性房产			资本公积		

续表 5-3-1-1-3-19

资产	期末余额	年初余额	负债和股东权益	期末余额	年初余额
固定资产	21205	966	其他综合收益		
使用权资产	16686	14048	盈余公积		
无形资产		1	一般风险准备		
递延所得税资产			未分配利润		
其他资产	2181	1496	本年利润	49383	49604
			股东权益合计	49383	49604
资产总计	4044604	4253828	负债和股东权益总计	4044604	4253828

⑳ 浙商银行武汉分行资产负债表

表 5-3-1-1-3-20　　2022 年 12 月 31 日　　单位:万元

资产	年末数	年初数	负债和所有者权益(或股东权益)	年末数	年初数
资产			负债		
现金及存放中央银行款项	969	524	向中央银行借款		
存放同业款项	345873	702781	同业及其他金融机构存放款项	4311	70
贵金属			拆入资金	68870	4278
拆出资金			交易性金融负债		
交易性金融资产			衍生金融负债		
衍生金融资产			卖出回购金融资产款	18378	985
买入返售金融资产			吸收存款	3009181	2826380
应收利息			应付职工薪酬	14032	23306
发放贷款和垫款	2782056	2200491	应交税费	2269	2126
可供出售金融资产			应付利息		
持有至到期投资			预计负债		
应收款项投资			应付债券		
长期股权投资			递延所得税负债		
投资性房地产			其他负债	21009	29209
固定资产	7255	6348	负债合计	3138050	2886354
在建工程			所有者权益(或股东权益)		
无形资产			实收资本(或股本)		
递延所得税资产			资本公积		
其他资产	46853	34323	减:库存股		
			其他综合收益	1188	931
			盈余公积		
			一般风险准备		
			未分配利润	43769	57183
			外币报表折算差额		
			所有者权益(或股东权益)合计	44957	58114
资产总计	3183007	2944468	负债和所有者权益(或股东权益)总计	3183007	2944468

㉑ 恒丰银行武汉分行资产负债表

表 5-3-1-1-3-21　　2022 年 12 月 31 日　　单位:万元

资产	年末数	年初数	负债和所有者权益(或股东权益)	年末数	年初数
资产			负债		
现金及存放中央银行款项	764	224	向中央银行借款		
存放同业款项	382	764	同业及其他金融机构存放款项	19550	65703
贵金属			拆入资金		
拆出资金			交易性金融负债		
交易性金融资产			衍生金融负债		
衍生金融资产			卖出回购金融资产款		
买入返售金融资产			吸收存款	1501264	1381512
应收利息	2082	2162	应付职工薪酬	1479	1093
发放贷款和垫款	1515132	1406208	应交税费	1452	1146
可供出售金融资产			应付利息	3115	4056
持有至到期投资			预计负债	2254	476
应收款项投资			应付债券		
长期股权投资			递延所得税负债		
投资性房地产			其他负债	70896	12543
固定资产	643	328	负债合计	1600010	1466529
在建工程	53		所有者权益(或股东权益)		
无形资产	48		实收资本(或股本)		
递延所得税资产			资本公积	44	1199
其他资产	80950	58042	减:库存股		
			盈余公积		
			一般风险准备		
			未分配利润		
			外币报表折算差额		
			所有者权益(或股东权益)合计	44	1199
资产总计	1600054	1467728	负债和所有者权益(或股东权益)总计	1600054	1467728

㉒ 汉口银行资产负债表

表 5-3-1-1-3-22　　2022 年 12 月 31 日　　单位:万元

资产	年末数	年初数	负债和所有者权益(或股东权益)	年末数	年初数
资产			负债		
现金及存放中央银行款项	2754381	3294866	向中央银行借款	3453861	2504988
存放同业和其他金融机构款项	278429	240487	同业及其他金融机构存放款项	707192	741240
贵金属			拆入资金	743	1176
拆出资金	1207062	1225628	交易性金融负债		
衍生金融资产			衍生金融负债		
买入返售金融资产	674985	505390	卖出回购金融资产款	1928477	2707408
发放贷款和垫款	27297671	23950019	吸收存款	35061780	31499900
金融投资	17244281	16652377	应付职工薪酬	52737	49756
交易性金融资产	2764184	2322696	应交税费	24336	39831

续表 5-3-1-1-3-22

资产	年末数	年初数	负债和所有者权益(或股东权益)	年末数	年初数
债权投资	11803584	11112385	应付债券	5400917	5627039
其他债权投资	2672350	3017313	租赁负债	33025	31109
其他权益工具投资	4162	199983	预计负债	18923	10681
长期股权投资	107388	101595	递延所得税负债	709	1292
投资性房地产			其他负债	568493	472462
固定资产	155913	158379	负债合计	47251191	43686882
使用权资产	36300	36085	股东权益		
无形资产	9422	9349	股本	482785	482785
商誉			其他权益工具	500000	500000
递延所得税资产	439705	381418	其中:优先股		
其他资产	244003	204359	永续债	500000	500000
			资本公积	638103	638100
			减:库存股		
			其他综合收益	-4255	-5306
			盈余公积	222118	202966
			一般风险准备	655039	570187
			未分配利润	704560	684340
			股东权益合计	3198349	3073071
资产总计	50449540	46759953	负债和股东权益总计	50449540	46759953

注:本表数据为审计后母公司口径。

㉓ 湖北银行资产负债表

表 5-3-1-1-3-23　　2022 年 12 月 31 日　　单位:万元

资产	年末数	年初数	负债和所有者权益(或股东权益)	年末数	年初数
资产			负债		
现金及存放中央银行款项	2209154	1957631	向中央银行借款	423762	725529
存放同业款项	61888	255331	同业及其他金融机构存放款项	634851	641651
贵金属			拆入资金	633926	234149
拆出资金	1737758	1231989	交易性金融负债		
交易性金融资产	3476947	2547844	衍生金融负债		
衍生金融资产			卖出回购金融资产款	1139808	157726
买入返售金融资产	543332	668074	吸收存款	30156217	25481800
应收利息			应付职工薪酬	57382	51155
发放贷款和垫款	20932831	17373749	应交税费	48203	21095
债权投资	8905119	8570457	应付利息		
其他债权投资	1724210	1832759	预计负债	37952	11035
其他权益工具投资	1915	1610	应付债券	4038125	4785202
长期股权投资	49532	46117	递延所得税负债		
投资性房地产			租赁负债	56367	44163
固定资产	130314	139706	其他负债	94387	71777
在建工程	1651	148	负债合计	37321478	32225284
无形资产	5330	8761	所有者权益(或股东权益)		
递延所得税资产	351780	262663	实收资本(或股本)	761165	761165

续表 5-3-1-1-3-23

资产	年末数	年初数	负债和所有者权益(或股东权益)	年末数	年初数
使用权资产	56678	48272	资本公积	1061616	1061616
其他资产	71409	74351	其他综合收益	23265	26144
			盈余公积	169275	147718
			一般风险准备	585800	504800
			未分配利润	337248	292736
			外币报表折算差额		
			所有者权益(或股东权益)合计	2938369	2794179
资产总计	40259848	35019462	负债和所有者权益(或股东权益)总计	40259848	35019462

㉔ 武汉众邦银行资产负债表

表 5-3-1-1-3-24　　2022 年 12 月 31 日　　单位:万元

资产	年末数	年初数	负债和所有者权益(或股东权益)	年末数	年初数
资产			负债		
现金及存放中央银行款项	1528343	1053737	向中央银行借款	260503	340474
存放同业款项	112763	124385	同业及其他金融机构存放款项	458898	745100
贵金属			拆入资金	342449	319297
拆出资金	72078	200649	以公允价值计量且其变动计入当期损益的金融负债		
买入返售金融资产		29981	衍生金融负债		
金融投资			卖出回购金融资产款	912619	457107
交易性金融资产	3195737	1876979	吸收存款	7310180	5633200
债权投资	395586	554717	应付职工薪酬	17751	10762
其他债权投资	883216	632960	应交税费	26888	14473
其他权益工具投资			应付利息		
以公允价值计量且其变动计入当期损益的金融资产			预计负债	30636	5115
可供出售金融资产			租赁负债	4364	4003
持有至到期投资			应付债券	608587	312381
应收款项类投资			递延所得税负债		
应收利息			其他负债	304398	402817
发放贷款和垫款	4322194	3991523	负债合计	10277273	8244729
长期股权投资			所有者权益(或股东权益)		
投资性房地产			实收资本(或股本)	400000	400000
固定资产	5065	5697	其他综合收益	-1106	272
使用权资产	3542	3867	减:库存股		
在建工程	6	16	盈余公积	10264	6762
无形资产	4080	4870	一般风险准备	92375	60855
商誉			未分配利润		
递延所得税资产	59578	22163	外币报表折算差额		
其他资产	196618	211074	所有者权益(或股东权益)合计	501533	467889
资产总计	10778806	8712618	负债和所有者权益(或股东权益)总计	10778806	8712618

㉕ 东亚银行(中国)有限公司武汉分行资产负债表

表 5-3-1-1-3-25　　2022 年 12 月 31 日　　单位:万元

资产	年末数	年初数	负债和所有者权益(或股东权益)	年末数	年初数
资产			负债		
现金及存放中央银行款项	150	223	向中央银行借款		
存放同业款项	1608	1125	同业及其他金融机构存放款项	1004	24920
贵金属			拆入资金		
拆出资金			交易性金融负债		
交易性金融资产			衍生金融负债		
衍生金融资产			卖出回购金融资产款		
买入返售金融资产			吸收存款	86040	62972
应收利息	977	952	应付职工薪酬		23
发放贷款和垫款	189535	197610	应交税费	165	158
可供出售金融资产			应付利息	184	82
持有至到期投资			预计负债	40	60
应收款项投资			应付债券		
长期股权投资			递延所得税负债	9	8
投资性房地产			其他负债	8119	1732
固定资产	164	123	负债合计	95561	89955
在建工程			所有者权益(或股东权益)		
无形资产			实收资本(或股本)	10000	10000
递延所得税资产	1571	1978	资本公积		
其他资产	-35276	-51052	减:库存股		
			盈余公积		
			一般风险准备		
			未分配利润	53168	51005
			外币报表折算差额		
			所有者权益(或股东权益)合计	63168	61005
资产总计	158728	150959	负债和所有者权益(或股东权益)总计	158728	150959

㉖ 渣打银行(中国)有限公司武汉分行资产负债表

表 5-3-1-1-3-26　　2022 年 12 月 31 日　　单位:万元

资产	年末数	年初数	负债和所有者权益(或股东权益)	年末数	年初数
资产			负债		
现金及存放中央银行款项			向中央银行借款		
存放同业款项	482	548	同业及其他金融机构存放款项	208659	188804
贵金属			拆入资金		
拆出资金			交易性金融负债		
交易性金融资产			衍生金融负债		
衍生金融资产			卖出回购金融资产款		
买入返售金融资产			吸收存款	57838	63914
应收利息	1289	1784	应付职工薪酬		
发放贷款和垫款	319590	299240	应交税费	157	139
可供出售金融资产			应付利息	243	215

续表 5-3-1-1-3-26

资产	年末数	年初数	负债和所有者权益(或股东权益)	年末数	年初数
持有至到期投资			预计负债	5	5
应收款项投资			应付债券		
长期股权投资			递延所得税负债		
投资性房地产			其他负债	673	768
固定资产	127	196	负债合计	267576	253845
在建工程			所有者权益(或股东权益)		
无形资产			实收资本(或股本)	10000	10000
递延所得税资产			资本公积		
其他资产	-6749	-2045	减:库存股		
			盈余公积		
			一般风险准备		
			未分配利润	37163	35877
			外币报表折算差额		
			所有者权益(或股东权益)合计	47163	45877
资产总计	314739	299722	负债和所有者权益(或股东权益)总计	314739	299722

㉗ 企业银行(中国)有限公司武汉分行资产负债表

表 5-3-1-1-3-27　　2022 年 12 月 31 日　　单位:万元

资产	期末数	期初数	负债和所有者权益(或股东权益)	期末数	期初数
资产			负债		
现金及存放中央银行款项	90	40	向中央银行借款		
存放同业款项	178	43	同业及其他金融机构存放款项	40864	
贵金属			拆入资金		
拆出资金	17526	6470	交易性金融负债		
交易性金融资产			衍生金融负债		
衍生金融资产			卖出回购金融资产款		
买入返售金融资产			吸收存款	47817	70936
应收利息	279	257	应付职工薪酬	5	4
发放贷款和垫款	82831	75972	应缴税费	55	54
可供出售金融资产			应付利息	333	102
持有至到期投资			预计负债	213	328
应收款项投资			应付债券		
长期股权投资			递延所得税负债	204	64
投资性房地产			其他负债	306	4
固定资产	87	22	负债合计	89797	71493
在建工程			所有者权益(或股东权益)		
无形资产			实收资本(或股本)	10000	10000
递延所得税资产			资本公积		
其他资产	-361	-257	减:库存股		
			盈余公积		
			一般风险准备		
			未分配利润	832	1053
			外币报表折算差额		

续表 5-3-1-1-3-27

资产	期末数	期初数	负债和所有者权益(或股东权益)	期末数	期初数
			所有者权益(或股东权益)合计	10832	11053
资产总计	100629	82546	负债和所有者权益(或股东权益)总计	100629	82546

㉘ 富邦华一银行有限公司武汉分行资产负债表

表 5-3-1-1-3-28　　2022 年 12 月 31 日　　单位:万元

资产	年末数	年初数	负债和所有者权益(或股东权益)	年末数	年初数
资产			负债		
现金及存放中央银行款项	0		向中央银行借款		
存放同业款项	64	50	同业及其他金融机构存放款项		
贵金属			拆入资金		
拆出资金			交易性金融负债		
交易性金融资产			衍生金融负债		
衍生金融资产			卖出回购金融资产款	4464	
买入返售金融资产			吸收存款	241334	247730
应收利息	1459	666	应付职工薪酬		
发放贷款和垫款	403026	421844	应交税费	375	406
可供出售金融资产			应付利息	1548	1243
持有至到期投资			预计负债	87	196
应收款项投资			应付债券		
长期股权投资			递延所得税负债		
投资性房地产			其他负债	146802	154380
固定资产	8	55	负债合计	394610	403954
在建工程			所有者权益(或股东权益)		
无形资产	0	1	实收资本(或股本)	2000	2000
递延所得税资产			资本公积		
其他资产	-61	-1331	减:库存股		
			盈余公积		
			一般风险准备		
			未分配利润	7848	15130
			外币报表折算差额		
			所有者权益(或股东权益)合计	9886	17329
资产总计	404496	421284	负债和所有者权益(或股东权益)总计	404496	421284

㉙ 华侨永亨银行(中国)有限公司武汉分行资产负债表

表 5-3-1-1-3-29　　2022 年 12 月 31 日　　单位:万元

资产	年末数	负债和所有者权益(或股东权益)	年末数
资产		负债	
现金及存放中央银行款项		向中央银行借款	
存放同业款项		同业及其他金融机构存放款项	
贵金属		拆入资金	

续表 5-3-1-1-3-29

资产	年末数	负债和所有者权益(或股东权益)	年末数
拆出资金		交易性金融负债	
交易性金融资产		衍生金融负债	
衍生金融资产		卖出回购金融资产款	
买入返售金融资产		吸收存款	
应收利息		应付职工薪酬	36
发放贷款和垫款		应交税费	1
可供出售金融资产		应付利息	
持有至到期投资		预计负债	
应收款项投资		应付债券	
长期股权投资		递延所得税负债	
投资性房地产		其他负债	352
固定资产	21	负债合计	389
在建工程		所有者权益(或股东权益)	
无形资产		实收资本(或股本)	10000
递延所得税资产		资本公积	
其他资产	9865	减:库存股	
		盈余公积	
		一般风险准备	
		未分配利润	-503
		外币报表折算差额	
		所有者权益(或股东权益)合计	9497
资产总计	**9886**	**负债和所有者权益(或股东权益)总计**	**9886**

㉚ 南洋商业银行(中国)有限公司武汉分行资产负债表

表 5-3-1-1-3-30　　2022 年 12 月 31 日　　单位:万元

资产	年末数	年初数	负债和所有者权益(或股东权益)	年末数	年初数
资产			负债		
现金及存放中央银行款项			向中央银行借款		
存放同业款项	35	68	同业及其他金融机构存放款项	19761	21498
贵金属			拆入资金		
拆出资金			交易性金融负债		
交易性金融资产			衍生金融负债		
衍生金融资产			卖出回购金融资产款		
买入返售金融资产			吸收存款	266438	270379
应收利息	388	312	应付职工薪酬	132	43
发放贷款和垫款	274686	193211	应交税费	179	154
可供出售金融资产			应付利息	178	80
持有至到期投资			预计负债		
应收款项投资			应付债券		
长期股权投资			递延所得税负债		
投资性房地产			其他负债	67979	63676
固定资产	135	130	负债合计	354667	355830
在建工程			所有者权益(或股东权益)		

续表 5-3-1-1-3-30

资产	年末数	年初数	负债和所有者权益(或股东权益)	年末数	年初数
无形资产	6	7	实收资本(或股本)		
递延所得税资产			资本公积		
其他资产	85305	165421	减:库存股		
			盈余公积		
			一般风险准备		
			未分配利润	5888	3318
			外币报表折算差额		
			所有者权益(或股东权益)合计	5888	3318
资产总计	360555	359148	负债和所有者权益(或股东权益)总计	360555	359148

㉛ 瑞穗银行(中国)有限公司武汉分行资产负债表

表 5-3-1-1-3-31　　2022 年 12 月 31 日　　单位:万元

资产	年末数	负债和所有者权益	年末数
资产		负债	
现金		单位存款	364140
贵金属		储蓄存款	
存放中央银行款项	9	向中央银行借款	
存放同业款项	306	同业存放款项	
存放系统内款项	133109	系统内存放款项	
拨付营运资金		同业拆入	
应收利息	1479	卖出回购款项	
各项贷款	257976	汇出汇款	
贸易融资		应解汇款	
贴现及买断式转贴现		存入保证金	
其他贷款		其他存款	
拆放同业		应付利息	1550
其他应收款	64	应交税费	152
投资		应付职工薪酬	189
买入返售资产		应付福利费	
长期待摊费用	33	应付股利	
固定资产原价	465	其他应付款	70
减:累计折旧	370	预提费用	
固定资产净值	96	递延收益	39
固定资产清理		预计负债	52
在建工程		转贷款资金	
无形资产	5	应付债券	
抵债资产		其他负债	2711
递延所得税资产		递延所得税负债	
其他资产	3223	负债合计	368903
减:各项资产减值损失准备	2544	所有者权益	
		实收资本	10000
		资本公积	
		其他权益工具	

续表 5-3-1-1-3-31

资产	年末数	负债和所有者权益	年末数
		其他综合收益	
		盈余公积	
		一般风险准备	
		信托赔偿准备	
		未分配利润	14854
		少数股东权益	
		所有者权益合计	24854
资产总计	393757	负债和所有者权益总计	393757

注：本表数据口径为本外币。

㉜ 三菱日联银行(中国)有限公司武汉分行资产负债表

表 5-3-1-1-3-32　　2022 年 12 月 31 日　　单位：万元

资产	年末数	年初数	负债和所有者权益(或股东权益)	年末数	年初数
资产			负债		
现金及存放中央银行款项		8	向中央银行借款		
存放同业款项	16	13	同业及其他金融机构存放款项		
贵金属			拆入资金	222926	254654
拆出资金	176926	189764	交易性金融负债		
交易性金融资产			衍生金融负债	3786	1953
衍生金融资产	3638	1632	卖出回购金融资产款		
买入返售金融资产			吸收存款	153137	169171
应收利息	1131	1402	应付职工薪酬	242	230
发放贷款和垫款	210892	247106	应交税费	175	215
可供出售金融资产			应付利息	619	1157
持有至到期投资			预计负债	241	38
应收款项投资			应付债券		
长期股权投资			递延所得税负债		
投资性房地产			其他负债	345	19
固定资产	202	232	负债合计	381471	427437
在建工程			所有者权益(或股东权益)		
无形资产	9	11	实收资本(或股本)	10000	10000
递延所得税资产			资本公积	-7	-1
其他资产	159	339	减：库存股		
			盈余公积		
			一般风险准备		
			未分配利润	1509	3071
			外币报表折算差额		
			所有者权益(或股东权益)合计	11502	13070
资产总计	392973	440507	负债和所有者权益(或股东权益)总计	392973	440507

㉝ 台湾土地银行股份有限公司武汉分行资产负债表

表 5-3-1-1-3-33　　2022 年 12 月 31 日　　单位：万元

资产	期末数	期初数	负债和所有者权益（或股东权益）	期末数	期初数
资产			负债		
现金及存放中央银行款项	311	436	向中央银行借款		
存放同业款项	13703	27842	同业及其他金融机构存放款项		20000
贵金属			拆入资金		4000
拆出资金	41907	20560	交易性金融负债		
交易性金融资产			衍生金融负债		
衍生金融资产			卖出回购金融资产款		
买入返售金融资产			吸收存款	5104	7298
应收利息	618	621	应付职工薪酬		
发放贷款和垫款	141282	164324	应交税费	221	874
可供出售金融资产			应付利息	280	482
持有至到期投资			预计负债		
应收款项投资			应付债券		
长期股权投资			递延所得税负债		
投资性房地产			其他负债	165374	163557
固定资产	123	178	负债合计	170979	196211
在建工程			所有者权益（或股东权益）		
无形资产	19	34	实收资本（或股本）		
递延所得税资产	1072		资本公积		
其他资产	-1749	-343	减：库存股		
			盈余公积		
			一般风险准备		
			未分配利润	15115	17441
			外币报表折算差额	11192	
			所有者权益（或股东权益）合计	26307	17441
资产总计	**197286**	**213652**	**负债和所有者权益（或股东权益）总计**	**197286**	**213652**

㉞ 台湾中小企业银行股份有限公司武汉分行资产负债表

表 5-3-1-1-3-34　　2022 年 12 月 31 日　　单位：万元

资产	年末数	年初数	负债和所有者权益（或股东权益）	年末数	年初数
资产			负债		
现金及存放中央银行款项	750	750	向中央银行借款		
存放同业款项	44185	41269	同业及其他金融机构存放款项		
贵金属			拆入资金		2000
拆出资金	7425	2970	交易性金融负债		
交易性金融资产			衍生金融负债		
衍生金融资产			卖出回购金融资产款		
买入返售金融资产			吸收存款	4243	5229
应收利息	447	567	应付职工薪酬	93	82
发放贷款和垫款	45338	52000	应交税费	34	317
可供出售金融资产			应付利息	11	7

续表 5-3-1-1-3-34

资产	年末数	年初数	负债和所有者权益(或股东权益)	年末数	年初数
持有至到期投资			预计负债	31	7
应收款项投资			应付债券		
长期股权投资			递延所得税负债		
投资性房地产			其他负债	85690	79740
固定资产	53	62	负债合计	90102	87382
在建工程			所有者权益(或股东权益)		
无形资产	68	32	实收资本(或股本)		
递延所得税资产			资本公积		
其他资产	2211	1866	减:库存股		
			盈余公积		
			一般风险准备		
			未分配利润	10376	12134
			外币报表折算差额		
			所有者权益(或股东权益)合计	10376	12134
资产总计	100478	99516	负债和所有者权益(或股东权益)总计	100478	99516

㉟ 武汉农村商业银行资产负债表

表 5-3-1-1-3-35　　2022 年 12 月 31 日　　单位:万元

资产	年末数	年初数	负债和股东权益(或股东权益)	年末数	年初数
资产			负债		
现金及存放中央银行款项	2711006	3088995	向中央银行借款	447993	315982
存放同业款项	166487	92089	同业及其他金融机构存放款项	1458406	1372160
拆出资金	1173416	597810	拆入资金	579589	418206
买入返售金融资产	1525154	1721394	交易性金融负债		
金融投资			卖出回购金融资产款	2412116	2415077
交易性金融资产	358930	758987	吸收存款	28027789	24859858
债权投资	3758824	1894930	应付职工薪酬	46974	39510
其他债权投资	7027898	7140375	应交税费	64983	4045
其他权益工具投资	22317	22317	租赁负债	28604	32245
发放贷款和垫款	21645692	19343840	预计负债	9516	8572
长期股权投资	375801	341461	应付债券	3929668	3751793
投资性房地产			递延所得税负债	8124	28880
固定资产	138091	142634	其他负债	60781	71723
在建工程	15981	16001	负债合计	37074541	33318052
使用权资产	31812	36650	所有者权益(或股东权益)		
无形资产	10960	12235	股本	545250	495682
递延所得税资产	313253	255649	资本公积	198599	248014
其他资产	202243	201052	其他综合收益	29857	107436
			盈余公积	454402	430689
			一般风险准备	945235	924287
			未分配利润	229983	142257
			所有者权益(或股东权益)合计	2403325	2348365
资产总计	39477866	35666417	负债和所有者权益(或股东权益)总计	39477866	35666417

㊱ 湖北省农村信用社联合社资产负债表

表 5-3-1-1-3-36　　2022 年 12 月 31 日　　单位:万元

资产	年末数	年初数	负债和所有者权益	年末数	年初数
资产			负债		
现金及存放中央银行款项	7025175	8152859	向中央银行借款	4029065	4170262
贵金属			联行存放款项		
存放联行款项	187213	55041	同业及其他金融机构存放款	4028713	4910241
存放同业款项	4632413	5048320	拆入资金	212336	235236
拆出资金	40175	13593	交易性金融负债		
交易性金融资产	332352	31901	衍生金融负债		
衍生金融资产			卖出回购金融资产款	1530244	1452821
买入返售金融资产	742837	261240	吸收存款	91230205	103547443
应收利息	836406	900278	应付利息	2922521	3219617
应收股利	1355	2922	应付职工薪酬	206014	216226
其他应收款	217636	237157	应交税费	138172	135644
发放贷款和垫款	58397968	66929740	应付股利	12759	16397
其他债权投资	118801	38657	其他应付款	240750	274776
债权投资	36427457	41352727	预计负债		
其他权益工具投资	456792	484568	应付债券		
长期股权投资	31818	31818	租赁负债		
投资性房地产			预计负债表外项目减值准备	75564	70850
固定资产	655504	625456	递延所得税负债	4138	4136
在建工程	263155	283008	其他负债	168776	251597
固定资产清理	18		负债总计	104799258	118505246
无形资产	168431	193521	所有者权益		
使用权资产			实收资本(股本)	2599637	2696100
长期待摊费用	30121	43907	其中:法人股股本	1572097	1637564
抵债资产	280645	408599	自然人股股本	794858	818176
递延所得税资产	3196	3196	资本公积	271963	292754
待处理财产损溢			减:库存股		
其他资产			其他综合收益	225199	252389
			盈余公积	591550	652018
			一般风险准备	1538347	1655762
			未分配利润	823514	1044238
			所有者权益合计	6050209	6593261
资产总计	110849467	125098507	负债和所有者权益总计	110849467	125098507

㊲ 交银国际信托有限公司资产负债表

表 5-3-1-1-3-37　　2022 年 12 月 31 日　　单位:万元

资产	年末数	年初数	负债和所有者权益(或股东权益)	年末数	年初数
资产			负债		
现金及存放中央银行款项	138260	206598	向中央银行借款		
存放同业款项			同业及其他金融机构存放款项		
贵金属			拆入资金		

续表 5-3-1-1-3-37

资产	年末数	年初数	负债和所有者权益(或股东权益)	年末数	年初数
拆出资金			交易性金融负债		
交易性金融资产	774847	591830	衍生金融负债		
衍生金融资产			卖出回购金融资产款		
买入返售金融资产			吸收存款		
应收利息			应付职工薪酬	14684	14748
发放贷款和垫款	468145	354931	应交税费	32085	67838
可供出售金融资产			应付利息		
持有至到期投资	360270	511475	预计负债	12751	
应收款项投资			应付债券		
长期股权投资	105	105	递延所得税负债	3324	1352
投资性房地产			其他负债	208286	192655
固定资产	2038	2330	负债合计	271131	276593
在建工程			所有者权益(或股东权益)		
无形资产	1631	1703	实收资本(或股本)	576471	576471
递延所得税资产	9079	2051	资本公积		
其他资产	58559	53387	减:库存股		
			盈余公积	95634	87521
			一般风险准备	119201	119201
			未分配利润	750499	664623
			外币报表折算差额		
			所有者权益(或股东权益)合计	1541805	1447816
资产总计	**1812936**	**1724409**	**负债和所有者权益(或股东权益)总计**	**1812936**	**1724409**

㊳ 国通信托有限责任公司资产负债表

表 5-3-1-1-3-38　　　　2022 年 12 月 31 日　　　　单位:万元

资产	2022 年末数	2021 年末数	负债和股东权益	2022 年末数	2021 年末数
资产			负债		
货币资金	47400	28935	向中央银行借款		
存放同业款项			同业及其他金融机构		
贵金属			存放款项		
拆出资金	10001		拆入资金	65686	40000
交易性金融资产	385237	541787	交易性金融负债		
衍生金融资产			衍生金融负债		
买入返售金融资产	77943	132983	卖出回购金融资产款	0	89808
应收利息	4136	21605	吸收存款		
发放贷款及垫款	25800		应付职工薪酬	4187	4359
可供出售金融资产			应交税费	23239	32482
持有至到期投资			应付利息		
应收款项类投资	153637	110172	预计负债		
长期股权投资			应付债券		
投资性房地产			递延所得税负债		
固定资产	15584	16722	其他负债	45047	145972
在建工程			负债合计	138158	312621

续表 5-3-1-1-3-38

资产	2022 年末数	2021 年末数	负债和股东权益	2022 年末数	2021 年末数
无形资产	1968	2434	股东权益		
递延所得税资产	97112	98223	实收资本	415837	415837
其他资产	97426	79101	资本公积	146762	146762
			减:库存股		
			其他综合收益		
			盈余公积	66537	60663
			一般风险准备	91458	88520
			未分配利润	57491	7558
			外币报表折算差额		
			归属于母公司的股东权益合计		
			少数股东权益		
			股东权益合计	778086	719341
资产总计	916244	1031962	负债和股东权益总计	916244	1031962

㊴ 中国长城资产管理股份有限公司湖北省分公司资产负债表

表 5-3-1-1-3-39　　2022 年 12 月 31 日　　单位:万元

资产	期末数	期初数	负债和所有者权益(或股东权益)	期末数	期初数
资产			负债		
现金及存放中央银行款项	251	106	向中央银行借款		
存放同业款项			同业及其他金融机构存放款项		
贵金属			拆入资金	911776	964453
拆出资金	3523	4188	交易性金融负债		
交易性金融资产	343231	402622	衍生金融负债		
衍生金融资产			卖出回购金融资产款		
买入返售金融资产			吸收存款		
应收利息		4119	应付职工薪酬	1077	623
发放贷款和垫款			应交税费	-184	744
可供出售金融资产			应付利息		
持有至到期投资			预计负债		
应收款项投资	499778	623914	应付债券		
长期股权投资			递延所得税负债		
投资性房地产	1159	1271	其他负债	39829	24364
固定资产	1184	1256	负债合计	952498	990183
在建工程			所有者权益(或股东权益)		
无形资产			实收资本(或股本)		
递延所得税资产			资本公积		
其他资产	5092	3410	减:库存股		
			盈余公积		
			一般风险准备		
			未分配利润	-98280	50702
			外币报表折算差额		
			所有者权益(或股东权益)合计	-98280	50702
资产总计	854218	1040885	负债和所有者权益(或股东权益)总计	854218	1040885

㊵ 中国信达资产管理股份有限公司湖北省分公司资产负债表

表 5-3-1-1-3-40　　2022 年 12 月 31 日　　单位:万元

资产	年末数	年初数	负债和所有者权益(或股东权益)	年末数	年初数
资产			负债		
现金及存放中央银行款项			向中央银行借款		
存放同业款项	2971	5478	同业及其他金融机构存放款项		
贵金属			拆入资金		
拆出资金			交易性金融负债		
交易性金融资产	1363175	1033385	衍生金融负债		
衍生金融资产			卖出回购金融资产款		
买入返售金融资产			吸收存款		
应收利息			应付职工薪酬	6324	6686
发放贷款和垫款			应交税费	478	3463
可供出售金融资产			应付利息		
持有至到期投资			预计负债		
应收款项投资	492141	753260	应付债券		
长期股权投资	132282	96273	递延所得税负债		
投资性房地产			其他负债	517138	440701
固定资产	138	163	负债合计	523940	450850
在建工程			所有者权益(或股东权益)		
无形资产			实收资本(或股本)		
递延所得税资产			资本公积	926	799
其他资产	1906	413	减:库存股		
			盈余公积		
			一般风险准备		
			未分配利润	1467747	1437324
			外币报表折算差额		
			所有者权益(或股东权益)合计	1468673	1438123
资产总计	1992613	1888972	负债和所有者权益(或股东权益)总计	1992613	1888972

㊶ 中国华融资产管理股份有限公司湖北省分公司资产负债表

表 5-3-1-1-3-41　　2022 年 12 月 31 日　　单位:万元

资产	期末金额	年初金额	负债和所有者权益(或股东权益)	期末金额	年初金额
资产			负债		
货币资金	280	278	短期借款		
其中:客户资金存款			其中:质押借款		
存放中央银行款项			向中央银行借款		
贵金属			联行存放款项		
存放联行款项			同业及其他金融机构存放款项		
存放同业款项			拆入资金		
拆出资金			融入资金		
结算备付金			以公允价值计量且其变动计入当期损益的金融负债		
其中:客户备付金			衍生金融负债		
金融投资	2080660	2100380	卖出回购金融资产款		

续表 5-3-1-1-3-41

资产	期末金额	年初金额	负债和所有者权益(或股东权益)	期末金额	年初金额
以公允价值计量且其变动计入损益的金融资产	836503	854960	代理买卖证券款		
以摊余成本计量的金融资产	1244156	1245421	代理承销证券款		
以公允价值计量且其变动计入其他综合收益的金融资产			吸收存款		
以公允价值计量且其变动计入其他综合收益的权益类投资			应付职工薪酬	2806	3314
融出资金			应交税费	2150	4557
融出证券			应付利息		
衍生金融资产			责任准备金		
应收款项			存入保证金	2521	2985
合同资产			应付款项		
预付账款	785	69	合同负债		
应收利息			持有待售负债		
买入返售金融资产			预收账款	12521	11396
代理兑付证券			其他应付款	5081	370
存出保证金			代理兑付证券款		
其他应收款	3653	1068	预计负债		
发放贷款和垫款			应付债券		
以摊余成本计量的发放贷款和垫款			其中:优先股		
分类为以公允价值计量且其变动计入当期损益的贷款和垫款			永续债		
分类为以公允价值计量且其变动计入其他综合收益的贷款和垫款			长期借款		
持有待售资产			递延所得税负债		
长期应收款			系统内往来	622001	762225
其中:应收融资租赁款			其他负债	72	72
长期股权投资			负债合计	647152	784919
投资性房地产			所有者权益(或股东权益)		
固定资产账面价值	921	1171	实收资本(或股本)		
其中:固定资产原值	4610	4544	国家资本		
其中:累计折旧	3689	3373	集体资本		
其中:固定资产减值准备			法人资本		
在建工程			其中:国有法人资本		
固定资产清理			个人资本		
无形资产净值			外商资本		
其中:无形资产原值			其他权益工具		
其中:累计摊销			其中:优先股		
其中:交易席位费			永续债		
商誉			资本公积	-147	-147
长期待摊费用			减:库存股		
抵债资产	3777	3777	其他综合收益		
递延所得税资产			其中:外币折算差额		
系统内往来			盈余公积		
其他资产			一般风险准备		
			未分配利润	1443070	1321969
			归属于母公司所有者权益合计	1442923	1321822
			少数股东权益		
			永续债持有者权益		
			所有者权益(或股东权益)合计	1442923	1321822
资产总计	2090075	2106742	负债和所有者权益(或股东权益)总计	2090075	2106742

㊷ 中国东方资产管理股份有限公司湖北省分公司资产负债表

表 5-3-1-1-3-42　　2022 年 12 月 31 日　　单位：万元

资产	年末数	年初数	负债和所有者权益（或股东权益）	年末数	年初数
资产			负债		
现金及存放中央银行款项	132	127	向中央银行借款		
存放同业款项			同业及其他金融机构存放款项		
贵金属			拆入资金		
拆出资金			交易性金融负债		
交易性金融资产	1833272	1469639	衍生金融负债		
衍生金融资产			卖出回购金融资产款		
买入返售金融资产			吸收存款		
应收利息			应付职工薪酬	3390	2754
发放贷款和垫款			应交税费	3459	2796
可供出售金融资产			应付利息		
持有至到期投资			预计负债		
应收款项投资	1061151	1024482	应付债券		
长期股权投资	3280	3340	递延所得税负债		
投资性房地产			其他负债	2894968	2496563
固定资产	1184	1312	负债合计	2901817	2502113
在建工程			所有者权益（或股东权益）		
无形资产			实收资本（或股本）		
递延所得税资产			资本公积		
其他资产	2798	3213	减：库存股		
			盈余公积		
			一般风险准备		
			未分配利润		
			外币报表折算差额		
			所有者权益（或股东权益）合计		
资产总计	2901817	2502113	负债和所有者权益（或股东权益）总计	2901817	2502113

㊸ 光大金融租赁股份有限公司资产负债表

表 5-3-1-1-3-43　　2022 年 12 月 31 日　　单位：万元

资产	年末数	年初数	负债和所有者权益（或股东权益）	年末数	年初数
资产			负债		
现金及存放中央银行款项	0	0	向中央银行借款		
存放同业款项	760956	772875	同业及其他金融机构存放款项		
贵金属			拆入资金	10342073	10087583
拆出资金	13414	13414	交易性金融负债		
交易性金融资产	220536	61933	衍生金融负债		
衍生金融资产			卖出回购金融资产款	203300	155800
买入返售金融资产			吸收存款		
应收利息	114862	124149	应付职工薪酬	17357	13363
发放贷款和垫款	10688978	10783009	应交税费	97833	90713
可供出售金融资产	75137	94958	应付利息	55297	67785

续表 5-3-1-1-3-43

资产	年末数	年初数	负债和所有者权益(或股东权益)	年末数	年初数
持有至到期投资			预计负债		
应收款项投资			应付债券	159640	239589
长期股权投资			递延所得税负债		
投资性房地产			其他负债	891003	1197585
固定资产	969016	925432	负债合计	11766503	11852418
在建工程			所有者权益(或股东权益)		
无形资产	1638	1514	实收资本(或股本)	590000	590000
递延所得税资产	136727	124205	资本公积		
其他资产	106414	113433	减:库存股		
			盈余公积	82367	64473
			一般风险准备	178268	178268
			未分配利润	470098	331425
			外币报表折算差额	443	-1661
			所有者权益(或股东权益)合计	1321175	1162504
资产总计	13087678	13014922	负债和所有者权益(或股东权益)总计	13087678	13014922

㊹ 航天科工金融租赁有限公司资产负债表

表 5-3-1-1-3-44　　2022 年 12 月 31 日　　单位:万元

资产	年末数	年初数	负债和所有者权益(或股东权益)	年末数	年初数
资产			负债		
现金及存放中央银行款项	8100	7986	向中央银行借款		
存放同业款项	54657	63142	同业及其他金融机构存放款项		
贵金属			拆入资金	1214400	1179350
拆出资金			交易性金融负债		
交易性金融资产			衍生金融负债		
衍生金融资产			卖出回购金融资产款		
买入返售金融资产			吸收存款		
应收利息	24467	19207	应付职工薪酬	3586	3080
发放贷款和垫款	1692676	1601692	应交税费	9753	8374
可供出售金融资产			应付利息	10109	5340
持有至到期投资			预计负债		
应收款项投资			应付债券		
长期股权投资			递延所得税负债		
投资性房地产			其他负债	242481	184206
固定资产	139	188	负债合计	1480328	1380350
在建工程			所有者权益(或股东权益)		
无形资产	608	297	实收资本(或股本)	300000	300000
递延所得税资产	16481	15793	资本公积		
其他资产	76198	45489	减:库存股		
			盈余公积	11500	8344
			一般风险准备	26955	25393
			未分配利润	54543	39706
			外币报表折算差额		

续表 5-3-1-1-3-44

资产	年末数	年初数	负债和所有者权益(或股东权益)	年末数	年初数
			所有者权益(或股东权益)合计	392998	373443
资产总计	1873326	1753794	负债和所有者权益(或股东权益)总计	1873326	1753794

注:发放贷款和垫款已剔除贷款损失准备。

㊺ 湖北金融租赁股份有限公司资产负债表

表 5-3-1-1-3-45　　2022 年 12 月 31 日　　单位:万元

资产	年末数	年初数	负债和所有者权益(或股东权益)	年末数	年初数
资产			负债		
现金及存放中央银行款项	6901	6800	向中央银行借款		
存放同业款项	287773	352629	同业及其他金融机构存放款项		
贵金属			拆入资金	4153618	3468173
拆出资金	94784	132238	交易性金融负债		
交易性金融资产	2447		衍生金融负债		
衍生金融资产			卖出回购金融资产款		
买入返售金融资产			吸收存款		
应收利息			应付职工薪酬	6300	3778
发放贷款和垫款	4785570	3927108	应交税费	12869	15689
可供出售金融资产			应付利息		
持有至到期投资			预计负债		
应收款项投资			应付债券	185467	285823
长期股权投资			递延所得税负债		
投资性房地产			其他负债	229279	122721
固定资产	256	330	负债合计	4587533	3896184
在建工程			所有者权益(或股东权益)		
无形资产	506	259	实收资本(或股本)	400000	300000
递延所得税资产	26101	25576	资本公积		
其他资产	34798	7236	减:库存股		
			盈余公积	37099	27538
			一般风险准备	77968	66200
			未分配利润	136537	162254
			外币报表折算差额		
			所有者权益(或股东权益)合计	651604	555992
资产总计	5239137	4452176	负债和所有者权益(或股东权益)总计	5239137	4452176

㊻ 有色矿业集团财务有限公司资产负债表

表 5-3-1-1-3-46　　2022 年 12 月 31 日　　单位:万元

资产	年末数	年初数	负债和所有者权益(或股东权益)	年末数	年初数
资产			负债		
现金及存放中央银行款项	39308	41179	向中央银行借款		
存放同业款项	231124	338258	同业及其他金融机构存放款项	5587	5667
贵金属			拆入资金		

续表 5-3-1-1-3-46

资产	年末数	年初数	负债和所有者权益(或股东权益)	年末数	年初数
拆出资金			交易性金融负债		
交易性金融资产			衍生金融负债		
衍生金融资产			卖出回购金融资产款		
买入返售金融资产			吸收存款	703463	763045
应收利息	1244	1073	应付职工薪酬	418	322
发放贷款和垫款	742871	688372	应交税费	872	3034
可供出售金融资产			应付利息	1858	3487
持有至到期投资	14954	16917	预计负债	1467	
应收款项投资			应付债券		
长期股权投资			递延所得税负债		
投资性房地产	1160	1195	其他负债	1609	1220
固定资产	4879	5112	负债合计	715275	776775
在建工程			所有者权益(或股东权益)		
无形资产	479	525	实收资本(或股本)	300000	300000
递延所得税资产	3435	3641	资本公积		
其他资产	322	141	减:库存股		
			盈余公积	4870	3595
			一般风险准备	13077	8153
			未分配利润	6554	7891
			外币报表折算差额		
			所有者权益(或股东权益)合计	324501	319638
资产总计	1039776	1096413	负债和所有者权益(或股东权益)总计	1039776	1096413

㊼ 湖北宜化集团财务有限责任公司资产负债表

表 5-3-1-1-3-47　　2022 年 12 月 31 日　　单位:万元

资产	年末数	年初数	负债和所有者权益(或股东权益)	年末数	年初数
资产			负债		
现金及存放中央银行款项	22026	16411	向中央银行借款	9112	8986
存放同业款项	146521	92973	同业及其他金融机构存放款项		
贵金属			拆入资金		
拆出资金			交易性金融负债		
交易性金融资产			衍生金融负债		
衍生金融资产			卖出回购金融资产款		
买入返售金融资产			吸收存款	341000	270641
应收利息			应付职工薪酬	24	11
发放贷款和垫款	247665	234151	应交税费	420	57
可供出售金融资产			应付利息		
持有至到期投资			预计负债	575	
应收款项投资			应付债券		
长期股权投资			递延所得税负债	34	6
投资性房地产			其他负债	563	758
固定资产	181	46	负债合计	351728	280460
在建工程			所有者权益(或股东权益)		

续表 5-3-1-1-3-47

资产	年末数	年初数	负债和所有者权益(或股东权益)	年末数	年初数
无形资产	262	180	实收资本(或股本)	50000	50000
递延所得税资产	483	303	资本公积		
其他资产	443	685	减:库存股		
			盈余公积	1840	1684
			一般风险准备	3911	3911
			未分配利润	10102	8694
			外币报表折算差额		
			所有者权益(或股东权益)合计	65853	64289
资产总计	**417581**	**344750**	**负债和所有者权益(或股东权益)总计**	**417581**	**344750**

㊽ 东风汽车财务有限公司资产负债表

表 5-3-1-1-3-48　　2022 年 12 月 31 日　　单位:万元

资产	年末数	年初数	负债和所有者权益(或股东权益)	年末数	年初数
资产			负债		
现金及存放中央银行款项	499104	450450	向中央银行借款		8227
存放同业款项	4186882	2487132	同业及其他金融机构存放款项		
贵金属			拆入资金		
拆出资金			交易性金融负债		
交易性金融资产	1355719	1169327	衍生金融负债		
衍生金融资产			卖出回购金融资产款		
买入返售金融资产			吸收存款	11335411	10924916
应收利息	28330	56497	应付职工薪酬	9653	8990
发放贷款和垫款	4404552	5441928	应交税费	12501	53710
可供出售金融资产			应付利息		
持有至到期投资			预计负债	12373	18736
应收款项投资			应付债券		67348
长期股权投资			递延所得税负债		
投资性房地产			其他负债	533287	745465
固定资产	19063	18543	负债合计	11903227	11827392
在建工程		160	所有者权益(或股东权益)		
无形资产	9393	6852	实收资本(或股本)	900000	900000
递延所得税资产	146986	149611	资本公积	55	
其他资产	3204696	3878898	减:库存股		
			盈余公积	272268	248380
			一般风险准备	220507	220507
			未分配利润	558669	463118
			外币报表折算差额		
			所有者权益(或股东权益)合计	1951500	1832005
资产总计	**13854726**	**13659397**	**负债和所有者权益(或股东权益)总计**	**13854726**	**13659397**

㊾ 湖北交投集团财务有限公司资产负债表

表 5-3-1-1-3-49　　2022 年 12 月 31 日　　单位：万元

资产	年末数	年初数	负债和所有者权益（或股东权益）	年末数	年初数
资产			负债		
现金及存放中央银行款项	80401	59126	向中央银行借款		
存放同业款项	1379817	1518925	同业及其他金融机构存放款项		
贵金属			拆入资金		
拆出资金			交易性金融负债		
交易性金融资产			衍生金融负债		
衍生金融资产			卖出回购金融资产款		
买入返售金融资产	119970		吸收存款	2460052	2333367
应收利息			应付职工薪酬	112	109
发放贷款和垫款	1038413	965501	应交税费	2454	2722
可供出售金融资产			应付利息		
持有至到期投资			预计负债	2165	1704
应收款项投资			应付债券		
长期股权投资			递延所得税负债		
投资性房地产			其他负债	318	255
固定资产	224	269	负债合计	2465101	2338157
在建工程			所有者权益（或股东权益）		
无形资产	115	89	实收资本（或股本）	150000	150000
递延所得税资产	4552	4147	资本公积	1200	1200
其他资产	60413	2721	减：库存股		
			盈余公积	9570	8132
			一般风险准备	16877	16283
			未分配利润	41157	37006
			外币报表折算差额		
			所有者权益（或股东权益）合计	218804	212621
资产总计	2683905	2550778	负债和所有者权益（或股东权益）总计	2683905	2550778

㊿ 三环集团财务有限公司资产负债表

表 5-3-1-1-3-50　　2022 年 12 月 31 日　　单位：万元

资产	期末余额	期初余额	负债和或股东权益	期末余额	期初余额
资产			负债		
现金及存放中央银行款项	7906	6101	向中央银行借款		
存放同业款项	66678	32775	同业及其他金融机构存放款项		
贵金属			拆入资金		
拆出资金			交易性金融负债		
交易性金融资产			转贴现负债		
衍生金融资产			卖出回购资产		
买入返售金融资产			吸收存款	142886	132475
应收股利			应付职工薪酬	148	133
应收利息	0		应交税费	353	390
其他应收款	20	21	应付利息	753	887

续表 5-3-1-1-3-50

资产	期末余额	期初余额	负债和或股东权益	期末余额	期初余额
发放贷款及垫款	183305	206821	应付债券		
可供出售金融资产			预计负债		
持有至到期投资			递延所得税负债		
投资性房地产			其他应付款	333	134
长期股权投资			其他负债		
固定资产原值	329	203	负债合计	144473	134020
累计折旧	75	43	所有者权益		
固定资产净值	254	160	实收资本(或股本)	100000	100000
无形资产	116	95	资本公积		
在建工程			盈余公积	1579	1195
递延所得税资产			一般风险准备	1579	1195
其他资产			未分配利润	10648	9563
			外币报表折算差额		
			所有者权益合计	113805	111954
资产总计	258278	245973	负债和所有者权益总计	258278	245973

㉛ 中国石化财务有限责任公司武汉分公司资产负债表

表 5-3-1-1-3-51　　2022 年 12 月 31 日　　单位:万元

资产	年末数	年初数	负债和所有者权益(或股东权益)	年末数	年初数
资产			负债		
现金及存放中央银行款项			向中央银行借款		
存放同业款项	214103	102290	同业及其他金融机构存放款项		
贵金属			系统内拆入资金	271304	145231
拆出资金			交易性金融负债		
交易性金融资产			衍生金融弄负债		
衍生金融资产			卖出回购金融资产款		
买入返售金融资产			吸收存款	141572	205118
应收利息	511	342	应付职工薪酬		
发放贷款和垫款	227985	269475	应交税费	-6	74
可供出售金融资产			应付利息	692	617
持有至到期投资			预计负债	3636	2161
应收款项投资			应付债券		
长期股权投资			递延所得税负债		
投资性房地产			其他负债	122490	166906
固定资产	22	29	负债合计	539688	520108
在建工程			所有者权益(或股东权益)		
无形资产			实收资本(股本)		
递延所得税资产			资本公积		
其他资产	104802	153501	减:库存股		
			其他综合收益	1079	1643
			盈余公积		
			一般风险准备		
			未分配利润	6656	3885

续表 5-3-1-1-3-51

资产	年末数	年初数	负债和所有者权益(或股东权益)	年末数	年初数
			外币报表折算差额		
			所有者权益(或股东权益)合计	7735	5528
资产总计	547422	525636	负债和所有者权益(或股东权益)合计	547422	525636

㊾ 三峡财务有限责任公司宜昌分公司资产负债表

表 5-3-1-1-3-52　　2022 年 12 月 31 日　　单位:万元

资产	年末数	年初数	负债和所有者权益(或股东权益)	年末数	年初数
资产			负债		
现金及存放中央银行款项	3118	2354	向中央银行借款		
存放同业款项			同业及其他金融机构存放款项		
贵金属			拆入资金		
拆出资金			交易性金融负债		
交易性金融资产			衍生金融负债		
衍生金融资产			卖出回购金融资产款		
买入返售金融资产			吸收存款	4240799	1895848
应收利息	4264	4999	应付职工薪酬		
发放贷款和垫款	3955354	4533674	应交税费	2573	2981
可供出售金融资产			应付利息	2099	4211
持有至到期投资			预计负债	1609	2514
应收款项投资			应付债券		
长期股权投资			递延所得税负债		
投资性房地产			其他负债	50073	2511143
固定资产	90	105	负债合计	4297153	4416697
在建工程			所有者权益(或股东权益)		
无形资产			实收资本(或股本)		
递延所得税资产			资本公积		
其他资产	442114	131	减:库存股		
			盈余公积		
			一般风险准备		
			未分配利润	107787	124566
			外币报表折算差额		
			所有者权益(或股东权益)合计	107787	124566
资产总计	4404940	4541263	负债和所有者权益(或股东权益)总计	4404940	4541263

㊿ 航天科工财务有限责任公司武汉分公司资产负债表

表 5-3-1-1-3-53　　2022 年 12 月 31 日　　单位:万元

资产	年末数	年初数	负债和所有者权益	年末数	年初数
资产			负债		
现金及存放中央银行款项			向中央银行借款		
存放同业款项	1107699	1648372	同业及其他金融机构存放款项		

续表 5-3-1-1-3-53

资产	年末数	年初数	负债和所有者权益	年末数	年初数
贵金属			拆入资金		
拆出资金			交易性金融负债		
交易性金融资产			衍生金融负债		
衍生金融资产			卖出回购金融资产款		
买入返售金融资产			吸收存款	1406166	1846371
应收利息	380	301	应付职工薪酬	261	252
发放贷款和垫款	371041	261188	应交税费	182	150
可供出售金融资产			应付利息	7896	5217
持有至到期投资			预计负债	627	990
应收款项投资			应付债券		
长期股权投资			递延所得税负债		
投资性房地产			其他负债	50079	50081
固定资产	3135	3265	负债合计	1465211	1903061
在建工程			所有者权益		
无形资产			实收资本		
递延所得税资产			资本公积		
其他资产	1501	1066	减:库存股		
			盈余公积		
			一般风险准备		
			未分配利润	18545	11131
			外币报表折算差额		
			所有者权益合计	18545	11131
资产总计	1483756	1914192	负债和所有者权益总计	1483756	1914192

㊿④ 中国能源建设集团财务有限公司武汉分公司资产负债表

表 5-3-1-1-3-54　　2022 年 12 月 31 日　　单位:万元

资产	年末数	年初数	负债和所有者权益(或股东权益)	年末数	年初数
资产			负债		
现金及存放中央银行款项	30	17	向中央银行借款		
存放同业款项			同业及其他金融机构存放款项		
贵金属			拆入资金		
拆出资金			交易性金融负债		
交易性金融资产			衍生金融负债		
衍生金融资产			卖出回购金融资产款		
买入返售金融资产			吸收存款		
应收利息	939	528	应付职工薪酬	48	22
发放贷款和垫款	1169881	1166783	应交税费	631	-5644
可供出售金融资产			应付利息		
持有至到期投资			预计负债		
应收款项投资			应付债券		
长期股权投资			递延所得税负债		
投资性房地产			其他负债	3002826	1776637
固定资产	8	3	负债合计	3003506	1771015

续表 5-3-1-1-3-54

资产	年末数	年初数	负债和所有者权益(或股东权益)	年末数	年初数
在建工程			所有者权益(或股东权益)		
无形资产			实收资本(或股本)		
递延所得税资产			资本公积		
其他资产	1842358	585828	减:库存股		
			盈余公积		
			一般风险准备		
			未分配利润	9709	-17857
			外币报表折算差额		
			所有者权益(或股东权益)合计	9709	-17857
资产总计	3013215	1753159	负债和所有者权益(或股东权益)总计	3013215	1753159

㊺ 宝武集团财务有限责任公司武汉分公司资产负债表

表 5-3-1-1-3-55　　2022 年 12 月 31 日　　单位:万元

资产	年末数	年初数	负债和所有者权益(或股东权益)	年末数	年初数
资产			负债		
现金及存放中央银行款项	232924	169132	向中央银行借款		
存放同业款项			同业及其他金融机构存放款项		
贵金属			拆入资金		
拆出资金			交易性金融负债		
交易性金融资产			衍生金融负债		
衍生金融资产			卖出回购金融资产款		
买入返售金融资产			吸收存款	974306	873457
应收利息	481	302	应付职工薪酬	46	19
发放贷款和垫款	258735	190496	应交税费	247	1262
可供出售金融资产			应付利息	3597	4937
持有至到期投资			预计负债		
应收款项投资			应付债券		
长期股权投资			递延所得税负债		
投资性房地产			其他负债	615	783
固定资产	99	123	负债合计	978811	880457
在建工程			所有者权益(或股东权益)		
无形资产			实收资本(或股本)	5000	5000
递延所得税资产			资本公积		
其他资产	500983	530158	减:库存股		
			盈余公积		
			一般风险准备		
			未分配利润	9412	4755
			外币报表折算差额		
			所有者权益(或股东权益)合计	14412	9755
资产总计	993223	890212	负债和所有者权益(或股东权益)总计	993223	890212

㊻ 湖北消费金融股份有限公司资产负债表

表 5-3-1-1-3-56　　2022 年 12 月 31 日　　单位:万元

资产	年末数	年初数	负债和所有者权益(或股东权益)	年末数	年初数
资产			负债		
现金及存放中央银行款项			向中央银行借款		
存放同业款项	89260	50897	同业及其他金融机构存放款项		
贵金属			拆入资金	1014826	794261
拆出资金			交易性金融负债		
交易性金融资产			衍生金融负债		
衍生金融资产			卖出回购金融资产款		
买入返售金融资产			吸收存款		11011
应收利息			应付职工薪酬	5069	6962
发放贷款和垫款	1074759	981664	应交税费	9140	4840
可供出售金融资产			应付利息		
持有至到期投资			预计负债		
应收款项投资			应付债券	20608	115889
长期股权投资			递延所得税负债		
投资性房地产	310		其他负债	25942	19686
固定资产	18432	8703	负债合计	1075585	952650
在建工程	4	3741	所有者权益(或股东权益)		
无形资产	10257	11658	实收资本(或股本)	100580	94000
递延所得税资产	30241	25400	资本公积	23700	30280
其他资产	8403	14786	减:库存股		
			盈余公积	4812	3624
			一般风险准备	16373	15014
			未分配利润	10615	1281
			外币报表折算差额		
			所有者权益(或股东权益)合计	156080	144198
资产总计	1231666	1096848	负债和所有者权益(或股东权益)总计	1231666	1096848

2.保险机构

(1)业务统计

① 长江财产保险股份有限公司业务统计表

表 5-3-1-2-1-1　　　　2022 年 12 月 31 日　　　　单位:万元、件

保险机构	保费收入											保户储金及投资款	赔付支出											已决赔案件数	未决赔款	保险金额(亿元)
	合计	企业财产保险	机动车辆保险	货物运输保险	责任保险	工程保险	信用及保证保险	农业保险	短期健康保险	意外伤害保险	其他		合计	企业财产保险	机动车辆保险	货物运输保险	责任保险	工程保险	信用及保证保险	农业保险	短期健康保险	意外伤害保险	其他			
武汉市	28210	8329	2750	750	12828	1831	295	-53	533	877	70		14455	3470	1465	45	7879	837	119	208	266	156	10	11932	8187	15157.85
黄石市	680	102	141	22	70					342	4		665	233	65	17	237					112		404	328	311.08
十堰市	5599		273		454			124	4423	38	286		1248		194		2	7		4	1025	16		21385	422	563.34
宜昌市	1276	3	903	38	247	6	1			76	0		719		697		2	0				18	1	1550	374	152.02
襄阳市	2630	50	648		118			1590	199	24	0		528	12	339		3				173	2		1350	313	124.92
鄂州市	237	1	168		40					27	1		190		160		10					19		247	180	17.71
荆门市	889	2	582		94				200	10	0		393		321		9					63		379	352	37.39
孝感市	337	8	248		28					47	5		313		308		1					5		420	142	31.76
荆州市	819	9	84		308				410	8	0		261		89		0				167	6		691	88	414.01
黄冈市	2799	7	906		168	56	0		1241	420	1		1582		788		178	2			528	87		4644	773	323.79
咸宁市	1155	34	926		84	5	2			99	5		1022		872		47					103	0	1562	590	150.98
随州市	838		445		86	4		226		77	0		502	24	301		22			131		24		595	391	48.58
恩施州	921	6	723		129	5	0			57	0		667		564		24	39				41		1243	212	110.93
潜江市	1398		204		359			1	811	22	0		687		223		1			1	460	1		1708	50	137.67
全省总计	47787	8552	9002	810	15013	1906	299	1889	7817	2126	374		23232	3738	6387	62	8415	884	119	344	2618	653	12	48110	12401	17582.02
全国总计	79805	8549	29763	8364	17250	2029	439	1941	7908	2975	588		47536	4111	29410	144	8816	933	119	344	2647	991	21	85216	31926	26966.37

② 泰康在线财产保险股份有限公司业务统计表

表 5-3-1-2-1-2　　2022 年 12 月 31 日　　单位：万元、件

保险机构	保费收入											保户储金及投资款	赔付支出											已决赔案件数	未决赔款	保险金额（亿元）
	合计	企业财产保险	机动车辆保险	货物运输保险	责任保险	工程保险	信用及保证保险	农业保险	短期健康保险	意外伤害保险	其他		合计	企业财产保险	机动车辆保险	货物运输保险	责任保险	工程保险	信用及保证保险	农业保险	短期健康保险	意外伤害保险	其他			
武汉市	101314	102	6971		17851		2324		68261	1459	4345		52947	0	5084		2647		1226		40387	1020	2583	1986238	3858	62617.03
全省总计	101314	102	6971		17851		2324		68261	1459	4345		52947	0	5084		2647		1226		40387	1020	2583	1986238	3858	62617.03
全国总计	1001318	3444	176311		57629		59129		575753	14887	114165		451023	730	98116		12280		30755		229685	6155	73302	72325358	66691	962823.80

③ 中国人民财产保险股份有限公司湖北省分公司业务统计表

表 5-3-1-2-1-3　　2022 年 12 月 31 日　　单位：万元、件

保险机构	保费收入											保户储金及投资款	赔付支出											已决赔案件数	未决赔款	保险金额（亿元）
	合计	企业财产保险	机动车辆保险	货物运输保险	责任保险	工程保险	信用及保证保险	农业保险	短期健康保险	意外伤害保险	其他		合计	企业财产保险	机动车辆保险	货物运输保险	责任保险	工程保险	信用及保证保险	农业保险	短期健康保险	意外伤害保险	其他			
武汉市	680199	20475	441973	8143	52119	16766	4143	36962	74504	19885	5228	1085	416292	12698	269705	4648	32047	8133	1706	23658	55054	7315	1328	113	2848	3039881.17
黄石市	63341	2411	34706	473	8804	97	−46	4836	7793	2519	1749	78	41995	1581	23942	22	3604	23	43	3466	7762	1437	116	15	275	7715.81
十堰市	114223	1894	49822	174	5527	40	−26	6003	48008	2477	304	439	80282	1645	33434	20	2690	7	16	4976	36641	843	9	72	292	21877.41
宜昌市	168502	5028	86845	1894	19017	6679	4564	8367	25116	4401	6592	163	94905	2191	48439	258	6957	1584	141	5812	24192	2974	2358	39	512	24075.11
襄阳市	130983	1540	72193	447	7955	184	91	20984	22487	2896	2205	485	78859	829	41892	246	3752	248	−173	19364	11228	648	824	22	351	16100.30
鄂州市	14796	422	8076	420	1908	215	2	40	2722	484	507	5.78	10002	75	6024	2	1349	0	25	69	1977	258	222	1	51	2912.90
荆门市	93282	776	52291	407	5322	359	−17	21458	10504	2033	147	197	55424	898	34539	78	2474	30	98	11884	5459	841	−877	22	198	9995.55
孝感市	122027	1707	42616	91	9721	570	3	23315	39827	3315	862	245	87381	726	29178	32	5015	187	−16	14485	36102	1369	303	30	281	18568.07
荆州市	219437	1552	77224	825	10646	543	99	40360	76550	5288	6350	995	157884	1058	46471	377	6253	53	200	25967	72642	2664	2200	107	368	40435.94
黄冈市	114268	856	46314	94	8705	215	−55	9879	42834	2450	2977	110	76296	300	33604	16	3370	53	403	5930	31577	538	504	30	285	18393.04
咸宁市	90355	1340	32794	65	7689	65	−19	14317	30743	2459	902	38	60745	451	23630	7	3802	25	263	8613	23208	464	283	19	167	12058.60
随州市	56609	583	25449	55	2390	1	11	7621	18878	1159	461	14	44791	176	18413	35	2122	33	−2	5234	18329	313	137	18	155	10853.00
恩施州	104616	760	51627	21	6778	222	−31	8399	30373	3764	2704	251	67387	362	29697	36	4392	164	−226	7548	21897	1985	1531	18	195	14674.97
仙桃市	35076	808	11552	77	2050	297	29	4344	9738	576	5606	12	24627	490	6298	29	1377	202		2963	8467	128	4673	2	131	2357.14
潜江市	27647	221	11816	249	1050	18	3	7585	5774	607	324	22	18786	80	7456	81	429		40	5264	5296	47	94	1	53	2491.71
天门市	20006	54	4541	3	408	76	6	5781	6475	324	2338	268	9629	66	2518		211	0		2835	1432	797	1769	1	27	0.11
神农架林区	6123	223	1529	2	313	4	1	897	2123	242	790	7	6633	38	974		144			3176	1799	163	339	0	9	0.05
全省总计	2061490	40652	1051367	13440	150402	26351	8758	221147	454448	54880	40044	4414	1331919	23664	656216	5884	79987	10743	2519	151243	363063	22785	15814	511	6198	3242390.89

④ 中国大地财产保险股份有限公司湖北分公司业务统计表

表 5-3-1-2-1-4　　2022 年 12 月 31 日　　单位：万元、件

保险机构	保费收入											保户储金及投资款	赔付支出											已决赔案件数	未决赔款	保险金额（亿元）
	合计	企业财产保险	机动车辆保险	货物运输保险	责任保险	工程保险	信用及保证保险	农业保险	短期健康保险	意外伤害保险	其他		合计	企业财产保险	机动车辆保险	货物运输保险	责任保险	工程保险	信用及保证保险	农业保险	短期健康保险	意外伤害保险	其他			
武汉市	20758	2531	8127	428	1847	3460	1252		204	1602	1306		15825	1505	5512	339	1531	2316	2707	1	142	828	944	11037	10658	3424.85
黄石市	1393	39	715	5	155	120	74		17	235	32		874	86	427	21	70	212			0	58		1071	740	199.76
十堰市	8524	65	6523	8	612	50	173		110	981	2		4996	8	4099	0	199	52	363	0	26	249		7064	2555	1709.44
宜昌市	4060	179	2801	12	434	272	−161		104	410	9		2563	221	1804	−56	304	3	178		52	36	19	3184	1224	853.08
襄阳市	3527	17	3173	5	113		−41		44	184	33		2761		2637	0	15		47		19	44		3380	1670	497.83
鄂州市	1136	14	902	2	82				21	115	0		267	6	240		6				3	12	0	617	130	255.17
荆门市	2071	5	1516	19	171	5	171		36	147	1		1886	1	1249	0	84		509		7	36	0	1487	438	340.50
孝感市	1342	7	1153	0	150	0	−204		41	195	0		1533	0	916	0	192		350		4	69	0	1600	420	294.98
荆州市	1496	11	1042	26	214		−100	70	57	176	0		919		548	1	95	0	113	66	1	28	66	777	446	238.83
黄冈市	3334	28	2254	4	527	22	8		71	355	65		2265	21	1777	0	248	5			15	140	58	2765	743	615.41
咸宁市	2125	5	1676	5	176				44	199	20		1832	0	1589	4	132				27	80		1952	780	515.29
随州市	1491	11	1185	0	130	20			15	130	0		895	2	514	10	300	2			0	65	3	1092	417	110.01
恩施州	8654	29	6274	8	869	30	1	194	128	1116	7		4946	5	3992	0	482	5		4	29	422	7	7699	1966	2063.02
仙桃市	755	13	549	0	58	0			6	128	0		226	2	205		6				0	13		485	172	166.59
潜江市	1832	9	1338	0	399				15	70	0		721		672		16				0	32		714	286	367.70
天门市	347		246	0	71				2	8	20		77		77						0	0		181	70	60.32
全省总计	62842	2963	39474	523	6008	3979	1172	264	915	6050	1494		42586	1857	26258	319	3682	2596	4267	71	325	2114	1097	45105	22716	11712.77

⑤ 中国出口信用保险公司湖北分公司业务统计表

表 5-3-1-2-1-5　　2022 年 12 月 31 日　　单位：万元、件

保险机构	保费收入											保户储金及投资款	赔付支出											已决赔案件数	未决赔款	保险金额（亿元）
	合计	企业财产保险	机动车辆保险	货物运输保险	责任保险	工程保险	信用及保证保险	农业保险	短期健康保险	意外伤害保险	其他		合计	企业财产保险	机动车辆保险	货物运输保险	责任保险	工程保险	信用及保证保险	农业保险	短期健康保险	意外伤害保险	其他			
武汉市	8156						8156						6201						6201					51	93372	695.36
全省总计	8156						8156						6201						6201					51	93372	695.36

注：本表未决赔款和保险金额按汇率 6.5 折算。

⑥ 中华联合财产保险股份有限公司湖北分公司业务统计表

表 5-3-1-2-1-6　　2022 年 12 月 31 日　　单位:万元、件

保险机构	保费收入											保户储金及投资款	赔付支出											已决赔案件数	未决赔款	保险金额(亿元)
	合计	企业财产保险	机动车辆保险	货物运输保险	责任保险	工程保险	信用及保证保险	农业保险	短期健康保险	意外伤害保险	其他		合计	企业财产保险	机动车辆保险	货物运输保险	责任保险	工程保险	信用及保证保险	农业保险	短期健康保险	意外伤害保险	其他			
武汉市	40898	4727	21922	113	2991	3250		3336	1184	2667	708		24921	893	17615	89	1916	536		1772	696	1014	390	32302	14105	5450.06
黄石市	4768	1024	1644	534	1031	23		60	120	331	2		1963	176	1331	11	297	4		65	59	20		2593	7768	649.28
十堰市	6470	63	4075	1	861	149		458	258	557	48		3908	13	2546		511	26		416	216	179	0	6185	2312	948.00
宜昌市	11431	51	6660	15	1278	40		956	925	1286	220		7868	6	4186		506			1327	1561	207	73	9492	2790	1951.44
襄阳市	20103	46	11409	30	737	226		6316	873	457	8		14342	5	8978	31	228	30		3905	968	197		10605	5214	977.83
鄂州市	3151	12	1270	2	276	16		1205	97	270	2		2317		1121		231	0		749	91	125		1607	1010	287.14
荆门市	10390	8	5159	14	581	28		3554	394	645	6		6309		3370	1	231	3		2089	396	218	0	7217	2230	944.10
孝感市	6818	37	3905	0	807	84		779	511	690	5		3897		2671		348	4		291	315	268	0	7425	1361	1153.80
荆州市	9095	17	3184	14	933	192		3792	367	589	7		5687		2348	1	226			2702	278	133	0	5241	1486	784.29
黄冈市	29166	163	7365	1	1292	190		18825	234	1072	23		19320	6	6485		715		1175	10254	245	438	1	10835	4577	1581.44
咸宁市	4165	33	2184	23	687	76		300	278	585	0		2959	1	1796		259			324	222	356	0	4308	1354	772.20
随州市	3088	93	1927	88	223	3		41	196	513	2		2674	10	2146	14	89			65	225	126	0	4295	1601	482.73
恩施州	6766	26	4691	0	530	47		393	104	943	32		3328		2610		147	16		120	62	354	19	6905	1858	1140.16
仙桃市	1435		382	0	6			1003	18	24	2		850		331		23	171	-16	334	8					81.49
潜江市	3350	10	1805	4	287	34		964	62	183	0		2461	4	1355		166			694	76	165		1527	766	300.36
天门市	2815	0	754	0	155	0		1838	13	50	5		1686		492		1			1176	17	0				170.14
全省总计	163908	6308	78333	841	12676	4360		43819	5636	10862	1073		104489	1114	59381	146	5894	791	1159	26283	5435	3800	485	110537	48431	17674.44

⑦ 中国太平洋财产保险股份有限公司湖北分公司业务统计表

表 5-3-1-2-1-7　　2022 年 12 月 31 日　　单位：万元、件

保险机构	保费收入											保户储金及投资款	赔付支出											已决赔案件数	未决赔款	保险金额（亿元）
	合计	企业财产保险	机动车辆保险	货物运输保险	责任保险	工程保险	信用及保证保险	农业保险	短期健康保险	意外伤害保险	其他		合计	企业财产保险	机动车辆保险	货物运输保险	责任保险	工程保险	信用及保证保险	农业保险	短期健康保险	意外伤害保险	其他			
武汉市	189216	7151	122019	2643	12949	3337	6569	10512	13802	5348	4888		100453	2549	72482	648	4354	1837	2680	6485	6423	2187	807	181958	39907	54198.62
黄石市	32976	243	13127	192	556	31	2042	371	15413	411	591		24838	237	9187	44	238	0	1795	189	13075	61	11	71832	3592	13650.04
十堰市	19736	480	11355	33	557		4280	1278	1047	467	239		11355	213	7882	0	164		650	993	1270	92	89	13792	3827	3867.20
宜昌市	47264	75	28599	86	1009	463	4435	960	9723	1108	806		28512	83	18477	6	371	82	1029	476	7692	232	64	80120	8107	11680.37
襄阳市	53080	309	32383	11	1162	336	2228	3944	10648	1170	889		33593	29	22071	0	382	22	1419	1487	7757	392	34	115369	10215	14549.17
鄂州市	10388	1	3718	0	94	62	90	710	5536	111	65		7758		3235	72	27			409	4001	10	4	8733	1350	2306.35
荆门市	50280	84	21723	87	1207	58	52	11235	14205	1000	628		31969	119	14553	2	455	72	22	5289	11342	114	1	72310	8473	10367.46
孝感市	23576	110	13369	3	381	2	2790	3061	2877	534	449		14485	0	10125	0	108	2	1010	1649	1468	120	3	21866	4408	9078.39
荆州市	62904	91	25669	29	437	15	3592	10117	21448	876	629		44804	87	18756	7	147	0	1469	5139	18872	257	70	199684	8214	15528.22
黄冈市	63996	153	23323	11	1625	63	1202	5196	30485	1073	865		47449	32	17062	7	210	7	946	3114	25809	257	4	140779	8548	17770.16
咸宁市	19601	30	11599	7	445	122	1866	2572	2130	442	386		12867	0	9233		90	122	290	1413	1591	109	18	14032	6415	5286.41
随州市	15453	3	11541	0	377	6	102	534	2154	448	287		10217	2	8257	0	99	19	33	217	1348	240	0	16973	3598	3917.06
恩施州	37497	43	26738	9	751	267	284	1194	6535	906	768		20985	0	14571		79	39	29	827	5095	310	36	45352	5129	15929.01
仙桃市	8486	1029	5033		78		77	1667	302	167	134		5363	2	3392		30	0		994	586	356	1	11341	2277	1801.84
潜江市	13889	50	5127	2	200		97	3314	4372	173	555		10165	0	3721	2	79			1860	4236	221	46	14912	1824	3121.76
天门市	11888	7	6678	0	228	0	135	3638	651	333	218		6740	0	4314		93	0		1802	487	44		8251	1949	2743.66
神农架林区	1154	0	939		99	32	3		24	30	27		610		553		28	3			5	20	0	873	393	302.67
全省总计	661384	9858	362941	3113	22153	4795	29846	60303	141351	14597	12425		412163	3353	237872	789	6956	2206	11372	32344	111059	5021	1190	1018177	118225	186098.40

⑧ 中国平安财产保险股份有限公司湖北分公司业务统计表

表 5-3-1-2-1-8　　2022 年 12 月 31 日　　单位：万元、件

保险机构	保费收入											保户储金及投资款	赔付支出											已决赔案件数	未决赔款	保险金额（亿元）
	合计	企业财产保险	机动车辆保险	货物运输保险	责任保险	工程保险	信用及保证保险	农业保险	短期健康保险	意外伤害保险	其他		合计	企业财产保险	机动车辆保险	货物运输保险	责任保险	工程保险	信用及保证保险	农业保险	短期健康保险	意外伤害保险	其他			
武汉市	609518	17485	368753	1924	30835	21066	102804	8117	15523	28991	14019		377791	4819	223623	623	9928	3790	115381	4589	2206	11831	1002	139720	155725	61066.86
黄石市	30898	212	25003	42	1592	3	0	1191	907	1259	689		17641	547	15699	11	362	1	0	668	86	237	29	8522	8928	3664.34
十堰市	40542	787	33566	66	1935	31	3	749	1052	1582	771		25524	397	21161	0	868	9	0	789	145	2142	13	11514	16408	5635.86

续表 5-3-1-2-1-8

保险机构	保费收入											保户储金及投资款	赔付支出											已决赔案件数	未决赔款	保险金额（亿元）
	合计	企业财产保险	机动车辆保险	货物运输保险	责任保险	工程保险	信用及保证保险	农业保险	短期健康保险	意外伤害保险	其他		合计	企业财产保险	机动车辆保险	货物运输保险	责任保险	工程保险	信用及保证保险	农业保险	短期健康保险	意外伤害保险	其他			
宜昌市	70500	731	60219	−133	3655	−2668	5	1733	2134	3385	1438		43318	530	33880	81	2009	4388	0	904	249	1240	37	17440	23355	12208.24
襄阳市	94849	274	75791	53	3022	148	2	7906	2582	3598	1475		50811	77	44514	2	989	71	−526	4152	408	1042	83	21852	30466	11849.95
鄂州市	9438	122	7352	8	402	53		543	329	454	174		5241	8	4579	0	131	0	0	347	38	133	4	1904	3425	1055.46
荆门市	35802	441	30029	31	1244	9	1	324	1166	1829	728		19133	103	17711	7	469	1	0	50	193	583	17	8996	10193	5423.43
孝感市	36139	140	27879	10	1043	1	0	2756	1994	1685	631		24090	1375	18993	6	409	1	0	1915	791	568	31	9143	11055	4834.56
荆州市	81169	441	63904	92	1997	12	3	6607	2872	3687	1553		46650	170	39978	145	527	7	0	4095	621	1087	20	16859	23926	10730.29
黄冈市	44330	60	34837	11	1167	18	3	3761	1455	2076	942		27293	15	23823	0	342	97	0	2039	192	750	37	12146	14810	8903.45
咸宁市	19705	59	15262	5	1263	191		1067	653	843	363		11734	1	9963	0	849	1	0	586	113	207	13	5196	7068	2748.79
随州市	26557	77	22494	11	655	160	1	1344	605	899	312		14765	1	13219	5	345	0	0	747	125	290	33	5812	9471	2647.21
恩施州	22780	80	19617	17	618	40	0	458	628	936	384		12168	149	11141	1	132	82	0	175	76	399	12	7354	4956	2862.05
全省总计	1122228	20908	784706	2138	49427	19065	102824	36555	31901	51226	23479		676161	8191	478283	883	17359	8450	114855	21058	5242	20510	1332	266458	319785	133630.50

⑨ 天安财产保险股份有限公司湖北省分公司业务统计表

表 5-3-1-2-1-9　　2022 年 12 月 31 日　　单位:万元、件

保险机构	保费收入											保户储金及投资款	赔付支出											已决赔案件数	未决赔款	保险金额（亿元）
	合计	企业财产保险	机动车辆保险	货物运输保险	责任保险	工程保险	信用及保证保险	农业保险	短期健康保险	意外伤害保险	其他		合计	企业财产保险	机动车辆保险	货物运输保险	责任保险	工程保险	信用及保证保险	农业保险	短期健康保险	意外伤害保险	其他			
武汉市	14548	198	4897	50	3834	195			853	1442	3080		6083	10	2610	14	828	35			189	2220	176	12170	3993	6.47
黄石市	911	3	776	6	36	1			42	41	6		530		494		2	0				35		774	493	0.01
十堰市	2099	119	1596	12	251	1			37	61	21		1254	0	1084		124	1			1	44	0	1620	757	0.02
宜昌市	4551	23	3219	17	321	1			84	114	772		3242		2750		315				0	19	159	4440	1723	0.04
襄阳市	2010	12	1356	0	100				493	39	10		1956		1307		106				521	22	0	2464	957	0.02
鄂州市	317	3	211		22				30	44	6		207	1	156		13					37		317	187	0.00
荆门市	964	21	771	2	118				16	21	14		756		532	0	196				0	28	0	780	522	0.01
孝感市	873	18	643	9	106	1			36	23	36		460		419		26				2	10	3	792	334	0.01
荆州市	2280	25	1143	65	284	5			250	116	392		1528	1	981	21	72				4	339	111	2443	560	0.12
黄冈市	1451	10	1075		164	0			74	49	79		1307		1164		26	0			1	111	4	1503	936	0.03
咸宁市	1321	3	1123	22	84				41	30	17		848		819	1	18					9	1	1290	446	0.02
随州市	2670	14	1849	0	177				390	228	11		1714		1319		111				4	281		3657	734	0.08

续表 5-3-1-2-1-9

保险机构	保费收入											保户储金及投资款	赔付支出											已决赔案件数	未决赔款	保险金额（亿元）
	合计	企业财产保险	机动车辆保险	货物运输保险	责任保险	工程保险	信用及保证保险	农业保险	短期健康保险	意外伤害保险	其他		合计	企业财产保险	机动车辆保险	货物运输保险	责任保险	工程保险	信用及保证保险	农业保险	短期健康保险	意外伤害保险	其他			
恩施州	2384	3	1697	13	225	23			187	157	79		1215		818		235				15	139	8	2239	534	0.05
仙桃市	230	11	187	3	19				4	2	4		59		57		1					1		135	97	0.00
潜江市	230		178		13	18			7	11	3		110		108		0					2		152	66	0.00
天门市	264	2	221		29				9	2	1		176		173		1					2	0	251	152	0.01
全省总计	37104	466	20942	199	5783	245			2554	2382	4533		21447	12	14792	37	2073	36			737	3298	461	35027	12492	6.90

⑩ 华安财产保险股份有限公司湖北分公司业务统计表

表 5-3-1-2-1-10　　2022 年 12 月 31 日　　单位：万元、件

保险机构	保费收入											保户储金及投资款	赔付支出											已决赔案件数	未决赔款	保险金额（亿元）
	合计	企业财产保险	机动车辆保险	货物运输保险	责任保险	工程保险	信用及保证保险	农业保险	短期健康保险	意外伤害保险	其他		合计	企业财产保险	机动车辆保险	货物运输保险	责任保险	工程保险	信用及保证保险	农业保险	短期健康保险	意外伤害保险	其他			
武汉市	15916	460	5983	3491	3300	180	−11		1033	1373	106		8846	27	5433	364	1850	101	−59		152	979	0	27157	2438	9451.23
十堰市	2664	7	1422	363	106	19			4	744	0		1471		1216	14	157					84		5690	560	650.28
宜昌市	1799	68	1196	37	241	22	1		8	227	0		819	−6	701		62					61		3836	322	187.77
襄阳市	5410	21	4807	32	278	1			5	265			2893		2538	161	115					79		13858	908	437.42
荆门市	1857	5	1428		117	0			7	301	0		1187		1089		73				1	25		4461	504	234.41
孝感市	289	25	145	0	72	4			−2	44			93	4	71		14	0				4		631	43	20.72
荆州市	2275	8	1440	6	539	43	0		9	227	3		1456		964	−3	320				22	154		3372	535	330.79
黄冈市	3969	6	2813	544	298	2			25	280	0		2404	15	2235	0	43	1			26	84	0	8467	955	937.37
随州市	2243	9	2064	9	46				29	86	0		1114	1	787	1	3				213	109		4515	349	71.80
恩施州	1177	4	730		362	2			4	74	0		611		410		142				0	58		2594	41	158.56
全省总计	37599	614	22027	4481	5359	273	−9		1122	3622	110		19423	41	14228	522	2622	102	−59		414	1553	0	74581	6657	12480.35

⑪ 永安财产保险股份有限公司湖北分公司业务统计表

表 5-3-1-2-1-11　　2022 年 12 月 31 日　　单位:万元、件

保险机构	保费收入											保户储金及投资款	赔付支出											已决赔案件数	未决赔款	保险金额(亿元)
	合计	企业财产保险	机动车辆保险	货物运输保险	责任保险	工程保险	信用及保证保险	农业保险	短期健康保险	意外伤害保险	其他		合计	企业财产保险	机动车辆保险	货物运输保险	责任保险	工程保险	信用及保证保险	农业保险	短期健康保险	意外伤害保险	其他			
武汉市	12480	264	7125	1	2456	311		13	26	119	2166		5184	165	4109	0	296	130		6	69	299	109	6309	3393	743.16
黄石市	1412	99	1100		97				28	88			703	23	634		9	27			10	0		1159	557	137.62
十堰市	2420	10	1796		196	7			63	349	0		1305	1	1203		19				54	28		2159	838	504.55
宜昌市	734		581		85				2	64	2		356		341		2				0	13		533	111	67.50
襄阳市	7450	67	6006	3	543	5		136	379	310	0		5396	15	3955		472	3		110	787	55		7655	1884	861.42
鄂州市	1299	138	898		121	5		1	27	108	1		652	1	619		8				15	9		1375	340	371.44
荆门市	791		590		63			10	5	120	4		380		341		11				6	22		715	213	83.30
孝感市	473	6	283		59	9			15	101			134		105		26				2	1		294	148	39.71
荆州市	766	9	590	6	61				10	79	11		339		328	2	5				3	1	0	569	209	111.93
黄冈市	828	3	563		109				10	143	1		685		655		25				5			429	360	71.06
咸宁市	282		204	2	25	0			7	43	1		90		87		0				3	1		235	43	33.28
随州市	940		907		8				0	25			936		936									962	510	40.25
恩施州	2978	21	2389		198	10		5	13	267	74		1671	2	1608		10			42	3	25	−18	3118	721	351.22
仙桃市	192		167		15				0	10			78		78	0	0				0	0		129	42	33.12
潜江市	189		159		27				0	4			44		43	0	0				0	1		118	16	16.32
天门市	89		85		0				0	4			266		266						0			155	62	7.08
全省总计	33325	617	23443	11	4063	347		164	586	1835	2260		18220	207	15308	2	884	160		157	956	454	91	25914	9448	3472.97

⑫ 太平财产保险有限公司湖北分公司业务统计表

表 5-3-1-2-1-12　　2022 年 12 月 31 日　　单位:万元、件

保险机构	保费收入											保户储金及投资款	赔付支出											已决赔案件数	未决赔款	保险金额(亿元)
	合计	企业财产保险	机动车辆保险	货物运输保险	责任保险	工程保险	信用及保证保险	农业保险	短期健康保险	意外伤害保险	其他		合计	企业财产保险	机动车辆保险	货物运输保险	责任保险	工程保险	信用及保证保险	农业保险	短期健康保险	意外伤害保险	其他			
武汉市	29595	3004	15580	2317	4215	731	219		844	2367	318		14681	651	9523	569	2119	542	−35		165	1124	23	29386	10377	10182.60
黄石市	8216	102	4295	77	1071	193	25	1280	155	963	56		4818	8	3267	13	349	2		675	8	495		8998	2645	961.39
十堰市	6142	112	4796	8	555	72	24	5	69	478	23		6790	2307	3398		545			149	9	382	0	9040	3482	893.30

续表 5-3-1-2-1-12

保险机构	保费收入											保户储金及投资款	赔付支出											已决赔案件数	未决赔款	保险金额（亿元）
	合计	企业财产保险	机动车辆保险	货物运输保险	责任保险	工程保险	信用及保证保险	农业保险	短期健康保险	意外伤害保险	其他		合计	企业财产保险	机动车辆保险	货物运输保险	责任保险	工程保险	信用及保证保险	农业保险	短期健康保险	意外伤害保险	其他			
宜昌市	7940	96	5169	153	856	488	27	174	183	550	243		4131	9	3192	219	251	47		175	26	188	26	8044	2382	1198.63
襄阳市	6254	96	5158	7	398	97	2		56	418	21		3450	33	2763		298	41			3	308	4	6361	2078	719.56
鄂州市	2737	39	1964	1	230	138	24	1	64	264	11		1349	13	1195		7	0			5	128	0	2787	669	395.28
荆门市	6903	61	2673	148	312	248	10	2843	71	456	79		4097		1739	8	39	31	1	1992	21	265	0	6884	795	632.51
孝感市	4027	55	3184	28	243	1		177	33	293	12		2176		1859	0	67			128	2	119	0	4732	1764	554.37
荆州市	10184	199	6009	291	575	21	40	1728	112	849	361		6206	5	4587	18	169			960	13	449	3	9880	2067	1477.86
黄冈市	2056	6	1711	5	118	3			24	179	10		1770	0	1436		31	1			4	296		2702	966	362.82
咸宁市	2413	25	1685	161	166	0	3	159	55	149	10		1480		1216	48	77				7	113	19	2612	846	421.22
恩施州	5843	28	4226	2	361	27	9	311	81	783	14		3461	93	2649		182			141	2	394	0	9064	1575	855.85
仙桃市	1247	7	740	3	279	22	81		5	106	4		1165		805		346				0	14		1021	444	163.21
潜江市	1842	9	1115	1	94	17		332	92	174	9		1133	2	856		8	24		125	15	104		1608	622	263.75
天门市	3389	2	2944	2	53	108			12	148	120		2150		2124			2			1	23	0	3112	1485	582.06
全省总计	98786	3843	61250	3203	9526	2165	463	7011	1857	8178	1290		58856	3121	40609	876	4487	392	-35	4345	282	4402	77	106231	32197	19664.41

⑬ 亚太财产保险有限公司湖北分公司业务统计表

表 5-3-1-2-1-13　　2022 年 12 月 31 日　　单位：万元、件

保险机构	保费收入											保户储金及投资款	赔付支出											已决赔案件数	未决赔款	保险金额（亿元）
	合计	企业财产保险	机动车辆保险	货物运输保险	责任保险	工程保险	信用及保证保险	农业保险	短期健康保险	意外伤害保险	其他		合计	企业财产保险	机动车辆保险	货物运输保险	责任保险	二程保险	信用及保证保险	农业保险	短期健康保险	意外伤害保险	其他			
武汉市	19313	1434	11746	2801	1080	53	121		46	1114	918		8404	55	6253	524	432	485			14	630	11	14778	4077	6562.89
黄石市	600	90	193	0	118				5	194	0		291	3	164		20					105	0	513	167	89.92
宜昌市	589	126	111		223	49	5		0	75	0		133		80		30				0	23		253	119	52.81
襄阳市	3618	2	3459		29	37				91	0		1135	14	1050		7	21			0	44		1673	510	374.32
荆门市													25		25									1	2	
荆州市													17		17									7		
全省总计	24120	1652	15508	2801	1450	140	126		51	1473	918		10005	72	7587	524	489	506			14	801	11	17225	4875	7079.94

⑭ 中银保险有限公司湖北分公司业务统计表

表 5-3-1-2-1-14　　2022 年 12 月 31 日　　单位：万元、件

保险机构	保费收入											保户储金及投资款	赔付支出											已决赔案件数	未决赔款	保险金额（亿元）
	合计	企业财产保险	机动车辆保险	货物运输保险	责任保险	工程保险	信用及保证保险	农业保险	短期健康保险	意外伤害保险	其他		合计	企业财产保险	机动车辆保险	货物运输保险	责任保险	工程保险	信用及保证保险	农业保险	短期健康保险	意外伤害保险	其他			
武汉市	14481	1484	1642	4	2184	248	1478		7240	191	10		6991	86	658		35	546	183		4997	338	148	93850	2521	
全省总计	14481	1484	1642	4	2184	248	1478		7240	191	10		6991	86	658		35	546	183		4997	338	148	93850	2521	

⑮ 永诚财产保险股份有限公司湖北分公司业务统计表

表 5-3-1-2-1-15　　2022 年 12 月 31 日　　单位：万元、件

保险机构	保费收入											保户储金及投资款	赔付支出											已决赔案件数	未决赔款	保险金额（亿元）
	合计	企业财产保险	机动车辆保险	货物运输保险	责任保险	工程保险	信用及保证保险	农业保险	短期健康保险	意外伤害保险	其他		合计	企业财产保险	机动车辆保险	货物运输保险	责任保险	工程保险	信用及保证保险	农业保险	短期健康保险	意外伤害保险	其他			
武汉市	14647	3656	962	1729	3034	868	172		1975	1008	1243		5426	1633	514	7	492	286			1489	908	98		4971	936480.06
黄石市	421	168	95	51	15	46	1		2	44	0		105	11	67	3	14	0				10			131	7441.50
十堰市	161	6			8	0	2		2	25	117		40		25		10				3	2			68	37004.45
宜昌市	200	41	71		32	4	23		2	26			133	10	74		8					40			96	3973.16
襄阳市	43	9	32		1	-11	1		1	10			169	0	115		0	0				54			60	785.28
荆门市	341	11	274		35		3		0	17			185		179		4					1			179	3560.19
荆州市	129	0	26		46	8	6			43			16		8		5					3			39	1456.07
全省总计	15942	3891	1461	1780	3172	915	208		1982	1173	1361		6075	1655	982	10	533	286			1491	1019	98		5542	990700.71

⑯ 安盛天平财产保险有限公司湖北分公司业务统计表

表 5-3-1-2-1-16　　2022 年 12 月 31 日　　单位：万元、件

保险机构	保费收入											保户储金及投资款	赔付支出											已决赔案件数	未决赔款	保险金额（亿元）
	合计	企业财产保险	机动车辆保险	货物运输保险	责任保险	工程保险	信用及保证保险	农业保险	短期健康保险	意外伤害保险	其他		合计	企业财产保险	机动车辆保险	货物运输保险	责任保险	工程保险	信用及保证保险	农业保险	短期健康保险	意外伤害保险	其他			
武汉市	10707	12	6408	622	1354				1089	1219	3		5180	6	4632	190	57				179	117		13955	3015	1661.12

续表 5-3-1-2-1-16

保险机构	保费收入											保户储金及投资款	赔付支出											已决赔案件数	未决赔款	保险金额(亿元)
	合计	企业财产保险	机动车辆保险	货物运输保险	责任保险	工程保险	信用及保证保险	农业保险	短期健康保险	意外伤害保险	其他		合计	企业财产保险	机动车辆保险	货物运输保险	责任保险	工程保险	信用及保证保险	农业保险	短期健康保险	意外伤害保险	其他			
黄石市	567		499		3				17	48	0		222		221							1		892	147	82.89
宜昌市	656	2	568		12				37	36	0		510		508						1	1		1137	159	102.04
襄阳市	114		94		8				4	8	0		98		98									219	37	20.29
荆门市	171		143		1				5	22	0		77		73						0	3		286	29	30.44
荆州市	269		208		2				46	13	0		122		119						3	0		258	79	47.90
全省总计	12485	14	7921	622	1380				1198	1347	3		6208	6	5650	190	57				183	123		16747	3466	1944.69

⑰ 阳光财产保险股份有限公司湖北省分公司业务统计表

表 5-3-1-2-1-17　　2022 年 12 月 31 日　　单位：万元、件

保险机构	保费收入											保户储金及投资款	赔付支出											已决赔案件数	未决赔款	保险金额(亿元)
	合计	企业财产保险	机动车辆保险	货物运输保险	责任保险	工程保险	信用及保证保险	农业保险	短期健康保险	意外伤害保险	其他		合计	企业财产保险	机动车辆保险	货物运输保险	责任保险	工程保险	信用及保证保险	农业保险	短期健康保险	意外伤害保险	其他			
武汉市	84001	2456	7025	30354	5952	627	34723		1235	458	1171		46080	1245	6462	24339	546	677	12287	0	235	177	111	33791092	3922	21630.87
黄石市	3263	24	884	3	139	1	1991		134	65	23		2789	15	787	0	198	0	1702		35	51	0	1648	379	152.96
十堰市	5635	12	2568		153	1	2574		188	120	19		3536	0	1952		85	240	1128		57	74	1	4185	994	236.88
宜昌市	7097	61	2784	59	257	80	1203		889	954	809		4584	45	2885	27	238	0	593		308	347	142	6296	1432	824.33
襄阳市	7408	3	4672		89	46	2192		325	70	11		5533	42	3164		4	12	2197		67	47	0	24204	1407	394.66
荆门市	4449	109	2731	16	334	1	567	75	406	188	24		2503	6	1906	1	9	0	382	0	93	107	0	3517	1254	405.98
孝感市	1551	0	960		66	0			37	15	473		105		102		0				3			342	73	40.17
荆州市	4140	13	2225	16	150	0	1280		293	128	35		4304		2836	3	40		1277		89	44	15	3044	1490	246.94
黄冈市	11805	28	8414	45	758	105	441	625	953	398	37		8888	3	7806	12	135	29	130	334	260	178	0	12805	3104	1043.54
咸宁市	1514	95	738	0	84		491		74	30	2		1446	68	662		4	9	616		21	67		964	389	108.71
随州市	3246	16	3051		28	0	0		104	42	4		584		577		1				6		0	1199	584	388.27
恩施州	3610	219	2564	2	270	29	27		278	214	7		3053	55	1621		542	0	618		50	168	0	4193	980	268.12
潜江市	2065		1789		116	27			97	35	2		1532		1461		4	15			16	36	0	1603	619	114.92
全省总计	139785	3035	40405	30496	8395	918	45489	700	5012	2716	2617		84937	1480	32220	24381	1804	981	20929	335	1240	1297	269	33855092	16627	25856.34

⑱ 都邦财产保险股份有限公司湖北分公司业务统计表

表 5-3-1-2-1-18　　2022 年 12 月 31 日　　单位：万元、件

保险机构	保费收入											保户储金及投资款	赔付支出											已决赔案件数	未决赔款	保险金额（亿元）
	合计	企业财产保险	机动车辆保险	货物运输保险	责任保险	工程保险	信用及保证保险	农业保险	短期健康保险	意外伤害保险	其他		合计	企业财产保险	机动车辆保险	货物运输保险	责任保险	工程保险	信用及保证保险	农业保险	短期健康保险	意外伤害保险	其他			
武汉市	1541	85	1169	1	118	23			3	141	1		1369	3	1164		61	1			5	135		1451	639	222.80
十堰市													10		10									1		
襄阳市	218		166		38	10			0	4	0		1613		1415			193				5		580	824	62.09
荆门市	7									7			1107		1054		4				2	47		220	243	2.16
荆州市	520	154	188		123	0	5		1	22	27		88		79		5					3		86	122	69.69
黄冈市													66		66									23	20	
恩施州													15		15									2	9	
全省总计	2287	239	1523	1	280	34	5		4	174	28		4267	3	3803		71	193			7	190		2363	1857	356.74

⑲ 渤海财产保险股份有限公司湖北分公司业务统计表

表 5-3-1-2-1-19　　2022 年 12 月 31 日　　单位：万元、件

保险机构	保费收入											保户储金及投资款	赔付支出											已决赔案件数	未决赔款	保险金额（亿元）
	合计	企业财产保险	机动车辆保险	货物运输保险	责任保险	工程保险	信用及保证保险	农业保险	短期健康保险	意外伤害保险	其他		合计	企业财产保险	机动车辆保险	货物运输保险	责任保险	工程保险	信用及保证保险	农业保险	短期健康保险	意外伤害保险	其他			
武汉市	1214	245	596		360	−43			3	48	6		1572	5	1432	0	116	5			10	4	0	1119	881	184.93
黄石市	99	14	39		1	9			2	34	0		443	35	141		197	56			11	3		170	96	20.45
十堰市	731		657		5				1	67	1		836		829						0	6		1202	593	42.24
宜昌市	6		2		3				0	1	0		139		79		60							106	20	1.03
襄阳市	3345		3035		26				5	246	33		2889	16	2725		17				35	96	0	3349	1605	160.38
荆门市	873	8	814	0	13				7	28	4		1361		1274	86					1	0		790	731	52.56
荆州市	579	16	504	12	6				4	36	2		825		729		83				8	5		563	304	40.63
黄冈市	1003		353	3	180	293	2		18	154	1		666		517		35	39			11	64		634	424	80.42
咸宁市	1106	2	878	1	64				5	146	9		1797		1533		57				18	190		2030	931	97.20
恩施州	48		41		4				1	3	0		442		429		10				3	0		859	93	6.35
全省总计	9006	285	6918	16	661	259	2		46	764	56		10970	55	9688	87	575	100			96	368	0	10822	5677	686.18

⑳ 中国人寿财产保险股份有限公司湖北省分公司业务统计表

表 5-3-1-2-1-20　　2022 年 12 月 31 日　　单位：万元、件

保险机构	保费收入											保户储金及投资款	赔付支出											已决赔案件数	未决赔款	保险金额（亿元）
	合计	企业财产保险	机动车辆保险	货物运输保险	责任保险	工程保险	信用及保证保险	农业保险	短期健康保险	意外伤害保险	其他		合计	企业财产保险	机动车辆保险	货物运输保险	责任保险	工程保险	信用及保证保险	农业保险	短期健康保险	意外伤害保险	其他			
武汉市	68874	2250	44163	1472	10225	2358	98	3138	684	4422	64		50861	561	39764	728	3672	684	2	2616	508	2207	118	84398	3	6126.89
黄石市	10554	57	8258	49	1335	40	12	18	61	720	4		7041	7	6267	1	421	71	9	3	25	226	12	9945	0	1205.77
十堰市	12288	17	9520	7	1253	35	21	83	153	1006	194		9422	0	7493	0	564	1	3	800	138	421	2	12533	0	1471.40
宜昌市	25390	611	16859	95	2425	919	46	2308	160	1676	290		15812	905	11872	27	489	457	1	1324	44	659	34	22625	1	3521.87
襄阳市	21215	136	15015	12	1884	381	59	843	1622	1247	17		16744	279	13320	3	1206	6	1	783	713	430	2	16246	1	2065.38
鄂州市	2637	1	1855	6	514	39	1		19	201	1		1197	0	1042	2	83	2	0		13	53	1	1883	0	251.02
荆门市	13381	82	9849	234	690	73	133	1386	26	905	3		9014	35	7495	7	187	141	5	951	25	168	0	12603	0	1362.14
孝感市	9699	51	7105	32	1053	59	4	364	68	593	370		6592	21	5596	6	580	1	0	211	6	167	3	9221	0	2117.07
荆州市	20097	480	9421	121	2146	378	111	5952	127	1356	6		16278	174	10043	7	911	5	1	4418	27	607	84	17884	1	1726.03
黄冈市	18700	190	14343	42	2146	449	20	137	288	1075	10		11889	33	10451	9	406	24	0	230	246	487	4	17560	0	2046.89
咸宁市	11116	131	7812	17	1174	9	11	1319	120	514	9		6903	101	5651	0	425	0	1	614	25	83	3	9537	0	1415.82
随州市	10585	104	8075	5	373	404	8	1383	18	205	10		7819	5	6723	0	167	1	0	820	20	77	5	10437	0	631.83
恩施州	18424	185	15399	79	1503	177	6	95	21	944	15		11294	71	10453	32	254	2	0	123	32	261	65	21126	0	1811.03
仙桃市	4014	51	3094	2	506	1	6	111	9	213	23															380.47
天门市	3223	1112	1582		127	8	0	237	49	70	39		1924	129	1480		139	0	0	133	11	31	1	2410	0	861.50
全省总计	250199	5458	172350	2174	27354	5329	538	17373	3423	15145	1054		172789	2321	137652	821	9503	1396	23	13025	1833	5879	336	248408	7	26985.11

㉑ 现代财产保险（中国）有限公司湖北分公司业务统计表

表 5-3-1-2-1-21　　2022 年 12 月 31 日　　单位：万元、件

保险机构	保费收入											保户储金及投资款	赔付支出											已决赔案件数	未决赔款	保险金额（亿元）
	合计	企业财产保险	机动车辆保险	货物运输保险	责任保险	工程保险	信用及保证保险	农业保险	短期健康保险	意外伤害保险	其他		合计	企业财产保险	机动车辆保险	货物运输保险	责任保险	二程保险	信用及保证保险	农业保险	短期健康保险	意外伤害保险	其他			
武汉市	3312	56	2106	27	818	11				294			505	6	396	3	15					86		1518	259	270.22
全省总计	3312	56	2106	27	818	11				294			505	6	396	3	15					86		1518	259	270.22

㉒ 长安责任保险股份有限公司湖北省分公司业务统计表

表 5-3-1-2-1-22　　2022 年 12 月 31 日　　单位:万元、件

保险机构	保费收入											保户储金及投资款	赔付支出											已决赔案件数	未决赔款	保险金额(亿元)
	合计	企业财产保险	机动车辆保险	货物运输保险	责任保险	工程保险	信用及保证保险	农业保险	短期健康保险	意外伤害保险	其他		合计	企业财产保险	机动车辆保险	货物运输保险	责任保险	工程保险	信用及保证保险	农业保险	短期健康保险	意外伤害保险	其他			
武汉市	9363	140	7726	3	1105	6	136		88	159			5729	1	4403	0	1034	2			61	229		9335	2026	610.27
黄石市	1604	1	1101		165	11	9		32	285			932	0	837	0	48	0			21	27		1524	659	212.04
十堰市	958	10	662		227		0		24	36			659	1	436		153				10	61		768	149	140.84
宜昌市	1773	9	1335	1	226	34	4		32	132			1040	1	830		113	4			8	84		1678	487	161.21
襄阳市	3752	6	3128		340		3		39	237			2270	7	2109		113				10	31		3420	1404	408.26
荆门市	1151	1	1007		47	0	0		24	71			636		572		31				1	32		973	456	108.10
荆州市	2118	10	1520	1	438	8			57	84			1041	0	743	0	192	0			12	94		1265	234	167.92
恩施州	2200	3	1842		142	6	0		44	162			1521	0	1429	0	20	0			19	53		2785	220	295.30
全省总计	22919	180	18322	5	2690	65	152		338	1165			13830	9	11357	0	1704	7			141	611		21748	5633	2103.93

㉓ 国元农业保险股份有限公司湖北分公司业务统计表

表 5-3-1-2-1-23　　2022 年 12 月 31 日　　单位:万元、件

保险机构	保费收入											保户储金及投资款	赔付支出											已决赔案件数	未决赔款	保险金额(亿元)
	合计	企业财产保险	机动车辆保险	货物运输保险	责任保险	工程保险	信用及保证保险	农业保险	短期健康保险	意外伤害保险	其他		合计	企业财产保险	机动车辆保险	货物运输保险	责任保险	工程保险	信用及保证保险	农业保险	短期健康保险	意外伤害保险	其他			
武汉市	3638	60	872		471	21	2	2206	1	5			3530		755		345			2416		2	12	1285	399	84.06
十堰市	-177		48					-251		27			179		154					23		2		67	18	7.51
襄阳市	581		577		3					2			45		45									153	240	9.96
荆门市	2808		522		15			2267		4			1526		529		2			995		0		632	203	30.17
荆州市	2875	44	547		141	4	43	2069		27			1740	0	415		41			1199		85		499	578	40.95
黄冈市	479	5	346		54	6	0	53		15			326		105		26			179		16		160	66	19.85
天门市	738		238					496		4			420		95					325		1		96	42	3.87
全省总计	10942	108	3148		684	30	45	6841	1	84			7767	0	2097		414			5137		107	12	2892	1547	196.37

㉔ 鼎和财产保险股份有限公司湖北分公司业务统计表

表 5-3-1-2-1-24　　2022 年 12 月 31 日　　单位：万元、件

保险机构	保费收入											保户储金及投资款	赔付支出											已决赔案件数	未决赔款	保险金额（亿元）
	合计	企业财产保险	机动车辆保险	货物运输保险	责任保险	工程保险	信用及保证保险	农业保险	短期健康保险	意外伤害保险	其他		合计	企业财产保险	机动车辆保险	货物运输保险	责任保险	工程保险	信用及保证保险	农业保险	短期健康保险	意外伤害保险	其他			
武汉市	8905	549	6950		633	439			14	309	11		4399	49	4037		138	0			1	174		6658	1602	779.77
黄石市	645	15	521		50	18			0	41			262	0	262		1	-5				3		512	195	73.23
十堰市	1776	27	1423		162	37			2	125			1080		976		46	6			2	50		1691	373	149.76
宜昌市	4347	342	1172		307	2328			1	175	22		975	85	679		15	145				52		1812	610	474.84
襄阳市	2325		1762	2	413				0	147	0		950		930		11					10		1430	365	180.82
荆门市	599		424		114				0	61			229		199		21					8		290	60	25.44
荆州市	738		521		5	128			0	84	0		349		173		8	11				156		427	166	55.86
随州市	1620	23	1569		17				0	12			339	0	339							0		688	245	37.58
潜江市	277		183	0	17	41			0	36			139		134		1					4		108	29	21.61
全省总计	21232	956	14524	3	1717	2990			18	989	33		8721	134	7727		241	158			3	458		13616	3646	1798.91

㉕ 中煤财产保险股份有限公司湖北分公司业务统计表

表 5-3-1-2-1-25　　2022 年 12 月 31 日　　单位：万元、件

保险机构	保费收入											保户储金及投资款	赔付支出											已决赔案件数	未决赔款	保险金额（亿元）
	合计	企业财产保险	机动车辆保险	货物运输保险	责任保险	工程保险	信用及保证保险	农业保险	短期健康保险	意外伤害保险	其他		合计	企业财产保险	机动车辆保险	货物运输保险	责任保险	工程保险	信用及保证保险	农业保险	短期健康保险	意外伤害保险	其他			
武汉市	4997	198	3635	51	883	7	123		15	84			5457	99	4591	8	226	0	0		0	533		6692	3391	1245.53
全省总计	4997	198	3635	51	883	7	123		15	84			5457	99	4591	8	226	0	0		0	533		6692	3391	1245.53

㉖ 国泰财产保险有限责任公司湖北分公司业务统计表

表 5-3-1-2-1-26　　2022 年 12 月 31 日　　单位：万元、件

保险机构	保费收入											保户储金及投资款	赔付支出											已决赔案件数	未决赔款	保险金额（亿元）
	合计	企业财产保险	机动车辆保险	货物运输保险	责任保险	工程保险	信用及保证保险	农业保险	短期健康保险	意外伤害保险	其他		合计	企业财产保险	机动车辆保险	货物运输保险	责任保险	工程保险	信用及保证保险	农业保险	短期健康保险	意外伤害保险	其他			
武汉市	495	89	5	4	214	52	1		1	129			164	16	26	2	98	4	0		6	12		246	155	55.29
全省总计	495	89	5	4	214	52	1		1	129			164	16	26	2	98	4	0		6	12		246	155	55.29

㉗ 英大泰和财产保险股份有限公司湖北分公司业务统计表

表 5-3-1-2-1-27　　2022 年 12 月 31 日　　单位：万元、件

保险机构	保费收入											保户储金及投资款	赔付支出											已决赔案件数	未决赔款	保险金额（亿元）
	合计	企业财产保险	机动车辆保险	货物运输保险	责任保险	工程保险	信用及保证保险	农业保险	短期健康保险	意外伤害保险	其他		合计	企业财产保险	机动车辆保险	货物运输保险	责任保险	工程保险	信用及保证保险	农业保险	短期健康保险	意外伤害保险	其他			
武汉市	46280	25350	10413	4	8329	528	1266		12	375	2		28166	8685	10374		8318	314				461	14	12862	423	6424.20
黄石市	1224	60	721		390	18			2	30	2		725	49	519		71					30	56	925	5	226.98
十堰市																								482	84	
宜昌市	3024	449	1901	8	211	110	0		5	339	1		1960	376	1035	1	124	19				406		2843	24	449.56
襄阳市	1773	28	1150		531	18	2		2	42	0		1646	65	1282		250					49	0	1205	15	634.94
鄂州市	1579	21	582		918	35	4		2	17	0		497	15	359		61	2				61		983	95	1301.98
荆门市	1703	155	949	2	315	11	0		5	266	0		692	46	452		7					187		1114	102	123.49
孝感市	1293	43	891		99		1		1	259	0		672	13	543		1					115		826	−45	70.34
荆州市	2939	68	1572	2	1092	44	3		19	138	0		1706	55	1235		320	10				85	1	2020	−99	694.65
黄冈市	4734	187	2988		1181	134	8		6	231	0		2959	122	2378		206	29				223	1	3725	−61	566.29
咸宁市																								189	36	
随州市																								191	98	
恩施州	1956	1	1236		318	115	2		3	281	0		1184	43	807		138	9				186	0	1537	58	142.58
仙桃市																								1162	−140	
潜江市	2174	2	1013		1069	4	0		3	83	0		1169	17	923		138					91		975	14	235.39
全省总计	68680	26364	23416	16	14452	1018	1287		59	2062	6		41375	9484	19906	1	9635	384				1894	72	31039	609	10870.40

㉘ 紫金财产保险股份有限公司湖北分公司业务统计表

表 5-3-1-2-1-28　　2022 年 12 月 31 日　　单位：万元、件

保险机构	保费收入											保户储金及投资款	赔付支出											已决赔案件数	未决赔款	保险金额（亿元）
	合计	企业财产保险	机动车辆保险	货物运输保险	责任保险	工程保险	信用及保证保险	农业保险	短期健康保险	意外伤害保险	其他		合计	企业财产保险	机动车辆保险	货物运输保险	责任保险	工程保险	信用及保证保险	农业保险	短期健康保险	意外伤害保险	其他			
武汉市	3281	29	2719	1	240	29	8		51	107	98		4267	17	3968	0	179	14	0	1	-39	84	43	2562	707	531.75
十堰市	2062	25	1686	0	65	0		99	28	158			677	0	627	0	13	0			15	22		1279	330	273.44
宜昌市	524	43	173		86	6			51	78	87		193	5	53		9	0			32	89	4	69	170	143.73
襄阳市	1663	52	1287		175	31			13	105	0		316	0	281		15	0			9	11	0	374	368	86.25
荆门市	3546		3209		58		1	27	15	235	0		881		595		239		0		7	40	0	1427	681	357.74
孝感市	221	12	200		3				2	5	0		244	0	225		0			17	1	0	0	85	45	26.84
荆州市	505	7	447		1		2		3	45	0		735	0	697		11		0		13	13	0	145	55	35.28
恩施州	1193		1101		59		0		7	25	0		194		170		6	5	0		6	7	0	391	160	136.68
仙桃市															0									59	37	18.41
潜江市	832		763		16				15	38			542		536		0				4	1		629	185	165.68
天门市															0									27	1	4.32
全省总计	13826	168	11585	2	702	67	12	126	184	796	185		8049	23	7153	0	472	20	0	18	49	267	48	7047	2739	1780.12

㉙ 浙商财产保险股份有限公司湖北分公司业务统计表

表 5-3-1-2-1-29　　2022 年 12 月 31 日　　单位：万元、件

保险机构	保费收入											保户储金及投资款	赔付支出											已决赔案件数	未决赔款	保险金额（亿元）
	合计	企业财产保险	机动车辆保险	货物运输保险	责任保险	工程保险	信用及保证保险	农业保险	短期健康保险	意外伤害保险	其他		合计	企业财产保险	机动车辆保险	货物运输保险	责任保险	工程保险	信用及保证保险	农业保险	短期健康保险	意外伤害保险	其他			
武汉市	2257	122	412	4	1458	46	17		58	137	3		2261	24	1211	0	715	18	2		52	236	4	1688	788	969.10
十堰市	192	3	70		116	1			1	2	0		387	0	196		64	23			19	85	0	226	222	17.76
宜昌市	245		193		40	1	1		2	8			377	0	368	0	11	0	0		2	-3		321	105	20.81
襄阳市	163		124		30	0			2	7			245	0	204		1	0			1	39		188	34	15.50
荆州市	529	1	463		59				2	4			804	0	774	0	15				7	8		359	231	174.56
黄冈市	200		121		66				4	10	0		374		305	0	32	0			11	26	0	197	149	59.47
恩施州	306		235		67				1	4			452	0	341	0	113	-1			1	-2		157	315	81.11
仙桃市	225		197		26				1	1			349	0	307		43	0			0	-1		153	92	34.37
潜江市	330		286		34				2	8	0		245	0	229		9				0	6	0	207	53	29.01

续表 5-3-1-2-1-29

保险机构	保费收入											保户储金及投资款	赔付支出											已决赔案件数	未决赔款	保险金额（亿元）
	合计	企业财产保险	机动车辆保险	货物运输保险	责任保险	工程保险	信用及保证保险	农业保险	短期健康保险	意外伤害保险	其他		合计	企业财产保险	机动车辆保险	货物运输保险	责任保险	工程保险	信用及保证保险	农业保险	短期健康保险	意外伤害保险	其他			
天门市	491	2	483		2				1	2			1277	0	1275		1				1	1	0	749	675	40.61
全省总计	4938	128	2582	4	1898	48	18		72	184	3		6771	24	5209	0	1003	40	2		94	395	4	4245	2664	1442.29

㉚ 国任财产保险股份有限公司湖北分公司业务统计表

表 5-3-1-2-1-30　　2022 年 12 月 31 日　　单位：万元、件

保险机构	保费收入											保户储金及投资款	赔付支出											已决赔案件数	未决赔款	保险金额（亿元）
	合计	企业财产保险	机动车辆保险	货物运输保险	责任保险	工程保险	信用及保证保险	农业保险	短期健康保险	意外伤害保险	其他		合计	企业财产保险	机动车辆保险	货物运输保险	责任保险	工程保险	信用及保证保险	农业保险	短期健康保险	意外伤害保险	其他			
武汉市	17423	205	15414	14	968	155	0		74	585	8		10947	3	9662		504	86			2	410	279	13605	4294	4398.98
黄石市	660		427	1	142				1	89	0		857	16	761		44					27	10	688	307	320.22
宜昌市	1678	1	870	28	361	−7	5		1	409	10		1124	1	537	3	179	92				300	12	1330	885	2060.83
荆门市	1027	0	876		63	0			1	86	0		606		526		30					40	10	738	280	357.34
荆州市	2124	6	1891	0	82				0	145	0		1041		980	0	21					25	15	1604	715	723.34
黄冈市	799	4	528	2	98	0	0		1	166	0		710	24	352		146	3				171	14	603	304	213.71
恩施州	1070		666	0	48	5			1	350	0		651		534		23					83	11	1513	192	291.62
全省总计	24781	216	20671	45	1762	154	6		78	1831	18		15936	42	13352	3	948	182			2	1055	352	20081	6975	8366.04

㉛ 锦泰财产保险股份有限公司湖北分公司业务统计表

表 5-3-1-2-1-31　　2022 年 12 月 31 日　　单位：万元、件

保险机构	保费收入											保户储金及投资款	赔付支出											已决赔案件数	未决赔款	保险金额（亿元）
	合计	企业财产保险	机动车辆保险	货物运输保险	责任保险	工程保险	信用及保证保险	农业保险	短期健康保险	意外伤害保险	其他		合计	企业财产保险	机动车辆保险	货物运输保险	责任保险	工程保险	信用及保证保险	农业保险	短期健康保险	意外伤害保险	其他			
武汉市	8628	16	8456		79	4			33	34	6		5497	9	5400		23	12	0		19	35		9202	3836	459.22
全省总计	8628	16	8456		79	4			33	34	6		5497	9	5400		23	12	0		19	35		9202	3836	459.22

㉜ 众诚汽车保险股份有限公司湖北分公司业务统计表

表 5-3-1-2-1-32　　2022 年 12 月 31 日　　单位：万元、件

保险机构	保费收入											保户储金及投资款	赔付支出											已决赔案件数	未决赔款	保险金额（亿元）
	合计	企业财产保险	机动车辆保险	货物运输保险	责任保险	工程保险	信用及保证保险	农业保险	短期健康保险	意外伤害保险	其他		合计	企业财产保险	机动车辆保险	货物运输保险	责任保险	工程保险	信用及保证保险	农业保险	短期健康保险	意外伤害保险	其他			
武汉市	5925	4	5464	5	114				156	137	44		1330		1272		0				52	5	1	5664	932	326.07
全省总计	5925	4	5464	5	114				156	137	44		1330		1272		0				52	5	1	5664	932	326.07

㉝ 华泰财产保险有限公司湖北省分公司业务统计表

表 5-3-1-2-1-33　　2022 年 12 月 31 日　　单位：万元、件

保险机构	保费收入											保户储金及投资款	赔付支出											已决赔案件数	未决赔款	保险金额（亿元）
	合计	企业财产保险	机动车辆保险	货物运输保险	责任保险	工程保险	信用及保证保险	农业保险	短期健康保险	意外伤害保险	其他		合计	企业财产保险	机动车辆保险	货物运输保险	责任保险	工程保险	信用及保证保险	农业保险	短期健康保险	意外伤害保险	其他			
武汉市	4386	879	1071	31	79	34	0		35	218	2038		989	29	834	0	2	9			4	39	72	1269	289	3956.28
襄阳市	2313	186	908		12	1			6	14	1185		395		365			0				1	28	534	354	1671.53
黄冈市	332	1	137		4				0	7	182		163		145		13					4	1	42	1	249.16
全省总计	7031	1067	2117	31	95	35	0		41	239	3405		1548	29	1345	0	16	9			4	44	101	1845	643	5876.97

㉞ 长江财产保险股份有限公司湖北分公司业务统计表

表 5-3-1-2-1-34　　2022 年 12 月 31 日　　单位：万元、件

保险机构	保费收入											保户储金及投资款	赔付支出											已决赔案件数	未决赔款	保险金额（亿元）
	合计	企业财产保险	机动车辆保险	货物运输保险	责任保险	工程保险	信用及保证保险	农业保险	短期健康保险	意外伤害保险	其他		合计	企业财产保险	机动车辆保险	货物运输保险	责任保险	工程保险	信用及保证保险	农业保险	短期健康保险	意外伤害保险	其他			
武汉市	5973	405	2750	224	1409	378	7		489	247	66		1911	121	1462	27	88	-249	117	10	234	101	1	1188	366	11726.21
黄石市	680	102	141	22	70					342	4		330	48	66	9	127					81		376	398	117.89
十堰市	5599		273		454			124	4423	38	286		1238		195		1	2		3	1025	11		20516	422	503.53
宜昌市	1276	3	903	38	247	6	1			76	0		712		697		1					13	1	1373	374	150.22
襄阳市	2630	50	648		118			1590	199	24	0		469	5	339		2				122	2		1333	361	124.54

续表 5-3-1-2-1-34

保险机构	保费收入											保户储金及投资款	赔付支出											已决赔案件数	未决赔款	保险金额（亿元）
	合计	企业财产保险	机动车辆保险	货物运输保险	责任保险	工程保险	信用及保证保险	农业保险	短期健康保险	意外伤害保险	其他		合计	企业财产保险	机动车辆保险	货物运输保险	责任保险	工程保险	信用及保证保险	农业保险	短期健康保险	意外伤害保险	其他			
鄂州市	237	1	168		40					27	1		177		160		3					14		214	180	17.63
荆门市	889	2	582		94				200	10	0		371		321		5					44		353	352	37.17
孝感市	337	8	248		28					47	5		311		308		0					3		355	142	31.63
荆州市	819	9	84		308				410	8	0		260		89						167	4		684	88	413.72
黄冈市	2799	7	906		168	56	0		1241	420	1		1361		788		56	0			453	64		4354	763	321.42
咸宁市	1155	34	926		84	5	2			99	5		974		872		28					73	0	1419	590	148.57
随州市	838		445		86	4		226		77			452	17	301		13			105		17		630	391	48.51
恩施州	921	6	723		129	5	0			57	0		631		564		11	27				29		1143	212	108.38
潜江市	1398		204		359			1	811	22	0		650		223		1			1	424	1		1694	50	137.62
全省总计	25550	627	9002	284	3594	453	11	1941	7773	1495	369		9847	190	6384	36	336	−219	117	119	2424	457	2	35632	4688	13887.04

㉟ 富德财产保险股份有限公司湖北分公司业务统计表

表 5-3-1-2-1-35　　2022 年 12 月 31 日　　单位：万元、件

保险机构	保费收入											保户储金及投资款	赔付支出											已决赔案件数	未决赔款	保险金额（亿元）
	合计	企业财产保险	机动车辆保险	货物运输保险	责任保险	工程保险	信用及保证保险	农业保险	短期健康保险	意外伤害保险	其他		合计	企业财产保险	机动车辆保险	货物运输保险	责任保险	工程保险	信用及保证保险	农业保险	短期健康保险	意外伤害保险	其他			
武汉市	1148	7	192		713	35	8		16	167	10		2975	14	1735		914	14	74		19	203	1	2096	2600	98.09
全省总计	1148	7	192		713	35	8		16	167	10		2975	14	1735		914	14	74		19	203	1	2096	2600	98.09

㊱ 新疆前海联合财产保险股份有限公司湖北分公司业务统计表

表 5-3-1-2-1-36　　2022 年 12 月 31 日　　单位：万元、件

保险机构	保费收入											保户储金及投资款	赔付支出											已决赔案件数	未决赔款	保险金额（亿元）
	合计	企业财产保险	机动车辆保险	货物运输保险	责任保险	工程保险	信用及保证保险	农业保险	短期健康保险	意外伤害保险	其他		合计	企业财产保险	机动车辆保险	货物运输保险	责任保险	工程保险	信用及保证保险	农业保险	短期健康保险	意外伤害保险	其他			
武汉市	4501	185	3900	3	317	1				86	10		2391	1	2380		9					1		2322	1873	370.84
全省总计	4501	185	3900	3	317	1				86	10		2391	1	2380		9					1		2322	1873	370.84

㊲ 建信财产保险有限公司湖北分公司业务统计表

表 5-3-1-2-1-37　　2022 年 12 月 31 日　　单位：万元、件

保险机构	保费收入											保户储金及投资款	赔付支出											已决赔案件数	未决赔款	保险金额(亿元)
	合计	企业财产保险	机动车辆保险	货物运输保险	责任保险	工程保险	信用及保证保险	农业保险	短期健康保险	意外伤害保险	其他		合计	企业财产保险	机动车辆保险	货物运输保险	责任保险	工程保险	信用及保证保险	农业保险	短期健康保险	意外伤害保险	其他			
武汉市	8350	2164	750		403	244			3410	460	919		3720	10	909		1	3			2734	34	30	32993	1089	1086.99
全省总计	8350	2164	750		403	244			3410	460	919		3720	10	909		1	3			2734	34	30	32993	1089	1086.99

㊳ 大家财产保险有限责任公司湖北分公司业务统计表

表 5-3-1-2-1-38　　2022 年 12 月 31 日　　单位：万元、件

保险机构	保费收入											保户储金及投资款	赔付支出											已决赔案件数	未决赔款	保险金额(亿元)
	合计	企业财产保险	机动车辆保险	货物运输保险	责任保险	工程保险	信用及保证保险	农业保险	短期健康保险	意外伤害保险	其他		合计	企业财产保险	机动车辆保险	货物运输保险	责任保险	工程保险	信用及保证保险	农业保险	短期健康保险	意外伤害保险	其他			
武汉市	3506	414	1127	28	1340	168	14		8	297	112		1482	62	921	2	236	5	0	1	10	164	82	2985	243	747.57
黄石市	237		105		96	21				14			61	0	34	0	23	0	0	0	0	4	0	152	28	18.95
十堰市	1704		1350		252	15	1	16	3	65	2		595	0	495	0	35	0	0	0	0	64	0	1208	102	104.16
宜昌市	1587	50	817	0	464	103	3		4	145	0		714	5	502	0	134	0	0	0	4	69	0	1558	119	133.19
襄阳市	6777	22	5982	5	280	3	0	40	6	440	0		4607	2	4387	0	31	0	0	7	0	178	0	12334	550	588.33
鄂州市	316	11	182		95					28			115	0	92	0	2	0	0	0	0	20	0	276	20	86.66
荆门市	1329	3	1184		89		3		4	44	0		759	0	728	0	28	0	0	0	0	2	0	2253	163	230.42
孝感市	857	9	746		48				4	51	0		810	0	806	0	3	0	0	0	0	2	0	1674	84	115.02
荆州市	129	1	18		89				0	16	5		261	0	117	0	137	0	0	0	0	7	0	163	1	51.19
黄冈市	240	5	26		85	9	1		2	112	0		281	0	274	0	5	0	0	0	0	1	0	191	17	48.44
咸宁市	674	3	532		35		0	0	1	77	25		184	0	114	0	21	0	0	0	0	49	0	427	49	43.58
随州市	994	15	670		139	27	0	73	2	70			720	0	667	0	9	0	0	0	0	43	0	1172	81	73.13
恩施州	265	7	114		61	36		1	0	46	0		79	0	50	0	2	1	0	2	0	26	0	105	9	52.55
仙桃市	138	16	18		91	5			0	2	5															
潜江市	527		447		71	0			0	9																
天门市	822	1	785		6				0	30	0															
全省总计	20101	556	14102	33	3242	387	23	131	34	1446	148		10666	69	9187	3	665	6	1	10	15	629	83	24498	1466	2293.19

㊴ 合众人寿保险股份有限公司业务统计表

表 5-3-1-2-1-39　　2022 年 12 月 31 日　　单位：万元、件

保险机构	保费收入																有效保单件数	赔付支出									退保金
	合计	个人业务							团体业务							其中：新单保费		合计	个人业务				团体业务				
		人寿保险					意外伤害险	健康险	人寿保险					意外伤害险	健康险												
		小计	普通寿险	分红寿险	投资连结保险	万能保险			小计	普通寿险	分红寿险	投资连结保险	万能保险						赔款支出	死伤医疗给付	满期给付	年金给付	赔款支出	死伤医疗给付	满期给付	年金给付	
武汉市	29183	19708	17402	2259		47	22	1330	516	516				387	7219	16661	31200	6742	43	415	1173	566	4397	149			1356
黄石市	4915	4057	3047	999		12	4	849						3	3	2028	16837	656	65	271	48	267	5				305
十堰市	18632	14544	9474	5049		21	28	4021	4	4				13	22	4076	75565	2352	348	809	122	1071	2				4654
宜昌市	17647	14770	10675	4052		44	18	2833						11	15	5926	62736	2658	151	793	766	942	7				1495
襄阳市	2631	2273	1563	699		12	2	355						0	0	235	16616	488	23	167	178	119					367
鄂州市	592	515	299	210		5	0	76						0	1	224	2363	129	1	69	9	50					107
荆门市	7813	7112	6015	1084		13	4	696						0	1	3726	18591	564	44	274	29	218	0				1664
孝感市	8720	7879	6772	1088		18	5	825						5	6	4183	22899	848	37	341	205	251	13				1454
荆州市	20379	17698	13751	3914		33	25	2609						22	26	8562	61786	2376	167	446	910	840	13				2664
黄冈市	9678	7699	3447	4201		51	31	1919						13	15	917	52813	2089	187	540	582	776	4				2589
咸宁市	1285	783	462	316		4	2	499						1	1	125	8213	170	23	57	6	84	0				107
随州市	1311	955	529	415		12	1	348						3	3	181	7278	307	8	129	41	127	3				101
恩施州	821	593	434	158		2	1	218						6	3	199	4013	86	11	42		32	0				96
全省总计	123606	98587	73870	24443		274	143	16577	520	520				464	7315	47041	380910	19466	1109	4354	4068	5343	4443	149			16959
全国总计	1890443	1610079	1229076	378604		2400	2132	264429	1179	1179				1464	11160	606158	5482681	245795	10816	65751	64662	95215	8970	381			498161

㊵ 国华人寿保险股份有限公司业务统计表

表 5-3-1-2-1-40　　2022 年 12 月 31 日　　单位：万元、件

保险机构	保费收入																有效保单件数	赔付支出											退保金
	合计	个人业务							团体业务							其中：新单保费		合计	个人业务					团体业务					
		人寿保险					意外伤害险	健康险	人寿保险					意外伤害险	健康险														
		小计	普通寿险	分红寿险	投资连结保险	万能保险			小计	普通寿险	分红寿险	投资连结保险	万能保险						赔款支出	死伤医疗给付	满期给付	年金给付	分保赔付支出(损益)	赔款支出	死伤医疗给付	满期给付	年金给付	分保赔付支出(损益)	
全国总计	3781975	3654798	2221275	1429087	17	4419	257	126285	42	42				234	358	2173546	4603272	197129	290	44205	49175	69656	33249	505	50				3033675

㊶ 中国人寿保险股份有限公司湖北省分公司业务统计表

表 5-3-1-2-1-41　　2022 年 12 月 31 日　　单位：万元、件

保险机构	保费收入																有效保单件数	赔付支出									退保金
	合计	个人业务							团体业务							其中：新单保费		合计	个人业务				团体业务				
		人寿保险					意外伤害险	健康险	人寿保险					意外伤害险	健康险												
		小计	普通寿险	分红寿险	投资连结保险	万能保险			小计	普通寿险	分红寿险	投资连结保险	万能保险						赔款支出	死伤医疗给付	满期给付	年金给付	赔款支出	死伤医疗给付	满期给付	年金给付	
武汉市	469529	364268	298701	65458		109	3861	57574	414	414				3881	39530	159564	4447112	92607	9554	12647	20525	11041	38202	638			25722
黄石市	94635	68402	52693	15703		6	1829	10151	190	190				532	13531	35765	438482	26565	2070	2074	7238	2587	12093	503			6484
十堰市	125446	96689	79194	17488		7	2723	16911	72	72				519	8532	39708	646611	32622	3443	4833	12372	3178	8662	134		1	6988
宜昌市	243122	199884	162693	37183		8	3871	27570	195	195				1327	10274	71958	1349407	74821	5990	8300	38361	6776	14975	419			11830
襄阳市	139849	114813	91311	23495		7	957	18964	411	411				459	4244	38663	701354	25818	3219	4912	10627	3614	3182	265			7286
鄂州市	61350	46018	36174	9841		2	934	6447	45	45				657	7250	20501	342652	16214	1435	2377	2781	1494	7852	274			4532
荆门市	120580	101157	79980	21170		7	1245	12658	90	90				498	4933	33463	510763	21202	2172	2968	8507	3575	3657	323			5779
孝感市	128319	92872	69809	23059		4	1386	15467	41	41				1236	17316	45649	582378	36708	2812	3673	8648	3125	18445	5			7255
荆州市	149121	119981	89069	30900		12	2285	19093	116	116				1127	6519	42694	655491	32788	4415	3972	12439	3818	7894	250			8899
黄冈市	214528	163510	124086	39418		5	2399	32105	61	61				889	15564	65739	1076709	52381	7216	7993	15487	4894	16745	46			13478
咸宁市	68406	54978	41106	13867		5	1687	10764	60	60				521	396	18859	420176	16237	2498	3120	8063	1806	702	48			4271
随州市	61725	45393	35022	10368		3	1407	6601	19	19				650	7654	21683	296992	17506	1514	2056	4336	2004	7596	0			3376
恩施州	123015	91982	75348	16632		1	3108	11822	28	28				449	15628	43785	790400	34204	3510	4058	7094	2633	16748	161			7930
仙桃市	43868	31407	26247	5160			907	2910	3	3				268	8373	19766	184773	11843	777	697	1867	740	7759	4			1472
潜江市	13662	10775	6813	3962			486	2265	6	6				7	122	2200	83102	4039	818	608	1991	498	119	6			1654
天门市	19151	14011	11777	2234			602	1780	21	21				84	2653	7505	97288	8094	837	575	4337	545	1796	5			1129
神农架林区	149	100	99	1			8	20	0	0				3	18	56	1295	57	16	20			21				1
全省总计	2076454	1616239	1280121	335942		175	29696	253103	1772	1772				13107	162539	667558	12624985	503706	52295	64883	164672	52328	166448	3080		1	118085

㊷ 中国太平洋人寿保险股份有限公司湖北分公司业务统计表

表 5-3-1-2-1-42 2022 年 12 月 31 日 单位:万元、件

保险机构	保费收入																	有效保单件数	赔付支出									退保金
	合计	个人业务							团体业务							其中:新单保费			合计	个人业务				团体业务				
		人寿保险					意外伤害险	健康险	人寿保险					意外伤害险	健康险													
		小计	普通寿险	分红寿险	投资连结保险	万能保险			小计	普通寿险	分红寿险	投资连结保险	万能保险							赔款支出	死伤医疗给付	满期给付	年金给付	赔款支出	死伤医疗给付	满期给付	年金给付	
武汉市	162152	55829	28851	26920		58	402	23407	68312	26205	42065		42	559	13643	80706	679658	33163	2555	7669	404	4149	85	9776	7176	1349	12662
黄石市	15505	9160	4414	4743		3	41	3250	2858	849	2003		5	81	115	2952	151343	3187	569	968	60	726	18	285	481	80	2049
十堰市	44126	29534	14692	14831		11	118	11438	2730	628	2088		14	124	181	2853	346940	7986	1567	3106	185	1522	3	186	1279	139	4513
宜昌市	115754	57368	31065	26283		20	215	17408	19339	3177	16130		32	204	21220	40483	555676	38687	3116	5558	525	3054	7	22409	3569	449	10854
襄阳市	113838	57387	28571	28790		27	311	24796	10779	1546	9171		63	778	19787	30738	1114874	30465	2056	6483	239	2113	10	18263	1145	157	10200
鄂州市	13206	8300	3650	4642		8	41	3925	885	42	842		1	25	30	908	105279	2206	176	1364	19	378	2	39	203	25	1136
荆门市	16650	10622	5732	4886		5	50	3552	2221	29	2180		12	99	106	2391	143237	3121	534	946	53	530	1	78	866	114	1728
孝感市	43854	30140	13951	16185		4	165	12317	786	408	369		9	212	233	1067	378461	8604	596	3394	70	1528		337	2381	297	5839
荆州市	98783	66582	33567	32994		21	432	24687	6481	614	5832		36	315	286	6824	738302	20097	2649	7342	344	3150	5	370	5482	755	14909
黄冈市	117090	66886	32537	34303		46	237	21727	11446	1294	10131		20	689	16106	27682	1348680	36312	6363	8226	518	3154	47	13301	3801	902	12430
咸宁市	62078	24685	12572	12109		3	102	12283	6328	274	6027		26	339	18341	24901	291369	25369	123	3259	30	837		20245	780	95	4447
随州市	29245	17242	8874	8364		4	88	6433	5176	365	4802		9	176	131	5350	229967	5050	614	2087	82	822	1	179	1122	143	3947
恩施州	51828	25694	13273	12411		11	137	8270	2084	397	1651		36	148	15495	17428	347690	19851	2588	2388	346	1350	35	11833	1104	208	5812
仙桃市	22833	17285	8595	8680		10	113	5203	79	33	44		2	79	74	156	175772	5061	317	2178	44	1131	0	68	1174	149	3089
潜江市	21889	11196	6239	4946		11	61	4432	5508	165	5336		7	113	580	6063	200040	4696	458	829	118	543	3	341	2151	254	2626
天门市	20849	15408	7552	7841		15	79	5144	112	36	71		4	52	53	163	157187	5107	316	1693	57	882	1	92	1850	216	2726
神农架林区	1564	1170	478	692		0	5	389	1	0			1		0		7484	152	4	123		25					94
全省总计	951244	504489	254613	249620		256	2598	188660	145125	36063	108743		319	3992	106380	250666	6971959	249115	24601	57614	3092	25893	217	97804	34563	5331	99061

㊸ 中国平安人寿保险股份有限公司湖北分公司业务统计表

表 5-3-1-2-1-43　　2022 年 12 月 31 日　　单位：万元、件

保险机构	保费收入																	有效保单件数	赔付支出									退保金
	合计	个人业务							团体业务							其中：新单保费			合计	个人业务				团体业务				
		人寿保险					意外伤害险	健康险	人寿保险					意外伤害险	健康险													
		小计	普通寿险	分红寿险	投资连结保险	万能保险			小计	普通寿险	分红寿险	投资连结保险	万能保险							赔款支出	死伤医疗给付	满期给付	年金给付	赔款支出	死伤医疗给付	满期给付	年金给付	
武汉市	1003833	627719	487358	126052	85	14223	35768	340320	26	26						216478	2551143	184123	7540	111932	46335	13596		45	0	4675	116250
黄石市	46389	29573	22828	5563	2	1180	1660	15155	1	1						10760	166578	9283	378	4992	2997	915				2	7957
十堰市	79267	50002	41540	7003	1	1458	3143	26121								17194	243514	14463	520	8524	4572	847					8617
宜昌市	117886	77179	58516	15519	4	3140	3962	36743	1	1						27555	417345	22220	566	11060	8859	1678				57	14838
襄阳市	150675	94629	72913	18495	2	3220	5908	50137								33885	480037	26637	1216	16632	6829	1957				2	20390
鄂州市	14929	9376	7575	1547		254	599	4954								3023	37492	2072	124	1518	322	109					1793
荆门市	74310	45814	36294	7580	1	1938	3137	25359								16112	229746	12205	751	8296	2438	720					7603
孝感市	54287	36676	31150	4897	0	629	1746	15865								13903	123594	9446	357	4168	4486	436					7095
荆州市	179427	117442	95115	19172	4	3151	6212	55773								39005	533800	30461	1366	16999	10309	1770				16	23457
黄冈市	52466	31889	27790	3620		479	2193	18385								12667	128364	7436	618	5822	628	368					5647
咸宁市	32856	19978	16415	2955	5	603	1374	11505								6915	91986	4524	431	3297	589	207					4639
随州市	21752	13295	11238	1823	0	234	967	7490								4782	57436	2700	146	2130	298	125					2628
恩施州	9189	5758	5087	634		36	360	3071								1832	21114	966	70	790	72	34					1720
全省总计	1837266	1159329	913819	214860	105	30545	67030	610879	28	28						404111	5082149	326534	14082	196161	88734	22761		45	0	4752	222633

㊹ 新华人寿保险股份有限公司湖北分公司业务统计表

表 5-3-1-2-1-44　　2022 年 12 月 31 日　　单位：万元、件

保险机构	保费收入																	有效保单件数	赔付支出									退保金
	合计	个人业务							团体业务							其中：新单保费			合计	个人业务				团体业务				
		人寿保险					意外伤害险	健康险	人寿保险					意外伤害险	健康险													
		小计	普通寿险	分红寿险	投资连结保险	万能保险			小计	普通寿险	分红寿险	投资连结保险	万能保险							赔款支出	死伤医疗给付	满期给付	年金给付	赔款支出	死伤医疗给付	满期给付	年金给付	
武汉市	214254	149417	95235	54175		7	379	60193	147	147				1012	3106	48712	467146	73740	794	13067	38974	18091	2722	86		6	42299
黄石市	42731	25764	10835	14928		1	195	16524						148	101	9597	123312	9719	159	3013	3907	2508	132				7456
十堰市	60277	34165	19354	14809		2	156	25654	3	3				168	132	8240	172763	9782	189	5059	1359	2818	357				5794

续表 5-3-1-2-1-44

保险机构	保费收入																其中：新单保费	有效保单件数	赔付支出									退保金
	合计	个人业务							团体业务										合计	个人业务				团体业务				
		人寿保险					意外伤害险	健康险	人寿保险					意外伤害险	健康险													
		小计	普通寿险	分红寿险	投资连结保险	万能保险			小计	普通寿险	分红寿险	投资连结保险	万能保险							赔款支出	死伤医疗给付	满期给付	年金给付	赔款支出	死伤医疗给付	满期给付	年金给付	
宜昌市	55233	36448	11960	24487		1	117	18297						198	173	19521	148065	12896	179	3103	7545	1878	190				3617
襄阳市	79732	43113	18200	24911		2	270	35996						195	158	11517	279397	17051	374	6189	6876	3471	141				7301
鄂州市	11257	5878	2029	3849		0	46	5283						30	19	849	51219	2790	83	1113	888	666	40				1614
荆门市	33825	26980	3995	22984		1	38	6694						67	47	15060	78240	7313	68	1800	3675	1722	47				2836
孝感市	79314	49741	17390	32350		1	321	28860						224	167	17059	235760	19587	357	6003	7963	4992	273				10168
荆州市	80356	58325	23634	34689		2	145	21426						254	206	24458	202157	30001	265	4460	20987	4037	253				10624
黄冈市	39420	27630	8934	18695		1	76	11575						80	60	9369	119037	8350	98	2944	3202	1973	133				4795
咸宁市	31335	20757	5690	15066		1	77	10239	2	2				129	131	8915	95275	7236	100	2124	3675	1297	40				4014
随州市	30447	22607	5739	16867		0	74	7668						57	41	12386	71912	4450	78	2215	1160	953	43				2531
恩施州	38358	29310	7386	21924		1	59	8854						79	56	16634	87703	5050	63	2321	1562	1031	73				3530
仙桃市	8591	5016	3277	1739		0	37	3460						45	32	960	26623	1323	26	397	533	353	14				824
潜江市	28648	19240	10344	8894		2	65	9142	0	0				116	86	7244	69680	10265	49	1607	6593	1924	92				4149
天门市	1202	804	659	145		0	4	390						2	1	448	2709	87	1	50	5	31	0				36
全省总计	834978	555195	244661	310512		21	2059	270255	152	152				2802	4516	210968	2230998	219641	2885	55463	108907	47744	4550	86		6	111587

㊺ 泰康人寿保险有限责任公司湖北分公司业务统计表

表 5-3-1-2-1-45　　2022 年 12 月 31 日　　单位：万元、件

保险机构	保费收入																其中：新单保费	有效保单件数	赔付支出									退保金
	合计	个人业务							团体业务										合计	个人业务				团体业务				
		人寿保险					意外伤害险	健康险	人寿保险					意外伤害险	健康险													
		小计	普通寿险	分红寿险	投资连结保险	万能保险			小计	普通寿险	分红寿险	投资连结保险	万能保险							赔款支出	死伤医疗给付	满期给付	年金给付	赔款支出	死伤医疗给付	满期给付	年金给付	
武汉市	578315	470813	274579	193931	72	2231	1481	106905	74	67			7	152	-1110	86372	4546345	59432	3067	20446	15100	19687	249	20		862	36876
黄石市	45489	32220	5945	25861	3	411	111	13134	0				0	13	10	5683	524607	9868	326	2897	1628	5014	2				3610
十堰市	30061	18314	5726	12332	0	256	89	11635	1				1	13	10	3956	413876	6317	473	2600	1144	2091	9				1479
宜昌市	75614	54718	11831	42229	7	651	163	20639	1				1	57	36	11905	812541	15674	579	4164	4628	6258	39			6	4006
襄阳市	35807	23838	5558	17896	3	381	200	11741	0				0	15	13	5028	484982	9640	467	2880	2836	3445	12				2539

续表 5-3-1-2-1-45

保险机构	保费收入																其中：新单保费	有效保单件数	赔付支出									退保金
	合计	个人业务							团体业务										合计	个人业务				团体业务				
		人寿保险					意外伤害险	健康险	人寿保险					意外伤害险	健康险													
		小计	普通寿险	分红寿险	投资连结保险	万能保险			小计	普通寿险	分红寿险	投资连结保险	万能保险							赔款支出	死伤医疗给付	满期给付	年金给付	赔款支出	死伤医疗给付	满期给付	年金给付	
鄂州市	13099	8185	2471	5559	0	155	50	4857	0				0	3	3	1823	178031	3254	109	1388	513	1245	0				711
荆门市	48944	23839	6532	16975	0	332	109	13318	0				0	6	11672	16609	509829	20600	332	3266	2176	3086	11740				1999
孝感市	29520	19995	4746	14924	0	325	88	9413	0				0	16	9	5102	357762	10106	216	2248	4777	2865	0				2553
荆州市	51798	14947	3990	10835	1	121	118	7209	0				0	2	29523	31833	279459	47062	188	1523	4765	2374	38213				1664
黄冈市	42466	22060	5611	16132	1	317	57	10793	0				0	0	9555	13914	442683	20314	380	2451	5161	3963	8359				1884
咸宁市	43989	25860	8225	17336		298	120	17978	0				0	16	15	5046	648110	10209	492	3883	2146	3685	3				2817
随州市	4663	2917	852	2033		31	15	1730	0				0	0	0	521	62658	1329	31	392	483	424					1858
恩施州	29206	20223	6560	13505	0	158	62	8921	0				0	0	0	3433	364404	6787	181	2262	1940	2404					2494
仙桃市	3924	3565	209	3312		44	2	357						0	0	2664	14568	867	5	96	544	222	2				149
潜江市	1735	1235	294	929		12	3	497	0				0	0		183	26050	1234	4	114	744	371					186
天门市	26450	13846	2727	10940		179	98	5520	0				0	0	6985	8747	204644	13190	109	1051	3939	2006	6085				1505
全省总计	1061081	756574	345856	404728	86	5903	2765	244647	77	67			11	296	56722	202821	9870549	235884	6958	51663	52523	59139	64713	20		868	66330

㊻ 太平人寿保险有限公司湖北分公司业务统计表

表 5-3-1-2-1-46　　2022 年 12 月 31 日　　单位：万元、件

保险机构	保费收入																其中：新单保费	有效保单件数	赔付支出									退保金
	合计	个人业务							团体业务										合计	个人业务				团体业务				
		人寿保险					意外伤害险	健康险	人寿保险					意外伤害险	健康险													
		小计	普通寿险	分红寿险	投资连结保险	万能保险			小计	普通寿险	分红寿险	投资连结保险	万能保险							赔款支出	死伤医疗给付	满期给付	年金给付	赔款支出	死伤医疗给付	满期给付	年金给付	
武汉市	305799	187086	122370	64709	3	3	4510	114204								80294	938773	52361	16654	13064	7555	15088					26733
黄石市	32093	20641	13425	7216	0	0	534	10918								6689	113159	4921	1430	1423	188	1880					4517
十堰市	104268	55264	40764	14498	0	1	2162	46842								26290	381816	17859	8127	4736	1638	3359					8087
宜昌市	54014	33501	21825	11675	0	1	1163	19351								14479	202544	8069	2422	2441	507	2699					5069
襄阳市	62110	30895	21139	9755	0	1	1570	29645								14256	272354	10745	3693	2805	1921	2326					9585
鄂州市	15125	9527	8135	1392		0	223	5375								4270	45354	1653	802	553	21	276					830
荆门市	20931	12543	7844	4697	1	1	423	7966								4873	81314	3489	1088	973	351	1078					2344

续表 5-3-1-2-1-46

保险机构	保费收入																	赔付支出									退保金
	合计	个人业务							团体业务							其中：新单保费	有效保单件数	合计	个人业务				团体业务				
		人寿保险					意外伤害险	健康险	人寿保险					意外伤害险	健康险				赔款支出	死伤医疗给付	满期给付	年金给付	赔款支出	死伤医疗给付	满期给付	年金给付	
		小计	普通寿险	分红寿险	投资连结保险	万能保险			小计	普通寿险	分红寿险	投资连结保险	万能保险														
孝感市	17042	11663	9469	2193		0	259	5120								4995	55174	1553	673	475	14	391					1557
荆州市	122207	72953	52641	20311	0	1	2454	46800								29294	425087	17006	7194	4573	896	4343					11530
黄冈市	37339	20796	14498	6298	0	0	837	15706								10381	141415	5681	2404	1935	101	1241					3918
咸宁市	18563	11121	7931	3189	0	0	357	7085								5234	69649	2454	893	826	178	556					2094
随州市	19722	10699	7574	3124		0	406	8617								5674	76527	3068	1365	971	67	665					2559
恩施州	22548	11771	9329	2442		0	709	10068								5426	99431	2845	1470	862		514					2496
全省总计	831760	488459	336944	151500	6	9	15605	327696								212155	2902597	131703	48214	35636	13436	34416					81319

㊼ 中宏人寿保险有限公司湖北分公司业务统计表

表 5-3-1-2-1-47　　2022 年 12 月 31 日　　单位：万元、件

保险机构	保费收入																	赔付支出									退保金
	合计	个人业务							团体业务							其中：新单保费	有效保单件数	合计	个人业务				团体业务				
		人寿保险					意外伤害险	健康险	人寿保险					意外伤害险	健康险				赔款支出	死伤医疗给付	满期给付	年金给付	赔款支出	死伤医疗给付	满期给付	年金给付	
		小计	普通寿险	分红寿险	投资连结保险	万能保险			小计	普通寿险	分红寿险	投资连结保险	万能保险														
武汉市	26172	19215	6025	13190			161	5846	37	37				307	607	9955	18991	1914	38	920		330	476	150			1214
全省总计	26172	19215	6025	13190			161	5846	37	37				307	607	9955	18991	1914	38	920		330	476	150			1214

⑱ 建信人寿保险股份有限公司湖北分公司业务统计表

表 5-3-1-2-1-48　　　　2022 年 12 月 31 日　　　　单位:万元、件

保险机构	保费收入																有效保单件数	赔付支出									退保金
	合计	个人业务							团体业务							其中:新单保费		合计	个人业务				团体业务				
		人寿保险					意外伤害险	健康险	人寿保险					意外伤害险	健康险				赔款支出	死伤医疗给付	满期给付	年金给付	赔款支出	死伤医疗给付	满期给付	年金给付	
		小计	普通寿险	分红寿险	投资连结保险	万能保险			小计	普通寿险	分红寿险	投资连结保险	万能保险														
武汉市	91672	80610	59933	20635		41	170	1052	912	912				1084	7845	50720	41997	9072	69	439	2234	464	5866				11751
黄石市	11090	10856	4566	6286		4	1	132	2	2				76	23	8779	3319	152	4	18	44	18	69				933
十堰市	12603	12402	8455	3943		4	0	84	1	1				83	32	6581	5371	714	0	355	350	5	3				1141
宜昌市	46206	45724	14425	31285		14	0	266						157	60	35494	12196	861	1	155	588	114	3				2797
襄阳市	29793	29562	20357	9197		8	0	208	1	1				15	6	14381	12370	395	1	111	261	20	2				3022
鄂州市	2970	2891	2195	695		1		36	1	1				30	13	1558	22	8		1	3	4	0				310
荆门市	27633	27210	13676	13524		9	0	166	5	5				136	115	18456	12722	266	10	91	51	80	34				3705
孝感市	7377	7199	5405	1788		6	0	68	1	1				11	97	3074	5100	303	2	10	208	39	44				1861
荆州市	21494	21181	11539	9625		18	14	273						20	5	11871	77732	339	20	166	71	78	5				2238
黄冈市	37725	37180	15681	21490		9	18	374	2	2				112	38	26314	17978	699	16	352	258	62	12				2582
咸宁市	10383	10211	6460	3743		8	0	94						73	6	5781	6684	180	5	26	130	17	1				726
随州市	20136	19794	9357	10430		7	1	234	0	0				11	97	13485	13405	301	3	157	118	23	1				2234
恩施州	10903	10727	7529	3195		2	0	144						27	6	5267	5702	297	6	136	107	47	0				2305
仙桃市	6842	6824	1655	5168		1		18								5628		89		36	47	6					411
潜江市	9452	9306	5594	3709		3	1	110						5	31	5852	6002	138	0	72	46	12	8				718
天门市	2829	2805	1168	1634		2		15						7	3	1799	5	132		8	117	7					314
全省总计	349109	334479	187996	146346		137	206	3275	927	927				1846	8376	215041	220605	13946	136	2134	4632	996	6048				37048

㊾ 安联人寿保险有限公司湖北分公司业务统计表

表 5-3-1-2-1-49　　2022 年 12 月 31 日　　单位：万元、件

保险机构	保费收入																	有效保单件数	赔付支出									退保金
	合计	个人业务							团体业务							其中：新单保费			合计	个人业务				团体业务				
		人寿保险					意外伤害险	健康险	人寿保险					意外伤害险	健康险					赔款支出	死伤医疗给付	满期给付	年金给付	赔款支出	死伤医疗给付	满期给付	年金给付	
		小计	普通寿险	分红寿险	投资连结保险	万能保险			小计	普通寿险	分红寿险	投资连结保险	万能保险															
武汉市	2647	2249	17	2232		0	4	378	2	2				7	8	1345	1006	119	2	114			3				60
全省总计	2647	2249	17	2232		0	4	378	2	2				7	8	1345	1006	119	2	114			3				60

㊿ 工银安盛人寿保险有限公司湖北分公司业务统计表

表 5-3-1-2-1-50　　2022 年 12 月 31 日　　单位：万元、件

保险机构	保费收入																	有效保单件数	赔付支出									退保金
	合计	个人业务							团体业务							其中：新单保费			合计	个人业务				团体业务				
		人寿保险					意外伤害险	健康险	人寿保险					意外伤害险	健康险					赔款支出	死伤医疗给付	满期给付	年金给付	赔款支出	死伤医疗给付	满期给付	年金给付	
		小计	普通寿险	分红寿险	投资连结保险	万能保险			小计	普通寿险	分红寿险	投资连结保险	万能保险															
武汉市	172166	157337	84053	73284			13	10831	133	133				350	3502	103976	72087	37565	209	2747	30584	524	3311	190			33711
宜昌市	20034	19660	6235	13425			1	373								15814	6192	2793	3	98	2681	11					3548
襄阳市	25920	25575	6680	18895			0	344								21371	6851	3835	27	68	3684	56					2367
孝感市	16062	15940	4228	11712			0	121								13148	3713	59	4	55							311
荆州市	18428	17904	9800	8104			0	524								11113	8939	2853	85	283	2417	69					4848
黄冈市	25123	24852	3953	20899			0	270								20901	5748	3347	5	62	3263	17					1628
全省总计	277733	261269	114950	146319			15	12463	133	133				350	3502	186322	103530	50452	333	3313	42628	676	3311	190			46413

㉛ 中信保诚人寿保险有限公司湖北省分公司业务统计表

表 5-3-1-2-1-51　　2022 年 12 月 31 日　　单位:万元、件

保险机构	保费收入																有效保单件数	赔付支出									退保金
	合计	个人业务							团体业务							其中:新单保费		合计	个人业务				团体业务				
		人寿保险					意外伤害险	健康险	人寿保险					意外伤害险	健康险				赔款支出	死伤医疗给付	满期给付	年金给付	赔款支出	死伤医疗给付	满期给付	年金给付	
		小计	普通寿险	分红寿险	投资连结保险	万能保险			小计	普通寿险	分红寿险	投资连结保险	万能保险														
武汉市	101396	65720	46123	18668	809	120	291	29474	252	252				550	5109	30808	174746	12822	1126	4669	2877	381	3423	346			5567
黄石市	7802	6647	2972	3624	44	8	8	1115	1	1				17	15	5344	8218	315	15	195	57		48				103
宜昌市	8908	6062	4918	1046	85	13	40	2766	3	3				17	20	2539	21036	665	140	236	251	12	26				197
襄阳市	23083	16692	13048	3403	157	84	90	6152	11	11				63	75	13650	49129	1394	274	783	229	10	98				832
荆门市	15312	13881	4331	9519	21	10	12	1395	1	1				11	11	12299	11454	347	57	125	136	4	25				241
荆州市	28028	26669	15703	10919	31	17	21	1320	3	3				7	8	23302	14617	553	50	364	97	2	40	2			1147
全省总计	184528	135671	87095	47178	1147	252	462	42222	270	270				665	5238	87941	279200	16096	1661	6372	3647	409	3659	348			8087

㉜ 交银人寿保险有限公司湖北省分公司业务统计表

表 5-3-1-2-1-52　　2022 年 12 月 31 日　　单位:万元、件

保险机构	保费收入																有效保单件数	赔付支出											退保金
	合计	个人业务							团体业务							其中:新单保费		合计	个人业务					团体业务					
		人寿保险					意外伤害险	健康险	人寿保险					意外伤害险	健康险				赔款支出	死伤医疗给付	满期给付	年金给付	通融给付	赔款支出	死伤医疗给付	满期给付	年金给付	通融给付	
		小计	普通寿险	分红寿险	投资连结保险	万能保险			小计	普通寿险	分红寿险	投资连结保险	万能保险																
武汉市	115393	112134	64438	47696			-15	3178	3	3				6	88	64202	6813	2703	127	1469	512	343	172	75	5				57742
宜昌市	9573	9282	5187	4095			4	282						1	5	5266	1112	227	6	182	39		1						3539
全省总计	124966	121416	69625	51791			-11	3459	3	3				7	93	69468	7925	2930	133	1651	550	343	173	75	5				61281

㊿③ 中意人寿保险有限公司湖北省分公司业务统计表

表 5-3-1-2-1-53　　2022 年 12 月 31 日　　单位:万元、件

保险机构	保费收入																		赔付支出									退保金
	合计	个人业务							团体业务							其中:新单保费	有效保单件数	合计	个人业务				团体业务				
		人寿保险					意外伤害险	健康险	人寿保险					意外伤害险	健康险												
		小计	普通寿险	分红寿险	投资连结保险	万能保险			小计	普通寿险	分红寿险	投资连结保险	万能保险						赔款支出	死伤医疗给付	满期给付	年金给付	赔款支出	死伤医疗给付	满期给付	年金给付	
武汉市	31890	24926	24079	846		1	484	5587	37	37				56	800	15520	54953	2093	258	1021	6	195	613				3145
襄阳市	391	348	348				1	41						1	0	358	484	1	1								1
荆门市	8154	8065	2135	5931		0	2	86						0	0	6642	2140	50	11	39							130
全省总计	40434	33340	26562	6777		1	487	5714	37	37				56	801	22519	57577	2145	270	1060	6	195	613				3276

㊿④ 光大永明人寿保险有限公司湖北分公司业务统计表

表 5-3-1-2-1-54　　2022 年 12 月 31 日　　单位:万元、件

保险机构	保费收入																		赔付支出									退保金
	合计	个人业务							团体业务							其中:新单保费	有效保单件数	合计	个人业务				团体业务				
		人寿保险					意外伤害险	健康险	人寿保险					意外伤害险	健康险												
		小计	普通寿险	分红寿险	投资连结保险	万能保险			小计	普通寿险	分红寿险	投资连结保险	万能保险						赔款支出	死伤医疗给付	满期给付	年金给付	赔款支出	死伤医疗给付	满期给付	年金给付	
武汉市	38312	33802	33405	397			38	3351	83	81	2			305	734	13324	14154	7095	99	667	5210	815	221	82			2144
全省总计	38312	33802	33405	397			38	3351	83	81	2			305	734	13324	14154	7095	99	667	5210	815	221	82			2144

⑤⑤ 友邦人寿保险有限公司湖北分公司业务统计表

表 5-3-1-2-1-55　　2022 年 12 月 31 日　　单位：万元、件

保险机构	保费收入																有效保单件数	赔付支出									退保金
	合计	个人业务							团体业务							其中：新单保费		合计	个人业务				团体业务				
		人寿保险					意外伤害险	健康险	人寿保险					意外伤害险	健康险												
		小计	普通寿险	分红寿险	投资连结保险	万能保险			小计	普通寿险	分红寿险	投资连结保险	万能保险						赔款支出	死伤医疗给付	满期给付	年金给付	赔款支出	死伤医疗给付	满期给付	年金给付	
武汉市	9008	6348	5256	1092	0	0	112	2367	10	10				51	121	182	2	213	118	84			11				7
全省总计	9008	6348	5256	1092	0	0	112	2367	10	10				51	121	182	2	213	118	84			11				7

⑤⑥ 北大方正人寿保险有限公司湖北分公司业务统计表

表 5-3-1-2-1-56　　2022 年 12 月 31 日　　单位：万元、件

保险机构	保费收入																有效保单件数	赔付支出									退保金
	合计	个人业务							团体业务							其中：新单保费		合计	个人业务				团体业务				
		人寿保险					意外伤害险	健康险	人寿保险					意外伤害险	健康险												
		小计	普通寿险	分红寿险	投资连结保险	万能保险			小计	普通寿险	分红寿险	投资连结保险	万能保险						赔款支出	死伤医疗给付	满期给付	年金给付	赔款支出	死伤医疗给付	满期给付	年金给付	
武汉市	35392	27557	22572	4975		9	397	7170	6	6				81	181	13471	148892	3251	531	2058		470	191				4172
宜昌市	531	289	281	8		0	4	238								−1	3450	58	3	38		18					133
襄阳市	480	269	269			0	2	207						1	1	17	2388	76	21	55			0				29
荆门市	1581	979	836	142		2	7	593						1	0	134	10448	378	20	298		60	0				126
全省总计	37983	29094	23958	5125		11	411	8207	6	6				83	182	13621	165178	3763	576	2448		548	191				4460

㊼ 中英人寿保险有限公司湖北分公司业务统计表

表 5-3-1-2-1-57　　2022 年 12 月 31 日　　单位:万元、件

保险机构	保费收入·合计	保费收入·个人业务·人寿保险·小计	保费收入·个人业务·人寿保险·普通寿险	保费收入·个人业务·人寿保险·分红寿险	保费收入·个人业务·人寿保险·投资连结保险	保费收入·个人业务·人寿保险·万能保险	保费收入·个人业务·意外伤害险	保费收入·个人业务·健康险	保费收入·团体业务·人寿保险·小计	保费收入·团体业务·人寿保险·普通寿险	保费收入·团体业务·人寿保险·分红寿险	保费收入·团体业务·人寿保险·投资连结保险	保费收入·团体业务·人寿保险·万能保险	保费收入·团体业务·意外伤害险	保费收入·团体业务·健康险	保费收入·其中:新单保费	有效保单件数	赔付支出·合计	赔付支出·个人业务·赔款支出	赔付支出·个人业务·死伤医疗给付	赔付支出·个人业务·满期给付	赔付支出·个人业务·年金给付	赔付支出·团体业务·赔款支出	赔付支出·团体业务·死伤医疗给付	赔付支出·团体业务·满期给付	赔付支出·团体业务·年金给付	退保金
武汉市	49879	29408	26824	2436		147	449	19673	9	9				126	215	11477	85792	8416	671	3072	2633	1727	303	9			5538
黄石市	3844	2678	2579	99		1	28	1133						4	1	1244	7167	641	90	97	334	118	2				173
襄阳市	541	446	446				0	95								441	546	32	1	30							12
孝感市	5183	2839	2603	231		5	60	2271						7	6	1782	15439	1352	257	199	738	157	1				590
荆州市	5364	3338	2789	546		3	35	1988						2	1	1600	14905	2109	437	312	1155	204	2				386
黄冈市	1180	931	931	1			1	247						1	0	698	1629	28	19	8							136
全省总计	65992	39641	36172	3312		157	572	25407	9	9				140	223	17243	125478	12577	1477	3719	4860	2206	307	9			6835

㊽ 同方全球人寿保险有限公司湖北分公司业务统计表

表 5-3-1-2-1-58　　2022 年 12 月 31 日　　单位:万元、件

保险机构	保费收入·合计	保费收入·个人业务·人寿保险·小计	保费收入·个人业务·人寿保险·普通寿险	保费收入·个人业务·人寿保险·分红寿险	保费收入·个人业务·人寿保险·投资连结保险	保费收入·个人业务·人寿保险·万能保险	保费收入·个人业务·意外伤害险	保费收入·个人业务·健康险	保费收入·团体业务·人寿保险·小计	保费收入·团体业务·人寿保险·普通寿险	保费收入·团体业务·人寿保险·分红寿险	保费收入·团体业务·人寿保险·投资连结保险	保费收入·团体业务·人寿保险·万能保险	保费收入·团体业务·意外伤害险	保费收入·团体业务·健康险	保费收入·其中:新单保费	有效保单件数	赔付支出·合计	赔付支出·个人业务·赔款支出	赔付支出·个人业务·死伤医疗给付	赔付支出·个人业务·满期给付	赔付支出·个人业务·年金给付	赔付支出·团体业务·赔款支出	赔付支出·团体业务·死伤医疗给付	赔付支出·团体业务·满期给付	赔付支出·团体业务·年金给付	退保金
武汉市	48631	15600	13067	2533			256	32743	1	1				14	16	7679	96936	5918	581	4661	365	192	120				2098
宜昌市	431	386	386				1	44								431	493										
襄阳市	11590	5245	5244	1			33	6312								4954	23564	770	322	443	5	0					292
全省总计	60653	21232	18698	2534			290	39100	1	1				14	16	13065	120993	6688	903	5104	369	192	120				2390

注:本表个人业务为除团险外所有渠道数据。

㊾ 民生人寿保险股份有限公司湖北分公司业务统计表

表 5-3-1-2-1-59　　　　2022 年 12 月 31 日　　　　单位:万元、件

保险机构	保费收入																有效保单件数	赔付支出									退保金
	合计	个人业务							团体业务							其中:新单保费		合计	个人业务				团体业务				
		人寿保险					意外伤害险	健康险	人寿保险					意外伤害险	健康险				赔款支出	死伤医疗给付	满期给付	年金给付	赔款支出	死伤医疗给付	满期给付	年金给付	
		小计	普通寿险	分红寿险	投资连结保险	万能保险			小计	普通寿险	分红寿险	投资连结保险	万能保险														
武汉市	3214	2458	1558	900			11	745								522	8808	1212	60	195	767	185	5				266
黄石市	671	481	263	218			3	188								53	1957	176	14	36	39	87					48
十堰市	3339	2509	1883	626			14	815								413	7219	405	83	112	21	188					191
宜昌市	251	178	39	139			1	72								3	656	52	1	9	26	16					49
襄阳市	1949	1455	576	879			8	486								183	6203	623	30	137	318	138					210
鄂州市	134	122	29	93			1	12								0	364	39		19		21					27
荆门市	1397	1074	415	658			6	317								111	4136	466	29	38	315	84					123
孝感市	2765	1908	1522	387			15	842								336	6456	367	92	102	23	150					217
荆州市	757	555	223	332			4	198								21	2232	935	13	54	786	82					70
黄冈市	1272	1010	633	377			5	257								168	3513	359	23	75	143	119					123
咸宁市	434	313	251	63			5	116								23	1031	36	5	20		11					31
恩施州	492	260	194	65			5	227								43	1256	118	15	71	5	27					65
全省合计	16676	12323	7586	4736			77	4276								1875	43831	4789	366	868	2444	1107	5				1420

㊿ 招商信诺人寿保险有限公司湖北分公司业务统计表

表 5-3-1-2-1-60　　　　2022 年 12 月 31 日　　　　单位:万元、件

保险机构	保费收入																有效保单件数	赔付支出									退保金
	合计	个人业务							团体业务							其中:新单保费		合计	个人业务				团体业务				
		人寿保险					意外伤害险	健康险	人寿保险					意外伤害险	健康险				赔款支出	死伤医疗给付	满期给付	年金给付	赔款支出	死伤医疗给付	满期给付	年金给付	
		小计	普通寿险	分红寿险	投资连结保险	万能保险			小计	普通寿险	分红寿险	投资连结保险	万能保险														
武汉市	105406	91425	71482	19903	2	38	1777	11696	5	5				15	489	29337	220096	11653	657	2061	7608	1055	271				4466
全省总计	105406	91425	71482	19903	2	38	1777	11696	5	5				15	489	29337	220096	11653	657	2061	7608	1055	271				4466

⑥① 瑞泰人寿保险有限公司湖北分公司业务统计表

表 5-3-1-2-1-61　　2022 年 12 月 31 日　　单位:万元、件

保险机构	保费收入																有效保单件数	赔付支出									退保金
	合计	个人业务							团体业务							其中：新单保费		合计	个人业务				团体业务				
		人寿保险					意外伤害险	健康险	人寿保险					意外伤害险	健康险												
		小计	普通寿险	分红寿险	投资连结保险	万能保险			小计	普通寿险	分红寿险	投资连结保险	万能保险						赔款支出	死伤医疗给付	满期给付	年金给付	赔款支出	死伤医疗给付	满期给付	年金给付	
武汉市	8634	1686	1685	1		0		671	70	70				160	6047	4233	2485	863		143			278	5	438		39
全省总计	8634	1686	1685	1		0		671	70	70				160	6047	4233	2485	863		143			278	5	438		39

⑥② 富德生命人寿保险股份有限公司湖北分公司业务统计表

表 5-3-1-2-1-62　　2022 年 12 月 31 日　　单位:万元、件

保险机构	保费收入																有效保单件数	赔付支出									退保金
	合计	个人业务							团体业务							其中：新单保费		合计	个人业务				团体业务				
		人寿保险					意外伤害险	健康险	人寿保险					意外伤害险	健康险												
		小计	普通寿险	分红寿险	投资连结保险	万能保险			小计	普通寿险	分红寿险	投资连结保险	万能保险						赔款支出	死伤医疗给付	满期给付	年金给付	赔款支出	死伤医疗给付	满期给付	年金给付	
武汉市	134030	100183	82739	17351		94	309	32384	22	22				648	484	35586	175444	13952	29	7392	6003	75	452				34902
黄石市	29338	25586	12217	13339		31	7	3745								15345	35110	1302	0	718	582	2					4411
十堰市	56916	49291	20659	28593		39	13	7538						71	3	34976	48169	2376	11	1529	834	0	1				5344
宜昌市	32265	29840	12118	17667		55	5	2205						206	9	21333	35364	1875	1	653	1214	8					3774
襄阳市	72093	53124	25417	27632		76	50	18853						56	11	30307	105518	5388	23	3573	1786	3	3				7577
鄂州市	23248	20812	12955	7821		35	3	2433								10686	28255	1102	0	384	718						4643
荆门市	60208	51620	27550	23969		101	25	8528						24	11	30411	71252	3521	1	1815	1690	14					8220
孝感市	48514	42017	23238	18682		98	25	6343						112	17	24068	53923	2233	22	1408	803						6229
荆州市	59164	55639	31758	23811		70	5	3279						234	7	31762	56418	3860	0	838	3016	5					16204
黄冈市	58097	46522	27208	19206		108	25	11540	0				0	2	8	25009	84486	3637	3	2298	1334	1	1				6350
咸宁市	30641	26945	16760	10151		34	12	3684								14745	35956	3399	2	703	2693						5605
随州市	27834	23737	10885	12820		31	5	4092								15280	33069	1401	0	814	587	0					3039
恩施州	54061	48819	28520	20221		77	8	5086						134	14	26543	56475	1980	2	1303	641		33				15385
全省总计	686411	574135	332024	241263		848	492	109710	22	22			0	1488	564	316051	819439	46024	96	23428	21902	109	490				121683

⑥③ 平安养老保险股份有限公司湖北分公司业务统计表

表 5-3-1-2-1-63　　2022 年 12 月 31 日　　单位：万元、件

保险机构	保费收入																有效保单件数	赔付支出									退保金
	合计	个人业务							团体业务							其中：新单保费		合计	个人业务				团体业务				
		人寿保险					意外伤害险	健康险	人寿保险					意外伤害险	健康险				赔款支出	死伤医疗给付	满期给付	年金给付	赔款支出	死伤医疗给付	满期给付	年金给付	
		小计	普通寿险	分红寿险	投资连结保险	万能保险			小计	普通寿险	分红寿险	投资连结保险	万能保险														
武汉市	26619	103	103				3963	3179	985	985				6728	11661	26280	300187	16099	4793	1		22	10689	594			6
十堰市	876	4	4				190	151	15	15				206	310	867	15230	757	228				529	0			1
宜昌市	2766	43	43				502	432	20	20				841	928	2666	40775	1822	563				1208	51			5
襄阳市	2408	23	23				429	346	153	153				541	917	2369	29713	1761	532				1107	121			0
荆州市	2030	7	7				454	391	30	30				580	569	1999	32577	1303	626				631	46			
全省总计	34699	180	180				5538	4498	1202	1202				8895	14385	34181	418482	21742	6743	1		22	14164	812			12

⑥④ 合众人寿保险股份有限公司湖北分公司业务统计表

表 5-3-1-2-1-64　　2022 年 12 月 31 日　　单位：万元、件

保险机构	保费收入																有效保单件数	赔付支出									退保金
	合计	个人业务							团体业务							其中：新单保费		合计	个人业务				团体业务				
		人寿保险					意外伤害险	健康险	人寿保险					意外伤害险	健康险				赔款支出	死伤医疗给付	满期给付	年金给付	赔款支出	死伤医疗给付	满期给付	年金给付	
		小计	普通寿险	分红寿险	投资连结保险	万能保险			小计	普通寿险	分红寿险	投资连结保险	万能保险														
武汉市	29183	19708	17402	2259		47	22	1330	516	516				387	7219	16661	31200	6742	43	415	1173	566	4397	149			1356
黄石市	4915	4057	3047	999		12	4	849						3	3	2028	16837	656	65	271	48	267	5				305
十堰市	18632	14544	9474	5049		21	28	4021	4	4				13	22	4076	75565	2352	348	809	122	1071	2				4654
宜昌市	17647	14770	10675	4052		44	18	2833						11	15	5926	62736	2658	151	793	766	942	7				1495
襄阳市	2631	2273	1563	699		12	2	355						0	0	235	16616	488	23	167	178	119					367
鄂州市	592	515	299	210		5	0	76						0	1	224	2363	129	1	69	9	50					107
荆门市	7813	7112	6015	1084		13	4	696						0	1	3726	18591	564	44	274	29	218	0				1664
孝感市	8720	7879	6772	1088		18	5	825						5	6	4183	22899	848	37	341	205	251	13				1454
荆州市	20379	17698	13751	3914		33	25	2609						22	26	8562	61786	2376	167	446	910	840	13				2664
黄冈市	9678	7699	3447	4201		51	31	1919						13	15	917	52813	2089	187	540	582	776	4				2589

续表 5-3-1-2-1-64

保险机构	保费收入																有效保单件数	赔付支出									退保金
	合计	个人业务							团体业务							其中：新单保费		合计	个人业务				团体业务				
		人寿保险					意外伤害险	健康险	人寿保险					意外伤害险	健康险												
		小计	普通寿险	分红寿险	投资连结保险	万能保险			小计	普通寿险	分红寿险	投资连结保险	万能保险						赔款支出	死伤医疗给付	满期给付	年金给付	赔款支出	死伤医疗给付	满期给付	年金给付	
咸宁市	1285	783	462	316		4	2	499						1	1	125	8213	170	23	57	6	84	0				107
随州市	1311	955	529	415		12	1	348						3	3	181	7278	307	8	129	41	127	3				101
恩施州	821	593	434	158		2	1	218						6	3	199	4013	86	11	42		32	0				96
全省总计	123606	98587	73870	24443		274	143	16577	520	520				464	7315	47041	380910	19466	1109	4353	4068	5343	4443	149			16959

⑥⑤ 华泰人寿保险股份有限公司湖北分公司业务统计表

表 5-3-1-2-1-65　　2022 年 12 月 31 日　　单位：万元、件

保险机构	保费收入																有效保单件数	赔付支出									退保金
	合计	个人业务							团体业务							其中：新单保费		合计	个人业务				团体业务				
		人寿保险					意外伤害险	健康险	人寿保险					意外伤害险	健康险												
		小计	普通寿险	分红寿险	投资连结保险	万能保险			小计	普通寿险	分红寿险	投资连结保险	万能保险						赔款支出	死伤医疗给付	满期给付	年金给付	赔款支出	死伤医疗给付	满期给付	年金给付	
武汉市	1354	871	442	429		0	6	421	2	2				9	45	346	5426	442	16	14	8	43	361				47
宜昌市	3913	3057	1818	1238		1	17	839						0	0	1120	10991	138	24	59		55	0				110
黄冈市	1254	955	642	312		1	8	291								281	5820	68	8	38		22					106
随州市	2208	1543	913	629		0	9	656								417	9609	107	27	47		33					107
恩施州	1298	1003	643	360		0	6	288								522	3607	13	13								49
全省总计	10026	7429	4459	2968		2	46	2495	2	2				9	45	2685	35453	768	88	158	8	152	362				419

⑯ 太平养老保险股份有限公司湖北分公司业务统计表

表 5-3-1-2-1-66　　2022 年 12 月 31 日　　单位:万元、件

保险机构	保费收入																有效保单件数	赔付支出									退保金
	合计	个人业务							团体业务							其中:新单保费		合计	个人业务				团体业务				
		人寿保险					意外伤害险	健康险	人寿保险					意外伤害险	健康险												
		小计	普通寿险	分红寿险	投资连结保险	万能保险			小计	普通寿险	分红寿险	投资连结保险	万能保险						赔款支出	死伤医疗给付	满期给付	年金给付	赔款支出	死伤医疗给付	满期给付	年金给付	
武汉市	12756								455	455				4062	8238	9658	244758	6087					5293	784		10	112
全省总计	12756								455	455				4062	8238	9658	244758	6087					5293	784		10	112

⑰ 中美联泰大都会人寿保险有限公司湖北分公司业务统计表

表 5-3-1-2-1-67　　2022 年 12 月 31 日　　单位:万元、件

保险机构	保费收入																有效保单件数	赔付支出									退保金
	合计	个人业务							团体业务							其中:新单保费		合计	个人业务				团体业务				
		人寿保险					意外伤害险	健康险	人寿保险					意外伤害险	健康险												
		小计	普通寿险	分红寿险	投资连结保险	万能保险			小计	普通寿险	分红寿险	投资连结保险	万能保险						赔款支出	死伤医疗给付	满期给付	年金给付	赔款支出	死伤医疗给付	满期给付	年金给付	
武汉市	18912	15372	5369	10003		1	1037	2497	0	0				3	4	6282	923695	1340	353	591	319	62	15				2420
全省总计	18912	15372	5369	10003		1	1037	2497	0	0				3	4	6282	923695	1340	353	591	319	62	15				2420

⑱ 平安健康保险股份有限公司湖北分公司业务统计表

表 5-3-1-2-1-68　　2022 年 12 月 31 日　　单位:万元、件

保险机构	保费收入																有效保单件数	赔付支出									退保金
	合计	个人业务							团体业务							其中:新单保费		合计	个人业务				团体业务				
		人寿保险					意外伤害险	健康险	人寿保险					意外伤害险	健康险												
		小计	普通寿险	分红寿险	投资连结保险	万能保险			小计	普通寿险	分红寿险	投资连结保险	万能保险						赔款支出	死伤医疗给付	满期给付	年金给付	赔款支出	死伤医疗给付	满期给付	年金给付	
武汉市	38606						2	35443						445	2716	3160	665171	8322	1899	5265			1158				103
襄阳市	1471							1455							15	15	26804	124	63	21			41				2
全省总计	40077						2	36899						445	2731	3176	691975	8446	1961	5286			1199				105

⑲ 中国人民健康保险股份有限公司湖北分公司业务统计表

表 5-3-1-2-1-69　　2022 年 12 月 31 日　　单位:万元、件

保险机构	保费收入																有效保单件数	赔付支出									退保金
	合计	个人业务							团体业务							其中:新单保费		合计	个人业务				团体业务				
		人寿保险					意外伤害险	健康险	人寿保险					意外伤害险	健康险												
		小计	普通寿险	分红寿险	投资连结保险	万能保险			小计	普通寿险	分红寿险	投资连结保险	万能保险						赔款支出	死伤医疗给付	满期给付	年金给付	赔款支出	死伤医疗给付	满期给付	年金给付	
武汉市	103577	93385		93341		44	40	3014	10				10	509	6619	7040		11352	1	277	1808		9262	5			2347
宜昌市	20137	19393		19381		11	39	426						148	131	267		834	0	92	560		182				311
襄阳市	11903	11215		11211		4	13	191						49	435	472		544		3	319		222				236
孝感市	18965	18352		18352		0	4	169	1		1			11	429	440		358	0	2	74		282				252
荆州市	16567	15602		15595		7	15	239						18	694	705		1147	2	65	255		825				98
全省总计	171149	157946		157880		66	111	4038	11		1		10	735	8308	8924		14235	3	438	3015		10773	5			3244

⑳ 信泰人寿保险股份有限公司湖北分公司业务统计表

表 5-3-1-2-1-70　　2022 年 12 月 31 日　　单位:万元、件

保险机构	保费收入																有效保单件数	赔付支出									退保金
	合计	个人业务							团体业务							其中:新单保费		合计	个人业务				团体业务				
		人寿保险					意外伤害险	健康险	人寿保险					意外伤害险	健康险												
		小计	普通寿险	分红寿险	投资连结保险	万能保险			小计	普通寿险	分红寿险	投资连结保险	万能保险						赔款支出	死伤医疗给付	满期给付	年金给付	赔款支出	死伤医疗给付	满期给付	年金给付	
武汉市	101653	73138	72980	154	0	4	64	28427	1	1				3	20	25058	138809	4403	285	3851	2	240	24				2609
宜昌市	1160	589	589			0	1	570								224	21959	134	2	104		27					24
襄阳市	1315	701	690	11		0	3	612								300	37732	37	5	4		28					50
孝感市	710	329	255	74		0	6	375								22	11711	232	4	188		40					41
黄冈市	5286	3897	3734	162		0	21	1368								1666	27750	401	71	208	13	108	0				185
恩施州	260	144	144				1	115								30	5659	49	2	47							3
全省总计	110384	78798	78392	401	0	4	96	31466	1	1				3	20	27300	243620	5255	369	4404	14	443	24				2910

⑦1 农银人寿保险股份有限公司湖北分公司业务统计表

表 5-3-1-2-1-71　　2022 年 12 月 31 日　　单位：万元、件

保险机构	保费收入																有效保单件数	赔付支出									退保金
	合计	个人业务							团体业务							其中：新单保费		合计	个人业务				团体业务				
		人寿保险					意外伤害险	健康险	人寿保险					意外伤害险	健康险												
		小计	普通寿险	分红寿险	投资连结保险	万能保险			小计	普通寿险	分红寿险	投资连结保险	万能保险						赔款支出	死伤医疗给付	满期给付	年金给付	赔款支出	死伤医疗给付	满期给付	年金给付	
武汉市	12899	10891	6766	4102		22	9	1862	18	18				20	99	3065	4280	16080	23	616	14946	426	69				2567
黄石市																	544										
十堰市	11719	11167	3366	7799		2	3	479	16	16				48	6	6408	4248	1382	6	143	1060	89	84				1039
宜昌市	22412	20241	9185	11009		46	19	2099	15	15				19	18	9162	11584	5435	40	579	4496	295	25				1891
襄阳市	18560	17144	7866	9194		84	17	1390						5	3	8039	8849	3499	41	342	2907	177	33				1691
鄂州市																	333										
荆门市	11433	10055	5505	4529		20	5	1328						29	16	5772	3972	5157	23	347	4515	270	2				1617
孝感市	7079	6852	4772	2079		1	5	220						3		2718	2770	2794	1	29	2713	39	12				818
荆州市	15514	15143	7547	7595		1	3	353						11	4	7896	2570	6656	6	38	6535	65	11				1553
黄冈市	20872	20099	11219	8879		1	5	667						64	36	9621	11365	8784	20	228	8359	139	38				2688
咸宁市	8748	8305	4860	3445		0	13	389	1	1				30	10	4081	3918	3409	4	38	3314	36	19				1290
随州市																	3										
恩施州	6475	6199	3325	2875			0	223						29	23	3205	2284	2438		35	2318	25	61				686
天门市	18670	18277	10314	7961		2	11	368						7	7	8030	4277	8734	11	142	8426	149	6				1868
全省总计	154380	144373	74725	69468		180	89	9379	51	51				266	223	67999	60997	64368	174	2537	59588	1709	360				17707

⑦2 长城人寿保险股份有限公司湖北分公司业务统计表

表 5-3-1-2-1-72　　2022 年 12 月 31 日　　单位：万元、件

保险机构	保费收入																有效保单件数	赔付支出									退保金
	合计	个人业务							团体业务							其中：新单保费		合计	个人业务				团体业务				
		人寿保险					意外伤害险	健康险	人寿保险					意外伤害险	健康险												
		小计	普通寿险	分红寿险	投资连结保险	万能保险			小计	普通寿险	分红寿险	投资连结保险	万能保险						赔款支出	死伤医疗给付	满期给付	年金给付	赔款支出	死伤医疗给付	满期给付	年金给付	
武汉市	79181	68387	64817	3537		33	34	10691	10	10				8	51	33799	88072	12088	67	1657	7863	2451	40	6		4	21642

续表 5-3-1-2-1-72

保险机构	保费收入																	有效保单件数	赔付支出									退保金
	合计	个人业务							团体业务							其中：新单保费		合计	个人业务				团体业务				
		人寿保险					意外伤害险	健康险	人寿保险					意外伤害险	健康险												
		小计	普通寿险	分红寿险	投资连结保险	万能保险			小计	普通寿险	分红寿险	投资连结保险	万能保险						赔款支出	死伤医疗给付	满期给付	年金给付	赔款支出	死伤医疗给付	满期给付	年金给付	
十堰市	11248	10990	9482	1508		1	1	256								5323	7300	70		70							548
宜昌市	29978	29347	25609	3737		1	4	627								12664	19182	4198	0	121	3078	998					21271
襄阳市	20810	19931	17617	2308		5	9	869								8748	23299	3912	7	255	2680	970					11823
荆门市	19940	19270	14797	4466		6	4	666								9287	15439	2325	6	172	1678	469					12681
孝感市	604	443	443				1	161								174	1194	19	0	19							31
荆州市	20351	19248	16797	2447		4	11	1091								9130	18780	3033	3	321	1942	766					7667
黄冈市	12916	12002	9246	2753		3	14	900								4736	16278	3156	13	250	2451	443					7034
潜江市	1807	1340	966	374		0	12	456								217	4328	201	0	72		129					173
全省总计	196835	180958	159775	21130		53	90	15717	10	10				8	51	84078	193872	29002	97	2938	19692	6225	40	6		4	82869

⑦③ 和谐健康保险股份有限公司湖北分公司业务统计表

表 5-3-1-2-1-73　　2022 年 12 月 31 日　　单位：万元、件

保险机构	保费收入																	有效保单件数	赔付支出									退保金
	合计	个人业务							团体业务							其中：新单保费		合计	个人业务				团体业务				
		人寿保险					意外伤害险	健康险	人寿保险					意外伤害险	健康险												
		小计	普通寿险	分红寿险	投资连结保险	万能保险			小计	普通寿险	分红寿险	投资连结保险	万能保险						赔款支出	死伤医疗给付	满期给付	年金给付	赔款支出	死伤医疗给付	满期给付	年金给付	
武汉市	94550						3	94440						82	25	79250	124101	66467	5	564	65884		13				745
十堰市	13045						1	13041						2	1	10713	19260	30		30							63
襄阳市	11761						1	11759						1	0	10615	24067	6646	0	27	6620		0				59
孝感市	11635						0	11635								6902	17560	3217		22	3195		0				79
荆州市	10507						1	10502						2	2	8281	18671	3265		11	3252		2				113
全省总计	141498						6	141376						87	29	115760	203659	79625	5	654	78951		16				1059

⑭ 中国人民人寿保险股份有限公司湖北省分公司业务统计表

表 5-3-1-2-1-74　　2022 年 12 月 31 日　　单位:万元、件

保险机构	保费收入																	有效保单件数	赔付支出									退保金
	合计	个人业务							团体业务							其中:新单保费			合计	个人业务				团体业务				
		人寿保险					意外伤害险	健康险	人寿保险					意外伤害险	健康险													
		小计	普通寿险	分红寿险	投资连结保险	万能保险			小计	普通寿险	分红寿险	投资连结保险	万能保险							赔款支出	死伤医疗给付	满期给付	年金给付	赔款支出	死伤医疗给付	满期给付	年金给付	
武汉市	40405	30485	14068	16397		20	128	6189	75	75				1680	1848	23840	70129	24502	218	913	18406	1024	2545	266		1131	18247
黄石市	12132	8521	3290	5223		8	76	2184	87	87				314	950	7017	34874	7877	145	245	5990	313	1096	88			2557
十堰市	39450	29027	14816	14195		16	296	9202	26	26				273	626	16726	119097	12986	342	1356	9905	967	350	66			10754
宜昌市	27311	20357	12072	8244		40	167	5143	5	5				168	1472	12993	87406	10251	218	884	7500	780	712	157			11581
襄阳市	28652	20669	13008	7625		35	168	6732	15	15				303	766	12695	84760	14245	255	770	11883	761	514	64			5939
鄂州市	18392	15425	3852	11571		2	67	2405	1	1				215	279	11063	45446	5806	225	541	4500	408	111	20			7740
荆门市	18224	14668	7477	7165		25	69	2992	1	1				201	293	9956	38806	11004	123	405	9966	400	71	40			5957
孝感市	36350	26937	15474	11452		11	344	7614	9	9				419	1027	16306	126502	11258	371	751	8567	692	825	51		1	7484
荆州市	34499	27356	13572	13754		30	73	5507	40	40				310	1213	16275	66360	13756	220	625	11035	869	1002	4			18389
黄冈市	53182	44335	18519	25762		54	409	7546	13	13				356	524	28030	198559	17042	994	1022	13913	878	222	12			9444
咸宁市	15084	10593	5155	5427		11	82	4056	1	1				75	277	7020	45782	8038	145	654	6798	329	110	3			3916
随州市	7896	6192	2355	3834		3	28	1570	0	0				28	77	4543	16144	4152	40	244	3691	176	1				11323
恩施州	34418	29829	12079	17713		37	272	3646	4	4				378	290	20281	130756	9424	500	733	7020	674	463	35			11734
仙桃市	949	802	742	58		2	1	137							10	725	1192	134	0	60	53	21					97
潜江市	3457	1741	1514	226		1	20	1654						0	42	787	10361	381	50	91	139	101					373
天门市	990	727	683	41		2	3	251						0	11	389	2636	147	8	83	28	27					92
全省总计	371391	287663	138675	148688		300	2202	66827	276	276				4720	9703	188647	1078810	151000	3852	9377	119393	8421	8020	806		1132	125627

⑮ 国华人寿保险股份有限公司湖北分公司业务统计表

表 5-3-1-2-1-75　　2022 年 12 月 31 日　　单位：万元、件

保险机构	保费收入																有效保单件数	赔付支出											退保金
	合计	个人业务							团体业务							其中：新单保费		合计	个人业务					团体业务					
		人寿保险					意外伤害险	健康险	人寿保险					意外伤害险	健康险				赔款支出	死伤医疗给付	满期给付	年金给付	分保赔付支出（损益）	赔款支出	死伤医疗给付	满期给付	年金给付	分保赔付支出（损益）	
		小计	普通寿险	分红寿险	投资连结保险	万能保险			小计	普通寿险	分红寿险	投资连结保险	万能保险																
武汉市	44874	44243	29503	14622	5	112	0	566	0	0				44	20	21126	52149	37589	21	623	2315	1358	33249	24					61578
黄石市	29249	28975	14118	14845		12	0	274								20950	15689	270		160		110							19707
宜昌市	17964	17930	9394	8506		30		34								12212	14667	1107		112	879	116							45821
襄阳市	11212	11204	7448	3736		20		8								6284	19625	875		223	576	77							40238
荆门市	23044	23020	11036	11961		23		23								14390	24510	1207		256	846	105							39148
孝感市	24191	24169	8650	15501		18		22								18008	15698	572		123	373	76							50488
荆州市	17828	17822	9536	8270		16		7								10694	17515	2789		182	2452	156							37512
黄冈市	17773	17459	6498	10929		32	0	314								13195	20425	1179		643	388	148							58320
咸宁市	18248	17931	6061	11853		16	0	316								12947	14764	417		140	8	269							17651
全省总计	204383	202753	102246	100222	5	280	0	1566	0	0				44	20	129807	195042	46005	21	2460	7837	2415	33249	24					370462

⑯ 恒大人寿保险有限公司湖北分公司业务统计表

表 5-3-1-2-1-76　　2022 年 12 月 31 日　　单位：万元、件

保险机构	保费收入																有效保单件数	赔付支出									退保金
	合计	个人业务							团体业务							其中：新单保费		合计	个人业务				团体业务				
		人寿保险					意外伤害险	健康险	人寿保险					意外伤害险	健康险				赔款支出	死伤医疗给付	满期给付	年金给付	赔款支出	死伤医疗给付	满期给付	年金给付	
		小计	普通寿险	分红寿险	投资连结保险	万能保险			小计	普通寿险	分红寿险	投资连结保险	万能保险														
武汉市	260627	237760	140077	97599	73	10	54	22321	15	15				107	370	162126	3	45390	13	6301	29615	9213	248				181636
黄石市	47598	45465	18245	27213	5	1	28	2106						0	0	37046	0	2488	2	563	731	1183	9				28975
孝感市	35572	35399	10649	24749	1	0	1	173								29987	0	593		314	228	52					5972
荆州市	60255	58587	17785	40788	12	1	21	1647						1	0	51918	1	6524	2	594	4980	943	5				51459
黄冈市	32215	31830	4580	27249	1	0	2	384								29231	0	2214		375	1474	365					18334
仙桃市	13153	11850	4287	7563	0		16	1287								9607	0	1523		341	1013	169					5431

续表 5-3-1-2-1-76

保险机构	保费收入																有效保单件数	赔付支出									退保金
	合计	个人业务							团体业务							其中：新单保费		合计	个人业务				团体业务				
		人寿保险					意外伤害险	健康险	人寿保险					意外伤害险	健康险												
		小计	普通寿险	分红寿险	投资连结保险	万能保险			小计	普通寿险	分红寿险	投资连结保险	万能保险						赔款支出	死伤医疗给付	满期给付	年金给付	赔款支出	死伤医疗给付	满期给付	年金给付	
潜江市	11702	10988	3003	7985	0		8	706								9624	0	467		203	70	194					5040
天门市	9387	9049	2939	6110			2	336								7993	0	614		115	428	71					1949
全省总计	470510	440927	201566	239256	92	13	132	28959	15	15				108	371	337531	5	59814	18	8805	38540	12189	262				298796

⑰ 英大泰和人寿保险股份有限公司湖北分公司业务统计表

表 5-3-1-2-1-77　　2022 年 12 月 31 日　　单位：万元、件

保险机构	保费收入																有效保单件数	赔付支出									退保金
	合计	个人业务							团体业务							其中：新单保费		合计	个人业务				团体业务				
		人寿保险					意外伤害险	健康险	人寿保险					意外伤害险	健康险												
		小计	普通寿险	分红寿险	投资连结保险	万能保险			小计	普通寿险	分红寿险	投资连结保险	万能保险						赔款支出	死伤医疗给付	满期给付	年金给付	赔款支出	死伤医疗给付	满期给付	年金给付	
武汉市	103107	97403	46231	51171		1	1	2357	1243	1243				1907	197	83789	25109	4123	21	614	441	187	2860				2977
黄石市	6978	6292	3253	3036		3	1	568						93	24	5505	4617	266	3	119	0	33	112				536
十堰市	9203	7493	4676	2817		0	3	1497	2	2				158	51	6142	8046	200	24	111			65				318
宜昌市	15110	12774	8140	4633		1	4	2190						116	25	10337	13926	404	36	263		87	19				1671
襄阳市	9758	8185	3356	4828		0	5	1425	7	7				105	32	6772	11249	332	25	169		77	61				1434
鄂州市	359	155	103	52		0	0	204								97	859	11	1	4		6					14
荆门市	2738	2249	1450	797		2	5	462						18	4	1891	3726	56	5	48		3	0				90
孝感市	4598	4341	2362	1979		0	0	257								4072	1715	42	0	42							1
荆州市	6523	5273	2851	2419		4	2	1139	4	4				83	22	4089	9374	561	40	189	175	73	83				754
黄冈市	6630	5110	2647	2376		87	2	1516						1	1	2528	13314	453	13	354	3	83	0				1224
恩施州	906	525	525	1		0	0	380								532	1879	42	0	41							6
潜江市	505	397	348	49		0	0	108								336	731	30	0	28		2					4
全省总计	166416	150197	75943	74156		98	23	12104	1256	1256				2481	357	126090	94545	6519	168	1981	618	552	3200				9030

⑱ 泰康养老保险股份有限公司湖北分公司业务统计表

表 5-3-1-2-1-78　　2022 年 12 月 31 日　　单位：万元、件

保险机构	保费收入																有效保单件数	赔付支出									退保金
	合计	个人业务							团体业务							其中：新单保费		合计	个人业务				团体业务				
		人寿保险					意外伤害险	健康险	人寿保险					意外伤害险	健康险												
		小计	普通寿险	分红寿险	投资连结保险	万能保险			小计	普通寿险	分红寿险	投资连结保险	万能保险						赔款支出	死伤医疗给付	满期给付	年金给付	赔款支出	死伤医疗给付	满期给付	年金给付	
武汉市	68526								9675	804	8870		0	1643	57208	26162	224487	16361					8661	7149		552	961
荆州市	435								12	3	9			12	411	411	7453	174					154	20			0
全省总计	68961								9686	808	8879		0	1655	57619	26574	231940	16535					8816	7168		552	962

⑲ 幸福人寿保险股份有限公司湖北分公司业务统计表

表 5-3-1-2-1-79　　2022 年 12 月 31 日　　单位：万元、件

保险机构	保费收入																有效保单件数	赔付支出									退保金
	合计	个人业务							团体业务							其中：新单保费		合计	个人业务				团体业务				
		人寿保险					意外伤害险	健康险	人寿保险					意外伤害险	健康险												
		小计	普通寿险	分红寿险	投资连结保险	万能保险			小计	普通寿险	分红寿险	投资连结保险	万能保险						赔款支出	死伤医疗给付	满期给付	年金给付	赔款支出	死伤医疗给付	满期给付	年金给付	
武汉市	73535	71082	65179	5866		37	7	1424	100	100				256	666	36707	30725	14754	4	426	12561	1268	469	25			13445
黄石市	10205	9808	4690	5102		16	0	396								6318	9167	425	5	42	266	112					1162
宜昌市	11616	10989	8079	2889		21	1	626								5642	11989	3935	11	131	3380	412	1				3060
襄阳市	19723	18129	11885	6203		41	1	1416	22	22				86	69	11146	24315	2361	48	143	1560	500	107	2			3544
鄂州市	767	512	469	43			0	254								127	1697	116	3	77		36					25
荆州市	14593	13432	11105	2288		39	1	983	26	26				31	121	7622	16576	1798	13	138	1123	484	41				4042
黄冈市	13173	12018	11523	450		45	2	815	54	54				73	211	4549	19887	1567	12	120	899	345	185	6			3036
全省总计	143611	135970	112930	22841		199	13	5915	202	202				445	1066	72111	114356	24957	96	1078	19788	3158	804	33			28314

⑧⓪ 阳光人寿保险股份有限公司湖北分公司业务统计表

表 5-3-1-2-1-80　　2022 年 12 月 31 日　　单位:万元、件

保险机构	保费收入																有效保单件数	赔付支出									退保金
	合计	个人业务							团体业务							其中:新单保费		合计	个人业务				团体业务				
		人寿保险					意外伤害险	健康险	人寿保险					意外伤害险	健康险				赔款支出	死伤医疗给付	满期给付	年金给付	赔款支出	死伤医疗给付	满期给付	年金给付	
		小计	普通寿险	分红寿险	投资连结保险	万能保险			小计	普通寿险	分红寿险	投资连结保险	万能保险														
武汉市	82945	70492	45737	24700		55	927	8170	258	34	224			274	2825	40391	176596	9952	236	3413	5075		1207	6	16		76950
黄石市	23894	19480	9632	9757		91	198	4205						1	9	11449	112524	2466	150	994	1320		2				5482
十堰市	24459	17274	10323	6815		136	217	5723						28	1217	9277	93568	3309	95	1322	807		1085				1783
宜昌市	36305	26774	14200	12394		180	278	9205	0	0				11	36	16930	152400	3813	213	2091	1507		2				6032
襄阳市	36889	16199	5191	10954		54	96	3028	0	0				474	17091	12505	51681	14789	54	543	619		13574				2319
鄂州市	1475	728	633	66		28	21	721							5	215	10013	156	23	95	38						161
荆门市	10908	5459	4723	614		122	256	5172						7	13	1960	88559	2330	79	1100	1145		7				955
孝感市	26956	24994	7953	16973		68	71	1891						0	1	20275	41337	1298	71	394	833		0				3682
荆州市	73130	70437	29669	40710		59	114	2557							21	46936	84854	2689	68	949	1672						13484
黄冈市	26566	21795	9382	12206		208	150	4566						16	38	15935	68544	1481	151	918	379		32				1384
咸宁市	11968	9468	5550	3849		69	86	2415								5069	51031	4867	118	586	4163						17522
随州市	14866	13529	3276	10222		30	38	1299						0	0	9867	21178	444	45	308	91						1483
恩施州	13834	7993	4892	2973		127	214	5607	0	0				8	11	3933	103841	1864	138	1274	450		1				2508
全省总计	384194	304623	151161	152234		1228	2667	54558	258	35	224			819	21267	194744	1056126	49457	1439	13986	18100		15911	6	16		133744

⑧① 百年人寿保险股份有限公司湖北分公司业务统计表

表 5-3-1-2-1-81　　2022 年 12 月 31 日　　单位:万元、件

保险机构	保费收入																有效保单件数	赔付支出									退保金
	合计	个人业务							团体业务							其中:新单保费		合计	个人业务				团体业务				
		人寿保险					意外伤害险	健康险	人寿保险					意外伤害险	健康险				赔款支出	死伤医疗给付	满期给付	年金给付	赔款支出	死伤医疗给付	满期给付	年金给付	
		小计	普通寿险	分红寿险	投资连结保险	万能保险			小计	普通寿险	分红寿险	投资连结保险	万能保险														
武汉市	89997	63131	56214	6912		5	159	25727	296	296				38	647	24556	106529	11529	98	5756	2033	3544	44	55			45735
黄石市	11167	9471	8195	1275		1	36	1650	0	0				4	5	3181	13866	719	32	385	6	295	0				2903
十堰市	32366	29104	22625	6478		1	24	3133	26	26				20	61	11495	31727	2188	24	848	148	1157	10				5553
宜昌市	23515	21619	17656	3963		1	15	1859	0	0				12	10	8542	23583	1844	25	521		1296	1				19738

续表 5-3-1-2-1-81

保险机构	保费收入																		赔付支出									退保金
	合计	个人业务							团体业务							其中：新单保费	有效保单件数	合计	个人业务				团体业务				
		人寿保险					意外伤害险	健康险	人寿保险					意外伤害险	健康险												
		小计	普通寿险	分红寿险	投资连结保险	万能保险			小计	普通寿险	分红寿险	投资连结保险	万能保险						赔款支出	死伤医疗给付	满期给付	年金给付	赔款支出	死伤医疗给付	满期给付	年金给付	
襄阳市	30672	30293	22511	7782		0	6	369	0	0				3	2	15410	21041	906	1	300	369	235					5166
孝感市	23014	21108	16406	4702		0	49	1851	0	0				3	3	8600	23163	2128	14	572	639	898	5				6931
荆州市	16411	15957	11852	4105		0	6	442						3	3	7039	19561	985	2	365	335	283	0				5978
黄冈市	17869	17524	11448	6076		0	2	334	0	0				6	4	8596	14431	282	1	264		18					2838
咸宁市	16925	12398	9193	3204		1	115	4375	0	0				19	17	4532	28768	2428	69	1020	748	589	3				2678
恩施州	24927	23678	15610	8068		0	14	1218	0	0				5	13	12365	19507	1071	7	264	504	297					2478
全省总计	286864	244283	191710	52565		9	426	40956	322	322				112	764	104317	302176	24079	273	10294	4782	8611	64	55			99999

㉜ 中邮人寿保险股份有限公司湖北分公司业务统计表

表 5-3-1-2-1-82　　　　2022 年 12 月 31 日　　　　单位：万元、件

保险机构	保费收入																		赔付支出									退保金
	合计	个人业务							团体业务							其中：新单保费	有效保单件数	合计	个人业务				团体业务				
		人寿保险					意外伤害险	健康险	人寿保险					意外伤害险	健康险												
		小计	普通寿险	分红寿险	投资连结保险	万能保险			小计	普通寿险	分红寿险	投资连结保险	万能保险						赔款支出	死伤医疗给付	满期给付	年金给付	赔款支出	死伤医疗给付	满期给付	年金给付	
武汉市	86755	84457	63182	21274			107	769						153	1269	38950		24297	15	426	21579	1212	1064				9974
黄石市	22064	21908	16546	5362			0	156							0	9675		4821	0	197	4351	273					2049
十堰市	43287	42966	36581	6385			0	321								17286		10592	2	260	9392	938					4603
宜昌市	36244	35768	29266	6503			0	475								16732		8987	3	312	8157	515					3897
襄阳市	56290	55830	43338	12492			0	461								24324		10866	3	371	9895	597					3857
鄂州市	14269	14152	10387	3765			0	117								6452		3087	2	37	2858	189					920
荆门市	29520	29259	25726	3533			0	260								12436		6257	1	158	5688	411					1750
孝感市	50732	50332	41322	9010			0	400								21204		11062	13	266	10303	481					4186
荆州市	60766	60353	49736	10617			0	412								25149		12182	12	280	11092	797	1				5974
黄冈市	56336	55887	43797	12090			0	449								25411		11509	22	426	10251	810					5802
咸宁市	27779	27567	19807	7760			0	212								13110		5937	1	132	5433	372					2037
随州市	22713	22570	17665	4905			0	144								11072		5640		114	5113	399	15				1784

续表 5-3-1-2-1-82

保险机构	保费收入																有效保单件数	赔付支出									退保金
	合计	个人业务							团体业务							其中：新单保费		合计	个人业务				团体业务				
		人寿保险					意外伤害险	健康险	人寿保险					意外伤害险	健康险												
		小计	普通寿险	分红寿险	投资连结保险	万能保险			小计	普通寿险	分红寿险	投资连结保险	万能保险						赔款支出	死伤医疗给付	满期给付	年金给付	赔款支出	死伤医疗给付	满期给付	年金给付	
恩施州	41999	41547	32573	8974			0	451								19992		9481	21	265	8621	575					3914
仙桃市	14531	14386	12604	1783			0	145								5437		2761	1	103	2521	136					1228
潜江市	12019	11915	10044	1871			0	104								4799		2197	0	38	2025	134					968
天门市	13397	13326	10678	2649			0	70								5470		3032	0	22	2833	177					1084
神农架林区	865	858	598	259				8								546		56	0		53	3					30
全省总计	589565	583081	463849	119232			107	4954						153	1269	258048		132766	95	3406	120166	8019	1079				54055

㊸ 大家人寿保险股份有限公司湖北分公司业务统计表

表 5-3-1-2-1-83　　2022 年 12 月 31 日　　单位：万元、件

保险机构	保费收入																有效保单件数	赔付支出									退保金
	合计	个人业务							团体业务							其中：新单保费		合计	个人业务				团体业务				
		人寿保险					意外伤害险	健康险	人寿保险					意外伤害险	健康险												
		小计	普通寿险	分红寿险	投资连结保险	万能保险			小计	普通寿险	分红寿险	投资连结保险	万能保险						赔款支出	死伤医疗给付	满期给付	年金给付	赔款支出	死伤医疗给付	满期给付	年金给付	
武汉市	321822	320566	274945	44525		1095	1	1256								163137	241980	63449	12	849	62565	23					8615
宜昌市	20067	20041	16925	3039		76	0	26								12626	19324	6377	0	3	6373	0					387
襄阳市	14260	14229	12206	1959		64	0	31								7351	21609	2425	1	33	2391						627
荆门市	1459	1459	889	570		0										1459	508										
荆州市	17572	17541	17423	30		88	0	31								7256	28820	3159	0	64	3094	1					1258
黄冈市	8242	8234	7558	631		45	0	7								3606	16475	2546		70	2477						1182
咸宁市	6162	6133	5562	549		22	0	28								3029	9119	1154	1		1153	0					323
全省总计	389584	388203	335509	51303		1391	1	1380								198465	337835	79110	13	1019	78053	25					12394

㉞ 前海人寿保险股份有限公司湖北分公司业务统计表

表 5-3-1-2-1-84　　2022 年 12 月 31 日　　单位：万元、件

保险机构	保费收入																有效保单件数	赔付支出									退保金
	合计	个人业务							团体业务							其中：新单保费		合计	个人业务				团体业务				
		人寿保险					意外伤害险	健康险	人寿保险					意外伤害险	健康险				赔款支出	死伤医疗给付	满期给付	年金给付	赔款支出	死伤医疗给付	满期给付	年金给付	
		小计	普通寿险	分红寿险	投资连结保险	万能保险			小计	普通寿险	分红寿险	投资连结保险	万能保险														
武汉市	394262	389002	90803	298199			72	4572	39	39				304	273	296182	345887	6359	208	5759		74	318				185638
全省总计	394262	389002	90803	298199			72	4572	39	39				304	273	296182	345887	6359	208	5759		74	318				185638

㉟ 财信吉祥人寿保险股份有限公司湖北分公司业务统计表

表 5-3-1-2-1-85　　2022 年 12 月 31 日　　单位：万元、件

保险机构	保费收入																有效保单件数	赔付支出									退保金
	合计	个人业务							团体业务							其中：新单保费		合计	个人业务				团体业务				
		人寿保险					意外伤害险	健康险	人寿保险					意外伤害险	健康险				赔款支出	死伤医疗给付	满期给付	年金给付	赔款支出	死伤医疗给付	满期给付	年金给付	
		小计	普通寿险	分红寿险	投资连结保险	万能保险			小计	普通寿险	分红寿险	投资连结保险	万能保险														
武汉市	15279	14375	7673	6649		53	8	610	7	7				178	102	11491	16516	476	49	53	87	263	23				16927
宜昌市	4338	4000	1715	2248		37	8	328						1	0	3120	8039	102	21	37	2	43					6223
襄阳市	7874	7717	2402	5295		21	2	154						0	0	7313	5901	2	2	0							102
黄冈市	13940	13737	3279	10435		23	5	197						0	0	12560	12053	169	21	149	0						355
全省总计	41431	39828	15068	24627		134	24	1290	7	7				179	102	34484	42509	749	91	239	89	307	23				23607

⑧⑥ 国联人寿保险股份有限公司湖北分公司业务统计表

表 5-3-1-2-1-86　　2022 年 12 月 31 日　　单位：万元、件

保险机构	保费收入																有效保单件数	赔付支出									退保金
	合计	个人业务							团体业务							其中：新单保费		合计	个人业务				团体业务				
		人寿保险					意外伤害险	健康险	人寿保险					意外伤害险	健康险												
		小计	普通寿险	分红寿险	投资连结保险	万能保险			小计	普通寿险	分红寿险	投资连结保险	万能保险						赔款支出	死伤医疗给付	满期给付	年金给付	赔款支出	死伤医疗给付	满期给付	年金给付	
武汉市	78	78	46				0	32									104										
全省总计	78	78	46				0	32									104										

(2)资产负债项目统计

①财产保险机构资产负债项目统计表

表 5-3-1-2-2-1　　　　2022 年 12 月 31 日　　　　单位:万元

项目 机构名称	资产总计	负债和所有者权益(或股东权益)总计	
		负债合计	所有者权益(或股东权益)合计
长江财产保险股份有限公司	265635	191886	73750
泰康在线财产保险股份有限公司	1771815	1378042	393773
中国人民财产保险股份有限公司湖北省分公司	544049	544049	
中国大地财产保险股份有限公司湖北分公司	27767	27767	
中国出口信用保险公司湖北分公司	20774	20774	
中华联合财产保险股份有限公司湖北分公司	124399	164852	-40453
中国太平洋财产保险股份有限公司湖北分公司	185883	161505	24377
中国平安财产保险股份有限公司湖北分公司	1635736	1279131	356604
天安财产保险股份有限公司湖北省分公司	34490	35154	-664
华安财产保险股份有限公司湖北分公司	27000	26855	146
永安财产保险股份有限公司湖北分公司	5835	4451	1384
太平财产保险有限公司湖北分公司	16842	-27205	44047
亚太财产保险有限公司湖北分公司	2834	1534	1300
中银保险有限公司湖北分公司	4326	-8578	12905
永诚财产保险股份有限公司湖北分公司	6854	10894	-4040
安盛天平财产保险有限公司湖北分公司	12534	12534	0
阳光财产保险股份有限公司湖北省分公司	72489	31585	40904
都邦财产保险股份有限公司湖北分公司	6510595	9547105	-3036511
渤海财产保险股份有限公司湖北分公司	11494	13758	-2264
中国人寿财产保险股份有限公司湖北省分公司	206774	201024	5750
现代财产保险(中国)有限公司湖北分公司	1402	2150	-747
长安责任保险股份有限公司湖北省分公司	17357	21049	-3692
国元农业保险股份有限公司湖北分公司	2744	9722	-6977
鼎和财产保险股份有限公司湖北分公司	6423	20215	-13792
中煤财产保险股份有限公司湖北分公司	3043	9772	-6729
国泰财产保险有限责任公司湖北分公司	555	2154	-1599
英大泰和财产保险股份有限公司湖北分公司	20837	3660	17178
紫金财产保险股份有限公司湖北分公司	6242	12104	-5862
浙商财产保险股份有限公司湖北分公司	-1495	9138	-10633
国任财产保险股份有限公司湖北分公司	1998	13624	-11625
锦泰财产保险股份有限公司湖北分公司	127	5641	-5514
众诚汽车保险股份有限公司湖北分公司	3370	4067	-697
华泰财产保险有限公司湖北省分公司	1086	-506	1593
长江财产保险股份有限公司湖北分公司	22040	50370	-28331
富德财产保险股份有限公司湖北分公司	-3889	4728	-8617
新疆前海联合财产保险股份有限公司湖北分公司	12844	14948	-2104
建信财产保险有限公司湖北分公司	5293	6801	-1509
大家财产保险有限责任公司湖北分公司	14703	20005	-5301

注:本表数据来源于各单位报送数据,未经审计。

② 人身保险机构资产负债项目统计表

表 5-3-1-2-2-2　　　　2022 年 12 月 31 日　　　　单位:万元

项目 机构名称	资产总计	负债和所有者权益(或股东权益)总计	
		负债合计	所有者权益(或股东权益)合计
合众人寿保险股份有限公司	17558474	17193746	364728
国华人寿保险股份有限公司	27751707	25201580	2550127
中国人寿保险股份有限公司湖北省分公司	9755170	12812059	-3056889
中国太平洋人寿保险股份有限公司湖北分公司	297674	320189	-22516
中国平安人寿保险股份有限公司湖北分公司	12294976	12551045	-256069
新华人寿保险股份有限公司湖北分公司	4830187	4830187	
泰康人寿保险有限责任公司湖北分公司	481375	834898	-353523
太平人寿保险有限公司湖北分公司	404376	686221	-281845
中宏人寿保险有限公司湖北分公司	60165	73056	-12891
建信人寿保险股份有限公司湖北分公司	1404697	1677497	-272800
安联人寿保险有限公司湖北分公司	1928	3597	-1669
工银安盛人寿保险有限公司湖北分公司	1398831	1611465	-212634
中信保诚人寿保险有限公司湖北省分公司	1085819	1160335	-74516
交银人寿保险有限公司湖北省分公司	570864	646019	-75155
中意人寿保险有限公司湖北省分公司	82861	107401	-24540
光大永明人寿保险有限公司湖北分公司	5276	20568	-15293
友邦人寿保险有限公司湖北分公司	10908	16740	-5832
北大方正人寿保险有限公司湖北分公司	119587	154982	-35396
中英人寿保险有限公司湖北分公司	42116	104071	-61955
同方全球人寿保险有限公司湖北分公司	169540	156291	13249
民生人寿保险股份有限公司湖北分公司	6904	64739	-57835
招商信诺人寿保险有限公司湖北分公司	463932	546981	-83049
瑞泰人寿保险有限公司湖北分公司	16567	4457	12110
富德生命人寿保险股份有限公司湖北分公司	2417299	3671208	-1253910
平安养老保险股份有限公司湖北分公司	113273	78514	34759
合众人寿保险股份有限公司湖北分公司	633548	803742	-170194
华泰人寿保险股份有限公司湖北分公司	2325	7612	-5287
太平养老保险股份有限公司湖北分公司	11692016	-15690681	27382697
中美联泰大都会人寿保险有限公司湖北分公司	65504	89778	-24274
平安健康保险股份有限公司湖北分公司	34853	34612	241
中国人民健康保险股份有限公司湖北分公司	2787	64811	-62024
信泰人寿保险股份有限公司湖北分公司	1138516	1278230	-139714
农银人寿保险股份有限公司湖北分公司	429863	640436	-210573
长城人寿保险股份有限公司湖北分公司	20367	188772	-168405
和谐健康保险股份有限公司湖北分公司	1827419	2290919	-463501
中国人民人寿保险股份有限公司湖北省分公司	938735	1663989	-725254
国华人寿保险股份有限公司湖北分公司	934979	1299631	-364652
恒大人寿保险有限公司湖北分公司	1638694	2292948	-654254
英大泰和人寿保险股份有限公司湖北分公司	488353	547029	-58676
泰康养老保险股份有限公司湖北分公司	30085	45581	-15496
幸福人寿保险股份有限公司湖北分公司	328963	519775	-190812
阳光人寿保险股份有限公司湖北分公司	75431	357475	-282044

续表 5-3-1-2-2-2

机构名称＼项目	资产总计	负债和所有者权益(或股东权益)总计	
		负债合计	所有者权益(或股东权益)合计
百年人寿保险股份有限公司湖北分公司	63220	283056	-219836
中邮人寿保险股份有限公司湖北分公司	1911750	2260481	-348731
大家人寿保险股份有限公司湖北分公司	2885220	3852250	-967030
前海人寿保险股份有限公司湖北分公司	2561591	2891095	-329504
财信吉祥人寿保险股份有限公司湖北分公司	164437	213190	-48752
国联人寿保险股份有限公司湖北分公司	1818	3392	-1574

注:1.本表内中国人寿保险股份有限公司湖北省分公司统计数据为湖北省国寿股份口径,不含存续数据。
2.本表数据来源于各单位报送数据,未经审计。

(二)金融机构人员统计

1.银行业机构人员统计表

表 5-3-2-1　　2022 年 12 月 31 日　　单位:人

机构名称	总人数	年龄				学历				职称		
		30 岁以下	31—40 岁	41—50 岁	51 岁以上	博士	硕士及研究生班	本科	大专及以下	高级职称	中级职称	其他
国家开发银行湖北省分行	256	79	89	58	30	16	194	44	2	33	115	108
中国进出口银行湖北省分行	94	21	55	13	5	1	79	14		4	23	
中国农业发展银行湖北省分行	2185	579	603	476	527	5	374	1438	368	16	370	319
中国工商银行湖北省分行	15258	2432	2904	3101	6821	7	1220	8531	5500	237	2772	4324
中国农业银行湖北省分行	18124	3331	2796	4459	7538	8	1134	8805	8177	291	2738	5261
中国银行湖北省分行	9073	1963	2031	2350	2729	2	686	5537	2848	115	218	246
中国建设银行湖北省分行	13282	2018	2900	3224	5140	18	1148	7501	4615	329	3687	9266
交通银行湖北省分行	2878	890	1149	506	333	5	607	2043	223	16	302	2560
中国邮政储蓄银行湖北省分行	7718	1192	3478	2379	669	2	414	5158	2144	38	149	7531
中信银行武汉分行	1515	262	876	305	72	5	337	1135	38	27	169	1319
中国光大银行武汉分行	1022	192	523	239	68		234	697	91	8	15	43
招商银行武汉分行	2648	882	1205	423	138	1	825	1679	143			
上海浦东发展银行武汉分行	983	252	467	192	72	2	238	696	47	13	84	52
中国民生银行武汉分行	1603	396	796	328	83	3	336	1207	57	6	186	1411
华夏银行武汉分行	1089	163	545	286	95	2	140	865	82	10	130	949
平安银行武汉分行	1024	328	556	99	41	2	180	773	69		12	667
兴业银行武汉分行	1482	827	331	247	77	2	297	1080	103	3	65	1413
广发银行武汉分行	702	203	368	91	40		104	570	28	9	51	299
渤海银行武汉分行	451	137	198	97	19	1	56	381	13	3	27	421
浙商银行武汉分行	361	81	222	48	10		98	258	5	5	15	1
恒丰银行武汉分行	194	34	112	40	8	1	52	130	11	3	2	
汉口银行	4496	1459	2032	739	266	15	744	3422	315	14	581	
湖北银行	5704	2288	2218	798	400	8	422	4095	1179	39	316	243
武汉众邦银行	462	69	345	46	2	1	155	299	7	6	17	439
东亚银行(中国)有限公司武汉分行	34	1	21	10	2		10	20	4	1		
汇丰银行(中国)有限公司武汉分行	65	15	31	16	3		13	49	3			
渣打银行(中国)有限公司武汉分行	28	7	21				6	22				

续表 5-3-2-1

机构名称	总人数	年龄				学历				职称		
		30岁以下	31—40岁	41—50岁	51岁以上	博士	硕士及研究生班	本科	大专及以下	高级职称	中级职称	其他
企业银行(中国)有限公司武汉分行	26	7	11	7	1		9	14	3			
富邦华一银行有限公司武汉分行	50	9	28	10	3		13	37			3	36
华侨永亨银行(中国)有限公司武汉分行	11	3	7	1			2	9			1	10
南洋商业银行(中国)有限公司武汉分行	35	8	21	6			11	23	1		2	3
瑞穗银行(中国)有限公司武汉分行	34	5	17	11	1		18	16				
三菱日联银行(中国)有限公司武汉分行	49	11	33	4	1		13	30	6		1	48
台湾土地银行股份有限公司武汉分行	21	1	13	2	5		4	14	3	2	1	18
台湾中小企业银行股份有限公司武汉分行	21		13	2	6		3	16	2		2	19
武汉农村商业银行	5211	1362	2386	1041	422	8	370	3674	1159	43	924	3044
湖北省农村信用社联合社	26546	12624	4688	7324	1910	5	410	15196	10935	154	851	25541
交银国际信托有限公司	247	20	151	50	26	1	158	86	2	7	70	170
国通信托有限责任公司	310	30	196	66	18	8	160	135	7	11	34	265
中国长城资产管理股份有限公司湖北省分公司	59	7	15	18	19		23	31	5	2	21	
中国信达资产管理股份有限公司湖北省分公司	65	4	35	11	15	1	34	30		4	20	2
中国华融资产管理股份有限公司湖北省分公司	66	15	23	16	12	1	33	32		6	22	38
中国东方资产管理股份有限公司湖北省分公司	45	11	17	8	9		23	19	3		15	30
光大金融租赁股份有限公司	184	26	107	37	14	4	99	72	9	2	25	3
航天科工金融租赁有限公司	88	13	56	13	6	1	45	42		5	7	76
湖北金融租赁股份有限公司	144	23	73	37	11	1	60	81	2	4	21	
有色矿业集团财务有限公司	30	3	16	6	5	1	13	16		2	21	7
湖北宜化集团财务有限责任公司	26	4	12	5	5			21	5	5	8	5
东风汽车财务有限公司	465	211	208	37	9		109	349	7	13	84	368
湖北交投集团财务有限公司	49	19	22	4	4		21	27	1	4	13	
三环集团财务有限公司	22	5	10	5	2		2	17	3	1	3	2
中国石化财务有限责任公司武汉分公司	29	6	13	7	3		12	16	1	7	12	10
中国电力财务有限公司华中分公司	145	14	16	60	55		40	101	4	52	82	11
三峡财务有限责任公司宜昌分公司	44	7	6	22	9		5	35	4	10	18	16
航天科工财务有限责任公司武汉分公司	20	3		14	3		5	13	2	1	13	
中国能源建设集团财务有限公司武汉分公司	17		6	5	6		3	10	4	5	7	5
宝武集团财务有限责任公司武汉分公司	37		9	20	8		9	27	1	12	15	2
湖北消费金融股份有限公司	357	127	198	28	4	1	34	210	112			

注：本表数据来源于各单位报送的人员数量。

2.保险机构人员统计表

表 5-3-2-2　　2022 年 12 月 31 日　　单位：人

机构名称	总人数	年龄				学历				职称		
		30 岁以下	31—40 岁	41—50 岁	51 岁以上	博士	硕士及研究生班	本科	大专及以下	高级职称	中级职称	其他
长江财产保险股份有限公司	859	99	354	267	139		43	425	391	14	38	807
泰康在线财产保险股份有限公司	1032	229	688	106	9	5	260	676	91			
中国人民财产保险股份有限公司湖北省分公司	6286	1149	2762	1393	982		282	3223	2781	60	187	6039
中国大地财产保险股份有限公司湖北分公司	936	249	355	201	131		28	278	630			
中国出口信用保险公司湖北分公司	38	2	24	6	6		21	16	1	2	3	33
中华联合财产保险股份有限公司湖北分公司	1330	266	560	326	178		11	484	835	8	17	
中国太平洋财产保险股份有限公司湖北分公司	2588	653	1313	445	177		59	1037	1492	6	28	2554
中国平安财产保险股份有限公司湖北分公司	2234	672	1271	219	72		90	1413	731		2	50
天安财产保险股份有限公司湖北省分公司	458	46	177	163	72		8	133	317			6
华安财产保险股份有限公司湖北分公司	329	33	137	112	47		4	139	186		17	26
永安财产保险股份有限公司湖北分公司	354	40	137	108	69		1	101	252			35
太平财产保险有限公司湖北分公司	791	159	361	191	80		18	322	451			
亚太财产保险有限公司湖北分公司	91	3	32	50	6		2	54	35	2	2	3
中银保险有限公司湖北分公司	39	9	20	7	3		12	26	1		5	3
永诚财产保险股份有限公司湖北分公司	89	11	32	37	9		4	47	38		2	
安盛天平财产保险有限公司湖北分公司	59	12	37	10			2	36	21			
阳光财产保险股份有限公司湖北省分公司	262	68	127	49	18		11	180	71	120	81	61
都邦财产保险股份有限公司湖北分公司	43	5	21	12	5			26	17	1	2	
渤海财产保险股份有限公司湖北分公司	92	6	45	29	12		4	32	56		4	88
中国人寿财产保险股份有限公司湖北省分公司	1701	481	824	285	111	2	51	854	794	5	28	1668
现代财产保险（中国）有限公司湖北分公司	12	2	8	2				8	4			
长安责任保险股份有限公司湖北省分公司	117	30	45	32	10		2	74	41		1	
国元农业保险股份有限公司湖北分公司	102	17	58	13	14		5	63	34		5	
鼎和财产保险股份有限公司湖北分公司	154	19	71	45	19		4	82	68		3	9
中煤财产保险股份有限公司湖北分公司	31	9	12	8	2		1	23	7		2	
国泰财产保险有限责任公司湖北分公司	5		3		2			4	1			5
英大泰和财产保险股份有限公司湖北分公司	303	49	147	79	28		17	193	93	4	24	
紫金财产保险股份有限公司湖北分公司	109	10	45	46	8		2	42	65			109
浙商财产保险股份有限公司湖北分公司	105	13	40	30	22	1	1	49	54			
国任财产保险股份有限公司湖北分公司	125	19	47	50	9		1	52	72			
锦泰财产保险股份有限公司湖北分公司	35	7	20	4	4		3	22	10		4	

续表 5-3-2-2

机构名称	总人数	年龄				学历				职称		
		30岁以下	31—40岁	41—50岁	51岁以上	博士	硕士及研究生班	本科	大专及以下	高级职称	中级职称	其他
众诚汽车保险股份有限公司湖北分公司	29	5	19	5			1	24	4		3	
华泰财产保险有限公司湖北省分公司	31	7	11	9	4		1	21	9	1	2	
长江财产保险股份有限公司湖北分公司	756	73	297	247	139		7	160	589	2	9	13
富德财产保险股份有限公司湖北分公司	24	2	9	9	4		3	13	8	1	3	20
新疆前海联合财产保险股份有限公司湖北分公司	28	4	17	6	1			18	10			28
建信财产保险有限公司湖北分公司	24	4	14	5	1	1	3	19	1	1	3	20
大家财产保险有限责任公司湖北分公司	171	18	90	50	13		5	104	62		2	
合众人寿保险股份有限公司	4391	725	2222	1141	303	5	203	3528	655	26	60	167
国华人寿保险股份有限公司	5457	1030	2831	1314	282	8	254	2207	2988	27	117	55
中国人寿保险股份有限公司湖北省分公司	4230	634	1081	1551	964	2	115	2002	2111	7	111	4112
中国太平洋人寿保险股份有限公司湖北分公司	1419	211	620	413	175		28	1152	239			
中国平安人寿保险股份有限公司湖北分公司	1533	336	838	306	53		69	1273	191			
新华人寿保险股份有限公司湖北分公司	1177	183	610	330	54		71	1062	44	1		
泰康人寿保险有限责任公司湖北分公司	1313	321	609	304	79		64	909	340			1313
太平人寿保险有限公司湖北分公司	1018	260	592	149	17	1	51	844	122	1	4	14
中宏人寿保险有限公司湖北分公司	34	2	20	11	1		3	29	2			
建信人寿保险股份有限公司湖北分公司	173	33	89	30	21		11	155	7	2	12	2
安联人寿保险有限公司湖北分公司	19		13	6			2	16	1			
工银安盛人寿保险有限公司湖北分公司	215	23	112	74	6		15	129	71		3	212
中信保诚人寿保险有限公司湖北省分公司	138	25	64	42	7		7	110	21		5	2
交银人寿保险有限公司湖北省分公司	84	18	38	23	5		6	58	20		2	2
中意人寿保险有限公司湖北省分公司	59	7	34	18			2	49	8			
光大永明人寿保险有限公司湖北分公司	35	6	16	11	2		3	29	3	1	1	1
友邦人寿保险有限公司湖北分公司	46	10	25	11			9	36	1			
北大方正人寿保险有限公司湖北分公司	56	8	36	9	3			43	13			
中英人寿保险有限公司湖北分公司	111	19	57	32	3		4	95	12	1	5	26
同方全球人寿保险有限公司湖北分公司	62	13	40	7	2		3	49	10			
民生人寿保险股份有限公司湖北分公司	101	14	54	29	4		3	80	18		2	
招商信诺人寿保险有限公司湖北分公司	59	14	36	9			2	48	9		1	1
瑞泰人寿保险有限公司湖北分公司	13	2	6	5			2	10	1			
富德生命人寿保险股份有限公司湖北分公司	621	72	285	220	44	1	12	434	174		1	27
平安养老保险股份有限公司湖北分公司	244	54	135	45	10		11	178	55	1	4	5
合众人寿保险股份有限公司湖北分公司	261	55	124	69	13		6	190	65			

续表 5-3-2-2

机构名称	总人数	年龄				学历				职称		
		30岁以下	31—40岁	41—50岁	51岁以上	博士	硕士及研究生班	本科	大专及以下	高级职称	中级职称	其他
华泰人寿保险股份有限公司湖北分公司	72	9	46	15	2		3	61	8		7	2
太平养老保险股份有限公司湖北分公司	102	17	61	18	6		7	66	29	1	5	
中美联泰大都会人寿保险有限公司湖北分公司	35	3	23	8	1		4	20	11	1	1	
平安健康保险股份有限公司湖北分公司	89	44	38	7			3	84	2			
中国人民健康保险股份有限公司湖北分公司	114	26	48	27	13		8	69	37	5	6	15
信泰人寿保险股份有限公司湖北分公司	162	42	87	27	6		5	132	25			
农银人寿保险股份有限公司湖北分公司	388	59	181	126	22		4	241	143			379
长城人寿保险股份有限公司湖北分公司	162	25	74	49	14		4	113	45	1	6	1
和谐健康保险股份有限公司湖北分公司	215	84	107	22	2		3	191	21		2	
中国人民人寿保险股份有限公司湖北省分公司	725	82	325	213	105		21	415	289	3	12	5
国华人寿保险股份有限公司湖北分公司	333	61	157	95	20		6	96	231	5	5	66
恒大人寿保险有限公司湖北分公司	230	32	165	30	3		13	171	46		9	221
英大泰和人寿保险股份有限公司湖北分公司	207	31	120	47	9		8	182	17	1	3	4
泰康养老保险股份有限公司湖北分公司	533	87	302	129	15		29	310	194			
幸福人寿保险股份有限公司湖北分公司	124	18	66	27	13		3	83	38			
阳光人寿保险股份有限公司湖北分公司	425	117	224	63	21		15	350	60		9	9
百年人寿保险股份有限公司湖北分公司	200	39	99	51	11		2	151	47	1	2	23
中邮人寿保险股份有限公司湖北分公司	100	9	68	20	3		24	75	1	4	18	21
大家人寿保险股份有限公司湖北分公司	141	43	71	23	4		11	121	9			
前海人寿保险股份有限公司湖北分公司	131	37	82	10	2		6	105	20		1	3
财信吉祥人寿保险股份有限公司湖北分公司	77	14	36	24	3		2	70	5		2	
国联人寿保险股份有限公司湖北分公司	40	9	16	12	3		1	37	2		1	

注：本表数据来源于各单位报送的人员数量。

3.证券期货机构人员统计表

表 5-3-2-3　　2022 年 12 月 31 日　　单位:人

机构名称	总人数	年龄				学历				职称		
		30 岁以下	31—40 岁	41—50 岁	51 岁以上	博士	硕士及研究生班	本科	大专及以下	高级职称	中级职称	其他
长江证券股份有限公司	6021	1708	2903	1030	380	32	1551	4079	359			
天风证券股份有限公司	2873	931	1462	397	83	46	1111	1369	347			
爱建证券有限责任公司湖北分公司	22	2	15	4	1			20	2		3	
安信证券股份有限公司湖北分公司	60	11	29	14	6		9	44	7		1	
财信证券股份有限公司湖北分公司	11	4	5	2			3	7	1			11
第一创业证券股份有限公司武汉分公司	107	32	56	15	4		4	79	24		2	105
东北证券股份有限公司湖北分公司	45	13	22	9	1		2	39	4		3	
东莞证券股份有限公司湖北分公司	137	90	35	10	2		4	121	12			
方正证券股份有限公司湖北分公司	107	36	63	7	1		14	84	9			
光大证券股份有限公司武汉分公司	176	24	103	39	10		22	130	24		1	
广发证券股份有限公司湖北分公司	444	150	162	108	24		86	354	4			
国海证券股份有限公司武汉分公司	27	3	17	7			5	19	3			
国开证券股份有限公司湖北省分公司	5		3	1	1		4	1		2		1
国联证券股份有限公司湖北分公司	50	28	18	4			10	38	2			
国融证券股份有限公司武汉分公司	56	11	37	6	2		6	44	6			
国盛证券有限责任公司湖北分公司	33	2	26	4	1	1	1	26	5			
国泰君安证券股份有限公司湖北分公司	251	31	121	56	43		31	205	15			
国信证券股份有限公司湖北分公司	271	84	142	35	10	1	40	196	34			
国元证券股份有限公司湖北分公司	78	13	45	14	6		6	49	23	1	1	
海通证券股份有限公司湖北分公司	74	12	33	13	16		11	61	2		10	
宏信证券有限责任公司湖北分公司	4		1	3				3	1			
华安证券股份有限公司湖北分公司	70	27	38	5			6	52	12			
华创证券有限责任公司湖北分公司	18	3	13	2		1	2	13	2		1	17
华福证券有限责任公司华中分公司	89	30	52	7			17	66	6			
华金证券股份有限公司湖北分公司	23	8	12	2	1		2	17	4		1	
华林证券股份有限公司湖北分公司	45	5	28	10	2	2	2	31	10			
国新证券股份有限公司湖北分公司	32	8	16	7	1		4	28				3
华泰证券股份有限公司湖北分公司	352	72	135	108	37		64	266	22	2	5	9
九州证券股份有限公司湖北分公司	17	3	10	4			2	14	1			
粤开证券股份有限公司武汉分公司	17	3	10	4			1	11	5			
民生证券股份有限公司武汉分公司	30	6	18	6			4	25	1		1	

续表 5-3-2-3

机构名称	总人数	年龄				学历				职称		
		30岁以下	31—40岁	41—50岁	51岁以上	博士	硕士及研究生班	本科	大专及以下	高级职称	中级职称	其他
平安证券股份有限公司湖北分公司	47	6	30	7	4		12	30	5			
申港证券股份有限公司湖北分公司	27	10	11	6		1	5	21			2	21
申万宏源证券有限公司湖北分公司	218	42	87	60	29		47	164	7			
世纪证券有限责任公司湖北分公司	20	6	8	2	4		2	15	3			
太平洋证券股份有限公司武汉分公司	14	5	4	4	1		2	10	2		1	
万和证券股份有限公司湖北分公司	40	9	25	6			4	22	14			1
万联证券股份有限公司湖北分公司	94	16	38	33	7		8	71	15			94
西部证券股份有限公司湖北分公司	19	3	8	6	2		2	17				
东方财富证券股份有限公司湖北分公司	15	8	6	1			4	10	1			
西南证券股份有限公司湖北分公司	17	1	8	4	4		1	14	2			17
兴业证券股份有限公司湖北分公司	207	53	128	21	5		37	159	11		5	3
长城国瑞证券有限公司湖北分公司	4	1	3					4				
长城证券股份有限公司湖北分公司	115	22	50	35	8		9	51	55			1
招商证券股份有限公司湖北分公司	93	12	53	16	12		29	61	3		9	9
中国银河证券股份有限公司湖北分公司	357	43	106	123	85	2	36	299	20	3	25	32
中国中金财富证券有限公司湖北分公司	153	10	95	43	5		30	120	3	1	1	
中山证券有限责任公司湖北分公司	25	5	11	7	2		1	19	5			1
中泰证券股份有限公司湖北分公司	138	43	80	10	5		36	99	3			
中天国富证券有限公司湖北分公司	12	1	8	3			3	9				12
中信建投证券股份有限公司湖北分公司	380	102	187	51	40		50	302	28			
中信证券股份有限公司湖北分公司	328	167	136	20	5		107	212	9		7	3
中银国际证券股份有限公司武汉分公司	61	7	30	19	5		9	52				
中邮证券有限责任公司湖北分公司	22	3	13	5	1		8	13	1	1	2	
华英证券有限责任公司华中分公司	41	9	25	5	2		25	12	4	1	1	3
开源证券股份有限公司湖北分公司	20	3	13	3	1			20			1	
东亚前海证券有限责任公司湖北分公司	12	1	10	1			4	6	2			
渤海证券股份有限公司武汉分公司	9	2	7				1	8				
信达证券股份有限公司湖北分公司	14	3	10	1			3	10	1			
首创证券股份有限公司湖北分公司	13	7	5	1			1	12				
长江期货股份有限公司	319	110	150	40	19	4	99	179	37	1	2	316
美尔雅期货有限公司	241	68	109	47	17		47	142	52	3	14	224
中信期货有限公司中南分公司	20	2	15	1	2		4	16			1	19
海通期货股份有限公司湖北分公司	12	1	6	4	1		1	11				

续表 5-3-2-3

机构名称	总人数	年龄				学历				职称		
		30岁以下	31—40岁	41—50岁	51岁以上	博士	硕士及研究生班	本科	大专及以下	高级职称	中级职称	其他
中国国际期货股份有限公司武汉分公司	12	1		8	3		1	6	5			
中泰期货股份有限公司武汉分公司	9	2	7					9				9
瑞达期货股份有限公司武汉市分公司	11	8	2		1		1	9	1			
宁证期货有限责任公司湖北分公司	7		7				1	4	2			
方正中期期货有限公司湖北分公司	17	5	10	2			1	12	4		3	2
紫金天风期货股份有限公司湖北分公司	9	1	7	1				8	1			
中信建投期货有限公司湖北分公司	12	4	6	1	1		2	10			1	
广州期货股份有限公司湖北分公司	5		4	1				4	1		1	
广发期货有限公司武汉分公司	9	1	3	5				9				
国泰君安期货有限公司湖北分公司	11	4	7				3	8			1	
兴证期货有限公司湖北分公司	4		4				1	3				
福能期货股份有限公司湖北分公司	4		4					4				
混沌天成期货股份有限公司湖北分公司	11	2	7	1	1			4	7		1	
华金期货有限公司湖北分公司	7	1	4	2				7				
宏源期货有限公司湖北分公司	12	4	8					11	1	1		11
前海期货有限公司湖北分公司	2		2					2				
华闻期货有限公司华中分公司	29	13	15		1			17	12			29
山东齐盛期货有限公司武汉分公司	4	2	1		1			3	1			
中州期货有限公司华中分公司	18	4	13	1			2	14	2			
国金期货有限责任公司湖北分公司	5	2	3				1	4			1	4
大有期货有限公司武汉分公司	5	1	3	1				4	1			
中天期货有限责任公司湖北分公司	4	1	2		1		1	2	1			
国贸期货有限公司武汉分公司	5	2	3					5				
其他机构												
中国银联股份有限公司湖北分公司	45	10	18	13	4		16	28	1	1	2	

注:1.本表数据来源于各单位报送的人员数量。
　2.本表数据中长江证券股份有限公司人员数据不含子公司人员数量。

第六部分

机构名录

一、金融监管部门

表 6-1

名　　称	地　　址	负责人	电　话	邮　编
湖北省地方金融监督管理局	**武汉市武昌区洪山路 7 号**	**段银弟**	**027-87235507**	**430071**
武汉市地方金融工作局	武汉市江岸区胜利街 261 号	叶晓飞	027-82826705	430014
黄石市地方金融工作局	黄石市杭州东路 1 号市政府大楼	秦金波	0714-6359511	435000
十堰市地方金融工作局	十堰市茅箭区北京中路 13 号	师文明	0719-8111016	442000
宜昌市地方金融工作局	宜昌市西陵区红星路 12 号	江必忠	0717-6256408	443000
襄阳市地方金融工作局	襄阳市襄城区檀溪路 152 号南山会议中心 4 楼	肖茂林	0710-3611613	441000
鄂州市地方金融工作局	鄂州市鄂城区滨湖南路 11 号	秦剑涛	027-53083300	436000
荆门市地方金融工作局	荆门市双喜大道 9 号	陈新民	0724-6098301	448000
孝感市地方金融工作局	孝感市城站路 71 号	邓　俭	0712-2861352	432000
荆州市地方金融工作局	荆州市沙市区塔桥路 35 号	赵吉俊	0716-8255520	434000
黄冈市地方金融工作局	黄冈市黄州区黄州大道 21 号财政小区 3 楼	杨金叶	0713-8661998	438000
咸宁市地方金融工作局	咸宁市咸安区咸宁大道 25 号	施继武	0715-8217665	437100
随州市地方金融工作局	随州市曾都区迎宾大道 9 号	刘耘禾	0722-3596676	421300
恩施州地方金融工作局	恩施市施州大道 61 号	王　牟	0718-8222529	445000
仙桃市金融领导小组办公室	仙桃市沔州大道特 1 号	李雄飞	0728-3229489	433000
潜江市金融领导小组办公室	潜江市园林街道办事处东荆大道与兴盛路交叉口往西 300 米人防大楼	李明军	0728-6491198	433100
天门市人民政府金融协调领导小组办公室	天门市陆羽大道中 31 号	董波胜	0728-5243225	431700
神农架林区人民政府金融管理领导小组办公室	神农架林区松柏镇常青路 18 号	詹古月	0719-3336588	442400
中国人民银行武汉分行	**武汉市武昌区中南路 69 号**	**林建华**	**027-87312335**	**430071**
中国人民银行武汉分行营业管理部	武汉市建设大道 741 号	占再清	027-85789185	430015
中国人民银行黄石市中心支行	黄石市桂林南路 5 号	王　芳	0714-6353315	435003
中国人民银行十堰市中心支行	十堰市朝阳中路 53 号	鲍明星	0719-8676088	442000
中国人民银行宜昌市中心支行	宜昌市发展大道 33 号	石明悦	0717-6323412	443000
中国人民银行襄阳市中心支行	襄阳市襄城区胜利街 9 号	吴安斌	0710-3627305	441021
中国人民银行鄂州市中心支行	鄂州市鄂城区滨湖东路 52 号	尹　峰	0711-3708085	436005
中国人民银行荆门市中心支行	荆门市掇刀区深圳大道(东)16 号	蒋　难	0724-6088333	448124
中国人民银行孝感市中心支行	孝感市长征路 15 号	冯爱林	0712-2846073	432000

续表 6-1

名　　称	地　　址	负责人	电　话	邮　编
中国人民银行荆州市中心支行	荆州市沙市区江津西路 258 号	胡赵华	0716-8513454	434000
中国人民银行黄冈市中心支行	黄冈市黄州大道 52 号	许　波	0713-8352532	438000
中国人民银行咸宁市中心支行	咸宁市咸安区温泉街道双鹤路 9 号	郑　艺	0715-8158053	437100
中国人民银行随州市中心支行	随州市明珠路 18 号	吴楚平	0722-3318178	441300
中国人民银行恩施州中心支行	恩施市施州大道 26 号	常　新	0718-8232203	445000
中国人民银行仙桃市支行	仙桃市桃源大道东段 1 号	李兵峰	0728-3222454	433300
中国人民银行潜江市支行	潜江市湖滨路 4 号	孙小红	0728-6243286	433199
中国人民银行天门市支行	天门市竟陵西寺路 17 号	吴　狄	0728-5223332	431700
中国人民银行神农架林区支行	神农架松柏镇常青路 11 号	李　锋	0719-3332912	442400
国家外汇管理局湖北省分局	**武汉市中南路 69 号**	**林建华**	**027-87327340**	**430071**
国家外汇管理局黄石市中心支局	黄石市下陆区桂林南路 5 号	王　芳	0714-6351929	435005
国家外汇管理局十堰市中心支局	十堰市茅箭区朝阳中路 53 号	鲍明星	0719-8661142	442000
国家外汇管理局宜昌市中心支局	宜昌市发展大道 33 号	石明悦	0717-6300366	443000
国家外汇管理局襄阳市中心支局	襄阳市襄城区胜利街 9 号	吴安斌	0710-3627226	441021
国家外汇管理局鄂州市中心支局	鄂州市鄂城区滨湖东路 52 号	尹　峰	0711-3708188	436000
国家外汇管理局荆门市中心支局	荆门市掇刀区深圳大道(东)16 号	蒋　难	0724-6088301	448124
国家外汇管理局孝感市中心支局	孝感市长征路 15 号	冯爱林	0712-2831609	432000
国家外汇管理局荆州市中心支局	荆州市沙市区江津西路 258 号	胡赵华	0716-8514320	434000
国家外汇管理局黄冈市中心支局	黄冈市黄州区黄州大道 52 号	许　波	0713-8353450	438000
国家外汇管理局咸宁市中心支局	咸宁市咸安区双鹤路 9 号	郑　艺	0715-8158032	437100
国家外汇管理局随州市中心支局	随州市曾都区明珠路 18 号	吴楚平	0722-3318630	441300
国家外汇管理局恩施州中心支局	恩施市施州大道 26 号	常　新	0718-8255095	445000
国家外汇管理局仙桃市支局	仙桃市桃源大道东段 1 号	李兵峰	0728-3222382	433000
国家外汇管理局潜江市支局	潜江市园林街道办事处湖滨路 4 号	孙小红	0728-6296266	433100
国家外汇管理局天门市支局	天门市西寺路 17 号	吴　狄	0728-5226034	431700
国家外汇管理局神农架林区支局	神农架林区松柏镇常青路 11 号	李　锋	0719-3332715	442400
中国银行保险监督管理委员会湖北监管局	**武汉市武昌东湖南路 7 号**	**刘学生**	**027-85565129**	**430072**
中国银行保险监督管理委员会黄石监管分局	黄石市团城山经济开发区桂林南路 3 号	李佐钦	0714-6355867	435003
中国银行保险监督管理委员会十堰监管分局	十堰市茅箭区北京北路 95 号	黎新林	0719-8128936	442000
中国银行保险监督管理委员会宜昌监管分局	宜昌市西陵区西陵一路 7 号勤业大厦	王国强	0717-6773816	443000
中国银行保险监督管理委员会襄阳监管分局	襄阳市襄城区新街 44 号	李良槐	0710-3611361	441000

续表 6-1

名　　称	地　　址	负责人	电　话	邮　编
中国银行保险监督管理委员会鄂州监管分局	鄂州市凤凰路 63 号	翁　翔	027-60229960	436000
中国银行保险监督管理委员会荆门监管分局	荆门市东宝区金虾路 41 号	郑中发	0724-2380306	448000
中国银行保险监督管理委员会孝感监管分局	孝感市长征路 283 号	彭劲进	0712-2883332	432000
中国银行保险监督管理委员会荆州监管分局	荆州市荆州区荆中路 12 号	叶启斌	0716-8445975	434020
中国银行保险监督管理委员会黄冈监管分局	黄冈市黄州区赤壁一路 1 号	徐　中	0713-8365669	438000
中国银行保险监督管理委员会咸宁监管分局	咸宁市咸安区淦河大道 31 号	周汉涛	0715-8270306	437100
中国银行保险监督管理委员会随州监管分局	随州市曾都区烈山大道 58 号	李德平	0722-3223699	441300
中国银行保险监督管理委员会恩施监管分局	恩施市施州大道 155 号金安大厦 B 座	王兴华	0718-8463339	445000
中国银行保险监督管理委员会湖北监管局蔡甸监管组	武汉市蔡甸区蔡甸大街 225 号	何　翔	027-69811566	430100
中国银行保险监督管理委员会湖北监管局江夏监管组	武汉市江夏区纸坊街熊廷弼路 47 号	彭建国	027-87919880	430200
中国银行保险监督管理委员会湖北监管局黄陂监管组	武汉市黄陂区前川街黄陂大道 99 号	杨文学	027-61003920	430300
中国银行保险监督管理委员会湖北监管局新洲监管组	武汉市新洲区邾城街龙腾大街 47 号	罗军林	027-89361070	430400
中国银行保险监督管理委员会湖北监管局仙桃监管组	仙桃市仙桃大道 66 号	杨　尚	0728-3200838	433000
中国银行保险监督管理委员会湖北监管局潜江监管组	潜江市湖滨路 4 号	尹述新	0728-6234988	433100
中国银行保险监督管理委员会湖北监管局天门监管组	天门市鸿渐路 145 号	尹修毅	0728-5221098	431700
中国银行保险监督管理委员会湖北监管局神农架监管组	神农架林区松柏镇常青路 11 号	海　柱	0719-3336611	442400
中国证券监督管理委员会湖北监管局	**武汉市珞喻路 540 号**	**韩　卓**	**027-87460020**	**430079**

二、银行业机构

表 6-2

名　称	地　址	负责人	电　话	邮　编
开发性金融机构				
国家开发银行湖北省分行	武汉市武昌区友谊大道 308 号	李少民	027-86759777	430062
政策性银行				
中国进出口银行湖北省分行	**武汉市武昌区中北路 108 号附 2 号**	**陈婉青**	**027-87112388**	**430077**
中国农业发展银行湖北省分行	**武汉市武昌区中北路 229 号**	**陈志猛**	**027-87252036**	**430077**
中国农业发展银行湖北省分行营业部	**武汉市武昌区徐东大街 128 号联发九都国际项目 8 栋**	**欧阳新萍**	**027-86600862**	**430070**
中国农业发展银行汉口支行	武汉市江岸区解放公园路 50 号永成大厦 3 楼	张　炜	027-82618371	430064
中国农业发展银行东湖支行	武汉市江夏区光谷大道 77 号光谷金融港 B5 栋	袁正勇	027-65521982	430073
中国农业发展银行东西湖区支行	武汉市东西湖区二雅路海景南区 B 栋	熊乐耕	027-83256309	430040
中国农业发展银行汉南支行	武汉市武汉经济技术开发区东风三路 9 号	崔　宇	027-84211395	430056
中国农业发展银行蔡甸区支行	武汉市蔡甸区汉阳大街 106 号	王瑾华	027-69814066	430100
中国农业发展银行江夏区支行	武汉市江夏区纸坊街江夏大道兴苑街 2 号	曾浩发	027-81822880	430200
中国农业发展银行黄陂区支行	武汉市黄陂区前川街西寺大道 128 号	俞　斌	027-85955618	430300
中国农业发展银行新洲区支行	武汉市新洲区邾城街齐安大道 159 号	张　文	027-89354720	430400
中国农业发展银行仙桃市支行	仙桃市仙桃大道中段 62A	陈　洁	0728-8238916	433000
中国农业发展银行潜江市支行	潜江市园林办事处章华南路 24 号	严　浩	0728-6293600	433199
中国农业发展银行天门市支行	天门市竟陵钟惺大道特 55 号	何　亮	0728-5337865	431700
中国农业发展银行黄石市分行	**黄石市湖滨大道 111-1 号**	**柳　琴**	**0714-6253778**	**435000**
中国农业发展银行阳新县支行	阳新县城东新区环湖西路 8 号	孙丽军	0714-7333588	435200
中国农业发展银行大冶市支行	大冶市新冶大道 20 号	田学文	0714-8868099	435100
中国农业发展银行十堰市分行	**十堰市茅箭区东岳路 13 号**	**刘　舸**	**0719-8117899**	**442000**
中国农业发展银行郧阳区支行	十堰市郧阳区城关镇师范路 10 号	周　文	0719-7238028	442500
中国农业发展银行郧西县支行	郧西县城关镇发展大道 58 号	王　进	0719-6223528	442600
中国农业发展银行竹山县支行	竹山县城关镇振武路 107 号	张　沛	0719-4232788	442200
中国农业发展银行竹溪县支行	竹溪县城关镇幸福路 1 号	黄志成	0719-2723009	442300
中国农业发展银行房县支行	房县城关镇神农路 75 号	肖京郧	0719-3231526	442100
中国农业发展银行丹江口市支行	丹江口市丹赵路 14 号	王　华	0719-5211968	442700
中国农业发展银行宜昌市分行	**宜昌市体育场路 6 号**	**郭永红**	**0717-6435968**	**443000**
中国农业发展银行宜昌市夷陵区支行	宜昌市夷陵区小溪塔街办黄金路 49 号	王洪涛	0717-7832178	443100
中国农业发展银行远安县支行	远安县鸣凤镇解放路 188 号	陈　旭	0717-3825098	444200
中国农业发展银行兴山县支行	兴山县古夫镇香溪大道 42-1 号 0046 幢 1 单元 2 室	李雯雯	0717-2520567	443700

续表 6-2

名　　称	地　　址	负责人	电　话	邮　编
中国农业发展银行秭归县支行	秭归县茅坪镇平湖大道 7 号	黄　渊	0717-2888699	443600
中国农业发展银行长阳土家族自治县支行	长阳土家族自治县龙舟坪镇廪君大道 288 号	向　巍	0717-5321491	443600
中国农业发展银行五峰土家族自治县支行	五峰土家族自治县渔洋关镇后河大道 27-1 号 A 座 1 单元 103 室	陈国洋	0717-5823339	443413
中国农业发展银行宜都市支行	宜都市五宜大道 99 号科技孵化中心	郭　华	0717-4831498	443300
中国农业发展银行枝江市支行	枝江市迎宾大道 98-1 号	吴小刚	0717-4243971	443200
中国农业发展银行当阳市支行	当阳市长坂路特 72 号	陈权武	0717-3231681	444100
中国农业发展银行襄阳市分行	**襄阳市襄城区檀溪路 48 号**	**赵国庆**	**0710-3536688**	**441000**
中国农业发展银行襄州区支行	襄阳市樊城区松鹤路特 9 号	赵　璇	0710-3159828	441002
中国农业发展银行枣阳市支行	枣阳市人民北路 53 号	张　曾	0710-6320888	441200
中国农业发展银行宜城市支行	宜城市振兴大道 288 号	王方远	0710-4218488	441400
中国农业发展银行南漳县支行	南漳县城关镇文笔峰路 153 号	刘　涛	0710-5239789	441500
中国农业发展银行保康县支行	保康县城关镇清溪路 95 号	周荣锋	0710-5816488	441600
中国农业发展银行谷城县支行	谷城县城关镇粉阳路 54 号	魏祖勇	0710-7259893	441700
中国农业发展银行老河口市支行	老河口市北京路 431 号	吉　霏	0710-8234908	441800
中国农业发展银行鄂州市分行	**鄂州市鄂城区滨湖北路 21 号**	**朱玲丽**	**027-60661588**	**436099**
中国农业发展银行荆门市分行	**荆门市东宝区象山大道 83 号**	**熊　健**	**0724-2371223**	**448000**
中国农业发展银行沙洋县支行	沙洋县洪岭大道南 16 号	洪珍珍	0724-8563755	448200
中国农业发展银行钟祥市支行	钟祥市王府大道 40 号	李　鲲	0724-4263292	431900
中国农业发展银行京山市支行	京山市新市镇轻机大道 278 号	胡　颖	0724-7322758	431800
中国农业发展银行孝感市分行	**孝感市孝南区槐荫大道 191 号**	**周治刚**	**0712-2826487**	**432100**
中国农业发展银行孝昌县支行	孝昌县古城大道 116 号	邓　伟	0712-4764657	432900
中国农业发展银行大悟县支行	大悟县城关镇环河西路 46 号	罗　成	0712-7222212 0712-7228955	432800
中国农业发展银行云梦县支行	云梦县城关镇楚王城大道 79 号	邓万德	0712-4323998	432500
中国农业发展银行应城市支行	应城市城中汉宜大道 66 号	陈柏成	0712-3256157	432400
中国农业发展银行安陆市支行	安陆市碧涢路 114 号	何　迪	0712-5253513	432600
中国农业发展银行汉川市支行	汉川市白云庵街 1 号	史贵卿	0712-8275311	431600
中国农业发展银行荆州市分行	**荆州市荆州区江津西路 428 号**	**王和新**	**0716-8421286**	**434021**
中国农业发展银行公安县支行	公安县斗湖堤镇荆江河路 86 号	卢刘树	0716-5236188	434300
中国农业发展银行江陵县支行	江陵县荆江路 176 号	张　琛	0716-4735733	434100
中国农业发展银行石首市支行	石首市绣林大道 200 号	刘小波	0716-7287768	434400
中国农业发展银行洪湖市支行	洪湖市新堤街道沿河西路 50 号	魏海峰	0716-2429566	433200
中国农业发展银行松滋市支行	松滋市新江口镇金松大道西段 19 号	李雨峰	0716-6235018	434200
中国农业发展银行监利市支行	监利市江城路 32 号	曲真磊	0716-3323105	433300
中国农业发展银行黄冈市分行	**黄冈市赤壁大道 79 号**	**王良勇**	**0713-8367686**	**438000**
中国农业发展银行团风县支行	团风县团风镇益民路 1 号	王　敏	0713-6156006	438800

续表 6-2

名　　称	地　　址	负责人	电　话	邮　编
中国农业发展银行红安县支行	红安县城关镇金沙小区路 15 号	李金龙	0713-5184129	438400
中国农业发展银行罗田县支行	罗田县凤山镇段家桥 17 号	方雁飞	0713-5055277	438600
中国农业发展银行英山县支行	英山县温泉镇温泉路 42 号	文　华	0713-7018758	438700
中国农业发展银行浠水县支行	浠水县清泉镇闻一多大道 39 号	姚云玲	0713-4299858	438200
中国农业发展银行蕲春县支行	蕲春县漕河镇蕲春大道 226 号	何　伟	0713-7330506	435300
中国农业发展银行黄梅县支行	黄梅县黄梅镇人民大道 533 号	罗定海	0713-3837088	435500
中国农业发展银行麻城市支行	麻城市金桥大道 28 号	何　山	0713-2929925	438300
中国农业发展银行武穴市支行	武穴市窝陂塘路 16 号	陈　俊	0713-6221829	435400
中国农业发展银行咸宁市分行	**咸宁市咸宁大道 21 号**	**吴军荣**	**0715-8208010**	**437000**
中国农业发展银行咸安区支行	咸宁市咸安区长安大道 95 号	黄　兴	0715-8903388	437000
中国农业发展银行嘉鱼县支行	嘉鱼县鱼岳镇发展大道 122 号	汪庆梅	0715-6266305	437200
中国农业发展银行通城县支行	通城县隽水大道 362 号	关怡宁	0715-4867445	437400
中国农业发展银行崇阳县支行	崇阳县天城镇仪表路 298 号	曾令勇	0715-3398372	437500
中国农业发展银行通山县支行	通山县通羊镇九宫大道 400 号	蒋庭雷	0715-2888290	437600
中国农业发展银行赤壁市支行	赤壁市体育馆路 9 号	杨心兵	0715-5888928	437300
中国农业发展银行随州市分行	**随州市曾都区青年路 78 号**	**周志华**	**0722-3230288**	**441300**
中国农业发展银行广水市支行	广水市应山永阳大道 13 号	李　楠	0722-6243299	432700
中国农业发展银行恩施州分行	**恩施市清江东路 5 号**	**熊　华**	**0718-8249189**	**445000**
中国农业发展银行恩施市支行	恩施市清江东路 5 号	覃　磊	0718-8235888	445000
中国农业发展银行利川市支行	利川市都亭街道办事处教场社区六合路 97 号	雷　波	0718-7288088	445400
中国农业发展银行建始县支行	建始县业州镇柏腊树社区长兴产业城长兴路 1 号商业街 3-101	张　敏	0718-3228888	445300
中国农业发展银行巴东县支行	巴东县信陵镇西瀼坡社区沿江大道 188 号	王　雁	0718-4224388	444300
中国农业发展银行宣恩县支行	宣恩县珠山镇民族路 61 号	吕雪松	0718-5835818	445500
中国农业发展银行咸丰县支行	咸丰县高乐山镇楚蜀大道 188 号	欧阳明锐	0718-6893219	445600
中国农业发展银行来凤县支行	来凤县翔凤镇凤翔大道 156 号	李长清	0718-6286008	445700
中国农业发展银行鹤峰县支行	鹤峰县容美镇九峰大道 131 号	龙建国	0718-5263558	445800
国有大型商业银行				
中国工商银行湖北省分行	**武汉市武昌区中北路 31 号**	**郭　伟**	**027-69908676**	**430071**
中国工商银行武汉分行	**武汉市武昌区中南路 2 号**	**邱世杰**	**027-82218645**	**430071**
中国工商银行武汉江岸支行	武汉市江岸区中山大道 988 号	周　涛	027-82219330	430014
中国工商银行武汉黄浦支行	武汉市江岸区解放大道 2613 号百步亭商业广场企业中心现代城六区 1 层 5 号	李晓睿	027-82219606	430019
中国工商银行武汉江汉支行	武汉市江汉区青年路 558 号武汉天街 1 号	屈　炜	027-82217699	430022
中国工商银行武汉汉口支行	武汉市江汉路 60 号	李　嵘	027-82217888	430014
中国工商银行武汉硚口支行	武汉市硚口区中山大道 3 号	罗　强	027-82217038	430033

续表 6-2

名　　称	地　　址	负责人	电　话	邮　编
中国工商银行武汉汉阳支行	武汉市汉阳区鹦鹉大道 35 号	叶静芳	027-82216720	430050
中国工商银行武汉武昌支行	武汉市武昌区彭刘杨路体育街口	邹国华	027-82215527	430060
中国工商银行武汉水果湖支行	武汉市武昌区东湖路 65 号	陈　静	027-82215800	430071
中国工商银行武汉青山支行	武汉市青山区和平大道 1538 号	杨晓磊	027-82215001	430080
中国工商银行武汉洪山支行	武汉市洪山区珞狮路 33 附 1 号	钱　新	027-82216192	430072
中国工商银行武汉白沙洲支行	武汉市洪山区白沙洲大道 212 号	刘　翼	027-82215652	430064
中国工商银行武汉东西湖支行	武汉市东西湖区东吴大道 1246 号	涂继春	027-82216966	430040
中国工商银行武汉经济技术开发区支行	武汉市武汉经济技术开发区创业路 26 号	贾大勇	027-82216599	430056
中国工商银行武汉蔡甸支行	武汉市蔡甸区蔡甸街汉阳大街 80 号	李　旋	027-82216618	430100
中国工商银行武汉江夏支行	武汉市江夏区文化路 37 号附 2 号	周　田	027-82219006	430200
中国工商银行武汉黄陂支行	武汉市黄陂区板桥大道 234 号	王润雄	027-82219200	430300
中国工商银行武汉空港支行	武汉市黄陂区盘龙城经济开发区盘龙大道 50 号	虢　畅	027-82219268	430300
中国工商银行武汉新洲支行	武汉市新洲区新洲大街 124 号	张德胜	027-82219900	430400
中国工商银行湖北自贸试验区武汉片区分行	**武汉市东湖新技术开发区高新大道 780 号沃德中心**	**熊建东**	**027-82216068**	**430205**
中国工商银行黄石分行	**黄石市黄石港区黄石大道 217 号**	**秦　森**	**0714-6224507**	**435000**
中国工商银行阳新支行	阳新县兴国镇兴国大道张家垴小区 55 号	王　勇	0714-7322338	435200
中国工商银行大冶支行	大冶市新冶大道和下黄东路交会处大冶雨润国际广场 1 层	冯　利	0714-8712825	435100
中国工商银行十堰分行	**十堰市公园路 7 号**	**李述伟**	**0719-8666052**	**442000**
中国工商银行十堰分行营业部	十堰市张湾区公园路 7 号	刘永东	0719-8661073	442000
中国工商银行十堰茅箭支行	十堰市茅箭区武当路 78 号	陈　妍	0719-8784410	442012
中国工商银行十堰红卫支行	十堰市张湾区车城西路 189 号	付　勇	0719-8528556	442000
中国工商银行十堰白浪开发区支行	十堰市白浪中路 138 号	苏清平	0719-8311476	442013
中国工商银行十堰郧阳支行	十堰市郧阳城关镇解放路 40 号	张　伟	0719-7233646	442500
中国工商银行丹江口支行	丹江口市均州一路 31 号	何少育	0719-5222275	442700
中国工商银行武当山经济开发区支行	十堰市武当山特区太和路 14 号	孙剑云	0719-5666211	442714
中国工商银行神农架林区支行	神农架林区松柏镇常青路 29 号	张　伟	0719-3332872	442400
中国工商银行三峡分行	**宜昌市夷陵大道特 169 号**	**刘　杨**	**0717-6484471**	**443000**
中国工商银行三峡铁路坝支行	宜昌市西陵一路 73 号	姚全胜	0717-6853074	443000
中国工商银行三峡伍家岗支行	宜昌市伍家岗区白沙路(伍家岗小学)	王秋月	0717-6561073	443001
中国工商银行三峡夷陵支行	宜昌市夷陵区东湖大道 10 号	曹　华	0717-7822260	443100
中国工商银行三峡宜昌自贸区支行	宜昌市发展大道 15 号	张海涛	0717-6331321	443000
中国工商银行远安支行	远安县鸣凤镇鸣凤大道 57 号	吴卫华	0717-3812289	444200
中国工商银行兴山支行	兴山县古夫镇昭君路 14 号	淡　强	0717-2582362	443700
中国工商银行秭归支行	秭归县茅坪镇平湖大道 18 号	丁艳峰	0717-2884538	443133

续表 6-2

名　　称	地　　址	负责人	电　话	邮　编
中国工商银行长阳支行	长阳自治县龙舟坪镇龙舟大道 55 号	赵　耀	0717-5322512	443500
中国工商银行五峰支行	五峰自治县渔洋关镇后河大道 38 号	罗雪莹	0717-5759590	443413
中国工商银行宜都支行	宜都市陆城长江大道 70 号	彭韶军	0717-4822840	443300
中国工商银行当阳支行	当阳市端直街 29 号	姚晓冰	0717-3223685	444100
中国工商银行枝江支行	枝江市马家店镇马店路 35 号	陈　勇	0717-4212394	443200
中国工商银行襄阳分行	**襄阳市前进路 69 号**	**徐云峰**	**0710-3811264**	**441003**
中国工商银行襄阳襄城支行	襄阳市襄城区西街 39 号	徐　燕	0710-3511277	441021
中国工商银行襄阳科技开发支行	襄阳市樊城区人民路 76 号	马伟清	0710-3155721	441001
中国工商银行襄阳兴业支行	襄阳市樊城区人民路 47 号	周　华	0710-3256772	441000
中国工商银行襄阳长征路支行	襄阳市樊城区丹江路 18 号	王晨曦	0710-3461728	441000
中国工商银行襄阳解放桥支行	襄阳市樊城区解放路 52 号	孙　莉	0710-3460946	441000
中国工商银行襄阳牡丹支行	襄阳市樊城区解放路 31 号	吉　祥	0710-3455041	441000
中国工商银行襄阳五洲支行	襄阳市樊城区前进路 24 号	程　琪	0710-3247133	441003
中国工商银行襄阳樊东支行	襄阳市樊城区大庆东路 63 号	李　锋	0710-3400363	441001
中国工商银行襄阳樊西支行	襄阳市樊城区长虹路 25 号	吴风莲	0710-3221850	441002
中国工商银行襄阳襄州支行	襄阳市襄州区航空路 169 号	罗　霖	0710-2823140	441104
中国工商银行襄阳高新技术产业支行	襄阳市高新区东风汽车大道 30B 座	邵　军	0710-3311285	441004
中国工商银行南漳支行	南漳县城关镇水镜大道 612 号	张益博	0710-5232004	441500
中国工商银行谷城支行	谷城县城关镇粉阳路 47 号	陶慧杰	0710-7332314	441700
中国工商银行老河口支行	老河口市秋丰路 39 号	姜　涛	0710-8362863	441800
中国工商银行枣阳支行	枣阳市大北街赵家巷 4 号	王　琴	0710-6223524	441200
中国工商银行宜城支行	宜城市振兴大道 218 号	陆晓丹	0710-4210014	441400
中国工商银行鄂州分行	**鄂州市凤凰路 50 号**	**杨开泰**	**027-60662386**	**436000**
中国工商银行荆门分行	**荆门市象山一路 1 号**	**柳景明**	**0724-6083366**	**448000**
中国工商银行荆门分行营业部	荆门市东宝区象山一路 1 号	成　科	0724-6083157	448000
中国工商银行荆门东宝支行	荆门市金虾路 25 号	刘滢霖	0724-6083387	448000
中国工商银行荆门掇刀支行	荆门市掇刀区白云大道 219 号(中央华府) 3-4-5a 幢 123 号	汪恩鹤	0724-6083006	448000
中国工商银行沙洋支行	沙洋县沙洋镇汉津大道北侧 71 号	苏　波	0724-6102766	448200
中国工商银行钟祥支行	钟祥市郢中镇阳春街 9 号	甘家华	0724-6313866	431900
中国工商银行京山支行	京山市新市镇新市大道 78 号	王　鹏	0724-7333933	431800
中国工商银行孝感分行	**孝感市园林二路**	**陈祥麟**	**0712-2821525**	**432100**
中国工商银行孝昌支行	孝昌县东洪花大道中心广场	张苗苗	0712-4310991	432900
中国工商银行大悟支行	大悟县发展大道 108 号	胡　彬	0712-7222498	432800
中国工商银行云梦支行	云梦县城关梦泽大道 66 号	朱少军	0712-4322580	432500
中国工商银行应城支行	应城市蒲阳大道 35 号	胡应峰	0712-3224171	432400
中国工商银行安陆支行	安陆市碧涢路 208 号	颜庆忠	0712-5223866	432600

续表 6-2

名　　称	地　　址	负责人	电　话	邮　编
中国工商银行汉川支行	汉川市仙女山街道办事处仙女大道 215 号	胡长江	0712-8298533	431600
中国工商银行荆州分行	**荆州市沙市区北京中路 352 号**	**何志宝**	**0716-8213066**	**434000**
中国工商银行荆州分行营业部	荆州市沙市区北京中路 352 号	汪　平	0716-8211960	434000
中国工商银行荆州沙市支行	荆州市沙市区北京东路 151 号	马新涛	0716-8233625	434000
中国工商银行荆州古城支行	荆州市荆州区屈原路 4 号	冯　磊	0716-8466243	434100
中国工商银行公安支行	公安县斗湖堤镇油江路 197 号	杨　华	0716-5225261	434300
中国工商银行石首支行	石首市笔架山路 96 号	韩成兵	0716-7287922	434400
中国工商银行洪湖支行	洪湖市新堤办事处宏伟南路 63 号	汤少为	0716-2425416	433200
中国工商银行松滋支行	松滋市新江口镇乐乡大道 103 号	孙　建	0716-6234040	434200
中国工商银行监利支行	监利市容城镇江城路 14 号	李红梅	0716-3327391	433300
中国工商银行黄冈分行	**黄冈市新港二路 1 号**	**伍先跃**	**0713-8822464**	**438000**
中国工商银行团风支行	团风县团黄大道特 8 号	蔡　欢	0713-6151207	438800
中国工商银行红安支行	红安县城关镇北街 6 号	田虎刚	0713-5242525	438400
中国工商银行罗田支行	罗田县凤山镇民建街 8 号	李必松	0713-5053532	438600
中国工商银行英山支行	英山县温泉镇莲花路 11 号	韩　文	0713-7012340	438700
中国工商银行浠水支行	浠水县清泉镇丽文北路 158 号	潘亚军	0713-4232137	436200
中国工商银行蕲春支行	蕲春县漕河镇蕲春大道 189 号	汪学军	0713-7222821	436300
中国工商银行黄梅支行	黄梅县黄梅镇黄梅大道富苑大厦商住楼 1 层	赵宏国	0713-3324595	435500
中国工商银行麻城支行	麻城市陵园路 27 号	干娟娟	0713-2912468	438300
中国工商银行武穴支行	武穴市北川路 10 号	徐建军	0713-6222796	435400
中国工商银行咸宁分行	**咸宁市咸安区淦河大道 66 号**	**秦　强**	**0715-8215866**	**437100**
中国工商银行嘉鱼支行	嘉鱼县鱼岳镇迎宾大道 23 号	马胜军	0715-6326760	437200
中国工商银行通城支行	通城县隽水镇民主路 168 号	余庆华	0715-4322910	437400
中国工商银行崇阳支行	崇阳县隽北大道发展大厦	余显卫	0715-3395123	437300
中国工商银行通山支行	通山县通羊镇九宫大道 232 号	熊　捷	0715-2394252	437600
中国工商银行赤壁支行	赤壁市河北大道	金　珊	0715-5222683	437300
中国工商银行随州分行	**随州市烈山大道 493 号**	**李建良**	**0722-3315901**	**441300**
中国工商银行随县支行	随县厉山镇北岗村(工商银行)综合楼 1 幢	黄宁波	0722-3339179	441309
中国工商银行广水支行	广水市应山办事处东大街 164 号	丁　波	0722-6232626	432700
中国工商银行恩施分行	**恩施市施州大道 30 号**	**张文锋**	**0718-8222826**	**445000**
中国工商银行利川支行	利川市滨江北路 67 号	贺安清	0718-7282244	445400
中国工商银行建始支行	建始县邺州镇邺州大道 30 号	谢　璞	0718-3224401	445300
中国工商银行来凤支行	来凤县翔凤镇解放路 178 号	杨　卫	0718-6282245	445700
中国工商银行仙桃支行	仙桃市仙桃大道中段 45 号	田　波	0728-3319738	433000
中国工商银行潜江支行	潜江市园林办事处章华中路 41 号	胡　琼	0728-6255268	433100
中国工商银行天门支行	天门市竟陵办陆羽大道 22 号	熊少军	0728-5241338	431700

续表 6-2

名　　称	地　　址	负责人	电　话	邮　编
中国农业银行湖北省分行	**武汉市武昌区中北路津津花园 A 座**	**厉文世**	**027-68875258**	**430060**
中国农业银行武汉分行	**武汉市江岸区建设大道 646 号**	**邹卫兵**	**027-68856626**	**430015**
中国农业银行武汉分行营业部	武汉市江岸区建设大道 644-648 号	陈晓梅	027-85551863	430010
中国农业银行武汉江岸支行	武汉市江岸区香港路 86 号	程顺琴	027-82868883	430010
中国农业银行武汉金穗支行	武汉市江岸区云林街 25 号	李丽娟	027-85776409	430014
中国农业银行武汉江汉支行	武汉市江汉区前进一路 181-1 号	张　华	027-85853992	430020
中国农业银行武汉汉口支行	武汉市江汉区新华路 149 号	钟　倩	027-85710229	430015
中国农业银行武汉硚口支行	武汉市硚口区建设大道 399 号	袁　炜	027-83649922	430030
中国农业银行武汉长江支行	武汉市硚口区多福路 2 号	贾　刚	027-85762608	430030
中国农业银行武汉江北支行	武汉市硚口区多福路 2 号汉正街中心商城 A 座	潘汤思	027-85376048	430030
中国农业银行武汉汉阳支行	武汉市汉阳区汉阳大道 184-186 号	程斐斌	027-84762100	430050
中国农业银行武汉武昌支行	武汉市武昌区友谊大道 2 号	詹　伟	027-88779275	430060
中国农业银行武汉东湖支行	武汉市武昌区中北路 66 号津津花园	丁　瑜	027-68875465	430071
中国农业银行武汉青山支行	武汉市青山区和平大道 1530 号	陈晓春	027-86313277	430080
中国农业银行武汉洪山支行	武汉市洪山区珞南街珞狮北路荣泰小区 6 号楼	刘义汉	027-87869580	430070
中国农业银行武汉东西湖支行	武汉市东西湖区二雅路 79 号	李　勇	027-83891378	430040
中国农业银行武汉开发区支行	武汉市经济技术开发区创业路 50 号	左　佳	027-84891191	430056
中国农业银行武汉蔡甸支行	武汉市蔡甸区蔡甸街汉阳大街 110 号	林　峰	027-84943450	430100
中国农业银行武汉江夏支行	武汉市东湖新技术开发区大学园路 12 号中国农业银行武汉市江夏支行办公楼 1-2 层	余　巍	027-87923168	430074
中国农业银行武汉黄陂支行	武汉市黄陂区黄陂大道 140 号	邓黄鹏	027-85910968	430300
中国农业银行武汉新洲支行	武汉市新洲区邾城街邾城新区衡州大街 95 号	宋　杰	027-89356682	431400
中国农业银行武汉江城小企业专营支行	武汉市洪山区雄楚大道 693 号	蔡　巍	027-87668632	430074
中国农业银行湖北自贸试验区武汉片区分行	**武汉市东湖新技术开发区关山大道 111 号**	**刘林涛**	**027-87668560**	**430073**
中国农业银行黄石分行	**黄石市环湖路 19 号**	**王汉生**	**0714-6303376**	**435000**
中国农业银行黄石黄石港支行	黄石市黄石港区黄石大道 1030 号	何紫平	0714-5313277	435000
中国农业银行黄石胜阳港支行	黄石市黄石港区广场路 17 号	於良誉	0714-5313240	435000
中国农业银行黄石石灰窑支行	黄石市西塞山区沿湖路 638 号	明俊杰	0714-5313169	435000
中国农业银行黄石团城山支行	黄石市下陆区杭州路 4 号	阮　琪	0714-6351691	435000
中国农业银行黄石阳新支行	阳新县兴国镇兴国大道 124 号	蔡建军	0714-7323707	435200
中国农业银行黄石大冶支行	大冶市大冶大道 110 号	刘　峰	0714-8768959	435100
中国农业银行十堰分行	**十堰市茅箭区人民南路 20 号**	**闵　杨**	**0719-8898528**	**442000**
中国农业银行十堰茅箭支行	十堰市茅箭区武当路 41 号	王　春	0719-8762968	442000

续表 6-2

名　　称	地　　址	负责人	电　话	邮　编
中国农业银行十堰张湾支行	十堰市公园路 71 号	吴向生	0719-8683988	442000
中国农业银行十堰郧阳支行	十堰市郧阳区城关镇金沙路 8 号	杜　磊	0719-7232831	442500
中国农业银行十堰经济开发区支行	十堰市白浪中路 126 号	胡坤梅	0719-8318388	442000
中国农业银行十堰郧西县支行	郧西县城关镇郧西大道 63 号	曾传林	0719-6232198	442600
中国农业银行十堰竹山县支行	竹山县城关镇人民路 94 号	郑海军	0719-4225559	442200
中国农业银行十堰竹溪县支行	竹溪县人民路 38 号	敖　勇	0719-2727938	442300
中国农业银行十堰房县支行	房县城关镇南街 57 号	高　瑞	0719-3242319	442100
中国农业银行十堰丹江口市支行	丹江口市均州一路 36 号	杨锦洪	0719-5223689	442700
中国农业银行武当山旅游经济特区支行	十堰市武当山特区玉虚路 25 号	赵勇刚	0719-5667368	442700
中国农业银行神农架支行	神农架林区松柏镇中心街 5 号	谭毓斌	0719-3336389	442400
中国农业银行三峡分行	**宜昌市云集路 17 号**	**黄学军**	**0717-6251188**	**443000**
中国农业银行三峡西陵支行	宜昌市西陵区陶珠路 3 号	刘俊华	0717-6980516	443000
中国农业银行三峡伍家支行	宜昌市沿江大道 218-72 号	李　敏	0717-6485988	443000
中国农业银行三峡点军支行	宜昌市点军区江南路 128 号	胡征成	0717-6672668	443004
中国农业银行三峡猇亭支行	宜昌市猇亭区金猇路 109 号	彭小月	0717-6514258	443007
中国农业银行三峡夷陵支行	宜昌市云集路 17 号	陈　军	0717-6253086	443000
中国农业银行三峡城中支行	宜昌市胜利四路 26 号	高　峰	0717-6499277	443000
中国农业银行三峡江北支行	宜昌市夷陵大道 89 号	沈　民	0717-6920231	443000
中国农业银行三峡葛洲坝支行	宜昌市夷陵大道 2 号	向　飞	0717-6792608	443000
中国农业银行三峡宜昌支行	宜昌市夷陵区明珠路 1 号	胡小龙	0717-7711818	443100
中国农业银行三峡东山支行	宜昌市体育场北路 169 号	谢　刚	0717-6909666	443000
中国农业银行远安县支行	远安县鸣凤镇鸣凤大道 12 号	盛　雅	0717-3811198	444200
中国农业银行兴山县支行	兴山县古夫镇昭君路 15 号	冯秀清	0717-2911938	443799
中国农业银行秭归县支行	秭归县茅坪镇平湖大道 13 号	李卫星	0717-2881226	443600
中国农业银行长阳土家族自治县支行	长阳土家族自治县龙舟坪镇龙舟大道 27-1-101号	朱　彬	0717-5333281	443500
中国农业银行五峰土家族自治县支行	五峰土家族自治县渔洋关镇幸福大道 57 号	刘兰兰	0717-5821522	443400
中国农业银行宜都市支行	宜都市陆城街办园林大道 40 号	揭德锋	0717-4821030	443300
中国农业银行当阳市支行	当阳市长坂路 116 号	钟　华	0717-3234999	444100
中国农业银行枝江市支行	枝江市马家店迎宾大道 93 号	虢成兵	0717-4216499	443200
中国农业银行襄阳分行	**襄阳市襄城区檀溪路 166-1 号**	**方　华**	**0710-3638777**	**441022**
中国农业银行襄阳襄城支行	襄阳市襄城区南街 8 号	杨汉杰	0710-3511923	441021
中国农业银行襄阳樊城支行	襄阳市樊城区建设路 12 号	张　寒	0710-3638566	441002
中国农业银行襄阳襄州支行	襄阳市襄州区张湾镇航空路 132 号	杨　进	0710-2819509	441104
中国农业银行襄阳高新区支行	襄阳市高新区春园路 9 号	赵　炜	0710-3638609	441000

续表 6-2

名　　称	地　　址	负责人	电　话	邮　编
中国农业银行襄阳经开区支行	襄阳市高新技术产业开发区东风汽车大道60号	王　辉	0710-3317256	441000
中国农业银行襄阳东津新区支行	襄阳市东津新区(经开区)内环路东津世纪城3-2号地块2幢	陈昆鹏	0710-3638671	441138
中国农业银行南漳县支行	南漳县水镜大道540号	焦　杨	0710-5237160	441500
中国农业银行谷城县支行	谷城县城关镇粉水路48号	熊向前	0710-7230515	441700
中国农业银行保康县支行	保康县城关镇光千路145号	郝成飞	0710-5816588	441600
中国农业银行老河口市支行	老河口市胜利路4号	付文杰	0710-8302567	441800
中国农业银行枣阳市支行	枣阳市民主路34号	屠家兵	0710-6313468	441200
中国农业银行宜城市支行	宜城市汉江路11号	蔡秀娟	0710-4252668	441400
中国农业银行鄂州分行	**鄂州市文星大道36-1号**	**冯　卓**	**0711-3835801**	**436000**
中国农业银行鄂州梁子湖支行	鄂州市梁子湖区太和镇区府路29号	张　洲	0711-2411768	436060
中国农业银行鄂州华容支行	鄂州市华容区华容镇楚藩路230号	邱　松	0711-3581240	436030
中国农业银行鄂州鄂城支行	鄂州市鄂城区文星大道110号	罗　嵬	0711-3871759	436000
中国农业银行鄂州古楼支行	鄂州市鄂城区南浦路59号	尹建兵	0711-3223685	436000
中国农业银行鄂州国贸支行	鄂州市鄂城区文星大道36-1号	李　金	0711-3246839	436000
中国农业银行鄂州文星支行	鄂州市鄂城区文星大道60号	龙海兵	0711-3225924	436000
中国农业银行荆门分行	**荆门市掇刀区深圳大道东10号**	**解顺林**	**0724-2359666**	**448000**
中国农业银行向阳支行	荆门市东宝区象山一路28号	王　峰	0724-2638380	448000
中国农业银行东宝支行	荆门市东宝区象山大道37号	向　花	0724-2638168	448000
中国农业银行掇刀支行	荆门市掇刀区深圳大道9号	桂　霞	0724-2638218	448000
中国农业银行沙洋支行	沙洋县洪岭大道57号	彭文庆	0724-8562363	448200
中国农业银行钟祥支行	钟祥市郢中镇承天大道中路1号	龚　勇	0724-4233918	431900
中国农业银行京山支行	京山市新市镇新市大道64号	陈　程	0724-7233238	431899
中国农业银行五三支行	京山市屈家岭管理区五三大道259号	贾书娣	0724-7411889	431821
中国农业银行孝感分行	**孝感市长征路137号**	**柴小华**	**0712-2869588**	**432100**
中国农业银行孝感市直支行	孝感市城站路133号	喻　磊	0712-2869386	432100
中国农业银行孝南支行	孝感市槐荫大道482号	汪克庆	0712-2822286	432100
中国农业银行孝昌支行	孝昌县花园大道西131号	李　俊	0712-4762806	432900
中国农业银行大悟支行	大悟县长征南路38号	徐芝瑛	0712-7221753	432800
中国农业银行云梦支行	云梦县城关建设路东端	夏方义	0712-4322538	432500
中国农业银行应城支行	应城市育才路12号	屈　凯	0712-3236769	432400
中国农业银行安陆支行	安陆市解放大道1号	周　园	0712-5253840	432600
中国农业银行汉川支行	汉川市仙女大道219号	蓝康超	0712-8288720	431600
中国农业银行荆州分行	**荆州市荆州区东环路60号**	**胡汉军**	**0716-8426267**	**434000**
中国农业银行荆州直属支行	荆州市荆州区荆东路53号	杨　红	0716-8466712	424000

续表 6-2

名　　称	地　　址	负责人	电　话	邮　编
中国农业银行楚都支行	荆州市荆州区江津西路 417 号	黄　韬	0716-8857164	434000
中国农业银行沙市支行	荆州市沙市区中山街道北京中路 318 号	余　谦	0716-8225922	434000
中国农业银行江津支行	荆州市沙市区塔桥路 50 号	芦军虎	0716-4303086	434000
中国农业银行荆州经济开发区支行	荆州市沙市区江津东路 173 号	黄　韬	0716-8236477	434000
中国农业银行公安县支行	公安县斗湖堤镇油江路 320 号	喻　慧	0716-5222396	434300
中国农业银行江陵县支行	江陵县郝穴镇荆江路南 244 号	王　俊	0716-4738567	434100
中国农业银行石首市支行	石首市东方大道 209 号	胡　民	0716-7281793	434400
中国农业银行洪湖市支行	洪湖市玉沙路 27 号	代世杰	0716-2442175	433200
中国农业银行松滋市支行	松滋市新江口镇乐乡大道 101 号	胡　彬	0716-6229810	434200
中国农业银行监利市支行	监利市容城镇交通路 494 号	杨　华	0716-3262021	433300
中国农业银行黄冈分行	**黄冈市黄州区新港大道 2 号**	**别必科**	**0713-8811105**	**438000**
中国农业银行黄冈黄州支行	黄冈市黄冈区宝塔大道 70 号	吴翌泽	0713-8351788	438000
中国农业银行团风县支行	团风县团风镇得胜大道 36 号	王守则	0713-6157035	438800
中国农业银行红安县支行	红安县城关镇将军路 1 号	冯正子	0713-5240301	438400
中国农业银行罗田县支行	罗田县凤山镇万密斋大道 1 号	刘　旦	0713-5053248	438600
中国农业银行英山县支行	英山县温泉镇金石路 64 号	李勇刚	0713-7011720	438700
中国农业银行浠水县支行	浠水县清泉镇丽文大道 312 号	熊　猛	0713-4239223	438200
中国农业银行蕲春县支行	蕲春县漕河镇蕲春大道 252 号	邓　红	0713-7231391	435300
中国农业银行黄梅县支行	黄梅县黄梅镇五祖大道 451 号	罗志华	0713-3332663	435500
中国农业银行麻城市支行	麻城市将军北路 73 号	徐　云	0713-2914011	438300
中国农业银行武穴市支行	武穴市永宁大道西 39 号	陈海来	0713-6228545	435400
中国农业银行咸宁分行	**咸宁市温泉淦河大道 37 号**	**吴静民**	**0715-8283000**	**437100**
中国农业银行咸安支行	咸宁市咸安区长安大道 69 号	贾　婷	0715-8283130	437000
中国农业银行温泉支行	咸宁市温泉淦河大道 37 号	龚　民	0715-8283152	437100
中国农业银行嘉鱼支行	嘉鱼县鱼岳镇沙阳大道 153 号	钱　芳	0715-8283305	437200
中国农业银行通城支行	通城县隽水镇隽水大道 252 号	黎晶芳	0715-8283465	437400
中国农业银行崇阳支行	崇阳县天城镇桃溪大道 184 号	程　勇	0715-8283396	437500
中国农业银行通山支行	通山县通羊镇九宫大道 398 号	胡国礼	0715-8283320	437600
中国农业银行赤壁支行	赤壁市河北大道 219 号	王成林	0715-8283191	437300
中国农业银行随州分行	**随州市曾都区青年路 81 号**	**林永传**	**0722-3313611**	**441300**
中国农业银行曾都支行	随州市曾都区解放路 43 号	龚　丽	0722-3223409	441300
中国农业银行随州开发区支行	随州市经济开发区交通大道 K38 号	李晓芸	0722-3581399	441300
中国农业银行随县支行	随县厉山镇炎帝大道 8 号	程金双	0722-3339859	431500
中国农业银行广水支行	广水市航空路 57 号	熊育东	0722-6232202	432700
中国农业银行恩施分行	**恩施市施州大道 24 号**	**张海涛**	**0718-8230556**	**445000**
中国农业银行恩施市支行	恩施市航空大道 115 号	张　宇	0718-8253303	445000

续表 6-2

名 称	地 址	负责人	电 话	邮 编
中国农业银行利川市支行	利川市龙船大道 108 号	谢合松	0718-7282961	445400
中国农业银行建始县支行	建始县业州镇业州大道 170 号	向晓菲	0718-3920850	445300
中国农业银行巴东县支行	巴东县信陵镇楚天路 22 号	李 鑫	0718-4222287	444300
中国农业银行宣恩县支行	宣恩县民族路 15 号	朱 敏	0718-5821030	445500
中国农业银行咸丰县支行	咸丰县高乐山镇解放路 347 号	龚云燕	0718-6822620	445600
中国农业银行来凤县支行	来凤县翔凤镇凤翔大道 81 号	李昌涛	0718-6282326	445700
中国农业银行鹤峰县支行	鹤峰县容美镇胜利路 20 号	谭红权	0718-5282441	445800
中国农业银行仙桃分行	**仙桃市仙桃大道中段 37 号**	**周小刚**	**0728-3265598**	**433000**
中国农业银行潜江分行	**潜江市园林办事处章华中路 39 号**	**毛晓鹏**	**0728-6243814**	**433199**
中国农业银行天门分行	**天门市人民大道(中)118 号**	**周 卫**	**0728-5222781**	**431700**
中国银行湖北省分行	**武汉市江汉区新华路 219 号**	**俞 群**	**027-85562959**	**430013**
中国银行武汉省直支行	武汉市武昌区徐东大街 137 号	胡 忠	027-86611117	430063
中国银行武汉市直支行	武汉市解放大道 1320 号	李从和	027-82738961	430000
中国银行武汉江岸支行	武汉市江岸区澳门路 232 号	刘 波	027-82411221	430019
中国银行武汉江汉支行	武汉市江汉区建设大道 677 号	陈辉忠	027-85777033	430022
中国银行武汉硚口支行	武汉市江岸区黄石路 65 号	黄 丹	027-82859109	430015
中国银行武汉汉阳支行	武汉市汉阳区汉阳大道 182 号	洪 欣	027-84836753	430050
中国银行武汉武昌支行	武汉市武昌区中山路 45 号	杨永兵	027-88235509	430061
中国银行武汉青山支行	武汉市青山区和平大道 1284 号	金 飚	027-68866559	430080
中国银行武汉经济技术开发区支行	武汉市武汉经济技术开发区神龙大道 109 号	辛 勤	027-84955898	430056
中国银行武汉东湖开发区分行	**武汉市洪山区卓刀泉路 35 号**	**高均平**	**027-87521915**	**430079**
中国银行湖北自贸试验区武汉片区分行	**武汉市东湖新技术开发区高新大道 668 号 A 座 105 号**	**刘 建**	**027-87509713**	**430070**
中国银行黄石分行	**黄石市桂林路 1 号**	**王 勇**	**0714-6357380**	**435003**
中国银行十堰分行	**十堰市人民中路 30 号**	**陈 戎**	**0719-8689705**	**442000**
中国银行三峡分行	**宜昌市胜利四路 10 号**	**王 政**	**0717-6227536**	**443000**
中国银行襄阳分行	**襄阳市樊城区长虹北路 6 号**	**喻 玮**	**0710-3243503**	**441002**
中国银行鄂州分行	**鄂州市文星大道 88 号**	**李进军**	**0711-3226163**	**436000**
中国银行荆门分行	**荆门市金虾路 50 号**	**汪 洋**	**0724-2333534**	**448000**
中国银行孝感分行	**孝感市长征路 76 号**	**黄 健**	**0712-2319018**	**432000**
中国银行荆州分行	**荆州市荆州区黄金堂路 26 号**	**汪海峰**	**0716-8466413**	**434100**
中国银行黄冈分行	**黄冈市黄州区西湖二路 29 号**	**方国森**	**0713-8364380**	**438000**
中国银行咸宁分行	**咸宁市温泉淦河大道 68 号**	**李俊敏**	**0715-8255712**	**437100**
中国银行随州分行	**随州市烈山大道 182 号**	**叶 谦**	**0722-3239363**	**441300**
中国银行恩施分行	**恩施市航空路 35 号**	**周建峰**	**0718-8234979**	**445000**
中国银行仙桃分行	**仙桃市复州大道 264 号**	**朱 鸿**	**0728-3223410**	**433000**

续表 6-2

名　　称	地　　址	负责人	电　话	邮　编
中国银行潜江分行	潜江市园林办事处章华中路 29 号	陈家健	0728-6244535	433100
中国银行天门分行	天门市竟陵船闸北路 18 号	周　进	0728-5241929	431700
中国建设银行湖北省分行	武汉市江汉区建设大道 709 号	江文波	027-65775688	430015
中国建设银行湖北省分行营业部	武汉市江汉区建设大道 709 号	王克非	027-65775858	430015
中国建设银行武汉省直支行	武汉市武昌区中南路 1 号	叶　轮	027-87813699	430071
中国建设银行武汉江岸支行	武汉市汉口解放大道 1328 号	黄自强	027-82280958	430010
中国建设银行武汉硚口支行	武汉市建设大道 318 号	郭广海	027-83995081	430032
中国建设银行武汉钢城支行	武汉市武昌区纺机路 33 号	代士玉	027-86860368	430063
中国建设银行武汉东西湖支行	武汉市东西湖区东吴大道 1043 号	刘　晖	027-83216820	430040
中国建设银行武汉开发区支行	武汉市武汉经济技术开发区创业道 10 号	吴　波	027-84898719	430056
中国建设银行武汉蔡甸支行	武汉市蔡甸区蔡甸街金家新都汇 01 栋	陈荣学	027-69110999	430100
中国建设银行武汉江夏支行	武汉市江夏区纸坊街兴新街 357 号	汪真勇	027-87959969	430200
中国建设银行武汉黄陂支行	武汉市黄陂区百秀街 30 号	丁小龙	027-61002382	430300
中国建设银行武汉新洲支行	武汉市新洲区新洲大街 134 号	刘　超	027-86923357	430400
中国建设银行武汉光谷自贸区分行	武汉市东湖新技术开发区光谷大道 70 号	陈渊博	027-65525621	430079
中国建设银行黄石分行	黄石市颐阳路 560 号	段琼玺	0714-6242205	435000
中国建设银行十堰分行	十堰市朝阳北路 2 号	何泽兵	0719-8697988	442000
中国建设银行三峡分行	宜昌市西陵一路 1 号	杨　浩	0717-6758870	443000
中国建设银行襄阳分行	襄阳市长征路 34 号	袁　泉	0710-3468888	441000
中国建设银行鄂州分行	鄂州市滨湖北路 1 号	唐　俊	0711-3835388	436000
中国建设银行荆门分行	荆门市象山一路 19 号	周朝晖	0724-2378598	448000
中国建设银行孝感分行	孝感市城站路 38 号	王　兵	0712-2836188	432000
中国建设银行荆州分行	荆州市荆北路 18 号	向　黔	0716-8464394	434020
中国建设银行黄冈分行	黄冈市黄冈开发区新港大道 118 号	谢　伟	0713-8826266	438000
中国建设银行咸宁分行	咸宁市咸安区温泉潜山路 32 号	杨　兵	0715-8265621	437100
中国建设银行随州分行	随州市沿河大道 68 号	杨　杰	0722-3263138	441300
中国建设银行恩施分行	恩施市东风大道 571 号	薛实高	0718-8294110	445000
中国建设银行仙桃分行	仙桃市仙桃大道中段 64 号	黄亚武	0728-3317383	433000
中国建设银行潜江分行	潜江市章华南路 1 号	徐　平	0728-6296049	433100
中国建设银行天门分行	天门市竟陵西湖路西银座帝景湾中央商务区 2 号 5 楼	郑又强	0728-3909966	431700
交通银行湖北省分行	武汉市江汉区建设大道 847 号	陈　忠	027-85487012	430015
交通银行武汉江岸支行	武汉市江岸区解放大道 1501 号	肖纪芳	027-85711753	430016
交通银行武汉香港路支行	武汉市江岸区建设大道 702 号	余阿莉	027-85583010	430016
交通银行武汉花桥支行	武汉市江岸区建设大道 1057 号	范　琪	027-82630680	430019
交通银行武汉江汉支行	武汉市江汉区青年路 488 号	陈　曼	027-85616197	430015

续表 6-2

名　称	地　址	负责人	电　话	邮　编
交通银行武汉硚口支行	武汉市江汉区建设大道 611 号	贺国庆	027-83626527	430030
交通银行武汉太平洋支行	武汉市硚口区解放大道 509 号	姜冀恺	027-83888792	430030
交通银行武汉武胜支行	武汉市硚口区武胜路 99 号	张学芳	027-83590763	430030
交通银行武汉汉阳支行	武汉市汉阳区汉阳大道 140 号闽东国际城西区 1-3 层 01 号	孙天勇	027-84845472	430050
交通银行武汉武昌支行	武汉市武昌区中南路 80 号	何　川	027-87321675	430071
交通银行武汉水果湖支行	武汉市武昌区中北路 106 附 2 号	赵峻凌	027-87829950	430077
交通银行武汉青山支行	武汉市青山区沿港路 1 号	蔡　俊	027-86883784	430080
交通银行武汉洪山支行	武汉市洪山区雄楚大街 268 号	庞　敏	027-87185970	430070
交通银行武汉东湖新技术开发区支行	武汉市洪山区民院路 38 号龙安港汇城	盛凯旋	027-87862600	430074
交通银行武汉东西湖支行	武汉市东西湖区临空港大道 158 号附 3	朱　璐	027-83291990	430040
交通银行武汉经济技术开发区支行	武汉市武汉经济技术开发区创业道 16 号	刘　波	027-84893291	430056
交通银行武汉江夏支行	武汉市江夏区纸坊街文化路 26 号	陈　静	027-81779607	430022
交通银行湖北自贸试验区武汉片区分行	武汉市东湖新技术开发区软件园路 1 号	秦　菁	027-87207319	430074
交通银行黄石分行	黄石市下陆区桂林北路 36 号	潘　翼	0714-6215318	435003
交通银行十堰分行	十堰市茅箭区北京北路 88 号百强世纪城 1 期 6 号楼 1-5 层	谢小林	0719-8616618	442000
交通银行宜昌分行	宜昌市伍家岗区胜利四路 22 号	黄　骏	0717-6484982	443000
交通银行襄阳分行	襄阳市樊城区沿江大道特 8 号	陈红炬	0710-3421855	441000
交通银行荆门分行	荆门市东宝区白云大道 35 号	尹纪华	0724-6071001	448000
交通银行孝感分行	孝感市孝南区乾坤大道 13-1 号	彭德文	0712-2598005	432000
交通银行荆州分行	荆州市沙市区北京中路 334 号	张　剑	0716-4087959	434000
交通银行黄冈分行	黄冈市黄州区赤壁大道 86 号	刘　浩	0713-8889103	438000
交通银行咸宁分行	咸宁市咸安区银泉大道 506 号咸宁时代广场 5 幢	田　展	0715-8066728	437100
交通银行随州分行	随州市曾都区交通大道 100 号(文峰塔居委会七组)世纪外滩小区 29 号楼 1-2 层商铺	韩振彪	0722-3989160	441300
中国邮政储蓄银行湖北省分行	武汉市江汉区云霞路 183 号	唐华建	027-65778410	430022
中国邮政储蓄银行武汉市分行	武汉市江汉区金家墩特 1 号	李晓刚	027-65615103	430023
中国邮政储蓄银行武汉市江汉区支行	武汉市江岸区香港路 151 附 1 号	朱泉斌	027-85751797	430015
中国邮政储蓄银行武汉市开发区支行	武汉市汉阳区墨水湖北路 452 附 2 号	赵　锋	027-84643500	430051
中国邮政储蓄银行武汉市洪山区支行	武汉市洪山区文治街 55 号附 4 号	程　实	027-87870039	430070
中国邮政储蓄银行湖北自贸试验区武汉片区支行	武汉市东湖新技术开发区东信路光谷创业街 10 栋 1 单元 1 楼	李　芳	027-87228201	430073
中国邮政储蓄银行武汉市蔡甸区支行	武汉市蔡甸区蔡甸街苏李路 1 附 1 号富强、都市乾元	陈宏伟	027-84999558	430100
中国邮政储蓄银行武汉市江夏区支行	武汉市江夏区纸坊街兴新街 176 号	陈小华	027-81821230	430200

续表 6-2

名　　称	地　　址	负责人	电　话	邮　编
中国邮政储蓄银行武汉市黄陂区支行	武汉市黄陂区前川民安街 123 号	蒋昊君	027-85931878	430300
中国邮政储蓄银行武汉市新洲区支行	武汉市新洲区永安大道 13-21 号	刘　军	027-89200588	430400
中国邮政储蓄银行黄石市分行	**黄石市下陆区白马路天域名流 3-109 号、3-202号、3-302号**	**刘　波**	**0714-6365785**	**435000**
中国邮政储蓄银行阳新县支行	阳新县兴国大道 17 号水利局润泽楼	张向阳	0714-7393918	435200
中国邮政储蓄银行大冶市支行	大冶市乾塔路 9 号	徐珊珊	0714-8762556	435100
中国邮政储蓄银行十堰市分行	**十堰市茅箭区朝阳中路 51 号**	**吴天武**	**0719-8897802**	**442000**
中国邮政储蓄银行十堰市郧阳区支行	十堰市郧阳区城关镇解放路 117 号	刘　燕	0719-7108806	442500
中国邮政储蓄银行郧西县支行	郧西县城关镇郧西大道 2 号	张海玲	0719-6223877	442600
中国邮政储蓄银行竹山县支行	竹山县城关镇人民路 37 号	沈　枝	0719-4229153	442200
中国邮政储蓄银行竹溪县支行	竹溪县城关镇鄂陕大道 1734 号	邹　可	0719-2779113	442300
中国邮政储蓄银行房县支行	房县城关镇房陵大道 15 号	陆媛媛	0719-3221456	442100
中国邮政储蓄银行丹江口市支行	丹江口市车站路 29 号	刘　勇	0719-52333817	442700
中国邮政储蓄银行宜昌市分行	**宜昌市福绥路 47 号**	**万开梅**	**0717-6093163**	**443000**
中国邮政储蓄银行宜昌市夷陵区支行	宜昌市夷陵区夷兴大道 32 号	张晶玲	0717-6093163	443100
中国邮政储蓄银行远安县支行	远安县鸣凤镇安泰大道 1 号航天花园小区 10 号楼	易　锐	0717-6093163	444200
中国邮政储蓄银行兴山县支行	兴山县古夫镇昭君路 5 号	周小潋	0717-6093163	443700
中国邮政储蓄银行秭归县支行	秭归县长宁大道 19 号	黄　成	0717-6093163	443600
中国邮政储蓄银行长阳县支行	长阳土家族自治县龙舟坪镇龙舟大道 29 号	李　艳	0717-6093163	443500
中国邮政储蓄银行五峰县支行	五峰土家族自治县五峰镇小北门 17-2 号	马旭红	0717-6093163	443400
中国邮政储蓄银行宜都市支行	宜都市陆城长江大道 209 号	朱翠娥	0717-6093163	443300
中国邮政储蓄银行当阳市支行	当阳市长坂路 143 号	刘新彦	0717-6093163	444100
中国邮政储蓄银行枝江市支行	枝江市马家店镇民主大道 11 号	王　东	0717-6093163	443200
中国邮政储蓄银行襄阳市分行	**襄阳市前进路 111 号**	**陈　英**	**0710-3463999**	**441100**
中国邮政储蓄银行襄阳市襄州区支行	襄阳市襄州区城关镇交通路 2 号	何　丽	0710-2810869	441100
中国邮政储蓄银行南漳县支行	南漳县水镜大道 546 号	韩晓磊	0710-5266124	441500
中国邮政储蓄银行谷城县支行	谷城县城关镇县府路 62 号	黄　谊	0710-7234782	441700
中国邮政储蓄银行保康县支行	保康县城关镇南关街 47 号	魏明慧	0710-5822920	441600
中国邮政储蓄银行老河口市支行	老河口市汉江大道 74 号	申立勇	0710-8235552	441800
中国邮政储蓄银行枣阳市支行	枣阳市中兴大道御景豪庭小区 B 区 18 号楼	周传亮	0710-6236476	441200
中国邮政储蓄银行宜城市支行	宜城市襄沙大道 39 号时代大厦	赵　丹	0710-4225565	441400
中国邮政储蓄银行鄂州市分行	**鄂州市鄂城区滨湖东路 62 号**	**刘　欢**	**0711-3869030**	**436000**
中国邮政储蓄银行荆门市分行	**荆门市东宝区金龙泉大道 2 号**	**侯　军**	**0724-2388570**	**420801**
中国邮政储蓄银行沙洋县支行	沙洋县建设街 20 号	刘光荣	0724-8555135	448200
中国邮政储蓄银行钟祥市支行	钟祥市郢中镇莫愁大道 30-1 号	陈　星	0724-4227183	431900
中国邮政储蓄银行京山市支行	京山市新市镇新市大道 84-6 号	陈志明	0724-7329499	431800

续表 6-2

名　　称	地　　址	负责人	电　话	邮　编
中国邮政储蓄银行孝感市分行	**孝感市乾坤大道 18 号**	**贺　海**	**0712-2953800**	**432000**
中国邮政储蓄银行孝昌县支行	孝昌县花园大道 27 号	朱定军	0712-4772116	432900
中国邮政储蓄银行大悟县支行	大悟县府前街瑞信时代广场 1 号楼	吴　欢	0712-7233792	432800
中国邮政储蓄银行云梦县支行	云梦县城关镇建设路 57 号	夏建文	0712-4323936	432500
中国邮政储蓄银行应城市支行	应城市粮贸街 35 号	黄　伟	0712-3249908	432400
中国邮政储蓄银行安陆市支行	安陆市汉丹路 159 号	刘晓玲	0712-5316001	432600
中国邮政储蓄银行汉川市支行	汉川市文化路 22 号	李　明	0712-8382508	431600
中国邮政储蓄银行荆州市分行	**荆州市荆州区江津西路 401 号**	**李　然**	**0716-8461768**	**434000**
中国邮政储蓄银行公安县支行	公安县斗湖堤镇孱陵大道 80 号	吕辉兵	0716-5152311	434300
中国邮政储蓄银行江陵县支行	江陵县郝穴镇江陵大道 18 号	胡　松	0716-4729008	434100
中国邮政储蓄银行石首市支行	石首市绣林大道远景大酒店旁	苏　丹	0716-7282398	434400
中国邮政储蓄银行洪湖市支行	洪湖市州陵大道 130 号	吴　铎	0716-2219608	433200
中国邮政储蓄银行松滋市支行	松滋市新江口镇白云路 324 号	张农军	0716-6010001	434200
中国邮政储蓄银行监利市支行	监利市容城镇荆南大道 24 号	黄　磊	0716-3301122	433300
中国邮政储蓄银行黄冈市分行	**黄冈市黄州区新港大道 19 号**	**熊乃乙**	**0713-8624519**	**438000**
中国邮政储蓄银行黄冈市黄州区支行	黄冈市黄州区胜利街 26 号	刘明芳	0713-8350316	438000
中国邮政储蓄银行团风县支行	团风县团风镇得胜大道 76 号	易先春	0713-6156836	438800
中国邮政储蓄银行红安县支行	红安县城关镇金沙大道	李学锋	0713-5181269	438400
中国邮政储蓄银行罗田县支行	罗田县凤山镇城南新区凤城大道	王建锋	0713-5052433	438600
中国邮政储蓄银行英山县支行	英山县温泉镇温泉北路福星首府小区 9 栋 101-103 号	黄绪家	0713-7113290	438700
中国邮政储蓄银行浠水县支行	浠水县闻一多大道 13 号	彭　冲	0713-4282986	438200
中国邮政储蓄银行蕲春县支行	蕲春县齐昌大道 136 号	李　娟	0713-7230365	435300
中国邮政储蓄银行黄梅县支行	黄梅县黄梅镇南街 55 号	游　丽	0713-3351198	435500
中国邮政储蓄银行麻城市支行	麻城市将军路 69 号	何寒山	0713-2910657	438300
中国邮政储蓄银行武穴市支行	武穴市北川路 196 号	王小军	0713-6758077	435400
中国邮政储蓄银行咸宁市分行	**咸宁市温泉路 15 号**	**张　诺**	**0715-8233094**	**437100**
中国邮政储蓄银行咸宁市咸安区支行	咸宁市咸安区长安大道 66 号	姚　琪	0715-8876960	437100
中国邮政储蓄银行嘉鱼县支行	嘉鱼县鱼岳镇凤凰大道 5 号	鲁　华	0715-6322578	437200
中国邮政储蓄银行通城县支行	通城县解放东路 37 号	李莉萍	0715-4069618	437100
中国邮政储蓄银行崇阳县支行	崇阳县天城镇沿河大道 316 号 1 栋	刘　为	0715-3395801	437500
中国邮政储蓄银行通山县支行	通山县通羊镇洋都大道兴业国际 B 栋	丁志标	0715-2882372	437600
中国邮政储蓄银行赤壁市支行	赤壁市赤马港办事处河北大道领秀公寓	章兰珍	0715-5225679	437300
中国邮政储蓄银行随州市分行	**随州市曾都区烈山大道 726 号**	**李秀安**	**0722-3069137**	**441300**
中国邮政储蓄银行随县支行	随县厉山镇神农大道 147 号	付　霞	0722-3338606	441309
中国邮政储蓄银行广水市支行	广水市应十大道 1 号(三里河东桥头北侧)	孙　钊	0722-6665668	432700
中国邮政储蓄银行恩施州分行	**恩施市航空路 218 号**	**付艳林**	**0718-8229547**	**445000**

续表 6-2

名　　称	地　　址	负责人	电　话	邮　编
中国邮政储蓄银行利川市支行	利川市东城路 88 号	刘亚军	0718-7281238	445400
中国邮政储蓄银行建始县支行	建始县朝阳大道 14 号	丁　毅	0718-3717053	445300
中国邮政储蓄银行巴东县支行	巴东县信陵镇北京大道 152 号	许红才	0718-4336541	444300
中国邮政储蓄银行宣恩县支行	宣恩县珠山镇贡水路 59 号	胡开初	0718-5833001	445500
中国邮政储蓄银行咸丰县支行	咸丰县高乐山镇解放路 41 号	陆峻峰	0718-6823068	445600
中国邮政储蓄银行来凤县支行	来凤县翔凤镇武汉大道 1 号	李　伟	0718-6285925	445700
中国邮政储蓄银行鹤峰县支行	鹤峰县容美镇车站路 12 号	邹春梅	0718-5281308	445800
中国邮政储蓄银行仙桃市支行	仙桃市黄金大道与钱沟路交叉路口福星城 2 号楼	皮宗霖	0728-3329073	433000
中国邮政储蓄银行潜江市支行	潜江市潜阳中路 36 号	梁俊启	0728-6955385	433199
中国邮政储蓄银行天门市支行	天门市竟陵钟惺大道南西湖路东	黄　杰	0728-5343897	431700
中国邮政储蓄银行神农架林区支行	神农架林区松柏镇常青路 28 号	陶拥军	0719-3335527	442400
股份制商业银行				
中信银行武汉分行	**武汉市江岸区建设大道 747 号中信大厦**	**单国民**	**027-85355211**	**430015**
中信银行武汉江汉路支行	武汉市江岸区江汉路 22 号	宋　芸	027-82781666	430014
中信银行武汉竹叶山支行	武汉市江岸区黄孝河路特 1 号	曹　莉	027-82638888	430010
中信银行武汉三阳路支行	武汉市江岸区解放大道 1208 号新长江国际大厦 1-2 层	张　耿	027-82203511	430010
中信银行武汉后湖支行	武汉市江岸区兴业路 180 号	张　可	027-82269178	430013
中信银行武汉滨江支行	武汉市江岸区南京路 2 号	汤祥云	027-82755921	430014
中信银行武汉汉口支行	武汉市江汉区发展大道 222 号华南国际大厦 1-2 层	石　磊	027-65681045	430023
中信银行武汉新华路支行	武汉市江汉区新华街精武路 14 号越秀国际金融汇二期 9 栋 7、8、9、10 商号	吴　凌	027-83625550	430034
中信银行武汉青年路支行	武汉市江汉区青年路 369 号财富中心 1 层 7、8 号商铺	方　睿	027-83735066	430030
中信银行武汉王家墩支行	武汉市硚口区解放大道 588 号同馨花园二期四组团 21 号楼第 1 层部分及第 17 层 2、3、4 号单元	罗　莉	027-83606888	430071
中信银行武汉汉正街支行	武汉市硚口区多福路 8 号汉正街中心商城 1-2 层	陈　炜	027-85386888	430031
中信银行武汉汉阳支行	武汉市汉阳区建桥街鹦鹉大道 137 号附 17、18、19 号	贺　昊	027-84840466	430050
中信银行武汉王家湾支行	武汉市汉阳区龙阳大道凯悦大厦 1-2 层	李奕瑾	027-84959888	430051
中信银行武汉武昌支行	武汉市武昌区解放路 168 号附 50-55 号	万叶慧	027-88325311	430080
中信银行武汉水果湖支行	武汉市武昌区水果湖横路 11 号	张　凯	027-87122288	430030
中信银行武汉中南支行	武汉市武昌区中北路 1 号洪山宾馆 1 层	阮　志	027-87838785	430071
中信银行武汉积玉桥支行	武汉市武昌区和平大道 219 号	黄小蓉	027-86778006	430060
中信银行武汉青山支行	武汉市青山区和平大道青扬十街商业门面 1-2 层	王　可	027-86866910	430060

续表 6-2

名　称	地　址	负责人	电　话	邮　编
中信银行武汉东湖支行	武汉市洪山区珞喻路 724 附 4 号	翟　洲	027-87806166	430074
中信银行武汉徐东支行	武汉市洪山区友谊大道 508 号万利广场 1-2 层	陈明霞	027-86615668	430062
中信银行武汉梨园支行	武汉市洪山区欢乐大道九号正堂时代写字楼 1 层 1-4 号商铺	刘　丽	027-88127188	430077
中信银行武汉南湖支行	武汉市洪山区文治街 30 号武昌府 1 号商业栋	董文超	027-88159666	430065
中信银行武汉街道口支行	武汉市洪山区武珞路 718 号智能大厦 1 层	陈启强	027-87873205	430064
中信银行武汉自贸区支行	武汉市东湖新技术开发区关山大道 586 号 F1 栋 1 单元 101 室	黄　俊	027-87510886	430074
中信银行武汉光谷科创支行	武汉市东湖新技术开发区高新大道 789 号国采中心 5-8 栋 7-8 单元 05 号商铺	程　希	027-87003314	430074
中信银行武汉东西湖支行	武汉市东西湖区东吴大道 1018 号西湖广场 1、2 栋 1-2 层	孟　伟	027-83080699	430040
中信银行武汉经济技术开发区支行	武汉市武汉经济技术开发区神龙街 122 号	叶　幸	027-82411111	430056
中信银行武汉东风支行	武汉市武汉经济技术开发区东风三路 1 号东合中心 B 座 1-2 层	洪　蕾	027-84282900	430056
中信银行武汉江夏支行	武汉市江夏区文化大道与北华街交会处公园仕家 1 号楼 14、15、16 商铺 1-2 层	陈　颢	027-81786730	430200
中信银行黄石分行	**黄石市下陆区杭州西路 71 号**	**王胜林**	**0714-6226555**	**435000**
中信银行黄石天津路支行	黄石市黄石港区天津路 9 号	吴泽飞	0714-6366037	435000
中信银行黄石大冶支行	大冶市新冶大道 27 号	李蔷薇	0714-8867257	435100
中信银行十堰分行	**十堰市茅箭区北京北路 111 号汇城大厦东山路侧 1-3 层**	**张　鹏**	**0719-8106678**	**442000**
中信银行十堰三堰支行	十堰市茅箭区人民南路 40 号 1-2 层	王先栋	0719-8883057	442005
中信银行十堰江苏路支行	十堰市茅箭区五堰街办江苏路 8 号 2 幢-2-12	江丽君	0719-8680925	442005
中信银行十堰张湾支行	十堰市张湾区车城街办公园路 103 号 2 幢 2-1	龚　俊	0719-8680519	442000
中信银行宜昌分行	**宜昌市西陵区西陵一路 15 号金安东诚 109 商铺**	**史彦靖**	**0717-6495558**	**443000**
中信银行宜昌新区支行	宜昌市伍家岗区沿江大道 218 号江山多娇一期 6 号楼 2 号街铺 1-2 层	黄莹婷	0717-6595558	443000
中信银行宜昌夷陵支行	宜昌市夷陵区锦江大道 55-2 号家旺国际广场 1-2 层	黄林林	0717-7595558	443100
中信银行襄阳分行	**襄阳市樊城区长虹路 56 号谷山大厦 1 层**	**罗　瑾**	**0710-3467555**	**441000**
中信银行襄阳襄城支行	襄阳市襄城区檀溪路檀溪商务中心 1-2 层	张　辉	0710-3086555	441021
中信银行襄阳襄州支行	襄阳市襄州区永安南路民发世界城一期汇景园 7 栋 101-102 号	陈　磊	0710-3105551	441004
中信银行襄阳高新支行	襄阳市高新技术开发区二汽基地金融服务区 1-3 层	邢鸿鑫	0710-3380345	441004
中信银行襄阳枣阳支行	枣阳市襄阳路 15 号 1-2 层	张　磊	0710-6239533	441299
中信银行鄂州支行	鄂州市鄂城区古城路 91 号	许　竞	0711-3835787	436000
中信银行荆州分行	**荆州市沙市区北京中路 241 号 1-2 层**	**万　旌**	**0716-8811186**	**434000**

续表 6-2

名　　称	地　　址	负责人	电　话	邮　编
中信银行荆州古城支行	荆州市荆州区荆中路 80 号	徐黎明	0716-8811123	434000
中信银行黄冈分行	**黄冈市八一路森泰公寓一号楼 1 幢 3 层 301 号**	**周　敏**	**0713-8588185**	**438000**
中国光大银行武汉分行	**武汉市汉口沿江大道 143-144 号**	**谭梦湘**	**027-82796234**	**430014**
中国光大银行武汉分行营业部	武汉市汉口沿江大道 143-144 号暨青岛路 2 号	汪腊春	027-82796399	430014
中国光大银行武汉江岸支行	武汉市江岸区解放大道 1155 号	陈　科	027-85413707	430014
中国光大银行武汉花桥支行	武汉市江岸区黄孝河路 48 号颐和丽晶大厦 B2-8 号 1、2 层	王向成	027-82796282	430014
中国光大银行武汉金桥支行	武汉市江岸区金桥大道 20 号(金岛·金桥壹号商业街 3 号楼 1、2 层部分)	夏　莉	027-83903078	430014
中国光大银行武汉汉口支行	武汉市江汉区姑嫂树路 15 号	胡　胜	027-85873897	430024
中国光大银行武汉新华支行	武汉市新华路 186 号福星城市花园裙楼北侧 1、2 层	张　晓	027-85350958	430014
中国光大银行武汉硚口支行	武汉市桥口区解放大道 233 号“武汉联发九都府”2 号楼商业门面 1 至 2 层	胡　雨	027-83885198	430030
中国光大银行武汉汉阳支行	武汉市汉阳区芳草路 18 号“十里景秀”10 号楼 1 层门面	周　进	027-84456508	430050
中国光大银行武汉钟家村支行	武汉市汉阳区拦江路 219 号江涛大厦 1、2 层	钟　伟	027-84805866	430050
中国光大银行武汉武昌支行	武汉市洪山区鲁磨路 118 号	袁广宇	027-87785181	430070
中国光大银行武汉中南支行	武汉市武昌区中南路 19 号中南建筑设计院大楼 1 层	陈晓琴	027-87891651	430071
中国光大银行武汉中北支行	武汉市武昌区中北路 148 号-1 号东沙大厦南侧裙楼 1、2 层	宋　园	027-87818836	430060
中国光大银行武汉黄鹤楼支行	武汉市武昌区解放路 466-472 号	高　华	027-88720602	430060
中国光大银行武汉积玉桥支行	武汉市武昌区和平大道 508 号欧林湾 2 栋第八、九号商铺	姚　刚	027-88771208	430060
中国光大银行武汉汉街支行	武汉市武昌区公正路 216 号安顺月光广场 16 栋平安国际金融大厦 1 层 C 区	冯曼琼	027-87316710	430060
中国光大银行武汉徐东支行	武汉市武昌区徐东大街 301 号电力公司团结小区三期 1 层	余志琴	027-86615966	430077
中国光大银行武汉青山支行	武汉市青山区和平大道 1258 号“武汉青城国际”10-13 号、14 号商铺	白　帆	027-86862676	430080
中国光大银行武汉洪山支行	武汉市洪山区武珞路 745 号	易　刚	027-87869155	430070
中国光大银行武汉书城路支行	武汉市洪山区书城路 18 号创意大楼 1、2 层	李　曦	027-87598908	430070
中国光大银行武汉东湖支行	武汉市东湖新技术开发区关山大道 465 号光谷创意大厦 C 座 1 层	詹　宁	027-87055728	430070
中国光大银行武汉金融港支行	武汉市东湖新技术开发区金融港四路 18 号普天物联网创新研发基地(二期)12 栋 1-5 层 2、3、4 门面	王　胜	027-88321719	430200
中国光大银行武汉东西湖支行	武汉市东西湖区一清路 168 号竹叶海嘉园	周　龙	027-83265016	430040
中国光大银行武汉经济技术开发区支行	武汉市武汉经济技术开发区万达广场 A 区第 S3 栋 1-3 层	陈力炜	027-84898869	430050
中国光大银行武汉汉口北支行	武汉市黄陂区盘龙城经济开发区汉口北大道 88 号汉口北国际商品交易中心 D1 区 1 层	阮　洋	027-85035919	432200

续表 6-2

名　　称	地　　址	负责人	电　话	邮　编
中国光大银行黄石分行	黄石市团城山桂林南路 33 号	刘　冲	0714-6219001	435000
中国光大银行宜昌分行	宜昌市西陵区献福路 1 号美岸观邸·滨江商务大厦 1-3 层	庞　杰	0717-6577755	443000
中国光大银行襄阳分行	襄阳市高新技术开发区长虹北路中润大厦一栋 1-2 层	张　帆	0710-3616111	441100
中国光大银行荆州分行	荆州市沙市区北京东路 155 号	徐　静	0716-8812880	434000
中国光大银行黄冈分行	黄冈市黄州大道 60 号(山河晶座 1 层)	吕为农	0713-8887510	438000
招商银行武汉分行	武汉市江汉区云霞路 188 号	刘　波	027-85495855	430023
招商银行武汉花桥支行	武汉市江岸区解放公园路 50 号永成大厦 1、2 层	乐　英	027-85375029	430019
招商银行武汉后湖支行	武汉市江岸区后湖大道统建同安家园五期 2 号楼	胡　倩	027-82289628	430013
招商银行武汉三阳路支行	武汉市江岸区京汉大道 1005 号融科天城四期 12、13 号商铺	刘　昊	027-85560562	430000
招商银行武汉天地支行	武汉市江岸区中山大道 1628 号武汉天地企业中心 5 号 2 栋 1-2 层	付　蓉	027-87257577	430014
招商银行武汉解放公园支行	武汉市汉口解放大道 1338 号	幸　路	027-81801619	430010
招商银行武汉青岛路支行	武汉市汉口青岛路 5 号	任　磊	027-83354135	430014
招商银行武汉循礼门支行	武汉市江汉区解放大道 1381 号泛悦南国中心一期 1、2 层	金　晶	027-84829851	430022
招商银行武汉青年路支行	武汉市江汉区建设大道 518 号	吴　达	027-86336386	430062
招商银行武汉新华路支行	武汉市江汉区新华路 738 号	李　娜	027-83840086	430051
招商银行武汉硚口支行	武汉市汉口解放大道 612 号武汉体育馆南侧	刘浩川	027-85502996	430030
招商银行武汉汉正街支行	武汉市硚口区燕山片 D 栋 1 层 1 号、2 层 1 号	冉　旸	027-85496308	430030
招商银行武汉古田支行	武汉市硚口区解放大道 233 号联发九都府 5 号楼	唐　婷	027-83840045	430034
招商银行武汉汉阳支行	武汉市汉阳区汉阳大道 128 号武汉铜锣湾广场 1 层	岳　菲	027-85495660	430040
招商银行武汉王家湾支行	武汉市汉阳区十升路特一号	张　胜	027-83082800	430071
招商银行武汉武昌支行	武汉市武昌区中南路 14 号	罗启立	027-86307590	430071
招商银行武汉首义支行	武汉市武昌区首义路 118 号	魏　蓓	027-83354105	430061
招商银行武汉徐东支行	武汉市武昌区友谊大道 396 号	胡冰晶	027-87311929	430062
招商银行武汉水果湖支行	武汉市武昌区水果湖横路 15 号鹏程大厦东 1-2 层	王家瑶	027-83840209	430071
招商银行武汉积玉桥支行	武汉市武昌区和平大道 108 号	胡　晓	027-82818788	430050
招商银行武汉中北路支行	武汉市武昌区中北路 101 号楚商大厦	张　莉	027-87268167	430071
招商银行武汉汉街支行	武汉市武昌区水果湖街中北路 86 号汉街武汉中央文化旅游区 K3 地块 1、2 栋 1-2 层 11 室、12 室	李艳萍	027-86850913	430071
招商银行武汉青山支行	武汉市青山区和平大道 1540 钰龙时代中心 101、102 号部分商铺	郭婷婷	027-82803139	430080

续表 6-2

名　　称	地　　址	负责人	电　话	邮　编
招商银行武汉东湖支行	武汉市洪山区珞喻路189号	孙　凌	027-87885752	430079
招商银行武汉雄楚支行	武汉市洪山区雄楚大道268号(湖北出版文化城1层东北角)	汪　冰	027-87277568	430070
招商银行武汉武钢支行	武汉市洪山区纺机路43号江南花园1层3号和2层3号	余　多	027-83324925	430071
招商银行武汉街道口支行	武汉市洪山区武珞路378号	华　佳	027-85495540	430070
招商银行武汉南湖支行	武汉市洪山区文治街武昌府二期步行街109号	施里权	027-85814630	430070
招商银行武汉鲁磨支行	武汉市洪山区鲁磨路399号金域广场1单元1层1室、3室	孙　伟	027-85495716	430074
招商银行武汉岳家嘴支行	武汉市洪山区欢乐大道9号正堂时代1号楼5、6号商铺	郭文丽	027-88712825	430070
招商银行武汉光谷支行	武汉市东湖新技术开发区光谷街1号光谷广场	段　冶	027-85495612	430022
招商银行武汉光谷科技支行	武汉市关山大道475号附1号	程　昆	027-87902758	430040
招商银行武汉金融港支行	武汉市东湖新技术开发区光谷大道120号	毛晶辉	027-87572518	430200
招商银行武汉雄楚金地城支行	武汉市东湖新技术开发区雄楚大街908号	陈　曦	027-87572505	430070
招商银行武汉创业街支行	武汉市东湖新技术开发区关山大道111号	甘　雄	027-82623363	430073
招商银行武汉生物城支行	武汉市东湖新技术开发区高新大道光谷生物城公寓底商E区(S6-104、204,S6-105、205)室	刘良波	027-88709326	430073
招商银行武汉民族大道支行	武汉市东湖新技术开发区民族大道159号紫菘大厦1层	张良成	027-85383556	430074
招商银行武汉未来科技城支行	武汉市东湖新技术开发区高新大道999号未来科技城C3裙房101单元	杨　莹	027-85383590	430206
招商银行武汉东西湖支行	武汉市东西湖区吴家山田园街1138号兆丰花园4号商住楼1-2层	金世发	027-83324933	430074
招商银行武汉金银湖支行	武汉市东西湖区金银湖路20号	吴　放	027-85832703	430312
招商银行武汉金银潭支行	武汉市东西湖区金银潭大道1号	陶　娟	027-84770863	430073
招商银行武汉经济技术开发区支行	武汉市武汉经济技术开发区创业大道2号	沈洪平	027-84898911	430056
招商银行武汉中法生态城支行	武汉市蔡甸区姚家山开发区凤凰路1号中核世纪广场E区	肖　鹏	027-84969915	430100
招商银行武汉江夏支行	武汉市江夏区纸坊街道北华街以北(城关村)江夏大道169号九全嘉国际广场1、2层门面	严　超	027-65521167	430212
招商银行武汉空港支行	武汉市黄陂区巨龙大道领袖城小区西门临街商铺3-5号	王　瀚	027-85492565	430311
招商银行黄石分行	**黄石市团城山开发区杭州西路76号**	**苏建军**	**0714-3809266**	**435000**
招商银行黄石挹江支行	黄石市武汉路203号	谈　俊	0714-6267446	435000
招商银行黄石万达支行	黄石市黄石港区花湖大道13号江天金水湾19栋	王惠军	0714-6260365	435000
招商银行黄石南京路支行	黄石市南京路22号	丁　晶	0714-6267629	435000
招商银行黄石大冶支行	大冶市新冶大道16号	丁　丹	0714-3809009	435100

续表 6-2

名　　称	地　　址	负责人	电　话	邮　编
招商银行十堰分行	**十堰市茅箭区上海路 12 号金座广场**	**周红军**	**0719-8601789**	**442000**
招商银行十堰东岳支行	十堰市茅箭区东岳路 16 号	昌　松	0719-8601790	442000
招商银行十堰北京路支行	十堰市茅箭区五堰街办北京北路 95 号	赵智瑜	0719-8106103	442000
招商银行宜昌分行	**宜昌市西陵一路 18 号-3**	**彭小敏**	**0717-6251288**	**443000**
招商银行宜昌西陵支行	宜昌市西陵区西陵二路 51 号	王黎黎	0717-6790366	443000
招商银行宜昌葛洲坝支行	宜昌市樵湖二路 9 号	张　帆	0717-6251337	443000
招商银行宜昌云集支行	宜昌市夷陵大道 98 号	胡雅勤	0717-6253472	443000
招商银行宜昌中山支行	宜昌市江海路 1-11、13、15、17、19 号	何星升	0717-6742113	443000
招商银行宜昌中南路支行	宜昌市中南路 35 号兴发广场 13 栋 101、102、103、105、201 号	窦丽华	0717-6212916	443000
招商银行宜昌夷陵支行	宜昌市夷陵区夷兴大道 35 号	宗　璇	0717-6218010	443000
招商银行襄阳分行	**襄阳市长虹路 20 号**	**姚　磊**	**0710-3818388**	**441000**
招商银行襄阳襄城支行	襄阳市襄城区檀溪路 163 号	高　翔	0710-3608088	441000
招商银行襄阳长征路支行	襄阳市长征路 60 号齐星泰安华府 1 幢 1 层 103、104、105 室	杨子汭	0710-3691900	441000
招商银行襄阳襄州支行	襄阳市襄州区航空路民发广场星街 1 层 22-101、102,2 层22-201、202	李世涛	0710-2810515	441000
招商银行襄阳自贸区支行	襄阳市高新区东风汽车大道 1 号 1-2 层	汪　阳	0710-3316979	441000
招商银行孝感分行	**孝感市北京路特 1 号**	**张志勇**	**0712-2628636**	**432000**
招商银行孝感交通路支行	孝感市交通西路 258 号全州国际商城 G7 栋 1 层	杨　萍	0712-2628611	432000
招商银行孝感东城支行	孝感市复兴大道与澴川路交会处城市中央广场 18 号城广壹街 0165-0172 号商铺	祝莉辉	0712-2628925	432000
招商银行荆州分行	**荆州市沙市区北京路 354 号**	**王劲松**	**0716-8867688**	**434000**
招商银行荆州沙市支行	荆州市沙市区江津中路 204 号	王梦葵	0716-8810186	434000
招商银行荆州沙北支行	荆州市沙市区明珠大道与工农兵路交会处楚天都市商业街·诚园 A7 号楼	罗雅琴	0716-8865388	434000
招商银行黄冈分行	**黄冈市黄州区赤壁大道 83-1 号**	**程　进**	**0713-8620718**	**438000**
招商银行黄冈东门支行	黄冈市黄州区东门路 9 号	张惠斌	027-85494963	438000
招商银行黄冈蕲春支行	蕲春县漕河镇市府大道 207 号中鑫财富广场 1-2 层左侧	左元亨	027-85495177	438000
上海浦东发展银行武汉分行	**武汉市江汉区新华路 218 号浦发银行大厦**	**李　征**	**027-85566895**	**430020**
上海浦东发展银行武汉江岸支行	武汉市江岸区建设大道 976 号新光大厦 1、2 层	童　俊	027-82655072	430010
上海浦东发展银行武汉沿江支行	武汉市江岸区沿江大道 133 号广源大厦 1、2 层	龙迎宾	027-82761407	430010
上海浦东发展银行武汉后湖支行	武汉市江岸区后湖大道 111 号汉口城市广场 6 期 E 区	陈　禾	027-82420100	430010
上海浦东发展银行武汉江汉支行	武汉市江汉区新华路 471 号附号新世纪都市花园三期 2、3 栋 1-2 层商 1 号	杭　海	027-85837997	430020

续表 6-2

名　　称	地　　址	负责人	电　话	邮　编
上海浦东发展银行武汉常青支行	武汉市江汉区常青三路 66 号金色雅园地铁站综合楼(移动生活馆 B 馆)1、2 层	董　君	027-50759598	430020
上海浦东发展银行武汉硚口支行	武汉市硚口区解放大道 1045 号宝丰时代 1、2 层	祝　娟	027-83612716	430030
上海浦东发展银行武汉汉阳支行	武汉市汉阳区汉阳大道、鹦鹉大道、拦江路及北城路、南城路围合区域 C 地块(汉阳旧城风貌区)第一幢 1 层商 05 号房、06 号房	黄富定	027-84212289	430050
上海浦东发展银行武汉马沧湖支行	武汉市汉阳区马沧湖路 59 号统建水岸人家 2 栋 1 层商 6 室	李银银	027-84701099	430050
上海浦东发展银行武汉武昌支行	武汉市武昌区紫阳路 268 号武汉七〇一所科技开发楼	吴　聆	027-88058087	430060
上海浦东发展银行武汉水果湖支行	武汉市武昌区洪山路 1 号	秦　武	027-67810833	430060
上海浦东发展银行武汉沙湖支行	武汉市武昌区中北路 233 号(老 151 号)世纪彩城 E 区世纪大厦 1 层 1-10 室、14 室、25-30 室、33-34 室	张　玮	027-86616456	430060
上海浦东发展银行武汉中南支行	武汉市武昌区武珞路 442 号中南国际城 C 座 1 层	喻　明	027-87850128	430060
上海浦东发展银行武汉滨江商务区支行	武汉市武昌区和平大道三角路福星惠誉水岸国际 K4-1 号楼 9、10、11、12 号商铺	赵　欢	027-88125008	430060
上海浦东发展银行武汉青山支行	武汉市青山区红卫路 38 街坊(建设四路 9 附 6 号、建设四路 9 附 7 号)	徐　涛	027-86501230	430080
上海浦东发展银行武汉南湖支行	武汉市洪山区南湖汽校一村特 1 号	尹圭子	027-88023005	430070
上海浦东发展银行武汉东湖高新支行	武汉市东湖新技术开发区龙城路 8 号	冯　欢	027-87421368	430070
上海浦东发展银行武汉光谷支行	武汉市东湖新技术开发区关山大道 332 号保利时代 K18 地块 A 栋 1 层 1 号	胡　琳	027-87538165	430070
上海浦东发展银行湖北自贸试验区武汉片区支行	武汉市东湖新技术开发区高新大道 797 号 G-1 栋 1 层 11 号、12 号、13 号商铺,2 层 GC 栋办公单元 4 号办公部分区域	张若虚	027-87900186	430070
上海浦东发展银行武汉光谷科创支行	武汉市东湖新技术开发区光谷大道 41 号现代·国际设计城二期 B-1 栋 1 层部分商铺	杨　硕	027-86651599	430070
上海浦东发展银行武汉雄楚金地支行	武汉市东湖新技术开发区金地·雄楚 1 号四期综 4 栋 1 层(5)商室	李　勇	027-86659175	430070
上海浦东发展银行武汉东西湖支行	武汉市东西湖区东吴大道 1018 号西湖广场 14 号、15 号、7 号商业门面	蔡　迪	027-83892522	430040
上海浦东发展银行武汉沌口支行	武汉市武汉经济技术开发区东风三路特一号	雷　昆	027-84297615	430056
上海浦东发展银行武汉经济技术开发区支行	武汉市武汉经济技术开发区 204M 地块华中·中交城项目(B 区)商业裙楼 1 层 4、5、6、7、8、9、30 号铺	黄秋月	027-84396015	430056
上海浦东发展银行武汉江夏支行	武汉市江夏区纸坊街熊廷弼路以北鸿发世纪城三期 14 栋 1-2 层 16、17、18、19 商室	段晓刚	027-81651689	430200
上海浦东发展银行宜昌分行	**宜昌市西陵一路 18 号**	**陈　涛**	**0717-6786699**	**443000**
上海浦东发展银行宜昌伍家岗支行	宜昌市伍家岗区桔城路 6 号香山福久源国贸新天地商场 B 区 03-0108-0570-000102 号商业门面 1 层	吴　然	0717-6422739	443000
上海浦东发展银行宜昌夷陵支行	宜昌市夷陵区平云三路 28 号宏信公园里(00009)栋	万建鹏	0717-7550185	443000

续表 6-2

名　　称	地　　址	负责人	电　话	邮　编
上海浦东发展银行襄阳分行	**襄阳市高新区长虹北路 22 号万家同乐小区(长虹路-紫贞路路口)裙楼 1-4 层**	**徐诗豪**	**0710-3766299**	**441000**
上海浦东发展银行湖北自贸试验区襄阳片区支行	襄阳市高新区东风汽车大道(车城·连山鼎府)1 幢 1 层 1 室	单　轩	0710-2392386	441000
上海浦东发展银行孝感分行	**孝感市孝南区乾坤大道 19 号安国大厦 1 栋 1-3 层**	**张利甫**	**0712-2898899**	**432000**
上海浦东发展银行荆州分行	**荆州市沙市区塔桥北路 61 号**	**周　卓**	**0716-8325999**	**434000**
上海浦东发展银行荆州江津支行	荆州市沙市区江津中路 249 号	汪于平	0716-8816000	434000
中国民生银行武汉分行	**武汉市江汉区新华路 396 号中国民生银行大厦**	**王恭敬**	**027-85735550**	**430022**
中国民生银行武汉分行营业部	武汉市江汉区新华路 396 号中国民生银行大厦 1 层	陈　红	027-85735733	430022
中国民生银行武汉江岸支行	武汉市江汉区沿河大道 1 号沿江一号	韩　娟	027-82782279	430015
中国民生银行武汉三阳支行	武汉市江岸区三阳路 130 号三阳广场	李　昊	027-82701432	430014
中国民生银行武汉花桥支行	武汉市江岸区江大路 32-34 号江大路科技苑小区 1 栋 1 层 1 室	付　哲	027-82608757	430019
中国民生银行武汉发展支行	武汉市江岸区发展大道 395-399 号百胜家想时代商住楼 1、2 层	袁　钢	027-82629880	430014
中国民生银行武汉黄浦支行	武汉市江岸区二七街赵家条 144 号科技村公务员住宅小区(一期)1、2、3 栋 1 层	沈国斌	027-82862721	430022
中国民生银行武汉滨江支行	武汉市江岸区百步亭花园路 16 号	郭　嘉	027-82735909	430012
中国民生银行武汉江汉支行	武汉市洪山区高新大道与光谷六路交会处项目国采中心 5、6、7、8 栋 7-8 单元 1 层 07、08 号	解云峰	027-85807875	430021
中国民生银行武汉新华支行	武汉市江汉区新华路 139 号凯盟大厦 1、2 层	刘建宏	027-85499120	430022
中国民生银行武汉京汉支行	武汉市江汉区万科金色家园 2 期商网 1 层13-16 号(营业用房)、2 层 10-16 号(办公用房)	叶徐华	027-82795272	430022
中国民生银行武汉青年支行	武汉市江汉区青年路 82 号元辰国际大厦裙楼 1、2 层	李　亮	027-85480330	430015
中国民生银行武汉硚口支行	武汉市硚口区解放大道 586 号(同馨花园二期一组团)27 栋 1-3 层部分房屋	骆新伟	027-83661685	430030
中国民生银行武汉汉正街支行	武汉市硚口区利济南路 11-67 号汉正大厦 1、2 层	徐建刚	027-85327717	430019
中国民生银行武汉汉西支行	武汉市硚口区长青国际 5 号楼临街 1-2 层商铺	侯　敏	027-83537511	430034
中国民生银行武汉汉阳支行	武汉市汉阳区汉阳大道 591 号朝阳星苑 1 号楼 1-2 层 1 室	党永丽	027-84876487	430050
中国民生银行武汉龙阳支行	武汉市汉阳区龙阳大道 19 号(玫瑰园路)苹果甸公寓 1-2 层	周晓博	027-84221160	430050
中国民生银行武汉武昌支行	武汉市武昌区中山路 312 号凤凰大厦 A 座 1、2 层	吴　霞	027-88917199	430060
中国民生银行武汉东湖支行	武汉市武昌区武珞路 442 号中南国际城 AB 座 1 层 1 号	陈丽萍	027-87273007	430064
中国民生银行武汉中南支行	武汉市武昌区中北路特 1 号(楚天都市花园裙楼 1、4 层)	蒋晓锋	027-87890006	430064

续表 6-2

名　称	地　址	负责人	电　话	邮　编
中国民生银行武汉水果湖支行	武汉市武昌区洪山路 28 号	唐　丹	027-87319791	430071
中国民生银行武汉青山支行	武汉市青山区青和平大道 1258 号青城国际 1 栋 1 层商网 6、7、8 商铺	许伟杰	027-86303127	430080
中国民生银行武汉洪山支行	武汉市洪山区洪山乡洪山新天第公寓写字楼 1、3 层	刘耀中	027-87526617	430070
中国民生银行武汉徐东支行	武汉市洪山区徐东大街 31 号(凯旋门广场东侧 1-2 层)	王　靖	027-88612803	430063
中国民生银行武汉东湖开发区支行	武汉市洪山区关山街雄楚大街 938 号(洪福添美城市广场 8 号楼 1 层)	罗　萍	027-8782516	430070
中国民生银行武汉华侨城支行	武汉市洪山区欢乐大道 301 号东湖庭园 9 栋东南角 1 层门面	高　丹	027-82992281	430060
中国民生银行武汉光谷支行	武汉市东湖新技术开发区佳园路 2 号高科大厦 1-2 层	杭　标	027-87617378	430074
中国民生银行武汉光谷高科技支行	武汉市东湖新技术开发区软件园路光谷软件园 A13 栋	杜新颖	027-87770738	430073
中国民生银行武汉东西湖支行	武汉市东西湖区二雅路 198 号天合新界 6 号楼	王　瑛	027-83265108	430040
中国民生银行武汉吴家山开发区支行	武汉市东西湖区 107 国道 7110 号东建金鼎湾 02 栋 1-3 层 14-18 号	张乃心	027-83381671	430040
中国民生银行武汉沌口支行	武汉市武汉经济技术开发区创业道 2 号	张　振	027-84210223	430056
中国民生银行武汉汉口北支行	武汉市黄陂区盘龙城经济开发区叶店村 157 号 F、空港中心城 3 号商业楼 1 层 5-10 号室	熊　婷	027-61102599	430312
中国民生银行黄石支行	黄石市下陆区杭州西路 101 号 1 号楼	康　炅	0714-6389598	435003
中国民生银行宜昌分行	**宜昌市云集路 22 号**	**刘　波**	**0717-6295568**	**443000**
中国民生银行襄阳分行	**襄阳市高新区长虹北路 6 号广景碧云天 A 座 1、2 层商铺**	**尹华军**	**0710-3269998**	**441000**
中国民生银行孝感支行	孝感市交通大道 387 号亚飞广场	李　杰	0712-2288366	432100
中国民生银行咸宁支行	咸宁市双鹤路 10 号	叶　鹏	0715-8892896	437000
华夏银行武汉分行	**武汉市武昌区民主路 786 号**	**周永华**	**027-87266655**	**430071**
华夏银行武汉分行营业部	武汉市武昌民主路 786 号	周永华	027-87266658	430071
华夏银行武汉江岸支行	武汉市江岸区前进四路 227 号花样年华大厦 1 至 2 层	何建波	027-85899801	430015
华夏银行武汉花桥支行	武汉市江岸区花桥村惠济二路 6 号	周华伟	027-82261415	430010
华夏银行武汉江汉支行	武汉市江汉区常青路常宁里特 1 号武汉台银大厦 1 层	汤民庆	027-83363043	430023
华夏银行武汉汉口支行	武汉市江汉区建设大道 558 号	邓小玉	027-85491831	430022
华夏银行武汉解放支行	武汉市江汉区香港路 267 号鹏飞湖庭 1、2 层	杨　鸣	027-82755201	430014
华夏银行武汉汉正街支行	武汉市江汉区友谊南路武汉双龙服装城 B 座	李　莹	027-85530661	430033
华夏银行武汉新华支行	武汉市江汉区新华西路大武汉 1911 商品房 C 栋 110-116、204 号	徐　辉	027-85876003	430023
华夏银行武汉中央商务区支行	武汉市江汉区王家墩中央商务区泛海国际 SOHO 城 3、4、6 栋 1 层商 36、37 商铺	陈　俊	027-83622971	430023

续表 6-2

名　　称	地　　址	负责人	电　话	邮　编
华夏银行武汉硚口支行	武汉市硚口区建设大道 316 号(营房南村城发大厦)	陈　钢	027-83655392	430033
华夏银行武汉汉西支行	武汉市硚口区汉西三路 79 号长青国际 7、9 号楼 A9、A10、A11、A12 商铺	刘　威	027-83635831	430033
华夏银行武汉汉阳支行	武汉市汉阳区十里铺芳草路 58 号十里景秀小区 10 号楼商铺 1、2 层	张　乐	027-84456315	430050
华夏银行武汉武昌支行	武汉市武昌区中北路 24 号龙源大厦 1、2 层	皮　蕾	027-87277630	430072
华夏银行武汉青山支行	武汉市洪山区友谊大道大洲村宏昌玲珑汇 1 栋 1 层 3 号和 1 栋 1 层 4 室商铺	钱　欣	027-86372936	430080
华夏银行武汉徐东支行	武汉市青山区友谊大道 508 号时尚欧洲 9 号楼	孙幕妮	027-86616025	430081
华夏银行武汉洪山支行	武汉市洪山区珞狮北路 2 号樱花大厦	冯　林	027-87215093	430070
华夏银行武汉东湖支行	武汉市洪山区珞喻路吴家湾邮科院特 1 号	汪　卉	027-87690600	430074
华夏银行武汉雄楚支行	武汉市洪山区珞狮路 441 号	林　晨	027-87388722	430070
华夏银行武汉岳家嘴支行	武汉市洪山区欢乐大道 1 号岳家嘴东湖国贸中心 B 栋 1 层商铺	陈　英	027-88711659	430071
华夏银行武汉光谷科技支行	武汉市东湖新技术开发区珞喻路光谷世界城项目 E 地块米兰印象 6 号楼底商铺	史　静	027-87660858	430074
华夏银行武汉光谷金融港科技支行	武汉市东湖新技术开发区金融港四路 18 号普天物联网创新研发基地(一期)1 栋 1 层 4、5、6 室商铺	熊　飞	027-65523153	430079
华夏银行武汉光谷未来城科技支行	武汉市东湖新技术开发区高新大道 999 号未来科技城 F 区 2 栋裙房 1、2 层	胡　凌	027-87001681	430079
华夏银行武汉东西湖支行	武汉市东西湖区吴家山街东吴大道 103-109 号	王　波	027-83245028	430040
华夏银行武汉临空港支行	武汉市东西湖区径河街三店中路以西、啤砖路以南御龙湾 2-1、2-2、2-3、2-4 商铺	丁　俊	027-83262639	430040
华夏银行武汉经济技术开发区支行	武汉市武汉经济技术开发区绿岛大厦 1 至 2 层	严　赞	027-84212276	430056
华夏银行武汉江夏支行	武汉市江夏区文化大道 3 号联投广场商业门面	余　舰	027-81369100	430200
华夏银行武汉盘龙城支行	武汉市黄陵区盘龙城经济开发区叶店村 F·空港中心 2 号楼 1 层商铺	姚　亮	027-61867793	432200
平安银行武汉分行	**武汉市武昌区中北路 54 号宏城金都 1-3层**	**石先建**	**18627922517**	**430071**
平安银行武汉江岸支行	武汉市江岸区江大路 20 号凌宵苑	王英丽	18086538830	430014
平安银行武汉百步亭支行	武汉市江岸区兴业路 179 附 11 号	葛晶星	15872800864	430014
平安银行武汉后湖支行	武汉市江岸区健美街 1 号附 7、8、9、10、11	陈玲玲	13808662521	430014
平安银行武汉江汉支行	武汉市江汉区友谊路 130 号崇安鑫城 C 栋 1 层、2 层	熊　敏	18607199556	430020
平安银行武汉汉口支行	武汉市江汉区精武路 25 号附 1	孙　洁	13517218935	430020
平安银行武汉发展支行	武汉市江汉区发展大道 222 号华南国际大厦 C 区	刘　玲	18995568722	430020
平安银行武汉硚口支行	武汉市硚口区解放大道 1087 号	郑明康	13720110693	430030

续表 6-2

名　　称	地　　址	负责人	电　话	邮　编
平安银行武汉古田支行	武汉市硚口区解放大道 235 号附 103 号、104 号以及 201 号	王　星	15927230932	430030
平安银行武汉汉阳支行	武汉市汉阳区鹦鹉大道 137 号附 7、8、9、10、11、12、13	熊　铁	13871094025	430050
平安银行武汉王家湾支行	武汉市汉阳区琴断口街龙阳社区龙兴东街 1 号 1 层附 23	蔡甜甜	15972046154	430050
平安银行武汉武昌支行	武汉市武昌区和平大道 508 号欧林湾大公馆 3 栋 1 层 4-5 室	张丽唯	13995695200	430060
平安银行武汉首义支行	武汉市武昌区首义路 118 号	石胜杰	15072374975	430060
平安银行武汉南湖支行	武汉市武昌区南湖平安路风华天城琵琶湾商业楼	凌　涛	13006300932	430060
平安银行武汉青山支行	武汉市青山区和平大道建设三路(江南春城)	王　静	15927456516	430080
平安银行武汉洪山支行	武汉市洪山区武珞路 382 号	张　双	18971314124	430070
平安银行武汉东湖支行	武汉市洪山区徐东大街 111 号附 2	何幸禧	15002742167	430070
平安银行武汉书城路支行	武汉市洪山区书城路 18 号附 6	蔡　娟	18162638231	430070
平安银行武汉光谷支行	武汉市洪山区珞喻路 727 号星光无限小区 4 号楼 1 层 1 室、2 层 1 室	周　纯	18627791223	430070
平安银行武汉光谷科技支行	武汉市东湖新技术开发区关山大道 473 号光谷新发展国际中心裙房配套 B1-16、B2-10 号房屋	吴　笛	18995555121	430070
平安银行武汉东西湖支行	武汉市东西湖区吴家山街四明路 205 号	冯亚婷	15007123929	430079
平安银行武汉经济技术开发区支行	武汉市武汉经济技术开发区三角湖路 4 附 9 号	黄　洁	13995561535	430056
平安银行武汉江夏支行	武汉市江夏区纸坊街北华街 3 号附 7、8 和 9	王　平	13720207788	430200
平安银行宜昌分行	**宜昌市伍家岗区夷陵大道 179 号中兴广场**	**刘志东**	**0717-6777001**	**443000**
平安银行宜昌金融街支行	宜昌市西陵区西陵一路 9 号 1-2 层	李　夷	18602748235	443099
平安银行宜昌夷陵支行	宜昌市夷陵区东湖路 20-1-15	李迎迎	0717-7828510	443000
平安银行襄阳分行	**襄阳市樊城区春园西路 10 号**	**钱　智**	**0710-3107178**	**441002**
平安银行襄阳襄城支行	襄阳市襄城区檀溪路山水家园商业楼 1 号	勇亚飞	0710-3107590	441000
平安银行襄阳樊城支行	襄阳市樊城区大庆东路 31 号春天大道小区 6 号楼 6 号	万芳琳	0710-3012509	441000
平安银行湖北自贸试验区襄阳片区支行	襄阳市高新区东风汽车大道 42 号	富旭东	0710-3107313	441000
平安银行荆州分行	**荆州市沙市区北京路凤台大厦 1-2 层**	**崔　巍**	**0716-8505513**	**434000**
平安银行荆州新天地支行	荆州市沙市区塔桥路新天地上街 B 区 4 号楼	周莉莉	0716-8501079	434000
平安银行荆州古城支行	荆州市荆州区屈原路 4 号	胡晓明	0716-8505512	434000
平安银行荆州松滋支行	松滋市新江口镇民主路 175 号松都华府 1 幢 105、106、107、108 及 109 室	杜　婷	15027050551	434299
平安银行黄冈分行	**黄冈市黄州区中环路 17 号亚坤·帝景豪庭一期 1 幢 101 和 106 商铺**	**柳传林**	**0713-8393818**	**438099**
兴业银行武汉分行	**武汉市武昌区中北路 108 号兴业银行大厦**	**刘秉文**	**027-88108639**	**430061**
兴业银行武汉分行营业部	武汉市武昌区中北路 108 号兴业银行大厦	齐　凯	027-87828008	430061

续表 6-2

名　　称	地　　址	负责人	电　话	邮　编
兴业银行武汉江岸支行	武汉市江岸区解放公园路 83 号金色华府 1 栋 1 单元 1-2 层门面	刘　琳	027-82659039	430014
兴业银行武汉长江支行	武汉市江岸区三阳路 8 号(沿江大道与三阳路交会处)武汉外滩金融中心 1-2 层商铺	詹　青	027-82734700	430014
兴业银行武汉长江新城支行	武汉市江岸区解放大道与张公堤路交叉口统建·新干线项目商 4 号楼 1 层 12-15 号商铺	阮雄华	027-62315855	430014
兴业银行武汉江汉支行	武汉市江汉区珠江路 66 号中央商务区 SOHO 城 7 栋 1 层 4 号	王　靖	027-83351107	430021
兴业银行武汉循礼门支行	武汉市江汉区江汉北路 5 号泛悦南国中心 T2 写字楼裙楼 1、2 层	刘　咏	027-85319818	430021
兴业银行武汉硚口支行	武汉市硚口区解放大道 586 号同馨花园 1、2 层	熊　燕	027-83763510	430030
兴业银行武汉汉西支行	武汉市硚口区解放大道 148 号汉水熙园小区 35、36、37 号 1 层	吴　清	027-83696035	430030
兴业银行武汉汉正街支行	武汉市硚口区中山大道 392 号云尚武汉国际时尚中心 4 栋 1 层商铺	孙良峰	027-85372351	430030
兴业银行武汉汉阳支行	武汉市汉阳区龙阳大道隆祥东街世纪龙城 5 号商铺 1、2 层	刘　军	027-84410005	430050
兴业银行武汉鹦鹉洲支行	武汉市汉阳区滨江大道 188 号锦绣长江四期临街商铺 1-2 层	梅诗雪	027-84682563	430050
兴业银行武汉武昌支行	武汉市武昌区和平大道 219 号白云边集团总部大楼 1、2 层	周　斌	027-87710116	430061
兴业银行武汉水果湖支行	武汉市武昌区东湖路 80-8 号(水果湖欧式街)	李羽佳	027-87301220	430061
兴业银行武汉友谊支行	武汉市武昌区友谊大道特 2 号 2008 新长江广场裙楼	杨　进	027-88845697	430061
兴业银行武汉中北支行	武汉市武昌区水果湖街徐东路 50 号普提金国际金融中心(山河大厦)1 层	徐　立	027-86798911	430061
兴业银行武汉青山支行	武汉市洪山区友谊大道 996 号华城广场 24 号	汪青锋	027-86501725	430070
兴业银行武汉洪山支行	武汉市洪山区珞喻路 56-60 号	石林琳	027-87168570	430070
兴业银行武汉光谷支行	武汉市东湖新技术开发区关山大道 21 号泛悦城 T2 写字楼 1 层 1-5 号商铺	甘　露	027-87420070	430074
兴业银行武汉东湖高新科技支行	武汉市东湖新技术开发区光谷大道光谷金融港一期 A4 号 1 层	牟晓旭	027-81772079	430074
兴业银行武汉自贸区支行	武汉市东湖新技术开发区高新大道 768 号慧谷大厦 1 层	张小兵	027-65520503	430074
兴业银行武汉临空港支行	武汉市东西湖区吴家山五环路 8 号亿达华庭 1 栋 1 单元 1-2 层	李　波	027-83291699	430040
兴业银行武汉经济技术开发区支行	武汉市武汉经济技术开发区沌阳大道 409 号武汉建工科技中心 1-2 层商铺	王志平	027-84897006	430058
兴业银行武汉江夏支行	武汉市江夏区文化大道与北华街交界处浩汉公园仕家 7、8、9 号商铺	曹加红	027-81930700	430200
兴业银行武汉黄陂支行	武汉市黄陂区前川街油岗村、定远村万象城 S1 栋 1-2 层(1)商室、(2)商室、1-3 层(3)商室、(4)商室、(5)商室	王鲁宁	027-85958016	430300

续表 6-2

名 称	地 址	负责人	电 话	邮 编
兴业银行武汉新洲支行	武汉市新洲区阳逻街柴泊大道 12 号新港财富广场 1 栋 1-2 层 1、2、3、4 号商铺	高 卉	027-86917568	431400
兴业银行黄石分行	**黄石市天津路 28 号**	**朱华勇**	**0714-6319598**	**435000**
兴业银行黄石分行营业部	黄石市天津路 28 号	王丽霞	0714-6319598	435000
兴业银行黄石大冶支行	大冶市东风东路 33 号两湖天下	谢 楠	0714-8865066	435100
兴业银行十堰分行	**十堰市朝阳中路 15 号武当国际广场**	**袁 飞**	**0719-8695561**	**442000**
兴业银行十堰分行营业部	十堰市朝阳中路 15 号武当国际广场	宋国庆	0719-8695561	442000
兴业银行十堰东风支行	十堰市张湾区公园路 86 号	许 明	0719-8218922	442000
兴业银行十堰茅箭支行	十堰市北京南路 11 号	张 毅	0719-8871011	442000
兴业银行宜昌分行	**宜昌市西陵区西陵一路 15 号金安东诚 1 号楼 1-3 层商铺**	**张沛文**	**0717-6385588**	**443000**
兴业银行宜昌分行营业部	宜昌市西陵区西陵一路 15 号金安东诚 1 号楼 1-3 层商铺	胡 靓	0717-6385588	443000
兴业银行宜昌夷陵支行	宜昌市夷陵区夷兴大道 207-2 号	简 芳	0717-7106918	443100
兴业银行襄阳分行	**襄阳市高新区长虹北路 22 号**	**戴 恬**	**0710-3590299**	**441100**
兴业银行襄阳分行营业部	襄阳市高新区长虹北路 22 号	郭 越	0710-3590299	441100
广发银行武汉分行	**武汉市江汉区建设大道 737 号广发银行大厦**	**陶建全**	**027-85354783**	**430020**
广发银行江岸支行	武汉市江岸区三阳路与解放大道交会处融创·融汇广场 1 层 01 号商铺、2 层 01 号商铺	刘 嵩	027-82430409	430010
广发银行汉口支行	武汉市江岸区二七街赵家条 144 号科技村公务员住宅小区(一期)1、2、3 栋 1 层 3 室	魏 芳	027-86858063	430010
广发银行后湖支行	武汉市江岸区兴业路 167 号鼎盛华城 3 号楼 1 层 6-7 室	王浩波	027-82750617	430010
广发银行江汉支行	武汉市江汉区友谊路 1 号赛博数码广场 1、2 层	李利芳	027-85515709	430020
广发银行硚口支行	武汉市硚口区解放大道 558 号	艾 洪	027-83787135	430030
广发银行古田支行	武汉市硚口区解放大道 235 号联发九都府 6 号楼	叶 静	027-83787135	430030
广发银行汉阳支行	武汉市汉阳区滨江大道 188 号世贸锦绣长江四期 10、10A 栋 1-3 层 10A 号	杨 蓓	027-84791078	430050
广发银行武昌支行	武汉市武昌区水果湖横路 11-13 号	徐 桢	027-87308939	430060
广发银行武珞支行	武汉市武昌区武珞路 568 号	王梦男	027-81650875	430060
广发银行徐东支行	武汉市武昌区友谊大道 371 号 V+合伙人大厦裙楼 1 层 C1-06、C1-07、C1-14	朱 捷	027-82893607	430060
广发银行青山支行	武汉市青山区和平大道 1540 号红钢城 19 街坊钰龙时代中心	李 浩	027-86858063	430080
广发银行洪山支行	武汉市洪山区雄楚大街 357 号	周 军	027-87751033	430070
广发银行东湖支行	武汉市东湖新技术开发区雄楚大道 958 号海星大厦 1 层	宋 帛	027-83240905	430070
广发银行光谷支行	武汉市东湖新技术开发区关山大道 471 号融科天域 TC1 栋 1 层 16 号、17 号商铺	袁 隽	027-81650851	430070

续表 6-2

名称	地址	负责人	电话	邮编
广发银行东西湖支行	武汉市东西湖区吴中路393号怡华逸天地1栋19号、20号、21号、22号、23号、24号	张磊	027-85353825	430040
广发银行沌口支行	武汉市武汉经济技术开发区神龙路金凯购物中心1、2层	邓丽	027-84297339	430056
广发银行江夏支行	武汉市江夏区大桥新区办事处渔牧村(文化大道111号)通达广场1、2层部分房屋	刘晓莉	027-87915298	430200
广发银行黄石支行	黄石市黄石港区武汉路277号	阮浩	0714-6283536	435000
广发银行襄阳分行	**襄阳市樊城区春园西路民发盛特区5栋1-2层**	**曾江帆**	**0710-3281859**	**441000**
广发银行宜昌分行	**宜昌市伍家岗区沿江大道185号九州方圆大厦1、2层**	**胡立武**	**0717-6577077**	**443000**
广发银行西陵支行	宜昌市西陵区西陵二路51号金缔华城3号楼商业建筑1层101号北侧	王义	0717-6577451	443000
渤海银行武汉分行	**武汉市江汉区新华路29号伟业国际(庭瑞大厦)1-3层、10、12-15层**	**张文涛**	**027-85563800**	**430022**
渤海银行武汉分行营业部	武汉市江汉区新华路29号伟业国际(庭瑞大厦)1-2层	董骅	027-85563877	430022
渤海银行武汉江岸支行	武汉市江岸区解放大道2111号聚龙大厦	向晶	027-82705778	430012
渤海银行武汉硚口支行	武汉市硚口区解放大道278号3栋1层101室	赵梅红	027-83565300	430030
渤海银行武汉武昌支行	武汉市武昌区水果湖街中北路31号知音广场大楼1-2层	王乔	027-85563500	430071
渤海银行武汉青山支行	武汉市青山区友谊大道999号中楷大厦1-2层局部	石兰芳	027-86396226	430080
渤海银行武汉洪山支行	武汉市洪山区梨园街徐东大街175号中冶南方大厦1栋1-4层办公1号1层	辜家理	027-88991500	430070
渤海银行武汉关山支行	武汉市关山大道光谷软件园广场W2-W4商铺	刘朝奉	027-87878922	430073
渤海银行武汉光谷支行	武汉市东湖新技术开发区关山大道111号武汉光谷国际商务中心C栋1层	黄雷	027-85500315	430073
渤海银行武汉武汉常青支行	武汉市东西湖区常青花园8号地块B区Z1栋1、2层商7、商8、商9	舒骅	027-85360021	430048
渤海银行武汉经济技术开发区支行	武汉市武汉经济技术开发区1R1地块华夏风情园商业1栋1-2层1室局部	桂海涛	027-84396127	430056
渤海银行宜昌分行	**宜昌市伍家岗区沿江大道特162号福江铭座**	**黄义**	**0717-6063900**	**443001**
渤海银行宜昌西陵支行	宜昌市西陵区珍珠路69号盈嘉大厦1层	邓雅娟	0717-6770001	443001
渤海银行荆州分行	**荆州市北京西路638号东升片区安置点(商业部分)1、2层**	**王颖博**	**0716-8816116**	**434020**
浙商银行武汉分行	**武汉市江汉区新华路296号**	**叶未明**	**027-85331999**	**430022**
浙商银行武汉分行营业部	武汉市江汉区新华路296号	张茹	027-85331900	430022
浙商银行武汉江岸支行	武汉市江岸区二七沿江商务区C地块二期华发·外滩首府16号楼16103-16107、16204-16206、16208号商铺	王丹妮	027-82822661	430012
浙商银行武汉光谷科技支行	武汉市东湖新技术开发区凌家山南路1号“武汉·光谷企业天地”5号楼	车婕	027-86951315	430070

续表 6-2

名　　称	地　　址	负责人	电　话	邮　编
浙商银行武汉临空港支行	武汉市东西湖区吴家山街东吴大道以南、三秀路以西海林阳光城 1 层	王福元	027-83890611	430040
浙商银行武汉经济技术开发区支行	武汉市武汉经济技术开发区 17C1 地块武汉东合中心三期办公楼(H 栋)南侧 1、2 层	李　铭	027-85331552	430056
浙商银行武汉江夏支行	武汉市江夏区大桥新村文化路 111 号通达广场(商业、办公、物业、地下)1-3 层 1 商铺号	杨思怡	027-87999960	430212
恒丰银行武汉分行	**武汉市武昌区徐家棚街道三角路村澜桥公馆 6 号楼**	**刘　鑫**	**027-88600286**	**430060**
恒丰银行武汉分行营业部	武汉市武昌区徐家棚街道三角路村澜桥公馆 6 号楼	陈虎平	027-88608111	430060
恒丰银行武汉汉正街支行	武汉市硚口区多福路多福商贸城北厅 121-127 号	周　璇	027-85770031	430030
恒丰银行武汉光谷科技支行	武汉市东湖新技术开发区高新大道 818 号武汉高科医疗器械园 B1 栋综合楼 1 层西侧	刘艳军	027-65523607	430070
城市商业银行				
汉口银行	**武汉市江汉区建设大道 933 号**	**陈新民**	**027-82656263**	**430015**
汉口银行总行营业部	武汉市江汉区建设大道 933 号	谭爱民	027-82656355	430015
汉口银行江岸支行	武汉市江岸区中山大道 1541 号三阳金城 B 栋 1 层	张祝民	027-82787759	430010
汉口银行九通(香港路)支行	武汉市江岸区前三眼桥 160 号-1-12 层 1 层	杨德蓉	027-82656917	430010
汉口银行江汉支行	武汉市江汉区新华下路特 8 号 1-2 层	程　征	027-85481527	430020
汉口银行硚口支行	武汉市硚口区硚口路 160 号	邹　强	027-83773126	430030
汉口银行汉正街支行	武汉市汉口利济南路 107-109 号	张利阳	027-85683625	430030
汉口银行汉阳支行	武汉市汉阳翠微路特 1 号	巴　军	027-84843661	430050
汉口银行武昌支行	武汉市武昌中山路 440 号	刘　斌	027-88044695	430060
汉口银行水果湖支行	武汉市武昌区洪山路 33 号	金怡年	027-87122085	430060
汉口银行青山支行	武汉市青山区沿港路 5 号	庞　斌	027-86864559	430080
汉口银行洪山支行	武汉市洪山区珞喻路 95 号	张　叙	027-87657549	430070
汉口银行东西湖支行	武汉市东西湖区吴家山吴中路 288 号	魏　来	027-83898579	430040
汉口银行武汉经济技术开发区支行	武汉市武汉经济技术开发区创业路 12 号嘉昱建银商务公馆	汪　辛	027-84211332	430056
汉口银行蔡甸支行	武汉市蔡甸区蔡甸大街 208 号	程　云	027-69112242	430100
汉口银行江夏支行	武汉市江夏区文华路中百江夏购物中心	秦　凡	027-81826558	430200
汉口银行黄陂支行	武汉市黄陂区黄陂大道 387 号	李　玲	027-61106313	430300
汉口银行阳逻开发区支行	武汉市阳逻经济开发区汉施路特 1 号	杨　华	027-89620275	430050
汉口银行科技金融服务中心	武汉市东湖新技术开发区光谷软件园 A5 栋	吕堂生	027-67803761	430073
汉口银行小微企业金融服务中心	武汉市江汉区建设大道 933 号汉口银行大厦 B 区 3 楼	董国庆	027-82656877	430015
汉口银行光谷分行	**武汉市东湖新技术开发区民族大道 1 号**	**夏云宝**	**027-87460299**	**430079**

续表 6-2

名　　称	地　　址	负责人	电　话	邮　编
汉口银行黄石分行	黄石市黄石港区黄石大道 861 号	罗　瀚	0714-6307510	435000
汉口银行十堰分行	十堰市茅箭区朝阳中路 9 号万隆广场	李　俊	0719-8632066	442000
汉口银行宜昌分行	宜昌市西陵区云集路 25 号旅游广场	邓　凯（代为履职）	0717-6496558	443000
汉口银行襄阳分行	襄阳市高新区春园路 8 号	万　炜	0710-3806558	441000
汉口银行鄂州分行	鄂州市鄂城区文星大道 59 号	龚阳华	0711-5913320	436000
汉口银行荆门分行	荆门市东宝区长宁大道 26 号	张海东	0724-2496558	448000
汉口银行孝感分行	孝感市孝南区北京路 51 号	汪　沛	0712-2721600	432000
汉口银行荆州分行	荆州市江津西路 280 号(恒源大酒店)	李雏凤	0716-8116588	434000
汉口银行黄冈分行	黄冈市黄州区赤壁大道 76 号翡翠一品 55 号楼	刘　坤	0713-8888620	438000
汉口银行咸宁分行	咸宁市淦河大道 25 号阳光威娜国际名仕广场	杨　洋	0715-8911396	437000
汉口银行随州分行	随州市曾都区交通大道与迎宾大道交叉口西北角	胡　欣	0722-3996558	441300
汉口银行恩施分行	恩施市施州大道 67 号(金鳞大厦)	李　燕	0718-8272298	445000
汉口银行仙桃支行	仙桃市仙桃大道 11-6 号	曹　晶	0728-3251868	433000
汉口银行潜江支行	潜江市潜阳中路 32 号	水　峻	0728-3500285	433100
汉口银行天门支行	天门市天门新城阳光丽景湾 25 号楼	谭徐洋	0728-5333001	431700
汉口银行重庆分行	重庆市渝北区洪湖东路 11 号 1 幢	邹立宏	023-63706122	401121
湖北银行	武汉市武昌区水果湖街中北路 86 号汉街总部国际 8 栋	赵　军	027-87139005	430077
湖北银行总行营业部	武汉市武昌区水果湖街中北路 86 号汉街总部国际 8 栋	张　华	027-87139000	430077
湖北银行武汉江岸支行	武汉市江岸区解放大道交会处融科天城二期 T11 栋 1-2 层商 19、20、21、22、23	万　丹	027-82220391	430010
湖北银行武汉长江新城支行	武汉市江岸区后湖大道 328 号附 1101-1103	黄　婷	027-82336990	430010
湖北银行武汉江汉支行	武汉市江汉区万松园路特 1 号创世纪大厦 1-2 层	李青昆	027-85771800	430020
湖北银行武汉汉口支行	武汉市江汉区发展大道 222 号华南大厦 C 座	周　进	027-83959729	430020
湖北银行武汉硚口支行	武汉市硚口区古田四路 197 号	邓　霞	027-83633268	430030
湖北银行武汉汉阳支行	武汉市汉阳区芳草路 18 号十里景秀还建小区 15 号楼 1-2 层	余会玲	027-84762672	430050
湖北银行武汉武昌支行	武汉市武昌区徐东大道 20 号	张永刚	027-88518518	430060
湖北银行武汉青山支行	武汉市青山区和平大道 1248 号智绘城(吾行里)1、4 幢 1 层 1、2、3、4、5、6 号以及 1、4 幢 2 层 5、6、7 号物业	马传庆	027-86691106	430080
湖北银行武汉洪山支行	武汉市洪山区珞狮路 59 号	邓怒修	027-87770651	430070
湖北银行武汉临空港开发区支行	武汉市东西湖区金银湖路 15 号武汉海棠大厦 2 层	韩　沛	027-85817613	430040
湖北银行武汉经济技术开发区支行	武汉市武汉经济技术开发区 17C1 地块东合中心 B 栋 1-2 层 B11、B12 号	陈　斌	027-84252395	430056

续表 6-2

名称	地址	负责人	电话	邮编
湖北银行武汉蔡甸支行	武汉市蔡甸区大集街大集村大集商业中心一期项目一号楼 1-2 层(4-6)商室	胡园园	027-69567126	430100
湖北银行武汉江夏支行	武汉市江夏开发区大桥新区大桥村江郡华府 3 栋 1-2 层 1 室	宋　斌	027-81807572	430200
湖北银行武汉黄陂支行	武汉市黄陂区前川街百泰路 58 号	李　钢	027-61915238	430300
湖北银行武汉新洲支行	武汉市新洲区文昌大道 83 号	陈　力	027-86980213	430400
湖北银行湖北自贸试验区武汉片区分行	武汉市东湖新技术开发区高新大道 797 号 GB 栋 1 层 10 号、14 号商铺,2 层 3 号办公,3 层 38 号、39 号、40 号、41 号办公	姚　戈	027-87522528	430070
湖北银行黄石分行	黄石市下陆区桂林南路 22 号	涂细国	0714-6516651	435000
湖北银行十堰分行	十堰市茅箭区北京北路 109 号	代新胜	0719-8616111	442000
湖北银行宜昌分行	宜昌市西陵区珍珠路 109 号	钟育红	0717-6268666	443000
湖北银行襄阳分行	襄阳市樊城区长虹北路 5 号	蔡　碧	0710-3271938	441000
湖北银行鄂州分行	鄂州市鄂城区武昌大道与凤凰路交叉处东南角综合楼	王　军	0711-3835936	436000
湖北银行荆门分行	荆门市东宝区长宁大道 28 号	曹　霞	0724-2295151	448000
湖北银行孝感分行	孝感市槐荫大道 175 号	刘本伟	0712-2846661	432100
湖北银行荆州分行	荆州市荆州区江津西路 468 号	鲁　平	0716-8450578	434000
湖北银行黄冈分行	黄冈市黄州区东门路 143 号	陈双林	0713-8876127	438000
湖北银行咸宁分行	咸宁市咸宁大道 39 号	蔡　峰	0715-8219077	437000
湖北银行随州分行	随州市曾都区汉东路 189 号	蒋军旭	0722-7023069	441300
湖北银行恩施分行	恩施市施州大道 157 号	肖永忠	0718-8254012	445000
湖北银行仙桃支行	仙桃市仙桃大道 40 号	陈先军	0728-3253368	433000
湖北银行潜江支行	潜江市章华南路 29 号	徐四平	0728-8514239	433100
湖北银行天门支行	天门市竟陵办事处公旺大街特 5 号	吴家庆	0728-8211102	431700
湖北银行神农架支行	神农架林区神农大道 155 号	汪望芝	0719-3335888	442400
民营银行				
武汉众邦银行	武汉市黄陂区盘龙城经济开发区汉口北大道 88 号汉口北国际商品交易中心 D2 区 1-2 层、22-23 层	晏东顺	027-85386666	430300
外资银行				
东亚银行(中国)有限公司武汉分行	武汉市江岸区中山大道 1628 号武汉天地—企业中心 5 号 2 层	李颖新	027-82261668	430014
东亚银行(中国)有限公司武汉光谷支行	武汉市东湖新技术开发区关山大道 332 号保利国际中心 19 层 06 号房	王　路	027-82453158	430074
汇丰银行(中国)有限公司武汉分行	武汉市江汉区建设大道 568 号新世界国贸大厦 18 层 01-07 室、15-16 室	李　宁	027-65779817	430022
渣打银行(中国)有限公司武汉分行	武汉市江岸区中山大道 1627 号 11 层 11-7、11-8、11-9 单元	丁旭敏	027-59353888	430015
渣打银行(中国)有限公司武汉外滩支行	武汉市江岸区三阳路 8 号天悦星晨 A 栋写字楼第 22 层 2206、2207-A 单元	陈　曦	027-59353898	430015

续表 6-2

名　　称	地　　址	负责人	电　话	邮　编
企业银行(中国)有限公司武汉分行	武汉市武昌区中北路 108 号附 2 号楼中国进出口银行大厦 13 层	河煐采	027-8725885	430060
富邦华一银行有限公司武汉分行	武汉市武昌区中北路 9 号长城汇 T1-1-1563、1564,T1-8	喻振健	027-59007558	430071
华侨永亨银行(中国)有限公司武汉分行	武汉市江岸区中山大道 1505 号企业天地 1 号 3004A、3004B1、3005A、3005B 单元	叶　菁	027-59977800	430010
南洋商业银行(中国)有限公司武汉分行	武汉市武昌区中南路 99 号武汉保利广场 41 层	姜　涛	027-87306789	430071
瑞穗银行(中国)有限公司武汉分行	武汉市汉口解放大道 634 号新世界中心写字楼 A 座 5 楼	松嵜贵洋	027-83425000	430032
三菱日联银行(中国)有限公司武汉分行	武汉市江岸区中山大道 1628 号企业中心 5 号 2008 室	寺冈裕之郎	027-82200888-100	430010
台湾土地银行股份有限公司武汉分行	武汉市武昌区积玉桥临江大道 96 号万达中心 41 楼 01-03、09-12 室	黄国基	027-59606939-101	430060
台湾中小企业银行股份有限公司武汉分行	武汉市武昌区中北路 108 号附 2 号楼 17 层	丁竹英	027-59817171-111	430077
农村商业银行				
武汉农村商业银行	武汉市江岸区建设大道 618 号	白俊伟	027-85497210	430015
武汉农村商业银行江岸支行	武汉市江岸区建设大道 1001 号新苑商务中心 1 层(3-7)商号	张　毅	027-82863951	430010
武汉农村商业银行汉口支行	武汉市江岸区台北路 100 号 3-4 层	郑　伟	027-85359542	430015
武汉农村商业银行市民之家支行	武汉市江岸区金桥大道与三环线交会处三金潭	张银霞	027-65771573	430013
武汉农村商业银行江汉支行	武汉市江汉区新华下路 198-200 号	毛　锋	027-85607123	430023
武汉农村商业银行硚口支行	武汉市解放大道 1009 号(兴隆大厦 1-4 层)	朱伟贤	027-83608857	430030
武汉农村商业银行汉阳支行	武汉市汉阳区鹦鹉大道 275 号	朱红芳	027-84522079	430050
武汉农村商业银行武昌支行	武汉市武昌区中山路 268 号	万国庆	027-88922593	430060
武汉农村商业银行青山支行	武汉市青山区罗家路特 3 号	张治青	027-86540890	430081
武汉农村商业银行洪山支行	武汉市洪山区武珞路 378 号未来公馆 1 栋 1-4 层	叶　飞	027-87647172	430064
武汉农村商业银行东湖风景区支行	武汉市洪山区欢乐大道 75 号骏业财富中心 A 座 1-3 层	刘　俊	027-88236727	430077
武汉农村商业银行化工新城支行	武汉市东湖新技术开发区花城大道 8 号武汉软件新城 B2 号	叶　飞	027-87634556	430076
武汉农村商业银行东西湖支行	武汉市东西湖区东吴大道 1301 号	徐　凯	027-83899270	430040
武汉农村商业银行经济技术开发区支行	武汉市武汉经济技术开发区 2C1 地块	周　阳	027-84790830	430056
武汉农村商业银行汉南支行	武汉市汉南区纱帽镇汉南大道 321 号	张　杰	027-84851088	430090
武汉农村商业银行蔡甸支行	武汉市蔡甸区蔡甸大街 230 号	陈江峰	027-69812830	430199
武汉农村商业银行江夏支行	武汉市江夏区纸坊街文化路 33 号	杨　玲	027-81826600	430299

续表 6-2

名　　称	地　　址	负责人	电　话	邮　编
武汉农村商业银行黄陂支行	武汉市黄陂区前川街黄陂大道 205 号	许智勇	027-61003087	430331
武汉农村商业银行盘龙城经济开发区支行	武汉市盘龙城经济开发区巨龙大道 155 号	吴　涛	027-61871010	430312
武汉农村商业银行新洲支行	武汉市新洲区龙腾大街 50 号	陈常谦	027-89350869	430499
武汉农村商业银行阳逻经济开发区支行	武汉市新洲区阳逻街柴泊大街 12 附 8 号财富广场 1 栋 1 单元 1 层 1 号	王　伟	027-86960891	430415
武汉农村商业银行微小企业信贷服务中心	武汉市东湖新技术开发区软件园东路 1 号软件产业 4.1 期 B5 栋 6 层 01 室、7 层 01 室	黄　芳	027-83622599	430074
武汉农村商业银行光谷分行	**武汉市东湖新技术开发区软件园东路 1 号软件产业 4.1 期 B5 栋**	**余俊华**	**027-87420510**	**430074**
武汉农村商业银行宜昌分行	**宜昌市沿江大道 188 号新外滩 4 栋 1 层 D002-D010 商铺**	**董志伟**	**0717-6529333**	**443000**
武汉农村商业银行宜昌分行自贸区支行	宜昌市高新区发展大道 46 号	徐汉宸	0717-6789008	443000
武汉农村商业银行宜昌分行秭归支行	秭归县茅坪镇平湖大道 36 号	田　填	0717-2889188	443600
武汉农村商业银行宜昌分行宜都支行	宜都市陆城街办西湖二路 2 号	潘　芬	0717-4663361	443300
武汉农村商业银行宜昌分行当阳支行	当阳市玉阳办事处东群路 29 号凯旋名邸 1 栋	马潇枭	0717-3229719	444100
武汉农村商业银行宜昌分行枝江支行	枝江市公园路 25 号	李　涛	0717-4220869	443200
武汉农村商业银行黄冈分行	**黄冈市黄州区东门路 74 号**	**柴亚炜**	**0713-8360506**	**438000**
武汉农村商业银行黄冈分行团风支行	团风县团风镇人民路广场花园 1 幢 1 层	商志远	0713-6500027	438000
武汉农村商业银行黄冈分行红安支行	红安县城关镇沿河路盛地沃尔玛广场 S1 号楼	曾　猛	0713-5979988	438400
武汉农村商业银行黄冈分行罗田支行	罗田县凤山镇凤城大道天和大厦	李　琼	0713-5929866	438600
武汉农村商业银行黄冈分行浠水支行	浠水县清泉镇闻一多大道 5 号	陈　庆	0713-4502020	438200
武汉农村商业银行黄冈分行清泉支行	浠水县清泉镇新华正街 265 号	孔　阳	0713-4502066	438200
武汉农村商业银行黄冈分行蕲春支行	蕲春县漕河一路与齐昌大道交会处	李精华	0713-7878318	435300
武汉农村商业银行黄冈分行漕河支行	蕲春县漕河镇蕲阳中路工贸新天地二期 1 层 1-B 号 103、105、106 商铺	田　佳	0713-7872178	435300
武汉农村商业银行黄冈分行黄梅支行	黄梅县南二环誉天下 12 号楼 1 层	陈四斌	0713-3510811	435500
武汉农村商业银行黄冈分行嘉隆支行	黄梅县黄梅镇人民大道(嘉隆广场商业街 2 号楼 1 层)	梅　玫	0713-3518916	435500
武汉农村商业银行黄冈分行麻城支行	麻城市金桥大道 18 号	龚友春	0713-2528058	438300
武汉农村商业银行黄冈分行龙池支行	麻城市龙池桥办事处城西社区融辉路长江房地产 1 号楼 1 层	邬　杰	0713-2520329	438300
武汉农村商业银行黄冈分行武穴支行	武穴市永宁大道西 65 号	吕　意	0713-6510202	435400
武汉农村商业银行咸宁分行	**咸宁市咸安区银泉大道 611 号元信花园**	**杨云昊**	**0715-8260909**	**437000**
武汉农村商业银行咸宁分行温泉支行	咸宁市温泉淦河大道 25 号	陈　瑶	0715-8890719	437000
武汉农村商业银行咸宁分行咸安支行	咸宁市咸安区永安大道 36 号福临天下 8 号楼 1 层	汪　涛	0715-8827788	437000
武汉农村商业银行咸宁分行嘉鱼支行	嘉鱼县鱼岳镇沿湖大道 155 号	肖创志	0715-6896555	437200
武汉农村商业银行咸宁分行南嘉支行	嘉鱼县鱼岳镇发展大道 135 号	杜浩然	0715-6321555	437200

续表 6-2

名　　称	地　　址	负责人	电　话	邮　编
武汉农村商业银行咸宁分行通城支行	通城县隽水镇隽水大道 261 号	周　莉	0715-4338815	437400
武汉农村商业银行咸宁分行崇阳支行	崇阳县天城镇仪表路	吴　胜	0715-3869555	437500
武汉农村商业银行咸宁分行通山支行	通山县通羊镇洋都大道 83 号	吴　丽	0715-2396655	437600
武汉农村商业银行咸宁分行赤壁支行	赤壁市河北大道 228 号	朱丽萍	0715-5296666	437300
黄石农村商业银行	黄石市黄石港区磁湖路 55 号时代·仁智山水 S06 号、S07 号楼	左江蓉	0714-6249378	435000
湖北阳新农村商业银行	阳新县兴国镇陵园大道 62 号	严　华	0714-7323939	435200
湖北大冶农村商业银行	大冶市观山路 28 号	童长虹	0714-8766673	435100
湖北十堰农村商业银行	十堰市朝阳中路 15 号武当国际园 A 座	陈江波	0719-8659129	442000
湖北郧县农村商业银行	十堰市郧阳区城关镇金沙路 23 号	唐志军	0719-7232052	442500
湖北郧西农村商业银行	郧西县郧西大道 74 号	代新兵（行长代为履职）	0719-6234588	442600
湖北竹山农村商业银行	竹山县城关镇人民路 15 号	卢传红（行长代为履职）	0719-4225208	442200
湖北竹溪农村商业银行	竹溪县城关镇鄂陕大道 1884 号	寇华林	0719-2728716	442300
湖北房县农村商业银行	房县城关镇南大街 47 号	罗　轶（行长代为履职）	0719-3230489	442100
湖北丹江口农村商业银行	丹江口市均州二路 19 号	何选傲	0719-5210449	442700
湖北武当山农村商业银行	十堰市武当山特区太极湖西路 2727 幢	王绍军	0719-5665794	442714
湖北三峡农村商业银行	宜昌市夷陵区平云一路 64 号	甘　军	0717-6915900	443100
湖北远安农村商业银行	远安县鸣凤大道 73 号	黄雪芹	0717-3813881	444299
湖北兴山农村商业银行	兴山县古夫镇昭君路 20 号	尚绪宝	0717-2585400	443700
湖北秭归农村商业银行	秭归县茅坪镇平湖大道 15 号	邓　红	0717-2882332	443600
湖北长阳农村商业银行	长阳土家族自治县龙舟坪镇龙舟大道 52 号	李传雄	0717-5328006	443500
湖北五峰农村商业银行	五峰土家族自治县渔洋关镇长乐大道 194 号	董　鑫	0717-5758226	443413
湖北宜都农村商业银行	宜都市陆城街办清江大道 39 号	黄　琛	0717-4821754	443300
湖北当阳农村商业银行	当阳市长坂路 146 号	周正国	0717-3223052	444100
湖北枝江农村商业银行	枝江市友谊大道 59 号	杨国祥	0717-4289966	443200
湖北襄阳农村商业银行	襄阳市襄城区檀溪路 116 号	柯国良	0710-3691102	441022
湖北南漳农村商业银行	南漳县城关镇水镜大道 299 号	曹　辉	0710-5231082	441500
湖北谷城农村商业银行	谷城县城关镇粉阳路 70 号	晋　锐	0710-7335961	441700
湖北保康农村商业银行	保康县城关镇光千路 5 号	李志勇	0710-5812335	441600
湖北老河口农村商业银行	老河口市中山路 21 号	李　波（行长代为履职）	0710-8220930	441800
湖北枣阳农村商业银行	枣阳市中兴大道 189 号	刘　亚	0710-6806868	441200

续表 6-2

名　　称	地　　址	负责人	电　话	邮　编
湖北宜城农村商业银行	宜城市振兴大道 262 号	刘　锋	0710-4212839	441400
湖北鄂州农村商业银行	鄂州市古城路 75 号	何　涛	0711-3224323	436000
湖北荆门农村商业银行	荆门市象山大道 188 号红星时代广场写字楼 B 座	曹　哲	0724-8600388	448000
湖北沙洋农村商业银行	沙洋县沙洋镇荷花大道 40 号	陈仁波	0724-8596403	448200
湖北钟祥农村商业银行	钟祥市莫愁大道 55 号	丁风云	0724-4263152	431900
湖北京山农村商业银行	京山市新市镇新市大道 261 号	张　伟	0724-7328549	431899
湖北孝感农村商业银行	孝感市高新区复兴大道 5 号	李　诚	0712-2853255	432100
湖北孝昌农村商业银行	孝昌县花园大道 120 号	张鸿祥	0712-4768036	432900
湖北大悟农村商业银行	大悟县城关镇发展大道 2 号	丁燕舞（行长代为履职）	0712-7232287	432800
湖北云梦农村商业银行	云梦县楚王城大道 187 号	余洪波	0712-4221434	432500
湖北应城农村商业银行	应城市广场大道 2 号	汪立志（行长代为履职）	0712-3223904	432400
湖北安陆农村商业银行	安陆市碧涢路 78 号	付严冬	0712-5253622	432600
湖北汉川农村商业银行	汉川市人民大道 228 号	周岩松	0712-8288150	431600
湖北荆州农村商业银行	荆州市江津中路 255 号	梅素益	0716-8515901	434000
湖北公安农村商业银行	公安县斗湖堤镇荆江大道 152 号	张志平	0716-5200968	434300
湖北江陵农村商业银行	江陵县郝穴镇荆江路 182 号	王　静	0716-4733949	434100
湖北石首农村商业银行	石首市中山街 59 号	许帮成	0716-7288445	434400
湖北洪湖农村商业银行	洪湖市宏伟北路 8 号	谢　之	0716-2211260	433200
湖北松滋农村商业银行	松滋市新江口街道民主路 213 号	肖国斌	0716-6222926	434200
湖北监利农村商业银行	监利市容城镇江城路 57 号	杨诗涛	0716-3328931	433300
湖北黄冈农村商业银行	黄冈市黄州区赤壁大道 70 号	余祥林	0713-8663671	438000
湖北团风农村商业银行	团风县团风大道 14 号	张海君	0713-6150806	438800
湖北红安农村商业银行	红安县城关镇将军大道 53 号	毛　瑞	0713-5243537	438400
湖北罗田农村商业银行	罗田县凤山镇义水北路	吴险峰	0713-5059708	438600
湖北英山农村商业银行	英山县温泉镇金石路（大桥北端）	骆　琼	0713-7010172	438700
湖北浠水农村商业银行	浠水县清泉镇车站大道 302 号	陈红波	0713-4236390	438200
湖北蕲春农村商业银行	蕲春县漕河镇蕲春大道 211 号	王　武	0713-7263582	435300
湖北黄梅农村商业银行	黄梅县黄梅镇黄梅大道 498 号	朱卫中	0713-3353301	435500
湖北麻城农村商业银行	麻城市金桥大道 17 号	王　巍	0713-2910521	438300
湖北武穴农村商业银行	武穴市广济大道东 10 号	杨晓谋	0713-6225041	435400
湖北咸宁农村商业银行	咸宁市咸宁大道 51 号	陈继华	0715-8233885	437100
湖北嘉鱼农村商业银行	嘉鱼县发展大道 167 号	程　雯	0715-6310606	437200

续表 6-2

名　　称	地　　址	负责人	电　话	邮　编
湖北通城农村商业银行	通城县隽水镇隽水大道 262 号	夏广韬	0715-4866666	437400
湖北崇阳农村商业银行	崇阳县天城镇沿河大道 345 号	李　敏	0715-3325406	437500
湖北通山农村商业银行	通山县通羊镇九宫大道 406 号	孙　琦	0715-2362128	437600
湖北赤壁农村商业银行	赤壁市河北大道 267 号	熊勇军	0715-5353196	437300
湖北随州农村商业银行	随州市舜井大道 89 号	王黎宾	0722-3246663	441300
湖北广水农村商业银行	广水市永阳大道 46 号	杜建军	0722-6261020	432700
湖北恩施农村商业银行	恩施市施州大道 52 号	范　伟	0718-8411741	445000
湖北利川农村商业银行	利川市清江大道 177 号	熊朝杰	0718-7286015	445400
湖北建始农村商业银行	建始县邺州镇广润路 17 号	李佳盛	0718-3223523	445300
湖北巴东农村商业银行	巴东县信陵镇巫峡路 29 号	王　雄	0718-4226197	444300
湖北宣恩农村商业银行	宣恩县珠山镇兴隆大道 155 号	屠　明	0718-5831905	445500
湖北咸丰农村商业银行	咸丰县高乐山镇营屏寨路 43 号	刘志会	0718-6822464	445600
湖北来凤农村商业银行	来凤县翔凤镇解放大道 211 号	董学军	0718-6283935	445700
湖北鹤峰农村商业银行	鹤峰县容美镇溇水大道 806 号	魏斌武	0718-5282798	445800
湖北仙桃农村商业银行	仙桃市仙桃大道 2A 号	杨　刚	0728-3221469	433000
湖北潜江农村商业银行	潜江市江汉路 36 号	柯云霞	0728-6232660	433199
湖北天门农村商业银行	天门市竟陵人民大道(中)126 号	刘玉山	0728-5222549	431700
湖北神农架农村商业银行	神农架林区松柏镇中心街 7 号	匡凯旋	0719-3333830	442400
农村信用社				
湖北省农村信用社联合社	武汉市武昌区水果湖街中北路 86 号汉街总部国际 G 栋	李亚华	027-87119609	430070
村镇银行				
武汉江夏民生村镇银行	武汉市江夏区纸坊街文华路水务局亲水大厦副楼	尹　达	027-81811021	430200
武汉东西湖扬子村镇银行	武汉市东西湖区东吴大道 1256 附 157 号	杨　平	027-83296288	430048
阳新汉银村镇银行	阳新县城东新区环湖西路尚湖湾 29 号楼 101 号铺	罗　瀚	0714-7395848	435200
大冶中银富登村镇银行	大冶市大冶大道 104 号	汤明中	0714-8635320	435100
湖北大冶泰隆村镇银行	大冶市观山路 27 号	刘振峰	0714-8868796	435100
郧县楚农商村镇银行	十堰市郧阳区城关镇解放南路 9 号	宋　波	0719-7209188	442500
郧西楚农商村镇银行	郧西县城关镇学苑路 18 号	徐蔚林	0719-6221699	442600
竹山楚农商村镇银行	竹山县城关镇纵横大道 18 号	石思辉	0719-4221866	442200
竹溪楚农商村镇银行	竹溪县城关镇光明西路 48 号	胡秀涛	0719-2720006	442300
房县楚农商村镇银行	房县城关镇房陵大道 331 号	彭海波	0719-3105001	442100
丹江口楚农商村镇银行	丹江口市丹江大道 52 号	熊强武	0719-5230788	442700

续表 6-2

名　　称	地　　址	负责人	电　话	邮　编
宜昌夷陵兴福村镇银行	宜昌市夷陵区夷兴大道 209 号	徐保东	0717-7531953	443100
远安金谷村镇银行	远安县鸣凤镇解放路 68 号	周　勇	0717-3993998	444200
兴山本富村镇银行	兴山县古夫镇香溪大道 38 号	李百威	0717-2582666	443700
秭归兴福村镇银行	秭归县茅坪镇桔颂路 43 号	王　炼	17720306336	443600
长阳兴福村镇银行	长阳土家族自治县向王街 28 号	朱坤明	18906234370	443500
五峰金谷村镇银行	五峰土家族自治县渔洋关镇长乐大道 198 号 22 栋	李年松	0717-5755666	443413
宜都民生村镇银行	宜都市陆城长江大道 159 号	耿　刚	0717-4818325	443300
当阳兴福村镇银行	当阳市玉阳办事处长坂路 197 号	徐保东	13506230558	444100
枝江汉银村镇银行	枝江市团结路 34 号	徐　军	15872482055	443200
南漳中银富登村镇银行	南漳县水镜大道 566 号(原行政服务中心)	裴美武	0710-5665666	441500
谷城中银富登村镇银行	谷城县城关镇银城大道 34 号	王晓林	0710-7566666	441700
保康楚农商村镇银行	保康县城关镇清溪路 17 号	王华祥	0710-5103225	441600
老河口中银富登村镇银行	老河口市胜利路 77 号	王晓林	0710-8233290	441800
枣阳中银富登村镇银行	枣阳市中兴大道御景豪庭 186 号	刘双喜	0710-6222123	441200
宜城中银富登村镇银行	宜城市紫阳观路一阳精品街 11 栋 140 至 148 号	肖　静	0710-4221000	441400
湖北荆门掇刀楚农商村镇银行	荆门市龙井大道 98 号	李旭华	0724-8688299	448000
荆门东宝惠民村镇银行	荆门市东宝区象山大道 82 号	杨　荣	0724-6903796	448000
沙洋中银富登村镇银行	沙洋县开源大道 2-2 号	刘双喜	0724-6109099-600	448200
钟祥民生村镇银行	钟祥市郢中镇莫愁大道 1 号	周　硕	0724-4331688	431900
京山中银富登村镇银行	京山市新市大道 183 号	肖　静	0724-7599555-601	431899
孝昌本富村镇银行	孝昌县中天大道祥瑞景城 G5 栋	乐文景	18608625577	432900
大悟楚农商村镇银行	大悟县城关镇兴华路 160 号	黎　鹏	13508696723	432800
云梦楚农商村镇银行	云梦县城关镇楚王城大道京都名城 2 楼	汪少儒	13349817777	432500
应城融兴村镇银行	应城市古城大道世纪名居 A 栋	吴东辉	0712-3318999	432400
安陆楚农商村镇银行	安陆市解放大道东路 1 号	张江涛	13872895459	432600
湖北汉川农银村镇银行	汉川市新河工业园路 70 号	张华年	0712-8412338	431600
公安中银富登村镇银行	公安县斗湖堤镇梅园大道 10 号鑫泰国际第 2 栋 1 层 104 号、105 号、106 号,2 层 204 号、205 号、206 号	肖　静	0716-5109888-600	434300
江陵楚农商村镇银行	江陵县江陵大道 195 号	文礼毓	13972112111	434100
石首楚农商村镇银行	石首市解放西路 12 号	李纯波	18062997222	434400

续表 6-2

名　　称	地　　址	负责人	电　话	邮　编
洪湖融兴村镇银行	洪湖市文泉大道 23 号中央花园	田益民	18641199977	433200
松滋中银富登村镇银行	松滋市新江口镇金松大道西段 40 号	陈春平	0716-6235599-601	434200
监利中银富登村镇银行	监利市容城大道东 28 号	马　哲	18986954484	433300
团风楚农商村镇银行	团风县团风大道世纪华府 1 楼	黄文龙	13872436006	438000
湖北红安长江村镇银行	红安县城关镇红坪大道 15 号华府名城	陶文宇	18971915008	438400
罗田楚农商村镇银行	罗田县凤山镇万密斋大道广源商城	黄应城	13872400443	438600
湖北英山长江村镇银行	英山县温泉镇温泉北路天壹国际小区 28 号楼 107、108	陶文宇	18971615008	438700
浠水楚农商村镇银行	浠水县丽文大道与学堂口 418-1 号商住楼 1 楼	张华杰	13797335758	438000
蕲春中银富登村镇银行	蕲春县漕河镇齐昌大道 272 号	刘双喜	0713-7230918	435300
黄梅中银富登村镇银行	黄梅县人民大道 289 号	汤明中	13872006186	435500
湖北麻城汇丰村镇银行	麻城市玉融街 56 号	秦丽娅	0713-2938388	438300
武穴中银富登村镇银行	武穴市永宁大道西 69 号	何本辉	15807118800	435400
湖北咸安长江村镇银行	咸宁市银泉大道 542-6 号	胡建斌	0715-8267867	437100
湖北嘉鱼吴江村镇银行	嘉鱼县鱼岳镇人民大道 42 号	袁秀娟	0715-6317999	437200
通城惠民村镇银行	通城县隽水镇解放东路 59 号	吴　纲	0715-4338869	437400
崇阳楚农商村镇银行	崇阳县天城镇城北新区金三角花城大厦	何小红	0715-3358668	437500
通山楚农商村镇银行	通山县通羊镇九宫大道 460 号	陈启银	0715-2366066	437600
湖北赤壁长江村镇银行	赤壁市陆水湖大道 245 号	郑　婷	0715-5331122	437300
湖北随州曾都汇丰村镇银行	随州市曾都区烈山大道 205 号	詹关楠	0722-3068058	441300
随县楚农商村镇银行	随县神农社区华源盛世商住中心 7 号楼	李　宇	13733595866	431500
广水楚农商村镇银行	广水市应十大道翡翠山湖 888 号 A1 栋	王自钰	0722-6282999	432700
恩施兴福村镇银行	恩施市金桂大道 31 号	徐　燕	0718-8205080	445000
仙桃楚农商村镇银行	仙桃市沙嘴办事处黄金大道北侧皇宫商务办公楼 201 室	邹承君	0728-3319221	433000
潜江中银富登村镇银行	潜江市园林潜阳中路 15 号	严俊敏	13797988791	433100
湖北天门汇丰村镇银行	天门市天门新城银座帝景湾三号楼	李　胜	0728-5299002	431700
神农架楚农商村镇银行	神农架林区木鱼镇木鱼路 71 号偏桥湾神农御景	张　靖	0719-3333660	442421
信托公司				
交银国际信托有限公司	武汉市建设大道 847 号瑞通广场 B 座 16、17 楼	童学卫	027-85487417	430015
国通信托有限责任公司	武汉市江汉区新华路 296 号 IFC 国际金融中心 31-38 楼	陈建新	027-85567532	430015

续表 6-2

名称	地址	负责人	电话	邮编
金融资产管理公司				
中国长城资产管理股份有限公司湖北省分公司	武汉市武昌区东湖路 155 号	杨宝宏	027-86772788	430077
中国信达资产管理股份有限公司湖北省分公司	武汉市武昌区中南路 99 号保利广场 A 座 50、51 层	李作胜	027-87832741	430071
中国华融资产管理股份有限公司湖北省分公司	武汉市武昌区体育街特 1 号	闵乙铎	027-88061709	430060
中国东方资产管理股份有限公司湖北省分公司	武汉市江岸区建设大道 718 号浙商大厦 37 层 3701-3703 号和 38 层	黄　鹤	027-85712437	430015
金融租赁公司				
光大金融租赁股份有限公司	武汉市江岸区三阳路 8 号天悦星晨 A 栋写字楼第 10 层 02-01 单元 北京市西城区复兴门外大街 6 号光大大厦	姚仲友	027-82798228 010-68098881	430010 100045
航天科工金融租赁有限公司	武汉市东西湖区金银湖路 18 号财富大厦写字楼 4、5 楼	胡建军	027-59392628	430040
湖北金融租赁股份有限公司	武汉市江汉区建设大道 737 号广发银行大厦 33-35 楼	梅　林	027-85550962	430022
企业集团财务公司				
有色矿业集团财务有限公司	武汉市武昌区徐家棚街徐东大街 6 号汇通天地 A 栋 14 层	谭耀宇	027-58908061	430062
湖北宜化集团财务有限责任公司	宜昌市西陵区沿江大道 52 号	刘宏光	0717-8868039	443000
东风汽车财务有限公司	武汉市武汉经济技术开发区东风二路东合中心南区办公楼 H 栋 15-18 层	徐光超	027-84305233	430056
湖北交投集团财务有限公司	武汉市汉阳区四新大道 26 号湖北国展中心广场东塔 7 层	王徐鹏	027-87576559	430050
三环集团财务有限公司	中国(湖北)自由贸易试验区武汉片区佳园路 33 号	宋　斌	027-87702601	430074
中国石化财务有限责任公司武汉分公司	武汉市江汉区常青路 7 号恒融商务中心 3 号楼 15 层	刘亚平	027-85495937	430024
中国电力财务有限公司华中分公司	武汉市洪山区徐东大街 69 号华中电力金融大厦	张　伟	027-88308407	430077
三峡财务有限责任公司宜昌分公司	宜昌市东山大道 80 号	阮奕舟	0717-6762097	443000
航天科工财务有限责任公司武汉分公司	武汉市江汉区建设大道 737 号广发银行大厦 41 层	黄国锴	027-85357689	430015
中国能源建设集团财务有限公司武汉分公司	武汉市硚口区解放大道 558 号	徐　娟	027-59270919	430030
宝武集团财务有限责任公司武汉分公司	武汉市友谊大道 999 号武钢办公大楼 B 座 11 层、12 层 1213 及 1217 室、13 层	姚文中	027-86219182	430081
消费金融公司				
湖北消费金融股份有限公司	武汉市武昌区水果湖街道水果湖街松竹路 28 号万达尊 B 座第 37 层	周　楠	027-88313592	430062

三、保险业机构

表 6-3

名　称	地　址	负责人	电　话	邮　编
财产保险机构				
长江财产保险股份有限公司	**武汉市东湖新技术开发区鲁巷光谷街1号资本大厦4楼401室**	**叶战平**	**027-83766666-9808**	**430073**
长江财产保险股份有限公司湖北分公司	武汉市武昌区中北路166号长江产业大厦23-25层	张东敏	027-83766666-9597	430077
长江财产保险股份有限公司北京分公司	北京市朝阳区阜通东大街1号院3号楼11层2单元121206	柳　春	010-64729380	100044
长江财产保险股份有限公司江苏分公司	南京市建邺区云龙山路98号1001室、1005室-1008室	蒋月胜	025-86810019	210019
长江财产保险股份有限公司山东分公司	济南市市中区英雄山路129号9号楼401、402室	于云腾	0531-81779188	250011
长江财产保险股份有限公司四川分公司	成都市高新区天府大道北段1199号银泰中心3号楼1805-2、1806-1	刘　鹤	028-82885692	610041
泰康在线财产保险股份有限公司	**武汉市江岸区建设大道718号浙商大厦36层**	**李朝晖**	**027-59812885**	**430014**
中国人民财产保险股份有限公司湖北省分公司	武汉市江汉区建设大道426号	夏学东	027-83648681	430022
中国人民财产保险股份有限公司武汉市分公司	武汉市汉阳区鹦鹉大道136号	徐　勇	027-84779888	430050
中国人民财产保险股份有限公司黄石市分公司	黄石市黄石港区湖滨大道117号	张小兵	0714-6368281	435000
中国人民财产保险股份有限公司十堰市分公司	十堰市茅箭区朝阳中路77号	师大华	0719-8660995	442000
中国人民财产保险股份有限公司宜昌市分公司	宜昌市西陵区沿江大道80-A号	战胜昌	0717-6754973	443000
中国人民财产保险股份有限公司襄阳市分公司	襄阳市襄城区环城南路128号	李　斌	0710-3522148	441000
中国人民财产保险股份有限公司鄂州市分公司	鄂州市武昌大道308号	胡　圻	027-53116776	436000
中国人民财产保险股份有限公司荆门市分公司	荆门市东宝区象山大道45号	程　斌	0724-2338892	448000
中国人民财产保险股份有限公司孝感市分公司	孝感市孝南区文化路123号	曲华忠	0712-2338772	432000
中国人民财产保险股份有限公司荆州市分公司	荆州市荆州区荆东路4号	文　雷	0716-8467840	434020
中国人民财产保险股份有限公司黄冈市分公司	黄冈市黄州大道33号	蒋俊坡	0713-8352313	438000
中国人民财产保险股份有限公司咸宁市分公司	咸宁市咸安区温泉路43号	李海波	0715-8263159	437000

续表 6-3

名　　称	地　　址	负责人	电　话	邮　编
中国人民财产保险股份有限公司随州市分公司	随州市曾都区汉东路 142 号	徐　毅	0722-3242556	441300
中国人民财产保险股份有限公司恩施州分公司	恩施市施州大道 50 号 1-9 层	幸保峰	0718-8222639	445000
中国人民财产保险股份有限公司潜江市分公司	潜江市章华南路 17 号	李　青	0728-6251666	433100
中国大地财产保险股份有限公司湖北分公司	**武汉市江汉区新华路 468 号 CFD 时代财富中心 21 层**	**戈晓凯**	**027-85560755**	**430021**
中国大地财产保险股份有限公司武汉中心支公司	武汉市江汉区新华路 468 号 CFD 时代财富中心 5 层 05 号、20 层	熊　飞	027-59327229	430021
中国大地财产保险股份有限公司黄石中心支公司	黄石市黄石港区四季花城 25-188 号	丁　黎	13647116613	435000
中国大地财产保险股份有限公司十堰中心支公司	十堰市茅箭区北京中路 3 号华府名邸大厦 6 号楼 4 层	郭莉莉	0719-8677709	442000
中国大地财产保险股份有限公司宜昌中心支公司	宜昌市伍家岗区沿江大道 188 号新外滩座写字楼 17-01	阮平安	0717-6451808	443000
中国大地财产保险股份有限公司襄阳中心支公司	襄阳市高新区春园路 4 号火炬大厦 14 层 CD 座、15 层	何群保	0710-3279111	441003
中国大地财产保险股份有限公司荆门中心支公司	荆门市东宝区白云大道 100 号(碧水丽园)综合楼幢 1 层 101 号房、2 层 201 号房	王　峰	0724-2381091	448000
中国大地财产保险股份有限公司孝感中心支公司	孝感市孝南经济开发区孝武大道华耀天城 4 号 301	陈叶胜	0712-2322952	432000
中国大地财产保险股份有限公司荆州中心支公司	荆州市沙市区江津西路 287 号	罗远波	0716-8268310	434000
中国大地财产保险股份有限公司黄冈中心支公司	黄冈市黄州区西湖三路 11 号临街 1 层两间及 2 层三间房屋(7、8 号—S102、S103、S201、S202、S203)	王开胜	0713-8884099	438000
中国大地财产保险股份有限公司咸宁中心支公司	咸宁市银泉大道(元信花园)3 幢 9 层	王　芳	0715-8129766	437100
中国大地财产保险股份有限公司恩施中心支公司	恩施市施州大道 327 号	吴红梅	0718-8412656	445000
中国出口信用保险公司湖北分公司	**武汉市江岸区江汉北路 8 号金茂大楼 19、20 楼**	**林　峰**	**027-85566066**	**430015**
中华联合财产保险股份有限公司湖北分公司	**武汉市硚口区解放大道 278 号华汉广场 3 栋 23-25 层**	**胡劲峰**	**027-59711005**	**430030**
中华联合财产保险股份有限公司武汉中心支公司	武汉市硚口区解放大道 278 号华汉广场 3 栋 21-22 层	刘钟煜	027-59711819	430030
中华联合财产保险股份有限公司黄石中心支公司	黄石市黄石港区公园路 47 号	皮育平	0714-6371666	435000
中华联合财产保险股份有限公司十堰中心支公司	十堰市张湾区汉江街办北京北路栖谷天街 2 层	徐　伟	0719-8873256	442000
中华联合财产保险股份有限公司宜昌中心支公司	中国(湖北)自贸区宜昌片区发展大道 57-6 号三峡云计算大厦裙楼 5 层 B2、C1 号	刘益胜	0717-6756808	443000
中华联合财产保险股份有限公司襄阳中心支公司	襄阳市樊城区星火路一号市公交调度大楼 4 层	金祖涛	0710-3490028	441000
中华联合财产保险股份有限公司鄂州中心支公司	鄂州市滨湖西路 122 号市药监局办公大楼 1 层、4 层	郑　璇	027-60265396	436000

续表 6-3

名　称	地　址	负责人	电　话	邮　编
中华联合财产保险股份有限公司荆门中心支公司	荆门市掇刀区深圳大道 22 号(掇刀区深圳大道西段南侧)	姜海波	0724-2446646	448000
中华联合财产保险股份有限公司孝感中心支公司	孝感市玉泉南路 40 号	章　庆	0712-2587750	432000
中华联合财产保险股份有限公司荆州中心支公司	荆州市沙市区塔桥路荆州义乌小商品城二期 2-1 栋 2 层 63 号	宋燕华	0716-8527897	434000
中华联合财产保险股份有限公司黄冈中心支公司	黄冈市黄州区沙街 17 号	罗　斌	0713-8393006	438000
中华联合财产保险股份有限公司咸宁中心支公司	咸宁市温泉书胜路 6 号书香门第一栋	窦天翼	0715-8134977	437000
中华联合财产保险股份有限公司随州中心支公司	随州市曾都区东城文峰塔居委会七组世纪外滩 26 幢 1-2 层	王羽峰	0722-3585188	441300
中华联合财产保险股份有限公司恩施中心支公司	恩施市六角亭街道办事处松树坪村熙苑小区(民族西路特 1 号)1 号楼 2 层 1-6 室内,5 号楼 102	覃启来	0718-8222379	445000
中华联合财产保险股份有限公司潜江中心支公司	潜江市园林街道办事处潜阳西路 43 号	刘启洪	0728-6250266	433199
中国太平洋财产保险股份有限公司湖北分公司	**武汉市江岸区建设大道 718 号浙商国际大厦 1 层(1 号、5 号单元)、4-6 层、21 层(1 号、6 号、7 号、8 号单元)、47 层**	**周厚钬**	**027-85487212**	**430015**
中国太平洋财产保险股份有限公司武汉中心支公司	武汉市江岸区建设大道 718 号浙商国际大厦 3 层、21 层(2 号、5 号单元)	陶旭松	027-85487669	430014
中国太平洋财产保险股份有限公司黄石中心支公司	黄石市下陆区苏州路 37 号佳木公园 198A 区 2 层	陈子彦	0714-6204003	435000
中国太平洋财产保险股份有限公司十堰中心支公司	十堰市朝阳中路 81 号	闫伟青	0719-8681388	442000
中国太平洋财产保险股份有限公司宜昌中心支公司	宜昌市伍家岗区中南路 39 号	罗　涛	0717-6242485	443000
中国太平洋财产保险股份有限公司襄阳中心支公司	襄阳市樊城区前进路 6 号	董尚斌	0710-3481992	441000
中国太平洋财产保险股份有限公司鄂州中心支公司	鄂州市滨湖南路 13-1 号	汪　洋	0711-3851700	436000
中国太平洋财产保险股份有限公司荆门中心支公司	荆门市东宝区白云大道 78 号	代中菊	0724-2366303	448000
中国太平洋财产保险股份有限公司孝感中心支公司	孝感市孝南区体育东路与天仙北路交会处西南角松达丽水湾 1 栋 1 层 0104 室、0105 室、2 层 0203、0204 室、0205 室、3 层 0301 室、0302 室、3 幢 1 层 0102 室、3 层 0301 室	王明刚	0712-2463806	432000
中国太平洋财产保险股份有限公司荆州中心支公司	荆州市江津西路 419 号	罗启发	0716-8420050	434020
中国太平洋财产保险股份有限公司黄冈中心支公司	黄冈市黄州区东门路 95 号	陈银桥	0713-8350266	438000
中国太平洋财产保险股份有限公司咸宁中心支公司	咸宁市银泉大道 567 号劲风大厦第 7 层、第 20 层	邓仲明	0715-8111805	437000
中国太平洋财产保险股份有限公司随州中心支公司	随州市交通大道 209 号	侯建锋	0722-3246988	441300
中国太平洋财产保险股份有限公司恩施中心支公司	恩施市舞阳坝街道办事处枫香坪村金桂大道 188 号副楼 2 层	钟　宇	0718-8233744	445000

续表 6-3

名　　称	地　　址	负责人	电　话	邮　编
中国平安财产保险股份有限公司湖北分公司	**武汉市江汉区汉口北湖西路双玺中心B座23层**	**李剑云**	**13923476906**	**430014**
中国平安财产保险股份有限公司武汉中心支公司	武汉市江汉区北湖西路2号双玺中心A栋裙楼1层5号和6号部分区域、B栋18-19层8-14号房	冯少文	027-59081919	430010
中国平安财产保险股份有限公司黄石中心支公司	黄石市华新路2号	熊　玲	15927419208	435000
中国平安财产保险股份有限公司十堰中心支公司	十堰市茅箭区北京北路82号京华园	潘　昊	18672308725	442000
中国平安财产保险股份有限公司宜昌中心支公司	宜昌市西陵区西陵一路10号墨池苑3号楼2层	潘亚军	13476187893	443000
中国平安财产保险股份有限公司襄阳中心支公司	襄阳市高新区追日路9号汉北科技孵化园2层	蒋治文	13508682230	441100
中国平安财产保险股份有限公司鄂州中心支公司	鄂州市文苑路宏洋凤凰城	刘　勇	15527055028	436000
中国平安财产保险股份有限公司荆门中心支公司	荆门市白云大道88号	邓　洵	15926377595	448000
中国平安财产保险股份有限公司孝感中心支公司	孝感市孝南区北京路69号	张旭明	18971507922	432000
中国平安财产保险股份有限公司荆州中心支公司	荆州市沙市区塔桥北路荆州新天地A2栋4层	戢运忠	18671900916	434000
中国平安财产保险股份有限公司黄冈中心支公司	黄冈市黄州区西湖三路11号鼎盛华城	郑杨波	15972949476	438000
中国平安财产保险股份有限公司咸宁中心支公司	咸宁市银泉大道548号	邹天才	13986108682	437000
中国平安财产保险股份有限公司随州中心支公司	随州市曾都区香山怡景小区	李　曦	18627020033	441300
中国平安财产保险股份有限公司恩施中心支公司	恩施市火车站站前南路万福国际商贸城3层	王　毅	13554238811	445000
中国平安财产保险股份有限公司仙桃中心支公司	仙桃市沙嘴办事处一中花园会所(明大酒店斜对面)	王文伟	18995512110	433000
中国平安财产保险股份有限公司潜江中心支公司	潜江市潜阳西路43号嘉业汽配城3栋1层	刘　博	18627069555	433100
天安财产保险股份有限公司湖北省分公司	**武汉市江汉区青年路161号环贸中心(一期)B塔25层5号—8号**	**周建军**	**18995505111**	**430022**
天安财产保险股份有限公司武汉中心支公司	武汉市江汉区青年路161号环贸中心(一期)B塔25层3号—4号	赵　涛	18995505011	430022
天安财产保险股份有限公司黄石中心支公司	黄石市黄石港区公园路47号1号楼105、205商铺	方良洲	13707237015	435000
天安财产保险股份有限公司十堰中心支公司	十堰市茅箭区二堰街办上海路3号2幢3-1、3-2号	袁　璟	18607277588	442000
天安财产保险股份有限公司宜昌中心支公司	宜昌市西陵〔中国(湖北)自贸区宜昌片区〕发展大道57-6号(三峡云计算大厦产业大楼16层02、03、04、05、12号)	易仁锋	13477165888	443000
天安财产保险股份有限公司襄阳中心支公司	襄阳市襄州区汉津路1号1层、2层、3层304-308室	黄理武	13971793785	441000
天安财产保险股份有限公司鄂州中心支公司	鄂州市滨湖南路市园林局综合楼底层80-17、80-19	崔　晓	13971654456	436000

续表 6-3

名 称	地 址	负责人	电 话	邮 编
天安财产保险股份有限公司荆门中心支公司	荆门市掇刀区深圳大道东 1 号 101、202、203 三居室	向 峰	13477553366	448000
天安财产保险股份有限公司孝感中心支公司	孝感市长征路 218 号	潘俊安	18995505818	432000
天安财产保险股份有限公司荆州中心支公司	荆州市江津西路 422 号	杨 涛	13872349672	434000
天安财产保险股份有限公司黄冈中心支公司	黄冈市黄州区西湖三路 16 号 1 层、2 层	张 耀	18571899119	438000
天安财产保险股份有限公司咸宁中心支公司	咸宁市咸安区锦龙路 6 号 3 层	马 超	15997218186	437000
天安财产保险股份有限公司随州中心支公司	随州市曾都区文帝大道 1 号蒋岗市场 5 层 5-3 号商铺	李珍强	18995505025	441300
天安财产保险股份有限公司恩施中心支公司	恩施市航空大道 55 号蓝天新居 C 栋 2 层	李明锦	13872706449	445000
史带财产保险股份有限公司湖北分公司	**武汉市武昌区公正路 216 号安顺月光广场 16 栋第 11 层 C1 区**	**陈志华**	**027-59515905**	**430060**
华安财产保险股份有限公司湖北分公司	**武汉市江汉区唐家墩路 32 号国资大厦 A 座 9、10 层**	**佘江国**	**027-65778054**	**430020**
华安财产保险股份有限公司汉口中心支公司	武汉市东西湖区二雅路西农业科学研究所办公楼	罗学春	027-65778059	430040
华安财产保险股份有限公司汉阳中心支公司	武汉市汉阳区龙阳大道 98 号武汉惠誉大厦 17 层(1)办公号 1701	杨 波	027-59208228	430050
华安财产保险股份有限公司武昌中心支公司	武汉市青山区 58 街坊园林星城 3 栋 1 层 7、8 号商铺	江 辉	027-87739715	430061
华安财产保险股份有限公司十堰中心支公司	十堰市茅箭区重庆路 520 号 2 幢 7 层	钟晓起	0719-8769228	442000
华安财产保险股份有限公司宜昌中心支公司	宜昌市东山大道 95 号清江大厦 24 层	常亚斌	0717-6370628	443000
华安财产保险股份有限公司襄阳中心支公司	襄阳市襄州区航空路 10 号湖北襄阳安达运输有限责任公司写字楼第 1、2 层	水乾宇	0710-3807038	441000
华安财产保险股份有限公司荆门中心支公司	荆门市漳河新区国华汇金中心 3 幢第 1 层 123 号北侧和第 10 层 1018 号	杨东明	0724-6802166	448000
华安财产保险股份有限公司孝感中心支公司	孝感市孝南区华育大道 8 号 1、2 层	曾小波	0712-2825782	432000
华安财产保险股份有限公司荆州中心支公司	荆州市荆州区江津西路 417-1 号、417-2 号商铺	方文全	0716-8858892	434000
华安财产保险股份有限公司黄冈中心支公司	黄冈市黄州区黄州大道 87 号 B 幢 7-10 号门面 1-2 层	段元凤	0713-8670540	438000
华安财产保险股份有限公司随州中心支公司	随州市汉东东路 528 号文峰名居 1 号楼 1-109、1-110、1-209、1-210	陈 静	0722-3333929	441300
华安财产保险股份有限公司恩施中心支公司	恩施市航空大道 173 号广城国际大厦 1409	谭永巍	0718-8277083	445000
永安财产保险股份有限公司湖北分公司	**武汉市江岸区绿地汉口中心 2 期 S11 栋 20 层 2001-2010 号**	**叶园军**	**027-59527868**	**430010**
永安财产保险股份有限公司武汉中心支公司	武汉市江岸区绿地汉口中心 2 期 S11 栋 20 层 2008-2009 号	韩学峰	027-59527877	430010

续表 6-3

名　　称	地　　址	负责人	电　话	邮　编
永安财产保险股份有限公司黄石中心支公司	黄石市黄石港区黄石大道 897 号	夏祖余	0714-6211700	435000
永安财产保险股份有限公司十堰中心支公司	十堰市茅箭区重庆路 88 号丽景湾花园三期 25 号楼 1 层 C03	汪传发	0719-8620133	442000
永安财产保险股份有限公司宜昌中心支公司	宜昌市夷陵大道 72 号九州大厦 A 座 1218 号	屈　鹏	0717-6093066	443000
永安财产保险股份有限公司襄阳中心支公司	襄阳市中原路 39 号	鲁福成	0710-3273155	441000
永安财产保险股份有限公司鄂州中心支公司	鄂州市滨湖西路 157 号 18 层 1801、1805 室和 A 区 1 层东侧门面	熊江兵	027-60205506	436000
永安财产保险股份有限公司荆门中心支公司	荆门市东宝区老莱子路 12 号 3 幢	马玉泉	0724-2320560	448000
永安财产保险股份有限公司孝感中心支公司	孝感市东城区董永路民邦槐荫东岸 1 期 B2 区 301-302	钱　伟	0712-2320001	432000
永安财产保险股份有限公司荆州中心支公司	荆州市沙市区北湖路 34 号(大桥局综合楼 1-2 层)	邹利民	0716-8513789	434000
永安财产保险股份有限公司黄冈中心支公司	黄冈市黄州大道 88 号	刘凤鸣	0713-8383936	438000
永安财产保险股份有限公司咸宁中心支公司	咸宁市咸安区温泉十六谭路北侧 5 层及右侧大厅	何　流	0715-8125966	437000
永安财产保险股份有限公司随州中心支公司	随州市曾都经济开发区星光工业园神农车检办公楼	刘　歆	0722-7053208	441300
永安财产保险股份有限公司恩施中心支公司	恩施市金桂大道国际服装商贸城 10 号楼 1-3层	李晓兰	0718-8467225	445000
太平财产保险有限公司湖北分公司	**武汉市江岸区建设大道 718 号浙商国际大厦 17 层**	**潘建湘**	**027-82863177**	**430015**
太平财产保险有限公司武汉分公司	武汉市江岸区香港路 145 号远洋大厦 23 层	孙立新	027-82441106	430019
太平财产保险有限公司黄石中心支公司	黄石市西塞山区湖滨大道 733-1-3A、733-2-3、733-2-4A、733-2-4	曾凡胜	0714-6217568	435000
太平财产保险有限公司十堰中心支公司	十堰市茅箭区浙江路 2 号和昌国际城一期 C12 号楼	林　江	0719-8653331	442000
太平财产保险有限公司宜昌中心支公司	宜昌市东山大道 126 号长途客运站售票处 5 层	王新国	0717-6460128	443000
太平财产保险有限公司襄阳中心支公司	襄阳市高新区大李沟路 3 号汉江创业创新产业园 8 层 C 区	韩卫东	0710-3464222	441000
太平财产保险有限公司鄂州中心支公司	鄂州市文星大道 106 号	黄　刚	0711-3851333	436000
太平财产保险有限公司荆门中心支公司	荆门市白云大道 88 号	杜　刚	0724-6806228	448000
太平财产保险有限公司孝感中心支公司	孝感市董永路宇济滨湖天地梅苑(宇济大酒店)写字楼 13 层	张万胜	0712-2465295	432000
太平财产保险有限公司荆州中心支公司	荆州市塔桥路 63 号荆州新天地商业区 A 区 A2 幢 20 楼 2001-2005、2008 号房	刘滔滔	0716-8271377	434000
太平财产保险有限公司黄冈中心支公司	黄冈市黄州大道 98 号 1 层及 6 层	张贵林	13227375555	438000

续表 6-3

名　　称	地　　址	负责人	电　话	邮　编
太平财产保险有限公司咸宁中心支公司	咸宁市银泉大道 109 号(1 号路领秀城)	郑俊斌	0715-8913382	437100
太平财产保险有限公司恩施中心支公司	恩施市金桂大道 15 号金谷大厦 2 单元 904 室—907 室	赵群良	0718-8255937	445000
亚太财产保险有限公司湖北分公司	**武汉市江汉区云霞路 187 号泛海国际中心 A 单元(武汉民生金融中心)6 楼 03-05 室**	**邓秋鸣**	**027-59833291**	**430023**
亚太财产保险有限公司武汉中心支公司	武汉市东西湖区梨花路 399 号 2 楼	肖红梅	027-59833261	430040
亚太财产保险有限公司黄石中心支公司	黄石市黄石港区师院路 8 号 1 楼	李　彪	0714-6553260	435000
亚太财产保险有限公司宜昌中心支公司	宜昌市夷陵区小溪塔街办平云一路 19 号 4 楼	陈雪娥	0717-7836378	443000
亚太财产保险有限公司襄阳中心支公司	襄阳市樊城区汉江北路 117 号华康瑞城 1 栋 25 层 1 室	吴　静	0710-3233668	441000
中银保险有限公司湖北分公司	**武汉市江汉区新华路 219 号 9 楼**	**黄添祥**	**027-85569800**	**430015**
永诚财产保险股份有限公司湖北分公司	**武汉市洪山区徐东大街 175 号中冶南方大厦 A 座 11 楼**	**安鹏鹏**	**027-68850370**	**430077**
永诚财产保险股份有限公司汉口中心支公司	武汉市东西湖区革新大道 1998 号综保区大厦 415 室	王晓林	027-85258062	430014
永诚财产保险股份有限公司洪山中心支公司	武汉市洪山区徐东大街 175 号中冶南方大厦 A 座 11 楼	田青华	027-68850303	430014
永诚财产保险股份有限公司东西湖中心支公司	武汉市东西湖区田园大道祥泰综合楼 515	蔡　方	027-68850303	430014
永诚财产保险股份有限公司黄石中心支公司	黄石市黄石港区交通路特 1 号	李　艳	0714-6206069	435000
永诚财产保险股份有限公司十堰中心支公司	十堰市茅箭区北京路 8 号华夏公馆成邦商业广场 5-2-1	李汉斌	0719-8106633	442000
永诚财产保险股份有限公司宜昌中心支公司	宜昌市伍家岗区沿江大道 189-1 号(致远广场)4 楼	刘蔚苗	0717-6466768	443003
永诚财产保险股份有限公司襄阳中心支公司	襄阳市樊城区春园路 99 号	田　野	0710-2384501	441000
永诚财产保险股份有限公司荆门中心支公司	荆门市东宝区象山大道 52 号	钱　进	0724-2370742	448000
永诚财产保险股份有限公司荆州中心支公司	荆州市沙市区塔桥路荆州义乌小商品城二期 2-2 栋 3 层 322-326	杨书江	0716-8255283	434000
安盛天平财产保险有限公司湖北分公司	**武汉市武昌区徐东大街西侧联发·九都国际大厦 7 栋 2201 室**	**姜　宇**	**027-87719905**	**430063**
安盛天平财产保险有限公司武汉中心支公司	武汉市东西湖区将军路街金银潭大道以北、银潭路以南“武汉客厅小型会展中心建设项目”展贸中心 J 号楼单元 20 层 01 号	朱　海	027-59302356	430040
安盛天平财产保险有限公司黄石中心支公司	黄石市黄石港区公园路 47 号 1 层 109 商铺	马　坤	0714-6505697	435002
安盛天平财产保险有限公司宜昌中心支公司	宜昌市伍家岗区沿江大道 189-1 号致远广场 4 层 401 室	王　波	0717-6452319	443000

续表 6-3

名　　称	地　　址	负责人	电　话	邮　编
安盛天平财产保险有限公司襄阳中心支公司	襄阳市樊城区卧龙大道 86 号环球金融城写字楼 2 栋 2 单元 18 层 001、002 号	杨　畅	0710-3608199	441000
安盛天平财产保险有限公司荆门中心支公司	荆门市掇刀区虎牙关大道 22 号(飞扬·新天城)A1 幢-918、919、920	冯　洋	0724-2320619	448000
安盛天平财产保险有限公司荆州中心支公司	荆州市沙市区便河东路神华大厦 2 号裙楼 2 层 201 商铺	田　冲	0716-8711570	434000
阳光财产保险股份有限公司湖北省分公司	**武汉市江汉区沿江大道 69 号长航集团大厦 4 楼**	**彭松林**	**027-85653808**	**430022**
阳光财产保险股份有限公司武汉中心支公司	武汉市东西湖区东西湖大道 5647 号	焦观微	027-85814899	430040
阳光财产保险股份有限公司黄石中心支公司	黄石市黄石港区黄石市黄石大道 954 号 4 楼、6 楼	华　坚	0714-6285158	435000
阳光财产保险股份有限公司十堰中心支公司	十堰市茅箭区二堰街办上海路 12 号第 3 层(3-5)	鲜应龙	-	442000
阳光财产保险股份有限公司宜昌中心支公司	宜昌市西陵区珍珠路 69 号 3 楼-1-1	吴争志	0717-6098969	443000
阳光财产保险股份有限公司襄阳中心支公司	襄阳市襄州区航空路 10 号民发世界城都会山写字楼 28 号楼 A1618-1623 室	冷政明	0710-3251966	441000
阳光财产保险股份有限公司荆门中心支公司	荆门市掇刀区象山大道 142 号东方广场 A 座 9 楼	李仁丹	0724-6077788	448000
阳光财产保险股份有限公司孝感中心支公司	孝感市孝南区董永路 8 号民邦槐荫东岸 2 栋 3 层 0301、0302 号房北	蔡剑锋	0712-2499880	432000
阳光财产保险股份有限公司荆州中心支公司	荆州市沙市区江津东路 110 号尚风尚水小区 6 栋 7 楼 701-704,712-716	邓　希	-	434000
阳光财产保险股份有限公司黄冈中心支公司	黄冈市黄州大道 140 号教育优秀人才安居小区商住楼 2 楼	苏玉火	0713-8200336	438000
阳光财产保险股份有限公司咸宁中心支公司	咸宁市咸安区温泉岔路口财富广场 15 层 1503-1508 号房	余　红	0715-8897379	437000
阳光财产保险股份有限公司随州中心支公司	随州市曾都区城南新区白云大道 16 号宜尚大厦 3 楼 301	王　锐	-	441300
阳光财产保险股份有限公司恩施中心支公司	恩施市施州大道 67 号金麟大厦 12 楼	王伍祎	0718-8416158	445000
阳光财产保险股份有限公司潜江中心支公司	潜江市园林办事处袁杨路 6 号鑫园汽贸城 2 号楼 105-107 号	吕　鹏	0728-6483182	433100
都邦财产保险股份有限公司湖北分公司	**武汉市江汉区青年路 277 号 6 层**	**姜守臣**	**027-59591963**	**430022**
都邦财产保险股份有限公司汉口中心支公司	武汉市江汉区青年路 277 号 6 层 605 室	陈远耀	027-59591952	430022
都邦财产保险股份有限公司襄阳中心支公司	襄阳市樊城区新华路 6 号金鹰大厦 3 层	陈　鹏	0710-3455669	441000
都邦财产保险股份有限公司荆州中心支公司	荆州市荆州区庄王大道 6 号绿地铭创写字楼 C 区 6 层 613-614 号	赵　军	0716-8391115	434020
渤海财产保险股份有限公司湖北分公司	**武汉市武昌区中北路 66 号金穗大厦 B 座 7 层**	**李妙艳**	**027-87715658**	**430070**
渤海财产保险股份有限公司武汉分公司	武汉市东西湖区梨花路 399 号	李　平	027-87715666	430040

续表 6-3

名　　称	地　　址	负责人	电　话	邮　编
渤海财产保险股份有限公司十堰中心支公司	十堰市人民中路 93 号万秀城 1 号写字楼 11 层 1106 号房	黄红凡	0719-8653658	442000
渤海财产保险股份有限公司襄阳中心支公司	襄阳市高新区长虹北路中润大厦 16 层 2、3、4、5、6 号	王艳红	0710-3275656	441000
渤海财产保险股份有限公司荆门中心支公司	荆门市漳河新区 汇金中心 1 幢 1206 房	刘昆鹏	0724-2382318	448000
渤海财产保险股份有限公司荆州中心支公司	荆州市沙市区 318 国道南、塔桥北路延伸段义乌小商品城 2 号楼 3 层	左　莉	0716-8250619	434000
渤海财产保险股份有限公司黄冈中心支公司	黄冈市黄州区桐梓岗村一组 1 幢 1 单元 1-101、1-201 号	施振雄	0713-8887638	438000
渤海财产保险股份有限公司咸宁中心支公司	咸宁市咸安区银桂路 209 号(宜园小区 1 幢 1 层 101 室)	刘明辉	0715-8138701	437100
中国人寿财产保险股份有限公司湖北省分公司	**武汉市武昌区徐东大街 120 号福星惠誉国际城三期 K3 办公楼第 30、31 层**	**于　葳**	**027-88016638**	**430061**
中国人寿财产保险股份有限公司武汉市中心支公司	武汉市武昌区徐东大街 120 号福星惠誉国际城三期 K3 办公楼第 11 层	张　瑞	027-85631213	430061
中国人寿财产保险股份有限公司黄石市中心支公司	黄石市经济技术开发区・铁山区金山大道 188-1 号 402 室	文治华	0714-6267566	435000
中国人寿财产保险股份有限公司十堰市中心支公司	十堰市茅箭区朝阳中路黄冈巷 3 号华府天地 2 层	曹俊峰	0719-8843979	442000
中国人寿财产保险股份有限公司宜昌市中心支公司	宜昌市沿江大道 185 号九州方园大厦 17 层	张小虎	0717-6220472	443200
中国人寿财产保险股份有限公司襄阳市中心支公司	襄阳市高新区长虹北路与追日路交会处中润大厦 18 层	刘　萍	0710-3279289	441057
中国人寿财产保险股份有限公司鄂州市中心支公司	鄂州市鄂城区江贤路 28 号吴都阳光 8 号楼 1 层东 9 号铺、10 号铺，2 层东 8-14 号铺	方贤军	027-60265277	436000
中国人寿财产保险股份有限公司荆门市中心支公司	荆门市漳河新区天山路 1 号国华汇金中心 4 幢	陈祖军	0724-2300625	448156
中国人寿财产保险股份有限公司孝感市中心支公司	孝感市交通大道 293 号	付忠明	0712-2725308	432099
中国人寿财产保险股份有限公司荆州市中心支公司	荆州市沙市区塔桥路 63 号荆州新天地 A 区 2 栋 11 层 1-8 号、13 层 4 号	余致权	0716-8855982	434000
中国人寿财产保险股份有限公司黄冈市中心支公司	黄冈市黄州区东门路 168 号(黄冈文化中心斜对面)	魏业彪	0713-8201919	438000
中国人寿财产保险股份有限公司咸宁市中心支公司	咸宁市温泉银泉大道 611 号元信花园 3 号楼第 11 层 1-11 号及 19、20 号	唐小平	0715-8893665	437100
中国人寿财产保险股份有限公司随州市中心支公司	随州市北郊明珠路 22 号(楚天明珠花园一幢 3 层)	唐财胜	0722-3268818	441300
中国人寿财产保险股份有限公司恩施州中心支公司	恩施市金子坝街道金龙大道 2 号寰宇大厦 14 层 1402、1404 号，15 层整层	江　涛	0718-8277949	445000
中国人寿财产保险股份有限公司天门市中心支公司	天门市天门新城银座帝景湾 3 号楼 1 层 65 号、67 号，2 层 265 号、267 号、269 号	靳宏波	0728-5233438	431700
现代财产保险(中国)有限公司湖北分公司	**武汉市武昌区中北路 9 号长城汇 T1 号写字楼第 25 层 R6 单元**	**刘薇蔚**	**027-59535212**	**430060**
长安责任保险股份有限公司湖北省分公司	**武汉市硚口区硚口路 160 号武汉城市广场 A 座 24 楼**	**肖　栋**	**027-59303456**	**430030**

续表 6-3

名　　称	地　　址	负责人	电　话	邮　编
长安责任保险股份有限公司武汉中心支公司	武汉市洪山区欢乐大道 75 号骏业财富中心 A 座 10 楼 5-8	陈　磊	027-59708657	430070
长安责任保险股份有限公司黄石中心支公司	黄石市经济技术开发区杭州西路 159 号百事威小区(东楚传媒斜对面)	黄开先	0714-6583958	435000
长安责任保险股份有限公司十堰中心支公司	十堰市北京北路 57 号(栖谷天街 2 期商铺 314C、314D 商铺)	余朝阳	0719-8033887	442000
长安责任保险股份有限公司宜昌中心支公司	宜昌市西陵一路 7 号勤业商务大厦 4 楼	刘　刚	0717-6736988	443000
长安责任保险股份有限公司襄阳中心支公司	襄阳市襄州区航空路民发世界城都会山写字楼 28-A 座 1802-1807 室	洪向阳	0710-3084006	441000
长安责任保险股份有限公司荆门中心支公司	荆门市漳河大道国华汇金中心 C 座 6 楼	蒋　进	0724-2498768	448002
长安责任保险股份有限公司荆州中心支公司	荆州市沙市区塔桥北路义乌小商品城二期 2 号楼 3 楼	汤　军	0716-8260598	434000
长安责任保险股份有限公司恩施中心支公司	恩施市航空路 173 号广城国际大厦 1609	向明俊	0718-8208077	445000
国元农业保险股份有限公司湖北分公司	**武汉市洪山区徐东大街 137 号湖北能源大厦 27 层**	**张宏伟**	**027-88856729**	**430067**
国元农业保险股份有限公司武汉中心支公司	武汉市东西湖区宏图路 8 号武汉客厅 E 幢 11 层 18 号房、19 号房、20 号房、01 号房	张　立	027-83958896	430040
国元农业保险股份有限公司荆门中心支公司	荆门市漳河新区天山路 1 号国华汇金中心 3 幢第 7 层 715 号房	余茂宏	0724-2498128	448000
国元农业保险股份有限公司荆州中心支公司	荆州市沙市区塔桥路荆州新天地 A2 号楼 1 单元 9 层 905 室和 906 室	熊　欣	0716-8816619	434000
国元农业保险股份有限公司黄冈中心支公司	黄冈市黄州区八一路 46 号黄冈市自来水公司客服中心大楼第 8 层	汪　浩	0713-8391968	438000
鼎和财产保险股份有限公司湖北分公司	**武汉市武昌区公正路 216 号平安国际金融大厦 17 层**	**王存美**	**027-88518688**	**430071**
鼎和财产保险股份有限公司武汉中心支公司	武汉市武昌区公正路 216 号平安金融科技大厦 17 层 A 区	刘　维	027-88518117	430071
鼎和财产保险股份有限公司黄石中心支公司	黄石市黄石港区公园路 47 号(1017、2017 及 2018 铺)	彭家胜	0714-6572890	435000
鼎和财产保险股份有限公司十堰中心支公司	十堰市茅箭区二堰街办上海路 12 号 1 幢 1-3-101室	李满林	0719-8618281	442000
鼎和财产保险股份有限公司宜昌中心支公司	宜昌市西陵区西陵一路 9 号 3 层	栾　俊	0717-6271386	443000
鼎和财产保险股份有限公司襄阳中心支公司	襄阳市高新区大李沟路 3 号(春园东路中段)汉江创业创新产业园综合楼 1 幢 6 层 1 室 A601 号	叶正新	0710-2918800	441000
鼎和财产保险股份有限公司荆门中心支公司	荆门市掇刀区虎牙关大道 22 号飞扬·新天城 A1 栋-1004、1005、1006、1007 房	田拥军	0724-8885191	448000
鼎和财产保险股份有限公司荆州中心支公司	荆州市沙市区太岳路郁金花园 2 栋 1 门 1 层 3 号-1	张　杰	0716-8085700	434000
鼎和财产保险股份有限公司随州中心支公司	随州市曾都区交通大道 100 号世纪外滩 29 号楼 1 单元 1 层 1-109、1-110 号	叶联群	0722-3009008	441300
中煤财产保险股份有限公司湖北分公司	**武汉市武昌区友谊大道特 1 号(广达大厦)第 8 层 801 至 816 号**	**张振平**	**027-88779662**	**430061**

续表 6-3

名　　称	地　　址	负责人	电　话	邮　编
中煤财产保险股份有限公司武汉中心支公司	武汉市武昌区友谊大道特 1 号(广达大厦)第 8 层 801、816 号	刘志强	027-87689993	430061
国泰财产保险有限责任公司湖北分公司	**武汉市江汉区沿江大道 69 号长航大厦 13 楼 1303-1307 单元**	**王昌洪**	**13006146701**	**430021**
英大泰和财产保险股份有限公司湖北分公司	**武汉市洪山区徐东大街 133 号华中电力金融大厦 12、13 层**	**唐凤平**	**027-88618673**	**430062**
英大泰和财产保险股份有限公司武汉中心支公司	武汉市东西湖区吴家山街临空港大道 156 号鸿达中央广场 4 栋 1 单元 15 层 04、05 号	汪浩波	027-88618667	430040
英大泰和财产保险股份有限公司黄石中心支公司	黄石市下陆区杭州西路 71-1-1-附 3	叶俊舟	0714-6330788	435000
英大泰和财产保险股份有限公司宜昌中心支公司	宜昌市西陵区樵湖二路 17 号	张　刚	0717-6332096	443000
英大泰和财产保险股份有限公司襄阳中心支公司	襄阳市建设路 12 号长源大厦 1 层	张永维	0710-3706803	441100
英大泰和财产保险股份有限公司荆门中心支公司	荆门市象山三路 1 号	雷　钧	0724-2327669	448000
英大泰和财产保险股份有限公司孝感中心支公司	孝感市孝南区长征路 221 号	沈　松	0712-2776728	432000
英大泰和财产保险股份有限公司荆州中心支公司	荆州市沙市区江津中路 5 号	张代伟	0716-4312506	434000
英大泰和财产保险股份有限公司黄冈中心支公司	黄冈市赤壁大道 16 号	余志刚	0713-8827901	438000
英大泰和财产保险股份有限公司恩施中心支公司	恩施市民族西路瑞都香榭 A 栋 2 层	别　海	0718-8270689	445000
英大泰和财产保险股份有限公司汉江中心支公司	潜江市章华中路 18 号	李慧明	0728-6984888	433100
紫金财产保险股份有限公司湖北分公司	**武汉市洪山区欢乐大道 75 号骏业财富中心 A 座 12 层 1-6 号房**	**刘军荣**	**027-88156668**	**430070**
紫金财产保险股份有限公司武汉分公司	武汉市东西湖区金潭路 2 号汉钢科技产业园 2 栋 4 单元 6 层 4 号-1	龚　广	027-88866061	430040
紫金财产保险股份有限公司十堰中心支公司	十堰市茅箭区朝阳中路 19 号	许　琳	0719-8032663	442000
紫金财产保险股份有限公司宜昌中心支公司	宜昌市西陵区夷陵大道 72 号九州大厦 A 座 13 层 1308 室	肖俊伟	0717-6444139	443000
紫金财产保险股份有限公司襄阳中心支公司	襄阳市樊城区前进路 31 号世纪金源广场 1 幢 8 层 803 号	谭　刚	0710-3220060	441000
紫金财产保险股份有限公司荆门中心支公司	荆门市东宝区金虾路 46 号荆楚文化广场 1-2幢 7 层	黄　勇	0724-8707882	448000
紫金财产保险股份有限公司孝感中心支公司	孝感市孝南区长征路 241 号	肖俊林	0712-2318377	432000
紫金财产保险股份有限公司荆州中心支公司	荆州市沙市区塔桥路新天地 A2-801、802	张　华	0716-8251688	434000
紫金财产保险股份有限公司恩施中心支公司	恩施市航空大道 16 号 1 幢 803 号	叶　辉	0718-8110131	445000
紫金财产保险股份有限公司汉江中心支公司	潜江市天驰汽车城 C209、226、210、227	尹志鹏	0728-6256808	433100

续表 6-3

名　　称	地　　址	负责人	电　话	邮　编
浙商财产保险股份有限公司湖北分公司	**武汉市江汉区武汉中央商务区泛海国际 SOHO 城第 3、4、6 幢 4 号楼 22 层 3-5号房**	**谢洪阁**	**027-85857286**	**430020**
浙商财产保险股份有限公司武汉中心支公司	武汉市江汉区武汉中央商务区泛海国际 SOHO 城第 3、4、6 幢 4 号楼 22 层 2 号房	杨立成	027-85861833	430020
浙商财产保险股份有限公司十堰中心支公司	十堰市茅箭区二堰街办擂鼓台居委会(十堰市人民南路 48 号)3 层	王卫朝	0719-8871598	434000
浙商财产保险股份有限公司宜昌中心支公司	宜昌市西陵区沿江大道 52 号湖北宜化双子楼 A 座 11 层	陈志刚	0717-6516090	443000
浙商财产保险股份有限公司襄阳中心支公司	襄阳市襄州区深圳工业园 1 幢 2 层	李进飞	0710-3113092	441003
浙商财产保险股份有限公司荆州中心支公司	荆州市沙市区新天地 A 区 2 号 901 室、902 室	陈晟曦	18971293338	442000
浙商财产保险股份有限公司黄冈中心支公司	黄冈市黄州区明珠大道贸易广场 B1 栋 46 号	袁卫锋	0713-8877605	438000
浙商财产保险股份有限公司恩施中心支公司	恩施市小渡船街道办事处施州大道 177 号 2 层	余　璇	18602752522	445000
浙商财产保险股份有限公司天门中心支公司	天门市杨林街道办事处杨林大道 108 号(天门威马汽车城 2 栋 2 号门面房及 2 层)	余　波	13006139013	431700
国任财产保险股份有限公司湖北分公司	**武汉市友谊大道 999 号武钢集团有限公司办公楼 A 座 5 层**	**肖　峰**	**027-50106799**	**430080**
国任财产保险股份有限公司武汉中心支公司	武汉市友谊大道 999 号武钢集团有限公司办公楼 A 座 5 层	王　媛(临时负责人)	027-50106766	430080
国任财产保险股份有限公司黄石中心支公司	黄石市下陆区杭州西路 159 号附 9 号	顿鹏程	0714-6379222	435000
国任财产保险股份有限公司宜昌中心支公司	宜昌市西陵区发展大道 57-6 号三峡云计算大楼 4 层 A9 号	李　霖(临时负责人)	0717-6081608	443000
国任财产保险股份有限公司荆门中心支公司	荆门市掇刀区虎牙关大道 22 号飞扬·新天城 A1-1801、1802、1803、1804、1805、1806	郑军泽	0724-6085168	448000
国任财产保险股份有限公司荆州中心支公司	荆州市沙市区太岳路与南湖路交会处荆州长江尚品住宅小区 12 栋 112 门面	胡合明	0716-8527858	434000
国任财产保险股份有限公司黄冈中心支公司	黄冈市黄州区黄州大道 140 号教育小区临街铺 1 层	何　剑	0713-8111029	438000
国任财产保险股份有限公司恩施中心支公司	恩施市恩施经济开发区农产品加工园金子路鑫源产业园 A 栋(综合楼)第 1 层西侧	徐　良	0718-3104080	445000
锦泰财产保险股份有限公司湖北分公司	**武汉市洪山区梨园街欢乐大道 75 号骏业财富中心 A 座 19 层 03-10 号**	**刘　洪**	**027-88412166**	**430070**
众诚汽车保险股份有限公司湖北分公司	**武汉市武昌区友谊大道特一号广达大厦 9 楼**	**史玉峰**	**027-59813116**	**430061**
华泰财产保险有限公司湖北省分公司	**武汉市江汉区沿江大道 69 号长航大厦 606 室**	**孙　鉴**	**027-85725759**	**430020**
华泰财产保险有限公司襄阳中心支公司	襄阳市襄城区檀溪路山水家园 10-203	王向阳	0710-3516096	441021
华泰财产保险有限公司黄冈中心支公司	黄冈市黄州区明珠大道 108 号汇金大厦 1 幢 2201-2203 室	邵学谦	0713-8356599	438000
长江财产保险股份有限公司湖北分公司	**武汉市武昌区中北路 166 号长江产业大厦 23-25 层**	**张东敏**	**027-83766666-9597**	**430077**

续表 6-3

名 称	地 址	负责人	电 话	邮 编
长江财产保险股份有限公司武汉分公司	武汉市东湖新技术开发区鲁巷光谷街 1 号资本大厦 4 楼 401 室	王 强	027-87575402	430073
长江财产保险股份有限公司江汉中心支公司	武汉市江汉区北湖西路 2 号双玺中心 A 栋 808 室	吴 彪	027-85687865	430022
长江财产保险股份有限公司洪山中心支公司	武汉市东湖新技术开发区鲁巷光谷街 1 号资本大厦 4 楼 401 室	何群保	027-83766666-9573	430073
长江财产保险股份有限公司黄石中心支公司	黄石市黄石港区磁湖路 55 号仁智山水商业街 S09 号 1-3 层	吴福星	027-83766666-9599	435000
长江财产保险股份有限公司十堰中心支公司	十堰市郧阳区城关镇解放南路 19 号鑫洋房地产开发公司 4 号楼 1 楼和 5 楼	范 薇	027-83766666-9211	442000
长江财产保险股份有限公司宜昌中心支公司	宜昌市西陵区东山大道 95 号清江大厦 23 层 2305-1、2306、2306-1、2307、2309、2311、2311-1 号	张超林	027-83766666-9118	443000
长江财产保险股份有限公司襄阳中心支公司	襄阳市襄州区航空路 192 号城市广场写字楼 5 幢 901 至 904 室	孔庆虎	0710-3257115	441199
长江财产保险股份有限公司鄂州中心支公司	鄂州市鄂城区学府路北侧、滨湖东路西侧天然气网络管理中心 3 号楼 1-615、1-616、1-617	单 岗	027-83766666-9315	436000
长江财产保险股份有限公司荆门中心支公司	荆门市象山大道 75 号工商银行荆门文峰支行 2 楼	张学龙	027-83766666-9234	448000
长江财产保险股份有限公司孝感中心支公司	孝感市孝南区城站路 82 号湖北银行三里棚支行	吴 振	0712-2365456	432000
长江财产保险股份有限公司荆州中心支公司	荆州市沙市区江津中路 235 号金屹资信大楼 1 栋 6 楼西	曾 平	0716-8266919	434000
长江财产保险股份有限公司黄冈中心支公司	黄冈市黄州区中环路 15 号武汉留学生创业园黄冈分园第 11 层	熊国炎	0713-8623979	438000
长江财产保险股份有限公司咸宁中心支公司	咸宁市咸安区贺胜路 168 号咸宁市农业科技实验楼 9 楼	姚 兰	0715-8890206	437100
长江财产保险股份有限公司恩施中心支公司	恩施市金桂大道武陵国际装饰城 B02 栋 505-2 号	范 静	0718-8258238	445000
长江财产保险股份有限公司随州中心支公司	随州市曾都区沿河大道 147-11 号科技局大楼 2 楼	熊 伟	027-83766666-9290	441300
长江财产保险股份有限公司汉江中心支公司	潜江市园林办事处东荆大道 16 号捷阳物流园信息大楼第 4 层(411、413、415、417、419 室)	贺小军	0728-6276020	433100
富德财产保险股份有限公司湖北分公司	**武汉市洪山区徐东大街 85 号中冶南方大厦 A 单元第 7 层 03、04 号**	**王宏伟**	**027-88709488**	**430070**
富德财产保险股份有限公司武汉中心支公司	武汉市东西湖区二雅路农业科学研究所办公楼 3 层	彭哲毅	027-88709481	430040
新疆前海联合财产保险股份有限公司湖北分公司	**武汉市江汉区青年路金家墩特 1 号天街 2 号楼 5 层(8-13)号**	**艾伟华**	**027-58905773**	**430021**
建信财产保险有限公司湖北分公司	**武汉市江汉区建设大道 623 号福星科技大厦 1、2 层**	**何世彦**	**027-83561016**	**430021**
大家财产保险有限责任公司湖北分公司	**武汉市江汉区建设大道 847 号瑞通广场 B 座 20 层**	**王华亮**	**13807178889**	**430020**
大家财产保险有限责任公司江汉中心支公司	武汉市江汉区建设大道 847 号瑞通广场 B 座 20 层 C 区	黄 亮	13871366012	430020

续表 6-3

名　　称	地　　址	负责人	电　话	邮　编
大家财产保险有限责任公司汉阳中心支公司	武汉市汉阳区汉阳大道 140 号闽东国际城 3 栋 B 单元 21 层 1 室、2 室	廖碧清	13911336848	430050
大家财产保险有限责任公司武昌中心支公司	武汉市武昌区友谊大道 316 号舒苑大厦 19 层 2 号	曾　毅	18162667773	430060
大家财产保险有限责任公司黄石中心支公司	黄石市黄石港区黄石大道 954 号黄石港总部经济大厦 1 层	杨建军	18162907666	435000
大家财产保险有限责任公司十堰中心支公司	十堰市茅箭区二堰街办上海路 12 号 1 幢-1-2 室	苏　强	15971900958	442000
大家财产保险有限责任公司宜昌中心支公司	宜昌市西陵区夷陵大道 65 号 3E 商务大厦 1201 室 A 区	陈　博	18671710808	443000
大家财产保险有限责任公司襄阳中心支公司	襄阳市樊城区汉江北路襄阳华康瑞城 1 幢 15 层 1 室 01 号	吴丽雅	13317273877	441000
大家财产保险有限责任公司荆门中心支公司	荆门市白云大道 101 号现代花园 5 层	陈子龙	13774022688	448000
大家财产保险有限责任公司孝感中心支公司	孝感市高新区新桥路宇济滨湖天地梅苑商场 2 层 D7 室	刘红波	15871298688	432000
大家财产保险有限责任公司荆州中心支公司	荆州市沙市区太岳东路锦华园 5-101	徐　佳	13972118555	434000
大家财产保险有限责任公司黄冈中心支公司	黄冈市黄州区新桥街 68 号 15 幢 201 室	刘　园	18971685834	438000
大家财产保险有限责任公司咸宁中心支公司	咸宁市咸安区温泉马柏大道 47 号	吴亚军	13808670306	437000
大家财产保险有限责任公司随州中心支公司	随州市曾都区烈山大道 205 号(香港街九龙楼 1 单元 101A-101C)	周宗华	13908666636	441300
大家财产保险有限责任公司恩施中心支公司	恩施市硒谷大道徕福硒业大楼 7 层 701、706、707 室	朱和清	18671589158	445000
大家财产保险有限责任公司汉江中心支公司	潜江市育才路育才花苑 1 栋 1-8 号	鲁行美	13886993182	433100

人身保险机构

名　　称	地　　址	负责人	电　话	邮　编
合众人寿保险股份有限公司	**武汉市江汉区沿江一号 MALL 写字楼 B 座 11 层、12 层 北京市海淀区杏石口路 9 号合众大厦**	**戴　浩**	**027-85481688 010-59949999**	**430015 100195**
合众人寿保险股份有限公司湖北分公司	武汉市江汉区云彩路 198 号泛海城市广场 19 层	唐群林	027-85481698	430020
合众人寿保险股份有限公司北京分公司	北京市朝阳区朝外大街乙 12 号昆泰国际大厦 20 层	张　辉	010-58797755	100020
合众人寿保险股份有限公司天津分公司	天津市河北区光复道街远洋广场 1 号天津远洋大厦 29 层、28 层 2801-2810	项　颂	022-59793000	300010
合众人寿保险股份有限公司河北分公司	石家庄市新华区中山西路 83 号东方大厦 13、14、16、17 层	王国利	0311-85029898	50000
合众人寿保险股份有限公司山西分公司	太原市长治路 103 号阳光国际商务中心 B 座 15 层	郑江龙	0351-7815000	30006
合众人寿保险股份有限公司内蒙古分公司	呼和浩特市赛罕区南二环路与兴安南路交会处永泰城 C 座 26、27 层	王伯良	0471-3295515	10020
合众人寿保险股份有限公司辽宁分公司	沈阳市沈河区北站路 61 号沈阳财富中心三期 A 座第 7 层	王俊梅	024-62406666	110013

续表 6-3

名　　称	地　　址	负责人	电　话	邮　编
合众人寿保险股份有限公司大连分公司	大连市中山区长江路 280 号大连中心裕景 ST2 大厦 13 层	朱彦刚	0411-82567979	116001
合众人寿保险股份有限公司吉林分公司	长春市南关区人民大街 3518 号长春国际金融中心 A 座 7 层	范鹏飞	0431-81125999	130042
合众人寿保险股份有限公司黑龙江分公司	哈尔滨市香坊区永盛路 64 号永泰国际中心 B 座 21 层	杨承海	0451-51780123	150001
合众人寿保险股份有限公司上海分公司	上海市浦东新区东方路 69 号裕景国际商务广场 A 楼 12 层	李　征	021-68634567	200120
合众人寿保险股份有限公司江苏分公司	南京市珠江路 88 号新世界中心 A 座 16 层	刘继龙	025-84535858	210008
合众人寿保险股份有限公司苏州分公司	中国(江苏)自由贸易试验区苏州片区苏州工业园区华池街 88 号 1 幢 205 室	崔明东	0512-87163078	215002
合众人寿保险股份有限公司浙江分公司	杭州市中河中路 222 号平海国际大厦 15-17 层	陈秉玺	0571-28907766	310013
合众人寿保险股份有限公司安徽分公司	合肥市蜀山区梅山路 18 号安徽国际金融中心 26 层 2-2602 至 2-2607	吴　鹏	0551-65255200	230001
合众人寿保险股份有限公司福建分公司	福州市晋安区长乐中路 3 号福晟国际中心 27 层	张晓敏	0591-88195000	350003
合众人寿保险股份有限公司江西分公司	南昌市红谷滩新区世贸路 899 号博能中心 Ⅱ 写字楼 1701、2001、2002 室	童　莹	0791-86123553	330002
合众人寿保险股份有限公司山东分公司	济南市泉城路 268 号永安大厦 10 层	杨玉宪	0531-83183600	250011
合众人寿保险股份有限公司青岛分公司	青岛市市北区连云港路 76 号安泰广场 1 号楼 17 层、18 层	李小龙	0532-85795988	266071
合众人寿保险股份有限公司河南分公司	郑州市农业路 72 号国际企业中心 A 座 21 层	艾　军	0371-60917888	450000
合众人寿保险股份有限公司湖南分公司	长沙市芙蓉中路二段 88 号定王大厦 15 层	朱伟华	0731-85192601	410001
合众人寿保险股份有限公司广东分公司	广州市天河区华夏路 13 号南岳大厦 10 层	吴　翔	020-85103366	510620
合众人寿保险股份有限公司广西分公司	南宁市民族大道 157 号财富广场 2 号楼 2 层	方焰苗	0771-8013999	530028
合众人寿保险股份有限公司四川分公司	成都市顺城大街 8 号中环广场 B 座 15-16 层	刘剑戈	028-66898688	610016
合众人寿保险股份有限公司陕西分公司	西安市碑林区友谊东路 136 号西安泛太平洋(泛太国际)大厦写字楼 16 层	乔文学	029-84053888	710000
合众人寿保险股份有限公司宁夏分公司	银川 市北京中路 48 号大世界商务广场 A 栋 13 层	曹　刚	0951-4019000	750011
合众人寿保险股份有限公司新疆分公司	乌鲁木齐市水磨沟区安居南路鸿瑞豪庭 3 号楼 12 层	周小军	0991-6252800	830000
国华人寿保险股份有限公司	**上海浦东新区银城中路 501 号上海中心大厦 32 层(上海总部)** **武汉市江岸区三阳路 8 号天悦星辰 A 栋写字楼第 23 层(武汉总部)**	**付永进**	**021-61058666** **027-85566661**	**200120** **430010**

续表 6-3

名　　称	地　　址	负责人	电　话	邮　编
国华人寿保险股份有限公司湖北分公司	武汉市江岸区三阳路 8 号天悦星辰 A 栋写字楼第 23 层 2301、2302、2303-A 单元	卢　俊	027-85566620	430010
国华人寿保险股份有限公司北京分公司	北京市西城区白纸坊东街 2 号院 6 号楼 605、606	赵海敏	010-83256699	100054
国华人寿保险股份有限公司天津分公司	天津市和平区小白楼街滨江道与大沽北路交口南侧汇金中心 1 号楼大沽北路 65 号，1-3001、1-3007、1-3008、1-3009、1-3010、1-3011	徐永亮	022-23210888	300041
国华人寿保险股份有限公司河北分公司	石家庄市桥西区裕华西路 66 号金正海悦天地 B 座 12 层	暴谷宇	0311-82622971	050051
国华人寿保险股份有限公司山西分公司	太原市迎泽区新建南路 117 号贵通润园大厦第 1 幢 C 座 18 层	徐　康	0351-5266950	030012
国华人寿保险股份有限公司辽宁分公司	沈阳市沈河区北站路 61 号财富中心 A 座 32 层 3201、3206、3207 室	李栖金	024-31099571	110013
国华人寿保险股份有限公司上海分公司	上海市浦东新区向城路 288 号 8 层 801、802、803、809a 室	黄士杰	021-68595093	200122
国华人寿保险股份有限公司江苏分公司	南京市建邺区新地中心二期 1901、1902、1903、1904、1912 室	龚　毅	025-82212666	210019
国华人寿保险股份有限公司浙江分公司	杭州市上城区市民街 99 号世包大厦 1001、1002、1003、1004、1005、1006 室	江胜利	0571-28116002	310016
国华人寿保险股份有限公司安徽分公司	合肥市蜀山区怀宁路 288 号置地广场 C 座办 3601—3608 室	张　伟	0551-65288090	230071
国华人寿保险股份有限公司山东分公司	济南市市中区经四路万达广场 B 座 22 层	秦利平	0531-80976688	250001
国华人寿保险股份有限公司青岛分公司	青岛市市北区凤城路 16 号卓越大厦 21 层	张　静	0532-86678393	266034
国华人寿保险股份有限公司河南分公司	郑州市郑东新区商务外环路 19 号河南农信大厦 12 层	杨忠良	0371-60188000	450018
国华人寿保险股份有限公司湖南分公司	长沙市芙蓉中路三段 142 号光大发展大厦 B 座 7 层	王中元	0731-88707253	410015
国华人寿保险股份有限公司广东分公司	广州市海珠区新港东路 618 号南丰汇大厦 801 室	黄小飞	020-29193968	510335
国华人寿保险股份有限公司重庆分公司	重庆市江北区江北嘴聚贤岩广场 9 号重庆国华金融中心 15 层 1501、1502 号，16 层 1603 号	廖仕芳	023-86567103	400025
国华人寿保险股份有限公司四川分公司	成都市青羊区大墙西街 33 号鼓楼国际 39 层	张　驰	028-65015800	610017
国华人寿保险股份有限公司深圳分公司	深圳市罗湖区桂园街道深南东路 5016 号京基一百大厦 A 座 64 层 01-02B 单元	何继刚	0755-33061959	518001
中国人寿保险股份有限公司湖北省分公司	武汉市武昌区丁字桥路 37 号	王者元	027-68871026	430070
中国人寿保险股份有限公司武汉市分公司	武汉市江岸区建设大道 718 号浙商大厦 45 层、46 层	韩　英	027-82851588	430017

续表 6-3

名　　称	地　　址	负责人	电　话	邮　编
中国人寿保险股份有限公司黄石分公司	黄石市黄石港区武汉路 2 号	吴思涛	0714-6253322	435000
中国人寿保险股份有限公司十堰分公司	十堰市茅箭区东岳路 17 号	何　清	0719-8677902	442000
中国人寿保险股份有限公司宜昌分公司	宜昌市伍家岗区隆康路 35 号 1、3-4 层	孙力军	0717-6731329	443000
中国人寿保险股份有限公司襄阳分公司	襄阳市樊城区松鹤路 16 号	杨小飞	0710-3278499	441000
中国人寿保险股份有限公司鄂州分公司	鄂州市鄂城区武昌大道 308 号	黄佳玲	0711-3872182	436000
中国人寿保险股份有限公司荆门分公司	荆门市东宝区象山大道 118 号	熊学锋	0724-6082972	448000
中国人寿保险股份有限公司孝感分公司	孝感市孝南区北京路 73 号	孙武军	0712-2590771	432000
中国人寿保险股份有限公司荆州分公司	荆州市沙市区北京中路 366 号	张　林	0716-8116856	434000
中国人寿保险股份有限公司黄冈分公司	黄冈市黄州区东门路 127 号	何　斌	0713-8811953	438000
中国人寿保险股份有限公司咸宁分公司	咸宁市咸安区温泉滨河东路 5 号	杨学美	0715-8264867	437100
中国人寿保险股份有限公司随州分公司	随州市曾都区烈山大道 99 号	孙红保	0722-3239228	441300
中国人寿保险股份有限公司恩施分公司	恩施市施州大道 37 号	顾恪辉	18602759256	445000
中国太平洋人寿保险股份有限公司湖北分公司	**武汉市汉口建设大道 847 号瑞通广场 B 座 6 层**	**孔　强**	**027-59209500**	**430015**
中国太平洋人寿保险股份有限公司武汉中心支公司	武汉市江汉区青年路 558 号 6 号楼 7-8 层	周志祥	027-59209592	430022
中国太平洋人寿保险股份有限公司黄石中心支公司	黄石市西塞山区大智路 1 号	舒　杰	0714-6210570	435000
中国太平洋人寿保险股份有限公司十堰中心支公司	十堰市茅箭区北京南路 16 号全兴广场 2 号楼 16-17 层	曾　昊	0719-8690995	442000
中国太平洋人寿保险股份有限公司宜昌中心支公司	宜昌市伍家岗区沿江大道 185 号 3 层、4 层 402-410 室、10 层	鲍　英	0717-6052640	443000
中国太平洋人寿保险股份有限公司襄阳中心支公司	襄阳市樊城区解放路特 52 号	昌　建	0710-3483442	441000
中国太平洋人寿保险股份有限公司鄂州中心支公司	鄂州市鄂城区滨湖南路 13 号	陈　军	0711-3259999	436000
中国太平洋人寿保险股份有限公司荆门中心支公司	荆门市漳河新区象山大道 247 号楚荣华府 2 号楼门面商铺 103 号、106 号、201 号	刘萍丽	0724-2370374	448000
中国太平洋人寿保险股份有限公司孝感中心支公司	孝感市高新区董永路 210-9 号金东华府 1-3 层	余　强	0712-2327869	432100
中国太平洋人寿保险股份有限公司荆州中心支公司	荆州市沙市区明珠大道 8 号楚天都市朗园 22 栋 111、112、201、301 铺	彭淞华	0716-8270183	434000
中国太平洋人寿保险股份有限公司黄冈中心支公司	黄冈市黄州区赤壁大道 76 号	肖　勇	0713-8392766	438000

续表 6-3

名　　称	地　　址	负责人	电　话	邮　编
中国太平洋人寿保险股份有限公司咸宁中心支公司	咸宁市银泉大道 529 号	杨　潇	0715-8053357	437000
中国太平洋人寿保险股份有限公司随州中心支公司	随州市曾都区汉东路 528 号文峰名居 1 号楼	王远安	0722-3322050	441300
中国太平洋人寿保险股份有限公司恩施中心支公司	恩施市金桂大道 15 号电子电器城 A 栋 2 单元 5、6 层	杨　妮	0718-8252587	445000
中国太平洋人寿保险股份有限公司潜江中心支公司	潜江市园林办事处紫月路北四季友 1 栋 6 层	徐晔中	0728-3507388	433100
中国平安人寿保险股份有限公司湖北分公司	**武汉市江岸区中山大道 1628 号武汉天地企业中心 5 号 16 层 1603-1608 室、17 层、18 层**	**杨　建**	**027-82922766**	**430015**
中国平安人寿保险股份有限公司黄石中心支公司	黄石市黄石港区黄石大道 962 号 3 层	江海飚	0714-6284058	435000
中国平安人寿保险股份有限公司十堰中心支公司	十堰市茅箭区五堰街办江苏路 28 号	郑　刚	0719-8616307	442000
中国平安人寿保险股份有限公司宜昌中心支公司	宜昌市西陵区献福路 1 号美岸长堤三期 1 号楼 5-10 楼整层	张少君	0717-6749668	443000
中国平安人寿保险股份有限公司襄阳中心支公司	襄阳市樊城区南国城市广场 9 号楼 14-15 整层、16 层 004-009 号	张　磊	0710-3542572	441021
中国平安人寿保险股份有限公司鄂州中心支公司	鄂州市鄂城区滨湖东路司徒翰林院（驰恒之城）18 号楼 1 层部分、2-3 层整层，17 号楼 2-3 层部分	徐　靖	0711-3892728	436000
中国平安人寿保险股份有限公司荆门中心支公司	荆门市象山大道与深圳大道交会处奥林雅苑第二期 10 号楼	李志华	0724-2366037	448000
中国平安人寿保险股份有限公司孝感中心支公司	孝感市高新技术产业开发区文化东路 43 号汇金国际大厦 4 层、15 层、17 层	杜海军	0712-2325032	432000
中国平安人寿保险股份有限公司荆州中心支公司	荆州市沙市区北京路美佳华商业广场 4 层 1 号部分	王文锋	0716-8851662	434000
中国平安人寿保险股份有限公司黄冈中心支公司	黄冈市黄州区西湖三路与黄州大道交界处黄冈教育优秀人才安居小区 1-3 幢 1-3 层	何正宇	0713-8887995	438000
中国平安人寿保险股份有限公司咸宁中心支公司	咸宁市咸安区温泉沧河大道 25 号阳光威娜国际名仕广场 4-6 层、8 层	周红星	0715-8262589	437000
中国平安人寿保险股份有限公司随州中心支公司	随州市曾都区南郊播鼓墩大道中段（新天地花园）1、2 层房屋（7 栋 102 一半）	陈宜钊	0722-3325511	441300
中国平安人寿保险股份有限公司恩施中心支公司	恩施市航空大道 37 号银河大厦第 7、8 层	苏志峰	0718-8297895	445000
中国平安人寿保险股份有限公司仙桃中心支公司	仙桃市干河办事处锦瑞路西侧大洪社区服务中心综合办公楼 1 层部分房屋、3 层部分房屋	王得宇	0728-3227433	433000
中国平安人寿保险股份有限公司潜江中心支公司	潜江市园林办事处章华南路樟华国际 6 号楼 1-2 层	曹汉城	0728-6237523	433100
中国平安人寿保险股份有限公司天门中心支公司	天门市钟惺大道西湖路 1 号天门新城银座帝景湾 2 号楼 3 层、4 层	肖　云	0728-5363822	431700
新华人寿保险股份有限公司湖北分公司	**武汉市武昌区中北路 86 号汉街总部国际 F 座 36-40 层**	**李俊岭**	**027-59609688**	**430060**
新华人寿保险股份有限公司武汉中心支公司	武汉市武昌区中南路 2 号中建广场 B 座 19-21层	鲁登山	027-59887386	430061

续表 6-3

名称	地址	负责人	电话	邮编
新华人寿保险股份有限公司黄石中心支公司	黄石市黄石港区杭州路6号恒大·锦绣磁湖4号楼1-4层	程启敏	0714-3808708	435000
新华人寿保险股份有限公司十堰中心支公司	十堰市茅箭区重庆路99号汉成天地1号楼裙楼	夏坤	0719-8010252	442000
新华人寿保险股份有限公司宜昌中心支公司	宜昌市伍家岗区胜利一路15号中南冶金综合楼2层201号、17层及18层	柯浪平	0717-6905578	443000
新华人寿保险股份有限公司襄阳中心支公司	襄阳市樊城区长虹路(襄阳南国城市广场)8幢2单元8、9层1-12室及8幢1层1-4室	柴炜	0710-3087086	441000
新华人寿保险股份有限公司荆门中心支公司	荆门市掇刀区虎牙关大道22号飞扬·新天城A1幢1层103、3层301、4层401	段志玲	0724-8707069	448000
新华人寿保险股份有限公司孝感中心支公司	孝感市长征路271号	陈岚	0712-2324555	432000
新华人寿保险股份有限公司荆州中心支公司	荆州市沙市区红门南路申博商贸城2栋1-101(部分房屋)、1-201、1-301	徐斌	0716-4316885	434000
新华人寿保险股份有限公司黄冈中心支公司	黄冈市黄州区中环路26号三清国际华城(西区)商业楼1层131-134铺、4层401-406铺	张海洲	0713-8200111	438000
新华人寿保险股份有限公司咸宁中心支公司	咸宁市长安大道143号	宋海升	0715-8903399	437000
新华人寿保险股份有限公司随州中心支公司	随州市曾都区神农大道49号	张小斌	0722-7026657	441300
新华人寿保险股份有限公司恩施中心支公司	恩施市六角亭街道办事处松树坪村虎民路硒都综合楼一区3层301号、4层401号	黄达	0718-8020688	445000
新华人寿保险股份有限公司潜江中心支公司	潜江市泰丰办事处泰丰路56号镇声一品1-2层	高群	0728-6299368	433100
泰康人寿保险有限责任公司湖北分公司	**武汉市武昌区中南路99号武汉保利广场21层2103B号、22层2203号、23层**	**李勇**	**027-50758181**	**430061**
泰康人寿保险有限责任公司湖北黄石中心支公司	黄石市黄石港区颐阳路41号101-1室、黄石港区颐阳路41号101-2室、黄石港区颐阳路41号201室、黄石港区颐阳路41号301室	张彤	0714-6309913	435099
泰康人寿保险有限责任公司湖北十堰中心支公司	十堰市茅箭区朝阳中路1号A栋写字楼28层、29层	曾晓勇	0719-8654666	442011
泰康人寿保险有限责任公司湖北宜昌中心支公司	宜昌市伍家岗区沿江大道185号8层	王家俊	0717-6465389	443003
泰康人寿保险有限责任公司湖北襄阳中心支公司	襄阳市樊城区大庆西路24号天元四季城1-1号写字楼11层、12层	方晓锐	0710-3278707	441057
泰康人寿保险有限责任公司湖北鄂州中心支公司	鄂州市鄂城区古城路48号古城明珠A栋4层1-1、1-2、1-3号	易轩	0711-3893876	436099
泰康人寿保险有限责任公司湖北荆门中心支公司	荆门市高新区·掇刀区东方广场大厦A栋20-21层	马小飞	0724-6032001	448002
泰康人寿保险有限责任公司湖北孝感中心支公司	孝感市高新区新桥路宇济滨湖天地梅苑商场5层A1室	高泉香	0712-2315188	432009
泰康人寿保险有限责任公司湖北荆州中心支公司	荆州市沙市区塔桥路63号荆州新天地B区4栋4层401号	喻新程	0716-8218366	434099
泰康人寿保险有限责任公司湖北黄冈中心支公司	黄冈市黄州区黄州大道112号升华·翡翠公馆6、10幢1-3层101	陈威	0713-8388033	438021

续表 6-3

名　　称	地　　址	负责人	电　话	邮　编
泰康人寿保险有限责任公司湖北咸宁中心支公司	咸宁市咸安区淦河大道 85 号第 9、10 层	李　泉	0715-8272006	437199
泰康人寿保险有限责任公司湖北随州中心支公司	随州市曾都区解放路 260 号香格里拉大厦 5 层半层、6 层整层	张继霖	0722-3260691	441399
泰康人寿保险有限责任公司湖北恩施中心支公司	恩施市施州大道 67 号金麟大厦 15-16 层	陈　蒙	0718-8233877	445099
泰康人寿保险有限责任公司湖北仙桃中心支公司	仙桃市沙嘴办事处玉沙大道 8 号元泰未来城 A3 幢 13 层 1302-1305、1306 号部分房屋	刘　聪	0728-3318783	433099
泰康人寿保险有限责任公司湖北潜江中心支公司	潜江市园林办事处建设街 81 号城市一号写字楼 20 层 2002-2008 号	杜　莲	0728-3509874	433199
泰康人寿保险有限责任公司湖北天门中心支公司	天门市竟陵办事处陆羽大道西 5 号（红盾公寓）	赵文锋	0728-8500800	431799
太平人寿保险有限公司湖北分公司	**武汉市江岸区建设大道 718 号浙商国际大厦 13、14、18 层**	**梁学文**	**027-59317555**	**430010**
太平人寿保险有限公司武汉中心支公司	武汉市江岸区建设大道 718 号浙商国际大厦 16、19 层	夏艳朋	027-82266327	430010
太平人寿保险有限公司黄石中心支公司	黄石市西塞山区湖滨大道 733-1-3A、733-1-4、733-1-4A、733-3-3、733-3-4、733-3-4A、733-3-5 号	韩　欢	0714-6242909	435000
太平人寿保险有限公司十堰中心支公司	十堰市北京南路春华嘉苑二期 2 号楼地上 2-3 层	朱灵鉴	0719-8042678	442000
太平人寿保险有限公司宜昌中心支公司	宜昌市发展大道 13 号水悦城写字楼 23 层 101 室-106 室、24 层	向丛渊	0717-6740172	443000
太平人寿保险有限公司襄阳中心支公司	襄阳市樊城区卧龙大道 86 号环球金融城 1 号楼 17-19 层	陈青山	0710-2359890	441000
太平人寿保险有限公司鄂州中心支公司	鄂州市滨湖南路莲花村莲花雅苑 3、4 号楼 2-1、2-2、3-1	李　兵	0711-5919596	436000
太平人寿保险有限公司荆门中心支公司	荆门市东宝区象山一路 6 号华铭广场 B 座 13 层、14 层	蔡　炜	0724-6800128	448000
太平人寿保险有限公司孝感中心支公司	孝感市董永路宇济滨湖天地梅苑写字楼 12、13 层	宋旭堂	0712-2462111	432000
太平人寿保险有限公司荆州中心支公司	荆州市沙市区塔桥北路新天地 A2 幢 21 楼 2101-2108、22 楼 2201-2208 号	茅　雨	0716-8193890	434000
太平人寿保险有限公司黄冈中心支公司	黄冈市黄州区黄州大道 140 号黄冈市教育优秀人才安居小区 2 号楼 3 层	熊　锴	0713-8833899	438000
太平人寿保险有限公司咸宁中心支公司	咸宁市淦河大道与温泉路相交处万顺达写字楼 15 层	杜　飞	0715-8908999	437000
太平人寿保险有限公司随州中心支公司	随州市北郊明珠路 22 号（楚天明珠花园）1 幢 3 层 0301 号、0302 号	卫　华	0722-7508207	441300
太平人寿保险有限公司恩施中心支公司	恩施市舞阳坝街道办事处耿家坪村金龙大厦 4、8 层	宋方红	0718-8308042	445000
中宏人寿保险有限公司湖北分公司	**武汉市江岸区中山大道 1627 号中心泰富大厦 9 楼 901-910 单元**	**余　峻**	**027-59705755**	**430010**
建信人寿保险股份有限公司湖北分公司	**武汉市硚口区硚口路 160 号武汉城市广场 20-21 层**	**徐光宇**	**027-59886386**	**430030**

续表 6-3

名　　称	地　　址	负责人	电　话	邮　编
建信人寿保险股份有限公司黄石中心支公司	黄石市亚光新村 5 号	蒋向东	0714-3824200	435000
建信人寿保险股份有限公司十堰中心支公司	十堰市朝阳北路 2 号金城大厦 20 层	俞银晖	0719-8042618	442000
建信人寿保险股份有限公司宜昌中心支公司	宜昌市西陵区西陵一路 1 号附楼 4 层	汪瑞雪	0717-6911761	443000
建信人寿保险股份有限公司襄阳中心支公司	襄阳市樊城区长征路 34 号建行襄阳分行 21 层	刘　彬	0710-3762859	441000
建信人寿保险股份有限公司荆门中心支公司	荆门市东宝区沿河大道 1 号	高绪凡	0724-6909601	448000
建信人寿保险股份有限公司孝感中心支公司	孝感市孝南区长征路中段 80 号 2 层	刘全军	0712-2115337	432000
建信人寿保险股份有限公司荆州中心支公司	荆州市沙市区北京中路 265 号建行沙市支行 13、14 层	饶超人	0716-4081880	434000
建信人寿保险股份有限公司黄冈中心支公司	黄冈市东门路 76 号建行城东支行 2 层	莫世明	0713-8209905	438000
建信人寿保险股份有限公司咸宁中心支公司	咸宁市金桂路 151 号房产大厦 4 层	王　谦	0715-8910610	437000
建信人寿保险股份有限公司随州中心支公司	随州市东城舜井大道青年路口	胡　飞	0722-7503929	441300
建信人寿保险股份有限公司恩施中心支公司	恩施市东风大道 571 号	石　凯	0718-8029626	445000
安联人寿保险有限公司湖北分公司	**武汉市武昌区临江大道 96 号武汉万达中心写字楼 24 层 01、10-12 号**	**姚俊峰**	**027-88118267**	**430060**
工银安盛人寿保险有限公司湖北分公司	**武汉市武昌区中北路 31 号第 2 层 0201、0202 号，第 23 层**	**李　波**	**027-87896716**	**430071**
工银安盛人寿保险有限公司宜昌中心支公司	宜昌市西陵区云集路 38-5 号第 1、2 层北区	周家明	0717-6285968	443000
工银安盛人寿保险有限公司襄阳中心支公司	襄阳市樊城区解放路 52 号	廖晓光	0710-3359228	441000
工银安盛人寿保险有限公司孝感中心支公司	孝感市孝南区文化东路 43 号汇金国际大厦 1 幢 1 层 0101 室	曹中良	0712-2860186	432000
工银安盛人寿保险有限公司荆州中心支公司	荆州市沙市区北京西路 404 号丽景嘉园三期 2 栋 3 层 B 区	明峰森	0716-8330526	434001
工银安盛人寿保险有限公司黄冈中心支公司	黄冈市黄州区新港大道 29 号嘉豪 · 金时代 2、3、4 幢 2 层 202 铺	杜　威	0713-8843399	438000
中信保诚人寿保险有限公司湖北省分公司	**武汉市江汉区淮海路 299 号泛海国际 SOHO 城 7 号楼 2501-2504**	**杨　凯**	**027-68850580**	**430023**
中信保诚人寿保险有限公司黄石中心支公司	黄石市黄石港区花湖大道 30 号万达广场 2 号写字楼 1201 号、1217-1224 号	谢先国	0714-3860708	435000
中信保诚人寿保险有限公司宜昌中心支公司	宜昌市云集路 45-1 号滨江一号 3 层	杨　周	0717-6900999	443000
中信保诚人寿保险有限公司襄阳中心支公司	襄阳市樊城区大庆西路与人民路交会处的天元四季城 1-1 号办公楼 22 层 01-09 号	韦　凌	0710-3558066	441000
中信保诚人寿保险有限公司荆门中心支公司	荆门市东宝区象山一路华铭广场写字楼 A 栋 15 层 1501-1505 号	余国华	0724-6903720	448000

续表 6-3

名　称	地　址	负责人	电　话	邮　编
中信保诚人寿保险有限公司荆州中心支公司	荆州市沙市区塔桥路61号新天地商业区4号楼2201-2207	彭　娟	0716-8270599	434000
交银人寿保险有限公司湖北省分公司	**武汉市江汉区建设大道847号瑞通广场B座8层、9层、24层**	**杨　娟**	**027-85488600**	**430015**
交银人寿保险有限公司宜昌市中心支公司	宜昌市西陵区二马路1号(交通银行2层)	何　立	0717-6930268	443000
中意人寿保险有限公司湖北省分公司	**武汉市江汉区建设大道广发银行大厦31层**	**张奇峰**	**027-59258888-1818**	**430022**
中意人寿保险有限公司湖北省分公司襄阳中心支公司	襄阳市樊城区大庆西路天元四季城一期1幢1单元17层6室、7室、8室	周　鹏	027-59258888-1003	441002
中意人寿保险有限公司湖北省分公司荆门中心支公司	荆门市象山一路6号华铭广场A座11层1101、1104、1105室	甘　平	0724-6811898	448000
光大永明人寿保险有限公司湖北分公司	**武汉市江汉区精武路17号越秀·国际金融汇三期T2号楼21层**	**马东彦**	**027-51222166**	**430015**
友邦人寿保险有限公司湖北分公司	**武汉市武昌区中北路9号长城汇T1号写字楼第33层整层**	**叶　刚**	**027-86611388**	**430060**
北大方正人寿保险有限公司湖北分公司	**武汉市武昌区积玉桥街临江大道96号武汉积玉桥万达广场(一期)写字楼酒店栋2号房(写字楼)19层07至11单元**	**陈　旺**	**027-85448558-9999**	**430064**
北大方正人寿保险有限公司湖北分公司宜昌中心支公司	宜昌市伍家岗区沿江大道182号首信财富中心13层1302室	熊仕力	0717-6986555-2003	443000
北大方正人寿保险有限公司湖北分公司襄阳中心支公司	襄阳市高新区长虹北路中润云邦1幢22层001房、010-012房	毕兆银	027-85448558-2020	441000
北大方正人寿保险有限公司湖北分公司荆门中心支公司	荆门市掇刀区虎牙关大道22号飞扬·新天城三期A区一栋1202至1203号房	李万梅	0724-6909000-3188	448000
中英人寿保险有限公司湖北分公司	**武汉市硚口区中山大道1号越秀·财务中心写字楼2603-2604、2701-2704和2709**	**赵海波**	**027-59220088**	**430030**
中英人寿保险有限公司湖北分公司黄石中心支公司	黄石市黄石港区颐阳路39号301铺	祝　桔	0714-3861163	435000
中英人寿保险有限公司湖北分公司襄阳中心支公司	襄阳市樊城区华城百汇4002号汉水华城13层03-09单元	张鹏飞	0710-3707385	441000
中英人寿保险有限公司湖北分公司孝感中心支公司	孝感市孝南区乾坤大道13-3号安业假日酒店10层	刘文明	0712-2110339	432100
中英人寿保险有限公司湖北分公司荆州中心支公司	荆州市沙市区江津西路279号测绘科技大楼副楼2层	陈　吉	0716-4309900	434000
中英人寿保险有限公司湖北分公司黄冈中心支公司	黄冈市黄州区西湖三路15号西湖上城1幢2层201号	李　莹	0713-8205756	438000
同方全球人寿保险有限公司湖北分公司	**武汉市武昌区中北路9号长城汇T2号楼第19层全层、第21层局部**	**黄劲松**	**027-87270077**	**430071**
同方全球人寿保险有限公司湖北分公司宜昌中心支公司	中国(湖北)自贸区宜昌片区发展大道13号水悦城写字楼29层2901室	黎小波	0717-6265998	443005
民生人寿保险股份有限公司湖北分公司	**武汉市江汉区中央商务区云彩路198号泛海城市广场一期写字楼14层**	**黄意达**	**027-59888588**	**430022**
民生人寿保险股份有限公司黄石中心支公司	黄石市黄石港区黄石大道796-802号康家知本大厦第8层8-2号	肖　雄	0714-6246088	435000

续表 6-3

名　称	地　址	负责人	电　话	邮　编
民生人寿保险股份有限公司十堰中心支公司	十堰市茅箭区朝阳中路 1 号十堰国际金融中心写字楼 17 层 3-7 号	李　平	0719-8022683	442000
民生人寿保险股份有限公司宜昌中心支公司	宜昌市伍家岗区沿江大道 124 号宜昌盐业大厦第 7 层 701 室	赵永亮	0717-6920396	443000
民生人寿保险股份有限公司襄阳中心支公司	襄阳市樊城区中原一景 1 幢 5 层 1 室 1、2、5、6 号	杨　敏	0710-2302685	441000
民生人寿保险股份有限公司荆门中心支公司	荆门市东宝区象山一路华铭广场 B 栋写字楼 22 层 07-08(部分)号	杨　莉	0724-6089330	448000
民生人寿保险股份有限公司孝感中心支公司	孝感市董永路 8 号民邦槐荫东岸 5 栋 4 层 405 号	程探宝	0712-2860487	432000
民生人寿保险股份有限公司荆州中心支公司	荆州市沙市区塔桥路 61 号新天地商业区 4 号楼 1706-1709 房	李　艳	0716-4088809	434000
民生人寿保险股份有限公司黄冈中心支公司	黄冈市黄州区明珠大道 108 号黄冈汇金大厦 1 幢 2010-2014 号	肖　岚	0713-8209109	438000
民生人寿保险股份有限公司咸宁中心支公司	咸宁市温泉白茶村四组月团巷滨河大厦 1 幢 3 层 302-B 号、303 号、304 号	董　舒	0715-8897970	437100
民生人寿保险股份有限公司恩施中心支公司	恩施市航空大道 55 号银河大厦第 10 层 1009-1012 号房	李新宇	0718-8023451	445000
招商信诺人寿保险有限公司湖北分公司	**武汉市江岸区京汉大道 1398 号企业天地 2 号 8 楼**	**高　飞**	**027-68838708**	**430010**
瑞泰人寿保险有限公司湖北分公司	**武汉市洪山区徐东大街 191 号金禾中心 501 室**	**刘宝刚**	**027-59810189**	**430061**
富德生命人寿保险股份有限公司湖北分公司	**武汉市武昌区武珞路 456 号新时代商务中心 25-27 层**	**桂衍胜**	**027-87260189**	**430064**
富德生命人寿保险股份有限公司黄石中心支公司	黄石市黄石港区黄石大道 954 号总部经济大厦	赵红刚	0714-6225201	435000
富德生命人寿保险股份有限公司十堰中心支公司	十堰市林荫大道二号线南侧丽景湾花园 25 号楼 1 层	鲁得胜	0719-8689119	442000
富德生命人寿保险股份有限公司宜昌中心支公司	宜昌市西陵区东山大道 109 号卓悦广场 4 层(425-436、450-460 号商铺)	王　洪	0717-6588797	443000
富德生命人寿保险股份有限公司襄阳中心支公司	襄阳市樊城区卧龙大道 86 号(环球金融城)2 号楼 2 单元 4、5 层	许全林	0710-3454489	441000
富德生命人寿保险股份有限公司鄂州中心支公司	鄂州市滨湖东路 6 号驰恒之城 17 栋裙楼 182 号	陈　文	0711-3862080	438000
富德生命人寿保险股份有限公司荆门中心支公司	荆门市高新区·掇刀区月亮湖北路与果园二路交会处西南角云中仙居二期 401 室和 2 楼东侧	陈　皓	0724-6903554	448000
富德生命人寿保险股份有限公司孝感中心支公司	孝感市槐荫大道西段路北 52 号	巫启伟	0712-2858498	432000
富德生命人寿保险股份有限公司荆州中心支公司	荆州市沙市区北京西路 192 号(天然气大厦 2、3 层)	佘　丹	0716-8110062	434000
富德生命人寿保险股份有限公司黄冈中心支公司	黄冈市黄州区西湖三路与黄州大道交界处教育优秀人才小区 1、2、3 号楼商业部分第 3 层、第 1 层 S103 号房	何　杰	0713-8384940	438000
富德生命人寿保险股份有限公司咸宁中心支公司	咸宁市淦河大道与温泉路相交处(中商购物广场)1 幢 16 层 1601-1607 号	张　芳	0715-8270726	437000

续表 6-3

名　　称	地　　址	负责人	电　话	邮　编
富德生命人寿保险股份有限公司随州中心支公司	随州市乌龙巷市民中心 5、6 层	杨　文	0722-3305889	441000
富德生命人寿保险股份有限公司恩施中心支公司	恩施市施州大道 206 号金典大厦 301 室	曹　兵	0718-8028201	445000
平安养老保险股份有限公司湖北分公司	**武汉市江岸区建设大道 718 号浙商大厦第 9 层 1-8 号**	**陈　飞**	**027-85743237**	**430015**
平安养老保险股份有限公司武汉自贸区中心支公司	武汉市东湖新技术开发区关山大道 355 号铭丰大厦 33 层 08、09 单元	陈　飞	027-87430012	430073
平安养老保险股份有限公司十堰中心支公司	十堰市茅箭区五堰街办江苏路 28 号 1 幢 3 层	周　松	0719-8645889	442000
平安养老保险股份有限公司宜昌中心支公司	宜昌市西陵区西陵一路 18 号中环广场 16 层 1606、1607 室	秦道禄	0717-6759660	443000
平安养老保险股份有限公司襄阳中心支公司	襄阳市樊城区环球金融城 2 栋 1 单元 1209-1210 室	秦春柳	0710-3535035	441000
平安养老保险股份有限公司荆州中心支公司	荆州市沙市区塔桥路东侧新天地 A3 号楼 1811-1814 室	沈　亮	0716-8116020	434000
合众人寿保险股份有限公司湖北分公司	**武汉市江汉区云彩路 198 号泛海城市广场 19 层**	**唐群林**	**027-85481698**	**430015**
合众人寿保险股份有限公司黄石中心支公司	黄石市黄石港区红旗桥华新路 6 号 109、208-212 号	李慧敏	0714-6287338	435000
合众人寿保险股份有限公司十堰中心支公司	十堰市茅箭区十堰市人民南路 63 号	杨　涛	0719-8887989	442000
合众人寿保险股份有限公司宜昌中心支公司	宜昌市西陵区西陵二路 22 号(CBD 数码城 C 栋 22 层)	杨国威	0717-6853878	443000
合众人寿保险股份有限公司襄阳中心支公司	襄阳市樊城区大庆东路东城怡景 19 层	付同清	0710-3610798	441000
合众人寿保险股份有限公司鄂州中心支公司	鄂州市鄂城区古城路 153 号洋澜经联社办公楼 2 层	周　玲	0711-5904515	436000
合众人寿保险股份有限公司荆门中心支公司	荆门市东宝区象山一路 6 号华铭广场 B 座 1057、1508 房	王树龙	0724-6088989	448000
合众人寿保险股份有限公司孝感中心支公司	孝感市开发区长征路 241 号	孙志刚	0712-2311790	432000
合众人寿保险股份有限公司荆州中心支公司	荆州市北京西路 440-2 号水岸阳光 1 栋 1 层 105-106、2 层 201-206 号	朱　萍	0716-4131296	434000
合众人寿保险股份有限公司黄冈中心支公司	黄冈市黄州区八一路 46 号 4 层	王明波	0713-8367515	438000
合众人寿保险股份有限公司咸宁中心支公司	咸宁市银泉大道 567 号劲风大厦 A 座 908-913 室	胡厚卿	0715-8271515	437100
合众人寿保险股份有限公司恩施中心支公司	恩施市叶挺路 16 号 7 幢 20 层 2005-2007 号	庞银海	0718-8986536	445000
华泰人寿保险股份有限公司湖北分公司	**武汉市江汉区香港路 193 号中华城 A 写字楼 17 层 1701-01、02、03、04、05 号**	**张应虎**	**027-59502142**	**430015**
华泰人寿保险股份有限公司宜昌中心支公司	中国(湖北)自贸区宜昌片区发展大道 13 号 11 层 a-02	王大洲	0717-6987310	443000
华泰人寿保险股份有限公司黄冈中心支公司	黄冈市黄州区西湖三路 15 号西湖上城 2 栋 1 层 101、102 室	廖　宇	0713-8209991	438000

续表 6-3

名　　称	地　　址	负责人	电　话	邮　编
华泰人寿保险股份有限公司随州中心支公司	随州市曾都区烈山大道 205 号香港街 4 层	雷　珍	0722-3267900	441300
华泰人寿保险股份有限公司恩施中心支公司	恩施市小渡船区航空路 173 号广城国际大厦 1003、1004 和 1005 室	马德祥	0718-8256907	445000
太平养老保险股份有限公司湖北分公司	**武汉市江岸区建设大道 718 号浙商国际大厦 15 层**	**黄文龙**	**027-59530600**	**430010**
中美联泰大都会人寿保险有限公司湖北分公司	**武汉市武昌区昙华林 202 号泛悦中心 A 座 25 层 01-05、08 单元**	**陈京燕**	**027-82743393**	**430060**
平安健康保险股份有限公司湖北分公司	**武汉市江岸区中山大道 1628 号武汉天地平安金融中心 7 楼、12 楼**	**林宏宇**	**027-83903068**	**430010**
中国人民健康保险股份有限公司湖北分公司	**武汉市武昌区中山路 338 号凤凰国际写字楼 10 层**	**李晓峰**	**027-88321002**	**430060**
中国人民健康保险股份有限公司宜昌中心支公司	宜昌市东山大道 95 号清江大厦第 20 层	周随阳	0717-6921926	443000
中国人民健康保险股份有限公司襄阳中心支公司	襄阳市襄城区环城南路 128 号保险大厦 7 层	胡国桥	027-82703569	441000
中国人民健康保险股份有限公司孝感中心支公司	孝感市孝南区长征二路 6 号院内办公楼 1 层	车　敏	0712-2589992	432000
中国人民健康保险股份有限公司荆州中心支公司	荆州市沙市区塔桥路东 63 号荆州新天地 B 区 4 栋 20 层	杨　清	0716-8224777	434000
信泰人寿保险股份有限公司湖北分公司	**武汉市武昌区中山路 338 号华宇旭辉大厦 16 层 1-11 室**	**罗　晖**	**027-59756850**	**430060**
信泰人寿保险股份有限公司汉口中心支公司	武汉市江汉区青年路与牯牛洲街交会处房开大厦 17 层 4 号、5 号、6 号、7 号房	李　丹	027-59721145	430021
信泰人寿保险股份有限公司宜昌中心支公司	宜昌市西陵区西陵一路 2-1 号美岸长堤大厦 19 层	王小波	0717-6980759	443000
信泰人寿保险股份有限公司襄阳中心支公司	襄阳市樊城区汉江路 42 号汉江悦府 H 栋写字楼 7 层 4、5、6 室	杨先琼	0710-3721163	441000
信泰人寿保险股份有限公司孝感中心支公司	孝感市乾坤大道 16 号馨都上层 1 幢 1 单元 2 层 201 号房(东侧)	隗建波	0712-2108990	432100
信泰人寿保险股份有限公司黄冈中心支公司	黄冈市黄州区青砖湖路 59 号西湖华庭 2 幢 103 铺 1-2 层、104 商铺 1-2 层及 102 商铺 1 层东	徐　辉	0713-8695552	436100
信泰人寿保险股份有限公司恩施中心支公司	恩施市小渡船街道办事处大桥路 151 号天成大厦 3 层 301 室	朱春来	0718-8303455	445000
农银人寿保险股份有限公司湖北分公司	**武汉市江汉区唐家墩路 32 号国创大厦 A 座 8、14 层**	**孟　巍**	**027-82737666**	**430024**
农银人寿保险股份有限公司十堰中心支公司	十堰市茅箭区人民南路 20 号农银大厦 4 层	章红艳	0719-8887388	442000
农银人寿保险股份有限公司宜昌中心支公司	宜昌市东山大道 119 号三峡日报社新闻大厦第 6 层、第 7 层局部	孙成刚	0717-6444799	443000
农银人寿保险股份有限公司襄阳中心支公司	襄阳市樊城区前进路 65 号风神大厦 6 层	涂勇军	0710-3449599	441000
农银人寿保险股份有限公司荆门中心支公司	荆门市东宝区白云大道 52 号	曹　印	0724-6065988	448000
农银人寿保险股份有限公司孝感中心支公司	孝感市孝南区广场街城站路 133 号农行孝感市直支行综合楼第 4 层	汪　虎	0712-2320599	432000

续表 6-3

名　　称	地　　址	负责人	电　话	邮　编
农银人寿保险股份有限公司荆州中心支公司	荆州市沙市区北京中路 219 号广源大厦 4 层 402 号、13 层 1 号	葛　强	0716-8710136	434000
农银人寿保险股份有限公司黄冈中心支公司	黄冈市黄州区新港大道 29 号嘉豪金时代 2 幢 3 层 301 室	刘蒲军	0713-8838529	438000
农银人寿保险股份有限公司咸宁中心支公司	咸宁市银泉大道(元信花园)3 幢 12 层	张　泓	0715-8066678	437000
农银人寿保险股份有限公司恩施中心支公司	恩施市叶挺路 16 号 7 幢写字楼 21 层	陈禹志	0718-8211202	445000
农银人寿保险股份有限公司天门中心支公司	天门市天门新城银座帝景湾二号楼 4 层 01 室	范红娟	0728-5819586	431700
长城人寿保险股份有限公司湖北分公司	**武汉市江汉区唐家墩路 7、9、11 号武汉菱角湖万达广场 A 栋 A2 单元 25 层**	**苏严明**	**027-85799979**	**430015**
长城人寿保险股份有限公司十堰中心支公司	十堰市茅箭区朝阳中路 29 号春康华悦城写字楼第 21 层	秦明化	0719-8119998	442000
长城人寿保险股份有限公司湖北宜昌中心支公司	宜昌市西陵区东山大道 95 号清江大厦第 23 层 2301、2302、2303、2303-1、2305、2305-1	王　勇	0717-6222761	443000
长城人寿保险股份有限公司湖北襄阳中心支公司	襄阳市樊城区前进路 65 号风神大厦第 9 层	钟　怡	0710-3486681	441000
长城人寿保险股份有限公司荆门中心支公司	荆门市虎牙关大道西侧新天城大厦 13 层南侧	唐传斌	0724-2294600	448220
长城人寿保险股份有限公司孝感中心支公司	孝感市孝南区北京路 69 号	杨　智	0712-2369588	432000
长城人寿保险股份有限公司荆州中心支公司	荆州市沙市区北京中路 334 号时尚百汇购物广场 7 层	许池俊	0716-8219128	434000
长城人寿保险股份有限公司黄冈中心支公司	黄冈市黄州区东坡大道 55 号 A1-2-201-1、A1-2-201-2	高　峰	0713-8626588	438000
和谐健康保险股份有限公司湖北分公司	**武汉市江汉区建设大道 518 号招银大厦 2 层**	**黄　金**	**027-85258880**	**430014**
和谐健康保险股份有限公司十堰中心支公司	十堰市茅箭区朝阳中路 1 号国际金融中心 A 座 12 层	宋文达	0719-8623886	442000
和谐健康保险股份有限公司襄阳中心支公司	襄阳市樊城区前进路 65 号风神大厦 4 层	孙　伟	0710-3755900	441000
和谐健康保险股份有限公司孝感中心支公司	孝感市高新区董永路 88 号宇济滨湖天地梅苑写字楼 19 层	李　倩	0712-2325710	432000
和谐健康保险股份有限公司荆州中心支公司	荆州市沙市区便河东路神华大厦 4 栋 2 层	尹志刚	0716-8338599	434000
中国人民人寿保险股份有限公司湖北省分公司	**武汉市武昌中北路 166 号普提金商务中心 A 座 1、17、19、20 层**	**任丹琪**	**027-86797286**	**430062**
中国人民人寿保险股份有限公司武汉中心支公司	武汉市武昌区中北路 166 号普提金商务中心 A 座 17、18 层	陈　健	027-86796603	430062
中国人民人寿保险股份有限公司黄石中心支公司	黄石市黄石港区黄石大道 515 号东方商务楼 4 层	杨永庆	0714-6236918	435000
中国人民人寿保险股份有限公司十堰中心支公司	十堰市茅箭区人民南路 3 号东明广场 A 座 12、16 层	马立志	0719-8268889	442000
中国人民人寿保险股份有限公司宜昌中心支公司	宜昌市西陵区西陵二路 18 号三峡双创中心 11 层 A 区 1105-1115 室	杨清明	0717-6736926	443000

续表 6-3

名　　称	地　　址	负责人	电　话	邮　编
中国人民人寿保险股份有限公司襄阳中心支公司	襄阳市樊城区汉江北路襄阳华尔街 1 号楼 6-7 层	王　芳	0710-3279236	441000
中国人民人寿保险股份有限公司鄂州中心支公司	鄂州市鄂城区滨湖东路 46 号银海龙城南门 10 号楼 1 层 S107 和 2 层左侧全部	陈　华	0711-3866109	436000
中国人民人寿保险股份有限公司荆门中心支公司	荆门市漳河新区天山路 1 号国华汇金中心 C 座 1 层、15 层	周　凯	0724-2380352	448000
中国人民人寿保险股份有限公司孝感中心支公司	孝感市长征二路 6 号	涂翠华	0712-2852733	432100
中国人民人寿保险股份有限公司荆州中心支公司	荆州市沙市区塔桥路 61 号荆州新天地商业区 B 区 4 号楼 7-8 层	曹远锋	0716-8565719	434000
中国人民人寿保险股份有限公司黄冈中心支公司	黄冈市黄州区新港二路 8 号昆仑·东湖 1 号 27 幢 11-12 层	张公庆	0713-8386088	438000
中国人民人寿保险股份有限公司咸宁中心支公司	咸宁市咸安区银泉大道 567 号劲风大厦 5 层、25 层	贾庚全	0715-8266620	437100
中国人民人寿保险股份有限公司随州中心支公司	随州市东城汉东路 20 号 1-2 幢 2 层	金　俊	0722-3585667	441300
中国人民人寿保险股份有限公司恩施中心支公司	恩施市施州大道 50 号	童　智	0718-8463966	445000
国华人寿保险股份有限公司湖北分公司	**武汉市江岸区三阳路 8 号天悦星辰 A 栋写字楼第 23 层 2301、2302、2303-A 单元**	**卢　俊**	**027-85566620**	**430010**
国华人寿保险股份有限公司黄石中心支公司	黄石市黄石港区黄石大道 954 号总部经济大厦 6 层 602、603、605、606、607 号办公室	闵文斌	0714-3860590	435000
国华人寿保险股份有限公司宜昌中心支公司	宜昌市西陵区东山大道 95 号清江大厦 21 层 2101、2105 室	张洪利	0717-6921913	443000
国华人寿保险股份有限公司襄阳中心支公司	襄阳市襄州区航空路民发·世界城都会山 28 号楼 A706、A707、A708、A709	陈建军	0710-3327718	441000
国华人寿保险股份有限公司荆门中心支公司	荆门市漳河新区天山路 1 号国华汇金中心 1 幢 12 层 1204、1205 室	王连辉	0724-2496089	448000
国华人寿保险股份有限公司孝感中心支公司	孝感市孝南区光荣路特 1 号	胡梦琪	0712-2116111	432000
国华人寿保险股份有限公司荆州中心支公司	荆州市沙市区碧波路 7 号碧波海天大厦 401 室	雷克虎	0716-8118693	434000
国华人寿保险股份有限公司黄冈中心支公司	黄冈市黄州区明珠大道 108 号汇金大厦 1 幢 13 层 1301-1306 室	王　林	0713-8205668	438000
国华人寿保险股份有限公司咸宁中心支公司	咸宁市淦河大道与温泉路相交处(中商购物广场)的万顺达写字楼 12 层 1205 室	朱丽娜	0715-8913552	437100
恒大人寿保险有限公司湖北分公司	**武汉市江汉区常青路 47 号 4 号楼 5 层、6 层、7 层、8 层**	**范海波**	**027-59829799**	**430020**
恒大人寿保险有限公司黄石中心支公司	黄石市黄石港区武汉路 193 号 3、4 号楼 2701、2702 室	王铁军	0714-3821066	435000
恒大人寿保险有限公司孝感中心支公司	孝感市文化东路 43 号汇金国际大厦 14 层 04、05、06、07、08、09 室	方　可	0712-2895743	432000
恒大人寿保险有限公司荆州中心支公司	荆州市沙市区塔桥路与荆沙大道交会处新天地商务中心 A2 号楼 17 层 1701-1708 室	张方明	0716-8335908	434000
恒大人寿保险有限公司黄冈中心支公司	黄冈市黄州区黄州大道 146 号江岸名都小区 4 号楼 125 号-129 号商铺 1 层	张利捷	0713-8359785	438000

续表 6-3

名　　称	地　　址	负责人	电　话	邮　编
英大泰和人寿保险股份有限公司湖北分公司	**武汉市洪山区徐东大街69号华中电力金融大厦7楼、11楼**	**邓海燕**	**027-88562430**	**430070**
英大泰和人寿保险股份有限公司武汉中心支公司	武汉市洪山区徐东大街69号华中电力金融大厦7楼701、702、704、706室	叶晓丹	027-88608362	430070
英大泰和人寿保险股份有限公司黄石中心支公司	黄石市下陆区杭州西路71号3楼	朱　涛	0714-6205778	435000
英大泰和人寿保险股份有限公司十堰中心支公司	十堰市茅箭区人民中路81号	胡　浩	0719-8807999	442000
英大泰和人寿保险股份有限公司宜昌中心支公司	宜昌市西陵区东山大道134号的1楼门面房及2楼201室-206室	陈国庆	0717-6577878	443000
英大泰和人寿保险股份有限公司襄阳中心支公司	襄阳市樊城区炮铺街1号中欧大厦1幢A2区2至4楼	李严伟	0710-3823802	441000
英大泰和人寿保险股份有限公司荆门中心支公司	荆门市东宝区金虾路46号荆楚文化广场商业体5楼502室	李　伟	0724-2346199	448000
英大泰和人寿保险股份有限公司孝感中心支公司	孝感市孝南区城镇路96号1楼、2楼、3楼东第一间	刘　磊	0712-2283076	432000
英大泰和人寿保险股份有限公司荆州中心支公司	荆州市沙市区江津中路183号1楼、4楼、5楼	张黎明	0716-8505309	434000
英大泰和人寿保险股份有限公司黄冈中心支公司	黄冈市黄州区东门路80号1幢	付庆安	0713-8114522	438000
英大泰和人寿保险股份有限公司恩施中心支公司	恩施市六角亭街道办事处叶挺路1号	李　翔	0718-8266680	445000
泰康养老保险股份有限公司湖北分公司	**武汉市武昌中南路99号保利广场B座23层**	**段绍华**	**027-50758225**	**430071**
泰康养老保险股份有限公司湖北分公司宜昌中心支公司	宜昌市西陵区西陵一路18号中环广场10层	汪葆华	18807199099	443099
泰康养老保险股份有限公司湖北分公司荆州中心支公司	荆州市沙市区红门路益生佳园小区A栋1-2层8号	汪　伟	0716-4172614	434000
幸福人寿保险股份有限公司湖北分公司	**武汉市江岸区建设大道648号雷王金融中心18-21楼**	**胡　暤**	**027-65778688**	**430015**
幸福人寿保险股份有限公司黄石中心支公司	黄石市黄石大道30号万达双塔B座2号楼20楼2003、2004、2005、2006、2007、2008、2009、2010号房屋	王　斌	0714-3862057	435000
幸福人寿保险股份有限公司宜昌中心支公司	宜昌市伍家岗区沿江大道129号金江银座21楼012103至012107号	张　涛	0717-6921556	443000
幸福人寿保险股份有限公司襄阳中心支公司	襄阳市樊城区汉江北路117号华康瑞城国际第17楼1701至1703号	符一卓	0710-3723188	441000
幸福人寿保险股份有限公司荆州中心支公司	荆州市沙市区北京西路408号(文湖花园旁工商银行3楼)	田　琼	0716-4171899	434000
幸福人寿保险股份有限公司黄冈中心支公司	黄冈市黄州区青砖湖路君湖现代城4幢201号	陈纳新	0713-8209085	438000
阳光人寿保险股份有限公司湖北分公司	**武汉市武昌区公正路216号平安金融科技大厦9层、16层**	**金建忠**	**027-87158283**	**430060**
阳光人寿保险股份有限公司武汉中心支公司	武汉市江岸区建设大道700号武汉香格里拉中心项目03层01-05号	鲁　黎	027-87130390	430015

续表 6-3

名　　称	地　　址	负责人	电　话	邮　编
阳光人寿保险股份有限公司黄石中心支公司	黄石市黄石港区广场路2号	燕　飞	0714-6582898	435099
阳光人寿保险股份有限公司十堰中心支公司	十堰市茅箭区朝阳中路29号寿康华悦城11层1-11	向　松	0719-8011760	442099
阳光人寿保险股份有限公司宜昌中心支公司	宜昌市沿江大道129号2501-2502、2601	彭　阳	0717-6098227	443008
阳光人寿保险股份有限公司襄阳中心支公司	襄阳市樊城区春园西路民发盛特区写字楼2号楼2-201号	陈　浩	0710-3424150	441002
阳光人寿保险股份有限公司荆门中心支公司	荆门市掇刀区象山大道142号东方广场A13	晏　飞	0724-2360019	448124
阳光人寿保险股份有限公司孝感中心支公司	孝感市长征路218号	吴学明	0712-2101179	432011
阳光人寿保险股份有限公司荆州中心支公司	荆州市沙市区塔桥路61号新天地商业区4号楼第19层	林国良	0716-8123849	434007
阳光人寿保险股份有限公司黄冈中心支公司	黄冈市黄州大道96号	王　岩	0713-8623710	438021
阳光人寿保险股份有限公司咸宁中心支公司	咸宁市银泉大道567号劲风财智领域大厦A座21层、24层	刘　玉	0715-8208200	437199
阳光人寿保险股份有限公司随州中心支公司	随州市曾都区交通大道锦绣香江建材城1898号	罗庆璋	0722-7088938	441399
阳光人寿保险股份有限公司恩施中心支公司	恩施市航空大道60号中大御城8层	黄爱民	0718-8253962	445099
百年人寿保险股份有限公司湖北分公司	**武汉市江汉区云霞路189号泛海创业中心16层04-08单元、17层01-09单元**	**胡　军**	**027-85553199**	**430023**
百年人寿保险股份有限公司黄石中心支公司	黄石市下陆区杭州西路206号杭州公馆B-1-601室	雷卫平	0714-3183391	435000
百年人寿保险股份有限公司十堰中心支公司	十堰市茅箭区二堰街办上海路金座1栋3-3、3-4	孟　锐	0719-8889158	442000
百年人寿保险股份有限公司宜昌中心支公司	宜昌市西陵区西陵一路18号中环广场17层	陈　刚	0717-6306700	443000
百年人寿保险股份有限公司襄阳中心支公司	襄阳市襄州区航空路民发世界城都会山28号楼A601、A616-621室	李文杰	0710-3445966	441000
百年人寿保险股份有限公司孝感中心支公司	孝感市高新区新桥路宇济滨湖天地梅苑商场4层C03室	成　星	0712-2830309	432000
百年人寿保险股份有限公司荆州中心支公司	荆州市沙市区塔桥路东63号荆州新天地A区3栋2层16-19号	周友红	0716-8115799	434000
百年人寿保险股份有限公司黄冈中心支公司	黄冈市黄州区黄州大道63号润连今典1幢北侧1-2层	饶　刚	0713-8819345	438000
百年人寿保险股份有限公司咸宁中心支公司	咸宁市淦河大道与温泉路相交处(中商购物广场)万顺达写字楼19层1904-1914号	付军祥	0715-8828106	437100
百年人寿保险股份有限公司恩施中心支公司	恩施市航空路173号广城国际大厦1309室	董　福	0718-8446060	445000
中邮人寿保险股份有限公司湖北分公司	**武汉市江汉区江旺路22号湖北邮政专业生产指挥中心大楼17、18楼**	**张成豪**	**027-83567888**	**430023**
大家人寿保险股份有限公司湖北分公司	**武汉市江汉区青年路169号ICC环贸中心A塔901-905、907、908**	**王学群**	**027-59439835**	**430022**

续表 6-3

名　称	地　址	负责人	电　话	邮　编
大家人寿保险股份有限公司宜昌中心支公司	宜昌市西陵区夷陵大道65号3E商务大厦6层	赵　波	0717-6099838	443000
大家人寿保险股份有限公司襄阳中心支公司	襄阳市樊城区前进路65号风神大厦7层	冯　浩	0710-3233323	441000
大家人寿保险股份有限公司荆门中心支公司	荆门市掇刀区象山大道166号丹桂广场三期1幢106-110、404号室	骆　锋	0724-8660980	431800
大家人寿保险股份有限公司荆州中心支公司	荆州市北京中路凤台大厦3层1号	张　鹏	0716-8525569	434000
大家人寿保险股份有限公司黄冈中心支公司	黄冈市黄州区新港大道29号嘉豪金时代2幢3层302室	宋文达	0713-8616569	438000
大家人寿保险股份有限公司咸宁中心支公司	咸宁市温泉马柏大道47号	章登明	0715-8278908	437000
前海人寿保险股份有限公司湖北分公司	**武汉市武昌区中南路99号武汉保利文化广场49层1-3室**	**钟小洪**	**027-87115962**	**430060**
前海人寿保险股份有限公司武汉中心支公司	武汉市江汉区建设大道588号卓尔国际中心14层03-04单元	刘军华	027-82883023	430060
财信吉祥人寿保险股份有限公司湖北分公司	**武汉市武昌区中北路31号知音广场8层801-810-815-822**	**王　林**	**027-86657017**	**430060**
财信吉祥人寿保险股份有限公司宜昌中心支公司	宜昌市西陵区东山大道95号清江大厦附楼裙楼1-3层	胡　博	0717-6947773	443002
财信吉祥人寿保险股份有限公司襄阳中心支公司	襄阳市樊城区长虹路汉水华城1幢23层8-18号	张祥华	0710-3795377	410000
财信吉祥人寿保险股份有限公司黄冈中心支公司	黄冈市黄州区黄州大道63号润连·今典1栋101、201铺南侧	孙　震	0713-8208735	438000
国联人寿保险股份有限公司湖北分公司	**武汉市武昌区中北路217号天风大厦2号楼8层1、2、3、4号**	**彭小华**	**027-87710706**	**430061**

四、证券期货基金业机构

表 6-4

名　　称	地　　址	负责人	电　话	邮　编
证券机构				
长江证券股份有限公司	**武汉市江汉区淮海路88号长江证券大厦**	**金才玖**	**027-65796930**	**430020**
长江证券股份有限公司武汉分公司	武汉市江汉区新华下路特8号1楼	刘　歆	027-65799681	430020
长江证券股份有限公司武汉胜利街证券营业部	武汉市江岸区胜利街315号	余文龙	027-83860128	430010
长江证券股份有限公司武汉建设大道证券营业部	武汉市江岸区统建大江园北苑10栋2层4-1、4-2、4-3号商铺	熊　雯	027-82289669	430010
长江证券股份有限公司武汉百步亭安居西路证券营业部	武汉市江岸区新江岸五村328号银泰御华园一区二期A15栋1层12、13室	程　皓	027-82282070	430010
长江证券股份有限公司武汉金桥大道证券营业部	武汉市江岸区金桥大道20号中胜村K1地块(金岛·金桥壹号)1号办公栋2层(1)室、2层(2、3、4)室	宋　薇	027-83905851	430013
长江证券股份有限公司武汉中央商务区珠江路证券营业部	武汉市江汉区中央商务区泛海国际SOHO城(一期)商业1.2.7幢1层2号	倪　伶	027-65799678	430015
长江证券股份有限公司武汉沿江大道证券营业部	武汉市江汉区沿江大道69号长航大厦12层1室、12室	陈　倩	027-85711338	430020
长江证券股份有限公司武汉新华路证券营业部	武汉市江汉区常青一路218号新唐万科广场2层2-35、2-36号商铺	汪正虎	027-61889909	430020
长江证券股份有限公司武汉友谊路证券营业部	武汉市江汉区友谊路126号崇安鑫城D座2楼	李丽屏	027-85867616	430022
长江证券股份有限公司武汉汉西一路证券营业部	武汉市硚口区汉西二路保利香槟国际6栋1单元1-2层13号	黄亦妍	027-83330339	430030
长江证券股份有限公司武汉鹦鹉大道证券营业部	武汉市汉阳区翠微路特1号宏阳大厦3楼	王　渭	027-87800029	430050
长江证券股份有限公司武汉龙阳大道证券营业部	武汉市汉阳区龙阳大道18号	龚　浩	027-84430090	430050
长江证券股份有限公司武汉创业路证券营业部	武汉市武汉经济技术开发区创业路2号绿岛大厦A座2楼	黎　明	027-84892968	430056
长江证券股份有限公司武汉莲花湖大道证券营业部	武汉蔡甸区蔡甸大街莲花湖大道232号附12	杜洪伟	027-69840005	430100
长江证券股份有限公司武汉巨龙大道证券营业部	武汉市黄陂区盘龙城经济开发区巨龙大道178号珩生广场丙5-1903号	蔡文燕	027-61108111	430300
长江证券股份有限公司武汉齐安大道证券营业部	武汉市新洲区邾城街衡州大街95号	王　健	027-89997189	430400
长江证券股份有限公司黄石颐阳路证券营业部	黄石市颐阳路39号	金海波	0714-6227366	435000
长江证券股份有限公司阳新陵园大道证券营业部	阳新县陵园大道特一号国际大酒店附楼	黄启敏	0714-7769693	435200

续表 6-4

名　　称	地　　址	负责人	电　话	邮　编
长江证券股份有限公司大冶观山路证券营业部	大冶市观山路 23 号	付　佳	0714-8606238	435100
长江证券股份有限公司十堰人民北路证券营业部	十堰市茅箭区人民北路 1 号武汉武商集团十堰人民商场有限公司 11 楼	石　偲	0719-8665355	442000
长江证券股份有限公司丹江口沿江大道证券营业部	丹江口市沿江大道汉江新天地 A101、A102	肖　波	0719-5210496	442700
长江证券股份有限公司宜昌沿江大道证券营业部	宜昌市伍家岗区沿江大道 188 号 401、402 室	陈　浩	0717-6484366	443000
长江证券股份有限公司秭归南郡大道证券营业部	秭归县南郡大道 12 号 9 楼	薛　丹	0717-2695579	443600
长江证券股份有限公司长阳龙舟大道证券营业部	长阳县龙舟坪镇龙舟大道 25 号清江瑞景商务楼 301	李腾浪	0717-5321339	443500
长江证券股份有限公司宜都长江大道证券营业部	宜都市陆城长江大道 93 号嘉木醇文化广场综合楼 13 层 1304、1306、1307 号	朱　媛	0717-6483005	432100
长江证券股份有限公司当阳子龙路证券营业部	当阳市子龙路 30 号(中央街区二楼)	万一鸣	0717-3254378	444100
长江证券股份有限公司枝江公园路证券营业部	枝江市马家店公园路 11 号	蒙　茸	0717-4287006	443200
长江证券股份有限公司襄阳檀溪路证券营业部	襄阳市襄城区檀溪路 152 号南山宾馆 1 楼	薛　坤	0710-3616779	441000
长江证券股份有限公司襄阳建华路证券营业部	襄阳市樊城区建华路 12 号	张　敏	0710-3246558	441000
长江证券股份有限公司南漳水镜大道证券营业部	南漳县城关镇水镜大道 616 号	夏　超	0710-5555616	441500
长江证券股份有限公司谷城粉阳路证券营业部	谷城县城关镇粉阳路 35 号	胡加勤	0710-7336661	441700
长江证券股份有限公司枣阳人民路证券营业部	枣阳市南城区人民路中央公园 2 号楼商铺	金运斌	0710-6239988	441200
长江证券股份有限公司宜城自忠路证券营业部	宜城市自忠路 175 号	鄢胜刚	0710-4229418	441400
长江证券股份有限公司荆门天山路证券营业部	荆门市漳河新区天山路 1 号(国华汇金中心)1 幢 7 楼	石艳梅	0724-2295579	448000
长江证券股份有限公司沙洋汉津大道证券营业部	沙洋县汉津大道 25 号	胡　壮	0724-8693735	448200
长江证券股份有限公司钟祥王府大道证券营业部	钟祥市王府大道 2 号	陈　静	0724-4230209	431900
长江证券股份有限公司京山轻机大道证券营业部	京山市新市镇轻机大道 228 号	刘一木	0724-2380729	431800
长江证券股份有限公司孝感天仙路证券营业部	孝感市开发区天仙北路 26 号全洲盛世城综合体写字楼 10 层 1006、1007、1008、1009、1009-1 号	胡德贵	0712-2108918	432000
长江证券股份有限公司应城蒲阳大道证券营业部	应城市蒲阳大道 30 号	李秋露	0712-3251098	432400
长江证券股份有限公司汉川人民大道证券营业部	汉川市仙女山街道人民大道 199 号一品天下 1 号楼 2 层	王　彪	0712-8286996	431600
长江证券股份有限公司荆州北京西路证券营业部	荆州市荆州区北京西路荆州万达广场商务写字楼 1 单元 7 层 704、705 号	叶　红	0716-8859546	434000

续表 6-4

名　　称	地　　址	负责人	电　话	邮　编
长江证券股份有限公司公安利达路证券营业部	公安县斗湖堤镇孱陵新区利达路(利达广场)第1幢第1层101-103号房	朱彗星	0716-5237350	434300
长江证券股份有限公司石首笔架山东路证券营业部	石首市绣林办事处南岳山路南侧山水一品6幢1单元106铺	张　彦	0716-7298488	434400
长江证券股份有限公司洪湖洪林路证券营业部	洪湖市新堤街道洪林路14号香榭丽舍四期16栋一楼门面	詹士伟	0716-2215966	433200
长江证券股份有限公司松滋乐乡大道证券营业部	松滋市新江口镇乐乡大道76号	喻　帆	0716-6261569	434200
长江证券股份有限公司监利华容路证券营业部	监利市容城镇华容路90号	张宝剑	0716-3303077	433300
长江证券股份有限公司黄冈赤壁大道证券营业部	黄冈市黄州区赤壁大道68号	田　伟	0713-8611949	438000
长江证券股份有限公司麻城建设路证券营业部	麻城市麻城广场D区D-1-046、D-2-056	黄识全	0713-2922006	438300
长江证券股份有限公司随州迎宾大道证券营业部	随州市曾都区迎宾大道41号汉东名居广场2楼	晏治国	0722-3222380	441300
长江证券股份有限公司广水市迎宾大道证券营业部	广水市应山街道办事处迎宾大道盛华世纪花园1楼1-3号	刘　攀	0722-6287699	432700
长江证券股份有限公司恩施施州大道证券营业部	恩施市施州大道161号	李艳华	0718-8028867	445000
长江证券股份有限公司仙桃仙桃大道证券营业部	仙桃市仙桃大道47号	刘　龙	0728-3317390	433000
长江证券股份有限公司潜江殷台路证券营业部	潜江市园林办事处殷台路67号水岸尚品金街54-55号	赵　诠	0728-6281169	433100
长江证券股份有限公司天门接官路证券营业部	天门市竟陵接官路16号长江证券天门营业部	陈　亮	0728-5338472	431700
长江证券股份有限公司湖北自贸区分公司	**武汉市东湖新技术开发区光谷大道77号金融后台服务中心基地建设项目A7栋7层A区(自贸区武汉片区)**	**高颖岚**	**027-87279750**	**430070**
长江证券股份有限公司武汉武珞路证券营业部	武汉市武昌区武珞路558号	吴　麟	027-87712127	430060
长江证券股份有限公司武汉彭刘杨路证券营业部	武汉市武昌区彭刘杨路239号	赵　东	027-88060688	430061
长江证券股份有限公司武汉中北路证券营业部	武汉市武昌区中北路与东沙大道交会处武汉中央文化区K1地块一期一区第K1-1幢10层2、3号	王文泰	027-86602001	430060
长江证券股份有限公司武汉恒安路证券营业部	武汉市武昌区南湖中央花园购物中心B区1层38号商铺、B区2层3号商铺	高峻霄	027-88227617	430060
长江证券股份有限公司武汉和平大道证券营业部	武汉市武昌区积玉桥街和平大道666号融侨华府5栋1-2层商14	施　晶	027-88087186	430062
长江证券股份有限公司武汉友谊大道证券营业部	武汉市武昌区杨园街纺机路29号万科·金域华府1栋2单元1层04、05室	吴雄彬	027-86575618	430063
长江证券股份有限公司武汉徐东大街证券营业部	武汉市武昌区团结村福星国际城K4地块第1幢1-2层3号	龚　骏	027-88732696	430062
长江证券股份有限公司武汉珞瑜路证券营业部	武汉市洪山区珞喻路218号鲁巷数码港8楼	赵　锐	027-87808180	430079

续表 6-4

名　　称	地　　址	负责人	电　话	邮　编
长江证券股份有限公司武汉珞狮路证券营业部	武汉市洪山区文荟街 76 号南湖星光时代广场 106、107 号	尹章程	027-87276490	430070
长江证券股份有限公司武汉街道口证券营业部	武汉市洪山区珞喻路 10 号群光中心写字楼 7 层 01-03 号	赵　鹤	027-68888018	430072
长江证券股份有限公司武汉欢乐大道证券营业部	武汉市洪山区欢乐大道 75 号骏业财富中心项 B 座 8 层 3-4 号写字楼	袁韦华	027-86799979	430070
长江证券股份有限公司武汉金融港证券营业部	武汉市东湖新技术开发区金融港四路 18 号普天物联网创新研发基地(一期)1 栋 1 层 3 室	王　渭	027-63499688	430070
长江证券股份有限公司武汉光谷大道证券营业部	武汉市东湖新技术开发区光谷大道 77 号金融后台服务中心基地建设项目 A7 栋 7 层 B 区(自贸区武汉片区)	李　卓	027-65796222	430078
长江证券股份有限公司武汉文华路证券营业部	武汉市江夏区纸坊街文华路 10 号 1-3 层	王飞虎	027-88732696	430200
长江证券股份有限公司鄂州滨湖南路证券营业部	鄂州市鄂城区滨湖南路 91 号学府上城临街商铺	夏　慧	0711-3246016	436000
长江证券股份有限公司咸宁淦河大道证券营业部	咸宁市咸安区淦河大道 25 号阳光威娜 B 座 15 楼	赵　敏	0715-8264293	437100
长江证券股份有限公司嘉鱼发展大道证券营业部	嘉鱼县鱼岳镇发展大道 163 号 10 栋 107-109	张　胜	0715-6900558	437200
长江证券股份有限公司通山九宫大道证券营业部	通山县通羊镇九宫大道 255 号	田汉宁	0715-2902033	437600
长江证券股份有限公司赤壁龙翔路证券营业部	赤壁市赤马港办事处龙翔路 1 号	霍莺天	0715-5331367	437300
长江证券股份有限公司北京分公司	北京市西城区金融街大街 33 号 B 段 15 层	石　寅	010-68350039	100032
长江证券股份有限公司天津分公司	天津市和平区南市街南马路 11 号、13 号-1153-3、1154 号	张　帆	022-87732227	300041
长江证券股份有限公司河北分公司	石家庄市长安区中山东路 313 号新闻大厦 1 层西侧	赵　雷	0311-68009229	050000
长江证券股份有限公司河北雄安分公司	保定市容城县奥威路 8 号	张国新	0312-5678190	071700
长江证券股份有限公司山西分公司	山西综改示范区太原学府园区龙兴街 9 号万立科技大厦 6 层	韩雪飞	0351-5262699	030000
长江证券股份有限公司辽宁分公司	沈阳市浑南区世纪路 2-4 号 906 室	单　红	024-31505868	110000
长江证券股份有限公司大连分公司	大连市沙河口区中山区 588-3 号 2 层 1 号	于晓希	0411-84506329	116021
长江证券股份有限公司黑龙江分公司	哈尔滨市南岗区民益街 76 号 14 层 1408 房间	朱学辉	0451-53605428	150000
长江证券股份有限公司上海分公司	上海市浦东新区世纪大道 1198 号一座 30 层 04、05A 单元	陈　伟	021-61115803	200122
长江证券股份有限公司江苏分公司	南京市玄武区中山东路 301 号 1001 室	张晶涛	025-83286606	210000
长江证券股份有限公司浙江分公司	杭州市上城区甘水巷 42 号	侯国荣	0571-86658288	310000

续表 6-4

名　称	地　址	负责人	电　话	邮　编
长江证券股份有限公司安徽分公司	合肥市高新区拓基城市广场金座 A 商 403 室	柴　燕	0551-65300039	230000
长江证券股份有限公司福建分公司	福州市鼓楼区五四路 3 号三盛国际中心 12 层 02 单元	易金成	0591-87616056	350000
长江证券股份有限公司厦门分公司	厦门市思明区鹭江道 52 号海滨大厦 12 楼 B、C 单元	陈幼斌	0592-2112173	361000
长江证券股份有限公司江西分公司	南昌市红谷滩新区赣江中大道 1218 号新地中心办公、酒店式公寓楼 508 室	易筱凡	0791-86208598	330036
长江证券股份有限公司山东分公司	济南市历城区花园路 84 号振邦大厦 16 楼	牛子千	0531-81908998	250000
长江证券股份有限公司青岛分公司	青岛市崂山区海尔路南端凯旋商务中心 735 室	庞　健	0532-66708756	266071
长江证券股份有限公司河南分公司	郑州市金水区金水路 288 号曼哈顿广场 11 号楼 3 层	杨小圆	0712-2108918	450000
长江证券股份有限公司湖南分公司	长沙市芙蓉区晚报大道 89 号 2 楼	陈　隽	0731-82196066	410000
长江证券股份有限公司广东分公司	广州市天河区林和西路 9 号 3916 室(部位:E 房)	潘庭晖	020-83986267	510635
长江证券股份有限公司深圳分公司	深圳市福田区福田街道福安社区中心四路 1-1 号嘉里建设广场第三座 T3 座 3604 室	曾　倩	0755-82750898	518000
长江证券股份有限公司广西分公司	南宁市青秀区双拥路 38 号广西新谊金融投资大厦 28 楼 A 区	徐　薇	0771-5735500	530022
长江证券股份有限公司海南分公司	海口市龙华区滨海大道 117 号海南滨海国际金融中心 A 座 103 单元	叶纯龙	0898-68582896	570105
长江证券股份有限公司重庆分公司	重庆市江北区江北城聚贤岩广场 9 号重庆国华金融中心写字楼 1 单元名义层 11 层 1101、1102 号	苏　兰	023-67730175	400024
长江证券股份有限公司四川分公司	成都市武侯区人民南路 46 号附 1 号 2 栋 1501 号	魏　磊	028-61980066	610041
长江证券股份有限公司贵州分公司	贵阳市观山湖区林成路贵阳国际金融中心一期商务区 10 号楼 18 层 1 号	甘忠清	0851-88581388	550001
长江证券股份有限公司西藏分公司	拉萨市北京西路 8 号	袁艺洁	028-86753206	850000
长江证券股份有限公司陕西分公司	西安市高新区高新六路 21 号 CROSS 万象汇 2 号楼 2 层 201 室	肖　莉	029-89185501	710024
长江证券股份有限公司宁夏分公司	银川市金凤区康平路悦海新天地购物广场 16 号综合楼南侧 3-301 号	贾　燕	0951-6096006	750001
长江证券股份有限公司新疆分公司	乌鲁木齐经济技术开发区玄武湖路 555 号 14 号楼 1314、1315、1316 室	顾　帅	0991-3779828	830026
天风证券股份有限公司	**武汉市武昌区中北路 217 号天风大厦 2 栋**	**余　磊**	**027-87610013**	**430062**
天风证券股份有限公司武汉天地证券营业部	武汉市江岸区中山大道 1627 号企业天地 3 号 1001 室	刘汪虎	027-82900199	430010

续表 6-4

名　　称	地　　址	负责人	电　话	邮　编
天风证券股份有限公司武汉长江日报路证券营业部	武汉市江汉区长江日报路77号2楼201室	丁赤工	027-87615568	430021
天风证券股份有限公司武汉徐东大街证券营业部	武汉市武昌区武汉轨道交通8号线徐家棚站K9地块匠心城徐家棚楼层K9-15层(04)(即13层04号)	任琪琦	027-88019919	430062
天风证券股份有限公司武汉楚河汉街证券营业部	武汉市武昌区公正路216号安顺月光广场16栋11层1室C区-3	闫路斌	027-87263570	430060
天风证券股份有限公司武汉和平大道证券营业部	武汉市青山区38街坊八大家花园45号楼5层502-504室	周响军	027-86580298	430080
天风证券股份有限公司武汉关山大道证券营业部	武汉市东湖新技术开发区关山大道21号泛悦城T2号楼15层07号写字间(自贸区武汉片区)	谢　艳	027-87610079	430074
天风证券股份有限公司武汉汉口北证券营业部	武汉市黄陂区盘龙城经济开发区汉口北大道111号汉口北国际商品交易中心J栋J3单元1层726、727室	曾胜澜	027-61892193	430312
天风证券股份有限公司黄石湖滨大道证券营业部	黄石市黄石港区华新路10号10-17室	胡　涛	0714-6289010	435099
天风证券股份有限公司宜昌隆康路证券营业部	宜昌市西陵区隆康路10号	胡舰文	0717-6526199	443099
天风证券股份有限公司武汉分公司	**武汉市武昌区中北路217号天风大厦2栋2层1号、7层2号、3号**	**胡伟政**	**027-87827580**	**430062**
天风证券股份有限公司襄阳分公司	**襄阳市樊城区解放路33-14号人防写字楼1楼、5楼**	**叶继华**	**0710-3084568**	**441002**
天风证券股份有限公司谷城影院巷证券营业部	谷城县城关镇西关街影院巷8号	张　军	0710-7337818	441799
天风证券股份有限公司宜城步行街证券营业部	宜城市步行街27、28号	王晓超	0710-4224515	441499
天风证券股份有限公司十堰江苏路证券营业部	十堰市茅箭区江苏路8号1幢	查卫峰	0719-8676736	442011
天风证券股份有限公司房县人和路证券营业部	房县城关镇人和路(寿康永乐超市)	张　勇	0719-3555366	442199
天风证券股份有限公司荆门分公司	**荆门市高新区·掇刀区军马场1路2号(多辉·怡景新城二期)35号楼204号**	**龙　涛**	**0724-6810646**	**448124**
天风证券股份有限公司荆门军马场一路证券营业部	荆门市掇刀区军马场一路2号北112号(多辉·怡景新城35号楼)	黄　勇	0724-6810656	448000
天风证券股份有限公司钟祥承天大道证券营业部	钟祥市郢中镇承天大道东路25号	张富林	0724-4215009	431999
天风证券股份有限公司京山人民大道证券营业部	京山市新市镇人民大道大龙·联合广场8-105	徐付燕	0724-6810616	431899
天风证券股份有限公司孝感北京路证券营业部	孝感市北京路东苑小区1栋1层104室	张　伟	13117064988	432009
天风证券股份有限公司荆州红门路证券营业部	荆州市沙市区红门路益生佳园小区B栋1层4号	刘　洲	0724-6810669	434099
天风证券股份有限公司天门钟惺大道证券营业部	天门市钟惺大道36号天下都市港湾1号楼	周　勇	0728-5330896	431701
天风证券股份有限公司北京分公司	**北京市西城区德胜门外大街83号2层202**	**熊　军**	**010-65522557**	**100000**

续表 6-4

名　　称	地　　址	负责人	电　话	邮　编
天风证券股份有限公司天津分公司	天津市和平区新兴街西康路 70 号余门	郭　顺	027-87618863	300070
天风证券股份有限公司辽宁分公司	大连市沙河口区中山路 572 号星海旺座 2 层	于晓梅	0411-39529055	116019
天风证券股份有限公司东北分公司	中国(辽宁)自由贸易试验区沈阳片区全运路 109-3 号(109-3 号)1112、1115、1116、1117 房间	屠建宗	021-68815388	110167
天风证券股份有限公司上海分公司	中国(上海)自由贸易试验区潍坊西路 55 号 2002 室	韩养礼	021-68903229	201208
天风证券股份有限公司上海浦东分公司	中国(上海)自由贸易试验区浦明路 1500 号 15 层-C 户(名义楼层 18 层)、16 层-A 户(名义楼层 19 层)	孙　凯	021-61063161	201208
天风证券股份有限公司上海第二分公司	上海市浦东新区兰花路 333 号 10 层 1001 室	邓兆湘	021-68812829	201204
天风证券股份有限公司江苏分公司	南京市建邺区应天大街 888 号金鹰世界 A 座 20 层 A1 区	余　琛	025-58700630	210012
天风证券股份有限公司苏州分公司	苏州市相城区高铁新城南天成路 99 号启迪大厦裙楼 S6-1 层、2 层	华　巍	0512-67529902	215133
天风证券股份有限公司无锡分公司	无锡市梁溪区人民中路 139-102 无锡恒隆广场办公楼 1 座 4203 单元	唐　敏	0510-88668860	214000
天风证券股份有限公司浙江分公司	杭州市西湖区教工路 88 号立元大厦 12 层 1202、1204、1206、1208 室	孙　超	0571-82602588	310012
天风证券股份有限公司宁波分公司	宁波市海曙区镇明路 532 号 5-5	钱荣军	0574-87002978	315000
天风证券股份有限公司安徽分公司	合肥市蜀山区潜山路 888 号百利商务中心 1401、1411、1412	周　杰	0551-64663198	230031
天风证券股份有限公司福建分公司	福州市鼓楼区水部街道古田路 139 号御泉花园 1 号、2 号楼连接体 1 层 09 店面-A、2 层 05 店面	张　帆	0591-83297669	350005
天风证券股份有限公司江西分公司	南昌市红谷滩区红谷中大道 998 号绿地中央广场 C 区 C3 商业楼-401 室	周宇桓	0791-83900998	330199
天风证券股份有限公司山东分公司	济南市历城区花园路 84 号振邦大厦 10 楼 1006-1017 室	段友霞	0531-55680098	250199
天风证券股份有限公司河南分公司	河南自贸试验区郑州片区(郑东)商务外环路 28 号 23 楼房间为 07、11、12 号	李智杰	0371-63863555	450018
天风证券股份有限公司湖南分公司	长沙市芙蓉区五里牌街道五一大道 318 号佳兆业广场 1 栋 16 楼 1609 房	万　杰	0731-85130200	410001
天风证券股份有限公司广州分公司	广州市天河区华夏路 16 号 4401 室、4402 室(仅限办公)	黄兴源	020-38603230	510623
天风证券股份有限公司深圳分公司	深圳市福田区福田街道福安社区益田路 5033 号平安金融中心 71 层 03-05 单元	朱　斌	0755-82776388	518033
天风证券股份有限公司广西分公司	南宁市青秀区凤翔路 19 号信达大厦 10 层办公用房	段广军	0771-5673581	530025

续表 6-4

名　　称	地　　址	负责人	电　话	邮　编
天风证券股份有限公司海南分公司	海口市美兰区灵山镇琼山大道 61 号(二)-430	张雨龙	0898-65857705	570100
天风证券股份有限公司四川分公司	中国(四川)自由贸易试验区成都高新区天府五街 200 号菁蓉国际广场 3 号楼 B 座 10 层	彭智颖	028-26181259	610095
天风证券股份有限公司陕西分公司	西安市高新区锦业路 12 号迈科中心 10 层 1001 室	种　亮	029-89285165	710076
天风证券股份有限公司上海证券自营分公司	上海市浦东新区兰花路 333 号 10 楼 03、04、05、06 单元	毛志宏	021-68815103	200000
天风证券股份有限公司海南研究咨询分公司	海南省海口市美兰区蓝天街道海口市美兰区国兴大道 3 号互联网金融大厦 A 栋 23 层 2301 房	赵晓光	0898-65365390	570100
爱建证券有限责任公司湖北分公司	武汉市武昌区公正路 216 号安顺月光广场 16 号楼(平安国际金融大厦)4 层 C 区	余　毅	027-87256251	430060
安信证券股份有限公司湖北分公司	武汉市江岸区三阳路 8 号天悦外滩金融中心 10 层 1005-1007	石　朋	027-87779865	430010
安信证券股份有限公司武汉青年路证券营业部	武汉市江汉区青年路 278 号武汉中海中心 2 层 07-08 室	赵　伟	027-82791889	430020
安信证券股份有限公司武汉中北路证券营业部	武汉市武昌区中北路 31 号知音广场 15 楼	赵　鹏	027-87845838	430060
安信证券股份有限公司武汉关山大道证券营业部	武汉市洪山区关山大道泛悦城项目 T2 座 3 层 04B 号	彭志凯	027-87780735	430070
安信证券股份有限公司黄冈黄州大道证券营业部	黄冈市黄州区黄州大道 140 号(黄冈市优秀人才小区 S104-S105 商铺)	卢柯吉	0713-8827603	438000
财信证券股份有限公司湖北分公司	武汉市武昌区沙湖路 11 号桃源国际商业中心 1 号楼 10-101、102、103	易华兵	027-59736607	430060
第一创业证券股份有限公司武汉分公司	武汉市江汉区恒融商务中心 3 号楼 1301-1307	张　剑	027-82888605	430020
第一创业证券股份有限公司武汉欢乐大道证券营业部	武汉市洪山区欢乐大道 75 号骏业财富中心综合办公楼 A 座 7 层 6-8 号	潘　升	027-86743830	430070
第一创业证券股份有限公司武汉科技分公司	武汉市东湖新技术开发区关山大道 21 号泛悦城 T2 写字楼 26 层 04-05 号	刘耀东	0755-23838454	430070
东北证券股份有限公司湖北分公司	武汉市江汉区香港路 257 号	邢思磊	027-85517277	430015
东北证券股份有限公司武汉百步亭花园证券营业部	武汉市江岸区百步亭温馨苑 AB 区 210 栋 1 层 23 室(210-1-8)	章　璐	027-62300005	430013
东北证券股份有限公司武汉香港路证券营业部	武汉市江汉区香港路 257 号	邢思磊	027-85517277	430015
东北证券股份有限公司武汉中北路证券营业部	武汉市武昌区中北路 109 号武汉 1818 中心(二期)23 层	金琼璟	027-87325859	430060
东北证券股份有限公司襄阳春园路证券营业部	襄阳市春园路铁威公寓 1 幢 1 层 8-9 室	赵翔飞	0710-3355148	441003
东莞证券股份有限公司湖北分公司	武汉市武昌区中北路 126 号尚城国际(德成中心)裙楼 3 层 B 区	汪　文	027-87268228	430061

续表 6-4

名　　称	地　　址	负责人	电　话	邮　编
东莞证券股份有限公司武汉营业部	武汉市江汉区青年路 556 号青洲盛汇房开大厦写字楼 24 层 07 单元	郑　璇	027-85881330	430021
东莞证券股份有限公司宜昌沿江大道证券营业部	宜昌市西陵区沿江大道 98 号	陈先权	0717-6296996	443000
东莞证券股份有限公司襄阳樊城人民路证券营业部	襄阳市樊城区人民路 62 号尚城名门 1 幢 2 层 201 室	王凌菲	0710-3085858	441000
方正证券股份有限公司湖北分公司	**武汉市武昌区中北路与东沙大道交会处武汉中央文化区 K1 地块一期一区 K1-2 幢 20 层 9、10 号**	**郑法海**	**027-87256085**	**430060**
方正证券股份有限公司武汉解放大道证券营业部	武汉市江汉区解放大道 438 号	郭　晗	027-85869865	430020
方正证券股份有限公司武汉和平大道证券营业部	武汉市武昌区和平大道 508 号欧林湾大公馆 3 栋 1 层 3 号	刘　振	027-85571305	430061
方正证券股份有限公司武汉欢乐大道证券营业部	武汉市洪山区欢乐大道 75 号骏业财富中心项目 A 座 11 层 6-10 号	陈智伟	027-87201918	430070
方正证券股份有限公司武汉光谷大道证券营业部	武汉市东湖新技术开发区光谷大道 22 号方顺恒瑞广场 12 楼 1203、1204 室	陈　明	027-87786376	430070
方正证券股份有限公司宜昌夷陵大道证券营业部	宜昌市西陵区夷陵大道 13 号武商葛洲坝店 1 楼	车　勇	0717-6210003	443000
方正证券股份有限公司襄阳檀溪路证券营业部	襄阳市襄城区檀溪路山水檀溪 B 区山园 1 栋 1-2 层 108、207 室	张　怡	0710-3566605	441000
光大证券股份有限公司武汉分公司	**武汉市武昌区中北路 9 号长城汇 T2 写字楼 20 层**	**张有福**	**027-87839666**	**430071**
光大证券股份有限公司武汉新华路证券营业部	武汉市江汉区新华路 485 号美林公馆 1 层	占　敏	027-85760288	430015
光大证券股份有限公司武汉京汉大道证券营业部	武汉市硚口区京汉大道 688 号武汉恒隆广场办公楼 4901-4906 单元	白　帆	027-88075366	430030
光大证券股份有限公司武汉中北路证券营业部	武汉市武昌区中北路 9 号长城汇 T2 写字楼 20 层	万奇云	027-87833035	430071
光大证券股份有限公司武汉关山大道证券营业部	武汉市东湖新技术开发区关山大道 21 号泛悦城 T2 写字楼 7 层 02-03 号写字间(自贸区武汉片区)	李　响	027-63499899	430070
光大证券股份有限公司十堰北京北路证券营业部	十堰市张湾区汉江街办北京北路 99 号万达广场 A 座 11 层 35-40 号	刘　婧	0719-8681908	442010
光大证券股份有限公司襄阳檀溪路证券营业部	襄阳市襄城区檀溪路山水檀溪 A 区明园 1 幢 1 单元 6 层 3、5 室	张　越	0710-3516583	441000
光大证券股份有限公司钟祥莫愁大道证券营业部	荆门市钟祥莫愁大道 66 号	季　成	0724-4267130	431900
广发证券股份有限公司湖北分公司	**武汉市江岸区三阳路 8 号天悦星晨 A 座写字楼 27 层 4、5、6、7 号**	**彭　涛**	**027-82800767**	**430010**
广发证券股份有限公司武汉沿江大道证券营业部	武汉市江岸区沿江大道 133 号广源大厦 2 层	江　珊	027-82763248	430014
广发证券股份有限公司武汉京汉大道证券营业部	武汉市江岸区京汉大道 1234 号中城国际一期 1 号楼 3 层	孙海英	027-82851541	430014
广发证券股份有限公司武汉建设大道证券营业部	武汉市建设大道 718 号浙商国际大厦 40 层	万　里	027-82600861	430015

续表 6-4

名　称	地　址	负责人	电　话	邮　编
广发证券股份有限公司武汉万松园路证券营业部	武汉市江汉区解放大道 557 号	张　健	027-85725970	430022
广发证券股份有限公司武汉鹦鹉大道证券营业部	武汉市汉阳区鹦鹉大道 271 号武汉世贸锦绣长江三期 9 号楼商铺栋 1 层 5 室、1 层 35 室	吴　涛	027-84770730	430050
广发证券股份有限公司武汉武珞路证券营业部	武汉市武昌区武珞路 330 号	罗　宏	027-87311349	430060
广发证券股份有限公司武汉中北路证券营业部	武汉市武昌区中北路 227 号愿景广场二期 1 栋 5 层 2 室、3 室、4 室	陈巍东	027-87863675	430062
广发证券股份有限公司武汉和平大道证券营业部	武汉市青山区和平大道 1278 号深国投中心 1-2 层 78-79 号	唐　炜	027-86856323	430080
广发证券股份有限公司武汉纺织路证券营业部	武汉市东湖新技术开发区纺织路 10 号金地·格林东郡一期商业 1 栋 2 层商 01 室	彭鹏举	027-59700291	430074
广发证券股份有限公司黄石颐阳路证券营业部	黄石市颐阳路 163 号	樊　毅	0714-6233001	435000
广发证券股份有限公司大冶新冶大道证券营业部	大冶市东风路街道新冶大道 62 号(一品华府)3、4 号楼 1-9	张济涛	0714-8763047	435100
广发证券股份有限公司宜昌东山大道证券营业部	宜昌市东山大道 119 号	李志会	0717-6450011	443000
广发证券股份有限公司荆州江津路证券营业部	荆州市沙市区肉联居江津路(农业局综合楼)1-2 层	胡　波	0716-8236177	434000
广发证券股份有限公司洪湖宏伟南路证券营业部	洪湖市新堤办事处宏伟南路天远时代广场 B 区 2002、2003 商铺	陈　洪	0716-2437576	433200
广发证券股份有限公司监利荆南大道证券营业部	监利市容城镇荆南大道 99 号忆美金兰湾 2-S101、S102 铺	杨茂强	0716-3324910	433300
广发证券股份有限公司随州烈山大道证券营业部	随州市烈山大道 205 号香港街金钟幢 3 层	蒋　骏	0722-3240201	441300
国海证券股份有限公司武汉分公司	**武汉市武昌区徐东大街西侧联发九都国际 7 栋 30 层 10、11、12 号**	**莫　仁**	**027-88733588**	**430060**
国海证券股份有限公司武汉三眼桥路证券营业部	武汉市江岸区三眼桥四村 260 号海虹锦都 1 栋 4-5 室 1 层商网	李　新	027-87313578	430010
国开证券股份有限公司湖北省分公司	**武汉市武昌区三角路村水岸国际 K2 地块第 7 幢 18 层部分**	**梁庐健**	**027-86759826**	**430060**
国联证券股份有限公司湖北分公司	**武汉市武昌区水果湖街道中北路 9 号长城汇 T2 号写字楼第 23 层(实际楼层 21 层)R1、R2、R3a 单元**	**郭冠军**	**027-87319678**	**430060**
国联证券股份有限公司武汉新华路证券营业部	武汉市江汉区新华路 468 号时代财富中心 14 层(5)办号	郭　奎	027-85587606	430020
国融证券股份有限公司武汉分公司	**武汉市洪山区欢乐大道岳家嘴德成国贸 B 栋 25 层 E 室**	**周　俭**	**027-86602088**	**430070**
国融证券股份有限公司武汉建设大道证券营业部	武汉市江汉区建设大道 737 号广发银行大厦 1 栋 15 层 1 室	华文俊	027-87177578	430020
国融证券股份有限公司武汉中北路证券营业部	武汉市武昌区中北路与东沙大道交会处武汉中央文化区 K1 地块一期一区 K1-1 幢 13 层 7 号	刘　震	027-87222205	430060
国融证券股份有限公司武汉和平大道证券营业部	武汉市武昌区徐家棚街和平大道 750 号绿地国际金融城 A01-1 地块一期 2、3、4 栋 3 号楼单元 13 层 7 号、8 号房	褚　惠	027-88779976	430060

续表 6-4

名　　称	地　　址	负责人	电　话	邮　编
国融证券股份有限公司襄阳中原路证券营业部	襄阳市樊城区中原路 11 号万商市场 1 层南侧	宋　勇	0710-3603997	441000
国融证券股份有限公司武汉解放大道证券营业部	武汉市硚口区解放大道 626 号 K11ATELIER 办公楼 13 层 11 号	杜　耕	027-83755877	430000
国盛证券有限责任公司湖北分公司	**武汉市硚口区解放大道 278 号 3 栋 18 层 1806 室**	**叶　俊**	**027-85411022**	**430022**
国盛证券有限责任公司武汉京汉大道证券营业部	武汉市江汉区京汉大道 701 号万科金色家园 1 号楼	金　涛	027-85411017	430022
国盛证券有限责任公司武汉光谷大道证券营业部	武汉市东湖新技术开发区光谷大道 77 号金融港后台服务中心一期 A2 栋 1 层 A 区	吴晓明	027-86697526	430223
国盛证券有限责任公司宜昌夷陵大道证券营业部	宜昌市西陵区夷陵大道 2-6 号锦绣天下 6-311	邓小舟	0717-6791001	443000
国盛证券有限责任公司荆州江汉南路证券营业部	荆州市沙市区江汉南路胜利街 1 栋 2 楼 01 号	刘凯伦	0716-8187899	434000
国泰君安证券股份有限公司湖北分公司	**武汉市洪山区徐东大街 73 号湖北能源大厦 7 楼**	**侯霄鹏**	**027-87267558**	**430077**
国泰君安证券股份有限公司武汉建设大道证券营业部	武汉市江岸区花桥街建设大道 1001 号新苑商务中心 1 层 8、9 商号	华　梅	027-82805616	430015
国泰君安证券股份有限公司武汉京汉大道证券营业部	武汉市硚口区京汉大道 528 号中心嘉园(1 楼、4 楼)	周春艳	027-83768585	430032
国泰君安证券股份有限公司武汉马鹦路证券营业部	武汉市汉阳区马鹦路 9 号枫华锦都 1 楼	朱　亮	027-84895028	430050
国泰君安证券股份有限公司武汉紫阳东路证券营业部	武汉市武昌区紫阳东路 77 号伟鹏大厦 1-2 楼	刘　骏	027-68781213	430070
国泰君安证券股份有限公司武汉徐东大街证券营业部	武汉市洪山区徐东大街 73 号湖北能源大厦 1 楼、7 楼	喻　伟	027-87830146	430077
国泰君安证券股份有限公司武汉关山大道证券营业部	武汉市东湖新技术开发区关山大道 473 号光谷新发展国际中心 A1-19	郭典典	027-87780761	430070
国泰君安证券股份有限公司黄石武汉路证券营业部	黄石市武汉路 193 号摩尔城 5 号楼 1 楼 5122 号	曹　荃	0714-3865626	435000
国泰君安证券股份有限公司十堰北京北路证券营业部	十堰市茅箭区北京北路 76 号 1 幢 1-4	杨　波	0719-8611776	442000
国泰君安证券股份有限公司宜昌珍珠路证券营业部	宜昌市西陵区珍珠路 33 号 2 层	王　勇	0717-6770368	443000
国泰君安证券股份有限公司宜昌四新路证券营业部	宜昌市西陵区四新路 2 号	高迎春	0717-6752978	443000
国泰君安证券股份有限公司襄阳檀溪路证券营业部	襄阳市襄城区檀溪路 176-2 号凯地广场 A 座 1 楼、6 楼	赵　青	0710-3515118	441021
国泰君安证券股份有限公司襄阳长虹路证券营业部	襄阳市樊城区长虹路 56 号海润名都 2 栋 2 单元 2 层	翟慧君	0710-3313256	441004
国泰君安证券股份有限公司孝感北京路证券营业部	孝感市北京路特一号熙公馆民邦家私 1 楼	吕　强	0712-2628936	432100
国泰君安证券股份有限公司荆州江汉北路证券营业部	荆州市沙市区江汉北路华锦大厦 2 层 1 号和 1 层 2 号	陆家军	0716-8228739	434000
国泰君安证券股份有限公司咸宁咸宁大道证券营业部	咸宁市咸安区咸宁大道 39 号国际大厦 A 座 1 楼、B 座 5 楼	刘　飞	0715-8893658	437100

续表 6-4

名　　称	地　　址	负责人	电　话	邮　编
国信证券股份有限公司湖北分公司	**武汉市江岸区沿江大道 159 号时代广场 1 座 16-17 楼**	**文德军**	**027-85851286**	**430017**
国信证券股份有限公司武汉中北路证券营业部	武汉市武昌区中北路 9 号长城汇 T1 号写字楼第 9 层 R3、R5 单元	段金龙	027-87898148	430060
国信证券股份有限公司武汉光谷大道证券营业部	武汉市东湖新技术开发区光谷大道 41 号现代・国际设计城二期 B-1 栋 1 层研发 1-5号、7 号一半、8 号(自贸区武汉片区)	王　静	027-86759095	430070
国信证券股份有限公司宜昌沿江大道证券营业部	宜昌市伍家岗区沿江大道 182 号 1、11 楼	向　嫚	0717-6592688	443000
国信证券股份有限公司襄阳春园西路证券营业部	襄阳市春园西路 8 号汇升苑写字楼 1 层	叶　围	0710-3621508	441000
国元证券股份有限公司湖北分公司	**武汉市洪山区徐东大街 137 号湖北能源大厦 27 层**	**杜　庆**	**027-87501810**	**430070**
国元证券股份有限公司武汉公园环路证券营业部	武汉市东西湖区常青花园街公园环路 2 附 1201 号	吴鹏宇	027-85308818	430040
国元证券股份有限公司宜昌中南路证券营业部	宜昌市伍家岗区中南路 35 号兴发广场 15A 号楼 203-205 号	喻德刚	0717-6577008	443003
海通证券股份有限公司湖北分公司	**武汉市江岸区二七街赵家条 144 号**	**刘士汉**	**027-82433526**	**430012**
海通证券股份有限公司武汉赵家条证券营业部	武汉市江岸区二七街赵家条 144 号	万　晟	027-82435889	430012
海通证券股份有限公司武汉中北路证券营业部	武汉市武昌区中北路 259 号	余宗贵	027-86770268	430062
海通证券股份有限公司武汉光谷证券营业部	武汉市东湖新技术开发区光谷大道 41 号现代・国际设计城二期 B1 栋 1 层	肖慧芳	027-84648515	430074
海通证券股份有限公司咸宁潜山路证券营业部	咸宁市咸安区潜山路 6 号	黄　莉	0715-8890038	437199
海通证券股份有限公司天门西湖路证券营业部	天门市竟陵街道西湖路天门新城银座帝景湾(天门 CBD)2 号楼 3 层 306 室	付国鹏	0728-5357758	431701
宏信证券有限责任公司湖北分公司	**武汉市江岸区江汉路 250 号武汉船舶国际广场 1 层**	**罗　祎**	**13437199826**	**430014**
华安证券股份有限公司湖北分公司	**武汉市江岸区沿江大道 229 号外滩棕榈泉 8.9 栋群楼商网 2 层 2-1、2-5 室**	**陈红生**	**027-82221008**	**430010**
华安证券股份有限公司武汉百步亭花园路证券营业部	武汉市江岸区解放大道 2613 号百步亭商业广场企业中心现代城 6 区单元 8 层(1)-(4)、(21)、(22)	宋安华	027-82221578	430010
华安证券股份有限公司武汉星海路证券营业部	武汉市武昌区星海路特 1 号星海虹城三期鸿玺公馆 1 栋 3 层 1 号	熊　佩	027-87369909	430060
华创证券有限责任公司湖北分公司	**武汉市洪山区徐东大街 67 号广泽大厦 10 楼 1001 室**	**彭　巍**	**027-87710627**	**430071**
华创证券有限责任公司武汉徐东大街证券营业部	武汉市洪山区徐东大街 67 号广泽大厦 10 楼 1001 室-01 号	张　凯	027-88319766	430071
华福证券有限责任公司华中分公司	**武汉市武昌区中北路 108 号兴业银行大厦 10 层**	**林　喆**	**021-20710003**	**430061**
华福证券有限责任公司武汉三阳路证券营业部	武汉市江岸区三阳路 8 号天悦外滩金融中心 1 层 4 号商铺	李　倩	027-82886177	430014

续表 6-4

名　称	地　址	负责人	电　话	邮　编
华福证券有限责任公司武汉建设大道证券营业部	武汉市江汉区建设大道737号广发银行大厦1栋30层7、8、9室	肖胜雄	021-20710963	430020
华福证券有限责任公司武汉滨江大道证券营业部	武汉市汉阳区鹦鹉大道世贸锦绣长江C3地块二期7B商业3层商号房	张　林	027-84261351	430050
华福证券有限责任公司武汉珞瑜路证券营业部	武汉市东湖新技术开发区关山大道21号泛悦城T2写字楼3层3号写字间	杨　莉	027-65521800	430074
华福证券有限责任公司宜昌西陵一路证券营业部	宜昌市西陵区西陵一路15号金安东诚大楼兴业银行4层	付彬弟	0717-6973858	443000
华金证券股份有限公司湖北分公司	**武汉市江汉区中央商务区淮海路6号华发中城国际中心29层02号**	**黄欢杰**	**027-82359605**	**430020**
华林证券股份有限公司湖北分公司	**武汉市武昌区东湖路10号水果湖广场A座602室**	**颜　飞**	**027-87896885**	**430060**
华林证券股份有限公司武汉光谷大道证券营业部	武汉市东湖新技术开发区珞喻路光谷世界城B地块1幢1单元11层19号	罗曼茹	027-87888369	430070
国新证券股份有限公司湖北分公司	**武汉市武昌区中北路31号9楼**	**张　强**	**027-87836128**	**430071**
国新证券股份有限公司武汉解放大道证券营业部	武汉市硚口区解放大道586号同馨花园二期四组团21号楼12层(5、6、7、8)号	葛　力	027-83755747	430030
国新证券股份有限公司武汉中北路证券营业部	武汉市武昌区中北路31号9楼	李佩玲	027-87819360	430071
国新证券股份有限公司襄阳长虹北路证券营业部	襄阳市高新区长虹北路6号广景碧云天B座503室	张国洪	0710-3500088	441000
华泰证券股份有限公司湖北分公司	**武汉市武昌区中北路109号中国铁建1818中心24楼**	**闵　捷**	**027-87739318**	**430060**
华泰证券股份有限公司武汉江汉路证券营业部	武汉市江岸区江汉路250号船舶国际广场1层R1、2层R1-R3	李　攀	027-83632286	430014
华泰证券股份有限公司武汉新华路证券营业部	武汉市江汉区新华路314号登月大厦1楼	张　锋	027-85558889	430015
华泰证券股份有限公司武汉武珞路证券营业部	武汉市武昌区武珞路421号帝斯曼国际中心3栋第1层1-21号、第15层5-13号	刘红燕	027-87816068	430070
华泰证券股份有限公司武汉友谊大道证券营业部	武汉市武昌区杨园街纺机路29号万科金域华府	王　凯	027-86880966	430063
华泰证券股份有限公司武汉首义路证券营业部	武汉市武昌区首义路115号(楚民大酒店4楼)	李巧妮	027-88133377	430060
华泰证券股份有限公司武汉民族大道证券营业部	武汉市洪山区民族大道特一号光谷资本大厦1楼	徐　慧	027-87575660	430070
华泰证券股份有限公司十堰朝阳中路证券营业部	十堰市茅箭区朝阳中路29号华悦城22楼	张星新	0719-8688188	442000
华泰证券股份有限公司宜昌西陵一路证券营业部	宜昌市西陵区西陵一路10号	王　琳	0717-6237358	443000
华泰证券股份有限公司宜都长江大道证券营业部	宜都市陆城长江大道167号环球金融广场1号楼101至103铺	胡德文	0717-4836899	443300
华泰证券股份有限公司当阳子龙路证券营业部	当阳市子龙路59号	王振鹏	0717-3252238	444100
华泰证券股份有限公司枝江公园路证券营业部	枝江市马家店团结路与公园路交会处	杨　润	0717—4200539	443200

续表 6-4

名　　称	地　　址	负责人	电　话	邮　编
华泰证券股份有限公司襄阳长虹北路证券营业部	襄阳市樊城区长虹北路 19 号万紫千红商住楼 1 楼	张随翠	0710-3278298	441000
华泰证券股份有限公司孝感长征路证券营业部	孝感市孝南区长征路 29 号	张洪恺	0712-2326727	432000
华泰证券股份有限公司大悟西岳大道证券营业部	大悟县城关镇西岳大道 95 号	陈俊洪	0712-7226466	432800
华泰证券股份有限公司云梦朝阳路证券营业部	云梦县朝阳路 1 号	龙妮娜	0712-4338338	432500
华泰证券股份有限公司应城西大街证券营业部	应城市古城大道古城新都 20 号门店	潘建平	0712-3226017	432400
华泰证券股份有限公司安陆紫金路证券营业部	安陆市紫金路 1 号	邹义钊	0712-5228111	432600
华泰证券股份有限公司汉川仙女大道证券营业部	汉川市仙女大道 215 号	斯国瑶	0712-8296358	431600
华泰证券股份有限公司荆州江津中路证券营业部	荆州市沙市区江津中路香榭丽都 2 栋 1—2 层 14 号	周文婷	0716-8249551	434000
华泰证券股份有限公司石首笔架山路证券营业部	石首市笔架山路 88 号云天大厦 1 楼	左　峰	0716-7298253	434400
华泰证券股份有限公司黄冈东门路证券营业部	黄冈市黄州区东门路 91-36 号	宁　义	0713-8613915	438000
华泰证券股份有限公司麻城融辉路证券营业部	麻城市融辉路 33 号	邹　锐	0713-2772385	438300
华泰证券股份有限公司武穴民主路证券营业部	武穴市民主路 138-17 号国鼎公馆 3 号楼	徐　健	0713-6758589	435400
华泰证券股份有限公司恩施金桂大道证券营业部	恩施市金桂大道 15 号	冯　波	0718-8237528	445000
华泰证券股份有限公司利川南滨大道证券营业部	利川市南滨大道 66 号	覃西琼	0718-7283339	445400
华泰证券股份有限公司建始业州大道证券营业部	建始县业州镇业州大道 109 号	陈　燕	0718-3230098	445300
华泰证券股份有限公司巴东楚天路证券营业部	巴东县信陵镇楚天路 5 号 2 楼	张振乾	0718-4332133	444300
华泰证券股份有限公司来凤凤翔大道证券营业部	来凤县凤翔大道 87 号	周冰洁	0718-8246413	445700
华泰证券股份有限公司神农架神农大道证券营业部	神农架林区松柏镇神农大道 225 号	柳　超	0719-3336276	442400
九州证券股份有限公司湖北分公司	**武汉市洪山区徐东大街 175 号中冶南方大厦 A-802**	**张　栋**	**027-87115790**	**430070**
粤开证券股份有限公司武汉分公司	**武汉市武昌区中北路 31 号办公大楼 24 层(西北区)**	**孟　语**	**027-87318918**	**430071**
民生证券股份有限公司武汉分公司	**武汉市江汉区中央商务区泛海国际民生金融中心 A 单元 45 层 1 号房**	**柳建芳**	**027-83633516**	**430020**
民生证券股份有限公司武汉武大园路证券营业部	武汉市东湖新技术开发区武大园路 2 号写字楼 A 栋 1 层 103 号	马晓旭	027-87571678	430070
民生证券股份有限公司宜昌四新路证券营业部	宜昌市西陵区四新路 19-101 号	任海峰	0717-6386630	443000

续表 6-4

名　　称	地　　址	负责人	电　话	邮　编
平安证券股份有限公司湖北分公司	**武汉市江汉区建设大道 518 号招银大厦 5 楼 508 号**	**蔡正亮**	**027-85743799**	**430022**
平安证券股份有限公司武汉和平大道证券营业部	武汉市武昌区和平大道 508 号欧林湾大公馆 3 栋 1 层 2 室	王　翔	027-88108199	430060
平安证券股份有限公司襄阳大庆东路证券营业部	襄阳市樊城区大庆东路 31 号春天大道小区 6 号楼 1 层 C 区 6-1-4 号	彭红云	0710-3236005	441099
平安证券股份有限公司荆州北京中路证券营业部	荆州市沙市区北京中路凤台大厦 1 楼 6 号	朱　培	0716-4167052	434002
申港证券股份有限公司湖北分公司	**武汉市江岸区中山大道 1627 号企业天地 3 号 36-1、36-2A、36-9A、36-10、36-11**	**黄良超**	**027-82960610**	**430010**
申万宏源证券有限公司湖北分公司	**武汉市武昌区武珞路五巷 46 号凯乐花园 7 栋**	**赵杰俊**	**027-88850926**	**430060**
申万宏源证券有限公司武汉三阳路证券营业部	武汉市江岸区四唯街三阳路 8 号天悦外滩金融中心 2202-2203	周　芳	027-83220956	430010
申万宏源证券有限公司武汉新华路证券营业部	武汉市江汉区新华路 468 号 901—903 室	余世谋	027-83618977	430020
申万宏源证券有限公司武汉精武路证券营业部	武汉市江汉区精武路 2 号越秀国际金融汇二期 15 栋 1-2 层(3)和(4)商号	刘件生	027-85551195	430020
申万宏源证券有限公司武汉中山路证券营业部	武汉市武昌区中山路 272 号旭辉大厦 5 楼(原凤凰国际大厦)	赵前程	027-88855433	430060
申万宏源证券有限公司武汉中北路证券营业部	武汉市武昌区中北路 233 号(老 151 号)世纪彩城 E 区世纪大厦 4 层 1 室	刘　超	027-88231137	430062
申万宏源证券有限公司武汉静安路证券营业部	武汉市武昌区静安路 8 号尚文·静安上城(人和家园)1 栋 1 单元 1 层商 7、2 层商 6、商 7	洪　钧	027-88660058	430064
申万宏源证券有限公司武汉高新大道证券营业部	武汉市东湖新技术开发区高新大道 818 号武汉高科医疗器械园 B 区 1 号楼 1 层 102 号(自贸区武汉片区)	武　丽	027-87981127	430070
申万宏源证券有限公司武汉东风三路证券营业部	武汉市武汉经济技术开发区东合中心二期第 D 幢 6 层 608 号房	李金松	027-84525099	430056
申万宏源证券有限公司黄石湖滨大道证券营业部	黄石市湖滨大道 97 号 1 栋付 7、8、9、10、16 室	洪伟国	0714-6233087	435000
申万宏源证券有限公司宜昌发展大道证券营业部	宜昌市夷陵区东城试验区发展大道 105 号山水国际 4 号楼	张　立	0717-7200266	443100
申万宏源证券有限公司宜昌西陵一路证券营业部	宜昌市西陵一路 51 号均瑶国际酒店 12 楼	蔡　伟	0717-6747898	443000
申万宏源证券有限公司襄阳沿江大道证券营业部	襄阳市樊城区沿江大道 36 号	江　伟	0710-3480967	441000
申万宏源证券有限公司襄阳檀溪路证券营业部	襄阳市襄城区檀溪路 182 号山水檀溪佳苑	韩　滢	0710-2818255	441000
申万宏源证券有限公司黄冈浠水丽文大道证券营业部	浠水县清泉镇丽文大道 269 号	马晓青	0713-4226194	438200
世纪证券有限责任公司湖北分公司	**武汉市武昌区中北路 118 号复地东湖国际六期第 8 幢 1 层 2、3 号房**	**黄　毅**	**027-87897787**	**430077**

续表 6-4

名　　称	地　　址	负责人	电　话	邮　编
太平洋证券股份有限公司武汉分公司	武汉市武昌区武汉中央文化区 K1 地块一期一区第 K1-S2、S3 幢 1-3 层 28 号 2 层、3 层	彭　兵	027-87639508	430061
太平洋证券股份有限公司武汉京汉大道证券营业部	武汉市江汉区江城华庭（翠景阁、翠逸阁）1-2层 8-2 号	林勇吉	027-84392429	430022
太平洋证券股份有限公司襄阳朝阳路证券营业部	襄阳市樊城区朝阳路 10 号泰跃朝阳 2 幢 1 层 103 室	余　雷	0710-3801266	441099
万和证券股份有限公司湖北分公司	**武汉市武昌区积玉桥街临江大道 96 号武汉积玉桥万达广场（一期）写字楼酒店栋 2 号房（写字楼）武汉万达中心写字楼 9 层 04 单元**	**周　敏**	**027-88776993**	**430060**
万联证券股份有限公司湖北分公司	**武汉市江岸区建设大道 700 号香格里拉中心 6 层 601、602、603、612**	**张学武**	**027-59627800**	**430015**
万联证券股份有限公司黄石天津路证券营业部	黄石市天津路 17 号	陈金水	0714-6267072	435000
万联证券股份有限公司鄂州滨湖南路证券营业部	鄂州市滨湖南路 40-8 号福源小区 2 号楼 2 层	杨　刚	0711-3221916	436000
万联证券股份有限公司荆门长宁大道证券营业部	荆门市长宁大道 10 号银河大厦 2 层	叶大地	0724-2360245	448000
西部证券股份有限公司湖北分公司	**武汉市洪山区珞南街珞喻路 10 号群光中心写字楼 15 层 3-6 室**	**程　希**	**027-87866683**	**430070**
西部证券股份有限公司武汉友谊大道证券营业部	武汉市武昌区友谊大道 371 号 V+合伙人大厦 19 层 1911、1912 室	何小俊	027-88991696	430060
西部证券股份有限公司宜昌发展大道证券营业部	中国（湖北）自贸区宜昌片区发展大道 13 号	邹玉鹏	0717-6986339	443000
东方财富证券股份有限公司湖北分公司	**武汉市武昌区徐东大街西侧联发九都国际 7 幢 20 层 2、3、4、5 号**	**袁立华**	**027-88109373**	**430061**
东方财富证券股份有限公司武汉中山大道证券营业部	武汉市江岸区中山大道 1627 号中信泰富大厦 1105 室	何　川	027-85316301	430021
东方财富证券股份有限公司武汉雄楚大道证券营业部	武汉市洪山区雄楚大道 1008 号光谷万科中心 11 楼 1103-1104 室	朱奕婧	027-87101983	430070
东方财富证券股份有限公司襄阳长虹路证券证券营业部	襄阳市樊城区长虹路南国城市广场泛悦中心写字楼 11 层 003 室	钱伟庚	0710-3233385	441000
东方财富证券股份有限公司仙桃仙桃大道证券营业部	仙桃市仙桃大道 50 号广电五居 1 楼 2-3 号门栋	何信科	0728-3237995	433000
西南证券股份有限公司湖北分公司	**武汉市武昌区中北路 31 号知音广场 18 楼**	**万少智**	**027-59713631**	**430071**
西南证券股份有限公司荆州北京路证券营业部	荆州市沙市区北京路 354 号	方书文	0716-8406088	434000
兴业证券股份有限公司湖北分公司	**武汉市武昌区公正路 216 号平安国际金融大厦 5 层**	**程永锋**	**027-87316488**	**430060**
兴业证券股份有限公司武汉建设大道证券营业部	武汉市江岸区解放公园路 83 号金色华府 1 栋 1 单元 1-2 层 2 室	荣　艳	027-82308632	430015
兴业证券股份有限公司武汉三阳路证券营业部	武汉市江岸区京汉大道 1268 号汇金广场（铂仕汇国际广场）办公写字楼 9 层 18、19、20、21 室	赵　单	027-82882616	430014
兴业证券股份有限公司武汉新华路证券营业部	武汉市江汉区建设大道 737 号广发银行大厦 1 栋 10 层 1 室	牛若莉	027-85730491	430015

续表 6-4

名　　称	地　　址	负责人	电　话	邮　编
兴业证券股份有限公司武汉解放大道证券营业部	武汉市硚口区解放大道 148 号-37 号 1-2 层 3 号(原 1 栋)1 层 1 号	许　强	027-87886626	430034
兴业证券股份有限公司武汉芳草路证券营业部	武汉市汉阳区隆祥东街龙阳新村社区世纪龙城 3 栋 15-16 号	李　忠	027-84959937	430050
兴业证券股份有限公司武汉徐东大街证券营业部	武汉市武昌区团结村福星惠誉国际城 K-3 地块 2 单元 7 层 4 室	方　芳	027-86818689	430062
兴业证券股份有限公司武汉街道口证券营业部	武汉市洪山区珞喻路 10 号群光中心 20 层 01-06 号	张　艳	027-87303018	430070
兴业证券股份有限公司武汉民族大道证券营业部	武汉市东湖新技术开发区雄楚大街 938 号洪福家园 2 栋 1 层 05 室	王　晶	027-87857159	430074
兴业证券股份有限公司宜昌分公司	**宜昌市伍家岗区沿江大道特 162 号福江铭座 1404 号**	**龚安华**	**0717-6777118**	**443000**
兴业证券股份有限公司襄阳分公司	**襄阳市樊城区长虹路汉水华城写字楼 1901-1903 室**	**胡　聪**	**0710-3111027**	**441000**
长城国瑞证券有限公司湖北分公司	**武汉市武昌区东湖路 155 号长城资产大厦 3 楼中部**	**黄　玉**	**027-88709266**	**430064**
长城证券股份有限公司湖北分公司	**武汉市江岸区云林街 61 号**	**夏俊伟**	**027-85776758 027-85802978**	**430015**
长城证券股份有限公司武汉云林街证券营业部	武汉市江岸区云林街 61 号	汤　俊	027-85777208	430015
长城证券股份有限公司武汉杨园南路证券营业部	武汉市洪山区杨园南路 41 号长航·蓝晶绿洲 3 栋 1 层 1 室-2 室	王　莹	027-87228806	430205
长城证券股份有限公司黄石华新路证券营业部	黄石市黄石港区华新路 2-8 号	张　丹	0714-6331819	435000
长城证券股份有限公司襄阳汉江北路证券营业部	襄阳市樊城区汉江北路瑞城国际 1 楼、22 楼南	裴学艳	0710-3280900	441000
长城证券股份有限公司仙桃钱沟路证券营业部	仙桃市钱沟路 55 号	罗旭东	0728-3229288	433000
招商证券股份有限公司湖北分公司	**武汉市武昌区帅府商通大厦 3 楼**	**张　银**	**027-86770878**	**430077**
招商证券股份有限公司武汉青年路证券营业部	武汉市江汉区青年路 59 号环球贸易中心 B 塔 201 室	童西平	027-83630063	430020
招商证券股份有限公司武汉中北路证券营业部	武汉市武昌区帅府商通大厦 3 楼	张　银	027-86770878	430077
招商证券股份有限公司武汉关山大道证券营业部	武汉市东湖新技术开发区关山大道泛悦城项目 T2 座 14 层 01、09 号	熊文婷	027-87153395	430070
招商证券股份有限公司黄石南京路证券营业部	黄石市黄石港区南京路 22 号	谢　伟	0714-6208277	435000
招商证券股份有限公司十堰公园路证券营业部	十堰市公园路 71 号 8 层	黄丽娅	0719-8650838	442000
招商证券股份有限公司宜昌献福路证券营业部	宜昌市西陵区献福路 1 号美岸观邸滨江金融大厦 17 楼	肖　钦	0717-6493088	443000
招商证券股份有限公司襄阳前进路证券营业部	襄阳市樊城区前进路 31 号世纪金源广场 1 栋 7 层 707 号	徐　磊	0710-3355358	441000
招商证券股份有限公司荆州荆中路证券营业部	荆州市荆州区荆中路 23 号	欧阳俊	0716-8437948	434000

续表 6-4

名　　称	地　　址	负责人	电　话	邮　编
中国银河证券股份有限公司湖北分公司	**武汉市武昌区洪山路特1号3楼**	**张志强**	**027-87841701**	**430070**
中国银河证券股份有限公司武汉澳门路证券营业部	武汉市江岸区澳门路123号	张保和	027-82429980	430014
中国银河证券股份有限公司武汉新华路证券营业部	武汉市江汉区发展大道222号华南大厦C栋1层2室、3层2室	袁飞林	027-82611072	430020
中国银河证券股份有限公司武汉汉阳证券营业部	武汉市汉阳区鹦鹉大道103号	张保和	027-84846586	430050
中国银河证券股份有限公司武汉龙阳大道证券营业部	武汉市汉阳区龙阳大道56号汉阳人信汇9号楼人信大厦13层	董林涛	027-84875180	430050
中国银河证券股份有限公司武汉中南路证券营业部	武汉市武昌区洪山路1号商务会议中心3层	谷雄飞	027-87812271	430070
中国银河证券股份有限公司武汉积玉桥证券营业部	武汉市武昌区积玉桥万达广场(二期)12-13栋2层12-15室	叶　俊	027-88857778	430060
中国银河证券股份有限公司武汉武珞路证券营业部	武汉市洪山区武珞路668号未来公馆1楼105号4楼2-3号	王　轩	027-87876658	430070
中国银河证券股份有限公司光谷证券营业部	武汉市东湖新技术开发区东信路光谷创业街10栋1单元2层01号	张任飞	027-87672171	430073
中国银河证券股份有限公司武汉沌口宁康路证券营业部	武汉市武汉经济技术开发区宁康路69号神龙商业街3期262号	戴东晨	027-84854606	430056
中国银河证券股份有限公司宜昌证券营业部	宜昌市西陵区夷陵大道121号星光天地写字楼6层	张　娇	0717-6251666	443000
中国银河证券股份有限公司襄阳证券营业部	襄阳市樊城区长虹路民发世纪新城5幢3层301号、302号	熊　峰	0710-3462025	441000
中国银河证券股份有限公司枣阳证券营业部	枣阳市人民路中段御龙居写字楼2层	田国胜	0710-6230373	441000
中国银河证券股份有限公司荆门证券营业部	荆门市象山大道118号	王　威	0724-2301819	448000
中国银河证券股份有限公司沙洋汉津大道证券营业部	沙洋县汉津大道53号	童德宏	0724-8563028	448200
中国银河证券股份有限公司荆州证券营业部	荆州市沙市区江津西路192号恒信春秋府S5商业街101B	陈　晨	0716-8195551	434000
中国中金财富证券有限公司湖北分公司	**武汉市武昌区中北路9号长城汇T1写字楼3605室**	**李　慧**	**027-86815558**	**430062**
中国中金财富证券有限公司武汉香港路证券营业部	武汉市江岸区万科·香港路8号(门牌号6号)1层9室	代　钦	027-59509966	430010
中国中金财富证券有限公司武汉中山大道证券营业部	武汉市江岸区中山大道1627号中信泰富大厦2606-2610室	刘　云	18627960333	430010
中国中金财富证券有限公司武汉中北路证券营业部	武汉市武昌区中北路9号长城汇T1号写字楼2506室	游道户	027-86837077	430060
中国中金财富证券有限公司武汉关山大道证券营业部	武汉市东湖新技术开发区关山大道355号光谷新世界中心A地块写字楼A栋603A、605号	何建胜	027-83904678	430070
中国中金财富证券有限公司武汉东风大道证券营业部	武汉市武汉经济技术开发区经开万达广场二期第6幢8层6号房	钱　龙	027-84659381	430056
中国中金财富证券有限公司荆州公园路证券营业部	荆州市沙市区公园路(中山公园西侧)1号楼1层	李华军	0716-8108302	434000

续表 6-4

名　　称	地　　址	负责人	电　话	邮　编
中国中金财富证券有限公司潜江江汉路证券营业部	潜江市江汉路 21 号	王　艺	0728-6244754	433100
中国中金财富证券有限公司潜江五七大道证券营业部	潜江市广华办事处五七大道 20 号	程　昊	0728-6519273	433100
中山证券有限责任公司湖北分公司	**武汉市江汉区新华路 385 号南达大楼 2 楼 201 室**	**叶　绩**	**027-85608181**	**430015**
中山证券有限责任公司武汉江汉北路证券营业部	武汉市江汉区新华路 296 号 IFC 国际金融中心 24 层 5 号	徐　寅	027-85500910	430015
中泰证券股份有限公司湖北分公司	**武汉市江岸区三阳路 8 号天悦星晨 A 栋写字楼第 6 层中的 601、602、603、604、605 单元**	**朱立新**	**027-83776088**	**430010**
中泰证券股份有限公司武汉京汉大道证券营业部	武汉市江岸区三阳路与解放大道交会处融科天城二期 T13 栋 1-2 层商 31	汪　薇	027-82288567	430010
中泰证券股份有限公司武汉解放大道证券营业部	武汉市硚口区解放大道 558 号 A 区 1 层，B 区 9 层 901、902 室	赵　淼	027-83796700	430033
中泰证券股份有限公司武汉汉阳大道证券营业部	武汉市汉阳区王家湾中部名居家私广场（原金马凯旋家居）2 层	胡江波	027-84233325	430051
中泰证券股份有限公司武汉武珞路证券营业部	武汉市武昌区中南路街武珞路 442 号中南国际城 AB 座 1 层 1 室	李　爽	027-87265352	430064
中泰证券股份有限公司武汉珞狮路证券营业部	武汉市洪山区珞狮路 59 号学府鑫苑 2 层 11 号-2	施金花	027-86615898	430070
中泰证券股份有限公司武汉欢乐大道证券营业部	武汉市洪山区徐东大街 191 号金禾中心写字楼 1203 室	刘昌知	027-88155889	430077
中泰证券股份有限公司襄阳大庆西路证券营业部	襄阳市大庆西路 119 号志强清和园 1 幢 1-1	杨晓默	0710-2195538	441000
中泰证券股份有限公司鄂州高新大道证券营业部	鄂州市葛店开发区发展大道以东双创之星产业园项目 04 地块一组团 K6 栋第 3 层	黄　波	0711-5921987	436032
中泰证券股份有限公司仙桃钱沟南路证券营业部	仙桃市钱沟南路 88 号沔街国际大酒店 11 层	罗　毅	0728-3222262	433099
中天国富证券有限公司湖北分公司	**武汉市武昌区中南路 18 号中勘大厦 14 层 1402B**	**卢　笙**	**027-88660600**	**430062**
中信建投证券股份有限公司湖北分公司	**武汉市武昌区中北路 24 号龙源大厦 A 座 3 层**	**闻富民**	**027-87890238**	**430060**
中信建投证券股份有限公司武汉京汉大道证券营业部	武汉市江汉区单洞三路东侧万科金色家园三期第 1 幢 1-2 层 25 号	刘　琳	027-85552091	430020
中信建投证券股份有限公司武汉香港路证券营业部	武汉市江汉区香港路 247 号	徐　浩	027-85658366	430020
中信建投证券股份有限公司武汉中北路证券营业部	武汉市武昌区中北路 24 号龙源大厦 A 座 3 层	毛小虎	027-87890268	430060
中信建投证券股份有限公司武汉建设八路证券营业部	武汉市青山区建设八路 8 号附 1 号	高　峰	027-86348216	430080
中信建投股份有限公司武汉珞喻东路证券营业部	武汉市东湖新技术开发区珞喻东路 4 号慧谷时空 1 栋 1 层 2C 号-04	吴俊锋	027-59723097	430070
中信建投证券股份有限公司武汉关山大道证券营业部	武汉市东湖新技术开发区关山大道以西、南湖南路以南软件产业 4.1 期 B 区 B4 幢 3 层 1 号	胡知陆	027-87517056	430070

续表 6-4

名　　称	地　　址	负责人	电　话	邮　编
中信建投证券股份有限公司武汉创业路证券营业部	武汉市武汉经济技术开发区建银商务公馆A座2-2号商业号房	刘海涛	027-59304007	430056
中信建投证券股份有限公司黄石广场路证券营业部	黄石市黄石港区广场路2号丽都大厦3层	王斓馨	0714-6255282	435000
中信建投证券股份有限公司十堰北京北路证券营业部	十堰市茅箭区北京北路88号百强世纪城1号楼2层	汤　磊	0719-8673407	442000
中信建投证券股份有限公司宜昌解放路证券营业部	宜昌市西陵区解放路15号	张　苗	0717-6238555	443000
中信建投证券股份有限公司襄阳檀溪路证券营业部	襄阳市襄城区檀溪路10号	庄　哲	0710-3611801	441000
中信建投证券股份有限公司襄阳长虹路证券营业部	襄阳市樊城区长虹路与大庆西路交会处临江花园1号楼B区1层、4层01-20号	王洪洋	0710-3816266	441000
中信建投证券股份有限公司老河口沿江大道证券营业部	老河口市沿江路先河公司10号附楼1-2层	钟思源	0710-8240886	441800
中信建投证券股份有限公司荆门白云大道证券营业部	荆门市东宝区白云大道93号(锦绣江南7号楼1单元102号门面)	胡志文	0724-2359922	448000
中信建投证券股份有限公司孝感乾坤大道证券营业部	孝感市乾坤大道宇济槐荫天地3-4栋1层102号	昝小静	0712-2119555	432000
中信建投证券股份有限公司荆州北京西路证券营业部	荆州市沙市区北京西路408号	向华伟	0716-8510373	434000
中信证券股份有限公司湖北分公司	**武汉市江汉区建设大道737号广发银行大厦1栋42层第1-4号部分房屋、51层**	**孙洪涛**	**027-85355210**	**430015**
中信证券股份有限公司武汉天地证券营业部	武汉市江岸区永清街永清片综合发展项目A3(企业天地3号)22层1号房(中信泰富大厦25层(系名义楼层)01、02、11单元写字间)	黄　颖	027-84855788	430014
中信证券股份有限公司武汉建设大道证券营业部	武汉市江汉区建设大道747号	汪　海	027-85355370	430015
中信证券股份有限公司武汉中北路证券营业部	武汉市武昌区中北路31号办公大楼(2009-093)知音广场1层102、103号、2层208、209号	李　子(暂代)	027-87368956	430060
中信证券股份有限公司武昌证券营业部	武汉市武昌区水果湖街道中北路9号长城汇T1写字楼第38层R3、R5单元(38层为名义楼层、实际楼层为33层)	余　燕	027-68781881	430061
中信证券股份有限公司武汉徐东大街证券营业部	武汉市洪山区徐东大街85号中冶南方大厦B座1层02号房	韩　娜	027-88108306	430077
中信证券股份有限公司武汉关山大道证券营业部	武汉市洪山区关山大道21号泛悦城二期T2栋24层01、02号	李　婷	027-83387338	430074
中信证券股份有限公司武汉光谷证券营业部	武汉市东湖新技术开发区民族大道1号光谷资本大厦2层2085室	李　震	027-87555310	430074
中信证券股份有限公司武汉东风大道证券营业部	武汉市武汉经济技术开发区17C1地块东合中心二期E栋2层101室	白济涛	027-84586883	430056
中信证券股份有限公司宜昌西陵二路证券营业部	宜昌市西陵区西陵二路51-7号	郑　屹	0717-6690095	443000
中信证券股份有限公司襄阳长虹路证券营业部	襄阳市樊城区长虹路56号谷山大厦1层6-7室、2层6-11室	何兆鸿	0710-3333966	441000

续表 6-4

名　　称	地　　址	负责人	电　话	邮　编
中银国际证券股份有限公司武汉分公司	**武汉市江岸区黄孝河路 148 号 2 楼**	**叶　逢**	**027-52302581**	**430019**
中银国际证券股份有限公司武汉黄孝河路证券营业部	武汉市江岸区黄孝河路 148 号	任定胜	027-52302588	430019
中银国际证券股份有限公司武汉武珞路证券营业部	武汉市武昌区武珞路 442 号中南国际城 B2 座 20 层	张　军	027-87890916	430070
中银国际证券股份有限公司武汉光谷大道证券营业部	武汉市东湖新技术开发区光谷大道 16 号光谷 8 号一期(K25 地块)8 栋 2 层 11、12、13、14 室	鲍云海	027-87756018	430074
中银国际证券股份有限公司十堰人民南路证券营业部	十堰市茅箭区二堰街办人民南路 13 号-43 幢(1-3)-1	张大智	0719-8875175	442000
中银国际证券股份有限公司宜昌夷陵大道证券营业部	宜昌市伍家岗区夷陵大道 162 号	朱宜东	0717-6998803	443000
中银国际证券股份有限公司鄂州滨湖东路证券营业部	鄂州市滨湖东路 61 号天然气网络管理中心(泰富广场)3 号楼 1305、1306、1307 号	王　昊	0711-3250998	436000
中银国际证券股份有限公司荆州北京西路证券营业部	荆州市荆州区北京西路(万达广场)写字楼 B 栋 1 单元 13 层 1316、1317、1318 号	林建国	0716-8618038	434020
中邮证券有限责任公司湖北分公司	**武汉市江汉区江汉经济开发区江旺路 22 号湖北邮政专业生产指挥中心大楼 1 楼部分、16 楼部分**	**王秋明**	**027-83594726**	**430024**
中邮证券有限责任公司武汉新华路证券营业部	武汉市江汉区精武路 17 号(越秀国际金融汇三期)T2-P3 栋 T2 号楼单元 15 层办公 2 号	姚　军	027-82712388	430022
华英证券有限责任公司华中分公司	**武汉市武昌区中北路 9 号长城汇 T1 号写字楼第 39 层 R5、R6 室**	**邓　毅**	**13907137797**	**430061**
开源证券股份有限公司湖北分公司	**武汉市江岸区大智路银泰大智嘉园 A 栋 A-2-9-A2-14**	**王　涛**	**027-82285368**	**430014**
开源证券股份有限公司黄石杭州西路证券营业部	黄石市下陆区团城山 182 号磁湖汇众创空间综合楼 8 楼 804	相春雷	0714-6355668	435000
开源证券股份有限公司十堰朝阳中路证券营业部	十堰市茅箭区朝阳中路 8 号 1 幢 13-1	谭　辉	0719-8697960	442000
东亚前海证券有限责任公司湖北分公司	**武汉市武昌区水果湖街中北路与东沙大道交会处武汉中央文化区 K1 地块一期一区 KI-S4 栋 1-3 层 6 室**	**牛证钧**	**027-87719886**	**430060**
渤海证券股份有限公司武汉分公司	**武汉市江汉区建设大道 737 号广发银行大厦 1 栋 23 层 6 号**	**尹业艳**	**027-85788853**	**430021**
信达证券股份有限公司湖北分公司	**武汉市江岸区中山大道 1627 号企业天地 3 号 35 层 3501、3502 室**	**梁　翔**	**027-82889997**	**430010**
首创证券股份有限公司湖北分公司	**武汉市洪山区欢乐大道 3 号德成国贸中心 B 座 27 层 F 室**	**刘　臻**	**027-88610788**	**430070**
大通证券股份有限公司武汉中北路证券营业部	武汉市武昌区武汉中央文化区 K1 地块一期一区第 K1-2 幢 8 层 2 号	-	027-87899728	430060
东方证券股份有限公司武汉三阳路证券营业部	武汉市江岸区四唯街道三阳路 118 号金阳新城 A 栋 1 层 2 室、5 层 1 室南区	-	027-82893005	430010
东方证券股份有限公司武汉云霞路证券营业部	武汉市江汉区云霞路 187 号泛海国际中心 1 层 5 号	-	027-59809888	430020
东方证券股份有限公司宜昌西陵一路证券营业部	宜昌市西陵区西陵一路 15 号金安东诚 117 铺	-	0717-6910237	443000

续表 6-4

名　称	地　址	负责人	电　话	邮　编
东海证券股份有限公司武汉云彩路证券营业部	武汉市江汉区王家墩地区原空军汉口机场内泛海城市广场一期15层1、2室	–	027-83668232	430020
东吴证券股份有限公司武汉新华路证券营业部	武汉市江汉区新华街296号汉江国际1栋1单元30层4室	–	027-85615072	430020
东兴证券股份有限公司武汉台北一路证券营业部	武汉市江岸区台北一路17-19号环亚大厦B座2-3层	–	027-85740156	430010
国都证券股份有限公司武汉江汉北路证券营业部	武汉市江岸区江汉北路8号金茂大楼附楼3楼	–	027-85791171	430010
国都证券股份有限公司襄阳长虹路证券营业部	襄阳市樊城区长虹路4号1幢2层(汉江街道办事处旁)	–	0710-3601820	441000
国都证券股份有限公司荆门象山大道证券营业部	荆门市东宝区象山大道119号(天鹅广场西)11号门面	–	0724-6502118	448000
国金证券股份有限公司武汉积玉桥证券营业部	武汉市武昌区积玉桥街和平大道336号金宁国际商厦3层1号-1	–	027-87839978	430060
恒泰证券股份有限公司武汉新华路证券营业部	武汉市江汉区新华路218号(浦发银行大厦)13层2室	–	027-83932880	430020
华宝证券股份有限公司武汉建设大道证券营业部	武汉市江汉区建设大道737号广发银行大厦1栋21层2-4室	–	027-82756699	430020
华龙证券股份有限公司武汉青年路证券营业部	武汉市江汉区青年路324、326、328号201	–	027-85802986	430020
华西证券股份有限公司武汉青年路证券营业部	武汉市江汉区青年路59号环球贸易中心(一期)B塔8层1室	–	027-83698776	430020
华西证券股份有限公司武汉友谊大道证券营业部	武汉市武昌区三角路村水岸国际K2地块6栋23层6-8号	–	027-51319869	430060
金元证券股份有限公司武汉洪山路证券营业部	武汉市武昌区洪山路2号省科教大厦E座	–	027-87838714	430060
金元证券股份有限公司武汉关山大道证券营业部	武汉市东湖新技术开发区关山大道473号光谷新发展国际中心A座12层1210(自贸区武汉片区)	–	027-63374660	430070
联储证券有限责任公司武汉香港路证券营业部	武汉市江汉区香港路193号中华城A写字楼20层2001号-2008室	–	027-85266720	430020
南京证券股份有限公司武汉新华路证券营业部	武汉市江汉区新华路139号凯盟大厦3楼310室	–	027-85569689	430020
山西证券股份有限公司武汉建设大道证券营业部	武汉市江岸区建设大道648号联合大厦A座雷王金融中心17层	–	027-85767218	430010
网信证券有限责任公司武汉香港路证券营业部	武汉市江岸区西马街新三巷10号1层第6、7、8间	–	027-85782888	430010
五矿证券有限公司武汉中北路证券营业部	武汉市武昌区中北路95-101号海山金谷天城1栋18层2号	–	027-87818211	430060
湘财证券股份有限公司武汉友谊大道证券营业部	武汉市武昌区三角路村水岸国际K12号地块V+合伙人大厦裙楼2层商铺C2-11	–	027-86552855	430060
诚通证券股份有限公司武汉球场路证券营业部	武汉市江岸区球场路44-7号	–	027-82410983	430010
诚通证券股份有限公司宜昌东山大道证券营业部	宜昌市西陵区东山大道95号	–	0717-6903561	443000
银泰证券有限责任公司武汉徐东大街证券营业部	武汉市洪山区徐东大街67号广泽大厦9楼901室	–	027-86418950	430070

续表 6-4

名　称	地　址	负责人	电　话	邮　编
英大证券有限责任公司武汉汉阳大道证券营业部	武汉市汉阳区汉阳大道 140 号闽东国际城 3 栋 A 单元 11、12 楼	–	027-84778437	430050
浙商证券股份有限公司武汉中南路证券营业部	武汉市武昌区中南路 7-9 号 26-B1、B2、B3、B4、B11 号	–	027-87367528	430060
中航证券有限公司武汉香港路证券营业部	武汉市江汉区香港路 193 号中华城 A 写字楼 13 层 1301 号	–	027-83935281	430020
中航证券有限公司宜昌夷陵大道证券营业部	宜昌市伍家岗区夷陵大道 266 号	–	0717-6742616	443000
中航证券有限公司襄阳新华路证券营业部	襄阳市高新区新华路 29 号 2 楼	–	0710-3628868	441000
中原证券股份有限公司武汉珞狮路证券营业部	武汉市洪山区珞狮南路和文荟路交叉口南湖星光时代 7 层 12、13、14 号房	–	027-87737136	430070
川财证券有限责任公司武汉后湖大道证券营业部	武汉市江岸区新益村统建同安家园五期 59/60 栋 1 层 5、商 6 商铺	–	027-82807789	430010
华鑫证券有限责任公司武汉前进四路证券营业部	武汉市江汉区前进四路 86 号 1 层	–	027-58908087	430020
德邦证券股份有限公司武汉新华路证券营业部	武汉市江汉区新华路 468 号 CFD 时代财富中心 25 层(1)办号-1	–	027-85358182	430020
德邦证券股份有限公司宜昌沿江大道证券营业部	宜昌市伍家岗区沿江大道 188 号新外滩商业楼 000301-02	–	0717-6488128	443000
证券投资咨询机构				
武汉云掌数字科技有限公司	武汉市东湖新技术开发区关山大道 355 号光谷新世界中心 A 地块写字楼 A 栋 17 层办公 06 号(自贸区武汉片区)	–	18995588494	430070
上海世基投资顾问有限公司武汉分公司	武汉市武昌区和平大道 336 号咸宁大厦 16 楼	–	027-51343333	430060
上海证券通投资资讯科技有限公司湖北分公司	武汉市江岸区解放大道 2111 号综合楼(新药临床研究服务中心)(聚龙大厦)3 层 7 室	–	027-65685281	430010
民众证券投资咨询有限公司武汉分公司	武汉市江汉区王家墩中央商务区泛海国际 SOHO 城 3、4、6 栋 6 号楼单元 10 层 5 室 07、24 层 4 室、29 层 4 室	–	18162657517	430020
深圳市优品投资顾问有限公司湖北分公司	武汉市东湖新技术开发区光谷大道 77 号金融港后台服务中心一期 A1 栋 1-20 层(17)F(A)区	–	18620326766	430070
深圳市新兰德证券投资咨询有限公司武汉分公司	武汉市东湖新技术开发区民族大道 38 号龙安·港汇城栋 A 单元 22 层 07 室	–	027-87806685	430070
北京首证投资顾问有限公司武汉分公司	武汉市东湖新技术开发区关南四路 35 号东港木业生产厂房 1-6 层 4 层 4-185 号	–	13810906795	430070
期货机构				
长江期货股份有限公司	**武汉市武昌区中北路 9 号长城汇 T2 号写字楼 27、28 楼**	**潘　山**	**027-65261399**	**430071**
长江期货股份有限公司武汉分公司	武汉市江汉区亚洲广场 A 栋 3 楼 A 室	钟　娜	027-85860928	430022
长江期货股份有限公司武汉市江汉营业部	武汉市江汉区亚洲广场 A 栋 3 楼 B 室	高　真	027-85860140	430022

续表 6-4

名　　称	地　　址	负责人	电　话	邮　编
长江期货股份有限公司武汉市硚口营业部	武汉市汉口宝丰路 1 号湖北商务大楼 2813-16室	张心君	027-83310019	430030
长江期货股份有限公司武汉市武昌营业部	武汉市武昌区洪山路 81 号洪山礼堂 1 层	周志刚	027-85499305	430060
长江期货股份有限公司武汉市洪山营业部	武汉市洪山区珞喻路 218 号鲁巷数码港八楼 B 区	高　强	027-82798910	430070
长江期货股份有限公司黄石营业部	黄石市下陆区杭州西路 176 号磁湖汇众创空间综合楼 8 楼	张　磊	0714-6351518	435003
长江期货股份有限公司上海分公司	**中国(上海)自由贸易试验区浦电路 370 号 15 层 01A 号**	**任延歌**	**021-61683728**	**200122**
长江期货股份有限公司中原分公司	**郑州市金水区未来路 69 号未来大厦 1902、1916 房间**	**赵明保**	**0371-65665721**	**450008**
长江期货股份有限公司广州分公司	**广州市天河区林和西路 9 号 3004 房**	**吴灏德**	**020-38050049**	**510610**
长江期货股份有限公司深圳分公司	**深圳市福田区沙头街道车公庙深南大道南侧杭钢富春商务大厦 1311、1312、1313**	**任　凯**	**0755-82835766**	**518048**
美尔雅期货有限公司	**武汉市江汉区青年路 169 号 ICC 武汉环贸中心 A 塔 16 层**	**王　衍**	**027-68851562**	**430015**
美尔雅期货有限公司武汉市汉口营业部	武汉市江岸区江汉北路 8 号金茂大楼展厅 4 楼	胡　苹	027-85807917	430010
美尔雅期货有限公司武昌营业部	武汉市武昌区中北路 86 号汉街武汉中央文化旅游区 K3 地块 2 栋 37 层 9 室	裴　智	027-87269781	430060
美尔雅期货有限公司黄石营业部	黄石市湖滨大道 176 号 3、4 号楼(摩尔城写字楼)12 楼 1216-1219	刘真云	0714-6309781	435000
美尔雅期货有限公司十堰营业部	十堰市茅箭区五堰街办北京北路 82 号 8 幢 13-4	韩　琦	0719-8663190	442000
美尔雅期货有限公司宜昌营业部	宜昌市伍家岗区沿江大道 130 号御峰写字楼 1-1-2202、2203、2204 室	魏红宇	0717-6464516	443000
美尔雅期货有限公司襄阳营业部	襄阳市樊城区长征东路奔泰阳光城一幢 6 层 611 室	付艳华	0710-3472966	441000
美尔雅期货有限公司荆州营业部	荆州市荆州区荆沙路万达广场写字楼 B 座 1 单元 8 层 815 号房	徐　辉	0716-8220842	434000
美尔雅期货有限公司山西分公司	**山西转型综合改革示范区学府产业园南中环街 529 号清控创新基地 C 座 2403 室**	**孟繁超**	**0351-6100107**	**030032**
美尔雅期货有限公司安徽分公司	**合肥市蜀山区梅山路 18 号安徽国际金融贸易中心 2-2502、2503**	**赵　海**	**0551-66199580**	**230000**
美尔雅期货有限公司河南分公司	**郑州市郑东新区中道东路 6 号智慧岛大厦 A 区 9 层 908 房间**	**薛　濮**	**0371-55057525**	**450046**
华融融达期货股份有限公司华东分公司	**武汉市硚口区解放大道 586 号同馨花园二期四组团 21 号楼 21 层(5)号 2105A**	**–**	**027-85740699**	**430030**
中信期货有限公司中南分公司	**武汉市江汉区建设大道 737 号广发银行大厦第 18 层第 2-5 号房屋**	**苏仲博**	**027-87115299**	**430020**
海通期货股份有限公司湖北分公司	**武汉市武昌区积玉桥街临江大道 96 号武汉积玉桥万达广场(一期)写字楼酒店栋 2 号房(写字楼)22 层 08、09 单元**	**李国良**	**027-87115713**	**430060**

续表 6-4

名　　称	地　　址	负责人	电　话	邮　编
中国国际期货股份有限公司武汉分公司	武汉市江岸区中山大道 1627 号中信泰富大厦 1011 室	余　莉	027-85267776	430010
中国国际期货股份有限公司武昌营业部	武汉市武昌区武珞路 421 号帝斯曼国际中心 3 号楼 15A12 室	杨　帆	027-87310777	430060
中泰期货股份有限公司武汉分公司	武汉市江岸区中山大道 1627 号企业天地 3 号中信泰富大厦 10 楼 1009 号房间	邱宽宏	027-86681096	430010
瑞达期货股份有限公司武汉市分公司	武汉市江汉区青年路与范湖路交会处财富中心项目(1)栋 7 层 3 单元	刘晓平	027-85898682	430020
宁证期货有限责任公司湖北分公司	武汉市武昌区华中小龟山文化金融公园 2 栋 103、203	胡　康	027-59329152	430060
宁证期货有限责任公司汉口营业部	武汉市解放大道单洞路国际大厦 B 栋 11 层 A、B、C 室	陈　晶	027-85825755	430020
方正中期期货有限公司湖北分公司	武汉市硚口区沿河大道与武胜路交会处武汉硚口区长江食品厂 C 地块旧城改造商业办公楼 18 层 7 号	徐胜科	027-87267756	430030
紫金天风期货股份有限公司湖北分公司	武汉市江汉区香港路 193 号中华城 A 写字楼 37 层 3701 号-09 室	梅雪芬	027-85410466	430020
紫金天风期货股份有限公司武汉营业部	武汉市江汉区香港路 193 号中华城 A 写字楼 37 层 3701-01 号	刘　磊	027-87362503	430020
中信建投期货有限公司湖北分公司	武汉市江汉区香港路 193 号中华城 A 写字楼 36 层 3601 号 02-03 室	钱　玲	027-59909527	430020
广州期货股份有限公司湖北分公司	武汉市江汉区香港路 193 号中华城 A 写字楼 14 层 1401-9 号	王正华	027-59219121	430020
广发期货有限公司武汉分公司	武汉市江岸区三阳路 8 号天悦星晨 A 栋写字楼第 31 层(系名义楼层,实际楼层为 27 层)中的 3101 单元	周　超	027-88228210	430010
国泰君安期货有限公司湖北分公司	武汉市江岸区建设大道 718 号浙商国际大厦 40 层办公(5)	邱　夏	027-82881255	430015
兴证期货有限公司湖北分公司	武汉市武昌区公正路 216 号安顺月光广场 16 栋 10 层 1 室 A1 区	张　涛	027-87256057	430060
福能期货股份有限公司湖北分公司	武汉市洪山区徐东大街 67 号广泽大厦 9 层 D 户	郑顺辉	027-88773007	430077
混沌天成期货股份有限公司湖北分公司	武汉市武昌区水果湖街中北路与东沙大道交会处武汉中央文化区 K1 地块一期一区 K1-2 栋 13 层 2 室	杨德威	027-85610809	430077
华金期货有限公司湖北分公司	武汉市中央商务区淮海路 6 号华发中城·国际中心 29 层 6 号	邵永健	027-82885818	430020
宏源期货有限公司湖北分公司	武汉市江岸区三阳路天悦星辰 A 座 2501	覃　伟	027-82289089	430010
前海期货有限公司湖北分公司	武汉市江岸区中山大道 1628 号武汉天地企业中心 5 号楼 1 栋 21-10B	徐文文	15871434461	430010
华闻期货有限公司华中分公司	武汉市轨道交通 8 号线徐家棚站匠心城徐家棚 21 层(03-1)	徐梦露	18672372925	430060

续表 6-4

名　　称	地　　址	负责人	电　话	邮　编
山东齐盛期货有限公司武汉分公司	武汉市江汉区中央商务区云霞路185号、187号、淮海路249号泛海国际中心办公A单元21层3号2106单元	刘静文	027-59320924	430020
中州期货有限公司华中分公司	武汉市江汉区中央商务区泛海国际SOHO城第3、4、6幢4号楼9层7号	易张亮	027-83555585	430020
中州期货有限公司宜昌分公司	宜昌市伍家岗区沿江大道188号新外滩商业楼000301-01号	孙元奎	0717-6229585	443000
国金期货有限责任公司湖北分公司	武汉市武昌区中北路与东沙大道交会处武汉中央文化区K1地块一期一区K1-1栋28层3室	郑丽丽	027-87713675	430060
大有期货有限公司武汉分公司	武汉市东西湖区金银湖街金山大道以北、金银湖以东武汉华尔登国际酒店二期写字楼37层1号房	孙华云	027-59220179	430040
中天期货有限责任公司湖北分公司	武汉市江汉区花楼街片世纪江尚中心办公楼27层9号房09B号	吴　俊	027-82822199	430014
国贸期货有限公司武汉分公司	武汉市江汉区新华路468号时代财富中心写字楼第40层4008号	朱　惠	027-85380868	430020
光大期货有限公司武汉营业部	武汉市武昌区水果湖街道中北路86号汉街武汉中央文化旅游区K3地块2栋9层8室	–	027-88312075	430060
银河期货有限公司武汉营业部	武汉市江汉区唐家墩路7、9、11号武汉菱角湖万达广场A栋A3单元25层5、6、16、18室	–	027-83990911	430020
申银万国期货有限公司武汉营业部	武汉市武昌区武珞路五巷46号凯乐花园2期7栋2层	–	027-85511678	430060
浙商期货有限公司武汉营业部	武汉市江岸区中山大道1627号企业天地3号10层07室	–	027-85849210	430010
中财期货有限公司武汉营业部	武汉市硚口区沿河大道236-237号A栋10层	–	027-85669011-0	430030
宝城期货有限责任公司武汉营业部	武汉市武昌区昙华林路202号泛悦中心写字楼7层07单元	–	027-88923272	430060
格林大华期货有限公司武汉营业部	武汉市建设大道648号联合大厦A座雷王金融中心17层	–	027-85553152	430015
新湖期货股份有限公司武汉营业部	武汉市江汉区中央商务区商务东路88号、云霞路189号宗地10南泛海财富中心12层2号	–	027-88310966	430020
华泰期货有限公司武汉营业部	武汉市武昌区武珞路421号帝斯曼国际中心3栋17层2、3、4、5号	–	027-85487365	430060
浙江新世纪期货有限公司武汉营业部	武汉市江汉区王家墩中央商务区泛海国际SOHO城3、4、6栋3号楼单元14层6号	–	027-83888050	430020
徽商期货有限责任公司武汉营业部	武汉市江岸区江汉路26号正信大厦2301室	–	027-82966102	430010
锦泰期货有限公司武汉营业部	武汉市江汉区解放大道358号武汉广场写字楼11层4室	–	027-85893600	430020
永安期货股份有限公司武汉营业部	武汉市江汉区建设大道737号广发银行大厦1栋27层7-9室	–	027-85565601	430020
冠通期货股份有限公司武汉营业部	武汉市江岸区江汉路206号1栋8层E室	–	027-87647989	430010

续表 6-4

名　　称	地　　址	负责人	电　话	邮　编
国联期货股份有限公司武汉营业部	武汉市武昌区中北路 9 号长城汇 T2 号写字楼第 21 层 R3b、R5a 单元	-	027-88220309	430060
中航期货有限公司武汉营业部	武汉市武昌区紫阳东路 77 号伟鹏大厦 13 楼 1303 号	-	027-87250645	430060
中钢期货有限公司武汉营业部	武汉市武昌区轨道交通 8 号线徐家棚站 K9 地块配套综合楼(匠心城·徐家棚)6 层 606 室	-	027-85499365	430060
国信期货有限责任公司武汉营业部	武汉市江汉区中央商务区泛海国际 SOHO 城第 3、4、6 栋 4 号楼 9 层 9 号房	-	027-82201155	430020
中金财富期货有限公司武汉营业部	武汉市武昌区中北路 9 号长城汇 T1 号写字楼 25 层(实际 21 层)R3 单元	-	027-88185315	430060
北京首创期货有限责任公司武汉营业部	武汉市武昌区水果湖街汉街武汉中央文化旅游区 K3 地块 1 幢 31 层 9 号	-	027-87222253	430060
东海期货有限责任公司武汉营业部	武汉市武昌区三角路村水岸国际 K2 地块 6 栋 16 层 1603 室	-	027-88860170	430060
和合期货有限公司武汉营业部	武汉市东湖新技术开发区光谷大道 41 号现代·国际设计城三期 6 栋 15 层 1508(自贸区武汉片区)	-	027-82708816	430070
中粮期货有限公司武汉营业部	武汉市武昌区昙华林泛悦中心写字楼 20 层 03 单元	-	027-88167377	430060
江西瑞奇期货有限公司武汉营业部	武汉市武昌区水果湖街汉街武汉中央文化旅游区 K3 地块第 1 幢 31 层 8 号房	-	027-87116661	430060
五矿期货有限公司武汉营业部	武汉市江岸区三阳路 8 号天悦星晨 A 栋写字楼第 26 层(系名义楼层,实际楼层为 22 层)中的 2602 单元	-	0755-23375007	430010
中辉期货有限公司武汉营业部	武汉市江岸区建设大道 700 号武汉香格里拉中心 13 层 10B 室	-	027-85580261	430010
上海东证期货有限公司武汉营业部	武汉市江汉区精武路 17 号(越秀·国际金融汇)T2-P3 栋 T2 号楼单元 14 层办公 6 号	-	027-59305836	430020
基金机构				
大成基金管理有限公司武汉分公司	武汉市江汉区新华路 218 号浦发银行大厦 15 楼	-	027-85267015	430020
鹏华基金管理有限公司武汉分公司	武汉市江汉区建设大道 568 号新世界国贸大厦 3305 室	-	027-85557881	430020
长信基金管理有限责任公司武汉分公司	武汉市江汉区新华下路特 8 号长江证券大厦 A 座 2 楼 205 号	-	027-81886898	430020
嘉实基金管理有限公司武汉分公司	武汉市江汉区建设大道 568 号新世界国贸大厦 I 座 10 层 1003 号	-	027-59523252	430020
武汉市伯嘉基金销售有限公司	武汉市江汉区台北一路 17-19 号环亚大厦 B 座 601 室	-	027-83866543	430020
诺亚正行基金销售有限公司武汉分公司	武汉市武昌区临江大道 96 号武汉万达广场(一期)写字楼 33 层 03 单元	-	027-59217190	430060

五、地方金融组织

表 6-5

名　　称	地　　址	负责人	电　话	邮　编
小额贷款公司				
武汉光谷科信小额贷款股份有限公司	武汉市江岸区中山大道 1627 号 A3 号中信泰富大厦 22 楼	徐　辉	–	430010
武汉市江岸区华创小额贷款有限公司	武汉市江岸区渣家小区 6 号楼 1 楼	周　昕	–	430010
武汉市农业小额贷款有限公司	武汉市江岸区解放大道 2020 号中储大楼 2106 室	陈珊珊	–	430010
武汉市江岸区长发诚信小额贷款有限公司	武汉市江岸区建设大道 718 号浙商国际大厦第 32 层 3 号房	孟　安	–	430010
武汉浙商小额贷款有限公司	武汉市江岸区建设大道 718 号	陈汉丰	–	430010
武汉市江岸区青莲小额贷款有限责任公司	武汉市江岸区西马街香港路 151 号青莲大厦 16 层	耿开明	–	430010
武汉市江岸区金龙小额贷款有限责任公司	武汉市江岸区黄浦大街 27 号中原国际酒店 12 层	杨金刚	–	430010
武汉市江岸区乾鼎小额贷款有限公司	武汉市江岸区台北二村 9 号附 1 号	朱琳莉	–	430010
武汉承融小额贷款有限公司	武汉市江岸区西马街渣家左路 88 号	江　鹏	–	430010
武汉市江岸区新东亚小额贷款有限公司	武汉市江岸区长青广场裕和园 D 栋 3 层 17、18、19 室	陈春林	–	430010
武汉市建投科技小额贷款有限公司	武汉市江汉区新华路 25 号伟业大厦 10 楼	冯　进	–	430020
富登小额贷款(湖北)有限公司	武汉市江汉区建设大道 568 号新世界国贸大厦 I 座 4312 室	LEE MENG TECK VICTOR	–	430020
武汉市友芝友小额贷款有限公司	武汉市江汉区前进四路 72 号 3 楼	鲍　恒	–	430020
湖北省供销小额贷款股份有限公司	武汉市江汉区前进四路 74 号武汉汉剧院综合楼 1 期(8 号门面)	明平安	–	430020
武汉市江汉区合力鑫小额贷款股份有限公司	武汉市江汉区前进四路 87 号	张培根	–	430020
武汉信用小额贷款股份有限公司	武汉市江汉区新华路 396 号 7 层 9 号	邓　玮	–	430020
武汉市江汉区中鑫邦富小额贷款有限公司	武汉市江汉区前进四路 74 号	赵玉群	–	430020
武汉市江汉区万福源小额贷款有限公司	武汉市江汉区新华西路三金·大武汉 1911 二单元 10 层 3 室	刘燕鑫	–	430020
武汉市江汉区富邦小额贷款股份有限公司	武汉市青年路 324 号元辰国际	龚申候	–	430020
武汉市江汉区融商小额贷款有限公司	武汉市江汉区前进四路 74 号(武汉汉剧院一期综合楼)	陈华珍	–	430020
武汉市江汉区力源汇通小额贷款有限公司	武汉市江汉区前进四路 123 号武汉一中门面 2 楼	邓　涛	–	430020
武汉市江汉区中兴小额贷款有限责任公司	武汉市江汉区新华路 129 号远东花苑 B 座 23 层 2301 房	吴明华	–	430020
武汉硚口天华小额贷款有限公司	武汉市硚口区解放大道 1127 号	郭庆有	–	430030

续表 6-5

名　　称	地　　址	负责人	电　话	邮　编
武汉市硚口区恒信达小额贷款有限公司	武汉市硚口区硚口路160号武汉城市广场(北)1栋10层2、3、4室	梁　娟	–	430030
武汉市汉阳区汇智源小额贷款有限公司	武汉市汉阳区翠微路特一号宏阳大厦16层6、8、10室	赵　亮	–	430050
武汉市汉阳区天一小额贷款股份有限公司	武汉市汉阳区汉阳大道140号闽东国际城第3栋A座7楼702室	简靖峰	–	430050
武汉市国正小额贷款有限公司	武汉市汉阳区知音大道257号中海琴台华府办公楼栋16层(2)-(10)办号	卜延川	–	430050
武汉市汉阳区华安小额贷款有限责任公司	武汉市汉阳区琴断口街十里铺369号1楼	俞晶晶	–	430050
武汉市汉阳区鑫业小额贷款有限公司	武汉市汉阳区二桥东村玫瑰街37号7楼	刘爱国	–	430050
湖北永泰小额贷款股份有限公司	武汉市武昌区临江大道绿地楚峰大厦38层	贾志宏	–	430060
湖北省农垦联丰小额贷款股份有限公司	武汉市武昌区都府堤129号	余亦农	–	430060
湖北中经小额贷款有限公司	武汉市武昌区汉街总部国际B座39楼	唐西艾	–	430060
武汉市武昌区普提金小额贷款有限责任公司	武汉市武昌区民主二路星海虹城	陈邦雄	–	430060
武汉市武昌区融科小额贷款股份有限公司	武汉市东西湖区吴中路与三秀路交会处怡华逸天地4栋19楼	王小屏	–	430060
湖北楚天小额贷款股份有限公司	武汉市武昌区东湖路181号创意大厦第6层	韦奇志	–	430060
武汉市武昌区启蕴小额贷款有限公司	武汉市武昌区中北路东亭世纪大厦702室	陈乐乐	–	430060
武汉市普罗米斯小额贷款有限公司	武汉市武昌区公正路216号安顺月光广场16栋(平安国际金融大厦)第14层(A区)及第1层(B区)	冈田贤一	–	430060
武汉市武昌区汉信小额贷款股份有限公司	武汉市武昌区八一路九号星星大厦10楼	刘金成	–	430060
武汉市武昌区兴昌小额贷款有限责任公司	武汉市武昌区和平大道336号金宁国际商厦19层1号	吴丛庆	–	430060
湖北省楚源小额贷款有限公司	武汉市武昌区民主路786号华银大厦6层	杨志成	–	430060
武汉市高农小额贷款有限责任公司	武汉市武昌区积玉桥街和平大道219号白云边大厦19楼	刘洪波	–	430060
湖北长江小额贷款有限公司	武汉市武昌区中北路31号知音广场21楼	杜三湖	–	430060
武汉市武昌城际小额贷款有限责任公司	武汉市武昌区武珞路231号	胡玮弘	–	430060
武汉市联丰小额贷款股份有限公司	武汉市青山区丝茅墩42栋	张建捷	–	430080
武汉市青山区利和小额贷款有限公司	武汉市青山区40/41街坊江南春城11栋1-2层12室	郑慧玲	–	430080
武汉市青山区翰亿源小额贷款有限公司	武汉市青山区114街7门1号	付汉桥	–	430080
武汉市青山区大中小额贷款有限公司	武汉市青山区121街154门3号	旷远平	–	430080
武汉市青山区贯隆小额贷款有限公司	武汉市青山区建设八路11号	林先力	–	430080
武汉市洪山区华夏金汇通小额贷款有限责任公司	武汉市洪山区珞喻路78号长江传媒大厦5楼M15房	唐又喜	–	430070

续表 6-5

名　　称	地　　址	负责人	电　话	邮　编
武汉市洪山区乾通小额贷款股份有限公司	武汉市洪山区八一路 340 号东湖楚天府 8 号楼 35 层	李　鹏	–	430070
武汉市洪山区鑫德莱小额贷款股份有限公司	武汉市洪山区雄楚大道 436 号文泉书苑 1 栋 1 单元 1、2 层 1-102 房	肖　方	–	430070
武汉市洪山区融通小额贷款有限责任公司	武汉市光谷理想城十栋商铺	田小兰	–	430070
武汉市洪山区融川小额贷款有限公司	武汉市洪山区珞珈山路附 7 号 9 层 905 室	金云燕	–	430070
武汉市洪山区九坤小额贷款有限责任公司	武汉市武昌区秦园路 179 号九坤大厦 22 楼	许记坤	–	430070
武汉亚联财小额贷款有限公司	武汉市东湖新技术开发区珞喻路 889 号光谷国际广场 B 座 11 层	长原彰弘	–	430070
武汉市益明科技小额贷款有限公司	武汉市东湖新技术开发区珞喻路 889 号光谷国际广场 B 座 28 楼	许　成	–	430070
武汉市宏润小额贷款有限公司	武汉市东湖新技术开发区华工科技园创新基地 B 座 10 楼	刘燕红	–	430070
武汉民商惠小额贷款有限责任公司	武汉市东湖新技术开发区光谷三路 777 号 A 塔楼 6 层	陶静远	–	430070
武汉市东湖风景区火炬小额贷款股份有限公司	武汉市东湖生态旅游风景区中北东路 301 号东湖庭园 25 栋门面	何国沛	–	430070
武汉市金山小额贷款有限责任公司	武汉市东湖新技术开发区光谷金融港 B24 栋	刘　伟	–	430070
武汉东湖高新区互生小额贷款有限公司	武汉市华侨城天屿二期 T36 栋 3402 室	胡电铃	–	430070
瀚曦小额贷款(湖北)有限公司	武汉市光谷大道 3 号未来之光 7 栋 508 室	Slighton Eric Mclean	–	430070
武汉中企小额贷款有限公司	武汉市东湖新技术开发区关东园路 2-2 号光谷国际商会大厦 1 幢 A-1215 室	张明洪	–	430070
武汉市合众创展科技小额贷款有限公司	武汉市东湖新技术开发区珞喻路 540 号	黄　赛	–	430070
武汉市亚飞小额贷款有限公司	武汉市东湖新技术开发区民院路以西龙安·港汇城 A 单元 21 层	纪方俊	–	430070
融众小额贷款(湖北)有限公司	武汉市东湖新技术开发区珞喻路 889 号光谷国际广场 B 座 18 楼	谢小青	–	430070
武汉市沪商小额贷款有限责任公司	武汉市东湖新技术开发区东信路光谷创业街特 1 栋 2 单元 912 室	金海永	–	430070
武汉市东西湖区金福星小额贷款有限责任公司	武汉市东西湖区海峡创业城 1 期创业大厦 5 楼	谭少伟	–	430040
武汉市东西湖区九通小额贷款有限公司	武汉市东西湖区七雄路立方城 7 号楼 2204 室	江中建	–	430040
武汉市东西湖区五一小额贷款有限责任公司	武汉市东西湖区七雄路立方城 4 栋 1122 室	万五一	–	430040
武汉市东西湖区九升小额贷款股份有限公司	武汉市东西湖区张柏路 2 号	王　桦	–	430040
武汉市东西湖区东光小额贷款有限公司	武汉市东西湖区祥泰综合楼(16)	张　伟	–	430040
武汉市东西湖区融誉小额贷款有限责任公司	武汉市东西湖区东西湖大道特 1 号综合服务楼 D 栋 2 层 1 室	马建斌	–	430040
武汉市东西湖区新泰小额贷款股份有限公司	武汉市东西湖区辛安渡工业园 9 号	詹　斌	–	430040

续表 6-5

名　　称	地　　址	负责人	电　话	邮　编
武汉经济技术开发区大诚致信小额贷款有限公司	武汉市江汉经济开发区江兴路25号新世界首饰工业园C栋3楼	朱　妍	–	430056
武汉经济技术开发区工投致正小额贷款有限公司	武汉市汉口唐家墩轻轨站发展大厦608室	管志武	–	430056
武汉经济技术开发区金信小额贷款有限责任公司	武汉市武汉经济技术开发区创业路16号华源商务广场A8507室	李　阳	–	430056
武汉经济技术开发区德润小额贷款股份有限公司	武汉市武汉经济技术开发区东合中心二期第D栋3层311号房	田燕子	–	430056
武汉经济技术开发区嘉鸿小额贷款有限公司	武汉市武汉经济技术开发区经开万达广场C6座2108室	乐道清	–	430056
武汉经济技术开发区百信小额贷款股份有限公司	武汉市武汉经济技术开发区车城大道198号依翎集团9楼	魏　佳	–	430056
武汉市汉南区百胜小额贷款有限公司	武汉市汉南区纱帽街纱帽正街326号	张　俊	–	430090
武汉市汉南区江城小额贷款有限公司	武汉市汉南区纱帽街汉南大道233号	张言兵	–	430090
武汉市汉南区启银小额贷款股份有限公司	武汉市汉南区纱帽街纱帽正街	顾启国	–	430090
武汉市蔡甸区润园小额贷款有限责任公司	武汉市蔡甸区奓山街双丰村路特8号	吴朝阳	–	430100
武汉市蔡甸区亿得利小额贷款有限公司	武汉市蔡甸区蔡甸街工农路51号温馨家园1号楼1楼商铺	汪立俊	–	430100
武汉市蔡甸区银盈小额贷款股份有限公司	武汉市蔡甸区知音人家桂园3栋3-401	杨　燕	–	430100
武汉市蔡甸区中济元小额贷款有限责任公司	武汉市蔡甸区蔡正街5号二栋二单元301室	吕洪斌	–	430100
武汉市蔡甸区嘉禾小额贷款有限公司	武汉市蔡甸区凤凰山工业园凤凰路5号	刘绍山	–	430100
武汉市蔡甸区中孚小额贷款有限责任公司	武汉市蔡甸区新天大道黄陵村中际天元大厦1-2楼	陈文斌	–	430100
武汉市蔡甸区恒胜小额贷款有限公司	武汉市蔡甸区蔡甸街蔡姚路建新花园10栋24号门面	杨　溢	–	430100
武汉市江夏区尚泽小额贷款有限公司	武汉市江夏经济开发区办事处阳光大道16号3层东办公区	郝立群	–	430200
武汉市江夏区富利通小额贷款有限公司	武汉市江夏区庙山经济开发区邬树村1-2层北1-05室	闻卫武	–	430200
武汉市江夏区铁投小额贷款有限责任公司	武汉市武昌区中北路武汉控股大厦5楼	谭克勋	–	430060
武汉市江夏区融源通小额贷款有限责任公司	武汉市江夏区江郡华府8楼1单元403室	周　维	–	430200
武汉市江夏区亿永祥小额贷款有限公司	武汉市江夏区大桥新区大桥村江郡华府14栋商16号	周爱平	–	430200
武汉市江夏区汇民科技小额贷款有限公司	武汉市江夏区纸坊街江夏大道富丽大酒店2栋1层	王清华	–	430200
武汉市黄陂区瑞鼎小额贷款有限责任公司	武汉市黄陂区盘龙城经济开发区刘店村卓尔优势企业总部基地三期第C7座1-5层	丁建国	–	430300
武汉市黄陂区博锐小额贷款有限责任公司	武汉市黄陂区盘龙城经济开发区露甲山路特8号鼎鑫·摩卡小镇(一期)2栋1层4室	张德浩	–	430300
武汉市黄陂融基小额贷款股份有限公司	武汉市黄陂区三里桥银湖大道95号	詹　俊	–	430300

续表 6-5

名　称	地　址	负责人	电　话	邮　编
武汉市黄陂区顺昌小额贷款有限责任公司	武汉市黄陂区横店街建华村顺昌科技产业园	叶家寨	–	430300
武汉市黄陂区国瑞小额贷款有限责任公司	武汉市黄陂区盘龙城经济开发区日月山水西区 18 幢 2 单元 2 层 1 室	黄建国	–	430300
武汉市黄陂区中邦小额贷款有限责任公司	武汉市黄陂区盘龙城经济开发区佳海都市工业城 D40 号	王友强	–	430300
黄石市黄石港区永诚小额贷款有限责任公司	黄石市黄石港区广场路 28 号	殷婷茹	–	435000
黄石市黄石港区兴源小额贷款有限公司	黄石市黄石港区黄石大道 795 号	余　兵	–	435000
黄石市黄石港区泰丰小额贷款有限责任公司	黄石市黄石港区公园路 47 号	陈安丰	–	435000
黄石市西塞山区钜源小额贷款有限公司	黄石市西塞山区新建路 100 号	王　胜	–	435000
黄石市兴华小额贷款有限责任公司	黄石市西塞山区沿湖路 899 号	吴炯华	–	435000
黄石市下陆区宏元小额贷款有限责任公司	黄石市下陆区杭州西路 60 号	黄田毅	–	435000
黄石市经济开发区金鑫小额贷款有限责任公司	黄石市下陆区杭州西路 91 号	马作文	–	435000
黄石市下陆区阳光小额贷款有限公司	黄石市下陆区下陆大道 33 号	袁明卿	–	435000
黄石市铁山区丰源小额贷款有限责任公司	黄石市铁山区广友路 1 号	吴育华	–	435000
黄石市铁山区中炫典藏小额贷款有限责任公司	黄石市仿古街 118 号	柯昌维	–	435000
黄石市诚发小额贷款有限公司	黄石市团城山开发区桂林南路 22 号	赵　强	–	435000
黄石市瑞银小额贷款有限责任公司	黄石市团城山桂林南路 6 号 2 单元 804 号	李　萍	–	435000
阳新县佳合兴小额贷款有限责任公司	阳新县兴国镇无码坊正街 29 号	唐嘉宇	–	435000
阳新县天兴小额贷款有限公司	阳新县经济开发区太垴村泰鑫大楼 1 楼 103 号	倪书文	–	435000
大冶市惠泽小额贷款有限责任公司	大冶市东风东路两湖天下 1-18 号	孙术乔	–	435000
大冶市益商小额贷款有限责任公司	大冶市金湖大道 69 号地税公寓 1 楼 1 号（滨湖康城）	胡予奎	–	435000
十堰市茅箭区融利丰小额贷款股份有限公司	十堰市北京中路 42 栋 10 号	刘　艺	–	442000
十堰市商汇小额贷款股份有限公司	十堰市北京南路 8 号	刘青云	–	442000
十堰市茅箭区兆丰小额贷款有限公司	十堰市茅箭区北京南路 7 号	周学勤	–	442000
十堰市张湾区汇成小额贷款有限责任公司	十堰市公园路 109 号工商银行东汽支行 3 楼	任传成	–	442000
十堰市张湾区锦桂融通小额贷款股份有限公司	十堰市张湾区公园路 112 号	张永清	–	442000
十堰市张湾区三和小额贷款股份有限公司	十堰市张湾区金城大厦 22 楼	瞿义芬	–	442000
十堰市经济开发区辰泰小额贷款有限责任公司	十堰市白浪区白浪街办龙门大道 6 号 1 幢	夏精良	–	442000
十堰市经济开发区加能小额贷款股份有限公司	十堰市经济开发区白浪中路 39 号	匡翠平	–	442000

续表 6-5

名　　称	地　　址	负责人	电　话	邮　编
郧县诚鑫小额贷款股份有限公司	十堰市郧阳区子胥湖堰河村	周　伟	-	442000
郧县政信小额贷款有限责任公司	十堰市茅箭区江苏路铂金广场 608 室	胡庆方	-	442000
郧西县京华小额贷款有限责任公司	郧西县环城北路(郧西宾馆 1 楼)	黄　杰	-	442000
十堰市竹山县佳裕小额贷款有限责任公司	竹山县城关镇纵横大道 19 号	郑敬东	-	442000
十堰市竹山县郧商小额贷款有限责任公司	竹山县城关镇纵横大道 3 号 8 幢(盘龙上河城 8 号楼 9 号门)	梁晓军	-	442000
十堰市竹溪县汇金小额贷款有限责任公司	竹溪县城关镇观音阁村绿谷中央城 3 号楼一单元 301、302 室	胡家明	-	442000
十堰市房县诚和小额贷款股份有限责任公司	房县城关镇房陵大道 142 号(恒通商务七道)	喻秀珍	-	442000
十堰市丹江口市民信小额贷款有限责任公司	丹江口市渡口路滨江小区一区五单元 6 楼	李丹晶	-	442000
十堰市武当山旅游经济特区众信小额贷款有限责任公司	十堰市武当山旅游经济特区剑河一路 87 号 2 单元 102 号	刘　靓	-	442000
十堰市武当山旅游经济特区奥斯小额贷款股份有限公司	十堰市武当山旅游经济特区永乐路 23 号	陈　鹏	-	442000
十堰市武当山旅游经济特区金昌源小额贷款有限公司	十堰市武当山旅游经济特区武当路 6-1 号	魏天华	-	442000
宜昌市财源小额贷款有限责任公司	宜昌市西陵区黄河路 19 号	叶　勇	-	443000
宜昌市西陵区万维小额贷款有限公司	宜昌市西陵区云集路 1 号国贸大酒店 8 层	韩志凌	-	443000
宜昌市西陵区合展小额贷款股份有限公司	宜昌市西陵一路 7 号 1 号楼 4 层	杜文峰	-	443000
宜昌市伍家岗区德邦小额贷款股份有限公司	宜昌市沿江大道特 168-7(万达广场 C 栋 19 楼)	张烈平	-	443000
宜昌市伍家岗区瑞丰小额贷款股份有限公司	宜昌市沿江大道 198-9-19 号	徐瑞山	-	443000
宜昌市伍家岗区弘益小额贷款有限责任公司	宜昌市伍家岗区沿江大道 120-1 号	李元成	-	443000
宜昌市伍家岗区国鹏小额贷款有限责任公司	宜昌市伍家岗区夷陵大道 402-10 号	黎大鹏	-	443000
宜昌市点军区万合小额贷款有限公司	宜昌市点军区江南大道 130 号	杨兴权	-	443000
宜昌市点军区银盛小额贷款有限公司	宜昌市点军区清静庵 11 号	杨冬琴	-	443000
宜昌市猇亭区福银小额贷款有限公司	宜昌市猇亭区金猇路 88-1 号	王天喜	-	443000
宜昌市猇亭区鼎和小额贷款有限责任公司	宜昌市猇亭区金猇路 148-A 号	王　阳	-	443000
宜昌市夷陵区平湖小额贷款有限责任公司	宜昌市夷陵区发展大道 111 号	高卫国	-	443000
宜昌市夷陵区三峡小额贷款股份有限公司	宜昌市夷陵区夷兴大道金凤朝阳小区 1-103 号	蔡宏柱	-	443000
宜昌市夷陵区中磷小额贷款有限责任公司	宜昌市夷陵区樟村坪镇明珠路 26 号	李光明	-	443000
宜昌市大众小额贷款有限公司	宜昌市高新区发展大道 11 号	肖　玉	-	443000
宜昌市国信小额贷款股份有限公司	宜昌市高新区城东大道 10 号	伍启月	-	443000

续表 6-5

名　称	地　址	负责人	电　话	邮　编
宜昌市九合小额贷款有限责任公司	宜昌市高新区大连路 33 号(展示中心内)	王林宝	–	443000
宜昌市九顺小额贷款有限公司	宜昌市开发区大连路 33 号(清华科技园宜昌分园展示中心内)	文　成	–	443000
宜昌市鼎信小额贷款有限公司	宜昌市开发区珠海路 8 号第 10 层 A 区(南苑科技创业园)	史启贵	–	443000
远安县万丰小额贷款有限责任公司	远安县鸣凤镇鸣凤大道 16 号	方　胜	–	443000
兴山县鑫祥小额贷款有限公司	兴山县古夫镇高阳大道 58 号 1 楼	刘亚林	–	443000
秭归县楚洺小额贷款有限责任公司	秭归县茅坪镇桔颂路 11-1-1-A 号	周俊华	–	443000
五峰土家族自治县安卓小额贷款有限责任公司	五峰土家族自治县渔洋关镇曹家坪村一组(茶城 12-3-11、12、13 室)	胡秀琴	–	443000
宜都市乾元久通小额贷款有限责任公司	宜都市陆城长江大道 85 号	曹凤鸣	–	443000
宜都市万汇小额贷款有限公司	宜都市陆城清江大道(雅思国际广场 9-1703 室)	李　勇	–	443000
当阳市恒升小额贷款有限责任公司	当阳市玉阳办事处子龙路 36 号	季勇军	–	443000
当阳市金润达小额贷款有限责任公司	当阳市环城南路 51 号	李颜军	–	443000
枝江市步步升小额贷款有限公司	枝江市马家店迎宾大道 95 号	李厚春	–	443000
枝江市玖安鑫小额贷款有限公司	枝江市马家店迎宾大道 102 号	蒋红星	–	443000
襄阳市襄城区高源小额贷款有限公司	襄阳市襄城区檀溪路佳园小区门面	高志军	–	441000
襄阳市襄城区神誉小额贷款有限公司	襄阳市襄城区胜利街加州丽景 6 号楼 15-16 号	张　军	–	441000
襄阳市襄城区华凯小额贷款有限公司	襄阳市襄城区建锦路 10 号	闫有海	–	441000
襄阳市樊城区日兴隆小额贷款有限公司	襄阳市樊城区解放路炮铺街 1 号开放广场	姜付军	–	441000
襄阳市樊城区融丰小额贷款有限公司	襄阳市樊城区大庆东路 183 号	韩勇良	–	441000
襄阳市樊城区北龙小额贷款有限公司	襄阳市樊城区解放路锦江丽园 2 楼	牛爱国	–	441000
襄阳市樊城区金贾小额贷款股份有限公司	襄阳市樊城区解放路 33 号	姬清杰	–	441000
襄阳市樊城区鑫融小额贷款有限公司	襄阳市樊城区春园西路 4 号 6 幢 2 单元 9 层	卜崇斌	–	441000
襄阳市樊城区融宏小额贷款有限公司	襄阳市樊城区春园东路 1 号左岸春天 18 幢 1 单元 3 层 1 室	熊　桥	–	441000
襄阳市襄州区百洋小额贷款有限公司	襄阳市襄州区航空路 11 号	王光辉	–	441000
襄阳市襄州区汇兴小额贷款有限责任公司	襄阳市襄州区航空路 27 号	刘和林	–	441000
襄阳市襄州区康融小额贷款有限公司	襄阳市襄州区航空路 172 号	郭　海	–	441000
襄阳市赛银科技小额贷款有限责任公司	襄阳市高新区汉江北路与邓曼路交会处东康汽缸垫公司办公楼	蔡群英	–	441000
襄阳市高新区万如亿小额贷款有限公司	襄阳市高新区长虹路 9 号万达广场写字楼 23 层 A-2303A 室	蔡成伟	–	441000
襄阳市高新区丰银小额贷款有限公司	襄阳市高新区春园路火炬大厦 7 楼	孙　成	–	441000
襄阳市高新区信义德小额贷款有限公司	襄阳市高新区长虹北路民发天地 11 栋 101 号 10 栋 113 号	张焕成	–	441000

续表 6-5

名　称	地　址	负责人	电　话	邮　编
襄阳高新技术开发区保利小额贷款有限公司	襄阳市高新区春园路 8 号现代城	马巧云	–	441000
襄阳市高新技术开发区十五贯小额贷款有限公司	襄阳市高新区何庄村	熊　健	–	441000
襄阳市高新区融亿小额贷款有限公司	襄阳市高新区长虹路与邓城大道交会处民发天地 16-102、103 号	张军生	–	441000
襄阳市经济技术开发区融景小额贷款有限公司	襄阳市经济技术开发区东津镇鹿门路 37 号	李　萍	–	441000
襄阳市中凯贤德小额贷款有限责任公司	襄阳市经济开发区东津镇北街	胡　勇	–	441000
襄阳市融兴小额贷款有限公司	襄阳市鱼梁洲经济开发区绿洲大道 1 号	吴新民	–	441000
襄阳市程通小额贷款股份有限公司	襄阳市鱼梁洲经济开发区二号路（市政工程总公司内）	王前道	–	441000
襄阳市鱼梁洲经济开发区金添彩小额贷款有限公司	襄阳市鱼梁洲经济开发区绿洲大道 8 号	张生平	–	441000
南漳县鼎力小额贷款有限责任公司	南漳县城关水镜路 49 号	谢　品	–	441000
南漳县融腾小额贷款有限责任公司	南漳县九集镇涌泉木林村三组	陈洪勇	–	441000
南漳县捷诚小额贷款有限责任公司	南漳县金漳大道食品药品监督局 1 楼	刘玉宝	–	441000
谷城县驼峰小额贷款有限责任公司	谷城县谷城经济开发区谷水路 16 号	刘国本	–	441000
谷城县银信小额贷款有限责任公司	谷城县城关镇粉阳路 100 号	陈泽伟	–	441000
保康县广丰小额贷款有限责任公司	保康县城关镇清溪路 82 号	张呈荣	–	441000
保康县聚盛和小额贷款有限责任公司	保康县光千南路紫薇广场旁 3 号楼 1 单元 3 层 2 号	马正红	–	441000
保康县瑞祥小额贷款有限责任公司	保康县马桥镇马桥街（惠临街 26 号）	邓以超	–	441000
老河口市惠金小额贷款有限责任公司	老河口市北京路 28 号锦绣山河商住楼 205 间	陈玉田	–	441000
老河口市汇融小额贷款有限责任公司	老河口市汉口路 1 号	陈　伟	–	441000
老河口市万盟小额贷款股份有限公司	老河口市胜利街路 22 号（建行办公楼）	王　建	–	441000
枣阳市丰茂小额贷款有限公司	枣阳市人民路新天地 9 号	叶建兵	–	441000
枣阳市万盛和小额贷款有限公司	枣阳市东环路	张新华	–	441000
枣阳市奎晟三杰小额贷款有限公司	枣阳市兴隆镇白土村七组	张书奎	–	441000
枣阳市融祥小额贷款有限责任公司	枣阳市万通路北侧	钱志华	–	441000
宜城市兑斗小额贷款有限责任公司	宜城市振兴大道 290 号	李红梅	–	441000
宜城市城银小额贷款有限公司	宜城市紫阳观路	庞　洪	–	441000
宜城市金利小额贷款有限公司	宜城市襄沙大道	高　波	–	441000
鄂州市瑞鑫小额贷款有限责任公司	鄂州市文星大道 106 号大楼 3 楼西	王　枭	–	436000
鄂州市中金国投小额贷款有限责任公司	鄂州市古城路 48 号	谈桂银	–	436000
鄂州市华容区东银小额贷款有限责任公司	鄂州市华容区楚藩大道 127 号	高爱武	–	436000
鄂州市新南方小额贷款有限责任公司	鄂州市凡川大道 12 号	严浩轩	–	436000

续表 6-5

名　　称	地　　址	负责人	电　话	邮　编
荆门市天城小额贷款有限公司	荆门市东宝区雨霖路 6 号房产大厦 8 楼	刘兵法	–	448000
荆门市东宝区劝业小额贷款股份有限公司	荆门市东宝区白云大道 62 号	邓德生	–	448000
荆门市东宝区汇泉小额贷款股份有限公司	荆门市东宝区象山大道 27 号	吴笑飞	–	448000
荆门市掇刀区佳和小额贷款股份有限公司	荆门市掇刀区城南新区南国佳苑 3 号楼	全正斌	–	448000
荆门市掇刀区五福源通小额贷款有限责任公司	荆门市高新区·掇刀区深圳大道东 8 号	孟传华	–	448000
荆门市洋丰小额贷款股份有限公司	荆门市高新区创业南路康惠小区 32 号	杨才学	–	448000
荆门市高新区汇通小额贷款股份有限公司	荆门市高新区创业南路（康惠小区）13－15 号门面	陈　霞	–	448000
荆门市漳河新区泓盛小额贷款股份有限公司	荆门市掇刀区深圳大道 1 幢（白云大道南国佳苑 6 楼）	吴艳林	–	448000
荆门市漳河新区鸿丰小额贷款有限公司	荆门市漳河新区漳河镇漳河路 91 号	王纯武	–	448000
荆门市中荆小额贷款有限责任公司	荆门市漳河新区天山路 1 号	李　军	–	448000
荆门市屈家岭银投小额贷款有限公司	荆门市屈家岭管理区易家岭五三大道金龙路东	张金元	–	448000
荆门市屈家岭管理区银源小额贷款股份有限公司	荆门市屈家岭管理区五三大道万佳华府门面 112 号	叶　锋	–	448000
沙洋县惠业小额贷款有限责任公司	沙洋县荷花路宝丽景·国际城	张昌荣	–	448000
钟祥市新洋小额贷款有限公司	钟祥市长寿镇长寿大道 69 号	刘全亮	–	448000
钟祥市盛世小额贷款有限责任公司	钟祥市郢中镇阳春大街 17 号	陈永全	–	448000
钟祥市龙锦德小额贷款有限公司	钟祥市胡集镇襄沙大道 147 号	邵光文	–	448000
钟祥市润德小额贷款股份有限公司	钟祥市郢中镇新美香大道铂金汉宫 2 幢 3 楼	李　卫	–	448000
京山县宏源小额贷款有限公司	京山市新市镇轻机大道 335 号	孙友元	–	448000
京山县金源小额贷款有限公司	京山市新市镇轻机大道 323 号	宋敦胜	–	448000
京山县金鼎小额贷款有限公司	京山市新市镇轻机大道 403 号	田桂兵	–	448000
孝感市孝南区鼎鑫小额贷款股份有限公司	孝感市天仙路西湖名珠清风苑 8 号楼 501 室	涂国清	–	432000
孝感市孝南区金淦小额贷款有限公司	孝感市孝南经济开发区周楼社区新华路 10 号商铺	夏华林	–	432000
孝感市孝南区华云小额贷款有限责任公司	孝感市孝南区文化路 12 号	朱小丽	–	432000
孝感市孝南区春晖小额贷款有限责任公司	孝感市北京路 58 号	谭伦蔚	–	432000
孝感市梦圆小额贷款有限公司	孝感市临空经济区集贸市场 92 号	罗凤鸣	–	432000
孝感市天紫小额贷款有限公司	孝感市临空经济区长湖路 11 号	李云志	–	432000
孝感市政和小额贷款有限公司	孝感市城站路 63 号	刘功新	–	432000
孝感市开发区天圆小额贷款有限责任公司	孝感市文化东路 41 号	孙　刚	–	432000

续表 6-5

名　　称	地　　址	负责人	电　话	邮　编
孝感市均大小额贷款有限公司	孝感市北京路东苑小区临街综合楼 1 楼 107 号	胡双凯	–	432000
孝感市金港小额贷款有限公司	孝感市文化路 127 号	夏群林	–	432000
孝感市互利小额贷款有限公司	孝感市乾坤大道 19 号安国大夏 0407 号	程　泽	–	432000
孝昌县汇农小额贷款有限责任公司	孝昌县汇通大道 8 号	丁海涛	–	432000
孝昌县嘉成小额贷款有限责任公司	孝昌县建行办公楼	张　华	–	432000
孝昌县一帆小额贷款有限责任公司	孝昌县祥瑞景城 158 号	张小明	–	432000
大悟县银鑫小额贷款有限公司	大悟县城关镇兴华路 67 号	杨向东	–	432000
云梦县富力小额贷款有限公司	云梦县城关镇梦泽大道 11 号	陆　颖	–	432000
云梦县坤泰小额贷款有限责任公司	云梦县城关镇楚王大道 312 号	邹春林	–	432000
云梦县盈泰小额贷款有限公司	云梦县城关镇梦泽大道 20 号	张　平	–	432000
云梦县楚王云都小额贷款有限公司	云梦县城关镇文化路特 1 号	陈清明	–	432000
应城市鑫龙小额贷款有限责任公司	应城市城南大道 40 号	杨金刚	–	432000
应城市宏凯小额贷款有限公司	应城市蒲阳大道 35 号	程根才	–	432000
应城市凯华小额贷款有限公司	应城市粮贸街南路 98 号	范国华	–	432000
应城市合玉峰小额贷款有限责任公司	应城市城北私营开发区(七星桥社区 11 号)	刘火元	–	432000
应城市信泰小额贷款有限公司	应城市蒲阳大道奥林花园	李志山	–	432000
应城市银泰小额贷款有限责任公司	应城市长荆大道 19 号海山创业楼 1805	高建乐	–	432000
安陆市泰隆小额贷款有限公司	安陆市解放大道 1 号	江云青	–	432000
安陆市才华小额贷款有限公司	安陆市金秋大道水岸星城	周建华	–	432000
汉川市福星小额贷款股份有限公司	汉川市福星街特 1 号	谭少伟	–	432000
汉川市百盈小额贷款有限责任公司	汉川市滨湖大道帝景豪庭 1-106、1-107	侯福来	–	432000
汉川市华诚小额贷款有限责任公司	汉川市经济开发区新亚大道 36 号	向德华	–	432000
汉川市火红小额贷款有限责任公司	汉川仙女街道办事处体育馆西路	李新国	–	432000
汉川市祥泰小额贷款有限责任公司	汉川市霍城大道 99 号	王煜龙	–	432000
荆州市沙市区金汇小额贷款有限公司责任公司	荆州市沙市区北京中路 159 号	黄正昕	–	434000
荆州市沙市区富鑫小额贷款有限公司	荆州市沙市区关沮镇白水村二组	刘燕鑫	–	434000
荆州市沙市区明丰小额贷款有限责任公司	荆州市沙市区碧波路 7 号	崔绍新	–	434000
荆州市荆州开发区天信小额贷款有限责任公司	荆州市北京东路 125 号	祝叶青	–	434000
荆州市荆州区兴盛小额贷款有限公司	荆州市荆州区荆州花园广场北 22B 座	程　飞	–	434000
荆州市荆州区融通小额贷款有限公司	荆州市荆南路 24 号市传输局大楼	王　平	–	434000
荆州市荆州区鑫楚小额贷款股份有限公司	荆州市城南开发区南环路南侧城南春天 C13C14 栋 00206	张兴农	–	434000
荆州市荆州经济技术开发区汇丰小额贷款有限公司	荆州市荆州开发区三湾路 18 号	李晓玲	–	434000
荆州市荆州开发区大运通小额贷款有限公司	荆州市沙市区锣场镇东方大道东侧	樊孝宇	–	434000

续表 6-5

名　　称	地　　址	负责人	电　话	邮　编
荆州市公安县宏泰小额贷款股份有限公司	公安县斗湖堤镇潺陵大道 11-69 号	朱丽平	–	434000
公安县万祥小额贷款有限责任公司	公安县斗湖堤镇孱陵大道 37 号通运副楼第 7 层	饶　云	–	434000
公安县众和小额贷款有限责任公司	公安县斗湖堤镇潺陵新区潺陵大道(富丽雅花园)第 5 幢 1 单元第 4 层 401 号房	龚　华	–	434000
江陵县信利小额贷款有限公司	江陵县荆洪路 118 号	倪功大	–	434000
江陵县久安小额贷款有限公司	江陵县沿江产业园楚江大道西侧 01 幢	周洪洋	–	434000
石首市信邦小额贷款有限公司	石首市绣林办事处绣林大道 254 号	郑　明	–	434000
石首市龙盛小额贷款有限公司	石首市笔架山街道办事处界山口街 106 号	杨成鹏	–	434000
石首市众诚小额贷款有限公司	石首市笔架山街道办事处建设路奔马商业街 5 号	徐永富	–	434000
洪湖市融信小额贷款有限公司	洪湖市新堤办事处玉沙路	刘小莉	–	434000
洪湖市汇银小额贷款有限公司	洪湖市文泉大道中央花园门面	陈　兵	–	434000
松滋市金诚小额贷款有限责任公司	松滋市新江口镇金马路 45 号	黄年平	–	434000
松滋市惠民小额贷款有限责任公司	松滋市新江口镇玉岭南路中央天城 12 幢 331 室	冉永权	–	434000
荆州市监利县玉沙小额贷款有限责任公司	监利市红城乡章华大道银湖城 2 号楼	唐想林	–	434000
黄冈市黄州区弘创小额贷款有限责任公司	黄冈市黄州区西湖一路 20-1 号	徐　蓓	–	438000
黄冈市黄州区源涛小额贷款有限责任公司	黄冈市黄州区黄州大道 40 号	舒　海	–	438000
黄冈市黄州区金佰汇小额贷款有限责任公司	黄冈市黄州区宝塔大道 98 号	周忠平	–	438000
黄冈市经济开发区缔凡小额贷款股份有限公司	黄冈市黄州区私营经济园赤壁二路 26 号	吴佳堂	–	438000
黄冈市龙感湖管理区鑫荣小额贷款有限公司	黄冈市龙感湖工业园区 28 号	王正国	–	438000
黄冈市龙感湖管理区宏威小额贷款有限公司	黄冈市龙感湖沙湖办事处宁波爱斯商住城	洪　芳	–	438000
团风县钢之毅小额贷款有限责任公司	团风县城北工业园	刘恒珍	–	438000
黄冈市大别山小额贷款股份有限公司	红安县城关镇金沙河水库西侧鑫龙酒店内	成立梯	–	438000
罗田县和贵小额贷款有限责任公司	罗田县凤山镇道观冲巷 1 幢 4 楼 401 号	张国和	–	438000
武穴市亚星小额贷款有限责任公司	英山县温泉镇朝阳路(莲花小区 A2 商铺)	许　哲	–	438000
浠水县汇晟小额贷款有限责任公司	浠水县清泉镇车站大道 146 号	王　敏	–	438000
蕲春县昌泰小额贷款有限责任公司	蕲春县漕河镇蕲春大道 375 号	郑璋贵	–	438000
麻城市长信小额贷款有限责任公司	麻城市金桥大道一品天下 2 幢 1 层 S2-201-203、205-206 号	桂正祥	–	438000
麻城市城发小额贷款有限责任公司	麻城市开发区金桥大道创融大厦 11 楼 1101 室	王　领	–	438000
武穴市亚星小额贷款有限责任公司	武穴市栖贤路 32 号	陈生国	–	438000

续表 6-5

名　　称	地　　址	负责人	电　话	邮　编
咸宁市咸安区中金鼎小额贷款有限责任公司	咸宁市金色海湾一期 9 楼	林端辉	–	437000
咸宁市咸安区金源小额贷款有限责任公司	咸宁市咸安区官埠桥镇甘鲁村一组	肖心少	–	437000
咸宁经济开发区博仁小额贷款有限责任公司	咸宁市温泉滨河东路丹桂大厦 1 楼	陈　华	–	437000
咸宁经济开发区兴银小额贷款有限责任公司	咸宁市咸安区咸宁大道 202-1	李永申	–	437000
嘉鱼县尚帮小额贷款有限责任公司	嘉鱼县鱼岳镇发展大道	杨　贝	–	437000
通城县鼎盛小额贷款有限责任公司	通城县隽水镇解放西路 26 号	章艳甫	–	437000
通城县财升小额贷款有限责任公司	通城县隽水镇秀水大道 90 号	陈　勇	–	437000
崇阳县拓丰小额贷款有限责任公司	崇阳县天城镇电力大道 E6 楼 7F	黎　琼	–	437000
崇阳县嘉信小额贷款有限责任公司	崇阳县天城镇中津村	刘水怒	–	437000
通山兴业小额贷款有限责任公司	通山县通羊镇古塔社区兴工小区 396 号	候紫英	–	437000
赤壁市国强伟业小额贷款有限责任公司	赤壁市赤马港办事处河北大道	龚呈伟	–	437000
赤壁市华泰小额贷款有限公司	赤壁市赤马港办事处河北大道	张志强	–	437000
随州市曾都区裕丰小额贷款有限公司	随州市碧桂园商业街 8 街商铺 102 号	雷于国	–	441300
随州市曾都区银丰小额贷款有限公司	随州市沿河大道特 3 号北端	朱大才	–	441300
随州市金鹿小额贷款有限公司	随州市经济开发区吴家老湾二组	钟先军	–	441300
随州经济开发区程力小额贷款有限公司	随州市迎宾大道 48 号	程阿罗	–	441300
随州市山川小额贷款有限公司	随州市大洪山风景名胜区	丁国华	–	441300
随州市经济开发区及时雨小额贷款有限公司	随州市东城文峰塔居委会七组汉东名居二期(水郡世家 3 号楼)	周武昌	–	441300
随州市鑫融小额贷款有限公司	随州市高新技术产业园区编钟大道 8 号高新区管委会办公大楼 9 楼	吴坤洲	–	441300
随县金惠小额贷款有限公司	随县万福店农场襄汉大道 25 号	袁修勇	–	441300
随县天星小额贷款有限公司	随县经济开发区 1989 号	姚　凯	–	441300
随县汇利小额贷款有限公司	随县厉山东镇	杨环成	–	441300
随县百利汇小额贷款有限公司	随县神农大道	张　凯	–	441300
随县华夏小额贷款有限公司	随县洪山镇洪山路 78 号	邱　兰	–	441300
广水市楚北小额贷款有限责任公司	广水市供销社 3 楼	唐国清	–	441300
广水市民行信业小额贷款有限公司	广水市十里办事处翡翠山湖 A-4 幢 1 层 105 铺室	周　勇	–	441300
恩施市民丰小额贷款股份有限公司	恩施市经济开发区五指湖	陈可忠	–	445000
恩施经济开发区鑫汇小额贷款有限责任公司	恩施市施州大道 66 号福星城 2 号楼 2-114、2-210、3-201 号	王丹阳	–	445000
恩施市金恩小额贷款股份有限公司	恩施市金桂大道花果山小区(1-5 层)	王章银	–	445000
恩施市和润小额贷款股份有限公司	恩施市叶挺路 16 号 7 幢 2-2203 号	卢　迪	–	445000
仙桃市麦肯特小额贷款有限公司	仙桃市仙桃大道 2-56 号	代立卿	–	433000

续表 6-5

名　　称	地　　址	负责人	电　话	邮　编
仙桃市金信盛小额贷款有限责任公司	仙桃市仙桃大道中段 12 号	凡　晓	–	433000
仙桃市元亨小额贷款有限公司	仙桃市何李路 20 号	杨德新	–	433000
仙桃市国城小额贷款有限责任公司	仙桃市钱沟路特 1 号	胡治云	–	433000
仙桃市民丰小额贷款有限责任公司	仙桃市黄金大道中段 88 号	姚金海	–	433000
潜江市兴民小额贷款有限责任公司	潜江市园林办事处东风路 39 号	郑玉林	–	433100
潜江市泰民小额贷款有限责任公司	潜江市园林办事处章华南路 22B	沈黎明	–	433100
潜江市华山小额贷款有限责任公司	潜江市园林办事处章华中路 82 号	漆雕良仁	–	433100
天门市金鹏小额贷款有限公司	天门市竟陵人民大道中 116 号	李　鹏	–	431700
天门市金都小额贷款有限公司	天门市汇侨大道 128 号京都一号	张志红	–	431700
天门市金楚小额贷款有限公司	天门市西湖路 150 号	李　卫	–	431700
天门市玖融小额贷款有限公司	天门市人民大道与西寺路交会处	张新平	–	431700
神农架林区世明小额贷款有限责任公司	神农架林区松柏镇中心街 5 号	张绍兵	–	442422
融资担保公司				
武汉佳易捷融资担保有限公司	武汉市江岸区金宝大厦 11 层 G 室	吴　英	–	430010
武汉市银安融资担保有限公司	武汉市江岸区二七街中胜村 K2 地块综合楼 7 层 6 办号房	陈小川	–	430010
武汉江畅融资担保有限公司	武汉市江岸区黄孝河路 182 号华中国际广场一期 B 单元 14 层 15 室	刘新伟	–	430010
湖北国大融资担保有限公司	武汉市江岸区台北一路环亚大厦 B 座 13 层 2 室	李　敏	–	430010
武汉同城惠寓融资担保有限公司	武汉市江岸区香港路 145 号科技综合楼 B 栋 16 层 4 室	石国兴	–	430010
武汉融汇融资担保有限公司	武汉市江岸区泰兴里 3 号	陈福国	–	430010
武汉钢联融资担保股份有限公司	武汉市江岸区花桥三期天梨阁北苑 1 单元 6 层 3 室	鲁新学	–	430010
武汉中利融资担保有限公司	武汉市江岸区云林街 31 号中环大厦 A 座 2704 室	王红林	–	430010
湖北诚信服企融资担保有限公司	武汉市江岸区高雄小区 3 栋 3 单元 6 楼 2 号	吴　庸	–	430010
湖北鑫泰融资担保有限公司	武汉市江岸区二七路航天星都 C1 栋 1 单元 22 层 1–10 号	景　虹	–	430010
湖北国众融资担保有限公司	武汉市江岸区建设大道 702 号武汉市房地产交易大厦 24 层	卢祖芳	–	430010
武汉久联鑫融资担保股份有限公司	武汉市江岸区后湖街佳海华苑会所 1–3 层	夏　锋	–	430010
武汉市创业融资担保有限公司	武汉市江岸区建设大道 692 号（惠西小区公建楼）1 栋 3 层	李　剑	–	430010
武汉世纪源融资担保有限公司	武汉市江岸区越秀·星汇君泊 A 单元 1009 号	陈　凌	–	430010
武汉金汇和融资担保有限公司	武汉市江岸区塔子湖组团 I 地块第 S3 幢办公 A 单元 10 层 9 号房	陈汉英	–	430010
湖北金久投资担保股份有限公司	武汉市江岸区解放大道航天星都 C1B 座 1512 室	罗　刚	–	430010

续表 6-5

名　　称	地　　址	负责人	电　话	邮　编
湖北鑫浩景融资担保有限公司	武汉市江岸区云林街 31 号中环大厦 B 座 1002 室	郑　闽	－	430010
湖北省供合农业融资担保有限公司	武汉市江岸区西马街香港路 151 号青莲大厦 9 层	李洪军	－	430010
湖北力邦融资担保有限责任公司	武汉市江岸区洞庭街 139 号 5 楼	王建新	－	430010
武汉中喆融资担保有限公司	武汉市江岸区金桥大道西侧长江传媒大厦 28 楼	牛利芳	－	430010
湖北融鸿达融资担保有限公司	武汉市江岸区花桥三期天梨阁北苑一单元 10 层 2 室	定　伟	－	430070
武汉科技融资担保有限公司	武汉市江汉区发展大道 164 号科技大厦 8 层 2 室	张应秋	－	430020
武汉中小企业信用担保有限公司	武汉市江汉区发展大道 164 号科技大厦 8 层 1 室	张　磊	－	430020
武汉焱鑫融资担保有限公司	武汉市江汉区新华西路三金·大武汉 1911 二单元 7 层 16 号	李　银	－	430020
武汉泰来融资担保有限公司	武汉市江汉区香港路 265 号 101 室	肖筱珍	－	430020
湖北宏洋融资担保有限公司	武汉市江汉区唐家墩路 7、9、11 号武汉菱角湖万达广场 A 栋 A3 单元 15 层 13 室	李香琴	－	430020
武汉盛唐融资担保有限公司	武汉市江汉区江汉路 181 号俊华大厦 B 座 29、30 层 2905、2906、2908 室	段松涛	－	430020
湖北德容汇谷融资担保有限公司	武汉市江汉区泛海国际 SOHO 城 1 栋 1210 室	李　皓	－	430020
瀚华融资担保股份有限公司湖北分公司	武汉市江汉区花楼片世纪江尚中心办公楼 38 层 1-3，9-10	程晓勤	－	430020
武汉市农业融资担保有限公司	武汉市江汉区建设大道 715 号	张　蓉	－	430020
武汉金正合融资担保有限公司	武汉市江汉区中央商务区泛海线国际 SOHO 城(一期)第 2 幢 15 层 8 号	胡向伟	－	430020
武汉源兴融资担保有限公司	武汉市江汉区建设大道 538 号(同成广场 A 座 4 单元 2903 室)	江国军	－	430020
武汉联众世纪融资担保有限公司	武汉市江汉区唐家墩路 7、9、11 号武汉菱角湖万达广场 A 栋 A3 单元 23A 层 17 室	何海洋	－	430020
武汉市融资担保有限公司	武汉市江汉区唐家墩路 32 号国创大厦 B 座 1、2 楼	邓正国	－	430020
平安普惠融资担保有限公司湖北分公司	武汉市江汉区双玺中心 B 座 16 楼	桂　花	－	430020
湖北合作银信投资担保有限公司	武汉市江汉区台北路 220 号 2 幢 3 层	兰　斌	－	430020
湖北省中小微企业融资担保有限公司	武汉市江汉区红 T 创意街区	吴怀宝	－	430020
湖北省宏泰融资担保有限责任公司	武汉市硚口区解放大道 278 号华汉广场 3 栋 12 层 12 室	鄢　侠	－	430030
武汉仁信融资担保有限公司	武汉市硚口区发展大道 33 号 3 栋第 2 层 9 号场地	吴咏思	－	430030
湖北佳亿德融资担保有限公司	武汉市硚口区硚口路 160 号武汉城市广场(北)1 栋 13 层 1 号、7 号	殷新桥	－	430030
武汉承诚投资担保有限公司	武汉市汉阳区王家湾十升路特 1 号顶琇广场 14 层	杨　鹏	－	430050

续表 6-5

名　　称	地　　址	负责人	电　话	邮　编
湖北省林业融资担保有限公司	武汉市武昌区中北路 86 号楚河汉街 A 栋 3301	陈世琳	-	430060
湖北省汉源融资担保有限公司	武汉市武昌区八一路 9 号星星大厦 13 楼	袁良敏	-	430060
湖北中盈恒昌融资担保有限公司	武汉市武昌区水果湖洪山路 64 号湖光大厦第 2 层	冯俊嘉	-	430060
重庆三峡融资担保集团股份有限公司武汉分公司	武汉市武昌区公正路 216 号安顺家园 16 号楼(平安国际金融大厦)6 层	张世平	-	430060
湖北中农批融资担保有限公司	武汉市武昌区中南路 7 号 18 层 B07 号(中商广场)	徐觉荣	-	430060
湖北宇鑫融资担保有限公司	武汉市武昌区中北路与东沙大道交会处武汉中央文化区 K1 地块一期一区 K1-1 幢 18 层 10 号	肖　红	-	430060
武汉融生融资担保有限公司	武汉市武昌区水果湖街汉街武汉中央文化旅游区 K3 地块第 2 幢 26 层 9 号-1	王海龙	-	430060
湖北省融资担保集团有限责任公司	武汉市武昌区洪山路 64 号湖光大厦 7 楼	王进力	-	430060
湖北省融资再担保集团有限公司	武汉市武昌区中北路 86 号 汉街总部国际 F1-4 栋湖北银行大厦 13 楼	张　龙	-	430060
湖北省农业信贷担保有限公司	武汉市武昌区中北路 54 号宏城金都 C 座 7 楼	吴先锋	-	430060
湖北省农业产业化信用担保股份有限公司	武汉市武昌区都府堤 129 号	张文浩	-	430060
湖北省科技融资担保有限公司	武汉市武昌区中北路 86 号汉街总部国际 8 栋湖北银行大厦 13 层	程　斌	-	430060
湖北富宸融资担保有限责任公司	武汉市青山区建设一路 31 号武汉宝业中心 A 栋 6 层 11 室(-1)	许卫斌	-	430080
武汉信用担保(集团)股份有限公司	武汉市洪山区徐东路 7 号凯旋门广场 3 层 3-1 室	李　剑	-	430070
武汉信用风险管理融资担保有限公司	武汉市洪山区珞喻路吴家湾	唐　武	-	430070
湖北定邦融资担保有限公司	武汉市洪山区徐东路汪家墩 18 号龙潭 SO-MO1 栋 12F 层 B12F15 室	周一新	-	430070
武汉友芝友融资担保有限公司	武汉市东湖新技术开发区高新二路 388 号武汉光谷国际生物医药企业加速器 1.2 期 23 栋 1 单元 4 层 410 室(自贸区武汉片区)	袁　谦	-	430074
湖北国创融资担保有限公司	武汉市东湖新技术开发区武大园三路 8 号道路材料工程纤维技术中心办公楼、研发中心及企业文化中心 6400-6410	郝立群	-	430074
武汉光谷投资担保有限公司	武汉市东湖新技术开发区关东科技工业园华光大道 18 号高科大厦 6 楼	蒋　明	-	430074
湖北中创融资担保有限公司	武汉市东湖新技术开发区光谷大道 77 号金融港 A2 栋 14 层 B1 区	罗仁清	-	430074
湖北东金融资担保有限责任公司	武汉市东湖新技术开发区珞喻路 889 号	皮长群	-	430074
湖北光谷高新技术融资担保有限公司	武汉市东湖新技术开发区华光大道 18 号高科技大厦 11 层	张建平	-	430074
湖北港渝融资担保有限公司	武汉市东湖新技术开发区光谷创业街 66 附 6 号海达创新广场 1502	MICHAEL CHAR-LES LUETHKE	-	430074

续表 6-5

名　　称	地　　址	负责人	电　话	邮　编
武汉光谷科技融资担保有限公司	武汉市东湖新技术开发区关山大道1号光谷软件园A1栋6层02号(自贸区武汉片区)	王　巍	-	430074
湖北科教兴华融资担保有限公司	武汉市东湖新技术开发区高新大道999号	项益明	-	430074
武汉银港投资担保有限公司	武汉市东西湖区新城七路西、革新大道北武汉海峡科技创业基地创业大厦及多功能厅栋15层(8)	胡　妍	-	430040
湖北瑞丰源融资担保有限公司	武汉市东西湖区革新大道1998号综保区大厦5-001	刘　超	-	430040
武汉昱昌融资担保有限公司	武汉市汉南区纱帽镇汉南大道358号	殷　欢	-	430020
湖北信发融资担保有限公司	武汉市汉南区东荆街太白路西侧汉南新城欧洲风情小镇一期(三区A)8栋3层701号。	黄九陵	-	430010
武汉天恒信融资担保有限公司	武汉市蔡甸区蔡甸街树藩大街1560号雄达商住楼1号楼1单元5层1室	刘国胜	-	430100
武汉市夏创融资担保有限公司	武汉市江夏区文化大道10号科创广场A栋20层2006室	韩　伟	-	430200
武汉华明达融资担保有限公司	武汉市黄陂区盘龙城经济开发区巨龙大道18号卓尔优势企业总部基地三期C7栋3层	申小海	-	430300
武汉汉口北融资担保有限公司	武汉市黄陂区盘龙城经济开发区汉口北大道88号汉口北国际商品交易中心D1区7楼705室	罗　淼	-	430300
武汉建业融资担保有限公司	武汉市新洲区阳逻经济开发区汉施路108号阳逻山庄2号别墅	陈仁科	-	431400
武汉信泰投资担保有限公司	武汉市新洲区邾城街城北村金凤西路5号	朱乃华	-	431400
黄石东楚金桥融资担保有限公司	黄石市杭州西路208号	陈　杰	-	435000
黄石市融资担保集团有限公司	黄石市下陆区桂林南路22号	马克和	-	435000
阳新县中小企业融资担保有限公司	阳新县国际写字楼9楼	郭国庆	-	435200
大冶市中小企业融资担保有限责任公司	大冶市长乐大道9号国际金融中心裙楼3楼	郑正盛	-	435100
十堰融资担保集团有限公司	十堰市张湾区朝阳北路9号1幢4-1	何启民	-	442000
十堰市郧阳区信达投资担保有限公司	十堰市郧阳区城关镇金砂路8号	王贤星	-	442000
郧西县金信融资担保有限责任公司	郧西县城关镇郧西大道2号	张玉明	-	442600
郧西县盈信融资担保有限责任公司	郧西县城关镇郧西县大道11号	雷尚斌	-	442600
竹山县海川特色产业担保有限公司	竹山县城关镇千福广场3号楼2楼	郑大斌	-	442200
竹山县兴竹国有融资担保有限公司	竹山县城关镇人民路20号	贺　坚	-	442200
竹溪县政合融资担保有限公司	竹溪县城关镇人民路67号	吴新军	-	442300
房县鼎立信融资担保有限公司	房县财政局院内	赵　涛	-	442100
丹江口鑫诚融资担保有限公司	丹江口市沙陀营路99号	郜建华	-	442700
湖北汉大农业融资担保有限公司	丹江口市丹江大道37号	汪　涛	-	442700
宜昌市融资担保集团有限公司	宜昌市西陵区珍珠路38号3楼	-	-	443000
湖北亿昌融资担保有限公司	宜昌市西陵区东山大道113号	陈　华	-	443000

续表 6-5

名　　称	地　　址	负责人	电　话	邮　编
宜昌夷陵华瑞融资担保有限公司	宜昌市夷陵区发展大道111号夷陵商会19楼	杜红播	–	443000
湖北银科融资担保有限公司	宜昌市发展大道57-6号	田贞验	–	443000
宜昌市科技融资担保有限公司	宜昌市高新区发展大道55号	李　军	–	443005
远安县弘信融资担保有限公司	远安县鸣凤镇鸣凤大道83号	岳鹏杰	–	444200
湖北金泰融资担保有限公司	兴山县古夫镇高阳大道58号	余　强	–	443700
秭归县金桥融资担保有限责任公司	秭归县茅坪镇平湖大道	张　晖	–	443600
长阳汇丰和融资担保有限公司	长阳土家族自治县龙舟坪镇四冲湾路25号(清江商务大厦)7楼	程家祥	–	443500
五峰长信融资担保有限公司	五峰土家族自治县渔洋关镇后河大道27-1号A座1单元301室	唐直华	–	443400
宜都市丰源融资担保有限公司	宜都市陆城五宜大道99号(科技孵化中心))	鲜于珊珊	–	443300
当阳市国投融资担保有限责任公司	当阳市玉阳办事处子龙路1号	王　婷	–	444100
枝江市金桥融资担保有限责任公司	枝江市马家店友谊大道19号	李学东	–	443200
枝江市天雨农业融资担保有限公司	枝江市马家店街道团结路9号	李国强	–	443200
襄阳市融资担保集团有限公司	襄阳市东津新区(经开区)东津商务大楼D座(2号楼)附楼	段国军	–	441000
湖北长远融资担保有限公司	襄阳市樊城区前进东路前锦公寓18楼	郑文孝	–	441000
襄阳海任投资担保有限公司	襄阳市襄州区荣华路5号	谢　俊	–	441104
襄阳市襄州区融资担保有限公司	襄阳市襄州区张湾街道办事处航空路109号	石　勇	–	441105
湖北融博投资担保有限公司	襄阳市高新区邓城大道49号襄阳科技城	张德财	–	441000
襄阳佰汇融资担保有限公司	襄阳市高新区长虹北路32号(清大新城国际)	王　辉	–	441000
湖北省华凯融资担保有限公司	襄阳市高新区春园路15号火炬大厦3楼	闫有福	–	441000
湖北融誉担保有限责任公司	南漳县城关镇苗圃路14-1号	陈洪勇	–	441500
湖北融汇投资担保集团有限公司	谷城县经济开发区过山口街27号	付学斌	–	441700
谷城县融资担保有限公司	谷城县城关镇后湖社区(谷城汉江国家湿地公园管理处办公楼)	雷　瑾	–	441700
保康九鼎融资担保有限公司	保康县城关镇迎宾路69号	柴耀武	–	441600
枣阳市金盆融资担保有限公司	枣阳市人民路17号	王明刚	–	441200
宜城市金博信用担保有限公司	宜城市振兴大道262号	李承屏	–	441400
鄂州市中小企业融资担保有限公司	鄂州市滨湖南路62号	洪志雄	–	436000
荆门市融资担保集团有限公司	荆门市漳河新区天山路1号国华汇金中心1幢6楼	熊双舫	–	448000
荆门星球投资担保有限公司	荆门市掇刀区星球路18号	艾星球	–	448000
沙洋县宏盛融资担保有限公司	沙洋县启林大道6号	苏海阔	–	448200
钟祥中小企业融资担保有限公司	钟祥市郢中镇新美香大道铂金汉宫2幢4楼	邵光文	–	431900
京山诚信融资担保有限公司	京山市新市镇新市大道78号工商银行6楼	曾金堂	–	431800
京山金点融资担保有限公司	京山市新市镇轻机大道323号	宋敦胜	–	431800

续表 6-5

名　　称	地　　址	负责人	电　话	邮　编
孝感银泰中小企业融资担保投资有限公司	孝感市长征路 225 号	高建乐	–	432000
孝感融汇丰融资担保有限公司	孝感市长兴路新宏基工业园 4 楼	严俊丽	–	432000
孝感市政和中小企业融资担保有限公司	孝感市崇文路 7 号	刘功新	–	432000
孝感市嘉元融资担保有限公司	孝感市孝南经济开发区管委会办公楼 206 室	朱　飞	–	432000
湖北新信悟中小企业融资担保有限公司	大悟县城关镇双河京珠连线	徐献国	–	432800
湖北银山融资担保有限公司	大悟县西岳大道 76 号	李育东	–	432800
云梦县泽源融资担保有限责任公司	云梦县城关镇曲阳东路	郑　重	–	432500
应城市金财投融资担保有限公司	应城市蒲阳大道 34 号	丁阳春	–	432400
安陆市信达融资担保有限责任公司	安陆市汉丹路 265 号	黄长军	–	432600
汉川市鑫财中小企业信用融资担保有限公司	汉川市仙女山街道办事处西正街 25 号	胡新运	–	432300
汉川市天宏融资担保有限公司	汉川市水厂路特 1 号	陈砚林	–	432300
荆州市创业融资担保有限责任公司	荆州市太岳东路 8 号	田新华	–	434000
荆州市融资担保集团有限公司	荆州市沙市区塔桥路 63 号荆州新天地 A3 栋 17 层 11 号	颜家银	–	434000
湖北金嘉融资担保投资有限公司	荆州市沙市区江津中路 235 号	王正友	–	434000
湖北大正投资融资担保有限公司	荆州市沙市区塔桥路 63 号荆州新天地 A 区 3 栋 17 层 11 号	颜家银	–	434000
荆州市天盛融资担保有限公司	荆州市荆州区人民路 27 号	黄发超	–	434000
湖北湘金融资担保有限公司	荆州市江津东路附 155 号 1 栋	陈　诚	–	434000
公安县民生融资担保有限公司	公安县青年路 2 号	邓德华	–	434300
湖北鼎力融资担保有限公司	江陵县江陵大道 89 号	黄永发	–	434100
石首市兴业融资担保有限公司	石首市绣林办事处解放路 188 号	孙建新	–	434400
洪湖市开源融资担保有限公司	洪湖市新堤宏伟南路柏枝一巷特 1 号	熊　敏	–	433200
松滋市三农融资担保有限公司	松滋市金马路 45 号	黄年平	–	434200
松滋市金财融资担保有限公司	松滋市新江口镇白云路 74 号	王先红	–	434200
监利县丰利融资担保有限公司	监利县天府大道	李爱国	–	433300
黄冈市融资担保集团有限公司	黄冈市黄州区赤壁大道 70 号	王　琳	–	438000
团风县中小企业融资担保有限责任公司	团风县团风镇团方公路南侧一幢建筑大厦 12 层	王　娟	–	438000
团风县鑫财融资担保有限责任公司	团风县迎宾大道 2 号	谌田生	–	438000
湖北国银融资担保有限公司	红安县城关镇将军大道 11 号	徐久高	–	438400
湖北红城融资担保有限公司	红安县城关镇沿河西路城投·时代广场	秦松林	–	438400
罗田县经发融资担保有限公司	罗田县凤山镇万密斋大道 7 号	郭艳明	–	438600
英山县兴源中小企业融资担保有限公司	英山县温泉镇金石路 36 号	段　刚	–	438700
浠水县正晴中小企业融资担保有限公司	浠水县清镇车站大道 305 号	熊旺林	–	438200
浠水县金投融资担保有限公司	浠水县双桥路 267 号	尹昕侠	–	438200

续表 6-5

名　　称	地　　址	负责人	电　话	邮　编
湖北正道融资担保有限公司	蕲春县漕河镇李时珍大道118号(东郡壹号)	周建华	–	435300
蕲春城投融资担保有限公司	蕲春县漕河镇付畈大道57号	田姝丽	–	435300
黄梅县中小企业融资担保有限责任公司	黄梅县黄梅镇二环路(财政局内)	陈劲松	–	435500
麻城市中小企业融资担保有限责任公司	麻城市龙池桥办事处金桥大道48号会展中心西侧	冯　建	–	438300
武穴市中小企业融资担保有限责任公司	武穴市民主路201号	熊政德	–	435400
武穴市农业融资担保有限公司	武穴市天宝路60号	刘佐民	–	435400
咸宁市融资担保集团有限责任公司	咸宁市咸宁传媒大厦	刘会恒	–	437000
湖北时泉投资担保有限公司	咸宁市咸宁大道246号	刘会恒	–	437000
湖北咸宁金桥信用担保有限公司	咸宁市咸安区永安大道175号	程　刚	–	437000
咸宁市咸安区经开融资担保有限责任公司	咸宁市咸安经济开发区	夏亚芳	–	437000
嘉鱼县中小企业融资担保有限公司	嘉鱼县鱼岳镇发展大道124号	张文泽	–	437200
湖北汇能融资担保有限公司	通城县隽水镇白沙社区银山金城1号楼7层	何　芳	–	437400
湖北隽兴融资担保有限公司	通城县隽水镇通城大道88号	吴仲谋	–	437400
崇阳金思特融资担保有限公司	崇阳县天城镇星斗路162号	彭德祥	–	437500
崇阳县金信融资担保有限公司	崇阳县天城镇金城大道9号	艾新民	–	437500
湖北鼎裕融资担保有限公司	通山县厦港工业园	朱三九	–	437600
通山县政金融资担保有限公司	通山县财政局办公大楼内	程　光	–	437600
赤壁市中小微企业融资担保有限公司	赤壁市创新聚集区B区2楼	应　辉	–	437300
随州市中兴投资担保有限公司	随州市神农大道滨湖湾一号楼	颜春莉	–	441300
随州市中小企业融资担保有限公司	随州市编钟大道一号(传媒中心大楼12层)	何开涛	–	441300
随州市银桥中小企业担保有限公司	随州市神农大道39号	李成耀	–	441300
湖北维诺融资担保有限公司	随州市迎宾大道香山怡景22号	赵伟东	–	441300
随州市聚盛投资担保有限公司	随州市汉东路169号	钟先勇	–	441300
银华融行投资担保有限公司	随州市交通大道265号	肖洪兵	–	441300
随州融盛中小企业投资担保有限公司	随州市文帝大道38-228	魏儒虎	–	441300
湖北银润融资担保有限公司	随县神龙大道320号经信局4楼	蒋红艳	–	441315
广水市泰成融资担保投资有限公司	广水市应山街道办事处三里河社区学府尚城6号楼1楼	付正桥	–	441300
恩施金源融资担保有限公司	恩施市施州大道41号	秦　亢	–	445000
湖北鼎恒融资担保有限公司	恩施市舞阳大道225号	于祥飞	–	445000
恩施市信泰融资担保有限责任公司	恩施市航空大道115号	张孝龙	–	445000
恩施州农发信用担保股份有限公司	恩施市金桂大道共赢国际大厦3楼	谭必朝	–	445000
恩施州政信融资担保有限责任公司	恩施市金龙大道企业服务综合服务楼	何　鹏	–	445000

续表 6-5

名　称	地　址	负责人	电　话	邮　编
利川市宏财信用担保有限公司	利川市南环大道 68 号	余廷海	–	445400
建始县聚信融资担保有限责任公司	建始县业州镇业州大道 198 号	黄在胜	–	445300
巴东恒信融资担保有限公司	巴东县信陵镇巫峡路 20 号天涯大厦 6 楼	向　平	–	444300
巴东县弘毅融资担保有限责任公司	巴东县信陵镇楚天路 25 号	杨祖西	–	444300
宣恩贡水融资担保有限公司	宣恩县珠山镇民族路 22 号	成　涛	–	445500
咸丰县中小企业融资担保有限责任公司	咸丰县高乐山镇南门商城 I 栋	邱　恩	–	445600
咸丰县卓信融资担保有限公司	咸丰县高乐山镇楚蜀大道 190 号	夏卓勋	–	445600
来凤县瑞祥融资担保有限公司	来凤县喳西泰水城营销中心旁	谭建华	–	445700
鹤峰县金财融资担保有限责任公司	鹤峰县容美镇胜利路 1 号	黄明波	–	445800
湖北博四通融资担保有限公司	仙桃市何李路 50 号	邹从文	–	433000
仙桃市金凌融资担保有限公司	仙桃市仙源大道 60 号浅水湾中央公园 1-2,1-3	马　超	–	433000
仙桃市财源融资担保有限责任公司	仙桃市仙桃大道 88 号	刘　赫	–	433000
仙桃市中小企业信用担保有限公司	仙桃市仙桃大道中段 12 号	肖军成	–	433000
潜江市汇桥融资担保有限公司	潜江市园林街道办事处章华北路 5 号	张　劲	–	433100
湖北金匙投资担保有限公司	潜江市园林办事处章华南路 22B 号	郑　伟	–	433100
天门市兴天投资担保有限公司	天门市钟惺大道特 53 号	李建中	–	431700
神农架林区中小企业融资担保有限公司	神农架林区松柏镇常青路 3 号	谷正斌	–	442400
区域性股权市场				
武汉股权托管交易中心	武汉市东湖新技术开发区光谷资本大厦 5 楼	张选强	027-87575656	430074
典当行				
武汉恒信典当有限公司	武汉市江岸区兰陵路 2-6 号武汉时代广场 A(8)栋 13A01、A(8)栋 13A02 室	罗　畅	027-82214966	430010
武汉鑫汉融典当有限公司	武汉市江岸区建设大道新光大厦 1 栋 10 层 6 室	沈　兰	027-85661116	430010
武汉泓鼎典当有限公司	武汉市江岸区胜利街 168 号	刘　洪	13307151390	430010
湖北零壹典当有限公司	武汉市江岸区延长线新江岸特 1 号锦苑公寓第 3-19、3-20 号商铺	陈　艳	15827130483	430010
武汉一和典当有限公司	武汉市江岸区金桥大道 16 号后湖新都(A 地块)1 层 09 室	梅江野	027-85656090	430010
武汉聚义典当有限责任公司	武汉市江岸区沿江大道江滩 129 号	何艾萍	13092761666	430010
湖北森泰典当有限公司	武汉市江岸区金桥大道 107 号凯信后湖生活广场 1 栋 13 层 13-14 室	胡　涛	13807158298	430010
湖北聚鑫典当有限公司	武汉市江岸区京汉大道特 1 号	胡有武	027-82725722	430010
武汉市裕发典当行有限责任公司	武汉市江岸区黄浦大街 68 号上东汇广场群楼 5 楼	孟　安	027-82849453	430010
湖北银丰典当有限责任公司	武汉市江岸区青岛路 7 号银丰大厦 13 楼 1301、1303、1305 室	宗汉龙	13307135948	430010

续表 6-5

名　称	地　址	负责人	电　话	邮　编
武汉市汉口典当有限责任公司	武汉市江岸区解放大道 1976 号	李明龙	027-82831609	430010
武汉中盛典当有限公司	武汉市江岸区球场街融科天城 6 栋 1 层 41 号	梁　伟	027-82213088	430010
湖北鑫融典当有限责任公司	武汉市江岸区京汉大道大智嘉园 C 栋 1 层 16 号	屈　文	13901082379	430010
湖北华中银泰典当有限公司	武汉市中山大道 352 号 1 层 6 号	陈丽华	027-85680205	430010
武汉诚盛典当有限公司	武汉市江岸区苗栗路 5 号	高志朝	027-82910241	430010
武汉鑫旺广源典当有限公司	武汉市江岸区江大路 36 号	柯海霞	18986289541	430010
武汉玖发盛祥典当有限公司	武汉市江岸区永清路 21 号枫丹白露 B 单元 6 层 1 室	赵　宁	13397129393	430010
湖北兴诺远典当有限公司	武汉市江岸区二七街解放大道 2159 号航天星都汉口东部购物公园 C1 栋 1 单元 18 层 1、2、3、4 号房	叶　娟	15387109688	430010
武汉鼎邦众通典当有限公司	武汉市江岸区金桥大道 1 号 H11-H12	贺朝辉	13871352272	430010
湖北金信典当有限公司	武汉市江岸区建设大道 618 号信合大厦 14 层 2 室	王倩南	13659838650	430010
湖北鼎通典当有限公司	武汉市汉口沿江大道 141 号	谭　晨	13307155397	430010
武汉市联丰银楼典当有限公司	武汉市江汉区建设大道 518 号招银大厦 308 室	张建捷	027-85743982	430020
湖北恒利源典当有限公司	武汉市江汉区江汉经济开发区江旺路 8 号红 T 时尚创意街区项目 5 号楼 4 层 03B 单元	周国钢	02785503576	430020
武汉融众典当有限公司	武汉市江汉区前进四路 121 号	谢小青	027-83798989	430020
湖北三合典当有限公司	武汉市江汉区泛海国际 SOHO 城(一期)1 栋 9 层 10 室	韩大运	18672950033	430020
湖北众信泰安典当有限公司	武汉市江汉区新华下楼下牯牛村新华西美林公馆 9 栋 1-2 层 03 室	黄莉萍	13329715222	430020
湖北楚丰典当有限责任公司	武汉市江汉区解放大道 1409 号	赵　钢	13908656261	430020
武汉中鑫佳泰典当有限公司	武汉市江汉区中央商务区泛海国际 SOHO 城(一期)1 栋 8 层 4 室	李美意	18963959988	430020
武汉荣欣众鼎典当有限公司	武汉市江汉区唐家墩村 K7 地块顶绣国际城 C 区第 10 幢 39 层商 4 号房	杜喜英	15337277777	430020
湖北中融汇通典当有限公司	武汉市江汉区新华西路武汉菱角湖万达广场 A 区第 A 幢 A2 单元 22 层 19 号	徐志辉	13983717819	430020
武汉众海富邦典当有限公司	武汉市江汉区常青一路 1 号福星惠誉·福星城(一期)1 栋 1 单元 10 层 14 室	郭　婷	18502769890	430020
湖北信众利典当有限公司	武汉市江汉区新华路 296 号汉江国际 1 栋 1 单元 18 层 2、3 室	易晓洲	15342282011	430020
武汉乾元金通典当有限公司	武汉市江汉区阳光花园三期北苑 11 栋 1 层 6 室商铺	曾俊柯	13707115763	430020
武汉隆华典当有限公司	武汉市江汉经济开发区江兴路 17 号 A 栋 1 层 1 号	陈俊伟	13871054576	430020
湖北瑞恒典当有限公司古田分公司	武汉市硚口区汉口春天 12 栋 1 单元 1/2 层 7 号	任小旭	027-88219588	430030

续表 6-5

名　　称	地　　址	负责人	电　话	邮　编
湖北中财典当有限责任公司	武汉市硚口区沿河大道 236-237 号 A 栋 1 层	边锡明	13986053136	430030
武汉民众典当有限公司	武汉市硚口区上铁路大厂 107 号 4 栋 1 楼	吴小云	13207198888	430030
湖北富禧典当有限公司	武汉市硚口区中山大道 49 号裕亚俊园(硚口公园 4 号楼)1 层 2 室	吴洪斌	17386030482	430030
武汉市永泰典当有限责任公司	武汉市汉阳区二桥头汉江.世纪星城第 1 栋 1-3 层	刘卫武	13797072590	430050
武汉谦和典当有限公司	武汉市汉阳区龙阳大道特 8 号	陈　强	18802762656	430050
武汉诺宇典当有限公司	武汉市汉阳区江城大道 6 附 2 号	李　斐	13908644238	430050
武汉君友典当有限责任公司	武汉市汉阳区汉阳大道 139 号第 1 栋	程红芳	13006151076	430050
武汉市汉正典当行有限责任公司	武汉市汉阳区北城路 17 号-19 号	白江平	027-85700178	430050
湖北瑞银典当有限公司	武汉市汉阳区汉阳大道 10 号莲花湖公园内	夏春林	027-84836888	430050
武汉大融合典当有限公司	武汉市武昌区沙湖特 1 号友谊国际二期 6 栋 1-1、1-2 号	贺建谊	13018089711	430060
湖北金旺典当有限责任公司	武汉市武昌区金地国际花园 HR-1 栋 1 层 2 号	郭元生	13995812796	430060
武汉鑫鼎典当行有限公司	武汉市武昌区友谊大道三角花园陈家河小区 C4 号楼 A1 号	欧阳秀	02759829588	430060
武汉市江瀚典当有限责任公司	武汉市武昌区新民主路 730 号	李茂超	027-87139739	430060
武汉永利典当有限责任公司	武汉市武昌区水果湖街同成富苑裙房 4 楼 3-1	陈永付	13707104328	430060
湖北中泰创展典当有限责任公司	武汉市武昌区秦园东路水岸星城 G11-1-1-5 商铺	陈　罡	13971150090	430060
武汉东方宝库典当有限公司	武汉市武昌区水果湖街汉街武汉中央文化旅游区 K3 地块第 1 幢 33 层 2 号-2	严彩云	17740663226	430060
湖北瑞恒典当有限公司	武汉市和平大道 108 号玉桥新都 6 号商铺	任小旭	027-88219588	430060
湖北环球典当有限公司	武汉市武昌区中南路“鹏程时代”广场 1 楼	洪　灵	13720331057	430060
湖北金字塔典当有限公司	武汉市武昌区和平大道 666 号 1-商 8 号	卢　娟	027-88398756	430060
湖北盛裕衡典当有限公司	武汉市武昌区三角路村水岸国际 K2 地块 6 栋 17 层 6 号	程　明	18672986111	430060
湖北邦发典当有限公司	武汉市武昌区水果湖街中央文化旅游区 K9-1 地块武汉中央文化旅游区一期 K9-1 地块 2 栋 1-2 层商 14 号	孙　龙	18607119316	430060
湖北东嘉典当有限公司	武汉市武昌区中北路 9 号长城汇 T1 号写字楼第 42 层 R6、R7、R8 单元	郭占琴	18871353555	430060
武汉升泰典当有限公司	武汉市武昌区中北路车家岭尚城国际 6 层 19、20 号房	简　勇	13545734860	430060
武汉富本源典当有限公司	武汉市武昌区徐家棚街徐东大街西侧联发九都国际 7 栋 17 层 3 号	陈　飞	13018089898	430060
苏州市吴中典当有限责任公司武汉分公司	武汉市武昌区徐家棚街和平大道 750 号绿地国际金融城 A03 地块二期 C1 栋 19 层 6 室	吴　敏	027-86786568	430060
武汉乐鑫典当有限公司	武汉市洪山区仁和路 136 号附 117	罗志威	13797040566	430070
武汉老管典当有限公司	武汉市洪山区欢乐大道 9 号正堂 IBO 时代第 1 号楼 9 层 4 号房	秦书敏	027-83807229	430070

续表 6-5

名　　称	地　　址	负责人	电　话	邮　编
湖北嘉邦典当有限公司	武汉市洪山区珞南街卓刀泉 185 号	熊　伟	15927376135	430070
湖北省宏嘉典当有限公司	武汉市东湖新技术开发区关山一路 552 号中建康城 16 栋 6 房	龚新金	13627252863	430070
武汉元贞阁典当有限公司	武汉市东湖新技术开发区关山村万科锦程三期第 1 号楼 11 层办公 8 号房	孙建勋	18771966802	430070
武汉启盈义旺典当有限公司	武汉市东湖新技术开发区关山大道以东、创业街以北武汉光谷国际商务中心第 A 幢 8 层 808 号房	曾令杰	13808680333	430070
武汉源隆同丰典当有限公司	武汉市东湖新技术开发区关山村保利·时代 K18 地块第 A、B、C 幢 B 栋 17 层 22 号	张文杰	13797178396	430070
武汉立轩鑫典当有限公司	武汉市东湖新技术开发区关山大道 355 号光谷新世界中心 A 地块写字楼 A 栋 12 层办公 9 号	王　猛	13296592998	430070
武汉天盟典当有限公司	武汉市东西湖区金珠港湾二期 17 栋 1 层 1 室	张春姣	13797054480	430040
武汉东方易合典当有限公司	武汉市东西湖区常青花园 1 区 50 栋 1 层 6 号商网	汪子扬	18071077771	430040
武汉众合力拓典当有限公司	武汉市东西湖区辛安渡办事处徐家台 1 号	万国峰	13995617320	430040
武汉盈时星典当有限公司	武汉市东西湖区水产养殖场（9 号武汉中油金银潭石油化工生产研发项目）B7 栋 13 层 2 室 B1	殷　芸	13986060058	430100
武汉晟恒祥典当有限公司	武汉市蔡甸区蔡甸街孙家畈村 1 栋 1-4 楼（武汉市蔡甸区莲花湖大道林业局副楼）	孔　俊	027-69904418	430100
武汉纵海泰典当有限公司	武汉市蔡甸区大集街塔尔山村湖墅观止二组团 C1 栋 1 层 32 室、1 室	陈金武	18971600550	430100
武汉乾通典当有限公司	武汉市江夏经济开发区大桥新区大桥村江郡华府 3 栋 1 层 7 室	欧　攀	13387501235	430200
湖北富起来典当有限公司	武汉市黄陂区祁家湾街李桥村	胡中堂	18502730799	430300
湖北聚恒达典当有限公司	武汉市新洲区阳逻街平江东路 333 号东城明珠一期 12 栋 2 单元 1 层 1 室、2 室	罗先强	13871576388	431400
黄石市嘉旺典当有限公司	黄石市武汉路 20 号	阮宏喜	0714-6229998	435000
黄石市嘉旺典当有限公司黄石港分公司	黄石市黄石港区港城大厦 1 号	阮宏喜	0714-6229998	435000
黄石市海鑫典当有限公司	黄石市颐阳路 60 号	黄学湖	0714-6267276	435000
黄石市顺捷典当有限责任公司	黄石市黄石大道 396 号	陆宏应	0714-6361033	435000
黄石市金海典当有限责任公司	黄石市颐阳路 41-105 号	樊丽萍	0714-6288377	435000
湖北融禄典当有限公司	黄石市黄石港区花湖大道 51 号博雅怡景花城 8 栋 64 号	张国华	15327178386	435000
黄石市聚德典当有限责任公司	黄石市天津路 129 号	李国华	0714-3285188	435000
黄石市金润典当有限责任公司	黄石市西塞山区大上海 18 幢 105 号	徐金梁	13817866258	435000
湖北金鑫典当有限公司	阳新县兴国镇李家湾锦绣城 14 栋 105、106 室	张陶胜	13995991999	435000
湖北名发典当有限公司	阳新县兴国镇环城路现代城 13-2-3 号	黄　波	13886183397	435000
湖北鑫兴典当有限公司阳新分公司	阳新县兴国镇竹林塘锦湖豪苑牡丹苑 6 号楼 128 号铺	王文霞	0714-8513098	435000
十堰市和信茂元典当有限公司	十堰市人民中路 18 号	吴晓华	18671980009	442000

续表 6-5

名　　称	地　　址	负责人	电　话	邮　编
湖北瑞旗典当有限公司	十堰市茅箭区人民中路 99 号万秀城一号写字楼 26-1-3	孙　霞	0719-8316822	442000
十堰宝汇典当有限公司	十堰市张湾区车城路 98 号 1 幢(4-9)-1	许章金	13508685138	442000
十堰市宝利盛典当有限责任公司	十堰市上海路 51 号	崔正学	0719-8884313	442000
十堰市嘉泰典当有限责任公司	十堰市人民北路 41 号	翁天玉	0719-8674201	442000
十堰市奥达典当有限公司	十堰市老虎沟路 8 号	王国华	0719-8651616	442000
湖北万华典当有限公司	十堰市北京中路 3 号 1 楼中信银行左侧	邓宗平	18372638888	442000
十堰武当珍品汇典当有限公司	十堰市北京北路 57 号	杨旭日	13872829798	442000
十堰市鼎信典当有限公司	十堰市人民中路 26 号	胡继业	13329859199	442000
十堰市融通典当有限公司	十堰市公园路 60 号	何　伟	13907282856	442000
十堰市祥银典当有限公司	郧西县城关镇七夕大道 7 号 1 单元 1-4 号	郝虹声	18772761731	442000
丹江口鑫诚典当有限公司	丹江口市沿江路 72 号	张　平	13508670863	442000
宜昌鑫泰典当有限公司	宜昌市西陵区云集路 27 号	王　仟	15572906661	443000
宜昌华鑫典当有限公司	宜昌市伍家岗区白沙路 8-28-93 号	余　严	18771796980	443000
宜昌福林典当有限公司	宜昌市伍家岗区沿江大道 120-1 号	陈　静	0717-6251688	443000
宜昌首信典当有限公司	宜昌市伍家岗区沿江大道 148-1 号	李丽雪	0717-6567055	443000
宜昌华中典当有限公司	宜昌市伍家岗区武临路 33 号 6 栋	曹文生	13886697387	443000
湖北融易典当有限公司	宜昌市伍家岗区沿江大道特 162 号福江铭座大厦 16 层 1601 号房	刘　东	13971119937	443000
湖北宝典当有限公司	宜昌市夷陵区小溪塔街道冯家湾社区峡州路 30 号	王卫伦	15872450030	443000
湖北宜昌信立典当有限公司	宜昌市高新区城东大道 60 号鸿华 SOHO 时代 1 楼商铺 107 号	汪　洋	15997635088	443000
湖北坤鼎典当有限公司	中国(湖北)自贸区宜昌片区港城路 16 号科研楼 1 层 112 室	付莹莹	15801221222	443000
湖北禾一典当有限公司	中国(湖北)自贸区宜昌片区港城路 16 号	徐　建	13387275111	443000
秭归县名隆典当有限公司	秭归县茅坪镇屈原路 16 号	谭　建	13997693866	443000
宜都市恒源典当有限公司	宜都市陆城镇长江大道名都华庭	杨士芬	15871569688	443000
湖北衡通典当有限公司	宜都市陆城杨守敬大道名都花园山水苑 37 栋 111 铺	臧文清	18972047888	443000
湖北斗金典当有限公司	襄阳市襄城区檀溪路	龚建波	0710-3628888	441000
襄阳百洋典当有限公司	襄阳市襄州区航空路 11 号	闫　伟	13972052518	441000
襄阳贵仁典当有限公司	襄阳市高新区春园路 19 号新春园大厦 1 幢 1 层	任慧芳	13972263788	441000
湖北鑫漳典当有限公司	襄阳市高新区新城路 8 号	裴双红	13908670533	441000
湖北和记典当有限公司	襄阳市高新区长虹北路长虹首府 1-8 号门面房	孙吉君	18372268222	441000
湖北金丰典当有限公司襄阳分公司	襄阳市高新区长虹北路九丰长虹首府 1 幢 1 层 103 号房	黄正翔	0710-8511929	441000
谷城融金典当有限公司	谷城县城关镇康乐路 38 号	付学斌	0710-7236808	441000

续表 6-5

名　　称	地　　址	负责人	电　话	邮　编
湖北楚鑫源典当有限公司	枣阳市南城	蔡金侠	0710-6315988	441000
鄂州市民生典当有限责任公司	鄂州市南浦北路 23 号	杨美桂	0711-3222656	436000
湖北和义胜典当有限公司	鄂州市葛店开发区庙湾商贸小区 1 号楼19-23 号门面房	胡　勇	13907133713	436000
湖北金叶典当有限公司	鄂州市花湖开发区鄂州恒升数控机械有限公司办公楼	毛　骁	0711-6405888	436000
湖北邦利典当有限公司	鄂州市鄂城区葛山大道 70 号	胡晓麟	13607239516	436000
湖北汇通典当有限公司	鄂州市古城路 115 号	鄂桂萍	0711-3879598	436000
湖北宝通典当有限公司	鄂州市明塘后路 11 号综合楼	龚德胜	13669018320	436000
湖北一房通典当有限公司	鄂州市鄂城区古城路、滨湖北路交会处中源滨湖大厦商住楼 5 层 4 号房	夏利萍	18827417787	436000
荆门市百信典当行有限公司	荆门市金宁路 1 号市民政局大楼	张　磊	13986996788	448000
湖北华铭典当有限公司	荆门市长宁大道 23 号	罗　华	13581349988	448000
湖北星球典当有限公司	荆门市虎牙关大道星球路 18 号	陈丽华	13707266064	448000
湖北荆门五福源丰典当有限责任公司	荆门市掇刀区深圳大道 8 号	孟传华	13985323012	448000
湖北润德典当有限责任公司	钟祥市郢中镇承天大道 20 号	李　卫	13797940699	448000
湖北王府典当有限责任公司	钟祥市郢中镇安陆府西路 55 号	黄冬梅	15907112232	448000
京山金桥典当有限公司	京山县新市镇轻机大道东段 403 号	田桂兵	0724-7244088	448000
孝感福鑫元典当有限责任公司	孝感市交通中路	孙劲松	0712-2323129	432000
湖北农腾典当有限公司	孝感市长征一路 11-26 号	刘华桥	13907157373	432000
湖北永利典当有限公司	大悟县城关镇长征路 51 号	钟生洪	15555557395	432000
大悟鸿瑞典当有限责任公司	大悟县宣化店镇迎宾大道城东小区	郑东志	15926826666	432000
湖北兴瑞典当有限公司	应城市粮贸街 41 号中房 9702 栋底层门店	朱六山	0712-3257188	432000
湖北九鼎典当有限公司	应城市月圆路 99 号(长荆大道以北海山应置城 22 栋 107、207 商铺)	李林松	0712-3716999	432000
湖北中益典当有限公司	安陆市德安北路 195 号	资春明	13807296666	432000
湖北中广典当有限公司	汉川市仙女山街道办事处人民大道世纪新城 A-1 幢商铺单元 1 层 1-08 室	赵平方	18995692436	432000
湖北腾兴典当有限公司	汉川市西湖大道 29 号	郑　好	0712-8713999	432000
湖北金屹典当有限公司	荆州市沙市区江津中路 235 号	张桂芬	18972116656	434000
湖北乾富典当有限公司	荆州市沙市区南湖路 22 号	任长坤	13807215206	434000
湖北金丰典当有限公司	荆州市沙市区三岔路 1 栋	黄正翔	0716-8511929	434000
湖北金丰典当有限公司荆州分公司	荆州市荆州区江津西路 1 号(世纪观邸)	黄正翔	0716-8511929	434000
荆州市金池典当有限公司	荆州市荆州区景明观路 80 号	程　杰	0716-8426286	434000
湖北金丰典当有限公司沙市分公司	荆州市荆州开发区豉湖路(中豪明珠城)3 栋 104S、204S 号	黄正翔	0716-8511929	434000
荆州市燕鑫典当有限公司	荆州市荆州开发区三湾路特 1 号	刘立贵	0716-3262913	434000
荆州市利民典当有限公司	石首市笔架山街道东方大道	吴国豪	15671373666	434000

续表 6-5

名　　称	地　　址	负责人	电　话	邮　编
湖北金洋泰典当有限公司	松滋市新江口镇高成大道 9-11 号	曾凡华	13908617241	434000
湖北隆吉典当有限公司	松滋市新江口镇金松大道西段 130 号	黄元林	13807217928	434000
荆州金鑫典当有限公司	松滋市新江口镇乐乡大道(金松驾校旁)	陈启东	18608616555	434000
湖北嘉大典当有限公司	黄冈市黄州区赤壁大道 10 号	熊卫东	13409954322	438000
湖北鼎记典当有限公司	黄冈市黄州大道安居小区 5 幢 1 层	杨丛发	13986556311	438000
湖北久泰典当有限责任公司	黄冈市黄州新港大道 101 号	徐久平	0713-8387716	438000
湖北九浩典当有限公司	黄冈市黄州区八一路 11 号	杜　吉	0713-8882938	438000
湖北玖洲典当有限公司	黄冈市龙感湖管理区交通东路	阎　雯	13597581555	438000
红安鼎鑫典当有限公司	红安县宏泰路三清源商住楼	夏保国	13507184169	438000
湖北义水典当有限公司	罗田县凤山镇城南新区富强家园 2 号楼	瞿建共	13707251996	438000
英山县丰泰典当行有限公司	英山县宏达新天地 1 号楼 102 商铺	柯　红	13995917008	438000
湖北聚圆典当有限公司	浠水县清泉镇十字横街 88 号	姜兰春	0713-4282568	438000
湖北鑫惠典当有限公司	黄梅县小池镇滨江新区大地商业街	虞起红	18062821766	438000
湖北鑫兴典当有限公司	黄梅县城关镇五祖大道 36 号	王文霞	0713-8513098	438000
湖北国润典当有限公司	黄梅县黄梅镇黄梅大道西 168 号	蒋国舟	0713-8516999	438000
湖北福海薪帝典当有限公司	麻城市南正街滨江御景三期 A 幢 101 号	熊　涛	18771646666	438000
湖北家鑫典当有限公司	咸宁市温泉路 88 号	王文娟	18972817789	437000
湖北鸿运典当有限公司	咸宁市咸安区永安大道 175 号	胡振亚	15607246666	437000
湖北昊元典当有限公司	咸宁市咸安区长安大道 43 号	郑良生	13971809999	437000
湖北众鑫典当有限责任公司	咸宁市银泉大道尚城国际 1 号楼-1-S105	叶　翔	13477788369	437000
通城弘祥典当有限公司	通城县隽水镇湘汉路 51 号	邓　祥	13807244393	437000
湖北元通典当有限公司	崇阳县天城镇仪表路 286 号	金标雄	18007243888	437000
湖北赤诚典当有限公司	赤壁市赤马港办事处赤马港村二组赵聪私房 101 铺	肖　静	13476954432	437000
随州市炎帝典当有限公司	随州市沿河大道中段	黄能军	0722-3828666	441300
湖北善建典当有限公司	随州市迎宾大道 48 号	袁昌才	13872881809	441300
湖北宏信典当有限公司	随州市交通大道 368 号	肖雷进	13308666558	441300
湖北星满楼典当有限公司	随州市舜井大道 21 号	鲁　力	0722-7098999	441300
随州市联丰典当有限责任公司	随州市交通大道 K211 号	艾浩宇	13308669990	441300
广水市金成典当有限责任公司	广水市应山大道	肖光明	18086267777	441300
湖北宇轩典当有限公司	广水市应山办事处三里河应十大道 50-54 号	马小豹	15334112777	441300
恩施九鼎典当有限责任公司	恩施市六角亭街道办事处松树坪村恩施国际汽车城摩根空间 C 栋 111-112 号	黄中华	0718-6226968	445000
湖北瑞通典当有限公司	仙桃市何李路 61 号	贾海洋	18086086010	433000
仙桃市鑫诚典当有限责任公司	仙桃市仙桃大道 27 号	刘振华	13593966399	433000

续表 6-5

名称	地址	负责人	电话	邮编
仙桃市正泰典当有限责任公司	仙桃市仙源大道 18 号	邹 刚	0728-3259501	433000
仙桃市玖鼎典当有限公司	仙桃市沙咀办事处玉沙大道北侧(钱沟南路 88 号)	付学武	15972299999	433000
潜江市融通典当有限公司	潜江市园林街道办事处东方路 35 号	陈 红	0728-6681111	433100
潜江市汇通典当有限公司	潜江市园林街道办事处育才路 31、32 号	李 骥	13907228858	433100
天门市佳盛典当有限责任公司	天门市竟陵元春路 1 号	陈伟小	0728-5245533	431700
天门茂升圆典当有限公司	天门市竟陵钟惺大道 36 号	李庆红	18672897272	431700
天门市祥生典当有限公司	天门市人民大道西 51 号	夏 俊	18972625699	431700
天门市天宇典当有限公司	天门市竟陵街道状元路 82 号	董婵文	13807220089	431700
湖北汇融典当有限责任公司	天门市竟陵钟惺大道 8 号	吴冬艳	15027261126	431700
湖北睿丰典当有限责任公司	天门市天门新城秀水江景湾(一号楼)101 商铺	王法堂	18672875086	431700
融资租赁公司				
国中融资租赁有限公司	武汉市江岸区三阳路 8 号天悦星晨 A 栋写字楼第 22 层 2205 室	马德龙	027-82609907	430010
武汉藏茗融资租赁有限公司	武汉市江岸区中山大道 1241 号都市产业大厦 17 层 R7 单元	王 伟	18642563215	430010
武汉鹏派融资租赁有限公司	武汉市江岸区后湖大道 111 号汉口城市广场二期商业 B-1、C 区、2 号楼单元 19 层 20 室	刘维海	13797299600	430010
中联和合融资租赁有限公司	武汉市江岸区新村街长湖地五村 52 号 2 栋 1-6 层 6013 室	和向宏	15392842838	430010
中祥安信(武汉)融资租赁有限公司	武汉市江岸区东方恒星园 1 栋 1 层 6 室	周建凯	13132152155	430010
国盛天启(武汉)融资租赁有限公司	武汉市江岸区后湖大道 111 号汉口城市广场二期商业 B-1、C 区、2 号、3 号楼栋 2 号楼单元 14 层 4 室	孟伟帅	13132512155	430010
惠泽恒泰(武汉)融资租赁有限公司	武汉市江岸区百步亭花园路 205 号百步亭花园华庭商业 1 单元 4 层 6 室	李会芹	15522210521	430010
中宏正浩(武汉)融资租赁有限公司	武汉市江岸区二七路 154 号第 2 栋 1 层	王凤苓	13132152155	430010
惠泽旷世(武汉)融资租赁有限公司	武汉市江岸区沿江大道 159 号时代广场 1 栋 13 层 6 室	李鹏宇	15502210521	430010
旷世寰茂(武汉)融资租赁有限公司	武汉市江岸区江汉北路九运大厦 16 楼 D-1603 室	张 朋	13132152155	430010
鼎香银纪(武汉)融资租赁有限公司	武汉市江岸区黄孝河路 95 号德盛大厦 1 层	陈 诚	15871828684	430010
武汉市农泽融资租赁有限公司	武汉市江汉区天门墩路 5 号附楼 6 层	蔡玉娟	13387522345	430020
湖北万民融资租赁有限公司	武汉市江汉区经济开发区江兴路 6 号汉口创业中心 1 号楼 3 楼	陈俊英	15997431818	430020
武汉市臻誉融资租赁有限公司	武汉市江汉区建设大道 562 号(国贸新都)22 层西 B 室	薛 磊	15827565351	430020
武汉乐渼康融资租赁有限公司	武汉市江汉区中央商务区泛海国际 SOHO 城第 3,4,6 幢 4 号楼 7 层 1 号	黄自俊	0728-85771202	430020

续表 6-5

名　　称	地　　址	负责人	电　话	邮　编
武汉中天财智融资租赁有限公司	武汉市江汉区单洞路亚洲广场 B 栋 10 层 A1013 室	袁汉明	17354484467	430020
永翔融资租赁(武汉)有限公司	武汉市硚口区解放大道与古田二路交会处凯德广场古田项目公寓式办公 5 层(10)办号	吴咏思	027-83532888	430030
武汉力时融资租赁有限公司	武汉市硚口区建荣村广电 · 兰亭荣荟 18 栋 11 层 3 号	王　锋	027-66666518	430030
湖北泓誉融资租赁有限公司	武汉市汉阳区芳草路 88 号龙阳 1 号一期 1、2 号楼栋 1-2 层(1)商-1	邹红波	027-84870006	430050
国联(湖北)融资租赁有限公司	武汉市汉阳区龟山北路 1 号 59-12 号	丁志康	18054648478	430050
湖北省长投融资租赁有限责任公司	武汉市武昌区水果湖街中北路 9 号办公楼、商业裙房(长城汇二期)1、2 栋 1 单元 24 层 1 号 R5	陈圣玉	027-87898606	430060
厚益融资租赁(武汉)有限公司	武汉市武昌区中北路与东沙大道交会处武汉中央文化区 K1 地块一期一区第 K1-1 幢 22 层 2 号	闫　广	027-85748868	430060
武汉星光伟创融资租赁有限公司	武汉市武昌区水果湖街汉街武汉中央文化旅游区 K3 地块第 1 幢 33 层 3 号房	李诗沫	13607196735	430060
湖北长江国际融资租赁有限公司	武汉市武昌区徐东大街 120 号福星惠誉国际城 K3-2 栋 1306 室	苏阿平	027-87896027	430060
美融国际融资租赁有限公司	武汉市武昌区武汉中央文化区 K6K7 地块二期第 K7-2 幢 21 层 8 号	罗　平	027-86651848	430060
大方(武汉)融资租赁有限公司	武汉市武昌区水果湖街中北路 107-2 号广厦中北领寓二期 1 栋 4 层 2 室	章少华	18071403717	430060
中鸿融资租赁(武汉)有限公司	武汉市武昌区徐家棚街三角路福星惠誉水岸国际 6 号地块第 1 幢 11 层 22 号	袁　俊	13720182255	430060
财富天下融资租赁(湖北)有限公司	武汉市武昌区积玉桥万达中心 701、712 室	王杰克	13073048084	430060
武汉楚华融科融资租赁有限公司	武汉市武昌区徐家棚街徐东大街西侧联发九都国际 7 栋 17 层 4 号-1	向汉辉	18107276293	430060
武汉市铭信百融资租赁有限公司	武汉市武昌区烟霞路以东、沙湖大道以西、公正路以北、松竹路以南武汉中央文化区 K6K7 地块二期(万达尊)第 K7-1，K7-S1 幢 K7-1 单元 11 层 11 号	林运霞	15926189866	430060
武汉中事铭融资租赁有限公司	武汉市武昌区中山路与紫阳东路交叉口天伦万金国际广场塔楼 1 单元 25 层办公 10 号	赵红霞	17701050365	430060
华夏汇鑫融资租赁有限公司	武汉市洪山区洪山街马湖村武汉创意天地(一期)10 号楼 8 层 6 号	廖美玲	15071282880	430070
湖北美融融资租赁有限公司	武汉市洪山区书城路名士 1 号 4 号办公楼 19 层 16 号	罗　军	027-86651848	430070
武汉鄂润融资租赁有限公司	武汉市洪山区卓刀泉路 108 号凯乐桂园 1 栋 1、2 层 10 室	李青山	027-8342598	430070
武汉晋信融资租赁有限公司	武汉市洪山区南湖大道 53 号南湖创业园 4010 室	许宏岩	15835136660	430070
中融恒泰(武汉)融资租赁有限公司	武汉市洪山区书城路 26 号洪山创业中心 A 座 4 楼 426 室	郝晨阳	13132152155	430070

续表 6-5

名　　称	地　　址	负责人	电　话	邮　编
中和信泰(武汉)融资租赁有限公司	武汉市洪山区友谊大道508号万利生活广场9栋4层401室5号	程　颖	15522210521	430070
锦安盛华(武汉)融资租赁有限公司	武汉市洪山区关山村下马庄永利国际大厦1幢24层2402号	韦建雄	15326784510	430070
中元鼎盛(武汉)融资租赁有限公司	武汉市洪山区书城路15号武汉亿胜科技大楼4层29室	郝晨阳	13132152155	430070
国元鼎融(武汉)融资租赁有限公司	武汉市洪山区徐东大街45号中铁科技大厦5楼26号	黄金强	13132152155	430070
嘉阳融资租赁(湖北)有限公司	武汉市洪山区珞喻路609号吴家湾联合国际大厦14楼13.14单元	叶天伟	-	430070
中佰汇荣(湖北)融资租赁有限公司	武汉市洪山区珞喻路426号昊宇大厦8033房	王攀峰	-	430070
中恒盛泰(武汉)融资租赁有限公司	武汉市洪山区珞狮南路517号明泽大厦13楼1318室	王　双	13132152155	430070
国融恒泰(武汉)融资租赁有限公司	武汉市洪山区卓刀泉路108号凯乐桂园S-1幢A单元15层7号	孟伟帅	15522210521	430070
中盈汇泰(武汉)融资租赁有限公司	武汉市洪山区珞喻路78号长江传媒大厦6层18号	孙美艳	13132152155	430070
湖北中辰融资租赁有限公司	武汉市洪山区野芷湖西路16号创意天地OVU创客星南站5楼C8-74	匡　恋	13777900131	430070
联尚通鼎(武汉)融资租赁有限公司	武汉市洪山区珞狮南路147号未来城B、C栋裙楼栋3层2室46号	周建凯	13132512155	430070
联财国和(武汉)融资租赁有限公司	武汉市洪山区民族大道158号1栋4层17号	吴胜伟	13132152155	430070
湖北省融资租赁有限责任公司	中国(湖北)自贸区武汉片区高新二路388号武汉光谷国际生物医药企业加速器1号楼258号	姚奇林	027-59728792	430070
湖北金控融资租赁有限公司	武汉市东湖新技术开发区关东科技工业园华光大道18号高科大厦3层	肖忠云	027-86758368	430070
武汉光谷融资租赁有限公司	中国(湖北)自贸区武汉片区关山大道1号光谷软件园1.1期产业楼A1栋2层	周　昕	027-85817737	430070
湖北省工建国际融资租赁有限公司	武汉市东湖新技术开发区光谷三路777号	文　刚	027-65384805	430070
湖北合作银通融资租赁有限公司	武汉市东湖新技术开发区光谷三路777号武汉光谷保税国际交流中心(光谷三路以东、东园南路以北)307	万定利	027-82289738	430070
武汉融资租赁有限公司	武汉市东湖新技术开发区高新大道999号未来科技城海外人才大楼A座18楼1835室	田　丰	027-86743150	430070
湖北农谷融资租赁有限公司	武汉市东湖新技术开发区高新大道668号光谷金融中心栋办公塔楼单元15层01室	杨真好	027-87813218	430070
途虎(湖北)融资租赁有限公司	武汉市东湖新技术开发区金融港一路7号神州数码武汉科技园26栋7层(自贸区武汉片区)	朱　炎	18602174110	430070
芯鑫融资租赁(湖北)有限责任公司	武汉市东湖新技术开发区光谷三路777号A办公楼4层402-190号工位	马光杰	027-59201682	430070
逸百年融资租赁有限公司	武汉市东湖新技术开发区光谷大道77号金融港后台服务中心基地建设项目一期1.1期展示中心1-2层OVU创客星金融港站221-13/14/17区域	曹　杨	027-87278008	430070

续表 6-5

名　称	地　址	负责人	电　话	邮　编
武汉中泰和融资租赁有限公司	武汉市东湖新技术开发区光谷大道 77 号金融港后台服务中心一期 A4 栋 3 层 01 号	曾　涛	027-87519151	430070
湖北信哲融资租赁有限公司	武汉市东湖新技术开发区光谷三路 777 号 A 办公楼 4 层 402-227 号	黄　亮	027-87320482	430070
融众国际融资租赁有限公司	武汉市东湖新技术开发区珞喻路 889 附 1 号商业写字楼 3001、3005、3006、3007、3008 号	谢小青	027-85558185	430070
恒立金通融资租赁有限公司	武汉市东湖新技术开发区光谷三路 777 号	高庆寿	027-87715020	430070
湖北金弘泰融资租赁有限公司	武汉市东湖新技术开发区关东街道光谷三路 777 号创星汇自贸金融大厦 5 层 541	贾志宏	15387078847	430070
湖北旷谷融资租赁有限公司	武汉市东湖新技术开发区关南科技工业园现代·国际设计城一期 3 幢 27 层 8 号	杨卓卓	13986241611	430070
湖北圆融融资租赁有限公司	武汉市东湖新技术开发区光谷大道 77 号金融港 A4 栋 6 层	刘　虎	027-51118111	430070
湖北吉鑫融资租赁有限公司	武汉市东湖新技术开发区华师园北路 18 号光谷科技港 1 栋 B 座 6 层 6165 室	吴胜平	18062669938	430070
武汉奥创融资租赁有限公司	武汉市东湖新技术开发区光谷创业街创业楼 7 号楼 10 层 1 号 E 区	刘　卫	027-87530666	430070
湖北元玺融资租赁有限公司	武汉市东湖新技术开发区光谷三路 777A 办公楼 4 层 4014-359 号工位	陈　威	027-65389697	430070
湖北忱信融资租赁有限公司	武汉市东湖新技术开发区光谷世界城广场 B 地块 11011 室	纪　幸	027-87265113	430070
武汉东财融资租赁有限公司	武汉市东湖新技术开发区光谷三路 777 号 A 办公楼 7 层 402-108 号	马　麟	13995602388	430070
湖北融陞融资租赁有限公司	武汉市东湖新技术开发区高新四路 40 号葛洲坝太阳城	张祥洲	027-65389593	430070
丰逸融资租赁有限公司	武汉市东湖新技术开发区光谷科技港 1 栋 B 座 6 层 6074 室	李海葵	18621992370	430070
湖北中拓彩融资租赁有限公司	武汉市东湖新技术开发区光谷大道 58 号关南福星医药园二期 9 栋 9 层 02 室-H	余　辉	13777900131	430070
长江创新融资租赁(湖北)有限公司	中国(湖北)自贸区武汉片区光谷三路 777 号 A 办公楼 4 层 401-390 号	任鲁海	027-87580811	430070
振乾融资租赁(湖北)有限公司	武汉市东湖新技术开发区光谷大道 108 号久阳科技工业园 3 层 315 室(自贸区武汉片区)	汤　湛	027-86899162	430070
坤善融资租赁有限公司	武汉市东湖新技术开发区华师园北路 18 号光谷科技港 1 栋 B 座 6 层 6073 室	李海凤	18607179157	430070
晟泰华辉(湖北)融资租赁有限公司	武汉市东湖新技术开发区光谷大道 77 号金融后台服务中心基地建设项目二期 B4 栋 1-2F03 室 302 号	谭剑峰	027-84467728	430070
鸿安世耀融资租赁(武汉)有限公司	武汉市东湖新技术开发区高新二路 388 号武汉光谷国际生物医药企业加速器 1 号楼 3519 号房(自贸区武汉片区)	王勇勇	13957693528	430070
武汉博瑞通融资租赁有限公司	武汉市东湖新技术开发区光谷三路 777 号 A 办公楼 4 层 401-124 号工位(自贸区武汉片区)	陈　莉	027-84730009	430070

续表 6-5

名　称	地　址	负责人	电　话	邮　编
武汉卓锐融资租赁有限公司	武汉市东湖新技术开发区高新大道 999 号海外人才大楼 A 座 18 楼 197 室	徐向红	13387518752	430070
湖北有道融资租赁有限公司	武汉市东湖新技术开发区光谷三路 777 号 A 办公楼 4 层 401-425 号	朱心梅	13797293188	430070
汉芯(湖北)融资租赁有限公司	武汉市东湖新技术开发区东信路 SBI 创业街创业楼 8 幢 12 层 1201 室 06 号	杜峥嵘	18186662666	430070
武汉科润融资租赁有限公司	武汉市东湖新技术开发区九峰乡王家店特 1 号 18 幢 2 层	何昌禄	18963944434	430070
湖北中诺天下融资租赁有限公司	武汉市东湖新技术开发区高新二路 388 号武汉光谷国际生物医药企业加速器 1 号楼 3510 号房(自贸区武汉片区)	张　伟	15202167152	430070
湖北融友通达融资租赁有限公司	武汉市东湖新技术开发区光谷大道 77 号金融后台服务中心基地建设项目二期 B4 栋 1-2 层 03 室 231 号(自贸区武汉片区)	余思远	027-87126255	430070
湖北瑞熠融资租赁有限公司	武汉市东湖新技术开发区光谷科技港 1 栋 B 座 6 层 6183 室	汪永东	13995522222	430070
湖北崇沣融资租赁有限公司	武汉市东湖新技术开发区光谷三路 777 号武汉光谷保税国际交流中心(光谷三路以东、东园南路以北)320	李　润	18971339914	430070
武汉融壹融资租赁有限公司	武汉市东湖新技术开发区高新二路 388 号武汉光谷国际生物医药企业加速器一期工程一号厂房 1 单元 3370 室	刘荣荣	18971566599	430070
武汉润达昌融资租赁有限公司	武汉市东湖新技术开发区华师园北路 18 号光谷科技港 1 栋 B 座 6 层 6158 室	杨鸿生	027-81566637	430070
湖北恒捷通融资租赁有限公司	武汉市东湖新技术开发区东园西路以东、高新四路以北普天物联网创新研发基地(二期)9 幢 1 单元 1-5 层 3 号房	董　博	13636117333	430070
华振齐富(武汉)融资租赁有限公司	武汉市东湖新技术开发区东信路 SBI 创业街 2 幢 1402 号-7(自贸区武汉片区)	陈晓亮	18613887620	430070
武汉佳乡融资租赁有限公司	武汉市东湖新技术开发区关东园路 2-2 号光谷国际商会大厦 1 幢 B-1511	杨　妮	15171501106	430070
瀚时融资租赁(武汉)有限公司	武汉市东湖新技术开发区软件园东路 1 号软件产业 4.1 期 F1 栋 3 层 A301 室 014 号	吴元晖	027-82626362	430070
武汉慢牛融资租赁有限公司	武汉市东湖新技术开发区雄楚大道 888 号金地・雄楚 1 号三期 D2 栋 25 层 25 室	左　腾	-	430070
武汉融鑫汇融资租赁有限公司	武汉市东湖新技术开发区华师园北路 18 号光谷科技港 1 栋 B 座 6 层 6121 室	王　丹	18186210283	430070
武汉和聚行融资租赁有限公司	武汉市东湖新技术开发区华师园北路 18 号光谷科技港 1 栋 B 座 6 层 6111 室	胡　兵	15549459567	430070
武汉市中创国投融资租赁有限公司	武汉市东湖新技术开发区光谷创业街 10 栋 1 单元 1 层 01 室 163 号	徐梦华	13387592698	430070
武汉道易行融资租赁有限公司	武汉市东湖新技术开发区高新二路 37 号鼎泰关南大厦 4 楼 406 号	胡颖波	18396865265	430070
锦实繁华(湖北)融资租赁有限公司	武汉市东湖新技术开发区光谷创业街 10 栋 1 单元 1 层 01 室 407 号	陆　懿	13818402561	430070

续表 6-5

名　称	地　址	负责人	电　话	邮　编
湖北义聚财来融资租赁有限公司	武汉市东湖新技术开发区光谷大道 120 号现代·森林小镇公建区 A 栋 6 层 21 室 A3 号	陶　帅	17371372222	430070
中乾壹金(湖北)融资租赁有限公司	武汉市东湖新技术开发区光谷三路 777 号 A 办公楼及配套等设施 4 层 401-41 号	张　理	15375377759	430070
湖北横贯融资租赁有限公司	武汉市东湖新技术开发区华师园北路 18 号光谷科技港 1 栋 B 座 6 层 6020 室	陈建国	13797488250	430070
恒誉环星融资租赁(湖北)有限公司	武汉市东湖新技术开发区光谷大道 3 号激光工程设计总部二期研发楼 6 栋 6 单元 13 层 06 室 201840	王　军	18327097436	430070
武汉融恒融资租赁有限公司	武汉市东湖新技术开发区关东园路 2-2 号光谷国际商会大厦 B-2115 号	孙凌岚	13307112493	430070
武汉华盈潽鑫融资租赁有限公司	武汉市东湖新技术开发区武大园四路 3 号国家地球空间信息产业基地 Ⅱ 区(6 期) A-3 栋 5 层 01 室-5 号	李小飞	15089285062	430070
湖北荣基融资租赁有限公司	武汉市东湖新技术开发区华师园北路 18 号光谷科技港 1 栋 B 座 6 层 6215 室	江光英	027-51476867	430070
湖北鼎益信融资租赁有限公司	武汉市东湖新技术开发区华师园北路 18 号光谷科技港 9 栋 3 楼 3116	王邑群	15549435092	430070
湖北富宸祥融资租赁有限公司	武汉市东湖新技术开发区高新大道 780 号光谷新汇 1 号地块 14 层(1)办公	张　畋	027-85527918	430070
中利盛(武汉)融资租赁有限公司	中国(湖北)自贸区武汉片区光谷三路 777 号 A 办公楼 4 层 401-439 号	严　翔	13308636272	430070
湖北易云通融资租赁有限公司	武汉市东湖新技术开发区光谷三路 777 号 A 办公楼 4 层 402-014 号(自贸区武汉片区)	曹克强	027-86810257	430070
武汉楚汉众信融资租赁有限公司	武汉市东湖新技术开发区雄楚大道 888 号金地·雄楚 1 号三期 D2 栋 25 层 08 号	石　川	18171278350	430070
中弘启泰融资租赁(武汉)有限公司	武汉市东湖新技术开发区高新二路 388 号武汉光谷国际生物医药企业加速器一期工程一号厂房 1 单元 3330 室	李启超	18140694139	430070
湖北自贸区(武汉)片区伟泰融资租赁有限公司	中国(湖北)自贸区武汉片区光谷三路 777 号 A 办公楼 4 层 401-486 号	董必文	13638617556	430070
湖北银鑫融资租赁有限公司	武汉市东西湖区中百集团吴家山综合楼第 16 层南 1、2 两间(6)	胡　洲	13307150471	430040
金迪融资租赁有限公司	武汉市东西湖区将军路街道办事处金潭路 9 号 305 室(11)	庄　竞	027-85308400	430040
荟经(武汉)融资租赁有限公司	武汉市东西湖区走马岭农场集镇十一支沟东	李立玲	18607195765	430040
湖北省恒太融资租赁有限公司	武汉市东西湖区革新大道 388-1 号	曹增峰	15377623497	430040
武汉光大畅行融资租赁有限公司	武汉市东西湖区吴家山台商投资区高桥产业园台中大道特 1 号	史静宾	010-68098377	430040
湖北宇驰融资租赁有限公司	武汉市东西湖区径河农场永丰大队控制微电机生产项目 6 栋 3 层 2 室-A083	杨　杰	15807152640	430040
东风标致雪铁龙融资租赁有限公司	武汉市武汉经济技术开发区东风二路东合中心南区办公楼 H 栋 21 层 12 号	Freddy Marie	18519631709	430090

续表 6-5

名　　称	地　　址	负责人	电　话	邮　编
武汉融迈融资租赁有限公司	武汉市汉南区纱帽街兴四路 152 号楼	黄　林	18048833000	430090
中盈融资租赁(武汉)有限公司	武汉市黄陂区滠口街滠口村湖北汉口四季美农贸城东区 2 层 E4-228 号(尔顺商务秘书-035)	赵　明	-	430300
湖北省慧盛融资租赁有限公司	武汉市黄陂区前川街向阳大道黄陂春天 1 栋 1-2 层-04	吴子恢	18970828835	430300
国诚融资租赁(武汉)有限公司	武汉市黄陂区盘龙城经济开发区露甲山路特 9 号哥特帝景 20 栋 1 层 3D 室	陈　义	-	430300
湖北弘融融资租赁有限公司	武汉市黄陂区盘龙城经济开发区叶店村天汇龙城三期(0 地块)3 栋 2 单元 21 层 2 号-2	钟　建	-	430300
湖北乾有融资租赁有限公司	武汉市黄陂区盘龙城经济开发区露甲山路特 9 号哥特帝景 24 栋 9 层 3D 室	王铁全	-	430300
武汉众诚融资租赁有限公司	武汉市黄陂区盘龙城经济开发区卓尔优势企业总部基地(高层创意空间)社区 1 栋 5 层 1 室 508-2 号房	曲砚彬	-	430300
湖北丰汇融资租赁有限责任公司	黄石市杭州西路 176-3 号 7048 室	陈建国	13807238663	435000
湖北富创融资租赁有限公司	十堰市茅箭区北京北路 82 号	孙云鹏	15549959595	442000
龙杰(湖北)融资租赁有限公司	宜昌市西陵区胜利四路 25-1-105 号	甘　伟	18086235121	443000
宜昌建投融资租赁有限公司	中国(湖北)自贸区宜昌片区发展大道 57-5 号-7005 号	胡智勇	0717-6560481	443000
安琪融资租赁(湖北)有限公司	中国(湖北)自贸区宜昌片区峡州大道 488 号宜昌综合保税区综保大楼 A 座 506-37 室	刘　涛	0717-6306019	443000
湖北蚂蚁融资租赁有限公司	中国(湖北)自贸区宜昌片区发展大道 44 号	江栋梁	18871700651	443000
经发融资租赁(湖北)有限公司	中国(湖北)自贸区宜昌片区发展大道 57-6 号	刘正强	0717-7105827	443000
泓博融资租赁(湖北)有限公司	中国(湖北)自贸区宜昌片区发展大道 57 号 6 栋 2 单元 1102 室	田贞验	0717-6971553	443000
湖北省懂亲融资租赁有限公司	中国(湖北)自贸区宜昌片区大连路 33 号	金财坤	15090850007	443000
湖北襄信融资租赁有限公司	襄阳市樊城区卧龙大道环球金融城 5 幢 10 层 1 室	许　坤	0710-3358060	441000
湖北祥斌融资租赁有限公司	襄阳市高新区长虹北路 6 号广景碧云天 1 幢 A 单元 13 层 5 号	汪昊文	15875693249	441000
湖北汉江融资租赁有限公司	中国(湖北)自贸区襄阳片区米芾路陆港保税物流中心综合大楼	杜　薇	0710-3567419	441000
襄阳国益融资租赁有限公司	中国(湖北)自贸区襄阳片区米芾路襄阳保税物流中心综合大楼 902 室 A115 卡	郑　飞	0710-3231616	441000
湖北骆驼融资租赁有限公司	中国(湖北)自贸区襄阳片区襄阳市新星路 2 幢	唐　乾	19171215356	441000
湖北鄂车融资租赁有限公司	鄂州市鄂州经济开发区吴楚大道 12 号泰智汇	胡　渊	13564249665	436000
荆门亿鑫和融资租赁有限公司	荆门市高新区·掇刀区月亮湖北路 32 号	周　兵	13597978342	448000
京山弘建融资租赁有限公司	京山市新市镇新市大道 78 号	曾金堂	0724-7322615	448000

续表 6-5

名　　称	地　　址	负责人	电　话	邮　编
湖北荣建融资租赁有限公司	荆州市城南开发区西环路 99 号	黄保忠	15027052631	434000
湖北永盛融资租赁有限公司	咸宁市银泉大道与金桂大道交会处传媒大厦 17 楼	王　强	0715-8101020	437000
湖北兴展融资租赁有限公司	咸宁市咸安区咸宝路 167-1 号	李　帮	0715-8900227	437000
湖北善建融资租赁有限公司	随州市南郊平原岗村、2 幢 1-8 层号、3 幢 1-4层号、5 幢 1-7 层号	袁昌才	0722-3289888	441300
随州市鑫诚融资租赁有限公司	随州市高新技术产业开发区产业园区吴家老湾村 1 幢高新区管委会北附楼 3 楼 301 室	陈　新	-	441300
湖北中和融资租赁有限公司	随州市玉柴大道玉柴东特专用汽车有限公司内	夏　盛	13774110000	441300
湖北同鑫中亿融资租赁有限公司	随州市曾都经济开发区格林小镇 1 楼	郑小铃	0722-3565066	441300
随州一步购车融资租赁有限公司	随州市西城大北街 1 号，11 幢单元 6 层 602 号	蒋竟波	15897653688	441300
天门市兴茂融资租赁有限公司	天门市竟陵办事处陆羽大道西 40 号（市民中心综合楼 D 栋 4 楼）	魏明波	13035366662	431700

商业保理公司

名　　称	地　　址	负责人	电　话	邮　编
湖北金控商业保理有限公司	中国（湖北）自贸区武汉片区光谷三路 777 号 A 办公楼 4 层 401-396 号	黄骏飞	027-88513730	430070
武汉国通商业保理有限公司	中国（湖北）自贸区武汉片区光谷三路 777 号 A 办公楼 4 层 401-410 号	钟　俊	027-63370790	430070
长江汇谷商业保理（湖北）有限公司	中国（湖北）自贸区武汉片区光谷三路 777 号 A 办公楼 4 层 401-415 号	任鲁海	027-87580811	430070
长江新丝路商业保理（武汉）有限公司	武汉市东湖新技术开发区光谷三路 777 号 A 办公楼 4 层 401-108 号（自贸区武汉片区）	陈光雄	13607111526	430070
湖北凯顺商业保理有限公司	武汉市东湖新技术开发区光谷三路 777 号 A 办公楼 4 层 402-194 号（自贸区武汉片区）	陈立基	027-87002591	430070
湖北酷敦商业保理有限公司	武汉市东湖新技术开发区综合保税区 A 塔楼 4 层 402-152 号	孙　琪	027-88381001	430070
湖北九陌商业保理有限公司	武汉市东湖新技术开发区光谷大道凌家山南路 1 号武汉光谷企业天地科研楼 1 号楼 24 楼 1 号（028）	王　祥	027-85883066	430070
湖北工建商业保理有限公司	武汉市东湖新技术开发区光谷三路 777 号 A 办公楼 4 层 405-005 号（自贸区武汉片区）	吴冬亮	027-87315868	430070
武汉地铁商业保理有限公司	武汉市东湖新技术开发区光谷三路 777 号 A 塔楼 405 室 405-054（自贸区武汉片区）	黄光明	-	430070
湖北盈信商业保理有限公司	中国（湖北）自贸区宜昌片区发展大道 57-6 号三峡云计算大厦 C 座 4-B9 号	张镰缤	0717-6622209	443000
宜昌国投商业保理有限公司	中国（湖北）自贸区宜昌片区发展大道 57-5 号	张　耘	0717-6330381	443000
襄阳市鸿禾商业保理有限公司	襄阳市樊城区汉江路汉江悦府 H 栋 4 层 402，403，404，405 室	司伟伟	0710-3313835	441000

续表 6-5

名　　称	地　　址	负责人	电　话	邮　编
湖北襄管商业保理有限公司	中国(湖北)自贸区襄阳片区米芾路襄阳保税物流中心综合大楼 902 室 A82 卡	况建波	0710-3398719	441000
湖北自由贸易试验区(襄阳)片区陆港商业保理有限公司	襄阳市高新技术开发区米芾路襄阳保税物流中心综合大楼 8 楼	陈　楠	15807270651	441000
地方资产管理公司				
湖北省资产管理有限公司	武汉市洪山区欢乐大道 1 号东湖国贸中心 A 栋宏泰大厦 30 楼	赵　林	027-87815569	430060
湖北天乾资产管理有限公司	武汉市东湖新技术开发区光谷三路 777 号 A 栋办公楼 4 层 401-20 号	胡　英	027-87115978	430200

六、其他机构

表 6-6

名　　称	地　　址	负责人	电　话	邮　编
银联				
中国银联股份有限公司湖北分公司	武汉市江岸区建设大道 618 号武银大厦 16、17 楼	曾　亮	027-85260618	430015

第七部分

行业协会、学会

一、行业协会

湖北省银行业协会

2022年，湖北省银行业协会不断强化党建引领，认真履行"自律、维权、协调、服务"职能，早谋划、早安排、早部署，统筹推进巡察整改和日常工作，在高质量开展党建工作、着力提升服务会员质效、充分发挥辅助监管作用等方面取得显著成效，较好地完成了各项工作任务。协会新闻作品获得中国银行业协会颁发的"2022年中国银行业好新闻奖"，获得《中国银行保险报》颁发的2022年度新闻宣传"杰出贡献奖"。

【会员服务】

开设线上培训课程。全年开展银行业营业网点文明规范服务"百佳示范单位"创建专题培训、二十大精神解读等线上培训10场，累计在线学习人数达5万余人次。

【行业管理】

一是强化示范带动效应，打造"百佳"服务品牌。组织开展"中国银行业营业网点文明规范服务百佳示范单位（湖北地区）"评估工作，向中银协推荐了中国建设银行武汉光谷自贸区分行营业室、中国工商银行武汉新洲支行营业室、中国银行武汉青山支行营业部、武汉农村商业银行经济技术开发区支行营业室等4家"百佳示范单位"候选单位。成立工作专班，对2021年交通银行宜昌西陵支行等9家"千佳示范单位"开展现场复查。二是落实基础金融服务措施，助力稳企纾困。积极推动减费让利政策落实落地，引导147家法人银行机构重新梳理和评估服务项目及价格标准，取消服务价格标准8项、下调服务价格标准3项、向其他各类市场主体实施减延续或加大服务价格优惠15项。2家银行分支机构稳企纾困做法被中银协网站登载。三是加强消保宣传，普及消保维权知识。开展"3·15"消费者权益保护教育宣传周、普及金融知识万里行活动及防范非法集资宣传月等专题宣传活动，在《湖北日报》《长江日报》等主流媒体开展消保和普及金融知识专题宣传，持续做好消费者金融知识普及宣教，帮助金融消费者提高对金融产品和服务的认知能力和自我保护能力。组织开展"消费者权益保护优秀案例"征集评选活动，优选75篇优秀案例汇编成册，供各会员单位学习借鉴。四是组织安保押运协商，加大安保押运维权力度。组织召开"银行押运工作座谈会"，与武汉市融威押运保安服务有限公司进行深入探讨与沟通，及时解决银行押运中存在的问题，提高安全保卫管理水平。五是发挥法律工作委员会职能作用，提升依法维权能力。组织召开"非法代理投诉负面舆情问题座谈会"，法律工作委员会总结非法代理投诉问题，通过整合行业资源，制定应对非法代理投诉的措施，提升银行业依法维权能力。六是做好银行业专业人员职业资格考试巡考工作。疫情期间及时报备、周密部署，顺利完成2022年上半年银行业专业人员职业资格考试组织和巡考工作。七是完善法人平台建设。根据《湖北法人银行工作委员会章程》六大服务平台建设要求以及《湖北省银行业协会关于召开属地法人银行优化风险防控座谈会的通知》的要求，开展"完善服务平台建设，优化法人银行风险防控"系列调研活动，广泛收集意见和建议，不断完善平台功能，助力中小法人银行发展。

【协会建设】

一、加强制度建设，规范内部管理

一是完成自律委员会换届，健全自律工作机制。组织召开第四届第一次自律工作委员会全体会议，选举产生新一届自律工作委员会和自律工作委员会常务委员会，审议通过《湖北省银行业协会自律委员会工作规则》《湖北银行业自律公约》《关于进一步加强辖内信用卡行业自律管理的意见》。二是改选教育培训委员会，完善行业培训机制。完成湖北省银行业协会教育培训委员会换届，选举产生新一届教育培训委员会，修定《湖北省银行业协会教育培训委员会工作规则（2022版）》。三是完善消保机制，强化消保工作。成立湖北省银行业协会消费者权益保护专业委员会，审议通过《湖北省银行业协会消费者权益保护委员会工作规则》，制定湖北省银行业协会消费者权益保护委员会三年工作规划。

二、聚焦主责主业，加强行业宣传

一是开展"奋进新征程 建功新时代 喜迎二十大"、"3·15"金融消费者权益保护周教育宣传、防范非法集资风险、普及金融知识宣传月等专题活动。二是汇编发展成果，讲好银行故事。完成《担当—湖北省银行业协会关于开展湖北银行业服务实体经济优秀案例汇编》和《2021年度湖北银行业社会责任报告》编纂工作，全面客观地向社会大众展示湖北银行业认真贯彻落实金融方针政策、服务地方经济的成果。三是充分发挥协会网站及办公宣传区的主渠道宣传作用，协会官方网站全年累计发布会员单位新闻稿件168余篇。

（湖北省银行业协会）

湖北省保险行业协会

2022年，湖北省保险行业协会认真学习贯彻党的二十大精神，以湖北银保监局工作会议精神为指引，全面加强党的建设。围绕巡视巡察整改要求和行业发展实际情况，聚焦主责主业，主动服务监管、服务会员，扎实推进严格行业自律、搭建服务平台、维护行业权益、加强自身建设等方面的工作。荣获《中国银行保险报》2022年度新闻宣传"杰出贡献奖"、"7·8全国保险公众宣传日"活动"通报表扬一类单位"等荣誉。

【会员服务】

一是为会员提供智力支持。开展会员新市民金融服务工作情况调研，总结先进经验；组织编撰发布2022年各季度《湖北人身险行业发展报告》《湖北产险公司自律情况报告》，为会员经营发展提供借鉴参考。二是开展交流与培训。举办数据分析交流会、企业年金业务交流会、车险及非车险专班会等活动，凝聚行业共识，促进交流合作；与武汉东湖科技保险发展促进中心开展座谈交流，探索引导会员参与东湖科技保险创新示范区建设；引导行业积极参与和推进金融服务乡村振兴战略，组织召开乡村振兴座谈会，研讨助力乡村振兴新思路。组织开展消保、反保险欺诈、新能源汽车、安责险、新闻宣传等专项培训，提高行业从业人员专业能力。三是组织行业开展"客户大走访"活动。倾听保险消费者心声和诉求，累计走访消费者人数达2.4万人，帮助会员和非会员化解问题保单476件。

【行业管理】

一、推进财产保险行业自律

（一）开展自律检查

组织对财产险公司开展车险自律检查，及时通报车险市场违规问题，引导财产险公司合规经营、规范发展。开展车险投保人缴费实名制执行情况自律检查，引导行业主体严格执行实名制要求。就摩托车、出租车等特殊车辆交强险投保难问题召开专题会议，寻求解决办法。

（二）强化自律机制

结合车险自律新形势、新要求，修订和完善车险自律规约，组织行业签署《湖北省车险市场合规经营自律规范》。出台《湖北省财产保险公司营业网点服务质量评价办法》《湖北省财产保险公司车险理赔服务与管控质量评价办法（试行）》《湖北省保险行业协会建筑工程高速公路纯风险损失率表（试行）》，进一步强化自律机制。

（三）开展专项自查和整顿

组织财产险公司对69807个保险产品开展问题产品、停售产品专项自查清理工作。围绕车险代位求偿中追偿难、结算难等问题开展调研，及时出台《湖北省机动车辆损失险代位求偿操作实务》，推动公司之间建立结算机制。每季度开展车险理赔服务管控质量评价工作。

（四）推进农险规范发展

组织编印《湖北省保险业农业保险改革创新案例选编》。将财政补贴型茶叶保险、小龙虾养殖保险作为地方优势特色农产品，创新示范性条款。持续推动农险线上化发展。启动《湖北省农业保险服务规范》编制工作。

二、加强人身保险行业自律

围绕合规建设、销售人员流动管理、诚信管理、处置“代理退保”等方面的管理工作，对20余家寿险公司开展现场自律督导，督促寿险公司做好问题整改工作。全年组织召开多次传统外资保险公司交流会、月度企划工作交流等寿险专题交流活动，掌握寿险公司日常经营情况。

三、助力行业净化营商环境

（一）深入推进反保险欺诈工作

充分发挥专委会沟通协调作用，全年累计共享25848条保险欺诈线索信息、高保额信息、不良风险信息和45条不良修理厂风险信息、5331条推定全损车和水淹车信息等关键信息。联合保险机构、公安机关对50余名相关人员及其车辆开展风险排查；组织开展2次案件串并会，对52条风险信息开展案件分析。做好2022年大数据反保险欺诈工作，与武汉公安机关加强联动，全年反欺诈办案中心累计受理案件2379笔，成功拒赔案件219笔（含往年），为保险公司挽回经济损失572.47万元。

（二）加强消费者权益保护

健全组织架构，组建消费者保护专委会。扎实推进适老化保险服务，指导全省2165家门店完成适老化服务改造，改造率86%。加强投诉数据分析和风险预警，发布4期维权动态。对投诉量急剧上升的4家公司发放风险提示函，并加强业务监督。全年全行业投诉总量为26245件，较上年同期增长17.64%。

（三）回应行业诉求

对行业涉保理赔司法鉴定问题、投诉热点难点及黑代理、人伤黄牛、保险欺诈、司法环境等问题及时向相关部门提出建议和呼吁，邀请相关高校专家开展调研座谈，寻求专业指导。开展整治“代理退保”黑色产业链乱象专项行动，配合做好行业消保基地建设工作。

四、加强联动与合作

一是优化警保联动。协同武汉市交管局在武汉市武昌区、硚口区启动警保联动优化试点工作，增加查勘员线上理赔引导工作环节，推动警保联动系统优化升级，引导社会公众线上办理理赔事宜。全年为37家会员公司处理事故总量12.23万笔，占武汉市7个主城区交通事故接警总量的52%，服务群体达到24万余人。二是切实发挥医管会平台作用，规范与商业保险定点合作医院的合作。三是加强与省应急厅、省环保厅及省食品工业协会、省汽车协会、省消委等单位的交流与合作，促进生产安全、环境污染、食品安全等保险业务规范发展。四是加强与中国保险行业协会上下联动，切实履行好协会职责。

五、维护网络系统安全

组织开展车险信息平台2022年各版本联调测试，关停湖北地区投保人车辆上限特批。组织开展网络安全应急演练，健全网络安全排查机制，确保重要时间节点网络信息安全、消保系统运行安全。

六、推进行业文化建设

（一）推进行业诚信建设

引导行业主体落实《湖北省保险从业人员诚信管理自律公约》，做好诚信管理自律。组织召开2次湖北省保险从业人员诚信建设委员会会议，将30名严重违规行为人及35名一般违规行为人录入湖北省保险从业人员诚信记录平台。开展2022年度湖北保险业“诚信服务明星”推选及发布工作。

（二）推进清廉金融文化建设

一是切实发挥湖北保险业清廉金融文化建设专业委员会作用。引导会员公司发挥清廉金融文化教育基地示范作用。举办2期“清廉金融文化线上培训班”，受众8.5万人次。通过制作简报、编撰清廉专刊、搭建交流群，推广清廉金融文化建设经验做法。推进《湖北保险业廉洁从业行为准则》试点。二是开展宣教与经验交流活动。联合相关协会开展清廉金融文化建设征文活动，举办“风清气正”湖北清廉金融文化建设书画专题展。组织会员公司参与“以清为美，以廉为荣”清廉金融文化建设主题竞赛。在全国金融保险知识普及线上论坛中，以“加强清廉文化建设，促进行业高质量发展”为主题进行经验交流，获多家主流媒体报道。

（三）推进合规文化建设

组织行业内外勤人员开展合规主题线上培训，累计在线收看人数达6.3万余人。发布20条“内控合规管理建设年”微视频演讲优秀作品，6万余名从业人员观看学习。

【协会建设】

一、规范开展日常工作

（一）加强党建工作

以“五提升”为契机，科学制定党支部年度学习计划，确保每月有计划有内容。深化“党建+业务”互融互进型党组织建设，制发《关于加强和改进思想政治工作的落实意见的通知》，召开研判会、提醒会，加强意识形态管理。开展重大腐败案件专题警示教育，把学习教育、检视问题、整改落实贯穿到日常工作全过程。制定兼职廉洁监督员制度，发挥好廉洁监督员作用。

（二）加强内部管理

一是整改巡视巡察发现的问题。按照巡视巡察反馈意见，认真研究制定整改方案，均在规定时间内完成整改，初步达到“以巡促改、以巡促建、以巡促治”的目的。二是完善治理体系。及时组织召开理事会、常务理事会、会员大会。修订和制定内部管理制度9项。建立工会组织，规范内部采购管理工作。

（三）践行社会责任

开展“下基层、察民情、解民忧、暖民心”实践活动，围绕落实助企纾困解难、金融服务乡村振兴等政策，制定“三个清单”。全年为会员减免会费174.1万元，减轻会员单位会费负担；筹措20万元帮扶资金,支持通城县尖山村艾草产业。

二、做好行业宣传工作

一是开展线上线下教育宣传活动。指导会员开展“3·15”教育宣传活动,参与活动人数达10.5万余人;组织开展“7·8全国保险公众宣传日”活动和谈话活动,推进保险与公众的良性互动和深度融合。全年共开展2724场次教育宣传活动。编发教育宣传活动简报23期,线上观看人数达3.98万人。二是加强媒体宣传。加强信息稿件收集、整合、发布管理,全年共在上级单位信息平台及新闻媒体刊发各类工作信息和宣传报道79篇、被媒体报道30次、接受媒体采访9次、发布新闻通稿8篇。其中《湖北保险业多措并举推进服务“适老化”》被《湖北日报》等新闻媒体刊发;与平安人寿制作的视频作品《守护稳稳的幸福》在全国挑战赛中获“最具人气奖”。宣传工作经验在银保监会“一报两刊”发展年会上作交流发言。三是连续5年为保险业全国“两会”代表委员提供议案(提案)素材,2条素材被代表委员高度重视和采用,得到中国保险行业协会通报表扬。

(湖北省保险行业协会)

湖北省保险中介行业协会

【会员服务】

一、开展行业培训和交流

一是编制合规培训资料。编制《湖北保险中介机构合规经营应知应会读本》,收录1部法律法规、5部保险监管规章、14个规范性文件,向192家会员单位发放纸质版和电子版资料,向未入会中介机构转发电子版资料。二是开展专题培训和交流。开展信息化系统线上培训、行业互动交流活动,邀请中国银保信、上海保交所、明亚经纪和梧桐树保险经纪等全国性头部机构从信息化系统数据对接、信息化建设网络安全和中介机构数字化转型等方面进行专题培训;组织196家专、兼业机构参与行业交流,参训和交流人员达1300余人次;联合同业协会举办“银保大讲堂”活动;做好中保协、《中国银行保险报》等第三方机构开展的保险相关培训、人身险资格考试的报名工作。三是开展“7·8全国保险公众宣传日”活动。围绕“奋进新征程 保险守护稳稳的幸福”的主题开展“助推乡村振兴、服务老年群体”保险公益健步走、“卡点show保险”短视频话题挑战、“保险科技 & 幸福生活”、“cue到我的幸福感@第10个7·8全国保险公众宣传日”网络话题等活动,23家会员单位共726人次参加。四是帮助会员单位完成信息化整改。开展11场线上线下培训,向会员单位推荐信息化解决方案,为31家专业中介机构、10家银邮代理机构、31家兼业代理机构提供信息化初审服务。

二、开展行业数据分析,客观反映行业发展趋势

一是分析2019年至2021年监管数据,从专业中介市场、兼业代理中介市场和个人营销市场三个维度,统计中介机构数量、区域分布、业务规模、经营效益、经营特点、业务结构等重点数据,撰写《2021年度湖北保险中介市场分析报告》。二是梳理和分析湖北中介市场2021年的经营数据,撰写《湖北保险中介2021年经营情况报告》,向会员单位公布,帮助会员单位了解全省保险中介市场整体情况和主要经营特点。

三、推动行业资质管理,促进公估机构持续健康发展

收集会员单位符合条件的医疗查勘证申报人员信息和资料,为13家机构共142名公估从业人员申请办理医疗查勘证,确保会员单位业务正常有序开展。

【行业管理】

一、持续推进行业自律

一是修订完善自律公约。贯彻落实湖北银保监局加强行业自律、严格从业人员管理、建立销售人员诚信体系等要求,通过开展行业调研、咨询各专委会,修订和完善《湖北省保险中介行业从业人员诚信建设自律公约》《湖北省保险专业中介机构反洗钱和反恐怖融资自律公约》,并向会员单位发布。共收到158份《诚信自律公约》签约书,推动保险中介行业诚信体系建设;收到136份《反洗钱自律公约》签约书,规范中介机构执业行为。二是发布自律风险提示。发布《信息化审查工作提示》《保险中介行业处罚风险预警提示》,向会员单位提示行业风险,督促会员单位提高合规意识。三是建立行业“黑白灰”名单。根据《诚信建设自律公约》相关要求,建立“湖北省保险中介从业人员黑灰名单信息平台”,常态化记录执业失信行为、投诉情况等信息,不断完善执业信息运用机制、会员机构查询机制和信息数据安全机制。

二、开展行业调研

一是建立调研工作机制。针对中介合规经营、头部企业发展、新市民金融服务、独立代理人试点等热点问题制定协会年度调研走访计划。确立走访调研工作事前报备、事中确认、事后报告的工作流程,制定调研走访工作台账,规范协会调研走访工作。二是落实调研任务。调研中介市场经营乱象整治情况,组织9家代理公司开展合规经营调研座谈会,交流保险中介稳定基盘、提升业务品质、共谋发展等问题;调研“下基层察民情解民忧暖民心”实践活动开展情况,累计上报5个批次问题清单、任务清单和效果清单,完成3个批次共30余家机构的现场调研走访。三是督促各专委会开展调研。督促专委会主任、副主任委员及时收集本专业内行业问题和反映单位成员意见建议,组织召开专委会工作会议,布置全年调研计划,通过实地走访、电话调研、同业往来等形式开展调研。

三、强化维权协调职能

规范投诉处理流程,建立和完善年度信访投诉工作档案。全年共计受理投诉157起,成功调解2家公司的佣金纠纷,约谈存在恶意抬高佣金无序挖人行为的公司。

四、加强行业宣传

一是加强反保险欺诈宣传工作。加强反保险欺诈宣传教育,建立反保险欺诈宣传长效机制,倡议全体会员单位积极报送反保险欺诈宣传工作动态、做法成效、理论及实务研究成果、典型案例、风险提示等。二是编发《会员月度动态》。记录全省行业发展的重大事件、重要成果,系统展示会员发展历程和成长轨迹,全年共收到204家会员单位的报送信息。

【协会建设】

一、加强内部管理

一是建立健全齐抓共管、各司其职、主动接受监督的工作机制。召开会长办公会,明确会长全面负责、副会长分管条线、秘书处负责工作推进的责任分工。各专委会主要负责人由副会长或常务理事兼任,解决“分管不管、管而不力”的问题。二是在秘书处内部落实“三强”、做实“三有”。在强基础、强能力、强职责上下狠功夫,在有压力、有动力、有成效上下硬指标,从抓实党建、抓举亮点、抓活服务三个方面进一步细化年度工作任务和目标。三是开展制度“废改立”工作。召开第六届第二次常务理事会,审议通过协会制度的修订、新增和废止工作,确保协会各项工作分工明确、落到实处。四是成立湖北省保险中介行业协会工会小组,建立《湖北省保险中介行业协会工会经费管理规定》《湖北省保险中介行业协会工会小组慰问活动管理办法》《湖北

省保险中介行业协会秘书处请(休)假管理规定》三个制度,保护职工合法权益。

二、加强会员管理

一是发展会员。通过发挥《章程》规定的各项职能,进一步增强服务意识。33家公司主动申请入会为普通会员、2家普通会员单位主动申请增补为理事单位、1家理事单位申请为常务理事单位。二是开展会员清理工作。依据《章程》规定表决通过了20家机构因公司注销、连续2个年度未交会费等原因的退会事项,维护《章程》的严肃性。三是减免会费。减免经营困难的会员单位会费,缓解会员单位资金压力。

三、落实专项巡察反馈意见

扎实推进巡察中发现问题的整改工作,针对44项问题制定142条整改措施,实时跟进整改,取得积极成效。

四、助力乡村振兴

组织梧桐树保险经纪、唯诚保险经纪、花朵(湖北)保险销售、鹏诚保险代理等6家单位到通城县尖山村开展乡村振兴重点帮扶活动,捐赠乡村振兴重点帮扶资金5万元。

(湖北省保险中介行业协会)

湖北省证券期货业协会

2022年,湖北省证券期货业协会围绕党建引领、会员服务、投教投保、纠纷调解等四条工作主线,不断深化落实工作举措,积极推进证券期货行业服务实体经济高质量发展,各项工作稳中有进,取得新成效。

【会员服务】

以培训作为政策传导和服务会员高质量发展的重要抓手,聚焦资本市场政策变化和行业动态,引导会员单位扎实筑牢风险底线、合规运营、平稳健康发展。全年举行10场专题培训,覆盖从业人员1.1万余人,培训内容涵盖证券投资顾问执业规范、期货和衍生品法、期货居间人管理、投诉处理等合规管理以及期货服务市县经济高质量发展、结构化产品、财富管理转型等行业转型发展等方面。

【行业管理】

一、加强诉调对接合作,完善机制建设

一是加强交流与合作。与武汉市中级人民法院座谈,探讨上市公司虚假陈述案件的调解难点问题,在"纠纷调解+示范判决""总对总"机制实践方面加强合作。与武汉市江岸区人民法院、荆州市中级人民法院签署合作备忘录,与武汉市洪山区人民法院民二庭建立沟通联络机制。二是总结办案经验。认真总结案件办理难点问题,形成情况汇报报送监管部门。协会调解中心的诉调对接工作作为典型参加武汉市"品牌调解室"和"金牌调解员"评选活动。联合长江证券撰写典型纠纷化解案例研究文章,入选中证资本市场法律服务中心《纠纷调解案例评析》专刊。全年协会受理调解申请43件、完成调解40件、调解成功38件,调解成功率81%,调解成功案件和解金额148万余元。办理法院委派调解案件57件,调解成功结案17件。通过"总对总"平台接收委派案件29件,均为证券虚假陈述损失赔偿案件。

二、吸纳专家人才,提升专业力量

一是优化调整现有调解员队伍。吸纳7位具有金融知识背景和实战经验的优秀律师,律师调解员占比由36%上升至近60%。二是组建专家智库,由35名法律人才、业务人才、技术人才组成行业专家智库,为行业发展提供智力支持。三是与浙江证券业协会开展调解经验交流,交流证券虚假陈述案件的经验与诉调对接案件调解重难点问题。

三、开展培训宣传,强化调解导向

开展投诉处理培训,为经营机构讲解纠纷多元化解机制、投诉处理技巧和思路;在湖北省"资本市场服务荆楚行"荆门站活动中通过直播平台向广大投资者和经营机构介绍调解经验,宣传调解渠道,共计38.2万人收看,线下发放调解宣传折页和案例汇编2100份;组织调解员参加最高人民法院、中证资本市场法律服务中心举办的调解员直播培训共10次,促进提升调解员专业素养。

四、助力行业发展,促进服务实体经济

一是开展问卷调查和调研,深入了解行业发展难点、堵点。召开期货行业发展专业委员会调研课题专项工作会议,发起"湖北省主要产业期货市场参与度"调研课题,调研对象涵盖湖北省棉纺、养殖、钢材、玻璃纯碱、有色等五条产业链的上、中、下游企业。已完成各产业链调研,向监管部门提交课题报告。配合中国期货业协会开展期货经营机构互联网营销情况问卷调查工作,为相关业务的后续发展提供思考引导和数据支持。二是推动"保险+期货"项目,探索订单农业模式。推进生猪"保险+期货"试点工作,积极发挥期货服务实体产业职能。联合中国期货业协会在生猪"保险+期货"领域探索订单农业模式,由中国期货业协会、期货公司、养殖主体、地方政府共同出资174万元,共保障近万头生猪。

【协会建设】

一、加强宣传引导,增强行业政治意识

举办证券投资顾问执业规范线上培训班,邀请中共湖北省委党校王辉教授为1200余名证券行业的投资顾问、合规专员授课,帮助从业人员增强政治意识,提升投资顾问业务的规范水平。

二、加强投教投保工作,增强行业影响力

一是开展特色投教活动。采取地铁

2022年8月11日,由湖北证监局与荆门市政府联合举办的"期货服务市县经济高质量发展培训会"在荆门市举行,湖北省证券期货业协会参加了培训

公益广告宣传、社区楼栋海报宣传等方式,扩大投教受众覆盖面。全年开展线上和线下投教宣传活动23场,参与投资者高达1821.6万人次,是上年参与人数的11.6倍。二是加强与投教基地合作。与4家投教基地合作,全年举办9期“读懂上市公司报告”线上知识讲座系列活动;到14家高校开展“理性投资 走进校园”活动,到少数民族特色村寨开展“乡村投教万里行”防非宣传;组织会员单位开展《股东来了》2022投资者权益知识竞赛赛区活动,累计注册人数达21.2万人次,参与答题人数133万人次。三是评选优秀投教视频作品。联合湖北证监局组织开展“湖北辖区2022年证券期货优秀投教视频作品”评选活动,征集原创投教视频作品72件,网络投票页面访问量达22.7万人次。

三、开展普法宣传,助力建设法治社会

开展“全民安全国家教育日”“宪法宣传周”“公平竞争宣传周”等活动,引导会员单位依法守法、合规经营、公平竞争,引导社会公众自觉尊崇宪法、学习宪法、遵守宪法、维护宪法。

(湖北省证券期货业协会)

湖北省上市公司协会

2022年,湖北省上市公司协会坚持党建引领,强化责任担当,扎实推进会员服务、自律督导、政策传导、业务培训、投教投保,各项工作取得新成效。

【会员服务】

聚焦资本市场热点话题和会员单位业务难点,采取线上与线下相结合的方式开展会员培训和交流,内容涵盖监管法规体系、产业债政策、商品市场波动风险、税务热点问题、上市公司法律风险等内容。一是发挥专委会作用,分群体开展业务实操培训。董秘专委会共组织3场针对董秘和董办相关成员实务培训活动,主题包括定期报告编制实务、监管法规体系、企业“双碳”挑战与ESG管理培训;财务总监专委会组织2场针对财务总监和财务、税务相关成员培训活动,主题为税务热点问题。二是提升服务层次,分行业开展董事长沙龙活动。开展湖北信息通信行业董事长沙龙活动,在促进圈层交流、行业合作方面取得良好效果;开展省内医药健康行业董事长沙龙活动,推动医药健康行业上市公司、“新三板”会员单位交流互动。

【行业管理】

一、开展行业培训与交流

一是加强与中上协沟通,组织开展上市公司新闻宣传和舆情管理专题培训、应对法律风险和商品市场能源风险培训。与监管部门和上海证券交易所联合举办“上交所固收大讲堂—产业债相关政策培训班”,组织260余人参加线上学习,助力提升上市公司质量和资本市场服务实体经济能力。二是开展四期公司治理专题培训。从三会运作、上市公司董监高行为规范、信息披露实务、公司内控等方面开展培训,帮助上市公司熟悉和掌握相关规则、巩固实操知识,上市公司与“新三板”公司大股东、董监高及相关工作人员共计超过1万人次参与培训。

二、开展首次廉洁教育测试活动

配合相关部门组织开展3个批次廉洁教育主题测试,对1633人次上市公司全体董监高开展在线考试。通过测试,规范省内上市公司董事、监事及高级管理人员等“关键少数”岗位的廉洁从业行为,推动上市公司规范运作、健康发展。

三、开展投资者权益保护工作

一是举办上市公司投资者关系管理及业绩说明线上培训会,解读《上市公司投资者关系管理工作指引》要点,介绍上市公司举办业绩说明会相关注意事项,为上市公司规范召开业绩说明会、高质量开展投资者关系管理工作提供相应操作建议。二是开展“5·15全国投资者保护宣传日”活动。引导省内上市公司围绕“心系投资者,携手共行动—筑牢注册制改革基础,保护投资者合法权益”主题,开展“5·15全国投资者保护宣传日”活动。三是组织开展上市公司投资者集体接待日暨2021年度业绩说明会,近130家上市公司、超过400名高管人员通过网络在线交流形式与投资者进行面对面沟通。

四、组织编制期刊和撰写研究报告

一是编制3期《湖北资本市场》期刊。设置监管之窗、监管动态、协会动态、党建引领、社会责任、业务交流、会员风采、投教投保等栏目版块,展示全省资本市场情况;编制通信行业和医药行业董事长沙龙专刊,分享行业董事长主旨演讲以及风采展示,传播行业正能量。二是撰写《湖北上市公司发展状况报告》,分析湖北上市公司发展成果与现状,提出相关发展建议。

【协会建设】

在原有董秘专委会、财务总监专委会的基础上,组建投资并购专业委员会,在服务上市公司开展投资并购方面形成常态化机制,助力发挥资本市场并购重组主渠道功能,为实体经济融资并购持续赋能。并购专业委员会搭建起湖北上市公司间投资并购业务交流、信息共享、经验互鉴的有效平台,增强了协会“共商、共建、共享”的合作氛围,将在服务上市公司优化投资战略、并购实务、产业转型、经营管理、风险防范以及提高发展质量等方面发挥积极作用。

(湖北省上市公司协会)

湖北省上市公司协会在汉举办省内医药健康行业上市公司董事长沙龙活动

湖北省证券投资基金业协会

【会员服务】

一、深化学习引领，提升培训质效

提高培训频次，增强培训时效。全年累计主办培训活动9场，参与人数超过2.2万人次。联合北京基金业协会、LP智库、圆点智汇等单位开展线上培训近50场。一是突出发展主线，着力提升专业水平。邀请北京植德（武汉）律师事务所合伙人李倩律师开展“私募基金清算法律实务”主题线上培训；邀请德勤会计师事务所开展“股权投资前的商业尽职调查”主题线上培训；组织开展6期“私募高效投研研修班”系列培训，内容涵盖投研框架分享、行业研究介绍、私募合规要点等方面，共有598家私募机构、78家证券公司、26家期货公司，总计702家机构1216人报名，累计超过2万人次参与学习。二是关注行业发展动态，及时传导政策法规。邀请泰和泰律师事务所向飞律师开展“解读《关于加强经营异常机构自律管理相关事项的通知》”线上培训，近300人线上参与学习。三是借力多方资源，深度剖析市场热点。联合圆点智汇开展10场线上培训，内容涵盖管理人常态化退出机制模式、险资募集、管理人登记申请材料解读、国资基金实务等方面；联合LP智库举办6场线上研讨会、2场高峰论坛，涉及项目基金、创投助力“专精特新”最佳实践、募集保险资金等话题；联合武汉产业基金基地开展数字经济与医疗健康投资论坛，聚焦数字经济与医疗健康产业融合发展；联合北京基金业协会开展30余场线上培训，针对私募基金架构模式选择与税务考量、政府引导基金投后管理法律事务、私募基金管理人登记及主体资格合规管理问题清单等内容进行深入解读。

二、推动投融对接，服务创新创业

协会充分发挥自身组织优势，整合业内优势资源，联合多方开展投融对接活动共27场，累计对接项目170个，12家企业通过对接活动融资超过10亿元。联合东湖高新区地方金融工作局开展9期“2022光谷创投汇”系列投融资对接活动；联合汉阳区财政局、武汉基金产业基地开展6期“创投W+”系列投融资路演活动；联合武汉市科学技术局开展4期2022年武汉“青桐汇”系列投融资对接活动；联合江夏区政府、光谷创业咖啡投资有限公司开展2期“江夏创投荟”系列投融资对接活动。

三、深入走访调研，拓展调研范围

通过“走进地市州”“走进上市公司”活动，组织会员单位深入调研上市公司和高新企业。一是开展“资本市场服务荆楚行——走进地市州之走进荆门”活动。组织会员单位到湖北久祥电子科技股份有限公司、湖北永创鑫电子有限公司、湖北楚大智能装备有限公司调研和交流。二是开展“走进上市公司”活动。组织会员单位到湖北盛天网络技术股份有限公司、黄鹤楼酒业有限公司参观和调研。

四、引导互学互鉴，增强行业凝聚力

精心策划“投资经理成长营”“湖北省证券类私募机构三人行”会员交流活动，引领从业人员砥砺共学、切磋共进，聚力推动行业发展。组织数家证券类私募机构走访理事单位，相互分享发展历程、运营情况、投资方向与交易策略，针对产品面临的税务问题等热点话题进行探讨交流，促进共同发展；开展“投资经理成长营”会员交流活动（第二期），邀请理事单位投资总监到副会长单位进行经验分享和交流，聚力推动行业发展。

湖北省证券投资基金业协会开展“资本市场服务荆楚行——走进地市州之走进荆门”活动

【行业管理】

一、以“自律”为核心，做好监管助手

一是贯彻监管部署，聚焦落地实效。协办“资本市场服务荆楚行”私募投融资对接活动，共有5家路演企业代表、11家私募机构代表等60余人现场参与，线上直播累计观看超过900次；协办“金融服务人才投融资培训会”，线上直播累计观看超过1300人次；协办“私募助力湖北产业发展座谈会”，形成关于私募助力湖北产业发展方向的基本思路，配合主办单位撰写《私募助力湖北产业发展行业报告》；组织会员单位开展课题调研，撰写《券商私募基金子公司专题研究报告》《量化行业分析及合规监管视角探讨》。二是传递监管要求，强化合规风控。连续三年面向辖区私募机构发起“湖北省私募基金行业2022年度合规风控、社会责任与企业培育评选”活动。新增企业培育评选，表彰辖区私募机构对支持湖北初创型中小企业发展、培育湖北上市后备企业做出的积极贡献，倡导投“早”投“小”，强化投后服务。联合青岛财富管理基金业协会就证监会发布的《证监会启动私募股权创投基金向投资者实物分配股票试点 支持私募基金加大服务实体经济力度》开展线上解读，加深会员对试点机制的理解和掌握。

二、以“投保”为抓手，履行社会责任

一是联合安徽省私募基金业协会和天津市基金业协会举办“理性认识市场 投资量力而行—3·15投资者保护主题线上讲座”“选择合法机构，远离非法集资—5·15全国投资者保护宣传日线上讲座”，两次活动合计近400人参与。二是联合上海证券交易所等单位举办“投资者面对面”暨科创板三周年系列主题活动，通过线下宣讲走近投资者，传播理性投资、价值投资、长期投资理念。三是联合湖北省证券期货业协会、长江证券投资者教育基地等单位举办“读懂上市公司报告线上大讲堂活动第七期暨走进古井贡酒（黄鹤楼酒业）”活动，共有80余名投资者线下参加，2162名投资者线上观看。四是通过官方微信平台开展新证券法、宪法的普法宣传活动，向公众传播法律知识。

三、倾听会员声音，反馈行业诉求

一是加强与会员单位联络，倾听行业声音。全年共接待会员单位和其他私募机构来访10余次；通过走访调研，深入了解企业在当前形势下的发展状况、面临的困难和破解瓶颈的举措。二是加强和管理部门沟通，及时反馈行业诉求。通过组织私募机构参加“关于研究加快发展股权投资工作座谈会”，帮助政府部门了解行业情况，做好公开征求意见工作。三是加强与中基协联系。协会秘书长作为中基协私募基金登记备案与自律管理监督员，面向湖北省部分私募基金管理人征集登记备案相关意见，形成《湖北省证券投资基金业协会对于湖北辖区私募基金行业登记备案的调研及建议》向中基协私募服务处进行反馈；参加中基协地方协会座谈会，与各地方协会共同探讨在私募基金登记备案、风险防范、自律管理等方面构建合作和信息共享机制，提出在基金从业资格考试、基金从业人员后续职业培训、加强投资者教育等方面的意见建议。

【协会建设】

一、深化同业交流

副秘书长随监管部门到杭州、宁波等地开展调研，学习杭州、宁波等先进地区在金融支持创新发展、政府支持基金业发展、科技企业融资风险补偿、地方金融监管体制机制等方面经验做法，形成相关调研报告。建立与行业服务机构的长效合作，加强与全国行业协会的充分联动，拓展外部支持渠道，增强服务效能。

二、筑牢宣传阵地

充分发挥媒体优势，完善对外展示窗口，拓宽行业信息传播渠道，通过“两刊一号一站”宣传湖北资本市场建设和行业发展成果。联合编写《湖北资本市场》内刊第14—18期；编印《2021年湖北私募基金行业发展报告》；通过“官微+官网”双媒体平台，全年推送文章230余篇；官方微信号用户数量从年初736人增加至1178人。建成官网“私募投资基金法律法规与政策汇编数据库”，方便会员单位查询私募行业的各类法律法规、规范性文件、自律规则、专项业务细则、政策和违规违法案例等信息。

三、规范内部管理

一是优化人员配置。做好秘书长离任、聘任和员工招聘工作，确保协会工作顺利开展。二是完善协会制度。修订和完善内部制度，新增《湖北省证券投资基金业协会重大事项报告制度》《湖北省证券投资基金业协会员工招聘管理制度》和《湖北省证券投资基金业协会薪酬福利管理细则》《湖北省证券投资基金业协会采购管理制度》。三是完成年审工作。严格执行以章程为核心的内部管理制度，贯彻落实会员大会、理事会与监事会制度，顺利通过年检。全年共召开3次内部会议，其中1次会长办公会、2次理事会，共编发23期工作简报。四是壮大会员队伍。全年共新增25家会员单位，其中包括武汉光谷烽火投资基金管理有限公司、长江创业投资基金管理有限公司等省内知名私募机构。

（湖北省证券投资基金业协会）

二、学会

湖北省金融学会

【课题研究与学术交流】

一、开展2022年学术年会暨“黄鹤·珞珈·文澜”金融讲堂活动

线上召开2022年学术年会，创新学术交流形式。与武汉大学、中南财经政法大学联合举办“黄鹤·珞珈·文澜”金融讲堂首届活动，会上发布了2021年主要学术成果，分享“黄鹤金融论丛”首部专著《小微企业融资模式研究》和4篇优秀课题论文，邀请中南财经政法大学金融学院博士生导师黄孝武教授作专家点评，武汉大学经济与管理学院副院长、博士生导师余振教授作《中国式现代化与现代金融体系》专题讲座。

二、开展金融课题研究

一是开展课题研究。重视金融理论和工作实践问题的调查研究，坚持以课题带队伍、以研究促工作，精心组织年度科研课题研究。制发《2022年金融科研课题指南》，重点围绕绿色金融、碳金融、科创金融、区域金融改革、小微金融、普惠金融、乡村振兴等方面组织开展调查研究，共开展50余项课题研究。其中26项已签署协议，与市（州）金融学会合作课题14项、与省直相关部门合作课题10余项。二是开展上年度课题评审。邀请10名专家学者担任评委，对2021年度金

湖北省金融学会开展2022年学术年会暨“黄鹤·珞珈·文澜”金融讲堂活动

融科研课题进行评审，共有40项课题获奖。其中，一等奖8项、二等奖12项、三等奖20项。将获奖课题汇编形成《湖北省优秀研究课题文集2022》，扩大优秀科研成果的辐射力。

三、打造金融智库平台

与武汉大学、华中科技大学、中南财经政法大学、湖北经济学院以及省标准化与质量研究院等高等院校和科研院所进行多轮交流磋商，通过开展交流、课题研究等活动，推动高端研究项目落地。打造《武汉金融》核心期刊以及"黄鹤金融沙龙""黄鹤金融论丛"等金融学术品牌，营造良好的金融学术科研交流氛围，助力打造有影响力的金融智库平台。一是编发《武汉金融》核心期刊。《武汉金融》编辑部全年共审理稿件1900余篇，编辑出版月刊12期。《武汉金融》被北京大学《中文核心期刊要目总览》收录，连续11次获得"湖北省优秀期刊"称号。在期刊封面进行金融知识、红色金融、金融消费者保护、征信等公益宣传，不断提升期刊影响力。二是举办"黄鹤金融沙龙"学术活动。邀请业务主管单位碳专班成员、青年人才库和湖北省各市（州）金融学会研究骨干、高校专家以及科创公司分析师交流分享研究成果，行业多名专家参与现场讨论，4期沙龙活动吸引众多研究人员参加。三是编撰出版"黄鹤金融论丛"系列专著。编委会在出版《小微企业融资模式研究》专著基础上再次组织撰写《数据治理：共享与保护——欧盟数据立法借鉴》，研究数据处理合法性、数据跨境监管、算法规制等前沿问题。四是协助撰写《中国金融年鉴》（2022）湖北篇以及整理湖北省主要经济金融统计年度数据，协助开展发行宣传，全年推荐发行年鉴760余份。五是加强人才队伍培养。组建"三圈"人才库、调研人才库、专业分析师团、国际组织人才库等各类型人才库25个，吸纳经济金融人才400余人。结合"光谷科创大走廊""碳金融高地"等创新工作需要，成立绿色（科创）金融专业委员会，协助组建"碳专班""光谷科创专班"，广纳政府部门、高校、企业人员参与，积极推动地区金融创新研究与工作实践有效对接。

【建言献策】

一、助力绿色发展

一是开展调研。成立碳专班，组织研究人员到碳交所、金融机构开展绿色金融、碳金融和转型金融的研究，完成关于《以湖北碳排放权交易市场为切入点加快发展绿色金融》的重大课题，起草的《五大因素制约碳排放权质押贷款扩面增量》被载入湖北省委办公厅《综合信息》。召集金融机构对碳排放权质押贷款业务现状、堵点进行调研，针对碳排放权质押登记冻结机制不顺畅、碳配额分配清缴机制不完善、碳排放权质押贷款操作流程不明确、碳排放权质押贷款不良处置难点多等制约因素进行研究，提出切实有效的解决方案。撰写研究报告《近期全国碳市场交易大幅攀升有关情况》《全国碳市场建设的现状、问题及建议》，为推出碳排放权质押贷款管理办法提供理论基础。二是参加专题学术论坛。学会副会长李斌参加"全国碳市场一周年的实践、挑战与展望"的论坛，作《金融支持湖北绿色低碳发展的实践与探索》主旨演讲，获得好评。三是组织召开"金融服务绿色建筑产业座谈会"。研讨金融支持绿色建筑发展情况、存在的主要问题及政策建议，与相关部门共同完成《金融支持绿色建筑发展现状及问题研究》。四是联合有关部门组织召开"湖北省金融机构碳核算研讨会"，探索开展湖北辖内金融机构碳核算试点工作，创设"鄂绿融"专项政策工具，制定支持绿色低碳转型发展工作实施方案。五是探索制定绿色金融团体标准。出台《湖北省金融学会团体标准管理办法（试行）》，向国家标准管理委员会申报学会团体标准资格，获得团体标准资质。组织开展绿色科创金融标准制定工作，向全省金融机构征集绿色科创金融产品及评估标准，开展绿色科创金融产品团体标准立项申报工作。联合相关部门制定《武汉市绿色企业（项目）评价标准》；联合"中碳登"探索制定《碳减排效益认证评价标准》，完成电力、钢铁、水泥三个行业以及光伏、节能减排两个领域的数据试算；联合相关部门研究制定《绿色建筑产业贷款实施规范》，缓解绿色建筑项目融资存在的期限错配问题；绿色（科创）专业委员会联合农业银行湖北省分行、招商银行武汉分行、湖北碳排放权交易中心有限公司、中财绿指（北京）信息咨询有限公司共同参与制定《湖北省绿色票据认定指南》。

二、助力乡村振兴

向会员单位、分支机构及各市（州）金融学会发出《关于开展金融助力乡村振兴工作的倡议》，各单位积极响应，推出了一系列卓有成效的做法。

【会员服务】

加强培训，通过组织开展业务竞赛活动，提升会员单位业务水平。联合人民银行武汉分行科技处开展"湖北省金融数字化转型暨金融标准培训"线上活动，围绕金融数字化转型和金融标准化建设进行培训，解读《湖北省金融学会团体标准管理办法》。金融统计专业委员会举办"2022年金融统计业务竞赛"，通过"以赛促训"方式，助力提高金融统计人员履职能力和金融统计管理水平。

【学会建设】

一、落实学会理事（秘书长）工作会议部署

召开2022年理事（秘书长）工作会议，总结上年度学会工作，安排部署重点工作任务。会议审议通过拟变更的副会长、理事及副秘书长提名人选，表彰了上年度学会先进会员单位和优秀团体会员单位以及优秀课题，讨论修订学会有关工作制度，部署学术科研课题研究工作。邀请人民银行武汉分行专职纪检监察员参加会议，主动落实监管要求。秘书处认真组织各会员单位落实学会理事（秘书长）工作会议精神，建立并完善学会工作联络员制度。

二、落实巡视整改，优化内部管理机制

一是认真落实巡视整改中发现的问题，梳理整改意见，制定整改方案，做到"即行即改、深入改、落实责任改"。接受人民银行武汉分行直附属关联单位工作委员会的监管和内部审计，理事会、常务理事会以及学术委员会、金融会计、金融统计和绿色（科创）金融专业委员会各司其职，配合做好各项监管和审计工作。二是做好社会组织年度检查工作。聘请第三方审计机构对学会课题资助费用进行审计，严格执行财务管理和各项制度，规范使用和管理会费，在学会章程规定的业务范围内开支使用会费，切实加强学会资产管理。三是编发《湖北省金融学会制度汇编》，促进各项工作规范化。

三、做好社会组织等级评估申报工作

从基础条件、内部治理、工作绩效、特色工作四个方面全面梳理近两年来学会的各项工作及成果，提交《全省性学术类社团评估申报书》。通过湖北省民政厅的参评资格条件审查，按照《湖北省全省性学术类社会团体评估指标》收集整理相关资料，迎接第三方机构评估专家组的现场评估。

四、增强学会凝聚力

在《湖北省金融学会金融科研课题管理办法》基础上制定出台《湖北省金融学会先进个人评选表彰办法》，进一步完善激励表彰机制。评选表彰先进会员单位10个、优秀会员单位5个、学会先进工作者18名，激励会员单位与个人会员创先争优，切实增强学会凝聚力。

五、加强对外联络，促进学术交流

一是参加中国金融学会举办的活动，配合完成多项调研工作。参加中国金融学会换届大会、配合中国金融学会开展宣传活动、组织相关人员参加中国金融学会金融史专业委员会举办的讨论会等活动；全年共向中国金融学会报送21期《学会工作专报》，及时反映学会工作动态和学术活动成果。二是积极参与湖北省社会科学界联合会和武汉地区高校学术交流活动。参加湖北省社科联第九届三次主席团会议、九届三次全体（扩大）会议、《“双碳”目标与国家治理现代化》研讨会；参加“2022年度湖北省社科类社会组织党组织书记培训班”，在培训中作《双碳目标下金融支持绿色低碳发展的实践和探索》专题演讲；组织参加第十三届湖北省社会科学优秀成果申报工作；会长与湖北经济学院校长会见座谈，就绿色金融、碳金融课题研究和学术合作等进行交流。三是加强与各省级学会的横向联系及对各市（州）金融学会的指导。与上海市金融学会、江苏省金融学会、广东省金融学会、重庆金融学会联系沟通，交流学会工作经验。指导黄冈、荆州、咸宁等市级金融学会的换届选举、章程修改、兼职审批等事项。

（湖北省金融学会）

湖北省保险学会

【课题研究与学术交流】

一、提升“银保大讲堂”质效

联合咸宁市通城县政府及县农业农村局、乡村振兴局等单位开展“保险进乡村”通城行活动，到乡村宣讲金融知识，增强广大涉农市场主体、种植养殖户风险保障意识。采取线上与线下相结合的方式，全年共主办5期“银保大讲堂”，邀请有关专家作“构建现代保险保障体系”“银行保险机构诉讼风险与防范”等主题授课，累计受众4.5万余人次、线上点赞量达15万余人次。

二、举办行业学术论坛

联合武汉大学经济与管理学院举办湖北保险业“十四五”展望论坛，监管部门和18家银行及保险机构嘉宾代表参加论坛，围绕保险服务经济社会发展、东湖科技保险创新示范区建设、保险助力农民实现增收、银保助力乡村振兴、养老保险升级转型等议题进行探讨和交流，邀请行业专家作“推进银保高质量融合服务新发展格局构建”主题演讲。

三、举办成果推广研讨会

召开“2022年度课题研究成果推广暨‘乡村振兴，保险有为’专题研讨会”，中南财经政法大学、中南民族大学专家教授，人保财险、太保财险、中华联合财险、国寿财险、长江财险、国元农险等6家省级分公司农险业务负责人以及监管部门相关负责同志参加会议，围绕将理论研究成果转化为行业发展生产力及保险助推乡村振兴战略实施、进一步做好国计民生服务工作等议题进行研讨和交流。

四、提高课题研究参与度

聚焦行业及监管重点，在重点课题的基础上增加专项课题，分别与中南财经政法大学、中南民族大学、太保寿险湖北分公司及武汉理工大学联合开展《“双碳”目标下湖北省绿色保险发展研究》《构建湖北省特色农业保险的实践体系与模式》《湖北多层次养老保险体系的建设现状及问题研究》及《武汉市新能源汽车保险行业经营情况调研》4项课题研究，有效提升会员参与度。对新入会的会员加强辅导，积极协调高校与会员公司开展调研合作，取得有价值的研究成果。

【建言献策】

召开第七届常务理事会第十一次会议，审议通过《湖北保险》办刊方案及设立《湖北保险》编辑部的议案，严格遵循《出版管理条例》《内部资料性出版物管理办法》等相关法规规章，着力将《湖北保险》办成湖北保险行业开展保险理论和实务研究的阵地及展示保险行业风采的窗口。向会员、业务主管单位及省内外专家广泛征稿、约稿，遵循“三审三校一通读”的出刊流程，11月上旬顺利编印出版《湖北保险》第一期共计2000册，内容涵盖卷首寄语、专家视角、理论探讨等9个栏目、15篇文章、近70000字，向会员、业务主管单位、社团管理部门及省内外164个交流合作单位免费发送。

【学会建设】

一、加强制度建设，规范内部管理

一是加强制度建设。认真梳理财务管理、业务等方面的内部制度，开展制度立改废工作。截至年末，共修订制度7项、新增制度8项。通过完善内部制度，构建务实管用的长效机制。二是落实巡察问题整改。落实巡察和财务检查反馈问题整改，进一步严格制度执行、规范财务管理、强化队伍建设。三是认真落实“三重一大”制度，召开6次常务理事会，审议年度预决算、新会员入会、创办会刊、制度修订等事项。四是充实干部队伍。做好员工招聘工作，以老带新，加强新员工培养。

二、加强行业宣传

一是开展“全省保险业十大典型赔案”征集宣传工作。征集服务“三农”、小微、医养等方面的赔案，在“3·15”期间通过人民网、新华网、《湖北日报》、《长江日报》、《长江商报》等10余家新闻媒体和内部网站开展广泛宣传，展现湖北保险业在服务社会、保障民生、助力全省经济高质量发展方面的积极作用，阅读量近100万人次。二是编制《亮点——湖

湖北省保险学会举办“保险进乡村”银保大讲堂通城行活动

北省保险学会服务行业新闻宣传报道作品集(2017—2021)》,总结近五年湖北保险业在助力疫后重振、服务实体经济、巩固脱贫攻坚成果和乡村振兴有效衔接以及民生保障等方面所发挥的积极作用,发至各会员公司交流学习。

三、推进清廉金融文化建设

一是开展湖北银行业保险业清廉金融文化课题研究,形成 4 万字的研究成果《湖北银行业保险业清廉金融文化建设的调查研究——以武汉、襄阳为例》,在《湖北银保监管》发表主题文章 1 篇。二是举办"清廉金融文化建设"银保大讲堂。协调有关单位及部门,从行业实际出发,以《清廉金融文化建设与行业高质量发展》为主题,邀请专家阐述清廉金融文化的内涵与外延。三是配合监管部门开展"清廉金融文化建设"主题征文。联合省银协、省保协发动全省银行保险机构投稿,共收到 251 篇文章,共选出 50 篇优秀稿件,较好展现银行业保险业清廉金融文化建设成果。

(湖北省保险学会)

湖北省钱币学会

【课题研究与学术交流】

一、拓展钱币研究方向

一是结合湖北考古新发现,加强湖北地方特色货币史研究,与鄂州博物馆联合完成《湖北鄂州地区三国钱币初探》。二是依托高校历史文化研究专家优势,加强历史钱币和货币制度的经济学等方面研究,为职能部门研究制定经济金融政策提供支持。三是协同南昌大学、浙江大学学者开展近代武汉区域货币市场发展与运行研究(1860—1935)以及民国时期四川代用币研究。四是发挥钱币爱好者潜能,开展北宋铜母研究。

二、加强钱币文化宣传阵地建设

扩大钱币研究论文征集范围,积极与钱币专家、钱币爱好者联系,挖掘钱币学术研究人才,加强人才队伍建设。一是编辑出版第 20 期《武汉金融·钱币专刊》。刊载 9 篇优秀论文,重点罗列钱币界一年来的重要研究成果,进一步弘扬钱币文化。二是编辑《湖北钱币通讯》季刊,报道湖北钱币博物馆工作、介绍钱币研究的最新学术动态、钱币学界的新发现,普及传播钱币基础知识。

【学会建设】

一、加强学会管理

一是加强组织建设。做好学会秘书长离任后的相关审计以及改选工作,做好第七届会员代表大会的前期准备工作,到湖北省民政厅就选举、换届中的问题进行沟通和协商。二是召开线上学会常务理事会、理事会,汇报学会工作开展情况,保证工作规范有序进行。三是完成社会组织年检工作。按照《民间非营利组织会计制度》,如实反映财务状况,聘请有资质的会计师事务所对年度会计财务报表进行审计;向民政部门上报学会组织建设、学术研究、社科普及等各项工作的开展情况,顺利通过年检。四是加强制度建设。梳理完善内部管理制度,组织工作人员集中学习各类制度办法及行为准则;修改和完善藏品捐赠等制度,强化人员岗位职责意识;做好巡视中发现问题的整改工作,进一步规范内部管理制度。

二、加强钱币文化传播

(一)加大红色金融宣传力度

利用丰富的馆藏资源,通过"线上+线下"相结合的方式,积极推进红色金融宣传。一是开展红色金融进社区活动。以展板形式展现中国红色金融和红色政权货币的发展历程,加深民众对红色金融的了解。二是充分发挥湖北钱币博物馆"红色教育基地"的功能,协助相关单位开展红色主题党日活动。三是秉持边挖掘、边保护、边利用、边宣传的思路,利用湖北省保存的大量革命时期的银币、串文、边币、设备、旧址等丰富红色金融资源,助力构建红色文旅金融助推乡村振兴发展模式。四是通过学会官网对湖北区域的红色钱币历史进行宣传。

(二)加大钱币文化宣教力度

一是做好湖北钱币博物馆参观接待工作,为来馆参观的单位、社会团体和公众提供优质的服务。二是开展"博物馆的力量"主题文化惠民活动。将具有湖北特色的馆藏品制作成视频,在社区和分行办公大楼宣传屏滚动播放。制作"2022 年度国际博物馆日核酸检测卡",联合社区向居民发放,扩大钱币文化宣传范围。三是广泛开展"3·15"防伪反假专题宣传,在湖北钱币博物馆官网设立防伪反假专栏,持续更新人民币、纪念币等反假知识,提高大众钱币鉴定能力。

(湖北省钱币学会)

第八部分

金融大事记

2022年湖北省金融大事记

1 月

2日

省政府办公厅发布《关于持续深化一流营商环境建设若干措施的通知》，提出包括提升金融服务能力在内的六个方面的25条措施。

7日

△ 湖北省金融领导小组办公室与兴业证券举行战略合作备忘录签约仪式，宁咏副省长会见兴业证券董事长杨华辉一行。

△ 湖北保险业"十四五"展望论坛在武汉大学举行。湖北银保监局负责人、高校专家学者、18家银行及保险机构嘉宾参加了现场论坛。

12日

全省首场金融稳保"早春行"暨助力制造业高质量发展现场推进会在荆州举行，1272家荆州企业与金融机构签订授信协议，金额450亿元，副省长宁咏率省直有关部门、金融监管部门和20余家省级金融机构负责人出席。

14日

宜昌市举行2022年金融支持宜昌高质量发展"早春行"融资对接活动，现场银企签约金额586.8亿元。

17日

恩施州举行2022年"开门红"暨"金融早春行"政银企对接签约仪式，银行机构与40家企业签订授信协议，金额25.6亿元。

18日

△ 湖北银保监局印发《关于推进湖北银行业保险业绿色金融发展的指导意见》《关于湖北银行业保险业支持长江经济带发展的指导意见》。

△ 鄂州市举行2022年金融支持鄂州"两区一枢纽"建设暨金融"早春行"银企签约会，13家金融机构与191家企业签订贷款及授信协议，总金额279.1亿元。

22日

黄石市举行金融支持地方经济社会发展"早春行"融资对接会，银企签约金额286亿元。

25日

新组建的长江产业投资集团有限公司、湖北宏泰集团有限公司正式成立。省委书记应勇为两家企业揭牌。

26日

全省地方金融工作会议在武汉召开。会议总结2021年地方金融工作，部署2022年重点工作任务。

27日

省政府在武汉东湖高新区举办湖北金融稳保"早春行"暨科创金融改革创新示范区建设现场推进会，会上正式发布了"楚天贷款码"和《东湖高新区科技产业金融链长制实施意见》；东湖高新区与人民银行武汉分行、湖北银保监局、湖北证监局签订科创金融改革创新示范区共建协议，相关银行与科技企业签订融资授信协议。副省长宁咏率有关省直部门、金融监管部门和10余家省级金融机构负责人出席活动。

28日

△ 宁咏副省长到湖北银保监局走访调研，慰问干部职工。

△ 宁咏副省长走访慰问辖内银行业保险业机构。

2 月

7日

湖北银保监局印发《湖北银保监局涉刑案件风险机构分类监管办法（试行）》。

10日

省委副书记、省长王忠林到武汉科技大学、湖北碳排放权交易中心调研"双碳"科技创新和碳市场建设工作。

11日

△ 宜昌市举行2022年金融支持宜昌高质量发展"早春行"（第二轮）融资对接活动，银企签约金额61.8亿元。

△ 孝感市首场2022年金融"早春行"银企对接会在云梦县举行，银企签订融资协议金额14.3亿元，签订意向协议金额1.61亿元。

15日

全省金融机构座谈会在汉举行，省委副书记、省长王忠林出席会议并讲话。

16日

△ 湖北金融稳保"早春行"暨助力制造业高质量发展现场推进会走进十堰，副省长宁咏率省直有关部门、金融监管部门和20余家省级金融机构负责人出席活动。13家银行与十堰市企业签订443亿元授信合作协议；7家省级金融机构与十堰市政府签署战略合作协议，"十四五"期间拟授信金额2600亿元。

△ 省商务厅和武汉海关联合举行"厅关行企"稳外贸恳谈会，进出口银行湖北省分行、中国银行湖北省分行、交通银行湖北省分行等3家金融机构年内将提供800亿元专项融资满足外贸企业经营资金需求。

17日

武汉市举行绿色企业保证保险贷款（简称"绿保贷"）签约仪式，汉口银行、兴业银行武汉分行创新推出的绿色企业保证保险贷款成功落地，全国首批"绿保贷"在武汉诞生。

18日

△ 湖北金融稳保"早春行"暨助力制造业高质量发展现场推进会走进随州，副省长宁咏率省直有关部门、金融监管部门和20余家省级金融机构负责人出席活动。金融机构与随州市企业签订329亿元授信合作协议；国开行湖北省分行、农发行湖北省分行、工行湖北省分

行、农行湖北省分行等省级金融机构分别与随州市政府签署“十四五”战略合作协议。

△ 襄阳市首场金融“早春行”融资对接活动在宜城举行,金融机构与企业签订授信协议金额 110.15 亿元。

2 月

截至月末,首批进入湖北省信用培植工程服务平台的 1998 家企业培植工作已全部办结,1675 家融资困难企业融资难题通过各种方式得到解决,共计获得融资 117.2 亿元。

3　月

2 日

△ 金融委办公室地方协调机制(湖北省)召开第四次例会,传达金融委相关会议和文件精神,分析经济金融形势,研究部署下一阶段工作任务。

△ 省金融领导小组办公室印发《湖北省资本市场建设“楚天行动”实施方案》,明确资本市场建设目标和主要任务。

7 日

省地方金融监督管理局、人民银行武汉分行、湖北银保监局联合发布《湖北省政府性融资担保机构融资担保业务反担保设置指引(试行)》。

10 日

全省金融服务乡村振兴共建创新示范区推进工作电视电话会议召开,副省长宁咏出席会议并讲话。

15 日

△ 湖北省 2022 年棉花价格“保险+期货”项目启动会在仙桃市举行,该项目对于逐步恢复湖北省棉花种植面积、促进乡村振兴等具有重要意义。启动会由湖北省农业农村厅、省财政厅、湖北银保监局、湖北证监局、仙桃市人民政府共同主办。

△ 湖北黄石市首批碳减排支持工具资金 1.74 亿元成功落地。

16 日

荆门市举行金融支持实体经济发展“早春行”活动,银企签订授信协议金额 42.25 亿元。

17 日

人民银行武汉分行营管部联合武汉市地方金融工作局召开 2022 年全市缓解中小微企业融资难融资贵信用培植工程推进会。

18 日

湖北省金融领导小组会议暨省资本市场建设工作领导小组会议、省打击和处置非法集资工作领导小组会议、省政府金融工作议事协调机制会议在汉召开,副省长宁咏出席会议并讲话。

22 日

△ 湖北金融稳保“早春行”暨助力制造业高质量发展推进会走进咸宁,副省长宁咏率省直有关部门、金融监管部门和 20 余家省级金融机构负责人出席活动。金融机构与咸宁市企业签订授信合作协议 450 亿元,支持企业和项目 2139 个。

△ 省地方金融监督管理局与香港贸发局共同举办“鄂港携手,共谋发展新机遇”2022 湖北企业借力香港融资平台对接交流会,26 家湖北企业与 15 家香港企业通过线上平台交流分享利用香港金融服务高质量发展议题。

24 日

省委副书记、省长王忠林在武汉与楚商联合会会长、泰康保险集团董事长陈东升一行座谈交流。

28 日

华新水泥“B 转 H”实现港交所上市,成为上海证券交易所首个 B 股转 H 股成功案例。

30 日

△ 副省长宁咏在汉调研优化金融营商环境、提高金融服务实体经济能力有关工作并召开座谈会。

△ 武汉市举行科技金融“早春行”活动,第二批科技金融工作站及首批线下首贷服务站揭牌成立。

31 日

湖北银保监局召开普惠金融工作(电视电话)会议,安排部署 2022 年全省普惠金融工作。

3 月

△ 人民银行武汉分行、湖北省发改委、省地方金融监督管理局联合印发《建立重大项目银企对接融资新机制的若干措施》。

△ 人民银行武汉分行组织开展以“权利・责任・风险”为主题的金融消费权益保护宣教活动。

△ 湖北银保监局组织全省银行业保险业机构开展 2022 年“3・15”消费者权益保护教育宣传周活动。

△ 湖北银保局联合省经信厅发布《关于做好 2022 年“专精特新”中小企业金融服务工作的通知》,明确全省银行业保险业支持“专精特新”中小企业的 11 条举措。

△ 湖北第二批金融科技创新应用公示,分别为建设银行湖北省分行的“基于大数据技术的惠农信贷服务”、湖北省农信联社的“基于大数据技术的农户贷款服务”。

4　月

1 日

湖北证监局启动实施 2022 年度湖北期货经营机构现场检查随机抽查工作。

11 日

省委副书记、省长王忠林主持召开省政府常务会议,研究加快推进科技融资担保体系建设等工作。

13 日

△ 省政府办公厅印发《关于进一步支持中小企业和个体工商户纾困发展若干措施》,提出包括加大资金支持、优化金融服务等在内的 13 条纾困措施。

△ 武汉市人民政府发布《武汉市加快发展股权投资工作方案》,提出力争到 2025 年,全市股权投资机构达到 400 家,股权投资基金总规模达到 5000 亿元,为科技创新注入资本动能。

14 日

△ 省委副书记、省长王忠林到武

汉东湖新技术开发区调研民营企业发展时强调要用心用力解决企业融资难融资贵问题，有效改善金融供给，降低企业融资成本，打造高质量金融服务环境。

△ 省地方金融监督管理局组织举办全省北交所上市和“新三板”挂牌培训会。会上印发的《推进企业北交所上市和新三板挂牌工作方案》提出，到 2025 年全省力争新增北交所上市和过审企业 30 家，除神农架林区外各市（州）申报做到全覆盖。

15 日

首批 2.16 亿元普惠小微贷款支持工具成功落地湖北。

20 日

省政府召开一季度全省金融形势分析会，通报一季度金融运行及金融开门红工作完成情况，研究部署下一阶段工作。副省长宁咏出席会议并讲话。

21 日

△ 省委副书记、省长王忠林主持召开省政府常务会议，强调加快完善金融支持创新体系，健全政银企协同机制，引导金融机构创新科技金融产品、优化科技金融服务，用金融活水精准滴灌科技创新。

△ 省地方金融监督管理局组织召开全省重点拟上市企业工作调度会，研究解决重点拟上市企业存在的困难和问题，部署推进重点拟上市企业加快上市进程工作。

22 日

省地方金融监督管理局、邮储银行湖北省分行、荆门市、京山市、沙洋县政府共同举办金融服务乡村振兴共建创新示范区专题推进会。

24 日

人民银行武汉分行印发《关于开展小微企业“敢贷愿贷能贷会贷”专项行动的通知》。

26 日

武汉东湖高新区举行“知识产权金融惠企行动试点园区行”首发会，发布的知识产权金融惠企保险产品为全国首创。

29 日

△ 省政府办公厅印发《湖北省科技融资担保体系建设实施方案》。

△ 省地方金融监督管理局、省经信厅联合举办全省“专精特新”企业投融资培训会，全省 140 家“专精特新”企业负责人，省级投融资平台、相关银行机构、融资担保和租赁机构、基金和创投机构代表，各市（州）政府分管负责同志参加培训。

△ 人民银行武汉分行召开湖北省稳企纾困工作会议，针对文化旅游、交通物流、住宿餐饮、批发零售等行业受困市场主体开展稳企纾困专项行动。

4 月

△ 人民银行武汉分行联合省经信厅出台《关于金融支持“专精特新”中小企业创新发展的指导意见》，提出力争“十四五”期间“专精特新”中小企业贷款增速不低于各项贷款平均增速，“专精特新”领域新增贷款 350 亿元以上。

5 月

7 日

△ 2022 年湖北省知识产权质押融资“入园惠企”行动启动仪式举行，省知识产权局与招商银行武汉分行签订知识产权金融战略合作协议；中国银行湖北省分行、招商银行武汉分行、光大银行武汉分行、武汉农商行等银行机构与 8 家创新型企业签订知识产权质押贷款协议，签约金额 2.58 亿元。全省 17 个市（州）、直管市、林区均开展了知识产权质押融资业务，实现全覆盖。

△ 湖北证监局启动 2022 年度湖北辖区证券基金经营机构现场检查随机抽查工作。

11 日

湖北省金融支持文旅企业纾困政银企对接会在汉召开，副省长宁咏出席会议并讲话，强调尽最大努力帮助湖北文旅企业渡过难关。

13 日

△ 全省新型政银担合作推进电视电话会议召开，副省长宁咏出席会议并讲话。

△ 湖北省科技融资担保有限公司举行揭牌暨签约仪式，副省长宁咏出席活动。会上湖北省科技融资担保有限公司与工行湖北省分行、农行湖北省分行、建行湖北省分行、湖北银行、汉口银行、武汉农商行等 6 家首批合作银行签署合作协议。

16 日

省委副书记、省长王忠林主持召开省政府常务会议，强调要深入破解“融资难”“融资贵”问题，推动信贷投放量增价降。

17 日—18 日

省纪委监委驻省政府机关纪检监察组、省地方金融监督管理局负责同志调研潜江、荆州两市防范化解金融风险及养老领域非法集资专项整治等工作。

18 日

△ 省地方金融监督管理局在荆州市开展金融风险化解和金融服务乡村振兴创新示范区建设专题调研活动。

△ 省农业农村厅与众邦银行签署战略合作协议，“十四五”期间，众邦银行力争对“三农”产业链、供应链贷款授信累计放款不低于 1000 亿元。

27 日

△ 省地方金融监督管理局印发《湖北省小额贷款公司监督管理实施细则（试行）》《湖北省融资租赁公司监督管理实施细则（试行）》。

△ 省地方金融监督管理局组织召开“楚天种子”行动启动仪式及湖北省 2022—2023 年度上市后备“金种子”企业发布会，会上发布了 332 家省级上市后备“金种子”企业名单和《省级上市后备“金种子”企业上市支持政策清单》，副省长宁咏出席会议并讲话。

30 日

省政府办公厅印发《关于加强金融助企纾困工作若干措施的通知》。

5 月

△ 人民银行武汉分行联合湖北省农业农村厅、省地方金融监督管理局发布《进一步做好金融支持新型农业经营主体发展若干措施》。

△ 人民银行武汉分行出台《关于金融支持湖北省绿色低碳转型发展的实施意见》。

△ 人民银行武汉分行与省文化和旅游厅等四部门联合发布《金融支持湖北省文化旅游行业稳企纾困专项行动方案》,年内银行业金融机构拟对文旅行业新增授信237亿元。

6 月

1日

△ 全省金融服务乡村振兴共建创新示范区现场推进会在枝江召开,副省长宁咏出席会议并讲话。

△ 人民银行武汉分行与武汉东湖新技术开发区管委会科创金融联合工作专班在东湖高新区召开科技企业"首贷"行动动员大会,推动进一步提高金融服务科技企业的覆盖率。

3日

省政府办公厅印发《关于贯彻落实中央扎实稳住经济一揽子政策措施工作清单的通知》,提出了包括金融信贷政策在内的6个方面的举措。

7日

省地方金融监督管理局组织召开推进全省企业赴北交所上市和"新三板"挂牌工作电视电话会。

8日

省政府新闻办召开新闻发布会,解读省政府印发的《关于加强金融助企纾困工作若干措施》。

10日

△ 全省召开金融助企纾困工作推进视频会议,部署推进金融支持稳增长稳市场主体工作。副省长宁咏出席会议并讲话。

△ 省政府印发《关于进一步加快重大项目建设扩大有效投资的若干意见》,提出包括加快地方政府专项债券发行、加大投资项目融资支持等在内的11条政策措施。

13日—14日

副省长宁咏到十堰市走访包保服务企业,要求金融机构通过延期还本付息、续贷等措施,切实解决企业"急难愁盼"问题。

15日

2022年度湖北省暨武汉市防范非法集资宣传月活动正式启动,主题为"守住钱袋子、护好幸福家"。会上,湖北省金融活动风险预警平台正式上线。省打击和处置非法集资工作领导小组组长、副省长宁咏在主会场参加活动。

20日

国家外汇管理局湖北省分局印发《关于开展优质企业贸易外汇收支便利化试点的指导意见》。

23日

人民银行武汉分行联合湖北省交通运输厅召开全省交通物流专项再贷款工作推进电视电话会议,助力交通物流企业纾困解难。

28日

△ 武汉市政府印发《武汉市建设全国碳金融中心行动方案》。

△ 武汉市举行"科技金融助力经济—科技金融业务员在行动"启动仪式,武汉市科技局、市金融局、人行武汉分行营管部联合宣讲"科担贷"政策指引;武汉农商行发放全市首笔"科担贷"。

6月

△ 人民银行武汉分行、国家外汇管理局湖北省分局联合湖北省商务厅、省财政厅、省地方金融监督管理局发布《纾解中小微外贸企业融资难融资贵问题专项行动方案》。

△ 人民银行武汉分行印发《关于加强征信支持稳企纾困和经济社会发展的指导意见》。

△ 湖北银保监局、人行武汉分行、省地方金融监督管理局联合印发《湖北银行业保险业新市民金融服务工作方案》。

△ 湖北证监局与湖北省公安厅签署《防范打击证券期货领域违法犯罪合作备忘录》。

△ 湖北省农业产业化工作联席会议办公室在武汉举行粮油产业品牌推介活动,邮储银行湖北省分行等金融机构与荆门市、孝感市、潜江市政府签订金融支持农业产业发展战略合作协议,支持重点产业链发展。

△ 武汉市、荆门市、荆州市入选财政部2022年中央财政支持普惠金融发展示范区名单,共获得1亿元奖补资金。

7 月

7日

省地方金融监督管理局在黄冈市开展重点上市后备企业走访,召开黄冈市重点上市后备企业座谈会,黄冈市市长李军杰出席会议。

15日

△ 湖北省金融领导小组印发《湖北省优化金融营商环境十项重要"微改"工作方案》。

△ 全国碳市场运行一周年总结及签约活动在汉举行。

18日

国家外汇管理局湖北省分局组织召开湖北省企业汇率风险管理银行座谈会。

27日

全省扎实推进有效投资重大项目落地工作会议在汉召开,省委常委、常务副省长董卫民出席会议并讲话。

28日

人民银行武汉分行召开新闻通气会,介绍上半年湖北省金融运行情况及稳企纾困金融服务工作。

7月

湖北省首笔由"专精特新"类企业申请的跨境融资便利化试点业务成功落地武汉。

8 月

2日

全省农业"金种子"企业上市培训会在汉召开,副省长杨云彦出席并讲话。

4日

副省长杨云彦与上交所理事长黄红

元召开视频会议，就加快推进湖北企业上市和深化战略合作等进行深入交流。

5 日

2022 年下半年人民银行武汉分行工作会议暨湖北省外汇管理工作视频会议召开。

10 日

湖北省首批企业排污权抵质押集中登记顺利落地，共促成湖北银行、武汉农村商业银行等金融机构向企业贷款授信 2800 万元。

10 日—12 日

湖北省“资本市场服务荆楚行”首站活动在荆门市举行，活动包括资本市场上市融资大讲堂、重点企业走访调研、私募投融资对接等系列内容。活动由荆门市人民政府、湖北省地方金融监督管理局、湖北证监局共同主办。

12 日

省地方金融监督管理局组织召开努力实现全省企业上市年度目标任务工作推进会，部署推进重点拟上市企业加快上市进程工作。

18 日

农发行湖北省分行投放全省单笔金额最大的农发基础设施基金 10 亿元，国家政策性金融工具支持重大项目落地湖北。

19 日

△“本币优先 惟楚先行”湖北省人民币国际化业务宣传推介会在武汉召开。

△汉口银行与华中文化产权交易所合作推出“文创版权贷”，向华中版权综合服务平台入驻企业授信 10 亿元。

23 日

全省地方金融组织不良资产处置项目对接会暨业务培训会在汉召开，副省长杨云彦出席会议并讲话。会上，湖北省资产管理有限公司与浙商资产管理有限公司联合设立 50 亿元纾困基金，加大对全省不良资产的收购、处置力度。

24 日

省委副书记、省长王忠林在汉与中国国际金融股份有限公司党委书记、首席执行官黄朝晖座谈交流，并共同见证湖北省人民政府与中金公司签署战略合作框架协议。

25 日

△省政府办公厅印发《关于进一步激发市场活力稳住经济增长的若干措施》，在引导金融支持实体经济方面提出 4 条举措。

△人民银行武汉分行营业管理部组织举行武汉市个人碳账户·绿色信用卡试点工作启动仪式，在全国首次推出个人碳账户，拟于年内推出绿色信用卡。

26 日

全省优化民营企业金融服务推进会在汉召开，省委常委、统战部部长宁咏出席会议并讲话。

31 日

副省长杨云彦与深交所理事长陈华平召开视频会议，就加快推进湖北企业上市和深化战略合作等进行了深入交流。

8 月

△湖北银保监局召开 2022 年上半年全省银行业市场运行形势分析会。

△中国进出口银行湖北省分行与省商务厅签署战略合作协议，设立 240 亿元专项贷款额度支持外贸领域发展。

△湖北省区域股权市场被纳入中国证监会区块链建设试点。

9 月

23 日

省地方金融监督管理局与湖北证监局联合举办金融服务人才投融资对接活动，对接活动线上线下同步进行，来自上交所、长江证券、天风证券、省科技融资担保有限公司及有关金融机构的专家现场授课。

26 日

省委副书记、省长王忠林主持召开省政府常务会议，强调要以金融信用市（州）、县创建工作为抓手，推动金融环境持续优化，全面提升金融服务实体经济效率和水平。

27 日

省政府在澳门举办“双向赋能 聚力共赢”2022 湖北-澳门跨境融资推介会。会上，长江产业投资集团有限公司、宏泰集团所属碳排放权登记结算（武汉）有限责任公司（“中碳登”）分别与中华（澳门）金融资产交易股份有限公司（澳交所）签署合作协议。副省长赵海山出席。

28 日

湖北省科技厅、人民银行武汉分行共同举办湖北省企业创新积分制工作启动会。会上，《湖北省企业创新积分制工作实施方案》正式发布。省科技厅与人民银行武汉分行签署《加强科技创新金融供给战略合作协议》。

29 日

△湖北省住建厅、人民银行武汉分行、湖北银保监局、省地方金融监督管理局联合发布《关于加快推动绿色金融支持绿色建筑产业发展的通知》。

△湖北证监局针对辖区北交所上市公司董监高等“关键少数”开展专题视频培训，进一步提升北交所上市公司规范化水平。

30 日

武汉长江数字经济产业基金设立。该基金是湖北省第一只由省、市、区三级联动设立的产业投资基金，总规模 30 亿元，将瞄准数字经济新赛道，促进数字技术和实体经济深度融合。

10 月

18 日

湖北省绿色建筑保险实现“零的突破”，平安财险湖北分公司为某公司在建项目提供绿色建筑评级风险保障。该保险促成了我省首笔附带“绿色建筑性能责任险”的绿色贷款。

19 日

省政府召开三季度全省金融形势分析会，通报金融运行及重点工作完成情况，明确四季度收官工作任务和要求。副省长邵新宇出席会议并讲话。

24 日

湖北宏泰集团有限公司与武汉商贸集团有限公司签署一致行动协议，成为天风证券控股股东，填补了省级国资控股券商的空白。

26 日

湖北省融资租赁有限责任公司发行湖北首单续发型 ABS 项目（即资产证券化项目），创全省租赁行业 ABS 单笔发行利率最低纪录。

27 日

交通银行湖北省分行联合交银国际信托有限公司设立全国首单知识产权服务信托——“交银国信 · 武汉枢密脑科学技术知识产权服务信托”。

28 日

△ 我省圆满完成全年新增专项债券 1848 亿元发行任务，发行额度较上年增加 233 亿元，创历年新高。新增专项债券资金保障了全省 1643 个重点项目建设，拉动有效投资超过 1 万亿元。

10 月

人民银行武汉分行与湖北省发改委、省科技厅、省经信厅、省财政厅等 16 个部门联合印发《湖北省绿色项目贷款提升行动方案》。

11　月

3 日

省政府召开全省金融发展工作推进会议，省委副书记、省长王忠林强调要创新金融服务、优化金融生态，助企惠民支持实体经济，为加快高质量发展提供有力金融支撑。

4 日

人民银行武汉分行对外公示湖北地区 3 个金融科技创新监管工具创新应用，分别为交通银行湖北省分行申报的“基于人工智能技术的碳排放权质押融资服务”、农业银行十堰分行申报的“基于大数据技术的林业碳汇融资服务”、建设银行咸宁分行申报的“基于人工智能技术的新能源中小企业融资服务”。

17 日

湖北银保监局、湖北省公安厅、湖北省市场监督管理局联合印发《关于防范非法“代理退保”风险严厉打击违法犯罪行为的通告》。

18 日

2022 长江资本高峰论坛暨清华企业家协会产业论坛在汉举行，省委常委、常务副省长董卫民出席开幕式并致辞。

21 日

省委副书记、省长王忠林主持召开省政府常务会议，要求以设立中小微企业应急转贷纾困基金、建立贷款风险补偿激励机制为抓手，进一步加强政银企合作对接，完善风险共担、利益共享机制，切实提升融资可得性、降低融资综合成本。

29 日

人民银行武汉分行联合湖北银保监局召开全省商业银行信贷工作会。

11 月

截至月末，政策性开发性金融工具两轮基金在我省实际投放项目 109 个，投放金额 217 亿元。

12　月

6 日

副省长邵新宇与北交所董事长周贵华召开视频会议，就加快推进我省资本市场建设和深化战略合作等进行了深入交流。

8 日

2022 楚商年会在十堰市举行，26 个重点项目现场签约，涉及新能源、智能网联汽车、生态文旅康养等领域，总金额 834.12 亿元。

9 日

湖北证监局联合郑州商品交易所、中国期货业协会举办 2022 年度期货公司首席风险官培训班，150 家期货公司首席风险官参加了线上培训。

14 日

省地方金融监督管理局举办 2022 年全省融资担保监管及业务培训会。

15 日

全省首笔农业品牌知识产权质押担保贷款落地，枝江“覃姐”商标质押贷款 300 万元。

27 日

省地方金融监督管理局组织召开推进全省“专精特新”企业北交所上市视频会，总结交流企业上市情况，部署推进“专精特新”企业赴北交所上市工作。

28 日

省地方金融监督管理局与省财政厅联合印发《关于在全省范围推广应用荆楚融担码的通知》，为小微企业获得政府性融资担保服务和信贷融资支持搭建线上“快速通道”。

12 月

△ 省委、省政府决定设立规模 5 亿元的省级中小微企业应急转贷纾困基金。

△ 省地方金融监督管理局会同省财政厅印发《湖北省企业上市省级奖励资金管理办法》。

△ 全省新型政银担合作体系业务规模突破 1000 亿元大关，达到 1007 亿元，累计服务市场主体 23.7 万户，业务规模跻身全国第一方阵。

第九部分

附录

一、表彰

2022 年度湖北省金融信用市州县创建完成情况

湖北省金融生态建设领导小组
鄂金生〔2023〕1 号　2023 年 4 月 3 日

一、湖北省金融信用示范市(州)(4 个)

宜昌市、荆门市、襄阳市、潜江市。

二、湖北省金融信用市(州)(13 个)

咸宁市、黄冈市、十堰市、武汉市、荆州市、恩施州、鄂州市、随州市、孝感市、黄石市、仙桃市、天门市、神农架林区。

三、湖北省金融信用示范县(市、区)(20 个)

夷陵区、郧西县、云梦县、丹江口市、宣恩县、嘉鱼县、咸安区、武穴市、郧阳区、东宝区、通山县、应城市、鹤峰县、赤壁市、竹山县、长阳县、房县、来凤县、黄梅县、谷城县。

四、湖北省金融信用县(市、区)(57 个)

远安县、当阳市、竹溪县、宜城市、老河口市、枣阳市、公安县、襄州区、沙洋县、保康县、孝昌县、五峰县、掇刀区、松滋市、宜都市、京山市、安陆市、罗田县、浠水县、大悟县、黄陂区、鄂城区、曾都区、梁子湖区、秭归县、随县、崇阳县、枝江市、恩施市、利川市、蕲春县、建始县、江夏区、广水市、华容区、监利市、巴东县、黄州区、通城县、蔡甸区、大冶市、兴山县、荆州区、麻城市、孝南区、汉川市、阳新县、江陵县、新洲区、红安县、钟祥市、咸丰县、石首市、英山县、团风县、南漳县、洪湖市。

二、湖北省上市公司运行情况统计

湖北省上市公司运行情况统计表

表 9-2　　2022 年 12 月 31 日　　单位：亿股、亿元

序号	证券代码	证券简称	所属地区	总股本	总市值	资产总计	营业总收入	归属母公司股东权益
1	600136.SH	*ST 明诚	武汉市	5.83	10.44	34.12	6.56	-46.24
2	600421.SH	华嵘控股	武汉市	1.96	21.11	1.27	1.25	0.21
3	600462.SH	ST 九有	武汉市	6.17	12.77	4.33	3.06	0.34
4	600769.SH	祥龙电业	武汉市	3.75	30.75	2.39	0.51	0.78
5	300220.SZ	ST 金运	武汉市	1.51	15.82	3.56	2.63	0.93
6	000520.SZ	长航凤凰	武汉市	10.12	32.99	7.73	10.42	5.54
7	688081.SH	兴图新科	武汉市	0.74	12.19	6.76	1.44	5.95
8	300536.SZ	农尚环境	武汉市	2.93	42.56	10.46	3.88	6.31
9	688038.SH	中科通达	武汉市	1.16	13.84	13.11	3.91	7.21
10	688665.SH	四方光电	武汉市	0.70	69.30	11.32	6.02	8.88
11	300557.SZ	理工光科	武汉市	0.71	22.54	15.92	5.45	9.26
12	300517.SZ	海波重科	武汉市	1.97	31.79	17.50	6.37	10.31
13	002159.SZ	三特索道	武汉市	1.77	31.03	18.72	2.56	11.28
14	300018.SZ	中元股份	武汉市	4.81	29.23	13.88	4.43	11.89
15	688143.SH	长盈通	武汉市	0.94	43.89	14.06	3.14	12.50
16	300516.SZ	久之洋	武汉市	1.80	43.81	15.10	7.44	12.53
17	603716.SH	塞力医疗	武汉市	2.04	22.47	39.47	23.09	14.03
18	301205.SZ	联特科技	武汉市	0.72	27.31	16.67	8.25	14.10
19	688089.SH	嘉必优	武汉市	1.20	54.38	16.11	4.33	14.19
20	600654.SH	*ST 中安	武汉市	28.10	71.37	43.14	25.42	14.59
21	001267.SZ	汇绿生态	武汉市	7.75	59.48	25.86	6.11	14.97
22	300494.SZ	盛天网络	武汉市	2.72	40.56	20.59	16.58	15.40
23	300871.SZ	回盛生物	武汉市	1.66	33.88	29.89	10.23	15.41
24	300161.SZ	华中数控	武汉市	1.99	45.42	37.35	16.63	16.46
25	301235.SZ	华康医疗	武汉市	1.06	37.77	23.70	11.89	16.53
26	603220.SH	中贝通信	武汉市	3.36	34.44	46.32	26.43	17.84
27	600976.SH	健民集团	武汉市	1.53	76.22	34.38	36.41	18.63
28	301221.SZ	光庭信息	武汉市	0.93	36.04	22.16	5.30	20.35
29	301127.SZ	天源环保	武汉市	4.18	39.96	31.84	12.72	21.02
30	600345.SH	长江通信	武汉市	1.98	30.71	24.84	2.32	21.90
31	300683.SZ	海特生物	武汉市	1.22	43.22	27.06	6.89	23.10
32	603719.SH	良品铺子	武汉市	4.01	147.85	50.36	94.40	23.99
33	300776.SZ	帝尔激光	武汉市	1.71	215.05	47.07	13.24	26.79
34	002194.SZ	武汉凡谷	武汉市	6.83	62.95	34.49	20.73	27.08
35	000759.SZ	中百集团	武汉市	6.81	41.47	125.76	121.97	27.54
36	000852.SZ	石化机械	武汉市	9.41	53.73	99.41	77.52	28.97
37	300747.SZ	锐科激光	武汉市	5.67	134.04	54.70	31.89	30.60
38	300567.SZ	精测电子	武汉市	2.78	139.63	74.74	27.31	32.25
39	600993.SH	马应龙	武汉市	4.31	97.42	50.58	35.32	34.96
40	688526.SH	科前生物	武汉市	4.66	104.43	43.91	10.01	34.97
41	600681.SH	百川能源	武汉市	13.63	58.20	78.26	50.10	36.73

续表 9-2

序号	证券代码	证券简称	所属地区	总股本	总市值	资产总计	营业总收入	归属母公司股东权益
42	300054.SZ	鼎龙股份	武汉市	9.48	201.75	56.20	27.21	42.15
43	600168.SH	武汉控股	武汉市	7.10	43.14	204.01	28.94	50.91
44	000665.SZ	湖北广电	武汉市	11.34	74.18	117.48	21.76	59.18
45	300323.SZ	华灿光电	武汉市	12.40	80.00	110.79	23.55	62.82
46	002932.SZ	明德生物	武汉市	1.56	89.45	91.91	105.30	65.00
47	688387.SH	信科移动-U	武汉市	34.19	171.62	151.92	69.19	69.11
48	002414.SZ	高德红外	武汉市	32.85	361.37	88.88	25.29	70.72
49	600133.SH	东湖高新	武汉市	7.96	43.76	349.70	139.86	73.97
50	600035.SH	楚天高速	武汉市	16.10	54.58	180.40	29.17	74.90
51	600885.SH	宏发股份	武汉市	10.43	348.36	159.91	117.33	74.96
52	600006.SH	东风汽车	武汉市	20.00	111.60	176.86	121.90	81.96
53	000988.SZ	华工科技	武汉市	10.06	165.00	167.93	120.11	82.38
54	600757.SH	长江传媒	武汉市	12.14	69.18	124.72	62.95	84.39
55	601869.SH	长飞光纤	武汉市	7.58	176.24	282.03	138.30	101.44
56	000501.SZ	武商集团	武汉市	7.69	86.13	307.44	63.37	108.13
57	600498.SH	烽火通信	武汉市	11.87	155.91	385.46	309.18	121.32
58	600079.SH	人福医药	武汉市	16.33	390.06	360.23	223.38	150.37
59	600879.SH	航天电子	武汉市	27.19	184.91	442.35	174.76	156.44
60	000785.SZ	居然之家	武汉市	65.29	267.04	533.88	129.81	197.71
61	601162.SH	天风证券	武汉市	86.66	248.71	982.08	17.21	231.19
62	600998.SH	九州通	武汉市	18.74	244.35	922.72	1404.24	246.40
63	000883.SZ	湖北能源	武汉市	65.69	275.90	794.75	205.78	306.89
64	600774.SH	汉商集团	武汉市	2.95	33.31	34.98	13.87	16.66
65	000783.SZ	长江证券	武汉市	55.30	294.75	1589.85	63.72	307.36
66	000966.SZ	长源电力	武汉市	27.49	127.29	308.34	146.62	95.95
67	600355.SH	精伦电子	武汉市	4.92	15.94	3.31	1.79	2.18
68	002281.SZ	光迅科技	武汉市	6.98	109.75	99.03	69.12	61.18
69	002305.SZ	南国置业	武汉市	17.34	50.47	291.14	98.19	20.98
70	002377.SZ	国创高新	武汉市	9.16	24.92	17.69	22.01	6.05
71	300184.SZ	力源信息	武汉市	11.65	50.08	53.51	80.39	35.51
72	300205.SZ	天喻信息	武汉市	4.30	47.31	32.86	17.92	14.88
73	300527.SZ	中船应急	武汉市	9.63	63.86	46.03	16.90	27.69
74	688156.SH	路德环境	武汉市	0.92	27.67	11.97	3.42	7.75
75	688667.SH	菱电电控	武汉市	0.52	45.09	19.19	7.12	15.18
76	300276.SZ	三丰智能	黄石市	14.01	46.79	40.05	13.34	19.01
77	601956.SH	东贝集团	黄石市	6.22	36.66	62.83	53.45	23.82
78	603067.SH	振华股份	黄石市	5.09	65.31	39.81	35.34	25.18
79	600801.SH	华新水泥	黄石市	20.97	258.93	642.42	304.70	274.46
80	000708.SZ	中信特钢	黄石市	50.47	866.09	907.75	983.45	362.77
81	600745.SH	闻泰科技	黄石市	12.46	655.33	766.90	580.79	358.99
82	600107.SH	美尔雅	黄石市	3.60	22.21	13.87	4.32	6.29
83	301192.SZ	泰祥股份	十堰市	1.00	18.55	6.05	1.44	5.70
84	688275.SH	万润新能	十堰市	0.85	149.25	198.59	123.51	85.90
85	300278.SZ	华昌达	十堰市	14.22	56.86	28.36	35.83	16.32
86	301183.SZ	东田微	宜昌市	0.80	17.78	10.55	3.06	8.41
87	600293.SH	三峡新材	宜昌市	11.60	29.47	36.76	18.89	16.76
88	605388.SH	均瑶健康	宜昌市	4.30	64.67	23.89	9.86	19.21
89	002627.SZ	三峡旅游	宜昌市	7.38	43.99	43.83	19.07	30.23

续表 9-2

序号	证券代码	证券简称	所属地区	总股本	总市值	资产总计	营业总收入	归属母公司股东权益
90	688151.SH	华强科技	宜昌市	3.45	65.70	51.66	6.09	41.93
91	000422.SZ	湖北宜化	宜昌市	8.98	132.08	196.67	207.13	46.76
92	000826.SZ	启迪环境	宜昌市	14.31	50.50	266.29	71.00	75.18
93	600298.SH	安琪酵母	宜昌市	8.69	392.95	169.30	128.43	92.57
94	600141.SH	兴发集团	宜昌市	11.12	322.38	416.13	303.11	203.00
95	002950.SZ	奥美医疗	宜昌市	6.33	77.58	57.48	42.11	31.01
96	002971.SZ	和远气体	宜昌市	1.60	28.94	29.40	13.22	12.04
97	000678.SZ	襄阳轴承	襄阳市	4.60	25.97	24.00	11.31	8.73
98	300966.SZ	共同药业	襄阳市	1.15	31.12	20.68	6.05	9.28
99	300971.SZ	博亚精工	襄阳市	0.84	16.62	12.59	4.15	9.29
100	300046.SZ	台基股份	襄阳市	2.37	35.08	11.47	3.52	10.54
101	688237.SH	超卓航科	襄阳市	0.90	50.11	14.46	1.40	12.91
102	301048.SZ	金鹰重工	襄阳市	5.33	45.44	46.46	32.60	22.10
103	603950.SH	长源东谷	襄阳市	2.32	36.81	38.40	11.16	22.54
104	600184.SH	光电股份	襄阳市	5.09	56.98	42.63	25.13	24.94
105	300041.SZ	回天新材	襄阳市	4.31	70.32	59.90	37.14	27.21
106	601311.SH	骆驼股份	襄阳市	11.73	95.73	135.03	134.25	89.66
107	000615.SZ	奥园美谷	襄阳市	7.63	63.02	37.39	13.56	-1.61
108	002694.SZ	顾地科技	鄂州市	5.97	28.19	18.27	10.56	0.22
109	002072.SZ	凯瑞德	荆门市	3.68	28.61	1.01	3.59	0.51
110	002783.SZ	凯龙股份	荆门市	3.90	33.15	74.63	34.06	14.35
111	301211.SZ	亨迪药业	荆门市	2.40	83.16	24.98	5.15	22.77
112	000821.SZ	京山轻机	荆门市	6.23	102.15	99.64	48.68	32.97
113	000902.SZ	新洋丰	荆门市	13.05	150.15	168.39	159.58	85.83
114	000627.SZ	天茂集团	荆门市	49.41	156.12	2885.99	496.16	214.12
115	300980.SZ	祥源新材	孝感市	1.08	18.99	11.64	3.74	9.55
116	300387.SZ	富邦股份	孝感市	2.89	18.73	17.05	8.48	12.49
117	000707.SZ	双环科技	孝感市	4.64	43.72	27.32	43.64	14.66
118	301150.SZ	中一科技	孝感市	1.01	65.17	46.62	28.95	39.34
119	000926.SZ	福星股份	孝感市	9.49	40.35	382.75	151.42	112.59
120	000670.SZ	盈方微	荆州市	8.17	57.33	19.77	31.24	0.82
121	002962.SZ	五方光电	荆州市	2.93	29.99	20.10	10.29	18.19
122	603281.SH	江瀚新材	荆州市			29.48	33.12	23.87
123	300395.SZ	菲利华	荆州市	5.07	278.81	43.24	17.19	30.06
124	600566.SH	济川药业	荆州市	9.22	250.92	149.81	89.96	113.37
125	000553.SZ	安道麦 A	荆州市	23.30	202.39	579.80	373.82	231.25
126	600703.SH	三安光电	荆州市	49.89	856.12	583.89	132.22	379.47
127	000952.SZ	广济药业	黄冈市	3.54	27.11	24.69	7.98	15.03
128	301246.SZ	宏源药业	黄冈市			38.74	20.64	21.32
129	002861.SZ	瀛通通讯	咸宁市	1.56	15.66	15.85	7.25	9.18
130	603738.SH	泰晶科技	随州市	2.78	56.40	20.63	9.16	18.03
131	000971.SZ	ST 高升	仙桃市	10.49	19.71	13.29	5.15	2.29
132	002365.SZ	永安药业	潜江市	2.95	30.94	24.24	14.62	20.17
133	600568.SH	ST 中珠	潜江市	19.93	37.47	37.13	5.06	27.98

注：本表“资产总计”“营业总收入”“归属母公司股东的权益”等项目统计口径为合并报表数。

三、中部六省存贷款、社会融资规模统计

1.中部六省金融机构(含外资)人民币存款增长情况统计表

表 9-3-1　　2022 年 12 月 31 日　　单位:亿元、%、位

项目/地区	各项存款						
	余额	余额位次	比年初增减数		同比增速(%)	增速位次	新增存款位次
			2022 年	2021 年			
河南省	92548.37	1	10118.15	5984.03	12.27	3	1
湖北省	**78973.94**	**2**	**7335.89**	**5282.36**	**10.24**	**6**	**4**
安徽省	74492.67	3	8220.77	6374.09	12.40	2	2
湖南省	69770.07	4	7430.23	4859.89	11.92	4	3
山西省	53279.59	5	6926.61	4279.50	14.94	1	5
江西省	52864.07	6	5408.33	3847.57	11.40	5	6
中部六省	**421928.72**	–	**45439.97**	**30627.44**	–	–	–

注:本表以各项存款余额的降序排序。
数据来源:中国人民银行武汉分行。

2.中部六省金融机构(含外资)人民币贷款增长情况统计表

表 9-3-2　　2022 年 12 月 31 日　　单位:亿元、%、位

项目/地区	各项贷款						
	余额	余额位次	比年初增减数		同比增速(%)	增速位次	新增存款位次
			2022 年	2021 年			
河南省	75528.53	1	6083.91	6577.94	8.76	6	4
湖北省	**72735.74**	**2**	**7181.96**	**7075.19**	**10.96**	**4**	**2**
安徽省	67048.39	3	8897.38	6627.72	15.30	1	1
湖南省	62072.08	4	6563.38	6343.03	11.82	3	3
山西省	37406.25	5	3488.78	3543.92	10.29	5	6
江西省	52629.14	6	5708.45	5511.54	12.17	2	5
中部六省	**367420.13**	–	**37923.87**	**35679.34**	–	–	–

注:本表以各项贷款余额的降序排序。
数据来源:中国人民银行武汉分行。

3.中部六省社会融资规模增量统计表

表 9-3-3 2022 年 12 月 31 日 单位:亿元

项目 地区	地区社会融资规模增量	其中:							
		人民币贷款	外币贷款(折合人民币)	委托贷款	信托贷款	未贴现银行承兑汇票	企业债券	政府债券	非金融企业境内股票融资
安徽省	11803	8880	−143	232	−342	−248	979	1715	192
湖北省	11049	7192	−196	541	−257	−354	1241	1963	315
河南省	9894	6086	−620	199	251	−1489	1084	2629	283
湖南省	9832	6445	−115	166	−86	−172	851	1798	251
江西省	8624	5589	−118	79	17	−301	793	1834	275
山西省	3853	3517	−108	−210	−52	−523	−7	872	13

注:1. 地区社会融资规模增量是指一定时期内、一定区域内实体经济从金融体系获得的资金总额。
2. 表中数据为初步统计数。
3. 数据来源于人民银行、银保监会、证监会、中央国债登记结算有限责任公司和银行间市场交易商协会等。
4. 2019 年 12 月起,人民银行进一步完善社会融资规模统计,将“国债”和“地方政府一般债券”纳入社会融资规模统计,与原有“地方政府专项债券”合并为“政府债券”指标,指标数值为托管机构的托管面值。2019 年 9 月起,人民银行进一步完善“社会融资规模”中的“企业债券”统计,将“交易所企业资产支持证券”纳入“企业债券”指标。2018 年 9 月起,人民银行将“地方政府专项债券”纳入社会融资规模统计,地方政府专项债券按照债权债务在托管机构登记日统计。2018 年 7 月起,人民银行完善社会融资规模统计方法,将“存款类金融机构资产支持证券”和“贷款核销”纳入社会融资规模统计,在“其他融资”项下单独列示。
5. 本表按照中部六省地区社会融资规模增量的降序排序。